满学研究论集（一）

刘小萌 王金茹 主编
许淑杰 孙守朋 副主编

中国社会科学出版社

图书在版编目（CIP）数据

满学研究论集：全二册/刘小萌，王金茹主编 . —北京：中国社会科学出版社，2018.9
ISBN 978 - 7 - 5203 - 3001 - 5

Ⅰ.①满… Ⅱ.①刘… ②王… Ⅲ.①满族—民族学—中国—文集 Ⅳ.①K282.1 - 53

中国版本图书馆 CIP 数据核字（2018）第 184827 号

出 版 人	赵剑英
责任编辑	吴丽平
特约编辑	孙守朋
责任校对	张翠萍
责任印制	李寡寡

出　版	中国社会科学出版社
社　址	北京鼓楼西大街甲 158 号
邮　编	100720
网　址	http://www.csspw.cn
发 行 部	010 - 84083685
门 市 部	010 - 84029450
经　销	新华书店及其他书店

印刷装订	环球东方（北京）印务有限公司
版　次	2018 年 9 月第 1 版
印　次	2018 年 9 月第 1 次印刷

开　本	710 × 1000　1/16
印　张	80
字　数	1145 千字
定　价	320.00 元（全二册）

凡购买中国社会科学出版社图书，如有质量问题请与本社营销中心联系调换
电话：010 - 84083683
版权所有　侵权必究

序　言

刘小萌

吉林师范大学素有研究满族历史文化的传统。近些年来，以满族家谱的搜集、整理、研究为中心，逐渐形成自己的研究特色。2013年以来，学校以满族语言文化专业博士点建设为契机，把满学研究作为学科建设重点方向，积极延聘海内外知名学者担任专职和兼职教授，在推进满文教学、培养精英人才、开展专题研究等方面成效显著。2017年7月满学研究院的成立，为此项事业的发展搭建了更为坚实的平台。

满学研究的发展，离不开国际视野的拓展。2015年9月，学校成功举办"国际满学青年学者论坛"，主要议题包括：满蒙汉多文种档案的利用与研究、八旗制度与八旗社会、满蒙汉等多民族关系、国际视野下的满学研究。2017年8月，顺利举办"国际满学研讨会"，是近年来满学界的一次盛会。

满学研究的发展，离不开学报编辑部的鼎力支持。从80年代初的《松辽学刊》，到后来的《吉林师范大学学报》，几十年大家携手共进。正是在编辑部几代同仁的辛勤耕耘下，才有这片学术沃土的争荣锦绣，勃勃生机。值此吉林师范大学60年校庆之际，满学研究院与《学报》编辑部合作，将5年来发表在《学报》"满族文化研究"专栏的论文结集出版。这既是对以往精诚合作的一次总结，又是对共

序言

同缔造未来愿景的一个展示。完全可以预期，我们的合作将拥有更广阔的空间。

本次结集出版的 87 篇论文，出自海内外几代学人手笔。感谢诸位作者，正是由于你们的积极参与，才有此次研究成果的集中展示！以下，就论文集的基本内容，分 5 个专题加以概述。

一　满族史与八旗

满族先世称女真。前人研究明代女真，主要关注其社会制度、与中原王朝关系。奇文瑛长期致力于研究明代辽东卫所与辽东地区多民族关系，所撰《边地视野下的辽东女真》一文，重点考察辽东女真与边外女真关系，要点包括辽东女真源流、分布、女真世家的形成与婚姻关系等。作者从"边地"视角考察辽东地区多民族杂居的格局，"华夷杂糅"的文化特色，对深化满族早期史研究、满蒙汉多民族关系史研究均有价值。

明末海西女真叶赫部酋长清佳砮、杨吉砮分居西城、东城，是女真社会"两城政长"制的典型。隽成军、聂卓慧《"两头政长"制下的叶赫部王城内城建制与功能试析》一文，对两城修筑年代、城址规模、布局功能等问题进行考察，并就学界有关东城贝勒（汉译"王"）与西城贝勒的属城之争提出己见。作者将考古新成果与文献史料彼此参证，为进一步认识明末女真社会（满族早期社会）酋长的权力结构、特点，及其在"王城"建制上的反映，提供了新视角。

日本学者绵贯哲郎通过对满汉文献的挖掘，撰为《再论祖大寿与"祖家将"》一文，以辽东祖氏从明军事家族到后金（大清）汉军将帅的深刻转变为中心，探究明末祖氏家族崛起与"祖家将"的形成，及其归附后金（大清）编入八旗的历程。其新意，一是将祖氏家族的崛起溯及祖大寿之父祖承训；二是将祖大寿的军功与"祖家将"集团的形成作了系统梳理；三是阐明"祖家将"归附后金（大清）后虽分隶八旗，其核心集团却归属皇太极麾下，进而促进汗（皇帝）

权的强化。

李文益《清入关前的户下奴仆兵》一文，指出户下奴仆群体是后金社会的重要组成部分，随着战争不断升级，奴仆被赋予更多军事职能。他们以"厮卒"身份随主出征，并成为军中一支重要力量。论文有关皇太极组建"奴仆兵"并从制度上加强管理的考察也有新意。

清太宗皇太极曾先后五次征明。其中，天聪三年（1629）第一次征明从喜峰口入塞，直抵京师，从此开启了绕开明山海关入掠中原的新战略。萨出日拉图《1629年爱新国征明行军路线考》一文，利用满、蒙、汉文史料，厘清此次征明的行军路线，对研究清初军事史具有价值。

李小雪《试论盛京五部初设时在上层管理体制中的作用》，对清初盛京五部的形成、职能，与盛京将军、奉天府尹关系，及其在盛京乃至东北地区开发治理过程中所起作用的考察，弥补了以往研究的一个缺项。作者另有《清入关前六部浅析》，可视为本专题研究的姊妹篇。

17世纪至19世纪前半期的东北地区，是以驻防八旗为核心的非汉人社会，同时有少数内地汉人以各种形式不断流入。日本学者柳泽明《清代东北的驻防八旗与汉人——以黑龙江地区为中心》，多角度考察黑龙江地区的汉人是以怎样的形式融入当地社会，并与其他民族集团构筑了怎样的关系。八旗制度是了解清朝国家结构与特点的关键所在。作者另有《八旗再考》一文，通过探讨八旗的扩展和多样性，以及入关后东北地区八旗设置的背景和目的等问题，对八旗制度的整体状况和特性进行进一步分析。

以上论文关注对象不同，但都包含在北方边疆、民族的大范畴内，因而有互补之效。同时还说明，更为广阔的学术视野，有助于把这一研究推向深入。

清朝任官制度始终体现"满汉兼用"原则。日本年轻学者神谷秀二《清初官员的品级与升转》一文，对该原则在顺、康年间的制度化，以及康熙帝所起重要作用，加以研究。作者还撰有《清初"纪录"小考》，对清初官制研究亦有拾遗补阙之效。

有清一代，直省驻防旗人分驻各地长达 200 余年，寺庙作为驻防城内一种特殊的、开放的社会空间，是大批旗民信徒表达精神诉求的重要场所。关笑晶《清代直省驻防八旗寺庙祀神刍议》一文，考察清代直省驻防八旗寺庙内的祀神，分析寺庙祀神来源、武将崇拜以及驻防八旗旗庙特点，以期从一个侧面反映直省驻防旗人的宗教信仰以及旗民关系的面貌。

孙守朋《近代以来清代汉军旗人研究的回溯与反思》指出，汉军旗人研究始于 20 世纪 30 年代。自孟森以来，尤其是 20 世纪 80 年代迄今，汉军旗人研究成果可观。此方面研究大体分为汉军个体与群体研究。总体来讲，此项研究在不断向纵深方向拓展的同时，也存在对群体阶层关注不够广泛、与其他群体关系混淆等不足。

日本学者杉山清彦长于研究清初八旗史，曾撰《清初正蓝旗考》一文，以莽古尔泰所领正蓝旗为例，探讨领旗支配以及领旗形成过程中姻亲关系所起重要作用。《八旗旗王制的成立》一文则是对前述研究的拓展，即通过考察清初海西四部（"扈伦四国"）各王族编入八旗、并分属各旗旗王的状况，说明此种状况的形成，是基于以往姻亲、从属等旧关系，进而构建新的主从关系。

张建《清代沧州驻防的设立、本地化与覆灭》，利用满汉文档案探寻沧州驻防兴衰之变。前人研究八旗驻防，多焦距于江南或东南，本文另辟蹊径，将畿辅驻防作为考察对象；前人研究八旗驻防，多焦距于"满汉矛盾"，本文则以太平军进逼沧州，当地满、汉、回民并肩血战，最终扭转战局为例，说明"满汉矛盾"（满汉冲突）并非当时主要矛盾。本文不仅拓宽了八旗驻防史研究的视野，对考察近代满、汉、回等多民族关系也有启迪。

八旗协领是八旗驻防的中层官职，前人鲜有研究。顾松洁《清代八旗驻防协领刍议》，以档案、政书等史料为依据，探讨驻防协领的设置特点、选任、职责及其与城守尉关系。以上论文，立足于对满汉文献的挖掘，在选题、角度、观点方面均有新意。

前人研究内务府包衣，认为基于其皇室家仆的身份，多为皇帝宠信，而有更多入仕机会。黄丽君《清代内务府的包衣荫生》一文，结合清代荫叙制度，指出内务府包衣援荫出身，受到内外诸多因素限制，实际难度很大，以致循此途径晋身者比例甚低。

与清代各类官学相异，书院则是民间办学的重要形式。清代书院分旗人书院与民人书院。顾建娣《晚清的旗人书院》概括晚清旗人书院的变化、特点。清朝官办八旗学校中有一类为义学，教育对象是旗人贫寒子弟，教育内容注重多语种翻译，以及传统骑射。柳海松《论清代的八旗义学》，从八旗义学的建立、沿革、管理、利弊等方面，进行了深入探讨。

盛京萃升书院始建于康熙年间，与铁岭银冈书院、辽阳襄平书院并称辽东三大书院，对陶融满汉各族文化，曾产生深远影响。关于该书院历史，有刘中平《清代萃升书院历史启示》一文。

清朝统治，重点依托八旗制度，旗地则为八旗制度的重要经济基础，故旗地之荣枯，与清朝统治兴衰所关深巨。前人研究旗地，主要局限于有清一代。王立群《民国时期清理河北旗地过程中拨补租地初探》一文，着重考察辛亥革命后民国政府在清理河北旗地过程中，处置拨补租地的背景、方法，以及由此引发的官府、租主、佃户三方间的互动或曰博弈。此研究不仅有助于加深学界对清代、民国以来旗地制度演变的认知，对了解满汉（旗民）土地关系的变迁亦有启迪。

20世纪初，清廷实行新政，编练新军，新军第一镇由京师旗兵练成。此举，既标志清朝军事制度的根本变革，同时预示着腐朽八旗制度的寿终正寝。黄圆晴《最后的"旗军"——京旗常备军组建述论》一文，对新军第一镇的成立背景、宗旨、将弁构成，与满汉亲贵关系，以及辛亥鼎革后的归宿，进行了系统研究。

二　满族文化与萨满教

萨满教是满族传统信仰，并对其传统文化与风俗产生深远影响。

序言

台湾青年学者刘世珣《论〈尼山萨满传〉中的清代巫觋治病及其他》认为,萨满治病法术在满族社会扮演重要角色。从心理层面观之,信者认为患病与鬼神有关,只有萨满能与鬼神交往,治愈疾病。在治疗过程中,萨满借各种仪式表达驱除病魔的意义,使患者在心理上以为病根已除,有助病体恢复。从社会层面来看,病家择医行为反映萨满治病的医患关系以及参与者的互动方式。就文化层面而言,治病使用之神服与法器是巫术法力的象征。从政治层面而论,清廷取缔萨满治病背后,反映崇儒重道与黜邪崇正的宗教文化政策。

孟慧英《萨满教变迁研究》,从狐仙信仰、怀玛日祭祀、满族家祭、蒙古族白博、萨满文化遗产等几个方面阐述萨满教变迁的遗存,进而探讨萨满教的变迁特点。王晓东《神化亦或人化——满族"换锁"仪式中的音乐功能解构》,将田野考察所获素材与历史文献考察相结合,探讨东北满族萨满家祭仪式中"换锁"习俗的文化意蕴及音乐功能。张丽红、彭柔《满族乌鸦民俗的"大传统"解读》,探究满族乌鸦崇拜民俗,由乌鸦崇拜溯及乌鸦神话,又涉及乌鸦祭祀仪式。试图说明,满族乌鸦文化源于女性文化模式的作用。以上论文从不同专业、不同角度,展现满族信仰文化渊源、变迁以及意蕴,反映多学科研究之魅力所在。

刘小萌《清代京城满人信仰的多角度考察》,对京城满人信仰世界的内容、特点进行多角度考察,并就满汉信仰之异同,满人内部不同地域、人群、阶层间的信仰差异作了探讨。结语指出,当前学界言及清皇室宗教信仰、祭祀仪礼有一种明显倾向——一味夸大满洲诸帝对萨满教或喇嘛教的虔诚,却无视其对汉传佛教、道教的尊崇,或将某位皇帝(如乾隆帝)对喇嘛教的尊崇,夸大为诸帝的总体特征,均有失偏颇。姜小莉《清代直省驻防满洲旗人萨满祭祀考析》,以青州、荆州、广州三处满洲驻防为对象,考察其萨满祭祀之异同。认为这些散处各地的满洲群体,面对不同境遇,在本民族传统文化和汉文化之间做出适合自己生存的选择。以上两文的共同之处,即都关注满族信仰的内部差异以及造成差异的背景,为研究提供多元视角。

关笑晶《北京福祥寺小考》，就清代福祥寺在联络青海蒙、藏宗教人物方面所起的重要作用加以考察。本文有助于扭转以往有关清代北京寺庙研究多偏重于名刹大寺，而对中小寺庙关注不够的偏颇。

萨满教研究是一项非常国际化的研究课题，俄罗斯学者的卓越建树学界有目共睹。格列宾希科夫是20世纪上半叶俄罗斯满学研究代表性人物。其突出贡献，一是通过社会调查，发现了《尼山萨满故事》手稿，并进行开拓性研究，引起学界对满族萨满教以及满族民间文学的关注；二是搜集整理大量满语口语资料，进而否定当时学界有关满语是"死亡语言"的流行观点；三是撰写一系列调查报告，生动记述满族、达斡尔和索伦村庄状况，包括记录他们的语言。为后人开展东北边疆诸民族研究保留了珍贵资料。庞晓梅《格列宾希科夫和他的满语、民族志与萨满教研究》一文，对格列宾希科夫的学术贡献加以概括和总结，这对了解20世纪俄罗斯满学研究的发展，也有价值。于洋《史禄国和他的通古斯萨满教研究》指出，俄国著名民族学家史禄国的《通古斯人的心智丛》是萨满教研究史上里程碑式的著作。它不仅改变了以往萨满教心理学研究趋向，把萨满教研究引入民族学领域，而且率先对萨满教"精神病理说"提出挑战。他在ethnos理论框架中提出"心智丛"这一概念，并将其运用到对通古斯人萨满教的民族志研究之中，开创了在历史—功能的语境中对萨满教进行理解和说明的范例。

满学研究在欧洲的历史源远流长、成果丰硕，长期以来，国内学界对此却疏于了解。汪颖子《简述欧洲满学研究——兼论清史研究在欧洲现状》一文，对17世纪至20世纪满学在欧洲的发展，分时段、分国别（法、意、德、俄等国）加以综述，并对21世纪以来欧洲满学研究的新动向加以概括，这对拓宽满学界的国际视野很有价值。

关雪玲《慈禧太后入招医生的退食生活》一文，以光绪六年（1880）清廷从各地延揽名医进宫为慈禧太后疗疾一事为背景，以《纪恩录》《北行日记》为基本史料，从论症制方、交游、消遣娱乐、宫外诊疗四方面考察入京医生闲暇之余的生活境况，在研究角度上也有新意。

台湾学者赖惠敏、苏德征《清朝宫廷制作黄铜技术与流传》，依据清宫内务府造办处档案，研究清朝宫廷技术与流传。该文认为黄铜是清廷制作器物的主要材料。乾隆时宫廷造像规模盛大，北京成为供应蒙古地区铜佛像、供器的中心。由于宫廷聘用工匠众多，使铸黄铜技术流传于民间，甚至传播到西藏、喀尔喀蒙古等边疆地区，影响深远。

滕德永《嘉庆朝内务府人参变价制度的新变化》，认为乾隆朝内务府确立了人参变价制度，并成为内务府重要财源。嘉庆时期，人参变价在变价途径、变价价格等方面出现了一些新变化。这些变化，是嘉庆帝统治政策调整的结果，不仅加剧了对两淮盐政的经济掠夺，而且进一步破坏了东北的生态平衡。这是导致道光朝人参变价困境的重要因素之一。

此外，如姜小莉《满族说部中的历史记忆》，范立君、肖光辉《清代满族宗教信仰之嬗递》，薛柏成、孙学凡《清代北京旗人婚姻家庭中的伦理道德观念》等文，均值得一读。

三　满族家族与人物

清代满洲人简称满人，为今日满族的先民。满人的姓氏与命名，是其传统文化中的重要组成部分，曾被清朝统治者提到"满洲根本"的高度而极力维持，但在汉文化影响下仍不免发生深刻变化。刘小萌《清代满人的姓与名》，依据清代官书、契书、碑刻、家谱、私家笔记，对清代满人姓氏命名系统，从七个方面作了初步考察。旨在说明：满人的姓氏命名系统，在内容上具有丰富多样、时间上具有流变性强、受汉文化影响强烈等特征。这些特征的形成，与满人传统文化的源远流长、社会发展的独特环境、外部条件的多样性以及满汉文化日益陶融的发展趋向，是分不开的。迟至清末，满人的姓氏命名系统，仍在一定程度上保存着自己的特征。这不仅是满人有别于其他族人的一个文化符号，也是其实现自我认同的重要依据。

定宜庄《关于清代满族妇女史研究的若干思考》，认为清代满族妇女史研究，要注重满文史料的重要作用，与八旗制度的紧密相关，并且要运用社会性别理论，这些思考对加强满族妇女史研究具有启迪。

刘金德《论满洲瓜尔佳氏索尔果家族与满洲异姓贵族之婚姻》一文，以索尔果家族为对象，探讨满洲贵族的婚姻形式、特点及影响。吕晓青《鄂尔泰"朋党"考辨》，认为乾隆初年鄂尔泰"朋党"案不能成立，是乾隆帝为打击鄂之强势家族势力而铸就的伪案。孟乔芳是八旗名臣，文治武功，均有殊勋，由此跻身于八旗世家。关康《论八旗汉军世家的兴衰——以孟乔芳家族为例》，以孟氏家族为典型个案，考察八旗汉军世家在清代的发展。孙浩洵《黑龙江将军那启泰降革案探析》，对黑龙江将军那启泰在嘉庆年间两次降调革职的原因进行探讨，认为那启泰官场失意，与其受到属下官员挟制有关，以此为切入点，分析嘉庆帝、黑龙江将军、将军属员三者间的关系，对了解清代东北官场生态有价值。

此外如许淑杰《纳兰心事几人知？——历史维度的解析》，孙明《浅议满族词人纳兰性德》，王立《纳兰性德故国怀古情结的历史解析》，孙艳红、李昊《纳兰词中的儒释道文化现象》等文，对著名词人纳兰性德从不同侧面加以解析。

四 边疆与民族

西方族群概念介绍到国内后，引起学界广泛关注。讨论热点之一即"族群"定义及其与"民族"关系，以及可否用"族群"一称取代"少数民族"。华人学者沈培建《"族群"：一个被误解和误用的概念》，以美国族群社会为例，阐述其族群研究的时代背景、研究趋向与理论局限。指出：西方多种族民族国家的"族群"概念，并不适用于同种族民族国家的中国社会。本文之所以富有启迪，不仅在于作者持有的独立观点，还在于其所倡导的，当中国学者面对西方理论和

序言

概念时所应持有的正确态度，也就是文末所总结的："在比较、对照、批判的基础上来决定国外成果是否可以借鉴；坚持研究的原创性和独创性，才能体现出中国社会科学的理论自信和文化自信。"

吴忠良《清中期嫩江松花江流域的人口变迁》认为，为解决来自俄罗斯和准噶尔的威胁，清廷于康熙朝中期起，在嫩江、松花江流域设置了许多八旗驻防与台站；与此同时，民人以各种身份进入该地区。另一方面，出于驻防需求，一部分原住民迁出两江流域。由此导致了两江流域的人口变迁，以及民族构成的变化。

韩国学者金宣旼《雍正、乾隆年间莽牛哨事件与清朝—朝鲜国境地带》认为，从16世纪末到18世纪初，清朝与朝鲜之间发生了多起越境事件，甚至到19世纪末，在双方朝贡关系解体之前，边境违法事件仍时有发生。在这一过程中，清朝政府处理边境事务的立场及态度，包括对越境采参、非法屯垦等问题的处理，前后发生一定变化：从最初的态度强硬转变到后来的较为宽容。本文通过关注16世纪末到18世纪初清朝与朝鲜之间的越境事件及雍正、乾隆年间两国外交议题之莽牛哨设汛事件，探讨18世纪清朝如何展开与朝鲜外交关系，进而解析18世纪中期清朝与朝鲜的相互认识及边境意识。

韩国学者李善爱《透过仪礼看皇太极时期对蒙关系以及"外藩（tulergi golo）"概念的形成》，从仪礼角度入手，考察皇太极时期"外藩"（tulergi golo）概念的形成，进而说明该时期满蒙关系的变化。

"乌拉齐"（ulaci）是清代满汉文档案文献中一专有名称，近年来引起学界关注。赵志强曾发表《清代"乌拉齐"初探》一文，认为此词并见于蒙古语、维吾尔语、通古斯语族满语等，因来源不同，在满汉语中所指对象也有区别；在清代文献中，"乌拉齐"（ulaci）作为一种人们共同体出现，常与"锡伯""索伦"（今鄂温克族）并列[①]。本

---

① 刘凤云主编：《宏观视野下的清代中国——纪念王思治先生85诞辰》，中国人民大学出版社2016年版。

专栏发表滕绍箴《"乌拉齐"非"民族名称"考辨》一文，认为"乌拉齐"一词源于蒙古语"站丁"之意；满洲统治者将此作为对东北"诸部"（包括索伦、达斡尔）的泛称，并与"新满洲"视同一体；清中叶以后，此称谓已带有贬义。本文之价值，不仅在于对"乌拉齐"（ulaci）一称作出新的解读，还在于如下启迪：即在对满汉文专有名词的审音勘同方面，汉文史料的价值同样不应忽视。

乾隆十三年至十四年（1748—1749），清廷对内蒙古地区实行"封禁"，要求赎回民典地，给还原主，并严禁容留民人和增垦土地。日本学者柳泽明《乾隆十三至十四年的清朝"封禁令"》，对"封禁令"出台始末、封禁令实施、封禁地域及影响，进行深入研讨。

罗布桑却丹系内蒙古喀喇沁左翼（南）旗蒙古人，因撰写《蒙古风俗鉴》而称名于世。小军《民族主义与多元文化论之间——论罗布桑却丹撰写〈蒙古风俗鉴〉的动机》一文，结合清末民初国家制度变革、内外关系诡谲多变的历史背景，系统考察罗布桑却丹的人生轨迹，及其撰写《蒙古风俗鉴》的动机。对全面了解辛亥革命时期多民族关系尤其是一部分蒙族精英的心路历程，具于启迪。

王亚民、李林峰《从〈珲春副都统衙门档〉看官府对乡村的管理》，结合晚清社会历史变迁，考察珲春官府乡村治理模式的阶段性变化，以及民官化、多民族化与近代化进程。对了解晚清东北边疆基层社会管理模式转型、地方政府与旗人、民人关系变化均有裨益。

金明实《清朝时期"燕行"路线及驿站形象研究——以丹东地区为中心》，根据朝鲜《燕行录》中有关朝鲜使节赴清廷朝贡的相关记载，考察"燕行"线路上33个驿站的形制、特点，对了解清代中朝关系与辽东地区驿站制度有价值。

陈文俊《军卫体制下陕西行都司土官身份考察》一文，关注点为明代西北边地土官，作者深入考察军卫体制下的汉官、土官之别，土官、流官、世官关系，土官军户身份诸问题，在此基础上，复将明代西北军卫体制下的土官与西南边疆土司制度下的土官加以比较，指出彼此异同。对全面了解民族杂居背景下的明朝治边制度，也有意义。

韩狄、韩天阳《"兵将留守"与十七世纪清朝对索伦部的管理》，针对日本学者有关清朝曾对东北边疆索伦部实行"兵将留守"的观点提出质疑，认为清政府对索伦部的管理，初期采取来朝纳贡形式，继而实施贡纳制与旗佐制相结合的管理模式，并未实行"兵将留守"制。学界陈陈相因的一种观点是，随着辛亥鼎革、民国肇建，"腐朽"的八旗制度已寿终正寝。孔源《清末民初呼伦贝尔治边政策的转型》，通过对清末民初呼伦贝尔变化的阶段性考察，揭示八旗制度在该过程中的某种"复活"，以及这种"复活"对东北地方当局治边政策所产生的积极影响。此文对学界重新认识八旗制度在东北边疆史中的作用不乏启迪。

另有范立君、袁雪《清入关前东北地区移民述论》，郭培培《清末〈东方杂志〉认识满汉关系的历史语境》，赵令志《济隆七世呼图克图入京考》等文，各有专攻，均值得一读。

五 满文文献与满语（锡伯语）

《西洋药书》为清宫传教士以满文写成的西洋药学著作，全书有三部分，其中第一部分搜录36个药方。台湾青年蔡名哲《满文〈西洋药书〉第二至第六药方及相关问题》，认为其中诸多药方，传教士可能是以中医学理介绍之；但对于部分药材与技法，则是以满文直接音译。因此，该书可视为中西医学知识体系交流下产生的著作。而这一交流过程，值得深究。

近年来，学界对利用满文等非汉文种文献从事研究越来越重视。关康《域外收藏满文天主教文献三种》一文，利用东洋文库藏《古新圣经》、法国国立图书馆藏《万物真原》和《天神会课》，考察其内容，比较其异同，进而探讨西方传教士运用满文翻译圣经经典的方法、特点。清代活跃于京师的西方传教士出于向满人传教的需要，用满文翻译了大量天主教文献，迄今尚乏研究。本文的发表有助于引起学界对该专题的关注。

杜家骥《清代满族家谱的史料价值及其利用》，是基于自己多年利用满族家谱从事研究的经验之谈，重点阐发满族家谱的内容、特点、史料价值，以及研究心得。对目前方兴未艾的满族家谱研究具有指导意义。其中，有关满族家谱与其他官私史料的互补关系、满族家谱中女性史料的价值、通过满族家谱考察清代基层社会满汉通婚的实态以及满汉文化融通等内容，对推进满族史研究尤有启迪。

聂有财《满语地名"登登矶"考》，该文参据满文档案及朝鲜史料，就清代东北边疆史中满语地名"deng deng gi"（登登矶）的含义、地理位置、相关史事加以探讨，匡正旧说。袁理《论清代先农坛建筑群匾额中的满文》，以北京先农坛为对象，就匾额制作、匾额满汉文字撰拟，乾隆年间匾额满文的更改（即汉语音译借词改为满语意译词），作了饶有趣味的梳理。

清朝入主中原，先后依据"大统历""回回历""西洋历"编制满、蒙、汉文《时宪书》。《时宪书》内容丰富，涵盖天文、地理、节气、军政、历史、生产、生活、礼仪、风俗、占卜、思想、伦理等诸多方面。清廷将《时宪书》颁行天下，既是满洲统治合法性的重要标志，同时起到陶融、凝聚全体国人（不分民族不分阶层）文化认同的积极作用。春花《论清代满文〈时宪书〉内容版本及颁发》一文，以北京故宫博物院藏历年《时宪书》满文本为基本史料，对满文《时宪书》的不同版本、其在内容和装潢上的异同、刻印单位与颁发程序等问题加以考察，是一项具有开拓性的研究。

俄罗斯著名汉学家扎哈罗夫编纂的《满俄大辞典》，出版于1875年，在国际满学界一直享有盛誉。该辞典的编纂，除参考康熙朝《大清全书》、《御制清文鉴》，以及乾隆朝《御制五体清文鉴》等诸多满文辞书外，还吸收了在华传教士，尤其以扎哈罗夫为代表的俄国汉学家，对满语满文、清朝社会诸方面的认知，因此具有语言学、历史学、中外关系史研究的珍贵价值。而此类研究的特殊难度，在于必须兼通俄文、满文，以及满族历史文化。许淑杰、刘国超《从〈满俄大辞典〉试析扎哈罗夫对满文词汇的理解》一文，就是开展此项研

序言

究的一个有益尝试。

清朝统治者奉"国语骑射"为立国之本,视弓马射术为满洲长技。而满洲旗人有关射术典籍,存世者仅常钧《射的》一部。锋晖《满洲射书〈射的〉考》一文,对作者生平、射术流派、射术内容等问题逐一考察,指出清代满洲射术虽受国家体制严格保护,但其内容已非传统"武射"旧俗,而融入大量中原"文射"因素,包括"礼""道"儒家理念。说明即便是在射术这一满洲传统的核心部分,与汉文化的陶融同样不可避免。这为正确诠释清代满汉文化关系,无疑提供了一个令人信服的典型案例。

张莉《中国第一历史档案馆藏满文档案史料价值》,从介绍满文档案的形成与分类入手,重点阐述满文档案的史料价值和研究价值。对有志于利用满文档案的学界同仁,具有指导意义。

图伯特(1755—1823),是清嘉庆年间新疆驻防锡伯族名臣。永莉娜《图伯特任职塔尔巴哈台领队大臣时期满文档案译释》,从《清代新疆满文档案汇编》中选取图伯特任职领队大臣时期的四件档案加以译注,并就其旗籍隶属,任职领队大臣时间,任职期间主要公务,休致后再次候补锡伯营总管等具体问题加以说明。

满族家谱是研究满族历史文化的基本史料,长期以来,虽历经劫难,存世者尚多,仅吉林师范大学收藏的就达千部。传统家谱整理手段主要依靠人工,不仅费时费力,且有检阅不便诸弊。徐立艳、王辉宇所撰《思维导图软件 Freeplane 在家谱数字化过程中的应用探讨——以正红旗满洲哈达瓜尔佳氏家谱为例》一文,以满洲哈达瓜尔佳氏家谱为例,探究思维导图软件 Freeplane 在家谱数字化过程中的应用方法,指出利用现代化手段整理家谱,不仅大为提高了工作效率,对专题研究的开展也提供了便捷手段。

付勇、郭公、锋晖《基于音素法的锡伯文字母划分与拼写的研究》,总结锡伯文发展的历史与现状,指明以音节为基础的传统识读学习模式的局限,认为应以锡伯文发音音素为基础,结合计算机信息科学原理和特性,研究锡伯文字母符号拼写规则,以期为锡伯文传承开辟新途径。同类论文还有佟加·庆夫《锡伯语言文字"三化"建设综述》。

  以上,就论文集内容作了挂一漏万的介绍。可将论文集特点概括为四点。一是研究的国际性。各国学者各有自己的学术传统与特色。经过几代中外学者的辛勤耕耘,这一学术领域早已硕果累累,在继承中求得发展,在创新中不断开拓,通过国际日愈密切的交流把研究不断推向深入。二是研究的创新性,在史料挖掘、研究视角乃至问题意识等方面,多有新意。三是作者对挖掘利用满文档案等史料的高度共识。四是一批青年才俊的脱颖而出。不少论文题目新颖,内容充实,足以彰显学界新锐的蓬勃活力和强烈进取意识。总之,本文集所收论文,是5年来满学研究的一个集萃。本文集的出版,不仅竖起几代学人携手共进的一个新起点,同时也昭示了这一学术领域将拥有更为灿烂的前景。

  最后需要说明的一点是,本文集的编纂工作,均由《学报》编辑部负责。感谢《学报》负责人孙艳红、王金茹的鼎力支持和积极参与。尤其要感谢孙守朋教授,正是由于他的辛勤努力,以及一丝不苟的敬业精神,确保本文集的圆满出版。还要感谢中国社会科学出版社编辑吴丽平副编审卓有成效的工作。吉林师范大学校方为论文集出版提供了经费资助。还有其他参与此项工作的诸位同仁和朋友,在此一并致以最诚挚感谢!

2018年7月于吉林师范大学

目　次

（一）

第一编　满族史与八旗

边地视野下的辽东女真 …………………………… 奇文瑛（3）
"两头政长"制下的叶赫部王城内城建制与
　　功能试析 …………………………… 隽成军　聂卓慧（19）
再论祖大寿与"祖家将" ………………… ［日］绵贯哲郎（35）
清入关前的户下奴仆兵 …………………………… 李文益（60）
1629年爱新国征明行军路线考 ………………… 萨出日拉图（71）
论盛京五部初设时在上层管理体制中的作用 ……… 李小雪（99）
清入关前六部浅析 ………………………………… 李小雪（109）
清初"纪录"小考 ……………………… ［日］神谷秀二（125）
清初官员的品级与升转 ………………… ［日］神谷秀二（134）
清代直省驻防八旗寺庙祀神刍议 ………………… 关笑晶（150）
清代东北的驻防八旗与汉人
　　——以黑龙江地区为中心 …… ［日］柳泽明著　吴忠良译（167）
八旗汉军研究的几点认识
　　——兼评《汉军旗人官员与清代政治研究》一书 …… 滕绍箴（184）
近代以来清代汉军旗人研究的回溯与反思 ………… 孙守朋（203）

目次

八旗再考……………[日]柳泽明著　N.哈斯巴根　刘艳丽译（214）
八旗旗王制的成立
　　……………[日]杉山清彦著　N.哈斯巴根　吴忠良译（225）
清代沧州驻防的设立、本地化与覆灭……………张　建（246）
清代八旗驻防协领刍议……………顾松洁（271）
清代内务府的包衣荫生……………黄丽君（284）
晚清的旗人书院……………顾建娣（297）
论清代的八旗义学……………柳海松（308）
清代萃升书院历史启示……………刘中平（323）
民国时期清理河北旗地过程中拨补租地初探……………王立群（334）
最后的"旗军"：京旗常备军组建述论……………黄圆晴（344）

第二编　满族文化与萨满教

清代满族宗教信仰之嬗递……………范立君　肖光辉（367）
论《尼山萨满传》中的清代巫觋治病及其他……………刘世珣（375）
史禄国和他的通古斯萨满教研究……………于　洋（392）
萨满教变迁研究……………孟慧英（403）
神化亦或人化
　　——满族"换锁"仪式中的音乐功能解构……………王晓东（424）
满族乌鸦民俗的"大传统"解读……………张丽红　彭　柔（437）
清代京城满人信仰的多角度考察……………刘小萌（450）
北京福祥寺小考……………关笑晶（474）
清代直省驻防满洲旗人萨满祭祀考析……………姜小莉（485）
满族民居禁忌习俗起源与功能……………赫亚红　姜亭亭（495）
满族说部中的历史记忆……………姜小莉（502）
述史寻根　求同探异
　　——读《满族小说与中华文化》……………王鸿莉（511）

清代北京旗人婚姻家庭中的伦理道德观念 … 薛柏成　孙学凡（519）
满族传统民居的象征文化探析 …………… 赫亚红　孙保亮（533）
满族及其先世文化的历史空间与现代变迁 ………… 王　卓（541）
满族民间故事中的道德意蕴探析 ………………… 刘雪玉（555）
简述欧洲满学研究
　——兼论清史研究在欧洲现状 ………………… 汪颖子（565）
格列宾希科夫和他的满语、民族志与萨满教
　研究 ………………… [俄]庞晓梅著　于　洋译（580）
清朝宫廷制作黄铜技术与流传 …………… 赖惠敏　苏德征（590）
嘉庆朝内务府人参变价制度的新变化 ……………… 滕德永（613）
慈禧太后入招医生的退食生活 ……………………… 关雪玲（629）

第一编　满族史与八旗

边地视野下的辽东女真

奇文瑛[*]

女真人进入辽东早在辽代前期。为控制东北女真的需要，辽朝曾将其强宗大户内迁到辽阳以南及至辽东半岛一带居住，金朝女真崛起直到元朝，富庶的辽东地区一直是女真人和东北各族向往移居的地方，历经辽、金、元朝，随着各族人口的增多，辽东"人多侨居""俗各异好"，[①] 具有民族、文化多元杂糅的突出特点。

到明代，据《辽东志》记载当地人口结构："华人十七，高丽、土著、归附女直野人十三"，这虽说是泛泛之词，但反映辽东地区依然是多民族杂居的状况。据文献记载，明朝出于政治、军事的考虑，不断吸引边外蒙古、女真和高丽等族人口移民辽东，其中尤以女真人最多。本文主要关注的是明代定居辽河以东（以下称河东）的女真人以及与边外关系的问题。

一 河东卫所的女真人

明代辽东为军政合一的都司卫所体制，当地人口皆在卫所管辖之下。辽东都司下辖二十五卫二州，卫所人口由北上的中原军队、谪戍

---

[*] 奇文瑛（1952— ），女，蒙古族，内蒙古土默特人，吉林师范大学历史文化学院兼职教授，中央民族大学历史文化学院教授，博士生导师，研究方向：明清北方民族史、民族关系史。

[①] 嘉靖《辽东志》卷1《风俗》，引自《图册》，《辽海丛书》（第一册），辽沈书社1984年版，第363页。

流犯、故元归附官兵和辽东土著组成。永乐之后自愿内迁的边外女真朝廷虽为之设立二州安置，实际诸多方面也是由卫所代管。所以严格说，明代辽东女真人皆在卫所管辖中。

辽东卫所依制度而言，有军户（或曰军籍）和寄籍户之分，军户者不分民族世代服军役，不能脱籍父死子继，这是沿袭元代军户制度而来的。洪武入卫的故元官兵和土著都在军籍之内。辽东洪武初年曾设过州县，十年（1377）全部撤销，唯留军卫，故辽东人口也皆纳入卫所成为军户。所谓寄住或寄籍于卫所的是非军户人口，包括内迁的女真人、流移辽东的各色中原人户等，原则上没有强制服军役的义务。永乐仁宣朝安置于二州、东宁卫的内迁女真（也谓之"达官"）皆属此类。

梳理明代辽东女真主要有三个来源：一是洪武归附的故元官兵中的女真人；一是永乐仁宣内迁的女真首领，一是明末因投降编入镇兵或成为将领麾下家丁的女真人。

（一）河东卫所中的军籍女真

辽东诸卫或多或少都有高丽、女真和蒙古族官兵，但女真聚集最多的则是辽阳至开原一带的辽河以东的卫所，其中又以辽阳的东宁等卫、开原的三万和辽海卫，以及铁岭卫为最。

东宁卫与辽东都司同城，在今辽阳老城北。洪武十三年（1380）初设，先以故元归附人编为南京、海洋、草河、东宁、女直五千户所。所谓南京、海洋所是因故元南京万户府（今延吉市）和所属海洋站（今朝鲜吉州）来归女真、高丽人组成；东宁、草河所是以故元和罗城万户府（即故元合兰府城，今朝鲜咸镜南道之咸兴）和鸭绿江以东归降人组成；还有女真单独一所。这五个所都由非汉百姓构成。洪武十九年（1386）卫所调整，原五所合并为四，又添设一个汉军所，打破了以女真、高丽单独编卫的情况。尽管如此，东宁卫中非汉民族仍占到五分之四的比例。东宁卫官兵多来自长白山南麓和东麓一带，这一带也是建州诸卫分布地区，故永乐仁宣的建州移民多选择东宁卫居住就有投奔同族的因素。

三万卫在开原（今开原市北老城镇），洪武二十一年（1388）设，领八千户所。据《三万卫选簿》①不完全统计，此卫武官除"年远故事"（指因亡故、调离、绝嗣等因已不在卫的官员）或史事不清者外，凡有197名，其中女真族官员113名（寄籍女真81名，军籍32名），蒙古族5名，汉族79名。三万卫中军籍女真和蒙古官员凡37名，占到卫所武官的32%，几近三分之一，若不分籍属，女真和蒙古官员占比则高达60%，可以说三万卫也是女真、蒙古人为多数的卫所。

铁岭卫洪武二十一年（1388）设，先是元将拔金完哥率部来归，继之指挥佥事刘显至铁岭（朝鲜境内的摩天岭）立站招抚鸭绿江以东夷民，不久撤回，遂于奉集县（今沈阳东南奉集堡）设卫，二十六年（1393）移至嚚（银）州（即铁岭市）即铁岭卫。拔金完哥的部众和刘显带回的夷民是非汉民族没有异议，所以铁岭卫初设时也是以女真等非汉百姓组成的。

军籍女真主要来自土著抽丁和纳哈出部众。前者如裴牙失帖木儿，曾是前元秃哈千户所达鲁花赤，洪武十四年（1381）率众来附，十七年（1384）垛集充小旗。②明代"垛集"，是以当地人户抽丁的金军之法，一般是三丁或五丁抽一。曾任奴儿干都指挥同知的佟答剌哈，其入卫始祖满只洪武十六年（1383）来归，始祖故，佟答剌哈垛集充军。永乐元年（1403）因诏谕功始由军卒升为小旗。③侯史家奴故元枢密副使，辽阳人，洪武十一年（1378）五月自辽东来降。

---

① 卫所《选簿》是卫所武官的世袭名册，内容包括入卫始祖的姓名、籍贯、入卫时间、入卫方式及其履历，以及历任后代姓名、袭职时间、履历等。

② 《三万卫选簿》裴承祖条，第139—140页；佟国臣条，第138—139页，中国第一历史档案馆、辽宁省档案馆编：《中国明代档案总汇》第55册，广西师范大学出版社2001年版。

③ 《三万卫选簿》佟国臣条，第138—139页。

十四年五丁抽一立东宁卫,侯史家奴金授草河所副千户。① 五丁抽一就是垛集金军,侯史家奴也在金军之列。

上述三例都是按丁口垛集方式入卫的,在《三万卫选簿》中佟氏、裴氏有"土人""土官"的称谓,当属就地归附的土著,侯氏辽阳人也属土著无疑,或可说垛集入卫的主要是土著百姓。

后者如三万卫指挥佥事高嵩、副千户佟朝臣、指挥佥事马良、指挥佥事王勤的先祖,原是北退草原的故元官兵,洪武二十年(1387)随纳哈出南下归降,全部安插卫所充军,② 故无垛集一说。

洪武时期无论以哪种方式入卫,不外故元降附官兵或当地土著百姓。明朝初立急需建立自己的武装,而从龙官兵有限,故当地非汉土著和故元降服军民遂成了组建辽东卫所的主要兵源。可见河东卫所初建就带有程度不同的非汉色彩。

(二)永乐、洪熙、宣德朝自愿内迁的女真人

女真人自愿内迁,是明成祖抚缉东(北)、西(北)两翼,集中打击北部蒙古战略的产物。朱元璋洪武二十一年(1388)曾派明军深入东北,计划在斡朵里(松花江下游)和铁岭(今朝鲜咸镜道南端之山)设卫,出师不利撤回后再无举措。永乐初北元分裂,为了削弱蒙古,隔绝女真与蒙古的联合,永乐元年(1403)遣使四出,招徕女真,开始全力经营东北,很快"海西女真、建州女真、野人女真诸酋长悉境来附"。③ 截止永乐七年(1409)数年间,明朝依女真部落设立羁縻卫所174(正统184),并在此基础上设立了统管东北羁縻卫所的奴儿干都司,确立了明朝对东北的统治。与此同时女真部落首领也纷至沓来自愿入居内地。

---

① 《明太祖实录》卷118,洪武十一年五月戊寅条;《三万卫选簿》"侯镇"条,第194页。
② 《三万卫选簿》署指挥佥事事正千户高嵩条,第228页;副千户佟朝臣条,第271页;指挥佥事马良条,第187页;指挥佥事王勤条,第188页。
③ 严从简:《殊域周咨录》卷24《女直》,中华书局2009年版。

开原扼守松花江和黑龙江女真往来中原朝贡贸易通道，成祖时为了有效控制边外女真，推行积极招徕女真首领内迁优养的政策。为昭示优养的吸引力，女真来者就便安插开原城，专设安乐、自在州管辖，分别于三万和辽海卫代俸。自愿内迁的女真文献皆称"达官"，《三万卫选簿》中安乐州代俸达官即属此类。女真达官内迁集中在两个时段：一是永乐宣德时期，一是正统景泰时期。

1. 永乐、洪熙、宣德时期由于政策的需要，招徕的女真达官集中安置在开原安乐、自在州和辽阳东宁卫，仅开原城就有"来归夷人四百余户"①。《三万卫选簿》记有安乐州代俸达官81名，因档案残缺这不可能是准确数据，据实录"四百余户"推断，两卫当各有200左右的代俸女真达官，一位领俸达官为一户，两卫亦即四百余户。也就是说，永乐仁宣时期开原城内聚集了多达四百余户的女真达官。到万历后期经二百余年的繁衍生息，开原已"半是达官苗裔"②，杂居规模相当可观。

正统、景泰时期，女真人南迁又呈高潮，由于时势变化安插集中在南边卫所。正统之后，瓦剌军队东征，"辽东被杀掠尤盛"，避乱求生的边外女真人纷纷南下扣关辽东，辽阳安插者"动以千数"。[1]241辽东北边形势恶化，开原临在前沿"恐后益多难以钤制"③，故正统之后内迁的皆向辽阳以南分散安置，先是辽阳诸卫，之后遍及海、盖、金、复各卫所，最远进入江南南京等地。为此辽河以东，北起开原南抵辽东半岛都成女真人寄籍之所。随着南边安插益多，自在州也南迁辽阳，专责辽阳以南寄籍卫所女真的管辖，与安乐州呈南北分治女真移民的局面。

成祖精心设置的羁縻女真卫所格局明中期以后遭到摧毁，达官的作用无的放矢，朝廷也放弃了招徕女真的策略。自后女真移民虽然减少，但来者朝廷依旧抚缉安插，故移民依然络绎不绝。正统、景泰的

---

① 《明英宗实录》卷220，景泰三年九月庚戌条。
② 熊廷弼：《按辽疏稿》卷2，"请免商税疏"，明刻本。
③ 《明英宗实录》卷220，景泰三年九月庚戌条。

女真移民规模没有直接的数据，但从战争"避难"来看，应该比永乐仁宣时期的规模要大得多，由于安置遍布辽阳以南卫所，遂使金、复、海、盖以汉族官兵为主的卫所也开始有女真杂居其中。可以说正统之后女真移民遍布整个河东地区的卫所。

（三）营兵、家丁中的女真

明朝后期，辽东卫所军衰败，不堪御敌，真正维持局面的是地方武将和豪门豢养的家丁。在辽东豪门也多是武将出身，所以家丁实际就是武将亲领的军队，他们包括亲属舍余、义子、义孙和所领和驿站的卫所官兵，以及招募所得的各色人等。[2]403女真、鞑靼善骑射，"骁悍猛鸷每出有功"[3]404，最为地方豪强和武将看好。

隆万之际巡抚张学颜奏报：查得"投降真夷精壮者多在镇城投充家丁"。张学颜并为之在总兵衙门东隅易空地一处建房居之；于寺前官地，建受降所以处真夷之稍弱有家口者；又于城外关厢之内易空园一所，建房二百余间，以处新来之稍未信者，选立队长编成次序，责于总管领操练以备不时之用。[3]404看得出收纳投降真夷成了辽东补充军兵直接见效的办法。故而明末几乎每个统兵将领都有一批自己的家丁[2]403，河东尤以李成梁的李家军最为著名。

通过梳理不难看出，进入明代，女真移民的步伐依然未止，且由于明朝积极招徕的政策，女真内迁不仅有规模且呈现阶段特征，安置也相对集中，这与明朝对蒙古人移民尽量远离边地的安置政策截然不同。有明女真人的移民数据虽缺乏较明晰的记载，但据辽东人口研究的观点：明初辽东人口约计四十万，其中原住民二十六万，内地迁来官军家眷十四万。原住民又分为华夏族群十四万，女真、高丽、蒙古十二万。① 按原住民二十六万中非汉人口十二万，占总人口的30%。

---

① 杜洪涛：《明代的卫所体制与辽东社会》，博士学位论文，北京大学，第70页。

需要细分析的是，十二万人的分布是不平衡的，女真、高丽人①主要杂居在河东，诚如前述是出于政策的需要，而蒙古人则偏在河西卫所，也就是说十二万中的三分之二分布在河东；此外辽东的华夏族群也不可等同于汉族，这是历经辽金元几百年多民族杂糅形成的地方群体，即如裴牙失帖木儿、佟答剌哈、候史家奴之类皆有多元文化特征；而且上述人口分析中还未包括隆万之际成为武将家丁的大量女真移民。河东"华夷杂糅"杂居程度于此可见一斑。

二 河东与边外的关系

明代进入辽东的女真与边外羁縻卫所有千丝万缕的联系，达官的作用在前期最为显著，后期多元杂居的辽东社会文化潜移默化的影响更是多方面的。

（一）两州的设计与达官作用

永乐、洪熙、宣德时期积极招徕女真内迁与其经营辽东边外有密切关系。成祖登位伊始即全力经营东北，派人四处招抚，很快"海西女真、建州女真、野人女真诸酋长悉境来附"。② 仅永乐七年（1409）就在黑龙江下游设奴儿干都司，统管辽东以外的羁縻地区，同年辽东也设立了安乐、自在两州，以安置自愿内迁的女真。联系起来看显然这是一套政策。

成祖设置二州的意图当然要与羁縻卫所联系起来观察。根据《明实录》永乐至宣德朝女真自愿内迁有58条记载，涉及52个羁縻卫所，其主要集中在长白山东、南麓，松花江中下游一线和黑龙江下游的奴儿干一带，除了奴儿干，前两个地区在元朝均是女真文明程度最高的区域，[4]永乐元年（1403）引领女真悉境来附的就是来自这两个

---

① 元朝沈阳、辽阳就有高丽族人聚族居住，明朝东宁卫高丽武官被定为土官，即表明是当地土著。明朝高丽人主要定居在辽阳卫所，后有部分被迁移广宁诸卫。

② 严从简：《殊域周咨录》卷24《女直》。

地区的建州首领阿哈出和海西首领西阳哈，二人在元朝授命管领当地女真，所以具有一定号召力。从上述地区迁来的女真基本都是部落首领。按《明会典》的规定："凡来降夷人，有职事者与原旧职事，子孙准袭；无职事者量与做头目，子孙袭替之日收军"。① 安乐州能做统计的达官78人，授卫职的42名，所职的20名，百户、镇抚、头目等16名。按"与原旧职事"的规定看，内迁的女真除个别头目外，来之前基本都有一官半职，而且卫所职级的有近八成的比例。且有内迁女真的52个羁縻卫所，在边外184个卫所中占28%，这就是说有四分之一还多的卫所都有首领在辽东。女真地区四分之一卫所的首领，而且是重要地区的部落首领都有定居辽东者，明朝的目的不言而喻。诚如明人所言："其来之不绝者，中国诱之也，诱之不衰，则来之愈广。"[5]189 "自愿"内迁只是表象。

朝廷的安置措施也颇为特殊。两州达官仍保留羁縻卫所之职，《会典》所载"有职事者与原旧职事"，说的就是这个意思。但初来朝廷依旧职重授是为确认领俸品级。边外羁縻卫所官职向无俸禄而言，定居中原若无俸禄则无以为生，所以即使两州本"无职事"的女真百姓也要授个头目，就是为生计考虑。女真达官的性质，以下两例也可为证。如女真人武忠，本是洪武入卫的锦衣卫百户，如前所述当是军户。正统十年（1445），叔父玄城卫（今黑龙江省富锦县）指挥佥事乃当哈卒，因无子嗣遂准武忠"代叔父乃当哈为海西指挥佥事，改注锦衣卫带俸"。② 武忠的身份由此不再是锦衣卫军籍官员，而是寄籍的海西玄城卫指挥佥事，《锦衣卫选簿》中达官指挥佥事武忠的入卫始祖从其叔父乃当哈，而非自己的军户父祖。③ 这说明在明朝制度中边外卫所之职与军籍武职不能同类而语。又如，毛怜卫都督同知莽哥不花，其父建州卫指挥使阿哈出，宣德元年（1426）莽哥

---

① 万历《明会典》卷186，《兵部一·夷人袭替》。
② 《明宪宗实录》卷85，成化六年十一月丙戌条。
③ 《锦衣卫选簿》指挥使武良相条，《中国明代档案总汇》第49册，第491—492页。

不花功升都督同知被留居京师，仍令掌管毛怜等卫事。① 四年（1429）故，子撒满答失里袭掌毛怜卫事。从正统二年（1437）奏请欲"居京自效"未准看，李撒满答失里一直居住在边外，② 当然所袭更不可能是军籍武职。以上两例的是京师女真达官的身份性质，京师达官与安乐、自在州达官的差别只是安置地点不同，没有本质上的差异。

朝廷在安置方面也有因俗而治的特点。除"岁给俸如其官"，[6]2 提供生活之资，且使子孙世袭无后顾之忧外，具体安置是依"部落自相统属"③，不打乱首领与部属的统领关系；同时"无赋税差役"④，"许令任意牧猎，不许骚扰"。⑤

朝廷如此优养的目的不在其身，而在其外，是欲继续发挥他们对边外的控制和影响力作用，就像莽哥不花那样留居京师遥控领毛怜卫事。永乐时朝廷一再强调"非奉朝廷文书而私出境者处以重刑……若安乐、自在等州女直野人鞑靼欲出境交易""省亲"⑥"不在此例"⑦。达官可以自由出入境，正是为他们联络本部创造条件。朝廷赋予达官的最惠待遇可谓是每年一次的朝贡。据正统年间官员奏称："辽东东宁卫及安乐、自在州寄住达官人等，累年进贡不限时月，多带家人贪图赏赐……"⑧ 朝贡后达官将丰厚的赏赐沿途交换为边外需求的物品，出边转售与部民获取利润，再购得当地土产，为来年朝贡准备。整个过程看是经济牟利的行为，实际也是政治联络的基础，所以尽管

---

① 《明宣宗实录》卷21，宣德元年九月丁巳条；《明宣宗实录》卷27，宣德二年四月己巳条有载：掌毛怜卫事都督同知莽哥不花家属留京师，奏请给俸。

② 《明英宗实录》卷30，正统二年五月壬寅条。

③ 《明太宗实录》卷78，永乐六年四月乙酉条。

④ 据《辽东志》和《全辽志》的记载，安乐、自在州无赋税；因系归附之人，初亦无固定兵额（《全辽志》，第570页下）。

⑤ 辽宁省档案馆、辽宁省社会科学院历史研究所编：《明代辽东档案汇编》下册，"民族"第205条，辽沈书社1985年版，第859页。

⑥ 《明太宗实录》卷78，永乐六年四月乙酉条。

⑦ 《明太宗实录》卷204，永乐十六年九月戊申条。

⑧ 《明英宗实录》卷76，正统六年二月戊寅条。

达官不遵守朝贡规定，朝廷也未严行禁止。开原"居全辽上游"，"噤吭"辽东，女真朝贡皆由此入，朝廷将两州设立于此其意不言自明。

土木之役前辽东边外局势稳定，固然是明朝国力强盛的原因，但达官居中沟通和牵制作用也不可小觑，否则朝廷不会投入如此的人力、物力优养他们。

景泰以后，永乐构建的边外秩序崩溃，羁縻卫所名存实亡。是后，女真诸部重新联合，遂已不在明朝掌控之中。女真羁縻卫所破坏，两州作用无的放矢，达官的优养条件也渐不如前。景泰之后，为防"边情泄露"达官出边遭到限制①，朝贡也不见记载②。达官懋迁获利的途径被堵塞，虽有俸禄不敷、人口增加的负担，且后代世袭也只长子，故而成化以后达官余丁或懋迁有无出门经商，或屯种耕田，或应募当兵逐渐融入地方，成为吃粮当差的皇朝子民。达官应募当兵始于弘治十四年（1501）辽阳守备不足，于达官等户内抽丁，募得余丁五千③，达官费祥也募兵千人，加入镇守。④到正德，"镇守抚总衙门拥导出入，名曰随征"者，主要是达官舍余。⑤女真善骑射勇武，自有募兵始两州寄籍达官子弟凭借优势多编入军伍，成了辽镇守军中的重要力量。嘉靖间懿路备御佟贤，就是安乐州女真达官，其父佟宣曾任把总指挥，正德年间分守锦州、义州；⑥都指挥同知高云，则是自在州达官，曾为镇守开原参将，也分守过锦、义两城。⑦就二州达

---

① 《明孝宗实录》卷187，弘治十五年五月癸酉条。
② 笔者检索实录，最后一条朝贡记载是自在州达官，时间在景泰二年正月。（《明英宗实录》卷200）
③ 《明孝宗实录》卷177，弘治十四年闰七月壬辰条。
④ 田汝成：《辽纪》，《辽海丛书》，辽沈书社1984年版，第2575页下。
⑤ 同上书，第2576页下。
⑥ 刘效祖：《四镇三关志》卷8《职官考》，《四库禁毁书丛刊》史部第10册；《明武宗实录》卷117，正德九年冬十月丁未条；《三万卫选簿》第55册，第174页：佟宣本自在州达官，因"守备不设参问充军终身"故，佟贤袭职令于三万卫带俸差操，故《四镇三关志》注为"安乐州人"。
⑦ 刘效祖：《四镇三关志》卷8《职官考》，《四库禁毁书丛刊》史部第10册；《明武宗实录》卷129，正德十年九月乙巳条；《明世宗实录》卷2，正德十六年五月庚申条。

官从无赋役到服军役看与军籍官兵已渐无差异。

两州本为抚辑边外女真而设，明前期在国力强盛背景下达官与羁縻卫所内外相维，边疆安定近百年，中期以后边外形势恶化，两州失去了设置的初衷，出于生计达官后代通过屯种、应募充军、经商等途径融入辽东社会，成为"辽人"的一部分。

（二）"你中有我，我中有你"的辽东世家

有明先后定居辽东的各类女真人口，随着人口增加不断加剧辽东杂居的程度，这是毋庸置疑的，更值得注意的是，他们中的许多人或历功跻身武官行列，或科举为官，或因贸易聚富，在各城形成大小不等的世家，尤其是武官家族。

明代实行卫所武官世袭制，故女真武官多世居辽东。如三万卫32位女真官员中传6代以上的有26位，传世到河东沦陷前后的还有21位[1]，也就是说这些女真家族自洪武入卫到万历在开原生活了至少有二百多年，多因军功成为地方势族。如开原裴氏，祖裴牙失帖木儿，洪武十七年（1384）垛集充军，历功从小旗升至三万卫指挥同知；二辈裴俊袭职后功升至辽东都司都指挥使，三辈裴显袭职后历功为辽镇副总兵；四辈裴镇（震）袭职功升都指挥佥事；五辈裴世杰袭职功升都指挥同知；[2] 七辈裴承祖袭职，推升抚顺城游击；八辈裴邦瀚袭职功升都指挥同知；九辈、十辈袭职时河东已经沦丧，当已离开开原。按明制，武职世袭的是祖职，不包括立功升迁的职级。裴氏祖职是指挥使，但后代勇敢善战皆因立功升迁在都司职级上。因此家道不衰，成为当地的世家显族。开原佟氏，入卫始祖满只洪武十六年（1383）归附，二辈佟答剌哈垛集充军，永乐从小旗历功升至奴儿干都指挥同知，其二辈佟胜、三辈佟昱因功升迁都指挥佥事、同知，北

---

[1] 据《三万卫选簿》统计，见《中国明朝档案总汇》第55册。按选簿记载的传代世系并不是最终的，因为选簿中还有后继世袭未及登录夹页的贴黄，出版印刷时贴黄取出，现影印的选簿缺少夹页贴黄的内容。

[2] 据《三万卫选簿》载，裴氏诸辈中惟六辈裴臣无功升事迹。

路参将等；后传至十辈皆袭指挥使职再无立功升迁的记载。显然佟氏地位不及裴氏显赫，但是佟姓是开原大姓，除佟答剌哈家外，同卫还有一家千户和一家百户佟氏，安乐州寄籍佟姓更多有8家。这些佟姓家庭中或有同祖异支者亦未可知，但至少都来自建州①。同乡、同族同居一城，又都是门当户对的武官家庭，久之自然就形成了相互依托的佟氏社会关系。辽阳有高氏、佟氏、崔氏、韩氏等世族，其中轰动万历末年的佟氏案，就出自辽阳佟氏。铁岭最为显赫的是李氏家族，李氏先祖来自高丽，明后期李成梁的势力在河东独树一帜，且"姻亲厮养分操兵柄，环神京数千里，纵横蟠踞，不可动摇"[7]6196。可以说河东的豪门世族几乎都有武职的背景，而且多少都有非汉民族的渊源。

不过，准确地说无论是哪个民族的家庭，经过在辽东二百余年的杂居、联姻，都已经是"你中有我，我中有你"的关系。社会关系网络最大的纽带是家族联姻，在等级森严的封建社会，门当户对的联姻既是家族地位的风向标，也是维护家族利益的工具，女真等族武官家庭也不可能违背这个规则。

以辽阳东宁卫杨五山家为例。杨五山是山后人②，入卫始祖洪武自北山来归，屡建首功历升指挥佥事，金紫之荣传八代到杨五山。五山父杨世禄曾两任备御都司，杨五山袭职后，因才能俱佳先后推升懿路备御、宽甸参将带副总兵衔等，也算是辽阳有些地位的家庭。五山先后娶晋氏、曹氏、蒋氏、赵氏、孙氏"皆阀阅名门之族"。其有五子：分别娶游击将军孙女、都督孙女、参将侄女、知县女和廪生女；有八女：四聘于指挥，两聘于指挥嫡子，一聘于监生，一聘于千户嫡子；孙三人未娶；孙女二人：皆许指挥之子。③ 这份婚姻谱系反映了

---

① 孟森：《明元清系通纪》："凡佟姓即童姓，授职时皆归建州，建州以佟为公姓，以其南有佟家江"。学生书局1966年版，第166页。
② 山后人，辽金元代一般指燕山南北地区兼具农牧文化特征的群体，明代常指燕山以北归来的蒙古部落百姓，辽东归来的女真人也被冠以山后人的。
③ 辽阳市文物管理所编：《辽阳碑志选》（内部资料），1976年8月，第28—29页。

杨氏联姻的门当户对原则。杨氏历代世袭的祖职是卫指挥，子孙嫁娶基本不出指挥家庭，也有个别地位稍高如都督刘豸之家。此外从其三子联姻涉及的都是东宁卫籍官员（即游击将军宁子周、都督刘豸、参将赵应昌）[3]490,497,488判断，婚姻的地域范围可能是以东宁卫或辽阳在城卫所为主①，表明杨家婚姻社会关系的重心所在。还要注意的是，杨五山本人结婚晋、曹、蒋、赵、孙五家庭外，子孙又结亲刘氏、徐氏、赵氏、宁氏、王氏、李氏、陈氏、张氏，单以姓氏看杨家在辽阳城内外联亲至少有十余姓氏之多，且多为指挥级武官家庭。由此三点不难看出杨五山家族通过联姻在辽阳一带形成的以武官世家为主，波及姓氏广泛的社会关系网络。杨五山家族婚姻中还有联姻文官家庭的现象。如知县女、廪生女和监生，或许这些文官也有军籍家庭的背景，但直接被生员或知县家接纳，至少在文化教养方面要有些共识，这表明杨五山的后代具备了主流社会的文化教养。从碑铭表述还可以看出，杨家婚姻突出的是门楣相当，看不出对族属的强调。不难理解，原则上当婚姻追求最大利益化的时候，族属只能是附属条件，也能文化相互濡染日渐趋同时族属的差异已经淡化。杨五山的情况并不是特例，经笔者过眼的大量军籍或达官女真碑铭中反映的婚姻关系均皆如此。明末影响辽东社会的，正是类似杨氏家族一个个势力大小不一，以武将为主的利益集团。

辽东地区对边外女真的作用，如果说前期是以各种羁縻政策操作为主的话，中后期则是长期杂居融合形成的多元文化潜移默化的影响，后者对边外女真社会的作用更绵长持久。

三 辽东边地的特点

辽东"华夷杂糅"社会文化的形成并非偶然，它源于边地特有的

---

① 《辽阳碑志选》中"邓佐墓志"和"高宝墓志"反映的婚姻地域关系也有以本卫为主不出辽阳城的特点，第21、23页。

空间环境。所谓边地概括而言有三种形态，即自然经济的边、文化的边和政权的边，三种形态含义不同但内在联系密切。自然经济的边是基础，他是地理上不同自然经济区连接和过渡地带①形成的一定区域，以北方而言是草原经济与农耕经济，以东北而言是山地渔猎经济与农耕经济的相连地带。具体辽东而言，大凌河流域中段向东北延伸至开原北，为游牧与农耕经济相连并向两边过渡的地带，开原以南沿辽河、浑河、太子河流域，从本溪一带东经辽东低山丘陵（辽东半岛）东缘，抵鸭绿江，是农耕与渔猎经济相连和过渡带。自然经济区域具有相对稳定的特点，不同经济形态的民族和民族文化皆因这样的基础而形成。但人类的足迹并不受区域差异的限制，历史上由于政治、军事和经济的种种原因，造成人们在不同区域流动的现象比比皆是，尤其自然经济过渡地带因相互适应比较容易，因此杂居的情况也最突出；人是文化的载体，杂居带来的是不同文化的并存，以及久之相互濡染形成的内涵多元的边地文化。所以所谓边地文化就是以自然畛域为中心向两边延伸的杂居区域的文化特征。辽东文化的多元正源于处于边地的杂居生态。政权的边界决定因素中游实力强弱较量，不一定与自然经济边地一致，但对农业王朝来说，农耕地区是其必守的地界，明朝辽东都司尤其河东地区守御的边界正在农耕与渔猎经济的临界带上，出于军事和"以夷制夷"的政治需要，朝廷必然会助推多元杂居的程度，前述可证。

  拉铁摩尔很早就注意到边地多民族杂居地方带有混合文化的特点及其影响。② 亦如文献所记，辽东虽为农耕地区，但生活于此的辽人却"侵染胡俗"[8]400"性悍善骑射"③。辽东多民族杂居历史悠久，元明鼎革朱元璋就因辽东"华夷杂糅，易动难安"，未敢以府州县之制

---

  ① 因为"两种社会不能截然分开，他们的接触线无可避免地扩展成一个过渡地带"，见拉铁摩尔著、唐晓峰译：《中国的亚洲内陆边疆》，江苏人民出版社2005年版，第374页。
  ② 拉铁摩尔著、唐晓峰译：《中国的亚洲内陆边疆》，第351页。
  ③ 嘉靖《辽东志》卷1，《辽海丛书》（第一册），第363页。

治之。① 辽东多民族杂居，尚武善骑射的特点，有明在固守疆土、抚绥边外女真等方面，毫无疑问发挥了积极有效的作用，即使辽东陷入危机时辽人的家族武装依然是守御地方的主要力量。但明末随着边外女真崛起，辽东地区兼容并蓄的社会、文化，与女真有形无形的关系引发明廷的隐忧，抚顺、开原陷落后，"辽人"② 是否可信甚至成了朝廷党争相互诋毁的话题③。足见辽东文化不同于内地鲜明的特点。

如果说边地的农耕经济一侧是辽东的河东地区，那么向渔猎经济一侧就是开原、抚顺边外的女真地区。早在明中期之前，建州、海西女真部落就向辽边移动，逐渐分布在开原、抚顺边外活动。辽的东边以浑河为主，浑河发源于长白山的东麓，西南流入辽东，过抚顺、沈阳，经辽阳西，南流入渤海。建州女真崛起的苏子河，即为浑河支流，发源于长白山，西北流，在抚顺东北汇入浑河。所以虽然抚顺边外以山林地貌为主，但苏子河流域自然环境优越，又连接浑河，最接近"汉边"④，受辽东影响也最大。

"近汉边"的优势对接受汉族移民来说也最为便利。有明无论是和平还是战争时期，辽东与边外女真政治、经济和民间交往从未停止过，且汉人因种种原因移居边外的规模也不容小觑。《四镇三关志》记载："边之外开原广宁入市夷人，半系被掳人口……或因已有其子不能遽弃，或恐一时归后又派差徭迟疑不决，且守堡官恐酋首追寻启衅不敢容留"。[3]402《酌中志》也载：万历年间辽东弃宽甸六堡，"少壮强勇之夫，亡入建州什四五"。[9]187而早在永乐初吴良奉命使海西，就"见女直野人家多中国人，驱使耕作"，也因被掳，或避差操罪犯逃窜，"久陷胡地"。[8]306这就印证汉人出边定居，早在明初即已开始，到明末规模更大。汉人是农耕文化的载体，一定规模的移民也会影响

---

① 嘉靖《全辽志》"叙"，《辽海丛书》（第一册），第496页。
② 参见王景泽《明末辽人与辽军》，《中国边疆史地研究》2003年第1期。
③ 参见时仁达《明天启年间的佟卜年之狱考论》，《黑龙江民族丛刊》2011年第6期。
④ 拉铁摩尔对建州居于浑河上游的区位有高度的评价，他认为努尔哈赤的事业就发源于这个"汉边"边缘。（拉铁摩尔著、唐晓峰译：《中国的亚洲内陆边疆》，第76页）

渔猎文化中渗入农耕文化的因素，杂居促使边外女真逐渐了解、适应农耕文化。鉴于近"汉边"和汉人移民的大量进入，辽东的"华夷杂糅"现象也会反映在建州女真部落中，可能混合的程度和特点与辽东有所不同。这将有待于进一步研究。

混合文化会使建州女真跳出渔猎经济的局限，有更大的发展空间。拓跋北魏在汉边大同的快速发展，慕容前燕和契丹辽，在西辽河到大凌河农牧过渡地带建立多元文化政权的例子，都指向了边地在北方民族发展中的意义。以边地的宏观视角考察后金崛起前的历史，对深入认识后金崛起的历史既有意义也有价值。

[参考文献]

[1] 陈子龙. 明经世文编：卷三三[M]. 北京：中华书局，1997.

[2] 李洵. 下学集[M]. 北京：中国社会科学出版社，1995.

[3] 刘效祖. 四镇三关志[M]//四库禁毁书丛刊编纂委员会. 四库禁毁书丛刊：史部第10册. 北京：北京出版社，1997.

[4] 蒋秀松.《开元新志》对女真等族的记述[J]//孙进已，魏国忠，蒋秀松. 东北民族史研究：三. 郑州：中州古籍出版社，1994：131.

[5] 余继登. 典故纪闻[M]. 北京：中华书局，1997.

[6] 马文升. 抚安东夷记[M]//潘喆，孙方明，李鸿彬. 清入关前史料选辑：第一辑. 北京：中国人民大学出版社，1984.

[7] 张廷玉. 明史[M]. 北京：中华书局，1984.

[8] 方孔炤. 全边略记[M]//薄音湖，王雄. 明代蒙古汉籍史料汇编：第三辑. 呼和浩特：内蒙古大学出版社，2006.

[9] 蒋一葵. 酌中志[M]. 北京：北京古籍出版社，1994.

[原载于《吉林师范大学学报》（人文社会科学版）2017年第2期]

"两头政长"制下的叶赫部王城内城建制与功能试析

隽成军　聂卓慧*

"两头政长"制①，即一部之中同时存在着两位权力基本相等的首领，源于北方民族的历史传统，作为一种特殊世袭制度，广泛存在于明代女真部族社会中。叶赫部作为海西女真扈伦四部之一，其王城包括早期所建的珊延府城（商间府城）及后期清佳砮、杨吉砮两兄弟分居的夜黑寨（西城）、台柱寨（东城）。后期这种双王（女真语"贝勒"，汉译为"王"）分居两城的王城建制是"两头政长"制的典型，同时也是扈伦四部王城中的特殊现象。近年来，为配合中国文物信息咨询中心编制叶赫部城址保护规划，四平市文物管理委员会办公室相继对叶赫部东城、西城内城进行考古勘探，初步明确了东、西二城内城的布局与规模，以及彼此差异，而两座王城的筑城时间、功能差异及"两头政长"制下叶赫部王城内城建制等问题再次引起笔者的关注。

---

* 隽成军（1965— ），男，吉林通化人，四平市文物管理委员会研究馆员，研究方向：东北史；聂卓慧（1989— ），女，吉林四平人，四平市文物管理委员会助理馆员，研究方向：考古学、东北史。

① 刘小萌先生在《满族的社会与生活》中就建州女真努尔哈赤与舒尔哈齐之间的"两头政长"兴废进行探讨，张雅婧在《明代女真部族社会中"两头政长"制的历史考察》及《明代海西女真研究》中对该制度进行进一步分析。（张雅婧：《明代女真部族社会中"两头政长"制的历史考察》，《博士论坛》2010 年第 1 期，第 115 页；张雅婧：《明代海西女真研究》，博士学位论文，东北师范大学，2010 年）

一　叶赫部东城、西城内城布局情况

（一）叶赫部东城内城布局情况

叶赫部东城由内、外城构成，外城三面环水，一面靠山，内城建在外城正中的一座平顶山丘之上。通过对内城中心进行考古勘探可知，城内主要由中心宫殿区及附属建筑、城内道路、水系及墙体构成，具体情况如下：

1. 建筑遗迹

A区域（见图1）为贵族聚居区，圆形的建筑群址微微隆起，地表散落大量青砖、灰瓦及青花瓷片、缸胎釉陶片。通过勘探可知，该

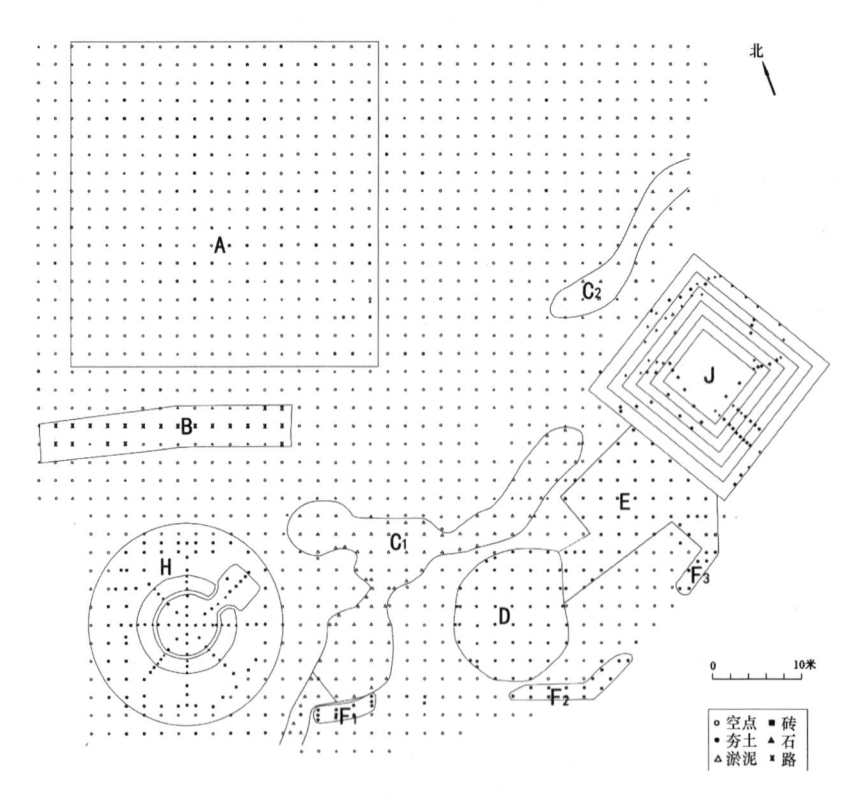

图1　叶赫部城址东城内城中心区勘探示意图

区域地层堆积大致分为6层,包括早、晚两个时期,且都为地上建筑,但建筑址的具体位置关系尚未厘清。

D区域(见图1)为一处隆起的夯土台基,平面近似圆形,地表未见青砖,仅见瓦片、瓦当残块、滴水残块散置,推测其为木质亭类建筑,顶部用瓦及其他建筑构件装饰。E区域仍为一处隆起的建筑台基,四周砖、瓦遍布。经勘探,地表30—40厘米下铺设一层砖铺地面,并与J区域相连接。该区域靠近D区域处设有一条砖铺通道,宽约4米。J区域(见图1)为一处建筑基址,平面呈方形,覆斗形夯土台基,以大石块砌筑三层台基边缘,内部夯土,夯土上铺砖。建筑基址东南侧保存情况较好,石阶、铺砖走向清晰。东北侧破坏严重,仅存底层石阶,铺砖遗失殆尽。西北侧及顶部亦被后期农业活动破坏,仅存三层石阶和部分铺砖,夯土台之上砖瓦建筑无存。根据建筑基址平面形制、砌筑方式、已有调查资料及史料记载,该处可能为昔日叶赫部贝勒"醉酒征歌"的"瓦子堂"旧址[1]31。

H区域(见图1)为一处建筑基址,平面近似呈圆形,中空塔型夯土台基。表面先经石块砌筑,后包青砖。上有一圈女儿墙,顶宽1.5—1.8米,墙体内、外均石砌,中心夯筑。东北侧有一斜坡步道,内为夯筑,外接缓台,缓台以青砖铺面,仅存斜坡与地面相连。根据建筑基址平面形制、砌筑方式、已有调查成果及史料记载,该处可能为昔日的金台石"置妻子资财之所"——"八角明楼"旧址[2]26。

2. 道路及墙体遗迹

B区域(见图1)为一小段道路,根据土质、土色差异可将道路分为东、西两段:西段为沙石路面,红褐色;东段为黑色碾压土,坚硬不起层,为车辆碾压而成。

F1、F2、F3(见图1)三处分别置于整体台地南侧边缘,为青砖铺设的墙基址,三段城墙均有延伸趋势,依据延伸走向推测可能互为连接,推测为城内隔墙。

3. 城内水系

C1和C2(见图1)为两条城内水系,地下均为淤泥。通过形制、土质等分析推测C1区域为一处水塘，北高南低，水流自东北向西南流淌。西北侧设一圆形水池，边缘由石块砌筑，勘探深度达2.4米仍未见底，疑似为一处水井。东北侧为水塘兼排水设施，建筑E周围由较大石块砌筑，两点汇于中部水塘之中。C1水塘毗邻建筑E区域，二者可能有一定联系，亭台水榭相连，兼具观赏游玩价值。C2区域则为城内排水设施，地势南高北低，水流东北向，经北门流至城外。

（二）叶赫部西城内城布局情况

叶赫部西城也由内、外城构成，外城三面依山，一面临水，内城位于外城东南隅一座突起的山丘上，依势而建。通过对内城考古勘探可知，城内包括青铜时代、明代及二者之间的过渡阶段，建筑址布局较为严谨，存在明显的分区。

1. A区布局

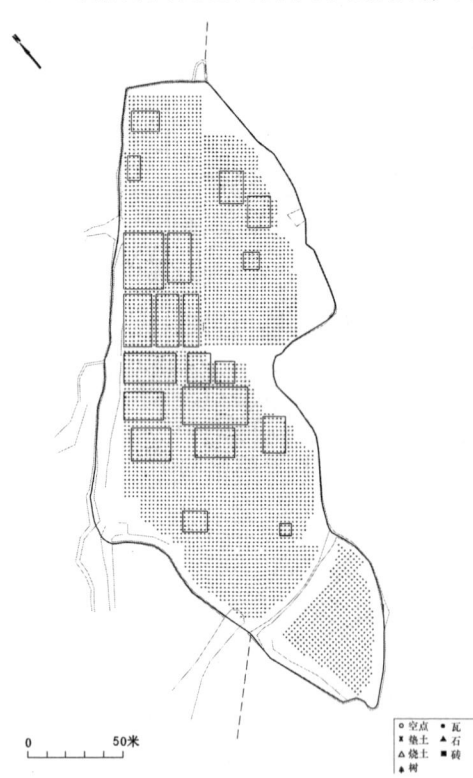

A区（见图2）位于内城西北部，该区域内发现众多建筑遗迹，根据遗迹的分布情况，可将A区分为南、北二区，南部为Ⅰ区，Ⅰ区内主要包括5处建筑遗迹，分布密集，排列有序，可能为内城宫殿区之所在。北部为Ⅱ区，Ⅱ区内包括2处建筑遗迹，一处为东西向，一处为南北向分布，皆靠近西

图2 叶赫部城址西城内城中心区勘探示意图

北角楼。两区之间存在较大空白地带，可能为广场。

2. B区布局

B区（见图2）位于内城东北部，该区域西南及东北部分布数量较多的刺榆，无法勘探。对刺榆区外的整个B区进行勘探，共发现3处遗址，均坐北朝南，靠近城墙分布。三座建筑址均有红烧土痕迹，可能为城内杂役聚居区。

3. C区布局

C区（见图2）以内城西门为界，包括城址南部的大部分地区，地势东北高，西南低，地层堆积相对较厚，区域内共发现建筑址10处。C区西南角，靠近古城排水孔道处，有一条冲沟。该区建筑址分布密集，排列规整，有大小之别，靠近西部的8处建筑址均有砖、瓦分布，推测等级较高，可能为贵族重臣居住区及官署所在。

4. D区布局

D区（见图2）位于内城东南角，为一独立区域，整体呈三角形，南墙和东墙有"毛子壕"，即日俄战争时期挖的战壕。该区域明代遗物较少，仅见少量缸胎釉陶片，青铜时代文化层较厚，勘探发现红褐色夹砂陶片及部分红烧土粒、炭粒。D区以青铜时代建筑址为主，未见明代遗址。

二　叶赫部东、西城内城建制对比

叶赫部东、西城分别为叶赫部贝勒所居王城，其均由外城与内城两部分构成，外城为百姓生活居住区，内城则为王室贵族聚居区，内外两城之间有石城、木栅构筑的防御工事，为典型的城以卫君，郭以守民，城郭分置的形制[3]88—91。虽均为王城，但两城在修筑时间、选址特点、城址规模、城内布局及功能性质方面存在一定差别。

（一）修筑时间

关于两城的始筑年代，虽尚未发现确切年代记录，但根据已有文献记载大致可以推测两城的修筑时间。张云樵先生《叶赫古城考辨》一文中指出"六传至逞加奴（清佳砮）、仰加奴（杨吉砮）兄弟时，势力强大，于明万历初年（1573）在叶赫河两岸的台地和山上，择险要之处筑起两座城堡"[4]。据明人瞿九思《万历武功录》载："万历二年（1574）蒙古土蛮部率兵持物往仰加奴（杨吉砮）新寨"，可知新、旧二城在明万历二年（1574）已修筑完工。东、西二城考古勘探成果表明两城均规模宏伟，布局规整，设计规范，在女真诸部动荡不定的背景下建造如此规模的两座城址，绝非一年之功可以完成，两城始筑年代是否为文献记载的万历初年（1573）有待商榷。

两座王城始建时期分别以"夜黑寨""台柱寨"命名，"夜黑"为"叶赫"音译，推测建筑设计时已定为叶赫部王城，故称。台柱（又称台杵或太楚），为叶赫部酋长祝孔革长子，在史书记载不详的情况下，不妨根据城址名称推测，台柱寨可能始建于台柱时期，用时20余年，传至杨吉砮时修筑完工。与此相关者则有此前所建的珊延府城（商间府城），《三朝辽事实录》记："塔鲁木卫夷酋捏哈得敕三百道，建寨于开原东北关外住牧，即所谓北关"①。叶赫部以此为据点，借收渔翁之利，与哈达部抗争，并试图摆脱明政府约束。然而明朝授意哈达部王忠镇压叶赫部，祝孔革于嘉靖三十年（1551）被杀，贡敕被夺，珊延府城的地利之便也相应受到威胁。此时受挫的叶赫部为转移目标，寻找新的扩张方向，新建王城是最佳选择，西城可能在这一背景下产生。

两城修筑时间具体相差几何虽暂时无法考证，初步推测修筑东城时，杨吉砮应已具有与兄长清佳砮分庭抗礼的实力，方能"土地人民

---

① 李澍田、张云樵先生认为叶赫部最早的都城为珊延府城，可能即所谓"北关"（李澍田、张云樵：《明末海西女真叶赫部的卫属、都城及世系的考订》，《北方文物》1993年第1期，第52页）；杨立新依此观点（杨立新：《叶赫古城考略》，《北方文物》1993年第4期，第41页）；在对商间府城进行考古调查过程中，曾在内城采集明宣德年间典型苏莫里青官窑瓷器残片，而东、西城内现有采集瓷片年代均不早于万历年间，故推测商间府城年代早于其他两座王城，且与明朝交易往来密切，是为"北关"例证之一。

自此分"[1]31，更筑新城南山侧。《梨树县文物志》① 也认为二城筑于"二酋"长成之时，并依据"二酋"生卒年推断叶赫部城址修筑年代应不早于1549年。根据叶赫部贝勒祝孔革被戮时间推测，东西二城应始建于明嘉靖三十年（1551）前后，祝孔革被戮可能为修筑西城的时间节点，东城修筑时间晚于西城，叶赫河谷地控制范围逐步增大，杨吉砮实力渐增，可能是另筑新城的诱因之一，万历初年两城修筑完成。

（二）选址特点与城址规模

叶赫部东城位于吉林省四平市铁东区叶赫满族镇叶赫村河西屯西南，叶赫河左岸台地上，中心地理坐标东经124°31′12.7″，北纬42°56′00.2″，海拔211米，控扼松花江及黑龙江流域女真人进入开原马市的通道叶赫河谷地。外城东部为庙岭山，西侧邻叶赫河，南侧为庙岭河，北侧仍有一条小河流经，三面环水，一侧靠山，为地势较为平坦的平原城。外城平面呈圆角方形，周长2960米，面积约532200平方米。内城叠筑于山丘之上，城垣沿山丘走势而筑，整体呈椭圆形，周长约1040米，面积约75800平方米。经考古勘探，确认内城有东、西、南、北四座城门，除南门外，其他三处城门均有瓮城，城内有角楼，而无马面。

叶赫部西城位于吉林省四平市铁东区叶赫满族镇张家村东南2华里处的一自然山上，中心地理坐标东经124°29′38.7″，北纬42°55′38.7″，海拔226米，控扼当年蒙古人进入开原马市的孔道。外城城墙东部高踞山岭，西北毗邻叶赫满族镇张家村大窝堡山，南接叶赫河，三面群山环抱，一侧邻近河水，呈半抱叶赫部西城之势，构筑了防御西城东、北、西三面的一道天然屏障，为易守难攻的山城。外城平面呈椭圆形，周长2740米，面积约417900平方米。内城平面近似梯形，城垣依山脊而筑，周长约700米，面积约21200平方米。内城

---

① 吉林省文物志编修委员会：《梨树县文物志》，第129页。

有城门3座，均设有瓮城，另有角楼4座、马面4处。

两城内城城门虽均开设瓮城，但西城角楼、马面兼具，而东城仅有角楼，却无马面。马面是突出于城垣外侧，每隔一定距离修建的台状附属设施[5]，主要分布于城墙外侧、城门两侧及城墙拐角处。马面的设置，不仅能加固城墙本体，最主要功能为减少防御死角，提高防御功能。叶赫部东、西二城马面的有无，一定程度上受城址修筑时间、城址功能及叶赫部发展阶段等因素影响。西城修筑时间相对较早，正处于叶赫部发展受阻时期，城址以防御功能为主，故设马面多处；东城修筑时间相对较晚，正处于叶赫部势力壮大阶段，攻城略地之时，城址更大程度上为战略后方，城址防御设施相对较少，故有角楼，而无马面。

对比介绍可知，虽然两城均为内、外两重城墙，城址因势而建，且将本部王室贵族与守城百姓分别置之，但两城在城址选择及城址规模上也有一定差别。西城在选址上更侧重于利用天然地势进行防守，具有一定原始性，东城虽"地势之险"稍逊，但其内、外城规模均胜于西城，尤其是两城内城规模较为悬殊。叶赫部东城、西城一直存在"新老之争"，通过对两城选址位置、城址规模、防御设施比较及上文修筑时间的推测，笔者初步认定：西城为老城，东城晚于西城，又称新城。

（三）城内布局与功能性质

通过近些年来对两城内城的考古勘探，对内城布局及功能性质的了解愈发清晰。东城内城发现的城内墙体（F1、F2、F3）表明城内王室贵族戒备森严，等级分化较为严重，与城内一般贵族及守城军民有较为严格的区分；城内水系C2与外城相连，表明内城设施完善，已形成独立的排水系统；而贯通八角明楼（H区域）、瓦子堂（J区域），并与城内疑似木质亭类建筑台基（D区域）、建筑基址（E区域）连接的水系C1，不仅为城内排水设施，而且兼具城内观赏水榭功能。

西城内城以明代建筑址为主，还发现少量青铜时代遗址。建筑址集中分布在内城西部及北部，布局规整，存在一定分区。A区南部五处建筑址面积较大，排列有序，且均有较多青砖与布纹瓦，可能为当时的宫殿区。A区北部两处建筑址面积相对较小，仅见少量布纹瓦，建筑规格明显降低，但其紧邻宫殿区，且靠近城墙分布，可能为当时驻守的兵房所在。B区建筑址分布较为分散，且未见砖瓦，推测等级、规格较低，可能为杂役聚居区。C区建筑址分布密集，排列规整，有大小之别，靠近西部的八处建筑址均有砖、瓦分布，推测等级较高，可能为贵族重臣居住区及官署所在。D区以青铜时代建筑址为主，未见明代遗址，可能未在该区域生产生活，仅用于屯兵。

两城布局表明，尽管同为王城，但两城城址功能有较大差别：东城城内交通网络完善、水利设施齐全、亭台楼阁相连，尤其是城内八角明楼、瓦子堂两处祭祀建筑遵循"左祖右社"的规制传统，体现了较为规范的王城规划与较为浓厚的礼制性传统。由于目前仅对叶赫部东城内城中心地带进行勘探，内城军事防御设施尚未明确，但《全边略记》[2]227《三朝辽事实录总略》等史书明确记载："叶赫部东城其外大城以石……其中间则一山特起，凿山坂周回使峻绝，而垒石其上，城址内又为木城……"东城上下内外，凡为城四层，木栅一层，其军事防御功能可见一斑。虽然内城未见马面之类防御设施，但由四层堡垒构成的防御工事充分表明城址仍具有极强的军事防御性质。西城宫殿区、官署、贵族聚居区等分区合理，布局规整，体现较为清晰的设计理念，但宫殿区与其他建筑之间没有城墙等明确界限，缺少王室苑囿区及礼制性建筑，近邻宫殿区发现疑似驻军兵房，表明城址更突出军事性与政治性，而城内建筑的等级差异并不十分明显。

（四）再议王城名称变革

叶赫部与明廷的"贡市在镇北关，地近北，（故）称北关"，"北关"系明末对叶赫部的代称，而叶赫部两座王城的名称却多有变革，并掀起了学术界"东西城"之争。① 查阅史料可知，明代官修史书及个人杂著对叶赫部两座王城或以城寨初始名称——"夜黑寨""台柱寨"称之，或以继任首领称谓命名。如《万历武功录》称之"仰加奴新寨"；《开原图说》载："……曰夜黑寨，及白羊骨寨。而金台失寨又在台住焉"[6]90；《辽夷略》载："……而逞加奴有三子……卜寨之长男则白羊骨……皆住野黑寨……台出之次子仰加奴亦以逆剿杀，而生五子，长曰那林孛罗故。次男金台失，领兄兵……故仰加奴之后独有金台失与白羊谷，分为二寨也。在台住寨住……"[2]101通过以上史料记载可知，夜黑寨与台柱寨的继任首领明确，即清佳砮、布寨、布扬古相继执掌夜黑寨，而杨吉砮、纳林布禄、金台石则相继执掌台柱寨。

《满文老档》记天命四年（1619）征灭叶赫部时，对叶赫部两座王城以所处方位命名，称"东城""西城"，命四贝勒督围东城，汗亲自率兵攻西城，城主金台石携其妻及幼子，登所居之高台，誓死不降[7]108—116。而天聪年间修《清太祖武皇帝实录》在记李成梁征讨叶赫部时却称："成梁又于戊子岁率兵攻纳林卜禄东城"，明确记载纳林布禄所居之"台柱寨"为东城。同书记天命四年（1619）努尔哈赤征灭叶赫部一事亦相应改为："令大王二王三王四王领部下健卒西向，围布羊古城，亲率八固山厄真并营兵东向，取金台石城"[2]355。显而易见，西向所围布扬古之城即"西城"，而东向取金台石城即"东城"。

笔者再观《满文老档》关于努尔哈赤征灭叶赫部记载，汗分兵毁

---

① 《满洲实录》卷6、《清太祖武皇帝实录》卷3、蒋良骐《东华录》卷1、徐乾学：《正白旗满洲叶赫纳喇氏宗谱》等俱称金台石居东城，布扬古居西城，后金汗率兵先取东城；而《满文老档》第十二册天命四年八月十九日条，则称后金汗先取金台石所居西城。孙文良、李治亭：《清太宗全传》以叶赫贝勒布扬古所居之城（西）为叶赫东城，以叶赫贝勒金台石所居之城（东城）为西城。日本学者发现此事记载歧互，并认为老档记载较为可靠（松浦茂：《清太祖》，白帝社1995年版；杉山清彦：《明末清初期マンジュ・フルン史迹调査报告——2005年辽宁・吉林踏查行》，载《满族史研究》第5期，第60页；细谷良夫：《再访の海城・铁岭・开原・四平・叶赫》东北学院大学《アジア流域文化研究》，2014年3月22日，第73页）。刘小萌先生认为老档记载应有误，故清朝官修诸书均纠正之；印证中国第一历史档案馆藏《内务府奏销档》乾隆二年十月明珠二世孙瞻岱满文奏折，也明确记载金台石一系为"叶赫东城贝勒"。故金台石一系居东城而非西城当无疑义（《四平市周边明清遗迹的考察——从辉发到叶赫》，载《满学论丛》第4辑，第378页）。

其外城,在大城毁坏处运入盾梯,执盾攻城前,立于山城之下,又用斧掘其以明国之砖石所筑之城垣。防御之牢,攻城之艰,可见一斑。关于叶赫部王城城址防御设施的详细记载,又可参照万历十六年(1588)李成梁二攻叶赫部时对纳林布禄所执台住寨的介绍,可知其上下内外,为城四层,木栅一层。

对比可知:东城的规模、范围明显大于西城,努尔哈赤亲自率兵攻占的应是地位更加重要、规模更为显著的东城。通过考古勘探可知,东城内城四面城墙外墙皆砌有一层青砖,北门及西门附近尚存大量青砖,并在北门发现明显缺口。在对东城外城进行考古调查时,在外城东南约500米处发现一处窑址,窑址内采集砖瓦与东城内出土建筑材料形制一致,初步断定,王城所用砖瓦可能经此窑烧制后输往外城。这些砖石或许即为《满文老档》所载努尔哈赤率兵卒以斧掘筑城垣之砖石,如此大量的筑城砖石,当非"明国之砖石",而出自东城汉人工匠之手。内城北门残留的豁口或许即为努尔哈赤所率北面八旗兵最先攻克的北门。《满文老档》载金台石携其妻及幼子登所居高台即《万历武功录》所载"其置妻子资财所也",为考古勘探再次确认的东城内城八角明楼。

东、西城记载之误仅见于《满文老档》,《清太祖武皇帝实录》对其记载之误既然加以更正,当有所本,故后世《清太祖高皇帝实录》《清朝开国方略》等官修史书遵循之。而近时有学者发现此事记载互歧,以致争论至今。笔者再次从《满文老档》入手,并参稽最新考古勘探成果加以考察,认为《满文老档》中努尔哈赤攻占的金台石所居之城与《万历武功录》等书记载李成梁所征纳林布禄所执台柱寨应为同一城址,即东城。

三 "两头政长"制下的扈伦四部王城建制分析

刘小萌先生在《满族从部落到国家的发展》[8]106中指出明代女真

世袭制中存在一种较为特殊的制度——两头政长,其原指酋长家庭内相互搭配,相继在位的两名酋长。明初女真"一卫之内,二三酋长,其俗然也",这种制度在扈伦四部中也普遍存在。张雅婧博士在其论文《明代海西女真研究》[9]11中将海西女真扈伦四部这种与"两头政长"密切相关的特殊继承制称为"双储继承"制,并指出此种制度包括"双系双王"与"单系双王"两种表现形式,辉发部为"双系双王"的代表,乌拉部为"单系双王"的代表,叶赫部早期为"单系双王",清佳砮、杨吉砮后为"双系双王",哈达部与叶赫部相反,前期为"双系双王"。

"两头政长"制在扈伦四部传承世袭中体现明显,却在四部王城的分布上差异较大。辉发部以辉发王城(扈尔奇山城)为中心,兼有辉发峰下城、辉发河城、多壁城等卫城;乌拉部以乌拉大城为王城,并以此为中心,周边呈辐射状分布富尔哈城、西兰城等众多卫城;哈达部虽有哈达旧城、哈达石城、哈达新城三座王城,但三者存在先行后继的早晚继承关系。哈达旧城为王忠族人倭谟果岱所建,王忠时期继续沿用[10]。王台继王忠后,迁都于新城。哈达石城又称王杲城,王杲本为建州右卫凡察之后,被明军所败后,投奔哈达部居于此城,故称。哈达部后期,内乱严重,孟格卜禄、歹商相继在哈达石城旧寨复国。叶赫部先后共三处王城,早期以珊延府城为王城,祝孔革被戮后,叶赫部酋长率众迁至东、西二城,直至叶赫部灭亡。

通过以上对扈伦四部王城的列举,我们发现辉发、乌拉、哈达三部同一时期仅存在一个统治中心,即一个王城,虽然"两头政长"制为扈伦四部的典型继承方式,但却只在叶赫部王城建制上体现明显。叶赫部早期为单系双王继承制,同时期仅有珊延府城一处城址,祝孔革死后,其子捏你哈、台柱开始为"双系双王",并开始营建东、西二城,王城的数量与"两头政长"制的表现形式极为一致。

四 "两头政长"制下的叶赫部王城内城建制特殊性

王城的建制不仅是城址功能研究的重要方面,还是反映当时各部族政治、军事、经济、文化的切入点。"两头政长"制下的叶赫部东、西二城不仅与海西女真扈伦四部中辉发、哈达、乌拉三部在王城数量上存在差异,叶赫部两处王城在选址位置、城址规模、城内布局与功能上区别明显,王城建制上的特殊性值得我们深入探寻。

张雅婧博士在其论文中指出:"扈伦四部中的不同'城',其在空间上的分布及作用不尽相同",辉发、乌拉、哈达三部均有王城及副城,其中辉发部副城为"辉发峰城"、乌拉部副城为"宜罕山城"、哈达新城建立后,哈达旧城为其副城,并认为珊延府城为叶赫部副城[9][10]。辉发、乌拉、哈达三部在诸位酋长的独立统治期间仅存在一处王城,以军事防御功能为首的副城对同时期的王城统治具有极其重要的作用,这一观点不容置疑。然而珊延府城为叶赫部副城的看法,笔者却不能完全赞同。

明代女真移民步伐不止[11],迁移到适合发展之地建城。地处朝贡要道,以居停主人,坐享其利的珊延府城为叶赫部早期王城,是当时的经济、政治、军事中心[12],尤以经济职能为主。海西女真的早期城址多为山城,依山为险,以突出其军事防御功能,珊延府城却是一个例外。珊延府城,即珊延沃赫城,满语白石城,附近为白石山,故名。城址建于叶赫河谷一座台地之上,城内残留角楼痕迹,可知其在始建时期曾考虑军事防御功能。军事防御设施是王城的必备要素之一,然军事防御却并非珊延府城的主要功能,尤其是在东、西二城建立后,失去王城功能的珊延府城是否作为张雅婧博士所云"军事功能为主的副城"存在有待考量。建州女真首领努尔哈赤曾先后四次攻打叶赫部,并最终于公元1619年彻底攻破叶赫部,关于努尔哈赤4次攻打叶赫部诸城的史料记载较为丰富,然而我们却并未发现珊延府城对叶赫部东、西王城的军事拱卫作用。

史料载:"万历十六年(1588),李成梁从威远堡出寨攻打叶赫部,布寨弃其师,入纳林布禄壁……",又载努尔哈赤第4次攻打叶赫部时,自己亲率八固山额真并大兵东向取金台石城(东城),待东城被灭后,西城主布扬古率部投降[6]69。以上史料表明叶赫部东、西二城虽同为王城,但遇敌情时,东城往往为首要攻占对象,西城唯东城马首是瞻,东城在防御功能、军事地位等方面明显高于西城。

通过两城建制对比分析与史料解读,笔者对叶赫部东城、西城性质有了新的认识:虽同为叶赫部王城,东城内城兼具王室苑囿、礼制性建筑,城内等级分化明显,其城址规模较大、军事防御严密,东城的政治、生活及军事功能凸显;西城修筑时间早于东城,正处于叶赫部祝孔革酋长被戮,部族自保阶段,城址依山而建,城内布局规整,但王室贵族等级分化并不明显,以军事功能为主,但防御性明显逊于东城,推测可能在一定程度上承担东城"副城"职能。

叶赫部的双王城建制虽与其他扈伦三部存在明显差异,但本质上仍体现着王城与副城互相配合的筑城理念。同室操戈、两头政长一直被认为是叶赫部走向灭亡的因素之一,但纵观叶赫部的兴衰历程,分居两城的清佳砮、杨吉砮率部族拓土开疆,取代哈达部,一举成为扈伦四部之首,并创造"15部落,12大姓,28座城寨"的盛况。两座王城在始建阶段分别为当时叶赫部的政治中心与军事中心,征战之时,互为援引,相互配合,分散敌方主力。同时,这种特殊继承方式可以避免在权力分配及继承上的混乱,减少很多不必要的内乱与政治牺牲,这种双王城下"两头政长"制在一定程度上有助于叶赫部发展壮大。

至于叶赫部灭亡原因,学者们已指出包括明廷"以夷制夷"政策、建州女真势力逐步扩张、叶赫内部兄弟不睦、势力分散、政由妇女[1]23—30等多种因素。"两头政长"制度下双王城形制在始建时期有助于叶赫部发展壮大,同时这种制度下的权力并非"均分",两城的建制、规模对比下,东城表现出更大优势,《开原图说》卷下《海西夷北关枝派图》载:"布寨、纳林布禄死后,其子继职,白羊骨(布扬古)'部落约五千,精兵二千',金台石'部落六千,精兵三千'"[6]90,两城主在统兵数量上也表现出差异,其地位高低无须赘言。这种存在伯仲的"两头政长"制度也见于建州女真的努尔哈赤与其弟舒尔哈齐身上,然而体制相近,却兴亡有别,"两头政长"制度应该不是叶赫部走向灭亡的根源所在。

正如刘小萌先生所言,"两头政长"制的出现与氏族社会末期地域组织扩大、管理事务增加,尤其是与军事活动区域频繁的历史进程相关,不失为部落权力由涣散走向集中的过渡形式[8]107。始建初期的叶赫部东、西城址在杨吉砮、清佳砮双王统治下适应了当时战乱频仍的军事背景,成为叶赫部扩张势力的重要保证。也正是凭借这种双王城下彻底的"两头政长"制度,其一举成为海西女真扈伦四部之首,并与努尔哈赤领导下的建州女真持续抗衡。然而,"两头政长"制在后期显然已成为女真社会组织实现统一,政治权力进一步集中的障碍[8]107,叶赫部也在建州女真统一步伐中落下了帷幕,统一的时代进程自是不能更改,但"两头政长"制度下双王城统治的叶赫部也需要公正客观的评判。

[参考文献]

[1] 薛柏成. 叶赫那拉氏家族史研究 [M]. 长春: 吉林文史出版社, 2005.

[2] 潘喆, 孙方明, 李鸿彬. 清入关前史料选辑: 第一辑 [M]. 北京: 中国人民大学出版社, 1984.

[3] 杨宽. 中国古代都城制度史研究 [M]. 上海: 上海古籍出版社, 1993.

[4] 张云樵. 叶赫古城考辨 [J]. 东北师大学报(哲学社会科学版), 1985 (3): 53.

[5] 孙周勇, 邵晶. 马面溯源: 以石峁遗址外城东门址为中心 [J]. 考古, 2016 (6): 82.

[6] 庄福林, 林德春. 叶赫部(地区)历史、地理残档拾萃 [M]. 长春: 吉林摄影出版社, 2001.

[7] 中国第一历史档案馆, 中国社会科学院历史研究所. 满文老档 [M].

北京：中华书局，1990.

[8] 刘小萌. 满族从部落到国家的发展[M]. 北京：中国社会科学出版社，2007.

[9] 张雅婧. 明代海西女真研究[D]. 东北师范大学博士学位论文，2010.

[10] 孙守朋. 哈达部城寨及哈达部的兴衰[J]. 东北史地，2006（6）：60.

[11] 奇文瑛. 边地视野下的辽东女真[J]. 吉林师范大学学报（人文社会科学版），2017（2）：70.

[12] 孙守朋，徐立艳. 珊延府城在叶赫部历史发展中的地位及影响[J]. 沈阳师范大学学报，2005（4）：84.

[原载于《吉林师范大学学报》（人文社会科学版）2018年第1期]

再论祖大寿与"祖家将"

[日] 绵贯哲郎*

本文以从军事家族到汉军旗人的历程为中心，探究晚明祖氏家族的崛起和"祖家将"的形成，以及祖大寿和"祖家将"归附清朝（后金国）后编入八旗的情形。

1989年，李洵曾写过一篇《祖大寿与"祖家将"》。他指出："至于祖大寿这个人物，由于他在明清战争中两度降清，作为'降将'，历来不为历史评论家所重视。但这并不能说明祖大寿其人在历史上不重要，其重要性不仅是祖大寿本人，而在于以他为核心的'祖家将'对明清间争夺辽东地区所起的重大作用。"[1]400 此文发表至今将近三十年，围绕祖大寿与"祖家将"的研究环境有很大的变化；而且与祖家相关的史料也陆续整理公布。因此，笔者拟从八旗汉军的角度，探讨属于"新汉人"的"祖家将"的入旗历程。

关于"新汉人"，主要指清太宗皇太极（Hong taiji，1626—1643年在位）时期归附的汉人。他们与清太祖努尔哈赤（Nurgaci，1616—1626年在位）时期归附的"旧汉人"，被称为在辽东入旗的"从龙入关者"[2]①。"新汉人"的主要成员，为己巳之役（1629—1630）的麻登云、黑云龙等明朝将领以及大凌河攻城之战（1631）和松锦战役

---

* 绵贯哲郎（1970— ），男，日本群马人，日本大学"文理学部"兼任讲师，博士（文学），研究方向：清朝史、满族史。

① 此外，中国内地（China Proper）编入八旗的降将被称为"投诚官（或新汉官）"。

(1642) 的祖大寿和"祖家将"①。我们初步知道,"新汉人"归附后得到的官职或赐授世职比"旧汉人"优厚,这是因为清廷保证他们可以原官任用。② 所谓的"旧汉人",有商人或平民出身者,也有很多旧明朝的基层官员,甚至被革职者③属于身份低微之人;至于"新汉人",归附时有很多拥有副将、参将等高级官衔。

然而,"旧汉人"和"新汉人"在排班行礼时有先后之别。例如:《大清太宗实录》天聪七年元旦载称,"次旧官佟养性额夫、石廷柱等,新官马光远、麻登云、祖泽润等行礼"④。笔者也曾利用《世职根源册》比较顺治初期"旧汉人"和"新汉人"被授予"世袭罔替"特权的时间,指出"新汉人"比"旧汉人"晚了两年[2]103—106。

祖氏家族,是明朝的"辽东势族",而"祖家将(或称"祖家军")"也被称为明末辽东三大军事集团之一。归附后金国(清朝)后,清廷陆续授予"祖家将"重要官衔,例如崇德年间(1636—1643)六部二院各衙门承政一职,大多拔擢"祖家将",即便在崇德三年(1638)爆发户部承政韩大勋盗用库金案,仍继续任命邓长春为户部承政。⑤ 这意味着六部二院要职的补任,与"祖家将"关系密切,而清太宗皇太极为了经营国家、获得对明战争的胜利,必须寻求

---

① 关于"己巳之役"和"大凌河攻城之战"的专稿,参见如下:李光涛:《论崇祯二年"己巳虏变"》,载《明清档案论文集》,联经出版事业公司1986年版,第457—483页;渡边修:《"己巳の役"(1629~1630)における清の対汉人统治と汉官》,载《松村润先生古稀记念清代史论丛》,汲古书院1994年版,第141—164页;李光涛:《记明季虏祸中之大凌河战役》,载《明清档案论文集》,第493—546页;楠木贤道:《天聪五年大凌河攻城战からみたアイシン国政权の构造》,载《东洋史研究》第59卷第3号,2000年,第395—428页;同:《天聪5年の大凌河攻城战とアイシン国の火炮》,载《自然・人间・文化:破坏の诸相》,筑波大学大学院人文社会科学研究所、历史人类学专攻,2002年,第29—42页。

② 冈本さえ:《贰臣传》,载《东洋文化研究所纪要》第68册,1976年,第105页。

③ 石桥秀雄:《清初の对汉人政策:とくに太祖の辽东进出时代を中心として》,载《清代史研究》,绿荫书房,1989年,第156页。

④ 顺治初纂《大清太宗实录》卷11,天聪七年元旦条。

⑤ 顺治初纂《大清太宗实录》卷27,崇德三年(1638)正月十五日条、二十六日条、三十日条、四月十四日条,以及《同上》卷28,崇德三年七月二十三日条。

军事集团"祖家将"的协作。

关于祖大寿家族与"祖家将",已有姜守鹏①、李洵[1]400—409、王景泽[3]119—125[4]和叶高树[5]等人的研究。李洵和叶高树尝试复原"祖家将"成员的原状,并讨论其军事集团的特点,但未涉及祖氏家族兴起的背景,以及大凌河、松锦两次战役后的大批归降"祖家将"的入旗、授世职和编为牛录等过程。

到目前为止,属于"新汉人"的"祖家将"之研究视角,多采取扩充八旗汉军成员的观点,尚未注意到与当时政治发展的关系。笔者认为,清太宗皇太极如何看待祖大寿和"祖家将"降将,是研究八旗汉军成立史的重要课题。

一 祖大寿家族的崛起

祖大寿,原籍滁州,辽东宁远(今辽宁省兴城市)人。一般认为,祖大寿是率领"祖家祖父、子侄、别支子孙三辈人"[1]407的晚明"辽军中一位资深老将"[1]400,又是"明清战争中两次降清"[1]400而仕清明臣的"贰臣",而给人留下他过了中年才出名的印象。究其原因,在于各种祖大寿的传记史料记载,显示他在明泰昌元年(1620)出任靖东营游击,②却忽略了他波折的前半生[1]405[3]119[6]。③祖大寿原名祖天寿[6]128—129,④万历三十七年(1609),任懿路备御;⑤四十三年(1615),在宁远曹庄无端出猎,以致兵士为蟒金等部掠杀,被审

---

① 姜守鹏:《明末辽东势族》,《社会科学战线》1987年第2期,第206—209页。
② 《贰臣传》卷五,载"明泰昌元年,官靖东营游击。熊廷弼经略辽东,奏奖忠勤诸将,大寿预焉"。《清史稿》卷二百三十四和《清史列传》卷七十八的记载,与《贰臣传》大致相同。《八旗通志(初集)》记,更晚"初仕明为宁远参将"(天启六年;1626)开始。
③ 李洵也说到祖天寿的"失律",但是他看做祖大寿与祖天寿分为别人。
④ 关于祖天寿的改名,不是止只他一个人,就是他家族辈分的问题。常虚怀认为,改名时间天启七年九月至崇祯二年二月这十几个月之内,改名的原因是由于崇祯皇帝下诏令臣下避讳"天"字。
⑤ 《明神宗实录》卷457,万历三十七年四月二十九日条。

监候处决。①

　　关于祖大寿的生年，李洵按照《明季北略》推算，认为在明隆庆（1567—1572）初年[1]400。由于当时受史料上的限制，他无法利用祖家谱牒、家传材料等。到了今天，可以利用《祖氏家谱》。它记载，可以得知祖大寿出生于万历七年（1579），死于顺治十三年（1656），②跟李洵的推算相比，正好差一轮。关于祖氏家族从祖籍滁州（今安徽省滁州）迁到辽东宁远的问题，《祖氏家谱》有"明永乐二十二载（1424），祖讳世荣，从王事，至关东，遂留焉"③的记载。祖世荣被称为曾祖（宁远祖氏"一世"），他随明成祖第五次亲征北元入辽，而未返回滁州故地。然而，《祖氏家谱》其他部分另载有："癸丑洪武六年（1373）时，辽东行省皆平，改为卫所。诏以何世隆都督辽东驻，定辽中卫。祖（世荣）奉诏从戎，于辽阳功授小旗。后调回滁州"，到了儿子祖忠的时候，"太宗癸未永乐元年（1403），改调定辽中卫正百户世袭"。④上述家谱的内容虽不同，但笔者不认为讨论这两条记载的正确性有意义，应将重点放在祖氏家族是宁远卫始建以来，定居当地多年的家族⑤。

　　卫所制为明太祖（1368—1398年在位）所创，是在全国各军事要地设立的军卫制度。一卫有兵丁五千六百人。卫的长官为指挥使，其下有指挥同知、指挥佥事、卫镇抚等。一卫的组成为五千户，而五千户所分为左、右、中、前、后等千户。卫之下有千户所、百户所、总旗及小旗等单位，各所统领的为千户、百户、所镇抚、正百户及试

---

① 《明神宗实录》卷533，万历四十三年六月初五日条。
② 东洋文库所藏《祖氏家谱》全8册，康熙四十一年（1702）序，钞本，记"生于明神宗己卯万历七年十二月十六日寅时，卒于皇清世祖丙申顺治十三年五月十三申时。寿七十有八。葬于宁远卫新祖茔"。
③ 《祖氏家谱》卷1《家谱序》。
④ 据《祖氏家谱》卷4《辽东一支世纪全谱》。祖忠是祖世荣的儿子，祖兴的弟弟（"行次"）。世袭家兄祖兴（"行长"；无嗣）职。
⑤ 宁远卫始置于明宣德三年（1428），就为祖庆（祖忠的孙子）的时候。宁远城，同年始建，五年完工。参见杨旸《明代辽东都司》，中州古籍出版社1988年版，第23—27页；刘谦《明辽东镇长城及防御考》，文物出版社1989年版，第58页。

百户等。他们属于军籍，各卫均隶属五军都督府，亦隶属兵部。总之，卫所武官平时或屯田或驻防，遇到战争则征战的世袭军户。①

关于祖氏家族的崛起，应该从祖大寿的父亲祖承训谈起。先是，万历二十年（1592），日本丰臣秀吉派军攻打朝鲜，明神宗万历帝（1572—1620年在位）以祖承训为辽东副总兵，出任"抗倭援朝"的将领，相较于祖氏家族的先世祖世荣或祖忠担任的小旗或正百户等卫所官职，已有很大的不同。根据《武职选簿》的《左军都督府·辽东都司·宁远卫》（以下，简称《宁远卫选簿》）祖天寿档案，②也就是改名前的祖大寿，记载着他的父亲祖承训的履历：

> 祖天寿，指挥佥事。祖仁，系指挥佥事祖刚下操舍。祖承训，系祖仁男补前役。祖天寿，万历三十一年（1603）十月，大选过宁远卫指挥佥事一员。祖天寿二十五岁，滁州人，系疾署都指挥同知祖承训嫡长男。伊父承训，隆庆三年（1569），镇静堡斩首一颗，升小旗。大清堡斩首一颗。五年（1571），升总旗。六年（1572），辽阳斩首一颗。万历二年（1574），升试百户。抚顺东州斩首一颗。四年（1576），大兴堡斩首一颗。五年（1577），升副千户。七月，又重升副千户。六年（1578），丁字堡斩首一颗。七年（1579），升正千户。红土城斩首一颗。九年

---

① 关于卫所制，研究成果甚多。参见于志嘉《明代军户世袭制度》，台湾学生书局1987年版；川越泰博：《明代中国的军制与政治》，国书刊行会2001年版；梁志胜：《明代卫所武官世袭制度研究》，中国社会科学出版社2012年版。

② 现存《宁远卫选簿》有两种。一种是日本东洋文库所藏的，万历二十二年（1594），钞本。于志嘉：《明代军户世袭制度》第448页有东洋文库所藏的祖天寿选簿书影；另一种是中国第一历史档案馆所藏，中国第一历史档案馆、辽宁省档案馆编：《中国明朝档案总汇》卷55，广西师范大学出版社2001年版，第291—292页有祖天寿的卫选簿。关于《武职选簿》的收藏情况，参见梁志胜《明代卫所武官世袭制度研究》，第13—30页。现在利用《宁远选簿》祖大寿研究，只有一篇。参见常虚怀《明末将领祖大寿改名问题探源》，第126—129页。其他，笔者也曾利用《宁远选簿》做报告，绵贯哲郎：《祖大寿一族と「祖家将」をめぐって：明朝武将から汉军旗人へ》，满族史研究会第29回大会，2014年5月31日，于（日本）東北大学片平さくらホール。

(1581)，升指挥佥事。① 十等年部功历，升署都指挥同知。二十一年（1593），镇武大捷，升署都督佥事。今老，天寿赴替其重升副千户一级。告并改正审得，承训立功八级历……②

祖承训从小旗到署都指挥同知的卫所官职，而他的发迹又与驻广宁后的李成梁有密切关系。据《祖氏家谱》，祖承训"少有大志，不事咕哗，好习弓矢……往广宁提督李成梁军门请见，即置部下。后征倭多立首功"③。李成梁，辽东铁岭人，他在隆庆元年到万历三十六年（1570—1608）间，担任辽东总兵官镇守辽东达二十二年之久，他利用辽东庞大的军费为后盾，在中央政府建立丰厚的人脉；除了自己被封为伯爵之外，其兄弟子侄、健儿和家丁等，皆官至总兵、副总兵和参将等官，无不荣显[5]140—141。④

透过《宁远卫选簿》和《李成梁列传》等史料的对照，可以找到祖承训参加李成梁"辽军"的线索。万历二年（1574），建州卫王杲举事，"李成梁亦驰抚顺……杲乃先以十五骑，从东州五味子冲，盗边……杲复以三千余骑，从五味子冲入。我兵四面并起。殊疾力，旗鼓甚都。杲望见汉兵盛，辄皆反踵走"，⑤ "成梁用火器攻之，破数栅，矢石雨下……先后斩馘千一百余级，毁其营垒而还。进左都督，

---

① 在西平堡迎击达贼时，"把总祖承训司斩获首级一颗，得获达马二匹"的功绩，不过"被伤官丁五员名"之一。据《广宁左卫左所为达贼犯边斩获首级得获马匹事》万历九年四月，载《明代辽东残档选编》，辽宁大学历史系1979年，第114页。
② 两种《宁远卫选簿》大致相同。不过，"万历三十一年（1603）十月"一文，东洋文库所藏错钞"万历二十一年（1593）十月"。从《祖氏家谱》来看，应该是"万历三十一年十月"。
③ 《祖氏家谱》卷5《仁字次房一支世纪》。
④ 关于李成梁，参见园田一龟《关于李成梁与其一家族》，载《东洋学报》第26卷第1号，1938年，第89—120页；孙文良：《论明末辽东总兵李成梁》，载《满族崛起与明清兴亡》，辽宁大学出版社1992年版，第148—172页；和田正广：《中国官僚制的腐败构造に关する事例研究：明清交替期の军阀李成梁をめぐって》，九州国际大学社会文化研究所1995年版；杉山清彦：《汉军旗人李成梁一族》，载岩井茂树（编）《中国近世社会の秩序形成》，京都大学人文科学研究所2004年版，第191—236页。
⑤ 《王杲列传》，载《万历武功录》卷11。参见《明神宗实录》卷31，万历二年十一月辛未条。

世荫都指挥同知"。① 这时，祖承训在"抚顺东州斩首一颗"。万历三年（1575），"炒花大会黑石炭、黄台吉、卜言台周、以儿邓、煖兔、拱兔、堵剌儿等二万余骑，从平房堡南掠。副将曹簠驰击……成梁激战，发火器，敌大溃，弃辎重走……击斩以千计。加太子太保，世荫锦衣千户"②。祖承训也立下"平房堡斩首一颗"的功绩。万历六年（1578），"速把亥纠土蛮大入，营劈山。成梁驰至丁字泊，敌方分骑绕墙入。成梁夜出塞二百里，捣破劈山营……加太保，世荫本卫指挥使"。③ 祖承训也在"丁字泊斩首一颗"。万历七年（1579），插汉部部长土蛮"复以四万骑自前屯锦川营深入。成梁……与速把亥合壁红土城，声言入海州，而分兵入锦、义。成梁逾塞二百余里，直抵红土城，击败之，获首功四百七十有奇"，④ 祖承训则有"红土城斩首一颗"的功勋。到了万历九年（1581），祖承训升署指挥佥事，论十年功历，再升指挥同知。

如上所看出的，祖承训追随李成梁的"辽军"，立了多次功勋，从而奠定了世袭卫所武官的军籍。因此，祖大寿是继承了父亲的遗产，为著名的辽西望族的奠基。

二 祖大寿与"祖家将"的组成

据《宁远卫选簿》，祖大寿到了二十五岁，继承其父祖承训的卫

---

① 《李成梁列传》，载《明史》卷238。参见《明神宗实录》卷31，万历二年十一月辛未条。
② 《李成梁列传》，载《明史》卷238。参见《明神宗实录》卷45，万历三年十二月庚午条；和田正広：《中国官僚制の腐敗構造に関する事例研究：明清交替期の軍閥李成梁をめぐって》，第82页。
③ 《李成梁列传》，载《明史》卷238。参见《明神宗实录》卷72，万历六年二月辛卯条；和田正広：《中国官僚制の腐敗構造に関する事例研究：明清交替期の軍閥李成梁をめぐって》，第82—83页。
④ 《李成梁列传》，载《明史》卷238。参见《明神宗实录》卷95，万历八年正月己卯条；和田正広：《中国官僚制の腐敗構造に関する事例研究：明清交替期の軍閥李成梁をめぐって》，第83页。

所武官之宁远指挥佥事一职。① "辽事"爆发后，由于熊廷弼采取拔擢"辽人"的部署策略，② 祖大寿乃于万历三十七年（1609）任懿路备御。然而，万历四十年（1612）十一月，"虏犯宁远地方失事，问拟原任中右所游击、宁远卫指挥佥事祖天寿，依临阵先退律斩……四十三年（1615）五月二十日具题，六月初五奉旨，祖天寿监候处决"。③ 但是，孙承宗"爱其才，密令（袁）崇焕救解，遂贳之"。④ 泰昌元年（1620），官靖东营游击；⑤ 天启元年（1621），任升参将，⑥ 隶广宁巡抚王化贞标下。⑦

次年（天启二年＝天命七年；1622），清太祖努尔哈赤渡辽河，破西平堡，攻陷明朝在东北最高的军事机关驻地广宁，祖大寿也败走距离"宁远二十里"⑧ 的觉华岛。是时，祖大寿带领"辽兵八百七十五员名"，⑨ 并"拥众数万"，⑩ 又"有粮食二十六万"⑪ 的军屯重地。广宁失地和辽东军政崩坏，以及残兵难民逃出辽西、占据觉华岛的情形，使明朝中央政府意识到祖大寿在辽东战略上的重要性[3]119—122。于是，明廷将对辽人存有疑虑的王在晋调离辽东，改由自请督师的大学士孙承宗"经略辽东军务"。⑫ 孙承宗，万历三十三年（1604）进

---

① 于志嘉：《明代军户世袭制度》第448页有日本东洋文库所藏的书影；中国第一历史档案馆所藏，中国第一历史档案馆、辽宁省档案馆编：《中国明朝档案总汇》卷55，第291—292页。
② 参见渡边修《明末の辽人について》，载《东方学》第六十五辑，1983年，第75—76页。
③ 于志嘉：《明代军户世袭制度》第448页有日本东洋文库所藏的书影；中国第一历史档案馆所藏，中国第一历史档案馆、辽宁省档案馆编：《中国明朝档案总汇》卷55，第291—292页。
④ 《清史列传》卷78《祖大寿传》。因此，祖大寿始终感谢恩情于孙承宗和袁崇焕。
⑤ 《贰臣传》卷5《祖大寿传》。
⑥ 《明熹宗实录》卷14，天启元年九月四日条。
⑦ 《贰臣传》卷5《祖大寿传》。
⑧ 《明熹宗实录》卷25，天启二年八月二十四日条。
⑨ 《明熹宗实录》卷29，天启二年十二月二十五日条。
⑩ 《明熹宗实录》卷42，天启三年十二月二十四日条。
⑪ 《明熹宗实录》卷19，天启二年二月二十四日条。
⑫ 《国榷》卷85，天启二年八月己卯（十六日）条。

士，认为文官统率军队会产生坏的影响，因此主张擢用有才能、有盛名的将领。① 孙承宗基于"无辽土何以护辽城，舍辽人谁与守辽土"②的立场，提倡以辽人守辽土，进而调整指挥系统，命将任职，将防务部署得井然有序。具体而言，他与袁崇焕布置了一条把宁远、锦州和山海关联结成一体的宁锦防线；又遣将分据锦州、松山、杏山、右屯以及大凌河城、小凌河城，修筑城郭居住。③ 于是，经袁崇焕重新设计，定制城"高三丈二尺，稚高六尺，址广三丈，上二丈四尺。（祖）大寿与参将高见、贺谦分督之。明年（天启四年；1624）迄工，遂为关外重镇……又善抚，将士乐为尽力。由是商旅辐辏，流移骈集，远近望为乐土"。④ 宁远是祖氏家族十辈居住的根据地，因此，他和他家族成员被期待能担负起重要的作用。

天启六年（天命十一年；1626），努尔哈赤亲率诸贝勒、诸大臣等统八旗士兵，向明朝发动了大规模的进攻。"宁远道袁崇焕，总兵满桂，参将祖大寿婴城固守"，⑤ "令闽卒罗立，发西洋巨炮"，⑥ 打败后金军。这次"宁远之捷"的功绩，祖大寿"荫一子与做本卫百户世袭"，⑦ 得到了卫所武官世袭职位的恩典。次年（天启七年，即天聪元年；1627），皇太极率军西征，围锦州，攻宁远。袁崇焕"以宁远兵不可动，选精骑四千，令（尤）世禄、（祖）大寿将，绕出大军后决战。别遣水师东出，相牵制"。⑧ 后进军至宁远，"用炮距击。而（满）桂、世禄、大寿大战城外……大军亦旋引去，益兵攻锦州。以溽暑不能克，

---

① 冈本さえ：《清代禁书研究》，东京大学出版会1996年版，第267—270页。
② 《明熹宗实录》卷40，天启三年闰十月朔日条。
③ 孙文良、李治亭、邱莲梅：《明清战争史略》，辽宁人民出版社1986年版，第180—181页。
④ 《明史》卷259《袁崇焕传》。参见孙文良等《明清战争史略》，第186页。
⑤ 《大清太祖武皇帝实录》卷4，载《图书季刊》第一卷第一期，"国立"故宫博物馆，1970年，天命十一年正月二十四日条。
⑥ 《明史》卷259《袁崇焕传》。参见孙文良等《明清战争史略》，第205—217页。努尔哈赤是年病死，明朝获得"宁远之捷"。
⑦ 《明熹宗实录》卷23，天启六年四月二十九日条。
⑧ 《明史》卷259《袁崇焕传》。

士卒多损伤。六月五日,亦引还"。① 由于"宁锦大捷"的功勋,祖大寿"加升一级,赏银三十两"。② 崇祯元年(1628),"以(袁)崇焕督师蓟辽,擢(祖)大寿前锋总兵挂征辽前锋将军印,驻锦州"。③

由此可见,宁远地方有孙承宗和袁崇焕奠定的基础,所以祖大寿的职位得以上升。然而,天启五年(天命十年;1625)的孙承宗第一次辞官,④ 以及崇祯二年(天聪三年;1629)崇祯帝陷入皇太极的反间计,将袁崇焕凌迟,其间即便发生了所谓的"祖大寿之变"[5]145,⑤ 朝廷在无人可用的情形下,祖大寿仍跃居辽东地区"关宁辽军(祖家将)"的最高统帅。

"祖家将"与李成梁的"辽军(李家将)"、毛文龙的"岛兵(毛家将)",是晚明辽东军事家族的代表。先是,明朝在辽东的统治,依靠卫所而不设州县。李洵曾指出:"明朝中叶以后,原有的卫所制随着屯田、开中制度的败坏、废弛而逐渐衰落。大约从景泰年间以后,募兵出现,至嘉靖以后,募兵已经形成制度"[1]402。还指出,"家丁制度"的构成,把亲军和心腹将帅"当作义子、义孙,把众多的兵士,当作家丁,这就使主帅与这些官兵形成一种特殊的关系"[1]403,⑥ 晚明军事家族也就在这样的背景下而兴起。

"祖家将"这个概念,李洵说"不能囿于只有祖姓的将官,才是'祖家将',而应当是以祖姓亲属将官为主体的配合以非祖姓的亲信将官而成的军事实体"[1]407。关于祖姓将领的亲属关系,可以借由名

---

① 《明史》卷259《袁崇焕传》。时称"宁锦大捷"。
② 《明熹宗实录》卷87,天启七年八月二日条。
③ 《贰臣传》卷5《祖大寿传》。
④ 《明熹宗实录》卷64,天启五年十月十五日条。
⑤ 据《贰臣传》卷5《祖大寿传》有"会我朝设间从所获太监还,以袁巡抚私有约告,遂再召对,缚(袁)崇焕下狱。(祖)大寿在旁,股栗惧,及既出,又闻满桂总督关宁将卒,不肯受节制,即引所部兵掠山海而东……至是,(孙)承宗复督师,遣人慰抚"的记载。
⑥ 赵中男认为,家丁,又称为"内丁、亲丁、亲兵、家卒、家众、健儿"等,是主帅畜养的用于御敌卫身的私兵。家丁的来源有三。其一,部分卫所军士的转化;其二,招募家丁(这是主要来源);其三,招收降夷为家丁。参见赵中男《论明代军队中家丁的特点与地位》,《社会科学战线》1988年第3期,第144—145页。

字了解其辈分。以史料中任职军官者为例，祖大寿的二弟大弼、从弟大乐位居总兵，三弟大成、堂弟大名官游击，堂兄弟大眷为守备；子侄辈的嗣子泽润、长子泽溥、次子泽淳、三子泽清、义子可法、堂弟之子泽洪、堂弟之子泽沛、堂弟之子泽远、从子泽源、从子泽盛等，多任副将、参将；子侄中年纪较轻或旁支者，如从子世祥、邦武、云龙、克勇、邦杰等，① 则为游击或其他低阶武官。以祖家祖父、子侄、别支子孙三辈人，组成从总兵到副将参将、游击的军官团骨干[1]407。其他，参将祖宽，曾为"家丁"；② 祖大定的父亲祖承教"原系家人"。③ 兹就《祖氏家谱》等史料，整理如表1：宁远祖氏略系谱（见下页）。

被称为"唐末李克用十三义儿"④ 的祖大寿"义子"问题，以祖泽润和祖可法为例。祖泽润，《八旗通志（初集）》以为祖大寿"养子"；⑤《大清太宗文皇帝实录》以祖泽润为祖大寿的"义子"。⑥ 然而，《贰臣传》却作"以从子泽润为长子"；⑦《清史稿》则曰"大寿初未有子，抚从子祖泽润为后"。⑧ 据《祖氏家谱》，祖泽润"初名世润，字荫溪。讳遇钧五子。通房行十。过继于讳仁次房讳大寿为长。小名招哥，改名泽润，字荫渊"，⑨ 内容跟《贰臣传》大致相同，视之为祖大寿的长子（嗣子）。祖泽润任明朝副将，成为"祖

---

① 邦武、云龙、克勇和邦杰，与祖大寿的亲属关系不详。《祖氏家谱》上找不出来他们的名字，而且辈字也没有。
② 《明史》卷273《祖宽传》。
③ 《宁远卫选簿》，载《中国明朝档案总汇》卷55，第292页。
④ 《八旗通志（初集）》卷175，《祖大寿传》。
⑤ 同上。
⑥ 《大清太宗文皇帝实录》天聪五年十月己丑（二十五日）条的记载，康熙重修本（卷10"大凌河总兵祖大寿义子泽润"）与顺治初纂本（卷8"祖大寿子祖泽润"）所写不同。
⑦ 《贰臣传》卷5《祖大寿传》。
⑧ 《清史稿》卷234《祖大寿传》。
⑨ 据《祖氏家谱》卷8《辽东北宅一支世纪》。另一方面，祖大寿亲长子祖泽溥"字龙渊，讳大寿长子。排继子，行二"（卷5《仁字次房一支世纪》）的记载。此文以祖泽润被视为长子（嗣子）的佐证。

表1　　　　　　宁远祖氏略系谱（从第七世到十一世）

七世	八世	九世	十世	十一世
镇	仁	承训 宁远卫指挥同知 副总兵	大寿 宁远卫指挥佥事 辽东前锋总兵	泽润（大寿嗣子）锦州副将 正黄旗汉军都统、一等子加一云骑尉（1）
				泽溥　锦衣卫指挥同知，御前一等侍卫
				泽淳　御前一等侍卫、正黄五-7（1）
				泽清 正黄三-6（3）
				可法（大寿义子）锦州副将 正黄旗汉军副都统、三等子（1）、正黄二-4（1）
			大弼　陕西宁夏总兵 散秩内大臣、镶黄三-6（1）	泽潜
			大成　游击	
		承教 宁远卫指挥佥事	大定　宁远卫指挥佥事、 辽东宽奠营参将	泽洪　宁远卫指挥佥事、锦州副将镶黄旗副都统、一等子（1）、镶黄一-6（1）
				泽沛　锦州参将 正蓝旗汉军参领、镶白五-3（1）
				泽远　辽东杏山营副总兵，正蓝旗汉军副都统、一等轻车都尉（1）、镶白一-3（1）（3）（5）
			大乐　副总兵	
	义	承业	大眷　大凌河守备 骑都尉（1）、正黄四-3（1）	泽源　骑都尉（2）
		承功	大贵	泽盛　都司
			大位	泽运
	礼	承惠	大明（大名）游击	
	达	堂	遇全	世魁　镶黄四-3（1）
			遇钧	世祥　二等轻车都尉（1）
				泽润（大寿嗣子）

家将"的继承者。他于大凌河之役归附清朝后，成为一万一千余名将士们的最高统领。① 另一名"义子"祖可法，祖大寿大凌河之役兵败欲降时，以可法为质子。祖可法"之父名有才，别无宗族"；与祖泽润并

---

① 此时，祖泽溥居在北京，任锦衣卫指挥同知，侍奉明朝朝廷；至于祖大寿，已领26名官兵一起逃到锦州。

为"义子",不过两者有差,在《祖氏家谱》上也找不到他的名字。

其次,祖姓将领的组成,也有利用拟血缘的方式来构成家族势力[5]138。

关于非祖姓的亲信将官构成,他们都与祖大寿关系密切。祖大寿年五十始任总兵,他为培植军事家族的势力,刻意营造麾下异姓将领和祖家休戚与共的关系,使之成为祖氏家族的成员[5]138,故而"祖家将"被认为"其族党甚强";① 从现有的研究成果来看,"祖家将"内部确实存在着一种亲属网络[1]409[5]137—139。例如:祖大寿将亲妹嫁给中后所的吴襄;② 祖大寿的子侄辈裴国珍③、胡弘先④、夏国相⑤则与吴三桂家族联姻。必须强调的是,裴国珍⑥、胡弘先⑦都是出身宁远卫的高级世袭卫所武官。检阅《宁远卫选簿》,除了他们二人之外,有军籍⑧者,还有祖泽洪⑨、线应琦⑩、王廷臣⑪、张廉⑫、傅文科⑬和陈

---

① 顺治初纂《大清太宗文皇帝实录》卷38,崇德七年四月七日条。
② "母祖氏祖大寿之同怀也"。载《庭闻录》卷1,收《近代中国史料丛刊》卷26,文海出版社1987年版。
③ 顺治初纂《大清太宗文皇帝实录》卷38,在给吴三桂的劝降信中,称他为"贤甥"。李治亭认为裴国珍为姨夫。参见李治亭《吴三桂大传》,江苏教育出版社2005年版,第7、50页。
④ 顺治初纂《大清太宗文皇帝实录》卷38,在给吴三桂的劝降信中,称他为"贤弟"。李治亭认为胡弘先为吴三桂的表兄。参见李治亭《吴三桂大传》,第50页。
⑤ 夏国相是吴三桂的女婿。参见李治亭《吴三桂大传》,第305、338页。
⑥ 裴国珍,宁远卫副千户。《宁远卫选簿》,载《中国明朝档案总汇》卷55,第339—340页。
⑦ 胡弘先,宁远卫指挥佥事。《宁远卫选簿》,载《中国明朝档案总汇》卷76,第482—483页。
⑧ 属于祖氏家族的祖大松,宁远卫指挥同知。《宁远卫选簿》,载《中国明朝档案总汇》卷55,第301—302页。
⑨ 祖泽洪,宁远卫指挥佥事。《宁远卫选簿》,载《中国明朝档案总汇》卷55,第292页。
⑩ 线应琦,宁远卫指挥同知。《宁远卫选簿》,载《中国明朝档案总汇》卷55,第306—307页。
⑪ 王廷臣,宁远卫左所正千户。《宁远卫选簿》,载《中国明朝档案总汇》卷55,第331页。
⑫ 张廉,宁远卫指挥使。《宁远卫选簿》,载《中国明朝档案总汇》卷55,第298页。
⑬ 傅文科,宁远卫指挥佥事。《宁远卫选簿》,载《中国明朝档案总汇》卷55,第300—301页。

大典①等将领。

李洵指出,"公元十六、十七世纪之后,卫所制瓦解,军户制难于维持……维系主帅和下级官兵之间的关系和加强作战指挥系统只能是这种家丁制度,才能获得较大的效益"[1]403。然而,我们已经看出,就晚明时期出现的军事家族"祖家将"而言,除了辽西将领之间构成了婚姻的裙带关系,以"义子"等方式组成的拟血缘关系之外,②还有以指挥金事的祖大寿为首,属于军籍的宁远卫世袭高级武官加入"祖家将"的状况。土生土长的"祖家将"的形成,使祖大寿成了名副其实的明朝正规军(关宁辽军)最高指挥官。

三 编入八旗汉军的"祖家将"

清崇德七年(1642),汉军旗扩大为与八旗满洲同样编制的八旗组织。是时,通过大凌河之役、松锦战役投降的大批"祖家将",重新编组汉军牛录。到目前为止,归附后金国(清朝)的"祖家将"研究,仅限于以六部二院的主要职位,或八旗高位武官的分布,③尚未注意晚明军事家族的解体及其构成八旗组织的政治背景。

天聪五年(1631)的大凌河之役,祖大寿第一次率众投降,计有"总兵官以下,把总以上有一百七十五。士兵有一万一千五百六十八"。④皇太极令他们剃发,带到盛京,"副将、参将、游击等官,每旗分离四员,拨给房屋……都司、守备等官百余员,俱令与汉官同居同食,恩慈养之。其士兵,分定河东、河西汉人。以河西汉人,归于八旗固山的汉民内,令与之同居同食。选出自辽东逃去之河东汉人,

---

① 陈大典,宁远卫试百户。《宁远卫选簿》,载《中国明朝档案总汇》卷55,第363—364页。

② 其他,还有蒙古兵的存在。

③ 张晋藩、郭成康:《清入关前国家法律政治史》,辽宁人民出版社1988年版,第56—57页。

④ 《满文内国史院档》天聪五年(1631)十月二十八日条(东洋文库东北アジア研究班訳注《内国史院档:天聪五年》,东洋文库2013年版,第296页)。

给还原主。其余无主汉人，拨给公中安置"。①

关于皇太极采取种种丰厚"恩养"措施的原因，首先，为了等待最高将帅祖大寿的再度归附[3]124。祖大寿归附后金国不久，便留下一万一千余将兵亲自带领二十六名官兵逃入锦州城，②再次相持清军。即便如此，皇太极没有显露恼怒的态度，仍持续派人招降祖大寿的政策；有时则跟祖泽润等"祖家将"将领们共同研判祖大寿来信隐含的内容。③ 因此，皇太极必须妥善安置大凌河降官，以预备第二次归附的环境。

其次，清朝改变归附汉人的恩养政策。先是，由于天聪三年十月到四年五月（1629—1630 年）发生的"己巳之役"，清军不仅丧失了已经占领的明朝京畿地区永平、遵化等四城，贝勒阿敏竟屠杀该地官民。相较于清方的做法，此时明崇祯帝（1627—1644年在位）对投敌者的处置，则从"忌刻好杀"改变为"开诚回国"。④ 因此，被内地汉人视为"浸染胡俗，气息相类"⑤ 而加以歧视的"辽人"，其处境显然有之势[4]26—28。是以降而复归的祖大寿非但未受惩处，还获得明朝崇祯帝的旌表，⑥ 甚至与"阁老"联

---

① 《满文内国史院档》天聪五年十一月十七日条，《内国史院档：天聪五年》，第318—320 页。
② 崇祯四年闰十一月初七日《兵部呈为王道直题再查祖大寿出大凌河城情形本》，载《明与后金大凌河之战史料片断》。收入《历史档案》1981 年第 1 期，第 27 页。
③ 《满文内国史院档》天聪五年（1631）十一月初四日条，《内国史院档：天聪五年》第 302 页。
④ 常虚怀：《明末总兵黑云龙事迹新考》，载《历史档案》2013 年第 4 期，第 70 页；绵贯哲郎：《从"归附汉人"转到"汉军旗人"——以"盛京出生"者为中心》，载《清史研究》2015 年第 4 期，第 83—84 页。
⑤ 熊廷弼：《辽左大势久去疏》，载《经辽疏牍》。收入《明清史料汇编·二集》第 1 册，第 53 页。
⑥ "祖氏石坊"现在还保留在宁远（今辽宁省兴城市）城内。有祖大寿（建立于崇祯四年；1631）和祖大乐（崇祯十一年＝崇德三年；1638）的两座。参见《（民国）兴城县志》卷 10《古迹》。收入《中国地方志集成·辽宁府县志辑 21》，凤凰出版社 2006 年版，第 527 页。

姻[5]146等，①进而与明朝中央要员建立良好联系。为谋因应，皇太极也采纳贝勒岳托上奏的《善抚人民奏》，②公布改善汉人降官抚养的措施。

再次，皇太极希望"祖家将"能衷心归附。据《满文老档》的记载，"凯旋以来，自大凌河携来之汉人，逃者甚多。汗遂召唤额驸佟养性及文书衙门诸巴克什，传达大凌河归降各官曰：围尔等三个月，天给与我。我之恩养胜于他人，故携尔等至此，给以衣食，与以妻室、人户抚养也……负我养育之恩，或潜逃或背逆，是负天也。该逃人中，有者出于己意而逃，有者官人同谋而故纵。若欲归家探取信息，则奏于我，明白遣去。所遣之人，还与留，听其自便。否则，彼思乱不已也"，③呈现出皇太极的苦恼。不过，天聪七年（1633）七月以后，给皇太极上奏"为功北京"的"祖家将"逐渐增多，包括祖可法、陈锦和张存仁等。④

"祖家将"高级降官正式参与清朝的国政运作，始于崇德元年（1636）五月。时"升大凌河归附官员，入部办事。升张存仁为都察院承政，祖泽洪为吏部承政，韩大勋为户部承政，姜新为礼部承政，祖泽润为兵部承政，裴国珍为工部承政"。⑤

同年六月，赐"祖家将"降官等敕书。⑥至此，"祖家将"降官在政治上获得了参与政治枢纽的地位，并得以按照原有官职的高低授予世职；一如清朝的"旧汉人"[3]125，大凌河降官由明朝武官

---

① 叶高树将这位"阁老"认定为内阁大学士杨嗣昌。此外，祖大寿的外甥吴三桂跟监视宁锦太监高起潜联姻。
② 顺治初纂《大清太宗文皇帝实录》卷9，天聪六年（1632）正月十五日条。
③ 《满文老档》天聪六年八月朔日条。东洋文库清代史研究室译注：《满文老档5》太宗2，东洋文库，1961年，第830—832页；中国第一历史档案馆、中国社会科学院历史研究所译注《满文老档》，中华书局1990年版，第1326—1327页。
④ 天聪七年（1633）七月二十二日、天聪九年（1635）正月二十七日条（《天聪朝臣工奏议》记"二十五日"）和七月二十六日条。参见《天聪朝臣工奏议》，辽宁大学历史系1980年，第69、90页；《天聪九年档》，第43—45页、第219—221页。
⑤ 顺治初纂《大清太宗文皇帝实录》卷22，崇德元年（1636）五月二十六日条。
⑥ 顺治初纂《大清太宗文皇帝实录》卷22，崇德元年（1636）六月十三日条。不过，"祖家将"中下级降官授予世职比较晚，迟至顺治元年（1644）才能得到。

转为拥有世袭职位的旗人身份。崇德三年（1639），更定六部、都察院和理藩院等官制，"祖家将"将领也继续担任中央各衙门的参政。①

崇德六年（崇祯十四年；1641）的松锦战役，总兵官祖大寿第二次投降。皇太极除了"辽人"（当然包括"祖家将"）及洪承畴之外，虐杀了明朝降将降兵一万一千余人[4]32。至此，明朝"以辽人守辽土"的战略彻底失败，清朝则获得了祖大寿，以及大批"祖家将"将领。② 次年（崇德七年；1642），将"祖家将"官兵编组牛录，并将汉军旗扩大成为八旗。这时，大凌河之役和松锦战役的"祖家将"降官，除了祖泽润任都统之外，其他人也分别担任各旗副都统和参领等主要职官。③ 无论入旗的降官人数④、六部二院的部署，或八旗武职的配置，表面上都可以看出"八家均

---

① 顺治初纂《大清太宗文皇帝实录》卷28，崇德三年（1639）七月二十五日条，载"命吏部和硕睿亲王，重定部品。吏部承政阿拜，左参政色勒、祖泽弘（＝祖泽洪），右参政查必甘、满柱石里、鲍承先……户部承政英俄儿代，左参政马福塔、吴守进，右参政色冷扯臣、邓长春、得木兔……礼部承政满打喇汉，左参政巴颜、朝哈儿，右参政阿赖、古路格打喇汉、陈邦选、俄莫格图……为兵部承政宜松，左参政祖泽润、木青格，右参政古里布什哈，左参政扯儿格、裴国珍，右参政囊讷格、兀善、杨文魁……理藩院承政孛罗贝子，左参政色冷，右参政尼堪……都察院承政阿什打喇汉，左参政曹亥、多里吉打喇汉那颜，右参政祖可法、张存仁"。

② 还有吴襄之子吴三桂统率"关宁辽军（祖家将）"的残部。

③ 每旗置都统1、副都统2、参领5之中，有以下13个高级降官：正黄旗都统祖泽润，副都统祖可法，参领祖应元；镶黄旗副都统祖泽洪，参领邓长春；正红旗副都统葛朝忠；镶红旗参领吴汝玠；正白旗副都统裴国珍，参领胡弘先；镶白旗参领祖邦武；正兰旗副都统祖泽元，参领祖泽沛；镶兰旗副都统张存仁。

④ 据不完全的统计，通过天聪六年（1632）和天聪八年（1634）档案的对照，旗属如下：正黄旗副将3，参将1，游击2，守备20，共26员；镶黄旗副将1，参将1，游击3，都司1，守备13，共19员；正红旗副将2，参将1，游击1，都司1，守备8，共13员；镶红旗副将1，参将1，游击2，都司1，守备11，共16员；正白旗副将2，参将1，游击1，都司5，守备13，代子都司1，共23员；镶白旗副将2，参将1，游击1，都司2，守备18，共24员；正兰旗副将2，参将1，游击1，都司2，守备15，共21员；镶兰旗副将2，参将1，游击1，都司3，守备14，共21员。总共163员。参见《内国史满文档案》天聪八年（1634）二月初八日条，及《内国史满文档案》崇德四年（1639）四月二十五日条。参见东洋文库清朝满洲语档案史料的综合研究小组：《内国史院档：天聪八年》，东洋文库2009年版，第62—66页；中国第一历史档案馆藏《满文内国史院档》1988年，缩微胶卷全4卷。

分"的状况。

清太宗皇太极即位后金国汗位时,"俱与三大贝勒,同南面坐受";①属于他领有的,只有正黄、镶黄旗的两旗。②他为了集权,乃在天聪九年（1635）趁三贝勒莽古尔泰去世的机会,以莽古尔泰涉嫌谋反为由,夺取了莽古尔泰所领的正蓝旗。随后,皇太极指派自己的长子豪格为新正蓝旗的旗王。③于是,皇太极可以掌握这个三旗,势力凌驾于其他旗王之上。另一方面,皇太极跟蒙古科尔沁部缔结姻亲关系,并成为盟友。④至于天聪七年（1633）归附的孔有德、耿仲明属下三千六百余官兵,以及次年归附的尚可喜率五千五百余官兵等,不采用"八家均分"的原则,而是将三人封为"三顺王",使之竭尽忠诚于己。⑤为了扩充汗（皇帝）权,皇太极企图加强自己的军事、政治力量,嗣后也继续寻找新的有力家族或军事势力等作为集权的助力。

值得注意的是,借由有关"祖家将"牛录的分析,可以重新解析皇太极的思维。众所周知,《八旗通志（初集）》（乾隆四年＝1739告成）是研究八旗制度的基本史料,然其旗人旗属是以编辑时间为准,而非反映他们祖先入旗时的状况。因此,笔者另外利用《盛京史户礼兵四部文：补放满汉旗牛录章京各缺》⑥、《八旗世袭谱档》等史料,考察有关"祖家将"牛录的原旗属。

---

① 顺治初纂《大清太宗文皇帝实录》卷9,天聪六年正月初一日条。
② 杉山清彦：《八旗旗王制の成立》,载《东洋学报》第83卷第3号,2001年,第54页。
③ 杉山清彦：《清初正蓝旗考：姻戚関系よりみた旗王権力の基础构造》,载《史学杂志》第108编第7号,1998年,第1—38页。
④ 楠木贤道：《清初対モンゴル政策史の研究》,汲古书院2009年版,第100—101页。
⑤ 谢景芳：《"三王"、续顺公所部"隶旗"考辨》,载《北方论丛》1996年第6期,第45页。
⑥ 《盛京史户礼兵四部文：补放满汉旗牛录章京各缺》,载故宫博物院明清档案部、中国第一历史档案馆编《清代档案史料选编》第14辑,中华书局1990年版,第82—86页。

崇德七年（1642），扩充汉军旗，被编为汉军旗下的"祖家将"牛录有三十七个，[①] 其属于正黄旗七、镶黄旗五、正红旗三、镶红旗二、正白旗二、镶白旗八、正蓝旗五、镶蓝旗四。领有最多牛录的旗分，是有八个牛录的镶白旗，其次是七个牛录的正黄旗，再次则是五个牛录的镶黄旗和正蓝旗。隶属于这些牛录之人，有个别或伙同若干家属加入的，也有全是"祖家将"成员的。例如：李定邦原任大凌河守备，入旗后当了镶白旗［27］（指表2牛录的号码；以下同）的第二任佐领；不过，其牛录的壮丁来自"刘自远固山（镶黄旗）民丁一百二十名及巴图鲁郡王阿济格内分出壮丁二百名"。[②] 陈锦原任大凌河都司，后任正蓝旗［33］的初任佐领；牛录壮丁的主要来自"抚顺额驸李永芳属下人，公主陪送之人及家下人"。[③] 胡弘先原任大凌河游击，后为正白旗［20］的初任佐领；其牛录由"大凌河、李十二寨二处"壮丁组织的。[④] 方得胜原任大凌河都司，后为镶黄旗［13］的初任佐领；其牛录的来源就是"大凌河来归人员"。[⑤] 前两者包括以各人或若干家属为参加的，后两者则是全为"祖家将"的。此外，其他各牛录的"祖家将"比例不一样，然因史料限制，难以逐一详究。

---

① 祖泽淳牛录（后年的正黄汉五-7；由祖泽淳家下壮丁编立）除外。另一有韩栋牛录（后年的正白汉三-1），据《八旗通志》没载编立时间。不过，初任佐领韩栋原任大凌河参将。笔者认为，跟其他牛录同样无疑是崇德年间编立的。参见表2：有关"祖家将"牛录一览表。

② 《八旗通志（初集）》卷219《李定邦传》，第5063页；《八旗世袭谱档》世袭85《镶白旗汉军万通（李氏）世管佐领根源册》。

③ 《八旗通志（初集）》卷182《陈锦传》，第4360页；《八旗世袭谱档》世袭112《正蓝旗汉军李氏六个勋旧佐领根源册》有"佐领下人陈锦管理"的记载。

④ 《八旗通志（初集）》卷176《胡弘先传》，第4263—4264页；《八旗世袭谱档》世袭43《世管佐领定安袭职册》。

⑤ 《八旗通志（初集）》卷218《方得胜传》，第4986页；《八旗世袭谱档》世袭11《头甲喇赵楷佐领下佐领赵楷互相袭替佐领缘由家谱清册》。

表2　　　　　　　　有关"祖家将"牛录一览表

	旗分（崇德七年）	壮丁来源	牛录名	旗分志	备考
1	正黄：祖泽润固山	大凌河壮丁	祖可法牛录	正黄二-4	祖氏（可法系）世管牛录
2	正黄：祖泽润固山	祖大眷壮丁七名，祖大寿壮丁一百九十一名	祖大眷牛录	正黄四-3	祖大眷和祖大寿子孙内做过佐领等人有资格。后来成为祖氏（大眷系）世管牛录
3	正黄：祖泽润固山	盛京、铁岭卫、苏老屯等处壮丁	蒋成良牛录	正黄二-6	按旗册，初任佐领是赵文汉
4	正黄：祖泽润固山	宁远州、铁岭、广宁卫、盖州等处壮丁	周福牛录	正黄一-6	祖植栋（四）为祖泽润次子；祖植柏（五）为祖泽润长子
5	正黄：祖泽润固山	杏山、熊关屯、盖州、张廊岛等处壮丁	祖应元牛录	正黄三-3	祖植松（三）为祖泽润三子；关保（六）为祖植松长孙；祖埈（七）为关保之弟
6	（正黄）	祖大寿带来奉天锦州壮丁	包海四牛录	正黄三-5	祖泽深（二）为祖大寿四子；祖泽汪（三）为祖大寿五子
7	（正黄）	祖大寿带领锦州壮丁及其家人共八百名	顾四牛录	正黄三-6	顾四（初）、祖复选（二）是祖大寿家人。祖氏（大寿系）世管牛录
8	正黄（顺治十年编立）	家下壮丁二百名	祖泽淳牛录	正黄五-7	祖泽淳（初）为祖大寿次子；祖兴邦（二）为祖植松长子；高尔位（三）为高
9	镶黄：刘之源固山	不详	祖泽洪牛录	镶黄一-6	勋（松山副将）之子；祖奎（六）为祖兴邦之子
10	镶黄：刘之源固山	不详	邓长春牛录	镶黄五-4	祖氏（泽洪系）世管牛录
11	镶黄：刘之源固山	不详	祖世魁牛录	镶黄四-3	邓氏世管牛录
12	镶黄：刘之源固山	宁夏总兵带领家人一百零三名	祖大弼牛录	镶黄三-6	据其他档案，初任佐领是祖大弼家人赵云龙。祖氏（大弼系）世管牛录
13	（镶黄）	大凌河来归人员	方得胜牛录	镶黄一-3	方得胜（初）、赵宗科（二）均为大凌河降将
14	正红：吴守进固山	不详	葛朝忠牛录	正红五-2	葛朝忠（初），一名"郭朝宗"。原系顺承郡王勒克德浑属下牛录，后转移谦襄郡王瓦克达，又发隶贝勒都蓝之下

续表

	旗分 （崇德七年）	壮丁来源	牛录名	旗分志	备考
15	正红：吴守进固山	不详	王尚智牛录	正红四-1	王尚智（初）早已绝嗣
16	（正红）	不详	朱成伯牛录	正红三-1	半个牛录（崇德七年）；康熙二十二年定为整牛录化
17	镶红：金砺固山	锦州人氏	吴汝玠牛录	镶红四-5	吴氏世管牛录
18	（镶红）	杏山壮丁一百二十七名	纪国先牛录	镶红四-1	纪氏世管牛录。半个牛录（崇德七年）；康熙二十二年定为整牛录化
19	正白：图赖固山	不详	裴国正牛录	镶白三-4	
20	正白：图赖固山	大凌河、李十二寨二处	胡弘先牛录	正白三-5	胡氏世管牛录
21	镶白：石廷柱固山	不详	刘志有牛录	镶白二-2	刘氏世管牛录
22	镶白：石廷柱固山	不详	李天辅牛录	正白五-5	李氏世管牛录
23	镶白：石廷柱固山	不详	祖云龙牛录	正白二-1	祖氏（邦武系）世管牛录。祖云龙（初）为祖邦武之子
24	镶白：石廷柱固山	不详	夏景梅牛录	正白五-4	夏氏世管牛录
25	镶白：石廷柱固山	不详	郑蛟麟牛录	正白五-3	
26	镶白：石廷柱固山	不详	萧永祚牛录	镶白三-3	
27	镶白：石廷柱固山	刘自远固山民丁一百二十名及巴图鲁郡王阿济格内分出壮丁二百名	尚好仁牛录	镶白三-2	李定邦（二）是大凌河降将。李氏世管牛录。尚好仁（初）为多罗莫尔根郡王多尔衮属下
28	（镶白）	不详	韩栋牛录	正白三-1	初编时隶镶白旗，顺治五年隶正白旗
29	正蓝：巴颜固山	不详	祖泽远牛录	镶白一-3	祖良臣（六八）为祖泽远子；祖植春（一名"祖植椿"；七）为祖世祥子
30	正蓝：巴颜固山	不详	祖泽沛牛录	镶白五-3	祖氏（泽沛系）世管牛录

续表

	旗分（崇德七年）	壮丁来源	牛录名	旗分志	备考
31	正蓝：巴颜固山	不详	李盛牛录	正蓝五-3	李氏世管牛录
32	正蓝：巴颜固山	不详	李廷植牛录	不详	不详
33	正蓝：巴颜固山	抚顺额驸李永芳属下人、公主赔送之人及家下人祖大乐来自锦州投诚带	陈锦牛录	正蓝一-6	李氏勋旧牛录之一。据旗分志"天聪八年"编立，按其他档案载"于天聪崇德年间陆续为六个牛录"以及"崇德七年编立"之处
34	正蓝：巴颜固山	来壮丁及大凌河投诚人	姚时雍牛录	镶白一-2	祖氏（大乐系）世管牛录。姚时雍（初）是祖大乐家人
35	镶蓝：墨尔根虾固山	不详	张存仁牛录	镶蓝三-4	张氏世管牛录
36	镶蓝：墨尔根虾固山	不详	吕品奇牛录	镶蓝四-1	
37	镶蓝：墨尔根虾固山	不详	陈维道牛录	镶蓝三-1	陈氏世管牛录。陈维道（初）为陈邦选（大凌河降将）子
38	镶蓝：墨尔根虾固山	不详	高鸣钟牛录	镶蓝一-5	高氏世管牛录

注：此外，李志登牛录（正红二-5）壮丁来源于大凌河翟家堡壮丁一百二十余人。不过，据《满文老档·太宗》天聪六年正月七日条和八日的记载，赐给李志登的场面与"祖家将"待遇不同，因此笔者不算这里。

考察有关祖姓牛录的根源，虽然以镶白旗有八个牛录最多，但是所属之中只有一个祖姓牛录[23]，其牛录的初任佐领祖云龙，是祖邦武之子。尽管其壮丁来源不详，可是他和其子孙世代承管这个牛录。他们支派在《祖氏家谱》上没有名字，因此，也有祖大寿的"远族"或"家人"的可能。①

正黄旗之中，除了入关后（顺治十年；1653）编立的[8]之外，属于祖大寿壮丁编立的有[2][6][7]（其中，包括祖大眷壮

---

① 《八旗世袭谱档》世袭43《恒汇世管佐领册》。

丁七名的［2］），以及由大凌河壮丁［1］和杏山等处壮丁编设的［5］。①

镶黄旗，有两个支派。虽然［9］的壮丁来源不详，但是从其佐领世代承管祖泽洪及其子孙来看，无疑是跟他有关的壮丁组成的。②另一个［12］，由"宁夏总兵祖大弼家人一百零三名"编立，初任佐领为他的家人赵云龙。③

正蓝旗，有三个牛录。［34］由"祖大乐来自锦州投诚带来壮丁，及大凌河投诚人"编立的。第二任佐领是祖大乐家人姚时雍。④祖大乐曾有"一子名泽衍。中故遂绝"。⑤之后，由亲兄祖大定的二子祖泽沛、三子祖泽远及其后裔继承。［29］［30］均为壮丁来源不详，由于分别以祖泽远和祖泽沛及其子孙世代承管，肯定是跟他们亲兄弟有关的壮丁编立的。

上述内容，初步整理了祖姓牛录的原旗分。崇德年间，正黄旗和镶黄旗的旗王是皇太极，正蓝旗旗王是豪格，镶白旗旗王是多尔衮和阿济格。⑥因此，可以说皇太极和他长子豪格垄断了"祖家将"的核心成员。至于其隶属原则，《祖氏家谱》和《宁远卫选簿》等史料提供了若干线索。从他们在明代的武官身份来看：第一，有关卫所官衔的，任宁远卫指挥佥事的就为祖大寿和祖泽洪，⑦以卫所武官分为两

---

① "中央研究院"历史语言研究所所藏《正黄旗汉军缘由册》登录号185058，雍正七年五月。查阅这个档案，承蒙叶高树教授（台湾师范大学）的协助。
② 《八旗世袭谱档》世袭11《头甲喇裔恒佐领下世管佐领裔恒所得佐领缘由缮画家谱册》。
③ 《八旗世袭谱档》世袭13《镶黄旗汉军祖尚惠世管佐领根源册》。
④ 《盛京史户礼兵四部文：补放满汉旗牛录章京各缺》，第86页。
⑤ 《祖氏家谱》卷5《仁字三房一支世纪》。
⑥ 杜家骥：《清皇族与国政关系研究》，五南图书出版公司1998年版，第35—36页；杉山清彦：《八旗旗王制の成立》，第54页。
⑦ 祖大寿和祖泽洪在《宁远卫选簿》的记载：祖泽洪之祖父祖承教"万历十一年（1583），古勒寨斩首一颗，升小旗……万历二十三年（1595），告有改正，重升功三级，与做指挥佥事"。父祖天定（祖大定）"万历二十九年（1601）五月，单本选过宁远卫指挥佥事一员"，祖泽洪"天启六年（1626）九月，单本选过宁远卫指挥佥事一员"。《宁远卫选簿》，载《中国明朝档案总汇》卷55，第292页。祖泽洪原属于正黄旗，在天聪六年到崇德七年之间改隶镶黄旗。

个黄旗。第二，有关总兵衔的，曾任总兵的就为祖大寿和祖大弼两人，曾任副总兵为祖大乐。祖大寿、祖泽洪、祖大弼三人都属于两黄旗，祖大乐隶属于正蓝旗。

　　正黄旗5个牛录　祖大寿支派（从弟祖大眷、养子祖可法）：宁远卫指挥佥事、总兵

　　镶黄旗1个牛录　祖泽洪支派：宁远卫指挥佥事

　　1个牛录　祖大弼支派：总兵

　　正蓝旗3个牛录　祖大乐支派（亲兄祖大定之二子祖泽沛、同三子祖泽远）：副总兵

　　镶白旗1个牛录　祖邦武支派（子祖云龙）：也有祖大寿的"远族"或"家人"的可能

　　总之，关于"祖家将"将领的入旗，乍看之下为"八家均分"。然而，这个"均分"绝非将"祖家将"解体，实际上是皇太极将祖姓核心集团纳入自己率领的两黄旗，及长子豪格统率的正蓝旗之下。其编入原则，则为沿用他们在明朝时的军籍武官身份。因此，对皇太极而言，使辽西势族祖氏成为"新汉人"的代表，并令其宣誓效忠，是提高皇帝（汗）的地位和权势的必要手段。

四　结语

　　综上所述，本文以李洵《祖大寿与"祖家将"》的研究为基础，并根据近年公布的史料、研究成果，探讨祖氏家族的兴起，以及祖大寿与"祖家将"将领的入旗历程。

　　祖大寿与"祖家将"的崛起，可以追溯到祖大寿之父祖承训的时代。祖承训参加李成梁"辽军"，经历了从小旗升到署都指挥同知的卫所武官，后升任副总兵，也开启了祖氏家族的前途。祖大寿继承其父的军籍，任宁远指挥佥事。明清战争爆发后，祖大寿因"辽人"的身份而受重用，在"以辽人守辽土"的政策下，世代居住在宁远的祖氏家族及其将领的作用，备受明朝期待。被称为"其族党甚强"

的"祖家将",以明朝卫所制高级武官的指挥佥事祖大寿为最高指挥官;辽西将领之间构成亲属网络,祖姓内部形成了"义子""家丁"等拟血缘关系的组织。明末军事家族中的"祖家将"归附清朝后,其将领因"八家均分"而编为牛录,并参与政权中枢及任职八旗高级武官。然而,"祖家将"的核心成员,都隶属于皇太极麾下。

总之,16世纪后期,祖氏家族崛起,并成为新兴的军事家族。他们归附清朝之后,在编入八旗的同时,被塑造成"新汉人"的代表势力。这是明清转接时期汉人军事家族成为八旗汉军的实例分析。

[参考文献]

[1] 李洵. 祖大寿与"祖家将"[M]//李洵. 下学集. 北京:中国社会科学出版社,1995.

[2] 绵贯哲郎.《世职根源册》からみた清初の降清汉人[J]. 史丛. 2008 (2):103—106.

[3] 王景泽. 清朝开国时期八旗研究(一五八三——六六一年)[M]. 长春:吉林文史出版社,2002.

[4] 王景泽. 明末的"辽人"与"辽军"[J]. 中国边疆史地研究,2003 (1):26—32.

[5] 叶高树. 明清之际辽东的军事家族:李、毛、祖三家的比较[J]. 台湾师大历史学报,2009(2):121—196.

[6] 常虚怀. 明末将领祖大寿改名问题探源[J]. 历史档案,2015(2): 126—129.

[原载于《吉林师范大学学报》(人文社会科学版)2017年第6期]

清入关前的户下奴仆兵

李文益[*]

八旗甲兵是努尔哈赤、皇太极统一满洲和建立后金政权的主要军事力量。然而，在八旗甲兵锋芒的背后，还有一类由户下奴仆组成的兵卒，他们在满文文献中以"kutule"[①]（库图勒）相谓。刘小萌先生对该群体的历史渊源、在八旗甲兵中的比例、入关前后身份和地位的变化等问题有过研究。[1]其后，杜家骥先生将之称作"八旗奴仆兵"，并对其入关后的军事职能作了探究。[2]47—55 在此，笔者拟在两位先生的研究基础上，对入关前户下奴仆群体的军事职能及后金（清）政权相应的管制措施作一探讨。

一 户下奴仆与"厮卒"

"户下奴仆"，或称"包衣阿哈""包衣人""家奴""家人"，早在女真部落时代即已有之。[3]究其来源，主要以"四方俘获之人"[4]526为主，在女真人家中"为奴使唤，不胜艰苦"。[②] 至天命年

---

[*] 李文益（1986— ），男，山东章丘人，故宫博物院研究室博士后，研究方向：清史、满族史。

[①] "kutule"，在康熙朝《御制清文鉴》中释为"dahame yabure ahasi be kutule sembi"即"把跟随的奴才称为库图勒"。转引自赵阿平：《满族语言与历史文化概论》，见赵阿平主编：《满—通古斯语言与文化研究》，民族出版社，2008年，第39页。

[②] 王钟翰辑录：《朝鲜〈李朝实录〉中的女真史料选编》，辽宁大学历史系1979年刊印，第48页。

间，女真家庭中奴仆的数量已较为庞大，这与该时期后金铁骑的大规模征伐有关，如天命三年（1618）攻取抚顺后"将所得人畜三十万散给众军"[5]341；五年（1620）"将所获八千人畜，论功赏赐军士"[5]363，俘获之众可见一斑。

然而，建元天命后，我们在史籍中频繁见到一类被称作"厮养卒"或"厮卒"的群体，该称谓始见于天命元年（1616）四月，是时，努尔哈赤攻打抚顺城，在回军途中遭遇明兵，此役"我军止损厮卒二人"。① 此后，随着对外战争的不断升级，"厮养卒"或"厮卒"群体开始广泛出现在后金时期的对外战争中。那么，这类"厮养卒"或"厮卒"是否就是前述八旗户下奴仆呢？

据《旧满洲档》载，天聪六年（1632）在一次出猎时发生了"正白旗希尔噶牛录阿乃家人（booi）绥德、阿苏家人（booi）硕博诺"，"正蓝旗迈塔里阿哥家人（booi）特墨齐、尹都里牛录虎郎阿家人（booi）塔木频"等盗辔、屉、龙头、绊等物的案件。[6]397此事引起了皇太极的重视，他随后谕诸贝勒曰："再有跟役等盗窃马绊、龙头、马鞴、马辔等物者，则将其主论罪不贷。务各向跟役妥加谕之。"[7]661经查，档案中的"跟役"满文作"yabure niyalma"，意为"行走之人"。② 但是，这一事件在《清实录》中却有着另类的记载，时皇太极谕令："自后有不约束家奴，致为盗者，罪及其主"，并重申"倘再有厮卒人等盗取马绊、革占、辔等物者，罪及其主，决不姑宥"[4]174。对比可知，"家人（booi）"即"跟役"，在实录中又被称为"家奴""厮卒"。

再如崇德二年（1637）征朝鲜及皮岛期间，巴颜"私令厮卒三人，随众兵往皮岛，又令厮卒三人，由临津江牧马处诣汉军营索其家人所获财物"，事发审讯时，因石廷柱"明知其家六人抢掠，诡言不知"而被治罪[4]472。该案中"其家六人"即"家奴"，其身份亦为

---

① 《清太祖实录》卷五，天命元年四月癸卯条。
② 中国第一历史档案馆译编：《内阁藏本满文老档·太宗朝》（满文），辽宁民族出版社2010年版，第6505页。

"厮卒"。

总之，旗人之户下奴仆的身份是"家人"或称"家奴"，在随军出征时又被称为"跟役""厮卒"或"厮养卒"。其实刘小萌先生在追溯"库图勒"的渊源时早已指出，辽制"每正军一名"有负责"打草谷、守营铺家丁"各一人；金制在"甲军"外还有部分奴仆壮丁充任的"驱丁"，蒙元亦有类似的"阔脱臣"群体，因此后金军队中有户下奴仆充任的随军厮卒，实际上是对北方少数民族军事组织的一种继承[1]121。

二 户下奴仆的军事职能

户下奴仆或作为"耕田之奴"于田间劳作[8]319，或于家内役使，本应为家主服役，他们被冠以"厮卒"之名随主远征，可视为其家庭角色的延伸。

天命年间，厮卒曾作为"后方役兵"[8]21，在战争中负有后勤保障之责。此外还有为家主牵马者，如天命四年（1619）在攻败蒙古宰赛后，时身为四王的皇太极宣称"吾军中之仆厮有十数人破头颅者。"[5]355 此处之"仆厮"满文为"kutule yafahan emu juwan juse"，意为"牵马的步行的十个小子"。① 由此可知，"牵马步行"是户下奴仆的重要职责。

天命年间，户下奴仆随军征战既不成规模，也未成常例。而至天聪、崇德年间，厮卒人已广泛活跃于战场，其职责也更加灵活多样，刘小萌先生将其职能分为"身持杂役""从事掳掠"和"协同作战"三个方面[1]123—124，具体表现如下。

第一，为随征家主服务。

在战争中，有厮卒被称作"书丁"[7]720者，应负责随军征战中记

---

① 中国第一历史档案馆译编：《内阁藏本满文老档·太祖朝》（满文），辽宁民族出版社2010年版，第36页。

录和书写之事。如为防止武器遗失，曾令披甲者书名于上，而侍卫奈喀布箭上之名即由其厮卒博尔科所书。[9]460 此外，还有厮卒预备"出师行粮"[4]653 和"差马"[4]840，帮主人携戴撒袋者[7]686；有厮卒往来战场与诸贝勒家通信[10]、传谕捷音[4]688、"赴家取军士衣物"[10]14 者；还有厮卒于行军驻跸中取木、取草、取水者[9]108。从中可见，其所司之事皆为家庭事务在战场上的延伸，主要围绕家主服务，为家主出征前的准备、出征途中的休息提供便利。

抢夺战利品也是厮卒随征的重要任务。恩格斯指出"卑劣的贪欲是文明时代从它存在的第一日起直至今日的动力"①，同样，对于财产的贪欲是满洲人参与对外战争的直接目的和最终动力。在这一积聚家庭财富的过程中，户下奴仆成为其得力的帮手。因此他们随主远征，更多的是充当抢掠和搬运财物的先锋，如阿布泰曾"私遣厮卒二人前行，希冀多获"[4]471；每当出征时"如军卒家有奴四、五人，皆争偕赴，专为抢掠财物故也"②；而我们也多次见到由官方组织的每牛录各派出厮卒若干"往略"的史例。[4]230—234 在战争中，当俘获较少的大臣"仍欲进略，可准其进略"③，而若厮卒"始终牵马而未获一物"时则要鞭罚五十[11]116。可见，当时"不攻城池，只在各村堡抢掠"[12]一度成为后金军队的作战意图，而抢掠财物成为厮卒的主要任务。

第二，参与军事任务。

户下奴仆以汉人居多，因此他们在侦察敌情方面有着天然的优势，而这也为当时的将帅所利用。如天聪八年（1634），明怀隆兵备道张维世便奏称"狡奴谋犯，多广布奸细"，后来果"捉获奸细一名叶朝相"，经讯问，他本"系大同新平堡人，于崇祯二年被虏，在奴酋刀儿计宰生下做部落"，被派往"岔道等处打细探听某城兵马火器

---

① 恩格斯：《家庭、私有制与国家的起源》，人民出版社1976年版，第174页。
② 辽宁大学历史系编：《建州闻见录》，辽宁大学历史系1978年刊印，第44页。
③ 《盛京满文清军战报》，见中国第一历史档案馆编《清代档案史料丛编》第14辑，中华书局1990年版，第73页。

多寡虚实，好来犯抢"[12]5。这里的"部落"是"包衣"之意，如天聪七年四月，启心郎罗绣锦等建议"如有粮不输，许家下孛（部）落举首"，并称"孛（部）落乃口居食粮之人"。① 与之类似者还有辽东汉人尚贵，在"被贼掳去"后写下契约，"每月与役工食银三两"，"每月给与插汉打报"消息。[12]10 而在后金史料也有旗人遣"心腹家丁往作奸细"[7]762、派厮卒人等窥探敌情，② 或"往明境捉生"[13]70 等相关记载。当天聪八年皇太极分兵四路往略内地时，明军扼腕长叹"奴酋攻陷城池，未有不由奸细内应者""凡我之边垣兵马强弱情形，何者不在虏目中哉？"[12]11 可见，厮卒在侦察敌情方面的作用不容小觑。

此外，厮卒还被派往追捕逃亡人口[14]9、"携云梯、挨牌等物为后"[4]46；天聪五年（1631），皇太极命"营内厮卒执旗帜，向锦州驰骋扬尘"[4]134，诱使锦州祖大寿出城迎战，从而大败明军；而当大军凯旋时，也往往令厮卒携带口粮"往迎大军及所俘人口"[4]605。天聪六年，臧国祚向皇太极建议效仿古之"通穴袭取之法"，在离城五六里处"于古道中，明为挑壕困城，暗挖地穴相通"，"半月之间，可抵城下，待夜半通穴，直至城内，斩拴夺门，举火为令，一拥而入"，③ 此法很可能为皇太极所采用，天聪八年我们便见到后金军队中有携带"锹掘"[12]6者，专门负责"开洞使钁"④ 者，崇德四年还见有部分"挖洞人""洞内运土人"[9]423等，他们很可能亦由厮卒充任。

综上，这些出入战场的厮卒人，承担了部分侦探敌情、诱敌深入的军事任务，这为后金将帅及时做出军事部署提供了可靠的情报，为八旗甲兵集中精力攻城拔寨解决了后顾之忧。但是也应该看到，对户

---

① 辽宁大学历史系编：《天聪朝臣工奏议》卷上，辽宁大学历史系 1980 年刊印，第 52 页。
② 关孝廉译编：《天聪五年八旗值月档（五）》，《历史档案》2001 年第 4 期，第 12 页。
③ 《整红旗固山备御臧国祚奏本》，国立中央研究员历史语言研究所编刊：《明清史料》丙编第一本，上海商务印书馆 1936 年版，第 22 页。
④ 《管苞铁炸牛录章京徐大祯奏本》，《明清史料》丙编第一本，第 39 页。

下奴仆疏于管治，将对后金军队产生一定的负面影响。

三 户下奴仆的反作用

厮卒多源于俘获的外族人口，不仅管理不便、逃者甚众，而且无组织、无纪律的战场行为，日益成为后金军队的一大隐患。

其一，泄露机密、暗通敌国。

出其不意是古往今来的重要军事策略，自幼熟读兵书的努尔哈赤亦深谙此道。为达到出其不意的效果，他格外强调保密的重要性，指出："为国之道，心贵忠，谋贵密，法令贵严。至于泄密谋，慢法令者，无益于至道，乃国之祟也"。[5]330 故每次征伐，"酋聚诸子诸将，逐日谋议，而例甚秘之"，① 而每有谕令，即令诸王贝勒大臣"密阅此谕，勿使他人闻之"[8]183。然而，即便如此，天聪年间仍有满洲大臣之奴仆"潜通明国，书信往来"[4]223；而崇德时，有楚布克家奴王义柱缮写书札企图通明[13]162；更为严重的是，崇德三年皇太极商讨对朝用兵时，大贝勒代善曾力劝止兵，这一核心机密竟为"丁卯（天聪元年）被虏为贵永介（笔者：代善）家丁者"所听闻，并随意泄露给朝鲜人郑泰齐，② 这无疑将大大削弱出奇制胜的军事效果。

其二，偷盗频发。

前述，掠夺财物、分享战利品是旗人征战的重要动力。因披甲者"军器、军粮使之自备"③，很多旗人为准备出征而"卖牛典衣、买马制装、家私荡然"④。因此，在押上全部家财、将家庭生计完全寄托于战争俘获的八旗甲兵看来，出兵后若"见财不取"则被视为"军

---

① 李肯翊：《燃藜室记述》，《清入关前史料选集第 1 辑》，中国人民大学出版社 1985 年版，第 428 页。
② 李肯翊：《燃藜室记述》，第 484 页。
③ 辽宁大学历史系编：《建州纪程图记校注》，辽宁大学历史系 1979 年刊印，第 17 页。
④ 辽宁大学历史系编：《天聪朝臣工奏议》，第 14 页。

心怠矣"①。当家主"见利当前，竟忘国宪"[4]464时，厮卒的盗窃便势不可止，如有厮卒在出猎时盗取马具[6]397；在战场上"盗马革占、马绊及箭套、弓衣等物"[4]174；天聪五年，甚至发生了厮卒在"败敌后，尽掠取我诸申衣服"[10]17的事件。天聪年间厮卒盗窃事件频见于史料，说明这已成为亟待治理的重要问题。

其三，代为披甲。

军役的劳累和战争的惨烈令不少旗人畏惧退缩，而常以家奴代往。如崇德二年，阿哈尼堪于松山坐堆子时"托病，以跟役代往"[11]116；三年，俄木博值夜要路而不往，遣其跟役披甲以往[9]394。大量奴仆代为披甲，严重削弱了军队的战斗力，崇德五年（1640），都察院张存仁在总结攻取锦州失利的原因时就曾指出，汉军旗人"不尽系本身，或令家人代去者有之，或推病不去者有之，家人虽可充数，临阵必不用力，久住必逃"[4]716，可见以"家人"代为披甲作战，是造成锦州战败的重要原因。

厮卒泄露机密、暗通敌国、抢掠偷盗和代家主披甲的诸多行为，已严重扰乱了后金军纪，影响了军队的战斗力。因此，加强对厮卒的治理，已成为后金（清）统治者的当务之急。

四　皇太极对户下奴仆的管治

为加强对户下奴仆的管治，皇太极在严格限定随征厮卒人数、严厉约束其战场行为的同时，还将部分厮卒整编入伍，并完善了相关的抚恤和赏赐制度。

（一）加强对厮卒的管控

从入关前的零星史料来看，皇太极采取的主要措施有：第一，书姓名于武备，并以家主监督随征厮卒。天聪五年谕令"不论开往何

---

① 辽宁大学历史系编：《天聪朝臣工奏议》，第14页。

处，若甲兵二十人去，则二十甲兵下厮卒亦随之去，甲兵十人去，十甲兵下厮卒亦随之去"[10]16，并令所带武备"俱以白布号带，书满洲字缀之"[4]205，若"不约束家奴，致为盗者，罪及其主"[4]174。崇德三年又详细规定"盔甲后俱写该固山牛录及本人姓名，护脸外钉团明铁叶两块，无甲者衣帽后亦写姓名"，"马牌栓牢，马上烙印，马无印者，罚银二两，箭无姓名者，罚银二十两"，若"偷鞍革占者，挑脊背；偷辔头、笼头者，割嘴丫；偷马绊者，挑脚跟"。①

第二，要求慎选厮卒。规定"不可信之跟役，不得携往"②、不得"携无妻之汉人为跟役赴军中"[13]271。选择深以信赖的家奴随征，是对厮卒品德的要求；以有妻室者充任厮卒，是要以其家室为人质，实现厮卒的自我约束。

第三，削减随征厮卒人数。在出略时，"从役颇众""蓄马最强"的将领、富家所得必多，而"贫乏军士不过一身一骑"能"携带几何？"[4]853因此对于旗兵而言，多带厮卒是最大化抢掠财物的重要保证，这也导致了随征厮卒人数的失控。为此，皇太极令"每牛录各减厮卒一名"③，若超出限额私带厮卒者罪之[4]473。控制随军厮卒的人数，无疑减轻了管理负担。

第四，严惩以厮卒代为披甲者。崇德五年议定，若旗人"本身不去，（以）家人替代者，察出治罪"[4]716；次年轮换围锦州之兵时，又令各固山额真、牛录章京稽察"披甲人诈称年老，令家奴代披"者[4]745。崇德七年，噶尔图牛录下南泰在出征途中，令其随征厮卒代为披甲，"而己擅自归还"，被以"依临阵退缩"[9]472之罪处死，可见对代为披甲者的处罚极为严厉。

（二）抽调部分奴仆，编为甲兵

将户下奴仆编为甲兵，主要有两种途径：

---

① 《崇德三年谕诸王贝勒贝子》，《明清史料》丙编第一本，第60页。
② 《盛京吏户礼兵四部文》，见中国第一历史档案馆编《清代档案史料丛编第14辑》，中国人民大学出版社1990年版，第137页。
③ 关孝廉、郭美兰译编：《满文国史档选译》，《历史档案》1982年第4期，第19页。

第一编　满族史与八旗

首先，抽调部分奴仆编入汉军。

天聪六年，佟养性以"兵力似少，火器不能多拿"为由，建议扩编汉军，①次年七月，皇太极采纳了这一建议，"命满洲各户有汉人十丁者，授绵甲一，共一千五百八十户，命旧汉军额真马光远等统之，分补旧甲喇之缺额者"[4]199。此处"各户""当指满洲旗下分户各居、并占有奴仆的正身旗人"，②而其户下"汉人"则应为户下奴仆。将他们"分补旧甲喇之缺额者"，即编入汉军旗，成为正式的甲兵。③

其次，将部分户下奴仆编入武卒，"给甲马为先锋"。

天聪年间，"在诸如侦察、捉生、骚扰一类小型军事活动中"，厮卒与兵丁的比例一般为一比二。[1]123天聪七年，皇太极谕令"八贝勒家人遇用兵处，皆令入伍，听调遣"[4]217，随后越来越多的户下奴仆被组织起来参与到了军事战争中，在正面战场上冲锋陷阵。至崇德八年（1643）往征黑龙江时，有左翼军士480名、厮卒473名，右翼军士479名、厮卒465名[4]899，可见，此时出征作战的厮卒人数已与旗兵人数相当。为鼓励他们勇往杀敌，允诺一旦获得战功便可"赏以人牛，准离其主"[4]601，成为"军功跟役出户"④者。这一规定给了他们摆脱奴仆命运的机会，因此，在攻打昌平时便涌现出了诸如"满都虎牛录下布库家人满图呼先登城，武英郡王家人托推第二登城"⑤等等勇立战功的户下奴仆们，而这些建立殊功者确实也得以出户为民，甚至授为将官，如天聪七年九月，雍瞬便以"善战被创，升奴为二等参将"[9]36。

（三）规范对厮卒的经济性赏赐

对厮卒的经济性赏赐可分为死伤抚恤和俘获赏赐两类。

---

① 辽宁大学历史系编：《天聪朝臣工奏议》，第8页。
② 刘小萌：《满族的社会与生活》，北京图书馆出版社1998年版，第152页。
③ 李肯翊：《燃藜室记述》，第494页。
④ 《钦定户部则例》卷二《户口》，故宫博物院编：《故宫珍本丛刊》，海南出版社2000年版，第56页。
⑤ 《盛京满文清军战报》，第34页。

对死伤厮卒的抚恤，天聪六年之前，"凡临阵赴敌而死及距敌远而中炮死者，其赏皆同。赏赐跟役，与披甲人同"[7]611，即不论距敌之远近，不论厮卒与披甲，凡战死者皆予以同等的赏赐，这说明当时的抚恤制度尚不完善。为此，天聪六年作了改制，对于因战死伤者，不仅根据距敌之远近分别赏赐，而且明确区分厮卒与披甲的不同身份"俱分别赏之"[4]153。此后，厮卒失去了与披甲人同等的死后抚恤待遇，所以崇德二年才发生了硕托"以死于皮岛之厮卒六人，诡称甲士"[4]470，希图多领赏赐的案件。

对战后俘获的赏赐，努尔哈赤时期，对俘获人口"各旗按甲分给，库图勒不给"[1]125；对俘获的其他财物则"上至诸贝勒、大臣，下至小厮、步行者，俱持公心均分之，使之各有所得"[8]33。皇太极对此亦有改革，对于出征时为家主服务的厮卒一般不予赏赐，如崇德二年，尚可喜之户下奴仆首告其主，称"皮岛之役，我得金二十两、银八百八十两"等"俱为王取去，一无所与"，皇太极令将所获诸物"散于众兵"，并称"彼新人不知，故来首告。此案不必审讯，将原告发还本主"[4]479。但是，对于编入武卒为国征战的厮卒，则"视其出力多少，以次赏赉"[4]601，如崇德三年在征萨哈尔察等获胜后，随从跟役便各赏银"四两"[9]315；八年，往征黑龙江时，按"每军士各银三十，每厮卒各银十五"赏赐[4]898；同年征瓦尔喀时，"每甲士给佛头青布六匹……每跟役给佛头青布两匹"。①

综上，笔者对入关前八旗户下奴仆阶层的军事职能作了梳理，认为户下奴仆在随军出征时被称作"厮卒"或"厮养卒"，满文音译为"库图勒"。他们广泛活跃于战场，既担负着军队的后勤保障任务，又充当了抢掠财物的急先锋。随着明金战争的逐步升级，厮卒随征的人数和战场行为渐趋失控，对后金政权的负面影响也日益显现。在这样的背景下，统治者一方面加强了对随征厮卒的管制，另一方面又将部分户下奴仆组织起来实行军事化管理，从而一举两得地解除了这一隐忧。

---

① 《盛京吏户礼兵四部文》，第97页。

[参考文献]

[1] 刘小萌.库图勒考[J].满语研究,1987(2):121—128.

[2] 杜家骥.清入关后的八旗奴仆兵及军事职能[M]//故宫博物院.故宫博物院八十华诞暨国际清史学术研讨会论文集.北京:紫禁城出版社,2006.

[3] 祁美琴,崔灿.包衣身份再辨[J].清史研究,2013(1):117—128.

[4] 图海.清太宗实录[M].北京:中华书局,1985.

[5] 佚名.清太祖武皇帝实录[M]//潘哲.清入关前史料选辑:第一辑.北京:中国人民大学出版社,1984.

[6] 关孝廉.《旧满洲档》谕删秘要全译[M]//阎崇年.满学研究:第1辑.长春:吉林文史出版社,1992.

[7] 中国第一历史档案馆.内阁藏本满文老档太宗朝(汉译)[M].沈阳:辽宁民族出版社,2010.

[8] 中国第一历史档案馆.内阁藏本满文老档太祖朝(汉译)[M].沈阳:辽宁民族出版社,2010.

[9] 中国第一历史档案馆.清初内国史院满文档案译编:上册[M].北京:光明日报出版社,1989.

[10] 关孝廉.天聪五年八旗值月档(三)[J].历史档案,2001(2):14.

[11] 中国人民大学清史研究所.盛京刑部原档[M].北京:群众出版社,1985.

[12] 方裕谨.崇祯七年后金对关内的入扰(一)[J].历史档案,1982(2):5.

[13] 季永海,刘景宪.崇德三年满文档案译编[M].沈阳:辽沈书社,1988.

[14] 佚名.盛京满文逃人档[M]//中国第一历史档案馆.清代档案史料丛编:第14辑.北京:中华书局,1990.

[原载于《吉林师范大学学报》(人文社会科学版)2017年第6期]

1629年爱新国征明行军路线考

萨出日拉图[*]

17世纪前期，爱新国、明朝、蒙古三方在东北亚形成了鼎足而立的政治局势。其中，新兴的爱新国通过努尔哈赤、皇太极等统治者对内的政治建设与对外的兼并扩张，很快在三方对峙中占据优势，并占领了明朝辽东镇大片土地。直到1625年，明朝辽东督师孙承宗率领袁崇焕等人在山海关、宁远、锦州一线设立军事防线以后才遏制住了爱新国的攻势。正在此时，爱新国对蒙古实施的笼络分化政策见到成效，迫使林丹汗率部西征，迁出了大兴安岭南麓的游牧地。爱新国借此时机，出兵兼并离散蒙古部落，占领了林丹汗的故地。从而又打开了对明朝实施军事征讨的另一条突破口。1629年，爱新国出征明朝之举就是在这样的历史背景下发生的史事。所以，这次军事行动也是爱新国因势制宜地对明朝和蒙古采取各项政治措施的结果。

关于1629年爱新国出征明朝的史实，在《满文原档》（以下简称《原档》）、《满文老档》（以下简称《老档》）、《清太宗实录》（以下简称《实录》）中都有记载。《原档》第六册305—389页的"秋字档"，390—486页的"调字档"和第七册1—121页的"月字档"都有详细记载。其中，"秋字档"按时间顺序记录了己巳年（1629）十月初二日至十二月二十八日的史事。"调字档"390—443页的前半部分按时

---

[*] 萨出日拉图（1982— ），男，蒙古族，内蒙古通辽市扎鲁特旗人，中国人民大学国学院西域历史语言研究所，博士研究生，研究方向：中国边疆民族史。

间顺序记录了庚午年（1630）二、三月的史事，444—486页的后半部分是为降将功臣授官晋爵的档册。"月字档"是庚午年正月至五月间驻守永平府官员的文书往来及办事档册。《老档》第三函第十七至二十册、第四函第二十一至二十五册也以时间为序记载了此次出征的史实。《实录》卷五至、卷六也以时间为序记载了此次出征的史事。本文将从《原档》中逐条择取爱新国出征明朝至班师归朝为止的64条行军内容，将之以拉丁文转写，①汉译，并与《老档》和《实录》的记载加以比较，利用满、蒙、汉文史料考证相关地名，厘清了此次出征的行军路线，从而呈现更加翔实的历史过程。

此次爱新国出征明朝的行军路线可以分为三个阶段。概言之，第一阶段为出征行军路线。第二阶段为入边掳掠路线，第三阶段为班师行军路线。

一　出征行军路线

爱新国在与明朝的宁远之战（1626）和宁锦之战（1627）中接连受挫以后，随机改变战略，开始与明朝议和。与此同时，为了消除后方隐患，出兵蒙古和朝鲜。天聪三年（1629）六月，爱新国在占领蒙古林丹汗故地和与朝鲜结成"兄弟之国"的前提下，以不愿议和为由，决定再次出征明朝。同年九月，皇太极遣使谕归顺蒙古诸部会兵。十月初二日，爱新国大军从沈阳誓师起行。然后，经过近一个月的行军，最后于十月二十六日，抵达了明朝长城边外。关于这段行军路程，《满文原档》中有21条记载。

（一）相关文献记载拉丁文转写及汉译

1. ◎ sohon meihe aniya. juwan biyai. ice juwe de. ihan inenggi/

---

① 拉丁文转写说明：1."◎"表示原文篇首标识；2."○"表示原文段（或句）首标识；3."/"表示换行；4."下划线"表示被涂掉的文字；5.【】表示后来插入的文字。6.？表示无法辨认的文字。

meihe erin de. tangse（注 1）de hengkileficooha jurafi. buha birai（注 2）/ dalinde deduhe.【juraha】[1]306 汉译：己巳年十月初二日，丑日巳时，谒堂子启兵，驻跸蒲河岸。2. ○ice ilade lioha birabe（注 3）doofi. yangsimu birade（注 4）/ deduhe. [1]306

汉译：初三日，渡过辽河，驻跸养息牧河。（《老档》《实录》无记载）

3. ○ice duin de durbi（注 5）de deduhe. [1]306

汉译：初四日，驻跸杜尔笔。

4. ○ice sunja de yangsimu goloi ganggan【bira】（注 6）de/ deduhe. [1]306

汉译：初五日，驻跸养息牧地方之冈干河。

5. ○ice ninggun de aru de genere elcin ganggan（注 6）i dadunci fakcafi genehe. / tere inenggi sibetu（注 7）de deduhe. [1]307

汉译：初六日，前往阿禄之使臣离开冈干驻地。是日，驻跸希伯图。（《老档》《实录》无记载）

6. ○ice nadan de dalu/ birade（注 8）deduhe. [1]308

汉译：初七日，驻跸达禄河。（《老档》《实录》无记载）

7. ○ice jakūn de narit ebergi omo（注 9）de deduhe. [1]308

汉译：初八日，驻跸纳里特前面之湖。（《老档》《实录》无记载）

8. ○ice uyun de dulimbai narit（注 10）de deduhe. tere inenggi caharaci/ sunja moringga ukanju isinjiha. [1]308

汉译：初九日，驻跸中纳里特。是日，从察哈尔国来了五名骑马的逃人。

9. ○【ume】juwan de lioha（注 11）de deduhe. / tere inenggi mingkai baksi. doktor tamuku（注 12）gebung ge bade korcin i/ tusiye tu han be isinjiha bi seme tuwanaha bihe. boljoko bade/ isinjire unde seme ineku tere/ inenggi alanjiha manggi. tere/ medeke de dasame dacilame ineku mingkai baiksi. babukei de. sibetei. / ibai deemu gusai juwete niyalma be adabufi

· 73 ·

yargiyalame tuwaname/ unggihe. tere inenggi ineku lioha de indehe. [1]309

汉译：初十日，驻跸辽河。是日，明海巴克什曾以科尔沁部落土谢图汗到来，前往多克图尔他木呼地方视探。当日，来报称其未到所约地方。为复查此消息，仍遣明海巴克什，并巴布海、什伯泰、伊拜等偕每固山二人前往核实。是日，驻跸该辽河。(《老档》《实录》无记载)

10. ○ juwan emu de lioha（注11）de indehe. [1]310 ○【ume】juwan juwe de lioha de deduhe. [1]311 ○ juwan duinde ineku/ lioha de deduhe. [1]312 ○【ara】tofohon de ineku lioha de/ indehe. [1]312

汉译：十一日，驻跸辽河。十二日，驻跸辽河。十四日，仍驻跸辽河。十五日，仍驻跸辽河。

11. juwan ninggunde liohai/ ulan ergi（注13）de deduhe. [1]316

汉译：十六日，驻跸辽河乌兰额尔格。(《实录》无记载)

12. ○ juwan nadan de/ liohai sibetu golo（注14）de deduhe. [1]317

汉译：十七日，驻跸辽河之希伯图地方。(《实录》无记载)

13. ○ juwan jakūn de liohai?／camhak（注15）de deduhe. [1]317

汉译：十八日，驻跸辽河之查木哈克。(《实录》无记载)

14. ○ juwan uyun de subudi sobargan bisire/ hoton（注16）de deduhe. [1]317

汉译：十九日，驻跸苏布第塔所在之城。(《实录》无记载)

15. ○【ara ambula ara】orin de karacin i kara hoton（注17）de./ deduhe. [1]317

汉译：二十日，驻跸喀喇沁之青城。

16. ○【ume】orin emu de burgasutai（注18）de deduhe. [1]320

汉译：二十一日，驻跸布尔嘎苏泰。(《实录》无记载)

17. ○ orin juwe de karacin i sijagtu birade（注19）deduhe. [1]320

汉译：二十二日，驻跸喀喇沁之希扎克图河。(《实录》无记载)

18. ○ orin ilan de kitengkur dabagan（注20）ehe ofi/ han juwe amba beile dabafi deduhe. geren taijisa am ba/ cooha be gaifi dabagan i ebele

dedufi jai cimari/ dabame yamji wajiha.[1]320

汉译：二十三日，因齐腾库尔岭险峻，汗与二大贝勒越岭驻跸。众台吉率大军驻于岭后，次日清晨越岭，晚上完毕。（《实录》无记载）

19. ○【ara】orin duin de loo birade（注21）deduhe. / tere inenggi yoto taiji, jirgalang taiji, abtai/ taiji, ajigetaiji, ere duin taiji, emu nirui/ juwanta uksin, jai monggoi korcin i beise, cahara, / <u>jarut, barin ere tere</u>【kalkai】- 36 - monggo beise i cooha, <u>musei</u> jakūn gūsai/ monngoi cooha, <u>ere cooha be tashūwan i ergi duin gūsai</u>【be sain be tu wame donjibufi, haskū ergi galai】/ cooha be abtai taiji, ajige taiji, gaifi genehe. <u>jebele ergi/ duin gūsa</u>【ici galaicooha】be yoto taiji, jirgalang taiji gaifi genehe.[1]320

汉译：二十四日，驻跸老河。岳讬台吉、济尔哈朗台吉、阿巴泰台吉、阿济格台吉等四台吉，每牛录十甲及蒙古科尔沁贝子，察哈尔、扎鲁特、巴林等蒙古贝子之兵，我们的八旗蒙古兵。以此兵之左翼四旗以阿巴泰台吉、阿济格台吉率领前往，右翼四旗以岳讬台吉、济尔哈朗台吉率领前往。

20. ○【ume】orin sunja de karacin i cagan golo（注22）de deduhe.[1]321

汉译：二十五日，驻跸喀喇沁之察罕地方。（《实录》无记载）

21. ○ orin ninggun/ de murei goloi dabagan（注23）ehe ofi. han beise dabafi/[1]321《实录》无记载……deduhe. gerencooha adaha morin i niyalma dobori dulime/ dabaha.[1]322

汉译：二十六日，因木垒地方山岭险峻，汗贝子越岭驻跸。众兵及疲劳人马，连夜越岭。（《实录》无记载）

（二）以上文献所载地名注解

（注1）堂子（tangse）：据《大清一统志》（以下简称《一统志》）载，"堂子，在抚近门外。国初敕建。乾隆四十三年奉旨修

茸。"[2]卷57.14 位于今辽宁省沈阳市大东区堂子街附近。

（注2）蒲河（buha bira）：据《盛京通志》（以下简称《通志》）载，"蒲河，城（按奉天府承德县县城，即今沈阳市）西北四十里，源出香炉山，经永安桥入莲花泡。"[3]卷9.6 位于今辽宁省沈阳市北郊。《老档》、《实录》未载此地。

（注3）辽河（lioha bira）：据《一统志》载，"辽河，在府（按奉天府，即今沈阳市）西一百里。国语曰老哈，即古句骊河也。一作枸柳河。今名巨流河。有东西二源自边外合流而南。经开原、铁岭二县西。又南经承德、辽阳、海城之西。又南入海。"[2]卷59.20

（注4）养息牧河（yangsimu bira）：据《一统志》载，"养息牧河，在新民厅东北九十里。上通边外和肯河。下通巨流河。"[2]卷59.26 即流经今内蒙古库伦旗及辽宁省彰武县、新民县的养息牧河。

（注5）杜尔笔（durbi）：据《一统志》载，"杜尔笔城，在牧场（按养息牧牧场）东南五里。周一里一百七十步有奇，高三丈，东西门各一。"[2]卷548.2 另据《蒙古游牧记》（以下简称《游牧记》）载，"养息牧旧作阳什穆，又作杨柽木。在锦州府广宁县北二百十里。牧场设杜尔笔山下。太祖征明，大军必由都尔弼入边，即是地也。……盖我朝未入关之前，以此为全辽莞鑰矣。"[4]卷1.13 杜尔笔即都尔弼，《实录》作都尔鼻，位于今辽宁省彰武县。扎鲁特部落色本、桑土、喀巴海三人率兵来会于此。

（注6）养息牧地方之冈干（yangsimu goloi ganggan）：据《原档》载，天聪六年四月，爱新国西征察哈尔途中，到达都尔鼻次日到了冈干地方。[1]第8册,138 另据《清初内国史院满文档案》（以下简称《内国史院档》）载，天聪八年五月，爱新国西征途中，到达都尔鼻次日到了冈干。[5]84 由此判断，冈干位于都尔鼻以北，养息牧河岸，应该在今辽宁省彰武县北境。奈曼部落洪巴图鲁、敖汉部落都喇尔巴图鲁、扎鲁特部落内齐汗、郭畀尔图之子戴青各率兵来会于此。《老档》《实录》仅载养息牧河（yangsimu bira），未载冈干（ganggan）。

（注7）希伯图地方（sibetu golo）：由行军方向来看，希伯图应

该在冈干之北。据《内蒙古自治区地名志》（以下简称《地名志》）载，"下希泊嘎查……位于镇（按内蒙古库伦旗三家子镇）政府驻地西北7.5公里处……因此地插有表示边界线的篱笆，故名。希泊系蒙古语，意为篱笆。"[6]400下希泊嘎查的地望与希伯图比较相符。巴林部落塞特尔、塞冷二人率兵来会于此。

（注8）达禄河（dalu bira）：据《一统志》载，"达绿泉，在旗（按喀尔喀左翼旗）南三十里。"[2]卷540,2《光绪三十三年喀尔喀左翼旗游牧图》绘有达禄河（dalu yin hool），源自达禄山（dalu yin ahula）。[7]93位于今内蒙古库伦旗平安乡。

（注9）纳里特前面之湖（narit ebergi omo）：据《一统志》载，"杜母达纳林河，在旗（按敖汉旗）南三十里……乌里达札哈纳伦泉，在旗（按敖汉旗）东南五十里……惠图札哈纳里特泉，在旗（按敖汉旗）西五十里。"[2]卷535,3"纳林、纳伦"是蒙古语地名"纳里特"之异译。"杜母达"是中间之意，"乌里达札哈"是南面之意，"惠图札哈"是北面之意。由此可知，敖汉旗有中、南、北三条纳里特河（泉）。由行军方向来看，"纳里特前面之湖"应该在达禄河与纳里特河之间，大概在今内蒙古赤峰市敖汉旗或通辽市奈曼旗境内。

（注10）中纳里特（dulimbai narit）：中纳里特（dulimbai narit）即上述"杜母达纳林河"。位于今赤峰市敖汉旗牛古吐乡。《老档》、《实录》仅载纳里特（narit），未注明中纳里特（dulimbai narit）。《原档》、《老档》记载，"tere inenggi caharaci/ sunja moringga ukanju isinjiha.（是日，从察哈尔国来了五名骑马的逃人。）"[1]308[8]4499《实录》记载："是日，察哈尔国五千人来归。"[9]卷5,天聪三年冬十月庚申 显然言过其实。

（注11）辽河（lioha）：这里指辽河上游之老哈河。据《一统志》载，"老河，在右翼（按喀喇沁右翼旗）南一百九十里。蒙古名老哈。源出明安山，东北流会诸小水，经敖汉北，翁牛特左翼南，又经奈曼、喀尔喀二部之北，流五百里许，与潢河合。"[2]卷538,7据记载可知，初十至十五日，爱新国军队一直在辽河驻营，等候科尔沁部落率

兵来会。由此不难看出当时科尔沁部落对于爱新国具有重要地位。故《原档》、《老档》记载，"abkai acabuha cooha seme abka de hengkilehe.（以天赐之师来会而拜天。）"[1]313[8]4506。在此期间，扎赉特部落从途中返回。闻察哈尔之逃人往归明朝，命总兵官吴纳格、副将苏纳率兵追捕。议定巴林部落塞特尔、塞冷罪。并在辽河行猎。

（注12）多克图尔他木呼（doktor tamuku）：据《一统志》载，"巴汉他木呼冈，在左翼前旗（按科尔沁左翼前旗）西三十里。"[2]卷537,6 还载，"他木虎冈，在旗（按喀尔喀左翼旗）东南七十五里。"[2]卷540,1 又载，"达木虎冈，在旗（按阿鲁科尔沁旗）西南一百七十里。达木虎噶察冈，在旗（按阿鲁科尔沁旗）西南二百里。"[2]卷536,2 他木呼、他木虎、达木虎等是同一个蒙古语词汇的不同译写。看来这个地名在蒙古地区比较常见。据当时的行军路线判断，此地应该在科尔沁左翼前旗或喀尔喀左翼旗，即今内蒙古通辽市科尔沁左翼后旗或库伦旗。

（注13）乌兰额尔格（ulan ergi）：此地不详。应该在老哈河流域。在此因马匹羸瘦，遣归科尔沁部落图美、石讷明安戴青。

（注14）辽河之希伯图河地方（liohai sibetu golo）：据《一统志》载，"西白河，右翼（按喀喇沁右翼）郡王所驻。源出卯金插汉拖罗海山。东北流入翁牛特右翼界。"[2]卷538,6 还载，"西白河，在右翼（按翁牛特右翼）南八十里。自喀喇沁北流入境，东北流，会獐河，入老河。"[2]卷539,4 即流经今内蒙古赤峰市喀喇沁旗及赤峰市市区的锡伯河。据《卢龙塞略》"夷中地图"载，火郎污以南百里、捨喇哈东百里有赊白兔。[10]第6辑,28《实录》还载："（1628年）驰击席尔哈、席伯图、英、汤图诸处，俱克之。"[9]卷4.天聪二年九月丁丑 其中，赊白兔、席伯图即希伯图之异译，其地理位置与锡伯河相符。由此可知，锡伯河在明末清初被称为希伯图河。因这条河注入老哈河，故称为"辽河之希伯图河"。

（注15）辽河之?查木哈克（liohai? camhak）：查木哈克（camhak）是蒙古语"望楼、灯塔"之意。《老档》误作"查木嘎斯

（camgas）"。此地不详。应该在老哈河流域。

（注16）苏布第塔所在之城（subudi sobargan bisire hoton）：即大宁故城。据《钦定热河志》（以下简称《热河志》）载，"大宁故城，在平泉州东北一百八十里。即辽之中京大定府，金之北京大定府也……今其城在喀喇沁扎萨克公旗界，老河之北……蒙古名（察）罕苏巴尔汉城。"[11]卷97,7 位于今赤峰市宁城县大明镇。苏布第是17世纪初期喀喇沁部落首领。

（注17）喀喇沁之青城（karacin i kara hoton）：据《一统志》载，"旧青城，在右翼（按喀喇沁右翼）南一百五十里。蒙古名喀喇城。明初所筑……蓟门考，大宁至青城二日程，即此。"[2]卷538,10 另据《热河志》载，"新城，在平泉州北百里。明洪武二十年……所筑之大宁城即此。其曰新城者以别于辽金元故城也……谨按新城蒙古名喀喇城，土人称为黑城。一统志原本以为青城，引米万春蓟门考大宁至青城二日程以证之。然新城在大宁故城西南仅六十里，米氏盖考之未详也。至于因新城而讹为青城，又因青城而讹为黑城，转辗改称。其实一地而。"[11]卷97,13 位于今内蒙古赤峰市宁城县甸子镇。因17世纪初期喀喇沁部落游牧于此，故称"喀喇沁之青城"。申敕军纪于此。

（注18）布尔嘎苏泰（burgasutai）：蒙古语"有柳条"之意。此地不详。应该在老哈河流域。

（注19）希扎克图河（sijagtu bira）：《老档》作上都河（angtu bira）。但从喀喇沁之青城到上都河的直线距离就有三百余里，再加上山路崎岖，按当时的行军速度不可能在两天之内走完这段路程。所以，西扎克图河应该是指距离喀喇沁之青城较近的奇扎尔台河。据《热河志》载，"奇扎尔台河，即老河（按老哈河）之上流。源出平泉州属喀喇沁右翼南一百六十里。在州治西北境东流合诸小水为老河。"[11]卷70,18《一统志》作"奇扎带河"。[2]卷538,7 流经今河北省平泉县七家岱满族乡。

（注20）齐腾库尔岭（kitengkur dabagan）：由行军方向判断，可能是豹河发源地黄土梁。据《热河志》载，"黄土梁，在平泉州东北

四十里，喀喇沁右翼境，乌勒呼玛梁之东南。豹河发源于此。"[12]卷66,2 位于今河北省承德市平泉县。

（注21）老河（loo bira）：由行军方向判断，"老河"是指柳河，又称豹河或瀑河。据《一统志》载，"豹河，在平泉州东北。亦名瀑河。亦名柳河。源出州（按平泉州）境之密云沟黄土梁。蜿蜒一线，贯穿石罅，合诸山涧水，始汇成川西南流，又汇诸水，迳古会州城之东，亦名察罕河屯河。又南迳宽城之东，亦名宽河。又西南流至炳窑之西，南入迁安县界。共行一百六十余里，入滦河。"[2]卷43,15 皇太极分兵两翼于此。阿巴泰、阿济格率左翼军前进，岳讬、济尔哈朗率右翼军前进。《原档》详细记载了爱新国军队的构成。《老档》将扎鲁特、巴林简称为喀尔喀。《实录》所载更为简略。

（注22）喀喇沁之察罕地方（karacin i cagan golo）：此地与豹河流域的会州故城有关。据《一统志》载，"会州故城，在平泉州南二十里……蒙古称为察罕城。"[2]卷43,18 又载，"豹河……迳古会州城之东，亦名察罕河屯河。"[2]卷43,15

（注23）木垒河岭（murei goloi dabagan）：此地不详。

由以上记载可知，皇太极谒堂子誓师启兵以后，爱新国大军从沈阳向北行，渡过蒲河、辽河，进入了蒙古部落的游牧地。而后，大军顺养息牧河而上，途经养息牧河流域的都尔鼻、冈干、希伯图、达禄河等地，陆续与扎鲁特、巴林、敖汉、奈曼等归顺蒙古部落会兵。继而向西行军，途径纳里特前面之湖，中纳里特等地，到达了辽河上游老哈河岸。大军在老哈河驻营五天，等到科尔沁部落前来会兵后，归顺蒙古部落全部到齐。接着，满蒙联军顺老哈河而上，途径老哈河流域的乌兰额尔格、希伯图河、查木哈克、苏布第塔所在之城、喀喇沁之青城、布尔嘎苏台、希扎克图河等地，向西南翻越齐腾库尔岭进入了豹河流域。于是，兵分两翼，由阿巴泰、阿济格率领左翼军，岳讬、济尔哈朗率领右翼军，皇太极自己率领中军，顺豹河而下，途径豹河流域的喀喇沁之察罕河、木垒河岭等地，向明朝边境逼近。最后经过近一个月的行军，爱新国满蒙联军终于来到了明朝长城边外。由行军路线来看，皇太极选择了通过蒙古地区绕道而行的战略。一方面，这是为了避开明朝在宁远、山海关的军事防御。因为，天启五年（1625），明朝辽东督师孙承宗率领袁崇焕等将领，出兵占据了杏山、松山、锦州、小凌河、大凌河、广宁右屯卫等地，开疆复土二百里，修复城堡，招练兵马，成功遏制住了爱新国的军事攻势。另一方面，也是为了与归顺蒙古诸部会兵，加强爱新国的兵力。1627年，蒙古林丹汗西征。退出大兴安岭南麓故地，致使留在故地的蒙古诸部纷纷归附了爱新国。因此，天聪三年（1629）六月，皇太极决定出征明朝时就说："师行时，勿似先日以我兵独往，当令蒙古科尔沁、喀尔喀、扎鲁特、敖汉、奈曼诸国合师并举。"[9]卷5,天聪三年六月乙丑

二 入边攻略路线

爱新国满蒙联军攻入明边以后，横扫了明朝的京畿地区和永平府地区。关于爱新国满蒙联军入边掳掠路线，《满文原档》中有23条记载，其中缺载部分可用《清实录》加以补充。

（一）相关文献记载拉丁文转写及汉译

1. juleri jihe cooha orin ninggun i tobori dulifi. orin/ nadan de abtai taiji. ajige taiji juraka i cooha ihan erinde/ lūng jing guwan（注24）furdan be hūlhame gaifi. tasha erin de bira i/ jase be efulefi. cooha dosika. ……[1]323 ○ ineku orin nadan de.？.【tere inenggi】/ han jase dosifi. hūng an keu hoton（注25）be afame gaiha. ……[1]322 ○ jebele ergi galai jirgalang taiji. yoto taiji. orin ninggun de dulifi. / orin nadan de ihan erin de dai an keu i hecen（注26）be afame gaifi jase i dorgi/ emu siubei tehe hecen be dahabuha.[1]326

汉译：先行军队过了二十六日夜以后，二十七日丑刻，阿巴泰台吉、阿济格台吉兵偷袭龙井关，克之。寅刻，毁其水关而入……二十七日，汗入边攻克洪山口城……右翼济尔哈朗台吉、岳讬台吉过了二

十六日夜，二十七日丑刻，攻克大安口城，招降了边内一名守备所驻之城。

2. ○【ume】han orin jakūn de/ hūng an keui hecen（注25）de indehe. [1]324

汉译：二十八日，汗驻跸洪山口城。

3. ○【ara】orin uyun de hung an keui/ hecen（注25）de indehe. [1]324

汉译：二十九日，驻跸洪山口城。（《实录》无记载）

4. ○ gūsin de hung an keu（注25）ci jifi. un howa hoton（注27）i/ ebele sunja bai dubede? deduhe. [1]329

汉译：三十日，从洪山口起行，至遵化城外五里处驻跸。

以下九条发生在天聪三年（1629）十一月：

5. ○ ice ilan de sūn howai hoton（注27）be afame gaiha. [1]333

汉译：初三日，攻克遵化城。

6. sūn howaci（注27）jurafi orin sunja bai tubade/ tataha. [1]352

汉译：（十一日）从遵化起行，至二十五里外驻营。

7. ○ juwan ilan de jiju（注28）de isinjiha……tere yamji jiju（注28）be/ dulefi sunja bai tubade deduhe. [1]353

汉译：十三日，行至蓟州……当夜，过蓟州，行至五里外驻跸。

8. ○【ara】juwan duin de sanoho（注29）de/ isinjifi hecen i juleri deduhe. [1]353

汉译：十四日，行至三河，驻跸城前。

9. ○ tofohon de manggūtai beile. / mergen daicing. erhe cūhur. dodo taiji. hooge taiji. emu nirui/ juwete uk sin gamame【ilan minggan cooha gaifi】tungju【bira】（注30）i togon toore babe tuwaname karun gidame/ geneseme unggihe. han san hoo（注29）ci orin ba jihe manggi. / juleri jihe beisei baha emu nikan be han ni jakadebenjihe/ jihe cooha i medege fonjifi【medege fonjici tere nikan alame】daitüng（注31）hiuwan fu（注32）i juwesuminggüwan ni/ cooha amargi jase i ergi sün【sün】yi【hiy-

an】（注33）sere hecen de bi seme alafi/ abtai taiji. yoto taiji juwe güsa i cooha mongoi juwe güsai coohabe unggihe. ○ tere inenggi tungju birabe（注30）doofihecen i amala deduhe[1]355 …… tere inenggi tubade indehe. [1]359

汉译：十五日，遣莽古尔泰贝勒、墨尔根戴青、额尔克楚虎尔、多铎台吉、豪格台吉率每牛录二兵往视通州河渡口，兼捕哨卒。汗自三河行至二十里处以后，前行诸贝子所获一名汉人被送至汗前。询其消息，称大同、宣府二总兵官之兵驻北边顺义城。遂遣阿巴泰台吉、岳讬台吉之二旗兵及蒙古二旗兵前往。是日，渡通州河，驻跸城北。……是日（十六日），驻跸彼处。

10. ○ juwan nadan de 【cooha jurafi】 bejing hecen（注34）de orin ba isinahakū/ han i adun ulebure fu（注35）de deduhe 【ing iliha】[1]360 …… ○ juwan jakūn de indehe[1]361 …… ○ juwan uyun de indehe. [1]361

汉译：十七日，大军起行，至北京城外二十余里处，驻跸御马府……十八日，驻跸……十九日，驻跸。

11. ○ orin de/ jurafi han i tehe bejing hecen（注34）de【i】amargi tuceng guwan（注36）i siyun degdere/hosio i dele han i ing iliha. juwe ergi galai cooha dergi/ amrgi derebe bitumen iliha[1]361 …… ○ 【ume】 orin ilande indehe.[1]364

汉译：二十日，大军行至明朝皇帝所居北京城北，汗率兵立营于土城关日出方向。两翼兵沿着东北方向立营……二十三日，驻跸。

12. ○【ara】orin duin de bejing hecen i juleri han i abalara gurgu ujihe fu（注37）de tataha.[1]365

汉译：二十四日，驻营北京城南皇帝狩猎场。

13. ○【ara】orin ninggun de nuktefi【ibeme】guwaili juleri/ juwe bai tubade【ing】iliha[1]365 …… ○【ume】orinjakūn de indehe.[1]367

汉译：二十六日，进至城郊以南二里外立营。二十八日，驻跸。

以下九条发生在天聪三年（1629）十二月：

14. ○ jorgon biyai ice de bejing hecen（注34）i julergi dereci【jurafi】wasihūn. / liyang siyang（注38）【hiyani】hoton i baru generede. nikan han i ujihe gurgu be abalaha. / tereci hong hoo birabe（注39）doofi liyang siyang【hiyan】hoton i dergi alade（注40）/ deduhe. …… ○ ice juwe de juwan gūsai wan gamaha faidafi gūlmahūn erinde/ gulu lamun i gūsa neneme dafafi emu erin hono oho akū uthai/ gaiha. [1]368

汉译：十二月初一日，由北京城南起行，西趋良乡城，在明朝皇帝狩猎场打猎，从那里渡过浑河，驻跸良乡城东山岗。初二日，十旗列梯，卯时正蓝旗先登，不移时即攻克。

15. ○【ara】ice duin de mongoi juwe gūsa be poo ganaha/ nikan be tosome gene seme unggihe bihe. gungan hoton siyan（注41）【hiyan】be? / afame gaiha. [1]369

汉译：初四日，遣蒙古二旗往截领炮明兵，遂攻克固安县。

16. ○ juwan ninggun de liyang hiyang hiyan（注38）ci ? uwesihun【cooha jurafi】bejing hecen（注34）i/ ba ru jidere de hong hoo birai lugu kio（注42）de? en fujan i/ ninggun minggan cooha【gaifi okdohobi. tere】be iciergi sunja gūsa【i cooha】dosifi gemu waka. /…… tere yamji bejing ni sun tuhere julergi ho oi teisu/ ing ebufi.【tereci】hecen i siurdeme cooha tuwana seme. fujen a an iogin turusi be unggihe. [1]380

汉译：十六日，由良乡县大军起行东趋北京城，行至浑河卢沟桥，遇沈副将率六千兵来御。右翼五旗兵进击，悉灭之……当晚，立营于北京日落方向南隅，遣副将阿山、游击图鲁什往视环城敌兵。

17. ○ juwan nadan de bejing hecen i julergi yung ding men dukai（注43）juleri/ juwe bai tubade duinsumingguwan【man gui, he yun lung, ma deng yun, sun zu eu】i moringga cooha duin minggan. / jafaha. [1]381

汉译：十七日，北京城南永定门前二里处俘获（满贵、黑云龙、麻登云、孙祖寿）四总兵官之四千骑兵。

18. ○ juwan uyun de jurafi bejing hecen（注34）/ siyun tukere am-

argi ho ioi teisu tataha. [1]383

汉译：十九日，起行至北京城日落方向北隅对面驻营。

19. ○ orin de korcin i/ tusiyetu han amasi booi baru generebe beneme emu nirui juwete bayara/ de a an, ye cen be ejen arafi jase tucibume benefi jiu seme/ unggihe. ○ tere inenggi jurafi bejing hecen i amargi desingmen dukai（注44）/ teisu ing? iliha. [1]384

汉译：二十日，科尔沁土谢图汗归。遣阿山、叶臣率每牛录护军两名，送之出边。是日，起行至北京城北德胜门对面立营。

20. ○【bejing hecen】be afaki seme wan kalka dagilaha bihe. afarabe nakafi orin ninggun de/ jurafi tungjubirabe（注30）doofi deduhe. [1]386

汉译：曾备梯盾，将攻北京城。二十六日，作罢，渡通州河，驻跸。

21. ○ orin nadan de. abtai taiji/ yoto taiji. sahaliyan taiji.【hooge taiji】emu nirui bayara sunjata. ing ni/ ju wanta cooha be gaifi yung ping ni hoton（注45）be kame genehe. / geren ing ni cooha san hoo birabe（注29）doofi deduhe. / han juwe amba beile. bayara poo i cooha be gaifi juleri gijui/ hoton（注28）be tuwanjime jiderede anaha（注46）ci yafahan i sunja/ minggan cooha gijude（注28）unggime jidere be hoton i juleri/ juwe baitubade amcanjifi nikan sabufi hoton de dosime/ jabduhakū ing hadafi sejen kalka poo miocan faidafi/ iliha coo ha de fondo dosifi gemu waka. tere cooha de/ ulkun iogi. eljige iogi akūha. [1]387

汉译：二十七日，阿巴泰台吉、岳讬台吉、萨哈廉台吉、（豪格台吉）率每牛录护军五员、每营兵十员，往围永平城。大军渡三河，驻跸。汗率二大贝勒、护军炮兵往视蓟州城。距城二里许遇山海关遣往蓟州之五千步兵，敌兵见而不及入城。遂立营列车盾枪炮，直击悉灭之。此役中，吴尔坤游击、额尔济格游击，战死。

22. ○ orin jakūn de/ giju（注28）de indehe. [1]388

汉译：二十八日，驻跸蓟州。

据《清实录》载,"己卯,遣贝勒都度,统本旗护军,往驻遵化(注27)。携喀喇沁台吉布尔噶图驻兵罗文峪(注47)。是日,上率大军,向永平(注45)进发。"[9]卷5,天聪三年十二月己卯(《原档》《老档》无记载)

以下诸条发生在天聪四年(1630)正月:

据《清实录》载,"天聪四年庚午。春正月辛巳朔。大军至榛子镇(注48)城内……遂行至沙河驿(注49)……是日,大军抵滦河(注50)立营。壬午,大军发自滦河,辰刻至永平(注45)。十旗兵环城立营……甲申寅刻,我军列梯牌,攻永平城……丙戌,上移营于永平东门外山冈……因留贝勒济尔哈朗、萨哈廉统兵一万守城,上率大军向山海关(注46)进发……壬辰,先是,上欲攻取抚宁(注51),备制梯盾。至是,自抚宁携之起行,未刻,抵昌黎县。令复加修整,以备攻城之用……癸巳巳刻,谕攻昌黎县(注52)……上曰,既不能克,可退兵。因焚其近城庐舍而还……乙未,上自昌黎县至永平北河岸,率诸贝勒护军驻营……庚子,上自永平至三屯营(注53)……上驻跸三屯营城西山上……辛丑,上方起行……壬寅,上以马兰峪(注54)既降复叛。自遵化县,令八旗列礮及药箭攻城南北面,火燃城西角楼,环城房屋及邻近屯堡,俱燃之。"[9]卷6,天聪四年春正月辛巳朔、壬午、甲申、丙戌、壬辰、癸巳、乙未、庚子、辛丑、壬寅(《原档》《老档》无记载)

天聪四年(1630)二月:

23. 〇 juwan de sun howa hecen ci. / han juwe amba beile jurafi santun ing(注53)be dulefi lan hoo/ birade(注50)deduhe.[1]418

汉译:初十日,汗与二大贝勒由遵化起行,过三屯营,驻跸滦河。

(二)以上文献所载地名注解

(注24)龙井关(lvng jing guwan):据《一统志》载,"龙井关,在迁安县西北一百九十里。西接遵化州之洪山口。陡崚边外,有城。旧设把总。本朝嘉庆十六年裁。"[2]卷19,2位于今河北省唐山市迁西县。

（注25）洪山口城（hvng xan keu hoton）：据《一统志》载，"洪山口关，在州（按遵化州）北少东五十里。"[30]卷46,1位于今河北省唐山市遵化市。

（注26）大安口城（dai an keu i hecen）：据《一统志》载，"大安口关，在州（按遵化州）西北三十里，鲇鱼关东。有下营在口南五里。"[3]卷46,1位于今河北省唐山市遵化市。

（注27）遵化城（sun hvwa hoton）：据《大明一统志》载，"遵化县，在州（按蓟州）城东一百二十里。"[12]卷1,75《一统志》亦载，"遵化州城，周六里有奇，门四，濠广三丈。唐时土筑。明洪武十一年甃甎。嘉靖、万历年间复修。本朝顺治九年修。康熙五十年，乾隆十六年、四十九年重修。"[2]卷45,3即今河北省唐山市遵化市。

（注28）蓟州（jiju）：据《大明一统志》载，"蓟州，在府（按顺天府）东二百里。"[12]卷1,74即今天津市蓟县。

（注29）三河（sanoho）：据《大明一统志》载，"三河县，在州（按通州）城东七十里。"[12]卷1,72即今河北省廊坊市三河市。

（注30）通州河（tungju bira）：即通惠河。据《大明一统志》载，"大通河，旧名通惠河。水自玉河而出，绕都城之东南，经大通桥，流至高丽庄入白河。"[12]卷1,88即今北京市通州区。

（注31）大同（daitüng）：明代大同府，即今山西省大同市。

（注32）宣府（hiuwan fu）：明代万全都指挥使司，即今河北省张家口市宣化县。

（注33）顺义县（sün yi hiyan）：据《大明一统志》载，"顺义县，在府（按顺天府）东北六十里。"[12]卷1,70即今北京市顺义区。

（注34）北京城（bejing hecen）：据《大明一统志》载，"京城，元志，至元四年建大都城。本朝洪武初置北平布政司于此。永乐七年为北京，十九年营建宫阙成。乃拓其城周迴四十里。"[12]卷1,62

（注35）御马府（han i adun ulebure fu）：据《大明一统志》载，"御马苑，在京城外郑村坝等处牧养御马。大小二十所。相距各三四里。"[12]卷1,64郑村坝位于今北京市朝阳区东坝乡。

（注36）土城关（tuceng guwan）：位于今北京市德胜门外健德门附近。爱新国满蒙联军由此围攻北京城。

（注37）北京城南皇帝狩猎场（bejing hecen i juleri han i abalara gurgu ujihe fu）：《清实录》记载为，"乙巳，大军驻南海子。"[9]卷5,天聪三年十一月乙巳 所以，北京城南皇帝狩猎场就是指南海子。据《大明一统志》载，"南海子，在京城南二十里。旧为下马飞方泊，内有按鹰台。永乐十二年，增广其地，周围凡一万八千六百六十丈，乃域养禽兽，种植蔬果之所。中有海子大小凡三，其水四时不竭，汪洋若海。以禁城北有海子故别名曰南海子。"[12]卷1,64 即今北京市大兴区南海子公园。

（注38）良乡城（liyang siyang hoton）：据《大明一统志》载，"良乡县，在府（按顺天府）西南七十里。"[12]卷1,71 位于今北京市房山区。

（注39）浑河（hong hoo bira）：据《大明一统志》载，"卢沟河，在府（按顺天府）西南，本桑乾河，又名漯河，俗呼浑河，亦曰小黄河，以流浊故也。其源出山西大同府桑乾山，经太行山，入宛平县境，出卢沟桥下，东南至看丹口分为二流。其一流至通州高丽庄入白河。其一南经固安至武清县小直沽，与卫河合流入于海。"[12]卷1,88 即流经今北京市的永定河。

（注40）良乡城东山岗（liyang siyang hoton i dergi ala）可能是《大明一统志》所载，"辽石冈，在良乡县治东。金史作料石冈。上有佛塔，相传金时建。"[12]卷1,86 位于今北京市房山区。

（注41）固安县（gung an hoton siyan）：据《大明一统志》载，"固安县，在府（按顺天府）西南一百二十里。"[12]卷1,71 即今河北省廊坊市固安县。

（注42）浑河卢沟桥（hong hoo birai lugu kio）：据《大明一统志》载，"卢沟桥，在府（按顺天府）西南三十-42-五里，跨卢沟河。"[12]卷1,106 位于今北京市丰台区。

（注43）永定门（yung ding men duka）：位于今北京市东城区。

（注44）德胜门（desing men duka）：位于今北京市西城区。

（注45）永平城（yung ping ni hoton）：据《大明一统志》载，"永平府，东至山海关一百八十里，西至顺天府丰润县界一百二十里，南至海岸一百六十里，北至桃林口六十里。自府治至京师二百五十里，至南京三千九百九十五里。"[12]卷5,435即今河北省秦皇岛市卢龙县。

（注46）山海关（anaha）：据《大明一统志》载，"山海关，在抚宁县东。其北为山，其南为海，相距不数里许，实险要之地。本朝魏国公徐达移榆关于此，改今名。"[12]卷5,444位于今河北省秦皇岛市山海关区。

（注47）罗文峪：据《一统志》载，"罗文峪关，在州（按遵化州）北十八里山寨堡东。马兰峪东第十四关口也。有堡，其南有下营。"[2]卷46,1位于今河北省唐山市遵化市。

（注48）榛子镇：据《读史方舆纪要》载，"榛子岭，州（按滦州）西九十里，近丰润县境。金大定初，世宗乌禄自辽阳趣燕京，次海滨县，寻至榛子镇，即此。今为民堡。万历中移置巡司于此。"[13]卷17,774即今河北省唐山市滦县榛子镇。

（注49）沙河驿：据《读史方舆纪要》载，"沙河，县（按迁安县）西北四十里。源出尖山，南流合于石河，又南汇山谿诸水，经沙河驿入滦州界。"[13]卷17,759沙河驿位于沙河边。即今河北省唐山市迁安县沙河驿镇。

（注50）滦河：据《热河志》载，"滦河，自独石口外东北一百三十里，牧场界内之巴颜屯图古尔山发源。初西北流迳独石口厅界内一百五十余里至上都店，入多伦诺尔厅界北流，复折而东北，流迳旧开平城南，亦名上都河。又折而东南，流至柳条沟，共行四百七十余里，始入丰宁县属察哈尔镶黄旗境，南流至僧机图汛之东，又南至大庙湾，折而东，又折而西南，复折而东南，仍折而东，迳韭菜梁，又东流迳正白旗境，又东迳凤凰山，至郭家屯之东北，小滦河自北来会之，始名滦河。折而南，流迳大对山之侧，又折而东，仍折而西南，至北店子，迳镶白旗境，南流至兴隆庄，共行县境四百十八里，入滦

平县境南流,又折而西南,复折而东南,至张博湾之北,兴州河自西来会之。折而东流至小营子,伊逊河与伊玛图河合流,自北来会之。遂迳喀喇河屯行宫之北而东,又东南流至石门子,共行县境二百十八里,入承德府境,东流至下营子,热河自东北来会之。折而南流,迳上板城,至白河口,前白河自西来会之。又老牛河自东北来会之。又东南流迳下板城,至柳河口,柳河自西来会之。又车河自西来会之。又东南流至门子哨,接平泉州西境,共行府境二百二十里,入永平府迁安县边外界,沿平泉州之西,复会黄花川、清河、豹河,至潘家口入边。即古濡水也。"[11]卷69,11—13 即今河北省境内的滦河。

（注51）抚宁：据《大明一统志》载,"抚宁县,在府城（按永平府）东八十里。"[12]卷5,436 即今河北省秦皇岛市抚宁县。

（注52）昌黎县：据《大明一统志》载,"昌黎县,在府城（按永平府）东南八十里。"[12]卷5,436 即今河北省秦皇岛市昌黎县。

（注53）三屯营：据《一统志》载,"三屯营巡司,在迁安县东北六十里。有城,周四里,西北去遵化州一百二十里。明宣德初,设总兵于狮子谷。天顺间,筑城于忠义中卫三百户屯,因名三屯营。本朝设副将驻守兼置巡司于此。"[2]卷19,7 即今河北省唐山市迁西县三屯营镇。

（注54）马兰峪：据《一统志》载,"马兰峪,在州（按遵化州）西北七十里。有城,在关南十里。"[2]卷46,1 位于今河北省唐山市遵化市。

由以上记载可知,爱新国满蒙联军来到明朝长城边外以后,阿巴泰、阿济格率左翼军由龙井关入边、皇太极率中军由洪山口入边、岳讬、济尔哈朗率右翼军由大安口入边。随后,很快攻克了遵化城。天聪汗进驻遵化城,安抚了来归的明朝诸城守将以后,再次起兵西进。大军挺进途中经过蓟州、三河县等地,渡过通州河,最后来到北京城附近。行军途中还分兵攻打了顺义县。满蒙联军进至北京以北的土城关,进而围攻北京城。但最终未能攻下北京。于是,天聪汗率满蒙联军绕到北京城南郊,开始掳掠北京周边地区。随后,又从北京城南郊西进,渡过浑河,攻克了良乡县,再从良乡遣兵攻克了固安县。皇太极在良乡停留了十几天以后,率兵东返,回到了北京城附近。但这次皇太极放弃再次围攻北京城的计划，转而率兵东进，决定攻取永平府。遂先遣阿巴泰、岳讬、萨哈廉、豪格率兵往围永平城。自己率大军经过三河、攻打蓟州、途径榛子镇、沙河驿，来到滦河岸，攻克了永平城。并留济尔哈朗、萨哈廉驻守永平城，皇太极率大军继续向山海关进发。途中围攻抚宁县，未能攻克，再围攻昌黎县，仍未能攻克。于是，皇太极返回永平城附近，然后回到遵化城，遣书与明朝议和。

三　班师行军路线

天聪四年（1630）初，皇太极自遵化遣书与明朝议和，并派官兵驻守永平、迁安、滦州、遵化四城以后，决定息兵班师。关于爱新国大军的班师路线，《满文原档》中有18条记载。

（一）相关记载以拉丁文转写并汉译

1. ○ lan hoo（注55）birade duin indeme ai ai baita icihiyame【icihiyame】/wajifi. tofohon de boi baru jurafijasei dolo/ deduhe.[1]425

汉译：驻滦河四日，诸事料理完毕，十五日班师，驻跸边内。

2. ○ juwan ninggun de. sun hūwa. yung ping. Lanju（注56）de tere/ beise ambasa bederehe. tere inenggitungja keu（注57）be/ tucifi tofohon bai tubade deduhe.[1]425

汉译：十六日，驻遵化、永平、滦州之贝子诸臣还。是日，出董家口十五里外驻跸。（《实录》无记载）

3. tere inenggi aldaji（注58）de deduhe.[1]428

汉译：是日（十七日），驻跸阿尔达济。（《实录》无记载）

4. ○ juwan jakūn de gūcin（注59）de deduhe.[1]428

汉译：十八日，驻跸顾沁。（《实录》无记载）

5. ○ juwan uyun de senjin i birade（注60）deduhe.[1]428 汉译：十九日，驻跸森锦河。（《实录》无记载）6. ○ orin de jurafi jiderede. subudi during omuren（注61）/ birai dalinde oktofi juwan ihan orin honin

wafi/ sarin sarilaha. tere inenggi bulak（注62）de deduhe. [1]428

汉译：二十日，起行前来时，苏布第都棱迎于敖木伦河岸，杀十头牛，二十只羊设宴。是日，驻跸布拉克。(《实录》无记载)

7. ○ orin emu de bulaktu hoton（注63）i siyun dekdere ergi omuren（注61）/ birai julergi dalinde deduhe. [1]429

汉译：二十一日，驻跸布拉克图城日出方向之敖木伦河南岸。(《实录》无记载)

8. kara togode（注64）/ deduhe. [1]430

汉译：(二十二日)驻跸喀喇托郭。(《实录》无记载)

9. tere inenggi sibaratu（注65）de deduhe. [1]430

汉译：是日(二十三日)，驻跸什巴尔图。(《实录》无记载)

10. tere inenggi turgen i bira（注66）de deduhe. [1]430

汉译：是日(二十四日)，驻跸图尔根河。(《实录》无记载)

11. ○ orin sunja de hilgana birade（注67）deduhe. [1]430

汉译：二十五日，驻跸黑勒嘎纳河。(《实录》无记载)

12. tere inenggi kolbo（注68）de deduhe. [1]431

汉译：是日(二十六日)，驻跸廓尔伯。(《实录》无记载)

13. ○ orin nadan de suljei（注69）de deduhe. [1]431

汉译：二十七日，驻跸苏尔哲。(《实录》无记载)

14. ○ orin jakūn de cagan/ nor【subargan】（注70）de deduhe. [1]431

汉译：二十八日，驻跸察汗诺尔塔。(《实录》无记载)

15. orin uyun de yangsimu（注71）de deduhe. [1]431

汉译：二十九日，驻跸养息牧。(《实录》无记载)

16. ○ gūsin de lioha（注72）birabe doofi deduhe. [1]431

汉译：三十日，渡辽河驻跸。(《实录》无记载)

以下诸条发生在天聪四年(1630)三月：

17. tereci/ jurafi jase tosifi buha birai（注73）dalinde deduhe. [1]436

汉译：(初一日)由此起行入边，驻跸蒲河岸。

18. ○ ice juwede. meihe erin de simiyan i hecen（注74）de isinjifi/

hecen de dosika akū. Tangse（注75）dehengkilefi. hecen i/ dergi duka be dosika.[1]437

汉译：初二日，巳时，回沈阳城，未入城，谒堂子行礼毕，入城东门。

（二）以上文献所载地名注解

（注55）滦河（lan hoo）：即前面提到的滦河。

（注56）滦州（lanju）：据《大明一统志》载，"滦州，在府城（按永平府）南四十里。"[2]卷18,3即今河北省唐山市滦县。

（注57）董家口（tungja keu）：据《大明一统志》载，"董家口，在抚宁县北。东至山海关凡十口。其间差大者为大毛山口，大青山口。"[12]卷5,445位于今河北省秦皇岛市抚宁县。

（注58）阿尔达济（aldaji）：此地不详。应该在董家口外不远。

（注59）顾沁（gvcin）。据《一统志》载，"顾沁哈伯齐尔谷，在左翼（按喀喇沁左翼旗）西一百四十里。"[2]卷538,6《一统志》还载，"青龙河，在左翼（按喀喇沁左翼旗）西一百二十里。蒙古名顾沁河。源出长吉尔岱山，西南流会汤图河，经额伦碧老岭入边城，经永平府北入滦河。"[2]卷538,6即流经今河北省秦皇岛市青龙满族自治县的青龙河。

（注60）森锦河（senjin i bira）：据《一统志》载，"森几河，在左翼（按喀喇沁左翼旗）西四十里。源出森几图山，东流会敖木伦河。"[2]卷538,6即流经今辽宁省凌源县与喀喇沁左翼蒙古族自治县交界处的渗津河。

（注61）敖木伦河（omuren bira）：据《一统志》载，"大凌河，在左翼（按喀喇沁左翼旗）北五里。蒙古名敖木伦河。源出尾苏图山，东流至西喇哈达图山，又东北折，入土默特右翼界，又东南入边，为大凌河。"[2]卷538,6即流经今辽宁省朝阳市的敖木伦河。

（注62）布拉克（bulak）：此地不详。可能和下文所见"布拉克图城"有关。

（注63）布拉克图城（bulaktu hoton）：按其方位判断，可能是位

于今辽宁省喀喇沁左翼蒙古族自治县大城子镇内，东临长皋河，南濒大凌河西源（即榆河）[14]559的辽代利州阜俗县城址。

（注64）喀喇托郭（kara togo）：据《热河志》载，"喀喇托欢泉，汉名釜泉，亦名黑锅泉，源出朝阳县属土默特右翼西六十里之喀喇托欢山。在县治东北境，东南流会固都河。"[11]卷71,13位于今辽宁省朝阳市朝阳县桃花吐镇。

（注65）什巴尔图（sibaratu）：据《热河志》载，"什巴尔台河，汉名烂泥塘河，亦称为土河，源出朝阳县属土默特右翼北三十五里之多伦和尔和山，在县治东北境。东南流会图尔根河。"[11]卷71,14位于今辽宁省朝阳市北票县泉巨永乡。

（注66）图尔根河（turgen i bira）：据《热河志》载，"图尔根河，汉名土河，以其北别有土河流入土默特（时/衍文）右翼境，或称此为南土河。源出平泉州属喀喇沁右翼东南一百八十里之锡默特山，在州治东境。东流经建昌县属喀喇沁左翼西境又东南入大凌河。"[11]卷71,11又载，"图尔根河，亦名土河，以其南别有土河，或称此为北土河。根出朝阳县属奈曼南五十五里之塔本陀罗海山，在县治北境。南流入土默特右翼北境，经绰诺图山，又南入大凌河。"[11]卷71,14即流经今内蒙古通辽市奈曼旗，辽宁省阜新市阜新县、朝阳市北票县的牤牛河。

（注67）黑勒嘎纳河（hilgana bira）：蒙古语意为"针茅草河"。据《阜新蒙古族自治县志》载，"于寺乡：于寺，蒙古语地名为'黑勒甘太'。此乡位于县城（按阜新县）西北47公里处……民国21年（1932），属北票县。民国29年（1940），属日伪政权管辖的土默特中旗于喇嘛寺，官营子村。民国35年（1946），属北票县第三区。1956年，属北票县水泉乡。1958年，属北票县于寺公社。1959年，属阜新蒙古族自治县先锋公社……境内有清代佑安寺。"[15]85由此可知，"于寺"又称"于喇嘛寺"，蒙古语名为"黑勒甘太"，意为"有针茅草"。此地于1959年由北票县划归阜新县。再据1930年的《朝阳县志》载，"于喇嘛寺河，在县（按朝阳县）东北一百九十里，源出自阜新石碑梁下……流

入牤牛河，长约一百里。"[16]卷14,22其地理位置与黑勒嘎纳河相符。

（注68）廓尔伯（kolbo）：此地不详。应该在今辽宁省阜新市。

（注69）苏尔哲（sulje）：据《热河志》载，"苏尔哲河，汉名大堤河。源出县（按朝阳县）属土默特左翼北三十里。东南流入广宁县东北境。"[11]卷72,9流经今辽宁省阜新市阜新县大巴镇、苍土乡。

（注70）察汗诺尔塔（cagan nor subargan）：《光绪三十三年桌索图盟土默特左旗图》绘有，察罕诺尔（caγan nuur），其南还绘有，乌达土塔（udatu-yin soburγ-a），两地都在岳阳河（yooyang γool）右岸。[7]89位于今辽宁省阜新市阜新县泡子镇和十家子镇。

（注71）养息牧（yangsimu）：即前面提到的养息牧河。

（注72）辽河（lioha）：即前面提到的辽河。

（注73）蒲河（buha bira）：即前面提到的蒲河。

（注74）沈阳城（simiyan i hecen）：即今辽宁省沈阳市。

（注75）堂子（tangse）：即前面提到的堂子。

由以上记载可知，皇太极率爱新国大军班师时，由董家口出边，经阿尔达济、顾沁等地，向北顺青龙河而上，行至敖木伦河上游的森锦河。再由森锦河转向东北，顺敖木伦河而下，途经敖木伦河流域的布拉克、布拉克图城、喀喇托郭河、希巴尔图河、图尔根河、黑勒嘎纳河以及敖木伦河以东的廓尔伯、苏尔哲河、察汗诺尔塔等地，来到养息牧河岸，再渡过辽河、蒲河，回到了沈阳城。显然，这次皇太极选择捷径，顺敖木伦河流域返回了沈阳。敖木伦河流域原来是蒙古察哈尔万户多罗特部游牧地。《辽夷略》记载，阿牙他皮第十子拱兔在锦州西北边五百里而牧。[10]第2辑,475而拱兔就是多罗特部首领。天聪二年（1628），皇太极以遣往喀喇沁之使臣两次被截杀为由，率兵征讨多罗特部。并在敖木伦河击溃了多罗特部。这次战役史称"敖木伦河之役"。1630年，爱新国军队班师时，喀喇沁部首领苏布第都棱在敖木伦河岸设宴款待了皇太极。由此可见，多罗特部溃散以后，敖木伦河流域就成了喀喇沁部塔布囊们的游牧地。后来，这部分喀喇沁人与另一部分东土默特人被清廷编为卓苏图盟五旗。

四 结语

本文通过厘清天聪三年（1629）爱新国出征明朝的行军路线，总结出了以下两点见解：

第一，这次军事行动是爱新国、明朝、蒙古、朝鲜各方在东北亚长期进行政治博弈的结果。爱新国作为这次军事行动的发动者，在各方面都采取了比较积极的政治措施。对爱新国来说，明朝是最主要的对手。为了对付明朝，爱新国积极与蒙古和朝鲜建立联盟，欲共同对付明朝。对明朝来说，爱新国是最大的心腹大患。为了遏制爱新国咄咄逼人的军事攻势，明朝不仅在山海关、宁远、锦州一线修建了坚固的防御体系，还采取以夷制夷的对策，抚赏蒙古诸部，联合林丹汗以钳制爱新国。朝鲜则很早就与明朝建立了宗藩关系。所以，朝鲜在外交上一直都比较坚持亲明的立场。但在天聪元年，皇太极派阿敏率兵出征朝鲜，逼迫朝鲜永绝明朝，名义上与朝鲜结成了"兄弟之国"的关系。蒙古此时处于诸部割据、大汗孱弱的状态。所以，蒙古诸部也成了明朝和爱新国争相拉拢的对象。一方面，明朝试图利用林丹汗作为蒙古大汗的优越地位，抵御爱新国。而爱新国则极力拉拢分化蒙古诸部，孤立打击林丹汗，以破坏明朝的计划。结果，林丹汗率部西征，使政治局势发生了剧变。爱新国借机出征明朝，绕道蒙古诸部游牧地，突破了明朝的封锁。（天聪三年爱新国征明行军路线图见文尾附图）

第二，《原档》《老档》《实录》是清史研究中非常重要的三部史料。但这三部史料中有关这次爱新国对明朝采取的军事行动留下了很多不尽相同的记载。《原档》翔实具体地记载了爱新国出征明朝的历史经过，且逐一记录了行军途中所经各地，留下了珍贵的历史信息。作为当时人对当时事的记载也是最原始的史料。《老档》是乾隆年间根据《原档》誊录而成的史料。因而，《老档》中存在许多删脱和讹误。例如，《原档》所载，"己巳年十月初二日，丑日巳时，谒堂子启兵。驻跸蒲河岸"，"初三日，渡过辽河，驻跸养息牧河"，"是日，驻跸希伯图"，"初七日，驻跸达禄河"，"初八日，驻跸纳里特前面之湖"，"初十日，驻跸辽河。遣人视探科尔沁部落土谢图汗兵"等内容均不见于《老档》。《原档》所载，"初五日，驻跸养息牧河之冈干"在《老档》中记作"驻跸养息牧河"。《原档》所载，"初九日，驻跸中部纳里特"在《老档》中记作"驻跸纳里特"。《原档》所载，"二十二日，驻跸希扎克图河"在《老档》中误记为"驻跸上都河"等。另外，《原档》和《老档》中都没有记载天聪三年十二月二十九日皇太极率大军向永平进发和天聪四年正月在永平境内征战的内容，只记录了留守永平城诸贝勒的办事档案。《实录》是清代历朝官修编年体史书。其中，《清太宗实录》于顺治十一年成书，康熙二十一年重修。《实录》的记载比《原档》《老档》更加简单概括。而且叙事的选择性和倾向性更强。尤其是有关行军路线的记载大部分被删除。

综上所述，17世纪上半叶在东北亚波澜壮阔，瞬息万变的政治局势下，各方政治势力的互动对当时的历史地理形势带来了许多微妙的变化。这些变化也体现在各方的攻伐战守和势力范围的沿革分合之中。而相关史料的记载详略各异，史料价值也参差不齐。应以谨慎、批判的态度去审视史料。

[参考文献]

[1] 台北故宫博物院. 满文原档：第六册［Z］. 台北：沉香亭企业社，2005.

[2] 穆彰阿. 嘉庆重修一统志［M］. 北京：中华书局，1986.

[3] 董秉忠. 盛京通志［M］. 北京：全国图书馆文献缩微中心，2005.

[4] 张穆. 蒙古游牧记［M］. 台北：文海出版社，1965.

[5] 中国第一历史档案馆. 清初内国史院满文档案译编［M］. 北京：光明日报出版社，1986.

[6] 内蒙古自治区地名委员会. 内蒙古自治区地名志：哲里木盟分册［M］. 呼和浩特：内蒙古自治区地名委员会，1990.

[7] Heissing Walther. Mongolische Ortsnamen. Teil Ⅱ. Wiesbaden：Franz Steiner Verlag GMBH，1978.

[8] 中国第一历史档案馆.内阁藏本满文老档:太宗朝第三函[Z].沈阳:辽宁民族出版社,2009.

[9] 图海,勒德洪.清太宗文皇帝实录[M].北京:中华书局,1985.

[10] 薄音湖.明代蒙古汉籍史料汇编[M].呼和浩特:内蒙古大学出版社,2009.

[11] 和珅.钦定热河志[M].台北:商务印书馆,1983.

[12] 李贤.大明一统志[M].台北:商务印书馆,1986.

[13] 顾祖禹.读史方舆纪要[M].北京:中华书局,2005.

[14] 喀喇沁左翼蒙古族自治县志编纂委员会.喀喇沁左翼蒙古族自治县志[M].沈阳:辽宁人民出版社,1998.

[15] 阜新蒙古族自治县地方志编纂委员会.阜新蒙古族自治县志[M].沈阳:辽宁民族出版社,1998.

[16] 周铁铮.朝阳县志[M].北京:全国图书馆文献缩微中心,1992.

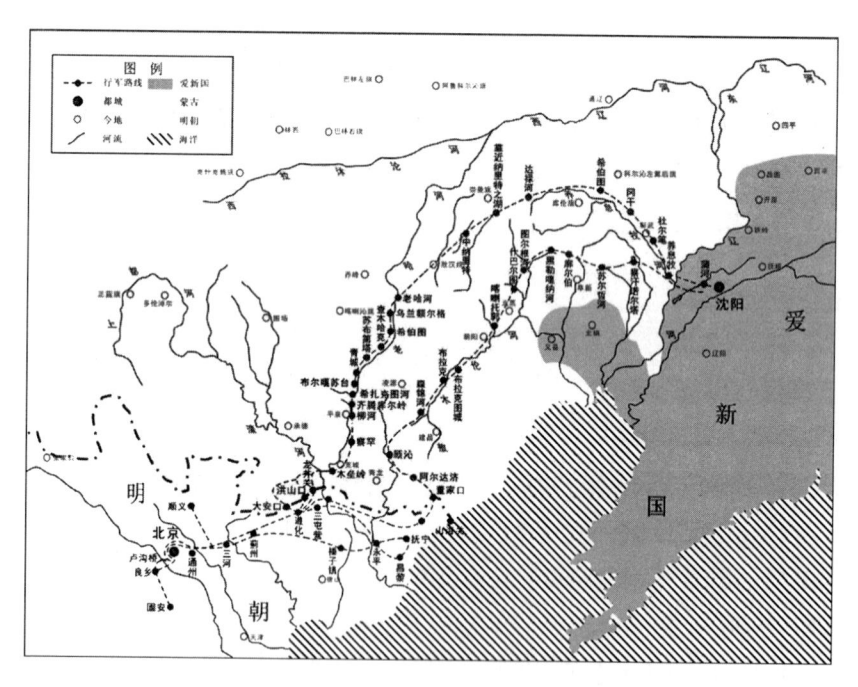

附图　天聪三年(1629)爱新国征明行军路线图

[原载于《吉林师范大学学报》(人文社会科学版)2018年第2期]

论盛京五部初设时在上层管理体制中的作用

李小雪[*]

顺治元年（1644），清军入关，定都北京，为了隆重满洲发祥之地，便仿效明代两京制将留都盛京设为陪都。陪都设立后，陪都机构也相继建立，其中便参考明朝在陪都南京设立六部的范例，先后组建了盛京礼部、盛京户部、盛京工部、盛京刑部及盛京兵部，五个部联系紧密，结成一体，因而，清代文献中便经常将这五个部统称为"盛京五部"。学界现今对五部的看法多认为其人少事简，贪腐严重，因而属于可有可无的机构，在盛京及东北治理事务中实际作用不大，但笔者认为，盛京五部在奉天地区上层管理体制中发挥了一定的作用，主要表现在其对盛京将军和奉天府的协调，而对这一问题现今学术界鲜有研究。雍正年间，清帝在批复盛京兵部侍郎吴尔泰的奏折时提出合并盛京五部："盛京地方颓败不堪目睹。据言，那里之人无所事事，唯以食祭肉、宴请饮乐为事。诚若无事，何必设那么多部及官员？……盛京各部诚若无事，有应裁撤合并者着马进泰尔（吴尔泰）等二人商议即奏，此事尔须谨记在心。"[1]357-358 可见，当时清帝认为五部应该合并的理由是，终日"无所事事"和"颓败不堪目睹"，尽管如此，清帝也只是提出合并，并未提议全部裁撤，说明人少事简、慵懒腐败并

---

[*] 李小雪（1987— ），女，辽宁抚顺人，吉林师范大学历史文化学院讲师，历史学博士，研究方向：满族历史、语言与文化、清史。

不足以使五部全部被裁。同时，盛京作为满洲发祥之地值得隆重，应该是贯穿有清一代的使命，是各朝清帝都应该肩负的责任，光绪年间五部被裁撤之时，清朝还没有灭亡，同样需要铭记祖先创业艰辛及肩负保护祖先陵寝的重任，所以，隆重满洲发祥之地并不是五部存在的主要原因，实际上，清末盛京五部是伴随着奉天地区由旗民分治到统归民治的改革而被裁撤，所以笔者认为，盛京五部在奉天地区上层管理体制中的作用，特别是对盛京将军和奉天府的协调，才是五部得以存在至清末的主要原因，而对这一问题现今学术界鲜有研究。由于篇幅所限，本文仅结合相关史料，主要对盛京五部设部之初在奉天地区上层管理体制中所发挥的作用进行简要论述，以求教于诸位方家。

一　盛京五部建部之前的情况

顺治元年（1644），清军入关后，关外地区则由镇守盛京城总管负责管理。顺治三年（1646），镇守盛京城总管改为昂邦章京级，随后清廷为其颁发"镇守盛京总管官印"[2]18a，"镇守盛京总管官"的官称正式确立。康熙元年（1662），由于驻防将军的设置及总管治所由盛京迁往辽阳，"镇守盛京总管官"改称为"镇守辽东等处将军"。康熙四年（1665），将军治所迁回盛京，进而"改辽东将军衔为镇守奉天等处将军"①。乾隆十二年（1747），由于隆重陪都的需要，又将镇守奉天将军改称为"镇守盛京等处将军"[3]114。由此可见，盛京将军是由入关之初的盛京总管演变而来。盛京五部在设部之前的情况如何，据康熙初年编修的《盛京通志》中的记载可见："户部，天聪六年设。顺治元年迁都，陆续设立郎中及员外各一员，清字笔帖式六员，译字笔帖式一员。大库设立司库二员，乌林人九名。仓上设笔帖式二员，汉军仓官一员。税课司设马法二员，笔帖式二员。凡粮饷事宜，俱案呈镇守盛京昂邦章京。顺治十六年以后始复设侍郎，续添各官。"[2]19a "礼部，

---

① 《清圣祖实录》卷15，康熙四年六月己未条。

天聪六年设。顺治元年迁都，俱盛京昂邦章京管理。前后设员外郎二员，读祝官八员，鸣赞官八员，笔帖式三员，司牲官一员。十五年，始设侍郎及添设各官。"[2]19b—20a "刑部，天聪六年设。顺治元年迁都后奉裁，皆属奉天昂邦章京及将军管理。康熙三年，复设侍郎及各官。"[2]20b "工部，天聪六年设。顺治元年迁都后，皆镇守奉天昂邦章京及将军管理。前后设郎中一员，员外郎一员，笔帖式一员，司库一员，笔帖式一员，乌林人三名，从九品司匠一员，笔帖式一员，监管千丁佐领一员，监管黄瓦厂托沙喇哈番一员，看守大政殿六品官一员。至顺治十六年始设侍郎及以下各官。"[2]21a 由此可见，盛京户部、盛京礼部及盛京工部在顺治元年迁都后至设立侍郎之前，均陆续设有各级官员。但是，此时设置的官员均由镇守盛京昂邦章京即盛京总管管理。而盛京刑部则明确在迁都后裁撤，至复设侍郎前未设官员，所有刑名之事皆由盛京昂邦章京负责。盛京兵部的情况则不见记载。可能由于康熙初年修《盛京通志》之时，盛京兵部还未正式成立，但是并不能表明其在入关之初未设有官员，于是笔者又查阅了雍正末年编修的《盛京通志》，该书有关盛京各部的内容中，出现了对盛京兵部的记载，"康熙三十年设侍郎及郎中、员外郎、主事等官。"[4]728 也就是说盛京兵部的各级官员均是康熙三十年（1691）所设，在此之前未曾设置。可见，盛京五部在入关之初未正式设立之前，户部、礼部和工部就已相继设置官员，处理盛京等地的事务，而这些官员除了清廷任命外更多的是入关前盛京各部院遗留的官员，由此时三部所设之官可见，户部官员主要处理粮饷等事，礼部官员处理盛京等处的祭祀之事而工部官员则主要负责维修之事等，这说明之所以户部、礼部及工部在入关之初便设有官员是为了服务于清在关外的一宫三陵及各地的驻防官兵，而兵、刑未设官员，是因为盛京等地军务均由总管管理，无须再设管兵机构而且盛京等地人口不多且多为旗人，所以可由将军兼理。之后，随着顺治十五年（1658），盛京礼部建立，十六年（1659），盛京户部和盛京工部建立，康熙三年（1664），盛京刑部建立，三十年，盛京兵部建立，盛京五部正式成为清朝设在陪都盛京的部院机构，与作为奉天地区最高军政机构的盛京将军衙门共同管理奉天地方事务。即盛京五部建部之前隶属于盛京将军衙门，建部后以陪都机构并中央国家机关的身份与将军衙门并立，但实际上五部与将军的关系仍保持着之前遗留人员与总管的关系，即将军以八旗制总管奉天地区事务，五部专管各项事务，其中，五部作为中央国家机关主要发挥了对将军等盛京官员的监督及限制奉天府的作用。

二 对将军等盛京官员的监督

盛京五部从顺治末年至康熙中期陆续设立，职能的履行主要从康熙朝开始。康熙帝认为盛京等处"人民淳朴，狱讼事简，无甚难理，"① 因而在东巡盛京时，告诫包括五部官员在内的盛京各级官员，此时的主要任务是"抚戢军民，爱养招徕。满汉人民，悉赖农业，须多方劝谕，开垦耕种。俾各遂生计，以副朕眷念发祥重地之意。"② 由此可见，康熙帝认为此时盛京五部官员重点需要关注奉天地区农业经济的发展，其他事项相对简要，容易处理。而盛京各部中，除盛京户部能够直接参与到奉天地区的农业经济恢复发展中外，其他各部需处理的事务都属于"无甚难理"的范畴，所以，康熙帝便赋予盛京各部另一项职能，即表面上以陪都机构的身份教化臣民，保持发祥重地的淳朴民风，实际上以中央国家机关的身份代替清帝监督盛京官员履行职能。盛京各部侍郎赴任之前，循例要入宫陛辞，此时皇帝往往要对官员有所嘱托，康熙四十五年（1706），盛京户部侍郎董国礼、工部侍郎席尔图陛辞之时，康熙帝便嘱托道："前因盛京衙门事务每至迟误，是以朕自京选择大臣补授。今闻官员办事不勤，尔等可往严察，使朝参习射诸凡公事及围猎，不得有误，倘或不严，朕有所闻，尔等亦不能免罪。"③ 盛京礼部侍郎巴济纳陛辞之时，康熙帝言道：

---

① 《清圣祖实录》卷36，康熙十年九月辛未条。
② 《清圣祖实录》卷36，康熙十年九月辛未条。
③ 《清圣祖实录》卷224，康熙四十五年三月丁亥条。

"盛京地方甚要,今事务废弛,尔须详查,加意料理。"① 可见,五部建立初期,清帝主要利用五部中央国家机关的身份来对奉天地区包括将军在内的地方官员进行监督。

到了雍正朝,雍正帝继续沿用康熙帝的方法利用盛京五部来监督盛京地方官员,同时由于排除异己的需要,雍正帝对五部侍郎监督、限制奉天将军等奉天地区高级官员的诸多做法给予支持,使得五部侍郎对将军等官员的监督权得以扩大。雍正帝在清除允禩势力时,将其党羽鄂伦岱和阿尔松阿先后遣送至盛京思过,后又以二人"仍怙恶不悛,大干国纪"为由,② 将其二人于盛京斩首。在历数二人罪状时,雍正帝提到,鄂伦岱曾"与阿灵阿、苏努等,结为党羽,保举阿其那,欲图大位,扰乱国家。前者审讯阿其那之太监时,供出阿灵阿、鄂伦岱为党羽之首,显干灭族之罪,举国皆知"③。雍正帝的这一段话中,不仅指出鄂伦岱、阿尔松阿之罪,更重要的是,他还指出当时的盛京将军苏努同这二人一样也是允禩的党羽,而早在鄂伦岱和阿尔松阿在盛京被处斩前,雍正帝便开始对苏努下手。雍正三年(1725),雍正帝发布上谕指出:"盛京风俗,甚属不堪。俱因苏努为将军八年,俯狥无知小人之心,沽取虚名,私恩小惠,逞其机诈,惟利是图,毫无裨益地方军民之处,风俗由是大坏。非有为国家实心效力之大臣尽心竭诚,大加整理,不能挽回风俗。着都察院左都御史尹泰,以原品往盛京署礼部侍郎兼理府尹事。"④ 雍正帝的这则上谕表明了两层意思,第一,由于苏努的失职使得盛京风俗大坏,苏努犯有失查之罪;第二,针对奉天地区的现状,最好的处理方法就是选派"为国家实心效力之大臣"对奉天地区的风俗进行整顿。接下来,雍正帝所采取的措施正是围绕这两方面展开的。

雍正五年(1727),雍正帝发布上谕:"……顷据噶尔弼奏称,盛

---

① 《清圣祖实录》卷258,康熙五十三年正月癸亥条。
② 《清世宗实录》卷44,雍正四年五月癸巳条。
③ 《清世宗实录》卷44,雍正四年五月庚子条。
④ 《清世宗实录》卷32,雍正三年五月癸亥条。

京城内,所有驻防兵丁六千名,节年俱各搬移城外,或百里或五六十里居住。等语。夫以驻防地方之兵丁,而听其散处僻远,有此理乎。皆由苏努肆意扰乱国政,嵩祝、唐保住甘为苏努犬马,曲意效尤,所以二十年来,流弊一至于此,伊等之罪,至为深重。盛京乃太祖、太宗开基之地,逼近福陵、昭陵,关系甚巨。着将苏努家产,交与嵩祝、唐保住查明,再将伊等所有赀财,俱带往盛京,以为兵丁搬移入城之费,如有应交与都统之处,即著交与都统,令伊等效力赎罪。六千名兵丁纵不能尽行移入,但移二三千名,伊等之罪,亦可少轻,若不悉心效力,定将伊二人从重治罪。"① 由此可知,雍正帝针对苏努失职、贪污等行为对其进行惩处,而对其属下各员如嵩祝、唐保住等则令其效力赎罪。但是,当循例由嵩祝和唐保住这些苏努的党羽出任盛京将军时,雍正帝自然表现为诸多不信任,对这些人进行严格的监督便成为雍正帝能够采用的最好办法,那么代替雍正帝来执行监督任务的便是其所谓的"为国家实心效力之大臣",实际上是雍正帝挑选的亲信大臣,其中表现最突出的两位是盛京刑部侍郎武格和盛京兵部侍郎永福。

武格出任盛京刑部侍郎后,对盛京将军家人的犯罪行为进行了严厉的打击,武格先后对将军俄莫洛、噶尔弼家人的犯罪行为进行了惩处,雍正帝对此给予了肯定和支持,雍正帝在对武格奏报的惩处噶尔弼家人开铁矿一折的批示中指出:

> 甚为可嘉。着凡事要如此果断。为国家尽忠竭力时,丝毫无妨。此朕可担保,天理亦如此……欲正盛京恶习,若能痛击郭二等奸棍,有面子,能鼓动人,独裁专断者,则习气方获正之。若能访实似此者,着即密奏以闻,朕有处理办法。[1]1447

盛京兵部侍郎永福到任奉天时,起初出任副都御史兼管威远堡等六边门事务,主要的任务就是对盛京将军等奉天官员进行监督,由于

---

① 《清世宗实录》卷52,雍正五年正月乙巳条。

其依仗雍正帝的支持，加之做事风格比较强硬，激起盛京将军唐保住的不满，他连同两位副都统一同上疏雍正帝参奏永福干预将军衙门事务，奏道：

> 永福到达之后，不勤于钦交本职事务，每次皆言奉有密旨。又言威远堡等六边至关重要，皇上派副都御史前来，可无目的乎？我前来时，奉有密旨曰：尔抵达后，暂勿具奏一应诸事，待朕造匣子后寄送尔时，着再具奏。如此，则由尔能启开，朕能启开。等语。到处宣扬，又威吓盛京文武官员无一能者。每次审理人参案件，动辄争吵，或责骂协领、章京等官员，意欲强办将军衙门事务。[1]766

雍正帝对永福的作为，则采取宽宥的态度，之后盛京官员又告永福侵蚀人参，雍正帝对此指出：

> 盛京官员积习原本极差，况且合伙整人之诡计不可令其猖獗。先是众人耍诡计欲整永福一情，朕已查出真情。今此事与旧习无甚差异，朕若穷究，则必旷日持久，以致众人受牵。[1]1549

出任盛京五部侍郎的雍正帝的亲信大臣，在雍正帝的支持下对将军等盛京官员具有很大的监督权和限制权，甚至达到干预将军衙门事务的程度，对五部权力的扩大，雍正帝也不是放任不管的。雍正三年（1725），雍正帝下令："添设稽察盛京御史一员，清查五部及将军衙门事件，每一年派换。"① 稽察盛京御史的设立，一方面限制了五部权力的扩大，另一方面也通过对五部的稽察缓解了将军等盛京官员与五部侍郎之间存在的对立情绪。

---

① 《清世宗实录》卷37，雍正三年十月壬辰条。

三 在钱粮词讼方面限制奉天府

顺治十四年（1657），奉天府设立，仅仅是在八旗管理体制内对民人事务实现了专管，但实际上还是将其置于将军和五部的一元管理体制之下的。作为民治管理机构的奉天府，在设立之初，具有的权力有限，根本无法同旗署并驾齐驱。此时奉天府的主要职责，据康熙朝《大清会典》的记载，"奉天府……凡每年恭遇皇上万寿、太皇太后圣诞、皇太后圣诞、中宫千秋、皇太子千秋及元旦、冬至令节，本府官朝服，齐集笃恭殿行礼，恭进庆贺表笺。凡每月逢五日期，本府官朝服，赴笃恭殿前齐集。凡陵寝四季大祭，本府官朝服，随班行礼。凡每月朔望，陵寝供献，府尹朝服，赴陵前排班。凡每年二、八月上丁日，致祭文庙，府尹率各官照例行礼。凡每年立春先一日，府尹率各官迎春于东郊。凡遇乡试，府丞造应试生员名册，移咨顺天府考试。凡奉锦二府属文武生童，俱由府丞考试。"[5]7584—7587 可见，此时奉天府承担的职能主要集中在礼仪、教育等方面，对涉及赋税、词讼的职能均未提及。因为此时奉天府对民人的赋税、词讼事务并未实现专管，相关事务的处理还需上报盛京户部和盛京刑部裁决。

康熙年间编修的《锦州府志》记载，锦州府下辖各州县每年的粮税，都需要解往奉天府，"国朝锦州府，锦县，行粮地共……每亩岁额征条边银……共该征银……解奉天府；四季杂税共该收银……解奉天府，康熙二十年奉文归驻防征收。宁远州，行粮地共……每亩岁额征条边银……共该征银……解奉天府；四季杂税共该收银……解奉天府，康熙二十年奉文归驻防征收。广宁县，行粮地共……每亩岁额征条边银……共该征银……解奉天府；四季杂税共该收银……解奉天府，康熙二十年奉文归驻防征收。三属额征地亩银共……俱州县自解奉天府，本府（锦州府）验批。"[6]833 各地方民署机关虽然将粮税解送奉天府，但是奉天府并不负责收存，而是将这些税银转交盛京户部银库查收，康熙朝的《大清会典》中，盛京户部职能一卷便记载：

"凡奉天、锦州二府属地丁钱粮税银,(盛京户部)照府尹解送收库。"[5]1875也就是说,当时奉天府并不是负责盛京各地方民署机构钱粮事务的最高机关,因为它还要将相关事务向盛京户部转报。

康熙朝编修的《盛京通志》中,《公署志》一卷记录奉天府下属机构,包括奉天府府尹公署、府丞公署、治中公署、通判公署、经历司公署和司狱司公署,另有儒学公署和医学公署,但这两个机构只有名目,实未设置。府丞、治中和通判均属府尹的佐贰官,因此只有经历司和司狱司才是当时奉天府具体承办事务的机关,司狱司的设立,说明此时奉天府仍负责处理相关词讼事务,但此时"开元凤凰城,边城以内,山海关、奉天府所属地方,一应刑名事件,听本部(盛京刑部)审谳"[5]6488。也就是说,虽然此时的奉天府经手一些词讼案件,但是总理奉天各地词讼案件的仍是盛京刑部,奉天府居于其下。由此可见,奉天府建立初期在处理钱粮词讼方面要听命于盛京五部。

综上所述,盛京五部建部之前作为入关前部院机构的遗留人员隶属于盛京将军的前身盛京总管,盛京五部建部之后作为陪都机构与将军并立,作为中央国家机关实现对包括将军在内的盛京官员的监督,此时的奉天府并未获得对奉天地区民人事务的最高管理权,有关民人钱粮词讼等事务奉天府还要听命于盛京户部和盛京刑部。由此可见,奉天府作为民署机构虽然已经设立,但是并没有形成与以盛京将军为代表的旗署机构并驾齐驱的局面,原因之一便是盛京五部的设立。五部的存在使得清初盛京地区上层管理机构中将军、五部及奉天府的关系形成了奉天府部分职能受制于盛京五部,盛京五部受制于将军的纵向从属关系,由此也证明了奉天府的设立并不是盛京地区旗民二重管理体制形成的标志。

[参考文献]

[1] 中国第一历史档案馆. 雍正朝满文朱批奏折全译 [M]. 合肥:黄山书社,1998.

[2] 伊巴汉. 盛京通志 [M]. 康熙二十三年(1684)刻本.

［3］永瑢. 钦定历代职官表［M］//纪昀. 钦定四库全书. 上海：上海古籍出版社，1987.

［4］王河. 钦定盛京通志［M］. 台北：文海出版社，1965.

［5］伊桑阿. 大清会典［M］//沈云龙. 近代中国史料丛刊三编：72. 台北：文海出版社，1992.

［6］刘源溥，孙成. 锦州府志［M］//金毓黻. 辽海丛书：2. 沈阳：辽沈书社，1985.

［原载于《吉林师范大学学报》（人文社会科学版）2017年第2期］

清入关前六部浅析

李小雪[*]

　　清入关前六部，是清廷在八旗共治体制下仿照明制建立的名为处理八旗公共事务、实为清帝加强自身权力工具的行政机构。现今学术界对清入关前六部已有一些研究，张晋藩、郭成康的《清入关前国家法律制度史》（辽宁民族出版社1988年版），对入关前六部各部具体的职能进行了详细的列举和介绍；刘小萌的《满族从部落到国家的发展》（辽宁民族出版社2001年版），利用李学智对《老满文原档》中有关六部订立内容的译注，订正了《清太宗实录》中有关六部官员设置的错误，并且对贝勒掌部、设置启心郎等有关六部官制的相关内容进行了深入的分析；姚念慈的《清初政治史探微》（辽宁民族出版社2008年版）从入关前八旗制国家制度发展的角度，对六部的特点及职能进行了探讨，其中重点分析了汗权与议政会议的博弈、六部启心郎的作用及在国家制度发展中六部所处的地位等。可见，学术界已对入关前六部的官制、职能及贝勒掌部、启心郎设置等内容有了深入的研究，但笔者通过对相关研究成果的梳理发现，首先，各项成果对六部设立的缘起虽然有所提及，但是究竟经历了一个怎样的发展过程促成六部的设立，叙述的简略，不够清楚；其次，研究成果中对六部职能的叙述，只是对相关内容的罗列，缺乏对职能变化的动态研究；

---

　　[*] 李小雪（1987— ），汉族，辽宁省抚顺市人，吉林师范大学历史文化学院讲师，历史学博士，研究方向：满族历史、语言与文化、清史。

第三，相关研究成果对入关前六部的性质都有类似的看法，即认为其受八旗共治政体的影响并非是封建集权制下的中央国家机关，但是入关后，六部便成为真正意义上的中央国家机关，这必然经历了一个转变的过程，而对六部入关前后的这一转变，学界缺乏研究。因此，本文便从六部的设立、职能的发展及性质转变三方面，对六部逐步设立的过程、职能的动态发展及入关前后性质的转变等内容进行初步探讨，以期对学界有关入关前六部的研究有所补充，同时也以浅见求教于诸位方家。

一　部门的设立

顺治满文本《清太宗实录》中记，天聪五年（1631）七月初八日，"han geren beise ambasa be isabufi heb edeme gurun I doro toktobume ninggun jurgan ilibuha hafan I jurgan……boigon I jurgan……dorolon I jurgan……coohai jurgan……beidere jurgan……weilere jurgan……①"对应的顺治汉文本《清太宗实录》记为："上召集众贝勒大臣会议建立六部衙门，吏部……户部……礼部……兵部……刑部……工部……"②，这便是学界普遍认为的入关前六部设立的依据，但是，笔者翻检汉文实录中天聪五年之前的内容竟也有关于六部的记载，如，天聪三年（1729）二月初二日，太宗以治国养民之道宣谕诸臣时指出，"凡人犯罪，照旧例行，在外害人者，皆户部大人、笔帖式与管台人等，此后有犯者，不论旧例，必杀无赦"③；天聪四年（1730），五月初九日，太宗宣谕"……尔户、兵、刑三部大臣，不可惮劳养重，务各尽心勤事"④。这两条记载均发生在天聪五年之前，但却出现了"户部大人"、"户、兵、刑三部大臣"的说法，似乎六部在这时就已建立，

---

① 顺治满文本《清太宗实录》卷9，天聪五年七月初八日条。
② 顺治汉文本《清太宗实录》卷7，天聪五年七月初八日条。
③ 顺治汉文本《清太宗实录》卷4，天聪三年二月初二日条。
④ 顺治汉文本《清太宗实录》卷5，天聪四年五月初九日条。

但核对相应的满文本后则发现"户部大人"的满文原文是"jekui jurgan I amban"①,"户、兵、刑三部大臣"的满文原文是"usin uksin saca beidere weile ere ilan jurgan I ambasa"② 可见,这两处对户、兵、刑部的满文表述与天聪五年六部设立时的表述不同,是否是翻译不准确,因为,顺治朝编撰的太宗实录是先编满文本,然后再将满文本译成汉文,而清初官员的满译汉的水平有限,所以,可能会出现不准确的情况,随后将这两条的满文表述与乾隆本的太宗实录进行对照后,证明了笔者的推测。

乾隆本对天聪三年二月初二日一条的记载是"除凡人照常处分外,若系管粮官、笔帖式及巡台人等,似此虐民妄行,事发不照常例治罪,定行处死。"③ 而对天聪四年五月初九日一条的记载是"……土、军器、刑名三衙门大臣,责任尤重,其勿惮劳苦,各勤职业……"④ 由此可见,在乾隆本的太宗实录中将"jekui jur gan I amban"译作"管粮官",将"usin uksin saca beidere weile ere ilan jurgan I ambasa"译作"土、军器、刑名三衙门",这种翻译与满文的字面意思相近,也与六部设立于天聪五年的事实相符,由此说明,顺治汉文本的太宗实录中表现出的六部建立在天聪五年之前的情况是由翻译不够准确而造成的。但换个角度看,顺治汉文本的这一翻译却给我们提供两个信息,第一,六部建立之前已出现职能与六部相似的机构,如管粮官、土地、军器、刑名衙门;第二,顺治初年的官员既然能够将这些与六部职能相似之机构的名称直接译成对应的衙署名称,这也表明这些机构与之后的六部联系紧密,或者就是之后六部的前身。那么,这些机构是否真的存在呢?

16世纪晚期,女真社会经济逐步发展。努尔哈齐起兵之后,为了满足战争的需要,加紧进行农业生产,但是,随着八旗制国家的逐

---

① 顺治满文本《清太宗实录》卷5,天聪三年二月初二日条。
② 顺治满文本《清太宗实录》卷7,天聪四年五月初九日条。
③ 乾隆汉文本《清太宗实录》卷5,天聪三年二月戊子条。
④ 乾隆汉文本《清太宗实录》卷7,天聪四年五月已丑条。

第一编 满族史与八旗

渐形成，八旗各自为政、自给自足的生产生活方式，不能满足国家整体发展的需要。单从储粮备战的角度来看，各旗需要屯粮，国家也需要储备公粮，用以协调各旗的储备及应对不时之需，所以，明万历四十三年（1615）太祖努尔哈齐"令一牛录出男丁十人、牛四头，以充公役，垦荒屯田。自是，粮谷丰登，修建粮库，并委大臣十六名、巴克什八人，以掌记录库粮，收发赈济事宜"[1]37。即各旗选出相同数量的男丁承担八旗各自土地之外公共土地的耕种，所得的粮食存入八旗共有的公共粮库之内，并由各旗选派两名大臣、一名巴克什共同管理，管粮大臣及管粮巴克什便是后金国即将建立之时出现的服务于八旗公共事务的官员。

后金政权迁都辽东之后，国家的构成发生了变化，不再是一个单纯由女真人组成的八旗制国家。被征服地区的汉人、蒙古人及朝鲜人不断融入，最初人数较少时，可以随即将其纳入到八旗体制中进行集中管理，但是随着人数的不断增多，分布地域不断扩大，对新归附之人的安置也变得复杂，虽然这些归附之人最后会像战利品一样由八旗平分，但是在平分之前应如何安置和管理，合理的方案便是在八旗之外选派能够代表八旗制国家的人员来组织进行，当时的确有从事这些事务的官员，他们最初都被称作"道员"。如，天命六年（1621）十一月十二日，"蒙噶图、孟古、萨尔古里等道员，前来丈量田亩，办理房舍"[1]251，这里的"道员"应该是来自明朝官职中对任分守道、分巡道官员的俗称①，而这一官职在明朝便以专司钱谷或刑名为职任，正巧与此时后金选用之官员所承担的职能相近，而且后金建国初期一直都在沿用明朝官制任命本国官员，参照明朝职官的职能将蒙噶图等人称作道员似乎也顺理成章。那么，此时的道员是爵号还是官职呢？笔者认为是官职，理由有三。第一，天命五年（1620），太祖曾定世

---

① 因该处"道员"一词的满文在辽宁民族出版社出版的《内阁藏本满文老档》中对应写作"dooli hafasa"，天命四年六月初八一条中又记"开原城主潘道员前在尚间崖被杀"此处道员一词的满文在《内阁藏本满文老档》中对应写作"dooli"，可见，后金官员所称之道员应是源自明代官职的称呼。

职之制，共分五等，依次为总兵官、副将、参将、游击及备御，并无道员。第二，前文所言，天命六年十一月蒙噶图曾以道员之称前往丈量地亩，下一月蒙噶图却以参将之称前往汉人屯堡查点人口[1]271，而对此事太祖专门发谕旨给蒙噶图，谕旨中对蒙噶图仍称以道员[1]273，由此可见，之前道员与参将的转变并非是蒙噶图职务发生变化引起的，而是蒙噶图的道员与参将之称并存。另有一例也可说明这一问题。方吉纳，天命六年八月二十一日爵职由备御升为一等游击[1]229，九月二十日被授予道员[1]242，二十八日太祖又给刚出任道员的方吉纳谕示如何对来归之人进行赏赐和安置[1]244，可见，方吉纳是以一等游击出任道员一职，由此说明道员是官不是爵，而太祖对其的晓谕也正说明了道员以代表后金赏赐、安置来归之人为事的情况。但是，通过对文献的翻检，笔者发现此类官员以道员相称只在天聪六年频繁出现，七年之后很少出现。

此时，充任道员之人的职能并未有明确的划分，而且随着征服地区范围的扩大，后金国需要处理的八旗之外的公共事务，如筑城架桥、接待使臣等事也逐渐增多。于是，天命七年（1622）六月初七日，太祖努尔哈齐便对八旗之外公共事务的处理进行了规定：

> 委任副将蒙噶图、游击孟古、游击车尔格依、游击李三、游击苏三、游击阿福尼、游击多诺依、游击喀尔达等八人办理库粮之登记、征收与散放，清点新来之人口，分拨田舍及迁移户口等一类事宜。办理筑城架桥，修建围所获者之栅栏，制做擒拿者之枷镣等一类事宜。监察桥上商人贸易、征税，繁殖牛畜，屠宰猪只，饲养各种家畜，送往迎来，为新来之人拨给庐舍，给以盛饭之釜、砍木之斧、所服之衣以及收养所获闲散之牲畜，为无妻之人娶妻等各项事宜，皆交蒙噶图等人办理。

> 查枪炮、哨台、出痘子及跟踪巡察等类事项，交付游击沙金等人办理。

> 查验盔甲、刀枪、弓箭、鞍辔、梯子、藤牌、车辆、錾子、

· 113 ·

第一编 满族史与八旗

刳舟斧、锛及蓑衣、帐房、箭罩、弓套以及各项军械等。使马肥壮、查问前往庄内之妇孺，查验途中乘马之行人，察视门前拴马之肥瘦等二类事宜，交付统兵总兵官、副将办理。

收管边界、查拿逃人、制做鱼网及捕獐套网，遣使前往各处，速递信息等一类事宜，【原档残缺】[1]382—383

由这则史料可见，首先，太祖将八旗之外国家需要处理的行政事务大致分为七类，七类事项中以处理库粮、安置归附之人为首。其次，专门委任官员处理这七类事项，委任之人分别来自八个旗分，皆称以爵号，不再称道员。而且，从这八位官员的爵位看，只有蒙噶图是副将，其他均为游击，可见，在职权行使中官员之间存在主次之分。第三，七类事项的划分，存在重复、拖沓的情况。天命八年（1623）三月十三日，太祖又下令废除七条之事，改为五条[1]436—437，主要是将之前七条中巡查之事合为一条，管理军器之事合为一条。此时的五条之事就与中国传统封建社会中的户、礼、兵、刑、工五部的职能相近，明显的区别在于诸事项中没有涉及对官员任职等事的处理，另外类似刑、工两部的职能合为一条。这些内容与前文所述太宗实录中所记载的掌土地、军器、刑名事务的三衙门相照应，但需要强调的是此处的衙门满文对应是"jurgan"并非"yamun"，即此时只是存在着一些承担与六部相近职能的官员，未建立官制更无衙署设立，但却已暗示此时的后金政体不能满足日益复杂的社会形势，急需新机构的建立。

太宗继位初期，一方面受到天命后期出现的八王共治制的影响，汗权受到限制，对后金体制进行改革进而加强汗权是此时太宗迫切需要采取的措施，另一方面国家发展急需建立新的国家机构，再加上汉官的建议，于是，天聪五年（1631），太宗下令仿照明制设立六部，并明确各部名称及官员设置。天聪六年（1632）八月初八日，六部衙门建成，各部有了专门的办公场所，之后，太宗为各部赐狮柄银印，并令各部将"职掌条约备录之，张贴于衙署门上，凡通行文书一概用各部印行。"[1]1331 即各部制定职能规范并要求部员依此行事，部门指令的传达以用印之公文为准。此后，六部开始正式行使职能。

二 职能的发展

入关前六部职能的发展主要经历了两个阶段：第一阶段是，天聪年间，六部职能对比建部之前所承担的五条之事逐步完善，开始成为太宗借以监督和控制八旗的工具；第二阶段是，崇德年间，六部职权范围不断扩大，但是并未实现对八旗的完全控制和约束。以下便对这两个阶段进行详细阐述。

（一）天聪年间职能逐步完善
天命八年太祖下令改七条之事为五条，这五条分别是：

> 查点新来人口，给以田、舍、席、器、斧及锅、妻、奴、衣等诸物，使之筑房并登记征收与赈济库粮等。此一条也。
> 巡查卡伦、台站、枪炮、踪迹，及赴各屯查问天花、妇孺及逃人等。此一条也。
> 羁押擒获之人，刑戮应杀之人。筑高木栅及造舟船，架桥梁、繁殖牛只、杀猪、饲养牲畜等。此一条也。
> 送往迎来，收管所获之牲畜，于桥头征收交易税赋，清理街道污秽，管理茅厕、祭扫死者，传递信息，安排筵宴等。此一条也。
> 甲、盔、刀、枪、弓、矢、鞍、辔、蓑衣及箭罩、弓套、帐房、梯子、档牌、车子、拖床、绵甲，每队十人出行十五日所带之物，查视骑乘，养肥马匹等。此一条也。[1]436—437

与天聪年间六部建立之初所司之职对比后可见，第一，六部建部之前所司之事不包括对官员的除授及调遣等事。后金初建之时，官员不多，五大臣、八大臣及十六大臣等重臣，皆由太祖直接任免。下级官员中，以各旗旗官最为典型，旗官主要负责组织本旗本牛录官员攻城征战，战争中各旗旗官的表现便成为其升任或降职的主要依据。天命四年六月初八，太祖便对牛录额真、五牛录额真，梅勒额真、固山额真、总额真等旗官宣谕道："尔等宜监视军士攻战尽力与否，至于运立队尾，战不尽力者，纵被伤亦不为功。凡有奋力攻战，善于破城，智巧谋略之良者，即上告于诸贝勒。有如汪善，莽萨喀，纳林等人，同谋作伪者，勿得荐举。勿效常古纳谎报战功，委任管理之人，不报实情且妄举亲族及他乡之友。谎报小事，则治罪降职，谎报大事，则定杀身之罪也！"[1]92 即此时后金官员的除授多是由各旗旗官向本旗贝勒荐举，然后由贝勒报至汗处，再由汗任命的。此外，此时任职之人多以立誓的方式来保证职能的履行，若有失职之处，"依誓言审断"[1]101。由此表明，此时后金并未建立起严格的官员管理制度。天聪年间，随着八旗制国家的发展，官员种类逐渐增多，官员的爵职也一改天命时期混乱的局面而渐趋清晰，后金便仿照明制建立了专管官员任免调遣等事务的吏部，并沿用明制对六部官员进行三年考绩，进而对官员进行严格管理的相关制度逐步确立。

第二，六部建部之前的五条之事中，与刑部所司之事相类似的主要是"羁押擒获之人，刑戮应杀之人"，即主要承担的是对获罪之人的羁押、刑罚等事，没有量刑之责。此时对刑名案件的审理和量刑，太祖在五条之事外任命专人负责，天命七年（1622）六月初七日，太祖努尔哈齐"特委任总兵官达尔汉侍卫……等十六人，审理国中各项案事。"[1]382 但是，这些官员所具有的也只是对相关案件初步审理的权力，之后还要上报至诸贝勒大臣，再由贝勒大臣上奏汗。太祖时期对刑名案件的审断不仅是一种行政职能，更是一种权力的体现。天聪年间，刑部建立后所具有的职能不仅包括对犯人的逮捕、羁押、刑罚，而且包括对案犯进行初步审理的权力。天聪六年（1632），游击颜布禄、备御董山因留守之时，遗弃粮米，而被转交刑部治罪。刑部贝勒济尔哈朗会同承政等刑部官员对二人进行审理后议罪当死，之后上奏太宗，太宗又命诸贝勒、八大臣、六部各官及拨什库以上的满汉蒙古闲散各官进行会审。① 可见，此时刑部的职能已具有对刑名案件的初审权，即刑部职能已将建部之前五条之事所列之职能与太祖所任专司审断之事官员的职能合二为一。同时，天聪五年（1631），刑部建立之后，太宗随即对牛录额真审理本牛录案件的范围进行了调整，规定罚银二十两以下之事由牛录额真自行处理，"事大于此者，送部审理"②，此后，刑部获得了对各旗重大刑名案件的审理权，进而也以此项职能的履行对各旗事务进行干预和渗透。

户、礼、兵、工各部职能，建部前后对比五条之事来看主要的变化有，建部之前工部职能夹杂在刑部职能中，兵部职能一分为二，巡查之职与管理军器之职并存，参考天聪七年制定的七条之事可知，巡查之事由太宗专门委派官员执行，而管理军器则由统兵的总兵官等人来负责，兵部建立后，巡查及军器管理一并由兵部官员承担。总体来看，户、礼、兵、工四部职能，建部前后变化不大，但却将此时六部职能履行中与清帝联系紧密的特点表现了出来，这一时期六部职能的履行多是奉上谕而行。例如，天聪六年（1632）二月壬申，太宗"命管礼部事贝勒萨哈廉更定仪仗之制，除出征仍照旧制外，凡近地往来，御前旗三对、伞二柄、校尉六人，大贝勒旗二对、伞一柄、校尉四人，诸贝勒等各旗一对、伞一柄、校尉二人。如遇朝期，诸贝勒不用旗、伞，止许校尉随从。若出郭门，仍用旗、伞，违例者，罚以羊。凡赴行在所，诸贝勒旗、伞、校尉不许用，惟大贝勒随驾行时，许用伞，着为令"③，可见，太宗不但下令礼部官员更定仪制，而且还将新仪制的具体要求一并提出，那么，礼部实际上只是依照太宗的要求进行发布而已，相关规定均由太宗制定。该条例颁布不久，一次太宗前往避痘所，忘记携带仪杖，礼部启心郎启充格提出按例应该罚

---

① 乾隆汉文本《清太宗实录》卷12，天聪六年八月甲午条。
② 乾隆汉文本《清太宗实录》卷9，天聪五年七月癸巳条。
③ 乾隆汉文本《清太宗实录》卷11，天聪六年二月壬申条。

羊，太宗无奈只得接受，但随即对之前制定的仪仗之制进行了修改："今后凡往避痘处所，免用仪仗"①，可见，六部负责之事具体如何执行主要由清帝掌握，六部只是负责颁布罢了，虽然具有监督执行之权，但是当涉及清帝利益时，监督作用便变得微乎其微。由此可见，太宗不仅是六部职能的制定者，更是六部职能的最终决策者。六部设立之后，通过各部职能的履行将相对独立的各旗事务纳入到国家机构的管理之下，进而对八旗事务进行干预和渗透，但六部实际上由太宗控制，这样，太宗便借六部实现了对八旗的监督与制约。

（二）崇德年间职权范围不断扩大

六部的职能由天聪年间至崇德年间的发展中，最明显的变化就是职权范围不断扩大。以刑部为例，天聪六年刑部的汉参政高鸿中就曾指出："见得我国中，下人犯事，或牛录，或家主，就来同审事官坐下，正犯未出一语，家主先讲数遍，旁边站立者纷纷滥说……"[2]3 由此可见，刑部建部之初，虽然试图通过对旗内案件的审理来干预八旗事务，但事实上，各旗官员由于对新的审断制度不熟悉，仍保持着之前旗内审断的遗风，刑部对相关人员的控制力度不强，旗内官员仍具有对案件审理的干预和影响。前文所述，游击颜布禄、备御董山遗弃粮米之事，转交刑部后，刑部官员对此等游击、备御之员所犯之罪也只是进行了初审，拟罪之后，还要上报太宗，太宗还要与诸贝勒大臣、六部各官及拨什库以上的满汉蒙古闲散官员会审后，才能定罪。天聪九年（1635），冷僧机首告贝勒蒙古尔泰、德格类等谋逆："冷僧机具状首于刑部和硕贝勒济尔哈朗，时上方出猎未奏。索诺木亦首告于达雅齐国舅，阿什达尔汉随以奏闻。比上猎还，和硕贝勒济尔哈朗亦以冷僧机所讦奏闻，上遣人告诸贝勒。"② 可见，面对贝勒谋逆之大事，刑部无权进行初审拟罪，需要直接上报太宗，由太宗与诸贝

---

① 乾隆汉文本《清太宗实录》卷11，天聪六年二月甲戌条。
② 乾隆汉文本《清太宗实录》卷26，天聪九年十二月辛巳条。

勒商议后定罪。

　　崇德年间，刑部负责处理的案件，由现今留存的崇德三年刑部档案来看，处理的方式依照量刑的轻重，主要有刑部自行处理和刑部议罪上奏太宗定夺两种，可见刑部已经可以独自对一些案件进行决断，经由议政会议讨论的情况不多。镶红旗梅勒章京吴善、吴巴海纵容跟役盗取他旗之米，刑部拟罪之后，太宗也召集了众贝勒大臣集于大政殿，但只是对众人宣谕吴善、吴巴海的罪状而已，并未与贝勒大臣商议便给二人定了罪。[3]42另外，天聪年间，刑部无权对涉及贝勒的案件进行审理，到了崇德年间，对此已具有了初审权。例如，贝勒阿巴泰所属蒙古之人诉阿巴泰夺其牲畜、衣物等事于刑部，刑部经审属实，拟阿巴泰应得之罪并上奏太宗。但在上奏期间，阿巴泰提出申诉，仍由刑部受理并进行二次审理，仍照原议拟罪，刑部还对阿巴泰不服且抗诉的行为拟以加倍处罚，并对鼓动阿巴泰申诉之人进行了惩处。之后，太宗据此给阿巴泰等人定了罪，定罪之后，太宗又以阿巴泰申诉之故召集诸王大臣。集议中，太宗主要是以规谏不力为名，训斥了阿巴泰之子博洛等人。[3]5由此可见，刑部具有对贝勒所犯之事进行初审的权力，而且随着刑部职权的扩大，议政会议的审断议事权逐渐被削弱。

　　虽然，崇德年间六部的职权有所扩大，但是并未实现对八旗的完全控制和约束。吏部的除授并非是八旗官员获得官职的唯一途径，贝勒、各旗的固山额真仍具有向太宗奏请任免旗官的权力，崇德四年（1639）四月二十四日，正黄旗固山额真谭泰便因本旗人满都虎卒而以补缺事奏闻太宗[4]415；礼部虽然负责接待及宴请朝贡使臣，但是，崇德年间也同时保持着由各旗依次宴请朝贡之人的情况，崇德四年，土默特、苏尼特、鄂尔多斯、乌珠穆沁等部使臣前来朝贡，太宗便下令："正蓝旗多罗饶余贝勒家宰牛一头，羊四只，列筵四十席，宴之。仍命六家如例以次宴之，惟镶黄旗未设宴。"[5]130可见，六部职能的履行及职权的扩大，虽然试图通过对各旗事务的干预来控制八旗，但是，纵观崇德一朝，八旗共治国家的制度并未被取代，而是与作为国家机构的六部共同处理相关事务。

三 性质的转变

崇德年间六部的职权虽然有所扩大，但是并未实现对八旗的完全控制和约束，究其原因，笔者认为源于八旗共治仍然是太宗时期国家赖以生存的经济基础。而入关之初，六部的性质之所以发生了改变，正是由于国家所依靠的社会经济基础发生了转变而造成的。

（一）太宗时期，八旗共治仍是国家赖以生存的社会经济基础

以户部、礼部对朝贡使臣的宴请、回赐为例，崇德四年正月十三日，东路来清贡貂，贡貂使者将所贡之貂交于户部，对其迎接并宴请之职则由礼部承担。[5]123可知，朝贡之事，所贡之物存入户部，接待之责由礼部承担。礼部还要负责对来朝使者进行回赐，崇德八年（1643），礼部负责招待来贺冬至及元旦的朝鲜使臣，先将使臣召至礼部，宰牛二头、羊五只，备酒三十瓶，由参政拉木拜亲自设宴款待，之后分别按照冬至进贡礼和元旦进贡礼对诸使臣进行回赏，回赏之时由礼部参政明安达礼监督进行，最后，再以还国礼，明安达礼亲自前往使臣下榻的寓所宰猪、鹿、狍等牲畜，备酒，设宴为之送行。[5]135—136这其中，礼部设宴及回赐之物皆来自于官库，而官库所藏之物由八家均出，这可从太宗针对礼部汉官抱怨差徭繁重之事时所说的话中得到证实："一切赏赉之需，皆自八家均出，何曾多取一物于尔等乎。礼部亦有汉官，试往问之，八家每年出羊若干，貂裘、野兽、酒米、筵宴若干，礼部官员，岂不明告于尔乎。①"直到崇德年末，这一情况一直存在，如，崇德八年九月初三日，户部所记的清军征山东携来的物品清单中便记载，首先，将八旗合取临州城所获的物品存于外库；然后，二十四旗按例从所获之物中选出进献清帝之物；最后，所余之物各归各旗所有。[5]99—100

---

① 乾隆汉文本《清太宗实录》卷17，天聪八年正月癸卯条。

之所以要将八家均出之物存于官库，汉臣胡贡明曾指出："假如下次兵马出去，若得银八万两，八家每分七千两，留三八二万四千两收之官库。若得衣八千件，八家每分七百件，留三八二千四百件收之官库。其八家应得的财物，即听各贝勒自己使用。若要摆酒，即命礼部向官库支办，若要赏人，即命户部向官库取给。所得之人都好一处养活，见其贤也，便好养活得厚些，见不贤也，便好养活得薄些。且养他也由我，不养他也由我，厚薄予夺之权得以自操，而人之心志，亦必归结于一处矣。虽各贝勒少得些财物，也落得安然自便，虽皇上受些辛苦，也落得自专。"[2]12 这段话为我们提供的信息有二，第一，建立官库的好处是太宗可以借户、礼二部职能的发挥利用官库所藏之物直接养活归附之人，避免各旗恩养条件不同而造成归附之人与清（后金）离心离德，进而实现了太宗越过各旗直接对归附之人进行恩养，使得太宗与归附之人的君民、主仆关系更加紧密，由此削弱了各旗贝勒对归附之人的所属权，太宗的君权得以加强。第二，该史料也表明此时清（后金）对归附之人的恩养依靠的是八旗征战掠夺后均分之物，即便此时太宗通过六部职能的发挥加强了君权，但其依靠的经济基础还是八旗共治体制，换言之，如果没有八旗均出银两和衣物，单凭太宗一家之力也是无法对所有归附之人进行恩养的，所以，太宗即便要加强君权，也不会从根本上动摇八旗共治体制，清入关之前国家的经济基础决定了六部职能的履行无法超越八旗而独立存在，因而，决不能将此时的六部与中国封建集权制下的六部等量齐观。

（二）入关后，清廷继承了明朝封建集权制下的社会经济基础

入关之后六部的性质发生了转变，而这种转变归根结底是由于国家发展所依靠的社会经济基础发生了变化。入关后，八旗征战所得不再实行八家平分，如，顺治二年（1645）八月初二，摄政王多尔衮对如何处理征剿刘洪起所得之物给兵部的谕旨中便指出："近闻内大臣何洛会等歼灭刘洪起，所获优等白狐一、金一千零十三两五钱、珍珠二十二两九钱、琥珀盅二、玛瑙盅一、玉盅十四、玉暖瓶一，以及

刘洪起之妻妾二。将此俱交都堂罗绣锦解往京城。所获优等银一万三千四百零七两、银盅十二、台历十三、脸盆一,以上俱交罗绣锦充兵饷。其俘获人口照例赏给登城有功及受伤者。剩余财物,赏给甲兵。"[4]117 可见,所获财物大部分解送回京,归国家所有,俘获人口以赏赐的方式由兵部分给立有军功或负伤需要抚恤的士兵,并非八旗兵丁人人皆有。

那么,此时的八旗兵丁依靠什么来维持生计呢?依靠国家定期发给的俸禄。顺治元年(1644)六月,"户科右给事中刘昌启陈十事,一立规模,一审庙算,一推诚心,一集群策,一施实惠,一定经赋,一定官制,一颁俸禄,一明等威,一重守令,摄政和硕睿亲王是其言。"① 可见,入关之初,清廷官员便已意识到了社会形势的转变急需建立与之相匹配的制度,而这些亟待建立的制度中便包括俸禄制度。这一提议得到了多尔衮的肯定,同年十月,清廷便制定了满洲王公的俸禄标准,② 顺治二年(1645)正月,清廷又"定护军、拨什库、前锋、马兵,月支饷银各二两"③ 即明确了八旗基层官员及兵丁的俸禄标准,顺治三年(1646)正月,制定出涉及满洲各级官员的完整的俸禄规制④,这样清廷便通过俸禄制度将八旗由供养国家者变成了国家供养者。此时的清廷既然不再依靠八旗来供养,那么依靠什么来维持国家机器的运转以及供养包括八旗在内的官民人等呢?这一问题,我们可以通过探究官员人等俸禄的来源来解答。

官员人等的俸禄,均由户部银库所出,顺治八年(1651)三月,顺治帝向户部尚书巴哈纳询问俸银发放一事可证明这一点:"上召户部尚书巴哈纳等问曰:各官俸银,用需几何。应于何月支给。大库所存,尚有若干。奏曰:俸银支于四月,共需六十万两。今大库所存,

---

① 《清世祖实录》卷5,顺治元年六月甲子条。
② 《清世祖实录》卷10,顺治元年十月辛未条。
③ 《清世祖实录》卷13,顺治二年正月癸丑条。
④ 《清世祖实录》卷23,顺治三年正月丁丑条。

仅有二十万两。上曰：大库之银，已为睿王用尽。今当取内库银，按时速给。夫各官所以养赡者，赖有俸禄耳。若朕虽贫，亦复何损。①"那么，户部银库的银两又是从哪里来的呢？康熙《大清会典》中有关户部银库一项这样记道："顺治初定，直省起解本折物料到部，各该司查验。移文掌库司官，照数称验贮存，出给库收，付覆各司。"[6]1402可见，顺治初年，户部银库所储之银两主要来自各省定期上缴的赋税，不再由八家均出。发生这一变化的原因在于清廷的入关代替了明朝对全国的统治，进而继承了明朝的社会基础。社会基础的转变推动着为它服务的国家机器的变化，清廷入关前服务于八旗制国家的国家机器不能适应明朝的封建集权制国家的社会基础，而与明朝社会基础相适应的当然是维护封建集权体制的国家机器，由此实现了入关前六部在清入关后向封建集权体制下的国家机器的转变。清军入关后，顺治帝颁布的即位诏书，虽然以赏赐功臣、大赦天下开头，但是更多的篇幅是在申明清廷各项事务均仿效前明制度进行，而这些事务大多与六部职能相关，如，其中便规定："地亩钱粮俱照前朝会计录原额，自顺治元年五月初一日起，按亩征解。"② 这便促使上文所述户部银库银两改为由各省上缴之赋税填补的出现。因此，入关后六部为了适应新的社会基础，职能的行使开始仿效前明六部各项规范来执行，进而，使得入关前后六部的性质由八旗共治体制下的行政机构转变成为封建集权制下的中央国家机关。

综上所述，随着明末女真社会的不断发展，征服地区不断扩大，原有的八旗各自为政的局面不能满足后金国家发展的需要，进而出现了专门处理八旗公共事务的官员。太宗时期，随着后金社会的进一步发展，以及太宗加强君权的需要，六部机构正式设立。六部的职能在天聪年间逐步完善，开始成为太宗借以监督八旗的工具，崇德年间，职权进一步扩大，但是直到崇德末年并未实现对八旗的完

---

① 《清世祖实录》卷55，顺治八年三月癸未条。
② 《清世祖实录》卷9，顺治元年十月甲子条。

全控制和约束。清军入关后，随着国家社会经济基础的变化，六部逐步由八旗共治体制下的行政机构转变成为封建集权制下的中央国家机关。

[参考文献]

[1] 中国第一历史档案馆、中国社会科学院历史研究所译注. 满文老档[M]. 北京：中华书局，1990.

[2] 罗振玉. 天聪朝臣工奏议[M]//潘喆、孙方明、李洪彬. 清入关前史料选辑：2. 北京：中国人民大学出版社，1989.

[3] 中国人民大学清史研究所、中国第一历史档案馆译. 盛京刑部原档[M]. 北京：群众出版社，1985.

[4] 中国第一历史档案馆编. 清初内国史院满文档案译编[M]. 北京：光明日报出版社，1989.

[5] 盛京吏、户、礼、兵四部文[M]//中国第一历史档案馆编. 清代档案史料丛编：14. 北京：中华书局，1990.

[6] 伊桑阿. 大清会典[M]//沈云龙. 近代中国史料丛刊三编：72. 台北：文海出版社，1992.

[原载于《吉林师范大学学报》（人文社会科学版）2018年第5期]

清初"纪录"小考

[日] 神谷秀二[*]

有清一代,对官员的奖励有加级、"纪录"等议叙制度。官员表示自己品级的时候,并写加级、"纪录"的数量,这种现象在史料上经常出现。例如,在《明史》书末"在事诸臣职名"里,将参与编纂《明史》工作官员的官职都列出来,其中不少人在自己的官职上带加级与"纪录","盛京刑部侍郎加三级'纪录'二次臣觉罗吴拜""内阁学士兼礼部侍郎加一级'纪录'一次 臣伊尔敦"等。拥有加级、"纪录"的官员,遇到罚俸、降级等处分时,可以以加级、"纪录"抵销处分。《大清会典》等编纂史料的记载都集中在入关后的"纪录",而基本上没有涉及入关前的"纪录"。可是,根据各种史料,"纪录"本身在入关前业已存在,入关前的史料中经常出现清朝给官员给予"纪录"的记载。而且,从史料中可以看出入关前后"纪录"的性质有所不同。品级、加级、"纪录"等,都影响到官员的等级,在清朝官制的研究上占重要的位置,但其实际运用情况等具体的问题还没搞清楚。

截至目前,涉及"纪录"的研究成果不多。Thomas A. Metzger 对明代的"纪录"和清代的"纪录"进行了分析,指出明代的"纪录"主要记官员的过失,而清代的"纪录"有推荐(commendation)的功

---

[*] 神谷秀二(1985—),男,日本横滨人,早稻田大学文学研究科博士研究生,南开大学历史学院高级进修生,研究方向:清代官制史、满族史。

能[1]。张晋藩、郭成康根据《会典》《实录》等史料,将入关前的"纪录"跟论功行赏连起来进行说明。他们认为:"叙将士军功时,因一次军功得授世职或加升世职的极少,通常是'记录一次'军功。"[2]日本学者谷井阳子的《清朝入关以前的汗权利与官位制》探讨入关前的官位制(世职制度),其中涉及入关前的"纪录"。谷井老师根据入关前的满文史料搜集事例,说明"纪录"的内容和敕书一样,甚至是比敕书更具体的功绩记载,应将具体事实和后日的功绩一起斟酌[3]。

在上述研究的启迪下,本文主要利用入关前的满文档案,顺治朝初纂《太宗实录》等史料,探讨入关前后"纪录"制度的连续性及满文名称变化等问题。时间则以太祖努尔哈赤时期至顺治时期为限。以期为今后清朝官制研究提供一些有价值的线索。

一 入关前的"纪录"特征

(一)努尔哈赤时期

张晋藩、郭成康、谷井阳子等各位先学都认为"纪录"起源于努尔哈赤的论功行赏。努尔哈赤时期的论功行赏是根据个人的功绩,进行官位(世职)的授予、加升。如果功绩不够官位的授予、加升的人,等到后日有功绩,再将前后功绩加起来,然后授予、加升官位,如:

> orin ninggun nikan beiguwan Ing Tinglu juwe jansi jafabi benjire jakade, han hendume benjihe sain: jai ta ka tuwaki: emu jai emgeri sain sabuha de iogi buki:(汉译:二十六日,汉人备御嬴廷禄执二奸细解来,汗曰:"解来甚好,暂且观察之,再有功绩,即赐给游击。")①

---

① 《满文老档》天命九年正月二十六日,《满文原档》第4册,第232页。

上述史料中，努尔哈赤虽然对嬴廷禄抓捕奸细一件事做了积极评价，但并不是立即升官，而先保留一段时间，嬴廷禄再有功绩和这次功绩加起来，给予游击的世职。可能是这次功绩记在档册上。

除了授、升官的功绩以外，在档册上还有为了预备处罚的功绩记录：

> gulu lamun gvsai nikan iogi g" ao ming ho, han i hecen i dolo emu giyansi bahafi benjihe bihe, hande alara jakade, amala weile tucici gung okini, ejeme arame gaisu seme henduhe：（汉译：正蓝旗汉游击高明和于汗城内捕一奸细解来。报汗，汗曰："倘今后有罪，可以此为功，着记之。"）①

努尔哈赤时期的官员有根据自己的功绩（世职）的"功（gung）"。努尔哈赤发给世职官的敕书上都写每个人的"功"，官员可以以"功"抵销处罚。如果官员有过失，以"消除某两的功"的形式更改敕书的记录，抵销处分②。高明和的史料中"倘今后有罪，可以此为功，着记之"，这次的功绩虽然先不算"功"，但是记在档册上，以后他受到处罚时以这次的功绩抵销处罚。在天命年间，这种情况非常频繁。而且，没有官位的小卒也是在"以功抵销处分"的适用范围内③。

---

① 《满文老档》天命九年正月初八日，《满文原档》第4册，第197页。
② 参见松浦茂《天命年间の世職制度について》，《东洋史研究》第42卷4号，1984；杉山清彦：《清代マンジュ（满洲）人の「家」と国家—辞令书と系图が语る秩序》，加藤雄三、大西秀之、佐々木史郎（编）《東アジア内海世界の交流史 周緣地域における社会制度の形成》，人文书院2008年。关于努尔哈赤时期敕书上的功绩与刑罚免除，松浦茂、杉山清彦二位先生已经做了详细介绍，本文主要依据先生们的研究。此外，刘世哲先生（《努尔哈赤时期刑罚类项及其特点》，《民族研究》1987年第6期）也详细指出努尔哈赤时期的"削功"与"将功抵罪"，在此不赘言。
③ 《满文老档》天命五年正月。buya karun i niyalma be gung fonjifi, emu gung de juwan usiha waliyaha, juwe gung de orin usi ha waliyaha, gung akū niyalma be jakūnju usiha usihalaha：（汉译：至属下哨卒，论功减鞭，一次功免十鞭，二次功免二十鞭，无功鞭八十。）

第一编　满族史与八旗

这样，天命年间后期已经开始记录影响到授官、升官的功绩，把功绩记录在档册上，以后可以抵销刑罚。可是，这时候的史料还没出现"纪录"这个词。据管见所知，"纪录"这个词的出现是从皇太极时期开始。

（二）皇太极时期

进入皇太极时期，在史料上，"纪录"的事例突然增加。接下来，将举具体的例子，说明皇太极时期"纪录"的特征。

　　hojiger: lisyjung: li co fong: jusan: daidu: gung baime bithe wesimbure jakade, han hendume wesire ambagung akū: tutu bicibe nikan bime fa aha sain seme hojiger de suje ilan: emu morin: emu ihan buhe: emu niejeme gaiha:（汉译：何智机理、李思忠、李朝凤、朱山、岱都等奏书请功，汗曰："无应升之功绩，然身为汉人，勤敏效力，实属可嘉。"遂赏霍济格尔缎三、马一、牛一，并"纪录"一次。）①

　　hojiger be wesimbuhe turgun: dalinghoo hoton be kaha de, ginjode han genefi gidaha cooha de juleri niyal ma wame yabuha: io se jang tai afara de miyoocan sindara juwan niyalma be gamafi ilan niyalma be goi buha: ……han i hoton de cooha genehe de yabuha sain seme emu morin emu ihan: ilan suje bufi te emu badetuwafi sain oho manggi beiguwan bure seme ni gidaha bihe: tutu ofi wesimbufi beiguwan obuha:（何智机理擢升缘由：围困大凌河城及随汗征锦州时，在前击杀。攻于子章台时，率鸟枪手十人击中三人。……出兵北京，以其戮力行间，赐马一、牛一、缎三。曾许以嗣后再立功，必授为备御，"纪录"。故擢升为备御。）②

---

① 《满文老档》天聪四年三月一日，《满文原档》第7册，第60页。
② 《满文老档》天聪六年正月十七日，《满文原档》第8册，第70页。

何智机理的两件例子中，天聪四年的"纪录"，满文写的是"emu ni ejeme gaiha"，直译是"一次取纪录"。估计是在档册上记录他的功绩的意思。天聪六年论功行赏时，这个纪录被引用，天聪四年和天聪六年的两次功绩加起来，给霍济格尔备御。值得注意的是，天聪四年时的"emu ni ejeme gaiha"一文在"ni"前有表示数量的冠词"emu（一）"，这表明这个时候的"纪录"是已经可以计数的积分。据《满文老档》的记载，在天聪六年正月的论功行赏时，一共10人获得"纪录"。可以说在天聪年间"纪录"已经是赏与体系的一部分，拥有奖励的功能，表示经历上的积分。

至于以功抵销处分的方面，与努尔哈赤时期相反，在史料上出现的数量极少。天聪四年二月、天聪六年正月，皇太极进行了多人数的论功行赏，出现很多人的升职、赏与、"纪录"等记载。可是，据笔者管见，找不到像天命九年六月一样的根据战功、受伤程度给予免罪范围的记载。在皇太极时期，史料上几乎没有出现以"纪录"抵销处分的事例，这一点与努尔哈赤时期明显不同。

（三）顺治年间开始以"纪录"抵销处分

"纪录"是清朝对官员的奖励。因业绩、军功给予的"纪录"，可以抵销降级、罚俸等处分。不仅是"纪录"，加级也如此。因此，与日常性过失处罚的抵销，给清朝官员带来了很大的影响。

至于加级的抵销，日本学者大野晃嗣先生的专著《清代加级考》中，介绍加级和"纪录"处分抵销功能的变迁。据大野晃嗣先生考证，抵销制度从清初到康熙四年之间就备齐了，于清初成立了"纪录"的功罪抵销制度，之后备齐了加级的抵销制度。顺治十四年规定"'纪录'一次抵罚俸半年，'纪录'二次抵罚俸一年，'纪录'四次抵降一级"[4]。

> 每"纪录"二次抵罚俸一年，"纪录"一次抵罚俸半年。如罚俸不至一年、半年者，仍留"纪录"，竟行议罚。每"纪录"

四次抵降职一级。如应降职一级，而只有一二次"纪录"者，应降以及仍带"纪录"。……顺治十四年八月初四日题，初五日奉旨，依议。①

但是，这个记载与康熙《大清会典》的规定有出入：

> 凡降罚抵销，旧例后遇参处除贪赃坏法，大计京察，失陷城池，八法处分衙役诈赃，不能察觉等事，及罪至革职者，俱不准抵销。至革职住俸戴罪，以及降职戴罪官员，原系虚革虚降，亦不准抵销。其余钱粮参罚，以及别项讹误事故处分，每"纪录"一次抵销俸一年。如罚不止一年者，仍留"纪录"，竟行议罚。每"纪录"二次抵降职一级。如应降职二级，而止有三次"纪录"者，应以"纪录"二次准抵销以及，仍降一级带"纪录"一次……。顺治十四年议准，荐举官员亦照"纪录"官员例，抵销降罚。至有加级之官，后遇降级，准其抵销。[5]

虽然两种史料说明以"纪录"抵销处分的规定，但是其数字有所不同。康熙《大清会典》的抵销范围是"每'纪录'二次抵降职一级"，但《六部题定新例》的抵销范围是"每'纪录'四次抵降职一次"。相差一倍。不仅如此，康熙《大清会典》里没有明确说明"以'纪录'抵销处分"的开始时间。《六部题定新例》与康熙《大清会典》相比，具有原始史料的价值。有可能是后来编纂康熙《大清会典》时，官员将原始材料搞乱，导致谬误。但是现在不能确定，有待进一步考证。

二　"纪录"的满文名称

《满文原档（老档）》《满文内国史原档》等入关前的满文史料，

---

① 《六部题定新例》吏部中，加级，纪录扣抵。

顺治初纂的《太宗实录》等，在论功行赏的记载里经常出现"纪录"。顺治初纂的《太宗实录》有满文和汉文。以汉文写"纪录"的地方，其满文大多是"ni gidambi (gidaha)"。

满文：jang ceng de amala, dalinghoo be gaiha mudan de; iose jang tai, majahoo tai, censing pui tai; daling hoo hoton i un tuhere ergi tai; duin tai be poo sindame gaiha; obondui duka de juwe biya poo sindaha; obonduiemgi dosifi emu niyalma be sacime tuhebufi tu gaiha seme ni gidaha; jai coohiyan gurun be umesi dahabufi tok tobuha mudan de; giyang hūwa tun be gaijara de; hūng i poo sindafi batai cuwan be goibuha, tu mokcoho; pi doobe gaicara de, burlame genere juwe cuwan be jafaha; gūsin jakūn niyalma be muke de fekumbufi waha seme, ne nehe ni be acabufi, nirui jangin be ilaci jergi jalan i jangin obuha; jai juwe jergi sirambi;

汉文：张成德，随功（攻）大凌河时，用砲攻破于子章台、马家湖台、陈兴堡台、大凌河西台，在敖本兑营门，功池二月，随敖本兑杀入敌营，砍死一人，获纛一杆，故"纪录"一次。平定朝鲜功江华岛时，放红衣砲打中敌船，折纛一杆。又攻皮岛时，擒获逐走敌船二只，船上三十八人俱溺死。故合前"纪录"，由牛录章京升为三等甲喇章京，仍准袭二世。①

满文：bai untuhun be nenehe ni be acabufi nirui jangin obuha：
汉文：拜原无职，合前"纪录"升为牛录章京。②

入关前"纪录"的特征，是对某一个功绩以"纪录"的形式处理，之后跟别的功绩连在一起。张德成的例子里有"nenehe ni be acabufi"一句，意思是把之前的"ni"加起来"。从此得知，相当于

---

① 顺治初纂《太宗实录》崇德二年七月十七日。
② 顺治初纂《太宗实录》崇德五年七月一日。

第一编 满族史与八旗

"纪录"这个概念的核心满文词语是"ni"。目前对"ni"这个词的具体意思、来源，笔者还没有想法。因"gidambi"的意思是"押"，所以可以推测，对官员给予"纪录"的时候，在档册上留下某种痕迹，这痕迹叫作"ni"。之前在档册上已有痕迹"ni"的官员，再次遇到论功行赏时，优先升职。

可是，从入关后到清末，在档案上所见到的满文"纪录"一词一般都是"jergi ejehe"。那么，入关前的"纪录"的满文"ni gidambi"什么时候变成"jergi ejehe"呢？至于第一节所介绍的何智机理的"纪录"一事，满文《八旗通志初集·何智机理传》里，何智机理得到"纪录"的部分也写得是"emu jergi ejehe"①，原来《满文原档》写的"emu ni ejeme gaiha"却被改成"emu jergi ejehe"②。在康熙二十二年刊刻的《大清全书》里，"jergiejehe""ni gidambi"都收录。两个词语的汉译都是"纪录"。但是"jergi ejehe"附有 emute jergi wasimbufiforgo ome baitalambi, ejehe, jergi nonggiha ba bici gemu fangkabume efulembi（降一级调用有加级"纪录"者俱准抵）的例文，"ni gidaha"却没有。由于在顺治朝的满文《内国史原档》里几乎没有出现"纪录"的记载，无法确切地知道满文名称变更的时期。虽然在顺治初纂《太宗实录》满文本里出现"纪录"的满文大都是"ni gidambi（gidaha）"，可是这并不说明顺治时期仍然使用"ni gidambi"。因为《太宗实录》满文本根据皇太极时期的原始满文史料（《满文原档》《内国史院档》等）编纂，所以很有可能《太宗实录》里面的满文单词跟当时（顺治年间）实际用的单词并不一致。从上述史料的写法不同，目前只能将"纪录"的满文词语变更时间限定为顺治年间到康熙初期。

---

① 满文《八旗通志初集》初集，卷218。
② 同样在乾隆年间的《满文老档》该部分（天聪四年三月一日，天聪六年正月十七日）的满文写的是"ni ejeme gaiha"、"ni gidahabihe"，还保留入关前的"ni gidaha"。这有可能与《八旗通志初集》的编纂过程有关，可是笔者的力量不能更深入探讨，在此只作简单叙述。

清朝的"纪录"起源于努尔哈赤在档册上记功的惯例。到了皇太极时期，在档册上记录"ni"的"纪录"被制度化，这时候"纪录"已经是可以计数的积分。同时以功绩抵销处分的事例很少出现在史料上。到了顺治朝，经过满文名称变更、抵销项目的附加等改变，"纪录"制度基本的形式被固定下来了。说明入关前后的"纪录"一词，虽然汉文单词是一样，但是随着时间的变化，其性质，甚至满文名称都有差异。至于满文名称变更的背景，满文"ni"的具体意思等，还有讨论的余地，这是本文最大的缺陷，希望今后进一步完善相关文献的搜集。

[参考文献]

　　[1] Thomas A. Metzger. The Internal Organization of Ch'ing Bureaucracy: Legal, Normative, and Communication Aspects [M]. Harvard University Press, 1973: 125.

　　[2] 张晋藩, 郭成康. 清入关前国家法律制度史 [M]. 沈阳: 辽宁人民出版社, 1988: 241.

　　[3] 谷井阳子. 清朝入関以前のハン権力と官位制 [D]. 京都: 京都大学人文科学研究所, 2004: 321.

　　[4] 大野晃嗣. 清代加级考 [J]. 史林, 2001 (84): 24—30.

　　[5] 佚名. 康熙朝大清会典 [M] //沈云龙. 近代中国史料丛刊三编. 台北: 文海出版社, 1991: 482—483.

[原载于《吉林师范大学学报》（人文社会科学版）2015 年第 4 期]

清初官员的品级与升转

[日] 神谷秀二[*]

顺治元年（1644）因进入汉地的清朝大量起用明朝的汉人官员，清初除满洲官员外，还有明朝的汉人官员和入关前即追随清朝，并编入八旗的汉军旗人官员（以下简称为满官、汉官、汉军官）。因此，可以说"满汉并用"是清朝任用官员的特点。为了表现这些官员的等级，品级制度遂得以施行。品级制原乃明代制度，入关前清朝并未实行品级制，而是以世职规定官员的等级。多尔衮任摄政王时，开始统治汉地的清朝于顺治二年（1645）设定了官员的品级。关于此次设定品级，宫崎市定先生早已指出，即便是同一官职，满官犹高于汉官，满汉之间存在差异。[1]296—302此外，满汉之间的品级差异对官员们的影响主要体现在俸禄的金额[2]、官员考核方式等方面[3]。另外，从官员的升转角度考虑，如果拥有同一官职的满汉官员之间存在品级差异，其升转亦会不尽相同。

关于"满汉并用"的研究成果，在日本，楢木野宣先生统计了满汉官员的任用比例[4]231—345；在中国，近年来，徐雪梅女士通过满汉官员的待遇差异，探讨了满汉关系问题。[5]然而，对该顺治年间规定的满汉之间不平等的品级制的发展变迁，以及官员的升转差异等问题，有待深入研究。此外，关于将汉军官应归入"满"抑或"汉"

---

* 神谷秀二（1985— ），男，日本横滨人，大连民族大学外国语学院外籍教师，史学博士，研究方向：清代官制史、满族史。

这一问题，至今尚无定论。

本文以解答上述问题为主旨，在第一部分中，通过品级的设定，揭示满汉差异的变化轨迹，同时复原清朝关于统一满汉官员升转的讨论。第二部分中，探讨汉军官的品级和升转等问题，从而明确其在清官员制度中的地位。本文研究的时代范围为顺治朝及康熙朝初期。为了阐明品级和升转之变迁，除《实录》《会典》等史料外，还利用了康熙年间的《品级考》。

伍跃先生曾对《品级考》进行过概括性研究[6]255—258，因与本文主旨相关，现作以简短介绍。《品级考》是针对某官缺，记录"由〇〇，升〇〇"之升转指南，规定了官员由现任官职，可晋升至何官职。该晋升后的官缺称"应升之缺"。正如康熙《大清会典》中作："至一官有应升之缺，一缺有应升之官，《品级考》开载详明可考，兹不更录。"①《品级考》是了解官员之升迁途径的重要文献。内中，每个等级里记录着相应职官，每个职官下均注明由〇〇缺任，升〇〇缺。无八旗官和武官，适用范围仅限文官。《品级考》经数次编纂，有多种版本。本稿利用了东京大学东洋文化研究所所藏之《满汉品级考》。该品级考中，有一部分名《满洲品级考》，其中收录了两份报告《品级考》竣成之疏稿，记录了《品级考》的编纂背景，并概括记述了康熙年间（康熙九年和康熙十二年）有关官员人事制度改革的争论。至今尚无利用上述史料，进行史学研究的研究成果。该史料对还原当时有关官员人事制度的争论，具有极高的价值。

一　满汉官员品级的统一

（一）顺治——康熙帝亲政前的品级变化

入关前，清朝以世职决定官员的等级。但顺治二年（1645）后，清朝对所有官员施行了品级制。

---

① 康熙《大清会典》卷7《吏部五·满缺补除授》。

> 壬辰，定文武官员品级。御前内大臣、固山额真、六部尚书、都察院、理藩院承政、昂邦章京、多罗额驸为一品。内三院大学士、六部侍郎、都察院、理藩院参政、銮仪卫官二员、梅勒章京、护军统领、前锋统领、镇守盛京、京城总管官、贝勒婿多罗额驸、摄政王下内大臣为二品……其汉官品秩俱仍旧制。①

此时制定的品级均为满官品级，汉官品级"俱仍旧制"。所谓"旧制"，应为明朝制度，可知汉官品级与明代无异。正如宫崎市定先生所指出的，此时满尚书定为一品，而汉尚书则为二品，满大学士为二品，而汉大学士却为五品[1]297，同一官职满汉官员之间的品级迥异，满官的品级更加有利。因品级除了直接关系到官员的俸禄外，对工作评定的方法亦有影响，故官职虽同，但品级更高的满洲人的待遇较高。

满官品级高的状况至顺治帝开始亲政时，尚无变化。多尔衮死后，顺治帝开始亲政，于顺治十五年（1659）修改了品级。

> 谕吏部……本朝设内三院，有满汉大学士、学士、侍读学士等官。今斟酌往制，除去内三院秘书、弘文、国史名色大学士、改加殿阁大学士仍为正五品，照旧例兼衔……六部满汉尚书俱作正二品。满字仍称阿里哈昂邦，汉字仍称尚书。满汉侍郎俱作正三品。满字仍称阿思哈尼昂邦，汉字仍称侍郎。②

此时的品级反映了顺治帝的意图，规定了只要官职相同，不论满汉，品级亦同。据此，满汉官员的官职和品级得以统一。顺治十八年（1662）顺治帝亡后，因康熙帝年幼，四位满洲大臣作为辅政大臣处

---

① 《世祖实录》卷18，顺治二年闰六月壬申条。
② 《世祖实录》卷119，顺治十五年七月戊午条。

理政务。与此同时,发生了如顺治十四年(1658)之前,区别满汉官员品级的行为。

> 壬寅。谕吏部:满洲郎中、员外郎向来俱照汉官,定为五品职衔。虽有正从,顶带相同,全无分别。今思汉官郎中、员外郎原有内外升转之例。满洲郎中、员外郎例不外升、每多久任,难与汉官相同。且由员外郎升郎中者,品级仍同,何谓之升。以后满官郎中应改为正四品,员外郎应改为正五品。尔部仍酌议确具奏。①

因满郎中、员外郎无外升,较之可内外(京官和外官)升转的汉郎中、员外郎,晋升较少。此外,若郎中和员外郎的品级均为五品,则无晋升可言。故此,将满官的品级定得高于汉官。此时改定品级的官职虽仅限于六部郎中、员外郎等部分官员,但显然满汉之间官职和品级的关系变得更加有利于满官。

到康熙六年(1667),满官的品级被大幅度修改,恢复到了顺治十四年之前的状况,重新设定了满汉之间的差异。与此同时,汉军官的品级亦有所变更。在下部分中笔者将详细论述,兹不赘言。

> 吏部遵旨议覆:各部院官员品级,照顺治十四年以前定例。满洲尚书、左都御史为一品。左右侍郎、通政使、大理寺卿为二品。太仆寺卿、光禄寺卿、通政使司左通政、大理寺少卿、鸿胪寺卿、宗人府启心郎、钦天监监正为三品……汉军侍郎、学士为二品。通政使司右通政、大理寺少卿、侍读学士、各部郎中为三品。光禄寺少卿、宗人府启心郎、通政使司参议、监察御史、京畿道巡视五城监察御史、各部员外郎为四品。②

---

① 《圣祖实录》卷2,顺治十八年四月壬寅条。
② 《圣祖实录》卷21,康熙六年二月癸酉条。

考虑到康熙帝亲政之前,其对上述品级变更的影响力当极为有限。因缺乏史料,无法深入探讨。《实录》的记载虽是以上谕的形式记录的,但当时实际主持政务的人并非康熙帝,而是辅政大臣。因此,极有可能品级是在辅政大臣的主导下被变更的。总之,从顺治朝到康熙帝亲政之前的时期,实际政权向顺治帝和满洲大臣转移,官员品级亦随之被变更,满汉之间,职官和品级的对应关系频繁地发生变化,官职和品级的关系并未固定下来。

(二) 康熙帝亲政后满汉官员的品级

康熙帝在康熙六年(1667)开始亲政,于康熙八年(1669)铲除了当时手握大权的辅政大臣鳌拜。此后,康熙帝开始积极着手包括品级制在内的官员人事制度改革。

> 丙寅,谕吏部:满汉大小官员职掌相同,品级有异,应行画一。著议政王贝勒大臣会同定议具奏。①

康熙九年(1670),康熙帝要求取消因恢复顺治十四年之前的品级而导致满汉官员之间的品级差异。对此,议政王等的回复内容可见于以下史料当中。

> 议政王等遵旨议覆:满洲大学士、尚书、左都御史俱系一品。侍郎、学士、副都御史、通政使、大理寺卿俱系二品。汉大学士原系正五品,令为二品。尚书、左都御史俱系二品。侍郎、学士、副都御史、通政使、大理寺卿俱系三品。满洲郎中系三品,员外郎系四品。汉郎中系正五品,员外郎系从五品。今若将汉人官员品级与满洲画一,则在外升调品级不符。查顺治十五年曾将满洲官员品级与汉人画一,后康熙六年将满洲官员品级改为

---

① 《圣祖实录》卷32,康熙九年三月丙寅条。

照旧。今应行画一,将满洲官员品级照顺治十五年之例。其见在品级仍准存留。以后补授之时,照此定例补授。从之。①

康熙九年时,满郎中为三品,而汉郎中却为五品,其品级差异甚为明显。根据议政王所议,若提高汉官品级,与满官一致,当汉官赴外地任职时,则与外官的品级不符。因此,决定对汉官品级不加更动,通过调整满官品级,以实现满汉官员品级的统一。统一品级时,决定今后须按照顺治十五年之例更改满官的品级。这一规定是否得以施行?因《履历档》和各种传记中,相关记载甚少,无法证明。但康熙《大清会典》中记录的各官职的品级是康熙九年规定的品级。因此,可断定康熙九年之后的官员任用是照上述决定执行的。如该会典中所述,自顺治年间开始,品级虽频繁变化,但实际变化的主要是满官品级,汉官品级基本没发生变化。换言之,虽然一直通过调整满官品级,改变与汉官相对的满官的地位,康熙九年时,满汉官员的品级基本统一,其差异被消除。

就在同一年,即康熙九年,统一了满汉官员品级的康熙帝进一步着手满汉官员升转的统一。关于统一升转的争论始末见于东京大学东洋文化研究所藏《满汉品级考》之《〈满洲品级考〉疏稿》中。②

> 太子、太保、保和殿学士兼礼部尚书加一级杜立德等题为品级考告成恭呈御览,仰祈睿鉴事……今我皇上既定满汉品级画一,又以升转画一之处,奉有著臣等定议之旨。③

奉旨讨论满汉官员"升转画一"的大臣们提出了以下问题及不同的建议。

---

① 《圣祖实录》卷32,康熙九年三月甲戌条。
② 日本国立公文书馆藏《满汉品级考》中作《(铨选)汉则例疏稿》。
③ 东京大学东洋文化研究所藏《满汉品级考》《〈满洲品级考〉疏稿》。

其满洲、汉军、汉官员缺,原不相同,升转之阶,难于合一,故将满洲官员另缮一品级考……虽臣等公同酌议,犹恐识见鄙浅,或检阅未到,或至寡当之处,俱候睿鉴。为此,将满洲、汉军、汉官品级考造册进呈御览,候命下之日,将此缮写之新品级考令该部刊刻通行内外大小各衙门可也。谨题仰祈睿鉴施行。康熙九年十二月二十二日题,十年正月二十九日奉旨,这品级考伊议刊刻遵行册并发。①

关于汉军品级考,将在下部分论述。在此,须特别指出的是,满汉官员的升转未能达成统一,仅停留于满洲、汉军、汉等三种升转方式。根据《实录》可以确定,《品级考》于次年,即康熙十年(1671)刊刻颁行。② 与该疏稿的撰成日期亦无出入。

关于康熙帝统一官职与品级的对应关系以及官员升转的意图,在以上上谕及相关史料中均无记载,无法充分论证。但康熙帝作为清朝皇帝,始终寻求着满汉势力的均衡性。[1]299—300[7]351—378 就康熙九年(1670),统一满汉官员的品级时,依照顺治十五年之定例,改定满洲官员的品级而言,顺治十五年所定品级被认为是一种基准。顺治十五年例统一满汉官员品级,甚至试图划一升转的康熙帝的尝试,是实现顺治帝关于取消满汉差异的思想理念的官制改革。在这一前提下,笔者将在下部分探讨汉军地位的变化。

二 汉军官与汉官的品级以及升转划一

(一)康熙三年(1664)的品级以及升转划一

前部分已介绍过消除满汉之间的差异的官制改革,那么在该过程中汉军官的任用与其定位是如何变化的呢?首先,对汉军缺的任用以

---

① 东京大学东洋文化研究所藏《满汉品级考》《〈满洲品级考〉疏稿》。
② 《圣祖实录》卷35,康熙十年正月辛巳条。

《大清会典》为基础加以确认。

> 国初汉军文职官员自大学士、尚书以下,与满洲并设,顺治元年以后,大学士、尚书、左都御史与汉人一同题请,其京堂员缺则专设侍郎、学士、左副都御史、顺天府奉天府府尹、光禄寺卿、左佥都御史、宗人府启心郎、通政史司右通政、大理寺少卿、光禄寺少卿、督捕右理事官、通政史司右参议,及郎中以下等官其升转补授与满洲同。①

根据《会典》记载,大学士尚书、左都御史之汉军官与汉官一同题请,京堂员缺特设汉军缺。至于京堂以下的郎中等官仅"其升转补授与满洲同",未明确特设汉军缺。但雍正朝《会典》之记载如下:

> 国初,在内文职汉军与满洲并设。顺治元年以后乃定大学士、尚书、左都御史与汉人一同题请。京堂以下则有专设员缺。其升转补授与满洲同。②

可知对于京堂官以下员缺亦别设汉军缺,其升转与满官同。试以此为基础考察汉军官的品级以及其升转之变化。

如前部分所述,顺治十五年已统一满汉官员品级与官职的关系,但顺治帝死后,顺治十八年四月发生了变化。在记载于《实录》的顺治十八年的上谕中提议变更的仅是满官的一部分官职,而并未涉及汉军官。但仅从《实录》等未反映这点也完全可以认为这样的变更也适用于汉军官。如此事所指出,可确认康熙三年统一汉军官与汉官的框架的动向。

---

① 康熙《大清会典》卷7《吏部五·文选司·汉军缺升补除授》。
② 雍正《大清会典》卷9《吏部七·汉军除授升补》。

> 己未，谕吏部，想来所定部院衙门满洲蒙古汉军官员品级升转与汉官不同。满洲蒙古官员无向外升转之例，故其品级稍优。今汉军官员既与汉官一体向外升转，其品级升转应与汉官画一。而部确议以闻。①

康熙三年，汉军官与汉官间的品级统一被议论后，顺治帝殁后汉军官的品级也变更为与满官的品级相同，较汉军更为优越。如康熙三年上谕内容所示，若品级不同，升转亦不同，但按照汉军官与汉官同向外官升转这一实际状况，统一汉军官与汉官的品级及升转。对该上谕吏部议覆内容如下：

> 吏部遵旨议覆。汉军官员既与汉官一体升转，死后汉军郎中应照汉官例为正五品。员外郎为从五品。补郎中之后，同汉郎中一体升补道府，开列科道……再查内院汉军侍读，通政使司汉军参议，原照各品级以道缺用。其内院汉侍读及参议无向外升道之例。今汉军官员既与汉官画一，将此等停其向外升道，仍照原《品级考》开载，于京官内升用。②

吏部议覆中值得注意的是，以汉军官的品级与汉官相合（郎中正五品，员外郎从五品），停止汉军的内院侍读，通政使司参议向外升转，使其向京官升进，统一了升进的前途。与变更满洲官的品级以及升转相同，汉官的品级以及升转未变化，以汉军官的品级和升转与汉官相合的形式变更。汉军官与汉官的品级，升转的统一是否在全部官职上实行并不明确，从史料上能够得到确认的官职较少。

在前部分（一）讨论过康熙六年的满官品级改定时，汉军官的品级也变为比汉官更有利。

---

① 《圣祖实录》卷11，康熙三年四月己未条。
② 《圣祖实录》卷12，康熙三年五月辛未条。

> 吏部遵旨议覆，各部院官员品级照顺治十四年以前定例……汉军侍郎、学士为二品。通政使司右通政、大理寺少卿、侍读学士、各部郎中为三品。光禄寺少卿、宗人府启心郎、通政使司参议、监察御史、京畿道巡视五城监察御史、各部员外郎为四品。①

汉军官的侍郎被定位二品，郎中三品。汉官的品级并未加以变更，侍郎仍为三品，郎中五品，可以说汉军官的品级相对高于汉官。从这一点可以认为康熙三年统一品级和升转的改革的影响力相对有限。

大臣对在前部分（二）介绍的康熙九年康熙帝关于满汉升转统一提案的意见，在东京大学东洋文化研究所藏《满汉品级考》中的《〈满洲品级考〉疏稿》有所记载。其中也言及关于汉军官任用的问题。

> 其满洲、汉军、汉官员缺原不相同，升转之阶难于合一。故将满洲官员另缮一《品级考》。汉军左副都御史以上以及汉军除授在外官员，不分汉军汉人一体升转者俱载入《汉品级考》内。惟是汉军府尹光禄寺卿以下员缺久经会议各升各缺。故自汉军左副都御史员缺以下旗分官员以上，及由旗分升转外缺之项应并另缮一考。此《品级考》不得不分之大略也。②

大臣方面的意见为：左副都御史（三品）以上等级的汉军与汉人不分开任用的缺编入《汉人品级考》，以下的汉军缺"久经会议各升各缺"，不改变多年以来的习惯，分别编定《品级考》，未统一其升进的路径。史料中的"由旗分升转外缺"是指，本来外官以经过中央的中下级官职再外任的情况较多，但汉军官除六部等行政官外，也

---

① 《圣祖实录》卷21，康熙六年二月癸酉条。
② 东京大学东洋文化研究所藏《满汉品级考》《〈满洲品级考〉疏稿》。

有就任八旗官职者。任八旗官职之人若因某种原因赴任外官的情况，就与汉官升转不同。

本部分开头已确认过的康熙《会典》中关于汉军缺的记述中，不分汉军官与汉官任用的缺仅限于大学士、尚书和左副都御史，似与《满汉品级考》中的《〈满洲品级考〉疏稿》"左副都御史以上"之记载相龃龉。但因该疏稿中有确定令左副都御史以下汉官单独升转的记述，是"以上""以下"的解释的问题，与《会典》的解释无异。这也与于汉军府尹、光禄寺卿以下的职位专设汉军缺，与汉缺区别任用这一点一致。对于这些为汉军缺设置的职位以及从旗的官员向外官升转这些项目，与汉官分开另做品级考，将升进的路径分开这一提案，如前部介绍，被康熙帝认可。

(二) 康熙十二年（1673）京堂官的任用改革

康熙帝于康熙九年消除了满汉之间的差异，但未能使满汉升转划一。一方面，对于汉军官与汉官的对应关系，可知于康熙十二年上谕将汉军和汉人的京堂官变为不分汉军官和汉官一体任用。

> 太子太傅保和殿大学士兼礼部尚书加一级臣杜立德等题为遵旨题明事。吏科抄出该吏部题前事。内开，康熙十二年九月初四日奉旨……其汉军官员于京堂员缺停用其分别补用，将汉军汉人一并补用。钦此。①

康熙六年，汉军官、汉官的品级以及升转纳入统一框架任用的仅限于尚书、大学士等极少的一部分高官。康熙帝的上谕将汉军官与汉官在同一框架中任用，是企图将其扩大到处于下位的京堂官。《满汉品级考》的《〈满洲品级考〉疏稿》中记载了对于试图扩大该汉军官与汉官的统一任用之事的议论过程。对于康熙帝的提案，像康熙九年

---

① 东京大学东洋文化研究所藏《满汉品级考》《〈满洲品级考〉疏稿》。

上谕一样大臣方面提出了问题以及解决方法。本文在大臣等提出的问题中，从汉军官与汉官的升转统一这一视角出发关注以下两点：与满官人数的不均衡；《品级考》的统一。从结论而言，在疏稿末尾记载了康熙十二年十一月初八日下了"依议，册并发"的敕旨，康熙帝赞同大臣方面的解决方案，本文试依书稿所载为基础，复原当时议论的内容，以观察汉军官与汉官的任用如何变化。

1. 满官数量的不均衡

大臣等认为有问题的是，汉军官员的缺与汉人官员的缺结合的情况，无法按照官职与满洲官员的数量保持均衡这一点。

> 大理寺、光禄寺有满洲少卿各一员，汉少卿各一员，若将汉军少卿员缺仍留归入汉缺，是较满洲各多一缺。通政使司有满洲左参议二员，汉左右参议共二员，若将汉军参议二缺仍留归入汉人二缺，是较满洲多二缺。此汉军之大理寺、光禄寺少卿通政使司参议其四缺系设之缺，或准仍留归入汉缺将汉军汉人官员一并补授，或为因汉军所设之缺且较满洲为多准令裁汰。①

原来，光禄寺、大理寺各有少卿之数为：满官1，汉军官1，汉官1。汉军官与汉官的合算后，则为满官1，"汉军官+汉官"2，以致比满洲缺的数量多。对这个问题，康熙帝令大臣判断，大臣等得出的结论如下：

> 今汉军、汉人一并补用，无非止停其各升各缺。其应升官员照旧仍在。若员缺与满洲之缺对留，将所多之缺裁去，恐官员升转以致壅塞。故汉军京堂员缺仍照旧留存归于汉缺，将汉军、汉人官员一并升补。但内阁汉军侍读学士特因番译汉文义，座名补授，不便将汉官一并补授。其内阁汉军侍读学士仍为汉军之缺，

---

① 东京大学东洋文化研究所藏《满汉品级考》《〈满洲品级考〉疏稿》。

将汉军官员座名补授。①

因削除比满洲多的缺，将削减全体官员的数量，可能会导致官员的升进迟滞，故将汉军的京堂员缺之数维持不变，使其与汉人一体化。这个结论得到了康熙帝的支持。换言之，即同意了汉军、汉人的缺多于满洲。康熙《大清会典》（卷三，吏部，官制，京官）光禄寺项下有"满汉少卿三院"，其下有"内满一员，汉二员"的夹注。这正是此事议论的结果在《会典》中的证据。这一点与从前满汉并用、满汉同数的观点大为不同。

2.《品级考》的统一

汉军、汉人官员各缺各有升进的前途，因此汉军，汉人编定各自的品级考，但若按照上谕京堂员缺不分汉军、汉人一体任用，则有统一汉军、汉人官员的品级考的必要。

> 其汉军、汉人官员从前各升各缺，故各定有品级考。汉军郎中监察御史等官升补汉军京堂员缺，今京堂员缺既将汉军、汉人一体补授，前定汉军、汉人之品级不得不画一。②

关于这一点，将京堂员缺由汉军、汉人一体任用之时，汉军品级考与汉人品级考对照，统一了汉军、汉人品级。

> 今京堂员缺既将汉军、汉人官员一并升转，臣等将汉军、汉人品级考确议，由汉军品级考载缺而汉品级考无者，即遵汉军品级考将汉官增入。有汉品级考载缺而汉军品及考无者，即照汉品级考将汉军增入。如汉军汉品级考俱有者，应照旧典开载。如汉军、汉品级考不有者应酌量开载。③

---

① 东京大学东洋文化研究所藏《满汉品级考》《〈满洲品级考〉疏稿》。
② 同上。
③ 同上。

过去仅任用汉军的职位新允许汉官升任，过去仅任用汉官的职位新允许汉军官升任，重新编写了这样的品级考。

前部分已讨论过，康熙九年统一满汉升转的议论中，对于满、汉军、汉差异巨大无法统一，康熙十二年汉官与汉军官的京堂任用一体化对比鲜明。思考其主要原因，可以指出的一种可能性是外官缺的有无。第一部分引用的上谕有"满洲、蒙古官员无向外升转之例"，康熙《会典》中亦有：

> 在外直升各官，惟山西、陕西、甘肃布政使、按察使，康熙七年定为满缺。其余俱系汉军，汉人补授。①

山西、陕西、甘肃布政使、按察使以外无满缺。与汉官、汉军官有外缺相反，满官几乎无外缺，这一点是满汉升转统一的障碍。另一方面，有外官缺的汉军官因升转没有如满官般与汉官相偏离，因此汉军官与汉官的京堂官职一体任用成为可能。

日本国立公文书馆藏《大清品级考》（康熙十四年题定）载有《汉官品级考》，其中记载了至此作为汉军专缺的顺天府、奉天府尹以及光禄寺卿等官职，在京堂上加有"不分汉军汉人"的注释。能够变为不分汉军官、汉军府尹等升进，这正是因康熙十二年的改革的变化所反映出的结果。总之，虽说仅限于京堂官，汉军官的范畴从满一方移向了汉一方。

三　结语

从顺治朝至康熙朝的官制呈现出官员身份的标准从世职向品级变化，启用大量原明朝官员等复杂的情况。本文以同时期的满汉官员的

---

① 康熙《大清会典》卷5《吏部三·官制三·外官》。

品级以及官职的对应关系以及汉军官的升转的问题为中心，探讨了其变化。清朝在顺治二年制定品级后康熙帝亲政前的时期，由于政局变动对满官的品级经常变动，满汉官员的官职以及品级的对应关系亦频繁发生变动。因此，满汉官员的相对地位没有固定。在此之后，康熙帝亲政后，康熙九年满汉间的品级得到统一。康熙帝在满汉官员的品级统一后，进一步希望可以实现升转的划一。这可以说是企图构建满洲人、汉军旗人、汉人各自得到平等任用的体制。但升转由于满洲、汉军、汉人各自有巨大差异而未能达成。如《满汉品级考》，"满"和"汉"的品级考直到清末都分别编成，正是受到了这一影响的产物。

至于汉军的品级与升转，康熙十二年（1673）颁上谕，不分汉军、汉人任用的规定扩大到京堂官全体。关于汉军官员的定位，至康熙十二年为止，满汉官员之间的品级和升转变化之时，汉军官员与满洲官员发生连动变化，与汉人官员处于不同的框架。但康熙十二年以后，汉军官员与汉人官员在京堂官一级一体任用，变为与汉军官员同等处理。

与未能统一满汉的升转相反，使汉军官与汉官的京堂官任用得以实现的主要原因，笔者认为这与外官缺的有很大关系。相对于汉军官、汉官各自有外官缺，满官的外官缺仅限定于极少的一部分。因此，满汉间难以升转统一，但在汉军官、汉官京堂官的统一任用是可能的。

[参考文献]

[1] 宫崎市定. 清朝における国语问题の一面 [M] //宫崎市定. 宫崎市定全集：第14册. 东京：岩波书店，1991.

[2] 上田裕之. 八旗俸禄制度の成立过程 [J]. 满族史研究，2003（2）：29—34.

[3] 薛刚. 清代京官考核制度中的满汉差异问题 [J]. 历史教学，2011（16）：15—16.

[4]楢木野宣. 清代重要職官の研究：満汉并用の全貌［M］. 东京：风间书房，1975.

[5]徐雪梅. 浅析清朝奉天文官选任的民族性［J］. 北方文物，2011（3）：81—85.

[6]伍跃. 中国の捐纳制度と社会［M］. 京都：京都大学学术出版会，2011.

[7]谷井俊仁. 清朝皇帝における対面接触の問題［M］//笠谷和比古. 公家と武家Ⅲ. 东京：思文阁，2006.

［原载于《吉林师范大学学报》（人文社会科学版）2017年第4期］

清代直省驻防八旗寺庙祀神刍议

关笑晶*

清朝定鼎北京后，八旗官兵驻扎于广袤边疆与内地的重要城镇关隘，统称"驻防八旗"。其中，设置在直隶各省的驻防八旗称"直省驻防八旗"。据乾隆《大清会典》记载，全国驻防点共97处，其中直省驻防20处，具体言之，包括西安、宁夏、太原、荆州、成都、广州（包括水师营）、福州（包括水师营）、江宁、杭州（包括乍浦水师营）、开封、青州、德州、保定、沧州、绥远（包括右玉）、庄浪、凉州驻防①。

驻防旗人携家带眷、远离故土，以各驻防地为中心，与民人划界或分城，共同生活长达二百余年。旗人的宗教信仰和精神世界，很大一部分在寺庙中得以体现②。首先，驻防旗境内建有何种寺庙？由谁建成？供有哪路神灵？又是如何管理？这些问题对研讨直省驻防旗人

---

* 关笑晶（1983— ），女，黑龙江哈尔滨人，北京社会科学院满学所博士后，助理研究员，历史学博士，研究方向：旗人社会、满汉关系。

① 清代、民国文献对驻防八旗分类方式不一，但均可见"直省""各省"的提法。如《八旗通志》分八旗驻防为畿辅、奉天、各省三类；乾隆朝《大清会典》分为畿辅、东三省、新疆、直省、守护陵寝兵、守围场兵、守边门兵；光绪朝《大清会典事例》分为畿辅、盛京、吉林、黑龙江、各省和游牧察哈尔；《清史稿》分为畿辅、东三省、各直省、新疆和藩部兵。本文采用《清史稿》对"直省驻防"的界定范围，指除畿辅、东三省、新疆、藩部之外的驻防八旗。其中绥远城驻防虽地处蒙古，然清代官书中多将其列入直省驻防范围内，本文亦从之。

② 本文研究的寺庙，专指清代直省驻防八旗旗境内的庙宇、寺院。另参见拙文《清代直省驻防八旗寺庙初探》，《满学论丛》（三），辽宁民族出版社2013年版。

宗教文化的具体内容，均有必要厘清；第二，作为多民族成分的旗人阶层，特别是生活于民人社区之内的直省驻防旗人，其宗教信仰是否受民人影响，又形成何种自身特点，这与清代旗民关系（很大程度上是满汉关系）的基本走向和互动程度密切相关。总之，寺庙作为承担宗教功能和社会活动的社会空间、满足旗民祈福攘灾精神需求的处所，是研究清代旗人宗教信仰和旗民关系的重要途径。本文即以官书、方志、驻防八旗志等资料对直省驻防八旗寺庙的记载，考察清代直省驻防八旗寺庙内的祀神内容，并分析直省驻防寺庙祀神来源、武将崇拜和驻防八旗旗庙的特点。

一 直省驻防八旗寺庙的祀神

寺庙有佛道之别，规模迥异、级别亦有高下，然就寺庙社会功能而言，主要由其内祀神决定。杨庆堃在《中国社会中的宗教》中通过对8个地点的调查，根据庙里供奉神明的属性，将庙宇分为6种功能：社会组织的整合和福利、普遍的道德秩序、经济功能、健康、公共与个人的福利、寺庙与尼姑庵。[1]使用类似的统计方式，本文将部分直省驻防八旗寺庙中供奉的主神①按社会功能大体归类为生育神、海神、火神、水神、仓神、健康神、商业神和财神、手工业保护神、土地神、文运神、传说人物、历史人物以及其他13大类。在理解这些寺庙祀神情况时，需要注意之处有二：其一，这种分类法固然具有直观、明晰、便于归类和分析的优点，然其建立于"寺庙内神明功能独一"假想基础上，事实上不应忽略驻防地寺庙供奉多神且具有多重功能的特点。"多神共庙"的现象来源于唐至明代"儒释道三教合一"思想，更是教民日常生活需求多样化的体现。清代"多神共庙"的寺庙十分常见，即所谓"佛殿龙王庙"，在直省驻防八旗地亦然；

---

① 主神即为多神教所信奉诸神中居于主位的神，此处指寺庙大殿中供奉之神明。参见任继愈《宗教词典》，上海辞书出版社2009年版，第300页。

其二，寺庙功能并非一成不变，统计仅显示资料记载其时的祀神情况。现将各类别对应庙宇、祀神简述如下：

"生育神"奉于娘娘庙、临水夫人庙等内，主祀救产保胎为灵绩的碧霞元君、临水夫人。杭州、福州、成都等驻防有祀。

"海神"奉于天妃宫、天后宫、娘娘庙中，主祀保佑海上航行安全的妈祖。

"火神"奉于离明祠、玄天上帝庙、祝融庙、火神庙、火神祠等，在直省驻防八旗地较常见，仅成都驻防城内就供有三座火神庙，主祀昭显天地光明之祝融。

"水神"奉于水陆庙、龙王庙，为龙王之庙宇。京口、广州、乍浦靠近水路之驻防均有之。

"山神"奉于东岳天齐庙、东岳庙、西岳庙、真武庙、山神庙内，以东岳泰山的神庙为多。杭州驻防有两座供奉着泰山神的道教庙，为"西城岳天齐庙"和八仙茶坊的"东岳天齐庙"。成都满城陕西街的岱庙祀东岳大帝，此外，另有丹达庙一座，祀丹达山山神彭元辰。[2]

"仓神"奉于仓王庙，多位于驻防粮仓附近，主祀仓官韩信。

"健康神"奉于瘟祖庙、药王庙、扁鹊祠，供奉驱除瘟疫温元帅温琼和药王孙思邈、扁鹊等神明。

"商业神和财神"奉于财神堂、五显关帝庙、五显庙、财神庙内，祀五路财神，即显聪、显明、显正、显直、显德五人。杭州驻防八旗有五显关帝庙，位于五显庙直街，原奉五路财神，驻防立营后，则改祀武财神关帝。

"手工业保护神"为民间土木工匠祖师鲁班，供奉于荆州驻防正蓝旗街鲁班庙内，每年农历五月初七有民人前来参拜敬祖或举行收徒拜师仪式。[3]

"土地神"包括土地和城池，奉于城隍庙、土地庙、福应寺等庙宇中，多为小庙一间，祀土地公公、土地婆婆，为驻防城内常见，仅青州驻防即有16座土地庙。城隍是神话中守卫城池的保护神，成都、绥远城驻防内有祀。

"文运神"奉于文庙、文昌宫、魁星阁、泗洲庙内,祀掌管士人功名禄位之文昌帝君、魁星等主神。杭州驻防纪家桥有魁星阁一座,成都少城内也供奉多座文昌帝君庙。

"历史人物"和"神话人物"一样,因其生前的功绩而受到旗民供奉。广州驻防"五仙观"专祀广州建城之五位神仙;杭州驻防嘉泽庙、圆通阁中供奉唐朝四朝元老李泌;此外,辅佐刘邦兴汉的萧何,也因其辅佐高祖有功,被供奉于杭州驻防"萧鄧侯庙"中;荆州驻防正白旗街的二郎庙,内祀杨戬,或整治水患的李冰之子李二郎,却不得而知。

"其他"类主祀神不明,如成都、杭州驻防喇嘛庙、青州驻防炮神庙、绥远城驻防的老庙、蒙庙(应为喇嘛庙),在此仅录入庙名。①

二 直省驻防八旗寺庙的特点

依据直省驻防八旗寺庙祀神情况,本文认为具有如下三个共性特点。

(一) 供奉之神多来自民间宗教

从寺庙的祀神来看,驻防旗人的宗教信仰体系主要来自于当地的民间宗教,而并非满族早先信仰的萨满教。萨满教是一种古老的原始宗教信仰,满—通古斯民族所生活的西伯利亚和东北地区是其宗教形态的发源地之一。据一些学者研究,满族萨满教主要表现为自然崇拜的七星神、火神、神山、神石信仰,图腾崇拜的乌鹊、犬、鹰、鹿、神树等,属于原始的多神信仰,具有庞杂的神灵体系。[4]清朝入关后,满洲人将传统萨满教的信仰从东北带入关内,并对其进行一系列的规

---

① 《杭州驻防八旗营志略》卷22;《成都通览》(上);《驻粤八旗志》卷24;《荆州驻防八旗志》卷4;《福州驻防志》卷4;《琴江志》卷3;《京口八旗志营制志》。

范过程。乾隆年间颁布的《钦定满洲祭神祭天典礼》自上而下对萨满教的祭祀礼仪制度化，针对的主要是宫廷的萨满祭祀。而在清代民间，萨满教遗存形式主要有二：以家庭为单位的家祭，以及保留在黑龙江、吉林等地区的野祭。资料显示，在直省驻防八旗地，旗人家庭中也保持着家祭的习俗，如福州、开封驻防旗营内在光绪年间仍保持着祭祖、祭天的仪式；青州驻防也保存供奉祖宗牌位、祖宗袋的习俗等。① 由于其开展场所和形式均与寺庙无关，虽不在本文讨论范围之内，但仍是驻防城内旗人宗教信仰整体的一部分，故需在此特别提及。

那么，以寺庙为中心的旗人宗教生活中，是否受到传统萨满教的影响？还是来源于驻防地的民间信仰？我们或可从《御制增订清文鉴》满文词条中找到解答。

《御制增订清文鉴》（下简称《增订》）是乾隆年间的官修满文辞书，内录其时的满、汉文词条和满文释义，也勾勒出了满族传统文化的大体面貌。其中《僧道部·神类》词条21个，除上帝（abakai han）、神（en duri）、神祇（weceku）等对神的统称和太社（amba boihūn enduri）、太稷（amba jeku endure）等国家祭祀用词外，还录有11个具体的神明，其词条的满文释义和翻译见表1。

表1　　　　　　《御制增订清文鉴》中所录神明表[5]

词条	满文释义	汉文翻译
天后神 abakai banjibungga enduri	a e i deribure ergi be ejelehe endure be, abkai banjibungga endure sembi.	掌管阴阳之始之神，天后也。
福神 omosi mama	hūturi baire de juktere endure be, omosi mama sembi.	求福时祭祀之神，福神也。

---

① 福建省福州市委员会文史资料工作委员会：《福州满族旗营》，《福州文史资料选辑》第一辑，1989；潍坊市委员会文史资料研究委员会：《青州满族旗城轶闻·潍坊文史资料选辑》第四辑，1988；开封市政协学习与文史资料委员会：《简叙开封里城大院开封文史资料》第18辑，2001；姜小莉：《清代满族萨满教研究》，博士学位论文，东北师范大学，2008，第87—90页。

续表

词条	满文释义	汉文翻译
痘疹神 sure mama	juse er erede jalbarime baire endure be, sure mama sembi.	祷告照看小孩之神，痘疹神也。
瓦立妈妈 wali mama	emu justan niyecen be tonggo de hūwaitafi uce i amala lakiyambi, yaya urehe eshun jaka be tulergi ci hafafi boode dosire de urunakū tuwabume dosimbi, ere lakiyaha niyecen be, wali mama sembi.	用线拴一条补丁，挂在房门背后，凡是从外面拿进屋的生熟食品，要与挂的补丁照面再拿进去，这样挂的补丁，叫作瓦立妈妈。
灶神 jun ejen	jun i enduri be, jun ejen sembi.	灶之神，灶神也。
阎罗 ilmun han	cargi ba i ejen be, ilmun han sembi.	阴间的神，阎罗也。
神武 ferguwecuke horonggo enduri	amargi ergi aliha endure be, ferguwecuke horonggo endure sembi.	北方之神，神武也。
芒神 niyengniyeri enduri	niyengniyeri dosire inenggi ere endure ūren be wcembi ūren be den ilan jusuru ningun jurhun sunja fuwen arafi ilan tonggūn inu sunja inenggi be dursulehebi	立春日所祭之神，神像高三尺六寸五分，模仿三百六十五天之意。
土地 banaji	ba ne i enduri be, banaji sembi.	土地之神，土地也。
猎神 banda mafa	butha ame yabure ursei jalbarire enduri be banda mafa sembi.	猎人供奉的神，猎神也。
山路神 fiyehu mama	weji angga dabagan i ninggu be dulere de hoo an I jergi hacinga jaka lakinara babe fiyehu mama de basa werimbi sembi. ere babe dulere de umesi targambi.	用纸或其他东西挂在森林入口、桥口，给山路神留谢仪。这些地方禁止通过。

将直省驻防寺庙中祀神与《增订》所载的神明相比照，我们发现，在所起到的社会功能上，寺庙中供奉之主神与《增订》中所列神明有相似之处。如福神（omosi mama）词条中 hūturi baimbi 意为在小孩的脖子上挂一条线，拴在立起的柳枝上，乞求福佑。[6] 此福神与直省驻防八旗地供奉的临水夫人，均有保佑多子多福、平安健康之神绩，同为生育神。满族传统的痘疹神（sure mama）和瓦立妈妈（wali mama），则与民间信仰中的五瘟使者同属于驱除瘟疫的健康神。与此类似的对应，还有土地（banaji）与民间信仰最为普遍的众神土地公

· 155 ·

公；山路神（fiyehu mama）与山神庙中供奉的东岳大帝等。这种不同文化背景神明在社会功能上的类似性，来源于人类对衣食住行、生老病死等最基本生活的不二需求。

然而，细考直省驻防寺庙中所祀主神之身份，又与《增订》中所载之神明截然不同。以生育神为例，直省旗人供奉的生育神多为临水夫人。临水夫人又称大奶夫人、顺懿夫人，同治十年（1871）《福建通志》载："临水夫人，古田人。唐大历二年（767）生。归刘杞。夙慕元修，年二十四卒。邑临水有白蛇洞，常吐气为疫疠。一日，有朱衣人执剑，索蛇斩之，乡人诘其姓名，曰：'我江南下渡陈昌女也。'遂不见。乃知其神，立庙洞上。凡祷雨旸，驱疫求嗣，无不灵应。宋淳祐间，封崇福昭惠慈济夫人，赐额顺懿，八闽多祀之。"[7] 可见，此临水夫人自唐以降，即为福建、台湾地区民众崇奉的女神，与护佑满族妇女、儿童的福神（omosi mama）显然不是一人。即便是《增订》中所载天后神（abakai banjibungga enduri）与民间信仰中保佑出海平安的海神天后称呼相同，但究其满文释义，abakai banjibungga enduri 为"掌管阴阳之始"的天之子，与民间信仰中保佑出海平安的海神天后的身份也截然不同。

在主祀神具有相同社会功能的情况下，直省驻防地旗人寺庙中选择祭祀民间信仰神，而并非满族传统的神明。福州水师、杭州、成都驻防城内多供奉娘娘庙，在生育神身份的选择上，驻防寺庙内供奉的均为临水夫人，而并非满族传统的子孙娘娘福神（omosi mama）。再如清代中后期，中国南部地区流行性传染病严重、死亡率相当高。① 杭州驻防旌德观所选择供奉的瘟神为"威灵瘟元帅"温琼，[8] 福州驻防旗人在痘疹大肆扩散于福州旗营内的情况下，仍选择修建当地传统的痘神珠妈来佑护旗人，同样没有选择满族传统的痘疹神（sure mama）、瓦立妈妈（wali mama）进行祭祀。此

---

① M. Urbanek，《1910年9月30日的镇江健康报告》（"Report on the Health of Chinkiang For the Six Months ended 30th Sep tember，1910"），《中国民间医疗报告（*China Customs Medical Reports*）》，No. 68 – 80，1910：87 – 88。

外，供奉商业神和财神、手工业保护神、文运神和当地传说人物化身的神明的寺庙，在直省旗人社区中随处可见，具有这些社会功能的神明在《增订》中记载全无，乃是全部移植于地方宗教和文化。

直省驻防旗人在寺庙中的祀神选择，是旗人生活的需求使然，也是旗民文化交往的产物。直省驻防旗人分布寰宇，各处地理、气候、水文等自然环境相差迥异，需要功能殊异的神明进行因地制宜的膜拜。在临近水系的乍浦、广州、杭州、京口等驻防，选择供奉海神，保佑出海平安、飓风停消；在空气潮湿、水汽不易散开、多云雾的成都供奉能够祛湿散寒的火神；在气候干燥少雨的绥远城供奉龙王以求雨，均是旗人诉求与当地的自然环境紧密结合的产物。同样，在社会环境方面，由于驻防八旗官兵外出征战的危险性质以及旗人披甲与钱粮之间的紧密联系，使得后代的延续成为旗人家庭非常重要的诉求。而文运神受到旗人的烟火与清代直省驻防八旗子弟应试科考相关。参加考试的直省驻防官兵之前往往前往拜会文运神，亦在情理之中。总之，自然环境和社会环境的变化，使得满族传统文化中的神明功能和数量远不足以应对新诉求，身处民人社区中的驻防旗人，自然而然接受了当地民间信仰在寺庙中的祀神体系。

综上，直省驻防八旗地寺庙中的主神与满族传统信仰的神明，二者有部分相类的社会功能，而从祀神名称、来源、内容上看，均截然不同。在神明社会功能相同的情况下，驻防旗人选择当地民间信仰神；同时，一些新的信仰元素也被引入到驻防旗境的寺庙内，被旗人虔诚的供奉，且历经多年，烟火不衰。这种驻防地寺庙祀神的特点正是在旗民宗教文化的互动下形成的，因此，得出"直省驻防八旗地寺庙的供奉之神多来自当地民间信仰"的结论应不为过。

（二）对武将神的特殊崇拜

直省驻防八旗地供奉武将神的寺庙数量众多，关帝庙又为武将神中之最。这与清代京师情况略同。①

关帝，即《三国演义》中的关羽。历史上确有其人，但在史书上对关羽的记载实际不超过千字。隋唐以前，关羽虽也被立祠供奉，但重视程度并不高。宋、元、明三代对关羽进行多次追封，最终使关公由侯而帝、由人为神，这种神化在清朝得到了强有力的发展。"我朝定鼎，百灵效顺，而关帝圣迹，感应尤多"。[8]280满洲入关前，关羽便随着汉文化进入到东北地区，具有了一定的受众圈。万历三十三年（1605）赫图阿拉城中建"七大庙"，其中即有关帝庙。清太祖努尔哈赤熟读《三国演义》，对关云长品格尤为称颂，建都盛京时在地载门外建关帝庙，赐匾额"义高千古"。顺治九年（1652），敕封关羽为"忠义神武关圣大帝"。雍正三年（1725）又追封其三代公爵。[9]满洲皇帝对关帝的推崇在民间庙堂文化中也得到了相同的反馈。

在直省驻防地的关帝庙分布普遍、数量多、密度大。有的驻防点甚至每条官街上都建有一座。即使驻防人数较少，也会"垒砖为堂，供奉神像于署。"供奉情况见表2。

驻防旗境内关帝庙有部分为旗人出帑兴修。如广州驻防的二德胜关帝庙、青州驻防的福应庙、杭州驻防的鞔鼓院关帝庙、洪福桥关帝庙等；也有庙龄远早于直省驻防、设营之后被划拨至旗境内的，如青州府城前司街关帝庙建于明嘉靖三十九年（1560），天启六年（1626）重修，驻防城修建时旗人接管。这因为关帝作为佛、道一并供奉的尊神，历来就是民间广泛祭祀的对象，在各地供奉颇为常见，也具有相当的信仰人群。所以，直省驻防地关帝庙的规模和数量，应看作是这种基础上的叠加。

---

① 通过韩书瑞对北京地区碑刻中最常见的主神出现频率的统计，关帝的出现频率最高，依次为关帝（278）、观音（203）、碧霞元君（116）、真武（74）、龙王（55）、火神（50）、地藏（32）、五圣（32）、玉皇大帝（24）、三官（23）、财神（21）、药王（20）、佛爷（16）。参见 Susan Naquin（韩书瑞），*Peking Temples and City Life*，*1400—1900*，Berkeley：University of California Press，2000：37，table 2.2.

表2　　　　　　　　　　　直省驻防地关帝庙供奉表

驻防地	庙名	位置	备考
杭州	关帝庙	石湖桥	
	鞔鼓院关帝庙	鞔鼓桥西堍	驻营时建，嘉庆初年吐鲁番办事大臣佛智重修
	洪福桥关帝庙	洪福桥上	驻营时建
	梅青院关帝庙	延陵门大街	同治中重建
	西井寺	东西壁里	供关帝
	小关帝庙	潘阆巷西	
	五显关帝庙	五显庙直街	旧祀五显财神，建营后改祀关帝
乍浦	关帝庙	右营镶白旗	乾隆三十九年建
	关帝庙	右营正红旗	
	关帝庙	左营镶黄旗	乾隆五十八年建
	安宁寺	左营正黄旗	乾隆五十七年建，一并供奉关帝、火神、马王
绥远城	关帝庙	小东街	
成都	武圣宫	祠堂街东口	
西安	关帝庙	八旗教场东	
	关帝庙	八旗教场西	
	关帝庙	八旗教场南	
	关帝庙	八旗教场北	
	关帝庙	八旗教场东南	共三座
	关帝庙	满城东南角	
	关帝庙	满城东北角	
	义勇宫	东城墙内侧	
	武圣坛	右翼署西侧	
荆州	关帝庙	正红旗街	
	关帝庙	镶白旗街	
	汉夫子庙	镶白旗街	
	古关帝庙	镶白旗街	
	关帝庙	正蓝旗街	
	关帝庙	镶蓝旗街	共两座
	关圣庙	将军署前	即万古楼
广州	关帝庙	汉军镶蓝旗境	盖于越王井之上，内祀张桓侯（张飞）像
	得胜关帝庙	北郊里余高岗上	为二庙，曰"东得胜"、"西得胜"
青州	福应庙	满洲城泰安门内	雍正十年秋敕建
福州水师	武圣庙		

资料来源：《西安府图》，光绪十九年十月绘；《琴江续志》卷5；《荆州驻防八旗志》卷4；《驻粤八旗志》卷14；《青社琐记》卷2；《杭州八旗驻防营志略》卷22。

即便如此，直省驻防旗人对关帝的供奉尤有特殊之处。旗人一般将关帝独自供奉，不与他神同寺。顺治九年（1652）杭州凤凰山西井寺毁于火，汉军佐领唐国政倡议修复，并立石为碑。上称修庙之原因，主要因寺中"奉武帝，侧则设发尔哈寺"。"发尔哈"即满文 falga，意为"族、宗族"或"一佐领之人聚会的地方"。[10]因二处相邻，似为不妥，故修庙专供关帝。[8]344—345 位于洪福桥的关帝庙也是在杭州驻防驻营时将原有佛像迁出，改奉关帝的。[8]348 杭州驻防净慈寺于乾隆五年（1741）估工重修时，也参照京城供奉关帝之例，将供奉关帝神像的配殿改建为正殿，以昭关帝尊荣。[10]

除关帝外，还有其他武将出身、被神化的人物。广州驻防汉军镶蓝旗境有关帝庙一座，然内祠张飞，其像"甚威猛"。[11]杭州驻防的显忠庙，俗名霍使君庙，为南宋绍兴年间所建，为西汉霍光祠，以作为捍卫钱塘水患的尊神。传说在嘉泰、绍定年间，此庙曾两次逆转风向，保护周围民宅等免于火患，庙内有康熙年间立石碑数通，揣似有重修之举。[8]277 还有南宋时抗金殉国的宋金胜、祝威二人所立的灵卫庙、供奉宋朝战死沙场的高永能、景思宜、程博的宋三将军庙。在义方巷护忠庵还祀有为南宋刺秦桧而闻名于世的义士殿前校尉施全。[8]345—347 西安驻防城内有武庙两座，然不知其所奉神，仅在民国《续修陕西通志稿》中载："武庙在满城"，其一在八旗教场西南与武庙巷之中，另外一座临近满城东城墙。[12]

驻防旗人对祀有忠诚勇猛的武将敬畏且感情深厚。辛亥革命之后，青州驻防旗人因生活困苦，旗城内的官衙私房多被拆毁变卖，庙宇也没有幸免，唯旗城北大庙和镶白旗的关帝庙拆除较晚，正是这种感情的体现。

（三）以"旗庙"为家庙

家庙起源于原始社会末期的祖先崇拜，诞生于周代宗庙，经历汉代墓祠，到唐代发展成为家庙。"家庙"多以宗族、家庭为范围进行祭祀，故也称作"私庙"；又因其供奉之神灵以先祖之名保佑子孙后代的性质，也称作"先庙"。家庙在唐、宋时最为兴盛，直至明代犹然。清初，皇太极定国号为大清之年的夏四月己丑，即封了二十六位勋戚、功臣，定宗室封王者立家庙。《赐一等公遏必隆家庙碑》即是康熙帝为故去的孝昭皇后双亲所建家庙的御制碑，也印证了清代的家庙制度的存在。[13]

旗人家庭，将某一寺庙认作家庙，岁时祭祀，历代传承、以佑福祚，这在清代旗人社会中是一种流行的现象。① 京城的旗人家庙上至旗人宗室王公、下至家道殷实的旗人家庭，均可拥有家庙。西直门妙清观胡同的清水观即为康熙帝第十四子允禵之长子弘春的家庙，直至民国初年，弘春的后人金溥式仍作为妙清观之庙主进行供奉。[14] 东四牌楼马大人胡同的天后宫，即是乾隆五十三年（1788）满洲镶黄旗人、乾隆时一代重臣福康安所置家庙，其中供奉海神妈祖，王府雇请僧人看守庙宇，每月发给香资，并作为福王府家庙历代相传。京城旗汉人等多来供奉，香火鼎盛，直至清朝末年，从未间断。[15] 地安门外方砖厂内小厂胡同的北极庵为普通旗人的一处小型家庙，规模不大，似有两进院落（见图1）。[16] 此庙于清光绪十八年（1892）被穆姓旗人价买，成为家庙后供奉关帝，至二十世纪三十年代中期，仍在穆氏的后人瑞续手中传承。[17]

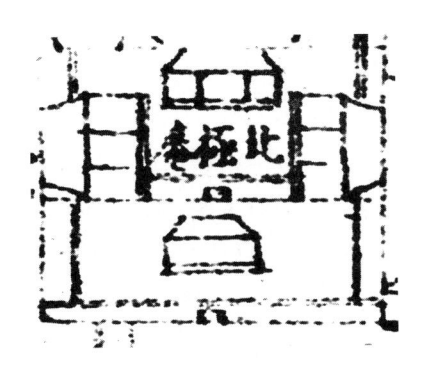

图1　北极庵平面图

---

① 刘小萌：《清代北京旗人舍地现象研究——根据碑刻进行的考察》，《清史研究》2003年第1期；《民间寺观的"转香火"问题——关于什刹海观音庵契书的考察》，《北京社会科学》2013年第2期。

第一编 满族史与八旗

与京城以家庭、宗族为单位进行祭祀不同，直省驻防八旗出现以"旗"为单位进行的祭祀，即旗庙。表3为部分驻防旗庙供奉情况。

表3　　　　　　　　　直省驻防旗庙统计表[18]

驻防地	庙名	所属	地址	备考
	护国永龄寺	各旗总家庙	里城小南门外	内供奉关羽，庙内设学塾
开封	西灶爷庙	镶红旗家庙	龙亭后偏西	
	法雨庵	正红旗家庙	小西门外	
	慈云庵	正蓝旗家庙	慈善街	
	马神庙	镶白旗家庙	小东门外	
	邻水宫	镶白旗家庙	栅栏门外	
	土地庙	镶黄旗家庙	镶黄旗官街东头墙根	
	土地庙	正黄旗家庙	演武厅后	
	北极宫	镶黄旗家庙	讲武厅后	又称北阁
福州三江口水师	魁安宫	左翼子孙庙	承惠街	坐西朝东
	安庆宫	右翼子孙庙	南门边	坐南朝北
	两毓麟宫			
	五圣庙			坐南朝北

直省驻防八旗"旗庙"的出现突破了血缘、宗族的限制，代替"家庙"的功能，是驻防旗人群体对八旗制度强烈的认同感与寺庙形式结合的产物。究其原因，首为八旗制度对驻防旗人的重要性。八旗军、政合一的组织系统，不但对隶属其下的旗人钱粮、披甲、婚丧等生活各个方面都有明确规定，连旗人的活动范围都有限制，不得私自离旗，违者"系职官革职，兵丁革退，如系闲散鞭责"。[19]八旗制度对这些对远离故土、家族、亲友、邻里等一切故旧的驻防旗人而言，所隶属的"旗"取代了血缘联系，成为与其关系最为紧密的组织系统。同时，直省驻防按街分布、按旗管理的特点也使旗庙的施用具有可行性。无论是界墙内的还是单独建造的驻防城，基本上采用"五行"方位进行街道布局，各旗按方位入驻。（见图2）

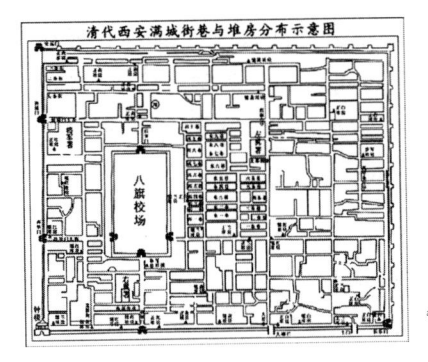

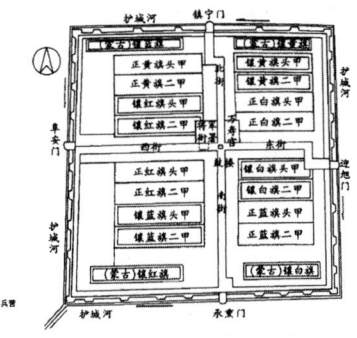

图 2　西安驻防街图（左）　绥远城驻防布图（右）

固定的生活区域和按佐领管理的方式，使得同一旗下的旗人产生共同的结合感和归属感，也便于使用固定和指定的社会空间进行宗教活动。

直省驻防旗庙的功能、供神和传承方式，在文献记载的中有所提及，然因记之寥寥，仅揣论如下。首先，旗庙承担着类似八旗会馆的作用。旗人官员有庆典相贺或集会议事之需，可在旗庙中举行。天津水师营的三母佛殿即承担此功能，故乾隆三十三年（1768）庙宇被火烧之后，旗营官兵即从旗营生息银中筹得重修款项，将其修缮一新。其次，旗庙中的供神情况不得而知。据满族传统故事《伊通州传奇》中载，伊通州有"旗修庙"一座，即为旗人修建的"旗庙"，殿内供奉为关帝。[20]再次，在寺庙性质上，一些"旗庙"为子孙庙。子孙庙为佛、道教均有的一种寺庙类型，其特点为规模较小，寺庙财产属于一僧或一系僧人所有。最为重要的是僧人可以自由招收徒弟，代代世袭相传，即所谓"子孙世世繁衍"。三江口的五圣庙、两毓麟宫、安庆宫、魁安宫为康熙初年设营时建，即为子孙庙。"子孙庙"的性质使得驻防旗庙能够自身新陈代谢和代代相承，从而长期的存在和保有其功能。

同时，旗庙不仅在直省驻防地出现，它处驻防的旗庙也见诸史料。盛京驻防的旗庙分为满洲家庙、蒙古家庙和汉军家庙，其围绕黄寺而建，均为喇嘛庙。[21]（见表4）新疆锡伯营靖远寺为锡伯家庙，位于今新疆伊犁地区察布查尔锡伯自治县孙扎奇乡,是锡伯营八旗军民于光绪十五年(1893)积银捐资而建成,正门匾额刻有锡、汉双体"靖远寺"今仍有大殿存留完好。[22]东三省和新疆驻防的旗庙,印证了旗庙在驻防八旗体系的存在。①

表4　　　　　　　　清代盛京八旗驻防家庙表

寺名	建造年代	所在地点	备考	
兴庆寺	康熙朝	外攘门外	八旗满洲家庙	达喇嘛一名
积善寺	康熙朝	外攘门外	八旗蒙古家庙	达喇嘛一名
善缘寺	康熙朝	外攘门外	八旗汉军家庙	达喇嘛一名
太平寺	康熙卅六(1697)	外攘门外	锡伯家庙	达喇嘛一名

三　结语

有清一代,以各驻防地为中心,旗人与民人居住有界、户籍分掌、职责迥殊,唯在神灵面前却为平等的信众,均能进入寺庙敬奉神灵、共襄佛事。所以,寺庙作为一种特殊社会空间,在旗民分治的驻防城内,成为大批旗民信徒表达宗教信仰和日常生活诉求的重要场所。

直省驻防八旗数量众多、规模不一,建制方式、人员构成等各不相同,然从寺庙内的祀神种类和特点来看,本文揣论如下:

首先,驻防旗境寺庙内的祀神种类多样,由于自然环境和社会环境的变化,驻防旗人的宗教信仰体系主要来自于当地的民间宗教,并未见萨满教的神灵与庙堂文化结合。其次,在直省驻防地的供奉武将神的庙宇分布普遍、数量多、密度大,对关帝尤为笃信。第三,突破了血缘、宗族界限的"旗庙"作为驻防旗人的"家庙",显示了驻防旗人群体将八旗制度与寺庙形式的结合。

---

① 据北京社会科学院满学研究所赵志强研究员介绍,1949年以前新疆察布察尔锡伯自治县各乡内均建有以旗为单位之寺庙,但目前均坍塌厥无。

由于信仰和习俗的趋同，直省驻防八旗旗营并非当地百姓禁足之处，在 19 世纪中期一位杭州文人的描述中，杭州驻防将军衙门前被列为新年观看花灯最为热闹之处，城中的龙灯舞队总是先到那里表演，因为他们知道会得到优厚的赏钱。[23] 驻防旗人在宗教信仰上日益入乡随俗，受到当地民间宗教文化巨大的濡染；同时也形成了具有旗人群体特点的精神世界，这正是清代旗民（很大程度上是满汉）紧密关系的结果和体现。

[参考文献]

[1] 杨庆堃. 中国社会中的宗教：宗教的现代社会功能及其历史因素之研究[M]. 范丽珠，等，译. 上海：上海人民出版社，2006：27.

[2] 黄慕松. 使藏纪程[M]. 北京：全国图书馆文献缩微复制中心，1991：184—185.

[3] 希元，祥亨，等. 荆州驻防八旗志[M]. 沈阳：辽宁大学出版社，1990：88.

[4] 刘小萌，定宜庄. 萨满教与东北民族[M]. 长春：吉林教育出版社，1990：74—115.

[5] 御制增订清文鉴：卷 19·僧道部·神类[M]. 清乾隆三十六年武英殿刻本.

[6] 胡增益. 新满汉大词典[M]. 乌鲁木齐：新疆人民出版社，1994：434.

[7] 魏敬中. 福建通志：卷 263[M]. 清同治七年刻本.

[8] 杭州八旗驻防营志略：卷 24[M]. 沈阳：辽宁大学出版社，1994.

[9] 国史馆编. 清史稿校注：卷 91[M]. 台湾：台湾商务印书馆，民国八八年：2794.

[10] 中国第一历史档案馆藏. 奏为奉旨估修杭州净慈寺庙工事[G]. 乾隆五年七月初一日，档案号：04—01—37—0006—010.

[11] 长善，等. 驻粤八旗志：卷 24[M]. 沈阳：辽宁大学出版社，1992：559.

[12] 杨虎城，邵力子. 续修陕西通志稿：卷 124·祠祀一[M]. 民国二十三年铅印本.

[13] 圣祖仁皇帝御制文集：卷22 [M]. 四库全书本.

[14] 冯其利. 寻访京城清王府 [M]. 北京：文化艺术出版社，2006：149.

[15] 汪桂平. 北京天后宫考述 [J]. 世界宗教研究，2010（3）.

[16] 乾隆京城全图 [Z]. 北京：故宫博物馆影印版（1∶2600），1940：三排六段.

[17] 北京市档案馆藏. 内五区北极庵庙主王玉璋送寺庙登记表及社会局的批示 [G]. 一九三六年至一九四零年，档案号：J2—8—1107.10—12.

[18] 开封市政协学习与文史资料委员会. 简叙开封里城大院 [M] // 开封文史资料第18辑（末刊），2001：202.

[19] 鄂尔泰. 钦定中枢政考：卷13·禁令 [M]. 乾隆七年殿本.

[20] 伊通州传奇 [M]. 长春：吉林人民出版社，2009.

[21] 沈阳县志：卷13 [M]. 民国六年刻本.

[22] 赵志强，吴元丰. 锡伯家庙考察记·锡伯家庙碑文考 [M] // 锡伯族史论考. 沈阳：辽宁民族出版社，1986.

[23] 丁丙. 武林坊巷志：第8册 [M]. 杭州：浙江人民出版社，1990：693.

［原载于《吉林师范大学学报》（人文社会科学版）2014年第2期］

清代东北的驻防八旗与汉人
——以黑龙江地区为中心

[日] 柳泽明著　吴忠良译*

如果论述清代中国内地的"满汉关系",主要是以在庞大而又复杂的汉人社会中、较少数的、被统合在八旗中的满洲人为中心,当然还有其他各民族的掺入,在他们之间产生的各种问题就成为"满汉关系"问题的核心。但是在东北,尤其是在吉林与黑龙江,情况就不同了。也就是说,在吉林与黑龙江,17世纪以后至19世纪前半期,其情况与中国内地相反,以驻防八旗为核心的非汉人社会成为基础,较少数的汉人以各种形式向那里流入和渗透的过程是其主要内容。所以,那里没有出现内地那种只有汉文化单方面影响其他民族集团的现象,而是在两者间呈现了比较相互的影响关系。再具体点说的话,吉林和黑龙江之间也有一定的差异。也就是说,吉林在雍正年间已经设立了永吉州等民治机构,而在黑龙江,如果除去商人向城市的流入,直至19世纪前半期,看不到民人的显著增加。黑龙江正式成立民治机构是在推行招民开垦政策的19世纪后半期。

本文通过几个事例,就19世纪前半期以前的黑龙江地区,汉人是以怎样的形式被融入当地社会,并和其他各民族集团构筑了怎样的关系等问题进行探讨。作为史料,主要利用西清的《黑龙江外记》(1810年

---

* 柳泽明(1961—),男,日本东京都人,吉林师范大学满族文化研究所兼职教授,日本早稻田大学文学学术院教授,博士生导师,研究方向:清史、满学;吴忠良(1972—),男,吉林镇赉人,吉林师范大学满族文化研究所讲师,博士,研究方向:清史、满学。

左右，以下简称《外记》），还有清代历朝的《实录》，方式济的《沙龙纪略》（1710年代），以及《黑龙江将军衙门档案》等档案史料。

一 黑龙江地区八旗制的展开与居民构成

为了全面掌握黑龙江地区非汉人居民的构成，本部分对该地区八旗制的展开过程作一个概观。

（一）驻防八旗的设置与扩充

三藩之乱基本平息的康熙二十二年（1683），为了抵抗俄罗斯人在阿穆尔河流域的进出，康熙帝任命宁古塔副都统萨布素为黑龙江将军，把阿穆尔河沿岸的黑龙江城（瑷珲）作为前方基地，攻略俄罗斯方面的据点雅克萨，经过康熙二十八年（1689）的《尼布楚条约》，清除了阿穆尔河流域的俄罗斯势力。这期间，从宁古塔和吉林调动相当数量牛录的满洲及汉军进驻了黑龙江城。满洲牛录的大部分是从阿穆尔河中游地区至乌苏里江流域一带南下的人们为母体编成的新满洲牛录。这些牛录的约半数，随着黑龙江将军的于康熙二十九年（1690）向新建的墨尔根城的移动，以及随后于康熙三十八年（1699）向齐齐哈尔的移驻，最终移动到了齐齐哈尔[1]。

另外，居住在嫩江至大兴安岭一带的、后面要提到的构成布特哈组织的索伦人及达呼尔人的一部分也于康熙20年代逐次被编入黑龙江、墨尔根两城的驻防八旗。还有，康熙三十年（1691），居住在嫩江西岸齐齐哈尔村一带的达呼尔壮丁1000人被编成16个牛录，于东岸的卜奎站所在地新建的城里驻防。这个城取名达呼尔的旧村名，被称作齐齐哈尔①。其后的康熙三十三年（1694），由于准噶尔的噶尔

---

① 楠木贤道：《康熙三十年达斡尔驻防佐领的编设》，《松村润先生古稀纪念清代史论丛》，汲古书院1994年版，第77—93页；同：《齐齐哈尔驻防锡伯佐领的编设过程》，石桥秀雄编《清代中国的诸问题》，山川出版社1995年版，第325—347页。

丹进攻喀尔喀而引起战乱，清朝把呼伦贝尔方面的巴尔虎人的一部分转移到嫩江流域，把他们编成 8 个牛录。他们中的一部分，后来又被编入齐齐哈尔驻防八旗，其余的，如下文所要提到的，于雍正十年（1732）移动到了呼伦贝尔[2]。

雍正十三年（1735），为了监察盗采人参，在松花江北岸的呼兰设置了驻防。驻防兵由齐齐哈尔各牛录中抽出的壮丁 320 名整编成的 5 个牛录，以及在吉林管辖下的伯都讷的瓜尔察壮丁 180 名为母体形成的 3 个牛录构成。

驻防各城的牛录数及"民族"构成，因时期而变化。在《外记》里，关于 3 个驻防城的牛录数，如表 1 所述①。

表 1

城名\民族	索伦	达呼尔	巴尔虎	满洲	汉军
齐齐哈尔	4	12	4	16	4
墨尔根	10	5	0	0	2
黑龙江	1	7	0	16	2

驻防八旗官兵的俸禄、钱粮被用银两支付，但他们并不只依赖这些，还耕种城周围的土地来生活。因此，旗地到底扩大到什么范围，很难作详细的论证。例如，因至今还保留着满语口语而闻名的富裕县三家子村（齐齐哈尔北约 50 公里）的满族，被认为原来是所属于齐齐哈尔驻防八旗。其旁边的登科村的达斡尔族，据笔者于 2005 年进行的调查，他们原属于齐齐哈尔镶黄旗。还有，徐宗亮的《黑龙江述略》卷六中提到，"黑龙江左岸四十余屯，旗户数百，有索伦，有俄伦春"，从中可以了解到阿穆尔河左岸的"江东六十四屯"也主要是被旗人开拓出来的。

---

① 关于呼兰驻防牛录，如本文所提到的，认为是由各民族混合构成的，《外记》中没有提及其民族构成。

（二）"准八旗组织"的发展

1. 布特哈八旗

从 1630 年代至 1650 年代，原来居住在阿穆尔河上游及结雅河流域的索伦人和达呼尔人的大多数，南下到嫩江至大兴安岭一带。清朝把他们编成牛录，设立了管理几个乃至 10 个左右牛录的 4 个阿巴（aba），3 个甲喇（jalan）。这个组织整体被称作布特哈（满洲语，狩猎之意），这是因为各牛录的壮丁从事贡貂。康熙二十年代以后，居住在大小兴安岭中的鄂伦春人也逐次被编成牛录，编入布特哈。随着新的集团的编入以及人口增长，布特哈的牛录数也逐渐增加，康熙三十三年（1694），阿巴（aba）被增设后变成 5 个。雍正十年（1732），牛录数达到了 108 个。同年，3000 名壮丁被抽调到呼伦贝尔，其余的人被重新整编成 61 个牛录，各阿巴（aba）、甲喇（jalan）分到了八旗的旗色。其详细如表 2①[3]。

表 2

	正黄旗	镶黄旗	正白旗	镶白旗	正红旗	镶红旗	正蓝旗	镶蓝旗
达呼尔	10	6	7	0	0	0	0	0
索伦	0	2	3	4	10	5	3	4
鄂伦春	0	2	2	1	1	0	1	0

布特哈壮丁与驻防八旗不同，不被给予俸饷，平时从事农耕、畜牧、狩猎等，以维持生计。各丁只有每年交纳貂皮一张的义务。其居住地分布于嫩江干流至大小兴安岭的广袤地区。但是，从乾隆二十五年（1760 年）开始，从各牛录中选拔出 2000 名壮丁，给予他们驻防八旗半额的俸饷。

---

① 《雍正十年八月十九日黑龙江将军等呈理藩院文》，《黑龙江将军衙门满文档案》2—1732：376—391。

2. 呼伦贝尔八旗

雍正十至十三年（1732—1735），作为防备准噶尔军东进的对策之一，在大兴安岭西北的呼伦贝尔一带，重新设置了八旗组织。具体是，首先在雍正十年（1732），从布特哈抽出索伦、达呼尔、鄂伦春、巴尔虎壮丁3000名，移动到呼伦贝尔后组成八旗50个牛录。这被通称为"索伦八旗"，是现在的鄂温克自治旗和陈巴尔虎旗的大部分居民的起源。但是，在乾隆七年（1742），达呼尔和索伦的一部分返回布特哈，剩下的1440名壮丁被重新编为24个牛录。这24个牛录的体制，基本上被承续到清末。另外，清朝从雍正十二年（1734）至次年间，把分属于喀尔喀车臣汗部各旗的巴尔虎人约3700户抽出来，移到呼伦贝尔，编成八旗40个牛录（披甲2400名）。这被称为"新巴尔虎八旗"，是现在新巴尔虎左、右旗的起源。支给呼伦贝尔官兵的俸饷是驻防八旗的半额，也未设立驻防据点，平时散居，主要从事游牧。[4]

二 汉系居民的类别与来历

黑龙江地区的汉系居民大体可以分为两大类，即非自发性迁入者和自发性迁入者。属于前者的有以下几种。第一，在以驻防八旗为核心的军事、行政体制中，被授予一定公职的人。汉军旗人是最典型的例子。正如《外记》卷三中记载的那样，"旗下八部落外，来自内地编入军籍者，营、站、屯三项也……三者流人戍卒子孙，而吴、尚、耿三藩旧户，站上居多，故皆无仕进之例，不应役则自食其力"，可以认为水手、站丁、官庄的屯丁也被包括在其中。第二，私自隶属于旗人，从事耕种旗地或家务劳动等的奴仆。作为奴仆的来源，有的是官方赏与的流人，有的是旗人自己购买的。奴仆基本上附载于主人的户籍，所以也被称为"户下人"。第三，是不属于上述任何类型的人，例如，流人中既没有被指派特定的公差，也不是奴仆的人；或者是被主人放出自立门户的奴仆等。自发性迁入者是纯粹的民人。这在黑龙江主要是以商人为主，18世纪起就在盛京和吉林成为问题的农业移民，直至19世纪前半期为止，在黑龙江基本上看不到。

（一）承担公务者

1. 汉军八旗。黑龙江管辖下的汉军牛录，是康熙二十年代和俄罗斯的战役时从盛京和吉林方面移驻过来的，如在前表1中所看到的，在齐齐哈尔、墨尔根、黑龙江（瑷珲），一共被配置了8个牛录。据《外记》卷三中的记载，"汉军，其先多出山左，齐齐哈尔、墨尔根、黑龙江三城有之。其豪族崔、王两姓，崔尤盛，号崔半城"，可以推测他们的祖籍是山东，但由于史料不足，很难详细地考察他们的来历。

2. 水手。黑龙江管辖之下，在齐齐哈尔和瑷珲设有水师基地。在齐齐哈尔设有水师营总管，其属下有统辖各地水师的四品至六品的官员，据《外记》卷三的记载，汉军旗人被委以此任。据《龙沙纪略》记载，额设的水手人数为，齐齐哈尔319人，瑷珲429人；据《外记》卷三记载，齐齐哈尔275人，瑷珲427人，另外，墨尔根44人，呼兰40人，而且为了造船在吉林还驻有308人①。《龙沙纪略》"经制"记载，"水手皆流人充役"；《高宗实录》卷二百一十七，乾隆九年（1744）五月乙巳条记载，"齐齐哈尔等处水师营内，除三藩人外，俱系发遣人犯子孙"，可以看到他们的母体基本上是三藩的降兵和流人。还有，《黑龙江述略》卷三中可以看到，"黑龙江水师，始于康熙二十一年，罗刹据雅克萨城，调乌喇宁古塔兵，并置造作船舰，于黑龙江、呼玛儿等处监守……皆乌喇、宁古塔人充当水手，后遂定为经制之师"，好像初设时，从吉林、宁古塔方面移动来的水手成了他们的基础。但是，不是所有的水手都是汉人，也有被流放的旗人被充为水手的例子②。支给水手的饷银是每月一两，既有如《外

---

① 以上数字均包含了领催。
② 《康熙五十六年四月二十八日黑龙江将军衙门咨奉天将军衙门文》内记载，"在盛京驻防的巴尔虎领催，因盗采人参之罪，在瑷珲被充为水手"，《黑龙江将军衙门满文档案》2—1727：95—96。

记》卷三记载的,"水手许充番子、仵作,间有委放笔帖式者"的情况,也有水手担任行政末端事务,以及被赏与奴仆的事情①。通常,水手不能回原籍,但在乾隆朝初期,清朝推行汉军旗人及旗下开户人"出旗为民"政策时,水手也成为其对象。据《高宗实录》卷二百一十七,乾隆九年(1744)五月乙巳条记载,当时黑龙江辖下水手810人之内,希望回原籍的有324人。也就是说,比起作为民人回归原籍,他们中的大多数人,还是希望继续作水手。到了乾隆二十六年(1761),瑷珲水师营的水手出现了稍有不足的现象,所以决定把旗分佐领的另记档案人转移到了水师营壮丁的档案,水手欠缺时以其填补之②。通览上述,与站丁和屯丁相比,水手和驻防八旗(尤其是汉军)的关系更为紧密,可以说他们接近于正规的兵丁。

3. 站丁。据《外记》卷二等记载,黑龙江辖下的驿站网络大体如下。首先,是从齐齐哈尔东北的宁年站开始,经过齐齐哈尔城内的卜奎站去往吉林方面的,到达茂兴站,共10站,和吉林所辖的伯都讷相连接,这些被称为"下站",站官驻扎于齐齐哈尔。其次,是和宁年站东北连接的拉哈站开始,经由墨尔根到达瑷珲的10站,这些被称为"上站",站官驻扎在墨尔根。上下站为干线。随着雍正年间在呼伦贝尔和呼兰的驻防设置,设立了从齐齐哈尔至呼伦贝尔(现在的海拉尔)的10台,以及从乌兰诺尔站到达呼兰的6台。上下20站,各站设领催1名,站丁26名(但是,卜奎站多3名),到达呼兰的支线上的6台,各台设领催1名,台丁9名。站官从旗人中遴选,根据前面已经引用的《外记》卷三的记载"吴、尚、耿三藩旧户,站上居多"来看,领催和台站丁主要是由旧三藩的人员构成。康熙五十六年(1717)的某档案记载,"在齐齐哈尔和墨尔根之间的喀木尼喀站的某丁,为了把父亲接来,并把在山海关的家宅和田地卖掉,申

---

① 《仁宗实录》卷176,嘉庆十二年三月己巳条。
② 《高宗实录》卷639,乾隆二十六年六月戊子条。

请休假"①。虽然不太清楚其具体情况，但是此记事在传达了该壮丁可能和吴藩有关联的同时，表明台站丁拥有管理自己财产的权利。台站丁没有饷银，耕种台站周围的土地来维持生活。卜奎站和墨尔根站在城内，其他各站，都在人口稀薄的地方形成了独自的村落，如《外记》所载，"上下站壮丁，自为聚落。每站不下百十家，皆有官房待过客。私开旅店，间有亦之。过此则黄沙极目，白草蔽人，不至各站，想闻鸡犬声不得"。很可能是出于此种原因，站丁和其他居民之间，形成了相对独立的集团。伪满洲国时期的《龙江省富裕县事情》虽然是后期的史料，但其中记载，"站人是原来被流放到当地的人的子孙，因为不专心耕种，所以穷人较多。据说，一般比较懒惰，女人同男人一样劳动，好像多少有点被普通汉民所歧视"②。

4. 屯丁。在东北各地，为了生产军粮以及各城官仓的储备用粮，设置了官庄。据《龙沙纪略》"经制"记载，黑龙江辖下共有官庄31处，各庄设有屯丁20名③。其后，官庄又被扩充，据乾隆四十八年（1783）版《盛京通志》记载，官庄的总数是136，每庄屯丁10名。此数字与《外记》卷三的记载一致。屯丁也没有饷银等，他们耕种庄田，每丁纳粮30石（嘉庆九年〔1804〕以后是22石）。总而言之，屯丁是官营农场的农奴，但是对于他们的生活，官方给予一定的福利。例如，据雍正十年（1732）的档案记载，为了瑷珲管辖下无妻的屯丁（从名字看好像是汉人），拿出30两银，买了旗下的寡妇（好像是非汉人）送与他们做妻子④。还有，如在第二部分第（三）节中要提到的，乾隆四十八年（1783），制定了屯丁中一部分提出申请的人可以复归原籍。从这些事实来看，屯丁的身份和流动性要高于

---

① 《康熙五十六年九月九日黑龙江将军、副都统咨盛京兵部文》，《黑龙江将军衙门满文档案》2—1717：161—162。
② 伪满洲帝国地方事情大系刊行会：《龙江省富裕县事情》，1936年，第19—20页。
③ 但是，周藤吉之推测20名应是10名之误（周藤吉之：《清代满洲土地政策的研究》，河出书房1944年版，第382页）。
④ 《雍正十年二月二十一日黑龙江副都统咨黑龙江将军衙门文》，《黑龙江将军衙门满文档案》13—1732：21。

水手和台站丁。

（二）奴仆

奴仆（aha）在齐齐哈尔等驻防八旗，以及布特哈和呼伦贝尔的兵丁处都普遍存在。黑龙江地区奴仆的起源相当古老。康熙十五年（1676）年，经过齐齐哈尔一带的俄罗斯大使斯帕法理记述了如下内容：当地的村落里，居住着很多作为契丹人〔китайцы〕奴隶的尼堪〔汉〕人。他们对我的、既懂契丹语又懂尼堪语的翻译说，契丹人从尼堪人那里抢夺的事情是假的，事实上，他们两次败给尼堪人，帝国里只剩下妻子和孩子，失去了所有的人。于是，现在博格达汗为了从蒙古人那里收集军队，正在派遣人员①。

这个记述是齐齐哈尔建城以前的事情，所以斯帕法理所说的"契丹人"，应该是指当时齐齐哈尔一带的主要居民达呼尔等。有意思的事，奴仆们散布袒护三藩的传言这一信息，因为没有其他史料，所以无法确定他们的来历。只能推测他们是达呼尔人、索伦人进京贡貂时得到的赏与，或者是他们买来的。

黑龙江地区的驻防体制确立之后，奴仆的供应也以各种方式得到延续，有官方给有功者及贫困者赏与奴仆的事情，也有旗人、布特哈壮丁自己购买奴仆的情况。康熙二十年代至三十年代，将索伦人和巴尔虎人编入驻防八旗时，好像有组织地进行了奴仆的赏与，例如，康熙三十三年（1694），把贫困的巴尔虎人录用于披甲时，曾有过"给予他们甲、盔等器具，以及奴仆、家畜等，皆照以前让贫困的索伦人披甲时给予的样子支给"的决定②。如《龙沙纪略》"饮食"记载，"今流人之赏旗者，且倍于兵"，官方赏与的奴仆的主要来源是流人。但是在康熙三十六年（1697）的档案中有，"为了购入给予巴尔虎人

---

① Русско-китайские отношения в XVII веке: Материалы и документы. Т. 1: 1608–1683, Москва, 1969, с. 497

② 《康熙三十三年七月十六日黑龙江将军萨布素等奏文》，《黑龙江将军衙门满文档案》2—1694：390—401。

的奴仆，官员去往盛京"的记载。由此可以了解到，还有购买奴仆用作赏与的事情①。还有，在雍正十二年（1734）的档案记载，到北京送岁贡貂皮的布特哈人报告了购买男人、女人、孩子等约100人，归途中夜间在八沟（平泉）宿营时被人袭击，奴仆的一部分被抢走一事，布特哈人称，"以前，布特哈人送公课貂皮时，即使是买奴仆，也是少量的。这几年来，多少富裕起来的人，即使不是他的班，也都过来买很多人，进行倒卖而得利"②。

传达作为生产力的奴仆的重要性的史料并不少。例如，《龙沙纪略》"风俗"中记载，"居人置奴婢，价尝十倍于中土。奴婢多者为富，以其能致富也"；《高宗实录》卷四十五，乾隆二年（1737）六月乙酉条内记载，"发与口外驻防兵丁为奴之犯，闻彼地兵丁，有藉以使用颇得其力者"。

从内地流放过来的人当中，作为奴仆被赏与的基本上是汉人。因为，以前真正的旗人也有作为奴仆的例子，但是在乾隆元年（1736）以后，旗人只在被流放的旗里做公差，做奴仆的事情被中止了③。尽管那样，并不是所有的奴仆都是汉人。例如，乾隆二十二年（1757），对准噶尔的战争中，把俘虏的、投降的明噶特、特楞古特、奇尔吉斯等约600人，作为奴仆分给了布特哈和呼伦贝尔的兵丁④。

通常对奴仆的管理并不严格。例如，康熙五十四年（1715）的某个档案记载，山东莱州府的民人 Lo Tan，控告 en San、Sal 等5人杀害了他在墨尔根开酒家的表弟。据称，en San 等人是布特哈壮丁的奴仆，en San 在卖牛肉的回子的店里拨牛皮的时候，原告 Lo Tan 指责他

---

① 《康熙三十六年七月黑龙江副都统咨盛京兵部文》，《黑龙江将军衙门满文档案》2—1697：131—132。
② 《月折档》10（1）：327—332，Dokina 奏（雍正十二年八月十二日呈览）。
③ 《高宗实录》卷26，乾隆元年九月甲辰条。
④ 《乾隆二十二年八月八日署副都统衔总管等呈黑龙江将军衙门文》，《黑龙江将军衙门满文档案》4—1757：236—265。

用的小刀是自己表弟 Pan Kui-ioi 的，这是事件的起因①。这个史料暗示，奴仆离开主人的家，有相当自由的行动。另外，奴仆在法律方面并不是完全没有权利。雍正十年（1732）的某个档案记载，有个被给予给布特哈壮丁做奴仆的，叫 Yoo jul 的人，到齐齐哈尔的将军衙门，状告他的主人要把他和他的妻子拆散，准备把他卖掉②。这个史料暗示，不能卖掉被赏与的奴仆，而且奴仆可以向官衙控诉主人的不法行为。

内地来的流人中，虽然有受牵连于文字狱和科场案件的读书人，但大多数是一般的刑犯，其中也有"教匪洋盗"之类。即使把这类人作为奴仆赏给主人，主人管束他们好像也很困难。《外记》卷六中，列举了几个主人被性格不好的奴仆所折磨的实例后，作了如下记述：

> 黔奴俗号花脸子……诸城皆有，齐齐哈尔最众……其无赖乃聚赌窝娼，窃马牛为事，甚或结识将校，勾引工商，兴讼造言，主不能制，官府亦不加察，犹以给奴为恩，得奴为喜，强卖逼赎，诸弊丛生，是在当时者思患豫防，涣其群尔约之以法，所关于地方不小也。

正如西清所担忧，嘉庆十八年（1813），墨尔根的遣奴等正在筹划纠结人众，进行抢掠时被发现③，结果，嘉庆二十五年（1820），往吉林、黑龙江的流放被终止④。

（三）流人，放出家奴

如本文在开头部分中提到的那样，在齐齐哈尔等城市有既不担任

---

① 《康熙五十四年四月二十四日墨尔根城副都统咨黑龙江将军衙门文》，《黑龙江将军衙门满文档案》3—1715。
② 《雍正十年六月七日署索伦达呼尔总管等呈黑龙江将军衙门文》，《黑龙江将军衙门满文档案》13—1732：206—210。
③ 《仁宗实录》卷266，嘉庆十八年二月丁巳条。
④ 《宣宗实录》卷3，嘉庆二十五年八月己酉条。

公职，也不是奴仆的居民。他们是不符合"为奴"而被定为"安插"的流人，被赦免后不回原籍的流人，出于某种情况从主人处被放出、开户的家奴，以及他们的子孙等。《高宗实录》卷一千零八十二，乾隆四十四年（1779）五月庚寅条内记载：

> 惟节年奉部发遣人犯及放出旗奴所带子女，渐俱长成，相联姻戚，在各城居住，已有数百名之多。查边陲之地，积储粮谷，最为紧要。应于齐齐哈尔地方，增添官屯数处，领催一名，其余丁口，俱载入各城官屯册内，以备挑补。

由此可以知道，为了吸收居住在各城的流人及放出家奴的子女而增设官庄之事。另外，同书卷一千一百七十八，乾隆四十八年（1783）四月癸亥条内有如下内容：

> 惟新设十庄屯丁，除旗人家生奴仆，原系土著，俱能耐劳，亦各安分，其余屯丁，系遣犯随来之子，及来历不明之民人，游惰者多，纳粮时往往拮据。臣查其情形，多愿回籍者……请先将闲散余丁，陆续遣回，年终报部存案。再齐齐哈尔等处，绝嗣旗人之家生奴仆，及开户家奴，虽各立产业，安分度日，但亦不可无专管之人，请入于官屯。将年壮者选为额丁，以补遣回民人之数。

也就是说，因为"遣犯随来之子"及"来历不明之民人"内，"游惰者"多，经常抵抗纳粮，所以逐次使之回归民籍，其空缺用主家绝嗣的奴仆，或者用开户的家奴来填充。《外记》卷三中记载的"屯丁请还籍听之"，也表明了这种情况。还有，被放出的屯丁被禁止居留于黑龙江境内[①]。

---

① 《仁宗实录》卷126，嘉庆九年二月癸酉条。

但是,处理被陆续不断地送来的流人,成了棘手的问题。《仁宗实录》卷一百四十八,嘉庆十年(1805)八月壬辰条内记载,"据秀林面奏,近年来闽广等省案犯往吉林安插者,有三百余名,闻黑龙江较比更多。此等人犯均系犷悍无赖之徒,到配后无人管束,又无口食,三五成群,易于滋事为匪等语",被指示以"或有旷土可耕,借给籽种,俾令自食其力,或拨衙门充当水火夫役,酌给口食",作为对策。但是,如《外记》卷六内所记载,"约计齐齐哈尔今有三千名,余城亦千名以外,盖久未停遣,东来者日众,游手聚居,是在拨遣钤束之有法耳",由于流人被连续不断的大量的发遣过来,使问题很难有根本性的解决。同书卷三内还记载,"流人遇赦不归,例入官地安插,否则自入伯都讷民籍,然后可居境内,非是者谓之浮民,境内不留也。然今齐齐哈尔浮民无数,商贩私立家业者亦不少,皆例所禁",由此可以了解到,被赦免后不回原籍的流人,作为"浮人"在齐齐哈尔聚集了很多。同书卷六中还记载,"黔奴……黠者赎身自便,网鱼采木耳,趁觅衣食,稍有立业,致聚妇生子,称小康者",表明奴仆中有人赎身后自己谋生。本来,作为奴仆被赏与的流人的赎身是违法的①,但是,穷困的主人为了换取金钱,把奴仆放出的事例好像很多。从上面的例子中能理解到,流人中有经营事业而得到安定生活的人。同书卷7记载,据说有名的勇将海兰察年轻时,曾为朱姓流人驾车,往来于奉天和吉林之间。

(四)民人

在没有民治机关的黑龙江,从很早以前就有商人等流入城市。《龙沙纪略》"屋宇"中记载齐齐哈尔有木城和土城两重城郭,还记载了"入土城南门,抵木城里许,商贾夹衢而居,市声颇嘈嘈"。同书"经制"内还记载了"商贾往来无定,亦立册以稽",由此能了解到商人被登录在独自的档册中,但是这当然不是正规的民籍。如《高

---

① 《仁宗实录》卷235,嘉庆十五年十月乙未条。

宗实录》卷一千零八十二，乾隆四十四年（1779年）五月庚寅条内记载，"黑龙江地方，屡经奉谕，禁止流民棲止，除往来贸易者，并无携带家口居住之人"，民人为了贸易被允许往来，但是带领家族定居则受到禁止。《外记》卷五内记载，"商贩多晋人，铺户多杂货铺，客居应用无不备"，由此可以知道当时的山西商人已经很多了。还有，后来的《黑龙江述略》卷六内记载，"汉民至江省贸易，以山西为最早，市肆有逾百年者，本巨而利亦厚，其肆中执事，不杂一外籍人，各城皆设焉"，可以窥知，山西商人的网络已在这里扎根。但是，看18世纪前半期的档案，当时山西商人的活动还不显著。例如，在第二部分第（二）节中提到的关于杀人事件的档案内，作为原告的山东莱州府民人供述到，"我是康熙三十七年去墨尔根城经商，四十一年返回家，四十四年带来我姑姑的儿子 Pan Kui-ioi，在墨尔根城经营酒家"。还有，雍正七年（1729）的某个档案中记载，因盗窃嫌疑被逮捕的济州府德州的民人 Cang U 说，"投奔同省东昌府聊城县民人 Joo Da-peng 过来的。Joo Da-peng 在齐齐哈尔开了剃头店"[①]。从这些事例来看，在早期，少数的山东一带的民人到来后做些零碎的生意，这种形式是较普遍的。

三 在社会和文化方面，汉系居民与其他集团的相互影响

由于相关史料较少，所以很难从总体上重建汉系居民和其他集团之间在社会、文化方面的相互关系。所以，下面试着从几个侧面对其加以若干的考察。

首先，根据《外记》等的记述，可以窥知在齐齐哈尔等城市，满洲旗人与汉军旗人有了文化上的融合，但是，并没有单方面的吸收、

---

① 《雍正七年十二月十六日黑龙江副都统咨黑龙江将军衙门文》，《黑龙江将军衙门满文档案》9—1730：2—7。

同化对方的性质，而是相互的。例如，《外记》卷六中，关于当时的语言状况作了如下描述，"土人于国语，满洲生知，先天之学也。汉军等部学知，后天之学也"，另一方面，如下文中要提到的，还有满洲旗人通晓汉语的记载。此书还记载到，两者在婚姻、祭祀等种种习俗上，虽然并不完全相同，但是非常相近。

另外，有关汉军旗人与其他汉系居民间的关系，虽然不是黑龙江的例子，但是传达了康熙二十年代的宁古塔状况的，如杨宾的《柳边纪略》卷四中有很有意思的记载，"汉人以罪至者，虽与汉军不同，然每与汉军为伍。在满洲与异齐满洲，则总呼为汉人，汉军亦不以此自别，盖与京师汉军，有截然不同者矣"。这个记事揭示了在中国内地汉军旗人强调自己和一般汉人（民人）不同的、作为旗人的自我认同性。与此相比，在汉人称不上是多数派的东北，汉军旗人超越了行政上的确定地位的差异，有和流人等一体化的倾向。可以认为，在黑龙江也会存在类似的情况。

有关在儒学及古典的教养、写作方面，在《外记》卷六中能看到"汉军知习汉书，然能执笔为文者绝少，其能尊礼文士以书传家者尤不易得"的记载，说明汉军旗人的水平并不高。但是，其下又有"近则水师营四品官果君德兴……闻谪戍者讲四子书，爱之，遂命子弟悉读汉书"的记载，说明一部分汉军旗人通过与流人接触，志愿于学问。嘉庆元年（1796），在齐齐哈尔设立讲授汉书的八旗义学，上文中提到的果德兴成为学长，流人龚光瓒（常州人）充当了老师。在这个义学中，《外记》的作者西清也执教过一段时间①。另外，据说流人中教汉书维持生计的人很多，但是在墨尔根及瑷珲，因为那里的教师很少，所以他们雇佣晋商充当了教师。这样，中国内地的学术，被这些流人及商人等的外来者传播过来，很可能主要以汉军旗人作为媒介，逐渐渗透到了旗人社会。

但是，达呼尔、巴尔虎等其他的集团则如《外记》卷六所记载

---

① 西清本人是满洲镶蓝旗人，是乾隆、嘉庆朝的名臣鄂尔泰的曾孙。

第一编　满族史与八旗

的，"达呼尔、巴尔虎自相婚姻，或与蒙古通"，他们与满洲、汉军旗人划一界限，在各自的集团内部保持一致的倾向较强。同书卷七还记载，齐齐哈尔达呼尔的某个马甲，与"蒙馆老生"交往，逐渐知道"书理"，在祭祀祖先时设立了灵牌，但是被"同类目为怪物，不恤也"，这种人的存在属于例外。

在驻防八旗、布特哈旗人在郊外开拓的村庄里，各集团的独立性更高。上文中提到的台站各自形成了独自的村落，旗人也大体上以每旗或每牛录聚集到一起构筑了村落，这同时也意味着民族区别。举出具体显示这种情况的证据是很难的，在第二部分第（一）节中引用的《龙江省富裕县事情》中记载，"完全没有各种族间的倾轧，但是语言、习惯不同，村庄也不同，很难说他们之间在感情方面的融合是完整的"，可以说这是个旁证①。郊外的旗人平时接触的汉人是奴仆，但是据定宜庄所说，奴仆分散在各个家庭，从其社会地位看，被其主家的民族成分所同化的倾向较强。[5]

尽管那样，从大局看，汉文化的影响在全体黑龙江地区逐渐扩大是不争的事实。其表现在口语方面。原来，在黑龙江，直至19世纪前半期，公文书几乎全部是只用满文来书写。另外，因为索伦人、达呼尔人没有固有的文字，所以不仅在满洲旗人之间，即使是在他们之间，满文书籍也有某种程度的普及，这一点已经得到了确认。[6]也就是说，作为书写语言的满洲语曾经是通用语言。但是，在口语方面的情况则不同，满洲语未必一定有过作为通用语言的机能。《外记》卷六中记载，"晋商与蒙古、索伦、达呼尔交易，皆通其语，问答如流，盖皆童而习之，惟通国语者寥寥，满洲多能汉语故也"，山西商人能通各民族语言，但是因为和满洲人能用汉语交流，所以通满洲语的人就少了。同书另一面还记载了，"索伦语多类满洲，达呼尔语多类蒙

---

① 伪满洲帝国地方事情大系刊行会：《龙江省富裕县事情》，1936年，20页。笔者于2005年访问了齐齐哈尔，在齐齐哈尔和墨尔根（现在的嫩江县）之间的富裕县、讷河市，还有在嫩江西岸的阿荣旗等少数民族集中居住的几个村庄，确认了每个村庄都有相当古老的起源，该集团一直以来占据着当地人口的大多数。

古，听之既熟，觉其中皆杂汉语"，"布特哈近岁能汉语者亦多，然故作茫然，不先出口，此其狡黠之一端。呼伦贝尔则实不能"，可以窥见，在呼伦贝尔以外的地区，汉语正逐渐确立作为共同语的地位。关于在生活文化、社会习俗方面，虽然也有能看到类似情况的可能，但是想把那些作为今后探讨的课题。

[参考文献]

[1] 松浦茂. 清朝的阿穆尔政策与少数民族 [M]. 京都：京都大学学术出版会，2006：300—301.

[2] 柳泽明. 陈巴尔虎的起源与变迁 [J]. 社会科学讨究，1999（2）：87—111.

[3] 承志. 清朝统治下的鄂伦春佐领编制与布特哈社会的一个方面 [J]. 东洋史研究，2001（3）：1—38.

[4] 柳泽明. 清代黑龙江八旗制的展开与民族的再编 [J]. 历史学研究，1997（698）：10—21.

[5] 定宜庄. 清代八旗驻防研究 [M]. 沈阳：辽宁民族出版社，2003：247.

[6] 加藤直人. 莫力达瓦达斡尔族自治旗的满文资料 [J]. 满族史研究通信，1993（3）：25—33.

[原载于《吉林师范大学学报》（人文社会科学版）2014年第1期]

八旗汉军研究的几点认识
——兼评《汉军旗人官员与清代政治研究》一书

滕绍箴[*]

一 对八旗研究的几点认识

众所周知,清代八旗制度的研究,是史学研究中的难题。我国史学界研究八旗制度的先驱是著名清史专家,泰斗级学者孟森先生。他明确指出:"八旗之本体,究为何物,茫然不辨",指出清代留下的这部分遗产,是个难啃的问题。尽管数十年来,有诸多专家学者,著作累累,有分量的文章不下数十篇,但就"八旗之本体"研究,始终众说纷纭,莫衷一是。如果轻看这个问题,恐怕一辈子也不会在这里有真正的发言权。同时,在八旗制度演进中,所谓"其脱化之迹",也由于满洲贵族有意"隐蔽",以致造成所谓"不溯其源,无从测其尾",而陷于孟森先生所说的"以其昏昏而欲使人昭昭"的境地,进而致使今日的专家学者研究起来,只有两个字就是"难也"[1]。这便是这些年来,有关八旗制度的专著少而又少的主要原因。

满洲贵族明确指出:"八旗为国家根本"[2]。它之所以被定为"根本",主要它是在努尔哈赤立国时期"所定之国体"[1]218。所谓"国体",在当时的国家里,不仅通过八旗制度,将满洲(诸申)人,

---

[*] 滕绍箴(1937—),男,辽宁铁岭人,中国社会科学院民族学与人类学研究所研究员,研究方向:明清史、满族史、东北民族史。

分作不同的阶级和阶层，而且作为少数民族建立的多民族的民族国家，同样通过作为国家形态的八旗制度，将国内不同民族之尊卑区别开来，成为阶级和民族双重体制的统治工具。这种具有民族特色的国体，在中国历史上，已经不是第一家。它有力地推动各个少数民族政权，特别是满洲民族由部落向国家的过渡与发展，并通过战争，加速凝聚其他民族在满洲贵族的旗帜之下，乘大明王朝腐败之机，在中国东北边疆形成新的凝聚中心。这个凝聚中心，随着新政权事业的发展，雪球越滚越大，一直滚到中原。而八旗制度却是这个雪球凝聚的真正筋骨和内在的拉力。所以，17世纪诞生的八旗制度，对于满洲贵族事业成功，所起的历史作用，确实不可小视。李治亭先生认为"八旗制如同解读清史的'密码'"，是研究清史的"入门途径"，也是"维系着满、蒙、汉及其他各民族为一体，长治久安，真称得上是一奇迹"[3]。李先生在学术研究中是一位敢说话的人，我想对于清初八旗制度的历史作用来说，任他如何高调评价，都不会过分。

　　八旗体制中的阶级关系，我们暂不赘述。在此单就其内部的民族关系谈几点看法。刘凤云教授说得好，旗是"地方属性"，满、蒙、汉等是"民族属性"[3]7。长期以来，有关研究八旗制度的文章，常常对于八旗制度中的地方属性和民族属性的关系分辨不清，行文紊乱。或称"八旗汉军"，又称"汉军八旗"。对于"八旗满洲""八旗蒙古"亦然。一篇文章、一部著作，两种写法交互使用，令人眼花缭乱。出现这种情况的主要原因，是对于八旗体制中的民族之尊卑，地方属性和民族属性，没有弄清楚之故。众所周知，建元天命时，当年文献只出现"八旗诸王，诸大臣"（jakūn gūsai beise ambasa）[4]字样。指明"八旗"已经建立。而此时八旗内部的民族关系，包括《满文老档》等早期文献，都没有提供范例。确切的行文是载在晚近时期的《钦定八旗通志》中。其行文是："甲寅年（1614）始定八旗之制，以初设四旗为正黄、正白、正红、正蓝。增设镶黄、镶白、镶红、镶蓝四旗合为八旗（黄白红蓝均镶以红，红镶以白）。三百人设牛录额真一，五牛录设甲喇额真一，五甲喇设固山额真一，每固山设左右梅勒额真一,以辖满洲、蒙古、汉军之众。时满洲蒙古牛录三百有八,蒙古牛录七十六,汉军牛录十六。行军时,地广则八旗并列,分八路;地狭则八旗合一路而行。"[2]4在这段行文中,有两个问题值得注意。其一,"以辖满洲、蒙古、汉军"一语,反映在八旗体制下,满洲族占居首位,蒙古次之,汉军又次之,尊卑有序。人们常常注意顺治皇帝说:"若以理言,首崇满洲,固所宜也。"[5]其实在努尔哈赤立国时期,已经确立了主导统治民族至上思想。所以,初创的八旗制度以满洲族领衔,当无疑义。其二,"行军时,地广则八旗并列,分八路"一语值得注意。这八路,在蒙古、汉军尚未各自组成八旗的情况下,自然从镶黄旗开始,正黄、正白、正红、镶红、镶白、正蓝,直到镶蓝旗,每个旗都是打"八旗满洲"旗号。蒙古、汉人等民族所属之牛录,处于"随旗"地位。然而,当崇德七年(1642)八旗蒙古、八旗汉军组织完善之后,遇到行军地广时,我们看到的还是八旗分八路,而八旗满洲的领旗地位没有变化,而蒙古和汉军各色旗,仍然先后随各色满洲旗行走。事实不难看出,努尔哈赤所开创的八旗制度,尽管经过皇太极时期完善体制,以族属之分旗看,似乎有24旗。但实际上,还是只有八旗。他们是镶黄旗满洲、蒙古、汉军;正黄旗满洲、蒙古、汉军;正白旗满洲、蒙古、汉军;正红旗满洲、蒙古、汉军;镶红旗满洲、蒙古、汉军;镶白旗满洲、蒙古、汉军;正蓝旗满洲、蒙古、汉军和镶蓝旗满洲、蒙古、汉军。以镶黄旗为例,当出兵攻城时,是由镶黄旗满洲贝勒、固山额真带领,镶黄旗所属蒙古、汉军固山额真随旗,合成一股进攻城市的西北方。八旗驻防时亦同样如此。所以,在八旗体制下,八旗蒙古、八旗汉军尽管是独立组旗,但其独立性十分有限,它们始终随满洲旗行走。又譬如,八旗制度在顺治八年(1651)之后,形成上三旗和下五旗。一般人理解上三旗当指八旗满洲镶黄旗、八旗满洲正黄旗、八旗满洲正白旗。下五旗当指八旗满洲正红旗、八旗满洲镶红旗、八旗满洲镶白旗、八旗满洲正蓝旗和八旗满洲镶蓝旗。其实不然,上三旗实际是包含九个旗,即除八旗满洲镶黄旗、八旗满洲正黄旗和八旗满洲正白旗三个满洲旗外,在满洲镶黄旗下有"随旗"蒙古和汉军；在满洲正黄旗下有"随旗"蒙古和汉军；在满洲正白旗下同样有"随旗"蒙古和汉军。而下五旗亦均是同样的模式。所以，目前大家所看到的满洲八面旗帜之外，还有其他的旗帜吗？没有。而从清朝的档案和文献资料看，也是如此，试问有人发现有蒙古或汉军八个旗单独行动的事实吗，同样没有！综观八旗制度的内涵，我们在书写八旗族属之旗分时，科学的写法，当以"八旗满洲"、"八旗蒙古"和"八旗汉军"为序，"八旗"在前，"族属"居后。所以，在清代文献中，一般都是以"八旗满洲、蒙古、汉军……"[2]7之类的形式表述。如果反过来，随意称"汉军八旗"，或"蒙古八旗"，在八旗制度下都是分权和否定满洲族之领旗地位的表现，在清前期是绝不允许的。从清朝中叶开始，个别文献因执笔者不理解这种制度的本质，亦有如上错误写法，看后亦不必感到奇怪。

从八旗体制角度，我曾专门谈过"随旗"问题。众所周知，努尔哈赤创立的八旗制度，是推行"一国之众，八旗分隶"的组织形式。天命十一年（1626），努尔哈赤曾经申明："以为国人众多。稽察难遍。不知一国之众。以八旗而分隶之、则为数少矣。每旗下以五甲喇而分隶之、则又少矣。每甲喇下以五牛录而更分隶之、则又少矣"[6]。具体分隶办法，在族属问题上，有一定区别。凡是满洲（诸申）人，一律在旗，全部按照八旗分配。投诚的蒙古人有的编入满洲牛录，自然在旗。这是旗人分隶八旗。此时，尽管努尔哈赤在国体问题上，认同汉族为国民，为"赤子"，但由于他的民族主义思想作怪，政策很不稳定，口头上强调"诸申、尼堪一家"，而内心却防范之。所以，汉人在这个时期基本上都不在旗。然而，限于国体定制，"一国之众，八旗分隶"，汉人同样被分配在八旗之下，因为他们都无旗籍，故称"随旗"。而汉人的编制，按照明朝的总兵、千总、备御制度编入户籍。当时的"备御"被认同为"牛录"，两者同级，所以《满文老档》中，有时将"备御"亦译成汉文"牛录"。如佟养性、李永芳所带领的汉兵，皆随满洲正蓝旗行走。《满文老档》所记载的"诸申五牛录"之后,常常记有"汉人五牛录"字样。这汉人的"牛录"并非是真的牛录编制,而是"随旗"的"备御"组织。所谓太祖时期"汉人牛录十六"之说,尽管出自官书文献,但至今查无实据。至于所谓努尔哈赤将汉人"独立地编为八旗基层组织"等说法,既无事实根据,亦不符合当时所奉行的民族政策。

  汉军组织作为八旗制度完善的后续成员,起自天聪朝,完善于崇德朝。它是皇太极加强皇权,发展重兵——"炮兵"的产物。天聪五年(1631),皇太极为发展炮兵,从佟养性、李永芳等领导下的汉兵炮手中抽调部分汉兵,组成六甲喇(有人误读为汉军诞生之时),形成金国的新兵种,直属皇帝管辖。六甲喇制度运作三年,天聪七年(1633),扩大规模,组成"汉兵一旗",由佟养性领导。因为大凌河投降的汉人形成有影响群体,朝廷起名为"新汉兵",所以,来自六甲喇,形成"汉兵一旗"中的汉人,又称"旧汉兵"。天聪八年五月皇太极正式宣布旧汉兵一旗,改为乌真超哈(ujen cooha),这就是第一个汉军旗的诞生时间。这个汉军一旗,便是佟养性死前领导的"汉兵一旗"。这样看来,汉军一旗诞生的时间,还有讨论的必要吗?还需要有单独记载,方可定其诞生时间吗?崇德二年(1637)、四年(1639)是汉军旗两次扩建,崇德七年(1642)进行最后的定编,形成八旗汉军。至此,在八旗满洲之下,皆分别各有汉军的对应"随旗"旗分。由此可见,八旗汉军的形成,不是它的独自"创立",而是以八旗满洲为主导的八旗制度的完善。它是作为少数民族为主导的民族和文化多元性国家体制最后形成的明显标志。

  在八旗体制下,由于皇太极比其父亲更加认识到汉族在国家政体中地位的重要,采取重用汉人,"固基业"的政策。不仅在八旗满洲之后,充实八旗蒙古和八旗汉军为强大助力,而且采取更加灵活的政策,在封敕"三顺王"的基础上,吸收三位藩王入旗。研究八旗制度者皆知,恭顺王孔有德和怀顺王耿仲明的天佑兵与智顺王尚可喜的天助兵,尽管是由汉人组成的独立军团,但从天聪八年(1634)至崇德七年(1642)的九年间,在八旗体制下,亦并非是不受八旗制度约束的队伍，而同样是"随旗"群体。崇德七年八月以前，他们以天佑兵和天助兵身份随八旗满洲行走。因为当年八旗汉军体制完善，"三顺王"当即申请入旗。经皇太极批复，指令他们随八旗汉军旗行走，即孔有德所部跟随正红旗汉军，耿仲明所部跟随正黄旗汉军，尚可喜所部跟随镶蓝旗汉军，另有沈志祥所部跟随正白旗汉军。当时"三顺王"虽然入旗，具有旗籍，敕封世袭官职，但未曾编组佐领。清军入关之后，吴三桂归降。顺治四年（1649），他带领的所部官员受封八旗世袭职务。此时，"三顺王"所部，开始编组佐领。而顺治九年（1652）前后，吴三桂的部下已经组成左、右两个旗，均随汉军正黄旗行走。从此，清朝四大藩王，都是八旗汉军"随旗"军团。当然，平定藩王叛乱之后，藩旗组织被打乱，才分别重新编入八旗汉军。

这里值得一提的是，清军入关后，八旗制度作为少数民族政权的国体，面对新的形势，"随旗"制无法囊括广大的汉等各族人民，便出现"国之中容一八旗"的国中之国问题。从此八旗制度在新的挑战下，逐渐不适合新的生产力发展需要，日益走向衰落。如上的评述是目前八旗制度研究中，已经形成的基本共识。

二 一部难得的开拓之作

从以上的论述中，不难看出，研究八旗制度的难度很大，而且至今疑难较多。孟森先生直言不讳地说，八旗制度在中国史学中，"亦是重大知识"[1]218，占有特殊地位。孙守朋博士撰写的《汉军旗人官员与清代政治研究》一书，从选题到内容的研究，都不愧是一部难得的开拓之作，对于推动清史和满学研究的进一步发展，具有启示作用。

众所周知，清代八旗制度是满洲（诸申）军民合一的社会组织形式，主要由八旗满洲、八旗蒙古和八旗汉军共同组合而成。八旗汉军是其中三大族群之一，对于这个族群，文献中曾经从不同的视角进行过表述。刘凤云教授在序言中引证云："汉军乃辽东、三韩、三卫人民，国初称曰乌真超哈，亦称辽人。或内地迁于关外，如丁令威、管幼安者也。或明季勋戚投旗者也。孔、尚、耿三王所领之天佑兵、天助兵亦隶焉"[7]。这里出现的情况，主要是指满洲入关前加入八旗汉军人员。满洲贵族常常称他们是"从龙入关者"。而满洲进关之后，加入八旗汉军者，清朝文献虽载："分隶投诚官于八旗，编为牛录"[5]213。而实际情况更为复杂，史称"汉军其初本系汉人，有从龙入关者，有定鼎后投诚者，有缘罪入旗，与夫三藩户下归入者，有内务府王公包衣拔出者，以及招募之炮手，过继之异性随母因亲等类，先后归旗，情结不一"[8]。事实表明，八旗汉军是来自多源而复杂的汉人聚结之族群。从清太宗宣布旧汉兵一旗为乌真超哈开始，到清朝光绪三十三年（1907）"奉旨变通旗制"，"一切与齐民无异"[9]为止，八旗汉军历经274年沧桑，在满洲贵族的旗帜下，完成了它所承担的历史使命。今天学人欲完成对它的全方位研究，确实有难度。然而，年轻的孙博士，有勇气、智慧和魄力承担这项课题，实在难能可贵。综观全书的开拓亮点，令我感动，为我国清史和满学研究后继有人而高兴。以下略加剖析。

（一）选题恰当。从全方位研究八旗汉军，不要说是年轻学者，即使是有多年积累的专家，也会却步。而孙博士从八旗汉军官员角度切入，可见其选题精当而量力，是智者所为。书中讨论的重点明确，即"以强调汉军官员特殊身份为立论前提。主要探讨——历史作用、最高统治者对其态度与政策、官缺与官员数量以及与满官、汉官的关系等；群体嬗变与清朝政治变迁的关系；主要以封疆大吏汉军督抚、驻防将领作为考察重点"。可见，选题谨慎、恰当。考察的结果受到专家们的好评。刘凤云教授在序中做了很好的点评。即"近年，中国史学在历经变革与创新中，将一个新观念、新视觉、新方法呈献给学术界，有关汉军旗人的研究也在不断推陈出新。（孙）守朋博士的《汉军旗人官员与清代政治研究》就是其一。以往学界的研究，多将关注点集中于满洲与汉人群体及满汉民族关系上，研究的时段也多限定与清初或者清末。(孙)守朋则从纵向的视觉,对汉军旗人的兴起、发展、极盛,以及势力走向衰落的历史,进行了长时段的考察,系统深入地分析了汉军在历史衍变中的作用与地位演变。在选题上有补汉军旗人专题研究中的某些不足"。李治亭教授亦有较高的评价,认为选题"弥补以往研究之不足",所研究的问题,"实为学术界之首次"。于鹏翔教授肯定这个选题"是第一部较为全面、系统地阐述汉军官员群体嬗变与清代政治变迁的著作,所展示的学术创建拓展了清史和满族史研究空间,具有较为重要的学术价值和现实意义"。笔者拜读全部大作后,亦有同感。

(二)见解独到。书中有关开拓性的见解,各位专家已有很好的评价。认为作者通过考究汉军旗人官员群体衍变规律,在学术创新方面做了"有益尝试"。"书中不乏新议和考订,特别对雍正朝和乾隆朝汉军旗人官员诸多问题的研究具有一定的前瞻性,研究思路和学术观点亦形成自己的独到之处。此外,是书在考订方面也给人以启示。诸如认为汉官不完全是汉人,而是以汉人为主要成分,还有女真和蒙古等其他民族人物,如佟养性等佟氏、石廷柱等石氏、王一屏等,先祖是女真人,何智机理等是蒙古人。这些人之所以会被当作汉人任用,是因为他们迁至汉人聚居区已久,已经汉化,所以努尔哈赤把他们当作汉人任用。这些研究对民族关系与民族认同等理论问题的探索,提供了进一步研究的素材和例证"。

作者从八旗汉军的历史表现,提出它发展的五个阶段的观点,符合实情。即崇德兴起、顺治发展、康熙极盛、雍正渐衰、乾隆衰萎。而实际探索时,尚包括天命年间,即指出太祖任用汉官"四大特点";用大量事实,即参考范文程、李永芳等70余名汉官资料,描写努尔哈赤时期对汉官积极任用、疏远、打击等并存的状况,反映出当时民族政策的不稳定性。在研究清太宗时期时,突出研究对汉官的民族政策转变,加强国体建设,强调"满汉之人均属一体"的国体问题。通过对张春、祖大寿、洪承畴、马光远等汉官事迹,将问题论证的比较完整。同时,通过歌谣"揽辔秋风听野歌,雄图开辟太宗多。

遥知王气归辽海,不战中原自倒戈",确立皇太极在大清国建设中最后确定国体不可取代的历史功绩,以及八旗汉军制度完善的历史过程,将汉军作为完善八旗制度的重要组成部分做了具体分析。

通过对顺治朝文治武功的研究,肯定范文程、洪承畴及八旗汉军诸多督抚的历史功绩。在清军入关的问题上,不仅体现范文程、洪承畴的杰出文韬和武略,也显示出八旗汉军的重大历史贡献。当时的外国人所说的"汉人中最勇敢的人反而为了满洲人去反对他们本民族",主要是指八旗汉军而言。有关这一点,雍正皇帝亦不讳言。他曾说过:"世祖章皇帝入京师时,亦不过十万,夫以十万之众,而服十五省之天下",其中重要原因之一是"明之臣民,咸为我朝效力驰驱。其时,统领士卒者即明之将弁,披肩执锐者即明之甲兵"[10]。而汉人中,同样主要是指八旗汉军。将汉军的发展历史背景,反映得比较真实。

康熙朝通过对鳌拜案件清理,平定藩王叛乱之后的整饬,八旗汉军"极盛一时"。通过在八旗汉军中奖励忠烈仪型、树立清官典范、倚重能臣和赋予驻防重任等问题的论述,将康熙帝对八旗汉官重视、包容的政策,论述得清清楚楚。其中不乏有关八旗汉军势盛的数字统计。如"康熙朝新编汉军八旗佐领五十九个"、任用的督抚"汉军则十居其七,满洲十居其三"等等。事实表明,孙博士刻苦钻研的精神,独到的见解,十分可嘉。

在论证雍正朝汉军官员渐衰时,同样列举大量事实。诸如"三等九级"评定;批评汉军习气;斥责其外任多带子弟;相互通声气"朋比"结党;虚伪、贪污、言行不一等等。除对个别的如嵇增筠、田文镜、杨宗仁、郝玉麟及时表彰外,采取压缩汉军职权政策。同时,也将雍正皇帝对八旗汉军实行团结、重视政策,论证得比较充分,诸如"满洲、汉军、汉人,朕俱视为一体"、"勿稍存满、汉形迹于胸中"、"国家须满汉协心,文武共济,而后能致治"、"心无偏向则公,公则未有不和"等等,用传统儒家思想教导汉军官员,并指出皇帝引见八旗汉军人数竟多达489人。这种细致入微的探索,在清史研究中，很值得赞赏。

在论证乾隆朝汉军衰萎时，除强调皇帝继承历朝重视八旗汉军官员，曾经引见349人外，指出本朝汉军表现好者，比例下降，即皇帝肯定上等人才18名，占349人中的5.20%，不到雍正朝17.46%的1/3。并批评八旗汉军官员是"卑劣的包衣"、"无能力"、"没出息"、"疲软人"等等。同时，以充足的事实，论述包衣势力对汉军的冲击、《贰臣传》对汉军的影响，以及汉军出旗等诸多问题。总的说，八旗汉军五个发展阶段的观点，到目前为止，是具有开拓性的见解。

（三）特殊论断。孙博士在书中除提出前边独到的见解之外，还提出一个特殊论断，很值得关注。他引用钱穆先生"历史特殊性"作为理论根据，接着阐述云："目前，在满旗史研究领域，学者探讨满汉关系时，有的忽略作为中间群体的汉军旗人；有的注意到汉军旗人却无法确定汉军旗人到底是满人还是汉人，只能避而不谈；有的研究简单化处理，把汉军旗人归属为满人或确定为汉人，而没有注意到其双重属性变化……而对清代重要的中间社会群体汉军旗人之汉族特性与满化（认同满洲文化）因素很少论及或未深入探讨，未免有失偏颇"。"本书系统深入地探讨汉军官员群体的动态变迁，是将其置于整个清朝政治格局中考察，与满官汉官对比分析，考察三者关系及势力消长。既重视汉军官员汉文化特质和其满洲因素，又关注两种因素的变化。而且在通过汉军官员嬗变透视清代政治变迁的长时段研究中，发现清代政治汉、满因素的共时性，且两者较量演变错综复杂。如果本书的上述探索有利于推动满、汉关系进展，为清史研究第三道路的开辟提供新的视角，这可能是本书最大的收获之一"[3]180。

上述概念的产生，主要根据顺治朝以降的历史文献和各种资料记载。诸如"国方新造，用满人与民阂"、"满人与有所凭借而无以取信于天下"、满洲"未娴习汉文，不能汉语"、"不谙世务"等等。用汉人"与政地阂"、"汉人有所顾忌而不忠于清廷"、汉官"时而胡帽，时而南冠"、"已归者尚多惊疑，未附者或怀观望"、"首鼠两端"、汉族官僚"习于武者昧于文，善于文者耻于武"等等。而汉军

"侍直既久,情事相浃,政令皆民闻,为最宜也"、汉军官员享受特权后"抒诚效忱"、"只有汉军官员才最可信赖",等等。孙博士通过上述"考察三者关系"之后,得出汉军为"中间群体"论,并延伸出"混血"、"黏合剂"、"大明骨,大清肉"等概念,用以代称"中间群体"之内涵。即汉军以"汉文化为主体的双向互动,是"混血"的文化载体,儒家文化积极倡导者,文化认同上视自身为满洲",即"大明骨,大清肉"[3]6。界定中间群体的观念是什么?孙博士提出两点:"中国古代少数民族政权任用汉人历史中汉军官员具有独特之处;断代史中不同满洲、汉官的特点"。为了证明上述观点的正确,书中统计顺治朝边疆用"汉人督抚59人,汉军督抚116人,(汉军)占66.29%",同时统计出顺治朝"新编汉军佐领46个"。将汉军队伍扩大的情况,进行详细论述。如上对汉军特殊群体的论述,不失为作者的一个卓见,如果能够引起更多感兴趣的专家、学者深入研讨,无疑将推动对八旗制度的深入研究。

(四)资料翔实。从这部书中可以明显地看出,孙博士刻苦钻研,学风可嘉。众所周知,一部专著的完成,从资料来源之厚度,可见基础是否牢靠;资料引证是否翔实,可见作者治学态度。作者在行文中,践行自己的信条:坚持"言必有据",有一分资料说一分话。这是治史者,必须坚守的原则。从参考书目中,完全可以看到作者治学的态度。如使用过的资料有档案18项;官书、志书、传记23项;笔记、文集28项;今人编著49项;期刊、学位论文等32项;工具书10项,共计169项。同时,作者在论述群体与个体、人物与制度、汉军官员与满洲、汉人官员、集案与个案等诸多关系中,有综合,有分析,逻辑清晰。这不仅是方法问题,亦是态度问题。特别值得一提的是,所制五个附录表,涉及370余人,功夫和难度可见一斑。综合诸位专家见解和本书内容,我认为孙博士的专著《汉军旗人官员与清代政治研究》一书,是一部难得的开拓之作,很值得一读。已经为进一步研究八旗汉军开了好头。

三　对八旗汉军研究的展望

　　鉴于孙博士对于八旗汉军研究的切入点、深入程度、主要视觉和基本社会理论等整体观念之认识，尽管研究成果十分可嘉，但总体上看，这个成果对于八旗汉军来说，终究是个阶段性的成果。欲将此课题研究真正令学界同仁刮目相看，尚需努力。那么，从哪些方面努力，目前我考虑有以下三个方面的问题：

　　（一）汉军官员与汉军问题。研究八旗汉军官员，自然是研究这个群体的主要部分，无可厚非。但终究不如就整个群体全面展开研究为好。因为清代八旗制度是当时社会上层建筑领域的重要组成部分，它作为生产关系，是制约当时生产力发展的重要瓶颈。不从马克思主义这一基本观点出发，很难解剖当时的社会发生的主要矛盾。著名清史专家王钟翰先生指出："从清初入关直到清中期二百年间，汉人相继投充满洲而被编入佐领下的人，当不下好几百万人，而投充汉人逃亡在外，最终归入民籍而恢复汉人民族成分的，即以三分之一计之，或在百万左右"[11]。查阅历史档案，顺治五年（1648）加入旗籍的台尼堪、汉军、包衣阿哈尼堪等在旗汉人男丁共有262816人，占八旗男丁总数的75.16%；康熙六十年（1721），在旗汉族男丁共有481004人，占八旗男丁总数的69.04%；雍正元年（1723），在旗汉族男丁共有444416人，占八旗男丁总数的67.7%。如果每丁以五口之家计算，在旗汉人达到2364280人之多[12]。证明王钟翰先生的说法正确。况且，到清代中叶，每家人口最多者达到8口或更多一些。如果我们研究八旗汉军，将这么庞大的社会群体放在一边，只研究八旗汉军官员，显然不够。

　　（二）以"大明骨，大清肉"为纲。有关清史专家早就注意到："在有清一代，不仅存在满人'汉化'的问题，同时也存在汉人'满化'的问题"[13]。孙博士注意到"美国兴起的'新清史'则强调清朝统治的满族因素，即把其成功与否的关键归因于对满洲特质和满洲

第一编 满族史与八旗

之道的保持和卫护"的观点[3]180。他的导师刘凤云教授十分敏锐地指出：新清史强调"清朝的满洲元素及其独立性质"、"清朝的国家与民族认同等问题"，都是对重新审视清史提出了新的讨论，遗憾的是本书并没有涉及[3]序—8。所说的"没有涉及"之意，并不是说没有提到，而是没有作为一个重点进行讨论。新清史观点的本质是所谓中国大陆"二元文化"对立观点的翻版，并无新的东西。终极目的是从文化上强调满、汉民族间对立和分裂。所谓"满洲特质"、"满洲因素"，说到底就是源于打牲、游牧和采集等物质生活，而形成的以骑射文化和尚武精神为内容的整个文化圈，或称旗文化。在中国大陆的历史发展长河中，这种文化本身就是现实生态的产物，它的存在是相对的，暂时的。当它与源于农业而形成的儒家等中原传统文化圈碰撞，并认同到一定程度和深度时，便分解为两部分。一部分不适合先进文化需要之因素，被淘汰，如满洲的群婚习俗、酷刑、殉葬等。另一部分文化精华便被认同，加入中华传统文化之中。如满洲"清脆的语音"、旗袍等，成为中华语言和服饰文化宝库中的瑰宝。时至满洲贵族入关140年后的乾隆初年，以清语、骑射为主要内容的旗文化的所谓"独立性质"已经走向消磨殆尽的历程。所以，"满洲因素"或"满洲特质"是个相对、暂时、动态、演变中的文化要素。它对中华传统文化来说，如同一溪之水。当它出源之时，有独流之势，而一旦双流相会，便难洞踪影。如果过分强调其独流时期的"独立性质"，并将其绝对化，便是无知。我们清醒地知道科学研究无国界，但同时我们更懂得，科学工作者自有祖国。所以，我们不能接受在我们的文化园地，那些无知的议论。中国民族之间的文化关系是"多源认同"关系。刘凤云教授和他的学生孙博士在书序和行文中，都提到大学士范文程自称自己是"大明骨，大清肉"[14]的名句。这句话是范文程自身的体会，也是研究八旗汉军的纲领。它准确地指出中国民族关系中，两种文化相互认同的真实性。不懂中国民族文化关系的人，应该先学习这深层次文化的内涵，避免自己陷于轻率者之嫌。

1. 关于"大明骨"问题。孙博士在引用"大明骨"与"大清肉"名句之后,将八旗汉军群体看成"中间群体"、"混血"、"黏合剂"等。其实,最准确的还是范文程的名句。以这个名句为纲,便抓住了研究八旗汉军的关键和钥匙。所谓"大明骨",一般人会理解为范文程是汉人之故。因为乾隆皇帝曾经多次说过,"汉军原系汉人"[8]17179、汉军"本系汉人"[8]10263。实际上这大明骨,并非是指的族属,而是指文化而言,是指以汉族文化为主的中原儒家等传统文化。例如,清人曾说八旗汉军的祭祀,"从汉人礼者十居七、八"。这表明汉军文化的主流是以汉人为代表的中原传统文化,为主要表征。换句话说,汉军群体文化,与范文程本身一样,以"大明骨"为主要文化特征。但内务府汉姓人则不同,他们的祭祀"如满洲礼者十居六、七"[7]137,主流是满洲文化,或者是旗文化。所以内务府包衣以"大清骨"、"大明肉"为主流文化表征。这两个群体认同满洲文化显然深度不同。

八旗汉军集"大明骨"和"大清肉"两种文化载体于一身,从文化类型说,是继明朝270余年,以女真族为代表的打牲文化与以农耕为主的汉族为代表的中原儒家传统文化,早已经过漫长的相互文化认同过程。只是由于满洲贵族起兵,在建立民族国家过程中,两种文化相互冲突升级,进入激烈撞击时期,而使问题更加凸显而已。清朝入关前,满洲贵族认同"大明骨",作为立国主导思想。主要抓中华传统文化中,统治思想和相关制度两个问题。如一则认同中国历代王朝的天命观,认为君权天授,"汗为天命之子"。努尔哈赤建元"天命",便是证明。同时,提出:"明君治国、务先求忠诚之人而倚任之也",认同并主张儒家"主(长存)忠信"[6]65思想。在君臣治国方略问题上,认同修身齐家治国平天下的纲领,以实现儒家"和为贵"、"协和万邦"、"休和洊至"等"为治之道"。天命十年(1625),努尔哈赤毅然将儒家的孝道,纳入治国理念,他说:"为人也孝悌,而好作乱者,未之有也。吾世世子孙,当孝于亲,悌于长。其在礼法之地,勿失孝悌恭敬之仪。至于燕闲之时,长者与少者居,宜蔼然相接,俾子弟得翕如和乐以共处,少敬其长,以诚意将之,长爱其少，亦以诚意出之，毋虚假也。昔者我国、各分居其地。今满洲、蒙古、汉人共处一城，如同室然。若遇卑幼过严，则卑幼无暇豫时矣，物虽少亦当宴会欢聚耳。朕所训示者如此"[6]127。可见，他将孝道与"和乐"思想，从家庭、社会引申到民族关系领域，欲将金国打造成团结、和乐的民族国家。皇太极继承汗位之后，继续推行如上思想，将金（清）国社会向封建化道路大大推进了一步。二则抓历朝典章制度，推行明制。天命六年（1621）四月，努尔哈赤下令，将"明国所定诸项章典，俱缮文陈奏"。皇太极时期将太祖的"去其不适，取其相宜"之语，概括为"参汉酌金"[4]。于是，努尔哈赤时期，采取明朝制度，置总兵、千总、备御制，管理汉人。皇太极主张"凡事都照《大明会典》行"，推行明朝的六部、都察院等制度。所以，作为"大明骨"的主要文化内容，得到金国政权的全面认同。而八旗汉军官员正是"大明骨"主要载体和向满洲贵族积极的推行者。这种情况延续到满洲贵族进关，潮流更加不可阻挡。顺治帝倡导："开国崇经术，投戈自得师"，积极"兴文教"，竭力"崇经术"，以至于"虚己勤学，手不释卷"，竟至"书法诗文俱有法度，儒释经典，均能贯穿旁通"[15]。到康熙帝时，满洲贵族认同"大明骨"文化潮流，达到顶峰。"他几乎读遍了所有的汉人名著，他背诵了大部分被中国人（汉人）认为是圣书的儒家著作，或其他一些原著"，并"潜心理学，旁阐六艺，以《御纂朱子全书》及《周易折中》、《性理精义》诸书"[16]。此时，康熙帝与满洲贵族部分上层，认同中原传统儒家文化水平，已经"登堂入室"。这与汉军范文程、宁完我和洪承畴等一大批汉军官员历朝引导、推动大有关系。因此，所谓"大明骨"是中华传统文化的代名词。满洲贵族在文化层次上"大明骨"要素日渐增进。实际上它的整个族群，已经从"大清骨"向"大明骨"嬗变之中。

2. 关于"大清肉"问题。文化认同是中国多民族共同文化形成的历史途径、趋势和归宿。主流模式是经过漫长的历史过程；激进模式是短暂时期，常常出现在历史的拐点时刻。八旗汉军作为两种文化载体，是 17 世纪中国历史拐点时刻的产物。所谓"大清肉"，是汉族对源于打牲文化而演进成的满洲文化成分，或旗文化的认同部分。用 17 世纪外国人的话说，就是："鞑靼化了的汉人，即已经站到鞑靼人旗帜下的汉人"[10]217。这部分汉人认同满洲文化，大体包括：国家认同、旗籍认同、语言骑射认同、服饰发式认同、婚丧嫁娶认同、姓氏名字认同、祭祀等各种风俗文化认同等等。总括起来名之为"大清肉"。其实，这种"大明骨，大清肉"在当时的族群文化载体中，不只是汉军，满洲族群也是一样。例如，史称："开国之初综满洲、蒙古、汉军皆通国语，有经史性理，凡人能言者，皆识字，能识字者，即通经，上至王公，下迄执殳之士，不待笺疏，皆能通经史大义。故康熙诸大臣类能以经术施吏治，佐圣祖仁皇帝致太平"[17]1—2。其中满洲除能"皆通国语"等本族文化外，"皆能通经史"。这岂不是具有"大清骨，大明肉"吗？当清朝中叶以后，包括满洲在内的族群，亦一并向"大明骨，大清肉"转变。当然，我们所讨论的是汉军问题，从清朝汉军对满洲文化认同情况看，我们没有全面统计，单从祭祀分析，有人统计说："八旗汉军祭祀，从满洲礼者十居一、二，从汉人礼者十居七、八。内务府汉姓人，多出辽金旧族，如满洲礼者十居六、七，如汉军（人）礼者十居三、四耳"[7]137。换句话说，外八旗汉军是"大明骨，大清肉"。内务府旗人则反之，他们认同满洲文化更深刻。

（三）八旗汉军出旗问题。孙博士将八旗汉军官员的发展，分作五个阶段。这种分析有它合理的一面，即从八旗制度本身规定的民族关系出发。如果我们站在更高的理论制高点上，换个角度研究，可能结论就会是另一个样子。众所周知，马克思说："物质生活的生产方式决定着社会生活、政治生活以及精神生活的一般过程……社会的物质生产力发展到一定程度时，便和它们向来在其中发展的那些现存生产关系，或不过是现存生产关系在法律上的表现的财产关系发生矛盾。于是这些关系便由生产力发展的形式变成了束缚生产力的桎梏。那时社会革命时代就到来了。随着经济基础的变更，在全部庞大的上层建筑中也就会或迟或速地发生变革"[18]。清朝入关以前所创建的八旗制度,是满洲社会从打牲、游牧和采集兼资农业的社会生产方式,刚刚进入"农牧(兼打牲、采集)兼资"的社会。八旗制度是建立在这种"寓兵于农",兼资经济基础上。社会生活的物资匮乏,在失去中原大市场的情况下,常常采取掠夺方式来满足社会需求。但作为农业民族,他们采取的是"出则为兵,入则为民,耕战二事,未尝偏废"的政策。八旗兵没有兵饷,有事时将卒"各宜自备行粮"[19]。尽管一般八旗士卒生活并不充裕,但到崇德年间,基本生活可以得到保障。所以,吏科给事中林启龙奏称:"昔兵在盛京,无饷而富"[5]634。可以说,这个时期,八旗制度与当时的社会生产力发展,基本相适应。

清军进关之后,最初跑马圈地,官兵各得房屋、地产,加上人口有限,民风朴实,生活仍很充裕。所以,史称"我朝定鼎之初,八旗生计颇称丰厚,人口无多,房地充足之故也"。然而,从顺治初年,部分官兵交出地产,特别是百年之后,八旗兵出现"房地减于从前,人口加于什佰",生活出现"甚觉穷迫"状况。于是,官兵开始以丁粮为兵饷,加上"俗尚奢侈,不崇节俭",粮饷不足所用,官兵过着"有饷而贫"的生活。八旗兵以粮饷为生,是清军进关后,八旗制度首次"变通"。当时的奏文是:"揆之时地似宜变通,查会典开载,马匹、军装、军器、草料诸款,旧例全用给兵,乞皇上垂念八旗旧兵,为朝廷劲旅,仍照旧通给钱粮,则人皆蒙恩,不苦于穷困矣"[5]634。进入乾隆时代,数百万八旗家口,脱离生产,八旗制度早已"变成了束缚生产力的桎梏",如何解放社会生产力,成为摆在清政府面前的迫切任务。故史称:"八旗汉军户口日繁,生计未免窘迫,又限于成例,不能外出营生",明确指出八旗制度这个"成例"对社会生产力的严重束缚。于是,清政府先是采取"一律由国库付清"那些"债台高筑而陷于极度贫困"的八旗亏空。其后,在京畿农村推行井田制,令旗人耕种,并迁移京旗人口,前往拉林等东北地区垦荒。而八旗汉军出旗,便是各项解放社会生产力重要措施之一。它要求"各项八旗人等有愿改归民籍与愿移居外省者,准其具呈本管官查奏"[2]36。这就是马克思所说的"随着经济基础的变更,在全部庞大的上层建筑中也就会或迟或速地发生变革"。汉军出旗是满洲贵族对八旗制度的一次有意义的"变革"或"变通"。至少是一次解放社会生产力的行动,是对上层建筑的重要调整。从这个意义上说,汉军是被解放者。如果从文化上看,汉军认同满洲文化只有两个阶段,即从崇德年间至康熙年间是上升发展阶段,此后是文化回归阶段。因为到乾隆年间,满、汉文化相互认同经过五代人,已经达到两个民族"性情无所不通,语言无所不晓"[8]23991的程度,汉军最初所认同的"大清肉",已经回到"大明骨"境地,融入中华传统共同文化之中。

从以上的评述中,不难看出三个问题:其一,八旗制度尽管尚有诸多需要深入拓荒之地,但前人已经解决的问题,从事本课题的研究者当认真领会、核实,确定自己的见解,不能满足与复述他人见解。其二,孙博士对于八旗汉军的研究,是一部难得的开拓作品,很值得一读。其三,在提高马克思主义史学理论的同时,需要深刻认识八旗汉军是满、汉文化相互认同的重要载体地位,如能从文化相互认同演变历程出发,认真剥离两种文化认同发展过程,并确定演进中的阶段性,这样的作品必将是极品佳作。

[参考文献]

[1] 孟森. 明清史论著集刊[M]. 北京:中华书局,1959:218.

[2] 李洵,等. 钦定八旗通志[M]. 长春:吉林文史出版社,2002.

[3] 孙守朋. 汉军旗人官员与清代政治研究[M]. 北京:人民日报出版社,2011:2.

[4] 满文老档[M]. 昭和三十年东洋文库本:67.

[5] 清世祖实录[M]. 北京:中华书局,1986:570.

[6] 清太祖实录[M]. 北京:中华书局,1986:141.

[7] 福格. 听雨丛谈[M]. 北京:中华书局,2007:5—6.

[8] 清高宗实录[M]. 北京:中华书局,1986:10263.

[9] 潘景隆,张旋如. 吉林旗务[M]. 天津:天津古籍出版社,1990:1.

[10] 中国社会科学院历史所清史研究室. 清史资料：第1辑 [M]. 北京：中华书局，1980：107.

[11] 王钟翰. 清史续考 [M]. 台北：华世出版社，1993：52.

[12] 安双成. 顺康雍三朝八旗丁额浅析 [J]. 历史档案，1983（1）：100.

[13] 王钟翰. 清心集 [M]. 北京：新世界出版社，2002：126.

[14] 张怡. 謏闻续笔 [M] // 佚名. 笔记小说大观：第三十册. 南京：江苏广陵古籍刻印社，1984：255.

[15] 杨钟羲. 雪桥诗话 [M]. 上海：上海古籍书店，1913：2.

[16] 赵尔巽，等. 清史稿 [M]. 北京：中华书局，1977：9898.

[17] 盛昱. 八旗文经 [G]. 光绪二十八年：1—2.

[18] 马克思，恩格斯. 马克思恩格斯文选 [M]. 北京：人民出版社，1958：340—341.

[19] 清太宗实录 [M]. 北京：中华书局，1985：26.

［原载于《吉林师范大学学报》（人文社会科学版）2014年第4期］

近代以来清代汉军旗人研究的回溯与反思

孙守朋[*]

"八旗者，太祖所定之国体也"，为后代清统治者所沿袭。对八旗这种特殊制度，满洲统治者不允许百姓妄加评论，所以"自清入中国二百六十七年有余，中国之人无有能言八旗真相者。"到清朝灭亡，才有真正意义上的八旗研究，"既易代后，又可以无所顾忌，一研八旗之所由来，即论史学亦是重大知识"。[1]

孟森先生是近代以来八旗研究的肇始者，他于1936年撰成的《八旗制度考实》一文对八旗制度作了精深的阐述。这篇十多万字的长文也是近代以来研究汉军八旗的开创之作。其中的《汉军佐领考略》为后来者研究汉军组织开辟了道路，奠定了研究基础。从孟森先生至今八旗汉军研究，已经取得了丰硕的研究成果。刘金德的《三十年来八旗汉军研究综述》，分三方面进行总结，一是八旗汉军建置的过程，二是八旗汉军与八旗满洲、八旗蒙古三者之间的关系，三是八旗汉军的瓦解及其历史作用。这是从汉军研究开展以来，第一次学术史回顾，是一个重要成就。[2] 而此研究综述只是对近三十年来的、国内的、主要侧重八旗汉军组织研究总结。"历史是人事的记录，必是

---

[*] 孙守朋（1976— ），男，吉林梨树人，吉林师范大学历史文化学院副教授，历史学博士，研究方向：清史、满族史。

先有了人才有历史的。"[3]本文以汉军旗人为考察点,对近代以来的国内外八旗汉军研究进行回溯与反思,以便进一步推动八旗汉军研究,甚至八旗制度研究。

汉军旗人的研究始于1936年孟森撰写的《八旗制度考实》一文,文中详考汉军佐领编制,阐明汉军旗人来历,是研究汉军旗人的开创之作。

八旗汉军人物的研究显得内容丰富、气氛活跃、形式多样。自孟森先生以来,汉军旗人研究分为两方面:一是汉军旗人个体研究,一是汉军旗人群体研究。

个体研究中有两位汉军旗人是热点人物,一位是洪承畴,一位是施琅。历来对他们评价不一,随着改革开放以来学术的繁荣,学界对他们展开了深入的研究,取得了丰硕的成果。①

同洪承畴和施琅一样,石廷柱、尚可喜、范文程、宁完我、佟养性、夏成德、孙可望等皆是明清易代人物,仕清隶八旗汉军,学术界也极为关注,对他们的身世命运、历史作用进行了一定的研究。② 清代前中期汉军人物被学术界研究的有于成龙(镶黄旗汉军)、张允随、年羹尧、田文镜、李侍尧等,侧重于研究他们治理地方的成就与

---

① 如自20世纪80年代以来,全国性的洪承畴学术研讨会召开三次,施琅学术研讨会召开四次,并且每次研讨会论文都已结集出版。1991年,红旗出版社出版王宏志著的《洪承畴传》;1992年5月,四川人民出版社出版的李新达著的《洪承畴传》;2006年8月商务印书馆出版杨海英著的《洪承畴与明清易代研究》;1987年厦门大学出版社出版施伟青著的《施琅评传》等。

② 关于这些人物的研究成果有:江桥:《清初的汉军将领石廷柱》,《历史档案》1989年第1期;柳海松:《论尚可喜叛明归清》,《辽宁大学学报》(哲学社会科学版)2005年第2期;侯寿昌:《浅论佟养性》,《历史档案》1986年第2期;王政尧:《佟养性和"佟半朝"》,《人物》1989年第2期;李鸿彬:《清初杰出政治家——范文程》,《社会科学战线》1983年第4期;王思治:《范文程评议》,《社会科学》1984年5期;张玉兴:《范文程归清考辨》,《清史论丛》第六辑,中华书局1985年版;孙守朋:《清初汉军夏成德简析》,《满族研究》2008年第1期;李新达:《关于孙可望降清问题》,《清史论丛》第六辑,中华书局1985年版;顾诚:《孙可望评传》,收入《中国农民战争史论丛》第五辑,中国社会科学出版社1987年版;郑玉英:《宁完我简论》,《社会科学辑刊》1984年第2期。

皇帝的关系等。① 关于清末的汉军人物，如赵尔巽、赵尔丰兄弟等，重点研究了他们在清末的活动。②

有一个研究事实必须承认，这些汉军旗人的资料难与洪承畴与施琅的研究资料相提并论，历史影响也不如他俩大，所以研究成果与规模不显著。史料的匮乏直接制约了汉军人物研究成果数量的扩大。此外，这些人物虽都隶属于汉军旗，但研究成果中侧重汉军旗人身份的成果微乎其微，仅见的有江桥的《清初的汉军将领石廷柱》[4]和刘凤云教授的《汉军旗人官员于成龙的双重政治性格》[5]。

可能有鉴于上述情况，或其他原因，一些学者以群体的视角考察、研究汉军人物，这样既能体现这个特殊群体的身份特征，同时一定程度上克服了个体研究资料不充分的困境。

汉军旗人群体而引起学界广泛关注是自20世纪80年代以来，这30多年的研究主要集中在以下五方面：

一 围绕汉军旗人组织的研究

日本学者细谷良夫的论文《雍正朝汉军旗属牛录的均齐化》[6]和绵贯哲郎的《关于入关后编立的八旗汉军佐领》[7]、《八旗汉军"勋旧"佐领考——雍正朝"佐领三分法"与"勋旧"名称》[8]和《安南

---

① 参见刘凤云《汉军旗人官员于成龙的双重政治性格》，收入辽宁大学历史文化学院编：《明清史论丛——孙文良教授诞辰七十周年纪念文集》，辽宁大学出版社2004年版；王燕飞：《清代督抚张允随与云南社会》，云南大学出版社2005年版；邓锐龄：《年羹尧在雍正朝初期治藏政策孕育过程中的作用》，《中国藏学》2002年第2期；田露汶：《略论雍正帝与年羹尧关系的演变》，《历史档案》1997年第4期；许宏芝：《论田文镜及雍正朝的吏治》，《广播电视大学学报》（哲学社会科学版）2006年第3期；张民服：《从〈抚豫宣化录〉看田文镜抚豫》，《史学月刊》1994年第5期；董建中：《李侍尧进贡简论》，《清史研究》2006年第2期。

② 参见余阳：《赵尔巽对清末奉天省财政的整顿》，《满族研究》1992年第4期；阳信生：《赵尔巽与清末湖南新政》，《株洲师范高等专科学校学报》2006年第6期；陈一石：《从清末川滇边务档案看赵尔丰的治康政绩》，《近代史研究》1985年第2期；迟云飞：《赵尔丰在川活动简论》，《历史教学》1991年第4期；徐君：《清末赵尔丰川边兴学之反思》，《中国藏学》2007年第2期等。

黎氏佐领编设始末考》[9]三篇文章皆以汉军基层组织为研究对象,均是沿着孟森先生思路的进一步研究。在《八旗制度考实》长文中,孟森先生根据《清史列传·马光远》中"(天聪)七年,诏于八旗满洲佐领分出汉人千五百八十户,每十丁授绵甲一,以光远统辖,授一等子爵",提出汉军一旗建于天聪七年,[1]在我国史学界影响颇大,在今天的一些论著中仍然沿用。"天聪七年说"也产生了学术争鸣。郑天挺先生发现其中存在问题,提出"天聪五年说"。1944年郑天挺先生在《清代皇室之民族与血系》中指出:"(旧汉兵)太宗天聪间始改置军号乌真超哈,即汉军之始,以佟养性为昂邦章京,汉语总兵,石廷柱副之,并谕养性曰,'汉人军民诸政付尔总理',又谕诸汉官曰,'汉人军民诸政命额驸佟养性总理'。其时汉人初自成军而以养性总之必非无故。养性既卒,(天聪六年)石廷柱代之为昂邦章京。"[10]24太宗谕佟养性之语于天聪五年正月乙未,可见郑天挺先生已看到汉军始于天聪七年说之误。直到1954年郑天挺先生在《清代的八旗兵和绿营兵》中才明确地提出:"一六三一年(天聪五年),满清将各旗的汉人拨出,另编一旗(王氏《东华录》),后来定名为汉军,以黑色为旗帜。"[10]333 1958年莫东寅先生所著《满族史论丛》,同意郑天挺先生的看法[11],叙述文字亦相似。陈佳华、傅克东两位先生认为郑天挺先生主张汉军始于天聪五年说比较接近当时的历史事实,具文考证汉军一旗正式成立当在1631年(清天聪五年)农历正月,而准备工作则是在1630年约于后半年着手。[12]李新达先生也认为,"天聪五年正月,皇太极令佟养性总理汉人军民诸政,为汉军一旗创建之始。"[13]滕绍箴先生认为"旧汉兵"非旗籍,与汉军有原则区别,笼统地说汉军旗诞生可定为天聪七年正月或八月二十八日,科学而名副其实的汉军诞生在天聪八年五月初五日。[14]

围绕汉军旗人组织的研究另一重要内容是汉军出旗问题,美国"新清史"代表学者柯娇燕的《乾隆朝汉军八旗的衍变》[15]一文强调出旗诱因中的满洲种族性,而谢景芳的《清代八旗汉军的瓦解及其社会影响》[16]论文重视"汉化"影响,观点的差异体现了"新清史"

与"旧清史"研究的交锋。

此外，台湾学者陈双凤的论文《清代的包衣与汉军》[17]和大陆学者张玉兴的论文《包衣汉姓与汉军简论——八旗制度兴衰的一个历史见证》[18]都讨论了汉军旗人与包衣汉人的组织区别与联系。

总的来说，关于汉军旗人组织学者对其创设时间、发展沿革等诸多方面进行了比较深入的探讨，取得了一定的进展。除对汉军一旗建立时间意见不同外，其他如对汉军八旗建立的条件、背景及二旗、四旗、八旗建立的时间以及汉军八旗组织的历史作用，基本都持一致看法。另外，对汉军旗人组织成分变动以及与其他群体组织区别与联系也有论及。毋庸讳言，迄今为止，汉军旗人组织主要是笼统性论述，"多是粗线条研究，微观探索只是皮毛，还有很多疑难问题尚待解决"。[14]

二 汉军旗人的地位与历史作用研究

刘咏梅的《论清初汉军旗人督抚的历史作用》一文，阐述了清初汉军旗人督抚的五方面作用：（一）笼络汉族地主阶级，扩大清廷的统治基础；（二）平定各地抗清势力，稳定清廷的统治秩序；（三）兴利除弊，缓和社会矛盾；（四）发展农业生产，恢复地方经济；（五）修建学校，振兴文教。从民族融合的角度得出结论：汉军旗人是满汉融合的"混血儿"，充当了满汉民族融合的"粘合剂"。[19]刘凤云教授的论文《清康熙朝汉军旗人督抚简论》，考察了康熙朝督抚比例，汉军旗人总督占总数的56%，汉军旗人巡抚占总数的49%，说明康熙朝的督抚以汉军旗人为主，接着考察了汉军督抚多由荫叙与学校出身，最后论证康熙朝汉军督抚多以能臣的面貌出现。认为汉军督抚为康熙朝政治的开创起到他人无法替代的作用。[20]此文数表统计精确，人物与制度结合，群体与个案互动，可谓汉军旗人群体研究的典范之作。此外，刘咏梅的《试析汉军旗人的特点——兼论清初重用汉军旗人的原因》[21]一文指出"汉军旗人"有如下特点：畅晓汉情，谙悉满俗；通晓掌故，练达政事；才兼文武，堪当重任；身隶旗籍，效忠清廷，这些特点是他们在清初被重用的原因。日本学者江夏由树的《旗产：清末奉天地方精英的崛起》是在其博士论文的基础上，辅之以近年来新的研究成果修订而成。实际写的是清末奉天汉军旗人的历史，把焦点聚集于清末最后十年，当东北取消军事管理，置于地方管辖之下，一部分汉军旗人如赵尔巽、袁金铠等是如何抓住这一契机，在新建立的奉天省逐渐取得地方决定权的，从而识辨东北地方精英与清朝地方政权之间的复杂关系。[22]此方面研究集中于清初兼及清末，着重研究督抚等高官精英，而对于清中后期低级汉军旗人官吏或普通汉军旗人的历史作用鲜有关注。

三 汉军旗人世家研究

汉军世家，均为入关前入旗的辽东汉人，且其先世多为明朝将帅。刘小萌在《北京旗人社会》一书中梳理了李（成梁）、祖（大寿）、郎（廷佐）和高（天爵）四大汉军家族基本状况，着重考察四个家族既与旗人通婚，又与民人结姻亲，说明汉军旗人在婚姻选择方面比满洲、蒙古旗人有较大自由。[23]杜家骥根据汉军张氏和甘氏家谱分析出，汉军旗人主要与汉族血统之人结亲，与他们在根源上同为汉人，感情及风习上比较接近有关。而在旗人内部，绝大多数人又是在汉军旗人之间通婚，与满洲、蒙古旗人结婚者少，这与双方在传统的民族情感、风习有某种隔阂有关，另一重要原因，是八旗内部双方地位不平等，汉军旗人地位较低。家族的婚姻关系。[24]孙守朋不仅发现雍正朝"汉军旧家"的衰落，而且从汉军世家本身情况和雍正帝行政风格等方面进行了分析。[25]此方面研究侧重清前期汉军显贵家族，对于普通家族鲜有关注。

四 汉军旗人文化研究

有学者发现汉军旗人满化现象，如日本学者杉山清彦以上层人物为主要对象揭示顺治朝汉军旗人"满洲化"的进程。[26]而有学者,如谢景芳则认为汉文化是汉军旗人文化的本质,其不能被彻底满化,其回归汉文化是必然。[16]滕绍箴强调汉军旗人的"大明骨,大清肉"文化特性,并指出汉军旗人文化是满、汉文化相互认同的重要载体。[27]赵维和、苗润田的论文《满洲八旗与汉军八旗民俗礼仪比较研究》[28]主要从婚礼、祭祀、丧葬等方面比较了清代汉军旗人与满洲八旗习俗文化,指出两者在满族共同体形成之前,都有着各自完整的民俗礼仪规制,然而,当新的民族共同体形成后,两者体现了文化的交融,但在民俗礼仪应用中,仍然存在着诸多差异,这些差异根源于满汉文化的不同印迹。

汉军旗香是学者关注的热点问题,主要有以下方面研究:

张晓光《汉军旗香渊源辨析》对旗香源于唐王李世民东征不苟同,提出可能源于清中叶前后满汉民族矛盾中,汉军家族抒发对清廷不满,在继承祭龙王、灶神等中原礼俗之外又加上唐王、薛仁贵等(唐王是他们心目中渴望的汉民族的化身,同薛礼等征东名将一体而成为受压制的汉民族的救世主)祭礼而形成的文化形式。[29]

焦平、宋传玉《浅谈〈汉军旗香神歌〉渊源与变革》认为宽甸的汉军旗香吸收了满八旗萨满扮相、器乐和部分诵词外,逐渐糅合了大量汉族的民间传统、戏剧、曲艺、杂技和唱腔。[30]

李德《汉军旗香"钩沉"》认为"旗香"是汉军旗烧香祭祀活动,是由满族萨满跳神演化而成,从艺术角度讲,是一种带有歌舞色彩的民间说唱形式,有娱神、娱人双重功能。[31]

任光伟《谈东北汉军旗人及其"烧香"与云南流人之关系》认为汉军旗香形成于明末清初,是流行于东北的汉人祭祀在发展过程中受到满族跳神的冲击与影响逐步定型为既区别于萨满跳神又区别于民人烧香的一种特有的祭祀形式,这种形式的形成,也与流行于云南某些祭祀习俗的参与、影响分不开。[32]

曹丽娟的论文《汉军八旗祭祀歌舞辨析——兼论满、汉民族间文化的融合》通过比较汉军旗香、满族萨满跳神、民香的三种祭祀歌舞形态，而清晰认识到汉军旗人祭祀歌舞是满、汉两种民间祭祀成分的地域性有机融合。[33]

一些学者考察了旗香文化遗存，对追溯清代汉军旗香文化很有帮助。如刘桂腾《乌拉鼓语：吉林满族关氏与汉军常氏萨满祭祀仪式音乐考察》[34]、孙运来和王成名的《吉林满族陈汉军旗的萨满祭祀》[35]、刘红彬的《陈汉军张氏萨满探析》[36]、李忠芝和佟国艳《陈汉军旗萨满神论特点及探析》[37]、戴士权等的《试析满族陈汉军旗的来源及特点》[38]、侯雁飞和张荣波的《吉林乌拉陈汉军旗人"台神"探微》[39]。

综观学界关于汉军旗人文化的研究，皆以满文化与汉文化为本位，并非立足汉军旗人文化的研究。

五　汉军旗人族属认同研究

王钟翰在《关于满族形成中的几个问题》一文中提出，清代汉军旗人的民族成分标准，只能按当时是否出旗作为一条杠杠，凡是既已出旗为民的大量汉军旗人或因罚入旗后又改回民籍的，就应该算作汉族成员，否则都应该把他们当作满族成员看待。[40]李德的《试论汉军八旗族属》一文指出汉军旗人应大体肯定是满族，更应根据具体情况确定其族属。[41]定宜庄从族谱中发现辽东汉军旗人不肯认同满族的意识，这与其他各处的八旗汉军不同。[42]吴晓莉的论文《清代黑龙江汉军旗人的族群意识》发现黑龙江八旗汉军与水师营汉军都愿被认同为满人，而结果前者被当作满人，后者仍被视为汉人。[43]这些研究是以满汉认同为核心，而忽略了汉军本身认同。

此外，杜家骥注意到由于《清史稿》等史书记载不明确，又由于旗主之间的改旗，都统、副都统随之改易，使谁充任哪个旗的都统不易分清，他的《清初汉军八旗都统考》[44]一文澄清了汉军旗人石廷柱等都统和祖泽润等副都统所隶旗分问题。

综观国内外学界，对三大八旗群体之一的汉军旗人进行多维度探讨，研究范围更加广泛，研究领域不断扩大，研究理论与方法更新，取得相当可观的成果，出现了都统与督抚群体的研究和地方群体的研究等，而且还有把汉军旗人作为整体研究的。汉军旗人研究反映了八旗研究从政治史、制度史向社会文化史转变，涉及汉军婚姻、人口等社会史研究内容，体现历史学、民族学、社会学多学科交叉研究。也体现了"新清史"与"旧清史"对话与争鸣。另一方面，汉军旗人研究较满洲旗人研究成果少，但较蒙古八旗研究成果还是多的。没有理顺汉军旗人与满洲旗人、蒙古旗人、汉人以及与包衣汉人的关系，甚至出现混淆现象，造成对汉军旗人定位不明确，至今仍有学者把汉军旗人等同于汉人，简单把汉军认同为汉人，或认同为满洲；偏重于清前期兼及清末汉军旗人上层的个案研究，未能系统深入地揭示出清代汉军旗人整体特征与社会演变，难以清晰反映满洲与清代特殊的发展模式。

[参考文献]

[1] 孟森. 八旗制度考实 [M] //明清史论著集刊正续编. 石家庄：河北教育出版社，2000：120.

[2] 刘金德. 三十年来八旗汉军研究综述 [J]. 绥化学院学报，2009（4）：39—42.

[3] 钱穆. 中国历史研究法 [M]. 生活·读书·新知三联书店，2005：80.

[4] 江桥. 清初的汉军将领石廷柱 [J]. 历史档案，1989（1）：81—83.

[5] 刘凤云. 汉军旗人官员于成龙的双重政治性格 [M] //辽宁大学历史文化学院编. 明清史论丛——孙文良教授诞辰七十周年纪念文集. 沈阳：辽宁大学出版社，2004：159—168.

[6] 细谷良夫. 雍正朝汉军旗属牛录的均齐化 [J]. 社会科学战线，1986（2）：145—152.

[7] 绵贯哲郎. 关于入关后编立的八旗汉军佐领 [M] //朱诚如. 庆贺王钟翰九十华诞清史论集. 北京：紫禁城出版社，2003：487—498.

[8] 绵贯哲郎. 八旗汉军"勋旧"佐领考——雍正朝"佐领三分法"与"勋旧"名称 [M] //中国社会科学院近代史研究所政治史研究室. 清代满汉关

系研究．北京：社会科学文献出版社，2011：274—286.

[9] 绵贯哲郎．安南黎氏佐领编设始末考［M］//达力扎布．中国边疆民族研究：第四辑．北京：中央民族大学出版社，2011：343—355.

[10] 郑天挺．清史探微［M］．北京：北京大学出版社 1999：24.

[11] 莫东寅．满族史论丛［M］．北京：人民出版社 1958：155.

[12] 陈佳华，傅克东．八旗汉军考略［J］．民族研究，1981（5）：17—30.

[13] 李新达．关于满洲旗制和汉军旗制的始建时间问题［J］．清史论丛：第四辑．北京：中华书局，1982：216—223.

[14] 滕绍箴．清初汉军及其牛录探源［J］．满族研究，2007（1）：60—72.

[15] CROSSLEY, PANELA KYLE. The Qian-Long Retrospect on the Chinese-martial (hanjun) Banners［J］. Later Imperial China10, no. 1, June 1989：63—107.

[16] 谢景芳．清代八旗汉军的瓦解及其社会影响［J］．中央民族大学学报，2008（3）：55—64.

[17] 陈双凤．清代的包衣与汉军［J］．今日中国，2011（119）：145—155.

[18] 张玉兴．包衣汉姓与汉军简论——八旗制度兴衰的一个历史见证［J］．辽宁大学学报，2003（4）：37—45.

[19] 刘咏梅．论清初汉军旗人督抚的历史作用［J］．海淀走读大学学报，2001（4）：75—80.

[20] 刘凤云．清康熙朝汉军旗人督抚简论［M］//满学研究（第七辑）．北京：民族出版社，2002：350—372.

[21] 刘咏梅．试析汉军旗人的特点—兼论清初重用汉军旗人的原因［J］．安徽师范大学学报，2000（4）：537—541.

[22] 贾艳丽．江夏由树著《旗产：清末奉天地方精英的崛起》［J］．历史研究，2006（1）：188—189.

[23] 刘小萌．清代北京旗人社会［M］．北京：中国社会科学出版社，2008：595—596.

[24] 杜家骥．八旗与清朝政治论稿［M］．北京：人民出版社，2008：536.

[25] 孙守朋．汉军旗人官员与清代政治研究［M］．北京：人民日报出版社，2011：121—126.

[26] 杉山清彦．清初期对汉军旗人"满洲化"方策［M］//中国社会科学院近代史研究所政治史研究室．清代满汉关系研究．北京：社会科学文献出版社，2011：58—71.

[27] 滕绍箴. 八旗汉军研究的几个问题——兼评《汉军旗人官员与清代政治研究》一书 [J]. 吉林师范大学学报：人文社会科学版, 2014 (4): 8—15.

[28] 赵维和, 苗润田. 满洲八旗与汉军八旗民俗礼仪比较研究 [J]. 满族研究, 2013 (2): 61—66.

[29] 张晓光. 汉军旗香渊源辨析 [J]. 满族研究, 1989 (3): 36—38.

[30] 焦平, 宋传玉. 浅谈《汉军旗香神歌》渊源与变革 [J]. 满族研究, 1991 (2): 77—80.

[31] 李德. 汉军旗香"钩沉" [J]. 满族研究, 1995 (3): 86—87.

[32] 任光伟. 谈东北汉军旗人及其"烧香"与云南流人之关系 [J]. 民族艺术研究, 1995 (3): 22—27.

[33] 曹丽娟. 汉军八旗祭祀歌舞辨析——兼论满、汉民族间文化的融合 [J]. 满族研究, 1993 (1): 86—90.

[34] 刘桂腾. 乌拉鼓语：吉林满族关氏与汉军常氏萨满祭祀仪式音乐考察 [J]. 中国音乐, 2003 (3): 23—35.

[35] 孙运来, 王成名. 吉林满族陈汉军旗的萨满祭祀 [J]. 社会科学战线, 2008 (10): 132—138.

[36] 刘红彬. 陈汉军张氏萨满探析 [J]. 满族研究, 2009 (1): 80—82.

[37] 李忠芝, 佟国艳. 陈汉军旗萨满神谕特点探析 [J]. 长春大学学报, 2010 (9): 88—90.

[38] 戴士权, 等. 试析满族陈汉军旗的来源及特点 [J]. 满族研究, 2011 (1): 66—70.

[39] 侯雁飞, 张荣波. 吉林乌拉陈汉军旗人"台神"探微 [J]. 北华大学学报, 2013 (5) 57—61.

[40] 王钟翰. 关于满族形成中的几个问题 [J]. 社会科学战线, 1981 (1): 129—136.

[41] 李德. 试论汉军八旗族属 [J]. 满族文学研究, 1982 (2): 14—24.

[42] 定宜庄. 辽东移民中的旗人社会 [M]. 上海：上海社会科学院出版社, 2004: 224.

[43] 吴晓莉. 清代黑龙江汉军旗人的族群意识 [J]. 满语研究, 2005 (2): 77—80.

[原载于《吉林师范大学学报》（人文社会科学版）2014 年第 6 期]

八旗再考

[日] 柳泽明著 N. 哈斯巴根 刘艳丽译[*]

一 前言

一般来讲，八旗制度是理解清朝国家结构和特性的关键问题之一。但是，坦率而言，对八旗的研究并没有太多进展。其原因很多，其一是正如一些概述性著作所言，八旗是"军事制度兼行政制度"[1]，或"既是军事组织，又是表示人的基本归属的社会组织"[2]。八旗的特点是多面的，很难把握其整体状态。尤其是如果想构筑八旗全貌，首先必须探究入关前其成立与发展过程。但同时，至入关前的某个时期为止，八旗几乎等同于国家本身。因此，把握八旗发展过程就显得更为不易。相关史料不足是致命的，就连八旗的创立年代都无法确定。在这种现状之下，暂时避开困难，以史料较丰富的入关后的八旗为对象展开研究，可以说是一种适宜的手段。然而，入关后八旗淹没在囊括汉地（中国内地）、藩部（蒙古、西藏、新疆）的多元国家当中，通常人们仅仅是从"满汉关系""旗民关系"的视角探讨八旗，而对八旗与其入关前的连续性，以及对八旗整体状态的把握等研

---

[*] 柳泽明（1961— ），男，日本东京都人，吉林师范大学满族文化研究所兼职教授，日本早稻田大学文学学术院教授，博士生导师，研究方向：清史、满学；N. 哈斯巴根（1972— ），男，内蒙古赤峰人，北京市社会科学院满学研究所副研究员，博士，研究方向：清代边疆史；刘艳丽（1980— ），女，河北秦皇岛人，吉林师范大学国际交流与合作处，硕士，研究方向：近现代中日关系。

究都不是很充分。

兼顾以上几点问题，在下节中对入关后八旗的扩展与多样性，谈一些私见。

二 八旗的扩展与多样性

如前所述，有关八旗制度的成立，因缺乏决定性的史料，现阶段还无法全面阐明其过程。但是，太祖努尔哈赤不断征服女真或满洲诸集团进行统合后，陆续对他们进行大规模迁徙，并将其作为八旗编成的基础是已经得到明确的事情[3]。八旗制度是在女真——满洲人等归属后金过程中确立的组织体系，当初并非是以民族为划分设立的。但是，随着后金国的扩大，蒙古、汉人等其他民族成分比重增多，因此分别在天聪年间设立八旗蒙古，崇德年间设置八旗汉军，所谓的八旗就成为以民族为区别的组织。

这一时期，在民族构成复杂化的同时，作为八旗全体，其扩大的局限性也充分体现出来。例如，向辽东发展后，对收归治下的大量汉人，应该怎么处理？是作为属民将其附属于八旗？还是将其归于八旗范畴之外？抑或如满洲人、蒙古人一样，积极地将其编入八旗？关于这些，好像并没有固定的方针①。即使是对蒙古诸部，后金、清朝从初期的通好、同盟关系，逐渐转变成为近于"支配"的关系。编入八旗的只是蒙古的一小部分，蒙古的大部分以"部"为单位，在其原首长层支配下保存下来，包含于被称为"外藩蒙古"的另一个范畴里。

入关使八旗的扩展更加停滞化，清朝迁都北京以后，为了统治拥有广大版图和大量人口的中国内地，随着绝大部分旗人的移住，八旗自身的扩充基本停止。其后清朝朝着多元化统治结构的"帝国"建设方向发展。

---

① 有关这一问题，参见张晋藩、郭成康《清入关前国家法律制度史》，辽宁人民出版社1988年版，第299—355页。

但是，八旗的扩大，并非因为入关而完全终止。在关内，有旧明兵将、三藩降兵等编入八旗汉军的事例。同时在关外的东北地区（尤其是吉林、黑龙江两个将军辖区），入关以后基本上也是八旗世界，其扩充至少持续到雍正年间，各种民族集团被重新编入到八旗组织。除了东北之外，蒙古的察哈尔（cahar）八旗是一个显著的例子。在这些八旗的扩充过程中，基本上沿袭了入关前八旗蒙古、八旗汉军所呈现的"民族区别"原理。这一原理有时在通常的驻防八旗框架当中，是以对特定的民族集团为母体的牛录给予民族称呼的形式进行。另外，还有像察哈尔八旗、"布特哈（butha）八旗"、呼伦贝尔（hulun buir）地方的索伦（solon）八旗、新巴尔虎（ice barhū）八旗一样，只由特定的民族集团构成八个旗的例子①。这样，入关后，八旗大体上是以民族区别编成的原理为基础，分化为多样的组织和形态。

还应注意的是，如笔者在别文中探讨过的那样，特别是在上述只由特定集团构成的八旗组织当中，壮丁对国家的义务，以及国家对其进行的补偿情况，与一般驻防八旗有很多不同，是富于变化的②。当然，对这样的组织形式追究到底的话，就会遇到"怎样的形式状态才能应该划入'八旗制'"的问题。例如，由大兴安岭、嫩江一带的索伦、达呼尔所构成的"布特哈八旗"，虽然分归各旗色，并且被陆续动员到与蒙古和中国内地的战役中，但一直到1760年为止没有发放过俸饷，其后也继续负担着进贡貂皮的义务，留有浓厚的近于"边民"的特性[4]。总之，这些人的确还存在于八旗之外的、被称为边民或外藩蒙古的组织体系的界面中。从哪里划清它们的界限是一件非常困难的事情。嘉庆《大清会典》卷六九"八旗都统"条中的如下所述，可以说是一种大致的衡量标准（[ ]内为笔者所注）。

---

① 柳泽明：《清代黑龙江八旗制的展开与民族再编》，《历史学研究》698，1997年（以下略称柳泽1997）。但是，在呼伦贝尔的通称"索伦八旗"中，除了索伦之外还有达呼尔（dagūr或dahūr）、鄂伦春（orocon或oroncon）、巴尔虎（barhū）等民族成分。

② 参见柳泽1997年有关论述。

打牲、游牧之隶八旗者、察哈尔都统所属兵万有八百人……黑龙江将军所属兵四千四百九十四人[黑龙江将军所属、布特海〔布特哈〕打牲部落索伦领催、马甲九百七十三人，达呼尔领催、马甲八百六十人，鄂伦春领催、马甲一百六十五人，呼伦贝尔游牧部落旧巴尔虎、新巴尔虎领催、马甲一千七十六人，额鲁特前锋二十六人，领催、马甲一百七十八人]。

在这一记录中，上述诸组织作为"八旗所属者"虽然有别于一般的八旗，但仍然被包含在八旗制度的范畴当中①。

另一方面，在中国内地，八旗汉军在满汉官缺制度中被看待为准汉人，以及从乾隆时期推行的汉军旗人的"改归民籍"政策来看，八旗汉军仍处于"旗"、"民"两种界面之间。从这点看，可以说八旗汉军与关外的各种八旗组织拥有相同的特性②。

如上所述，基于民族区别原理编成的八旗，可以称之为"横"向的扩张，但也绝不能忽视其"纵"向的扩张情况。在八旗内，有被称为"户下人"（booi niyalma）或"家奴"（booi aha）的隶属身份的人，或因某些理由户下人被解放，得到独立户籍，被称为"开户人"的人，他们中的大部分在血统上属于汉人，来源于明清战争中的俘虏或因贫穷而卖身者。另外，还有与户下人性质稍有不同，源于入关前隶属民，被称为包衣佐领（booi niru）的牛录。这些牛录在上三旗中统辖于内务府，直属于皇帝，在下五旗中，以各种方式承担着侍奉旗主的义务。因为这些人被登录在旗籍上，所以当然归属于八旗范畴。然而，乾隆年间与汉军旗人的"改归民籍"同时推行的户下人和开户人出旗籍成为民籍的"出旗为民"政策，充分体现这些人处于八

---

① 但是，有关布特哈，这条史料记述的是从1760年开始俸饷发放以后的情况。对于在此之前的情况是否持同样的考虑是个问题。如柳泽1994年所论，1760年以前的"布特哈八旗"在诸多方面与一般驻防八旗很不相同。在本稿决定在以下不把"布特哈八旗"包括在驻防八旗的范畴内探讨。

② 楢木野宣：《清代重要职官研究》，风间书房1975年版。陈佳华、傅克东：《八旗汉军考略》，《满族史研究集》，中国社会科学出版社1988年版。

旗与中国社会的界面之间[5]。

综上所述，八旗无论是在可以称之为民族的"横"向上，以及可以称之为身份的"纵"向上，都是具有相当扩张性的组织。当然，如果为了对八旗整体状态进行更具体的解释的话，在关注其扩张性、多样性的同时，进行更进一步的考察是不可或缺的。但遗憾的是，对后者的身份问题，笔者现在知之甚少。笔者曾经作过几次有关入关后关外（东北、蒙古）八旗扩充问题的考查，所以在下节中对其进行补充性探讨。

三　入关后东北八旗编置的背景和目的

近几年，笔者发表过几篇有关东北，尤其是黑龙江地区诸民族集团被编入八旗问题的论稿。其目的之一是想弄清楚这种统治形态的变化对现在"民族"框架的变迁有什么影响？还有一个期待，那就是通过对这种事例的详细检讨，希望能找到更加立体地阐明八旗制度整体状态的线索。这不仅仅是更加具体地了解前节所述所谓八旗"横"向的扩充和多样性的有关问题。在东北各地，边民、"布特哈八旗"或蒙古札萨克旗等种种民族集团被编入八旗。当然，并不是所有的人众都以一定的节奏、机械性地被编入八旗的，而是基于当时的历史状况和集团特性，选择性地被编入八旗。因此，如能分析在什么样的背景下、什么样的人成为被选编对象的问题，就能弄清楚其编入八旗的目的和意义。由此，可以反映出八旗制度整体的功能和特征，甚至进行追溯，可以反射出入关前八旗制度的成立与发展过程。

从这样的观点出发，虽然已在别文当中讨论过部分问题，但在此将入关后关外诸民族集团的八旗编入事例整理成表格（表格附文后），主要考察其背景和目的问题。

（一）作为军事力量的利用

八旗制度最基本的功能之一就是有效地确保了军事力量，这是确定的。入关后东北诸集团的大规模编入八旗是明显集中在军事情况高度紧张的时期。正如已指出过的1670—1680年八旗编入事例表明，当时基本是围绕黑龙江流域与俄罗斯的纷争为背景，以加强入关后东北薄弱的军事力量为目的而进行的八旗扩张①。1689年《尼布楚条约》的缔结，使对俄关系一度安定下来。但此时与蒙古准噶尔部发生冲突，从1690年开始又陆续出现了大规模的八旗编置②。这期间1685年于墨尔根、1691年于齐齐哈尔新设驻防，黑龙江将军亦从黑龙江（爱珲）移至墨尔根（1690），后又移到齐齐哈尔（1699）。这些都如实证明了军事重心的转移。接下来引人注目的是1732年以后数年间编入事例，这也是受到1729年的对准噶尔战争再次爆发，以及1731年准噶尔军东进影响而采取的措施。实际上，此时东北八旗经常被动员到对准噶尔的战役当中，长期出征。

然而，这样的驻防八旗的编入并不一定是违背当地人的意愿而强制实行的。如上所述，齐齐哈尔驻防的新设（见下文表格），确实是在1691年初黑龙江将军萨布素的提议下实施的。但实际上，在此之前，索伦总管麻布岱等给理藩院进呈了如下文书（"康熙三〇年七月三日兵部咨黑龙江将军文"中引文，《黑龙江将军衙门档案》11—1691。[ ]内为笔者所注）。

> cicigar[cicihar]等村佐领……[人名略]……骁骑校……[人名略]③等呈大臣："我等父祖仰仗英明圣主，从sahaliyan ula[黑龙江]移至non[嫩]江，已40余年。其间，赖于太平，散居于600余里地方，幸福如意地生活。如今，ūlet与kalka互战，如若像barhū人众等窘迫恶人，察觉到我等散居于诸多村落，

---

① 松浦茂：《康熙前期库雅喇、新满洲佐领的移住》，《东洋史研究》48—4、1990年。松浦氏也探讨过有关1676年以后新满洲牛录的大移动，与察哈尔布尔尼叛乱的关联问题。
② 楠木贤道：《齐齐哈尔驻防锡伯佐领的编立过程》，石桥秀雄编《清代中国的诸问题》，山川出版社1995年版。
③ 在此所说的佐领和骁骑校均为"布特哈八旗"的官职名。

侵犯而来，我等即欲保护妻儿，亦难以迅速集结……故，请使我等穿戴盔甲，于我等所居附近一险要之地筑城聚居。如有效力之处，我等愿为报圣主养育之恩，舍命奋斗。

文中，"穿戴盔甲"是指成为八旗兵（披甲）。由此看来，齐齐哈尔驻防的新设不单纯是兵力的充实问题，也可以窥探到为确保当地住民的安全而顺应当地人愿望的意味。

（二）统制的强化

将诸集团编入八旗，并不是将确保军事力量作为唯一目的，有时也有防止有关集团叛离、强化统制及监视之意。作为这样例子，首先让人想到的便是察哈尔八旗。察哈尔好像在入关前就已被编入八旗组织，但其札萨克制被废止改为总管旗，正式被划为驻防八旗范畴则是在布尔尼叛乱之后的1676年①。遗憾的是，因缺乏了解其前后事情的史料，不能作出确切证明，但可以认为，至少在察哈尔八旗编置当初，与利用其军事力量相比，为防止其再度叛离而加强统制与监视才是清朝主要的目的。

关于1734年新巴尔虎八旗的编成，已在别文中作了详述[6]，在资料中能够确认清朝有防止其叛离的目的。这是因为原来归属于喀尔喀车臣汗部各旗的巴尔虎人众，1730年以后集体逃亡到俄罗斯，根据《恰克图条约》而被俄罗斯遣返之后，清朝将其从札萨克旗抽出，于呼伦贝尔地方编成八旗。这一措施实施当初，雍正帝曾作过如下见解〔满文《朱批奏折》506—4—90—1157，丰升额民族蒙族，丰升额等奏折（无年月）所引用的雍正九年——月二十四日谕旨〕：

　　彼等生活困窘，并原本与其所管台吉等不和，且曾叛逃至他国。故，若仍留原旗，不仅互相猜疑，生活无法安定，台吉等亦

---

① 光绪朝《大清会典事例》卷977，理藩院、设官、察哈尔官制。

无法抚养彼等，恐怕再生事端。

总之，新巴尔虎八旗编置的目的，不仅有消除巴尔虎人同领主台吉们（贵族）间的不和以及生活困苦等各种造成其逃亡理由的因素，也有防止巴尔虎人再度逃亡的目的。

（三）对贫穷者的救济

表格中列有因生活贫穷而被编入八旗的群体，清廷以支给俸饷的方式对其进行救济的实例。也就是说，俸饷并不是对其服兵役导致生活困难所进行的补偿，而是当初即以救济其生活为目的的。如雍正《会典》卷221，理藩院、丁册条中有如下记述：

> 康熙二十六年覆准，索伦贫人求内地应差者，著在索伦地方郎中总管逐一查问。有情愿充骁骑者，安置在墨尔根、爱浑等处，遴选才能，分别授为佐领、骁骑校，归入该处旗分管理，交黑龙江将军给与钱粮军器。其不愿充骁骑者，仍留原住地方。

意思是，从贫穷的索伦中选出志愿者，"归入该处旗分管理"，"给与钱粮军器"。遗憾的是目前还看不到有关其牛录编成的详细档案①。可是，关于1690年索伦、达呼尔四个牛录的编成，黑龙江将军萨布素的奏折中有如下内容（《黑龙江将军衙门档案》2—1690，康熙二九年三月六日）：

> solon总管mabudai等来文称："对'查solon、dagūr之贫困者，欲使其于sahaliyan ula披甲'的议奏，部议复，谕旨：从议。谨遵谕旨，窃查solon、dagūr中因生活困难而披甲者：solon包括

---

① 在17世纪90年代的《黑龙江将军衙门档案》中，对此时编成的8个牛录，多处用"yadara solon"（贫穷索伦）的称谓。

一名佐领在内，共207丁；dagūr18丁。"此事，依从前编成的8牛录之贫穷solon，编为牛录。

如笔者曾在别稿中探讨过的那样，1694年蒙古王公所"进献"的巴尔虎人被编成牛录之际，清廷采取措施，在总共637户、839丁、2729口的巴尔虎人当中，家畜少而家境贫困者被"充为骁骑"，驻防于博尔得，使有家畜而能自食其力者游牧于呼裕尔河一带。另外，新巴尔虎八旗编设之际，以支给俸饷援助其生活，成为清廷防止巴尔虎人叛离的手段之一[6]。虽然暂时还没有足够的证据，但是从边民、布特哈八旗拣选编入驻防八旗的对象时，也应该有以支给俸饷来援助其生活的事例。

四 结语

在前节中探讨的入关后关外八旗扩充的种种形态，在八旗制度整体的历史发展中应具有怎样的意义？首先，作为军事力量来利用的要素，不论时代和地区，在整个八旗制度中这样的要素是共有的，不再赘述。其次，防止叛离和统制强化又如何呢？放眼观察入关前后金、清朝的建国和发展过程，太祖努尔哈赤征服海西（扈伦）四部之际，迁徙其全体住民，编入八旗，令人瞩目[3][8]。虽因史料不足难以确言，但海西四部的八旗编入，并不只是充实八旗兵力，还有为防止建国初期的竞争敌手海西四部的重建，彻底将其社会解体的目的。从这一角度再度观察入关前八旗的扩展过程，也很有意义。最后，通过支给俸饷来援助生活之事，难以与入关前八旗的成立、扩展过程直接联系到一起。即使在入关前，作为旗人生活的物质基础，分配给旗人一定的旗地，国家以土地保障旗人的生活。但是因为分与旗地来保障其生活，而编入八旗、增编牛录这样的考虑，从史料中得不到直接证明。入关后，旗人的旗地经营逐渐破产，依赖俸饷的程度逐步加深，同时人口的增加引发了生活的困难化，在京和直省的驻防八旗也不得不认真地考虑增加俸饷支给来改善生活的问题。虽是个别事例，1724年教养兵的创设就是其具体表现[9]。也可以将东北的事例视为八旗整体变化的一部分，但关于其详细的检讨，作为今后的研究暂作保留。

虽然本稿的重点在于问题的提出和论点的整理，而未进行深入的论证，但为阐明八旗制度的整体状态提供了方向性和部分线索。今后，欲以从本稿提示的方向，加强史料的收集和分析，获得更为具体的研究成果。

附表　　入关后关外（东北、蒙古）诸民族的八旗编入①

序号	年代	民族呼称	牛录数	编成地	移驻	备考
1	1670（康熙9）	kūyala	12	宁古塔	→吉林	还有其牛录数为14之说
2	1674（康熙13）	icemanju（新满洲）	40	三姓·宁古塔	〉吉林〉盛京·北京·黑龙江·齐齐哈尔	
3	1675（康熙14）	cahar	115？	宣化·大同边外		
4	1684（康熙23）	dagūr	8	黑龙江	〉墨尔根	
5	1688（康熙27）	solon	8	黑龙江	→墨尔根	
6	1690（康熙29）	solondagūr	4	墨尔根	〉黑龙江	其中solon3，dagūr1
7	1691（康熙30）	solondagūr	3	墨尔根		其中solon1，dagūr2
8	1691（康熙30）	dagūr	16	齐齐哈尔		一时将其4牛录派到博尔多
9	1692（康熙31）	barhū	18	齐齐哈尔	→吉林·盛京·开原	牛录编成后即移动
10	1692（康熙31）	sibe gūwalca dagūr	80	齐齐哈尔·吉林·伯都讷	·辽阳·熊岳·复州·金州·岫岩·凤凰城	其中sibe63，gūwalca12，dagūr5？

① →表示全体的移驻，〉表示一部分的移驻。民族称谓和地名标记，因史料而有异同，在本表统一。另外，作本表时参考了松浦茂、楠木贤道两位的研究成果。

续表

序号	年代	民族呼称	牛录数	编成地	移驻	备考
11	1694（康熙33）	barhū	4	博尔得	→北京·盛京〉新疆	后来称为 fe barhū（陈巴尔虎）
12	1714（康熙53）	icemanju	4	三姓	→墨尔根→齐齐哈尔	
13	1714（康熙53）	kūyala	3	珲春		
14	1732（雍正10）	icemanju	16	三姓		旧"三姓"6，旧"八姓"10
15	1732（雍正10）	solondagūr oroncon barhū	50	呼伦贝尔		各民族的牛录数不详，1742年裁撤26牛录
16	1732（雍正10）	solondagūr	8	博尔多		在此不称牛录而称为 kuren，后裁撤
17	1734（雍正12）	barhū	40	呼伦贝尔		icebarhū（新巴尔虎）

［参考文献］

[1] 神田信夫. 清朝的兴起［M］//中国史4—明～清（世界历史大系）. 东京：山川出版社，1999：304.

[2] 岸本美绪，宫岛博史. 明清与李朝的时代（世界历史12）［M］. 东京：中央公论社，1998：219.

[3] 松浦茂. 努尔哈赤的徙民政策［J］. 东洋学报，1986，67（3、4）.

[4] 柳泽明. 关于所谓"布特哈八旗"的设立［M］//佚名. 松村润先生古希纪念清代史论丛. 汲古书院，1994.

[5] 刘小萌. 试析旗下开户与出旗为民［M］//刘小萌. 满族的社会与生活. 北京：北京图书馆出版社，1998：175—186.

[6] 柳泽明. 新巴尔虎八旗的设立［J］. 史学杂志，1993（3）.

[7] 柳泽明. 陈巴尔虎旗的起源与变迁［J］. 社会科学探究，1999（2）.

[8] 松浦茂. 关于天命年间的世职制度［J］. 东洋史研究，1984（4）.

[9] 细谷良夫. 八旗审丁户口册的成立及其背景［J］. 集刊东洋学，1963（10）.

［原载于《吉林师范大学学报》（人文社会科学版）2015年第2期］

八旗旗王制的成立

[日] 杉山清彦著 N. 哈斯巴根 吴忠良译[*]

努尔哈赤创设的八旗是以提供壮丁的牛录①为基本单位、以每个约由30个牛录构成的固山②——旗为最大单位的军政合一的组织。满洲国③的全体成员通过归属牛录分属于某个旗。④ 入关前，各旗构成的八旗整体几乎同等于国家。[1]218对国政的参与权、对属下的排他性支配权等特权均等分属于八旗，这被称为八分。[1]221在这种八旗八分体制下，⑤ 被分封到各旗的和硕贝勒（贝勒意为王）

---

[*] 杉山清彦（1972— ），男，日本东京都人，日本东京大学大学院综合文化研究科准教授，博士生导师，研究方向：清史、满族史；N. 哈斯巴根（1972— ），男，内蒙古赤峰人，北京市社会科学院满学研究所副研究员，研究方向：清史、清代蒙古史；吴忠良（1972— ），男，吉林镇赉人，吉林师范大学历史文化学院满族文化研究所副教授，研究方向：清史、清代蒙古史。

① 因为组织单位牛录及其长官牛录章京在汉文中都译成"佐领"，以下除了史料之外不用佐领一词。

② 虽说"固山"不是"旗"，而是意为"军团""集团"，但那时候有表示作为军事、社会组织的八旗各集团的用法的同时，表示从那里抽出、编制的各战斗单位的用法（见三田村泰助著的《清初满洲八旗的成立过程》）。在本稿只是在前者的意义上使用"旗"。各旗色别称呼的指定大大晚于八旗成立的时间（见石桥崇雄著的《关于八固山与八固山色别的成立时期》），为方便起见在本稿从开始便使用色别称呼。

③ 努尔哈赤称其国名为 manju gurun，1616年即汗位后又使用了后金（满文译为 aisin）国号 [见参考文献（16）308—309]。在本稿中为避开烦琐起见，1636年使用"大清"国号以前一直称为"满洲国"。

④ 但是例外的情况是当初归附的蒙古王公 [见参考文献（13）] 和皇太极时期的汉人军阀的存在。

⑤ 以下，不是从牛录到固山的阶层性结构，而强调八旗并列结构的场合，效仿杜家骥 [见参考文献（4）70] 的提法，决定使用八旗八分体制一词。

以下的皇室诸王（以下总称为旗王），作为旗代表享受八分权利的同时，通过牛录分给，支配属下旗人。[2][3][4]也就是说，旗王支配牛录、进而支配旗，这是其政治、军事、经济等权利成立的基础。[5]

以前的研究主要集中在史料上没有明确记载的旗王及其地位的规定上，现在各旗王的领旗情况基本明确。[6]上表即不以旗色，而是根据旗王系统制作而成。

八旗以前存在的四旗，是由努尔哈赤及其同母弟舒尔哈齐，以及努尔哈赤长子褚英、次子代善（均为原配佟佳氏所生）四人分领。这种体制随着舒尔哈齐失足（1609）和褚英被肃清（1613），以及八旗的成立（1615？）①而发生很大变化。最终在1620（天命五）年9月，分封八和硕贝勒。[7]89—90即正镶两黄旗由努尔哈赤辅佐年少的三子直接领有，两红旗由代善及其诸子共同领有。因舒尔哈齐和褚英的失足而发生变动的蓝旗和白旗中，嫡三子莽古尔泰（继妃富察氏所生）新入封正蓝旗，与率镶蓝旗舒尔哈齐子阿敏分领两个蓝旗。另外，嫡四子皇太极受封正白旗，与褚英子杜度支配着两个白旗。杜家骥的研究[4][8]正确指出以上的领旗分封为：（1）限于皇室内部的同姓分封；（2）受封的是每个嫡出的同母兄弟们；（3）不封领地的、属人性质的分封。其后随着皇太极的即位，两黄和两白四旗并未改变阵容，而只互换了旗色。②

以上的领旗确定毋庸置疑，但仍存疑问。即某旗王为何受封于某旗？或换一种方式说，某旗旗人为何成为某旗王属下？迄今为止的研究主要关注谁领有哪个旗。至于其为何领有该旗、其与属下间存在何种关系等问题至今尚付阙如。

---

① 八旗创设的各种史料记述的整理和研究请参照三田村泰助著的《清初满洲八旗的成立过程》；石桥崇雄著的《关于八固山与八固山色别的成立时期》。
② 有关八旗改编过程的概要参照：参考文献 [12] 568—569。

旗王表

四旗	八旗（划线者为四大贝勒）	天聪朝（1627—1636）
黄旗：努尔哈赤	正黄旗：阿济格，多尔衮 镶黄旗：努尔哈赤，多铎	镶白旗：阿济格，多尔衮 正白旗：多铎
白旗：褚英	正白旗：<u>皇太极</u> 镶白旗：杜度，阿巴泰	正黄旗：皇太极 镶黄旗：豪格，阿巴泰
红旗：代善	正红旗：<u>代善</u>，萨哈连 镶红旗：岳托，硕托	正红旗：代善，萨哈连 镶红旗：岳托，硕托＋杜度（转入）
蓝旗：舒尔哈齐	正蓝旗：<u>莽古尔泰</u>，德格类 镶蓝旗：<u>阿敏</u>，济尔朗	正蓝旗：莽古尔泰，德格类（1635年解体） 镶蓝旗：阿敏（1630年失足）；济尔朗

　　王分封原本意味着什么？通过受封特定的领旗，旗王享受以下两点权利：a. 作为该旗代表加入八分之列；b. 在该旗分配到属下牛录。由此观点来看，到目前为止的旗王分封研究，关于 a 只有有关受封者的名单及地位的研究。当然其原因的一半是因为虽然有庞大的满汉文史料，但几乎没有记述有关各旗的阵容和旗王的牛录分与等。① 但是，领旗分封只有结合 a、b 两者才能构成其实质意义。关于 b，还有待于解开属下分与的真相。这是因为迄今为止史料上的难点和研究者关注的阙如而造成的。

　　若如此考虑，再看 1620 年的分封可以注意到 a 是八和硕贝勒的受封，b 也就是属下的分与，可以追溯到牛录制和八旗制成立之前，并且是被随时进行的事实。那么，在其中能发现怎样的原则和结构？本文从此视角出发，通过讨论分封当初旗王——旗人的关系，理清主从关系设定的一些状态。

　　然而，从史料和操作方面来讲，讨论全部属下是不可能的。同时很难想象旗王与全部属下都结下个别关系，所以也没有讨论全部属下

---

① 正如阿南早已指出的那样，在旗人传记所叙述的旗属大部分是史料编纂时子孙们的旗属，不能无批判地利用。另外，在《实录》等基本史料中，也几乎没有表示旗王、旗人名单的记载，只能是搜集整理片断性的相关旗属记录。

的必要。在这里引人注意的是,有关母系政治机能重要性的指出。[7]①笔者遵从这一观点,曾撰文[14]以莽古尔泰所领正蓝旗为例,探讨了领旗支配以及领旗形成过程中姻亲关系所发挥的重要作用。在本文中,关注在《八旗满洲氏族通谱》(乾隆九年,以下略称为《通谱》)中被称为"著姓"而占据三卷篇幅的海西扈伦四部旧王族那拉氏②的嫡系,通过探讨其编入八旗的过程,解明其属下分与状况。这样不仅能阐明旗王分封的实质内容,而且能体现出与至今为止的八旗制印象完全不同的一面。因为到目前为止的研究,全部是从牛录到固山的阶层组织侧面来谈论八旗制问题的。

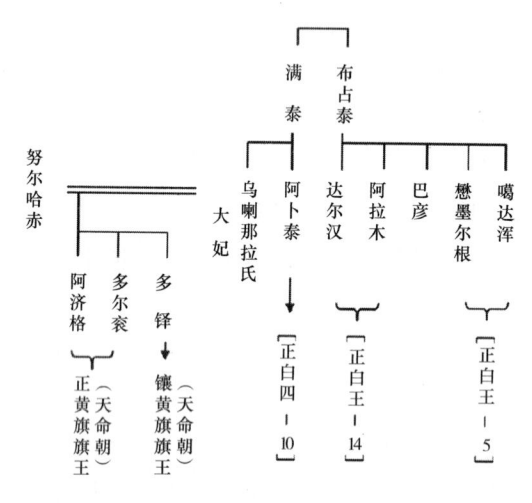

备注:[ ]是《旗分志》所载牛录

系图1 乌喇那拉氏

---

① 另外,请参照以下研究黄培《清初的满洲贵族:婚姻与开国》,《国史释论》下册,食货出版社1988年版,第601—619页;同《清初的满洲贵族:婚姻与政治》,《庆祝王钟翰先生80寿辰学术论文集》,辽宁民族出版社1993年版,第82—92页。定宜庄《满族的妇女生活与婚姻制度研究》,北京大学出版社1999年版。楠木贤道《清初入关前的汗、皇帝与科尔沁部首长层的婚姻关系》,《内陆亚洲史研究》14,1999年,第45—63页。

② 《通谱》卷22—24。以下引用《通谱》时,罗马字转写根据满文本。利用满文本《通谱》时,石桥崇雄先生提供了方便,在此表示感谢。

一 两黄旗——乌喇那拉氏

明朝所称海西女真诸势力于 16 世纪后半叶以那拉氏为王族分离成哈达、叶赫、乌喇、辉发（但是叶赫和辉发是从他姓改过来的）四国。[①] 上述扈伦四部各自都拥有能和统合建州女真的努尔哈赤的满洲国相匹敌的势力。万历二十七年（1599），努尔哈赤以哈达为开端，陆续消灭了辉发、乌喇。天命四年（1619）8 月，又合并了最后剩下的叶赫，统一了全体女真。一直对抗到最后被消灭的扈伦四部的王族那拉氏，当时以最高门第引以为傲。在努尔哈赤前后四个正妃当中，前面提到的元妃佟佳氏和继妃富察氏之后，孝慈高皇后叶赫那拉氏和大妃乌喇那拉氏分别是叶赫和乌喇的王女。这最后的正妃乌喇那拉氏就是受封于努尔哈赤所直辖的两黄旗中的阿济格、多尔衮和多铎三人的生母。

乌喇国因大妃的父亲满泰死于非命后，其弟布占泰在努尔哈赤的支援下即位。万历二十九年（1601），大妃入嫁。不久，因乌喇伙同叶赫与满洲对立，万历四十一年（1613）1 月，努尔哈赤出兵攻陷乌喇城灭了乌喇，分配其部众。有关统一扈伦的过程，松浦茂已在其力作[9]中作了严密探讨。据其研究，包括乌喇王族的 10 个牛录分隶于 7 个旗。但是，其所述旗属都是编纂史料所记雍正年间的事情。但是关于当初以何种理由、分配到哪个旗，尚未清楚。所以在此重新探讨乌喇王族的编入过程。

在八旗制下组织起来的当时的政权，显示其成员地位的是牛录领有和等级待遇。其中，网罗牛录的成立和继承过程的史料是八旗政书

---

① 关于扈伦四部的概要和系谱，除了《通谱》，请参照参考文献［9］第 1、2 章和表 4；以及：丛佩远《扈伦四部世系考索》，《社会科学战线》1984 年第 2 期，第 200—212 页；赵东升《扈伦四国世系匡谬》，《满族研究》1991 年第 4 期，第 29—35 页。

第一编　满族史与八旗

《八旗通志初集》（乾隆四年修成，以下略称《初集》）所收"旗分志"。① 其正白旗部分中有如下记录。

[A1]：正白旗满洲都统第四参领第十佐领，系国初以乌喇地方人丁编立，始以其人伊尔登管理，续以乌喇贝勒满泰之子阿卜泰管理。

[A2]：同第五参领第五佐领，系以乌喇地方人丁编立，始令懋墨尔根管理。懋墨尔根故，以其弟噶达浑管理。

第十四佐领，原系国初编立之半个牛录，始以阿拉木管理。阿拉木故，以其兄达尔汉管理。②

其中，正白旗第四参领第十佐领（以下正白四——10）初代伊尔登，据《通谱》载是与满泰同辈的族人。③ 继任的阿卜泰是满泰之子，即大妃的亲弟。所以此牛录一直处于乌喇旧王族的支配下。又，正白五——5，14 牛录的懋墨尔根等 4 人都是布占泰之子，即阿卜泰姐弟的从兄弟。④（系图 1）

乌喇旧王族所管的牛录，在著名的天聪九年（1635）1 月专管牛录分定时，"巴彦的一个牛录，懋墨尔根的一个牛录"的专管权得到确认。⑤ 巴彦是布占泰的第四子，可能领有正白五——14 牛录。专管牛录正如在其分定记事的开头所述："免功臣徭役，并命专管各牛录"一样，为享有徭役优免，私属性很强的牛录，[3]195—197 以显示厚遇。

另一方面，等级待遇又如何呢？当时官位体系被称为世职，由总兵官—副将—参将—游击—备御（除了备御之外又分为三个等级）所

---

① 以下引用《初集》时，罗马字转写是据满文本，又附以汉文本页码（东北师范大学出版社点校本）。
② 《初集》卷 5 "旗分志"，第一册，第 81、84—85 页。
③ 《通谱》卷 23 乌喇地方纳喇氏"阿拜 Abai 传"，第 299 页。
④ 《通谱》卷 23 "达尔汉 Dahan 传"，第 295 页。
⑤ 关于专管牛录分定的记载请见：东洋文库清代史研究室译注《旧满洲档·天聪九年》1，1 月 23 日条，东洋文库，1972 年，40—42 页。有关专论请参照参考文献 [12]，但关于这两个人的比定有误。

构成。[10]第2章亡命到叶赫的阿卜泰,因1619年叶赫的灭亡终于前来归附,但是在很短的时间内从世职二等的副将开始升任到最高位的都堂①、总兵官。[11]第1节天聪年间,阿卜泰虽被降职,但代其而上的其弟巴彦于天聪八年(1634)4月被任命为副将。②

[B]:上(皇太极)不忍绝哈达、兀喇二国之后,遂以哈达部之克什内原无职,升为副将,兀喇部之巴彦原系备御,今升为三等副将。

如上所言,如此优遇是因为乌喇旧王族的门第之高。③ 这样乌喇旧王族嫡系的满泰系领1个牛录,布占泰系领2个牛录。大妃之弟阿卜泰居于高位世职,代表着其一族。并且在他失势后,巴彦凭其门第被授予副将职,布占泰系的2个牛录又被认定为专管牛录。旧乌喇王族作为多尔衮母亲家族,因暗中活跃而引起皇太极的注意,阿卜泰在天聪初年、巴彦在崇德、顺治时期陆续失势,但旧乌喇王族的门第依然被尊重,仍作为旗人名家延续。

那么,当时他们属于哪个旗?虽说以上的3个牛录都属于正白旗,但在编纂史料里出现的正白旗基本上相当于天命年间的正黄旗。[12]557另外,阿卜泰在天命末期属于正黄旗之事是确定的。[11]第1节即乌喇旧王族嫡系由努尔哈赤自己领有,曾隶属于大妃所生阿济格、多尔衮受封的正黄旗。但是,天命末年阿卜泰隶属正黄旗之前,有痕迹表明他当初属于镶黄旗。这是天命后期部分八旗改编的结果。无论如何,属于努尔哈赤直属下的事实是不能动摇的。

毕竟两黄旗所属努尔哈赤的姻亲并不只是他们一家,还有原妃佟佳氏同族扈尔汉 Hūrgan(达尔汉辖)一族、努尔哈赤母系的姻族他

---

① 都堂是只在天命晚期数年间的职位,详细情况不明(见松浦茂的《清太祖努尔哈赤》)。

② 《太宗文皇帝实录》卷14,天聪八年四月初六日条。在此利用顺治初纂本《太宗实录》的汉文本,其与乾隆三纂本在卷数、内容上都有区别(松村润《关于顺治初纂太宗实录》,《日本大学文理学部创立70周年纪念论文集》,1973年,65—78页)。另外参照了满文本。

③ 关于哈达克什内,请参照参考文献[14]第2章第2节;以及本文第四部分。

第一编 满族史与八旗

塔喇 Tatara 氏一族等也隶属于两黄旗。[11]第1,2节 从这些姻族的旗属、以及乌喇王族的处境，可以看到在编入之际，实行了相应门第待遇和符合结合关系的旗属分配。这一情况可在努尔哈赤自身的两黄旗里得到确认①。

二 两白旗——叶赫那拉氏（1）

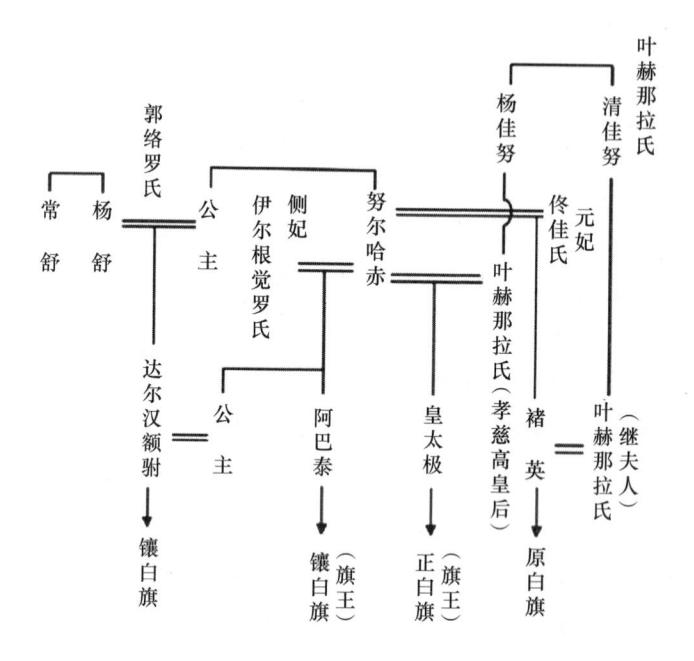

系图2A 叶赫那拉氏·郭络罗氏

1. 皇太极入封白旗

曾经褚英领有的白旗，在八旗扩充后，皇太极和褚英的遗子杜度分别领有正白旗和镶白旗。其后，杜度转出镶白旗，皇太极即位的同时，两白旗改称两黄旗。在此首先考察皇太极入封和杜度转出的背景问题。

---

① 关于两黄旗阵容的分析，请参照参考文献［11］第1节。

八旗旗王制的成立

褚英和皇太极之间除了兄弟关系之外，是否还有其他共通关系？注意二者的姻亲关系，可知皇太极是叶赫贝勒杨佳努的女儿、即努尔哈赤的第三正妃孝慈高皇后叶赫那拉氏所生。褚英母亲则是努尔哈赤的原妃佟佳氏。据宗室的宗谱《爱新觉罗宗谱》（1938年刊，以下略称《宗谱》），比皇太极大12岁的褚英娶过两位正夫人①。即"嫡夫人郭络罗氏常舒之女，继夫人纳喇氏清佳努之女。""纳喇氏清佳努"应是与杨佳努一同在万历初被称为叶赫"二奴"之兄清佳努无疑。褚英之妻与皇太极之母是从姊妹关系。（系图2A）分封之际，皇太极入封白旗，是因为其与白旗原主褚英同属叶赫那拉派系。

那么，杜度所领镶白旗的真实情况又如何呢？天命年间，作为镶白旗高职位旗人，努尔哈赤庶子阿巴泰任统帅旗的最高大臣固山额真（都统）。其后，阿巴泰晋升为旗王②，郭络罗氏达尔汉额驸继其后任。郭络罗氏被收于《通谱》卷32的氏族，其卷头有传记述的常舒、杨舒兄弟二人，就是努尔哈赤举兵后最早来归的功臣"Jan 河寨主 Cang u，Yang u 兄弟"，这是众所周知的史实。③杜度生母的父亲就是这个"郭络罗氏常舒"。杜度的生母与杨舒之子达尔汉额驸是从姐弟关系。④（系图2B）另一方面，据清帝系谱《星源集庆》载，达尔汉额驸娶的公主就是阿巴泰的同母姐姐（系图2A）⑤。如此，旗的三个首脑互有姻亲关系。

尽管有如此亲密的关系，但到天命后期，杜度被移封，天聪年间以镶红旗诸王之一的身份出现。[2]那么，在此变动中与褚英家有姻亲关系的郭络罗氏又是如何被处置的呢？那时达尔汉留于镶白旗，到天

---

① 《宗谱》乙册"广略贝勒褚英"（学苑出版社本，第5册，2231页）。
② 又，虽说升格，但因阿巴泰是宗室，这终究是宗室内部的嫡庶待遇的问题（参考文献[8] 91）。原则上在不能有异姓王存在的严格分封制下，没有旗人升格为旗王的事情。
③ 《通谱》卷32 郭络罗氏"常舒""杨舒"传，第405页。《满洲实录》卷一癸未年条（今西春秋译注《满和蒙和对译满洲实录》，刀水书房1992年版，第50页）。
④ 达尔汉1590年出生，而褚英嫡夫人1597年生杜度。因此后者应为姐姐。
⑤ 《星源集庆》22页（《宗谱》附册）。关于该书，有松村润《关于"星源集庆"》一文（《岩井博士古稀纪念典籍论集》，大安，1963年，第645—650页）。

聪年间,在升格为旗王的阿巴泰下任固山额真。而同为郭络罗氏近支的常舒子孙却在皇太极时代以杜度属下的镶红旗人身份出现。他们把自己与杜度的关系说成"我等既系舅子",而杜度说他们为"尔系我至亲"。① 这是因为杨舒——达尔汉家与阿巴泰有更近的姻亲关系,而常舒家又是杜度的直系姻族。(系图2B)

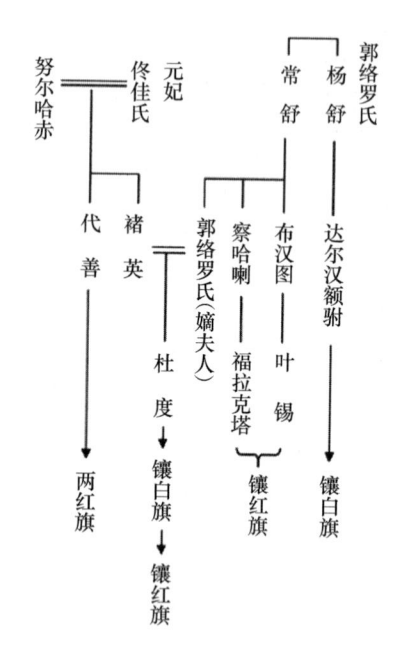

系图2B　郭络罗氏

如上所述,天命时期镶白旗三个首领并不是单纯的统属关系,而是互有姻亲关系。同时郭络罗氏两家也因各自的姻亲关系分属不同的旗。这是在旗王分封、主从关系设定时,基于各旗王、旗人的结合关系而进行分配的证明。

---

① 《太宗实录》卷34,崇德五年十二月初四日条。但当时常舒家离开杜度属下,而转属皇太极子豪格 Hooge。

2. 叶赫的编入过程

以上考察了与褚英、皇太极间存在的叶赫那拉氏派系的问题。那么，1619年8月叶赫灭亡时这样的关系又发挥了怎样的作用呢？如在第一部分所见，大妃乌喇那拉氏一族隶属努尔哈赤麾下的事例或可解释为，是因为汗可以任意收纳属下。对此，现在已经证实的郭络罗氏的事例，如能在叶赫王族得到证实，其意义重大。

首先了解一下叶赫被灭亡、合并的经纬。叶赫的根据地，由皇太极的外祖父杨佳努之子金台石所据的要塞西城、和褚英舅舅清佳努之孙布杨古和布尔杭武兄弟二人据守的东城所构成。（系图3）① 因当年3月的萨尔浒会战，叶赫失去了靠山明军而被孤立，8月22日受到满洲兵的总攻击，经过一天激战，首先是西城，接着是东城先后陷落，金台石和布杨古被杀害，叶赫灭亡。以下首先考察皇太极与西城王家的关系。

攻击叶赫时，代善攻东城，努尔哈赤亲自率兵攻西城。据《满文老档》及其原典《旧满洲档》（以下略称为《老档》和《旧档》）记载，陷城之际，与身陷图圄的金台石进行过如下交流。②

［C1］：城主金台石汗率其妻儿等登高台房屋。兵丁立其房屋下称："尔若降则降，不降则出击"。金台石言："于外面二重坚固城内迎击，皆因战斗无力失守，在此台上岂能获胜？见吾妹所生尔等汗之子皇太极时，见其颜色时，吾出降"。

因金台石再三如此要求，努尔哈赤答应并派去皇太极。虽属非常时期的特殊事情，但也看到姻亲、母系关系在现实中发挥的作用。但最终金台石并未听从皇太极劝说而再次对抗，其结果是被捕绞死。在此之前被囚禁的、劝说父亲金台石投降的德尔格尔保住了性命。其事

---

① 有关叶赫两王家与东西城关系的记述，《满文老档》与其他诸史料记述相反（见参考文献［19］226）。本文依据《老档》的记录。

② 在本文中，为了译文的统一起见，基于《旧满洲档》（国立故宫博物院，1969）原文，参照满文老档研究会译注《满文老档》（东洋文库，1955—63）。［C］为《旧档》天命四年八月二二日条（第1册，第468—469、475页；《满文老档》太祖1，第179、183页）。另外，《老档》将金台石称号写为"贝勒"。

在《旧档》中有如下记录：

［C2］：皇太极率德尔格尔叩头觐见汗。见德尔格尔，汗涌慈悲之心，将其所食与皇太极，道："与尔兄德尔格尔同食，尔好生赡养尔兄。"

值得注意的是，这句"尔好生赡养尔兄"明显显示出分与的理由。说"兄"是因为德尔格尔是皇太极母方的从兄，比皇太极大 8 岁。（系图 3）当然，作为王族阶层，又有姻亲关系的情况下，不能将其一般化。大多数情况下，以何种理由分与何人，不会体现于史料当中。与之相比，上述史料说明了如何分配被征服部众，实为珍贵资料。虽不能适用到最底层部众，至少在王族、重臣的分配中可以确认，运用征服前的通婚关系决定了分配事宜。同时，虽为王族，其待遇仍是被"给与"（Bumbi）的，归根结底其是被"养"（Ujimbi）的这一事实，非常暴露地被体现出来。

那么，被"给与"皇太极"好生赡养"的德尔格尔是怎样编入八旗的？德尔格尔可能不久后死去。因为在此之后未见有关其记载。据《通谱》"金台石"传："授其子德尔格尔三等男。卒，其子南楚袭职。"① 三等男的爵位，相当于当时的世职三等副将，[2]114—115 由此能看出其受到优待。另外关于牛录，1635 年分定专管牛录时，（参照第一部分）在皇太极直属的正黄旗里有"南楚的两个牛录"，证明其子南楚领有两个牛录的史实。那就是正黄旗的三——8，9 牛录。

［D］：第八佐领系国初以叶赫地方人丁编立。始以巴雅尔图管理。巴雅尔图故，以其子阿寨管理。阿寨缘事革退，以贝勒金塔锡之孙南楚管理。第九佐领亦系国初以叶赫地方人丁编立。始以喀库穆管理，寻以南楚之弟索尔和管理。②

据此可知，虽然这两个牛录是由叶赫出身者编立而成，但并不是马上委任旧叶赫王族管理。正黄三——8 牛录是阿寨革退后才由南楚

---

① 《通谱》卷 22 叶赫地方纳喇氏"金台石"传（280 页）。
② 《初集》卷 4"旗分志"（第 1 册，54 页）。有关叶赫系牛录，请参照参考文献[9] 表 4 (4)。

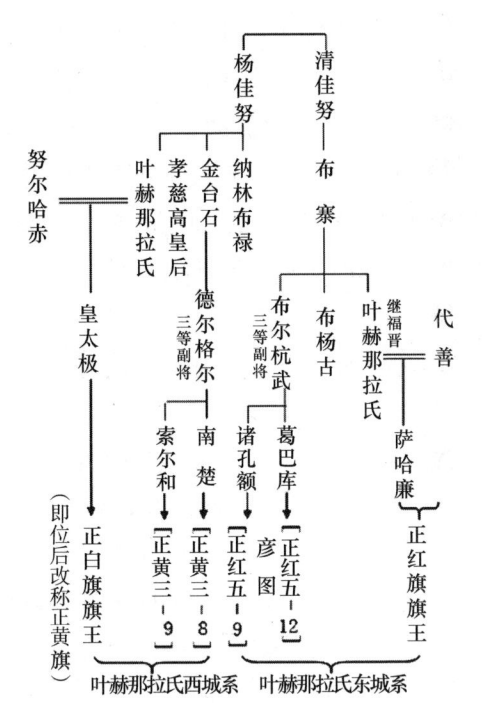

系图3　叶赫那拉氏

管理。尽管阿寨的解任是崇德元年（1636）4月，但1635年专管牛录分定时已经说了"南楚的两个牛录"。① 这如何解释为好？笔者认为，因为专管牛录的分定，具体地说是意味着优免特权的赋予，所以这一纪录表明其免役分是属于南楚的，两个牛录的前任者只是牛录管理业务的担当者而已。正黄三——8牛录的首任佐领巴雅尔图是大族觉罗的一派伊尔根觉罗氏，叶赫出身。② 其可能是叶赫旧臣，随旧主隶于皇太极麾下，当初可能是以陪臣的立场管理其旧王族属下的牛录。如此，委任来归者中有力者的旧臣或属下管理当初牛录之事例，

---

① 《旧档》崇德元年四月十九日条（第10册，4759页；《老档》太宗3，1013—1014页）。另外参照《旧档》天聪二年十月初八日条（第6册，2843页；《老档》太宗1，179页）。

② 《通谱》卷12叶赫地方伊尔根觉罗氏"巴雅尔图"传（183页）。

在蒙古王公、老资格重臣佟鄂氏何和理家的牛录支配上也能看到。①

牛录以及德尔格尔、巴雅尔图的旗属都是正黄旗，如在导言所述，天命时期的正白旗随着皇太极的即位改为正黄旗，这不仅不矛盾，还能证明德尔格尔和他的旧臣确实是在皇太极麾下的事实。从中可以看出，西城的旧主德尔格尔降伏时和旧臣一起被"给予"了皇太极，在归附初期其原来的主从关系还被承认。

三 两红旗——叶赫那拉氏（2）

两红旗从创设之初直到入关后，一直是由代善及其诸子领有，是个少有变动的集团。据《宗谱》代善先后共有三个正室，最初的是Ligiya 氏，其后的继夫人、三夫人均为叶赫那拉氏。② 叶赫灭亡时的正室是继夫人。冈田[7]91已通过这位夫人的事例明确指出叶赫派系的重要性，其父布寨为清佳努之子、东城城主布扬古和布尔杭武兄弟两人之父。代善与布扬古兄弟是内兄弟关系（系图3）。那么，代善的姻亲关系在叶赫合并中起了什么作用？

先确认一下代善攻陷东城的情况。布扬古兄弟知道要塞西城陷落后丧失斗志，派使者前去指挥攻击东城的大将代善处。《旧档》8月22日条中有如下记录③。

[E1]：时东城人，知西城已破，兵已入城。布杨古、布尔杭武兄弟闻讯大惧，遂遣人曰："今我等虽战，亦无可奈何，愿降。"大贝勒曰："初令尔降，尔等不从，我既来此，岂复舍尔等去乎？尔等，一为内兄，一为内弟，我招尔降之，乃恻然怜悯，俾尔得生之意也。"

与西城相同，在攻东城时总大将代善的姻亲关系在劝降时表现了

---

① 三田村《满洲正红旗的满文档册》前注24，《岩井博士古稀纪念典籍论集》，672—678页。另外，请参照：参考文献 [12] 562。有关蒙古王公的事例，请参照《通谱》卷66附载满洲旗分内之蒙古姓氏"博尔济吉特氏"所收诸传。

② 《宗谱》乙册"和硕礼烈亲王代善"（第6册，3154页）。

③ （E）《旧档》天命四年八月二二日条（第1册，476—479页；《老档》太祖1，184，187页）。

出来，可知通婚关系发挥了作用。其后交涉的结果，二贝勒出降。只是因为布扬古连续在努尔哈赤面前显示出不逊的态度，才导致了以下的后果。

[E2]：遂于擒获之翌日，将兄布杨古贝勒缢杀之。念彼等罪恶，即杀之何惜？但念子大贝勒，将其内弟布尔杭武贝勒收养之。

兄布杨古被处刑，弟布尔杭武获救，被分给了代善。与皇太极和德尔格尔的关系相同，"将其弟布尔杭武贝勒收养之"，表明以姻亲关系为由分与的情况。

那么，降伏后布尔杭武的待遇如何呢？他似乎故于天命年间，其后从史料中消失。其孙察尔器作为正红旗人在《初集》中有传记，记载："以布尔杭俄（即布尔杭武）虽无军功，原系贝勒，准与勋臣同等，授三等副将世职。"[①] 的确是因为他的门第，授予了他高位的世职三等副将职。在"旗分志"中还可以确认作为布尔杭俄家牛录的正红五——9、12 两个牛录。

[F]：第九佐领，亦国初以叶赫地方人丁编立，始以吴巴海 Ubahai 管理。后改令布尔杭俄之孙阿思哈尼哈番殷图管理。

第十二佐领，亦国初以叶赫地方人丁编立，始以诺莫浑管理。诺莫浑得罪，以布尔杭俄之子格巴库管理。[②]

这样，最少也有两个牛录由布尔杭武直系所继承。对他们的处置与上述德尔格尔相同，虽一度交给其他人管理，但之后又让旧王族继承。其中，正红五——9 牛录首任吴巴海与巴雅尔图一样，是叶赫名门赫舍里 He eri 出身。[③] 阿南[12]563指出，"吴巴海与诺莫浑同为叶赫布尔杭武之重臣，天命四年随布尔杭武来归。"1635 年专管牛录分定之际，与南楚的两个牛录一样，正红旗所属"格巴库的两个牛录"也是指由旧臣所管理的牛录。因为牛录及其孙察尔器、旧臣吴巴海均

---

① 《初集》卷 206，"察尔器"传（第 7 册，4770 页）。
② 《初集》卷 6 "旗分志"（第 1 册，103—104 页）。
③ 《初集》卷 158 "胡里布 Hūribu"传（第 6 册，3971 页）。《通谱》卷 9 和多穆哈连地方赫舍里氏"吴巴海"传（149 页）。又，参考文献 [9] 8。

属正红旗。所以，布尔杭武隶属于努尔哈赤所言"其姐夫"代善的正红旗是无可置疑的。如上所述，和西城的德尔格尔相同，东城的布尔杭武一系也隶属于姻亲代善的麾下，当初由旧臣管理其牛录。

以上，通过在第二部分2和本部分的探讨，可以指出：努尔哈赤在合并叶赫、分配部众时，考虑到了自己诸子与叶赫诸王的姻亲关系；虽然东西城旧王族是在激烈对抗后灭亡的，但还是被授予了高的世职，且被允许与部分旧臣保持主从关系，其相应的特权也被承认。① 同时，在合并之际，金台石子德尔格尔和布杨古弟布尔杭武分别代替被杀的父兄接受官职。也就是说，杀了原主，让次席者代表旧部众。这种政策，在下文中要讨论的哈达、辉发问题时也能得到确认。其后，皇太极时代以后，叶赫旧王族陆续替代旧臣对牛录的支配，对其进行直接管理。这好像是旧王族被授官，其实是旧叶赫王族被剥夺了对旧臣的支配权，只成为一介佐领。因此，可将皇太极时代牛录被旧王族移管的事情，看作是其特权性待遇被逐步收回的过程。这与同时期巴岳特部等内属蒙古诸部的处境是相同的[13]20—26。

四　两蓝旗——哈达那拉氏、辉发那拉氏

如导言所述，伴随着八旗分编而进行的新入封，是皇太极对褚英白旗的入封和莽古尔泰对舒尔哈齐蓝旗的入封。如第二部分所论，皇太极入封是因为存在叶赫那拉氏派系这一共同点。但在两蓝旗，镶蓝旗的阿敏和正蓝旗的莽古尔泰二人的生母都是 aji 富察氏②出身，同为富察氏派系，这点已被冈田[7]84所指出。秉承此观点，笔者论证了 aji 富察氏本属正蓝旗，与莽古尔泰妻生家哈达那拉氏一同占据着重要地位。[14]以下，略述正蓝旗与哈达那拉氏的关系。

---

　① 佐领家系的变化，是在同一地方的出身者之间发生，（见参考文献[9]8）。但笔者认为不只限于地缘关系，还发现其间有主从关系的延续情况。
　② 关于 aji 富察氏，请参照参考文献[14]第2章第1节。以及增井宽也《关于明末建州女直的有力莫昆"aji 的富察氏"》，《立命馆文学》559，1999年，第177—219页。

明末，一度强盛的哈达因内讧很快走向衰落，是扈伦四部中最早被努尔哈赤消灭的。1601 年，其全体部众被迁徙，导致其彻底消亡。当时努尔哈赤促成了哈达最后的贝勒孟格布禄遗子乌尔古代和莽古尔泰之间的姊妹交换婚。之后，乌尔古代以额驸身份，和乌喇的阿卜泰一样，从初任副将开始，历任都堂、总兵官。且其孙克什内如［史料 B］所记载，与旧乌喇王族相同任副将，在大伯父莽古尔泰的正蓝旗里享有户主的地位。1635 年，专管牛录分定之际，与叶赫两个王族相同，在正蓝旗内列出的"克什内的两个牛录"是指正蓝旗麾下哈达旧臣管理的牛录。笔者曾撰文探讨过："在'旗分志'中找不到这两个牛录，也许相当于后述的哈达出身者的牛录。"[14]35 从本文各部分的讨论结果，可以再次确认这一看法的准确性。在"旗分志"中未见有关克什内牛录的记录，是因为他在当年 12 月的正蓝旗解体事件中受到牵连，[14]24 与叶赫两个王族不同，导致其未被移管给旧哈达王族。

那么，镶蓝旗阿敏所结成的关系又是如何？据《宗谱》载，阿敏之妻是"嫡妻辉发那拉氏台诗贝勒之女。继妻那拉氏拜音达里之女。"继妻之父"那拉氏拜音达里"也是舒尔哈齐第八夫人之父。①此人即是辉发最后的贝勒拜音达里。引人注目的是，与努尔哈赤及其诸子与辉发没有通婚关系不同，舒尔哈齐、阿敏父子却与辉发有紧密的通婚关系。

辉发于万历三十五（1607）年被灭，拜音达里被杀，其部众被分配。因在扈伦诸部中辉发最为弱小，编设的牛录数也少。[9]其一镶蓝旗三——1 牛录，在"旗分志"中有记述："国初以辉发地方来归人丁编立，始以莽库管理。"② 因莽库与拜音达里是从兄弟，可知其为

---

① 《宗谱》丁册，"和硕庄亲王舒尔哈齐""已革贝勒阿敏"（第 14 册，第 7342—7343 页）。

② 《初集》卷十"旗分志"（第 1 册，第 177 页）。《通谱》卷 24 辉发地方纳喇氏"莽科"传（第 313 页）。关于辉发的世系，参照后藤智子《辉发世系考察》，《史丛》51，1993 年，第 92—107 页。

旧王族牛录。另一方面，阿敏的通婚关系是，因其嫡妻所生第一个孩子是万历三十二年（1604）辉发灭亡前的事情。所以，辉发嫡系牛录之一被编入镶蓝旗，根据的是灭亡、合并以前和阿敏的姻亲关系。在此也可以看到与乌喇、叶赫、哈达诸王族嫡系之编入过程相同的原则。同时，辉发编设的牛录数较少、旧王族的世职也不值得一提等，则是因为其势力与其他三部比显然处于劣势，再加上其通婚的对象是舒尔哈齐家，并不是努尔哈赤直系。

结语　八旗旗王制的成立

以上探究八旗制下支配结构，以扈伦四部各王族的编入过程为中心，追溯分与旗王属下的状态，从而理清了基于以前的姻亲、主从等诸结合关系，构建新的主从关系。现整理在本文探讨的各王族嫡系的情况如下。（1）正黄旗：乌喇那拉氏（当时努尔哈赤正妃）；（2）正白旗：叶赫那拉氏杨佳努系（旗王皇太极母系）；（3）正红旗：叶赫那拉氏清佳努系（旗王代善的夫人）；（4）正蓝旗：哈达那拉氏（旗王莽古尔泰夫人）；（5）镶蓝旗：辉发那拉氏（旗王阿敏夫人）。

如此旧王族都被分给了有姻亲关系的旗王，属于是被授予高位的世职，专管由旧领民构成的牛录，使旧臣、族人来管理的隶属形态。再为详细点的话，在世职上，哈达的乌尔古代、乌喇的阿卜泰、叶赫杨佳努系的德尔格尔和清佳努系的布尔杭武等都初任副将。1635年分定专管牛录时，这四个王族都得到了专管2个牛录的权力。因此，可以断定这样的待遇是扈伦旧王族（除了辉发）共同的编入方针。布尔杭俄"虽无军功，因系原贝勒"，另外，乌尔古代之孙克什内和阿卜泰的从弟巴彦被明言"不忍绝哈达、兀喇二国之后"（史料B），因此优待的理由是因为他们的出身门第。正如松浦[10]128注62;[9]18指出的那样，在扈伦旧王族中，受领牛录和获得世职者居多。可将此评价为尊重其门第的同时，将旧王族及其部众编入八旗的方针明确。

当然，正如笔者曾撰文探讨过的那样，满洲世代的各势力氏族也同样分属于各旗。[14][11]在第二部分（1）中所论，镶白旗的新旧旗王杜度、阿巴泰与重臣郭络罗氏一族的关系，以及随着杜度的转出，清佳努、杨佳努两家的红白旗分属是显著的例子。笔者在有关正蓝旗的论文[14]中提出过如下的假设：八旗是在血缘、通婚和主从等从前的结合关系基础上编制而成的，而与其有密切关系的受封为旗王。并指出了作为其中的某一形态，即旗王的姻亲编入其麾下的事例。通过本文的论证，可以确定这一原理通用于八旗全体。并且，在满洲国私婚是被法律所禁止的，[3]487-488因此王族、大臣的姻亲关系本身得到了政权的公认。这样，被征服的原有诸集团在解体、编入时，以门第和势力为基础被授予牛录和世职，基于通婚等诸多结合关系设定主从关系，从而作为八旗成员被编入统治阶层。

从以上的讨论可以得出如下结论，即领旗分封是指努尔哈赤一门的嫡出者，按照其与构成各旗上层势力氏族的结合关系（主要是通婚关系），以同母兄弟为单位分配的。如此旗王受封每个同母兄弟，又把其姻亲收于属下，这不仅不妨碍同族间、姻亲间的结合，甚至成为集团编成的原则。当然，这并不是说同族和姻族本身规定了他们与生俱来的政治行动，甚至是社会关系。还有，结成的姻亲关系越是策略性的反而越易于失去其效力。结成通婚关系的扈伦诸王族，终究因为敌对而被消灭的命运即是佐证。笔者亦无据其结合关系，提出各集团、各主从关系牢固性的主张。各种摩擦是通常存在的。想要强调的是，即便那样，将出身、姻缘等属人关系，作为组织编成的原理这一点。

如导言所述，因当时的八旗等同于国家本身，所以八旗分封意味着将国家全体分配统治。原来理所当然地被视为皇室内部同姓分封的事实，[4]第1—2章又开始体现重要意义。也就是说，满洲国是努尔哈赤一族共同领有、分配统治的总体，八旗八分体制就是其形式。这样的一族分封以及引申出的分配统治的国家结构，以及衡量其内部主从关系的原则和属人编成原理，这些既非模仿明朝，亦非满洲独有。从中可以看出，这是以蒙古为代表的中央欧亚大陆各国共有的组织原理。①

到目前为止，八旗制的研究只是从牛录到固山的金字塔式的阶层组织出发，结合前金乃至中央欧亚大陆军政一体制进行讨论。旗王与基层组织的关系尚未明了。另外，近年从汗、皇帝权力和支配结构的问题入手专门进行研究的石桥崇雄[15]22—23;[16]304—305，强调当时社会关系的上下秩序，但其理念主要是停留在中心层面上，并未明确现实中八旗组织的关系。虽然在八旗制下的管辖体系的确是采取了阶层组织的形态，社会关系是多重的，但旗王的领旗支配毕竟是以牛录领有为具体形态的。[5]只能由努尔哈赤子弟出任的旗王独享八分特权的同时，分配到编入牛录的同姓和异姓诸族，将其作为属下进行支配。其下的原地诸势力作为各旗构成单位其存在得到保障，通过获得牛录、世职参与政权，被给与征服战争的恩惠。

如此，在八旗制下，基于一族分封制而受封的旗王，将被组织于牛录制度下的原地诸势力集团作为属下而建立起主从关系，对其进行支配。将八旗制内部的这种支配构造定义为旗王制。与强调阶层组织体系和并列的八分体制进行区别。在草创期的满洲国，以旗王制的支配体系和属人性质的编成原理为基础，贯彻了先进的中央欧亚大陆性质的国家原理。

那么，八旗具有的这种性格又有其他怎样的形态呢？又如何说明其对汗、皇帝权力的评价以及与国家组织整备过程的关联？及其渊源和变化。这些都是有必要从多方面进行论证的问题，将此作为今后的课题。

[参考文献]

[1] 孟森.八旗制度考实[M]//孟森.明清史论著集刊.北京：中华书局，1959.

---

① 例如，有关蒙古帝国分封，请参照杉山正明《蒙古帝国的原像》，《东洋史研究》37—1，1978年，1—34页；松田孝一《蒙古的汉地统治制度》，《待兼山论丛》（史学篇），1978年，33—54页。

[2] 神田信夫．关于清初贝勒［J］．东洋学报．1958（4）：1—23．

[3] 张晋藩，郭成康．清入关前国家法律制度史［M］．沈阳：辽宁人民出版社，1988．

[4] 杜家骥．清皇族与国政关系研究［M］．台北：五南图书出版公司，1998．

[5] 细谷良夫．清朝八旗制的演变［J］．东洋学报．1968（1）：1—43页．

[6] 三田村泰助．清太宗即位事情与君主权的确立［J］．东洋史研究．1941（2）：1—24．

[7] 冈田英弘．清太宗嗣立事情［M］//山本博士还历纪念东洋史论丛编纂委员会．山本博士还历纪念东洋史论丛．东京：山川出版社，1972．

[8] 杜家骥．清代宗室分封制述论［J］．社会科学辑刊．1991（4）：90—95．

[9] 松浦茂．清太祖努尔哈赤的徙民政策［J］．东洋学报．1986（3—4）：1—47．

[10] 松浦茂．关于天命年间世职制度［J］．东洋史研究．1984（4）：105—129．

[11] 杉山清彦．清初八旗的最有力军团［J］．内陆亚史研究．2001（16）：13—37．

[12] 阿南惟敬．关于天聪九年专管牛录分定的新研究［M］//防卫大学校人文科学教室东洋史研究室．清初军事史论考．东京：甲阳书房，1980．

[13] 楠木贤道．从天聪五年大凌河攻城战看后金国的政权结构［J］．东洋史研究．2000，59（3）：1．

[14] 杉山清彦．清初正蓝旗考［J］．史学杂志．1998（7）：1—38．

[15] 石桥崇雄．清初汗权的形成过程［M］//榎博士颂寿纪念东洋史论丛编纂委员会．榎博士颂寿纪念东洋史论丛．东京：汲古书院，1988．

[16] 石桥崇雄．满洲王朝论［M］．明清时代史的基本问题编集委员会．明清时代史的基本问题．东京：汲古书院，1997．

［原载于《吉林师范大学学报》（人文社会科学版）2016年第5期］

清代沧州驻防的设立、本地化与覆灭

张 建[*]

清朝全力拓边西北，幅员辽阔，远迈汉唐。军威之盛，超越前代。清代兵制包括八旗、绿营、勇营，而以八旗为基础。满洲贵族为巩固统治，将倚为心膂的八旗军分为两部分：骨干驻扎北京，拱卫天子，名曰"禁旅八旗"，又名"京旗"，复于要津分驻旗兵，号称"驻防"，威慑地方。故八旗驻防制度是清代兵制的基本问题。[①]

清朝是以少数族群满洲压制他族，尤其是汉人的朝代。统治者避讳满、汉之分，强调"不分满汉，但问旗民"，"旗"即旗人，"民"则汉、回人等。有清一代，终不能彻底废除旗民藩篱，满汉矛盾客观存在。清廷在驻防地奉行以"满城"为核心的隔离政策，人为划定满汉交流的鸿沟，遇有纠纷，难以收拾民心。道光以还，国势衰微，多处驻防面临强敌压境，很难动员民人助战，寡不敌众，最终覆灭，如鸦片战争中的乍浦、京口与太平天国运动中的江

---

[*] 张建（1980— ），男，北京市人，中国社会科学院近代史研究所助理研究员，博士，研究方向：明清史、中亚史。

[①] 孟森：《清史讲义》，中华书局2006年版，第20、275页；刘小萌：《清代北京旗人社会》，中国社会科学出版社2008年版，第31—32页；定宜庄：《清代八旗驻防研究》，辽宁民族出版社2003年版，第2页。

宁率皆如此。①

不过，近代八旗驻防的衰亡，不宜一概归为"满汉矛盾"，盖因八旗驻防是覆盖全国的制度，沿革不同，关系各异，需具体分析个案。有学者将咸丰三年（1853）太平军攻陷沧州视作"满汉冲突"的例证，有待商榷。当时太平军不惟屠灭驻防营，近万汉、回民众因协助守城，同日罹难。那么，当地民众为何支持异族政权，抵抗号召种族复仇的太平军，是值得深思的问题。

要解决这个问题，必须从清初设立沧州驻防起，追索它的建置、种族和旗民关系。实际上，沧州驻防有两个特点：一是名为驻防，实属京旗，未经乾隆朝大规模的出旗、调防和增拨，人丁构成相对稳定；二是它自初建起便是治安军而非征服者，也未修筑满城，在乾隆以降逐步本地化，旗民关系相对融洽。

本文引用的史料，多数来自分藏于北京、台北的清代满、汉文档案，是清史研究的第一手材料。笔者拟通过研读史料，解决以下问题：1. 回溯沧州驻防自初创到咸丰初年的概况，包括族群、兵力变化等，构成一部扼要的民族志；2. 沧州驻防逐步本土化的经过；3. 追溯沧州城陷概况与战后清廷重建驻防，以及驻防官员与当地士绅合编《沧城殉难录》，构建满、汉、穆斯林共同的"集体记忆"之过程。

一 沧州驻防的兵力与族群

沧州东临渤海，北依燕蓟，南通齐鲁，自北魏设治，州名屡更，至唐代始定名不改。石晋以幽云十六州畀契丹，中原屏藩尽失，宋、辽对峙河北，沧州贴近边防，遂成严疆。蒙元定鼎大都，刍粟财帛仰

---

① 萧一山：《清代通史》下卷，中华书局1985年版，第319页；赖惠敏：《但问旗民：清代的法律与社会》，（台北）五南图书出版公司2007年版，第8—10页；定宜庄：《清代八旗驻防研究》，第204—212页；茅海建：《天朝的崩溃：鸦片战争再研究》，上海三联书店2005年版，第432—434、442—444页；姜涛：《关于太平天国的"反满"问题》，中国社会科学院近代史研究所政治史研究室编：《清代满汉关系研究》，社会科学文献出版社2011年版，第411—413页。

给于江南，借运河挽输，沧州一变为繁华大邑。明人将州治迁至现址，隶河间府。清雍正三年（1725）升直隶州，九年（1731）归天津府。

咸丰三年（1853）太平天国北伐军攻陷沧州，路康乐（Edward J M. Rhoads）将此役视为汉人对满人的复仇行动：

> 华中的其他驻防参与了漫长且更加艰苦地镇压太平天国叛乱的战争，彼等自称顺应天命，必欲斩杀满洲恶魔……位于北京东南，京畿地区的沧州小驻防，在1853年力图阻击太平天国的战斗中，损失兵丁逾200人。①

从引文上下语境来看，路康乐举沧州驻防为例，谈八旗军在晚清的作用，以及汉人（太平军）对满人的杀戮，旨在说明清朝长期推行的隔离（separate）及不平等（unequal）政策导致的满汉差异与隔阂。笔者对此有不同看法。沧州驻防的满人从何而来？1853年的战役，是否汉人单方面屠戮满人的行动呢？进一步说，沧州驻防与民人社会间是否存在严重的种族差异与隔阂？要解决上述问题，必须从清初沧州驻防初设谈起。

清入关后，向京畿要地派驻八旗官兵，顺治五年（1648）设沧州驻防，调正白、镶白旗官兵往驻。乾隆四年（1739）纂竣的《八旗通志》将其归入"畿辅驻防"，稍后的满文档案将坐落京南的保定、沧州等9处驻防合称"小九处"（ajige uyun ba）。②归类不同，体现

---

① Edward J M. Rhoads, *Manchus and Han: Ethnic Relations and Political Power in Late Qing and Early Republican China, 1861—1928*. Seattle: University of Washington Press, 2000. p. 59. 汉译本参见路康乐《满与汉：清末民初的族群关系与政治权力（1861—1928）》，王琴、刘润堂译，中国人民大学出版社2010年版，第54页。

② 中国第一历史档案馆藏：军机处满文录副奏折，03—2445—13，094—1169，护军统领庆泰奏，乾隆三十七年二月初二日。"小九处"指宝坻、东安、采育、沧州、良乡、固安、霸州、雄县、保定府九城，福隆安等纂：《钦定八旗通志》卷三五，吉林文史出版社2002年版，第618页。

管理制度变迁。

沧州驻防未编《驻防志》，查清其沿革较为困难。这并非偶然，因为"小九处"官微兵单，不像外省驻防如西安、江宁般开府建牙，统以高官。清初，沧州驻防仅设三品城守尉一员，听命于驻京都统。披甲出缺，不得就地挑补，壮丁须携眷入京挑甲，挑上者留京，另派马甲赴沧补缺。① 直到雍正十年（1732）才改归天津八旗水师营都统兼管，乾隆三十二年（1767）水师营裁撤后，将沧州与京南 8 处驻防划一，由京城派稽查大臣巡查。② 因此，清初沧州旗兵名为驻防，实属京旗，治史者不可不察。

八旗驻防与前代少数民族政权的军制如辽、金的"乣军"、元代的"怯薛"（kesig）、"探马赤军"（tamai）一样，是很复杂的问题。沧州驻防虽然规模不大，但在兵数、族群方面特点鲜明，不能不加以论述。

首先是兵数问题。谈兵数之前，先要明确一点，就是清初八旗的"兵"和"甲"不同。八旗的"兵"满语作 cooha，种类繁多，就京旗而言，分"前锋"（gabsihiyan）、"亲军"（gocika）、"护军"（bayara）、"领催"（bo okū）、"骁骑"（aliha cooha，又名"马甲"）、"步军领催"（yafahan uksin i bo okū）、"步兵"（yafahan uksin）、"铁匠"（selei faksi）8 等。[1]4035 "甲"的满文为 uksin，源自老满文 ūksin，在清初特指马甲。汉字的"甲"后来泛指前锋、马甲和步军，与清初的 uksin 不能一一对应。沧州的正额披甲是 uksin，即"马甲"，但要谈沧州的"兵"就是另外一个问题了。也就是说，沧州驻防的甲额不等于兵数。不单沧州，清中叶以后，全国驻防都存在这一问题。

沧州驻防初设甲数，据乾隆年间，城守尉永宁（yungning）奏：

---

① 中国第一历史档案馆编译：《雍正朝满文朱批奏折全译》上册，和硕裕亲王保泰等奏议八旗披甲优先服甲折，雍正元年十月初二日，黄山书社 1998 年版，第 405 页。
② 军机处满文录副奏折，03—0187—29，005—53，大学士鄂尔泰议覆，雍正十年五月十六日；03—2445—13，094—1169，护军统领庆泰奏，乾隆三十七年二月初二日。

jakūn gūsai cooha be. boo ding. tai yuwan. dejeo. ts'angjeo duin dulimbai hoton de serem eme tebuhe de. hafan coohai ton. gemu adali bihe. ①

译文：令八旗官兵，驻防保定、太原、德州、沧州四中城时，官兵数目皆同。

保定、太原、德州、沧州地处要冲，城池较广，合称"四中城"（duin dulimbai hoton）。四城初设甲数相同，数目不详。定宜庄师据《沧州志》判定沧州原设 500 甲，因征讨三藩调取 189 名，余 311 名。[2]20—21 可是，清初甲兵调换频繁，沧州甲额靡常，一度逾 500 之数。

顺治十三年（1656），清廷调换沧州、保定、德州披甲。德州原有马甲 589 名，调入沧州 19 甲、拨给沧州 9 甲、保定 79 甲。[3]543 经此改调，德州兵房剩 68 所，而沧州缺 34 所，可知沧州甲数已逾额。② 顺治十五年（1658），凑集四城披甲千名，调往杭州。[4]462 康熙六年（1667），沧、德州驻防再次调换，沧州拨给德州 16 甲，接纳德州 28 甲。[3]544 那么，沧州甲数屡变之因何在？

明清鼎革，战事频仍，自然是原因之一。不过除此之外，尚有他由。清初八旗各有旗主，旗人对旗主的人身依附关系根深蒂固。沧州驻防属两白旗，旗主分别是总揽朝政的摄政王多尔衮与胞弟豫亲王多铎，遂卷入顺治帝与多尔衮的斗争。多尔衮主政时，户部待沧州甲兵独厚，给饷不绝，而驻防河间（后移驻德州），由天子自将之两黄旗官兵竟至绝饷。③

顺治亲政，究治多尔衮党羽，收夺正白旗。清帝为改造正白旗，

---

① 军机处满文录副奏折，03—1550—10，039—2035，沧州城守尉永宁奏，乾隆元年四月初六日。
② 台北"中央研究院"历史语言研究所藏：内阁大库档案，088113—001，大学士管户部尚书事车克等题，顺治十三年九月初九日。
③ 《清世祖实录》卷 56，顺治八年四月辛亥，中华书局 1985 年版，第 445 页。

使之忠于天子，采取"犬牙相制"之策，将两黄旗与正白旗官兵互调，彼此牵制。沧州、德州官兵互调两次，沧州驻防拨出35甲，接收37甲，拨出的35甲尽属正白旗，接收的37甲里，28甲拨入正白旗。[3]543—544 所以，沧州甲数屡更与清初政局变动有关。

康熙十三年（1674）后，沧州甲数长期保持311名。雍正二年（1724），保定等3城驻防增为500甲，独沧州未增。① 乾隆八年（1743），清朝在天津等9城增兵3300名，拨给沧州200甲，达到511甲；② 乾隆三十七年（1772），裁去11甲。此后，沧州兵数出现了500名之说：

> 查沧州原设驻防兵五百名，每月操演鸟枪、长矛、云梯等项技艺，历经遵办在案。③

然而，这一数字并不准确。沧州裁甲的情况，可参见大学士福隆安（fulunggan）奏折：

> ts'ang jeo ba i fulu bisire juwan emu juwete yan jetere uksin be. orin juwe emte yan caliyan bele jetereoron halafi. boo ding fu. ts'ang jeo juwe bade. ba tome juwan emu oron bahabuki. ④
>
> 译文：沧州地方多余十一名食二两（饷银）马甲，改为二十二名食一两俸、米之缺。保定府、沧州两处，每处应得十一缺。

---

① 《雍正朝满文朱批奏折全译》上册，和硕廉亲王允禩等奏议增德州太原等边口驻防八旗兵额折，雍正二年四月初五日，第752页。
② 军机处满文录副奏折，03—0397—4，012—751，果毅公讷亲奏片，乾隆八年五月十四日。
③ 中国第一历史档案馆藏：军机处汉文录副奏折，03—2987—034，209—1718，镶黄旗汉军副都统苏隆阿奏，道光二十一年十一月十一日。
④ 军机处满文录副奏折，03—2446—5，094—1341，领侍卫内大臣·大学士福隆安奏，乾隆三十七年二月初八日。

第一编 满族史与八旗

　　清廷将沧州 11 名月领 2 两饷银的马甲改为 22 名月食 1 两俸米之缺，保定、沧州各得 11 缺。奏折将这 22 缺写作 hūwa abure cooha，汉译"养育兵"。此年之后的沧州兵数为：副骁骑校 8 人、领催 23 名、骁骑 469 名、匠役 4 名、养育兵 11 名。[5]618 所以，沧州驻防甲数是 500 名，兵数 515 名。几乎全体驻防都存在类似情况，因为清朝禁止旗人从事工商业，唯有披甲一途。雍正以降，旗下人丁滋生日繁，而甲额有恒，无甲可补的"余丁"（fulu haha）渐增，"生计问题"日益严重。清朝被迫设立"养育兵"，给无甲可挑的余丁生路。各地驻防群起效尤，譬如西安驻防在嘉庆十四年（1809）有 5600 甲，另有匠役 120 名、养育兵 868 名，兵数 6588 名。又如荆州驻防额设 4780 甲，但到咸丰十年（1860），算入匠役、养育兵等名色，有兵 7028 名。①

　　不过，沧州兵员再未增加，与规模小有关，但根本原因在于它仍属京旗，部分家眷在京居住。庆泰称："彼之家口所住有限，故除兵数外，人丁无多"（ceni boigon anggala inu kemneme tebuhengge ofi. ton icooha ci tulgiyen. niyalma inu labdu akū.），② 并非外省驻防携眷远出，人丁增长缓慢。沧州的 11 名养育兵缺，皆择"无怙恃的孤独幼丁"（nikere akdara ba akū emteli umudu sidan）充补，③ 有存恤孤贫之意。

　　沧州驻防的族群构成也有待考察。沧州驻防皆为满、蒙兵丁，汉军不预其列，乾隆末期，计满兵 357 名、蒙兵 158 名。④ 蒙古入旗既久，语言风俗、衣食起居莫不趋同满洲，难分彼此，故乾隆以降的档案、文献以"满兵"或"满营"称呼沧州驻防。可是，清朝为增强军力，将其他娴于骑射的北方少数民族拨入沧州，隶属满、蒙旗下，

---

　　① 中国第一历史档案馆藏：八旗杂档，西安驻防来文，嘉庆十四年；希元、祥亨等纂：《荆州驻防八旗志》卷八，辽宁大学出版社 1990 年版，第 118 页。
　　② 军机处满文录副奏折，03—2445—13，094—1169，护军统领庆泰奏，乾隆三十七年二月初二日。
　　③ 军机处满文录副奏折，03—3761—11，179—0484，沧州城守尉巴克坦布奏，嘉庆十四年四月二十四日。
　　④ 军机处满文录副奏折，03—3479—23，159—265，沧州驻防兵数清单，乾隆五十九年九月。具体旗分为：正白旗满洲兵 178 名、蒙古兵 79 名、镶白旗满洲兵 179 名、蒙古兵 79 名。

设若今人以沧州驻防仅有满洲,或纯由满、蒙人丁构成,则有悖史实,以下将分别叙述之。

(一) 锡伯

锡伯(sibe)又名"西伯""席北",祖居东北。康熙三十一年(1692),清朝赎出蒙古贵族领有的锡伯人丁,编入吉林、黑龙江的八旗驻防。康熙三十八年(1699),清廷又将他们内迁北京。① 入京的部分锡伯人分驻"畿辅驻防"各城:

> 将德州等四城、昌平等十二城披甲内之奴仆披甲、另户弱甲裁撤,以锡伯人等补其缺。②

"奴仆披甲""另户弱甲"是就八旗户口言之。康熙年间,旗人户口分"另户"和"户下"两类。"另户"满文为 encu bisirengge,即"另住"之义,包含"满洲正身之另户"和"奴仆开户而为另户"两种,后者原为奴仆。"户下"满文为 booi,音译"包衣",即"包衣奴仆"(booi aha)的简称,地位低贱。[6]152—162 所以,清朝是将"畿辅驻防"里地位低下的"奴仆披甲"和武力不堪的"另户弱甲"剔除,代以锡伯披甲。雍正年间,沧州驻防的锡伯披甲达 51 名,③ 几乎占甲数的 1/6。

(二) 厄鲁特

厄鲁特(ūlet)是清人对卫拉特(oyirad)蒙古(漠西蒙古)的

---

① 王锺翰:《沈阳太平寺锡伯碑文浅释》,《王锺翰清史论集》第 3 册,中华书局 2004 年版,第 1574—1576 页;楠木賢道:《清初対モンゴル政策史の研究》,東京:汲古書院 2009 年版,第 215—253 页。

② 中国第一历史档案馆编译:《康熙朝满文朱批奏折全译》,康熙帝上谕一纸,无年月,中国社会科学出版社 1996 年版,第 1534 页。

③ 《雍正朝满文朱批奏折全译》下册,沧州城守尉禅岱奏,雍正六年八月初八日,第 1652 页。

称呼。17世纪，卫拉特的准噶尔（egünγar）部崛起，在杰出领袖噶尔丹博硕克图（qaldan bo oγtu）领导下一统天山南北，建立起威震中亚的准噶尔汗国，与清朝角力近七十年。清朝将俘虏、投降的厄鲁特人送往内地，起初安置于北京、察哈尔与黑龙江，雍正十三年（1735）后，分派京畿各驻防点。①

乾隆二十二年（1757），清朝将本已投顺，复绸缪反清的厄鲁特贵族伯格里（beger）属人发遣天津等处驻防为奴：

> udu ofi. ceni ajige sargan. se de isinahakū juse be fakcabuhakū. ahūn deo. juse. niyaman hūncihin be ge mu fakcabume dendeme. tiyan jin i hafan cooha de ninju emu anggala dendeme buhe. ts'ang jeo i hafan coohade orin juwe anggala dendeme buhe.②

译文：是以，不令彼之小妾、未成年之小孩分离，兄弟、子侄、亲戚俱分开，分给天津官兵六十一口，沧州官兵二十二口。

沧州驻防又加入了22名厄鲁特人。分配驻防营为奴的厄鲁特地位低下，乾隆谕："此等厄鲁特俱系获罪之人。若不遵约束，即正法示众，毋得任其脱逃。"③乾隆三十二年（1767），天津驻防裁撤，厄鲁特人被编入京旗。沧州的厄鲁特人未经调动，世代为奴，无晋升之阶。

乾隆年间，各处驻防的兵力和族群变化很大。具体而言，是将汉军出旗，所余甲额由满、蒙披甲填补。如京口驻防原为汉军，尽数出旗，移江宁驻防之八旗蒙古往驻，甲数从3000名缩为1592名。又如西安裁去汉军2332名，改设满、蒙兵丁1300名。[2]112—113 可沧州驻防

---

① 《雍正朝满文朱批奏折全译》下册，参领莫岱奏请安置来归厄鲁特折，雍正十三年十月初十日，第2416页。
② 军机处满文录副奏折，03—1665—6，046—3549，天津水师营都统噶尔锡奏，乾隆二十二年腊月二十日。
③ 《清高宗实录》卷五四九，乾隆二十二年十月丙戌，中华书局1986年版，第996页。

皆为满、蒙兵丁，维持着原有结构，得以在乾隆朝逐步完成"本土化"的过程。

通过上述研究，可将沧州驻防的特点概括如下：（一）名为驻防，实属京旗；（二）甲数屡变，乾隆三十七年（1772），定为500甲，另设匠役、养育兵，合计有兵515名；（三）沧州"满营"包括满、蒙、锡伯、厄鲁特等族，说明清中期以后的"满洲"包括满洲化的多个族群。沧州兵丁未经乾隆朝大规模的出旗、换防和增拨，人丁构成相对稳定。那么，他们是否受汉人社会影响，逐渐本地化，是亟待考察的问题。

二 沧州驻防的本地化

八旗驻防在晚清的命运各不相同：既有大敌当前，主动挑起满汉矛盾，军民离心，最终覆亡的（京口）；也有遭逢围攻，汉人袖手旁观，满城不守的（江宁）；还有满汉官绅齐心打退围攻的（巴里坤），不一而足。它们在晚清的遭际，部分体现了本地化的程度。所以，今人研究晚清驻防，需要具体分析个案，而非先入为主地确立研究范式。

驻防营的个案研究，最佳者莫过于杭州。柯娇燕（Pamela K. Crossley）女士回溯杭州驻防初建史，称：

> 1645年，满洲对浙东的征服结束后，一支庞大的驻防军在杭州城内建立，但在1651年之前并非永久驻扎。[7]57

她将杭州驻防视为清军征服的产物。汪利平女士亦以"征服者"形容肇建时的杭州驻防。[8]公允地说，用这个词形容杭州、西安、江宁等处驻防是合适的，因为以上驻防都在八旗军入城后设立，意在震慑反清势力，扑灭南明残余。不过，沧州与上述诸城不同，清军一入关便控制了畿辅地区，设驻防却是稍后几年的事。清朝驻兵京畿的本意，档案交待得很清楚：

> jing hecen i urdeme durime cuwangname yabumbi seme janggin. uksin be tucibufi tuwakiyabumbihe. ①
> 译文：因京畿抢掠横行，已派官员、马甲驻守。

清初京畿法纪陵夷，各路武装假抗清之名横行，劫掠财帛，官绅、士民则协力守城，畿辅驻防便在这一背景下设立。[9]所以，对一夕数惊的居民而言，驻防军并非手握屠刀、杀气腾腾的异族征服者，而是保障家园平安的治安军。这是它和杭州等处驻防的根本区别。

沧州与杭州的另一处差异是未筑"满城"。所谓"满城"指驻防旗人所居之城，与民人相隔离，成为旗民交流的障碍，欧立德先生评价道：

> 在中国一些历史悠久的大城市，为彰显王朝的领地权……依次各自划定"满城"（Manchu Cities），这也是清朝征服本质最持久和最明显的两个表现之一。托马斯·泰勒·迈德思（Thomas T. Meadows）在1856年写道："目力所及处的驻军不断提醒着汉人，他们是处在外来蛮族的统治下，后者总是表现出征服者的诸多傲慢，这种行径造成（汉人）持续的激愤乃至离心。"迈德思的评论被认为保留了十九世纪英国绅士对中国的审慎描述，但他的观点很难被完全忽视：当王朝于1912年解体，驻防营随之瓦解，区隔满汉的城墙被立即拆毁，以庆祝满洲统治的结束。[10]89

欧立德先生认为旗人居住的满城是满洲统治的象征，分隔了满、

---

① 内阁题本，02—02—019—1251—1，兵部尚书噶达浑等题，顺治十一年九月十一日。

汉居民，是酿成对立和冲突的根源。当然，满城并非天堑，旗民交流始终存在，但确实受城墙限制，而且部分城市的满城严重妨害了旗民关系。前文提到的"四中城"里，唯太原设满城，旗民矛盾尤为突出，当地人目满城为"梁山泊"。[11]38 太原驻防在辛亥革命时损失惨重，与满城及其代表的隔离制度不无关系。

沧州驻防始终未筑满城。明清沧州城西南阙一角，形似书生头戴的"幞头"，又名"幞头城"。旗兵的居址，最初以城中央的闻远楼为起点，西、北延展到城门，城守尉署便坐落西门大街北侧。乾隆八年（1743）增兵时，又括入城东部分地区。① 驻防营与民人居住区交界处设有垒木而就的堆拨，上插长枪，旁设兵丁把守，② 但与高峻森严、难以逾越的满城不可同日而语。从道光朝一份奏折看，驻防闲散时常穿越界址，甚至与帮人出殡"打幡儿"的底层民人交好，③ 说明沧州旗民互动频繁，与不设满城，便于来往关系尤深。

满、蒙官兵抵沧后，历经百余年生聚，在乾隆年间逐渐本地化，主要体现在三方面。

（一）极少参与军事行动

八旗的军事行动，包括出征、调防、畋猎等。清初，沧州驻防屡次参与征讨南明政权和"三藩之乱"。康熙五十四年（1715），清朝与准噶尔战火再起，部分官兵荷戈西北，清泰（kingtai）和莫其坦（mookitat）隶皇十四子、大将军王胤禵麾下，入藏之役，后者三次击败准噶尔军。只因胤禵在储位斗争中失败，二人在沧州蹉跎一生，未

---

① 徐时作等修：《沧州志》卷一，北京图书馆藏乾隆八年刻本，第 2a 页；卷二，第 5b、15a 页；军机处汉文录副奏折，03—0523—13，直隶总督高斌等奏，乾隆七年三月二十二日。

② 军机处汉文录副奏折，03—4315—6，297—2725，沧州城守尉福海奏，咸丰十年四月二十六日。

③ 军机处汉文录副奏折，03—3751—19，257—272，步军统领耆英奏，道光十年闰四月二十三日。

得晋用。①

康熙之后，沧州官兵除了在乾隆三十九年（1774）奉调山东，镇压王伦起事外，再未出兵；很少举行狩猎，以免踏损田禾，故庆泰称："小九处兵丁者，并无额外官差"（ajige uyun bai cooha serengge umai fulu al ban cagan akū）。② 沧州驻防已成为一支守城兵。

（二）挑甲、旗地和茔地的变化

沧州驻防属于京旗，挑甲、置地和埋葬遵循京旗规制，但在雍正之后变动极大。最先松动的是挑甲章程，雍正元年（1723）为省烦琐，壮丁不必赴京，改由城守尉验看，合格者即准披甲。③ 虽令丁口免受奔波之苦，却让沧州驻防渐成父死子继之军，流动性大大降低，更易本地化。

再言旗地，清初，驻防官兵不准就地置产，唯独畿辅例外。因为满洲权贵一入关，便在近畿五百里大肆圈地，分赐官兵，沧州驻防亦分得地亩。可是，沧州兵丁时常调防，开拔前便将田典卖，康熙年间，名下有田者寥寥。雍正六年（1728），皇帝将籍没政敌苏努（sunu）的 500 顷地赐给沧州驻防，④ 收成归兵丁所有，税负自俸饷内扣除。赐田的本意，是希望驻防像唐代的府兵般力田，寓兵于农。令人讶异的是，沧州官兵竟然未像其他驻防典卖旗地，他们虽然租给民人耕种，但每届秋收，都组织兵丁下屯收割，并将能否刈禾作为披甲标准之一。⑤ 这让他们在一定程度上保有了淳朴的性格。

清代针对驻防官兵颁布的禁令，以茔地一项殊为严格。驻防官兵

---

① 军机处满文录副奏折，03—0221—9，006—1802，天津水师营都统阿扬阿奏，乾隆五年二月十八日。

② 军机处满文录副奏折，03—2445—13，094—1169，护军统领庆泰奏，乾隆三十七年二月初二日。

③ 《雍正朝满文朱批奏折全译》上册，和硕裕亲王保泰等奏议八旗披甲优先服甲折，雍正元年十月初二日，第 405 页。

④ 《雍正朝满文朱批奏折全译》下册，沧州城守尉永宁奏谢赐地五百顷折，雍正六年十一月十五日，第 1674 页。

⑤ 内阁大库档案，228746—001，刑部移会稽察房咨文，嘉庆十一年七月。

身故，必须回京下葬，不准就地掩埋。这条禁令执行达百年之久，直到乾隆二十一年（1756）始告废除。此年，沧州驻防买得北门外一块方圆1顷7亩多的土地，作为无力归葬京师旗人之茔岁。① 直到20世纪50年代，因城建需要拆除。

经过一系列制度上的变革，一位生在沧州的旗人，自他还是小孩子时，就穿越把守并不森严的界址，满眼五光十色的店铺幌子，耳边充斥着沧州土话的叫卖声；成丁披甲后，在这座城里训练，逢夏、秋之际，到乡下收麦，用汉话和佃户打交道，高兴时哼两句梆子曲；退甲身故，跟老兄弟葬在城北茔地里。这大概就是乾隆之后，许多沧州兵丁一生的写照，与之相伴的，是满语、骑射技艺的大滑坡。

（三）"国语骑射"的衰颓

满语是清代的"国语"，骑射作为满洲的长技，是统治者极力提倡的"旧俗"。可是，乾隆中叶后，许多驻防旗人便不晓满语，[2]269沧州也不例外。雍正三年（1725），城守尉华赉（hūwalai）设学堂教授弓马、满语，②但他离职后，学堂未能延续。乾隆三十五年（1770），新任城守尉完颜保（wanggiyanboo）发现兵丁未娴满语，责成会满语的领催教习。③可到了道光朝，不仅兵丁不通满语，连城守尉希兰都（sirandu）的奏折也满篇套话。继任者德成（deceng）满语较佳，略有整顿，但又遭逢兵燹。劫余之后，沧州驻防生计艰窘，习得汉语的出路更广阔，满语基本废弛。

骑射技艺的衰退与经济原因息息相关。战马是骑射的基础，清初旗兵自备马匹。康熙年间，沧州马甲人拴一马，但月饷仅2两，供人吃马

---

① 内阁题本，02—01—04—15177—15，大学士傅恒等题，乾隆二十四年十月二十八日。
② 《雍正朝满文朱批奏折全译》上册，沧州城守尉华赉奏报沧州营伍情形折，雍正三年九月十八日，第1213页。
③ 军机处满文录副奏折，03—2387—34，090—0761，沧州城守尉完颜保奏，乾隆三十五年十月初四日。

喂，加之出官差，往往借贷。① 乾隆朝规定，沧州拴马 150 匹，赏给马乾银，每匹马春、冬支银 1 两 4 钱 7 分，夏、秋支银 8 钱 4 分。乾隆五十九年（1794），因沧州兵丁并无要差，裁 100 匹。② 可知沧州马数不断缩减，难以维持训练所需。因此，沧州马甲的骑射技艺在乾隆朝大滑坡，乾隆二十八年（1763），天津都统称他们"马箭式样鄙陋，且（出箭）轻浮"（niyamniyarangge durum juken al batu bicibe. kemuni balama.）。③ 相对地，驻防火器却持续增加。雍正二年，改沧州马甲 100 名为鸟枪马甲。乾隆年间，增至 150 名。④ 鸦片战争后，道光帝知弓箭不足恃，规定沧州设抬枪、鸟枪各 100 枝，鸟枪马甲 300 名，⑤ 并面谕德成："新增抬枪，务必悉心常练"（ice nonggiha meiherere miyoocan be urunakū gūninakūmbume daruhai urebukini）。⑥ 这些甲兵名为"马甲"，实为步行作战的火器手。可以说，这时的沧州驻防已非"国语骑射"之军了。

沧州是华北小邑，文风无法与三吴都会杭州相比，难觅驻防官兵参与地方事务的基层史料。唯有嘉庆朝的一份档案有助于一窥驻防官员参与汉人节庆的情况。嘉庆十二年（1807）四月，沧州药王庙举办赛会。按规矩，驻防营派官兵驻场弹压，稽查奸宄。防御富勒兼布（fulgiyambu）微服观戏，与捐纳守备王槐荫冲突。事发后，上谕：

---

① 《雍正朝满文朱批奏折全译》上册，沧州城守尉华赉奏请少扣兵丁欠银以养家口修理兵器折，雍正二年四月初七日，第 755 页。
② 军机处满文录副奏折，03—2782—33，115—3181，护军统领崇尚奏，乾隆四十三年十二月；内阁大库档案，065803—001，户部移会稽察房上谕，乾隆五十七年九月二十六日。
③ 军机处满文录副奏折，03—2016—5，066—2437，天津水师营都统长生奏，乾隆二十八年三月二十四日。
④ 军机处汉文录副奏折，03—2987—34，209—1718，镶黄旗汉军副都统苏隆阿奏，道光二十一年十一月十一日。
⑤ 台北"故宫博物院"藏：宫中档咸丰朝奏折，406006655，沧州城守尉福海奏，咸丰五年九月初二日。
⑥ 军机处满文录副奏折，03—4286—9，214—2899，沧州城守尉德成奏，道光二十六年八月初五日。

据富勒兼布称：系往该州会场弹压。如果属实，即应衣冠骑从，使该处民人知所畏惮。何至杂人稠中，辄与平民揪扭？迨王槐荫不服顶撞，始向自设看戏之蒙古包内取出顶帽戴用，是所称前往弹压之语，殊未确实。①

嘉庆帝认为驻防本为震慑地方，维持治安而设，官兵赴会场弹压，自应衣甲鲜明，络绎乘骑，使民人有所忌惮。富勒兼布身为防御，品级仅次于城守尉，竟混迹人群看戏，甚至口角，有失体统。不仅富勒兼布被革职，城守尉巴克坦布（baktambu）亦被议处。②嘉庆帝如此大动肝火，倒不一定因为富勒兼布渎职，而是他不遵旗民之分，混迹会场，还因看戏发生纠纷，音容、嗜好与本地民人无异，是流于汉俗的表现。堂堂防御尚且如此，普通披甲可想而知。

总之，沧州驻防自初建，就是治安军而非征服者的形象，且未筑满城，有助于旗民交流。驻防旗兵自18世纪起极少参与军事行动，在本地挑甲、秋收、入葬，满语、骑射技艺衰退，逐渐成为一支本地化、主要配备火器的步兵。官兵的音容、嗜好亦接近本地人。这些特点成为太平军进逼沧州时，旗民联合抗敌的文化基础。

三　浴血沧城

沧州居民的安宁在咸丰三年（1853），被太平军攻入直隶的消息打破。与群起响应的楚、豫民众不同，大部分直隶百姓对太平军抱着冷淡甚至敌视态度，蔑称为"长毛贼"。士绅积极组织团练，协助清军作战。造成这种局面的根本原因，在于直隶"隐而不见"的旗人社会。

清朝入关后，在近畿五百里跑马圈地，又接纳投旗的民人，将关

---

① 内阁大库档案，125440—001，兵部移会稽察房上谕，嘉庆十二年五月二十八日。
② 内阁大库档案，198885—001，兵部移会稽察房上谕，嘉庆十二年五月二十八日。

外的"托克索"（tokso，汉义"庄屯"）制度植入近畿。旗制和宗族制度纠结一处，往往一户或一支入旗，意味着整个宗族都受荫庇，大批汉人依附旗制生活，难分彼此。沧州在清初属河间府，是圈地最集中的地区，旗人和依附旗制的民人数量庞大，亲近朝廷。对旗制外的民众而言，优越感十足的旗人可能不是挚友，但毕竟是朝夕相处的邻居，有保护家园的共同目的。此外，沧州民风剽悍，盛产军官、武师、镖客。南来北往的镖师途经沧州，都要摘下镖旗，悄然通过，即所谓"镖不喊沧"。以拳脚自矜的沧州人对攻城略地的"南蛮子"并不服气，想见识他们有多大能耐。

沧州官绅早在咸丰三年（1853）二月，便着手编设团练，汉、回练勇多达3000余人，大部分精通武术，年已75岁的仓正宋广泰，平生"立火会、修桥道，善举甚多"，① 被推为领队。城守尉德成总统满、蒙、汉、回兵勇，守卫沧州。

德成，字仁斋，镶白旗蒙古人。他以马甲起家，参与道光六年（1826）平定张格尔叛乱，道光二十年（1840）升乌鲁木齐满营防御，二十六年（1846）任沧州城守尉，② 在沧州任职7年，"待下以宽，而治军以严，旗、民畏威怀德"。③ 经他严格训练，驻防兵丁演放火器纯熟，纪律整肃，一扫怠惰积习。

尽管沧州组织团练较早，却没有清晰的防守预案，因为沧州地饶碱卤，又多水患，城墙多处坍毁，已难固守。探马报告来敌不过数千，官绅误判太平军兵寡，兵勇足可出城拒战。咸丰三年九月二十五日（1853年10月27日）上午，德成率全体马甲、500名闲散为首队，知州沈如潮、候补州同刘凤巢（回民）统练勇续进，列阵于城南五里之红孩口。是日大雾突起，咫尺莫辨。[12]703

旗兵与太平军前锋在中午交火，北堡千总刘世禄（回民）闻讯驰

---

① 王国均：《沧城殉难录》卷3，北京图书馆藏光绪八年（1882）刻本，第2b页。
② 内阁大库档案，188361—001，兵部移会稽察房上谕，道光二十年三月；军机处满文录副奏折，03—4286—9，214—2899，沧州城守尉德成奏，道光二十六年八月初五日。
③ 《沧城殉难录》卷2，第1a页。

援。战至薄暮，太平军先锋被击退，但大队开来，弥漫原野。此时，突发两起改变战局的事件，一是火药车被焚：

> 我军奋厉，枪炮环施，贼前队伤毙无算，已将渡河西窜，而我火药车忽焚。盖乙丑、丙寅两日，曾获奸细十余人，而搜查未尽，竟以偾事。①

沧州驻防使用的抬枪、鸟枪均为火绳枪，发射程序烦琐。简而言之，当时没有定装弹，枪手每发一枪，要依次向枪膛里装填粒状黑火药、铅弹，压实后瞄准目标，再用枪机上的火绳点燃枪身药池里的烘药（引火药），完成一次射击。[13]52—53 火药、烘药分别存放，用车装载，竟被太平军的细作所焚。驻防枪手火药不继，除腰刀外别无武器，几近束手就戮。

二是太平军施放黑烟，练勇未经战阵，误以为"妖术"而惊溃：

> 贼众麇至，骤放黑烟，抛砂石于烟中。我军虑其有妖术，团勇惊溃，贼猝乘之，旗兵大败，死伤殆尽。②

练勇一溃，败局已定。宋广泰执旗压阵不退，为太平军所杀。刘世禄见大势已去，将官印托付部下，单骑冲阵身亡。③ 大股太平军扑城，焚小南门而入。德成率残兵转斗至北门，入城护印，彼时旗兵亡散略尽，惟练勇、邑人簇拥不去，焚毁火药库后，踞守闻远楼作殊死斗。练勇王富贵、高希凤翼护德成，双双战死。德成自知大势已去，负印投水。

---

① 《沧城殉难录》卷1，第23b页。
② 李鸿章、万青藜等纂：《畿辅通志》卷132，北京图书馆藏光绪十二年（1886）刻本，第64b页。
③ 秦夏声等纂：《庆云县志》卷2，北京图书馆藏民国四年（1915）石印本，第32a页。

城池虽破,居民犹巷战不已。太平军清点兵员,发现损失惨重,竟悍然屠城。事后统计,驻防营损失3154人,汉、回民人死者近8000名,合计上万。① 太平军伤亡数目,已难稽考,新任知州陈钟祥据幸存者口述,称兵勇击退太平军前锋一战,斩馘已逾500。[12]那么,太平军阵亡不低于千人,已是很保守的估计。

沧州驻扎旗兵、民风勇武,组织团练又早,竟为太平军所破,时称"沧州号有备,亦为所拔。津地大震。"[14]13584科尔沁郡王僧格林沁统领的京营主力随之东移杨村,做好津门不守的准备。然而,沧州军民殊死抵抗,令太平军付出很大代价,"贼自入直境以来,此其受创之最重者"。[15]198此役后,北伐军挥师天津,但在二十八日(10月30日)的稍直口一役,竟被由兵勇、雁户、混混编成的杂牌军所阻,[16]40—44与血战沧州导致的兵员、心理消耗不无关系。之后,太平军再也未能北进,而是节节南撤,终告败亡。设若沧州旗民矛盾严重,汉、回民众一触即溃,或袖手旁观,北伐军轻易扫荡数百旗兵,全师北上,津沽难保。太平军挟天津人力、军火、银米,鼓行而西,决战京郊,天下大势,尚未可知。所以,沧州之役不是一次无关轻重的战斗,而是决定清史走向的事件。

大敌当前,沧州民众与旗人并肩血战,除了保卫家园的现实目的外,二百余年彼此为邻,逐渐形成的本地认同和文化认同十分关键。所以,1853年沧州之役,不是汉人单方面对满人的屠戮,而是两个不同政治集团的冲突,路康乐先生单从族群角度观察,将其视为满汉仇杀,未免失之偏颇。实际上,这种情况并非沧州独有,太平天国运动中的杭州与"同治回乱"下的西安、宁夏、巴里坤皆是旗民协作的典范。这也提醒研究者,八旗驻防是覆盖全国的军制,落实到每处驻防地的旗民关系,必须周览史料,分析个案,不宜先入为主地下结论。

---

① 中国第一历史档案馆藏:八旗都统衙门档案,护军统领绵勋奏,咸丰三年十二月初一日;《夏雨轩杂文》卷2,第704页。

四 重建驻防与"集体记忆"之形成

清廷消灭北伐军后，为恢复沧州的统治秩序，作了两方面努力：一是重建驻防，此举有两个目的，即旌表忠烈和维持治安；二是由朝廷提倡，地方官绅主办，纂修《沧城殉难录》，形塑旗、民共有的"集体记忆"，借以收拾人心。

德成尽忠后，清朝以福海（fuhai）接任城守尉，重建驻防。新建驻防人丁由两部分组成，一是劫余之人，包括伤兵89名，养育兵、匠役5名，闲散208名，幼丁177名，另有此前虽已销除旗档，仍奋勉参战的幸存者11名，共490名；① 二是咸丰四年（1854），两白旗满、蒙佐领各抽兵1名，赴沧州补缺。② 驻防兵数仍作515名，除京兵外，选拔阵亡兵丁子弟披甲，表彰忠烈。③

沧州驻防为国效死，饷银却无法足额发放。咸丰十年（1860）后，八旗官兵减成发饷，鸟枪马甲月饷按六成发给，等于裁减军饷。④ 驻防元气未复，俸饷却仅发六七成，困苦异常。光绪十六年（1890），李鸿章闻知旗营惨状，将骁骑校以下官兵俸饷改为按八成发放，亦属杯水车薪。⑤

兵燹和欠饷影响了驻防战力。以武备为例，原设军械毁弃殆尽，兵丁无力置备、兵部无械给发，福海只得通过捐纳凑集银两，逐步添设。咸丰七年（1857），稽查大臣乌尔棍泰（urguntai）抵沧阅操，称：

---

① 八旗都统衙门档案，护军统领绵勋奏，咸丰三年十二月初一日；宫中档咸丰朝奏折，406006655—1，沧州城守尉福海奏，咸丰五年九月初二日。
② 《清文宗实录》卷131，咸丰四年五月己未，中华书局1987年版，第321页。
③ 军机处汉文录副奏折，03—4270—55，293—2274，沧州城守尉福海奏，咸丰五年九月初二日。
④ 昆冈等纂：《大清会典事例》卷254，北京图书馆藏光绪二十五年（1899）刻本，第21b页。
⑤ 军机处汉文录副奏折，03—6118—87，456—1703，直隶总督李鸿章奏，光绪十六年四月十九日。

jai ts'ang jeo i aisilame jafame icihiyaha meiherere miyoocan. miyoocan. ere aniya nadan biyade teni yong kiyame weileme teksilehe. ①

译文：再，沧州捐办之抬枪、鸟枪，本年七月方全部造齐。

此时距兵燹已过四年，枪械才捐造完毕。箭、账房、长枪则迟至咸丰十年（1860）才补齐。② 第二次鸦片战争证明，武备陈旧的八旗军已属胶柱鼓瑟，难求一胜，但因经费支绌，未给沧州驻防换装。由于捻军纵横华北，器械窳陋的旗兵又被投入对抗捻军的战斗中。同治七年（1868），捻军突袭沧州，"弁兵伤亡过多，器械残缺，久未请补"，③ 不再是能战之兵。清室让国后，旗营裁撤，兵丁尽成沧邑土著。

咸丰年间兵连祸结，朝廷对沧州的善后事宜，停留在赐予殉难官兵恤典、设专祠祭祀德成等，无编纂专书之意。深蒙创痛的地方士绅则借次年祭奠阵亡兵勇为契机，私撰文稿，以矢不忘。最早编成的是《失城纪略》《兵燹录》二篇，候补知县叶圭绶加以编辑，于咸丰六年（1856）请知州陈锺祥题序，名曰《沧州殉难传》，这便是《沧城殉难录》的底本。

咸丰十一年（1861）各地设褒忠局，采访殉难绅民事迹。同治元年（1862）复谕：

大小员弁、绅团兵勇人等为国捐躯，虽经随时议恤，恐湮没者尚多，殊无以慰忠魂而作士气。著各路统兵大臣、地方大吏访查具奏，毋稍遗漏，以备交功臣馆，纂入列传，用副笃念忠节至意。④

---

① 哈佛燕京图书馆藏：满文奏折杂档，稽查左翼四处大臣乌尔棍泰奏，咸丰七年九月二十九日。
② 宫中档咸丰朝奏折，406012363，沧州城守尉福海奏，咸丰十年四月二十六日。
③ 军机处汉文录副奏折，03—6028—71，451—352，直隶总督李鸿章奏，光绪十八年十月初三日。
④ 《清穆宗实录》卷18，同治元年二月癸亥，中华书局1987年版，第512页。

两宫降旨搜求捐躯官绅兵勇事迹,以备编纂列传之用,使之名垂青史,匡正世道人心。在朝廷倡导、官绅支持下,沧州的资料搜集工作顺利展开。同治二年至三年(1862—1863),直隶官绅两次汇奏沧州殉难旗民名单,合计9522人。再次上呈名单时,候选州同王国均将《沧城殉难录》一并封进,是关于这部书的最早记载。①

《沧城殉难录》虽自《沧州殉难传》敷衍而来,却由一卷扩充至四卷。首卷收录《沧州失城纪略》及当事官员的禀稿、奏稿、札饬等;次卷、三卷均为《殉难录》,胪列遇难旗民姓名、事迹;末卷辑录祭文、诗词等,是关于沧州之役最完备的史料,也是研究晚清八旗驻防和太平天国北伐史不可忽略的文献。

该书的编纂阵容相当多元,除汉人地方精英的班底外,回民大族刘氏亦有多人名列其中。许多驻防官员也参与了编校:福海和继任者丰升额(feng engge)任监修,出身沧州的署知州联俊为主修;4位校勘中有两位旗人,包括锋镝余生的云骑尉色冲额;采访则有4位旗人,最早向清廷报告驻防覆灭的骁骑校双魁亦在其列。这部书不仅是旗民合作的结晶,也是满、汉、回民对沧州之役的"集体记忆"。

该书最富价值的一点,是让今人得以一窥晚清满人是否坚持满汉之防,以及他者(尤其是汉人)眼中满人的身份。廪生于光褒所作祭文提到:

> 当夫黄巾攘攘、白马纷纷,梯冲薄麻姑之城,兵刃接红孩之口,戈可麾夫日影,鞭足断乎江流,以背鬼五百之军,当淝水亿万之众……援桴未停,听宗泽之三呼……莫不谓少保精忠,可抵黄龙之府。②

祭文用三个典故赞颂德成麾下的旗兵:一是将太平军比作5世纪

---

① 台北"故宫博物院"藏:宫中档同治朝奏折,096690,都察院左都御史全庆等奏,同治三年五月二十七日。
② 《沧城殉难录》卷4,第2b—3a页。

统一北方,与东晋争天下的前秦军队,而将清军形容为岳飞训练的精兵"背嵬军";二是引用抗金名将宗泽死前三呼"过河",比拟德成壮志未酬之情;三是以志在直捣黄龙,迎回二帝的岳飞比照德成,而将太平军比作金人。上述比喻充满历史的吊诡,因为前秦和金都是北方胡族建立的政权,后者的创立者正是满人先祖女真人,南下吞灭北宋,宗泽、岳飞与之不共戴天。于光褒将德成比附宗、岳,以旗兵比作宋军,反将志在屠灭八旗,恢复河山的太平军视为金军,这一有悖史实的表述,恰恰体现汉人士人的观念,即视清朝为正统、视旗人如同袍,淡漠了"华夷之防"。

不独民人如此,旗人亦有类似表述,色冲额祭文末尾提到:

> 此皆天地之浩气,金石之精诚,独不见著之简册,表之汗青。千秋万岁,而炳若日星。①

以上骈句不禁令人联想"天地有正气,杂然赋流形。在下为河岳,在上为日星""留取丹心照汗青"等诗句,明显受文天祥影响。文天祥抗击的元朝由蒙古人建立,而色冲额身为蒙古旗人,深受汉文化熏染,心无蒙汉之防。这两篇祭文均被收入《沧城殉难录》,旗人监修、主修、校勘未提出任何异议,递交都察院时,以左都御史、旗人全庆为首的大僚亦未觉不妥,交军机处收贮。② 可见经过二百余年的交流,至少在京畿,旗民间的"华夷之分"极其淡漠,构成多民族的"集体记忆"得以形塑的基础。

《沧城殉难录》揭橥的上述现象,实际体现清代的政治转型。盛清时,乾隆帝提倡旧俗,严满汉之分,罗织文网打压士林。设若于文在彼时撰就,首领必将不保,而色冲额亦不免惩处。唯嘉、道后国力式微,复值太平军兴,政、军两途均需倚仗汉人,文网久已不存,满

---

① 《沧城殉难录》卷4,第6b页。
② 宫中档同治朝奏折,096690,都察院左都御史全庆等奏,同治三年五月二十七日。

汉界限渐趋模糊。"忠君全节"成为满汉调适共存的根基，官方亦鼓励此种共识，《沧城殉难录》宣扬旗民同仇敌忾，褒奖忠烈，建构横跨满、汉、回的"集体记忆"，正当其时。这一基于传统价值观，模糊华夷界限的认识支持清朝度过了内部危机，开创"同光中兴"的局面，直到19世纪末才遇到民族主义的新挑战。

五　结论

沧州驻防的规模不大，特点却非常显著，遗留的第一手史料也较丰富，是研究八旗驻防制度的好对象。它虽然名为驻防，清初却隶属京旗，直到乾隆年间建制才渐趋稳定。它管辖的人丁包括满、蒙、锡伯、厄鲁特等族，"满营"之名是在乾隆以降，各族不断融合，逐步形成的。所以，清中期以后的"满洲"包含多个满洲化的族群。

"满汉矛盾"在近年的晚清史研究领域倍受重视，几乎成为新的研究范式。不过，八旗驻防分布全国，各地情况不尽相同，旗人本地化程度参差不齐，未可一概而论。譬如沧州驻防自初建起就扮演了维持地方治安的角色，也未修筑隔绝旗民往来的满城，清中叶之后，通过挑甲、旗地、茔地等一系列制度的调整，迅速本地化，奠定了旗民共同抗敌的基础。当危机来临，当地居民支持旗兵，反抗以种族革命为号召的太平军。所以，沧州不是"满汉矛盾"的代表，实为旗民合作的典范。由此可见，研究晚清的满汉关系，要从清初追溯，寻本求源，不宜草率立论。

19世纪40—70年代，八旗驻防在内忧外患夹击下急剧衰落。就重建后的沧州驻防而言，清廷已放弃了将其作为缓急可恃之军的意图。两宫顺应时势，由朝廷出面表彰忠烈，形塑地方满、汉、回民对沧州屠城的"集体记忆"。这一举动不局限于沧州，而是属于在全国范围内自上而下鼓吹"忠君全节"，作为满汉调适共存的基础，巩固治统的手段。这时的清朝随着汉人地位提升，较之清初以满蒙联盟为基础的征服王朝，转向以满汉联盟为根基之国。满汉关系步入新阶段。

第一编 满族史与八旗

[参考文献]

[1] 伊桑阿. 大清会典：卷81 [M]. 台北：文海出版社，1992.

[2] 定宜庄. 清代八旗驻防研究 [M]. 沈阳：辽宁民族出版社，2003.

[3] 鄂尔泰. 八旗通志初集：卷28 [M]. 长春：东北师范大学出版社，1985.

[4] 张大昌. 杭州八旗驻防营志略：卷15 [M]. 台北：文海出版社，1971.

[5] 福隆安. 钦定八旗通志：卷35 [M]. 长春：吉林文史出版社，2002.

[6] 刘小萌. 八旗户籍中的旗下人诸名称考释 [M] // 刘小萌. 满族的社会与生活. 北京：北京图书馆出版社，1998.

[7] Crossley Pamela K. *Orphan Warriors*：*Three Manchu Generations and the End of the Qing World* [M]. Princeton：PrincetonUniversity Press，1990.

[8] 汪利平. 杭州旗人和他们的汉人邻居：一个清代城市中民族关系的个案 [J]. 中国社会科学，2007（6）：189.

[9] 张建. 从方志看清代直隶地区旗人社会之演进：以顺天、保定二府为中心 [J]. 河北学刊，2009（4）：106.

[10] Elliott Mark C. *The Manchu Way*：*The Eight Banners and Ethnic Identity in Late Imperial China* [M]. Stanford：Stanford University Press，2001.

[11] 张集馨. 道咸宦海见闻录 [M]. 北京：中华书局，1981.

[12] 陈锺祥. 夏雨轩杂文：卷2 [M] // 国家清史编纂委员会. 清代诗文集汇编：第634册. 上海：上海古籍出版社，2010.

[13] 所荘吉. 図解古銃事典 [M]. 東京：雄山閣，1987.

[14] 赵尔巽. 清史稿：卷491 [M]. 北京：中华书局，1977.

[15] 谢山居士. 粤氛纪事：卷5 [M]. 台北：文海出版社，1969.

[16] 吉澤誠一郎. 天津の近代：清末都市における政治文化と社会統合 [M]. 名古屋：名古屋大学出版会，2002.

[原载于《吉林师范大学学报》（人文社会科学版）2016年第6期]

清代八旗驻防协领刍议

顾松洁[*]

八旗作为一种社会组织，八旗初创时实行固山（旗）、甲喇、牛录三级管理，长官分别为固山额真、甲喇章京和牛录章京。清入关后，随着形势的变化和统治的需要，清廷陆续在各地设置八旗驻防，分官设职。各级驻防组织体系虽按京师八旗的组织原则组成，然与原先有所区别，形成了一套新的地方统治机构和八旗驻防官员，[①] 协领即在其中。

协领，满语 gūsai da，是"一旗首领大员"专管旗务，其下分理旗务者是佐领。[1]30 清代史书中虽将旗、参领和佐领比拟为管理民人的省、府、县，然而综观清代全国八旗驻防体系，与将军、副都统同城均设有"协领"一职。因此，在八旗驻防官制的研究中不应忽略协领一职。了解协领的设置、铨选与职责等问题，有助于完整地认识清代八旗组织管理的特质，有助于进一步了解有清一代普通旗人如何被政府统治。

关于八旗官制，截至目前进行系统研究的成果当推定宜庄先生的《清代八旗驻防研究》和杜家骥先生的《清代八旗官制与行政》二书。前者对八旗驻防组织与将领有专门论述，后者的研究对象和重点是京旗官员，少部分内容涉及驻防八旗，然而两书对协领的叙述均较

---

[*] 顾松洁（1982— ），女，锡伯族，新疆伊犁人，中央民族大学中国少数民族语言与古籍研究所讲师，历史学博士，研究方向：清史、满族史、满文文献。

① 参见定宜庄《清代八旗驻防研究》，辽宁民族出版社2003年版，第117页。

为简略。而在八旗驻防管理体系中，与协领同级的还有城守尉。对二者的关系，学界也未进行区分。对协领研究之不足盖因清代史料中有关协领的记载零散而稀少。本文拟从清代政书、方志、笔记等基本史料中对八旗驻防协领的设置特点、选任与职责等问题作一初步考察，并对协领与城守尉的关系试作探讨，以期对清代八旗之研究有所补充。

一 协领的设置

顺治元年（1644）八月，清廷离开盛京迁都北京，留部分官兵，编设八旗，分为左右两翼，命正黄旗内大臣何洛会为总管。"八旗每旗满洲协领一员，章京四员，蒙古汉军章京各一员，驻防盛京。"[2]75 清代八旗驻防自此正式开始，协领一职也第一次出现在清代历史中。

入关之初，清军新占领地方多设协领为临时驻防。顺治二年（1645）十月，"遣八旗官兵驻防顺德、济南、德州、临清、徐州、潞安、平阳、蒲州八城。每旗分驻一城，每城协领一员，满洲章京四员，蒙古汉军章京各二员，兵丁各六百名。"[2]183 "顺治四年三月乙亥，令以协领额塞管西安府户部侍郎事，根泰为驻防西安协领。"[2]257 而后逐渐在直省军事据点设立将军、副都统，统兵驻守，协领作为佐官与将军、副都统同城设置。至乾隆末年，全国驻防体系基本完备，将军级和副都统级驻防单位均设有协领，东北有极少数独驻一地者。另外，驻防鸟枪营、水师营以及蒙古扎萨克旗下、新疆八旗驻防营内也都设有协领。

对于直省驻防有蒙古旗人的地方，起初未设协领，而由满洲旗协领兼管。雍正元年（1723），为了"将满洲、蒙古、汉军等一视同仁"，上谕："外省驻防满洲、蒙古、汉军内，满洲、汉军皆有协领，惟蒙古无协领，著将各处兵丁数目查看，如蒙古兵丁之数与满洲、汉军兵丁数目相等，亦应补授协领。如因蒙古兵少，将佐领附于满洲者，则补授协领时亦应给蒙古人员缺分，列名引见协领。"[3]324—325 经过调查，各省有蒙古兵丁的情形是：盛京、杭州、成都、右卫、西安、荆州、江宁七处蒙古兵丁数目，俱少于满洲和汉军；盛京、杭州、成都三处各有蒙古佐领八个，山西右卫、西安、荆州、江宁四处各有蒙古佐领十六个。于是，议定：盛京、杭州、成都三处每省添设协领一员管辖八旗蒙古兵丁；右卫、西安、荆州、江宁四处每处按翼添设协领一员管辖各翼蒙古兵丁。至于补授此添设之蒙古协领的人选，由"各该将军于该处所有蒙古官员内拣选汉仗好、能管辖、著有劳绩者送部，交该旗照理拣选在京之蒙古官员同题补之员，一并引见补授"[3]325。

清朝在八旗满洲和八旗蒙古协领下设佐领、防御和骁骑校。而在直省驻防有汉军旗的地方，协领下则设参领，参领下为防御和骁骑校。驻防参领的品级在协领之下。康熙二十二年（1683），兵部议复，在福州、杭州、京口、广州等处添设协领以下、骁骑校以上官员时，规定"应将各省驻防汉军现有参领外，嗣后补授之参领，俱改为四品"[4]。除福州、杭州、广州外，西安汉军旗亦设有8员参领。

独驻一地的协领，清廷仅设在吉林和黑龙江两省。最早设置于康熙五十三年（1714），在宁古塔副都统驻防辖区分驻了珲春驻防协领和三姓驻防协领。三姓驻防协领设置不久于雍正九年（1731）升为副都统。拉林驻防协领设于雍正九年，隶属于吉林将军兼辖，设佐领6人、防御2人、骁骑校7人，另设笔帖式2员、管仓官1员、仓笔帖式2员。归吉林将军兼辖的驻防协领还有五常堡，设于同治八年（1869），属员有佐领2人、防御4人、骁骑校4人。嘉庆十九年（1814），设双城堡委协领，二十三年（1818）改为实缺，下设佐领8人、防御2人、骁骑校2人，隶属于阿拉楚喀副都统。拉林和五常堡驻防的设置，系京旗回屯措施的结果。光绪六年（1880），清廷在三姓副都统辖区内设了富克锦驻防协领，专城理事，为三姓副都统统辖，额设佐领4员，骁骑校4员。此外，清廷在黑龙江设置的两处驻防协领分别在巴彦苏苏城和北团林子。以上也可以看出，专城协领衙署所设属员根据人员多寡、事务繁简，数量不等，比较灵活。

"协领"初为从三品，位在参领与佐领之间。"顺治十六年，丁亥。更定驻防盛京协领品秩，视甲喇章京。"[2]968甲喇章京系参领，正三品，故协领品级由初设的从三品升为正三品，而城守尉也是正三品武职。当时，京师八旗组织体系是都统—副都统—参领—佐领。而驻防八旗组织体系为将军—副都统—城守尉/协领—防守尉/佐领。升协领品秩同参领，说明中央与地方官制趋于统一。然至迟到乾隆二十七年（1762），协领的品级又降为从三品，城守尉缺出可由协领内升补。协领俱有图记，所有新添协领应拟定字样咨部铸给，铜质，受篆。[5]567协领岁支俸银130两，地亩数量因地而异。衙署例系16间。[6]3556但据《八旗通志》中所记官员衙署情形，各处不等，多者可达50间，广东广州府驻防协领衙署八所即各50间。协领衙署也有两旗合署者。宁夏将军驻防镶黄旗正白旗协领同署，镶白旗正蓝旗协领同署，左翼蒙古协领署正黄旗正红旗协领同署，镶红旗镶蓝旗协领同署，右翼蒙古协领署。[7]289

清廷在各地设驻防时，多处协领兼佐领。据《八旗通志》载："热河协领兼佐领五人；密云县协领四人；山海关协领兼佐领二人；陕西西安协领兼佐领八人；宁夏协领兼佐领五人；凉州协领兼佐领二人；江苏江宁协领兼佐领八人；分驻京口副都统同城协领兼佐领蒙古二人；浙江杭州协领兼佐领满洲八人、蒙古一人；分驻乍浦副都统同城协领兼佐领五人；湖北荆州协领兼佐领十人；广东广州协领兼佐领满洲四人、汉军四人；水师营协领满洲一人；福建福州协领兼佐领八人；水师营协领一人；四川成都协领兼佐领满洲四人、蒙古一人；山东青州协领兼佐领四人；山西绥远城协领满洲四人、蒙古一人。盛京八旗满洲佐领若升本城协领，即令兼佐领事务。蒙古、汉军佐领升补协领亦照此例。城守尉和水师总管不准兼管佐领。"[8]547吉林、黑龙江二省地广人稀，官差繁重，人员不敷差遣，规定协领毋庸兼管佐领。但是，协领兼佐领办理旗内一应事务，无人监督，容易滋生弊端。清廷于乾隆四十二年（1777）定协领不兼本旗佐领例。[9]850

二　协领的选补

　　任何一项制度都不是一成不变的，而是因时因势而变、因地制宜。对于驻防协领的选补，顺治初年规定："协领员缺以步军协尉、轻车都尉、骑都尉、云骑尉内选拟正陪题补。"[8]544—625 由此观之，初设协领多系有世职爵位者担任。并且驻防官员都由京师派出，"由其所在的京师八旗都统补放遣往"[10]148。

　　康熙二十七年（1688），奉旨"嗣后驻防协领员缺，停止该将军坐名拟补，著兵部选取外省应升之人交旗，同在京应补人员引见补授"。显然，初期驻防将军对协领及以下官员补放的权限很大。而在东北，盛京、吉林、黑龙江三将军驻防辖区旗佐多系清入关后清廷招抚东北边疆的属民，对其进行"徙民编旗"而设。康熙中叶，清廷认为这些官兵"不知法度，不谙军令"，并将原因归结为"协领等员不能约束"。于是，康熙三十七年（1698）年底定："嗣后乌喇等处自协领以下、骁骑校以上官员缺出，俱于在京八旗内拣选才能者补授。"[4]1025

　　雍正年间，直省各驻防协领出缺，由该将军、都统、副都统等于参领、佐领内遴选一人拟正送部，交与该旗都统，将本旗应升之人一同引见补授。

　　乾隆初年的规定更为详细，乾隆六年（1741）奏准，"满洲、蒙古协领员缺，由该将军等于本翼佐领内选一人拟正送部交旗，该旗都统等于本旗前锋侍卫、护军、骁骑校、副参领、二等侍卫、轻车都尉、佐领、步军协尉、信炮总管内选一人拟陪引见补授。汉军协领员缺，由该将军等于本翼参佐领内选一人拟正送部交旗，该旗都统等于本旗副参领、轻车都尉、佐领、步军协尉内选一人拟陪引见补授。"[8]544—625 京旗候补满洲、蒙古协领的人选范围比候补汉军协领的要广。驻防地方的防守尉也可候补满洲、蒙古协领缺。但是，旗人驻防年久，人口繁衍日益增多，驻防协领、参领等往往由京城补放而阻碍驻防旗人升路的弊端慢慢显露出来。所以,乾隆二十一年(1756)"奏准各省协领员缺,止将该省保题之人引见,在京都统不必简选拟陪"。[8]544—625 此后,驻防协领就由将军于本翼参、佐领内遴选,京师都统拣选拟陪者只是流于形式了。新疆是乾隆年间收归的新区域。对该地所设协领等驻防官员的引见清廷有特别的规定。伊犁路远,协领初设满六年不必送京引见,二次俸满后送京引见。[11]163

驻防协领每五年接受一次军政考绩。以福州驻防为例,俟军政之年,由兵部咨文通知该将军,将军、副都统遵例"檄行右司先行催取各该旗查造各官员履历"。各旗协领、参领填注其下防御、骁骑校的考语,加结封送右司,由右司汇总后呈报该将军衙门察核。"水师营官员,该营协领造具本员及各员履历,内将佐领以下填注考语,加结呈送本衙门察核。"而各协领的考评系由将军、副都统填注,一同具题。[12]42 清廷还规定:"三品以下官以次考察,于其长定以四格,曰操守、曰才能、曰骑射、曰年岁;纠以八法,曰贪、曰酷、曰罢软无为、曰不谨、曰年老、曰有疾、曰浮躁、曰才力不及。出征受伤及得功者并书于册。"已年迈原品休致官员不参加军政考核,不用造具履历册。协领可升任副都统、城守尉、总管、领队大臣或绿营总兵、副将。但是,对康雍乾三朝《实录》中所记进行简单统计后,可知绝大多数升授副都统。若才能一般,即调任别处或原品休致或病故在协领任上。

有清一代,朝廷对八旗驻防官员的选补不断进行着调整。随着驻防制度的稳定,驻防官员由京师派出演变为由驻防地方和京师应升人员内一同拟正拟陪选补。初期,驻防将军在协领的补放上有一定的权力。康熙中叶,随着中央集权的加强,将军、副都统只有拟名推荐之权,补授大权牢牢掌控在了皇帝之手。

三 协领的职责

驻防协领"系一旗首领大员"[9]779,"各处驻防满营事宜,俱应协领办理，责任甚重"[13]953。《清史稿·职官》记载："城守尉、防守尉，掌本城旗籍。参领、协领以次各官，分掌驻防户籍，以时颁其教戒。"这些话语都是清代官方文献中对协领职能的概括，点出了协领作为八旗内旗务官的职责。京师八旗旗务包括户口编审、挑甲、旗地、旗房、俸饷钱粮、族表、教育、科举考试、马政、官员选补、军政考绩、日常管束、匠役管理等。驻防各地旗人事务也无外乎这些。比如关于驻防旗地，相关事项有招垦、耕田、征税、稽查等。具体而言，招垦事宜，如"呼兰招垦之初，将军派旗员数人前往，协领总办"[14]89；在新疆伊犁，驻防将军"责成各旗协领督率驻防官兵尽心耕作，以收兵农并习、屯守兼资之效"。[15]207吉林各处旗民杂处屯堡，民人有无私垦地亩，专派官十员，分界稽查，并派总理协领一员，年终取结，咨报户部。[16]71教育方面，驻防八旗官学、义学所需钱粮物品、监督管理等都委派协领去执行。乾隆三十四年（1769），伊犁将军伊勒图奏明两满营特设义学一所，派协领等官管理。嘉庆七年（1802），将军松筠以八旗子弟能读书者甚多，因于旗学、义学及八旗闲散童蒙中挑取聪慧者入敬业学，肄业，于旗下及废员中选派满汉教习司教读，并宣讲圣训、广训，每月给教习薪水费，学生纸笔银两，派满营协领等官管理。[15]158

除旗务外，协领还兼掌将军或副都统衙门内各司关防。如：黑龙江将军衙门内户司、兵司、工司掌关防官各一员，即由八旗协领内拣派。[17]1777《黑龙江述略》亦载："黑龙江省将军、副都统而下，以协领为尊，既有专辖旗分，或兼掌各司关防，则文武职任一身肩之。"[14]43与吉林将军同城的协领也兼管各司，吉林将军衙门内设兵户刑工四司，四司关防均由协领兼衔。

协领还被将军、副都统选派去办理如司法、巡边、监市、守卡、征税、运船、治河、勘界、出征领兵等地方事务。史料记载热河所辖区域发生刑司案件，向例派协领帮办。道光七年，时任热河都统的英和以该处驻防旗人案件该协领等应行回避为由而奏准裁撤。道光八年（1828），该处所管口外蒙古王公旗内发生案件，松筠奏称此类事件

"仅有理藩院司官一员，三年更换。若无本地旗员帮办，恐新派司员，遽难尽悉"。于是，"照所请，仍行拣派协领、佐领各一员，帮同理藩院司员专办都统所属蒙古王公各旗案件"。[18]167旗内发生的案件，寻常斗殴词讼案件由协领就近审理完结，命盗等案仍由副都统核转办理。

黑龙江将军系中俄《尼布楚条约》签订后所设，为防俄人越界，齐齐哈尔、墨尔根、黑龙江三城各派协领至额尔古讷河一带巡江。《黑龙江外记》曰："黑龙江与俄罗斯分界处，岁以五六月间，派齐齐哈尔、墨尔根、黑龙江协领各一员、佐领、骁骑校各二员共兵二百四十名分三路至格尔必齐、额尔古讷、默里勒克、楚尔海图等河巡视，谓之察边。"[1]54在东部沿海一带，为缉捕海盗，清廷还规定，凡巡防之制，外海巡防，盛京以协领为总巡，佐领、防御、骁骑校为分巡，直省有总兵官为总巡，副将以下为分巡。京口江宁派佐领、协领二员每月巡查江面。[11]328—666水师营协领查验船只出入海口。

北部边疆的边境贸易亦派协领前往监市。比如，伊犁与哈萨克接壤，其境内各卡伦每与哈萨克贸易，即派协领等员稽查，若无私贩茶叶、大黄，便出具出卡甘结，如有偷漏私贩，则将出结、加结之员严参惩办。[19]407

清初，东北驻防八旗兵丁承种的地亩，不收任何赋税。从康熙三十二年（1693）开始，盛京旗丁所种地亩开始征收草豆。每地六亩，岁征豆一升，草一束。并规定"不论何项人，照八旗十四城所管地界交与协领、城守尉征收"。

运船、治河、勘界等系偶发事件，一般也派协领前往督办。如康熙二十二年（1683）十一月，清廷派员运粮至黑龙江，需增造船三十艘，每船设运丁十五人，共需一千二百人，除萨布素处所发水手一百五十人外，再派乌拉八旗猎户六百九十人，宁古塔兵三百六十人，拣选有才能的协领督运。[4]163四十五年（1706），淮河流域水灾，涧河、清沟、虾沟、挑河等工程，由江宁、镇江、杭州驻防官共四十九员内，各拨副都统一员、协领二员带往协同监工。[4]250四十九年（1710），查中朝边界，清廷选派宁古塔协领前去会同朝鲜官员勘界。

在东北，呈报粮食收成分数、发放参票承办参务等事务还是协领的专责。嘉庆八年（1803）六月嫩江水涨，田禾被淹，其未淹者于七月底忽又被霜，因此秋季收成实为歉薄。在呈报收成分数时，黑龙江将军那奇泰等先奏四分后改二分具奏，被朝廷发现后被控，同时遭到参奏的有五名协领和五名佐领。然最后所递呈词只有协领干森保等五人列名，原因是"向来佐领并不呈报分数，俱系协领作主，是以未将佐领参奏"[20]251。嘉庆二十三年，时任珲春协领扎呼岱被控告散放参票收取赃银，案件审结时"佐领额腾阿、防御达洪阿、骁骑校富通阿、笔帖式色布兴额于扎呼岱科敛民财知其系设法办公，因办参系协领专责，不敢僭越禀阻，实非扶同隐匿，均无不合，应俱免置议，饬令各回本任供职"[21]。

驻防协领的职责从本质上来说以旗务为主。然而从以上所举若干零散而琐碎的实例，反映出八旗驻防协领参与了不少地方事务，其发挥的作用非同小可。尤其是独驻一地的协领是"地缘意义的行政组织"[22]74，已成为地方行政官员，其辖地内包括旗务和地方事务的行政大权，由其独掌。

四 协领与城守尉的关系

在八旗驻防官制体系中，最高一级官员是将军，副都统次之，再次系协领和城守尉。对协领和城守尉的关系，相关研究①少有论述。笔者试从以下几方面来探讨：

首先，从协领和城守尉的满文名称上来看，协领为"gūsai da"，直译为"旗的长官"，城守尉是"hoton i da"，直译为"城的长官"。从字面上可以看到，协领本身没有地缘色彩，而城守尉是带有地缘色彩的官职。

---

① 刘子扬将各省驻防分为将军、副都统和专城"城守尉""防守尉""协领"三级。在将军和副都统统辖地区，协领为其属员，而专城协领，其制如城守尉、防守尉专城办事，其职任与城守尉相同。

其次，从二者的设置源流上来看，城守尉的前身是清入关之前负责驻守盛京周围各城堡、关隘的城守官。满洲军队进入沈阳、辽阳后，出现了汉人多于满人且满汉杂居的局面。于是，满洲统治者每占领一重要城堡就留一人守城，管理兵丁，负责军事防守。郑天挺先生在《牛录·城守官·姓长——清初东北的地方行政机构》一文中引用《清太宗实录》天聪六年的一条史料，指出城守官是"地方行政官吏"，所设地方"具有行政区划的标准"，满洲统治者"最初用它称呼敌人守城的主要人员"，后拿来"称呼自己方面的地方驻守人员"，在1631年左右成为官名。[21]可见，城守尉一开始就是带有地缘意义的地方行政组织。盛京地方"城守官"这一称呼与"城守尉"混用了较长时间，像凤凰城和辽阳都是顺治元年（1644）设城守官，直到康熙二十六年（1687）才改为城守尉。协领是顺治元年始设的八旗驻防官职，与将军同城设置，"分掌驻防户籍，以时颁其教戒"[23]3383。从其最初设置的性质来看，协领只是旗务官，并受将军、副都统的委派参与地方事务。康熙五十三年（1714）才出现了分驻的协领，即宁古塔副都统下辖的珲春驻防协领和三姓驻防协领，这才使得独驻一地的协领有了地缘色彩，"其制如城守尉、防守尉专城办事"，其"职任与城守尉相同"[24]162—163。

第三，从二者的设置地域和隶属关系来看，纵观八旗驻防体系，城守尉没有与将军、副都统同城设置者。同时，盛京是设置城守尉最为集中的高级驻防辖区。直省驻防区亦有几处，直隶沧州和保定城守尉，分别设于顺治五年（1648）和六年（1649），归中央直辖；山东德州城守尉设于顺治十年（1653），隶属于青州副都统；顺治六年（1649）在山西太原府设城守尉，受山西巡抚节制；右卫城守尉设于乾隆三十三年（1759），隶属于绥远城将军统辖；河南开封城守尉设于康熙五十七年（1718），归河南巡抚节制；乾隆二十八年（1763），清廷将原先在甘肃庄浪设置的副都统改设为城守尉，隶属于凉州副都统。黑龙江将军辖区内，齐齐哈尔副都统下辖呼兰城守尉，雍正十二年（1734）设，驻于呼兰城（今黑龙江省呼兰）"，光绪元年

（1875）升副都统。可见，直省驻防区所设城守尉有隶属巡抚节制的。而协领遍布全国各驻防区，多与将军、副都统同城，独驻一地的协领仅限于东北三将军辖区，分隶将军或副都统统辖，并且数量上少于城守尉。

第四，从协领和城守尉的下级官员来看，没有差异。城守尉之下设有佐领、防御、骁骑校、笔帖式等官员，协领的下属官员亦如是，处理旗内一应事务，并担任驻防任务。

第五，从二者的品级而言，清初城守尉和协领都是正三品武职，规定"城守尉、协领系专城大员，如遇调补，均令送京引见"[8]532—625。而后，协领品级有所下降。《清高宗实录》记载，乾隆二十七年（1762）"谕：向例各省城守尉、协领等三年期满引见后，不再送部引见。伊等皆系驻防大员，其中岂无可用之人。若一经引见，不再送部，将终老于其任，臧否无由得知。今各省副将三年期满，其有堪胜总兵之任者，由总督出具考语，送部引见。城守尉、协领等亦应照此办理。嗣后令各省将军、大臣等于伊等期满引见，回任过六年后，城守尉则将堪胜副都统之任与否，协领则将堪胜城守尉及副都统之任与否，分别出具考语，送部引见，以备录用。著为例"。从这段史料可知，至迟到乾隆二十七年协领的级别已在城守尉之下，城守尉可升授副都统，而协领可升任城守尉和副都统。但是，即便如此，城守尉治下亦未设协领。

从上述五点内容来看，协领和城守尉最大的区别是协领与将军、副都统同城，设置地域广，在八旗管理体制中，担任中层旗务官的角色；而城守尉初设即带有地缘性质，是典型的地方官，不与将军、副都统同城。康熙五十三年（1714）之后，出现了少数几处独驻一地的驻防协领，系地方行政官员，与城守尉没有分别。

五　结语

清代八旗驻防的组织体系是按京师八旗的组织原则组成的。清代八旗驻防制度实施以后，与京师八旗都统同级的驻防最高将领将军，统管的不是一个旗，而是专镇一方的所有旗人，这些旗人所属的旗或一个或若干个设一协领管辖，协领成为"一旗首领大员"。在八旗三级管理体制中，衔接京师八旗内高级官员都统和基层官员佐领之间的参领，在驻防八旗中取而代之的是协领。协领有与将军、副都统同城者，亦有独驻一地的专城协领。协领的补授由驻防将军拟名引见后钦定。协领作为八旗驻防体系内的中层官员不仅管理"专辖旗分"的旗务，还兼掌将军、副都统署内的各司关防、参与督办地方事务。无论是旗务还是地方事务，各项政令的下达、具体事务的执行上报均由协领完成。与城守尉相比，独驻一地的协领与之职能相同，但城守尉设置区域有限，且没有与将军、副都统同城设置者，二者有鲜明的区别。

[参考文献]

[1] 西清. 黑龙江外记[M]. 哈尔滨：黑龙江人民出版社，1984.

[2] 清实录馆. 清世祖实录：卷7[M]. 北京：中华书局，1985.

[3] 允禄. 世宗宪皇帝上谕旗务议覆：卷1[Z]//纪昀. 四库全书：413. 上海：上海古籍出版社，1987.

[4] 清实录馆. 清圣祖实录[M]. 北京：中华书局，1986.

[5] 阮葵生. 茶余客话[M]. 北京：中华书局，1959.

[6] 那彦成. 阿文成公年谱. 卷33[M]//沈云龙. 近代中国史料丛刊：70. 台北：文海出版社，1966.

[7] 许容. 甘肃通志：卷8[M]//纪昀. 四库全书：557. 上海：上海古籍出版社，1987：289.

[8] 清会典馆. 钦定大清会典则例. 卷175[M]//纪昀. 四库全书：625. 上海：上海古籍出版社，1987：547.

[9] 清实录馆. 清高宗实录[M]. 北京：中华书局，1986.

[10] 定宜庄. 清代八旗驻防研究[M]. 沈阳：辽宁民族出版社，2003.

[11] 钦定八旗通志：卷52[M]//纪昀. 四库全书：665. 上海：上海古籍出版社，1987.

[12] 新柱. 福州驻防志 [M]//福建省少数民族古籍丛书：满族卷. 北京：民族出版社，2004.

[13] 长顺. 吉林通志：卷60 [M]//李澍田. 长白丛书初集. 长春：吉林文史出版社，1986.

[14] 徐宗亮. 黑龙江述略 [M]. 哈尔滨：黑龙江人民出版社，1985.

[15] 松筠. 钦定新疆识略：卷6 [M]//故宫博物院. 故宫珍本丛刊：58. 海口：海南出版社，2000.

[16] 萨英额. 吉林外纪 [M]//李澍田. 长白丛书初集. 长春：吉林文史出版社，1986.

[17] 万福麟. 黑龙江志稿：卷43 [M]. 哈尔滨：黑龙江人民出版社，1992.

[18] 清实录馆. 清宣宗实录. 卷141 [M]. 北京：中华书局，1986.

[19] 王先谦，朱寿朋. 东华续录 [M]//顾廷龙. 续修四库全书：375. 上海：上海古籍出版社，2002.

[20] 那彦成. 那文毅公奏议. 卷7 [M]//顾廷龙. 续修四库全书：495. 上海：上海古籍出版社，2002.

[21] 郑天挺. 牛录·城守官·姓长：清初东北的地方行政机构 [J]. 社会科学战线，1982（3）：200—204.

[22] 任玉雪. 清代东北地方行政制度研究 [D]. 上海：复旦大学，2003.

[23] 赵尔巽. 清史稿 [M]. 北京：中华书局，1976.

[24] 刘子扬. 清代地方官制考 [M]. 北京：紫禁城出版社，1988.

［原载于《吉林师范大学学报》（人文社会科学版）2017年第1期］

清代内务府的包衣荫生

黄丽君[*]

清朝沿袭了中国传统官僚进身的援荫入仕制度，如《旧典备征》云："国朝定制：凡仕进者以进士、举人、五贡、荫生为正途出身。然汉人中官至一二品，若内而尚书、侍郎，外而总督、巡抚，其出身惟进士为最多，次则举人，又次者则荫生、副贡、岁贡、优贡、恩贡。"[1]110—111在清代，援荫入仕途径不仅适用于汉人大员而且适用于旗人。据王贵文的统计：清代八旗荫生出身的大学士约有5%；尚书、左都御史则有10%；总督这个阶层亦有9%，[2]可见援荫入仕是不分旗人与汉人的一条任官之途。

内务府包衣身为皇帝的家仆旗人，有为家主当差的义务，仕途多以内务府为起点，仕途经历有着两个特殊的现象。首先，是人事迁转制度自成一套体系，不归吏、兵二部主导。《大清会典》载："府属文职、武职官，皆不由部铨选。其不兼隶于吏、兵二部者，亦不入二部品级考。"[3]3a因此包衣多大程度适用于清代的荫叙规则？是本文尝试探讨的第一个议题。第二，《啸亭续录》言："定制：内府人员惟充本府差使，不许外任部院。惟科目出身者，始许与搢绅伍。故国家百余年来，内府大员罕有奇伟勋绩可称最者。"[4]25包衣因大多在内廷行走，不许外任部院，导致内务府人少有建立事功的机会。在这个前

---

[*] 黄丽君（1981—　），女，台湾苗栗人，台湾"中央研究院"历史语言研究所博士后研究员，历史学博士，研究方向：清史、妇女史。

提下，内务府包衣援荫入仕的机会与其他身份的官员相较之下孰高孰低？荫叙制度提供给包衣什么样的发展机会？则是本文欲探讨的几个问题。

清代取得荫生资格的方式分成：恩荫、难荫与特荫三种。[5]3198但本文将仅讨论恩荫与难荫制度，不涉及特荫的部分。这是因为"特荫无事例，或酬庸于生前，或饰终于遗疏，或眷怀于旧学。惟加恩旧臣，最为异数。"[6]51—52欲特荫制度进身，必须得到皇帝的特旨，相较于恩荫与难荫，循特荫入仕的机会较为罕见。加上能得到此殊荣者，大多是功臣将帅之子，[7]582对于"罕有奇伟勋绩可称"的内务府包衣恐怕难度更高。笔者未见内务府有承特荫的例子。故碍于材料的局限，本文将不探讨特荫制度。

一　内务府包衣适用的恩荫与难荫制度

讨论清代的荫叙制度，或许得先从最常见的恩荫制度开始谈起。所谓恩荫，是指父祖任官达到一定的品级，遇到国家庆典覃恩，子弟得有入监读书，以此取得授官资格。但清初并非所有大员子弟均可适用此制度。顺治十八年（1661）时，清廷规定："官员非现任者不准荫，内务府佐领下官员不准荫。"[8]482幸而这个禁令并未持续太久。康熙九年（1670）时，圣祖指示吏部、兵部："向来包衣佐领下官员子弟，不准为荫监生。今思内外官员效力相同，加恩岂宜有异？嗣后包衣佐领下官员子弟应否为荫监生？尔部定议以闻。"在皇帝的指示之下，吏、兵二部迅速通过决议，让"包衣下一品官子弟，许其承荫；二品至四品各荫一子入监读书，诏从所议。"[9]1532由此得见，内务府包衣迟至康熙年间才能循荫入仕，是比其他官员更为晚近的事了。清代的恩荫制度中，荫生能否取得荫叙资格，端看父祖系属京官或外官，文职或武职，再依其官品高下而定。"国初恩荫，止及三品以上官。顺治十八年恩旨：文职京四品、外三品；武职京、外二品以上，并荫一子入监读书，三年期满，候铨。"[6]51这条规定自清初宣布实施后，至清末仍大抵不改。故自康熙九年之后，内务府包衣也因京官的特性，四品以上即有恩荫子孙的资格。

然而，父祖的官职、品级除了决定其子弟有无荫生资格外，还进一步决定子弟承荫时的品级，及其日后补授的官职。顺治十八年规定："一品官荫生，以五品用；二品官荫生，以六品用；三品官荫生，以七品用；四品官荫生，以八品用。"[10]18a 从这条规定得见，清初荫生品级被简单地划分成四品。但到了雍正朝时，一、二品荫生开始有正、从之分。[8]953 清代中叶之后，又继续划分出五、六、七、八与无品级荫生，品秩规则越来越细致化。[11]4b 随着时间的推移，荫生授官的职缺也逐渐具体化。顺治年间朝廷仅大略规定荫生得以补授的品秩。但到了康熙二年（1663）时，则进一步规定各品级荫生得以补授的官职。以当时的一品荫生为例，可补授的五品官职有：员外郎、司主事、大理寺寺正、太常寺寺丞、光禄寺署正等。[10]18b 虽然一品荫生得以补授的职官在清代后期还稍作调整，但大致上而言，京官最高可得用从五品员外郎，外任官员则在乾隆朝时确定可以府同知用，为正五品，品秩甚至比京官还要高。[8]954

除现任职官外，清代的世爵官员也有恩荫子孙的资格。世职又称世爵，在清代可分成：公、侯、伯、子、男、轻车都尉、骑都尉、云骑尉、恩骑尉等几类层级，又可再细分成二十四等，自成一套体系。世职是清代武官出身的主要途径之一，自公以下、恩骑尉以上，均可按品级来坐补武职[7]145。但清代的官员文武互转情况十分频繁，也常看到世职人员改任或兼任文职情况。乾隆十三年（1748）时，朝廷更直接明文规定满洲世职人员补授文官的职缺，[12]219 故世职官员实际上亦有坐补文武官职的机会。

世职官员除了本身可以任官、承俸外，亦可恩荫子孙。每一种世爵得恩荫子孙的官品等级不尽相同。"初制，公、侯、伯予一品荫，子、男分别授荫。雍正二年改世职俱依三品予荫。乾隆三十四年，定公、侯、伯依一品，子依二品，男依三品予荫。"[5]3198 直至清末，世爵荫官的品级大致不改。不过在盛清皇权集中的时期，也会见到皇帝直接变更世职荫生的品级的情况。例如雍正元年（1723）时，世宗就曾将应给一、二品官荫生身份的公侯伯子弟径改为三品，这是考虑到"尔等子弟稚年无知，若予以一品二品荫生，即以员外郎、主事补用，及用于部院，才质庸碌，不能办事，徒被参革而已。"并非"轻视功臣而重待现任也"，若是世爵子弟行走勤勉，皇帝也乐于加恩，再还给一、二品荫生的资格。[13]7 由此得见，父祖的品级身份和皇帝的意志，均可直接影响荫生授官的品秩和员缺。

从清初到乾隆四十九年（1784）之前，世爵给荫主要是八旗子弟的任官特权。《啸亭杂录》言："国初定制，凡旗员阵亡者，荫以世爵。汉员犹沿明制，惟荫以难荫，官及其身而已。"[4]25 清楚指出清初世职制度的族群差异：清初旗人遇兵事而亡，子弟可得世爵；汉人却只能取得难荫资格，及身而止，不得传之子孙。但这个差异在乾隆四十九年时已有所改变，乾隆皇帝在上谕里指出："至效命疆场，则同一抒忠死事，朕不忍稍存歧视……若阵亡人员，无论汉人及旗人之用于绿营者，总应与旗人一体给予世职。即袭次已完，亦应照例酌给恩骑尉，俾赏延于世，以示朕奖励戎行一视同仁至意。"[8]847 自此之后，汉人亦有承袭世职的机会。

然而，世职的荫叙究竟属于恩荫还是难荫？是个较难定义的问题。根据昭梿的说法，旗员阵亡和汉员难荫所得的世职似乎与难荫较有关系。但世职的荫叙究竟属于哪种？得端看爵位的取得模式而论。对内务府包衣而言，除了少数与皇室联姻成为外戚，推恩得到公爵资格的家族外，一般的包衣很难如钮祜禄氏或富察氏等满洲世家大族，可以透过世袭的公侯爵位来荫及子孙。因此多数状况，都是透过效力行伍，为国捐躯的途径来取得云骑尉、恩骑尉等低层的世职资格。如咸丰朝时因京察一等被外放为福建汀州知府的延英，其于咸丰七年（1857）因太平军陷汀州时，带壮勇出城堵剿，却寡不敌众而遇害。朝廷从优议叙，"赠太仆寺卿衔，并赏给云骑尉世职，袭赐完时，以恩骑尉世袭罔替。"照理而言，云骑尉这个爵位可以承袭三次，故延英本人、其子贵琛，以及贵琛的继子庆和均承袭此职，[14] 直到庆和病故之后，云骑尉的世职便被查销，只能改袭世职中品级最低的恩骑尉。此外，笔者曾在《内务府堂·人事类》档案中检得一份晚清内务府的《世职官员册》。在该份档案中，内务府人的世职种类与人数分别是：一等男（1人）、三等男（2人）、轻车都尉（1人）、都骑尉（9人）、云骑尉（26人）、恩骑尉（4人）。可见内务府官员的确以拥有低级世职者居多。[15]

所谓的难荫，是指官员殁于王事者，可照品级赠衔，并荫一子入监读书，期满候铨。"殁于王事"的定义包括：官员应公差委，在大洋、大江、内河、内湖漂殁者；或者是随营任事，催饷尽力，因公病故者。或者是遇贼殉难，在军营病故等等情况。[5]3201难荫有两点与恩荫制度不同：第一，朝廷通常会赐衔给这些"殁于王事"的官员，其子弟承荫时的根据，有时依照父祖本衔，有时按照升衔，有时则以赠衔来给荫，甚至还有仅赠衔不给荫，每一朝的情况都有不同，状况不一。[5]3201第二，"难荫视其勋劳，虽散秩末僚，亦必予之。"[16]133恩荫制度必须按照父祖的官职品秩来授官，但难荫则根据父祖殁于王事的行为，故不以其品秩作为荫子的标准。例如董重民，为内务府包衣镶黄旗人，康熙十九年时以四品官奉命往云南招抚吴世璠，却遭杀害，朝廷"赐祭一次，恩赐都司金书，荫子董高巴五品官。"[9]3923在恩荫制度中，通常是一品荫生才可以坐补五品官，但董重民仅是一介四品官员，其子却能荫得五品，说明难荫荫生的品级多不依父祖职官，乃视其勋劳而定。

二 内务府荫生的补授规则

荫叙制度虽是朝廷推恩大员子弟仕进的渠道，但每遇一次恩诏，一名大员只能恩荫一名子孙。谁能得到恩荫的机会？则视家族身份而定。基本上，嫡长子有优先承荫权，除非嫡长子已经任官、过世，才按照顺序由嫡次子孙、庶长子孙、兄弟之子承继者递补。[8]842八旗荫生也不例外。[9]1002在荫叙制度中，嫡长子的权力相当大，即便考中科名，只要尚未被选用及别项职衔却还有意愿承荫的话，甚至可以补荫。[8]844

虽然朝廷制度让嫡长子具有承荫的优先权，但从内务府包衣家族的实际情况来看，承荫者多是幼子或孙辈。例如嘉庆年间出任过粤海关监督、两淮盐政，并有"阿财神"之称的阿克当阿，[17]62—63因曾任二品的总管内务府大臣与部院侍郎，故子孙得荫二品。阿克当阿共有六子，承荫者却非长子，而是幼子松祝。此即因阿克当阿的其他五子均在内务府当差，仅有年幼来不及挑差的老六才能承父荫。光绪朝时的内务府大臣巴克坦布也有类似情况。巴克坦布共有五子，并由五子继钰承袭二品荫生的资格。这是因为长子、次子、三子当时均是内务府现任的司官，四子虽然只是候补笔帖式，也具官学生的资格，因此只有仍是白身的幺子才成为实际的承荫者。[18]

但取得荫生资格并不代表可以直接任官，按照规定，京官之子得先入国子监读书三年期满，再透过考试来等待铨补。若是外官之子，奏闻后则可留在家里读书，年满二十岁，再依考试选授。[8]84虽然荫生有入监读书的义务，但清代实际上并未强制执行。康熙初年时，八旗满洲、汉军等文武官员荫生，不仅有"不能兼习满汉字者"，也有蒙古荫生"不识满字者，亦有全部不识字者。"① 荫生若真的按照制度入监读书，也不致有这类"全不识字"的情况发生。

荫生在国子监读书者，就学年纪也有限制。以八旗荫生为例，他们必须年满十五岁才能入监读书，二十岁后通过考试，再"送吏部，分给各部院学习事务。有情愿具呈在武职上行走者，照伊所得品级荫生，随旗行走。"换言之，读书年满并通过考试，均仅符合荫生任官的初步资格。接下来还必须到分发单位去"学习"与"行走"，之后才能参与铨选。荫生虽有在部院学习的义务，待遇却与一般透过捐纳才到部学习、行走者不同。"凡由进士、荫生及拔贡、小京官到部者，自学习起，皆有半俸，至补缺始得全俸。若由保奖及捐纳到部者，非

---

① 《大清圣祖仁皇帝实录》卷9，康熙二年七月丁亥条。

补缺不能得俸银俸米全分,无所谓半俸也。"[19]难荫生亦然,他们的父祖若"殁于王事",在此情况下,"其子孙例得世职。年未及岁,已承袭未任职者,给半俸。"[5]3202俸禄的差异,显示出朝廷对正途和异途出身者的差别待遇。此外,荫生到部虽只是学习身份,却有益累积年资,可以早日食俸当差。因此清代也有查出父祖将荫生多报年岁,以便尽快承荫的案例。例如道光二年(1822)时,世袭三等子爵德奎之子文年,应当承荫七品荫生,但报部时,文年被"多报年岁,希冀早得当差食俸",因而有违定例,连带着族长、都统等人都被交部议处。[20]539—540

虽然清代的荫监生不一定会入监读书,但透过荫叙制度取得监生资格,却是许多俊秀白身仕宦门槛的重要第一步。康熙十二年(1673)规定:"荫监生或识满汉文,文义优通者,照咨部日期,注册叙补。如愿应乡试者,准其应试。"[10]19b由此得见荫生的出路十分宽广灵活,除了按照品级得以选授职缺外,也可以透过自己的勤奋努力参加乡试,循科举之途入仕。例如法式善曾任国子监祭酒,为从四品官员,已是清代得享荫叙资格中官员层级最低者之一。嘉庆元年(1796)时,他的儿子桂馨"以恩荫得补监生"[21]436。照规定,桂馨应是八品监生。[11]21b但桂馨最终并未循恩荫制度出仕,而是致力于读书考试,并在嘉庆十五年(1810)顺利通过顺天乡试,并于隔年会试取得进士资格,以此分发内阁中书一职。[22]28从桂馨的例子来看,其若循恩荫入仕,只能出任部院的低级官僚,日后升迁可能还有诸多变数。但透过恩荫制度取得监生身份后,因获得乡试的考试资格,反而有机会透过科举考试,透过自己的能力来寻求更宽广的出路。

荫生在补授官职前须先通过考试,关于荫生的考授方法,"乾隆十一年,定考试以古论及时务策,钦派大臣阅卷,评定甲乙,进呈御览。文理优通者,交部引见。荒谬者,发回原籍读书,三年再试。"[5]3199但这类考试很难有实际的鉴别度。同治朝时,御史便纠举汉荫生的考试出现"书吏包办传递文字"[23]134等弊病,失去公平性。到了光绪年间,皇帝更对于汉荫生考试必须钦命题目感到不耐烦,光绪皇帝认为"查此项考试，久成具文"，拒绝钦命，改由阅卷大臣和堂官负责出题。[24]151 从这个趋势也可以看得出来，荫生的出路在清代中叶之后，在皇帝心目中的重要性似乎不如早期了。

由于荫生选授是文、武分途，故清代负责荫生铨选的衙门分别是吏部与兵部。但在实际分发时，又依照该员的族群身份而有不同的规定。以汉荫生为例，可有内用、外用、改武职用三途，[5]3199 "内用则员外郎、主事、小京官；外用则同知、通判，无用州县者。"[19]35 但改武职则是雍正朝之后才得允许。从材料来看，康熙朝时圣祖仍严格禁止荫生变更文、武职的选授。[25]1528 世宗即位不久，方允许荫生有情愿改武者，听之。满荫生也有三类出路，分别以侍卫、文职与本旗旗员用。不过在其中，"惟以旗员用，则无升途，荫生班中最无聊者。"[19]35 "以旗员用"即"随旗行走"，通常是"其行走平常，不能办理部务者"才会被派往，[8]458 回到本旗之后，也较无升途空间，仕途发展自然不如在部院行走的京官或侧身皇帝左右的侍卫。

荫生铨补不仅有满汉出路的差异，在八旗内部，也会因族群或身份上的差异适用不同的任官标准。例如康熙十年（1671）恩荫制度的补授规定，已区别八旗满洲、蒙古各个品级的荫生必须坐补不同职官，[8]458 而难荫生也是以满、蒙八旗适用同一套标准。[8]460 而汉军荫生则有独立的铨选规则。[5]3200

由于内务府包衣的旗籍系属满洲，即便是旗鼓佐领下人，选授荫生仍一体适用满洲荫生的资格。福格就曾经指出，《八旗通志初集·忠烈传》记录了于跃龙、董重民、韩大任、刘士英等旗鼓佐领下人的死事，"以上数员，皆归于满洲官员志。其八旗汉军，别列一门。"有这样的区分，"盖内务府乃皆从龙，隶于满洲，自与外八旗汉军别置八帜者，固有不同也。"[16]17 但这个情况在清末似乎有些改变。光绪十年（1884）规定，内务府选用荫生时，"满蒙一、二、三、四品荫生，奉旨以文职用者，即分派各部院学习行走。其奏留补用，均照八旗荫生之例。"但内务府汉军（按：即旗鼓）的一、二品荫生在实质补用之前，却"照汉荫生之例考试"，与内务府的满蒙旗人不同。该规定虽未指明内务府汉军荫生必须按照汉荫生之例来铨补，从规则的变更，朝廷似乎已有将汉姓包衣与汉人趋同适用的意味。

上三旗包衣子弟若借由荫叙制度寻求出身，得有在外朝部院任职或在侍卫上行走的机会，便可脱离在内廷当差的身份限制。清代盛极一时的内务府高佳氏，家族子弟有不少援荫入仕。如两江总督高晋，述明四子，初即以荫生资格入监读书，后奉雍正帝之命随叔高斌学习，"送京引见，以知县选用"，并以治河成就与叔高斌齐名。[26]23a此外，高斌之子高恒也是在"乾隆五年，由荫生授户部主事，累迁郎中。"[27]46b 高斌时为江南河道总督，系二品大员，故有资格恩荫一子为二品荫生。其子高恒当时应当还没在内务府挑到差事，才有机会援此出身，选授六部主事。不过高恒并未自此任职于外朝部院体系。相反地，他在仕途崛起之后久任长芦、两淮盐政与淮安关监督等包衣专缺，还当到总管内务府大臣。此与乾隆朝时的皇权干预程度甚大有关，高恒即便借由恩荫取得仕宦外朝的机会，却很难完全摆脱内务府包衣的身份特性。

从统计数字来看，清代以荫生身份入仕的包衣大员的确并不多见。笔者从《清代官员履历档案》[28]检得462个内务府包衣的仕宦履历，其中具有荫生、难荫身分者有11人，仅有2%左右的比例，比八旗为整体的数据低了许多。《清代官员履历档案》所载的官员多以外任部院、地方者为主，得见荫叙虽然提供内务府人外任，但实际上以此出身的内务府人并不多。更甚者，即便是在内务府底下挑差，荫生也没有太多的身份优势。以光绪二年（1876）的《内务府爵秩全览》[29]为例，当时在内务府底下当差的官员有998人，竟只有1人是荫生出身者。

为何在内廷、外朝内务府荫生的仕宦比例均相对偏低？这个问题或许可以从几个角度来考虑。第一，包衣旗人因为身份的特殊性，除了少数得到皇权青睐或有能力透过其他制度渠道出身者外，一般人顶多止于五品司官。能够继续爬升到四品以上，进而有资格恩荫子孙者，已经是内务府包衣中金字塔尖端的少数。因此就客观条件来看，透过这条制度渠道寻求仕进出身，内务府包衣确是稍微难于其他族群。

其次，包衣旗人在荫叙制度中，易因身份受到另眼相待。清初曾一度禁止包衣承荫，可见内务府旗人取得恩荫资格已是朝廷开恩的结果。办理承荫的过程，也不乏因其内务府出身受到刁难的情况，麟庆的经历便是一例。麟庆的荫生资格来自祖父完颜岱，嘉庆六年（1801）时，时任河南布政使的完颜岱因剿匪阵亡，"谕奖平日官声甚好，赐祭葬，予荫，以示优恤"，年甫十二岁的麟庆因而取得荫生资格。[30]26布政使为从二品外官，照例得荫二品荫生，故麟庆应当可以补授六品左右的职官。但在办理承荫程序时，却因为"部吏索费，不遂其欲"，加上当时"议加大父太常寺卿衔，照衔予荫，外似从优，其实已降七品。"这是因为太常寺卿仅是三品，若以衔来予荫，麟庆的荫生资格也必须相对降等至三品荫生，仅能铨补七品官。更糟糕的是，负责的书吏还认为"内务府无小京官，应对品以笔帖式用"，经此番操作，麟庆很有可能必须从笔帖式开始行走。而书吏的"有心阻抑"，让麟庆更加坚定读书进身的意志，[30]30最后他是同桂馨一样，循科举出身，而并未援祖父之荫入仕。

第三，还必须考虑到，即便成为拥有荫叙资格的官员，也不是每个人都有恩荫子孙的机会。清代有许多种奖叙大臣的方式，官员即便政绩有所表现，若无遇到恩诏或覃恩，也不一定有机会可以恩荫子孙。[2]25若有加恩荫叙的机会，还要承荫者身无职任的条件。例如英法联军期间投福海自杀的内务府大臣文丰，死后朝廷欲以尚书殉难例，荫一子入监读书，六月期满后便可以知州注册用。最后却因为"伊子均有官职"，最终则无人得以承荫。[31]因此若要循荫生入仕，必须家族条件与客观环境的配合才行。加上有机会得到恩荫资格者，多是家族中排行较末的子弟，他们的家族资源或宦途机会通常比不上兄长，这或许也是内务府包衣较难透过恩荫制度出身的原因之一。

第四，即便内务府包衣援荫授职，但会补授到哪个衙门也充满许多变数。清初满洲一品荫生以部院员外郎用；但二品以下的荫生，除了得用部院主事外，也有很大的可能性被分发到一些冷衙门，例如：大理寺、光禄寺、太常寺、鸿胪寺等地方，出任经历、典簿、主簿等七八品小官。在这些单位任职或可作为仕宦的进阶，但若无其他事功表现，恐怕也很难以此进身。例如那晋，是那桐叔父铭安之子，在光绪元年（1875）时恭逢覃恩得到二品荫生的资格，直到光绪九年（1883）才补到光禄寺寺正。他在光禄寺待到光绪十五年（1889），才因为协办皇帝大婚得到褒奖，得以改任吏部员外郎。但最后则是靠着捐纳，才能外任知府、道员等实缺。[28]256—257

第五，就荫生人数而言，根据雍正元年（1723）时的统计：康熙五十二年（1713）恩诏所赐的八旗荫生，年满二十却还没候补者有118人；六十一年恩诏的荫生因为尚未全体到部，但光是文职荫生已有66人，因此在雍正初年时已有"新旧荫生、监生甚多"的情况，吏部便向世宗建议尽快铨补。[32]933—934清前期荫生的铨补已有人数壅滞的现象，晚清朝廷大开捐纳之门，人浮于缺，铨补难度恐怕更高。就完颜氏家族来看，不乏具有荫生资格的族人却终生无法坐补实缺的例子。[33]因此内务府包衣取得荫生资格后，恐怕借此出仕者不会很多。

最后，我们还必须考虑到荫生本身的能力，取得恩荫资格后，他们必须通过考试以及堂官的审核，才能补授实缺，中间变数很大。内务府包衣循恩荫出身又有铨选上的劣势地位，或许即因此，才会出现承荫者众，但甚少大员以此出身的现象。

三 小结

清代的官员若能援荫入仕，属于正途出身，地位不同于捐纳等异途出身的官僚。对于内务府包衣而言，其基于为家主当差服役的义务，仕宦经历多被限制在内务府底下。荫叙制度不仅是一条迁转渠道，更是提供包衣脱离在内务府体系当差的身份义务，得在外朝体制中取得更多的仕进空间。但就本文的讨论结果来看，内务府包衣要援荫出身，必须面对制度与环境的相对不友善，以至于循此途径进身的比例甚低。但必须说明的是，荫叙制度提供的只是一种入仕资格，并不妨碍包衣同时采取当差、考试和捐纳等策略寻求出路。内府包衣在追求入仕进身的途径时，通常必须同时采取好几种制度渠道，灵活地运用这些任官资格，方能替自己或家族发展寻求最大的发展机会。

[参考文献]

[1] 朱彭寿. 旧典备征[M]. 北京：中华书局，1982.

[2] 王贵文. 清代八旗官员的荫子制度[J]. 满族研究，1988（3）：25—30.

[3] 昆冈. 钦定大清会典：卷89[M]. 台北：新文丰出版社，1976.

[4] 昭梿. 啸亭续录[M]. 北京：中华书局，1980.

[5] 赵尔巽. 清史稿[M]. 台北：鼎文书局，1981.

[6] 王庆云. 石渠余记[M]. 北京：北京古籍出版社，1985.

[7] 朱金甫. 清代典章制度辞典[M]. 北京：中国人民大学出版社，2011.

[8] 昆冈. 大清会典事例. 卷36、74、144[M]. 台北：新文丰出版社，1976.

[9] 铁保. 钦定八旗通志：卷94[M]. 长春：吉林文史出版社，2002.

[10] 伊桑阿. 大清会典（康熙朝）：卷7[M]. 台北：文海出版社，1993.

[11] 托津. 钦定大清会典（嘉庆朝）：卷37、68[M]. 台北：文海出版社，1991.

[12] 雷炳炎. 清代八旗世爵世职制度研究[M]. 长沙：中南大学出版社，2006.

[13] 清世宗. 上谕八旗[M]//中国第一历史档案馆编. 雍正朝汉文谕旨汇编. 桂林：广西师范大学出版社，1999.

[14] 潘衍桐. 延英传包[Z]. 台北：故宫博物院藏未刊本，文献编号：702000166.

[15] 内务府. 内务府堂人事类杂项名册：世职官员册[Z]//北京：中国第一历史档案馆藏微卷，美国盐湖城家谱中心编号：1377676.

[16] 福格. 听雨丛谈[M]. 北京：中华书局，1984.

[17] 欧阳兆熊，金安清. 水窗春呓[M]. 北京：中华书局，1984.

[18] 廖基钰. 巴克坦布传包[Z]. 台北：故宫博物院藏未刊本，文献编

号：702002822.

[19] 崇彝. 道咸以来朝野杂记［M］. 北京：北京古籍出版社，1982.

[20] 中国第一历史档案馆. 嘉庆道光两朝.［M］桂林：广西师范大学出版社，2000.

[21] 阮元. 梧门先生年谱［M］//北京图书馆. 北京图书馆藏珍本年谱丛刊：册119. 北京：北京图书馆出版社，1999.

[22] 顾廷龙. 清代朱卷集成：册100［M］. 台北：成文出版社，1992.

[23] 中国第一历史档案馆. 咸丰同治两朝上谕档［Z］. 桂林：广西师范大学出版社，1998.

[24] 中国第一历史档案馆. 光绪宣统两朝上谕档［Z］. 桂林：广西师范大学出版社，1996.

[25] 库勒纳. 康熙朝：清代起居注：册3［M］. 台北：联经出版社，2009.

[26] 伊桑阿. 奉天高佳氏家谱［Z］. 美国犹他州盐湖城摄微卷，微卷号：1439368。

[27] 李桓. 国朝耆献类征初编：卷20［M］//周骏富. 清代传记丛刊：册130. 台北：明文出版社，1985.

[28] 秦国经. 中国第一历史档案馆藏清代官员履历档案全编［Z］. 上海：华东师范大学出版社，1997.

[29] 内务府. 内务府爵秩全览光绪丙子秋季［M］//王春瑜. 中国稀见史料：第一辑. 厦门：厦门大学出版社，2007。

[30] 麟庆. 鸿雪因缘图记：第一集［M］杭州：浙江人民美术出版社，2011.

[31] 薛斯来. 文丰传包［Z］. 台北：故宫博物院藏未刊本. 文献编号：702001490.

[32] 台北故宫博物院. 宫中档雍正朝奏折：册2［Z］. 台北：台北"故宫博物院"出版社，1977—1978.

[33] 黄丽君. 一枝独秀：道光朝以后内务府完颜氏家族的当差与经济状况. "中央研究院"近代史研究所集刊［J］. 2015（90）：1—54.

［原载于《吉林师范大学学报》（人文社会科学版）2017年第1期］

晚清的旗人书院

顾建娣[*]

晚清是近代中国激荡巨变的时期，身处其中的旗人书院也不可避免地深受影响。旗人书院专为八旗驻防地的旗人子弟而设，有时也兼收驻防地的民人子弟。旗人书院的概念包括两个方面：旗人和书院。这两个方面各自都有十分丰富的研究成果，但结合在一起似乎属于两不管地带，学术界鲜有论及。造成这种状况的原因是旗人书院的数量少，资料零散、稀少。旗人书院虽然是八旗教育的重要机构，但是其数量与浩瀚的儒家书院相比，似乎沧海一粟；与八旗官学相比，也寥若晨星。但在科举盛行却又旗汉分治的格局下，旗人书院作为八旗教育向汉人教育的学习和尝试，它的存在具有特殊的价值和意义。晚清的旗人书院和清前中期的相比有诸多不同，这些不同是晚清巨变在旗人书院上的体现。探讨这些变化，可以管窥在晚清这个特殊的转型期旗人文化的变化以及该变化所反映的满汉关系和社会变迁。

一 晚清旗人书院的发展

旗人书院的发展受清代八旗驻防文试政策的影响很大。该政策经历了由禁止到有条件的允许再到全面放开的过程。咸丰十一年

---

[*] 顾建娣（1973— ），女，江苏淮安人，中国社会科学院近代史研究所副研究员，研究方向：晚清史。

(1861),清廷允许驻防地的八旗子弟就近参加文试后,旗人书院得到快速发展。根据现有资料统计,晚清共建旗人书院16所,其中新建15所(同治朝6所,光绪朝9所),重建1所①。有两所专为满足对外交涉的需要而建。一为广州同文馆,同治三年(1864)建于朝天街。该馆聘西人教习教外国语言文字,汉总教习课经史大义兼算学,分教习专司背书。招收向习清书或翻译之满汉八旗子弟16名、汉人世家子弟4名,还招10名清白安分、自愿入馆、经公正官绅保送者学习。馆内一切经费在粤海关所收船钞项下动支。同治十年(1871)将军长善、总督瑞麟等议决嗣后专招旗人。②二为光绪十三年(1887)吉林将军希元为满足边疆交涉需要,建于吉林珲春的俄文书院(中俄书院),规模经费照京师同文馆删减。内阁中书庆全任教习官,有俄国教习和汉人教习各1名。学生15名由宁古塔、三姓、珲春三城八旗子弟中选送,需粗通汉文。二十五年(1899),学额扩至30名。③

具体每所旗人书院的建立除与该地驻防大臣对旗人教育的重视程度有关外,还受清廷对驻防地重要性认识的影响。清代的八旗驻防地可分四类:一是保卫龙兴之地。黑龙江、吉林、盛京三将军辖地;二是监视北方的蒙古族,保卫京师,辖于察哈尔、热河两都统,密云、山海关两副都统;三是戍卫西北边疆地区,驻扎于乌里雅苏台、科布多、绥远城、伊犁、乌鲁木齐、喀什噶尔等地;四、最重要的是监视内地各行省,领有广州、福州、杭州、江宁、荆州、成都、西安、宁夏八将军及京口、乍浦、青州、凉州四副都统。[1]49

"龙兴之地"的重要意义之一就是保持"清语骑射"这一满洲之本,因此该地区建设旗人书院相对较晚。建在"龙兴之地"的旗人

---

① 顾建娣:《清代的旗人书院》,《近代史研究》2015年第6期。
② 樊封:《驻粤八旗志》卷3"建置·学馆",第16—17页。
③ 奕劻:《奏为遵旨议奏珲春添设俄文书院章程事》(光绪十五年七月十六日),国家清史工程数字资源总库录副奏折,档号03—9434—046;季啸风:《中国书院辞典》,浙江教育出版社1996年版,第30页。

书院有黑龙江的经义书屋（卜魁书院）和吉林珲春的昌明书院。经义书屋由齐齐哈尔汉军旗人水师营总管马海昌创建于光绪七年（1881）。廪给、章程均照京旗官学办理，九年（1883）立经义、文艺、启蒙、说约4科，汉教习1名由盛京举贡班考取教习者选充。肄习成绩优秀者，由将军具考送部录用。昌明书院由吉林副都统恩泽创建于光绪十七年（1891），有孔子殿、汉文官学房和满文官学房，以"忠君、尊孔、尚公、尚武、尚实"为办学宗旨。岁试一二等之武生3年再考骑射和策论，汉文官学房以汉文为主。汉文官学房的规模明显大于满文官学房。[2]29—31

清朝完成全国统一后，原来戍边和监视蒙古族的八旗驻防地也建起了旗人书院，如绥远城的长白书院和直隶张家口的抢才书院。同治十一年（1872），蒙古绥远城将军定安督劝八旗官兵捐建书院，蒙汉人等愿应课者均准入考。光绪五年（1879）将军瑞联更名启秀书院，奏明立案。抢才书院由察哈尔都统倡建于光绪五年，由都统及厅县轮期考课。① 筹款作书院岁修及添补经费并诸生乡试盘费。

负责监视内地各行省的驻防八旗，其驻防地建立旗人书院的时间受驻防地重要性的影响很大。西安、江宁驻防设立于顺治二年（1645），是比较早固定的一批直省驻防地，但这两处驻防地却很晚才有旗人书院。西安满营于乾隆年间即奏请设立书院，但被乾隆帝以"驻防满洲原以武备为要务"驳回；道光二年（1822）五月，将军徐锟奏请为西安驻防八旗生员及已冠童生设立书院，又不被批准；光绪初，将军恒训奏请建盖满城书院仍被驳，直到光绪十年（1884），护理西安将军溥侒、西安右翼副都统联恩等议将将军衙门左边原有放饷处房屋五十余间改做书院，每月除二十八日放饷外，余日供学子读书，不再另建书院，才获批准。② 江宁的崇文书院建于光绪六年

---

① 昆冈、李鸿章：《钦定大清会典事例》卷395《礼部·学校·各省书院》，光绪二十五年石印本。

② 溥侒等：《奏为整顿西安驻防八旗学校就款课学量予变通毋庸另建书院事》（光绪十年三月初二日），国家清史工程数字资源总库硃批奏折，档号04—01—38—0186—039。

(1880)。该年清廷允准江宁驻防于营内择一官所改为旗人书院,每月除在署扃试外,仍饬生童赴书院肄业。①

湖北荆州为东南重镇,驻防正式设于康熙二十二年(1683),与江宁、西安一起成为中南、东南、西北的三大军事重镇,且江宁、荆州只驻满蒙兵。荆州驻防的辅文书院光绪四年(1878)才由荆州将军希元、湖广总督李瀚章等倡建,次年十二月竣事。在报部备案的措辞上,希元写道:"荆州乃三楚重镇,自以操防与教养为先……今八旗士子于骑射之外兼能从事诗书,观摩求益,洵足以振士气而励儒修。"②但《荆州驻防志》中的《辅文书院记》则如此表述:"于诵读之暇仍兼习骑射以仰体国家文武并进之至意。"[3]1575 上奏清廷时将"骑射"居于前,而在驻防志中将"诵读"居于前,应该私心还是认为"诵读"比"骑射"更重要吧。

四川"西连卫藏,北接青海,南尽蛮夷"[4]4068,乾隆四十一年(1776)三月,设成都将军驻防,兼辖文武,这是唯一设在西南的将军级驻防,事权重于内地将军。但随着晚清对外交流的增多,四川僻处腹地,重要性有所下降。该处有上、下四旗官学供八旗子弟学习清文、翻译,学习经学制义的生童一直都附在官学肄业,并无专门书院。同治十年(1871),四川总督吴棠兼署成都将军,认为人才应由多科造就,遂将荒废的下四旗官学改建少城书院,供驻防八旗子弟学习经书制艺。③

福州、广州由于对外交涉事件增多,不但旗人书院建立相对较早,还建有广州同文馆。山东有青州和德州驻防,青州驻防建于雍正七年(1729),辖德州满营,先为将军制,乾隆二十六年(1761)裁将军,以副都统管全城八旗官兵,另设守尉一人,驻防德州。光绪十

---

① 昆冈、李鸿章:《钦定大清会典事例》卷395《礼部·学校·各省书院》,光绪二十五年石印本。

② 荆州将军希元等:《奏为与湖广总督李瀚章等于湖北荆州驻防捐建辅文书院及经费请饬部立案事》(光绪六年二月十三日),国家清史工程数字资源总库硃批奏折,档号04—01—38—0186—033。

③ 同治《重修成都县志》卷4《学校志·书院》,第4页。

四年（1888），山东巡抚张曜和学政盛昱倡建青州海岱书院，德州驻防仿之而行。山东驻防重要性下降而旗人书院建设时间却较晚，应和驻防官员的重视程度有关。

根据现有资料，晚清修建旗人书院16所，而同治朝修建书院380所，光绪朝682所。[5]540因此晚清旗人书院总量与同时期的全国书院比起来，实在太少。但如果将晚清旗人书院与清前中期的相比较，就可以看出这16所书院在清代全部旗人书院中占比很大。根据现有资料统计，清代前中期的旗人书院有9所，晚清的旗人书院占清朝全部旗人书院的64%。

二　晚清旗人书院的特点

晚清旗人书院相比于清前中期的旗人书院，呈现出诸多不同，主要表现于以下几点。

一是建设速度的差别。晚清50余年修建了16所旗人书院，大部分集中在同光朝，而清朝前中期约200年间，旗人书院虽一直都在建设，但总量很小，建设速度很慢，共有9所，康熙、雍正、乾隆三朝各1所，嘉庆朝2所，道光朝4所。因此，晚清咸丰朝至戊戌变法学制教育改革前不到50年之中，旗人书院的建设速度远高于清前中期，其平均增速是清前中期的7倍。

二是授课内容有变化。旗人书院起初以清语骑射为主要学习内容，如乾隆年间创建的励才书院，"专课清文，选年十五以上聪俊者三十人肄业其中，暇则兼课骑射"。嘉庆朝开始重视汉文，强调"读书""文风"。如杭州梅青书院，选八旗好文之壮丁延师教习诗文；吉林白山书院"为旗童诵读汉书而设"；福州专建龙光书院作为汉文书院，所有旗营之文举人、生员并文童生等皆在院肄业，按课作文。晚清仅见福州重修了清文书院以培养翻译生童，其他书院都重在培养汉语人才。如青州海岱书院专供青州旗营子弟学习经义诗文；黑龙江经义书屋购有《十三经》《二十四史》《资治通鉴》等书，供士子诵习；吉林昌明书院的汉文官学房为汉旗培训文官，满人官学房除习满文、骑射外，还教《武德七书》《百将传》《孝经》"四书"等汉文。

三是建设者有变化。清前中期旗人书院的建设者为驻防地的将军、都统等，这些将军、都统都由旗人担任。晚清旗人书院的建设者仍以将军、都统为主，但出现了汉族官员，如少城书院的建设者吴棠和海岱书院的倡建者之一张曜等。汉人参与旗人事务，是晚清满汉关系中一个很重要的变化。

三 晚清旗人书院变化的原因

晚清旗人书院出现这些变化的原因主要有以下几个方面。

（一）驻防八旗文试政策在晚清趋于宽松

康熙六年（1667）旗人文试重新开始，除京师驻防旗人可以就近参加外，各省驻防旗人"能读书向学者，听其来京应试"。雍正、乾隆年间曾有人奏请允许驻防地旗人就近应试，但因统治者担心这些旗人向学后会竞尚虚名，忽视骑射操演，将来无人可充驻防之用，因此断然拒绝，这应是其时各地旗人书院寥若晨星的一个重要原因。

嘉庆帝先不知前朝政策，于嘉庆四年（1799）允准驻防旗人就近参加岁科两试，俟取进后，再听其赴京乡试。迨知晓前朝做法后，颁旨："若专务此而废弃清语骑射，即停止此例，不准考试……俟清语骑射演习熟练时，方准考试"①。十八年（1813），允许各省驻防子弟"于该省一体应文武乡试"②。政策调整刺激了嘉道年间旗人书院的增长和授课内容的变化，但道光帝为使驻防旗人子弟"不至专习汉文，转荒本业"，于道光二十三年（1843）谕令各地驻防旗人嗣后"俱着改应翻译考试"③，导致旗人书院发展滞缓。

---

① 昆冈、李鸿章：《钦定大清会典事例》卷365《礼部·贡举·驻防翻译童试》。
② 昆冈、李鸿章：《钦定大清会典事例》卷381《礼部·学校·驻防考试》。
③ 昆冈、李鸿章：《钦定大清会典事例》卷365《礼部·贡举·驻防翻译童试》。

咸丰朝重新调整驻防旗人文试政策。咸丰十一年（1861）宣布除了"驻防翻译科甲外，仍复驻防考取文举人、生员之例，均准其乡会试，与翻译一体录用"①。福州即乘势于同治五年（1866）兴建龙光书院，广州也于同治八年（1869）兴建明达书院。晚清驻防旗人文试政策的调整，激励了旗人学习汉文的积极性，刺激了旗人书院的较快发展。

（二）汉文化益受重视，清语骑射日益衰落

"清语骑射"被称为满洲根本。清初统治者为保持根本，对汉文化的戒备很深。皇太极曾召集诸亲王、郡王、贝勒、固山额真、都察院官，命内弘文院大臣读《金世宗本纪》，要众人以金亡国为戒，勿效汉人习俗，衣服语言悉遵旧制，时时练习骑射以备武功，自己也拒绝"改满洲衣冠，效汉人服饰制度"。乾隆帝将皇太极的训诫刻于碑上，立于紫禁箭亭、御园引见楼及侍卫教场、八旗教场，使"后世子孙臣庶，咸知满洲旧制，敬谨遵循，学习骑射，娴熟国语"②。

但岁月流转，清语骑射的地位还是不可遏制地衰落了。这方面的例子不胜枚举。乾隆十一年（1746），管理宗人府事务和硕履亲王允裪等奏，左右二翼宗学生226人，清语骑射，尤属生疏。③二十七年（1762），承袭信郡王德昭王爵诸子俱不能清语，拉弓亦属平常。甚至有年逾四十，不能清语，不能拉弓者。④三十九年（1774）九月，乾隆帝召见王公宗室公宁僧额，发现他竟不能清语。⑤五十年（1785），甚至有满洲由科目出身为翰林者，"问以文学，则曰身系满洲，岂汉人可比；及至问以清语骑射，又曰我系词林，岂同武夫战

---

① 昆冈、李鸿章：《钦定大清会典事例》卷364《礼部·贡举·驻防翻译乡会试》。
② 《清太宗实录》卷32崇德元年十一月癸丑；《清高宗实录》卷411乾隆十七年三月辛巳。
③ 《清高宗实录》卷259乾隆十一年二月癸亥。
④ 《清高宗实录》卷663乾隆二十七年闰五月辛卯。
⑤ 《清高宗实录》卷980乾隆四十年四月甲申。

卒。两处躲跟，进退失据，而落于无用之流。"① 嘉庆五年（1800），正黄旗满洲世袭恩骑尉常安，"问以清语不能答对，步箭三支俱未到靶，马箭甚属不堪"。②

驻防旗人对清语忽视更甚。道光七年（1827），驻防广州将军庆保等"具奏甄别官员一折，竟用汉字书写，而请安折亦用汉字"。道光帝为此申饬庆保等人，要求各省将军、副都统，"嗣后如系人命词讼以及奏销钱粮数目等事，尚可用汉折陈奏，其满营循例应办事件，俱着以清折具奏"③。道光三十年（1850）十二月，安徽芜采营游击萨龄阿，召见谢恩时未奏清语，被问及日常清语亦茫然不知，奏称自幼并未学习。咸丰帝令其仍回健锐营当差，专心学习清语骑射，将其顶带由从三品降为四品。④ 同治十年（1871），蒙古兵统领杜嘎尔不晓汉文，同治帝准其遇有紧要应奏事件，缮写清文，"俟抵乌后，一切防剿事宜，即会同福济等仍用汉字联衔具奏"。⑤ 说明这时汉文已成为奏折的主要语言。

骑射也日益被忽视，因"科甲人员升迁较速，遂各争趋文事，惮于骑射"⑥。清向制"考验官员，训练军士，均用骑射"，旗人应岁科试、乡会试、翻译考试，俱要先考马步箭，合格方准与试。但到乾隆朝时，甚至有宗室、觉罗、大臣子孙充当的侍卫、勋旧功臣子孙充当的散佚大臣至射箭之期苟且塞责或托故不射。有感于此，乾隆帝特于乾隆六年（1741）颁布《命八旗满洲勤习骑射谕》。但乾隆二十二年（1757）又谕令八旗童生生员，遇岁科考乡试时，停其考试骑射；由举人考进士时，照旧兼试马步箭，若马步箭不好，即除名不准会试。嘉庆二十二年（1817），已存在"素不练习骑射，临场倩人替代"之

---

① 《清高宗实录》卷1224 乾隆五十年二月庚寅。
② 《清仁宗实录》卷64 嘉庆五年四月戊戌。
③ 《清宣宗实录》卷127 道光七年十月己卯。
④ 《清文宗实录》卷23 道光三十年十二月壬申。
⑤ 《清穆宗实录》卷305 同治十年二月辛未。
⑥ 昆冈、李鸿章：《钦定大清会典事例》卷720《兵部·武科·八旗考试骑射》。

事,"甚至考试文童,竟有私减年岁冀免马射者"①。道光年间,各省驻防弁兵子弟轻视弓马、怠荒武备已很平常,道光帝遂令停止各省驻防文试,愿应翻译童试者,由将军、副都统等先看骑射合式,方准与考。

清语的日趋衰落,反映了汉语地位的上升和满汉文化融合的加深。表现在教育上,就是京师国子监设汉文科目,驻防地八旗官学也多设汉文科目;旗人书院以汉文科目为主,旗人塾教也以儒家文化为主体[6]136—138,旗人文试主要试儒学,翻译考试也需兼通清汉文,加之旗人的交往圈子无法和汉人完全隔绝,因此,清语的衰落是自然过程。语言的活力来自语言的交际和应用功能,一种语言的存在和发展,需要学习和代际传承。满语和汉语产生的地理环境分属于游牧经济和农耕经济这两种不同的经济文化类型,两种语言直接接触时因为思维模式的不同而产生困扰,当在母语文化中找不到对应形式时,只能以借入对方语言来相互交流。清人入关后,接受和学习汉文化,并借助汉文化进行统治时,满语的衰落已不可避免;当游牧经济转向农耕经济,骑射不再是日常生活必须时,骑射的衰落也不可避免。

晚清西学东渐是促使清语骑射衰落的另一原因。晚清学习西学成为一种潮流和需要,在汉人开始睁眼看世界的同时,作为统治者的满洲贵族不可避免地开始接触西学。旗人书院的课程设置遂有了变化。光绪二十四年(1898),镶白旗蒙古赓音佐领下生员诚勤奏请两翼宗学、八旗官学及八旗书院酌设西学教习以"师彼之长济我之短,效彼之巧补我之拙"②。鉴于"兵法日变,器械日新",晚清朝廷开始用新式武器装备军队。光绪二十八年(1902)正月,允准八旗武职考骑射时,兼习枪炮。三十一年(1905),又谕令"八旗王公大臣,均当深求兵学,修明武备,勿尚虚文。所有引见人员例应持弓者,著毋庸持弓,其出入扈从宫禁守卫官兵,所备军械,尤应变通尽善,不准虚

---

① 昆冈、李鸿章:《钦定大清会典事例》卷720《兵部·武科·八旗考试骑射》。
② 诚勤:《奏为两翼宗学八旗官学及八旗书院请酌设西学教习事》(光绪二十四年八月初四日),国家清史工程数字资源总库录副奏折,档号03—9454—016。

应故事"。① 不再强调骑射的作用。嘉庆二十三年（1818），嘉庆帝曾自豪地说："国家造就八旗人材，以骑射为根本。其考试文艺，乃末技耳……即缺此一途，亦于八旗人材无损"②，这种自负式的自豪到晚清已不复存在，清语骑射最终失去了在旗人教育中的特殊地位。

（三）汉族官员地位的上升

晚清汉族官员地位的上升在旗人教育中也有体现。由前文研究可知，顺治、康熙年间的旗人书院都是奉清廷之命而建；由道光帝拒绝将军建设书院可知，至迟到道光朝，将军、都统可以在征得清廷同意后创建旗人书院，但同治朝少城书院建好后吴棠才向清廷报告备案。清前中期旗人书院的倡建者是旗人将军、都统等，晚清倡建者则有汉人将军和汉人巡抚等。晚清朝廷依靠汉族官员渡过危机，迎来中兴。同光两朝，督抚中汉人已占绝对优势，汉人督抚的建议常常得到清廷高度重视，这为汉族官员涉足旗人事务、倡建旗人书院创造了条件。汉族官员地位的上升也刺激了旗人学习汉文化的热情，晚清驻防旗人文试政策的放开应与此密切相关。

晚清社会激荡巨变，旗人书院受此影响，呈现出与清前中期不一样的特征，表现为建设速度快，教学内容由清语骑射转向汉文化甚至西学，建设者不仅有旗人将军、都统，还有汉族官员。晚清驻防八旗文试政策的调整，刺激了旗人书院的快速发展。晚清旗人书院与清前中期旗人书院的差异，从文化层面反映了满汉关系在晚清的变化，以及旗人文化的流变和晚清社会的变迁。

[参考文献]

[1] 季啸风. 中国书院辞典[M]. 杭州：浙江教育出版社，1996.

[2] 茅海建. 天朝的崩溃：鸦片战争再研究[M]. 北京：生活·读书·新知三联书店，2005.

---

① 《清德宗实录》卷494 光绪二十八年正月己卯。

② 昆冈、李鸿章：《钦定大清会典事例》卷720《兵部·武科·八旗考试骑射》。

［3］吕调元．民国湖北通志［M］．上海：商务印书馆，1934.

［4］赵尔巽．清史稿［M］．北京：中华书局，1977.

［5］邓洪波．中国书院史［M］．台北：台湾大学出版中心，2005.

［6］刘小萌．清代满人的家塾：以完颜麟庆家为例［C］//赵志强．满学论丛：第二辑．沈阳：辽宁民族出版社，2012.

［原载于《吉林师范大学学报》（人文社会科学版）2017年第4期］

论清代的八旗义学

柳海松*

清朝是中国少数民族建立的全国性的政权，作为该政权统治者的满洲贵族，他们自感本民族的文化远远落后于汉民族，所以从后金开始，他们就注重学习汉文化，汲取其中的精华，为其服务。入关后，他们更是乐此不疲，延师重教，兴办各级学校，国子监、觉罗学、咸安宫官学、八旗官学等，纷纷兴办起来，使满洲旗人的文化素质有了明显的提高，甚至可以与汉人比肩。在清朝兴办的各类旗人教育机构中，八旗义学是不可缺少的一个组成部分，是清朝的基础教育机构之一，为清朝人才的培养作出一定的贡献。然而，长期以来，学界对其研究明显不足，迄今还没有进行细致的研究，故此，本文拟就此问题作一番探讨，以冀抛砖引玉。

一 八旗义学的建立

义学，又称义塾，是中国古代一种免费的私塾。义学的历史源远流长，最晚在东汉时就已存在，《后汉书》记载：杨仁"宽惠为政，劝课掾史弟子，悉令就学。其有通明经术者，显之右署，或贡之朝，由是义学大兴。"[1]2574 此后，代代相因。不过，真正为贫困子弟兴办

---

* 柳海松（1963— ），男，山东栖霞人，辽海出版社编审，辽宁大学文学院硕士生导师，研究方向：满族文化史、明清史。

的义学，据说是始于宋代的名相范仲淹。

八旗义学，是清朝八旗子弟的基础教育机构之一，包括满洲义学、汉军义学、蒙古义学和礼部义学。八旗义学始于康熙三十年（1691），这一年礼科给事中博尔济上疏，请求设立盛京两翼官学，经过九卿会议，决定京师八旗各佐领下的"幼童十岁以上者，本佐领各选一人教习，满洲旗分教满书、满语，蒙古旗分教满洲、蒙古书语，汉军旗分教满书、满语，并教马步箭，仍令各佐领、骁骑校稽查，将此学名为义学。"[2]6648—6649

众所周知，入关以后，尤其是康熙以来，清朝的教育机构不断增加，国子监、八旗官学、八旗宗室学、觉罗学、咸安宫官学、景山官学以及各省府学、县学等，纷纷建立起来。除此之外，清朝还设立了八旗义学。那么，清朝为什么要设立八旗义学呢？具体而言，这里既有历史的原因，也有现实的原因，主要表现在如下几个方面：

其一，设立八旗义学是清朝统治者重教政策的延续。早在努尔哈赤时就令八旗各立学校，天命六年（1621）令八旗师傅巴布海、萨哈连、吴巴泰、扎海等人教育八旗子弟，引导他们"勤学通书"，并说如果八旗子弟不听从教诲，可以报告给诸贝勒，让他们管教①。在教育八旗子弟问题上，皇太极要胜于他的父亲努尔哈赤，天聪五年（1631）下令自今凡八旗子弟十五岁以下，八岁以上者"俱令读书"②。入关后，清朝则更加重视，顺治元年（1644）为教育八旗子弟，令京城满洲八旗在驻地各找空房一所，"立为书院"[3]112，二年规定："文官在京四品以上，在外三品以上，武官二品以上，俱著送一子入监读书。"[3]175十年又在京城设宗室学堂，即宗学。康熙帝是很有作为的皇帝，在培养八旗人才上，他也要超越前人，所以当九卿将会议礼科给事中博尔济的奏疏意见上报给他时，他欣然同意。

---

① 辽宁大学历史系：《重译〈满文老档〉·太祖朝》卷二十四，第40页，辽宁大学历史系1979年印刷本。

② 《太宗文皇帝圣训》卷四，文渊阁四库全书电子版，上海人民出版社1999年版。

其二,"睦族敦宗,务先教化"①。随着时间的推移,到雍正时,八旗宗族内部矛盾不断,雍正二年(1724)闰四月,雍正帝曾尖锐地对宗学正教长辅国将军善福等说:"尝见宗室中,习气未善,各怀私心,互相倾轧,并无扶持爱护之意,惟知宠厚妻党姻娅。其于本支骨肉,视若仇敌,殊为悖谬。或因祖父昔日微嫌,追念旧恶,必图报复。即如齐正额,行事无状,甘蹈匪僻,以致重干法纪。王贝勒之子孙,妄自尊大,任意奢侈,不顾礼义。陷于罪戾者,往往有之。其将军及闲散宗室,不知自重,狎比小人,荡尽先人产业者,尤为不少。昔我皇考加恩宗室,养育栽培,抚恤备至,苟有片长薄技,靡不收录。如普奇、经希、勒什亨等,皆曾擢用。伊等不思感恩酬德,反要结朋党,专事钻营,大负皇考委任之意。且其居家素行,亦多乖戾。又如赖士,不安本分,荡产破家。及其赎罪军前,仍不改过,生事讦告。此皆宗室中之可为炯戒者。"表示出了他的担忧:"诚恐朕之宗室,日流日下,不知前鉴,深用为忧。"[4]310经过认真考虑,他认为解决这一问题的关键,是教育问题,"若非立学设教,鼓舞振兴,安能使之改过迁善,望其有成。今特立义学,栋选尔等教习,宗室随其资质劝学兴行,导以礼义,或有不遵教训者,小则尔等自行惩戒;大则揭报宗人府,会同奏闻。"②

其三,振兴文教,培养八旗人才。清朝入关后,随着统治区域的扩大,八旗人才捉襟见肘,相当奇缺,"仅足敷京员之用",地方府县均没有满员任职[5]177卷279,因此,培养人才是当时的急务。八旗义学作为培养人才的一个渠道,自然受到清朝历代统治者的认同,雍正帝曾说他命"每旗各立义学,将闲散幼稚,俱令读书"的目的就是"振兴文教,加恩八旗"[2]6605—6606。乾隆帝也言:"朕御极以来,于八旗兵丁生计,无不曲为筹画,恩施叠沛矣。现在各旗俱已设立官学、义学,果能尽力教诲,即可造就人材。"[5]175卷244道光帝认为"八旗设

---

① 张廷玉等撰:《皇朝文献通考》卷六十三,文渊阁四库全书电子版,上海人民出版社1999年版。

② 同上。

学，固为广育人材起见"[6]8卷178。清朝皇帝关于教育的这些言论，再加上他们的具体行动，足见他们对培养人才的重视程度，这里面自然包括八旗义学。事实上，八旗义学在培养人才上是不可或缺的，雍正七年（1729）清统治者就表示了自己的担忧，并采取措施，说："查八旗汉军都统办理事务用清文之处居多，汉军子弟学习清文甚属紧要，若不另设清文义学，专司教训，而汉军子弟清文生疏，一切书写事件，恐致错误，应如刘汝霖所奏，令八旗汉军各在本旗近地设立义学一所。"[2]6622

其四，为贫穷旗人提供受教育的机会。入关后，由于各种原因，八旗内部的生活状况也发生了变化，贫困者已是大有人在。生活无着的他们更无力接受教育，也就不可能为维护清朝的统治服务。为了解决他们的教育问题，清朝统治者决定让他们入八旗义学，接受教育。如乾隆三十三年（1768）尚书陆宗楷曾上疏说：礼部八旗义学"无定额，听有志读书无力延师者投呈充补，下五旗包衣得入此学。"此建议获得通过。①

二 八旗义学的沿革

八旗义学自康熙三十年（1691）创立以来，一直为清朝培养着八旗的初级人才，义学的地域也得到了扩大，康熙三十四年（1695），玄烨令在墨尔根城设立义学两所，从新满洲锡伯、索伦、达呼尔及进貂皮达呼尔等每佐领下，选取俊秀幼童各一人，"入学读书"，每所学校设助教一人[7]26。

雍正帝即位后，对八旗义学也给予了很大的关注。一方面，继续建立八旗义学，扩大八旗义学的区域。另一方面，对八旗义学的一些具体事宜作出指示或规定。

---

① 张廷玉等撰：《皇朝文献通考》卷六十四，文渊阁四库全书电子版，上海人民出版社1999年版。

第一编　满族史与八旗

雍正二年（1724）闰四月，胤禛针对宗室中出现的问题，下令设立义学，教育宗室，说："若非立学设教，鼓舞振兴，循循善诱，安能使之改过迁善，望其有成。今特立义学，拣选尔等教习宗室。"[4]310 同年，又以"养育人材，首以学校为要，八旗生童内或有家贫不能延师读书者"[7]19为由，下令设立学堂教育，于是京城八旗左右两翼设立了两所义学：左翼义学拨给安定门大街官房十九间，观音寺胡同官房二十间；右翼义学拨给武定侯胡同官房二十四间半，兵部洼官房二十间。每所义学设满教习二人，汉教习二人，规定"学堂由礼部堂官稽查，并派司员二人专管"[7]19。

雍正六年（1728），鉴于八旗义学的不足之处，如"今八旗入学读书者，每旗不过数人，且有总不到学堂者，皆因两旗合立一学，而两旗之人俱在各处散居，其住址甚远之生童，因遇寒天雨水，是以行走维艰"[2]7496，又对八旗左右翼义学进行了部分调整，一方面增加学舍，左翼义学：以安定门大街官房为镶黄旗义学，观音寺胡同官房为镶白旗义学，又拨豆腐巷官房二十一间半为正白旗义学，新香胡同官房二十四间为正蓝旗义学；右翼义学：以武定侯胡同官房为正红旗义学，兵部洼官房为镶红旗义学，又拨石虎胡同官房二十二间半为正黄旗义学，榆钱胡同官房二十一间为镶蓝旗义学。另一方面，对义学的管理作出规定，如规定"各学教习三年考满及学堂一切需用物件，均归礼部办理"；对拣选肄业子弟和督察教习勤惰，礼部和各旗所派参领均有管理职责，并可互相监督[7]19-20。

雍正七年（1729），以"八旗汉军都统办理事务多用清书，汉军子弟学习清书，甚属紧要"[7]21为由，同意了正蓝旗汉军副都统关于"汉军子弟宜学习清书，请每旗各设义学一所"①的奏请，令在各旗就近地方，设立"清文义学一所"[7]21。同时规定了学生、教习的人选标准和数量，及义学的管理，如每佐领下选拔一二人入学，"专习

---

① 张廷玉等撰：《皇朝文献通考》卷六十四，文渊阁四库全书电子版，上海人民出版社1999年版。

清书"，其教习则由本旗满洲都统会同本旗汉军都统，于满洲闲散官并笔帖式或因公诖误革职降调人员内，择其精通满文，堪任训导者二人充补，又于汉军本旗内择善射者一二人，教习弓箭，令汉军本旗参领一员，"不时稽察督课。"[7]21 随后，又参照八旗汉军例，设立了八旗满洲、蒙古清文义学，令满洲旗每参领下、蒙古每两参领下，均给官房五间，作为学舍，如没有官房旗分，则由附近旗分官房内拨给，每旗除大臣官员子弟入官学、义学读汉书，及各在家学习人员外，每佐领下十二岁以上幼丁，均可入学学习清书清语。其中，蒙古子弟还要学习蒙古书与蒙古语。义学设教习二人，从本参领下前锋、护军、领催、马甲内，选择老成、通晓清书清语及蒙古书蒙古语者充补。每参领下设章京或骁骑校一人，教学生骑射，本旗都统参领等，要"不时稽察"[7]22。对满洲、蒙古清文义学的学舍、生员、教习、教育内容及管理等作出详细的规定，使八旗义学教育不断完善。

伴随着北京城八旗义学的兴办，奉天的八旗义学也兴办起来。雍正八年（1730）奉天设立了八旗汉军义学①。及至雍正十年（1732），当时的奉天将军那苏图给朝廷上了一道奏疏，在奏疏中，他以"奉天八旗汉军设立清文义学，业经三年有余，而读书子弟不尽通晓书义，良由事非专设，兼未得善教之人所致"为由，请求将奉天八旗汉军义学进行调整，即将奉天八旗汉军二十四佐领内的义学，每两旗合为一所，共立义学四所，每所义学设清文教习一员，"以司训课"，获得批准，每旗选取汉军子弟十五名，两旗设一所义学，每所义学各三十名学生，"选学官教习满汉书及马步箭，奉天将军司其事。"②《钦定八旗通志》也对此事作了记载："十年，盛京八旗设义学四处，选取汉军俊秀子弟，每旗各十五名，每学各三十名，选学官教习满汉书及

---

① 《皇朝文献通考》卷六十四记载为雍正七年，曰：雍正十年，奉天将军那苏图以"奉天八旗汉军设立清文义学，业经三年有余"；《清世宗实录》卷一百二十四中雍正十年十月记载：奉天将军那苏图疏言，"奉天八旗汉军，设立清文义学，业经二年有余。"今以《清世宗实录》记载为准。

② 张廷玉等撰：《皇朝文献通考》卷六十四，文渊阁四库全书电子版，上海人民出版社1999年版。

马步箭,奉天将军司其事。"[2]6681

及至乾隆初年,八旗义学除了保持雍正年间的规模外,又有所扩大。乾隆八年(1743)令绥远城八旗左右翼各设立义学一所,每翼于兵丁子弟内,选取十人"入学读书,以通晓蒙古言语翻译者二人为教习"。对义学的数量、生员、教习作出规定。十一年(1746)乾隆帝又下令将绥远城八旗义学各增设清文教习一人[7]26,以加强对八旗兵丁子弟的教育。

尽管清代统治者对八旗义学寄予了期望,付出了努力,但是经过半个多世纪的实践,其弊端还是出现了,乾隆帝曾言:"朕御极以来,于八旗兵丁生计,无不曲为筹画,恩施叠沛矣。现在各旗俱已设立官学、义学,果能尽力教诲,即可造就人材。倘沽虚名,各处增设官学,而不实心教诲,更有何益?"[5]175卷244话语之中流露出他对官学、义学的担忧和不满。不久这种担忧就变成了现实,御史阎循琦上奏:稽察义学的礼部堂官"殊属疏忽",义学师生"旷功废业"①,请求乾隆帝予以处理。乾隆二十三年(1758)二月,乾隆帝发布上谕:"国家设立学校,原以教育人才,乃自设立义学以来,不过仅有设学之名,而无教育人才之实,且设有咸安宫、国子监官学,复加恩于左右两翼,各设教训世职官学,则八旗有志读书者,尽可于此等官学内肄业,似此有名无实之义学,适足为贻误旗人之地。所有义学,着即行裁去,仍交管理咸安宫等处官学及世职官学之大臣官员,务期实力教育人才,以国语骑射技艺为训课之要,即有读书者,亦必责实务本,其浮华陋习,俱令严切屏除,断不可仅务虚名而忘实效。"② 至此,八旗义学渐渐地衰落下去。

八旗义学遭到乾隆帝的裁撤后,其教育职能便归并到了咸安宫官学、国子监官学等及其附属机构,但乾隆二十三年(1758)以后,清代的八旗义学并没有就此而止,它仍有点滴余晖,继续映照着清代

---

① 张廷玉等撰:《皇朝文献通考》卷六十四,文渊阁四库全书电子版,上海人民出版社1999年版。

② 同上。

的历史舞台，如乾隆四十年（1775）九月，陕甘总督勒尔谨曾建议将巴里坤满兵撤走后留下的衙署、磨房等二十七所，分给新增的佐领、云骑尉、委署笔帖式等各衙署及各项公所、义学、马圈，获得乾隆帝的首肯；四十一年（1776）乾隆帝还下令对各旗义学教习成绩突出者予以奖励。时至嘉庆二十五年（1820），松筠又请求设八旗满洲、蒙古义学。道光时在边疆地区仍有八旗义学存在，如吐鲁番满营"应需义学束修，并帮补养赡及各项公费，岁需银六百余两，请仍赏给满营'照旧收租'等语"[6]772。道光三年（1823）二月二十五日下令拨出一百四十两白银给满营，作为"义学束修及奖赏幼丁等项"费用[6]881。而且大臣们也多次奏请设立义学，道光四年（1824），富俊上疏道光皇帝，请求在吉林双城堡设立义学，获批准，"准其于双城堡封堆内边沿闲地官租项下，拨给钱四百串，饬令妥为修盖"[7]27。道光二十四年（1844）三月初七日针对斌良等奏筹议调剂双城堡移驻京旗一折，又谕内阁曰："所有抽拨甲兵，添设义学，及一切未尽事宜，着俟奏到时，另行核议。"接到奏疏后，便予以批准，"满汉义学，照旧添设。"[6]403卷39—40

甚至到清末光绪年间，清朝仍没有放弃八旗义学。光绪五年（1879），杭州将军广科奏请"添设八旗义学，以复旧制。"[8]518光绪十年（1884），批准"各该旗设立清文义学，每月膏火、奖赏、津贴等项经费"可以从将军崇绮捐献的廉银中支付[7]25。光绪二十八年（1902）十二月，广州将军寿荫又曾奏请"将驻防书院义学，改设学堂。"[8]509卷716由上述可见，清代的八旗义学从康熙三十年（1691）建立，经历了一个短暂的繁荣，在乾隆二十三年（1758）遭到挫折，逐渐衰落下去，但其余波仍延续到清末。

三　八旗义学的管理

八旗义学是八旗子弟接受教育的场所之一，所以，清朝的统治者对其给予了相当程度的重视，从教习、生员，到学习内容等都作出一系列的规定，对八旗义学进行管理，以达到为清朝培养人才的目的。

首先是对教习的管理。从教习的选拔、待遇，到考核都提出了相应的要求。

在教习的选拔上，我们综合各种史料，可以看出，他们的成分比较复杂，其中有文职，如闲散官员、笔帖式、降革官员、废官、贡生、翻译生员、举人等。雍正七年（1729）九月，雍正帝同意正蓝旗汉军副都统刘汝霖的请求，下令该旗满洲都统会同汉军都统，从满洲闲散官、笔帖式，或因公降革人员内，"择其精通清文者，充补教习"。乾隆三年（1738）奏准：八旗义学、觉罗学各教习，三年期满引见，如有由举人及笔帖式充补者"以小京官用"[2]4199。乾隆八年（1743）奏准：考取八旗义学翻译教习，"例由该旗将举、贡生员咨送"[7]23，而且对年龄和德行也有要求，"考取八旗义学翻译教习，务择其年逾三旬、行无匪僻者……其国语教习，亦照此例送考。"①

此外，又有武职教习，如前锋、护军、领催、马甲、善射者、章京、骁骑校等。雍正七年（1729）九月，令从汉军本旗内，拣选善射者一二人，"教习弓箭"，所用教习人员，"每月给与公费银米"[4]86卷154。同年十月，令满洲、蒙古旗分，应设立学舍，从各旗前锋、护军、领催、马甲内，选择二人为师长。每甲喇派出章京或骁骑校一员，以其"教导骑射"[4]87卷165。由以上可见，无论是文职教习，还是武职教习，无论是满教习，还是汉教习，均应为人师范，各司其职，认真负责。

在义学教习的待遇上，清朝政府也规定了标准，主要是经济上的。乾隆四年（1739）规定：八旗义学每学每月各供银三两，作为"茶水、煤炭之需。"[7]22对义学的供给、薪水等作出规定。雍正七年（1729）九月，同意正蓝旗汉军副都统刘汝霖的请求，下令对义学教习，每月支给"公费银米"[4]86卷154，又"汉军义学例在该旗满洲闲散

---

① 嵇璜、刘墉等奉敕撰：《皇朝通志》卷七十四，文渊阁四库全书电子版，上海人民出版社1999年版。

官员、笔帖式或革职降级人员内挑取,每月给银二两,若无米石者,折给米价银一两。"[2]6616 然而随着义学的兴办,其内部又出现了弊端,存在吃双饷的情况,所以乾隆十一年(1746),弘历令八旗义学教习内原有钱粮的,停发公费米石,未有钱粮者,则照例"一体支给"[7]23。

在教习的考核上,清朝也作了规定。教习的选拔要经过考试,乾隆八年(1743)三月礼部以文进士、翻译进士向无考试八旗教习之例,奏请乾隆帝"可否准其考试",得旨"准其考试"[2]21。教习上任后,还要对其教学的情况进行考核。这种考核一是看教习的勤惰。雍正七年(1729)九月,雍正帝下令"三年之内,教习勤谨者,将教习人员分别议叙。"[4]86卷155 十月,授权该旗大臣、参领等,不时稽察教习,且每年对其考试一次,"分别勤惰,以示劝惩。"[4]87卷165 乾隆五年(1740),规定礼部派委司员稽察八旗义学,以"生徒之优劣,定教习之勤惰",在期满时"照例出具考语,带领引见,惰者即行退出。"[7]22—23

二是看他的教学成就,如升学人数,乾隆十五年(1750)、四十一年(1776)乾隆帝两度下令"嗣后各旗义学教习所教学生内,考中一二名者,仍留学三年;考中三名者,交部议叙。"[2]6655 再就是教导有方,成就人数多少。道光八年(1828)十二月规定:"教习三年期满,果能教导有方,成就多人,再行照例保送引见,交部议叙。如无成效,仍照旧章,令其回原衙门当差。"[6]149卷289

三是八旗义学教习期满后,要对其进行奖惩。乾隆三年(1738)批准"八旗义学、觉罗学各教习,三年期满引见,如有由举人及笔帖式充补者,以小京官用。贡生、生员充补者,以笔帖式用。均归各议叙班内选用。"① 乾隆四年(1739)议准:由废官充补各学教习,三年期满,如果能教导有成,就列为一等。如系革职王事知州以上等官充补者,授给七品官衔。由革职小京官知县以下充补者,授予八品官

---

① 允祹等奉敕纂:《钦定大清会典则例》卷四,文渊阁四库全书电子版,上海人民出版社1999年版。

衔。如再请留学教习,三年期满后,仍列为一等者,系七品职衔入于单月议叙班内,以七品小京官用;八品职衔入于议叙班内以八品笔帖式用,较奉旨日期先后选用。其列为二等者,仍留教习三年,如果教导有成,再行"奏请议叙"。五年(1740)奏准:"降调官员选补教习,三年期满,如果教导有成,分别等第,由礼部移咨过部,如列在一等者,准其于补官日纪录二次;二等者准其于补官日纪录一次。若再留学三年,仍列为一等者,准其又纪录二次,二等者准其又纪录一次。"[2]4200—4201

其次,是对八旗义学学生的管理。入八旗义学读书者,并不是所有的八旗子弟,是有选择的,一是家贫无力延师者,"礼部八旗义学无定额,听有志读书无力延师者投呈充补,下五旗包衣得入此学。"①二是世职人员,雍正帝曾令"八旗佐领世职人员子弟得入义学肄业,八旗满洲、蒙古、汉军内,有未及年岁尚未上朝之佐领世职人员,俱令入各该旗义学肄业。其不在本旗地方居住之员,令该都统将伊之佐领并职名移咨现任之旗分都统处,即着就近入彼旗义学。"② 雍正十一年(1733)十一月二十四日,他又谕令在京的世袭官年至十岁以上者,"送义学读书"[2]849。为了使八旗义学学生安心学习,清政府又给他们些许补助,"八旗义学师生终年课诵,应酌量加恩,于每学每月各给银三两,以为茶水煤炭之资。"③"每学师生每月各给银三两,以为茶水煤炭之费。"④ 对八旗义学功课也要进行考核,规定八旗义学的功课,除委托礼部官员每月稽考外,又令诸生每季到礼部,考课

---

① 文庆等纂:《钦定国子监志》卷三十五,文渊阁四库全书电子版,上海人民出版社1999年版。
② 张廷玉等撰:《皇朝文献通考》卷六十四,文渊阁四库全书电子版,上海人民出版社1999年版。
③ 昆冈、李鸿章等纂:《钦定大清会典则例》卷七十,文渊阁四库全书电子版,上海人民出版社1999年版。
④ 张廷玉等撰:《皇朝文献通考》卷六十四,文渊阁四库全书电子版,上海人民出版社1999年版。

翻译经义、背书写字，事后"详登册籍，岁终分优劣，以定去留。"①

再次，八旗义学教授的课程。其课程分文化知识、骑射两途：文化知识方面主要是语言，如汉语、满语、蒙古语。再就是文化课，"设立八旗义学……满洲幼童教习满书满语，蒙古幼童教习满洲蒙古古书、满洲蒙古语，汉军幼童教习满书满语，并教习马步箭，仍令各佐领、骁骑校稽查。"②就是说除了教授语言，还将满书、蒙古书作为授课的内容，当然，中国传统的汉语典籍是不可缺少的，这从乾隆五年（1740）七月乾隆帝颁给奉天各义学的典籍中就可看出，当时颁给的典籍有《四书解义》《御纂四经》《性理精义》《御选古文》《御注孝经》各一部[5]123卷804。另外学生还要"翻译经义，背书写字"。骑射方面，就是教学生马步箭，雍正七年（1729），谕令每甲喇派出章京或骁骑校一员，"教导骑射。"[4]87卷165后来清朝又令汉军本旗内选善射者一二人，在八旗子弟空闲时"教习射箭"[2]6623。

四　八旗义学的利弊

翻开清史，我们不难发现，八旗子弟的文化水平一直在不断提高，他们谈经论史、结交名流、吟诗作文，有的俨然成为当时的名家。随之，由点到面，出现弃武趋文的现象，并呈不可遏制之势，迅速发展。这种趋势的出现，固然原因很多，但清入关以来的文化政策和各式学校的兴办是不可忽略的因素，八旗义学就是这些因素之一，它在清代的教育实践中所起的作用不可忽视。

一是为清朝培养了一批批初级人才。这些人才既有文职人员，又有武职人员。就文职人员来看，可任笔帖式，清朝规定在汉军义学肄业的子弟，如果有文理精通欲考翻译者，不拘闲散，均可以"赴吏部

---

① 允裪等奉敕纂：《钦定大清会典则例》卷七十，文渊阁四库全书电子版，上海人民出版社1999年版。

② 张廷玉等撰：《皇朝文献通考》卷六十四，文渊阁四库全书电子版，上海人民出版社1999年版。

考取笔帖式"①。雍正六年（1728）又批准蒙古举人、贡监生员、官学生、义学生等如考试满汉翻译合格，可在各部院衙门补用蒙古笔帖式，能翻译满洲蒙古字语的，经考试合格者，可以按旗挨次补用"理藩院蒙古笔帖式"[2]4215—4216。也可以任贴写中书，"满本房增设贴写中书二十四员，例由臣衙门会同吏部堂官于贡监生员官学生、义学生内，考试能清字者补用。"②还可以任天文生，雍正八年（1730）奏准钦天监的天文生，由官学生、义学生等补用者，授为九品，各按品级食俸[2]4262。还可以经过考试，担任满洲、蒙古翻译誊录员等。像乾隆四年（1739）《世祖实录》修成，参加这一工作的义学生有：翻译满文的是义学生世奇，誊录满洲字的是义学生明伦、萨克信、和昇、德敏、明泰。不过义学生出任的都是低级官职，一般为九品官。乾隆元年（1736）七月，吏部请求行文八旗，拟让义学生中，有情愿考试缮写清字者，参加朝廷组织的考试，将合格者按名次在本旗内"补用"，获得乾隆帝的同意[5]23卷543。

就武职而言，可挑补领催兵丁，规定"汉军义学肄业子弟……其文理粗通、弓箭可造者，听其在本旗挑补领催兵丁"③。

二是丰富了清朝的教育形式和范围。王韬《征设乡义学序》中说："义学者，即以补官学之所不及。"就是说义学是对清代官学的一个补充，八旗义学正是如此。清朝入关后，建立的教育机构很多，除了前面提到的，还有左右翼宗学、府州县学、义学等。八旗义学的兴办，无疑增加了清朝的教育机构，使其教育形式更加多样。教育机构的增多，也为更多的人提供了受教育的机会，尤其是因贫穷无机会进入学堂的旗人。正是由于八旗义学的设立，他们才得以受到教育，而且这种教育还随着八旗驻防带到了边疆地区，对边疆地区文化的发

---

① 张廷玉等撰：《皇朝文献通考》卷四十九，文渊阁四库全书电子版，上海人民出版社1999年版。
② 张廷玉等撰：《皇朝文献通考》卷五十，文渊阁四库全书电子版，上海人民出版社1999年版。
③ 张廷玉等撰：《皇朝文献通考》卷四十九，文渊阁四库全书电子版，上海人民出版社1999年版。

展很有益处。

清代八旗义学建立后，统治者对其寄予了较高的期望，可是，它建立后，虽然取得了一些成绩，但出现的问题也不少。其一，八旗官员利用其慕虚名。雍正十三年（1735）二月，雍正帝曾谕令内阁，对营伍中的义学提出了批评，"每见无识之武臣，沽名邀誉，辄称营伍中设立义学，兴文育材。又或请令驻防兵丁子弟，就近应该省乡试。此皆舍本逐末、糊涂颠倒之见。"认为这样"必致弁兵等相习成风，人材渐至软弱，武备亦至废弛"，解决的办法就是因材施教，弁兵的子弟，如"资性聪慧、可以读书者，听其延师自课，循例考试，以图上进"，不适合读书者，提镇大员则不必"以虚名倡率，使之轻视本业"，可让其弃文学武，"与其设义学以课文，何如设义学以课武"，这样，对他们来说是"轻车熟路，易于有成。"[4]152卷873—874其二，教习不得人或怠惰不尽职。雍正十年（1732）十月礼部上报雍正帝："奉天八旗汉军，设立清文义学，业经二年有余。而读书子弟，不尽通晓书义，良由事非专设，兼未得善教之人所致。"[4]124卷629从雍正帝到乾隆帝，他们多次强调对教习的勤惰进行考核，这从另一个方面反映了当时教习的状态。嘉庆九年（1804），广兴补授正红旗汉军副都统到任不久，即查出该旗"义学教习全兴，不谙清汉文理"，于是上疏参奏，嘉庆帝对此感叹："一旗如此，别旗可知。"[9]135卷848下令进行整治。后来，御史景德也奏请整饬八旗学校："教习惟冀如期报满，以为进身之阶"，嘉庆帝不得不下令各该管大臣等对官学、义学，及弓箭教习等"一体查核，务期立有成效，不致有名无实"[9]245卷314。清代著名诗人袁枚更有诗吟道："漆黑茅庐屋半间，猪窝牛圈浴锅连。牧童八九纵横坐，天地玄黄喊一年。"这些都反映了当时教习的状态。其三，八旗义学的效果不佳。乾隆二十三年（1758）乾隆帝曾说"国家设立学校，原以教育人材。今观八旗义学，徒有学校之名，而无育材之实。"[5]557卷47—48嘉庆时御史景德曾批评八旗学校的学生"仅图沾润膏火"[9]245卷314正因为如此，所以乾隆帝在乾隆二十三年作出裁撤八旗义学的决定。

总而言之，八旗义学是清代特有制度下的产物，它的建立与沿革适合了统治者的需要，为清王朝培养了许多基础人才，特别是语言方面，如精于满文、蒙古文、汉文的人才，但是八旗义学在发展过程中也显现出一些弊端，最终导致了它的一蹶不振。

[参考文献]

[1] 范晔. 后汉书［M］. 北京：中华书局，1965.

[2] 铁保. 钦定八旗通志［M］. 台北：学生书局，1968.

[3] 图海. 清世祖实录［M］. 北京：中华书局，1985.

[4] 鄂尔泰. 清世宗实录［M］. 北京：中华书局，1985.

[5] 董诰. 清高宗实录［M］. 北京：中华书局，1985.

[6] 文庆. 清宣宗实录［M］. 北京：中华书局1986.

[7] 昆冈. 钦定大清会典事例：卷一一三五［M］. 台北：新文丰出版公司，1976.

[8] 世续. 清德宗实录［M］. 北京：中华书局，1987.

[9] 曹振镛. 清仁宗实录［M］. 北京：中华书局，1986.

［原载于《吉林师范大学学报》（人文社会科学版）2017年第4期］

清代萃升书院历史启示

刘中平*

萃升书院曾经是沈阳清代历史中的辉煌，她是沈阳文化教育史上的骄傲。而在日本帝国主义发动"九一八事变"之后却无声无息。对于萃升书院的历史，我们有责任将其加以总结，使其精神得到发扬。而目前，关于它的研究在国内还太少。本人不揣冒昧，利用档案和地方历史文献对萃升书院的历史加以回顾，并提出几点不成熟的见解，以此就教于方家。

一　萃升书院的历史回顾

书院，可命名为中国古代私人或官府所立讲学肄业之所。它的名字最初始于唐代。当初，设置学士，掌校刊经籍、征集遗书、辨明典章，以备顾问应对。而书院用以讲学，开始于唐末。历史上的书院，性质与当今的大学相类似，不光是广大学子求学之地，也是名家大儒传道授业的场所。那时的文人志士、名人学者，多在书院求学或追寻真理；也有名家大儒在书院以讲学为业，并传道授业解惑。明清时期，书院一直很兴盛。但到了清代中期，书院已多成为准备应付科举考试的场所。到了清末，随着科举考试制度的废除和西式教育的传

---

* 刘中平（1953—　），男，辽宁新民人，沈阳大学清文化研究所教授，研究方向：明清史。

入，书院的功能也随之变化：一般的书院转变为新式学校了。这些新式学校大都是当时中国的最高学府。中国自有书院以来，宋代最盛，当时有四大书院闻名于天下，它们分别是：白鹿洞书院、石鼓（一说为嵩阳）书院、应天府书院和岳麓书院。而到了清代，书院不仅分布在关内，而且关外也有之，并且盛京三大书院声名卓著，分别是铁岭银冈书院、辽阳襄平书院，以及前身为沈阳书院的萃升书院。随着书院功能的变化，一般书院转变为新式学校的背景不难得出，萃升书院就是沈阳地区最早的大学。

（一）萃升书院的肇始

据研究，萃升书院于康熙五十八年（1719）建立。其出发点是考虑"盛京为陪都首善之区"，有必要"设立萃升书院为培养人才之地"[1]177。最初由任奉天府丞一职的任奕弥金开办于府丞公署东，大致位于奉天省城天祐门内。原名沈阳书院，起先规模不大，仅仅建厅堂三楹。乾隆初年，工部侍郎李永绍在德胜门（今大南门）学宫之西建立义学，这些即后来萃升书院的前身。乾隆七年（1742），奉天府尹霍备在任时"率属置买地基"[2]770，积极推动官绅集资修建，开基拓土，增建"讲堂五楹"，又建"东厢五楹，西厢五楹"，及"群房十一楹"[2]770—771。到了这个时候，沈阳书院的规模初备，名声外扬。乾隆二十七年（1762）壬午仲月，时任奉天府尹的"欧阳瑾始揭萃升书院旧榜于沈阳书院之仪门"，并志云："此前辈任蘅皋先生奕弥金所额也。""康熙己亥阅今四十四年""既修其堂，存此以不忘于初创云""欧阳瑾跋，以铭前功，而昭来许。"记述其发展历程和取得的业绩，昭示对后人的期许。"自是，萃升之名复著，而沈阳书院之名浸微矣。"[3]3541而书院之所以以"萃升"二字命名，是取"萃聚人才，升扬文化"之意。

（二）萃升书院的管理

萃升书院自办学以来，芸芸学子慕名而来，学员众多，由此书院办学经费开支也很大。虽如此，其开支也是有条不紊的。它的经费来源主要来自三个方面：

第一是官府拨付。乾隆三十二年（1767），"将军社图肯等，奏定于奉锦二属学田内每年，征收银两，汇交奉天府治中存贮以作书院经费。"[2]771自此到清末，清政府一直对萃升书院扶持有加。仅以清末为例，光绪二十三、四两年，萃升书院"经户部拨给小黑山学田一百三十二亩有奇，大榆树堡学田一百九十余亩。所增经费，则有承德县学田银七百七十五两；筹饷局拨银六百一十五两；户司九百两"[3]3541。足见清政府对萃升书院的支持。

第二是乡绅捐赠。据《奉天通志》明确记载：萃升书院"钱商五处，共存银二千五百两，东钱一万六千七百三十吊，内一万吊系邑绅知府蔺天成所捐助"。"童生之赠给膏火自有此款始"[3]3541—3542。而道光年间，萃升书院院后建"文昌阁门左为孝子祠、右为节妇祠"等项，即为"邑绅翰林院庶吉士王树滋捐资"完成的。[3]3541

第三是学田租银。学田，作为官地由官府划拨。书院出租，到年终收取租银，用作日常开支。作为沈阳的第一所高等学府，书院"原设学田一百四十一亩九分三厘五毫。"[2]771萃升书院的学田，除在沈阳外，还远存于锦州等地。"乾隆三十年，于丈出民人余地内拨给学田二千亩征银一百二十两。"[2]771萃升书院的学田最多时达两千余亩。如《奉天通志》记载："（乾隆）三十三年，因学田久湮，拨给丈出余田二千亩。"[3]3541

正因为政府的支持、乡绅的捐赠以及多方的筹措，使经费得以充实，才保证了书院教学的正常运行。

萃升书院规章完备，奖罚分明。诸如"绅董襄理院事""山长由绅董公荐"，每年要"甄别生童两次考录"，考试之后"送书院肄业"。"督抚两署每年各试二课，道府县三署每年各试一课"，检查学生的成绩。成绩优秀者给予伙食及其他费用上的奖励。由山长评定甲乙，按评定等级给予不同的奖励[3]3541。就连对校舍都有严格的规定，如规定："书院原为士子肄业之地，地方官不得借作公馆。"[1]178

另外，书院对藏书也有许多规条。如制定于光绪十七年（1891）的《沈阳书院藏书规条》，不但对于图书收存和管理制度有明确规定，而且对学员的读书方法也提出要求。如提出：读书须循序渐进、互相考证、潜心讲求。要求学生读一书应得一书之益，有领悟之处，自行另册登载。如果遇到疑难，分条开明，向院长请教。

可以见到的《沈阳书院藏书记》还阐明读书是增长神智扩大见识，涤荡世俗陈见，追求圣贤之踪的方法。这里必须要提到的是，沈阳书院的藏书非常丰富，光绪年间已有一百三十余种，近一万一千余卷。由于书院的管理完善、办学规范，萃升书院声名远扬便在情理之中。各府县甚至外省学子纷纷报考，盛况空前。《重修盛京萃升书院碑记》便有记载。其碑阴刻有"书院条规"，它记录了书院的科学管理方面的情况[1]178。正是由于书院的管理有道，才使得书院培养了大量的优秀人才。例如，盛京地区著名的科举家族缪氏家族中的缪裕绂、缪延祺都曾就读于萃升书院。又如著名学子金朝觐也曾就读于萃升书院。①

萃升书院在聘请教师的薪酬上也是不含糊的。关乎此，历史的记载具有明证：其教授的年薪在三百两以上。例如《重修盛京萃升书院碑记》中记载，其教授的"聘请修金每年二百四十两、薪水银七十二两"[1]177，可见其教师的薪酬之高。

（三）名家大儒掌教书院

书院的讲学者均非等闲之辈，能成为萃升书院教授者多为名家大儒。如王尔烈、程伟元等大家都曾经任教于此。嘉庆四年（1799），大理寺少卿，已届耄耋之年的王尔烈卸任回到老家辽东。此次被萃升书院聘请执教，众多名儒学子慕名而来，盛况空前。所以如此，皆因当时王尔烈的名气过旺。王尔烈（1727—1801），"字君武，号瑶峰，辽阳人，乾隆辛卯进士"，人称"关东才子"。早年，其诗文、书法

---

① 金朝觐，字西侯，号銮坡，嘉庆进士，官至四川崇庆州知州。

便遐迩闻名。二十六岁，在辽阳州的童试考中拨贡；四十四岁考中贡士，经殿试中二甲一名，授翰林院编修，"累迁内阁侍读"。乾隆三十八年（1773），于"四库全书"馆成立时任纂修官及"三通"馆纂修官。后又任京师会考官等职。"嘉庆元年（1796），预千叟宴赐御制诗一章"[3]4652。嘉庆四年卸任，开始在萃升书院执教。两年后病逝，葬于辽阳县风水沟村南山坡。在主讲萃升书院之时，因其名气甚大，且系朝中要员，去世后，后人为其立碑，其"碑文刻于清道光二十三年（1843）。碑质青石，碑高100厘米、宽48厘米。碑首方形、抹角，线刻云龙纹，额题楷书'千古不朽'4字；碑身四框线刻花草纹。碑阳阴刻楷书3行，满行32字。王志崇立。"[1]315足以说明人们对王尔烈的敬重。文学家程伟元受王尔烈之邀，于嘉庆年间来萃升书院讲学。程伟元（？—1818），字小泉。江苏苏州人。以科场失意，一生未仕。乾隆末年，寓居京师。在京师时与高鹗相识。自述曾以数年时间，广泛收集曹雪芹《石头记》原著前八十回抄本，并陆续购得后四十回续稿的残抄本，与高鹗共同修补，成一百二十回本《红楼梦》，于乾隆五十六年（1791）由萃文书屋印行，称"程甲本"。第二年又对前八十回的文字情节做了很大改动，对后四十回续稿也做了较多修改，仍由萃文书屋印行，称"程乙本"。从此《红楼梦》以刊本形式流行，影响甚大。① 所以程伟元自然也是名声显赫。嘉庆五年（1800）至八年（1803），为盛京将军晋昌幕僚，佐理奏读，时相唱和，并代晋昌编辑《且住草堂诗稿》。此时兼职任教于沈阳书院。王尔烈、程伟元等名家的掌教，无疑提高了萃升书院的声望和整体水平。

（四）学界泰斗就任山长

山长（即院长，亦称主讲），在萃升书院有着举足轻重的地位，既要有公认的学识和能力，又承担着领导学院不断前进发展的重任。

---

① 刘中平撰《清文化编年》乾隆五十六年"是年"条。

所以山长的人选首先须由绅董公荐，德高望重自不必说，就任的山长大都也是学界泰斗。如道光进士刘文麟，曾备受林则徐赏识与器重，后回归故里辽阳，在萃升书院主讲，后在盛京文坛声名大振[3]4657。还有诗文名家曾培祺，同治进士，曾任国史馆纂修，后多年在萃升书院主讲。萃升书院历任山长有张震、缪德禧、刘文麟、刘梦瑚、周僖、曾培祺、陆鸿遵、刘春烺等，均是当时的风云人物。张震，字雨辰，道光乙未举人，同缪德禧一样都是承德人。缪德禧，字立亭，嘉庆庚辰进士，掌文选司印兼稽勋验封两司行走，他也是缪氏科举家族中的第一位进士。还有辽阳人刘文麟和曾培祺。刘文麟，字仙樵，才智过人，九岁时即能作诗，[3]4657道光丁酉戊戌联捷成进士。曾培祺，字舆九，汉军正白旗，同治辛未进士，国史馆纂修，著有《有乐堂诗文集》《题跋杂稿》等。刘梦瑚，字孔谓，金州人，道光己酉优贡。周僖，字怡园，海城盖家屯人，咸丰己未恩科举人。[3]4662陆鸿遵，字翊周，广宁人，咸丰辛亥举人。以及同治年间进士，曾任内阁中书的尹果等人，都是当时在学界享有盛誉的人物。其他的还有锦县人李维世，字栋臣，光绪甲午恩科进士[3]3542。光绪二十四年（1898）开设时势策论课程，"内阁学士尚贤为主校""讲求实学，以济实用"。光绪二十七年（1901）"以萃升书院改为校士馆"，延请广宁举人刘春烺任主讲[3]3542。"刘春烺，字东阁，号丹崖，同治癸酉拔贡，光绪壬午举人"。[3]4678深谙读书之道，独观大义，潜心于经世致用之学。不但擅长诗文，而且关心百姓疾苦。

值得注意的是：义和团之后，1901年9月，清政府与帝国主义签订《辛丑条约》萃升书院"几毁于俄人"之手[3]3542。这里曾一度被俄国人占据作为院舍，辟为军营与马棚。这一情况到了民国时期由于张学良的重视才又有所改变并重新起步。张学良也是萃升书院的最后一任山长。

（五）张学良与萃升书院

在萃升书院的历任山长中，比较特殊的是爱国将军张学良。1928

年，张学良以少帅身份主政东北。张学良十分重视东北的文化教育事业，并采取积极的行动，比如建立东北大学，请南开大学校长张伯苓帮助积极经营东北大学，同时他还特别重视传统文化的传承与发展。对于沈阳的第一所高等学府——萃升书院，在广泛征求学者的意见后，他决定出资二万大洋重修扩建。他的这个举措，在历史档案中有明确的记载[4]1。在此之前，萃升书院已经荒废了二十余年。经过一系列改建之后，萃升书院焕然一新。后来张学良又建立图书馆，派人四处求购经史子集等图书。基本设施建设完备后，又在书院的教授队伍上大力加强，对书院的各方面人员加以充实。设院长一人，院监、学监、庶务、文牍（兼图书管理员）、事务员各一人。张学良出任院长，在管理书院上下了一番功夫，由著名学者于省吾担任院监，对书院的日常管理工作全权负责。书院的日常开销由张学良每年出资四万元。除此之外更重要的是，张学良特别重视师资队伍的建设。张学良特地从北京请来当时的如王树楠、吴闿生、吴廷燮、高步瀛等著名的古文泰斗和史地专家和国学大师任教。书院开设经学（易经、尚书、左传等）、文学（古文）、史学（明史、汉书等）、辞章（唐诗、宋词）等四科。奉天省教育厅主管一省的教育事务，书院生源选拔也在其职责之列。萃升书院择优选拔录取学生有两种方式，一种通过考试，这是主要方式；另一种是保送、推荐和自荐。有一封自荐信就保存在辽宁省档案馆，是吉林省双城县学生刘心博，于民国十八年四月二十三日，写信给辽宁省政府主席翟文选。信中说他十余年寄志诗书，非常向往到萃升书院就读。后获准就读[4]2。还设有旁听座席提供给院外生。书院规定，不分正式生旁听生，除书费和伙食费外学费一律免收。书院设有数目不同的四等奖学金，院内生与院外生享受相同的待遇。同时书院考试制度规定每月举行一次会考，标准严格。同时创办《萃升月刊》，主要刊登教授们的著述及时评性文章。《萃升月刊》发行量很大，在当时很受读者的欢迎。历史档案对此有明确记载："每月择教师著述及学生作品之优良者汇刊出售，以昌国学，而广流传。定名曰：《萃升月刊》。"[5]书院复办后，大有蓬勃发展之势，学员课暇向名师求教，学员间围绕学术知识相互探究争论，学术氛围日浓。只可惜好景不长，"九一八事变"之后，日本帝国主义者占领沈阳，书院被迫关闭，学员流亡关内，萃升书院彻底沦落。

（六）书院其他

现存于上海图书馆的《沈阳萃升书院旧存书籍总目》，是萃升书院留下的藏书目录，不仅记录了书院存书的情况，而且通过它可以使人了解书院培养学生的教材情况，以便于对后人有所借鉴。

萃升书院不但在关外有卓著的影响，就是对邻国朝鲜的文化影响也不可低估。朝鲜学者柳得恭在《滦阳录》中记载了其与萃升书院的交往："戊戌秋，余在沈阳书院，与奉天府治中孙西京镐，西京女婿张燮，教授裴振，监生沈映宸、映枫兄弟、金科豫、王瑗、王志骐辈游。临别赠诗者凡十七人，属余和之，且问何时复来，余拈笔题一绝云：悠悠小别尽堪哀，沈水东流可再来。记取今秋书院里，淡黄纸上笔谈回。""座皆错愕"。又记，"六月二十八日到沈阳"，"径造书院，旧游无一人在"。仅"有黄文桥者，与之对话。闻孙西京、裴教授已作古人。金、沈诸人或作知县去矣。"[6]315从柳得恭的记述中不难看出朝鲜文化使者与萃升书院交往之密切。另一个文献《燕行录》相关内容的记载，也可以证明萃升书院对朝鲜的影响。道光二十四年（1844），萃升书院曾立碑以示后人。其碑，"碑身高1.7米，宽62厘米，厚20厘米。碑首方形，碑座高47厘米，长87厘米，宽54厘米，为仰伏莲须弥座。碑阳刻有重修盛京萃升书院碑记，碑阴刻有《书院条规》，共计2000余字。"[1]176矗立的石碑记录了萃升书院的辉煌，更是书院从创始以来沧桑历史的有力物证。1986年，此碑被移至北塔碑林。笔者为撰写此文特意走访了北塔碑林，在众多的闲置塔碑中，十分艰难地发现了《重修盛京萃升书院碑记》碑，碑文仅仅是依稀可见。没有一定学养者，很难识别。笔者见此思绪万千。

二 萃升书院的历史启示

萃升书院自建立至今，已经有近三百年的历史，它经历了辉煌，经历了衰落，以至于今天的销声匿迹，它留给我们许多启示。

（一）启示一：不同时代，传承有差

萃升书院建立于康熙五十八年（1719），成熟于乾隆七年（1742），兴盛于嘉庆道光年间，直至清末它曾经有过二百多年的辉煌，就是到了民国时期的1928年，张学良主政东北还得到了他的重视予以拨款重修。这段萃升书院的历史说明从它建立到"九一八事变"之前这二百多年里得到重视，无论是清代中期和清代后期乃至民国初年都得到了很好的传承。"九一八事变"之后东北地区沦为日本帝国主义的殖民地，书院被迫关闭，学员流亡关内，萃升书院彻底废弃。新中国成立后的六十多年以来，我们做了一些纪念性的工作，如以萃升书院的"萃升"二字命名社区，其社区设置的萃升文化站等，都说明萃升精神在民间多少有些传承。而我们应该认识到：仅仅局限于民间的力量是远远不够的，必须依靠沈阳市政府乃至辽宁省政府的重视，才能使萃升书院的精神和文化得以传承。

（二）启示二：不同地域，传承有别

与国内著名书院的历史传承相比较，萃升书院近六十多年的历史传承无从谈起。创立于宋代的岳麓书院，有千年的历史，南宋大儒张栻、朱熹曾在此讲学，可谓有辉煌的历史。但这里最值得一提的是：如今它又是湖南大学的一个部分——又称湖南大学岳麓书院。有人要问：是湖南大学的一个部分怎么了？难道一个具有千余年历史的堂堂岳麓书院还不如一个只有百余年历史的湖南大学名声大吗？不是。我们不排除湖南大学借用岳麓书院的名气扩大其知名度的初衷，单从它

以湖南大学名下每年招收本科生和研究生这一点就应该得到肯定。这难道不是对岳麓书院的最好延续，对岳麓书院文化精神的最好传承吗？也许有人要说萃升书院与岳麓书院无论从历史上，或是从文脉上，还是从名气上都没有可比性。但最大的可比性就是岳麓书院是湖南的第一家书院，萃升书院是沈阳的第一家书院；岳麓书院传承至今，而萃升书院面临绝迹或者说已经绝迹。我们必须看到：萃升书院虽没有千年的历史，但也有三百年的历史。最最重要的是，如果不想办法去传承它，那么它不就要真的永远绝迹了吗？

（三）启示三：不同国度，传承有异

与西方文明传承相比，我们做得很不好，尤其我们东北做得就更差了。我们没有理由不感到汗颜。牛津大学：英国历史最久的私立大学。1168年创办于牛津，由三十多所学院和若干研究生院组成。设有神学、法律、近代史、东方学、人文科学、中世纪和近代欧洲语文学、英语和文学、美术、音乐、社会研究、教育、心理、数学、物理、生理、生物和农业、人类学和地理、医学等院系。剑桥大学：英国悠久的私立大学之一。1209年创立于剑桥。由二十八所学院和三所研究生院组成。设有神学、哲学、古典文学、英语近代和中世纪语言、经济和政治、法律、历史、教育、考古和人类学、东方学、音乐、建筑和艺术史、数学、物理和化学、工程、地理和地质、化工、生物学、临床医学等系。都是千年学府，从他们建立的那一天起，一直享有盛誉，并闻名于世，如今仍为世界上一流的大学。靠的是什么？靠的是不懈的传承。从建立至今，人家的学校培养了无数个一流的科学家和国家总统，说明人家的文化传承生生不息。而我们的文化呢？我们不说民国时期（实际成立于清光绪三十三年）的金陵大学怎样了，东北大学怎样了，就说我们沈阳的萃升书院吧，辉煌了二百多年的一个地方书院，一个受到几朝皇帝重视的一个地方的高等学府，就这样无声无息地快一百年了，我们文化传承精神哪里去了？我们不应该仅停留在政治口号上了，我们要积极地行动起来，让萃升书

院的精神弘扬光大,让它为诞生它的沈阳争光。让我们民族优秀的传统文化得以传承。

三 余论

萃升书院经历了清代、中华民国和中华人民共和国,几经辉煌,几经沧桑,而今默默无闻,它的历史留给我们的思考太多了。我们应该反省。那么,我们怎样做才能使地方文化得以传承呢?答案是:地方文化的传承,必须由地方自己努力。首先是重视起来;其次要珍惜自己的文化,哪怕与南方比起来是微不足道的。以萃升书院来说,我们要重视它、珍惜它,争取把它传承下去。然后是把它落实到实际行动上。鼓励哪个大学,将萃升书院作为一个学院,这样对传承国学,传承萃升书院文化,以及利用萃升书院的名气来发展地方大学,可谓一举两得。总之,我们要努力将萃升文化传承光大,否则,就是对历史的不负责任。

[参考文献]

[1] 王晶辰,王菊耳. 辽宁碑志[M]. 沈阳:辽宁人民出版社,2002.

[2] 阿桂. 盛京通志[M]. 沈阳:辽海出版社,1997.

[3] 金毓黻. 奉天通志[M]. 沈阳:辽海出版社,2003.

[4] 辽宁省档案馆.1929年4月辽宁省政府为刘心博呈请恩准介绍入萃升书院以资深造事[Z]. 档案号:JC010—01—031913—000001.

[5] 辽宁省档案馆.1928年10月奉天省长公署为萃升书院函投考资格拟由省立及县立中学选择(附萃升书院简章)[Z]. 档案号:JC010—01—022849—000001.

[6] 柳得恭. 滦阳录[M]//金毓黻. 辽海丛书. 沈阳:辽沈书社,1985.

[原载于《吉林师范大学学报》(人文社会科学版)2017年第4期]

民国时期清理河北旗地过程中拨补租地初探

王立群[*]

美国学者马若孟先生在《中国农民经济》一书中，将清初满族统治者在近畿五百里内圈占的土地称为"拨补旗地"，书中如是写道："在定都北京后，满族统治者下令首都周围约175英里半径内所有的土地都要没收充公，在满族旗人中再分配以供养他们的军队。这种土地被称为拨补旗地。在这一半径区域内拥有土地的汉族地主、商人和官员被给予距首都较远的其他土地，这些土地就今天所知是在察哈尔南部、热河和河北省的东北部。"[1]246 而就笔者所阅读的一些相关文献、档案资料以及地方志来看，其实正是马若孟先生所述及的后一类土地即"被给予距首都较远的其他土地"才是所谓的"拨补地"。而且，这一类拨补地亩虽然是满族统治者对于近畿被圈去土地民众在外地的补偿，但仍然属于民田的范畴[2]，而不应属于旗地的一种，所以不能称为"拨补旗地"。如在《直隶全省财政说明书》中，就将拨补地列为清初直隶的各色民田之一。不过，民国时期历届政府在整理河北旗地的过程中，都将拨补租地列于清理旗产机构的管辖范围之中，并数次试图对此类土地采取同于处分旗地的方法，以达增裕赋税的目的。在此过程中，政府、拨补

---

[*] 王立群（1980— ），女，河北沧州人，天津工业大学马克思主义学院副教授，历史学博士，中国社会科学院近代史研究所博士后，研究方向：中国近现代史。

租地的租主以及拨补租地所在县的佃户就这类地亩的处理发生了多次交锋。

一 拨补租地概况

（一）拨补租地的由来

清朝初年，由于旗人"于京畿五百里以内圈占地亩即任意占地据为己有、不纳粮租"，近畿各县之地被圈者甚多，"人民无法生活"。于是，清朝统治者规定将五百里之外之直隶保定以南各县之官荒地亩如数拨补近畿士民，如将藁城、获鹿、正定、新乐四县官荒地亩如数拨还徐水，将深县拨还安新，将安新拨还房山和良乡等，"以为失业士民养生之资"，"是前项被圈之地谓之旗地"，而"此项拨补之地谓之拨补"。由于拨补之县距离被拨补士民之县份"道途窎远"，"不能前往耕种，不得已招佃认租，并由各县代为征收，每年由租款项下扣留应纳粮银，其余悉数解县，由士绅具领分发，并呈准不假胥吏之手以杜弊端"。此外，此项租银由"官征官解"，"每年按上下两忙照大粮一律批解过县。此即除粮解租之事实"[3]。因此，拨补租地又被称为安租、借租。

（二）民国时期拨补租地的遗留情况

辛亥革鼎，民国政府规定近畿各县被拨补士民的拨补租依然由拨补各县县府代为征收。不过，"各该拨补县对于此项租银不能如期征起，甚至有积欠经年者且托词道路不靖而不予起解"的情况十分普遍。对于被拨补士民来说，"嗷嗷数百户全赖此接济，一经延宕，即不啻绝其生路"，因而"不得不于情急时由绅等派员前往催取"。但是这样只为一时权宜之计，且手续繁难，动需时日，所需旅费不赀，众业户实无力担任，况且原先"租银起解时原有一定解费，只需一角公文即能解到众业户"[4]。随着旗地清理处分的逐步展开，各受补县士民也"履倡变价之议"，但"又恐一经按照官旗等产混合处分领价或生障碍",因此拨补地各租主又时常集合自请出售。[5]

由于民国时期政权频繁更迭,这就导致了拨补租地所在县署不可能做到按时按量将被拨补租银解送到被拨补士民手中,再加之拨补租地上之地主与佃户关系较之普通旗地地佃关系更为复杂,因此与拨补租地相关之各方矛盾重重。

二 相关各方态度与清丈政策的确定

随着河北旗地清理和处分的逐步展开,拨补租地——这一在清朝初年伴随旗地而产生的又一特殊土地形态也被纳入了民国政府的整理范围。

(一)旗地经管机构处理拨补租地决意的确定

1926年,奉系主政直隶时期,保定旗地圈租清理处曾拟按照官产处分获鹿、正定两县之徐水租,但经徐水士民联名具控,遂行取消,并规定可"听租主双方自行办理,不必假手官厅强制执行,通令各拨补县遵照并刊登公报"[6]。1929年,时任河北省民政厅厅长孙奂仑"提请前省府委员会第87次会议,议决不能按官产处分,俟将来清理粮赋时另案办理,并通令各县遵照执行"[7]。

不过对于河北省官产总处和旗地所在各县官产分处来说,可处分的旗地与官产越来越少,总处和分处的经费经常十分紧张。因而,拨补租地这项伴随旗地而产生的特殊土地的清理,就被各处看成是解决经费困难的重要砝码。如1930年10月,景县官产分处就曾呈文河北官产总处称:"卷查朱前局长曾报拨补租地五万七千余亩",而"职处官产稀少,筹款困难","惟有处分拨补租地尚有筹款可能","该地计分涿租德租两项,每年共征银二千零二十二两九钱六分八厘,除完粮额外余款解送涿县仅二百余元分发租主获益无多。倘能解决处分,就职县一隅而言可收八十余万之巨款。"[8]对此,时任河北官产总处处长宋大需也认为,"查河北各县拨补租地性质,原以各业户之地既被圈占乃由他县指地拨补粮，由各业户赢得租款内扣完租，由该地所在县代征转解县。发事权在官，手续完备，相沿数百年从无更改，原业户仅得享有拨地之虚名，并无管业转卖之权利。且所拨之地原多无主官荒，如省府议决案内所谓五百里外之闲田是也。原业户因此履倡变价之议，冀偿所愿，又恐一经按照官旗等产混合处分领价或生障碍，以故原卷内所载拨补地各租主有时反对官产处分而又集合自请出售，其心理误认产非官有，利须独得。惟经省府议决主张另案清理，恐与官产职权不无互相抵触之处。现值政令统一之际，尤冀化除畛域、同舟共济、及时解决、源源处理，应使公家、人民两有裨益"[9]，因此河北官产总处令行官产分局会同拨补县仿照"旗人自置红契民地办法"处分拨补租地。

（二）受拨补方代表——租社的态度

1926年，针对奉系拟将拨补租地与旗地同时处分，各被拨补县士民提出了强烈反对，如徐水县租社代表刘世承就曾呈文称："窃以此项地亩既除粮解租，确为民产，售卖与否主权当然在民。若按照旗产一例处分，则数百户旧日产业一旦化归乌有，即得价能有几何？民国以来，尤以民生为重，谅亦不忍出此。现在众业户纷纷来社询问，并恳代为声述拨补原委，以求体恤。身等经理此事，自应据情上陈，仰祈我省长顾念民生，俯从众愿，令行保定旗地圈租清理处免予处分，以保私权，则受补士民均感高厚鸿恩"，并对拨补租地的缘来进行了详细陈述，"查前清入关时，准旗人于京畿五百里以内圈占地亩，即任意占地据为己有、不纳粮租，徐水之地被圈者甚多，人民无法生活。嗣蒙将五百里之外之获鹿、藁城、正定、新乐四县官荒地亩如数拨补，以为失业士民养生之资。是前项被圈之地谓之旗地，此项拨补之地谓之拨补民地。既为民有，确系私产毫无疑义。委因道途窎远，不能前往耕种，不得已招佃认租并由各县代为征收，每年由租款项下扣留应纳粮银，其余悉数解县，此即除粮解租之事实也。伏思各业户既已完纳粮银，对于国家已尽一分义务，与各项旗地只收租并不纳粮者其性质迥不相同。再当初租银解到时，由县署当堂按户分给，后恐日久弊生，改由绅士经理具领转发，不经胥吏之手，此徐水租社之所由立也。当康熙年间因拨补各县催征不力，历经直隶巡抚与直隶巡抚督察员、右副都御史先后将代征条例题奏在案，严定考成，此事载入徐水县志，并立石以垂不朽。旧案相沿行之二百余年，从无变更。国家之为业户计者，周而且密，可谓爱民之至矣。现在旗地清理处将此项拨补地亩与旗地一并处分，恐有误会，受补士民碍难承认。"[10]后经直隶省长褚玉璞裁定，依旧按照旧案办理。

南京国民政府接收河北地区以后，事态开始有了较大变化。面对河北官产总处处长宋大需处置拨补租地的决议，徐水县租社代表本县士民依旧向省政府呈请停止处分拨补地亩，他们指出："拨补徐水地亩并非官产，恳请查案转函官产分局停止处分以免扰累而维民业事。案查藁城获鹿正定新乐等县拨补徐水地亩一项，前清入关后鉴于近畿五百里内之地被旗人圈占失地士民生计无着，乃择五百里以外之闲田拨给失业士民承受，以偿其损失。此项地亩本系以己产换来，与官旗产迥不相同。"[11]

对于此次受拨补士民的呈请，河北省民政厅和财政厅会商后予以否决，并决定按照河北省官产总处的请求开始清理拨补租地。

其实，由于民国年间收租困难，各受拨补士民早有售地之意，只是鉴于需要通过拨补县府之协助，因此一直担心会被纳入官产处分之内，因此各县租社频向"省厅呈请确认产权，准予售地"。[12]

在此次政府的严令下，各租社只能"公推代表暨介绍人前赴北平"与河北省官产总处委员协定《处理拨补地大纲》。[13]经过双方多次商讨，最终达成以下协议："凡处理此项拨补租地，一律每亩收价六元；但地近城镇市集及土质膏腴或地质瘠薄水冲沙压不堪耕种及有其他特殊情形者应由该管局或专员随时呈请总处谘商租社代表酌量增减"；"凡处理此项拨补租地所得地价以百分之五十拨交租社县发各租主承领"[14]。

（三）拨补租地所在县佃农的态度

对于河北省官产总处与被拨补县租社协议制定的清理大纲，拨补地亩所在县佃农议论激昂。如获鹿县租粮整理委员会就代表本县绅民提出了五条理由驳斥大纲的规定：

1. 此项地亩租佃双方均经久远之时期复杂之变化，在食租者租权系以资金购买而来，已非清初被圈失业之户；在纳租者其地均出十足之价额购买而来，已非清初被招领佃之民。徒以历史关系，一方食租一方纳租耳；居今日而言留置，论其性质不得谓为买地卖地，只可称为买租卖租而已。以获鹿全县二百九十余顷地亩，每年共纳租银一千四百四十一两九钱二分五厘约略计之是每亩应负四分九厘有奇之义务，折合银元七分三厘，而若强责令每亩出价六元，是几于百倍原租！纳租者何堪负此重价？且食租以数倍原租之代价取得此项租权，据何情理而欲以百倍之价勒民购买此。本会以为六元留置情难承认者一；

2. 揆之获鹿租银共一千四百四十一两九钱二分五厘，即以十倍之价购买，是其资本仅一千四百四十一两九钱二分折合银元不过二万一千元之数。窃买卖交易平均原则必须权利义务两相平等，方为公允。今以每亩六元售出租权，二百九十余顷地亩则价洋竟达十七万四千余元，官产局与徐水租社各得百分之五十，是食租者以二万一千元之资产而欲得十七万四千余元之权利矣。复查该租租社与官产总处协定大纲限期四个月办竣，留置后当需报税验照种种费用如果遵照施行则获鹿一部纳租农民须于四个月短期内捐出十七万元以上之现金。试问官方何忍措手民力安克担任？细究该社计划纯系片面思想，权利义务太不平均。此本会以为六元留置于理不合者又其一；

3. 且从来处理官产旗产之定章每亩上等四元下等二元，因留置者不见踊跃，各县局长率多按照下等收价。又河北省处分官荒黑地章程每亩定价官荒上等一元五角、中等一元、下等五角，黑地上等三元、中等二元、下等一元；又《直隶省旗圈售租章程》其售租价格规定按现年租十倍出售；前保定道旗地圈租清理处处分借租章程及直隶省处分八旗旗章程均系按原租额规定五倍收价，惟将每银一两折合银二元三角五分，以市价折算约计八倍之数。综观旧章所订地价上等至多三四元，计其命意上等定价虽高，不过虚悬一格，未必期于必行，其所实取诸民之数大致一元至二元或不及一元，从无六元巨大之价。即该租社所依据之官产处处分旗人自置红契地之规则，虽有临时咨询地主意见，核定之文仍附加至多不得过五元之巨数。该社此次协定六元地价超过最高额之限制亦属有违定章。此本会以为六元留置于法不合者三；

4. 况查获鹿所有此项地产转移完全与民地买卖相同，除经中关说要约承诺立有文契复经税契等项手续正式手续外，复有租粮过拨手续。惟以过去社书专司此项责任，其中积弊太深，过割时期只有租粮数目不列地亩若干，以致地亩与粮银判为两事，地多粮少、地少粮多甚而有地无粮、有粮无地，已难究诘益。以民间咸以买卖地亩为一事过割粮租又为一事，地价议定再议拨粮或每亩确系民银而令拨租粮或地亩确系租粮而令拨民银，均以双方情愿为原则，积习相沿，由来已久。如此，则地亩与粮租之关系更难研其端绪。所以现在完纳此项佃租之户未必实有此项租地种植，此项租地之人又未必完纳此项佃租。倘以六元一亩勒令获民留置，则此项租田之究竟坐落何处尤难辨识，纷争一起将无已时。此本会以为六元留置于势难行者四也；

5. 查获鹿安租地原有粮银名曰改归每亩二分二厘，而徐水租社遽谓此项租地系由前清顺治年间八旗王公圈占近畿五百里以内民地以五百里之外保定以南各县之闲田拨给被圈占民户，其不能自往耕种者则由地亩所属州县官为之招佃令其食租，以资补偿，此项地亩名为拨补租地，食租者名为被补士民云云。殊与事实不合。获鹿租地并非闲田，地主亦非佃户，畴昔加租不过就粮银微轻地亩稍加租银,以维徐水被圈民户之生活。若遽谓徐水被圈民户为此项地亩之产权者,即责令获鹿地主每亩出洋六元作买回代价,于理于势两所难能。此六元留置之不合法者又一。

基于上述理由,拨补地所在各县绅民指出,对于以六元留置拨补租地的命令,他们"绝难默认、誓在反对","如该租社以为逐年分租手续纷繁,本会亦乐代表民众备价收回,从此双方便利,岂不甚善。惟计租银每亩每年不过银洋七分四厘也,租金收入以二分利率相计利息最多不及一分八厘。以十倍之利每亩价不过二角五分,若以每亩三角一次买绝似尚可行"。接着,拨补地所在县绅民进一步指出,如果上述要求不能得到满足,就只有按照1926年奉系主政时期所最终核定的办法来执行,即由主佃双方自行接洽办理,而不必再通过官产处办理。[15]

(四)清丈政策的最终制定

面对前述耕种拨补租地广大佃农的强烈反对,河北省官产总处派员赴拨补租地所在各县进行了走访。在藁城县,"召集各局职员城乡绅耆将此案之一切情由及六元留置之有无窒碍加以博访周咨,审知此项地亩先年早由租内升粮民间买卖税契与大粮地无异,其价格亦无区别","田赋过割积习粮与地划为二事,租粮两册花户名下均无亩数可稽。经过复杂之变迁,势难按亩办理。留置绅耆等人对于六元定价议论激昂,称其一不合理、二不合法"。在获鹿县,"经委员、县长召集士绅详加征访并由县长令知租粮清理委员会(此会去年由各村裁社书后由各乡民众设立)开会讨论据复均称办理留置措手不及,对于六元定价亦称租社方面思想与事实距离太远,实属窒碍难行,其意见与藁城绅耆无异"[16]。

对此,河北省官产总处经过和各县租社代表协商,决定降低留置价格,但并没有采纳广大佃农所提议的"每亩三角"的定价,而是在其重新制定的《处理河北各县拨补租地办法》[17]中规定,"凡拨补租地每亩上地收价四元、中地收价三元、下地收价二元,其他近城市或地质瘠薄有其他特殊情形者得由承办机关随时勘估酌量增减,呈处核定,但至少亦须每亩一元,至多不得过每亩六元";而且"凡拨补租地应完粮额处分地亩后,仍应由留置佃户照案完纳以重正供"。

三 结语

北洋政府时期,广大佃农针对政府制定的旗地留置政策就曾发出慨叹:本寄望民国建立取消满人特权,不复料政府新增留置,反不及清廷!时至南京国民政府上台执政,虽有其先总理孙中山"平均地权、耕者有其田"遗言在耳,但其苛民之政似更胜北洋。

就河北省清丈拨补租地一案看来,即使北洋时期旗地清理推行最为强力的奉系也在民众的声请下取消处分拨补租地。当然,不能排除旗地清理已为奉系带来了丰厚的收入,因而其也就放弃了这项处理起来困难更大的土地。但是,对于声称比北洋军阀民主、先进的南京国民政府而言,在经济利益的驱使下,却把北洋军阀未竟的事业接棒过来,而且"办理"得更有"声色"。他们首先从河北各被拨补士民手中夺取了一半的留置地价,而后又自留置佃农手中得到了留置后每年的升科粮银。被拨补士民虽有不满,认为自己拥有拨补租地的产权而应独得全部地价,但在政府的威严下也只能改变初衷,拿走原先寄望的一半。只是无论何时,总是需要那些处于最底层的广大佃农来最终满足政府的经济需索。

[参考文献]

[1] 马若孟. 中国农民经济 [M]. 史建云,译. 南京:江苏人民出版社,1999.

[2] 直隶财政局. 直隶全省财政说明书:第一篇·田赋:3 [Z].

[3] 河北省档案馆藏. 北洋政府政务档案:徐水县志:656—2—970 [Z].

[4] 河北省档案馆藏. 北洋政府政务档案:1929年5月18日河北省民政府

训令获鹿县长：656—2—970［Z］.

［5］河北省档案馆藏．北洋政府政务档案：河北官产总处训令官字第216号：656—2—970［Z］.

［6］河北省档案馆藏．北洋政府政务档案：呈请停止处分拨补租地亩以维产权：656—2—970［Z］.

［7］河北省档案馆藏．北洋政府政务档案：河北省民政厅训令民第339号：656—2—970［Z］.

［8］河北省档案馆藏．北洋政府政务档案：河北官产总处通令官字第4号：656—2—970［Z］.

［9］河北省档案馆藏．北洋政府政务档案：河北官产总处训令官字第216号：656—2—970［Z］.

［10］河北省档案馆藏．北洋政府政务档案：直隶保定道属旗地圈租清理处训令第197号：656—2—970［Z］.

［11］河北省档案馆藏．北洋政府政务档案：呈请停止处分拨补租地亩以维产权仰乞鉴核：656—2—970［Z］.

［12］河北省档案馆藏．北洋政府政务档案：河北官产总处训令字第520号：656—2—970［Z］.

［13］河北省档案馆藏．北洋政府政务档案：河北官产总处通令字第151号：656—2—970［Z］.

［14］河北省档案馆藏，北洋政府政务档案：河北省官产总处商同徐水县拨补租地租社处理藁城获鹿正定新乐等四县拨补租地大纲：656—2—970［Z］.

［15］河北省档案馆藏．北洋政府政务档案：为呈覆召集会议议决红契旗地理由恳请俯纳民意商同张委员体念民意准予所请：656—2—970［Z］.

［16］河北省档案馆藏．北洋政府政务档案：遵令查明征解拨补徐水地租情形并谘访民意办理留置定价过高窒碍难行拟定十倍售租仍遵先年省府核定原案由租佃双方自行接洽办法会呈请示由：656—2—970［Z］.

［17］河北省档案馆藏．北洋政府政务档案：处理河北各县拨补租地办法：656—2—970［Z］.

[原载于《吉林师范大学学报》（人文社会科学版）2016年第3期]

最后的"旗军":京旗
常备军组建述论

黄圆晴*

对清代八旗制度的研究,一直是清史、满族史研究的一项重要课题。然而,学界缺乏对晚清八旗军制演变的关注,研究成果之少,与其在清代军队中所处之重要地位极不相称。单从研究论文数量方面来看,清代八旗研究成果已相当显著,但与关于晚清八旗军制变革的期刊论文数量来比较,则比例极不对称。根据国家清史工程中华文史网的统计,截至2009年,关于研究八旗专文已达322篇,涉及晚清八旗文章却仅有25篇[①]。2010年至2015年的论文,亦不足10篇。

造成这种现象,固然与晚清时期八旗地位急剧下降有关,但也充分反映了在学术研究上对于清末八旗的关注还远远不够,究其原因有六:第一,由于八旗随着历史的发展产生了严重的社会生计问题,且其战斗表现一直欠佳,故而大部分的研究内容侧重于八旗社会问题的方向;第二,民国肇建,国人对八旗子弟大多抱以歧视之态度,使学界研究兴趣不足;第三,针对八旗之研究大多集中于清前期,考证其源流与发展,忽略了对于晚期的研究;第四,清末八旗的史料较之前期分散凌乱,难以集中用于研究;第五,八旗军制繁杂,既分为禁旅

---

* 黄圆晴(1984—),女,台北人,北京大学历史学系博士研究生,北京市凯文学校人文与社会组教师,研究方向:清史。

① 根据清史编纂网上工程中华文史网的统计,参见:http://www.historychina.net/zlzx/2010 - 06 - 23/32268.shtml。

与驻防，且禁旅八旗各部队又肩负不同军事任务，难以统一梳理其军制沿革，且清末军制混杂，学者未将重心摆在清末八旗上；第六，研究旗人状况时，难免落入满汉关系的窠臼当中，而不能从国家军事改革层面看待八旗的兵制变化的内因。以上六点，造成了对于八旗之研究形成了"头重脚轻"的现象，而未能对清末八旗有很好的梳理。

由于八旗改制涉及了近代的军制变革，因此，对于以下五本专著亦须高度重视。美国学者的著作《1895—1912中国军事力量的兴起》①探讨从1895年后，中国全面的军事改革，包含部分八旗新军的变化，并论述新式军事力量对中国政治的影响。书中论述了旗人组成的新式军事组织，但并未论及新式组织对于八旗营制的影响与改变。澳大利亚学者的著作《军事近代化与中国革命》②重点讨论了陆军改革与社会反响、军心动摇与兵变、革命及其成果等3部分，从中国社会内部的各项因素的交互作用中寻求中国军事改革的必然性，亦部分地提及旗人的新式军事组织，但亦未论及新式组织对于八旗营制的影响与改变。尽管这两部关于军事近代化的著作都略为提及八旗的变化，但重点放在北洋新军的建设上，缺乏对八旗军制改革、变化的关注。罗尔纲的《晚清兵志》③一书，以海军志、甲癸练兵志、陆军志三部分，介绍晚清时期新式军事组织的概况，特别是甲癸练兵志、陆军志两部分中，介绍了一些八旗改变常操的情况。施渡桥的著作《晚清军事变革研究》④以论文集的形式，从宏观的角度分析中国军事向近代化演变的原因和特点。皮明勇的著作《中国近代军事改革》⑤从理论上分析"中体西用"观在中国近代军事变革当中的作用，从改革者群体、军事制度、官兵素质等方面分析中国军事变革的面相。由于近代军事改革的重点在北洋新军的建设上，八旗的改制在

---

① 鲍威尔（R. L. Powell）：《1895—1912中国军事力量的兴起》，陈泽宪、陈霞飞译，中华书局1978年版。
② 冯兆基：《军事近代化与中国革命》，郭太风译，上海人民出版社1994年版。
③ 罗尔纲：《晚清兵志》，中华书局1999年版。
④ 施渡桥：《晚清军事变革研究》，军事科学出版社2003年版。
⑤ 皮明勇：《中国近代军事改革》，中国人民解放军出版社2008年版。

近代军事改革领域的研究中成为"冷板凳"。

笔者不避浅陋，在广泛收集、整理史料的基础上，在近代军事改革的背景下，探讨北洋新军建设过程中京旗常备军的组建原因、成军后的军事任务并分析军中将弁的组成与影响，以探讨禁旅八旗的演变。

一 京旗常备军的创建原因与组建过程

（一）北洋六镇编组过程

庚子事变后，清廷决意全面编练新军。光绪二十七年（1901）七月，清廷颁发练兵上谕责成各督抚切实练兵①，此时京畿军事力量尽毁，惟武卫右军有能力稳定京畿秩序。当年九月，李鸿章逝世，慈禧令袁世凯接替李鸿章署直隶总督兼充北洋大臣并依靠武卫右军巩卫京畿之安全②。十二月，袁世凯奏准"先募练精壮，赶速操练，分布填扎"，并获准在"顺直善后赈捐结存项下拨款一百万两，作为募练新军之需"[1]508分别派遣王英楷、王士珍等人分赴直隶正定、大名、广平、顺德、赵州、深州、冀州各地，精选壮丁六千人，分别带往保定训练[1]428。

光绪二十八年（1902）二月，清廷再次颁发上谕称"京师为天下根本，畿辅为京师屏障，现值门户洞开，强邻逼处，兵燹甫靖，伏莽犹繁，筹饷练兵，视他省为尤急"，③加大畿辅练兵进度；同年五月，袁世凯奏陈订立的北洋常备军营制饷章奏陈清廷，并获准施行[1]508—534，开始北洋常备军的创练；同年十一月，在北洋常备军创练之际，为加强旗军力量，清廷宣布八旗挑练兵丁万人，由魁斌、溥伦、桂春、景沣、荣庆、铁良等人并会同姜桂题于此万人内挑选三千

---

① 《清德宗实录》卷485，光绪二十七年七月癸巳。
② 《清德宗实录》卷487，光绪二十七年九月己丑。
③ 《清德宗实录》卷496，光绪二十八年十二月庚戌。

人，交由袁世凯训练①，开始创练京旗常备军。

光绪二十九年（1903）闰五月，袁世凯奏称已编北洋常备军左镇步队十二营，炮队三营，工程、辎重各一营，尚缺马队一标四营，计划年内编练完成[1]536—537；同年年底，由于日俄两国在东北爆发冲突，清廷令袁世凯迅速扩兵，以为预备。同年十一月至次年二月间，袁世凯就保阳马队、淮军肃毅亲军、元字马步等营裁改归并，编成步队一协、马队一标并派员选募合格壮丁继续编成步队一协、炮队一标，工程、辎重各一营，分驻马厂、小站，即为北洋常备军右镇[2]668—669。

光绪三十年（1904）正月，因日俄战争发生，常备军左镇全军二十一营及右镇马队四营，分别由保定、马厂仓促移防山海关一带[1]796—797；同年二月三十日，北洋常备军左右两镇改为北洋常备军第一、第二镇[1]919—920同时，袁世凯又迅速扩军编练北洋常备军第三镇，是，将已编成两镇的将弁与士兵为基础，迅速"提升选拔分为三镇，所缺兵额，迅速招募补足"，并称该办法在北洋均系称为"一个窝里抓螃蟹"，以杜绝外来将弁②。三月初六日，袁世凯正式奏报北洋常备军第三镇成军，并奏请段祺瑞任该镇翼长[1]922；同年八月初三日，练兵处会同兵部奏定新的陆军营制。[2]528

北洋常备军第四镇则于光绪三十年（1904）十二月由练兵处奏称"武卫右军七千人及自强军二百六十余人，与奏定新军章程不符，拟将会编为一镇，拱卫京师，"得旨"如所议行"。后以武卫右军、自强军暨第三镇步队各标第二营合编为第四镇[2]685；北洋常备军第五镇则由署山东巡抚杨士骧将武卫右军先锋队抽出12营，并由原驻马厂第二镇抽调步队4营、马队1营、炮1营。不足兵额由青、德州及青州、德州、沧州、密云各驻防旗兵挑选③。在北洋常备军建设过程中，京旗常备军于光绪二十八年（1902）十一月开办，在光绪三十一年（1905）四月由铁良奏请编练成镇，正式成军。

---

① 《清德宗实录》卷507，光绪二十八年十一月癸亥。
② 刘凤翰：《新军与辛亥革命》，收于《中国近代军事史丛书》第1辑，第196页。
③ 《陆军统计简明报告书》（民国二年），北京大学图书馆古籍部特藏。

京旗常备军编练成镇后，兵部尚书长庚、署兵部侍郎徐世昌即练兵处以"此军为京师禁旅，开练最早，编列号数宜居各镇之先"，改京旗常备军为陆军第一镇；原北洋常备军第一镇改为陆军第二镇；原北洋常备军改为陆军第四镇；原北洋常备军第三镇改为陆军第三镇；原北洋常备军第四镇改为陆军第六镇；原北洋常备军第五镇改为陆军第五镇[①]，至此北洋六镇编练完成。

从北洋六镇组建的时间与原因来看，京旗常备军的创练时间较早而原因亦不出于战备等相关原因，主要目的为服务于加强旗籍军事力量的因素，与北洋其他五镇的创建原因较为不同，以下即介绍京旗常备军的创建原因。

（二）京旗常备军创建原因

1. 京畿地区的旗籍军事力量亟须重建

京畿地区旗籍军事力量原本由北京与畿辅驻防的八旗所组成。但是在庚子之役中，八旗部队大部分都遭到了毁灭性的打击，除了随扈慈禧与光绪的少数神机营与虎神营外，在北京城内的所有八旗军事力量都已经瓦解。由于在京师内八旗军事力量已完全瓦解，北京城内一段时间的秩序由联军负责。在联军撤退以后，则由胡燏棻奏请调派当时驻扎在畿辅地区的姜桂题、马玉昆部负责稳定京畿地区的秩序。

光绪二十七年（1901）七月二十五日，和约签字后，联军约定十日内陆续撤退，将北京移交给庆亲王奕劻等人。八月初二日，英国、意大利交还万寿山与颐和园，原应由内务府守兵看管，庆王因内务府守兵无器械难以保护，饬令胡燏棻调姜军二百名分别驻扎颐和园宫门外看管；初五日，美、日两国从午门撤兵，由庆王奕劻、内务府大臣世续、外务部侍郎联芳与胡燏棻共同交接，随即于午门、神武门、东华门、西华门四门各派姜军二千名看守；其余姜军所部在当日亦进驻

[①] 刘凤翰：《新军与辛亥革命》，收于《中国近代军事史丛书》第1辑，第202—203页。

内城左右翼原设的八旗兵房中驻扎，南城派五百人驻扎各庙宇并会同步军统领衙门、顺天府五城及城内协巡各局管理京师治安。

京师内主要由姜桂题部负责管理秩序，马玉昆部则负责管理畿南地区的秩序。马玉昆部大营驻扎在卢沟桥居中调度，抽调一营驻扎在正定，抽调炮队二营、步队四营驻扎在保定，其余所部则分别驻扎在涿洲、良乡、固安、房山四县及高碑店、琉璃河、长沟镇、窦店、松林店、大兴县、采育镇、礼贤镇及宛平县拱卫北京。①

从以上姜、马所部驻扎情形来看，他们负责了京城与畿南地区重镇作为暂时的协防军队，这种情况直到在慈禧与光绪回銮以后也并未改变，仍继续需要武卫右军以巩固京津地区。作为守卫皇室最基本的禁卫军队都由汉籍军队来担当，无疑是一块心病。以汉籍部队负责禁卫皇室，不仅有违祖宗成法，安全操于他人之手，这是必须尽快重建旗籍军事力量的原因之一。

2. 平衡北洋常备军实力

庚子国变以后，重建军事实力以自保成为朝野共识。然而不论是武卫右军或是创练的北洋常备军尽为汉籍军队，仍为清廷所疑惧。为避免北洋常备军势力过大，清廷宣布八旗挑练兵丁万人，由魁斌、溥伦、桂春、景沣、荣庆、铁良等人并会同姜桂题于此万人内挑选三千人，交由袁世凯训练。

将旗籍军队交由袁世凯这个汉籍大臣训练的原因，主要有两个：其一，慈禧对袁世凯的信任。李鸿章在遗奏内称"环顾宇内人才，无出袁世凯之右者"，慈禧十分重视这个意见，且袁世凯所部武卫右军是当时拱卫京津安全最大的军事力量，不得不倚仗袁世凯；其二，当时并没有能够独立担当训练旗军的旗籍大臣。因此，便由袁世凯这个汉籍大臣担任京旗练兵的重任。与此前改革不同，旗籍军事力量的改革不再局限于旗营自身的改革，而是决意全盘西化，以当时常备军形

---

① 台北故宫博物院：《胡燏棻奏为联军退尽地面一律交回调姜马两军填扎各情形由》，光绪二十七年八月初八日，文献编号：143899。

式来训练京旗子弟。

  袁世凯接到命令以后,他十分熟谙于当时的政治原则,汉籍大臣掌握兵权本已十分受到猜忌,如果再管理旗籍兵丁,更容易产生误会。为了摆脱这样的嫌疑,袁世凯迅速推荐铁良作为京旗练兵翼长,称:惟专乃精。匪事寄太"伏查练兵之道,繁,才力甚短,深惧弗克兼顾。然受恩深重,断不敢不遇事竭力,冀效涓埃,且简练旗兵,实亦今日当务之急,臣既粗谙兵事,又何敢不勉任其劳。惟是创办之初,头绪纷纭,必须有明练之员相助为理,方足以资得力,而免贻误。查有内阁学士臣铁良,才长心细,器识闳通,于兵事尤能留心考究,可否仰恳天恩,将该员派为京旗练兵翼长,俾得与臣协心同力,认真经理,庶旗营将士易资联络,而微臣亦藉收臂指之助,洵属裨益非浅。"[1]678

  铁良(1863—1939),穆尔察氏,曾入荣禄幕府,以"知兵"闻名,后受荣禄推荐任兵部侍郎。袁世凯推荐铁良作为京旗练兵翼长的原因主要有两个:其一,权力避嫌原因。袁世凯在承担京旗练兵之时,亦已获准训练北洋常备军,为避免练兵权力同时集于自身,故而推出铁良以求避嫌;其二,旗营指挥原因。在清代传统中,旗营的指挥权向来不假手于汉人。这是由于清代将管理事务的"资格"以在旗或不在旗的方式来评判,旗营事务更是只能限定由在旗官员管辖。但是为了使得旗军得以接受当时最先进的军事训练方式,迫不得已起用袁世凯负责训练旗籍子弟。袁世凯推荐铁良作为京旗练兵翼长,除有着权力避嫌原因以外,也提到了可使得"旗营将士易资联络"的问题。由此可知,由汉籍官员出任管理旗营官员,确实是从未有过的事情。为避免旗籍兵丁产生逆反心理,故而推荐铁良来负责节制、训练旗军的长官。

  铁良虽作为练兵翼长,但如何训练旗军,袁世凯亦有自己一套方案,这套方案对旗军的训练方式产生极大的革新。光绪二十八年(1902)十二月二十四日,袁世凯陈奏关于旗军的训练方式,称:"练兵之道,节目纷繁,兹当开办之初,必须厘定章程,方足以资遵守。臣与该翼长悉心商榷，此项旗兵既就近由北洋酌调训练，其一切军规营制，自应仿照北洋常备军奏定章程办理，庶易收目染耳濡之效，无难臻整齐划一之风。至于此项军名，亦即拟请名为京旗常备军，以示区别而便推广。"由此可知，旗军的训练方式一开始便已定调为仿照北洋常备军的方式，对旗军来说是一次很大的尝试。

袁世凯与铁良商议后订立九条开办章程，将京旗常备军的训练与抽调方式的规定清楚地规定下来[1]704—706。这些规定对于旗营管理方式有以下几个影响：首先，管理方式完全仿照北洋常备军章程管理，而非是旗营的管理方式；第二，军中将弁并非限定由旗人担任，而是取决于对军学知识的掌握程度，将旗军管理官的任官资格从在旗身份转变为新式军事知识的掌握；第三，京旗成为抽调兵丁的来源，原作为管理官员角色的参、佐领转变成为类似地方具保官员的角色，而旗丁则从旗营之中剥离出来，也避免了一直存在旗营之中家族、血缘、姻亲之间的相互牵绊之弊病，得以专心接受专门的军事训练；第四，旗丁编入新的组织单位之中受训，原有旗籍成为识别身份的证明，改变了以旗作战的方式，转变为新军的作战方式；第五，抽调的旗丁来自京城内的各个旗营，有些被抽调的旗丁或原本已作为旗军，一律取消原本的军事任务，得而专心受训；第六，旗籍新军的俸饷与其他新军发放方式较为不同，要查其是否原在旗就已领饷，区别对待发放；第七，请假者必须通报各旗营，如果遭到革退，丧失再次挑选的资格；第八，逃兵者，除由该营派兵缉拿，原属旗营也要负责帮忙追究，并革除原有底饷。

以上八种对于旗营管理方式的改变，是基于九条"训练旗兵开办章程"的规定。而这些关于旗营管理方式改变对整个旗制有以下三大影响：第一，旗籍军队不再局限于旗人管理旗人的资格规定，打破了封闭式的军队管理体系；第二，旗营内部的管理官员参领、佐领不再直接管理旗人的军事活动，仅作为确认旗籍身份的行政官员；第三，旗军正式脱离旗制编组作战的束缚，走向近代化的军队管理组织。清代八旗军制透过以上三个层面的改革也迈向了一个新的方向。

（三）组建过程

京旗常备军的筹建在京旗内挑选兵丁，打破各旗营不相属的限制，以常备军组织与新式教育训练兵丁。以下即将挑选要求与筹建阶段简论如下。

1. 挑选要求

针对挑选京旗常备军士兵的挑选要求，基本与北洋常备军挑选格式类似。北洋常备军奏定的募兵格式为：一、年限二十岁至二十五岁；二、力大限平举一百斤以外；三、身限官裁尺四尺八寸以上；四、步限每一时行二十里以外；五、曾吸食洋烟者不收；六、素不安分，有事案者不收；六、五官不全，体质软弱，及有目疾、暗疾者不收[1]438—439。而京旗兵丁的挑选章程基本与此类似，以下是京旗兵丁第一次挑选的情形。

第一次挑选京旗兵丁，主要由魁斌、溥伦、桂春、景沣、荣庆、铁良等人会同姜桂题挑选，光绪二十八年（1902）十一月二十一日，将各旗营送到的精壮兵丁共一万六百五十五名，分十日在东安门内镶黄旗侍卫教场，按照政务处颁发的招募格式挑选，挑选条件为：身材汉仗在四尺八寸以上；臂力平举需达百斤以上；年岁与原册相符，应与政务处规定的相同。根据这三条要求，最后在八旗满洲、蒙古、汉军以及健锐、前锋、护军、内外火器营、圆明园八旗及包衣三旗等各营挑选出三千八百六十五名①，淘汰率为64%左右，其淘汰理由大部分为年龄过小与身材不足等原因，可见这次筛选兵丁的力度相当大。此3865名兵丁，先发1000名发往天津由袁世凯训练②，而后转往保定附入当时北洋常备军第一镇内接受训练，此后京旗常备军的挑选方

---

① 台北故宫博物院：《魁斌等奏为遵旨挑选八旗精壮兵丁告竣（附清单一件）》，光绪二十八年十二月初六日，文献编号：152234。

② 台北故宫博物院档案：《军机大臣奉谕着以魁斌等所挑选八旗精壮拨千名发津交袁世凯训练》，光绪无年月日，文献编号：152235；《清德宗光绪景皇帝实录》卷509，光绪二十八年十二月上壬辰。

式基本与此次情况相似。

2. 成镇过程

京旗常备军从光绪二十八年（1902）十二月起开始组建，至三十一年（1905）四月编组成镇，主要经历了编营、组协与成镇的三个阶段。以下将京旗常备军的组建过程简论如下。

（1）编营

第一期所挑选出的3000名京旗兵丁首先编成步队四营、过山炮队一营、马队一营、工程两队，其编练原则"一切操规营制悉仿北洋常备军章程办理，应需将弁即在北洋各军将领暨满汉武备卒业学生内，择其通晓兵学、操法娴熟者，分别委充"①。根据北洋常备军制规定，常备军一镇分为步兵两协，每协分为两标，每标分为三营，每营分为四队，每队分为三排，每排计兵三棚，每棚计兵目十四名；炮队一标分为三营（两营陆路炮，一营过山炮），每营四队，每队二排，每排计兵三棚，每棚计兵目十四名；马队一标分为四营，每营四队，每队两排，每排计兵二棚，每棚计兵目十四名；工程队一营，每营三队，每队三排，每排计兵四棚，每棚计兵目十三名；辎重队一营，每营三队，每队三排，每排计兵四棚，每棚计兵目十三名[1]512—522。

从上述营制来看，八旗兵丁在受训时，完全打破过往以八旗分旗作战的编组方式，完全以新式的军事组织形态重新编组、管理，不仅打破过往旗军单一的陆军营制，重要的是其管理将弁以"北洋各军将领暨满汉武备卒业学生内，择其通晓兵学、操法娴熟者，分别委充"，而北洋常备军将领的任免亦"必须在新设实缺人员及武备学堂出身者考验选拔"[1]535，使得管理人员素质更加提高，不至于以不通新式军事知识的人员胡乱充当，更冲破了仅以旗人担当旗官的规定。

（2）组协

第一期京旗兵丁在经过几个月挑选之后，在光绪二十九年

---

① 中国第一历史档案馆：《袁世凯、铁良奏为遵旨训练旗兵拟再添营成协请饬部等拨饷项事》，光绪二十九年十二月二十七日，文献编号：03-6167-127。

(1903)十二月二十七日,再度由袁世凯、铁良二人联名上奏,要求增添京旗兵丁,以增强其实力。中央对此举,自是十分赞同,对其所列举经费一概照准,由铁良在京继续挑选兵丁。第二期的编练目标为步队两营、陆路炮队一营、马队一营、工程一队,希望与第一期的步队四营、过山炮队一营、马队一营、工程两队合而为常备军一协的编制,共步队六营(已达步队二协)、过山炮队一营、陆路炮队一营、马队二营、工程三队①,与常备军一镇营制相比,尚欠马队二营、陆路炮队一营、工程队一队、辎重队一营。

第二期编练从上一期挑选的余下的旗丁内开始编练,于光绪三十年(1904)三月二十二日编成马队第二营、五月一日编成陆路炮队营。而新挑选的京旗兵丁则于五月二十日陆续送至保定送训,于五月二十四、五两日编成步队第五、第六两营及工程队第三队进行训练。而挑选的章程与编成新军的营制部分皆与北洋常备军章程相同,故不再复述。②

(3)成镇

第二期编练于光绪三十年(1904)五月二十四日和二十五日编练步队两营与工程队一队以后,编练完成,其规模约等于常备军一协的编制,即步队六营(已达步队二协)、过山炮队一营、陆路炮队一营、马队二营、工程三队③,但此规模,既不足一镇编制也没有达到平衡北洋军力的要求。为此,袁世凯、铁良等人再次于光绪三十一年(1905)四月三十日请求扩编为镇。

为了满足第二期所需旗籍兵丁,尚需编练陆路炮队一营、马队一营、工程队一队、辎重队一营;原已编练陆路炮队尚需增添目兵二三十人左右,过山炮队同,以符合光绪三十年(1904)八月新修订的

---

① 中国第一历史档案馆:《袁世凯、铁良奏为遵旨训练旗兵拟再添营成协请饬部筹拨饷项事》,光绪二十九年十二月二十七日,文献编号:03-6167-127。
② 台北故宫博物院:《袁世凯奏为添练旗兵先后成营日期办理情形具陈》,光绪三十年六月十七日,文献编号:161442。
③ 中国第一历史档案馆:《袁世凯、铁良奏为遵旨训练旗兵拟再添营成协请饬部筹拨饷项事》,光绪二十九年十二月二十七日,文献编号:03-6167-127。

常备军制①，练兵处令京旗以外，包括直隶各处、热河、密云、山海关、德州、青州、京口、江宁、杭州、荆州等处驻防之内，按格挑选年轻体壮、识字兵丁，每处数十人或百余人，分带来营，编伍训练，并希望将来各兵教练有成，可各自遣回各处，更番轮选，而回防各兵，自可转相教授操规一切，以达到挽救各驻防军事的目的②。受限于史料的缺乏，目前可看到的仅有青州、德州驻防一百八十八名兵丁③、江宁驻防二百名，京口驻防一百名④的挑选报告，但已可推知其余驻防所送人数亦不会太多。而在此命令以前，袁世凯对于直隶各驻防亦已经选调驻防兵丁附入常备军营中训练，计有保定旗兵一百四十八名，沧州旗兵六十五名，密云旗兵一百六十名，山海关旗兵二百名，热河旗兵一百名[1]1018。

从三期编练情况来看，尽管在第三期编练中，京旗常备军兵丁来源虽夹杂驻防兵丁，但其仍以京旗兵丁为主要来源，而京旗常备军自光绪三十一年（1905）四月申请编组成镇后（实际上兵丁数满额，需迟至各驻防将兵丁送至保定以后），不久以"此军为京师劲旅，开练最早，编列号数宜居各镇之先"⑤改番号为陆军第一镇，并于次年十月，为夺袁世凯兵权，将陆军第一、第三、第五、第六镇归陆军部统辖，而第二、第四两镇则仍暂由袁世凯调遣训练。陆军第一、第三、第五、第六四镇合称为近畿四镇，由正白旗蒙古副都统凤山专司近畿各镇训练事宜⑥，并设立近畿督练公所以督促各镇训练⑦。

---

① 《清续文献通考》卷204，《兵考三》，第9517—9524页。
② 中国第一历史档案馆：《练兵处奏为征调各旗营旗兵等事》，光绪三十一年四月三十日，文献编号：03-6001-058。
③ 中国第一历史档案馆：《杨士骧奏为京旗陆军添协成镇需兵于青州德州两营挑定所需经费由藩库支拨作正开销事》，光绪三十二年闰四月十七日，文献编号：03-6053-119。
④ 中国第一历史档案馆：《光绪朝朱批奏折》第35辑《军务·营制》，《永隆奏挑选各处驻防旗兵来营编练片》，光绪三十一年九月十四日，第304—305页。
⑤ 刘凤翰：《清末新军沿革》，第175页。
⑥ 《清德宗实录》卷568，光绪三十二年十二月壬申。
⑦ 《清德宗实录》卷574，光绪三十三年五月下戊午。

第一编　满族史与八旗

二　陆军第一镇军中将弁组成与分析

在筹建陆军第一镇之初，"训练旗兵开办章程"中即已载明"管带、队、排等官，均须拨用操法娴熟、兵学明通者充当"，而不再拘泥于过往的"在旗资格"。因此在陆军第一镇开办之初，将弁皆从北洋常备军中或直隶将弁学堂中调用。特别是陆军第一镇编营之初，于保定附入北洋常备军队中一起练习，队中一切稽察事件皆借调直隶人员协助办理①。以下即根据铁良上呈保举名单与后来宿卫营的将弁名单，将筹建与任职（或曾经任职）于陆军第一镇的将弁情况与影响论述如下②：

（一）陆军第一镇将弁组成情况

京旗常备军编营之初，在保定附入北洋常备军队中一起练习，队中一切稽察事件皆借调直隶人员协助办理。以下即根据铁良上呈保举名单，将开办京旗常备军的主要将弁情况论述如下。

1. 开办人员

开办人员有王士珍、王英楷、吴凤岭、段祺瑞、雷震春、吴筱孙等六名。值得注意的是，这六名协助开办京旗常备军人员，皆系参与武卫右军训练的将弁，且除了吴筱孙（教育背景不详）外，其余均毕业自天津武备学堂。而旗籍官员内鲜少懂得新的军事知识，且袁世凯止开始创练常备军，清政府不得已将八旗新军的创练任务委托给袁世凯，正如铁良在折内所言：规模"在京旗陆军开办之初，未定，营伍未成，各项人员亦多缺乏。其时挑选兵丁带至保定，均附入直隶常备步队第一、第二两协，至马炮队先行练习，迨至编列营队，所有将弁除调用之北洋将领外，逾多由直隶将弁学堂造就毕业，即稽查一切

---

① 中国第一历史档案馆：《铁良奏为前常备军步队第一协统领王士珍等襄助开办京旗陆军功劳尤着请交部从优议叙事》，光绪三十三年无月日，文献编号：03-6041-049。
② 同上。

事件，亦借直隶人员随时襄助"①。因此，京旗常备军虽由铁良挂名训练，实则为武卫右军将弁从中管理、训练，因此京旗常备军虽以八旗兵丁组成，但却成为受袁世凯影响的一支新军。

2. 出力人员②

在铁良保举创办京旗陆军出力人员名单中共有 37 名，分别是何宗莲、曹锟、李纯、周符麟、杨绍寅、李奎元、于有富、孟效曾、徐源桂、张荣科、郝义、董式梃、札拉芬、萧良臣、宫长淮、钟恩、伊清阿、桂华、春庆、志泉、朱泮藻、王廷桢、徐献廷、刘锡钧、李飞鹏、李誉俊、张凤鸣、李朝栋、李蔚、刘锡龄、李泽霖、刘汉岐、曲春和、褚其祥、朱朝滨、陈兆禄、阎永珍。其中，曾参与武卫右军创练的将弁有 9 名，分别为何宗莲、曹锟、李纯、于有富、孟效曾、朱泮藻、刘锡钧、李泽霖、褚其祥，大部分在第一镇中任标一级以上的将弁，是第一镇将弁的管理层。特别是何宗莲于光绪三十三年（1907）署陆军第一镇统制官兼甘肃河川镇总兵直至民初[3]99，辛亥革命时期通电赞成共和③。说明即便本镇兵丁以旗籍兵源为主，控制权却始终牢牢控制在北洋系的手中。

唯一生平履历可考的旗籍将弁为札拉芬，他是陕督升允次子，汉名罗寿恒，号延龄，北洋武备学堂毕业后，东渡日本学习④。任陆军第一镇何职不详，后调任禁卫军第三标标统⑤。

---

① 中国第一历史档案馆：《铁良奏为前常备军步队第一协统领王士珍等襄助开办京旗陆军功劳尤着请交部从优议叙事》，光绪三十三年无月日，文献编号：03 - 6041 - 049。

② 以下名单据中国第一历史档案馆：《铁良奏为遵旨择优酌保旗陆军尤为出力人员事》，光绪三十三年七月二十八日，文献编号：03 - 5978 - 107。

③ 《临时政府公报》第 8 号，民国元年 2 月 5 日。

④ 罗文治口述、罗吉元整理：《走过记忆履痕——一个黄埔老兵的风雨人生》（内版），此文为升允之孙所口述，后出版于网上，引起学界诸位先生的重视，故此处引之。本文未正式出版，只刊载于凤凰博客之中，网址：http://blog.ifeng.com/article/9985472.html；《申报》，《派往日本观察操人员》，宣统二年八月二十四日（1910 年 9 月 27 日），第一万三千五百二十号。

⑤ 载涛：《禁卫军的建立与改编》，第 131 页。

3. 散见的其他人员

除了铁良保举名单外，在其他文献中记载曾任职于陆军第一镇的人员还有凤山、迟云鹏、方振麟、那晋等4名。凤山是汉军镶白旗人，姓刘，字禹门，光绪十一年（1885）以翻译举人出身。光绪二十四年（1898）任骁骑营翼长；二十五年（1899）任神机营翼长；二十七年（1901）任京城善后协巡局提调、巡捕局东安分局总办、常备军执法营务处总办、陆军兵备处总办等职；三十一年（1905）任正白旗蒙古副都统；三十二年（1906）任陆军第一镇统制（第一任）、专司近畿各镇训练事宜①与西安将军（实际上未去就任，仍继续负责近畿各镇事务②）；光绪三十三年（1907）丁未政潮中，与袁世凯矛盾进一步激化，袁世凯上奏请预备立宪折中，曾建议"修武备，任胡惟德、陆征祥等，而勿用凤山"③，此外，袁世凯为对抗铁良，又于折中弹劾凤山："初非学堂出身，又未一经战事，才非出众，识非过人，无威望之可言，无功绩之足数，即论其军营阅历，亦甚浅显。似此非但武备绝无起色，且恐愈趋愈下，久将杌陧不安。"意图将凤山调出，但此举因最后在政争中铁胜袁败，而未成效。铁良为拉拢凤山，亦于同年上奏保举凤山，称其"前随奴才挑选京旗兵丁带赴保定训练，由成营以至成镇，历充各项要差，均能悉心经理"④，得赏头品顶戴⑤。宣统元年（1909）与冯国璋、铁良一并赴日考察军事，宣统二年（1910），因铁良与良弼政争失败，亦被波及，被任为荆州将军，脱离近畿陆军等管理事务；宣统三年（1911）改任广州将军，后革命事起，被刺杀于

---

① 《清德宗实录》卷568，光绪三十二年十二月壬申。
② 中国第一历史档案馆：《奕劻奏准令西安将军凤山暂缓赴任派充专司训练近畿陆军各镇并副都统王英楷派充帮办训练事》，光绪三十三年十月二十五日，文献编号：03－5981－065。
③ 《清德宗实录》卷575，光绪三十三年六月戊寅。
④ 中国第一历史档案馆：《铁良奏为新授正白旗蒙古副都统凤山历充各项要差悉心经理应否给奖请旨事》，光绪三十三年无月日，文献编号：03－6004－105。
⑤ 《清德宗景实录》卷576，光绪三十三年七月戊午。

任上。①

迟云鹏（？—？），山东蓬莱县人，京旗常备军初创时，任职于京旗陆军军械局，光绪三十一年（1904）因滥用官印等情事，遭袁世凯奏请革职②。

方振麟（？—？），正白旗汉军人，京旗常备军初创时，于京旗中随营差遣，光绪三十年（1904）袁世凯仍请将其留营差遣③。后去职时间不详。

那晋（？—？），叶赫那拉氏，那桐胞弟，京旗常备军初创立时，为袁世凯奏请入京旗常备军营务处襄理营务④，曾参与第二期挑练京旗兵丁时，情形如下："光绪二十九年十月二十八日下午四点至神机营点京旗兵331名，明早运到保定；十月二十九日，下午四点又在营中点旗兵306名，明日运保；十月三十日，申刻至神机营点兵109名，明日运保。"光绪三十年（1904）十月，补鸿胪寺少卿，遂离任⑤。

这四人参与京旗常备军初期的创练与管理，但在最后因各种原因离开本镇，失去其影响力，惟列入于此备考，作为京旗常备军初创时期的补充。

（二）陆军第一镇将弁分析

从以上将弁情况可发现，大部分将弁，特别是较高层将弁的出

---

① 以上未载明出处者，皆参考台北故宫博物院所编：《清代档案人名权威资料查询》，网址：http: //npmhost. npm. gov. tw/ttscgi/ttsweb? @ 17；1707130131：6：BLBC42BFFCBAF8 @ @ 833447817。

② 中国第一历史档案馆：《袁世凯奏为特参尽先都司委办京旗陆军军械局迟云鹏以官印盖于功牌请即行革职等事》，光绪三十一年十二月十四日，文献编号：03-7420-034。

③ 台北故宫博物院档案：《袁世凯奏请准将方振麟仍留京旗随营差遣》，光绪三十年九月一日，文献编号：163178。

④ 中国第一历史档案馆：《袁世凯奏为候补五品京堂那晋才识明通请发往京旗常备军襄理营务事》，光绪二十九年九月十一日，文献编号：03-6038-032；《清德宗景皇帝实录》卷521，光绪二十九年九月辛卯。

⑤ 以上见那晋：《那晋手写日记》，北京大学图书馆古籍部特藏。

第一编 满族史与八旗

身,皆来自于中国近代第一个军事学堂——天津武备学堂。而李鸿章在光绪十一年(1885)创办此学堂时,清廷虽仍照数拨款,但朱批中却表示"军事仍以个人武艺技艺为重,勿本末倒置"之语①,表达了对开办军事学堂效用的不信任。此语放之于后世,固然滑稽,却是当时多数主管朝政之重臣之主张,即素有知兵之名的荣禄,在此时期训练神机营时,仍以多训练"藤甲兵"的方式以对抗西方火器。也正是在这样的思想指导下,政府并未多派旗籍学生进入武备学堂学习(目前仅见有156名八旗学生由荫昌带领进入武备学堂学习②),因而创立武备学堂的二十年后,北洋新军出现在历史舞台之际,多由这些北洋武备学堂毕业的学生掌握了近代中国军事、政治的发展与走向,而旗籍几无将才,以致陈夔龙评之"八旗气数已尽"[4]257,实乃人才缺失之弊。

而大半的北洋武备学堂学生,在袁世凯小站练兵时被袁收入军中培养,形成以袁世凯为核心的庞大军事集团,而编练编组京旗常备军的主要将弁又以武卫右军将弁为主,与袁关系更为密切。因此,尽管京旗常备军的兵丁主要来源为旗籍兵丁,对于清廷而言,仍不能彻底放心,且其时,袁世凯编练新军已达六镇,实力令清廷疑惧。光绪三十二年(1906)九月二十日,改兵部为陆军部,以练兵处、太仆寺并入,并于十月五日宣布以陆军第一、第三、第五、第六镇归陆军部专辖,并成立近畿督练公所,负责此四镇的督练工作;第二、第四镇暂由直隶总督袁世凯调遣训练,并准开去各项兼差,以专责成而符新制,夺取袁世凯对军队的直接指挥权。

然而,即便是夺走袁世凯对陆军第一镇等的直接指挥权,也不能妨碍袁对第一镇的间接控制,因"京旗练兵始终由袁世凯主持,其奏

---

① 中国第一历史档案馆:《光绪朝朱批奏折》第五十二辑,《军务·训练》,《李鸿章奏为天津仿照西法创设武备学堂拟由海防经费内核实开支并俟办有成效援案请奖折》,第360—362页。

② 中国第一历史档案馆:《奏为推委候补道荫昌管带八旗精壮幼丁入天津武备学堂学习请旨事》,光绪二十一年无月日,档号:03-5996-050。

请添派铁良为翼长，盖以示好于京旗，并借以联络铁良也。此军既派袁训练，其一切军规营制，又仿照北洋常备军奏定章程，自与北洋各镇一样，不过区别其名曰京旗而已。有以此军不属北洋系统者，殆未深考"[5]42—43。

陆军第一镇在移驻至京北仰山洼后，组成宿卫营以协防紫禁城与西苑等处，其将弁情况略有调动，但高层军官变异不大。因此陆军第一镇虽然以旗籍兵丁为主要兵源，但将弁多为北洋系，使得政府对第一镇的指挥权仍存有疑虑。故此，除光绪三十二年（1906）宣布陆军第一、三、五、六等四镇由部直辖外，更逐年加增旗籍将弁之比重，对抗汉籍将弁。

在宣统三年（1911）由荫昌褒奖参与宿卫宫禁的陆军第一镇步队四标十二营奖励名单①中，褒奖将弁共 87 名，而明确的旗籍人员数量则达到了 47 名，比例超过了一半。刻意安插这么多旗籍将弁的原因当有以下两点：一、的基本原"以满人为将"则。清廷刻意培养出具有新式军事背景的旗籍将官，统领新军，确保政府对军队的掌控力；二、陆军第一镇的步队四标十二营，自光绪三十三年（1907）移驻北苑以后，组成宿卫营负责宿卫宫禁与颐和园外围，对皇室之安全负有直接责任，故而尽量安插旗籍将官，保证军队忠诚度。然而标一级以上将弁仍多为北洋系将弁，因此对于载沣一系而言，陆军第一镇仍不被视为可被信任之军队，必须另组新军以供驱策。

值得注意的是，由于陆军部统辖全国陆军事务，包括新、旧军事务，无形中也区分出管理新、旧军事务的主管单位。以本文研究的陆军第一镇而言，陆军第一镇虽然以京旗兵丁为主要兵源，但由于其以新军规制创练，因此在陆军部内管理其事务的机构主要为陆军部军制司下的步、马、炮、工、辎重各科管理；但是原有的八旗事务则主要归军衡司下的旗务科管理②。这使得旗人被区分为参加新军的旗人与

---

① 此名单根据中国第一历史档案馆：《荫昌奏为遵保宿卫营尤为出力各员事》，宣统三年闰六月二十四日，档号：03 - 7487 - 093。

② 《陆军部奏稿》，《陆军各厅司处应办事宜》。

未参加新军的旗人，使得旗人的身份开始出现了变化[6]。

三 结论

陆军第一镇及后来的禁卫军，是清政府在新军筹建阶段，尝试以旗籍兵源组建的军队。新军建立以后，在1905—1911年之间，共拟订了四次新军会操计划①，其中1905年的河间会操与1906年的彰德会操顺利举行，以及属于镇与镇之间对抗的小型秋操（即1907年的涿州秋操）中，陆军第一镇的表现与战力都达到了组建时的要求②[1]1388—1389，成为最后的"旗军"。

进入民国后，对于民国政府来说，如何审慎处理具有旗籍色彩的两支新军（陆军第一镇与禁卫军），不致出现"叛乱"的可能，先后对于两军进行不同程度的改组，削弱原本带有的"旗籍"色彩。

陆军第一镇自成军以后，虽有零星兵丁退伍之记录，但事实上，大部分之兵丁仍未仿照严格的退役制度进行退役，甚至在辛亥革命爆发前夕，陆军部大臣荫昌在奏折内请求发文热河都统，查询热河围场放垦情形以作为陆军第一镇兵丁退伍养赡之所，专门提及陆军第一镇兵丁大率仍为光绪二十八年（1902）开练京旗常备军的旗兵，应该令其尽快退伍③，但因辛亥革命爆发，此项计划被迫中断。因此，陆军第一镇在民元时仍应以旗籍兵源为主体。

---

① 分别为1905年的河间会操、1906年的彰德会操、1908年的太湖会操与1911年的永平会操。

② 杨幕璿：《乙巳河间观操记》，北京大学图书馆古籍部特藏。作者杨幕璿在参加河间会操时，时任总办江苏陆军教练处二品顶戴前江苏候补道，奉江苏巡抚部院札令派赴北洋参观秋季大操。黄桂森、马志勋、顾乃斌、萧星垣、韩绍基、吴茂林编：《北洋秋季大操日记》，北京大学图书馆古籍部特藏。该书为河间会操的记录，详细载明河间秋操的两军战略、战状及兵力配置情况。以下如有未特别载明出处者，皆见本书。近畿陆军编练公所编印：《光绪三十三年近畿陆军秋操纪略》，光绪三十三年版，北京大学图书馆古籍部藏。

③ 中国第一历史档案馆：《荫昌奏为陆军第一镇兵丁亟待退伍请饬查围场放垦情形以资安插事》，宣统三年八月初一日，档号：03-7528-089；《宣统政纪》卷60，宣统三年八月上辛亥。

根据《陆军统计简明报告书》载明，民国二年（1913）六七月间，步兵第一、二、四团，骑兵第二、三营分别遣散，于十月在各省挑募乡民以补充兵源，同时在宣化招募土著编练补充旅，共步兵六营、骑兵一营，后将此步兵六营改为第一旅，骑兵一营改为骑兵第二营；多伦镇守使在多伦代募步兵一团、骑兵一营，后归为步兵第四团与骑兵第三营；民国三年（1914）十月，驻守在归化及张垣等处的步兵第三团划归川省，所遗缺额于民国五年（1916）七月由京畿执法处卫队两营及前奉天将军所部卫队一营组为步兵第三团。经过以上改编后，老兵已基本遣散更替完毕，而骑、炮、工、辎各营之兵当中有年岁较大者也于民国二、三年（1913、1914）间分别剔退该由各省新募补充①。

从以上兵源补充情况来看，所募新兵已大半为汉籍兵源，至此，陆军第一镇原具有的旗籍色彩荡然无存。而八旗军制的变迁恰恰也是近代军事变革冲击中国古代世兵制的一个缩影。

[参考文献]

[1] 天津市社会科学院历史研究所．袁世凯奏议[M]．天津：天津古籍出版社，1987．

[2] 来新夏．北洋军阀：一[M]．上海：上海人民出版社，1988．

[3] 中国社会科学院近代史研究所中华民国史组．清末编练新军沿革[M]．北京：中华书局，1978．

[4] 陈夔龙．梦蕉亭杂记[M]．北京：中华书局，2007．

[5] 杜春和．张国淦文集[M]．北京：北京燕京出版社，2000．

[6] 黄圆晴．晚清军制变革与旗人身份变化[J]．军事历史研究，2014（4）：98-108．

[原载于《吉林师范大学学报》（人文社会科学版）2016年第6期]

---

① 《陆军统计简明报告书》卷2，《近畿陆军第一师》，民国五年，北京大学图书馆古籍部特藏。

第二编　满族文化与萨满教

清代满族宗教信仰之嬗递

范立君 肖光辉[*]

满族先世主要信奉萨满教，随着社会的发展，满族的封建化，其宗教信仰也开始发生变化。先是受到佛教（喇嘛教）的冲击，后受到道教等其他宗教的影响，辛亥革命后，满族宗教信仰已趋于多元化。但是，"直到中华人民共和国成立，尽管我国东北地区的黑龙江省、吉林省一些偏远地区的满族群众仍然或多或少地信奉萨满教，但从满族整体上来看萨满教信仰已经成为没落趋势"[1]。辛亥革命前，是满族宗教信仰发生变化的重要时期，在以往研究中，学者们多集中在萨满教本身，对满族宗教信仰的变迁及其原因探讨不够，本文拟对此进行论述，以补充、深化此问题的研究。

一 满族早期宗教信仰

满族先世大多信仰萨满教。萨满教是一种古老的多神崇拜的原始宗教，形成于原始社会后期。满族先民们逐水草而居，过着渔猎生活，当时生产力不发达，人们对许多现象无法做出合理解释，"在具有无限威力的自然面前，人类显得十分渺小，人类只有依赖自然、膜拜自然，才能获得生存的空间和权利。这种神化自然力，将自然视作

---

[*] 范立君（1970— ），男，吉林大安人，吉林师范大学历史文化学院教授，历史学博士，博士生导师，研究方向：中国东北史、满族史；肖光辉（1985— ），男，河南许昌人，吉林师范大学历史文化学院硕士研究生，研究方向：近现代东北史。

具有超凡神力的神秘力量，就是原始萨满教产生的最根本的根源"[2]。"萨满"一词最早出现于南宋徐梦莘的《三朝北盟汇编》："珊蛮者，女真语巫妪也。以其变通如神，粘罕以下皆莫能及也"[3]。"珊蛮"即萨满。萨满的主要职能是祭天、祭神，野祭和家祭。萨满教没有成文、系统的经典教义，也没有统一的宗教组织。万物有灵的信仰是满族萨满教信仰的核心。满族萨满教大致经历了自然崇拜、图腾崇拜和祖先崇拜的演变。

满族及其祖先皆有信仰萨满教的传统，在努尔哈赤未统一女真各部之前，两千多年前的肃慎以及战国时期的挹娄、北朝以后的勿吉、隋唐时期的靺鞨和五代时期的女真，他们最主要的宗教信仰都是萨满教。萨满教对女真族统一以及清朝政权的建立起到了重要作用。然而随着满族建立后金（清）政权以及满族的封建化，其宗教信仰逐渐发生了变化。

二 满族宗教信仰的变迁

萨满教是满族的传统宗教，清建立政权特别是入关后，由于统治者的提倡以及满汉杂处等原因，佛教受到满人崇奉，萨满教地位下降，而道教、"汉地巫术"及基督教先后也为满族人所接受，满族宗教信仰越来越多元化。

（一）萨满教地位受到冲击，萨满教与佛教信仰并存

努尔哈赤统一女真各部落后，明显感到"以力服人，只能维系一时。以德服人，方可天下久安"[2]116。同时也认识到萨满教不可能成为驾驭统治其他民族的有力武器，于是在1615年于兴京东城"城东阜上建佛寺、玉皇庙、十王殿，共七大庙，三年乃成"[4]。这是官方最早建的佛道教寺庙。由此可见，满族宗教观念已发生变化，同时也反映出努尔哈赤的远见卓识，他意识到要团结满族各部需要萨满教，但要打败明朝，统治全国，单靠萨满教是不够的，需要汉族及其他民

族的宗教。实际上，满族先民很早就接触到了佛教（主要是汉地佛教）。渤海国（698—926）时期，在与唐朝汉族的接触中，满族先人即已接受了佛教文化，但此时佛教并不是很流行。努尔哈赤时，为加强满蒙、满藏关系，抗击明朝，对藏传佛教（喇嘛教）显示出浓厚的兴趣，给予囊苏喇嘛到后金"尊礼师尊，备常供给"的优厚待遇。而据朝鲜使臣记载，努尔哈赤也有信奉喇嘛教的迹象，"奴酋常坐，手持念珠而数。将胡颈系一条巾，巾末悬念珠而数之"[5]。皇太极继承了努尔哈赤的宗教政策，开始规范和限制萨满教，尊崇汉传佛教，甚至在自己的寝宫——清宁宫供奉佛像。

入关后，清朝统治者为了统治全国，加强对人民的控制，大力提倡和推崇佛教。顺治帝笃信佛教，册封达赖，他是清朝历史上唯一公开皈依禅门的皇帝，允许满族人出家当僧人，"无论男女，皆可随意"[6]。乾隆时，北京、奉天、热河等地修建喇嘛寺，并组织翻译出版佛经。如对满文《大藏经》的译刻，历时18年才完成。这些充分说明，乾隆年间佛教尤其是喇嘛教对满族上层产生很大影响，萨满教已有衰落的迹象，满族宗教信仰发生了明显变化。

不仅在统治阶层中，在满族民间，佛教同样有很大影响。宁古塔满人从"不知有佛，诵经则群伺而听，始而笑之"，到顺治年间转变为"近则渐习而合掌以拱力矣"[7]。甚至在一些满族家谱中，也可以看到对佛和菩萨的祭祀。《正白旗满洲关氏家谱》载："先将黄幔子挂祖架上，再解开老爷像悬供于黄幔子右边，复解开菩萨像悬供于黄幔子右边"[8]。《啸亭杂录》亦有记载："舒穆禄氏供昊天上帝、如来、菩萨诸像"[9]。由此可见，萨满教受到了佛教的强烈冲击，佛教在满族上层乃至民间都占有很高的地位。需要指出的是，"在佛教与满族萨满教的两种宗教的抗争中，佛教并没有战胜萨满教，而是使得萨满教中融进了一些佛教成分，使二者有机地结合在一起"[10]，萨满教在满族宗教信仰中仍占主导地位。

（二）满族宗教信仰趋于多元化

随着满族与其他民族（主要是汉族）交往的密切，联系的加强，

第二编 满族文化与萨满教

满族的宗教信仰日趋多元化、复杂化。清代以前，满族先民即有信奉佛教、道教的。如金代，女真人开始并不信奉佛道教，后来从汉人那里接受了这两种宗教，"但其势力和影响远不及于萨满教"[11]。《吉林外纪》载：吉林将军辖区有多处道教庙观，其中吉林城约21座，宁古塔城约19座，伯都讷城约12座，三姓城中约11座，阿勒楚喀9座，乌拉城6座，拉林城4座，双城堡3座[12]。这些只是吉林将军辖区的统计，可以预见在满族聚居地中还有更多的道教庙观。关羽崇拜在当时也很盛行，"本朝未入关之先，以翻译《三国演义》为兵略，故其崇拜关羽。其后有托为关神显灵为驾之说，屡加封号，庙祀遂遍天下"[13]。入关后，满族大部迁居京畿地区，满汉接触更加频繁，汉族一些宗教信仰逐渐被满族人接受，如"达呼尔富林，齐齐哈尔人，以马甲贴写幕府，喜与蒙馆老先生游，久之渐知书理，习卜易，祀先亦设神主，部俗尽改，同类目为怪物，不恤也。尝言跳神一事，不见经传，既知其非，而因循不改，用夏变夷之谓何"[14]。《奉天通志》亦载："又南檐下偏西，供长木匣，内藏关帝及观音像，皆绢画者……先请关帝像悬之，前设几，陈酒三杯，列长方木炉，撒达子香烧之……自立神板乃祭，三日为节，第一日早晨起，先祭关帝，如常祭……"[15]。满族宫廷和民间都有对灶神的崇拜，如乾隆帝就曾有每年坤宁宫祭灶[16]的规定。满族还有烧香送灶神的习俗，"好事多说，不好事少说"[17]。此类例子，不胜枚举。这些都说明萨满教也受到了道教的冲击，影响虽不及佛教，但对满族宗教信仰产生了明显影响。

满族民间信仰受到汉族信仰的影响也很大。民间信仰与宗教信仰虽不是同一个概念，但两者会相互影响。如满族信仰财神，"财神似乎不止一位，有红袍纱帽着明代装束的，有翎顶袍褂着清代装束的，还有一种财神则类似于狐仙"[18]。各行各业都寻找自己的守护神，《黑龙江外记》载：齐齐哈尔城隍庙中，"城隍座东为瘟神，主救民疫疠；西为秦叔宝像。小说谓叔宝尝为快手，故番子祀之，有祖师秦二爷之称"[14]23。满族民间还信奉白衣观音、长白山神、兔儿爷、茅姑姑等汉族神明和一些其他蒙、藏民族神明的习俗[18]95—97。清朝中后期，随着满汉杂居,满族人与汉族人的宗教信仰相互融合,日趋一致。

国外宗教也有一定影响。如基督教,在中国原称为景教。清政府对基督教的政策,历经顺治的默许,康熙的认知和宽容,雍正的禁教排斥与乾隆的宽严相济。顺治年间,满族佟佳氏中的佟国器、佟国维、佟国纲均信奉天主教。佟国纲是孝庄皇后之弟,康熙舅父。康熙末年,和硕简亲王德沛受洗成为天主教徒,名"若瑟",他的福晋也一同受洗,圣名"玛利亚"[19]。此外,苏努家族是清朝世代信奉天主教之家,苏努是努尔哈赤长子诸英四世孙,苏努诸子多信奉天主教[20],虽经雍乾嘉三朝,屡遭打击而信奉天主教忠贞不渝。嘉庆年间还有旗员佟恒善、佟澜等人虔诚奉教[19]185。但中国封建社会尊儒重道思想根深蒂固,且西方列强多利用洋教来为其侵略服务,因此,清廷禁止满人入教,老百姓普遍排外,国外宗教在满族中影响有限。

宗教信仰的变迁是一个复杂的过程,后金建立后,满族宗教信仰开始发生变化,统治者从维护统治出发而推崇其他宗教。入关后,以乾隆《钦定满洲祭神祭天典礼》为标志,用官方律令整合萨满教,同时承认佛、道地位,佛道教进入统治者及民间社会的信仰中。到清后期,萨满教已成衰落之势,辛亥革命后,萨满教失去了清统治者的保护,地位一落千丈,满族宗教信仰呈现多元化的态势。

三 满族宗教信仰变迁之原因

满族从崇奉萨满教到信仰多元化,是多种因素共同作用的结果,究其原因主要有以下几方面。

首先,社会生产力的发展,生产方式的变革是满族宗教信仰变化的根本原因。宗教信仰属于社会意识形态,是人们主观意识对客观存在的反应。生产力的发展,推动了生产方式的变革,而社会意识形态发生变化的根本原因是生产方式的变革,因此,可以说满族宗教信仰变化的根本原因是满族社会生产力的发展,生产方式的变革。

满族先民在原始社会生产力极其低下的情况下,对自然界的某些

第二编 满族文化与萨满教

现象无法做出合理解释,因此对一些事物产生了崇拜心理。满族上山围猎,采食果子,吃熟食,因而产生了对山神、树神、火神的崇拜。随着生产力的发展,社会的进步,人们对自然界有了一些了解,对自然具备了一定的征服能力,这时候那些对本氏族有特殊贡献的人,生前及死后受到尊敬和崇拜,满族萨满教逐渐过渡到祖先崇拜阶段。后金建立后,满族封建化程度不断加深,封建生产方式的转变,原来的宗教信仰不能适应统治者及满族民众的精神需要,满族宗教信仰开始发生变化,满族开始寻求更加利于统治和人民需要的宗教。随着满汉经济的不断融合,两个民族的宗教信仰互相影响,使满族宗教信仰趋于多元化。如"满族祭的祖宗神板,竟然也包括了关帝、观音,可以说也已弄得面目全非了"[21]。到清中后期,满族本族宗教显现没落之势,而其他佛道教在满族民众中有了较大发展。随着辛亥革命的成功,封建王朝被推翻,社会发生巨变,社会生产方式进一步发生变化,满族宗教信仰更加多元化。

其次,萨满教原始宗教的性质,使其无法抵御外来宗教的渗入。萨满教万物有灵观念蕴含着多神崇拜。这种诞生于原始社会的宗教,没有系统的教义和组织,也没有统一的崇拜对象,对于外来宗教缺乏抵抗力。满族吸收了汉族民间信仰的神祇,而对他们来说,只不过是增加了几尊崇拜偶像而已。在满族逐渐封建化后,萨满教在接触到先进的文明和更加成熟的宗教时,缺乏与之抗争的能力,而且"萨满的势力始终无法形成一种稳定的为封建主义政治及以后的各种政治所需要的力量"[22]。在满族统治者联蒙抗明时,萨满教没有这种能力,因而不得不转而利用其他宗教来笼络人心,共同抗击明朝。

再次,与清朝民族宗教政策有着密切关系。王锺翰先生曾说:"清朝满族所以能统治中国近300年,是因为满族统治者很懂中国民族宗教的多样性"[23],并采取了开明的宗教政策。进入辽沈地区后,努尔哈赤整合萨满教,引入土地、观音、关帝等神祇。正是这种开创之举,满族民心得以巩固,为争取汉人的支持奠定了基础,客观上也起到宣传其他宗教的作用,促进了满族宗教信仰的转变。同时,努尔哈赤为了联络满蒙,改善满藏关系又引进喇嘛教,以后的满族统治者也都继承了这一政策。乾隆皇帝毫不掩饰地说:"各部蒙古一心归之,兴黄教即所以安众蒙古。所系非小,故不可以不保护之"[24]。以后,由于满族提倡佛教尤其是喇嘛教,萨满教在宫中失势,失去了政治保护,慢慢衰退。清朝建立后,满族统治者同样做了一个精明之举,兴儒道教来怀柔汉族,儒道教吸收了汉族文化之精华,起到了安天下心的作用。

最后,与其他民族对满族宗教信仰的冲击有关。萨满教属原始宗教,它适应了封闭、原始的生活方式。但随着满汉杂居,汉族的佛教、道教,儒家思想更有吸引力,冲击着满族的宗教信仰,满族人逐渐接受了佛道等宗教。如,佛教的普度众生,教人不杀生,多行善的思想,对于尚武的骑射民族来说,很有冲击力,满族人也希望和平,不希望战争。道教的忠孝节义,仁爱诚信也是满族进入封建社会所追求的,迎合了满族民众的精神需求。而后来的基督教更是通过西方传教者进入满族人的视野。如德国传教士汤若望,深得顺治帝的尊重和重视,"以秋报礼祀上帝坛"[25],天主教在满族中逐渐传播开来。

综观清代满族宗教信仰的演变,从单一的萨满教到多元的宗教信仰,反映出各民族宗教信仰之间相互融合,相互影响的过程。值得一提的是,在今天满语已"无法保存"之时,而满族萨满教仍然传承着,这体现了满族原生态信仰文化的持久性。萨满文化是满族文化最显著的特征之一,是世界宝贵的文化财富,对研究满族宗教信仰及满族文化有着十分重要的意义。

[参考文献]

[1] 张佳生. 中国满族通论 [M]. 沈阳:辽宁民族出版社,2005:172.

[2] 郭淑云. 多为学术视野中的萨满文化 [M]. 长春:吉林大学出版社,2005:15.

[3] 徐梦莘. 三朝北盟汇编 [M]. 上海:上海古籍出版社,1987:21.

[4] 潘喆,等. 清入关前史料选辑(一)[M]. 北京:中国人民大学出版社,1984:332.

第二编 满族文化与萨满教

[5] 李民寏. 建州闻见录 [M]. 沈阳：辽宁大学历史系，1978：43.

[6] 中国第一历史档案馆. 清初内国史院满文档案译编（下）[M]. 北京：光明日报出版社，1989：169.

[7] 方拱乾. 绝域纪略 [M]. 哈尔滨：黑龙江人民出版社，1985：112.

[8] 郭淑云. 萨满文化研究（第2辑）[M]. 长春：吉林大学出版社，2009：92.

[9] 昭梿. 啸亭杂录 [M]. 北京：中华书局，1980：280.

[10] 赵志忠. 满学论稿 [M]. 沈阳：辽宁民族出版社，2004：330.

[11] 佟冬. 中国东北史（第2卷）[M]. 长春：吉林文史出版社，2006：829.

[12] 萨英额. 吉林外纪 [M]. 长春：吉林文史出版社，1986：85—93.

[13] 王嵩儒. 掌故零拾 [M]. 北平：彝宝斋印书局，1936：9—10.

[14] 西清. 黑龙江外记 [M]. 哈尔滨：黑龙江人民出版社，1984：75.

[15] 王树楠，吴廷燮、金毓黻. 奉天通志 [M]. 沈阳：沈阳古旧书店，1983：2267.

[16] 章乃炜. 清宫述闻 [M]. 北京：北京古籍出版社，1988：289—290.

[17] 陈见微. 东北民俗资料荟萃 [M]. 长春：吉林文史出版社，1992：310.

[18] 金启孮. 金启孮谈北京的满族 [M]. 北京：中华书局，2009：96.

[19] 方豪. 中国天主教史人物传 [M]. 北京：宗教文化出版社，2007：185.

[20] 伍韧. 萨满教的演变和没落 [J]. 社会科学战线，1981（3）：510.

[21] 乌丙安. 神秘的萨满世界：中国原始文化根基 [M]. 上海：上海三联书店，1989：239.

[22] 杨桂萍、游斌. 历史经验的借鉴：清代的民族宗教政策——访清史专家王锺翰先生 [J]. 宗教与民族，2002（1）：258.

[23]《西藏研究》编辑部. 卫藏通志 [M]. 拉萨：西藏人民出版社，1982：220.

[24] 吴伯娅. 康雍乾三帝与西学东渐 [M]. 北京：宗教文化出版社，2002：149.

[原载于《吉林师范大学学报》（人文社会科学版）2013年第5期]

论《尼山萨满传》中的清代
巫觋治病及其他

刘世珣[*]

一 前言

在古人的观念中，鬼神无所不在，与其相处的过程中，人类需要得到"术"或"法"的保护，无论使用"术"或"法"者是宗教职事人员抑或具有这方面知识的俗人。[1]这类人往往被冠上"术士""巫师""妖巫"等称号，他们提供了形形色色的服务，从治愈疾病、寻找失物，到算命看相与预言占卜。[2]而中国医学与巫觋文化之间，正有着相当密切的关系，在有关中国医学起源的论述中，即有许多学者认为医学系脱胎于巫术而来，最早的医者就是巫。① 对中国北方的草原民族社会来说，萨满正是扮演着这种医疗者的角色。

值得注意的是，即便在医疗水平颇高的今天，仍有不少萨满继续

---

* 刘世珣（1985— ），女，台湾人，台湾政治大学历史学系博士研究生，研究方向：清代医疗史，八旗文化，满族史。

① 详见陈邦贤《中国医学史》，商务印书馆1937年版，第6—11页；马伯英《中国医学文化史》，上海人民出版社1994年版，第138—215页；郑曼青、林品石编《中华医药学史》，台湾商务印书馆1982年版，第7—10页；严一萍《中国医学之起源考略》（上），《大陆杂志》1951年第2卷第8期，第20—22页。

第二编　满族文化与萨满教

替人治病，且宣称因此而治愈的病人亦为数不少。① 由此，引发本文的写作动机：千百年来，何以萨满信仰中的巫觋治疗能在北亚氏族社会广泛流传？其具体的医疗行为为何？时人为什么对于这种医疗方式的疗效深信不疑？若以医疗史的视角观之，巫觋治病凸显了哪些医者类型与医患关系的特点？

就社会文化层面来说，在萨满巫觋治病的过程中，参与者除了神祇、萨满与病人之外，尚包括病人家属与邻人。萨满信仰既是氏族的精神核心与集体信仰，医疗过程必有许多人一起参与，这些参与者、旁观者与神祇、萨满、病人之间的互动关系为何？在疗程中扮演何种角色？又，萨满在开始治疗时，往往会要求狗、公鸡、酱、纸钱等供品；治病时，萨满常穿戴神帽、铜镜、神衣、神裙、腰铃等神服，并使用神鼓、神刀、神鞭等法器。这些供品、神服与法器，究竟象征何种意义？

从政府控制的角度而言，尽管萨满治病在北亚传统社会中扮演相当重要的角色，且满洲人本身亦崇奉萨满信仰，清代宫廷中也有诸多萨满活动，但满洲统治者对其中某些活动却加以取缔。② 入关以来，清廷沿袭明代律例，制订"禁止师巫邪术"条例，取缔左道异端，不遗余力。当中，扶鸾祷圣、书符咒水等僧道巫觋固然被取缔，就连萨满的驱祟治病活动亦遭查禁。惟萨满治病既然有其医疗功能，且萨满活动亦盛行于清代宫廷之中，清廷为何要限制与取缔萨满的医疗行

---

① 举例而言，据满都尔图、夏之乾的调查，80 年代初，在新疆巩留县有一位很有声望的哈萨克族萨满斯拉木江，斯拉木江治愈许多人的疾病，这些痊愈的病患中，有巩留县医院的医生以及工作人员的家属。有趣的是每当斯拉木江治好了病人的病，便会要求家属写一份证明书以证明他并未骗人。据说这种证明书斯拉木江已累积了一大沓。详见满都尔图、夏之乾《哈萨克族萨满教调查》，收录于中国社会科学院民族所民族学研究室编《民族文化习俗及萨满教调查报告》，民族出版社 1993 年版，第 216 页。

② 关于清代宫廷萨满活动的讨论，详见刘厚生《清代宫廷萨满祭祀研究》，吉林文史出版社 1992 年版；EvelynRawski, *The Last Emperors*: *A Social History of Qing Imperial Institutions* (Berkeley: California University Press, 1998), 231 – 244; Nicola Di Cosmo, "Manchu Shamanic Ceremonies in the Qing Court," Joseph P. McDermott ed., *State and Court Ritual in China* (Cambridge: Cambridge UP, 1999), 352 – 398.

为？其背后所反映之清廷的宗教文化政策为何？

为了厘清上述问题，本文以《尼山萨满传》作为考察的起点。从跳神作法、过阴追魂、疾病构想与医患关系以及清廷对萨满巫觋治病的取缔等四个方面切入讨论。试图从中窥探萨满巫觋治病的过程、时人相信巫觋治病的原因、医者类型、医病关系、各种法器象征的意义、参与者彼此之间的互动情形，以及朝廷限制萨满治病的缘由。希冀透过这项研究，能对萨满治病以及清朝的宗教文化政策有更深入的理解与认识。

二　跳神作法

从《尼山萨满传》的陈述可知，在萨满正式开始治病之前，都会先有一段请神的过程。至于所请之神为何？则因萨满个人与病人病情而异。诵唱神歌则是萨满请神的重要方法与步骤，根据庄吉发的研究，萨满跳神探病，大致可分为以下三个步骤：第一步，萨满先将自己所领的神祇依次点名，逐一细加探询。每当点完神名时，鼓声转高而缓，如说中病源时，病人的双肩即自然抖动。萨满息鼓后，若病人忆及病源相合，萨满乃以中间人自居，向神明祝祷求情，允许病人于二三日内病愈后还愿。至于所许之愿，则视患者病情轻重而许杀马、牛、羊、猪、鸡等。若萨满于第一步骤所探之病源与病人不符时，乃进行第二步的探病手续，即探问病人家庙各神，逐一询问病人是否有过侵犯之处。如病人双肩不抖动或无任何表示，萨满乃作第三步的探病手续，探问病人是否扰及南山或北山的鬼怪，或吊死的冤魂，抑或狐仙、黄鼠精。若确定病人灵魂为鬼怪妖魔所摄，系属中魔后，萨满乃跳神收魂，以救治病人。[3]

在正式治疗之前，萨满再一次作法请神。《尼山萨满传》记载：尼山萨满穿戴了神衣、神裙、神铃、神帽，跳神作法，大声地念诵神灵的名字，请神附体，之后萨满就昏迷不醒。此时，神灵从萨满背后附身，萨满突然咬着牙，喋喋地指示要准备的东西，包括：一只和色

第二编 满族文化与萨满教

尔古代·费扬古同日生的狗，绑其脚；一只三岁大的公鸡，拴其头；一百块的老酱与一百把的纸钱。说完后，萨满就疲惫地昏倒了，灵魂出窍，牵着鸡、狗，肩挑着酱、纸钱，让众神追随在其周围，前往阴间找阎罗王去了。换言之，当神灵附身，萨满灵魂出窍时，萨满的躯体即进入一种昏迷状态，停止呼吸，其灵魂即将进入地府，过阴追魂治病。

在这次萨满作法请神的过程中，有三点值得注意：

首先，在治病疗程开始之前，萨满通常透过诵唱神歌，呼唤神灵的名字，吁请诸神降临。在歌舞一段时间之后，萨满的声调和动作便由慢而快，由缓而急，进而转入激烈的狂舞，并有诸多特异的表现（如：咬牙），这即表示已将神请下，附于萨满体内，萨满本身则已灵魂出窍。[4]

其次，由前述亦可知治病之前，萨满跟死者父亲要了与死者同日生的狗，以及公鸡、老酱与纸钱。其作用在于过阴追魂的过程中，需要有人帮萨满撑独木舟，渡河与过关口时则须打点，甚至与阎王打交道时，亦须馈赠礼物，而狗、公鸡、酱、纸钱等东西，即用作酬谢打点的费用。其中，与死者同日生的狗，更是具有替死鬼的功用，用以代替死者，以对阎王有所交代。①

再次，萨满跳神治病时所穿戴的神帽、神衣、神裙、腰铃等神服，以及所使用的神鼓等法器，都是巫术法力的象征。有了这些东西，即能赋予萨满奇异的神力，施展法术；如缺乏这些道具，萨满则无法施其神术。进一步来看，神服不仅是萨满的外部标志，神服上的图案、配饰亦有其独特的象征意义。其中，神裙代表云涛，腰铃代表风雷，神帽则代表日月星光。[3]153

同样地，法器不仅是祭神歌舞的主要道具，也是萨满驱邪护身的灵物。神鼓代表宇宙，其各种组件亦具有强烈符号性意义，如制鼓时所用的木都是由"神灵"选择，萨满又会赋予鼓生命，让被制成鼓

---

① 至于具体的打点对象与过程，详见第三小节"过阴追魂"部分。

的树、动物可述说自己的生命历程,彰显鼓的特殊性;而且,在萨满仪式中鼓是沟通天、地的重要法器。这些强烈符号性意义相互结合后,使萨满在用鼓时就可比拟、代表、暗喻自己纵横于世界中心,并攀爬世界树,乃至重构时间。[5]

三 过阴追魂

除了跳神作法之外,过阴追魂亦是萨满巫觋医病中相当重要的部分,理解过阴追魂当有助于萨满巫觋医病的认识。因此,以下便着重探究过阴追魂治病的过程。

在尼山萨满答应救治色尔古代·费扬古,并进入催眠状态之后,遂灵魂出窍,牵着鸡、狗,扛着酱、纸钱,让兽神在周围跑着,鸟神在旁飞着,一路朝阴间前进。萨满的灵魂进入地府之后,领着众神渡河过关,在阴间到处寻找死者的真魂,最后将死者真魂带回阳间,推入本体内,使病人复活痊愈。惟萨满巫觋治病亦有其限制,其一,只有在冥府能找到之寿限未到者,始能倚靠萨满的法术,附体还魂,显示过阴追魂治病不同于借尸还魂的传说。其二,仅有躯体完整,且尚未腐烂者,萨满方肯医治。另外,在治疗过程中,萨满往往诵唱神歌。但是,神歌中的诸多词汇,在当时那种识字率不高的年代,早已是意义模糊不清的套语,无论是萨满本身或接受医疗的病人,对于这种套语时常一无所知。但正是这种不可知性,有助于巫觋治病威信的增加。①

除此之外,尤须注意这则故事中所提及之酆都城的概念。酆都城在汉人宗教文化中特指阴司地府,即地狱,但原始萨满信仰中本无此

---

① 类似的现象也出现在西方的巫术疗法中,Keith Thomas 认为许多古典和早期基督教的符咒到了16、17世纪,已经蜕变成缺乏意义的套语,其最初的含义已非使用者所知,而要追溯这些套语的来历则需要渊博的知识。他亦指出由于在脖子上佩戴这些符咒者往往是文盲,所以套语的不可知性也助于其威力的增加。详见 Keith Thomas,"Magical Healing"pp. 181-182。

种观念。萨满信仰的原始天穹观,认为宇宙有九天三界。上界分为三层,为天神、日、月、星辰等神祇所居;中界亦分为三层,是人类、鸟禽、动物繁衍的世界;下界为土界,也分为三层,其中有恶魔亦有好人。值得注意的是,土界又称为地界或暗界,土界并非地狱,而是有阳光且和人间相像的另一个世界。惟佛教、道教传入满洲社会后,原始萨满信仰开始混杂酆都城、阎罗王等汉人文化的地狱概念,与原来的萨满信仰渐行渐远。[6]

四 疾病构想与医患关系

在跳神作法与过阴追魂治病的过程中,无论是萨满、患者及其亲人,或是其他参与者,皆以极为认真、虔诚的态度看待此种医疗活动。职是之故,满洲人深信萨满医病具有疗效的原因,以及治疗过程中的医者类型与医患关系便颇值得探讨。因此,以下先分析满洲人对疾病的构想,接着讨论过阴追魂治病的医者类型与医患关系,并于最后析论参与者彼此之间的互动情形。

萨满过阴追魂治病的疗效,由于无法以现代科学的方法加以验证,是以常引起人们的怀疑或拒斥。然而,如果因此就将萨满跳神治病一概视为迷信,恐怕又太过轻率。事实上,跳神过阴追魂治病的仪式由来已久,反映了满洲人的身体观、疾病观以及宇宙观。惟现代学者研究萨满巫觋治病时,大多仅泛泛地从心理暗示作用的角度切入分析。① 但心理暗示作用毕竟是近代才出现的词汇、观念,若将萨满巫术医病放在历史脉络下探讨,或许更应该进一步追问当时的人为什么

---

① 所谓心理暗示作用,系指透过含蓄、间接的方式对人之心理产生影响的过程。暗示作用的影响力不容小觑,消极的暗示可以导致人体功能失调,造成形态器质性损伤,甚至引起死亡;积极的暗示作用则可治疗疾病和调动人体潜能。富育光与郭淑云即以心理暗示作用来解释萨满巫觋治病的存在。他们认为在跳神过程中,萨满透过诵唱神歌、跳舞、各种象征性动作、巫术等形式表达逐魔除病的意义,这实际就是在向患者施授心理暗示,使他们认为病魔已除,病将痊愈,从而解除了精神负担,在心理上产生安抚效应,有助于身体的恢复。详见富育光、郭淑云《萨满文化论》,第161—162页。

相信巫觋治病具有疗效？其实，神、灵、信是构筑萨满巫觋治病的重要基础，信仰萨满者普遍相信人之所以患病，系与被鬼物干犯、缠扰、附身有关，以致在精神或生理上出现种种症状不一的病变。由于对疾病缺乏必要的认识，满人往往凭借直觉与想象，将患病与鬼神联系起来，认为只有萨满能与这种鬼神交往，并透过相应的措施为患者根除病源。由故事中巴尔杜员外再三恳求萨满医治色尔古代·费扬古的作为便可看出，在请萨满治病之前，患者或其家属对此种治疗方法早就已经深信不疑。

《尼山萨满传》所记载的跳神治病，并非完全虚构，不少满洲旗人即相当信服萨满巫觋医病。举例而言，吉林省永吉县舍岭西尤屯附近一带的居民，多属满洲镶黄、镶蓝两旗。《鸡林旧闻录》记载当地旗人大多将小孩子患病归因于鬼魅作祟，故请萨满跳神驱祟。[7]再以清代的达呼尔族为例，他们也非常相信萨满跳神治病的能力。《黑龙江外记》载："达呼尔病，必曰祖宗见怪，召萨玛神禳之。萨玛，巫觋也，其跳神法，萨玛击太平鼓作歌，病者亲族和之……无分昼夜，声彻四邻。"[8]卷6:15a 而且，小孩子生病时，达呼尔族人也相信系起因于鬼魅作祟，故请萨满驱祟收惊。《黑龙江外记》载："小儿病，其母黎明以枹击门，大呼儿名曰'博德珠'，如是七声，数日病辄愈，谓之叫魂，处处有之。"[8]卷6:16a 其中，"博德珠"是满语"boo de jio"的音译，汉译为"回家来吧！"① 由此而论，萨满跳神治病，是以整个文化传统与信仰体系作为后盾。在萨满信仰盛行的地区，人们的各种疾病几乎都仰赖萨满巫觋治病。即便这种方式缺乏系统，但仍然具有某种程度的疗效，在北亚草原族群中具有正面的社会功能。

当我们跳脱"科学—迷信"的二元思维，撇开两者之间的对比，回到宗教、仪式与医疗本身之后，便可更进一步观察尼山萨满治病过程中之医者的类型、医患关系以及参与者彼此之间的互动。先就医者

---

① "boo"汉译为"家"，"de"汉译为"于"，"jio"汉译为"来吧"，故将"boo de jio"译成"回家来吧！"详见安双成主编《满汉大辞典》，第431、675、863页。

的类型来说，以萨满在精神方面的特征作为划分标准，可将萨满的类型归纳为以下六种：（1）神经型萨满，此种类型的萨满其神经较易受刺激而易冲动，且这种神经组织是先天或遗传而来的。（2）凭灵型萨满，这类的萨满掌握了直接与神灵接触交流的方法，着重降神附体，并用他人不知的特殊手段来得到神灵的帮助，具有知晓鬼神现象的能力。（3）脱魂型萨满，此种萨满的特出之处在于"出神"，着重灵魂出窍，意即依靠上天入地的昏迷术来治疗病人。（4）萨满性意识型萨满，此种类型的萨满进入"萨满意识状态"时，透过咨询其辅助精灵和以萨满自身特有的"视力"观察疾病两种方式从事诊断占卜。而且，当萨满从"萨满性意识"状态清醒之后，还可以记得其灵魂在异界经历到的事情。（5）凭灵与脱魂并存型萨满，这类萨满，顾名思义，是兼具凭灵型与脱魂型萨满的特征，同时着重降神附体与灵魂出窍。（6）智者型萨满，此种萨满利用土药土法，医治好不少疾病。这些萨满本身就是自身生存地域的动植物专家，特别能辨识百草花卉，晓其药性。而且，他们还自制简单的麻药，并进行简单的剖、割、缝合等手术，且掌握人体经脉按摩、火灸、水浴、冰敷、虫吮等技法。① 由前述《尼山萨满传》的记载可知，尼山萨满跳神作法，使神灵附体，进入阴间追魂，救治病人，故初步可将其归入凭灵与脱魂并存类型。惟尼山萨满是否神经较易冲动，是否懂得土药土法，则因《尼山萨满传》记载有限，故不得而知。

再就医患关系而言，邱丽娟将患者寻求宗教医疗的途径分为以下几种：患者与医者素识、患者慕名求医、患者经引介而求医以及患者

---

① 学界也有学者称"神经型萨满"为"病态型萨满"，但史禄国（Sergei Mikhailovich Shirokogorov）反对这种看法。他认为萨满无论在生理或心理上都是健康的，萨满必须善于控制自己的思想，并配合正常的心理与神经机能，才能使自己进入出神状态，并在行使巫术时保持与随时调整此种状态。史禄国的萨满身心健康论是对传统萨满身心疾病论的质疑，二十世纪后期，萨满身心健康论渐渐被学界所接受，并逐渐成为主流观点。另外，"萨满性意识"状态是指萨满与鬼神世界沟通时的状态。以上详见刘彦臣、刘贵富《国际萨满医药文化研究》，第134—136页；史禄国《北方通古斯的社会组织》，吴有刚等译，内蒙古人民出版社1984年版，第567页；郭淑云《国外萨满生理和心理问题研究述评》，《民族研究》2007年第4期，第91—100页。

经宗教医疗者主动劝说而求医。[①] 那么，故事中的巴尔杜员外是透过何种途径找到尼山萨满的呢？根据《尼山萨满传》的记载，当色尔古代·费扬古出事后，家人正在号啕大哭，赶办丧事时，门口突然来了一个弯腰驼背的老翁，指点巴尔杜员外前往尼西海河岸，请尼山萨满救治色尔古代·费扬古。[9] 由此可知，此故事中的医病关系当属患者经引介而求医，且介绍者与患者的关系仅是萍水相逢而已，并非彼此认识。站在求医者的立场而言，只要此萨满被认定具有治病的能力，即将其视为医疗者、求医的对象。因此，当他们获悉此萨满具有医术的讯息时，不免心存一丝希望而前去求治，以期能够早日病愈。

至于参与者彼此之间的关系与互动方式，在尼山萨满治病疗程中，参与者除了萨满本身、患者色尔古代·费扬古，及其双亲巴尔杜员外夫妇之外，尚包括家中诸多奴仆、邻里、亲朋好友等。在此结构中，萨满系跨越内外藩篱，出入公私领域的人物，拥有广泛的信众。而且，尽管萨满治病系针对特定的某人而进行，但却为众人关注与参与。这些人拥有共同的文化背景，且对于神的存在与萨满巫觋治病的疗效皆深信不疑，所有参与者共同且唯一之目的，即为萨满成功地治愈病人。不过，尽管萨满治病在北亚传统社会中扮演相当重要的角色，并具有正面的社会功能，但满洲统治者对此种医疗活动却加以取缔。

五　清廷对萨满治病的取缔

政教关系向来是一种难解的习题，一般而论，国家与宗教之间，不仅牵涉俗界与圣界的对立，亦与国家权力控制有关。透过《尼山萨满传》中关于清太宗皇太极取缔萨满巫觋治病的记载，或可从中一窥清廷对于宗教活动涉入，以及满洲统治者的宗教文化政策。以下首先将陈述皇太极取缔尼山萨满的过程，接着探讨满洲君主对付违法跳神

[①] 详见邱丽娟《清乾嘉道时期民间秘密宗教医疗传教活动之研究》，台北：新文丰出版股份有限公司2011年版，第74—87页。

治病的手段，并于最后析论统治者限制与取缔萨满医病的原因，进而分析其背后所反映的宗教文化政策。

根据《尼山萨满传》的记载，尽管尼山萨满成功救活了色尔古代·费扬古，但尼山萨满终究遭遇不测。尼山萨满的婆婆听到村民议论其媳妇在阴间遇到自己的儿子，却拒绝将其救活并将他抛到酆都城之后，相当生气，斥责媳妇二次杀害了丈夫，并前往京城向御史告状。皇太极接到御史的奏报之后，相当震怒，下令将萨满、神帽、腰铃、手鼓等法器，牢栓铁索，抛入井内，且规定若无谕旨，不得擅出。

皇太极取缔萨满跳神治病的案例，在历史上有迹可循。萨满的跳神巫觋治病，虽是宗教医疗史上不可忽视的活动，但满洲统治者早在入关以前，即已三令五申，禁止旗人延请萨满跳神治病。举例而言，崇德七年（1642）十月，多罗安平贝勒杜度的妻子认为其夫之所以会生病，系"由气郁所致"，所以令家臣召唤一名名为金古大的萨满巫人至家中作法。金古大使用交感巫术，剪纸人九对作为替身，在北斗七星下焚烧掩埋，嫁祸替身，以禳解灾病。[10]剪纸人满语读如"urge faitambi"，是萨满治病时所行使的巫术之一。[11]其禳病过程为：先由萨满剪成纸人若干张挂起来，然后对七星祈祷，希冀借助七星之力，将附在病人身上的恶鬼驱逐，嫁祸于纸人。[12]尽管萨满剪纸人的医疗方式为病家所相信，但皇太极知道后，还是认为萨满跳神治病害人不浅，故降旨将萨满金古大处斩，并且下令："永不许与人家跳神拿邪，妄言祸福，蛊惑人心，若不遵，着杀之。"[13]

入关以后，满洲统治者致力于巩固政权，对于左道异端的取缔可谓不遗余力。顺治三年（1646），清廷沿袭明代律例，制订"禁止师巫邪术"条例，其中规定：凡师巫假降邪神，书符咒水，扶鸾祷圣，自号端公、太保、师婆名色，及妄称弥勒佛、白莲教、明尊教、白云宗等会，一应左道异端之术，或隐藏图像，烧香集众，夜聚晓散，佯修善事，煽惑人民，为首者绞监候，为从者各杖一百，流三千里。"[14]卷766:7b—8a之后，此例便不断修订。兹将针对"跳神"、"巫觋"而修订的条文条例如下表：

年份	律例修订内容
顺治六年（1649）	凡僧道巫觋之流，妄行法术，蛊惑愚众者，治以重罪。
顺治十八年（1661）	凡无名巫觋私自跳神，杖一百，因而致人于死者，处死。
康熙元年（1662）	人有邪病，请巫觋道士医治者，须禀明都统，用印文报部，准其医治。违者，巫觋道士正法外，请治之人，亦治以罪。
康熙十二年（1673）	凡端公道士私行跳神医人者，免死，杖一百。虽曾禀过礼部，有作者异端跳神医治，致人于死者，照斗殴杀人律拟罪。其私请之人，系官议处，系平人，照违令律治罪。

数据源：（清）昆岗，《钦定大清会典事例·光绪朝》（台北：启文出版社，1963年），卷766，"礼律祭祀·禁止师巫邪术"，页13a—14a。

上述条文虽未显示系针对萨满巫觋治病而来，但萨满治病的特色之一即在于跳神巫觋医病，故亦在这些律例的规范范围之内。由此表可推知，人若患有邪病，需要请萨满巫觋医治时，必须先禀明都统，方准其医治。如果违反规定，无论萨满本身或请萨满者，皆会遭受处罚。意即私自跳神的萨满，若未闹出人命，则杖一百；若致人于死，则处以死刑。至于违法请萨满者，若为官则议处；若为平民百姓，则照违令律治罪。① 值得注意的是，就算是禀报合法的跳神治病，若有致人于死的情形发生，此萨满依然须照斗殴杀人律拟罪。②

然而，如将萨满与庸医相互比较便可发现，同样是过失致人于死，庸医所受处分远比萨满为轻。按《大清律例》："凡庸医为人用药针刺，误不如本方，因而致死者，责令别医辨验药饵穴道。如无故害之情者，以过失杀人论，依律收赎，给付其家，不许行

---

① 《大清律例》中的"违令"律记载："凡违令者，笞五十。谓令有禁制，而律无罪名者，如故违诏旨，坐违制；故违奏准事例，坐违令。"（清）三泰等奉敕撰《大清律例》，景印文渊阁《四库全书》卷34"刑律·杂犯·违令"，台湾商务印书馆1986年版，第20a页。

② 《大清律例》中的"斗殴及故杀人"律记载："独殴曰殴，有从为同谋共殴，临时有意欲杀，非人所知曰故。共殴者惟不及知，仍止为同谋共殴。此故杀所以与殴同条，而与谋有分。凡鬬殴杀人者，不问手足他物金刃并绞监候，故杀者斩监候。若同谋共殴人，因而致死者，以致命伤为重，下手致命伤重者绞监候。原谋者，不问共殴与否，杖一百，流三千里。余人不曾下手致命，又非原谋，各杖一百。"三泰等奉敕撰《大清律例》卷26"刑律·人命·斗殴及故杀人"，第21a页。

第二编 满族文化与萨满教

医。"[15]卷26:35a其中，关于过失杀人，清初规定："凡过失杀、伤人者，鞭一百，赔人一口。"[14]卷805:11b顺治五年（1648）订定："凡与人鬪殴误伤致死者，责四十板，赔人一口。"[14]卷805:11b康熙三年（1664）修改为："责四十板，追银四十两，给付被杀之家。"[14]卷805:11b—12a至康熙七年（1668），再次修订，规定："过失杀伤人者，停其追银赔人之例，仍照律追营葬银十二两四钱二分，给被杀之家。"[14]卷805:12a—12b由此可知，庸医行医，过失导致病人死亡，并不会被判处死刑。相较之下，合法的萨满跳神医治，若致人于死，则按"斗殴杀人律"拟罪。"斗殴杀人律"内载："凡斗殴杀人者，不问手足他物金刃并绞监候，故杀者斩监候。"[15]卷26:21a显示，萨满过失致人于死，处以死刑，其所受处罚的程度，远比庸医重得多。由此而论，入关以后，统治者似乎不再重视原属于满洲传统的萨满巫觋治病，尽管并未完全禁止萨满医疗活动，但却对其予以诸多限制，规范愈来愈明确、详尽，甚至有愈趋严格，且逐渐制度化的倾向。凡跳神治病，皆须经由政府允许方可实行。只要是违法跳神医病的萨满，即给予严惩；即便合于规定，若致人于死，其所受的惩罚亦较庸医杀人为重。

观察满洲统治者对付违法跳神巫觋治病的手段，不外乎两种方式。其一，帝王权威的直接展现。对清廷而言，违法跳神治病的萨满罪无可赦，惟有予以严惩，方能杀鸡儆猴。在诸多刑罚中，处以死刑不仅是剥夺犯人生命的法律仪式，亦是展现统治者权威的政治仪式。[16]毕竟，对清政府来说，巫觋治病所带来的惑众、聚众，无疑是对统治者的威胁与冒犯。在这样的情况下，惟有借着权力的公开操作，才能使人民心生敬畏。其二，给予罪犯身体隔离与直接惩罚。从上述"禁止师巫邪术"条例的修订，与尼山萨满最后被皇太极牢栓铁锁，关入井内，以及多罗安平贝勒杜度等例子可看出，凡是违法跳神治病的萨满，依犯行轻重或处以监禁，或处以杖刑，或处以死刑。这点显示，统治者透过监禁以及施予身体暴力的手段，或剥夺犯者自由，或使犯者身体痛楚，要求这些萨满对自身不符合朝廷规范的行为付出代价。

然而，萨满治病既然有其医疗功能，清廷为何要加以限制与取缔？就"禁止师巫邪术"条例本身来看，萨满之所以被判处死刑，表面上是因为致人于死的缘故，然将其所受处罚与庸医杀人相互比较之后便可发现，同样属于过失杀人，前者所付出的代价远大于后者。显示清廷限制、取缔萨满跳神治病的背后，实有其更深层的原因，并非单纯只因为其致人于死。

首先，对某些人而言，他们或因自身有病，或因父母、子女患病，而寻求医治之道。这些人大多相信萨满具有神力治疗的法术，没有什么病不能医治的，所以争相请求萨满治病。唯对统治者来说，鉴于左道惑众，恐萨满利用巫术聚众，进而酿成宗教叛乱，危及政权的稳定，故先下手为强，严厉取缔萨满跳神治病。关于这点，《大清律例会通新纂》中对于前述所引之顺治三年的"禁止师巫邪术"条例有以下解释："本律止重在煽惑人民，盖以邪乱正，愚民易为摇动，恐致蔓延生乱，故立此重典，所以防微杜渐也。"[17] 由"煽惑人民"一词或可推知，统治者取缔或限制萨满巫觋治病，实有其政治性考虑，意即朝廷所担心者，并非巫术本身，而是巫觋治病可能导致之惑众、聚众的效果。

其次，萨满跳神治病系属巫觋文化的范畴，与清朝"崇儒重道"的基本国策相抵触。清朝诸帝认为儒家思想有利于政权的巩固，所以积极提倡儒家文化，唯此并非出自满洲统治者对儒家文化的仰慕，而是一种带有目的性、工具性的统治手段。早在关外时期，皇太极对儒家学说就已经有相当程度的留意与了解，时常以儒家的道德规范作为教育子弟的准则，并引儒家经典训诫满洲权贵。入关之后，由于所处文化环境变化，再加上满洲人深知马上可以得天下，但未必能治天下的道理，故在顺治十年（1653）确立崇儒重道的基本国策，康熙、雍正、乾隆以及日后的满洲君主，皆奉行此政策。① 崇儒重道的文化

---

① 关于清朝"崇儒重道"政策的讨论，详见叶高树《清朝前期的文化政策》，稻乡出版社2002年版，第179—207页。

内涵系包括释、道在内且以儒家为代表的正统文化，而尧舜之道，孔孟之学，以及辟异端，黜邪说，就是"崇儒重道"的具体内容。[18]对统治者而言，治理天下"必先正人心"，"正人心必先黜邪术"，而后才能使人"反邪归正"，"遵王法而免祸患"。[19]而萨满巫觋治病等师巫邪术，在满洲皇帝眼中，即是正统文化以外的左道异端，为了维持政权的稳定，必须加以限制与取缔。① 由此可知，统治者禁止巫觋治病背后所反映之清廷的宗教文化政策，实包含崇儒重道与黜邪崇正两个层面，两者相辅相成，给予实行师巫邪术者不小打击，连带使当时萨满巫觋治病的发展受到阻碍，因而多转往祭祀活动发展。即便是在宫廷，萨满活动在入关之后，亦大多转为替患病的皇族祈福或在其病愈之后的谢天敬拜等宫廷祭祀仪式。②

六 结语

萨满被认为是治疗疾病的灵媒，兼具巫术与医术。对北亚草原民族社会而言，其身心疾病几乎都倚靠萨满跳神治病。尽管这种医疗方式缺乏系统，但却为不少人相信。

近二十年来，从事医疗史研究的学者致力于将医疗与广义的政治、社会和文化脉络紧密相扣，医疗与国家以及医疗与文化这类的议

---

① 与此相关，Donald Sutton 认为宋代以降的新儒家反对这些萨满的原因在于萨满使用异了儒家心中的正统方式影响世界，破坏儒家对世界的理想，至于萨满本身为异端与否，则非重点。[详见 Donald Sutton, "Shamanism in the Eyes of Ming and Qing Elites," in Kwang-Ching Liu and Richard Shek eds., *Heterodoxy in Late Imperial China*（Honolulu: University of Hawai'i Press, 2004), 230.] Donald Sutton 从知识分子的角度切入，本文则是站在统治者的立场来探讨，研究取径与 Donald Sutton 不完全相同，故列于此以供备考。

② Evelyn Rawski 援引一连串内务府奏案，认为在满洲统治者颁布限制萨满跳神治病的法令之后，宫廷仍然透过萨满教仪式治病。(详见 Eveyn Rawski, The Last Emperors: A Social History of Qing Imperial Institutions, 233.) 然而，作者所引的档案，其内容大多是为患病的皇子祈福，或是在患天花的皇子病愈后所举行的祭拜仪式。而这些举措之主要目的并不在于治病，而是在于祈福或者是感谢神明，实属宫廷祭祀的一环。Nicola Di Cosmo 亦将病愈后的祭祀看作宫廷中的特设献祭。(详见 Nicola Di Cosmo, "Manchu shamanic ceremonies in the Qing court," p. 379.)

题亦逐渐成为医疗史研究的主流之一。[20]透过本文的讨论，或可对萨满巫觋治病与清廷之间的政教关系，以及萨满医病本身所富含的医疗与社会文化意义有清楚的理解与认识。进一步而论，从医疗文化的角度来看，《尼山萨满传》几经口传之后，于清末成书。值得注意的是，该书作者于故事结束之后，特别提醒大家尽管公开《尼山萨满传》一书让大家知晓，但萨满信仰本为"不入大道的邪教之事"，故亦告诫读者不可效法。① 或许，我们可以接着继续追问萨满信仰的"邪教"形象是何时且如何被建构出来的？满洲统治者、官员与一般百姓彼此间看法的差异为何？

在此问题架构下，萨满巫觋治病的形象亦是一有趣且值得深入探究的问题。就《尼山萨满传》成书的时空背景而言，当时已有部分士人，如徐珂斥责萨满"不如佛之禅师、耶之神甫得人崇敬，但以巫医、卜筮诸小术敛取财物而已"。[21]不过，徐珂为汉人，而萨满信仰本为北亚民族所信奉，汉民族较少接触，故且对其不甚了解，因而有此批评。那么，换另外一个角度来看，旗人本身又是如何看待萨满巫觋治病？不同地区的旗人，受所在环境的影响，是否对萨满医病抱持不同的看法？且在朝为官的旗员与一般八旗子弟对于萨满治病的观点又有何相异之处？关于这些问题，笔者曾翻阅《啸亭杂录》《听雨丛谈》《行素斋杂记》《八旗文经》等旗人的笔记、文集，以及正红旗满洲老舍的一系列著作，皆未见及相关记载。② 然而，旗人本身对萨

---

① 德克登额于书中最后说道："ere uthai sain da deribun bithe ofi（由于这本书原意既是好的），geren de ulhibuhe（所以使众人晓得）．udu tuttu bicibe（虽然那样），amba doro de dosirakū miosihūn tacihiyan baita（不入大道的邪教之事），amala urse alhūdaciojorakū（后人不可效法），eteme targaki（务宜戒之）!"此处汉文翻译系参照德克登额《尼山萨满全传》，张华克译，笔者略作修改。详见德克登额《尼山萨满全传》，张华克译，台北映玉文化出版社2007年版，第80页。

② （清）昭梿：《啸亭杂录》，中华书局1980年版；（清）福格《听雨丛谈》，中华书局1984年版；（清）继昌《行素斋杂记》，文海出版社1985年版；（清）杨钟义《八旗文经》，华文书局1969年版。至于老舍一系列的著作中，论及八旗及其文化者为《茶馆》与《正红旗下》，可惜当中并未论述旗人眼中的萨满巫觋治病。详见老舍《茶馆》，圆神出版社2003年版；老舍《正红旗下》，长江文艺出版社2012年版。

第二编 满族文化与萨满教

满巫觋治病的看法，其背后实涉及满洲民族文化认同与集体历史记忆的问题，故有其重要性与研究价值。唯此课题仍有赖日后更多旗人笔记文集的发现与应用，以期借此扩大萨满巫觋治病的研究视域。

再从医疗政治的角度来说，由清廷对萨满巫觋治病的限制与取缔可看出入关以后的统治者，似乎不再重视原属于满洲传统的萨满医疗。然而，萨满活动在清代宫廷中依然盛行，惟大多转为替患病的皇族祈福或其病愈后的谢天敬拜等宫廷祭祀。这种现象与统治者取缔萨满跳神医病之间是否存有若干关系？再者，既然满洲君主已不再重视萨满巫觋治病，那么，又是以什么取而代之？且在此种新替代的医病方式中，究竟保留或吸纳多少传统巫觋治病成分？或是将其完全摒弃？又这种转变是否系满洲人入关之后，受中国自宋代以降的儒医传统影响而来？厘清这些问题，对于了解清代医疗政策及其与国家政治之间的关系当有诸多帮助，或可借此深化清代医疗史的研究。

[参考文献]

[1] 孔飞力. 叫魂：1768年中国妖术大恐慌 [M]. 陈兼，刘昶，译. 上海：上海三联书店，1999：146.

[2] Keith Thomas. "Magical Healing," chap7. in Religion and The Decline of Magic [M]. New York：Scribner, 1971：177.

[3] 庄吉发. 萨满与跳神驱祟 [M] //清史论集（七）. 台北：文史哲出版社，2000：154—155.

[4] 富育光，郭淑云. 萨满文化论 [M]. 台北：台湾学生书局，2005：157.

[5] Mircea Eliade. Shamanism：Archaic Techniques of Ecstasy [M]. Princeton, N. J.：Princeton University Press, 1992：168 – 176.

[6] 庄吉发. 从北亚草原族群萨满信仰的变迁看佛道思想的普及化 [M] //清史论集：六. 台北：文史哲出版社，2000：77，92—93.

[7] 魏声龢. 鸡林旧闻录 [M]. 长春：吉林文史出版社，1986：276.

[8] 西清. 黑龙江外记 [M]. 台北：文海出版社，1967.

[9] 庄吉发. 尼山萨满传 [M]. 台北：文史哲出版社，1977：37—45、60.

[10] 清太宗文皇帝实录：初纂本［M］．台北故宫，卷39：58，崇德七年七月二十九日．

[11] 御制清文鉴：卷13［M］．大邱：晓星女子大学出版部，1978：6b.

[12] 刘小萌，定宜庄．萨满教与东北民族［M］．长春：吉林教育出版社，1990：85．

[13] 姜相顺，佟悦．盛京故宫［M］．北京：紫禁城出版社，1987：273.

[14] 昆岗．钦定大清会典事例：光绪朝［M］．台北：启文出版社，1963．

[15] 三泰，等．大清律例［M］．台北：台湾商务印书馆，1986．

[16] 陈秀芬．清中叶之前的政权与罗教［M］//李永炽教授六秩华诞祝寿论文集编辑委员会．东亚近代思想与社会：李永炽教授六秩华诞祝寿论文集．台北：月旦出版社股份有限公司，1999：201．

[17] 姚雨芗．大清律例会通新纂［M］．台北：文海出版社，1987：1a.

[18] 庄吉发．清朝的文化政策与萨满信仰［M］//清史论集（七）．台北：文史哲出版社，2000：190．

[19] 清世祖章皇帝实录［M］．北京：中华书局，1985：8b.

[20] 陈秀芬．医疗史研究在台湾（1990—2010）——兼论其与"新史学"的关系［J］．汉学研究通讯，2010（8）：26—28.

[21] 徐珂．清稗类钞［M］．北京：中华书局，1984：984．

［原载于《吉林师范大学学报》（人文社会科学版）2014年第4期］

史禄国和他的通古斯萨满教研究

于 洋[*]

史禄国（S. M. Shirokogoroff）的通古斯萨满教研究[①]有其自身的前提、起点，以及由这两者构成的与同时代和前辈学人之间的对话。粗略而言，我们可以将其萨满教研究的主要贡献理解为对"萨满教病态心理学派"提出挑战，强调萨满在生理上和心理上是健康的人。但在方法论方面，史氏萨满教研究的几个鲜明特点是以往同类萨满教研究著作所没有的。

首先，在关于理论传统的承继和对话上，史禄国的视野没有局限在萨满教自身的研究传统，而是在其民族学的ethnos理论、"心智丛"（psychomental complex）概念的框架下展开的；其次，在研究方法上，史禄国给予文化持有者观点以极大的尊重，他自觉采用民族志的参与观察和访谈法，与调查对象建立了良好的关系，在族群主位观的基础上理解通古斯人的萨满教文化丛，并以此为基础建立了对萨满教的理论阐释；最后，在研究旨趣上，史禄国从文化整体观的立场，系统说明萨满活动的作用。

---

[*] 于洋（1986— ），男，辽宁辽阳人，吉林师范大学历史文化学院讲师，人类学博士，研究方向：萨满教，满—通古斯语诸民族历史与文化。

[①] 史禄国所调查的通古斯人主要包括我国境内的满族人、鄂伦春人、鄂温克人，俄国境内的埃文基人，在史禄国的文本中，通古斯人是对这些族群的总称，笔者在该文中沿用史禄国的说法。

一

　　史禄国的民族志作品是自成系统的，这些作品的写就是基于他在通古斯人中长达6年之久（1912年至1918年）的田野考察，不同时期的文本处理了语言、社会组织、宗教等不同方面的主题，并且彼此之间构成"互文性"关系。其萨满教研究主要体现在《通古斯人的心智丛》（1935）中，本研究以该著作为对象，试图对史禄国萨满教研究的基本思路进行梳理和评价。

　　"心智丛"概念贯穿了史禄国萨满教研究的整个研究过程，它是史氏萨满教学说的基础。在史禄国的文本中，他对这一概念的建构动机进行说明。史禄国的问题意识源自当时英国进化论学派和法国社会学派的"民俗"、"宗教"研究。他认为，"进化论学派中存在一种"与'文明人'相对应的'原始'、'未开化'、'野蛮'的假设"[1]，这个假设实际为调查者自身族群的文化观念，在研究过程中，他们会对观察到的材料进行有意或无意筛选。另一方面，史禄国也注意到，像"民俗"、"宗教"之类的民族学研究主题过于单一，它们是族群单位整体文化丛中一个构成部分，应还原到完整的族群心智现象层面进行理解。在这一研究思路上，他提到了列维·布留尔（Lvy-Bruhl）和涂尔干（Emile Durkheim）的相关研究。在史禄国看来，列维·布留尔虽然在族群整体心智层面进行研究，但是"他的理论是欧洲文化自身的一个理论，与进化论的假设相一致，认为人类经历了'前逻辑'阶段，并通过马赛克似的工作筛选事实对理论进行构建"[1]9。相比之下，他对涂尔干的"集体意识"概念表示出更多的赞同，并且同意涂尔干将这一概念视为非物质性的社会事实，但史禄国不同意涂尔干将"集体意识"视为有自身机制和生命的超有机体现象，而是认为这一事实与物质环境、社会组织等方面存在着密切的关联。沿着这一思路，史禄国提出了"心智丛"概念：

它是指一些文化要素，这些要素包括在对特定环境适应过程中在心理和精神层面的反映，其中特定的环境作为一个整体可以是静态的，也可以是动态的。我将这些文化要素分为两组，即是（1）一组反映态度，这些态度是持久的、明确的，虽然在特定的范围内会发生一些变动；（2）一组观念，这组观念表明了特定的精神态度，同时它们也是特定族群单位或个人的理论体系。[1]1

由于"心智丛"是特定族群在对环境适应的过程中的反映，所以史禄国对"心智丛"在特定族群单位的文化丛的位置、变化规律以及功能分别进行说明，这关联到他所提出的民族学 ethnos 理论。

作为现代民族学的奠基人，他对民族学有自己独特的理解，为了摆脱"民族—国家"理论的政治色彩，他借用源自希腊语的 ethnos 一词来表示民族学的研究对象："他们说着同样的语言，相信自身有着共同的来源，共享一套习俗与社会系统，并有意识地维系着习俗与社会系统，将其解释为传统，这个单位的文化的和体质特征的变化都在其中发生。"[2] 在史禄国那里，每一个 etnnos 在对基础环境（气候、地貌、植物群、动物群）适应的过程中会形成特定的技术文化知识；随着与基础环境间关系的复杂化，ethnos 会进而创造了"派生环境"，这个环境在本质上是文化产物，主要表现为社会组织方面的知识；ethnos 还有第三类环境，是指它在与其他族群互动过程中所形成的"族际环境"。因此，民族学研究单位 ethnos 的形成，取决基础环境、派生环境以及族际环境。

由于上述三种环境是不断变化的，所以 ethnos 不是一个静态的单位，而是始终处于变动的过程。在这一过程中，ethnos 文化的、（身体）形态学的、"心智丛"的变化都是紧密地联系在一起的。史禄国认为，ethnos 的文化创造和延续主要体现在心智层面的活动上，表现为具体的态度和观念。每一个 ethnos 都有独特的"心智丛"，是 ethnos 整体的一个功能部分。"心智丛"保证了或者说更好地说明了 ethnos 的存在，发挥了适应变动环境的功能，使 ethnos 足够敏感，通过对环境的适应、抵抗或者变通，实现自身的再生产。

二

根据ethnos理论的基本框架，史禄国考察了通古斯人的"心智丛"。他发现，"通古斯人是很好的观察者，与欧洲人相比，他们得出结论的方法并不缺乏任何逻辑要素"[1]403，通古斯人对周围环境的态度和观念遵循"观察—假设—试验—结论"的逻辑，对于比较重要的结论，他们会不断地进行检验和修正。

史禄国发现，通古斯人对基本环境的认知抱持实证主义的态度。他调查了通古斯人对于地球天体、季节、时空观念、距离观念、植物群、动物群的认知，并证明了通古斯人在这方面的知识是实证性的，是与通古斯人的狩猎生计方式相适应的。

在对派生环境的适应上，史禄国发现，"社会组织这一事实并没有进入到通古斯人的意识之中，只要社会组织作为整体而存在，就不会被触及和改变"[1]216。史禄国认为，只有社会组织以十分显著地方式发生改变的时候，才会引起通古斯人心智层面的注意。因此，他认为通古斯人在对"派生环境"的心智表现主要包括对亲属称谓以及与此相关联的权力、义务方面的认识。

通古斯人对"族际环境"的"心智丛"方面的表现主要体现在对与其相毗邻的族群单位的认知上。其他族群单位成员的体质特征、语言、服饰等方面都会进入到通古斯人的视野之内。根据史禄国的调查，在这一方面，通古斯人一方面承认自身的优越性（如狩猎、驯鹿和审美等），另一方面也承认其他群体具有优势的方面。因此，他们"不会受到族群中心主义的影响，他们对族际环境之间的分析很复杂，尤其是历史方面、语言方面已接近客观"[1]167。

根据史禄国的观点，通古斯人"心智丛"方面的态度和观念形塑是基于实证的原则，上述三方面知识是客观的，具有实证的性质。但是，就像在其他族群中所遇到的情况那样，通古斯人也会遇到一些事实，他们不能将这些事实的解释整合到一个整体的实证系统之中，出于心理认知需要，通古斯人会将这些解释建立在一些假设上。这一建构逻辑与已有的实证知识间并不矛盾，它们遵循着同一个更基本的原则，如果这些假设能证明与实证知识相适应，就会逐渐为族群成员所接受。

在通古斯人的假设知识中，关于灵魂和神灵的假设是其中之一。史禄国认为，通古斯人萨满教文化丛是由这一假设衍生而来。史禄国首先考察了通古斯人中围绕着神灵和灵魂这一假设所衍生出来的整体文化丛，它包括了不同层次的文化表现。在观念层面，这一文化丛包括了在三界宇宙观基础上形成的神灵观念，史禄国尤其提到了通古斯人关于神灵"路"的观念，这些神灵具有不同的时间、方位，有的源自通古斯人之中，有的则借自其他的族群单位（包括汉人、蒙古、俄国人）。在行为实践层面，通古斯人与神灵的"沟通"主要是令神灵凭依神位，然后献祭。其中献祭手段主要包括祭品（杀死的动物、水果、酒等）和祭词。在实践主体层面，史禄国区分出三种情况，就与神灵"沟通"而言，有些神灵是所有人都可祭祀的，有些神灵则需要特定的献祭人员，有一类与神灵的"交往"活动，只能由通古斯人中的萨满来完成。他将围绕着萨满所形成的文化现象群归为"萨满教"，因此"萨满教"是嵌入在通古斯人围绕神灵和灵魂观形成的信仰生活的一个构成部分，这构成了史禄国萨满教研究的背景和出发点。

三

史禄国眼中的萨满教是通古斯人在自身"万物有灵"的环境中孕育出的一组特殊的文化丛，这组文化丛是围绕着萨满所建构起来的，它包括如下的要素：（1）萨满是神灵的主人；（2）萨满控制一定数量的神灵；（3）萨满知晓与神灵交往的手段；（4）萨满拥有被认可的神器；（5）萨满具有一定的理论基础；（6）萨满具有特殊的社会位置;(7)萨满具备进入迷幻状态(extasy)的能力,这些社会文化方面和生理—心理方面的特征共同构成了史禄国对萨满教的定义[1]271—274。

正如史禄国对民族志研究所设立的期待那样,这门学科"既包含功能又不抛弃历史,既关注族群单位内部又关注族际关系"[3]。对于"萨满教"这一文化丛,史禄国从上述两个方面进行考察和说明。他反对当时流行的将萨满教定义为与基督教、佛教、伊斯兰教相对应的宗教形态的泛化表述,进而在进化论的框架下将萨满教定义为"原始"宗教的做法。他更倾向于将萨满教的定义建立在具体族群单位材料基础上所提炼出来的典型文化要素,然后在此基础上对这一文化丛的产生、变迁以及功能进行分析。

首先,史禄国对通古斯人萨满教文化丛的"起源"问题进行考察分析。在这方面,他主要从萨满教文化丛中的神灵观念、萨满器物两个方面来说明通古斯人萨满教的起源问题。神灵假设是通古斯人萨满教的基础,史禄国试图通过通古斯人的口碑传说发现萨满教起源的线索。他认为,虽然不能将通古斯人萨满教的解释视为历史事实,但是这些讲述提供了一些稳定的内容。在这些内容中,萨满教的神灵往往来自于其他族群,有些神灵还保持着它们在其他族群单位中的名称,它们大多是佛教的神灵。在萨满器物方面,史禄国主要考察了通古斯萨满实践中必不可少的萨满器具铜镜,铜镜主要从蒙古人、汉人和西藏人中购置,而铜镜是佛教中的主要器物。接着,史禄国转向历史文献,他发现佛教在通古斯人中的影响主要发生在辽金时期,主要的中介为达斡尔人的祖先契丹人,然后传播到通古斯人中。据此,他对通古斯人萨满教的"历史起源"进行了如下推测:在公元一世纪左右,佛教开始渗透到通古斯人中,由于政治上对佛教的排斥,所以一般的通古斯人群中开始出现"模仿"僧侣支配神灵的人物,因此,通古斯人的萨满教文化丛是在佛教刺激下产生的,是通古斯人在某一特定历史时刻的"文化发明"。不过他也承认,"通过佛教刺激的萨满教起源可能永远都是假设,随着这方面分析的增多,假设的正确性会逐渐增加；但是它的假设性质可能不会发生改变"[1]285。

其次，在史禄国那里，他区分通古斯人萨满教文化丛的两类问题，"一类涉及的是有萨满社会里'精神错乱'的形式和性质，另一类涉及的是萨满的职能与个人人格之间的关系"[4]。他考察了通古斯人群中的一般心智状况。史禄国反对博格拉兹（V. G. . Bogoraz）、查普利卡（Czaplicka）等人过于概括性地将包括通古斯人在内的西伯利亚地区各族群中所见到的各种"异常"的精神行为现象称为"北极歇斯底里"，史禄国发现，通古斯人中只有很少一部分的异常心智行为表现可以被归入到病理学的范畴之内，而很大一部分"异常"的心智现象在史禄国看来都是社会文化现象，他特别提到了通古斯人中有一类被称为"沃伦"（模仿性的疯癫）的现象，这些现象包括模仿说一些社群所禁忌的语言、行为，例如模仿别人的动作、模仿一个人的淫秽语言、公开场合模仿别人的性行为，民族志研究者一般将这些现象视为病理学现象。史禄国则认为，"沃伦"现象从病理角度解释是不会成功的，虽然他们解释了病人的心理机制，"但是对隐藏在'病理学'背后的原因还是隐藏不见的"[1]31。他发现，这些"沃伦"现象背后包括了社会认同或者不认同的现象，后者起到了很重要的作用，社会可以停止或者发展"沃伦"现象。因此在史禄国看来，"沃伦"是一种社会现象，是在社会环境刺激下主体将自身认同为"表演者"的现象。

在类似的现象中，通古斯人将一类现象看作"神灵附体"。他观察到，受到神灵影响的人往往会表现出"（1）躲避阳光；（2）坐在地上或者炕上；（3）哭泣或者歌唱；（4）逃离与返家；（5）藏在石头中；（6）爬树并且在树干上跳跃"[1]251等。这些标志性的现象是通古斯人所厘定的神灵"选择"萨满的传统习惯模式，候选者往往借助暗示等手段表现出上述特征，如果他们能够"掌控"神灵的话，就会被选择为萨满。史禄国的调查结果告诉我们，病理学意义上的通古斯人的精神错乱行为是很少见的，在一般民族志者定义的"精神错乱"现象在通古斯人那里往往是"正常"的，是他们社会文化现象的一部分，因此这些现象背后有独特的社会文化原因。产生上述行为的人是有意识的，他们不得不这样做。个体可能发生了严重的疾病、早孕、各种各样焦虑需要引起人们的关注，因此在社会集聚的场合发生了此类行为。根据史禄国的观察，往往在这样的一个放松过程之后，个体的平静和满足感就会恢复。社会不会敌视这些"神灵附体"的人，并且给予这些人以关注，社群的成员都会对这个人感兴趣、谈论此人并且询问关于这个人的一些信息。这些人中的一些人可能逐渐地成为社群中的重要成员，因为这些人是与神灵联系在一起的，神灵可以通过这些人进行言说，萨满通常从这些人里产生。

  在通古斯人中，萨满的产生要具备进入迷幻能力的前提。史禄国介绍，通古斯人中萨满的产生主要存在两种方式。第一种方式主要见于后贝加尔地区，氏族成员会在处于青春期阶段、具备进入迷幻能力的青年中选择一个人作为萨满候选人，由氏族的老萨满用数年时间培养，最后氏族要为新萨满举行承认仪式；另一种情况被称为"神选"，主要见于中国东北的通古斯人和满族人中，这类人由于神灵附体而受到困扰，表现出被神灵附体的一系列固定特征，经过有经验萨满的"治疗"和教导，在氏族成员认可的情况下，这些人最后成为萨满，并举行承认仪式。通古斯的萨满往往能掌控一定数量的神灵，对于氏族萨满来说，他们要掌控氏族神灵以及各种各样的外来神灵，萨满要借助自己掌控的神灵来抵御威胁氏族成员的神灵。通古斯萨满的服饰和法器是萨满对神灵及其运作模式的象征表达。根据史禄国的介绍，在后贝加尔的通古斯人中，萨满分别有进入宇宙上界和下界的神服，萨满仪式过程中各种器具象征着萨满旅行过程中的一些神灵助手和工具等。在社会地位方面，萨满在氏族生活中没有什么权力，他们一直受到氏族成员公众意见的检验和评判。萨满在通古斯人中也表现出一定的差异性，有的萨满擅长萨满教"理论"，有的萨满擅长歌唱和舞蹈，有的萨满擅长治疗和占卜。

四

在对"心智丛"的理论说明中,史禄国认为它是不断变迁的。史禄国将这个过程分为两种类型:"变动的平衡"以及"失衡"。这种变动的动力可能来自于族群内部的变化(主要是人口数量的变化),也可能来自于族际间的压力,一个僵化的"心智丛"可能会对族群单位一般的反映功能造成障碍。史禄国认为,我们可以"把族群文化认知作为理解"心智丛"状况的基础问题"[1]412,族群单位对"心智丛"的变化包括有意识地或无意识地拒绝,人们会拒绝一些文化要素(尤其是在有书写系统的族群单位中更倾向于发生拒绝的现象),人们也可能凭借直觉猜想而接受一些文化要素,出于再适应的需求接受一些文化要素,"心智丛"的这种管理,确保族群单位以特定的速度运行,同时与文化适应的其他要素变化过程相对应。

不过,"心智丛"也可能发生失衡的现象,这是指"心智丛"不能满足族群单位对环境必要的认知需求,以及以此建立起来的保证族群运作单位的知识。在族群所依托的基本环境、派生环境以及族际间环境改变的情况下,可能会发生"心智丛"的失衡现象。主要分为以下几种情况:由于迁徙而发生的环境改变;由于战争产生的思维能力的改变;食物的缺乏;人口的减少;领土的增加或者减少等等。史禄国认为,"在族群单位的生命中,由于族际压力而产生的失衡现象要比内部影响更加普遍"[1]410。外来族群的压力可能会通过文化要素的引进来表现,他认为这些要素会直接或间接地影响到"心智丛"的稳定性,尤其是在族群单位变迁速度加快的情况下。

史禄国结合通古斯人的具体社会历史对萨满教文化丛产生以及功能做出解释。他认为,"通古斯人对佛教文化的引进导致了精神紊乱的增加,佛教传遍了整个通古斯人那里,集体或者个人的心智紊乱是对这一观念引进的反映"[1]414。他认为萨满教文化丛是族群单位"心智丛"在面临失衡危险时而引发的一种自我管理的实践。"从萨满教本身来理解萨满教是没有什么意义的,它对说明萨满教的功能毫无帮助"[1]415。他认为,萨满教的产生与佛教传入后通古斯人祖先中发生的个人和大众的精神紊乱有关,作为一个派生性的文化丛,它源自于通古斯人一个长时间的对"心智丛"进行自我管理的过程,它的主要功能在于管理族群成员的心智生活。萨满教是通古斯人"心智丛"不稳定时,进行自我管理的一部分,这种不稳定由族际压力产生,族群单位采用萨满教是出于族群"内部"应用的目的。

史禄国分析,在面对族群"心智丛"失衡的危险时,通古斯人将为"心智丛"带来困扰的要素用神灵进行象征表达,并由具有控制"神灵"能力的萨满通过仪式的手段对心智失衡状况进行调整。萨满处理的"病人"并非是病理学意义上的患病,他们的"病"是在特定的社会文化语境下发生的,因而也需要通过族群自身发育出来的"萨满教"进行治疗。萨满一般是在氏族内部或者地域内部产生,他们的治疗依据对氏族神灵的基本假设和掌控,治疗的方式则多是个人性或集体性的仪式。

在对仪式作用的分析上,史禄国采用了现代心理学的方法,正像他所言:"民族志研究者对心理学方法的运用针对民族志工作的某些方面,它只是一种普通的方法,不能将其滥用。"[1]8他对萨满治疗的分析用了心理学的方法,如萨满在治疗中对非逻辑思维、直觉、暗示等方法的运用,以达到仪式的心理治疗目的。

总之,史禄国的萨满教研究是在通古斯人自身的文化语境下展开的,它连接了通古斯人的历史与现实,将通古斯人萨满教文化丛放在与其相关的其他文化丛的互动关系中进行理解,并将其还原为心智层面的文化现象,从历史与功能的维度进行观照,开创了民族学视野下的萨满教研究传统。与史禄国萨满教研究成果、观点的反思性对话,笔者将有另文探讨,故不在此赘述。

[参考文献]

[1] Shirokogoroff. S. M. Psychomental complex of the Tungus [M]. London:

Kengan Paul. Trench. Truhner. & CD. LTD, 1935: 7.

[2] Shirokogoroff. S. M. Ethnical Unit And Milieu—a Summary of Ethnos [M]. Shanghai: Edward Ewans and Sons, 1924: 5.

[3] 李金花. 从史禄国"北方通古斯的社会组织"看人类学 [J]. 西北民族研究, 2010 (1): 219.

[4] 菲利普·米特拉尼. 关于萨满教的精神病学探讨评述 [J]. 第欧根尼, 1993 (2): 72.

[原载于《吉林师范大学学报》（人文社会科学版）2015年第2期]

萨满教变迁研究

孟慧英[*]

渴望了解过去发生了什么,渴望理解文化的历史进程,这是人们普遍的兴趣。为了满足这种兴趣,传统的历史学形成了非常可贵的探讨方法,它十分注重历史文献的记载,文本方面事实的基础价值不容置疑。其实任何历史方面的研究都是一种选择,它的构成条件取决于对过去痕迹的发掘,而这些痕迹远不止于书本上的记载。人类学学者认为,一些日常生活实践拥有许多可被解读为"历史"痕迹的现象,对人类"历史"应该有更为广泛的理解。即可以将历史文本的记载和文字材料以外的"历史痕迹"相互联系,在各种痕迹中分析出一些有史学价值的符号、结构或现象,把它们纳入历史轨迹的考察范畴。本文萨满教变迁研究就是这样一种历史人类学的探讨方法。

早期的人类学者往往将信仰萨满教的土著群体形容成没有历史的人群,萨满教区域内人们生活观念中的那些稳定的、重复的结构,周期性的行为习惯模式,一个社群长期依行的做法等,成了几个世纪以来学术考察的焦点。

其实,萨满教没有历史的观点是错误的。每一个萨满教信仰族群都是历史中的行动者,他们对于其所经历的重大社会历史事件,会保有某种族群记忆,当然每个群体都有不同的记忆方式和不同的构建方

---

[*] 孟慧英(1953—),女,辽宁沈阳人,中国社会科学院民族学与人类学研究所研究员,博士生导师,吉林师范大学兼职教授,研究方向:萨满教。

式。所以我们不能忽略不同群体如何描述或解释过去,以便去探讨包含着特殊时间价值的被不同群体加以展现、构建和符号化的现象。

为了说明历史痕迹,我们需要发现那些与痕迹关联着的各种现象以及他们之间的基本结构,有了这样的前提,就容易发现一些符号、结构及其变化的时间意义。当然萨满教现象变化的特点也要求我们把"快速改变、缓慢改变和不改变的情况都涵括在一个总类别之下"[1]96进行分析,深入探究其中所传达的时间性。

发现结构及其变化的最好途径是把萨满教现象与历史语境结合在一起。萨满教文化意义和真实世界之间的关系是必须认真提炼的,这样才能实现萨满教现象的语境化。语境化涉及的是去发现某萨满教现象与哪个历史时代环境和特殊事件有关联,这样才会把萨满教现象纳入历史与社会进程。在世界历史上,不同地区的萨满教都经历过与其他文化、其他宗教和国家权力的激烈碰撞,发生过巨变和衰退。因此在变迁研究中,文化间性、跨文化性、文化交流等问题都变得十分重要了,我们特别要找到"具有引发某种变动的能力"[2]163,促使萨满教变迁的那些历史事实。

关于萨满教变迁的研究面对的是不同的社会情境,不但要对其中的变化事实进行梳理和比较,还要观察所研究的事实到底与怎样的历史情况相关。这样看来,研究者经验范围的开阔就相当重要,经验越开阔,理解各种萨满教变迁现象的机会就越大。

萨满教变迁研究的案例经常是个别人的、家族性的、边缘地区小族群的。但是个人、家族和区域族群版本的小经验,往往是大历史的一部分。正是从众多个体对集体思考、行为方式或习惯以及社会规范的不断再生产中,我们才能发现他们与自身文化其他方面存在的有机联系,才方便去确认那些具有时间感和变化性的历史痕迹。

一 从狐仙信仰看外来文化的介入情况

在中国北方各个民族的萨满教中外来文化介入情况很多,其中突出的案例有狐仙信仰等。从表面上看，中国北方少数民族几乎都信仰狐仙，因为许多萨满文化观察者和来自本民族的文化研究者，都证明这种信仰的存在，然而事实却不那么简单。

在我们的调查中，有一些萨满绝不认为萨满教的信仰对象包括狐仙，这些萨满往往自认为（或被族群成员认为）是大萨满或很有力量的萨满。吉林省九台市小韩屯的石姓家族最为乐道的是他们家族的大萨满战胜狐仙的故事。他们认为自己家族的神灵威力大，狐仙一类的汉族仙不敢冒犯他们和家族子孙。在家族传说中，有个领狐仙的汉族人想给石姓某人治病，但当他面对石姓祖先神龛时，无法降神。汉人说，你们家的神太大，我们惹不起。2014年，石姓家族举行萨满出马仪式（萨满身份验证仪式），在昏迷中舞蹈的萨满突然大发脾气，摔掉手中的各种神器，倒在炕上发抖，不肯回答萨满助手（栽立）的任何问题。一时众人慌乱，此时有人猜测可能是有带汉仙的人出现在祭祀场内，惹恼了神灵。虽然后来经过占卜得到的解释并非如此，但是还可以看出石姓人对于狐仙的抵触意识。

在呼伦贝尔草原有一位萨满，他叫斯登扎布，是布里亚特人，他明确地说萨满不信狐仙。他讲了一个故事：当地有一个别的民族萨满为了探听他的法力，变成狐仙来到他的梦中，他吹一口气把它赶跑了。他说，就某某族的萨满搞这个东西，大萨满没有这样搞的。在斯登扎布看来，萨满的神灵显然高于狐仙，他不屑于领狐仙神的萨满。

1996年，我们在塔河十八站的深山里参加了一次鄂伦春族萨满治疗仪式。当时跳神的萨满叫关寇尼，她领的两个神灵中有一个是狐仙。鄂伦春族大萨满孟金福作为那个仪式的助手，并未做跳神萨满。孟金福说，他不能请狐仙神，因为他是氏族萨满，所以仪式中就请另一个仪式助手关寇杰（关寇尼的姐姐）来唱请狐仙的神歌。在鄂伦春族，氏族萨满地位最高，孟金福不唱请狐仙，是他维护自己尊贵身份的文化行为。

蒙古族的萨满车留金认为，萨满不祭狐仙，更不可能让狐仙附体。在科尔沁地区的蒙古族萨满们中，一般都会说不祭狐仙，在萨满降神会上不会请狐仙附体。但是在20世纪80年代后，出现请狐仙附体、请狐仙的情况，这使老萨满们很反感。老萨满认为，真正的萨满不能请狐仙附体。

如上种种，也许会得到信仰萨满教的民族不信狐仙的印象，而真实的状况却很复杂。科尔沁地区的蒙古族、大兴安岭的鄂伦春族、新疆察布查尔锡伯自治县的锡伯族、内蒙古呼伦贝尔草原和莫力达瓦达斡尔族自治县的达斡尔族等民族中都存在祭祀狐仙的情况。

一个蒙古族年轻的女萨满自述，在萨满降神中神灵来时说的都是蒙古语，她已经不太会说蒙古语言了。在2014年举行的过关仪式中，她的附体神灵是狐仙，说的是汉语。她的父亲是这个过关仪式的关师，显然不很满意她的表现。关师对我们说，狐仙是小的神灵，只是做些传递消息的事情。蒙古族萨满钱玉兰就明确指出，她从小生活在蒙汉杂居区，观察、参与过汉族师傅的祭祀狐仙等信仰活动，也学会了汉族的狐仙等仙的祭祀神歌和祭祀方法。也有某些科尔沁萨满认为，狐仙在萨满教中出现得也很早，但只是个跑腿的，狐仙可以为萨满所用，但不是他们的神灵。

对于狐仙祭祀，我们在新疆察布查尔的锡伯族、科尔沁地区的蒙古族、内蒙古呼伦贝尔盟和莫力达瓦自治县的达斡尔族中间发现了一种区别性的祭祀结构。在这些民族中最突出的祭祀对象是祖先神龛，对祖先神龛的祭祀是最主要的祭祀，这是真正的神位，保佑着整个家族的兴旺、健康、平安。这个神龛一般在主屋的西墙上。而狐仙的神位，在锡伯族是在仓房中，祭祀的目的主要是保护儿童健康。在通辽市的科尔沁蒙古族某萨满家中，祖先祭祀是在主屋，狐仙等仙位则在主屋旁边的小屋，祭祀中给它们上一些供品，属于陪祭。在达斡尔族，有的家族在屋外设有狐仙小房，适时祭祀；有的把它放入所供祀的众多神灵之中，但保持家族祖先神的独尊意识。有关祭祀的物品显然是有等级的，在锡伯族，祖先神龛祭祀是用羊等献牲，狐仙一边用鸡祭祀。当然如果家庭发生严重不安事件，并被认为是狐仙引起的，对狐仙祭祀的物品也会转成献牲，但这不是常态。

显然大多数北方少数民族萨满把狐仙信仰作为外来的汉族文化看待。北方少数民族与汉族文化交流的确没有明确的时间点，但确有接触、交往汉文化的共同经历。如何对待汉族文化，如何结构外来文化，不同族群表现出不同的方式。一般而言，不信仰狐仙的萨满们认为，狐仙来自汉族传统，萨满教没有必要供奉。所以在很多民族中，它是不被大萨满看在眼里的外仙。也有一些萨满只是借汉仙为自己服务。在蒙古族那里狐仙不能得到像对待萨满教传统神灵那样的待遇，它被看作跑腿、传信的小神灵。在锡伯族那里，它是传统神灵结构之外单个的小神，不是每个家庭都在仓房里供祀它。无论是神灵结构的区别还是祭祀行为的差别，我们观察到萨满教对狐仙所代表的外族文化的不同态度和文化再结构的努力，所以出现表达的丰富性和多样化，既包含着汉文化影响给族群和萨满带来的排斥、困惑、借用等文化体验，也隐含了汉文化影响在萨满教内部引起的神灵结构安排和祭祀方法模式等方面的各种渐变。

二 从"怀玛日·巴日肯"祭祀看被排挤的萨满教的反抗

2009年我们参加了达斡尔族的斡米南仪式，6月20日早上9点开始祭祀"怀玛日·巴日肯"。仪式的主要祭品为一头四岁左右的栗色公牛。在斡米南仪式三天的萨满祭祀中，只有这个神灵是用牛祭祀，其他祭祀都用羊。萨满认为，"怀玛日·巴日肯"曾为清皇室所供，因此所祭供品要求标准高。这个神灵喜欢宫廷舞蹈，爱热闹，达斡尔人祭祀时，要有九男九女以歌舞娱之。

相传"怀玛日·巴日肯"神通很大，原来曾经大闹京城，康熙帝请喇嘛为此念经。传说当皇帝请喇嘛念经后，他就迷糊了，后来他遭到雷劈，变成好多小虫子，像蜈蚣、蜜蜂等。也有传说，"怀玛日·巴日肯"被雷劈成很多碎片，人们把这些碎片当作一个整体供奉。这些碎片部分的象征物很多，如木犁、筷子、船、狩猎工具等。还有人说,"怀玛日·巴日肯"是木偶神,由 100 来位小木偶神像组成。

与"怀玛日·巴日肯"类似的神还有"霍列力·巴日肯",一些达斡尔人认为,他们是同一个神灵。达斡尔族在关于"霍列力·巴日肯"的祭词中有这样的描述:"经过九次雷击,被打成碎块……在黑龙江有籍贯,顺着金奇里江下来时,把所有的家族集合起来,把各种生物结合起来……吵扰了北京城,占据了正统的位子,高鸣在宫廷内,曾有过玉石宝石的炕沿,有过珍珠东珠的座位……经过达斡尔族的时候,供奉在这个家,位居在西边的墙上……"[3]311

达斡尔人有关"霍列力"的故事讲道:在闪电击碎的石头中出现了一只羚羊,它直接跑到沈阳,在那里开始祸害人。满族的政府人员将它抓住,放进一个牛皮口袋,扔到河里。它顺流而下,直到遇到发洪水的龙,那个袋子在龙的角上爆裂,羚羊从袋子里出来。它到了河岸,再一次祸害民众。满族的政府人员再一次把它抓住,放进袋子里,放在马背上,然后把马赶走。马凭着嗅觉来到黑龙江,在那里它被通古斯人抓到。他们想一定是什么好东西放在袋子里,于是把它打开。羚羊跳了出来,跑到了森林里。它被闪电攻击,闪电一次又一次地冲击,杀死了很多生物,只有那些绕道逃跑的鹿逃脱了。它回到 Nonni 河,附近村庄里有一个男人在田间耕作,羚羊的灵魂跑到了男人的身边。这时一个巨大的响雷把每个东西都炸成 99 片碎片,羚羊的灵魂、所有动物和人的灵魂都被闪电击碎。从那以后它们组成了合力,附体在人的身上。这个神先是被通古斯人信仰,后来又被看作是满族皇宫的精灵被信仰。[4]221

我们再来看与皇帝惩罚有关的萨满故事,其中最著名的莫过于尼山萨满。满族有故事讲,尼山萨满到阴间成功救人的事迹传到了皇宫。这时,尼山萨满的婆婆向皇帝告状,说她在阴间见到了自己的儿子但却见死不救。这个时候,皇帝身边的喇嘛嫉贤妒能,他们蛊惑皇上将尼山萨满处死。尼山死后被扔进枯井里,尼山在井中不断展现其强大的法术,从那时起满族人敬佩萨满。在达斡尔族的故事里,由于尼山萨满没有治好国母的病,皇帝将她扔进九泉之下,临死前她把自己的一些头发留在了地面上，致使达斡尔族的萨满至今没有断根，她留下多少根头发就有多少萨满。鄂伦春族的故事讲，由于尼山萨满造福百姓，犯了龙颜，被皇上活埋，但她的神铃和铜镜飞上天空，散落人间，从此鄂伦春人有了自己的小萨满。[5]18

上述这类现象与在三百多年前开始的清代历代皇帝长期发动的萨满教改造有关。皇帝们希望阻止萨满教古老形式，而信仰深厚的边疆族群却希望坚持他们的传统，不肯接受像满族家萨满那样的萨满教。于是关于古老的萨满教就形成了一种遭受恐吓、惩罚，或幸存或逃跑的历史意识。

一方面，边缘区域的少数族群认同皇权，它表现为抬高皇室神灵的地位，把它们列入祖先神行列。在调查中达斡尔人介绍，"怀玛日·巴日肯"是祖神，是来自宫廷的神。不少家族都有这个神，它是达斡尔族、鄂温克族最大的神。北方少数民族的祖先神多是巫祖，与那些非正常死亡的家族成员或外族人作为巫祖信奉的现象比较，被皇帝驱赶的威力大、聚集天地各种力量、法力无边的大神，进入巫祖祖先系统，显然提升了民间巫祖信仰对象的档次，展现出萨满教巫祖概念升级的历史性变化。

但同时，北方一些少数民族反对来自皇权的萨满教改造，它们通过宣扬传统萨满教的神奇表明自身坚持传统的态度。我们看到，被镇压的尼山萨满虽死犹生，她的死反而成就了萨满教，民间萨满滋生，萨满法术增强，都与她的死亡有关。人们通过逃跑了的神灵和被镇压的萨满形象，表达了一种与当时政治环境的消极对话，甚至表达一种对皇权意志的抵制和对抗。这种情况也说明了古老的灵性萨满教实践在清代有核心区域和边缘区域的区别。与核心区域传统萨满教式微的情况不同，边缘区域的萨满教尽管感受到了威胁，但还是以强化的方式来表明自身的文化态度，这其中也透露出那时萨满教被推向边缘族群的历史过程。

三 从满族家祭看国家权力
影响下的萨满教衰落

家祭是满族人对自己祭祀方式的称呼,它包括几种祭项:祭西炕(祖先神龛)、换锁、背灯(或祭星)、祭天。家祭中主祭的家萨满不进入昏迷状态。家萨满是满族萨满的主要类型。这些萨满主持家神祭祀,会念各种祭祀祝辞,掌握请神的各种响器,还能传授祭祀知识,类于庙堂的司祝。萨满教的传统习俗是萨满进入昏迷,掌控精灵,到其他世界旅行,还会从冥府将灵魂带回复生。将附体的灵感的宗教实践转变成礼拜式的祝祷,显然不是来自底层民众的愿望和努力,根据历史记录,清代满族统治者是这种转变的推手。

满族统治者曾明文规定禁止萨满跳神活动。比如,后金时期的皇太极,他一方面强调萨满教祭祀中的奢费弊端对社会经济发展的危害,必须禁止;一方面谴责萨满教跳神拿邪,妄言祸福,蛊惑人心,表现出极大的鄙视和不信任。他还以杀伐手段惩治萨满。天聪五年(1632)谕:"凡巫觋星士,妄言吉凶,蛊惑妇女,诱取财物者,必杀无赦。该管佐领、领催及本主,各坐应得之罪,其信用之人亦坐罪。"[6]10551这些禁令颁布以后,萨满活动受到了严厉打击。① 据《盛京刑部原档》资料统计,崇德三年至四年处理的案件中,涉及巫术诅咒的就有7例,当事人被处死的2例,受到鞭责或贯耳鼻、罚财物的有5例。可见,诸多禁令得以严格执行,并非空文。

这表明,在当时传统的萨满被认为是一种不安定的社会因素。然而既要避免萨满教弊端生事,又要保持民族传统,统治者不得不对萨

---

① 正黄旗固山额真纳穆泰的岳母,因在祭奠已故儿子时携带"称能眼见(灵魂)之女巫"同往,事发之后,与女巫一同被正法(《盛京刑部原档》,第167—168页)。另有正白旗苏尔曼与包衣拉尔球妻相互控告,"拉尔球在本牛录—新满洲之家称自己为萨满,手持女手鼓,置水一碗,占星而击手鼓……经审,跳神卜吉凶是实,因议拉尔球应鞭一百,贯耳鼻。新满洲应鞭五十"(《盛京刑部原档》,第69—70页)。

满教进行一些改造和规范，以致没有昏迷术的萨满教祭祀成为宫廷的选择。

萨满教家祭形态的发凡显然来自清初，特别是皇太极的禁令和镇压。当然皇太极也对祭祀的礼仪规范做过些调整和规定。1636年，皇太极颁旨："先前国小，未谙典礼，这堂子、祭神时，并不斋戒，不限次数，率行往祭。今蒙天眷，帝业克成，故仿古大典，始行祭天。伏思天者，上帝也。祭天祭神，亦无异也。祭天祭神，倘不斋戒，不限次数，率行往祭，实属不宜。嗣后，每月固山贝子以上各家，各出一人斋戒一日，于次早初一日，前彼诣堂子神位前，供献饼酒，悬挂纸钱……此外，妄行祭祀，永行禁止。"[7]1514

满族文明化的祝祷方式是在不断的尝试中逐渐改进、定型的，其中最有代表性的实践者是皇族。清代宫廷的萨满必须是皇族觉罗氏的人，而且多用妇女，皇妃及王等福晋（夫人）皆有为司祝者。康熙年间，她们享受岁给官用缎两匹，纱绫绸绢杭绸各一匹的待遇。乾隆以后逐渐降为宗室觉罗的妻室做萨满，享受三品官的俸禄。作为侍神者，清宫萨满的基本责任是履行侍神义务，即史籍中所说的"以承祭事"。祭事十分庞杂，包括一方面向神灵祖先供献七里香、糕、酒、果品、挂献纸钱、供献牺牲等，另方面代表皇室向神灵祖先祈福求佑。[8]93

在《满洲祭神祭天典礼》中出示的皇族仪式的高雅范例，吸引着八旗制度中的满族家族萨满。到了清代中期，没有人阻止对这种祭祀方式的故意追求。据《清史稿》记载："跳神之举，清初盛行，其诵祝词者曰萨吗，迄嘉庆时，罕用萨吗跳神者，然其祭固未废也。"也就是说，萨满祭祀仍在继续，但罕用萨满跳神。

随着清代帝国的满族成员分散到各个地方以及满族成员在非传统文化的围绕中濡染加深，满语的流逝，习俗的衰落是不可避免的，当然家祭也在其中。在乾隆年间发布的《钦定满洲祭神祭天典礼》说明了对这种状况的焦虑和修正的意愿。乾隆十二年七月初九日，在满文本《典礼》成书之际，乾隆皇帝曾颁上谕，言明纂修的初衷与目的为:"我满洲禀性笃敬,立念肫诚,恭祀天、佛与神,厥礼均重。惟姓氏各殊,礼皆随俗……若我爱新觉罗姓之祭神,则自大内以至王公之家,皆以祝辞为重。但昔时,司祝之人俱生于本处,幼习国语,凡祭神、祭天……无不斟酌事体,编为吉祥之语以祷祝之。厥后,司祝者国语俱由学而能互相授受,于赞祝之原字、原音渐致淆舛,不惟大内分出之王等累世相传,家各异词,即大内之祭神、祭天诸祭,赞祝之语亦有与原字原韵不相吻合者,若不及今改正垂之于书,恐日久讹漏滋甚。"[9]619

清代的朝廷既是萨满教文化的改造者,也是它的保护者。在汉文化的氛围中,保存满族人的观念和传统,重振满族文化信心,扭转已经出现的分散、汉化、衰落的情势,是来自朝廷的选择。

在满族历史上,满族家族祭祀不可避免地与皇族的榜样产生互动,上下呼应,使得满族独具特色的家萨满祭祀成为一族的传统。研究者注意到,满族各姓的祭祀与"典礼"相同的祭项,如大内皇室的祭天、换锁(求福)与民间所称一致;"典礼"所祀对象也多见于民间萨满文本。据赵志忠在《满族萨满神歌研究》中分析,家祭包括爱新觉罗的皇家祭祀,一般都分为三个部分,即在开头呼唤所祭神的名字,中间呈报祭祀者的属相,最后歌颂并请求神祇。[10]171除了神歌的结构外,赵志忠说,一些吉祥话也非常类似。根据赵展的考察,宁安县南腰岭子赵家的《祭祀祝文》序中记载:"此祭祀之律例,也由上达于庶民,此系礼所生也。"[11]273

总之,满族的家祭传统已经成为她最有特色的满族萨满教表现,它把萨满教发展到之前没有进入的以祝祷为主的历史阶段,同时这也代表了灵性萨满教传统的衰落。

四 从蒙古族白博看萨满教的涵化

文化涵化是指异质的文化接触引起原有文化模式的变化,它是文化变迁的一种主要形式。白翠英在《科尔沁博艺术初探》著作中介绍，科尔沁蒙古人根据萨满教与藏传佛教（喇嘛教）的接触与融合程度，可分为黑博、白博和莱青。其中，白博和莱青都是在与喇嘛教斗争过程中接受了喇嘛教的一些因素而形成的博。黑博则是传统的，没有接受喇嘛教因素的博。

明朝后期，大约在16世纪70年代，喇嘛教通过北元的土默特部第二次传入蒙古地区。1578年（明万历六年）土默特部阿拉坦汗势力在内蒙古、青海、甘肃等地不断增强和巩固，喇嘛教格鲁派宗教领袖索南嘉措因阿拉坦汗的三次要求与阿拉坦汗会面。由此阿拉坦汗及其所率领的土默特、鄂尔多斯、喀喇沁等蒙古右翼3万户蒙古人开始虔诚地皈依佛教，拉开了蒙古人第二次信奉喇嘛教的序幕。[12]137

喇嘛教的传教活动得到了蒙古上层的支持，蒙古上层公开宣布取缔萨满教，相继展开了对萨满教的镇压活动。17世纪上半叶在东蒙古科尔沁诸部落传教的乃济托音喇嘛（1557—1653）的传记就曾描述过这一过程。科尔沁部王公贵族派使者到全旗各处，将各家供奉的"翁衮"没收，堆积如丘，然后统统烧掉。他们还用赏赐牛、马等牲畜的办法鼓励牧民背诵喇嘛教的经文。在西蒙古诸部落中也出现了类似情形，喇嘛教门徒们无论是谁，只要还在崇拜"翁衮"，就把它们烧掉，没收这些人的牲畜，还要用狗粪浇那些男女萨满。1640年卫拉特蒙古制订的法典更进一步将禁止萨满教的活动、取缔"翁衮"的措施以法律形式固定下来。博的地位越来越下降，几经残酷镇压，九死一生。[13]3

喇嘛教的传播也受到萨满教的强烈抵抗，两者之间进行了长期反复的较量。这场斗争也反映到民间的一些传说中。比如关于科尔沁白博祖师豪布格太的传奇。豪布格太是成吉思汗时代的大萨满豁尔赤的徒弟，尽管他神通广大，法力无边，能骑神鼓上天和呼风唤雨，但最终也没有斗过新兴的喇嘛教。佛教传入后，他与佛爷斗法7年，最后从台吉（贵族）的地位，被贬斥到贫民阶层。[12]196传说自从他皈依了活佛后，他的世系就成了白博，他自己也成了白博的祖师。[12]154

蒙古萨满教在与喇嘛教的较量中，开始分成白博和黑博两大派系，白博既敬神也敬佛，被黑博称之为投降派；而黑博只敬天和敬神不敬佛，坚持萨满教的原始信仰。白博在行博时面向西方（或西南方）向佛祖祈祷，而黑博则面向东方（或东北方）向天祈祷。[12]158—159

由强势文化传播所引发的萨满教涵变和衰落，在萨满教变迁的历史中十分普遍，那些引发变化的动力或来自政府权力的强制改造，或来自外部宗教势力的迫害、打压。

16世纪至20世纪基督教在西伯利亚传教，西伯利亚西北部的汉特人以他们自己的形式接受了基督教的部分要素，基督教的象征对象和汉特本土宗教的混合形式，是汉特人几个世纪以来发展出的宗教表达。比如有一些汉特人将基督教的上帝等同于他们传统信仰中的天神图伦姆，将天堂比拟为汉特人死后灵魂要去的地方。圣尼古拉斯是一位传教士，他从一个村庄到另一个村庄行神迹，治病人，劝导罪犯，拯救那些受到不公的人。汉特人接受了这位圣徒，把他的圣像和他们的神偶放在一块儿，向他们祈求狩猎的好运气和健康的生活。[14]63 除此之外，他们还吸收了基督教中的一些象征符号，诸如十字架、刻有经文的铃铛、刻有圣徒形象的胸甲、钱币、钥匙等，它们成为萨满神圣器具中的一部分。这些象征物被悬挂在萨满服上，在萨满召唤神灵时叮当作响。

自17世纪俄国征服雅库特人之后，除了极例外的情况，雅库特人都已受洗为东正教徒。很多萨满也在俄国东正教会登记在册。在当地雅库特人看来，那些旧的雅库特神无力抗击新的俄国神，东正教传教士在此地的活动，也导致萨满在雅库特人中的地位有所下降。但是，雅库特人也未放弃萨满教活动，由于条件所限，当地人很少能见到俄国牧师，也有很多人从未见过俄国教堂。这些名义上的基督教徒尽管在帐篷内挂着圣像，在圣像前点着蜡烛，但是他们在有什么宗教需求时，还是去找萨满。民族学家普利卡隆斯基就见过这样一位萨满，在他举办仪式之前，先在圣像前虔敬地画十字，然后坐在地上背对圣像开始召唤他的助手神。在雅库特人看来，如果基督教神不提供帮助的话，本地萨满神可能会帮忙。[15]100

西方殖民者的殖民统治给北美印第安人带来了前所未有的灾难。为彻底摧毁印第安人的本土文化根基，他们采取了文化上的"种族灭绝"政策，不准印第安人保留其传统的风俗、仪式和宗教。文化压制所造成的一个直接后果便是基督教与北美宗教传统的融合。美国本土教会，又称为佩约特宗教（Peyote Religion），其突出特征是通过集体食用迷幻药物，即佩约特仙人掌，达到与神灵交际的目的。很多佩约特信徒将耶稣视为本土文化英雄、灵性守护者，或将耶稣与佩约特联系在一起加以膜拜。[16]49

苏联官方的反萨满教行动始于20世纪20年代，那时苏联官方禁止萨满公开举办仪式，没收萨满鼓、萨满服和其他萨满器具。1924年，雅库特苏维埃社会主义自治共和国当局通过了苏维埃法律的雅库特版本，其中指出："萨满教无疑是一个有害的现象，其以宗教仪式损害了民族文化的复兴和人民的政治成长……萨满应该接受司法审判，因为他们的勒索、欺骗以及对医疗的不负责。"[17]45

官方的无神论宣传和西伯利亚土著部落的万物有灵思想十分抵触。当土著民的传统社会秩序被集体化运动所打破，当地土著民被迫放弃游牧生活而改定居后，萨满所带来的影响才真正逐渐式微。即使在这样的环境下，萨满教的某些方面还有展现。比如在苏联时期的图瓦和阿尔泰地区，民间疗法（folk medicine）在治病方面迅速发展，很多经验丰富的当地老人都会这种民间疗法，它和萨满教仪式有很多类似之处。在治病时，民间疗法治病的人"杜目其"用熊爪治哺乳方面的疾病。

上述分析使我们确信，萨满教整体上的衰退与文化上的殖民方式直接相关。国家或地区的统治者对自己所认同的文化强行推动，对自己不认同的文化进行破坏、摧毁，显示出一种文化殖民主义行为。在这样的文化传播中出现了双方力量和地位的严重不对等，使得信仰萨满教的土著群体承受着巨大的心理压力和情绪压力，让他们无从选择。他们原有文化身份的社会意义开始失去，不得不转向归顺之途，于是在他们那里被动地发生了速度和力度太过强劲的文化巨变。同时他们的传统文化也表现出某种抵触、抵抗和迂回生存的状态，萨满教的这些努力呈现出上述种种文化涵化的情况。

五 从文化遗产项目看萨满教碎片化的现状

在过去的几个世纪中，由于种种原因萨满文化受到了巨大的冲击，萨满文化在一段时间里呈现出衰落，乃至消失的趋势。直到20世纪六七十年代，人们较普遍的看法还是：萨满文化是过时的传统，是迷信。

比如，经历了20世纪初俄国十月革命的洗礼和其后近一个世纪以无神论肃清宗教的历程，西伯利亚萨满教已经发生了重大的变化。总体的情况是：一方面，传统的信仰体系中的某些重要知识已经遗失，一些重要的概念与东正教、基督教等其他宗教的某些概念发生融合；另一方面，很多族群没有新萨满产生，一些可能成为萨满的人被贴上"精神病"的标签，真正的萨满隐去了自己的身份或者停止了一切活动，或者转入地下秘密为人治病，某些传统仪式已经不再举行；还有一个非常重要的变化是，由于受到东正教尤其是苏维埃"无神论"宣传的影响，人们大多数时候都从负面的角度看待萨满及萨满教，认为萨满是江湖骗子和害人的巫师，认为萨满教是"迷信的"和"作恶多端的"。由于萨满在社会结构中的位置发生了重要的变化，人们原本认为萨满能够解决危机、治疗疾病和使群体稳定的作用遭到颠覆，萨满的存在会让很多人有紧张感。

但是到了80年代以后这种情况突然转变。近些年来，世界上很多地区和民族都出现了萨满文化复兴的现象。有人认为，这是本土文化或者土著文化抵制全球化带来的自身文化边缘化和同质化的重要表现。

与萨满教复兴紧密相关的是萨满文化遗产项目的大量出现。根据联合国教科文组织《保护非物质文化遗产公约》的框架，许多萨满文化遗产都成为《公约》下的各个名录和名册中的重点项目。

遍观已列入"人类非物质文化遗产代表作名录""急需保护的非物质文化遗产名录"以及"优秀实践名册"的所有项目，不难发现，以萨满教信仰为内核的，或包含萨满文化要素的项目为数不少。这些项目遍布亚太地区、欧美地区、拉美地区、非洲地区，覆盖"口头传统和表现形式"、"表演艺术"、"社会实践、仪式、节庆活动"、"有关自然界和宇宙的知识和实践"、"传统手工艺"等5个类别。[①]

在拉美地区各国已列入《公约》名录或名册的诸多项目中，与萨满文化有关的主要包括："美洲虎萨满的传统知识"、"扎巴拉人的口头遗产与文化活动"、"奥鲁罗狂欢节"、"安第斯卡拉瓦亚的宇宙信仰形式"、"土著亡灵节"、"摩尔镇的马隆人传统"、"帕兰克—德—圣巴西里奥的文化空间"、"瑞宾瑙—艾基舞剧"、"剪刀舞"、"飞人仪式"、"瓦雅皮人的口头和图画表达形式"、"伊查佩克内—皮埃斯塔"、"莫克索斯省圣伊格纳西奥的最大节日"、"基布多的阿西斯圣弗朗西斯科节"、"委内瑞拉克伯斯克里蒂斯的恶魔舞"等。

非洲地区各国已列入《公约》名录和名册的诸项目中，"维布扎的治疗舞蹈"、"古勒—沃姆库鲁仪式舞蹈"、"坎库冉仪式即曼丁人成年礼"、"迈基石面具舞"、"伊耶勒面具舞"等几个项目属于较为典型的萨满文化遗产范畴，而"秘密群体夸莱杜噶的智慧仪式"、"艾法预言体系"、"圣林卡亚中的米肯吉达人传统和习俗"、"杰莱德口头遗产"、"博茨瓦纳卡伦特地区的陶罐制作技艺"等项目中则包含了萨满文化的某些要素。

亚太地区各国列入《公约》名录和名册的诸项目中，有"板索里史诗说唱艺术"、"江陵端午祭"、"济州岛七美瑞岛的永登神祭祀仪式"、"阿伊努人的传统舞蹈"、"冲绳的音乐舞剧组踊"、"蒙古的传统艺术呼麦"、"传统音乐潮尔"、"博逊地区的文化空间"、"铜锣

[①] 参见文化部外联局编《联合国教科文组织保护世界文化公约选编》，法律出版社2006年版。

文化空间"、"马克—扬戏剧"和"游吟者的歌"等，它们均与萨满教文化有相关性。

从上述遗产项目的名目可见，萨满文化的某个部分，特别是其中的艺术部分被选择为文化遗产的情况较多。这种情况与我国类似。比如在我国内蒙古科尔沁地区，目前内蒙古自治区级博舞蹈和博音乐传承人共3人；通辽市级博舞蹈和博音乐传承人共4人。

在一定意义上说，文化遗产项目的情况反映了萨满文化当今的存在状况，即碎片化。

以西伯利亚东北地区的楚克奇人萨满文化为例：传统楚克奇人的经济生活、社会组织、宗教生活和节日习俗，是彼此镶嵌在一起的。这样一个整体，共同创造了楚克奇人的社会秩序，构成了楚克奇人的文化和凝聚力。苏联时期，东北西伯利亚经历了反宗教运动、集体化运动、强制的住所再安置、"科学"养驯鹿等外来"进步"和"文明"的冲洗，这些"进步"和"文明"不熟悉也不同情当地土著民传统的生活方式。楚克奇人原有的生活方式被打破，原有的社会关系被打散，楚克奇人及其文化被整体"改造"。苏联解体以后，曾经在楚克奇人那里居住的大批俄国人"逃跑了"，年轻的楚克奇人也离开这里。经济萧条、人口锐减、社会侵蚀，都给楚克奇人社会的"重建"带来巨大的挑战。如今，楚克奇人的萨满教信仰和社会组织一样，只是一种碎片化、剧场化的状态。未来楚克奇人萨满教的复兴，也不会是单方面的，而是要根植于其社会和文化系统的复兴之上。

一般而言，现今的萨满文化，与特殊空间联系的紧密情况在退化，与社群关系的密切度在退化，它很难代表社会整体的意识力量，合法地控制或救援他的人民，为他们提供繁荣、丰产和军事成功的保障。换言之，它赖以生存的传统结构，无论是其内部的文化意义结构还是它与社会环境的镶嵌方式，都发生了脱节、散落的情况，碎片化的萨满文化遗产是萨满教自身发展到碎片化阶段的写照。

那么为什么很多国家选择萨满文化作为遗产呢？我们看到，在各种萨满文化遗产项目的申报书中，几乎无一例外地都强调它们的历史久远和独特价值。比如在拉美各国的申报书中，都将各国境内的萨满教文化遗产的历史追溯到殖民统治开始之前，并将极具本土特色萨满文化与随着殖民统治的到来而形成的以基督教为代表的西方文化进行对比，从而传达出对本土文化的认同，以及对西方文化为代表的殖民文化的抵制。于是，萨满文化遗产在这样的前提下，进入了当代社会的文化再生产过程。

以萨哈人为例。萨哈人持有宇宙三界说，并拥有关于宇宙中神灵的大量知识，同时也拥有白萨满和黑萨满的传统。在苏联解体之后，雅库特共和国转变为萨哈（雅库特）共和国。此后，对于萨满教仪式和传统的治疗方法的禁锢都放开了。

在萨哈共和国，现在有很多国家组织都在进行萨满文化学术活动，包括雅库茨克国立大学的国家文化与语言系、萨哈共和国人道主义研究院、萨哈共和国文化部民间创作司和文化学院。文化部下属的民间创作司自1993年重新命名和重组以来就开始推进舞蹈、歌曲和仪式等萨哈文化形式的复兴和恢复。成立于1992年的文化学院国家文化系一直致力于向萨哈的年轻人提供萨哈人的仪式表演等方面的宗教观教育。课程包括萨满教仪式表演和世界观，以及如何背诵 algys（美好的愿望或者祈祷词）、如何唱颂 toyuk（传统的萨哈歌曲）、如何进行 yayskh（仲夏节仪式）。显然萨哈共和国这种文化复兴活动是由国家政府以及多个委员会推进的。

萨哈的案例说明，萨满教的复兴是通过现代民族国家政府主导的。在那些新近恢复的集体性萨满仪式中，主持和组织祭祀的几乎都是政府的官员或者代表，他们本人并不懂得萨满仪式中的祷词以及很多象征性活动的精神内涵，只是借助这种仪式的古老性和宗教性来传达国家重塑民族认同和国家认同的需求。可以说，萨哈人的萨满教复兴是一场社会事件和政治事件。

作为官方推动的萨满文化遗产所面对的是更大环境的文化再构，一方面它增加了萨满教进入当代社会的机会，另一方面也推动了萨满教自身的碎片化过程。我们既能看到一些有传承人身份的萨满将证明文化遗产身份的标志带入仪式现场，借以抬高个人荣耀；同时也看到这些传承人并没有将与传承项目定义下的行为作为主要的实践内容。萨满教是各种文化现象的综合体，当萨满做医疗活动时，他的萨满歌曲传承人或萨满舞蹈等传承人身份，就显得有些狭隘了。

比如韩国的金萨满，在早年她为当萨满过着痛苦的生活。晚年的她有机会成为"民族文化"传承人，萨满公演和遗产传承人的身份可以使她在主流世界顺利生活，然而她以及身边的其他萨满们仍在忙于"地下"的萨满治疗。对她来说，萨满公演和萨满治疗"就不是一回事"！在1991年，金萨满一方面忙于官方支持的各种展演和公共宣传，另一方面忙于应付越来越多的萨满治疗仪式，尽管这种仪式仍处于地下状态。官方承认金萨满艺术表演家的身份，却意外地保护了她的萨满治疗活动。[18]200也就是说，"国家活态遗产""非物质文化遗产""民族传统文化"等光鲜的称号对萨满医疗这种"迷信活动"来说，并没有使它变得"干净"。而这与国家萨满文化遗产设置的目标并非一致。

表面上看起来萨满文化遗产热潮像是促成其历史的复兴，但事实上却是与先前的历史不怎么相关。"这不是信仰的问题——信仰充其量也只是一个有问题的类别——而是一种集体再现的问题和行动者如何应用它们的问题，这些再现之中包括过去的意象，也就是可指导未来行动方向的意象"[1]88。在北美印第安人新近恢复的萨满仪式中，萨满不仅仅是倡导者和组织者，也是亲自带领祭祀和舞蹈等活动的主要角色。但无论是作为倡导者的萨满，还是作为参与者的普通印第安人，并没有过多地关注这些神话和仪式中的信仰或宗教性，而是将这些神话和信仰看作一种从古老的传统中寻找解决当代问题的方式。根据人类学家的记录和研究，北美印第安人在近些年来所恢复和复兴的萨满教，首先是一种承载民族认同和民族自豪感的载体；其次，诸如太阳舞仪式等，并没有仅仅停留在解决个人的健康问题的层面上，而是成为解决集体心理问题乃至社会无序问题的重要手段；第三，它更是一种政治的表达，通过泛印第安神话和集体性的太阳舞仪式和神灵集会（yuwipi）等，印第安人表达对自己的文化被同化、自己的生存资源被掠夺、自己的社会地位被忽略的抵制。①

由于社会的快速发展，萨满文化遗产难以呈现传统中那种结构与系统的作用，但遗产事业还是有利于萨满文化在当今社会政治和文化的框架中获得某种话语权。

六　小结

根据上述一系列分析，尽管难以窥看萨满教变迁的完整面貌，但至少可以确认萨满教变迁的存在，并从中发现某些族群的一些萨满教变迁特点和阶段性。萨满教变迁既发生在其文化内部，比如满族家祭萨满和怀玛日祭祀的情况；也发生在与其他文化的接触、交流、交往之中，如狐仙信仰、白萨满等现象。萨满教整体形态上的巨变是萨满教变迁的突出特点，萨满教的衰落、萨满教的涵化以及碎片化，都是历史上的那些占有绝对权力的主流势力（基督教、殖民者、喇嘛教、苏联政府等）对萨满教镇压、冲击下发生的。在那样的环境中，萨满教只能在不平等的社会互动中被动地寻找存在的方式。

我们还应关注，萨满教在很长的历史时期内虽然是被统治和受管辖的，它却一直拥有"许多固执的可能性和弱者的计算"[19]88。屡经磨难的萨满教，现在依然在某个族群、某个地区以某种方式存在。在政府作用下的萨满文化遗产保护，有可能助推民间那些不被当作"遗产"的萨满活动发展，尽管这并非出自官方本意。政府推动的萨满文化遗产保护也有可能加速萨满教的分化，出现传统萨满教与文化遗产项目的分化，遗产传承人与一般萨满的分化，那些被重视的萨满文化遗产及其传承人会得到更多的发展机会，而民间的萨满教传统仍旧举步维艰。

---

① 沃尔夫冈·G. 吉莱克：《萨满舞蹈在北美印第安人中的复兴》，载《第欧根尼》1993 年第 2 期。

第二编 满族文化与萨满教

毋庸讳言，在当今世界和主流文化相比，萨满文化是弱势的、非主流、边缘的。尽管在一些族群中它的古老性有利于民族认同，但是随着世界的变化，生活在现代科学技术下的人并不怎么认同那些"迷信"的文化基础。现在出现的萨满文化遗产与国家、族群的政治和文化表达紧紧联系在一起的情况，可能预示着萨满文化的某种新的历史走向。或许萨满教即使是碎片化的，也能在这样的社会历史语境中找到发挥作用的机会和新的社会结构配置。

[参考文献]

[1] 克斯汀·海斯翠普. 他者的历史——社会人类学与历史制作[M]. 夏士蕴，译. 北京：中国人民大学出版社，2010.

[2] 安托万·普罗斯特. 历史学十二讲[M]. 王春华，译. 石保罗（Poblo A. Blitstein），校. 北京：北京大学出版社，2012.

[3] 满都尔图，等. 中国各民族原始宗教资料集成·达斡尔族卷[M]. 北京：中国社会科学出版社，1999.

[4] Caroline Humphrey. Shamanic Practices and the State in Northern Asia：Views from the Center and Periphery [M]. in. Nicholas Thomas & Caroline Humphrey ed, "Shamanism, History, & The State", The University of Muchigan Press, 1999.

[5] 谷长春. 尼山萨满传·上[M]. 长春：吉林人民出版社，2007.

[6] 佚名. 大清会典（雍正朝）：卷163[M]. 台北：文海出版社，1991.

[7] 佚名. 满文老档[M]. 北京：中华书局，1990.

[8] 姜相顺. 神秘的清宫萨满祭祀[M]. 沈阳：辽宁人民出版社，1995.

[9] 允禄. 钦定满洲祭神祭天典礼[M]. 台北：商务印书馆，1986.

[10] 赵志忠. 满族萨满神歌研究[M]. 北京：民族出版社，2010.

[11] 赵展，赵尔劲. 满族祭祖与萨满教形似而质异[M]//白庚胜，郎樱. 萨满文化解读. 长春：吉林人民出版社，2003.

[12] 李·蒙赫达赉，阿敏. 呼伦贝尔萨满教与喇嘛教史略[M]. 北京：民族出版社，2013.

[13] 白翠英. 科尔沁博艺术初探[M]. 哲里木：哲里木盟文化处，1986.

[14] Marjorie Mandelstam Balzer. The Tenacity of Ethnicity：A Siberian Saga in Global Perspective [M]. Princeton：Prince ton University Press, 1999.

［15］Andrel A. Znamenski. Shamanism in Siberia：Russian Records of Indigenous Spirituality［M］. Dordrecht：Kluwer Academ ic Publishers，2010.

［16］Jordan Paper. Native North American Religious Tradition：Dancing for Life［M］. Greenwood Publishing Group，Inc. ，2007.

［17］Marjorie Mandelstam Balzer. Shamans，Spirituality，and Cultural Revitalization—Exploration in Siberia and Beyond［M］. New York：Palgrave Macmillan，2011.

［18］Chongho Kim. Korean Shamanism：the Cultural Paradox［M］. Ashgate，2003.

［19］雅各布·坦纳. 历史人类学导论［M］. 白锡堃，译. 北京：北京大学出版社，2008.

［原载于《吉林师范大学学报》（人文社会科学版）2016年第4期］

神化亦或人化
——满族"换锁"仪式中的音乐功能解构

王晓东[*]

东北民间流传的"换锁"是满族为祭祀保婴、育婴之神"佛多玛玛"的重要仪式,此位神灵亦是满族萨满崇尚的古老神灵之一。在满族人民精神世界中,视此神为柳枝形象,常用柳枝代替神灵供奉厅堂。清代宫廷也曾流传着祭祀"佛多玛玛"的习俗,称为"求福仪"。如清乾隆年间宫廷制定的《钦定满洲祭神祭天典礼》中的"求福仪"所述:"树柳枝求福之神称为佛立佛多鄂谟锡玛玛,知为保婴而祀。"[1]"佛立佛多鄂谟锡玛玛"即是此神,"Foto"音译为"佛多",有佛特、佛朵、佛托等称谓,其汉语之意为柳或柳枝。柳,在仪式中被视为圣物,是"佛多玛玛"的替代之物。故而,"换锁"另有祭"佛多玛玛"、"柳枝娘娘"、"子孙奶奶"、"佛他玛玛"等名。其仪式意蕴为本姓家族保婴、育婴而祀,祈求神灵护佑子孙健康,世代繁衍。

一 "换锁"源流

满族"换锁"仪式流传历史久远,隶属于满族家祭范畴。东北满族众多家族普遍信仰此神。民间流传着祭祀"佛多玛玛"的仪式音

---

[*] 王晓东(1979—),男,内蒙古巴彦淖尔人,吉林师范大学音乐学院讲师,博士,研究方向:中国少数民族音乐。

乐活动。这与满族人根深蒂固的崇尚祖先、敬畏神灵的族群信仰观有着水乳交融的联系。

（一）"换锁"文献考索

满族"换锁"实为"祭柳"，"柳"在仪式中被人格化，且视为神灵的象征物。这也是满族先民千百年来所流传的柳崇拜的深刻体现。关于柳被神化成为生育之神的文献，远从《大金国志》谈起："昭祖久无子，有巫者能道神语，甚验。乃往祷焉。巫良久曰：'男子之魂至矣。'……又良久曰：'女子之魂至矣。'……既而生二男二女，其次第先后如巫者所言。"[2]1541 金代女真人清明时分"儿童插柳祭扫坟茔。坟墓插遍'佛多'以祭"。在《清太祖武皇帝努尔哈赤实录》《皇朝开国方略》《满洲实录》《满洲源流考》《东华录》等文献皆有对柳崇拜的记载。[3]111

另外，相关历史文献对其仪式事项的论述并不鲜见。如《清史稿·礼四》载："先一日，司俎官与奉宸苑官去西苑砍取整株柳树，树干直径三寸，然后在坤宁宫廊下将柳树置石上，柳树上悬净纸、戒绸。"[4]105

《钦定满洲祭神祭天典礼》载："祭前数日，向无事故满洲九家内攒取棉线并细片敬捻线索二条……'换锁祭祀'用的柳枝，由司俎官二员，带领司俎二人前往瀛台，会同奉宸院官员监看，砍去高九尺，围径三寸完整柳树枝一株。祭祀时，安设树枝石于坤宁宫外廊下正中，树柳枝于石。柳枝上悬挂镂前净纸条一张，三色戒绸三片……以桌上所供之糕夹于所有树权之间。祭祀完毕，将其分食，不得有所剩余。"[5]688

《佛满洲苏完瓜尔佳氏家谱》关于"换锁"的记录："换锁是为求福。各家族的换锁仪式大致相同，只是具体细节各不一致。换锁时，司香人举神箭，线索授司祝。这时将两炕案桌遗至室外柳枝前，司祝左手执神刀、右手执神箭立案前，令带索者齐跪一处……带索者向柳枝叩头，再向柳枝敬酒、夹糕。如是再三，然后将每人的锁取下，换上新锁。旧索系结在'子孙绳'上。男子带索一直到结婚，女子至出嫁。所谓索，即代表自己的那个条布带。"[6]272

其中的绳索，又叫"子孙绳"、"长命锁"。满族民间供奉的"佛多玛玛"的神灵位置，常为悬挂在祖宗板下侧面的口袋。即所谓的"子孙口袋"，各家族口袋的大小各异，无确切限定，袋口一般用麻绳收口，里面装着子孙绳和索。"索"（或称"锁"）实为子孙绳上的彩色布条、彩线、纸疙瘩。祭祀时，子孙绳从口袋内取出挂到祭祀用的柳枝上。"索"于此仪式中已不再是普通意义上的绳子，而与人的生命结下了不解之缘，这便是换锁的真正含义。

（二）"换锁"与"柳"的亲缘关系

满族萨满神话传说："在古老的岁月，其祖居地的虎尔罕河突然成了虎尔罕海，海水淹没万物，天神阿布卡恩都里用身上搓落的泥做成的人只剩下一个。这个人抓住漂浮的一根柳枝才幸免于死。柳枝变成美女与其结为夫妻繁衍人类。其中这位女性天神阿布卡赫赫就是满族先民所崇敬的始祖母、保护神。阿布卡赫赫的原始形象就是一片巨大的柳叶形象。"[7]158此传说印证了满族人流传的"柳生人类"的族群信仰，同时也为我们解释了满族人将柳枝视为神灵的缘由之一。如萨满神谕所言：

> 繁衍子孙的，仁德圣母；柳树枝子，子孙圣母；有礼仪的，文理圣母；在神座前清楚地祷告，瓜尔佳氏族，某一姓氏，某一属相的额伦之主，所娶之媳，所生之重孙，所有人等，一心一意，同心同德，心怀虔诚……差异之处请舍弃吧！过失之孙，请宽恕吧！
>
> 世世代代永不断，连绵不断来祭祀，有众多的子孙呀！
>
> 全家都无疾病吧！在家中洁净吧！在院中感恩，平平安安生活吧。[8]98

此神谕体现了瓜尔佳氏对"柳"的尊崇之情。满族人颇爱柳,这与他们祖先的生存环境和生产方式有关,柳树于东北是一种生命力强而又极易成活的树种,冰雪消融后的初春插一枝柳条,一年内便可长成大树,作为以农耕、渔猎为生的满族先民,他们盖房、编制农具、狩猎等生产生活皆离不开柳。这种以柳为母,誉为生育之神的图腾崇拜也由此而生。吉林省永吉县乌拉街满族那拉氏家族流传着关于柳的神话:"很古很古的时候,世上还刚刚有天和地,阿布卡恩都里(天神)把围腰用的细柳叶摘下了几片,柳叶上便长出了飞虫、爬虫和人,从此大地上有了人烟。"[9]116 这些故事讲述了柳被神化的缘由,而又塑造了一尊保婴、育婴之神"佛多玛玛",对她顶礼膜拜。由此,在满族历史的发展进程中演化出不计其数的富有神话色彩的美妙故事与传说。

柳树在"换锁"仪式中被视为圣物,是"佛多玛玛"的象征符号,此仪式又名为"祭柳"。族民信仰中的女神"佛多玛玛"与"柳"结为了一种潜在亲缘关系。由于"柳"在东北是一种繁衍旺盛的植物,与满族人根深蒂固的"多子多孙"的生育观相契合,成为生育之神,这也是满族对柳崇拜的缘由。在满族人的信仰观念中,柳被尊称为"佛多玛玛",世间万物由柳所生。诚如《创世歌》中所唱:"九只柳叶形方舟似的莲心位于天宇之中央,化成生育万物之阴……"[10]11 柳成为生育万物之母,生命之源。因而,我们不难理解,满族的"换锁"为何称其为"祭柳",这实际是千百年来在其流传过程中约定俗成的结果。这也证明"佛多玛玛"衍化为"柳神妈妈",实为满族先民柳神崇拜之体现。这种民俗观念深刻反映了满族人内心对家族兴旺、子孙繁衍的真情祈盼。

二 "换锁"仪式过程与音乐

从田野考察与文献检索的结果来看,"换锁"仪式有着神秘而严谨的仪式结构。家祭仪式的时间长短尚不固定,因族群而异。我于

2007年11月25日跟随刘桂腾先生的田野团队对黑龙江宁安满族瓜尔佳哈拉的萨满家祭仪式进行了翔实考察。瓜尔佳哈拉所保留的萨满家祭仪式较为完整，此次考察也让我目睹了该家族"换锁"仪式的整个过程。

（一）"换锁"仪式过程

宁安瓜尔佳哈拉家祭仪式时间为11月25日—27日，为期三天。"换锁"仪式在27日上午举行，仪式由老萨满关家生主持。

清晨，"换锁"前需进行摆牲献件、祭天、烤猪皮、吃小肉饭等一系列活动，以表达族人对祖先的崇敬之情。之后，神堂内立一棵小柳树。族人将子孙绳从神龛旁的子孙口袋内取出，绳子的一端挂于树枝，另一端系在跪于树下的孩子们脖子或手腕上。此家族的"索"由红、绿、白三色彩纸捏成，纸疙瘩扎在红色的子孙绳上。仪式中所用供品较为简单，只有饽饽和鱼片摆放于供桌，旁边焚烧着达子香，摆上三杯白酒。仪式开始，族人跪于象征"佛多玛玛"神灵的柳树下，心中默默地向这位女神祈祷。萨满边诵唱《换锁》神歌，边向旁边的三位孩子示意，要求与其共同诵唱方可灵验。祭祀结束，人们将柳枝哄抢而光，场面惊心动魄，经过祭祀的柳枝在族人的精神世界中是具有灵性的，被抢到的柳枝有着多子多孙、健康平安的含义。

（二）仪式中的音乐解析

黑龙江宁安瓜尔佳哈拉举办的"换锁"仪式尚未使用乐器，而在其他仪式项目中皆不能脱离乐器。此外，一些文献对"换锁"仪式的记载中亦有使用乐器的情形。如《钦定满洲祭神祭天典礼》对"换锁"仪式音乐的记载如下："司祝系腰铃执手鼓，如常祭仪诵神歌，祷祝太监等仍擎鼓鸣拍板。祷祝毕，司祝释裙与腰铃祝祷磕头。"[5]690—691 20世纪90年代，石光伟、刘厚生的《满族萨满跳神研究》同样对此仪式所用乐器进行了记录："仪式开始，先摆供献件，若是烧香换锁，则由两个萨满系腰铃、打手鼓，手舞足蹈唱着神歌奉祀'佛多玛玛'。"[11]85可见，满族萨满"换锁"仪式所用乐器主要为神鼓、腰铃和拍板。

1. 仪式中的乐器

神鼓　神鼓又称为抓鼓，满语名为"依姆钦"。是一种以抓持方式演奏的单面鼓，在满族萨满乐器中是极有代表性的乐器。其基本形制为圆形，中间有一铁质的抓环，并由四根鼓绳将鼓面与其相系。鼓面常为牛皮或羊皮制作。鼓声，在萨满的意识形态中具有呼唤神灵的意涵，主要为神歌或乐舞伴奏。（见图1）

图1　神鼓/刘桂腾摄

腰铃　又称"摇铃"，满语称为"西沙"。该乐器由铃锥、衬裙、系环、腰带等部件构成。腰带与衬裙常为牛皮或皮革所制，铃锥为铁。腰铃在仪式中常配合神鼓而演奏。腰铃的声响在满族萨满的意识形态中象征着神灵降临或行走。（见图2）

图2　腰铃/刘桂腾摄

| 第二编　满族文化与萨满教

拍板　满语名为"嚓啦器",亦称为"扎板"。拍板的制作材料为木质,不同地区拍板的木板片数量不等,如黑龙江宁安瓜尔佳哈拉、富察哈拉所用的板片数为4片。沈阳故宫收藏的拍板的木板数量为4片和6片。拍板形状基本固定,为长条形,大小略有差异。每片拍板上端有2个小孔,用绳子相结,下端演奏时可自由开合,发声。拍板是萨满祝祷活动中,为其诵唱神歌伴奏的节奏型乐器。(见图3)

图3　拍板/刘桂腾摄

2. 仪式中的神歌

萨满在家祭仪式中的萨满神灵不附体,也不进入迷幻。但是,萨满需通过演唱神歌的方式向神灵祈祷,传达族人的夙愿。由前人研究以及田野考察结果看,各家族所流传的"换锁"神歌并不一致,神歌向神灵所表达的族人意愿基本相同。根据演唱方式,可分为念诵和唱颂两种类型。

念诵式　念诵式神歌在满族萨满祭祀仪式中运用较为普遍。"念诵"，指的是神歌旋律音与音之间没有大的跳进模式，其语言性、叙事性较强。如黑龙江宁安瓜尔佳哈拉关家生所唱的"换锁"神歌是其典型，见谱例1：

谱例1. 换索

♩=85

hao ma ma di ma ma, hong hu ren shen ma ma.

shan eng du li ya eng du li, ai ning a ai di qi. mai mai tai tai ban ji le.

hong hu shan ren be qiu be, eng du li he sun de. zhun sun san ren ji ha be.

ning qi a hu chun be, du yin ba bu ai di qi.

神词大意：

"佛多玛玛"保佑带锁的孩子福禄吉祥。

我们供奉您，快降临吧，神威的神灵护佑我们的孩子健康平安。

……

（黑龙江宁安关家生唱，刘桂腾采录，王晓东记谱，关玉林译词）

关家生演唱的《换锁》神歌仅由 re、mi、sol 三个音构成，属于三音列神歌。此类神歌亦是满族萨满神歌体系中较为常见的一种类型。其相邻两音间的音程度数较小，多为二、三度的级进进行，而且是单句体结构，即由同一乐句重复演唱多段神词。念诵式的这种结构形态亦增强了满族萨满神歌所具有的语言性、叙事性的音乐特征。

唱诵式 唱诵式神歌是满族萨满神歌中的另外一类。此类神歌由于音列的丰富，及其旋法的复杂化，其旋律的歌唱性、抒情性要较念诵式强。如吉林永吉县地区流传的《换锁》属于唱诵式神歌，见谱例2：

谱例 2. 换索

```
o mo si ma_ma si on du ri, be hon ba be fi, fi, so ri fu ta (huwai)
si li bu fi, si li fu ta ta ta fi da de ban ji bu me du be
de si li bu me, ai be da he de da ha bu me tu run de tu piyo he,
do ron de do bu ha do bu ha a m sun de do ro sa i no bu
```

神词大意：

奉祀佛莫西玛玛，拉起求福的索绳，捻直选好的索线。

仔细编呵，从头编到尾。

绳上挂着何物？搭着索线挂着小旗。

神桌上摆满了新鲜的供品，是最高明的锅头做的。[12]208

（吉林永吉县高齐山唱，罗林记谱，刘厚生转写、译词）

此首神歌旋律起伏不大，由 dol、re、mi、la 四个基本音构成，亦是四音列神歌的典型形态。其音程由二、三度的级进进行与四度跳进相结合，这种结构亦是唱诵式神歌较为典型的特征。

神歌的歌词常被萨满称为神谕或神词，一般记载于老萨满收藏的《神本子》中。翻开《神本子》你会惊讶地发现，当代萨满在仪式中所唱神歌基本由汉字记载满语发音，且无乐谱。这也向我们"局外人"透露了一点信息，千百年来萨满神歌就是靠师徒间的这种"口传心授"而传承。

三　"换锁"仪式中的音乐功能

满族"换锁"仪式是将信仰、仪式行为、音乐三者相统一。萨满具有信仰"佛多玛玛"的神灵观，在族人精神世界中，其子嗣的繁衍归功于此位神灵的庇护。这种信仰所采取的活动方式，需通过族人举办仪式而施行。仪式行为是一个广义的概念,涵盖族人的全部身心活动。族人向神灵祈祷,表达自己的意愿需借助音乐,音乐既是仪式行为的核心层,又被族人视为行之有效的表达方式。田野考察的结果告诉我们,当代"换锁"仪式随着社会的发展以及族人对神灵信仰的弱化,虽然仪式程序有所简化,而音乐在其族群中存在的实用性意义,以及仪式的社会功能尚未发生本质的改变。总体而言,"换锁"仪式音乐具有如下两类功能。

(一)传承功能

局内人、局外人对同一问题的不同见解,是民族音乐学(或音乐人类学)研究常用的两种不同视角。它可以更好地帮助我们从不同的维度分析问题,解决问题。作为局内人——执仪者(萨满)来讲,一年一度的"换锁"仪式是族人向家神"佛多玛玛"表达夙愿的重要时机,族民期盼获得神灵的庇护。

作为局外人的研究者或旁观者而言,祭祀仪式需要族人的"口传心授"而传承,仪式本身其实就是一种最为传统的传承机制。族人在举办仪式过程中,年轻族民的参与或观察萨满执仪,这本身就是一种潜移默化的影响与学习。譬如萨满在诵唱神歌时,长辈要求本家族年轻人在场,并保持肃静认真聆听,而聆听神歌就是一种典型的心授过程,隶属于文化记忆的范畴。据老萨满讲,家族对"换锁"仪式的传承从来没有像学生上课那样正式地教习,都是在仪式过程中靠年轻人的领悟而一代代地延续下去。即使记录神歌的《神本子》,也不外乎用汉字来标记满语唱词,无任何曲谱。

可见,萨满传承仪式音乐完全依赖于族人的音乐记忆完成。这使我们不难理解,"一个人从降生到成年,都是处于周围民俗事项的浸染和熏陶之中,他自己也总是处处模仿社会生活的每一个细节。这种熏陶和影响是在潜移默化中进行的,这种潜在的心理力量是不可抗拒的"。[13]45因此,类似于"换锁"这种民间家族式的祭祀,与族民自身的成长环境有着密切的联系,他们自认为作为亲族集团中的一员,自己有责任和义务做一些有益于家族的事，而"换锁"仪式就是靠家族成员世世代代的这种责任感以及老萨满的"口传心授"而流传至今。音乐本身在传承的过程中发挥了极为重要的纽带作用。

（二）凝聚族群的功能

"换锁"属于家族性的满族萨满祭祀仪式，是以血亲与姻亲为纽带的大型的家族式集会。满族是一个受儒家文化影响很深的民族，自古以来有着敬长辈、讲孝道的传统美德。即使是当代，许多家族仍然奉行着穆昆（宗族）制度，穆昆达（族长）一般由长辈或本家族具有威望的族民担任，族中大小事宜由穆昆达召集长辈开会商讨，特别是举办萨满祭祀活动需要在家族会中协商。晚辈要无条件地遵从长辈的意见，仪式过程中也要尽其所能地出资出力，无偿地为家族服务。家族成员的这种责任感亦是在一代代祖辈们的教导与影响下养成。因此，满族"换锁"仪式发挥了凝聚族群的功能。各家族每年于农闲季节举办仪式，一方面，为忙碌了一年的族民提供了集会的机会，人们可以在仪式过程中友好交流，增进情感；另一方面，可以通过仪式音乐教育子孙和睦相处，团结互助。

"佛多玛玛"是满族的祖先神，维系着族群的繁衍。仪式中，萨满通过祖祖辈辈口头传唱的神歌向神灵表达族人意愿，祈求神灵的护佑。从文献考索与田野考察结果看，民间供奉的"佛多玛玛"多为柳叶、柳枝或柳树形象。如九台满族锡克特里哈拉萨满石清珍家里所供的"佛多玛玛"神灵就是一个令我们局外人看来极为普通的柳枝。柳树，在东北生命力强，生长迅速，满族先民将其与生育之神"佛多玛玛"联系了起来。事实上，这是将柳树在其历史发展过程中渐趋神格化，而又进一步人格化的过程。人类需要繁衍，生命亟待延续。当其祖先处于极为艰苦的生存环境下，面对雷电、风雨等自然现象时，他们自然会寻求精神上的依赖与寄托。他们期盼人类生命延续，子嗣繁衍，家族永存。因此，柳——神灵——人，这一结构链在人类漫长的生命史上凝固于一体。

综上所述,"佛多玛玛"是满族萨满普遍信仰的保婴育婴、维系族群子嗣繁衍的神灵,究其来源是满族先民在氏族社会时期严酷的自然生存条件下,将东北生命力强的柳树神格化后的渐趋人格化。所谓的神格化,指的是将普通的柳树赋予了神性;人格化,指的是在满族人的意识形态中,柳树与神灵结为一体,成为"佛多玛玛"神灵的替代物,拥有了人的情感,在族人虔诚的供奉与感召下护佑子孙健康平安。音乐,在其仪式中是萨满代表族人向神灵表达意愿的载体,亦是典型的实用性音乐。此外,随着历史的发展,祭祀"佛多玛玛"的仪式虽然发生了结构性的变化,但是用音乐向神灵传递族人夙愿,传承与凝聚族群的社会功能尚未发生本质的改变。这种仪式在当代社会之所以留存,与满族人根深蒂固的族群生育和神灵信仰观念密不可分,而且它本身蕴涵着人类生命的真谛与其存在的现实意义。

[参考文献]

[1] 孟慧英. 佛立佛多鄂漠锡妈妈探究 [J]. 中央民族大学学报, 2008 (2): 50—57.

[2] 脱脱. 金史: 卷65 [M]. 北京: 中华书局, 1975.

[3] 富育光. 萨满教与神话 [M]. 沈阳: 辽宁大学出版社, 1990.

[4] 富育光, 孟慧英. 满族萨满教研究 [M]. 北京: 北京大学出版社, 1991.

[5] 允禄. 钦定满洲祭神祭天典礼 [M]. 于敏中, 译. 台湾商务印书馆, 1986.

[6] 海城关氏. 佛满洲苏完瓜尔佳氏家谱 [M]. 沈阳: 沈阳泰制版印刷有限公司, 2000.

[7] 张佳生. 中国满族通论 [M]. 沈阳: 辽宁民族出版社, 2005.

[8] 杨锡春, 李兴盛. 宁古塔历史文化 [M]. 哈尔滨: 黑龙江人民出版社, 2005.

[9] 刘桂腾. 中国萨满音乐文化 [M]. 北京: 中央音乐学院出版社, 2007.

[10] 谷长春. 乌布西奔妈妈 [M]. 长春: 吉林人民出版社, 2007.

[11] 刘厚生, 石光伟. 满族萨满跳神研究 [M]. 长春: 吉林文史出版

社，1992.

[12] 黄礼仪，石光伟. 满族民歌选集［M］. 北京：人民音乐出版社，1999.

[13] 陶立璠. 民俗学［M］. 北京：学苑出版社，2003.

［原载于《吉林师范大学学报》（人文社会科学版）2016年第4期］

满族乌鸦民俗的"大传统"解读

张丽红　彭　柔[*]

一　满族人崇拜被汉族视为恶鸟的乌鸦

满族人和汉族人对乌鸦有两种情感态度：汉族人视乌鸦为一种不祥之鸟、恶鸟，从"天下乌鸦一般黑"、"乌鸦嘴"等俗语中，我们可以感受到汉族人对乌鸦的厌恶之情。然而，在满族文化中，乌鸦却是一直受崇拜的吉祥鸟、善鸟，是给人带来幸运的好鸟。汉族人对乌鸦躲而避之，满族人却喜而爱之；汉族人仇视乌鸦，满族人却禁止猎杀乌鸦。乌鸦成了象征符号：不论在汉族还是在满族，乌鸦与吉凶祸福都有因果联系；乌鸦具有预示的功能。从民俗学的观点看，满族人和汉族人对乌鸦不同的两种情感态度其实就是两种民俗。民俗"即民众的知识"，"民众的知识"包括"古老年代的风俗、习惯、仪典、迷信、歌谣、寓言等"[1]6。满族人和汉族人关于乌鸦的两种情感态度显然是一种"迷信"。为什么汉族人和满族人对乌鸦有两种不同的"迷信"呢？汉族人对乌鸦的"迷信"是因为乌鸦乌黑的颜色、食腐的习性和喑哑的叫声，认为它是不吉利之鸟；那么，为什么满族人却不在乎乌鸦乌黑的颜色、食腐的习性和喑哑的叫声，反而认为乌鸦可

---

[*] 张丽红（1971— ），女，吉林四平人，吉林师范大学文学院教授，博士，硕士生导师，研究方向：东北文化；彭柔（1993— ），女，内蒙古通辽人，吉林师范大学文艺学专业硕士研究生，研究方向：东北文化。

第二编 满族文化与萨满教

以带来幸运呢?

民俗应该是有它的来源的。它的来源就隐藏着民俗象征的密码,因而探讨到了民俗的来源就可能获得破解民俗的象征密码。

满族乌鸦民俗可能与满族广泛流传着乌鸦救主的传说有关。

《满洲实录》中记载:"清太祖努尔哈赤与明兵征战,路阻兀里堪,因乌鸦报警,使努尔哈赤以少胜多。"[2]178

《小罕逃生记》中讲,小罕子被明兵追赶,"一个人又往前跑,跑到一片前不着村后不着店的荒滩上,明朝的追兵又赶上来了。他只好匍在地上往前爬,荒草滩子连人也挡不住,跟看着就糟了。这时,忽然天上黑压压地飞来了一群老鸹(乌鸦的俗称),呱呱叫着,在小罕子的身前身后落了一大片。有的还用嘴叼他的衣裳襟儿。小罕子就势躺在地上装死人,一动也不敢动。老鸹落在他身上,把他都盖严了。不一会儿,明兵追上来了,离老远看见一群老鸹,就断定这地方没有人。有那眼尖的,虽也影影糊糊地觉着地上躺着个人,只以为是老鸹在叼吃死尸,认为看这个怪晦气的,就越过小罕子,照直朝前追过去了。现今辽阳以北还有个地方叫野老鸹滩,传说就是当年老鸹救罕王的地方"[3]12。在这则传说中,乌鸦所救的人是小罕子,也就是努尔哈赤。

在满族民间传说中还有《索伦杆子和影壁的来历》《小憨的故事》等,都提及因为乌鸦救了努尔哈赤,所以努尔哈赤当了皇帝之后,就留下了立索伦杆子和祭乌鸦的习俗。

在满族的民间故事中,还流传着乌鸦指引阿骨打找到耕牛的故事:

> 松花江一带的女真人向汉民族学会了种地,虽然他们自己砸碎了铁锅铸铁犁,又在五道岭上找到了铁矿石,自己学会了炼铁,铸出了犁、刀、叉、斧等铁制工具。可是,却没有拉犁的耕牛,百姓生活依旧十分困苦,后来女真人的首领刻里钵的小儿子阿骨打在乌鸦的引领之下,翻过四十九道山,蹚过四十九条河,

在一个烂泥泡子旁发现了九条金毛牛，牵回部落，女真人从此才有了膘肥体壮的耕牛，这些耕牛都是金毛牛的后代，"今天，阿骨打当年找到金毛牛的地方就叫伊汉通（满语，牛），那烂泥泡呢，就叫乌鸦泡子"[4]116。

乌鸦引领阿骨打找到了金牛，从而改变了原来贫穷落后的生活。这里的乌鸦已成为神使，它能带来财富。

在这几则满族乌鸦的传说中，表现了乌鸦对人的救助：在努尔哈赤最危急的关头救了努尔哈赤，从而拯救了整个民族；乌鸦对人的帮助：使人在十分困苦的情况下找到了耕牛，获得了富庶的生活。满族人喜爱乌鸦、崇敬乌鸦是因为乌鸦能够给他们带来好运，带来幸福。但是，乌鸦为什么会给人带来好运带来幸福，在这些传说中还是不能获得令人信服的解释。也就是说，满族的这些传说还不是乌鸦故事的起源，因而不足以构成破解乌鸦民俗象征密码的钥匙。破解满族乌鸦民俗象征密码的钥匙恐怕还隐藏在更古老的故事中，因此还得探讨探讨它的起源，即探讨更古老的故事。泰勒在探讨民俗"遗留物"的时候，曾经指示出一种民俗探源的方法："遗留的稳固性能够断言，其中表现着这类残余的人民文化，是下面的某种较古状态的产物，在这种较古状态中，也应该探求对那些已经变为不可解的习俗和观点的理解。因此，应当搜集关于这类事实的材料，应当把这类事实的材料像历史知识的矿山一样作为开采的对象。"[5]75遵循这种探源的方法，我们或许可以探索到乌鸦习俗的谜底。

二　满族乌鸦是太阳女神的象征

仔细考察就会发现，满族的乌鸦民俗和民间故事的象征与叙事，是来源于满族乌鸦神话的。也就是说，满族关于乌鸦的习俗、象征和民间传说是由满族乌鸦神话生发出来的，满族民间乌鸦的习俗、象征和叙事是乌鸦神话的变形，其意义是乌鸦神话意义的置换。

第二编 满族文化与萨满教

在满族萨满史诗《乌布西奔妈妈》中生动地讲述了古尔苔女神化身为乌鸦的神话。

相传天地初开的时候,恶魔耶鲁里猖獗寰宇,风暴、冰河、恶浪弥天,万物不能活命。阿布卡赫赫在众神女的协助之下,与恶魔耶鲁里奋勇拼搏,才换来了宇宙的暂时和平,但是,耶鲁里不甘心失败,他喷吐冰雪覆盖宇宙,使万物冻僵,遍地冰河流淌。这时:

  阿布卡赫赫忠实侍女古尔苔,
  受命取太阳光坠落冰山,
  千辛万苦钻出冰山,
  取回神火温暖了土地。
  宇宙复苏,万物生机,
  古尔苔神女困在冰山中,
  饥饿难耐,误吃耶鲁里吐的乌草穗,
  含恨死去,化作黑鸟,
  周身变成没有太阳的颜色,
  黑爪、壮嘴、号叫不息,
  奋飞世间山寨,巡夜传警,
  千年不惰,万年忠职。[6]191

在满族说部中的乌鸦女神古尔苔是天母阿布卡赫赫的忠实侍女,她为了将人类从冰天雪地的灾难中解救出来,历尽千辛万苦取回神火温暖大地,她吃了耶鲁里吐的乌草穗之后,变成了乌黑颜色的黑乌鸦。这则神话终于揭示了满族人崇拜乌鸦的文化秘密:乌鸦是女神变的!古尔苔是天母阿布卡赫赫的侍女,她履行的是女神阿布卡赫赫的职责,实际她就是一个女神。这个女神将人类从冰天雪地的灾难中拯救出来,用神火温暖了大地,完成的也是女神的任务。但是,她却被恶神耶鲁里所害,成了乌黑的乌鸦。

在这则神话中,非常明显地表现了满族先民这样几种思想:

第一，女神创造了光明。没有女神的世界是冰天雪地的寒冷黑暗的世界，是女神古尔苔从太阳那里取来了"神火"，温暖了大地，给大地带来生机，从而创造了宇宙与万物。由此可以看出，满族先民女神崇拜的思想文化精神。

第二，女神的伟大不仅表现在她给人类带来光明，还表现在女神的自我牺牲精神。从太阳那里带来神火的古尔苔自己却成了黑乌鸦，这就象征了女神的极其崇高的自我献身精神，为了给人类带来光明，宁可把自己变成黑颜色的乌鸦。

第三，这则神话还隐含着这样一个文化象征关系：太阳—古尔苔女神—乌鸦。古尔苔从太阳那里取来神火，就象征了古尔苔的女神的太阳文化品格；而象征太阳文化品格的古尔苔变成了乌鸦，也隐喻了乌鸦的太阳女神的文化品格。

第四，从这则神话中，我们可以感受到满族先民对女神崇拜的源远流长。这则神话不是现代人的创造，而是满族先民以口传的方式流传下来的，而口传的方式是萨满的传承、讲述。萨满代代相传的神话，一定是来源于远古的。由这则神话，我们可以感受到女神崇拜在满族民族那里，是从来没有中断过的文化精神。

第五，由于这则神话表现了太阳女神变为乌鸦的文化符号的转换方式，因而我们才明白了乌鸦的象征意义，也才明白了满族后人崇拜乌鸦民俗和乌鸦传说叙事的根本意义，那是太阳女神的崇拜的又一种方式，是太阳女神崇拜的一种置换变形。而由这种太阳女神崇拜的置换变形的乌鸦崇拜民俗，又可以进一步认识作为女神崇拜的满族文化的一以贯之。

三 满族乌鸦崇拜的"大传统"

在满族文化中，以鸟象征女神是一种非常清楚的"大传统"。在这种"大传统"中，以鸟象征女神具有更典型的神话表现。满族萨满神谕曾经讲述母鹰变为萨满的神话：

> 天刚初开的时候,大地像一包冰块,阿布卡赫赫让一只母鹰从太阳那里飞过,抖了抖羽毛,把光和火装进羽毛里头,然后飞到世上。从此,大地冰雪才开始融化,人和生灵才有吃的和生育后代。可是母鹰飞得太累,打盹睡了,羽毛里的火掉出来,将森林、石头烧红了,彻夜不熄。神鹰忙用巨膀扇灭火焰,用巨爪搬土盖火,烈火烧毁翅膀,死于海里,鹰魂化成了女萨满。[7]

这则神话与《乌布西奔妈妈》神话有异曲同工之妙。在《乌布西奔妈妈》中是阿布卡赫赫派出侍女古尔苔,在萨满神谕中是阿布卡赫赫派出母鹰;在《乌布西奔妈妈》中是古尔苔女神从太阳那里取来神火温暖了大地,在萨满神谕中是神鹰飞到太阳那里,"把光和火装进羽毛里头";在《乌布西奔妈妈》中,是古尔苔误吃了恶魔的乌草变成了黑乌鸦,在萨满神谕中,是神鹰烧毁了翅膀死于海里,变成了女萨满。用结构主义方法来看这两个神话,其实是讲的一种女神崇拜的神话。在《乌布西奔妈妈》的参照下,萨满神谕中那个取火的神鹰实质也是个太阳女神的象征。神鹰与古尔苔女神从太阳那里取来神火的时候,就把自己与太阳相认同了。

萨满神谕与《乌布西奔妈妈》不同的故事都讲述了太阳女神象征的神话,这就从神话叙事方面证明了女神崇拜文化精神的深厚和绵长。类似的神话、传说、民间故事非常丰富:

> 相传很古很古时候,天上住着三个美丽的姑娘,恩库伦、哲库伦和佛库伦,她们在天上觉得寂寞无趣,想要到人间来游玩,于是她们变成三个洁白的天鹅,飞到了果勒敏珊延阿林(长白山)天池洗澡。三位仙女变回原形,在天池里嬉戏时,飞来一只金色的小鸟,嘴里叼着一颗闪闪发光的红果,红果恰巧落在佛库伦的嘴里,被她吃进肚里。当她们该返回时,佛库伦发觉身子又沉又重,根本飞不起来,原来是她误食红果怀了孕。佛库伦只好

留在长白山,饿了采山果,渴了喝天池水,怀胎 12 个月,生下一个男孩,取名"爱新觉罗·布库里雍顺"。佛库伦要返回天上,就做了一只悠车样的桦皮船,在里面放上乌拉草,使之既不冷又不热,躺在上面非常的舒服。然后,她用头上的簪子,在天池上划了一个豁口,小船顺着天池水流了出去。佛库伦变成一只白天鹅飞到天上,孩子在地下着急地叫着"鹅娘!鹅娘!"从此之后,满族人都称自己的母亲为"鹅娘",时间久了,就叫成"额娘"了。[8]6

《皇清开国方略》中记载:"相传有天女三,长曰恩古伦,次曰正古伦,季曰佛库伦,浴于池。有神鹊衔朱果置季女衣,季女含口中,忽已入腹,遂有身。"[9]卵生神话实际是鸟崇拜的置换变形叙述。

仙女因为神鹊的朱果而生下布库里雍顺,这个满族的领袖布库里雍顺,是由神鹊送给三仙女朱果而生的,他当然就是神生的,这个神就是"鹊"。而"鹊"和乌鸦是同类的鸟。三仙女的传说同样表现了女神崇拜的文化思想。

关于鸟崇拜还有玄鸟生商的神话。《诗经·玄鸟》有"天命玄鸟,降而生商"的记述。《史记·殷本纪》记载了玄鸟生商的神话:"殷契,母曰简狄,有娀氏之女,为帝喾次妃,三人行浴,见玄鸟堕其卵,简狄取吞之,因孕生契。"[10]67传世典籍中对此神话还有丰富的记述。有学者认为满族乌鸦崇拜与此有关。

刘小萌先生不同意把满族乌鸦信仰导源于中原农耕文化的影响,认为满族乌鸦信仰不是来源于"天命玄鸟,降而生商"神话。认为把乌鸦和"玄鸟生商"两者放在一起是"忽略了对不同文化背景差异的考察"[11]92。"在亚洲东北部以及隔海相望的北美洲西北沿海地区"[11]92,有一个"乌鸦信仰圈","满族与东北亚诸族及北美印第安人的乌鸦信仰,的确有着从形式到内容上的近似与吻合"[11]96,是因为"相似的生态环境,从事类似经济生活,并且在血缘、文化等方面曾经有过长期交流的北方渔猎满族联系在一起"[11]96的缘故。这就为满族乌鸦信仰开拓出一个更大的文化背景,把这一问题的探讨放置在了一个更大的"大传统"中。

在红山文化的考古发现中,有不同的玉鸟形象的发现。其中玉鸮比重较大,牛河梁女神庙中还有鹰爪的塑件出土。据专家考证,这些玉鸟和鹰的形象,是女神崇拜的象征符号。这说明,在满族诞生的地区,五千多年前就开始以鸟的象征形式表现对女神的崇拜。

文化人类学的研究十分重视实物与图像的证明作用。晚商青铜器《玄鸟妇壶》上有"玄鸟妇"三字合书的铭文,表明此壶作者是以玄鸟为图腾的妇人。考古实物说明,商民族也是崇拜女神的。

由以上的探讨,我们初步勾勒了满族乌鸦崇拜民俗来源的线索:乌鸦崇拜民俗——乌鸦传说——乌鸦神话。乌鸦崇拜民俗是起源于乌鸦神话的。但是,神话是满族乌鸦民俗最终的源头吗?乌鸦神话又来自哪里呢?

清代至民国期间,满族祭乌鸦神是较为普遍的仪式。"祭杆"是满族一种非常古老的祭祀仪式,在东北地区的各种文献中多有记载:

> 祭杆,置丈余细木于墙院南隅,置斗其上,形如浅碗,祭之。次日,献牲于杆前,谓之祭天。男子皆免冠拜,妇人则不与。其斗中切猪肠及肺、肚,生置其中,用以饲乌。每祭,乌及鹊来食锡斗之上,杆梢之下,以猪之喉骨横衔之。再祭时,则以新易,旧而火之。祭之第三日换锁。换锁者,换童男女脖上所带之旧锁也。其锁以线为之。[12]476

在吉林建州女真后裔的瓜尔佳氏(关姓)的祭天仪式中,鲜活地呈现了满族祭乌鸦的习俗:

> 在庭院中间即正对大门处放一供桌,上摆供品和木斗及蜡台等,斗内盛红高粱,一侧用三块石头搭起个简易炊灶,上放一口大铁锅,旁边置一槽盆,将祭天猪杀于桌上,再将猪的拱嘴、喉

骨、碎骨等，用绳拴在草把上，草把拴在木杆上，杆长九尺整，代表九层天。杆涂猪血，杆尖置一锅斗，内盛五谷杂粮（别姓有放猪肚肠的），以备神鸟（乌鸦）食用。全族人由穆昆达率领按大小辈分前后顺序跪于地上，头朝南，叩首三遍，每叩一次，将米尔酒一盅撒向空中，以求为天神饮领。[13]134

乌鸦是作为什么样的神被祭祀的呢？仪式是神话的戏剧性母本，神话是仪式的语言性叙述，神话与仪式互为表里，它们是同一原型的不同表现方式。因而可以用乌鸦神话来解释乌鸦祭祀仪式。参照《乌布西奔妈妈》乌鸦女神神话，就可以知道，乌鸦是太阳女神的象征，因而，祭祀乌鸦的仪式实际上是祭祀太阳女神的仪式。这个判断可以在吉林省公主岭地区满族关氏神龛上的神匣处悬有涂成黑色的木制乌鸦神偶得到证明。"据该姓长者说，这就是救了'老罕王'的乌鸦神，在天祭中备受崇祀"[14]244。这个仪式的原型恐怕是很古老的，近现代的祭祀仪式是对古老乌鸦祭祀原型的一个延续和变异。但由这个仪式延续到近现代可以说明，女神崇拜的文化精神延续了多么深远的历史。

满族关于乌鸦的神话就是从这种乌鸦祭祀仪式生发出来的。乌鸦祭祀仪式生发了乌鸦神话，乌鸦神话又生发了乌鸦传说，乌鸦传说又生发了乌鸦民俗。

从乌鸦祭祀仪式到"玄鸟生商"的神话，再到《乌布西奔妈妈》神话，再到"三仙女"传说，再到满族民间的乌鸦崇拜民俗等，满族民间的鸟崇拜不仅从来没有间断过，而且还形成了一种非常明确的文化倾向：由对乌鸦等鸟的崇拜表现了浓厚的女性崇拜的文化精神。

四　汉族乌鸦神话对"大传统"的中断

乌鸦也曾是汉族人崇拜的一种神鸟，汉族人也把乌鸦看成是太阳鸟的象征。在古代文献中"金乌负日""日中有乌"的记载非常丰

富,然而,它却是另一种文化意义的象征,《山海经》中记载:

> 大荒之中,有山名曰孽摇頵羝。上有扶木,柱三百里,其叶如芥。有谷曰温源谷。汤谷上有扶木,一日方至,一日方出,皆载于乌。[15]354

那是一种什么样的神呢?

> 日者,阳精之宗,积而成乌。象乌,阳之类其数奇;月者,阴精之宗,积而成兽,象兔,阴之类其数偶。[16]24
> 火流为乌。乌,孝鸟。何知孝鸟?阳精,阳天之意。乌在日中,从天,以昭孝也。[17]1591

由上述文献可知,在汉族的神话中,乌鸦所象征的太阳神是个男神,这里一个耐人寻味的问题是,为什么同样一种乌鸦,在满族先民那里是女神的象征,而在汉民族先民那里却是男神的象征呢?

我们以为,这里有一个文化变迁的问题。是文化变迁即文化模式的转变使汉民族乌鸦变成了太阳男神的象征,而她初始很可能也是女神的象征。

从新石器时代到古代社会,除了少数部族之外,整个人类都经历了一个由女神文化模式向男性文化模式的转变过程。在女性文化模式阶段,整个人类是崇拜女神和女性的。"在把宇宙中的最高力量抽象为一位女神的社会里,这位女神被尊崇为智者和我们所有的物质和精神才能的正当源泉,妇女可能倾向于把一种非常不同的自我形象内在化。由于这种强有力的角色模式,她们可能倾向于认为,她们不仅有权而且有责任积极参与并且带头发展和使用物质和精神技术。她们可能倾向于认为她们自己是有能力的、独立的,而且确实是有创造力的和有发明能力的"[18]91。在女神的社会里,自然就产生了"这种强有力的角色模式"的女神神话。

但是，由于从采集到狩猎，特别是部族间的征伐，男性性别特别显示了力量的优越，女性的神圣地位渐渐被男性所取代。随着男性文化的崛起，女神失落了，女神被请下了神坛，取而代之的是男神。以研究女性文明而著称于世的艾斯勒，把"圣杯"看作是女性文化模式的象征，把"剑"看作是男性文化模式的象征。而"剑"代替了"圣杯"就是男性文化模式对女性文化模式的取而代之。正是随着这种文化模式的转变，才导致了神话模式的转变。我们以为，汉民族典籍中的乌鸦象征太阳男神就是在女性文化模式被转变为男性文化模式时发生的。汉民族很有可能存在乌鸦象征太阳女神的古老神话，可是，由于男权文化的霸权地位，女性神圣地位没落了，因而，关于女神神话就被强行中断了，转而创造出了新的象征男性太阳的乌鸦神话。汉民族典籍中的乌鸦神话，是有文字记载的"小传统"，正是这种小传统把口头传承的"大传统"给遮蔽与代替了。

然而，"大传统"有可能还表现在少数民族神话中。布依族神话《十二个太阳》和独龙族神话《猎人射太阳》中，讲述的就是太阳女神神话。日本的《记纪神话》就明确地讲述了太阳神为女性的神话，这些都应该看作史前"大传统"的遗留。即使是汉民族的古代典籍中也有太阳女神的蛛丝马迹的记载，比如《山海经·大荒南经》："羲和者，帝俊之妻，生十日"，生了十个太阳的女神还不是太阳女神吗？虽然关于她的功能是为帝俊生孩子，但是，从中还是仍然可以窥见太阳女神的影子，那影子是来自没有被男权文化转变的女性崇拜文化模式的。

以上所叙述的太阳女神神话，是"大传统"的余脉。它们或者是由于"小传统"没有遮蔽很彻底，或是因为作为男性附属的神话而被保存了下来。

但是，从满族乌鸦女神神话来看，它却是一脉相承而流传下来的。这说明了满族民族女神崇拜文化的强大，也说明了汉民族男性文化并没有从根本上消灭满族女性崇拜文化。

能够进一步证明民族文化强大和一以贯之的，还有女神崇拜的其他神话构成的女神形象谱系，如《满族说部》中的女神神话、女神传说、女性民间故事等。这些女神和女性形象，都是远古神话女神形象的变体。

  史前的女神崇拜是一种文化模式，也是一个"大传统"。汉族的男性文化模式颠覆了这个模式，中断了这个"大传统"。这就是为什么汉族人厌恶乌鸦的原因，因为汉族人中断了乌鸦崇拜实际是女神崇拜的"大传统"，因而，汉族人就只能根据乌鸦的黑颜色、喑哑的叫声来厌恶乌鸦了。

  然而，在满族那里，这个传统却一脉相承地延续下来。满族的乌鸦习俗和乌鸦神话不过是这种女性文化模式和女性崇拜"大传统"的样本。从神话学和文化人类学等方面考察，满族神话传说等对女性文化模式和女神崇拜的"大传统"有着极为独特的丰富而又绵长的表现。

  满族神话和传说，包括后起的民间故事都渐渐消失了，在现实文化生活中消失得无影无踪。但是，满族人和汉族人对乌鸦的情感态度——这态度就是一种民俗，一种远古文化的"遗留物"，它们仍然表现着人们对乌鸦悠远的记忆。这正如泰勒所说，遗留物仍然是有意义的：它"可能在实践上是并不重要的，但是从哲学的观点来看，它们并没有丧失意义，因为它们跟古代文化的最富有教益的阶段之一有关。"[5]115人们一定不知道，他们之所以崇敬乌鸦，那是因为几千年前对女神崇拜的缘故。人们对乌鸦的情感态度——展演的乌鸦民俗事项，实际是被几千年前的先民早就规定好了的。

[参考文献]

  [1] 阿兰·邓迪思. 世界民俗学 [M]. 陈建宪，彭海斌，译. 上海：上海文艺出版社，1990.

  [2] 富育光，王宏刚. 萨满教女神 [M]. 沈阳：辽宁人民出版社，1995.

  [3] 民间文艺研究会. 满族民间故事选 [M]. 沈阳：春风文艺出版社，1985.

[4] 于又彦,王禹浪,王宏刚.女真传奇[M].长春:时代文艺出版社,1989.

[5] 爱德华·泰勒.原始文化:神话、哲学、宗教、语言、艺术和习俗发展之研究[M].连树声,译.上海:上海文艺出版社,1992.

[6] 鲁连坤.乌布西奔妈妈[M].富育光,整理.长春:吉林人民出版社,2007.

[7] 富育光.满族灵禽崇拜祭俗与神话探考[J].民族文学研究,1987(3):40—48.

[8] 温秀林.伊通州传奇[M].于敏,整理.长春:吉林人民出版社,2009.

[9] 阿桂,梁国治.皇清开国方略[M]//纪昀.四库全书:第341册.上海:上海古籍出版社,1987.

[10] 司马迁.史记[M].北京:中华书局,1999.

[11] 刘小萌,定宜庄.萨满教与东北民族[M].长春:吉林教育出版社,1990.

[12] 长顺,李桂林.吉林通志[M].长春:吉林文史出版社,1986.

[13] 李澍田.吉林满俗研究[M].长春:吉林文史出版社,1991.

[14] 王宏刚,王海冬,张安巡.追太阳:萨满教与中国北方民族文化精神起源论[M].北京:民族出版社,2011.

[15] 袁珂.山海经校注[M].上海:上海古籍出版社,1980.

[16] 彭大翼.山堂肆考[M]//纪昀.四库全书:第974册.上海:上海古籍出版社,1987.

[17] 欧阳询.艺文类聚[M].上海:上海古籍出版社,1982.

[18] 理安·艾斯勒.圣杯与剑:"男女之间的战争"[M].陈志民,译.北京:社会科学文献出版社,1997.

[原载于《吉林师范大学学报》(人文社会科学版)2016年第4期]

清代京城满人信仰的多角度考察

刘小萌[*]

顺治元年（1644），清朝定都北京，强迫内城（北城）汉民迁往外城（南城），腾出内城安置满洲皇室、王公贵族和八旗官兵。所谓内城，实际包括同心圆的三个城区。中央是皇帝居住的紫禁城，紫禁城外是皇城，皇城外是八旗驻扎的大城。此种格局，凸显清朝制度三大特征：一是等级制度特征，二是民族压迫制度特征，三是旗民（满汉）分治二元体制特征，即以八旗制度统摄以满洲人为主体的旗人，而以府州县制度管理以汉人为主体的民人。有清一代将近三百年，上述制度虽在逐渐剥蚀，但基本延续到清末。清代京城满人的物质生活与精神生活，均离不开上述体制的包容。与此同时，他们与汉人也有密切交往与互动。正是在诸多因素的制约和影响下，满人信仰世界的演变呈现出多重面向。本文之所以定位于"多角度"考察，其原因盖缘于此。以下，试从萨满教残余、佛道兼容、民间杂信、信仰与世俗生活等四方面展开探讨。

一 萨满教残余

满人早期信仰萨满教，是北方通古斯语诸族中曾普遍流行的多神教信仰。他们认为万物有灵，因此不但对天、地顶礼膜拜，而且把与

---

[*] 刘小萌（1952— ），男，北京人，吉林师范大学历史文化学院满族文化研究所双聘教授，中国社会科学院近代史所研究员，博士生导师，研究方向：清史、满学。

自己生活有密切关系的某些动物、植物也奉若神明，同时还供奉祖先为神。"萨满"则是有关宗教活动的主持人，被认为是沟通人与神的信使，其性质类似于汉人社会中的"巫"或"跳大神的"。

清太祖努尔哈赤时，立神杆祭天，举凡用兵及国中大事必祭，是信仰萨满教的集中表现。①满人平日在家供"祖宗（神）版"，院落中竖"索罗竿"（神杆），祭祀时请萨满跳神。努尔哈赤第四子皇太极（清太宗）即位后曾说："所谓萨满书牍者，早有考究，而今荒疏矣。"[1]86萨满教并无经典，此处"书牍"当指民间神本，说明皇太极对萨满教基本内容是熟知的，大概也信奉过，后来却逐渐疏远。而这种对萨满教所持实用态度，与他在政治上除旧布新的建树也是并行不悖的。

皇太极在接触汉文化后，深感自身宗教和某些习俗的粗鄙。基于此，他在位期间严禁萨满跳神，违者处死；[2]130—131同时，把萨满教的若干仪式加以修改，使其能够以国家"大礼"的面貌登上大雅之堂。清朝入关后，萨满教在趋于衰落的过程中呈现出某种程度分化，即走上"宫廷化"与"民间化"的不同道路，与满洲统治者的干预是分不开的。

（一）"宫廷化"表现

1. 清廷在京城举行堂子祭祀，是把原有萨满教神祇、礼仪，用儒教传统仪制加以改造的产物。《满洲源流考》载："我朝自发祥肇始，即恭设堂子，立杆以祀天；又于寝宫正殿，设位以祀神。其后定鼎中原，建立坛庙；礼文大备，而旧俗未尝或改。"[3]330

堂子祭天，作为满洲旧俗，在关外时期已流行，入关后则蜕变为皇家祭祀的中心。清朝于顺治元年（1644）在京城长安左门外创建皇家祭祀场所。康熙十二年（1673）定，凡官员庶民等设立堂子致祭者，永行停止。从此，堂子祭祀成为皇家专有祭祀。乾隆年间，

---

① ［朝］李民寏：《建州闻见录》，清初史料丛刊第八、九种，第43页，辽宁大学历史系1978年铅印本。

"堂子祭天"作为国家吉礼的一部分载入《会典》,成为清朝"特殊之祀典"。堂子祭祀内容不一,以元旦拜天、出师凯旋为重,须由皇帝躬亲致祭,其余祭礼遣官员代行。其他祭祀均为皇族宗室族祭,如每月初一的月祭,每年四月初八的浴佛祭,春秋两季的马祭、杆祭等。堂子祭祀的参加者只限于皇帝及宗室贵族。堂子内,有资格设杆致祭的唯有公以上亲贵。元旦,仅亲王、郡王有资格行挂钱礼。

堂子所祭神祇庞杂。祭神殿祭佛祖释迦牟尼、观世音菩萨、关圣帝君。圜殿为主神之所在,祭祀纽欢台吉、武笃本贝子。尚神殿祭尚锡神(田苗神)。其中既有萨满教固有神祇,也有外来神灵。祭祀时萨满祝词,初用满语,乾隆后改用汉语。到嘉庆时,已罕有萨满跳神,然其祭仍未尝废弃。

2. 宫廷祭祀的另一形式是坤宁宫祭神。其历史可溯及入关前盛京清宫的清宁宫祭祀。坤宁宫祭祀,是满洲家祭在宫廷生活中的特殊形式。供奉偶像,有朝祭神和夕祭神之分。朝祭神有佛祖、观音和关圣;夕祭神名目繁多,总称为穆哩罕诸神、画像神和蒙古神等。从众神称谓不难得知,其神灵世已荟萃满、蒙、汉等族多元文化。特殊祭祀,则有柳枝求福仪,亦名换索仪,是为佛多妈妈(生育神)所设专祭;背灯祭,夕祭后掩灭灯火举行。均反映萨满祭祀古风。余如杀牲、"食祭余"等内容,亦保留满人传统特色。

坤宁宫是满洲皇后寝宫,祭礼主持人和各类执事,由女性充任。顺治年间规定坤宁宫祭神殿设赞祀女官长(司祝)二人、赞祀女官十人,均于上三旗觉罗命妇内选取,且要谙习萨满教者。此即所谓"女巫选宗妇,距跃击鼓兼振铃"。"萨满身故,则传其媳而不传女,盖其所诵经咒不轻授人也。"[4]660 司香、掌爨、司俎、碓房执役人,由内务府管领下妇人充任。

3. 乾隆年间编纂《满洲祭神祭天典礼》,是宫廷祭祀制度化的又一体现。书中所列坤宁宫祭祀,尚有元旦行礼、日祭、月祭、翼日祭、报祭、四季献神等诸多名目,成为皇家萨满祭祀定制。除了宫廷祭祀,宗室王公在府邸内亦长期保持萨满祭祀传统。恭王府内有与坤宁宫类似祭神场所,即嘉乐堂。在《样式雷嘉乐堂图》中,此殿名"神殿",室内有灶台和万字炕祭台。

(二)"民间化"表现

萨满教随着大批满人举家迁徙进入京城,处在汉文化汪洋大海中,其日趋衰落是必然的。不过,在相当长时间里,它在满人中仍保持残余影响,也是事实。

在康熙《万寿盛典图》中,多处绘有萨满教信仰所特有的索罗杆。索罗杆(神杆)由当初神树崇拜演变而来,杆上端置木斗,祭祀时在斗内放猪杂碎,以饲乌鹊。在满人萨满教信仰中,乌鸦、喜鹊是神鸟,人与天神沟通的媒介。而究其来源,则来自亚洲东北部以及隔海相望的北美洲西北沿海地区众多民族中曾广为流传的乌鸦信仰[2]92—94。

关于满人萨满祈神活动,偶见于清代文人歌集、笔记和小说中。乾隆年间刊行《霓裳续谱》,是一部著名民歌集,其中收有民歌《陈慥变羊》:

〔数岔〕
陈慥变羊,
柳氏慌忙,
师婆子跳神设坛场,
他的神鼓儿响叮当。
……
〔岔尾〕
跳罢了神收拾起,
柳氏净手把香香来上,
把个苍头哭的就泪汪汪。①

---

① 《霓裳续谱》第7卷,(明)冯梦龙、(清)王廷绍、华广生编述:《明清民歌时调集》下册,上海古籍出版社1987年版,第340—341页。

这首小曲反映了萨满祈神全过程。"师婆子"即女萨满。满人无论祭天祭祖,还是治病求子都离不开萨满。陈慑"变羊",当指羊角风发作。羊角风即癫痫,病人发作时突然昏倒,全身痉挛,意识丧失,或口吐白沫。病人家属无计可施,只好请萨满跳神。萨满跳神时,以铜铃系臀后,摇之作声,同时手击神鼓,以壮声威。从这首小曲可知:清中叶,萨满跳神在京城满人中仍未绝迹。

乾隆年间满人和邦额《夜谈随录》一书,也记述过一段萨满驱鬼故事:京城人庄寿年,为黑狐所祟,病况弥笃,无药能治,延请镶白旗蒙古人穆萨满作法驱怪。是日,"邻人观者如堵",只见穆萨满头戴"兜鍪"(神帽),腰系铜铃,"挝鼓冬冬,日诵神咒"。跳神毕,趋步登楼,用神叉毙一狐。从此怪绝,病者痊愈[5]250—251。这段故事若干情节显得荒诞不经(如黑狐为祟),但至少表明:乾隆年间,萨满巫术在京城满人社会中尚有一定影响。但从"观者如堵"的热闹场景看,萨满作法已是一种较为稀罕的现象。其做法手段,与汉人民间巫师的"攮鬼除妖"颇相类似,实际反映两者的合流。只是传统神袍、全身披挂神器,显得比汉人巫师神气了许多。

晚清姚元之《竹叶亭杂记》回忆说:"二十年前,余尝见之(指跳神),今祭神家罕有用萨吗(即萨满)跳祝者,但祭而已,此亦礼之省也。①"说明迄至近代,京城满人的萨满跳神已近乎绝响。与此同时,祭祀程式也大为简化。据《赫舍里氏祭祀规条》载,祭祀时祖神画像已被香碟代替,祭天也不再像往昔那样于院外神竿前设祭,而是改在屋内,即向门设神桌一张,上摆香碟,"神竿"竟改成用三根秫秸捆成的草把,草把上系祭祀用猪胆,供奉神桌上。祭毕撤去神桌,"神竿"扔房上②。这些秫秸,已成为徒具象征意义的物件。

(三)萨满教残余为何在满人中长期保留?

1. 八旗制度的束缚。满人世代居住于相对封闭的旗人聚居区,

---

① 姚元之:《竹叶亭杂记》第3卷,第4页下,光绪癸巳年刻本。
② 《赫舍哩氏祭祀规条》,晚清手写本一函一册,中国科学院图书馆藏。

自成一独立社区，有利于传统文化的传承。此系常识，毋庸赘述。

2. 萨满祭祀与满洲家祭的交融。萨满教式微后，其原有要素作为满人家祭重要组成部分而在家庭（家族）中世代传承。此种交融，不仅见于前引满洲皇室《满洲祭神祭天典礼》《赫舍里氏祭祀规条》诸书，在满人家谱中亦不乏佐证。内务府满洲人完颜氏麟庆，嘉、道年间任河道总督，他在自编家谱《鸿雪因缘图记》中，详记自家五福堂祭神盛况。届期在神杆前供糕酒，屋内西炕悬镶红云缎黄幪，粘纸钱三挂，前设红桌，供糕、酒各十三盘，香三碟，免冠叩首。又有请牲灌酒、供阿穆孙（祭肉）、夕祭、朝祭、背灯祭、杆前祭天诸仪。其祭祀程序，与《满洲祭神祭天典礼》大体吻合。祭祀神器则有神箭、桦铃、拍板、手鼓、腰铃、三弦、琵琶、大鼓，凡八种。麟庆曾说："余家旧有萨玛（译言祝辞），今则乐设不作"[6]760。"萨玛"一般写作"萨满"，指萨满祭祀中跳神并行使巫术女巫（女萨满）。说明清中叶以降，满人家祭中繁缛的萨满跳神仪节已省去，形式亦趋简约，但在祭祀对象、仪节、程式乃至神器使用方面，均融入萨满文化要素。

萨满教神杆又称"索罗杆"，神杆祭祀本来就具有祭天、祭祖双重功能。因此，麟庆家神杆又称"祖杆"[6]607，他与两子崇实、崇厚，无论在京在外，每居一处均举行安杆大祭。麟庆在山东泰安做官，初次举行安杆大祭，并写纸阄占得崇实、崇厚两子之名。视为家庭中一件神圣庄严大事。道光二十三年（1843），麟庆在京城新宅（弓弦胡同半亩园）举行安杆大祭，命长子崇实夫妇主持。并规定，此后无大事故，每年举行一次。同治元年（1862），崇实就任成都将军，"因家眷请来神版，即以署中五堂作为神堂，择日竖杆大祭"①。神杆祭祀之所以受到重视，是因为它无论在形式还是内容上，均已蜕变为祭祖的一项重要活动。在其他满人世家，也有类似现象②。可见，这是晚清以来满汉世家在家祭方面最明显的差异之一。

---

① 崇实：《惕盦年谱》，第59页下；衡永编、崇厚述：《鹤槎年谱》，第8页，民国十九年本。

② 金梁：《瓜圃述异》卷下，第24页下，民国刊本。

3. 萨满医学的实效性。萨满教的功能并不限于宗教范畴，还具有社会功能，集中表现为满人传统医学的传承。康熙《御制清文鉴》卷一三，将萨满作法诸词条列入《医疗项》下，盖缘于此。据《医疗项》载："萨满供祭渥辙库（家内神）跳神以驱妖魅，此谓之跳老虎神逐祟。"萨满跳神，或模拟老虎神的狰狞，或表演"妈妈神"的噢咻，或取仿"姑娘神"的腼腆，其主旨不外乎取悦或恫吓作祟的恶神，以收祛病康复之效。同类巫术还有："送纸通诚"，即在病人面前，由萨满烧纸钱以通达神明，求其救助；"叫魂"，即当小儿受惊吓中风时，延请萨满由受惊处起步，一边走一边高声呼唤病儿姓名，进屋乃止；"动鼓逐祟"，即将五色纸剪成条状粘贴柳枝上，然后由萨满敲击手鼓以驱走疠气①。

这类巫术，显然融入汉人民间巫术诸多因素，虽无科学道理可言，但对于病入膏肓的患者来说，在他们有限的理解范围内，确也不失为希望的所在。而体内积极因素的调动，或使患者抗病能力有所增强，进而得以痊愈。换言之，当巫术活动作用于特定对象时，有时的确能起到心理疗法作用。

萨满的医疗功能并不限于巫术，在长期实践中，他们积累了丰富的民间医学常识和医疗经验。在顺治年间档案中，载有萨满为人催产、堕胎、扎针医治面瘫等诸多事例②。前引书《医疗项》又载"盐酒米袋烙风气病"疗法，即将盐、酒、米等物掺和一起炒热，放入布袋，然后置于因中风引起的病痛处；"烧柳汁熨咬伤"疗法，即将手指粗细湿润柳枝顶端齐齐截去，然后用火烧炙柳枝中段，随即将截面处流出柳枝液滴在被野兽抓咬伤患处以熨之。这种医治创口方法，应是满洲先民在古老狩猎时代不断摸索累积起的经验。复如"剖活牲胸膛熨伤""燃艾子灸伤痛"等因地制宜的民间医术，均属萨满医疗范围。至于"剖活牲胸膛熨伤"之法，亦流行于蒙古游牧社会，足见

---

① 均见康熙《御制清文鉴》第13卷，武英殿本。
② 中国第一历史档案馆编：《清初内国史院满文档案译编》（中），光明日报出版社1989年版，第243—246页。

萨满医术不仅吸收汉文化诸多成分，与蒙古游牧文化也有交融。

满洲早期社会没有专职医师，民间萨满既是巫师，也是医士，既是导人于冥冥之中的宗教人物，也是拯病人于水火的积善之士。这应是萨满教在缺医少药的满人中衰而不绝的一个因素。

二　佛道兼容

清代满人信仰的总体状况是儒、佛、道三教兼容。儒教及与之相适应的伦理道德观，作为社会主流意识形态，对社会每一成员——不分满汉，均有深刻影响。佛、道两家，则是人们宗教信仰的主宰。

佛教包括汉传佛教与藏传佛教（喇嘛教），对满人先世早有影响。永乐十五年（1417），明廷在建州卫设僧纲司，以女真僧人为都纲，并在长白山建寺。同时，在黑龙江下游入海口特林建永宁寺。努尔哈赤称汗立国之初，在赫图阿拉城（今辽宁省新宾县老城）东山顶上盖造佛寺、玉皇庙和十王殿，号称七大庙，已是佛、道教兼容。满人在祭祀天、地、山、禽鸟、动物同时，崇拜关帝、观音、佛祖。努尔哈赤平日家居，常常"手持念珠而数"①，言语间常称"我佛"如何②。说明他对蒙、汉等族广为笃信的佛教、道教不仅不陌生，而且践行于日常生活中。皇太极时，与蒙古诸部交往增加，藏传佛教（喇嘛教）在满人中影响明显加强。崇德三年（1638），在盛京城外建实胜寺。七年（1642），达赖喇嘛使者至盛京，受到皇太极盛情接待。

清廷入关初，强制将汉人逐出北京内城，同时，特准僧人道士留居寺观，不必搬迁。此举集中反映了满人在精神生活中对佛、道两教的倚重。

顺治帝尊崇佛教。从喇嘛诺木汗之请，命将京师西苑琼华岛山顶

---

① ［朝］李民寏：《建州闻见录》，清初史料丛刊第八、九种，第43页，辽宁大学历史系，1978年铅印本。

② 广禄、李学智译注：《清太祖朝老满文原档》第2册，"中央研究院"历史语言研究所专刊第38，1973年版，第15、17、18、140页。

上广寒殿拆除，建白塔和永安寺。京城南海会寺，年久寺颓。众信徒欲重修，顺治帝命寺僧往江淮，延请禅僧性聪（憨璞）任该刹住持。翌年巡狩南苑，于海会寺遇性聪（憨璞），并屡召入内廷，问佛法大意，奏对称旨，帝大喜，赐"明觉禅师"号，并谓："朕初虽尊崇象教（即佛教），而未知有宗门耆旧，知有宗门耆旧，则自憨璞始"①。又为万安山法海寺慧枢和尚榜书"敬佛"二字，碑阴镌历代佛祖图②。这些都是顺治帝礼佛、敬佛、崇佛的明证。

西华门外福佑寺，正殿奉"圣祖仁皇帝大成功德佛"牌，乃玄烨幼时随保姆避痘居处。即位后，发内帑重修或改建宝禅寺、法华寺、旃檀寺（弘仁寺）、静默寺、广济寺等众多寺庙。玄烨效其父，亦书"敬佛"碑，上刻大悲菩萨像，立于香山香界寺。他先后三次到岫云寺留住，并为寺中殿宇庭院赐名、书匾、题诗。康熙三十一年（1692），拨库帑一万两重修大殿。

雍正帝于禅门颇有造诣。京师西郊大觉寺，历经辽、金、元、明、清诸朝，已逾千载，为著名禅寺。胤禛早在藩邸时即加修葺，并推荐迦陵（性音）禅师任住持。胤禛自号"圆明居士"，辑禅师语录，名《御选语录》。即位后，在内廷与王大臣参究禅理，集诸人语录，编为《御选当今法会》，附于《御选语录》。又撰《拣魔辩异录》，驳斥"异端"。

清廷入关初，于京师大兴土木建喇嘛寺。在德胜门外修黑寺，因覆青瓦，故有是称。前寺称慈度，后寺称察罕喇嘛庙。顺治二年（1645），察罕喇嘛自盛京来，乃募化修建。安定门外东黄寺，顺治八年（1651），奉敕就普净禅林兴建。时达赖喇嘛来朝，俾为驻锡之所。东黄寺西复建一寺，称西黄寺。两寺同垣异构，又称双黄寺。乾

---

① 顺治十七年七月僧道忞撰：《海会寺碑》，北京图书馆金石组编：《北京图书馆藏中国历代石刻拓本汇编》（下简称《拓本汇编》）第61册，中州古籍出版社1990年版，第153页。

② 即《敬佛榜书碑》，顺治十七年三月十六日，碑在北京海淀区正红村香山法海寺。参见周家楣、缪荃孙等编纂《光绪顺天府志》第17卷，北京古籍出版社1987年版。

隆四十五年（1780），六世班禅来京祝釐，因出痘圆寂于西黄寺。乾隆帝命修清净化域城。

京师雍和宫、嵩祝寺、福佑寺、双黄寺、慈度寺、察罕喇嘛庙、达赖喇嘛庙、隆福寺、大隆善护国寺、妙应寺、弘仁寺、阐福寺、普胜寺、普度寺、净住寺、三佛寺、长泰寺、圣化寺、大正觉寺、慈佑寺、永慕寺等，皆为喇嘛寺。在承德避暑山庄，建普陀宗乘之庙、须弥福寿之庙、普宁寺、殊像寺、溥仁寺、溥善寺，清廷对这些寺庙专设喇嘛管理。

相比顺、康、雍诸帝，乾隆帝对喇嘛教尤笃诚。在位时，组织翻译"满洲经"（即满文大藏经）。满洲经将修成，寄谕盛京将军弘晌，从盛京喇嘛寺中，择其大者选出一处，作为满洲喇嘛寺；从当地内府佐领及八旗满洲、锡伯人中选出数十人为喇嘛；并从京城喇嘛中选熟习满洲经者，派往盛京为彼处达（大）喇嘛，为满洲喇嘛教习满洲经①。此举不但寓有笼络蒙古、"兴广黄教"之目的，似乎还兼有阐扬满洲文化、凝聚满洲认同之动机。

必须强调的一点是：满洲诸帝从清太祖起，崇佛同时亦尊道教。京师南苑小红门内元灵寺，建于顺治，乾隆重修。供奉三清、四皇、九天真女、梓潼、三官诸像。殿前石碑勒乾隆帝御制诗，诸联额亦皆皇帝御笔。雍正年间，在南海子晾鹰台北修宁佑庙，奉南苑安僖司土神像。建珠源寺，为团河龙王庙。在蚕池口建永佑庙，奉祀城隍神。庙西修大光明殿，内奉玉皇、三清四御、斗母、后土、宝月光元君、三星、三皇诸神。

京师最著名道观，东有东岳庙，西有白云观。清廷与白云观关系一直密切。顺治十三年（1656），第七代住持王常月（号昆阳）奉旨主持白云观，顺治帝赐紫衣三次，又赐斋田，王常月辞谢曰："贫可养道"。名声益著，皈依者如流。他三次登坛传戒，度弟子千余人，

---

① 《寄谕盛京将军弘晌著从盛京喇嘛寺内选一处为满洲喇嘛寺》，乾隆四十三年四月初二日，中国第一历史档案馆藏：《乾隆朝满文寄信档》，第019号。

被誉为全真派中兴之祖。康熙十九年（1680）逝世，康熙帝闻讯，赐号"抱一高士"①。四十五年（1706），玄烨见白云观地基太狭，大兴土木，动帑葺治。

康熙末年，道士罗守一自江西入京师。他冬夏身穿一衲佯狂于市，或取生米麦，以口吹之即熟；晚间店家举烛火，未及燃，吹之亦炽；京师九门，一日九见其形，后忽隐去。熟睡三年后复现，遂往前门外蜜蜂窝，"窝洞在土山之凹，聚游蜂数百万，罗解衣赤身而入，群蜂围绕出入，于罗之七窍而不能蛰"。又传说他一餐能食斗米，鸡蛋三百枚，一啖而尽，略无饱色；或馈生姜四十斤，片时啖尽。种种怪异举动，皆为人所不能，名声因此大振，朝野咸知。他于雍正五年（1727）春至白云观，不久坐化。胤禛闻讯，敕封恬淡守一真人，命建塔覆之，即今白云观东院内罗公塔②。明朝兴建紫禁城，未设内城隍庙，雍正四年（1726），胤禛敕建。印证了他迷信风水、笃信八卦的性格特点③。胤禛痴迷于道士法术，曾密谕地方大吏留心寻访"内外科好医生与深达修养性命之人，或道士，或讲道之儒士俗家"。道士娄近垣，江西人，被召入京师，居光明殿。据说有妖人贾某之鬼为患，娄道士设醮祷祈，立除其祟。又在雍正帝面前结幡招鹤，颇有验证，故封号"妙应真人"④。

乾隆年间，弘历先后两次动帑重修白云观。五十三年（1788）仲春御笔诗云："古观西郊外，逮今五百年；葺新不知几，有象那恒坚；前岁临真域，当春礼法宴，希敷万民福，宁渠为求仙。"⑤ 此前，弘

---

① 崇实：《昆阳王真人道行碑》，光绪十二年，载［日］小柳司气太《白云观志》（附东岳庙志），开明堂东京支店1934年版，第162页。

② 崇实：《罗真人道行碑》，光绪十二年四月十四日，载中国科学院图书馆藏：《白云观碑拓本》（下简称科图《拓本》）。罗公塔塔身题字："敕封恬淡守一真人罗公之塔"；上首书："内务府员外郎加二级兴清额、内管领加二级宁［录］监造"；下首书："大清雍正五年岁次丁未闰三月吉日立"。说明该塔由皇帝敕修，内务府建造。

③ 关于雍正帝热衷算命、笃信八字详情，参见陈捷先《雍正写真》四十五至四十七条，商务印书馆2011年版。

④ 昭梿：《啸亭杂录》第9卷《娄真人》，中华书局1980年版。

⑤ 《弘历御笔诗碑》，乾隆五十三年二月，载中国科学院图书馆藏《白云观碑拓本》。

历西巡启跸，路经此观，见栋宇颓圮，拨内帑八千六百两进行修葺，至是竣工，便道瞻礼，并题诗纪念。他在诗中表示，自己亲往瞻礼，目的并非求仙，而是为民祈福。这年，他已七十八岁高龄。

东岳庙在朝阳门外二里许。除朔望外，每至三月，自十五日起，开庙半月。士女云集，至二十八日为尤盛，俗谓之撢尘会。其实乃东岳大帝诞辰。庙有七十二司，司各有神主之。相传速报司之神为岳武穆，最为灵异。凡负屈含冤心迹不明者，率于此处设誓盟心，其报最速。后阁有梓潼帝君，亦灵异，科举之年，祈祷相属。神座右有铜骡一匹，传能治愈人疾病。病耳者则摩其耳，病目者则拭其目，病足者则抚其足。康熙三十七年（1698），居民不戒而毁于火。特颁内帑修之，阅三岁落成。乾隆二十六年（1761），复加修葺，规制益崇。

满洲世家完颜氏麟庆著《鸿雪因缘图记》，其子崇实、崇厚修《清江南河道总督完颜公（麟庆）行述》，崇实撰《惕盦年谱》（《完颜文勤公（崇实）年谱》），其孙衡永编《鹤槎（崇厚）年谱》。祖孙三代共编写四部谱书，书中详细记载其家举行安杆大祭、传统家祭、道观进香、署中筑佛堂等情景，真实反映满洲家庭在信仰上的佛道兼容与互补性。麟庆议婚，先向吕祖祷祝。麟庆父子与白云观关系密切。麟庆出资重修白云观宗师殿，并镌刻碑记。崇厚为之撰《白云仙表》，记全真道五祖、七真、十八宗师事迹，以"志数典不忘之意"。又为观中篆刻《昆阳王真人道行碑》《罗真人碑记》①。崇实另撰《邱长春真人事实》，以表对全真邱祖虔敬之心[7]509—515。白云观至今保留有其父子施舍碑、功德碑。麟庆晚年日习"导引术"（导引术，是民间将呼吸运动与躯体运动相结合的一种医疗健身方法），不甚得法。病重，访南城名医调治，又服参芪过多，生疽，病逝。死后与三亡妻合葬，以朝向不吉，又改。

在满人信仰中，关帝和娘娘神占有重要位置。关帝指三国时蜀国

---

① 崇实：《昆阳王真人道行碑》，光绪十二年，[日]小柳司气太：《白云观志》（附东岳庙志），第162页；崇实：《罗真人道行碑》，光绪十二年四月十四日（科图：《拓本》）。

大将关羽,后以兵败被杀。他生前最大官衔为"前将军",最高爵位不过"寿亭侯",然而宋朝以降,历经元、明,他的地位却不断上升。由封"王"而封帝,明神宗加封他为"三界伏魔大帝神威远镇天尊关圣帝君",简称"关圣帝君"。清顺治帝给他的封号长达二十六个字,尊崇褒扬至于极点。关帝原为民间信仰和国家祭祀神明,以后声威大振,跻身于佛、道二教神祇。随之,被赋予越来越多的法力:司掌命禄、祛病消灾、除恶驱邪、招财进宝,以致社会各阶层,不分职业、族群、性别、文化程度,无不顶礼膜拜之。

清代,关帝庙遍及全国,京师尤胜,专供关公或兼供关公庙宇就有百处之多。朝鲜使臣记载说:"家家奉关帝画像,朝夕焚香,店肆皆然。关帝庙必供佛,佛寺必供关帝,为僧者一体尊奉,曾无分别。"① 足见关帝信仰的普及。

这位由骁勇善战大将军演化来的神祇,对崇尚武功的满人来说,尤有魅力。王嵩儒《掌故零拾》卷一写道:"本朝未入关之先,以翻译《三国演义》为兵略,故其崇拜关羽。其后有托为关神显灵卫驾之说,屡加封号,庙祀遂遍天下。"关帝及三国故事,在满人中家喻户晓。凡满人足迹所履,无不有关帝庙之兴修。满人视关羽为护国神,避其名讳,尊称"关帝",俗称"关马法"。"马法"在满语中有"老爷""老翁"之意。关帝信仰之所以风靡于满人社会,除上述因素外,与满洲最高统治者在八旗官兵中大力提倡"忠君""报国"思想,也有直接关系。

在满人信仰中,娘娘神居重要地位,尤其在妇女中间。京城内外娘娘庙很多,香火盛者多在城外如妙峰山、丫髻山,近郊有东顶、南顶、西顶、北顶。康熙《万寿盛典初集》提到广仁宫,供碧霞元君,俗称西顶,是京城著名娘娘庙,在西郊蓝靛厂,与八旗外火器营毗邻。元君宫初号天妃宫,据说宋朝宣和间开始显灵,至清初,该宫碑

---

① [朝]金昌业:《燕行日记》,[韩]林基中编:《燕行录全集》第31册,东国大学校出版部2001年版,第289页。

碣犹存，殿宇破旧。圣祖玄烨发内帑重葺，落成后亲往瞻礼，题额曰："广仁宫"。从此，碧霄元君宫成了"西顶广仁宫"。每届开庙之期，清廷派大臣前往拈香。

"娘娘"其实是对一组女神泛称，以其职司分为子孙娘娘、接生娘娘、送生娘娘（管女临盆顺利生产）、眼光娘娘（管保护人不生眼病）、痘疹娘娘（管治"天花"）。"痘疹娘娘"地位最高，也是事出有因。满人由关外入居中原，畏痘疫尤甚。传说中"五台山出家"的顺治帝，即患痘疫而亡（蒙古人亦同，王公出过痘者称"熟身"，方许入京"觐见"，否则不许）。乾隆年间，宗室敦诚家一次染痘疫殇殁者多人，曾留下"燕中痘疹流疫小儿殄此者几半城"的骇人记载①。嘉庆年间，西方人种牛痘方法由菲律宾传至澳门，不久进入内地。但对普通满人来说，逃避痘疫肆虐的唯一希望仍然寄托在朝夕供奉的痘疹娘娘身上。

三　民间杂信

在满人社会中与佛、道两教并行不悖的，还有民间"俗信"和"杂信"。康熙《万寿盛典图》在三处水井旁，绘有龙王庙。人们相信，龙王掌握着天上水源。在旱魃猖獗时节，龙王尤其受到人们顶礼膜拜。

满人亦如汉人，供奉"大仙"有狐（狐狸）、黄（黄鼬）、白（刺猬）、柳（蛇）、灰（鼠）之说。宗教界谓之"邪信"，以别于本门宗教的"正信"。有的信仰和供奉对象，虽出自某一正统宗教，但又不甚规范，宗教界谓此为"俗信"。民间濡染于"三教圆融"思潮，往往佛、道不分，再加上"三教"外形形色色的"俗信"，便成了"杂信"。除"家宅六神"外，供奉大小神祇还有土地爷、灶王

---

① 敦诚：《四松堂集》第4卷，第24页下，敦敏《懋斋诗钞》（外一种），上海古籍出版社1984年版。

爷、天地爷、"五大仙"、财神和福、禄、寿三星。年深日久，这些信仰均在满人中广为传布。

完颜氏几部谱书，详述家族成员日常生活中所见各种怪异现象，是其沉溺民间杂信的生动反映。据说麟庆母恽珠生时，祖母梦老妪授巨珠，光满一室，因命名"珠"。麟庆一生痴迷于灵异现象，《鸿雪因缘图记》记其在科考、升迁、祈雨等场合拜神求签情景，又记种种仙踪异迹。无独有偶，在崇实《惕盦年谱》（即《完颜文勤公年谱》）中，充斥了同类记载，如称崇实生时祖母恽氏梦东岳头陀，故取乳名岳保；二岁出痘，乳母刘氏梦华佗祖师，其母发愿每月上香烛钱；五岁，母渡江遇险，又有金甲神（靖江王）托梦渔翁救护；十岁得重病，食神赐红果，即仙丹，仍是华佗云天垂手。这类记载在完颜氏年谱中比比皆是，无不绘形绘色。正是通过这些民间"杂信"，集中反映了满汉信仰的兼容并蓄。从更大范围讲，多元信仰的陶融与互补，也是京城许多满汉家庭的习见现象①。

从萨满教万物有灵、多神信仰到儒道兼容，乃至与"俗信""杂信"合流，是清代满人宗教信仰演变的基本轨迹之一。由于萨满教与汉地民间信仰均以多神崇拜为根基，并且均对外来宗教和信仰持兼容并蓄的开放态度，所以对满人来讲，这种演变并不存在感情障碍。

四 信仰与世俗生活

清代北京内城（北城）共有多少寺观，说法不一。据乾隆《京城全图》统计，大概有一千二百二十余处，内城寺观即使以半数计，也有六七百处。这些寺观，与满人日常生活息息相关，是其宗教信仰、世俗生活水乳交融的集中体现。此种交融，不仅渗透于日常生活各领域，而且贯穿于每个人从生到死的全历程。

---

① 这类例子甚多，毋庸赘举，对满人文康所撰侠义小说《儿女英雄传》略加翻阅亦可得知。

（一）踊跃施舍

世代居住内城的数十万满人笃信佛、道二教，寺观不仅是宗教活动中心，也是慷慨捐施对象。皇室是满人最上层，他们广占庄田，家资富赡，赏赐或施舍财物、土地予名刹古观，尤为慷慨。

在满洲贵族中，施舍府邸改建寺庙也是一种时尚。睿亲王多尔衮旧府在东安门内，明小南城旧宫遗址。顺治初，改为睿亲王府。康熙年间建玛哈噶喇庙，乾隆帝赐名普度寺。将府邸舍为寺庙的还有雍正潜邸、怡亲王府、醇亲王府。在满洲贵族表率下，普通满人向各寺观施舍钱物、田产也很踊跃[①]。

满人踊跃捐施，基于哪些原因？

首先是信仰："永作佛前香火"（《旗人常福保等舍地碑》）。其次是祈福，即所谓"植之福果，生生自是不断"（《吴王氏施地碑》），"作功德"（《资福寺施地题名碑》）。佛教认为布施可以修福。《上品大戒经》说："施佛塔庙，得千百倍报。布施沙门（僧人），得百倍报。"施主修福免灾，死后登西方极乐净土，永享天福，福泽绵延不绝，惠及子孙。关福里置买二顷六亩地施与极乐庵，在碑记中写道："凡我在族子孙，日后不得以常住地亩为己物，隳我培善之源，不能流传于后世也。"[②] 施舍行为必须得到后世子孙充分尊重，功德才能圆满，否则，前功尽弃，这正是许多施主所担心的。

（二）组织香会

香会，作为民间祭神修善的自发性组织，有着悠久历史[③]。尤为重要的，还是它在民间信仰方面所起的作用。清代京城，每届寺观举

[①] 刘小萌：《清代北京旗人舍地现象研究》，《清史研究》2003年第1期。
[②] 《关福里施香火地碑》，乾隆四十四年十二月，碑在北京东城区羊管胡同极乐庵，载《拓本汇编》第74册，第48页。
[③] 顾颉刚：《妙峰山的香会》，载《妙峰山》中山大学语言历史研究所《民俗学会丛书》，1928年版，第11页。

第二编 满族文化与萨满教

行节庆活动,各处信士弟子朝顶进香之际,多有香会活跃其间。其中,都城隍庙、蓝靛厂碧霞元君祠(洪慈宫、广仁宫,又称西顶)、妙峰山碧霞元君祠(金顶)、京西磨石口天太山(天台山、天泰山)慈善寺、朝阳门外东岳庙、阜成门外白云观、药王庙、西郊大觉寺、戒台寺等名观巨刹,以满人为主体或满汉(旗民)兼容的香会名目尤多①。同时,还有为数众多的中小寺观,它们在社会上名声寂寂,却是本地区居民进香还愿的中心,因此也形成形形色色的香会。

总体来看,香会中女性远少于男性。传统伦理道德的约束,使妇女少有在公众场合抛头露面的机会。统治者针对所谓男女混淆现象,三番五次颁布禁令,也限制了妇女参与香会的自由。早在康熙四十八年(1709),就有御史张莲疏称:民间设立香会,千百成群,男女混杂,请敕地方官严禁。从之。雍正二年(1724),又有都察院左都御史尹泰奏请禁止妇女在寺庙进香集会②。乾隆年间,多次重申对京城各寺庙内妇女烧香之习悉行严禁,但每年"二三月间春融之后,旗民妇女浓妆艳服,逐队成群,任意缘山越岭进庙遨游"③,说明有令不行。满汉妇女进香祈福,兼寓踏春游玩的目的,呼朋引伴,乐此不疲。这种愿望不是一纸禁令所能阻拦的。乾隆二十七年(1762)又奏准:"五城寺观僧尼开场演剧,男女概得出资随附,号曰善会,败俗酿弊,所关非细,应交步军统领五城顺天府各衙门严行禁止"。④此后,清廷于咸丰二年(1852)正月、同治八年(1869)十一月、光绪十年(1884)二月屡次谕旨重申,严禁妇女进寺院庵观烧香⑤。

统治集团三番五次颁布禁令,应是导致香会女性少于男性的一个

---

① 刘小萌:《清代北京旗人与香会》,《燕京学报》新 12 期,2002 年 5 月。
② 《清圣祖实录》第 238 卷,康熙四十八年六月庚子;中国第一历史档案馆:《雍正朝满文朱批奏折全译》,第 636 页。
③ 《监察御史舒敏为请禁妇女游荡山寺习俗事奏折》,乾隆九年十一月十四日,载《乾隆初年整饬民风民俗史料》(下),《历史档案》2001 年第 2 期。
④ 《乾隆二十七年禁五城寺观僧尼开场演剧》,《台规》第 25 卷,转引自王晓传辑录《元明清三代禁毁小说戏曲史料》,作家出版社 1958 年版,第 41 页。
⑤ 《清文宗实录》第 52 卷,咸丰二年正月辛巳;《清穆宗实录》第 271 卷,同治八年十一月甲申;《清德宗实录》第 178 卷,光绪十年二月壬子。

基本原因。但换个角度考察：尽管有官府禁令，仍有不少满汉妇女冲破各种有形无形的束缚，积极参与香会活动，并且堂而皇之地将众多信女姓氏刻写在香会碑上。又说明官府禁令并未奏效，这正是统治者不得不一再重申禁令的缘故。

光绪十一年（1885）正月，御史张廷燎奏称：京师城外白云观，每年正月间烧香赛会，男女杂沓，并有托为神仙之说，怪诞不经。奉上谕：僧道造言惑众，及妇女入庙烧香，均干例禁，嗣后著该管地方官严行禁止。其余京城内外各寺观，如有烧香赛会，与此相类者，亦著随时查禁。① 正月十九日，传说是邱处机即长春真人成仙飞升日，俗称"燕九节"，相传是日真人必来，或化官绅，或化游士冶女，或化乞丐，有缘遇之者得以祛病延年，故僧道满汉男女人等于是日辐辏云集，焚香持斋，彻夜达旦，谓之"会神仙"。此即张廷燎奏折中所指"托为神仙之说，荒诞不经"之状况。

在八旗制度束缚下的满人，长期生活在内城狭小天地里，除当兵做官者外，大多无事可做，组织香会，朝顶进香，成为生活中一件大事，其中除宗教信仰的驱动，排遣烦恼、自娱自乐、填补精神空虚的成分不少，还有扩大社交圈的需求。这些都是京城满人积极参与香会活动，并在其中扮演重要角色的原因。

清初京城满汉畛域分明，不同的组织隶属、不同的居住地域、不同的职业分工、不同的身份地位、不同的文化背景。满洲统治者处心积虑构建满汉畛域，主旨是为了维护自己的特权利益。而香会作为满汉人等杂糅的民间组织，它的发展，却成为"旗民分治"体制的一种异己力量。正是通过这种完全自发的民间组织，满人与汉人密切了联系。他们基于宗教信仰互结同心，彼此频频交往，共享精神的安慰与欢娱，感情上也日愈陶融。至于香会在融通满汉语言文化信仰风俗等方面所起作用，也不言而喻。

---

① 《清德宗实录》第202卷，光绪十一年正月乙丑。

(三) 庙会与娱乐场所

内城寺观不仅是满人信仰中心,也是庙会和娱乐场所。庙会最热闹的有两处:一处西庙,护国寺,在皇城西北定府大街正西,每月六次,逢七、八日开庙;一处东庙,隆福寺,在东四牌楼西马市正北,每月六次,逢九、十日开庙。是日,百货云集,凡珠玉绫罗,衣服饮食,古玩字画,花鸟虫鱼,以及寻常日用之物,星卜杂技之流,无所不有①。此外,每月逢五、六日,在白塔寺有市。举办庙会的寺观一般规模较大,而且选位适中,以照顾所辐射区域[8]211。众多庙会,对满足满人日常所需、文化娱乐,以及刺激整个内城商业经济繁兴,均有重要意义。

(四) 祈福与人生保障

祈福避祸、趋利避害是人生的基本愿望,上自天子下至庶民,如出一辙。满洲诸帝均为父母祈福或颂寿。康熙帝在南苑修永慕寺,为孝庄太后祝釐。雍正帝在畅春园东建恩佑寺,为圣祖荐福。乾隆帝绍承父祖,为圣母太后建恩慕寺。在京东长河东修万寿寺,复在清漪园建大报恩延寿寺,均为圣母太后祝禧而建。乾隆三十六年(1771),乾隆帝为圣母祝禧,巡幸五台山,诣殊像寺,归后写殊像寺文殊菩萨像,并系以赞语,于香山南麓建宝相寺。殿制,内方外圆,四方设瓮门,殿前御书额曰:"旭华之阁"。

普通满人家婴儿出生,父母祈其无病无灾,顺利成人,往往到寺庙中许以"跳墙和尚"。"跳墙和尚",又叫"俗家弟子"。前人解释说:"小儿周岁……或恐不寿,则有舍在寺观冒为僧道出家者。其法于是日抱之入庙,予一帚使扫地,其师假作督责笞击之。预设一长凳,令小儿跨越而过,不可回头,即出庙归家,仿佛逾垣逃遁者,嗣

---

① 旗人得硕亭:《草珠一串》有云:"东西两庙货真全,一日能消百万钱。多少贵人闲至此,衣香犹带御炉烟",杨米人等著,路工编选:《清代北京竹枝词》,北京古籍出版社1982年版,第52页。

后终身不宜再入此庙。"[9]150满人崇彝《年记》(自传)中称:自己是父母四十余岁所生,非常欢慰,祖母尤钟爱,因许以跳墙和尚,六岁留发,成为贤良寺晟一方丈弟子,赐法名益安。他成家后生有二子,同样许以跳墙和尚。崇彝和崇霁兄弟二人都是贤良寺晟一方丈的弟子,儿子则是晟一方丈的徒孙,这种父一辈子一辈的关系不断延续,就形成与该寺的特殊关系。崇彝父亲生前把棺材备好寄存贤良寺多年,每月照付香资三吊。其母去世,请贤良寺僧人诵禅经。不妨说,一家人从生到死,都离不开寺观①。至于满洲贵族,多立有家庙,与僧道关系当然更加密切。

除许以"跳墙和尚",还有一种替代办法,即父母为小儿发愿舍身寺庙,实际却以他儿代替,名曰"替僧"[9]421。同时,不排除某些满人子弟出家的事实。满人马宜麟幼年多病,被父母送入东岳庙做道士,他秉愿募化,修理本庙东廊、西廊各处道院工程,并在后院建立同善堂义学,又在马道口买地,设立义园。因有诸多善举,终升至东岳庙第十七代住持②。

满人生老病死,均离不开寺观。副都统、和硕额驸福增格舍地二十余顷及房产给云居寺,自述该寺距祖茔甚迩,是以三世护持焚修,将及六十年③;旗员奎某为香山玉皇顶静福寺置地修树,修整店宇,也是因为寺后西山顶上有亡妻李佳氏、王佳氏之墓④。此处是奎某家祖坟阴宅,平日由静福寺悉心照料,给予一定回报也合乎情理。

前文提到,满洲人由关外入居关内,对痘疫的抵抗力尤弱,丧命者比比皆是,故畏之甚。为保证子女顺利成长,消灾免祸,只有祈祷神祇保佑,手段之一即给子女取法名。康熙朝辅政大臣索尼长孙女黑舍里患痘疫,取法名"众圣保",仍难免夭折。除法名外,满人中取

---

① 俱详崇彝编《崇翰池年记》,民国间稿本,收入《北京图书馆藏珍本年谱丛刊》第198册,北京图书馆出版社2001年版。
② [日]小柳司气太:《白云观志》(附东岳庙志),第218页。
③ 碑在北京房山区云居寺,载《拓本汇编》第71册,第36页。
④ 《玉皇顶静福寺碑记》,光绪二十九年八月,碑在北京海淀区香山,载《拓本汇编》第88册,第186页。

名"众僧保""菩萨保""释迦保""佛保""观音保""韦驮保"的也很普遍①。这是一种有别于汉人的民俗现象,早在明代女真、蒙古社会中已见端倪。足证清代满人信仰渗透于宗教活动与世俗生活两个方面,两者水乳交融在一起,并贯穿生命的始终。

五 结语

清代京城满人信仰的形成与演变,离不开与汉人、蒙古人的交流与互动。其中,满汉交流又是主导方面。概言之,满汉信仰的基本关系是"大同小异"。所谓"大同",即满汉人等,均以佛、道以及民间杂信为基本信仰。这是满汉信仰的共同基础,也是满汉文化陶融的集中体现。所谓"小异",主要表现为满人萨满教信仰残余。

满人信仰虽大体相同,但由于在隶属关系、族缘与文化背景、社会地位、受教育程度、地域分布、个人环境等方面存在诸多不同,导致其在信仰上的差异。前人于此少有述及,故不揣冒昧,于文末概括之:

第一,满洲诸帝的信仰差异。如前所述,从太祖努尔哈赤起,信仰的基本特色都是佛、道兼容。但具体到个人,又有差异。顺治帝除崇奉喇嘛教之外,更致力于禅宗;雍正帝于禅门颇有造诣[10]28,同时痴迷道士法术;康熙帝、乾隆帝均重喇嘛教,但对汉传佛教与道教并无排斥。嘉庆朝以后,喇嘛教在诸帝中的影响明显削弱。由此可知,目前海内外学界颇为流行的一种倾向———一味强调满洲诸帝对喇嘛教的虔诚,却无视其对汉传佛教、道教的尊崇;或将某位皇帝(如乾隆帝)对喇嘛教的虔诚,夸大为满洲诸帝乃至皇族的总体特征,均有失偏颇。

第二,满人信仰的地位差异。普通满人的宗教活动,围绕日常生

---

① 康熙四十四年阿进达墓碑载:阿进达殁后,其妻生一遗腹子,祖母"捧负珍如掌珠,锡以佛名众僧保","岂意年方十岁,患痘而殇"。与众圣保的命运如出一辙。盛昱辑:《雪屐寻碑录》第10卷,金毓黻:《辽海丛书》第5册,辽海书社1985年影印本。

活中切身利益展开,带有浓郁的功利色彩,而处于社会顶层的满洲皇帝与宗亲,其宗教皈依,则寓有更为复杂的诉求和更为多样的形式。差别之一,由萨满教蜕变来的堂子祭祀、坤宁宫祭祀,只存在于满洲皇室贵族;差别之二,普通满人的宗教活动限于民间,随意性较大,而皇室宗亲的宗教活动则表现为因公(国家祭祀)、因私两个层面,而在因公层面,均有典章制度的严格规定;差别之三,满洲皇帝尊崇的喇嘛教,本为蒙、藏等族所共享,但在京城普通满人中却少有影响。对于其中原因,实有进一步探究之必要。

第三,满人信仰的旗籍差异。清代"满人"与"旗人"是两个概念,虽不能完全等同,在很大程度上却有重合。满人依隶属关系不同而有内、外旗之别。"外八旗"即八旗都统衙门领属满洲、蒙古、汉军,"内三旗"即内务府属上三旗(镶黄、正黄、正白)。他们族源不同,入旗后隶属关系有别,在文化风俗上既有共性,又有差异。反映在宗教信仰上,同样有种种差异。内务府蒙古旗人崇彝《道咸以来朝野杂记》中说:"满洲祭祀典礼,《大清会典》中自有记载。即近人所著《天咫偶闻》中,所记亦甚详。是否如此,以予非满洲人,不敢断定"[11]53。《天咫偶闻》一书,出自满洲名士震钧(汉姓名唐晏)之手,该书卷二详记满洲家祭仪礼,文末记:"此余家礼也。余家或小有不同,而大致无异"[12]25。前一"余家"指自己家,后一"余家"指"其余人家",说明满人家祭仪礼大体相同。崇彝身为蒙古旗人,对满人祭祀仪礼表示隔膜不足为奇,而他对蒙古旗人的祭祀仪节却了然于胸,无不娓娓道来。另一蒙古旗人、协办大学士荣庆《日记》光绪四年(1879)腊月二十三日条记祖宗祀:以羊肉七方,关东糖七碟,烧酒七杯,灯七盏。灯用黄米成饭,置于盘底,用白棉捻加以黄油,燃于桌前,并燃达子香一盘。初祭物陈齐时,二人请下,揭开黄城,阖家一齐叩头廿一。又记正月初一家祭:接神西南方,拜佛拜灶祀圣人。其祭祀仪礼,虽是满、蒙、汉杂糅,仍不乏蒙古文化基调。内务府汉姓人福格《听雨丛谈》卷六称:八旗满洲、蒙古、汉军各族,昔在辽东散居各城堡,故祭祀之礼,稍有同异,后

· 471 ·

世因之，不敢更张。大率满洲、汉军用豕，蒙古用羊。八旗汉军祭祀，从满洲礼者十居一二，从汉人礼者十居七八。内务府汉姓人，如满洲礼者十居六七，如汉军礼者十居三四。内务府汉姓人祭祀仪节多从满俗，与其满洲化程度高成正比；相形之下，汉军仍在很大程度上保持汉人传统。以上记载虽就祭祀仪礼而言，却从一个侧面反映了旗籍人群内部信仰的差异。

第四，满人信仰的地域差异。清廷入关初，八旗兵主要聚居京师及畿辅一带。随着清廷对全国征服，八旗兵被派往各地驻防。随之，从南到北，从东到西，在广袤疆域内，形成一系列驻防群体。到清代中叶，满人已形成京旗、东北与西北驻防、内地驻防三大人群。反映在宗教信仰上，各地满人在既有信仰体系中，又掺入当地民间信仰的成分。福州满人系乾隆年间调自京城，驻防当地后，其信仰体系吸纳了福建民间流行的临水夫人（俗称"奶娘"）。太平天国时杭州满营被毁，兵燹后调集福州等处驻防兵重建满营。临水夫人信仰随之传入杭州满营。就是驻防满人辗转接受民间杂信的一个典型事例。福州驻防满人还信仰"珠妈"神，一说来自福建民间痘神。

综上所述，清代满人信仰内涵丰富，满人内部以及满、汉、蒙、藏人在信仰方面的异同以及彼此渗透现象均值得深入研究。而研究的深入仍有待更多史料的挖掘，以及历史学、宗教学、文化学、社会学等相关学科的合力。

[参考文献]

[1] 中国人民大学清史研究所，中国第一历史档案馆. 盛京刑部原档[Z]. 北京：群众出版社，1985.

[2] 刘小萌，定宜庄. 东北民族与萨满教[M]. 长春：吉林教育出版社，1990.

[3] 阿桂. 满洲源流考：第18卷[M]. 沈阳：辽宁民族出版社，1988.

[4] 章乃炜. 清宫述闻[M]. 北京：紫禁城出版社，1990.

[5] 和邦额. 夜谈随录：第8卷[M]. 郑州：中州古籍出版社，1993.

[6] 麟庆. 鸿雪因缘图记：第3集[M]. 北京：国家图书馆出版社，2011.

[7] 李养正. 新编北京白云观志 [M]. 北京：宗教文化出版社，2003.
[8] 侯仁之. 北京城市历史地理 [M]. 北京：北京燕山出版社，2000.
[9] 吴廷燮. 北京市志稿：第7册 [M]. 北京：北京燕山出版社，1998.
[10] 吴廷燮. 北京市志稿：第8册 [M]. 北京：北京燕山出版社，1998.
[11] 崇彝. 道咸以来朝野杂记 [M]. 北京：北京古籍出版社，1982.
[12] 震钧. 天咫偶闻：第2卷 [M]. 北京：北京古籍出版社，1982.

［原载于《吉林师范大学学报》（人文社会科学版）2017年第3期］

北京福祥寺小考

关笑晶[*]

北京是五朝古都，寺庙众多。据学者统计，在清中叶的北京内、外城及近郊的寺庙不少于3000座。[①]作为首善之区的京师寺庙，与四方省府有所不同：寺庙类型、规模的多样化，为皇帝、宗室、儒生、商贾、百姓等不同社会阶层提供差异化的服务；寺庙活动的多重功能，杂糅着国家意志、宗教信仰和生活诉求；高僧名道驻锡传道，产生了巨大社会影响力和知名度，使得京师成为天下"宗教心脏"。[②]鉴于此，对京师寺庙的研究不仅应关注大型寺庙或官管寺庙，也要对中小规模的寺庙进行个案和类型化梳理，以全面考察京师寺庙、僧道与信众间的关系，探寻其运转的因素，增加对北京城市特点的了解。[③]

福祥寺位于北京东城区南锣鼓巷福祥胡同25号，废弃已久，鲜为人知。然上至明正统初年、下至1949年，其宗教活动保持了500余年。作为敕建寺庙，福祥寺在明代与太监群体、皇室成员密切联

---

[*] 关笑晶（1983— ），女，黑龙江哈尔滨人，北京市社会科学院满学所助理研究员，史学博士，研究方向：旗人社会，北京史。

[①] Susan Naquin, *Peking-Temples and City Life*, 1400 – 1900, Berkeley, University of California Press, 2000.

[②] 参见刘小萌《北京地区中的旗人史料》，《文献》2001年第3期；拙文《清代北京旗人寺庙碑刻考述》，《法国汉学》第十七辑，中华书局2017年版。

[③] 目前对北京寺庙的最新研究成果，参见法国远东学院 Marianne Bujard 主编《北京内城寺庙碑刻志》（一至四卷），2011—2017，国家图书馆出版社。另见中国文化遗产研究院：《北平研究院北平庙宇调查资料汇编》（内一、内二、内三卷），文物出版社2015、2016年版。

系，规格很高。及清代香火相续，特别是清末作为驻京活佛本仓，一直作为联络青海蒙、藏宗教人物与中央政府关系的重要纽带。如今，沦为民居的福祥寺基本保持着清中期的建筑格局，附近老住户还能饶有兴致地回忆起身边这座寺庙的历史点滴，仍不乏远道而来的教民来此寻访清代活佛的驻锡之所。由此观之，福祥寺虽废，心跳犹存。①

本文使用官方文献、地图、碑刻、档案和口述资料，试图重构福祥寺历史，发掘它作为物质文化的珍贵价值，在历史上曾经发挥的重要作用，希望引起学者的关注、政府的重视保护利用。

一　明代福祥寺

福祥寺，又称裟衣寺、② 锡呼图仓、宏仁寺，[1]1111 20 世纪 30 年代记其在内五区地安门外马尾巴斜街 15 号（亦记为福祥寺胡同 10 号），现东城区南锣鼓巷福祥胡同 25 号。寺内原有碑刻 4 通：年月泐《福祥寺改山门记》③、明万历二十一年（1593）《福祥寺碑》[2]246—247、碑阴为同年佚名撰《福祥寺碑》。④ 另据文献载，还有明正德三年（1508）侍讲沈涛撰碑 1 通、万历四十一年（1613）《重修福祥寺碑记》1 通。[3]482

---

① 目前对北京福祥寺进行专文研究有梁雅卿对建筑的木构架特点和彩画进行的研究；《蒙藏佛教史》和《藏传佛教与北京》等著作中亦有专论。参见释妙舟编《蒙藏佛教史》，广陵书社 2009 年版；李德成《藏传佛教与北京》，华文出版社 2009 年版；梁雅卿《北京福祥寺调查研究》，《古建园林技术》2014 年第 4 期。

② 《宸垣识略》，卷六·内城二，第 111 页；《北京市志稿》宗教志·名迹志，卷五·喇嘛教二，第 246—247 页。但据《北京文物胜迹大全（东城区卷）》考证，以上文献所记福祥寺和裟衣寺为同一寺庙有误。参见《北京文物胜迹大全（东城区卷）》，第 264 页。

③ 此碑文中有"弘治丙辰"等字可辨，故附立碑时间为弘治九年之后。另据 20 世纪 50 年代的调查，此碑为弘治十一年（1498）黎珏撰《敕赐福祥寺改建山门碑记》。参见《北京图书馆藏北京石刻拓片目录》，第 223 页；《北京文物胜迹大全（东城区卷）》，第 264 页。

④ 参见明万历二十一年（1593）《福祥寺碑》，《北京图书馆藏中国历代石刻拓本汇编》，京 452-1，卷五十八，第 35 页。

第二编　满族文化与萨满教

　　福祥寺始建于明正统初年，位于其时之靖恭坊，最初为武姓太监舍私宅而建，明英宗赐额"福祥寺"。① 此后的近二百年间，福祥寺多次经朝中高官修建，香火旺盛。弘治九年（1496），御马监诸珰捐资重修。弘治十一年（1498），又为寺庙改建山门。② 此后71年的正德三年（1508），福祥寺又重修。万历二十一年（1593）正月十五上元佳节，乃僧人观佛舍利、点灯敬佛之日，时任通议大夫户部左侍郎卢维祯③因拜慕福祥寺住持、僧录司左觉义守愚进公圣者慈风，为寺撰文立碑，冀圣僧高德，永世传扬。④ 万历四十一年（1613），寺又重修，由内阁首辅大学士赵志皋撰写碑文，然详情莫知。⑤

　　据文献梳理，明代福祥寺的主要特点有：

　　首先，寺庙与太监群体关系密切。正统初年福祥寺初建，即为太监武姓舍宅而建，弘治九年（1496）、十一年（1498），御马监的太监群体又进行了捐资重修，庙貌焕然、声势浩大，以至于清代、民国文献中多记载此时为敕建之始。⑥

　　其次，明代皇帝、大臣多次为其撰书碑文，显示福祥寺与皇室、朝臣的特殊关系。在星罗棋布的寺观中，皇帝亲自赐名或撰写碑文的比例极少。一般而言，这代表着皇帝或皇室在此举行过敬神捐资活动，由朝廷维持寺庙香火与运转，或至少代表着寺庙受到皇帝的特别眷顾。"福祥寺"之名由明英宗钦赐，且寺中碑文全部由翰林院、国子监和礼部等机构的官员撰文，并无一通来自民间圣会，这体现了福祥寺与明代皇家更为靠近的关系。

---

①　参见明万历二十一年（1593）《福祥寺碑》，京452—2，《北京图书馆藏中国历代石刻拓本汇编》，卷五十八，第36页。

②　参见《北京文物胜迹大全（东城区卷）》，第264页。

③　卢维祯（1543—1610年），字司典，号瑞峰，别号水竹居士。明代福建漳浦县城后沟巷人。

④　明万历二十一年（1593）《福祥寺碑》，《北京图书馆藏中国历代石刻拓本汇编》，京452—1，卷五十八，第35页。

⑤　《光绪顺天府志》，京师志十六·寺观一·内城寺观，第482页；《北平庙宇通检》，上编·内城·内五区，第72—73页。

⑥　《光绪顺天府志》第482页；《燕都丛考》第四章·内三区各街市，第386页。

第三，福祥寺为僧录司直管。隶属礼部的僧录司（管理佛教）和道录司（管理道教）直接管理寺庙及其宗教仪礼活动，僧录司的八位僧官：左右善世、左右阐教、左右觉义、左右讲经，都分别在高僧中选任。万历年间福祥寺住持即为僧录司左觉义守愚进公。不但有高僧加持，且受礼部直管，奠定了其不同于其他管官寺庙的身份。

最后，从建筑上看，福祥寺等级很高。梁雅卿在考证福祥寺建筑特点时，认为天王殿大木构架具有的明代特点，从斗拱数量和间距确定建筑规格是十分高的。[4]这一结论与文献考证不谋而合，验证了明代福祥寺的规格和地位。

二　清代福祥寺的改宗及锡哷图仓

清顺治五年（1648），上谕将内城汉人迁往外城，新来的八旗换入内城常驻，但寺院庙宇中居住僧道勿动。①

福祥寺香火得以延续，康熙五十八年（1719）寺内添建铁磬等法物，揣此时应有寺庙活动。② 利用文献和地图，我们得以描摹清前期福祥寺的面貌。《雍正庙册》载寺有殿宇25间、禅房38间。这与乾隆十五年（1750）地图所绘规模基本一致。乾隆《京城全图》中，福祥寺位于因寺得名的福祥寺胡同，规模颇大，有东西两路建筑。左路院落两进，首有山门殿三间，西有坐东朝西的排房十三间，贯穿前后两院；东有小院四所，殿房各三间，均坐北朝南，东墙开小门出入。第二进院落内有坐北朝南大殿三间，中间开门，东耳房四间，西耳房两间。大殿东南方为南北两间房围成的二合院落一所，大殿前置方台两座，未知所用为何。（见图1）

---

① 《清实录》第三册《世祖实录》，卷四十，中华书局1985年版，第319页。
② 参见国立北平研究院《福祥寺》，东四107。

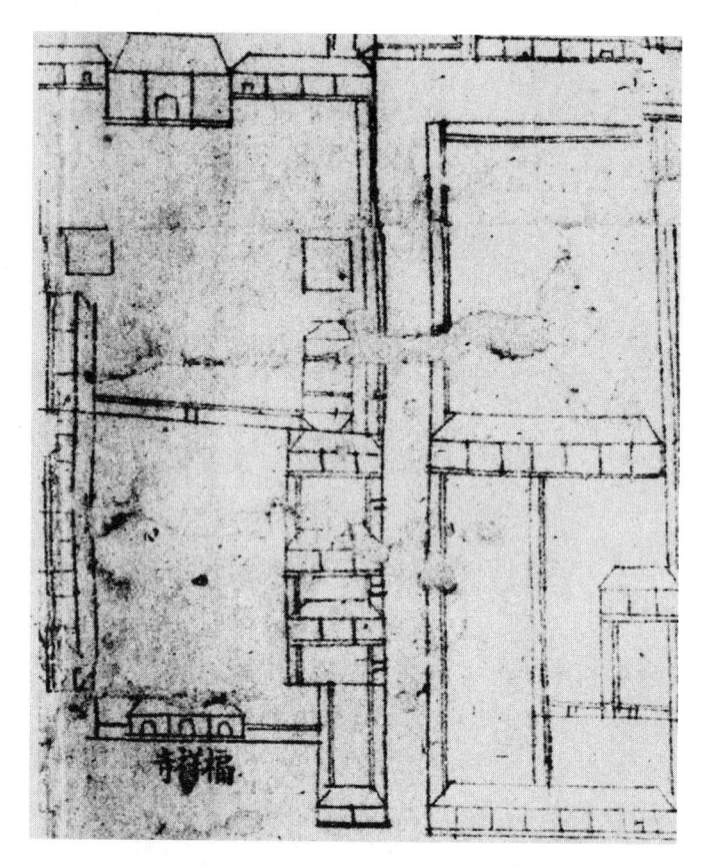

图1 乾隆《京城全图》中福祥寺细部①

福祥寺在清代的发展脉络，与清廷的藏传佛教政策息息相关。清帝弘扬黄教，赐予蒙、藏、青海等地转世活佛以国师、禅师等名号，不但迎请至京师，清廷还赐予转世活佛坐床寺以为居，称为本仓行宫，驻锡京城的喇嘛称作驻京呼图克图。清代驻京呼图克图具体有8位、12位之说，目前存在不同说法。②然噶勒丹锡呼图呼图克图作为

---

① 《清内务府藏京城全图》，故宫博物院影印版1940年版，四排五。
② 《光绪大清会典事例》卷九百七十四"理藩院·喇嘛封号"中所见有：章嘉、噶勒丹锡呼图、敏珠尔、济隆、洞科尔、果蟒、那木喀、鄂萨尔、阿蔗、喇果、贡唐。李德成研究认为驻京八大呼图克图应该是章嘉、噶勒丹锡呼图、敏珠尔、济隆、那木喀、阿嘉、拉果、察罕达尔汗呼图克图。

驻京呼图克图之一，其地位之重要，可与章嘉活佛比肩。① 福祥寺即为噶勒丹锡呼图呼图克图驻京本仓。

此中，涉及两个重要的历史节点：其一，福祥寺何时改宗为喇嘛庙；其二，福祥寺何时起成为驻京活佛本仓。

首先，关于福祥寺改宗藏传佛教。明代福祥寺属僧录司，为大僧庙。在《雍正庙册》及《乾隆庙册》中均以大僧寺记录在册。② 这证明福祥寺至少在乾隆年间仍未改宗喇嘛庙。二十世纪50年代的田野调查称：雍正二年（1724）青海罗卜藏丹津之乱被平定之后，锡呼图呼图克图使者来朝，购买福祥寺为驻京行宫，更寺名为宏仁寺，改宗为藏传佛教。③ 此说也被多方引用，据挂在胡同中的"福祥寺"简介铜牌上称："雍正元年（1723），三世章嘉活佛若比多吉驻锡避难于此，改名宏仁寺，成为藏传佛教寺庙。"然而"雍正年间改宗说"与《雍正庙册》记载相左，亦未得到其他文献证明。

另一种提法为同治末年改宗。据《蒙藏佛教史》，噶勒丹锡呼图呼图克图的商卓特巴（藏语，管理寺院财政之官员）、甘肃人车臣喇嘛至北京，挂单于资福院④，旋升任达喇嘛并札萨克之职。车臣喇嘛姓陈，讳罗藏散丹，号庆林，原籍甘肃，赴京后他将福祥寺作为自己驻锡之所，自此福祥寺改宗为藏传佛教。[5]264 此说可能性较大。据民国文献，之前沉寂多年的福祥寺，此后寺庙活动颇为频繁。同治十三年（1873）、光绪元年（1875），住持比丘僧衲摩海敬立匾额二方；光绪六年（1880），福祥寺在衲摩海、佟格隆两位住持督董下重修正殿，造千佛塑画金身，又重修番汉文龙藏经各一部，将底稿虔诚供奉；光绪十一年（1885）九月，福祥寺住持佟格隆又重修前殿天王殿三间，其时的辅国公、宗室载泽为殿内亲书多处匾额楹联，似与此次重修关系密切；光绪二十年（1894），福祥寺又铸造大铁鼎、铁炉

---

① 《光绪大清会典事例》卷九百七十四"理藩院·喇嘛封号"。
② 《雍正庙册》《乾隆庙册》均藏于中国社会科学院历史所资料室。
③ 参见《北京文物胜迹大全（东城区卷）》，第265页。
④ 资福院位于安定门外西黄寺西北。

各一座。①

福祥寺作为驻京活佛本仓，应为光绪二十六年（1900）。北京经历八国联军之役，噶勒丹锡哷图克图驻锡之仁寿寺毁于兵燹之中，在这种危急关头，扎萨克车臣喇嘛将自己驻锡之福祥寺献给六世噶勒丹锡哷图呼图克图洛桑图登嘉措。自此，福祥寺代替仁寿寺成为噶勒丹锡哷图呼图克图驻京本仓，福祥寺亦因此被称为"锡哷图仓"或"锡哷图佛仓"。[5]264如章嘉呼图克图所在之嵩祝寺、敏珠尔呼图克图所在之东黄寺、济隆呼图克图所在之雍和宫，噶勒丹锡哷图呼图克图的职责、历史地位和作用，其所在驻锡寺庙起到了重要的作用。日本学者若松宽认为，噶勒丹锡哷图呼图克图的转世系统在塔尔寺的地位仅次于章嘉活佛世系。常住寺院为贵德的德庆寺，在青海及东蒙有直辖的厅院效处。[6]这些在西部地区信徒众多、影响巨大的寺庙及僧人，与京师地安门外升格为锡哷图仓的福祥寺直线单联，直接拉近了中央政府与地方宗教势力之间的距离。福祥寺喇嘛忠于职守，辅政弘教，加强了京师与青海蒙古教民之间的定点联系，青海教民来京多居住于与皇城一墙之隔的福祥寺，无形中增进文化交流，增加了千里之外教民对京师的认同感和归属感。可以看到，这种天然联系在清朝政权倾覆之后，仍为统一的多民族国家的巩固和发展所作出重要贡献。

三　福祥寺"青海代表驻北平办事处"

民国时期，福祥寺仍作为活佛驻锡之所，承担了联系青海蒙、藏民族与北京政府关系的纽带。民国元年（1912），七世噶勒丹锡哷图呼图克图跟敦隆多尼玛代表青海人民表示拥护共和体制，并供奉长寿佛一尊及哈达、巴特默等物品，民国政府特嘉活佛之诚意，晋封"妙

---

① 参见国立北平研究院《福祥寺》，东四107；《北京市志稿·宗教志·名迹志》卷五·喇嘛教二，第246—247页。

悟安仁"；民国四年（1915），袁世凯总统又赏给福祥寺内的车臣喇嘛"绰尔济"（法主）名号，以表彰他弘法护国之高义。次年，民国政府荣请七世噶勒丹锡哷图呼图克图至北平供职，并支给钱粮，赏坐黄轿，并穿戴月素貂挂，以表荣典优异，以后噶勒丹锡哷图呼图克图历次来京均驻锡于福祥寺内。民国十年（1921），时年66岁的车臣绰尔济在弥留之际，还将床头储金提出一万元以为请经修庙之需。正因如此，福祥寺在民国期间作为青海喇嘛至北平的驻锡之所，寺内设有青海代表驻北平办事处，寺内额定喇嘛最多时有四十名。[①] 这些来自青海的蒙古、藏族驻京喇嘛，无疑在弘扬黄教、互通内外讯息、维护社会稳定方面起到了重要的作用。民国十九年（1930），国民党中央召开西藏会议，七世噶勒丹锡哷图呼图克图代表青海藏族来京出席，二十一年公毕返青，道经宁夏省磴口县（今属内蒙古）街，遂遭狙杀。其遗龛被迎回青海大佛寺，由该省长官致祭后，转运德庆寺供奉。此后的第八世活佛本仓即为青海德庆寺，再未入京。[5]264 此后福祥寺作为佛仓功能和作用日渐废弛。

民国初年的史学工作者周肇祥曾寻访福祥寺，记其在地安门外蓑衣胡同之西，门前石兽大如狗，已残缺大半，于福祥寺规制相当，应为旧物。其时有喇嘛居寺中，殿中奉藏传佛像。20世纪30年代北平研究院调查时，福祥寺有院落两进，前殿天王殿三间、殿前东边有石碑一，碑文多脱落，年月已然磨灭，碑座半埋土中，据周肇祥在《琉璃厂杂记》揣其为弘治十一年黎珉撰《福祥寺改山门记》；殿西为万历二十一年《福祥寺碑》。[7]111 第二进为北向"大慈真如宝殿"三间，前有月台，房脊上建有小塔一座，内供铜像金身如来佛，佛像庄严雄伟，案前还安奉历世呼图克图之影像照片，殿内还供奉关帝、达摩老祖等神像，院内配殿、小房作为接待处、收发室、办公室、翻译室及随灵处使用；东配院作为青海呼图克图之住所使用。（见下页图2）

---

① 参见释丹妙编《蒙藏佛教史》第七篇，寺院，锡呼图仓；《北京市志稿》宗教志·名迹志，卷五·喇嘛教二，第246—247页。

第二编　满族文化与萨满教

其时福祥寺占地约五亩、房屋共五十三间，然附属土地面积达二百余倾，可谓庙产雄厚。院内古树参天、葳蕤成荫，梵音时诵，自成幽静之景色。

图2　北平研究院"福祥寺"调查照片

四　今日福祥寺现状

1949年，福祥寺前半部分被改为煤铺，其余房屋作为民居。寺庙山门、天王殿、东配殿及东跨院尚存，然佛像、法器已几乎全无。据院内老住户回忆，福祥寺大殿四角挂有铃铛，起风时很好听，寺内中央有四方台子，上有极大佛像。大殿下深挖防空洞，防空洞至今尚存。福祥寺在"文化大革命"期间曾改称"辉煌1号"，街道描图厂占用庙房，将天王殿中四大金刚塑像拉倒。1970年左右，又从天花板上取出整整两大卡车经书拉走。同时发现的还有很多泥胎小佛像。为给大串联的红卫兵烧材做饭，木质佛像均被拆除焚毁。"文化大革命"后，大殿拆除，改建排房，作为街道工厂宿舍。1976年唐山大地震，福祥寺大殿因发生倾斜而被房管所拆除，在原址上建六组排房作为民居使用。老住户们对福祥寺茂密的树木印象很深，称山门外有两株大槐树，"文革"时曾有人在槐树上吊自杀，后因街道工厂堆放废料而枯死；前院有大桃树一棵，还有喇嘛自己种的庄稼。后院大殿前为石条甬路，旁边种着两排松树。

据2005、2006年田野调查①，福祥寺存二道门一间、小耳房两间；前殿三间，内部梁架、天花彩绘精美脱俗，现为某工厂存放物品之库房；东配殿三间，东跨院尚存南、北房各三间。前殿左侧之《福祥寺改山门记》石碑被砌入民居厨房的南墙内，另一通石碑被运送至五塔寺石刻博物馆收藏②。院内约住60多户人家。原来山门的位置被红砖、水泥填满，木柱夹杂其中，墙上仍旧留有几十年前的口号与标语，数条电线扎成一束从门洞横穿而过，道路坑坑洼洼狭窄难行，两边挤满低矮的平房，昔日福祥寺已然变成大杂院。2014年，福祥寺格局和使用情况基本未变，在二道门东侧，又发现水井旧址一处，现被民房遮盖，四方井台依稀可见。原大殿前的松树今仅余一株。③

福祥寺繁盛严整之旧貌早已难寻，然作为百年寺庙、特别是驻京呼图克图本仓，福祥寺驻扎京师腹地，大量的内外蒙古及新疆、青海的喇嘛得以进入京师弘经、讲学，这种历史记忆至今仍未消失。据老住户讲，近年仍不时有来自青海的喇嘛不辞劳苦至活佛驻锡处朝拜。

---

① 《北京内城寺庙碑刻志》（第四卷），四排五，《福祥寺》条。
② 参见北京石刻艺术博物馆《馆藏石刻目》，今日中国出版社1996年版，第44页。
③ 据2014年笔者田野调查。

福祥寺在协调多民族宗教文化联系、重拾当代北京在历史上的宗教地位、加强中央与边疆地区感情纽带上具有的正面作用,应引起有关部门的重视。

[参考文献]

[1] 震均. 宸垣识略[M]. 北京:中华书局,1985.

[2] 北京市志稿编纂委员会. 北京市志稿[M]. 北京:燕山出版社,1998.

[3] 周家楣,缪荃孙. 光绪顺天府志[M]. 北京:中华书局,1985.

[4] 梁雅卿. 北京福祥寺调查研究[J]. 古建园林技术,2014(4):74—80.

[5] 释丹妙. 蒙藏佛教史[M]. 扬州:广陵书社,2009.

[6] 若松宽. 噶勒丹锡哷图呼图克图考:清代驻京呼图克图研究[J]. 蒙古学资料与情报,1990:(3)17—24.

[7] 周肇祥. 琉璃厂杂记[M]. 北京:北京古籍书店,1981.

[原载于《吉林师范大学学报》(人文社会科学报)2018年第4期]

清代直省驻防满洲旗人萨满祭祀考析

姜小莉[*]

为了加强对全国的控制，清朝陆续在内地各省及新疆设置八旗驻防，这是导致满族大分散、小聚居分布格局的主要原因。以往清史领域的讨论给我们这样一种印象，驻防满洲八旗虽发挥了重要的军事作用，但在文化上已完全被汉文化所包围和淹没，八旗驻防尤其是关内各省驻防是导致满族最终汉化的一个重要原因[①]。不过，史实往往是多重因素交织的复杂现象，萨满教作为满族传统文化的标志，其在各地驻防延续与否及延续情况，可以透视出清代满洲旗人对待自身文化的态度，以及满族文化的传承状态。不过，长期以来，因记载寥寥，鲜有研究者[②]，本文试对此作一考察，以增进对史实的了解。

---

[*] 姜小莉（1979— ），女，吉林四平人，吉林师范大学历史文化学院副教授，博士，研究方向：萨满教，满语。

[①] 关于满族汉化的研究，前辈学者大多关注清朝"国语骑射"政策的破产，并以此定性满族汉化的程度，王锺翰《"国语骑射"与满族的发展》（《满族史研究集》，中国社会科学出版社1988年版）；滕绍箴《论宁夏八旗驻防解体与民族文化融合》（《宁夏社会科学》1997年第1期）；定宜庄《清代八旗驻防研究》（辽宁民族出版社2003年版）等皆持此观点。萨满教作为传统信仰，是满族文化中比较稳定的因素，可以作为考察满族汉化问题的重要维度。

[②] 目前清代直省驻防萨满祭祀个案研究，仅见刘明新、马莲的《再论满族祭祖与萨满教"形似而质异"——青州满族瓜尔佳氏祭祖文本探析》一文。

一 青州驻防满洲旗人的萨满祭祀

山东青州距离京畿较近，驻防始设于雍正七年（1729），从北京派拨八旗满洲兵2000名，连同眷属共15000人[1]4。初设将军一员，副都统一员，乾隆二十六年（1761），改副都统辖之。在青州府北城外，另筑新城居住。

长期以来，有关青州驻防的资料很少，二十世纪九十年代末，当地满族学者搜箧史料、采访耆旧，编著《青州旗城》一书，成书虽晚，但很多资料来源于当地家谱，或由八九十岁的满族老人提供[1]494，所记内容当能反映清末的情况。其中关于当地萨满祭祀的内容相当丰富，分外珍贵。

在青州满族的民居中，大都保留着萨满祭祀的神位，"西炕正中的西山墙上，多供着神圣的'窝撒库'——祖宗板（如几家合供一个祖宗板，则在族长家中）。这是一块长二尺多，宽一尺左右的木板，板上无字，多为梨木做成，板上放谱匣和木香碟，木香碟是祭祀时烧达子香用的。"[1]55所谓"祖宗板"并非祖先牌位，而是一块搁板，上置木匣和香碟。在东北满族人家，祖宗板的木匣内，一般放置祭祀时悬挂的神灵影像，或"索利条子"——象征神灵的各色布条，以及木偶等其他神灵象征物。至于装族谱的"谱匣"一般在北炕上方另设搁板放置。如非作者观察有误，青州满族将祖谱置于西炕祖宗板上，应是一种简省的行为。

另外，在祖宗板的下面一般还挂一个布口袋，"口袋内装有一条几丈长的线绳或麻绳，也有装着以绳为纲连着横竖有序的网，青州满族（乌扎喇氏）便是网状的，正红旗石家，则是绳状的。不论绳或网，上面均系有各种代表宗族或成员的物件，如小弓箭、红蓝布条、铜钱、猪羊嘎拉哈等，从这上面不但可以分出辈数，人口、每一代有多少个男女。"[1]56这种绳子又称"子孙绳"或"佛多妈妈"，实际是满族早期结绳记事的家谱。无论是"祖宗板""祖宗口袋"，还是

"子孙绳"，都是满族萨满教信仰的重要象征物。由此判断，这些雍正年间派驻到青州的满洲旗人，他们在北京期间就保持着萨满信仰，并将其带到青州，延续至清末。

在祭祀活动方面，"每逢年节喜庆之日或出征凯旋，或族内有人许愿，都要举行祭祀。"[1]133 即包括每年的常例祭祀、为喜庆祭祀、为出征祭祀、为凯旋祭祀、为许愿祭祀等多种祭祀类别。北城瓜尔佳氏，道光二十四年（1844）祭祀的祭文记载于族谱当中："先祖令于道光二十一年十一月随德宪台调赴江宁防堵。于次年三月拨赴镇江堵御。六月十四日英夷攻打镇江，族中弟侄等拾名……受头等伤一名，阵亡一名，并无私回青州者。斯见族中忠义之气，实祖宗之德也！"[1]134 此中所载即是闻名中外的"镇江保卫战"，时值第一次鸦片战争，英军入侵镇江，当地1500名驻防兵中，有400名自青州调拨，他们浴血奋战，重创英军，是鸦片战争中极为惨烈的一次战役。据瓜尔佳氏族谱可知，该族就有十人参与此战，一伤一亡。战场归来，全族公祭，既告慰逝者，也表彰忠烈，更酬神庇佑。征战沙场是八旗兵的使命，萨满祭祀与满洲旗人的生活息息相关。

祭祀仪式也保留了很多传统内容，"我们从正白旗瓜尔佳氏族谱上看到，道光以前，有家萨满的记载，祭祀仪式分祭神、祭天、祭祖三步，领牲（杀猪）也分三次，内容较繁杂。"[1]133 这说明当地一些家族仍保持着萨满的传承，这也保证了其祭祀仪式能够较多地遵循传统。

献牲（杀猪）是祭祀的高潮，祭祀前，买一头纯黑毛的猪，"系上红头绳以示喜庆"[1]134，"杀猪时一般人家的猪不能绑，由四个大汉用扁担将猪前后腿压住，将热酒灌入猪耳，猪发出尖叫，这叫'领牲'，意思是祖先已同意领走族人所献的这头牲畜。穆昆达即令众人跪下叩九个响头并互相'道喜'。"[1]134 "杀猪工具多数家族用刀，也有用钎子的。如副都统吴延年家，杀猪不但要用钎子，还得把钎子上的猪血洒到祖宗板下的白挂签上。"[1]134 供牲时，"先将整猪供于祖像前，待燎毛后解成七块，煮八成熟，再凑成整猪原形上供。"[1]134

此外，各家族的祭祀也不完全相同，"北城满族完颜氏和瓜尔佳氏家族祭祀时，要举行'背灯祭'（即挡上灯光，用布遮住窗户），据说这是为祭佛多妈妈。"[1]128 "有些家族祭祀时做荞面饼七垛，每垛七个，按七星位置摆设，每个饼前放一酒盅，盅内斟满白酒，再用秫秸筷子七双，分插面饼上以示对北斗星的崇敬。"[1]128 "满族舒穆禄氏徐姓祭星时还要祭'斛斗星'……相传该部族从前在山中遇雪崩，靠头上'斛斗星'照路，逃出几千人，后来在榆树林里吃榆皮繁衍成大族。因此，全族姓氏多祭'斛斗星'，供榆神'海兰渥云'。"[1]128 "有的家族的祭星时间、方式及崇拜何种星座不外传，只有本族穆昆达（族长）知道，具有神秘色彩。"[1]128

总体来看，青州驻防满洲旗人的萨满祭祀保留了更为浓厚的传统，这或许与青州旗人均来源于北京，居住环境相对封闭有关系。

二　荆州驻防满洲旗人的萨满祭祀

荆州地处长江中上游，该地驻防始设于康熙二十一年（1682），时值三藩之乱平定不久，初由京师、江宁两处调拨，复由西安调拨，始设兵额4000名，合八旗满、蒙共计一万五千余名。期间陆续分拨至成都、江宁、杭州等地，加之人口滋生，屡增兵额，至光绪年间兵额达到7228名[2]117-118，合计眷属则数倍于此。设将军一员、副都统二员统之，在荆州府城内划界而居。

《荆州驻防八旗志》成书于光绪九年（1883），内有"风土志"一卷，记载了当地旗人的风俗文化，也包括了萨满祭祀的内容。"相传正月十六日祖宗生辰，满洲、蒙古各祭于家。春秋二季月朔，家长于祖宗位前跪。择吉日，合族人祀之。大祭，满洲则用猪一，蒙古则用牛一或羊一。小祭，或米糕，或水饽饽、伏汁酒等物。不一其类。祀之日，启族谱，随时详登新娶妇及新添子女，共请带蓝白线索。"[2]95

荆州驻防属于满蒙合驻，蒙古族和满族一样，也有萨满教信仰，不过在具体仪式和习俗上有所区别。分析上述记载，所谓"正月十六日祖宗生辰"，这一说法较为特别，在东北和京畿地区的满族中均未见类似表述和祭祀活动，或为当地旗人的重新阐释。"春秋二季月朔"的祭祀则是萨满教的常规祭祀，能够合族祭祀，说明当地满族虽屡经调拨，但仍保持着一定的家族性，定期的全族祭祀对于凝聚家族具有一定作用。祭祀有大祭、小祭之分，说明祭祀类别仍比较丰富。祭祀时，将"新娶妇及新添子女"记录于族谱，说明当地有续谱活动；"请带蓝白线索"，则是为子女祈福的"换索"仪式。由于记载疏略，我们只能窥见如此内容。不过这些萨满祭祀一直延续至光绪年间，至少表明荆州的满族比较注意保留自身文化，并未完全抛弃传统。

另外，在《荆州驻防八旗志》前附有帅府和右都统府的形制图，（见图1、图2）两处均为多进院落，在最后一进院落"上房"的左侧均有一处名为"大仙堂"的建筑，堂前树立两杆，杆顶各悬一碗状物，类似满族萨满祭祀中的"索伦杆"，很明显应为祭祀场所。不过，萨满教对于神灵的称呼多为"神"或"祖宗"，而不称"仙"，那么此"大仙堂"或是将军府进行萨满祭祀的单独场所，或是受荆州当地信仰习俗影响而设，亦未可定。

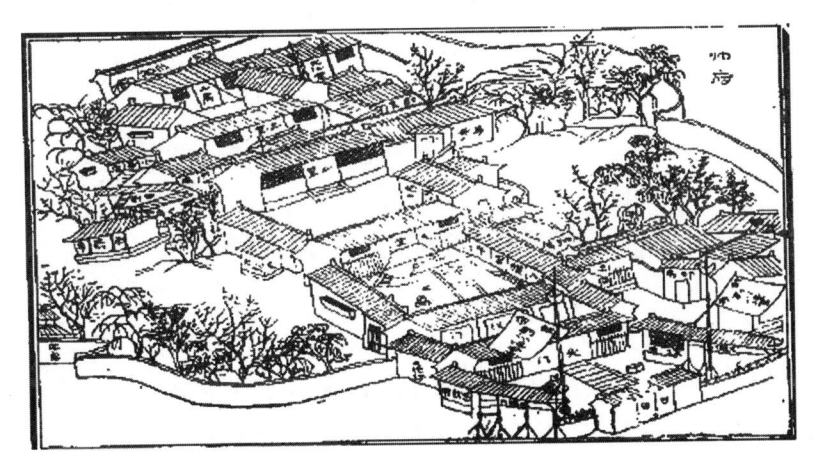

图1 《荆州驻防八旗志》中帅府图[2]15

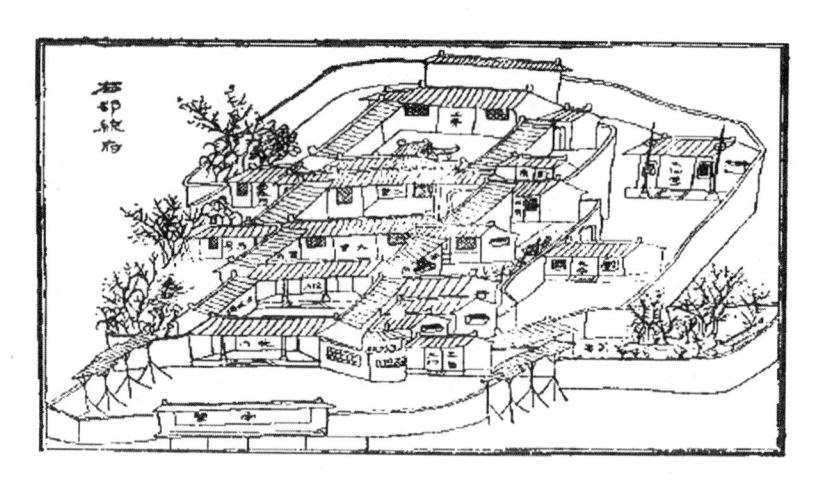

图2 《荆州驻防八旗志》中右都统府图[2]19

同时，该书还记载了当地旗人的婚丧习俗，或许能帮助我们进一步了解当地的文化状态。在丧葬习俗中，"送葬日，用童子八人，歌诵蓼莪，亲友陪送，扶輀车至墓所，封窆毕，庐墓五日，而后返。"[2]95 所谓"蓼莪"，是《诗经·小雅》中的一篇，"蓼蓼者莪，匪莪伊蒿。哀哀父母，生我劬劳……"，是表达子女追思父母养育之恩的诗歌，也是一首悼念逝去父母的祭歌。送葬日，以童子八人，歌诵此篇，扶柩而行，哀婉凄切。不过，此种习俗绝非满族自有，而是受中原汉文化影响所致。丧葬况且如此，其他生活方面也必然有学习吸纳汉文化之处。由此可知，驻防荆州的满族群体，一方面保留了自己的传统祭祀活动，一方面又接受当地汉文化影响，二者兼而有之。

三 广州驻防旗人的萨满祭祀

广州驻防始设于康熙二十年（1681），初为汉军单驻，乾隆二十一年（1756）将半数汉军出旗为民，并调京旗及天津满洲兵1500名挈眷来粤合驻，故满洲旗人拨驻时间较晚。到光绪十年（1884），八旗满洲男妇老幼达6272名。[3]66 广州府城分内城与外城，八旗官兵驻扎于内城西隅，满洲八旗与汉军八旗又有各自驻地，各旗均有界限划分。

20世纪五六十年代，我国开展了民族大调查工作，其后形成的《满族社会历史调查》一书中，揭示了广州满族的情况①。在萨满祭祀方面："每年有春秋二祭，春祭在清明、秋祭在农历七月。每逢二祭，各家分别在本家祠堂祭祖，杀猪致祭，把肉分给本族各家。"[4]199 春秋二祭是萨满教常规祭祀，不过东北和京畿地区的祭祀时间大都选在农历二月或四月、八月或十月，与春耕、秋收时节相应，有酬神之意。广州满族则将时间定在清明和农历七月，与清明节和中元节相近，敬祖追远之意更为浓厚。建祠堂以祭祀，则明显受到当地岭南文化的影响。

据成书于20世纪80年代末的《广州满族简史》考证："广州满族宗祠的设置，是在嘉庆年间由正红旗一个名和顺的族人发起的，他鉴于驻防满洲八旗子弟，对先人应有一个供奉地方，作为祭祀之用，于是仿效广东汉族祠堂的形式设立了宗祠，后至道光年间各旗才普遍建立起宗祠，分别设立在各该旗驻防地区内，每间宗祠旁还设有和尚寺一间，雇请和尚代为管理宗祠的香火。"[5]162 又载："满族设立的宗祠，形式上虽与汉族大致相似，安放的都是先人牌位，但在具体做法上则与汉族又不相同，汉族祠堂是一个姓氏设一间，而满族的宗祠则是一个旗联合设一间。所以广州满族的宗祠一共有八间……每间宗祠均有三进深，在第三进内设有神龛三座，中座放着各姓祖先的牌位，同一姓氏的落广祖设一个牌位，每个牌位以族谱形式，由上而下分别写上各代已故男丁的名字，但绝无写配偶名字，左右两座则分别安放绝嗣单人牌位，这些都是与汉族祠堂不同之处。"[5]161—162

由此可知，当地满族祠堂始设于嘉庆年间，距离满洲旗人来广近半个世纪以后，至道光年间方陆续建设完毕，按八旗设八间祠堂，供奉各姓"落广祖"牌位，与汉族一姓一祠堂、一祖一牌位有着明显差异。然而，在供奉祖先牌位的祠堂里举行祭祀，与汉族祭祖的观念

---

① 因此次调查时间在1959年，调查对象中有60岁、80岁的老人，反映的情况当发生于清末。

更为相近，旁设"和尚寺"，雇请和尚管理香火，这又与佛教信仰掺杂在一起。

在祭祀仪式方面："每年清明节前夕，各旗均举行这种祭祖仪式，广州满族人认为这是一年一度集体拜祭先人的日子，是日入夜后，各姓子孙穿着节日服装，喜气洋洋地前往宗祠，成为各旗一年一度的集会。祭祀仪式是在深夜十二时开始，参加祭祀的男丁，按次序排列着，由祠长主持，领着众人进香叩头（辛亥革命后逐渐改为行鞠躬礼），以示慎终追远之意，然后放鞭炮。在祭祀开始前，先聘请一台穿着袈裟的和尚登坛诵经，内容是祈福愿之类。在诵经过程中，还举行一套'耍大钹'节目来助庆。然后在宗祠天阶，当着先人的牌位宰猪，将猪肉按男丁人口分发，称作胙肉。"[5]162—163

据此段记载，广州满族人的祭祀仪式虽仍具有一些萨满祭祀的元素，如仪式在入夜后举行，杀猪分胙肉等，但在观念上，人们已普遍将其视为"祭祖"，至于放鞭炮、"耍大钹"、和尚诵经，虽热热闹闹，却相当杂糅，与萨满教的信仰内涵已相去甚远。

四 总结与讨论

由于资料所限，本文仅对青州、荆州和广州三处驻防进行了详细考察，其他驻防如宁夏、新疆也有萨满祭祀的记载，但仅寥寥数语①，另如江宁、杭州、西安等处驻防，或因笔者目力未及，尚未见到任何记载。不过，综合现有资料，清代直省驻防满洲旗人萨满祭祀的基本面貌已大致呈现。

其一，直省驻防的满族群体大都不约而同地延续了萨满祭祀活动。从腹里的青州、荆州驻防，沿海的广州驻防，到西北边陲的宁夏、新疆驻防，无不如此。虽然祭祀时间、仪式细节各有不同，但祖

---

① 《民族问题五种丛书》辽宁省编辑委员会：《满族社会历史调查》，辽宁人民出版社1985年版。其中，《宁夏回族自治区银川市满族人民历史概况》和《新疆维吾尔自治区满族调查报告》调查了当地满族萨满祭祀情况。

宗板、"佛多妈妈"、杀猪献牲、背灯祭、祭星等内容，皆源自于萨满教信仰，这一点无可否认。这些源于萨满教的仪式和象征符号，已经固化为一种民俗结构，成为满族文化的重要组成部分，也是满族民众界定自身文化的重要标志之一。

其二，各地萨满祭祀的存续状态有所差异。在传统与流变的博弈中，青州、荆州和广州三处驻防满洲旗人的萨满祭祀，恰好呈现了三种状态：青州满族属于保留传统文化最多的类型，他们的萨满祭祀内涵最为醇厚；荆州满族在保持自身文化的同时，也吸纳了一些汉文化因素；广州满族吸纳汉文化最多，萨满祭祀偏离传统最为严重。此种情况应是多重原因造成的，如驻防满洲旗人调拨时间早晚，调拨来源地差异，驻防环境是否封闭等因素，都影响着当地满族文化的醇厚与否。以青州驻防和广州驻防为例，青州满族自雍正年间调拨，当时北京满族的风俗尚且醇厚，广州满族则是乾隆中期调拨，彼时北京满族已渐趋汉化，携着这样的文化思维来到广州，则更容易吸纳当地文化。此外，青州驻防别立新城居住，生活环境比较封闭，广州驻防则与民人同驻一城，且与汉军合驻，虽界限分明，但仅一街之隔，与汉族交往更为便利，接受文化影响自然也更加容易。

由此，本文借助萨满祭祀的考察提供了一个反思清代满族文化的视角，我们似乎不能武断地判定驻防满族群体被全盘汉化了，也不能说他们完全固守着自身的满洲传统。这些被迫分散各地、被包围于汉文化之中的驻防满族群体，他们面对各自不同的境遇，在本民族传统文化和汉文化之间做出了适合自己生存的选择。客观环境让他们既保持着自己的一些传统，又有选择地吸纳汉文化的一些元素，在其中保持着平衡，寻求到自己适应当地生活与文化环境的恰当方式，或许这就是清代满族的文化自觉。

[参考文献]

[1] 李凤琪. 青州旗城 [M]. 济南：山东文艺出版社，1999.

[2] 希元，祥亨. 荆州驻防八旗志 [M]. 沈阳：辽宁大学出版社，1990.

[3] 长善. 驻粤八旗志 [M]. 沈阳：辽宁大学出版社，1992.

[4] 《民族问题五种丛书》辽宁省编辑委员会. 满族社会历史调查 [M]. 沈阳：辽宁人民出版社，1985.

[5] 汪宗猷. 广州满族简史 [M]. 广州：广东人民出版社，1990.

[原载于《吉林师范大学学报》(人文社会科学版) 2017年第3期]

满族民居禁忌习俗起源与功能

赫亚红　姜亭亭[*]

禁忌是一种民俗事象，《礼记·曲礼》中记载："入竟而问禁，入国而问俗，入门而问讳。"《汉书·艺文志·阴阳家》中记载"及拘者为之，则牵于禁忌，泥于小数，舍人事而任鬼神"，[1]禁忌一方面在文化的表面形式上统治着人，另一方面渗透到人的潜意识中，以精神情感的方式渗透到其中。弗洛伊德指出，禁忌"首先是崇高的、神圣的；另外一方面，则是神秘的、危险的、禁止的、不洁的。"[2]

满族具有悠久的历史文化传统，其民居习俗中蕴涵着丰富的禁忌事象。民居所具有的实用性功能使人们把它视作抵御各种自然威胁的屏障。人们依赖自己的居住空间，是基于它对人类的保卫；人们崇拜民居是以民居的物质功能为前提。我们每个人的生老病死、饮食休憩、婚聚交欢，乃至祀神祭祖等各种活动，大多在室内空间发生和进行。人们渴望生活安宁祥和，惧怕不期而来的灾祸，因而往往把在室内发生的灾祸与居住空间和在空间内生活的人的言行联系起来。为避免灾祸再次发生，针对居住空间和生活其中的人的行止休咎、言语势态进行种种限制。在不同的历史时期和不同的民族和区域，人们对灾祸患难有不尽相同的理解和认识，于是人们对居住空间禁忌的目的、方式和具体过程也就呈现出各种民俗事象。

---

[*] 赫亚红（1975— ），女，吉林吉林人，吉林师范大学文学院讲师，研究方向：东北文化；姜亭亭（1982— ），女，吉林四平人，吉林师范大学文学院讲师，研究方向：东北文化。

一　满族民居禁忌事象

民俗学学者陶立璠先生在《民俗学概论》中指出："作为特殊的民俗事象，禁忌包含两方面的意义：一是对受尊敬的神物不许随便使用，因为这种神物具有神圣或圣洁的性质，随便使用是一种亵渎行为，违犯这种禁忌会招致不幸，遵循这一禁忌，会带来幸福；二是对受鄙视的贱物，不洁、危险之物，不许随便接触。违犯这种禁忌，同样会招致不幸。"

在满族的居室中有以西为贵的住俗：在盖房屋的时候，首先盖西厢房，然后再盖东厢房。房屋建成后，以西屋为贵，西屋称为上屋。上屋辈分最尊者居住。在睡觉的时候，头朝炕边，足抵窗，无论男女长幼皆并头，以足向人，谓之不敬。满族将西墙作为供奉祖先的神圣部位，不准在此挂衣物，张贴年画；正室的西炕为"神炕"，俗称"佛爷炕"，供有"祖宗板子"，禁忌穿孝服或戴狗皮帽的人坐卧，尤其是最忌女人坐卧，同时也忌在西炕上堆放杂物。家堂中的祖先牌位禁忌乱摸乱动、甚至忌灰尘落于其上，否则，认为是对祖灵的侮辱。通常客人不得在西炕休息，更不许将狗皮帽子或鞭子放在这里。在只有一间房的时候，长辈、尊者睡南炕，晚辈、卑者睡北炕，西炕不睡人。

满族忌讳在西炕和北炕上死人，在这两个方向的炕上死人被认为是很不吉利的。一般人临死时，都要移铺到南炕上。有的地方还必须移铺到专门的灵床上。满族人死后就要放置到西屋灵床上，而且必须是头西脚东，这也是由于满族以西为上的习俗所致。这种习俗与汉族停尸正堂、头南脚北是不同的。

古俗有"宅不西益"的忌讳，即宅地忌往西边扩大。据《风俗通义》云："宅不西益。俗说西者为上，上益宅者，妨家长也。原其所以西益者，礼记曰：'南向北向，西方为上。'尔雅曰：'西南隅谓之隩。'尊长之处也。不西益者，恐动摇之耳。"西方是尊长所处的地方。宅不西益就是恐怕有伤尊长。熊伯龙在《无何集》中也说道："实说其义不祥者，义理之禁，非吉凶之忌也。尊长在西，卑幼在东，尊无二上，卑有百下也。义于不善，故谓不祥。不祥者，不宜也。于义不宜，未有凶也。"

可以发现，满族民居禁忌的核心依据在于以西为尊的观念，正因为"西"这一方位异常尊贵，因此是神圣不可冒犯的，种种禁忌由此生成。那么，这种核心观念是何以形成的呢？

二 禁忌观念形成原因

满族的神话传说及萨满教神话对满族的"尊西"观念作了有趣的解释。在创世神话《天宫大战》中讲："洪荒远古，人类辨不清方向，有窝难归，有巢难寻，生活艰难，天穹主神阿布卡赫赫（天母）见此情景，便派身边四个方向女神下到人间来给人类指明方向。西方女神洼勒给走路一蹦三跳，先到了人间，指明了哪里是西方，所以人类最早辨认的是西方"。因此，在萨满教观念中，西方象征着至贵与首要，故此神圣的"窝澈库"立于西方位。[3]"关于东方或西方的神圣性通常是源于人们对这个方位的特别牢固的宗教感情基础，人们或对它有特殊的畏惧，或对它特别敬仰。因此方位具有明显的宗教功能。"[4]

叶舒宪指出："太阳在一年之中生命力衰退的时间认同于它在一日之中生命力衰退的时间——日落时，所以预示死亡来临的秋天又同太阳死去的空间方位——西方有了象征性的联系"[5]西方是日落的方位，象征着死亡，满族先民何以对这样一个方位倍加尊崇呢？

想揭示满族尚西习俗的内涵，离不开满族信奉的原始宗教——萨满教。萨满教本是通古斯人普遍信奉的宗教。它是由以"万物有灵"、"灵魂不灭"的观念为基础的原始宗教发展而来，对人们的思想意识及社会生活产生了深刻的影响。满族的萨满教崇奉的神祇有自然神，如天神、星神、山神、动物神和植物神等；有社会神，如祖先神、战神和平安神等，太阳崇拜是其中的重要内容。

人类最容易感受到太阳的温暖与活力，阳光对生命是必需的，日出日落又与昼夜交替、四季循环直接相联系，这使得人们容易将太阳神化并加以膜拜。由于对太阳的崇拜，导致了满族人在建筑上的门朝东开。《三朝北盟会编》记载：女真"依山谷而居，联木为栅。屋高数尺，无瓦，覆以木板，或以桦皮，或以草绸缪之。墙垣篱壁，率皆以木。门皆东向。环屋以土床，炽火其下，而寝室起居其上，谓之炕，以取其暖。"从这条文献记载来看，女真时代满族人就已经确立了门朝东开的建筑习俗。

原始先民的思维最大的特征就是万物有灵，先民认为太阳的西落东升，象征着太阳灵魂的休息与重生，这样，每一天都有新的太阳升起，太阳就获得了永生。由于太阳在西方死亡，西方成了亡灵的居所，又是获得新生的出发点，使得西方成为新生与永恒的象征。萨满教的核心是万物有灵观。在万物有灵观的支配下，满族先民认为太阳是有灵魂的，又因为太阳是造物主，太阳的灵魂更是神圣不可侵犯的，满族先民把太阳和个人、部落的命运紧密相连。

死亡的阴影时时刻刻威胁着满族原始先民，但谁也不能逃避死亡，以至"恋世"情结成了人类的一种集体无意识。"恋世"与死亡这一矛盾使人类认知死亡并且向死亡抗争，以便征服死亡，让生命进入"永恒"状态。"灵魂不死"学说便是对生的依恋，对死亡的恐惧的具体体现。满族先民对方位"西"如此尊崇是祈求生命永生这一美好期望的具体化。

三　满族民居禁忌起源

从心理学角度分析，禁忌意识的心理基础是恐惧，是人类对鬼神等超自然的神秘力量的恐惧。原始社会时期，由于人的生产力和认识能力极端低下，满族先民对大自然束手无策，对变幻莫测的大自然与人生的各种现象百思不得其解。与此同时，在人生历程中，种种意外的祸患和死亡促使人们产生了"万物有灵"观念,认为各种"神灵"的法力无边,"神灵"决定着人们的吉凶祸福。人们面对这些神灵,人们惶恐、敬畏,不敢触犯,担心神灵报复,扣响自家的大门。人们随时感受到灾难的威慑,并力图摆脱或逃避这种威慑。人们把人生的灾祸归于鬼神的支配,在这样原始宗教观念的支配下,人们尽量地使自己的行为符合神灵的要求,以求减少和消除灾祸,因此,导致了种种对自己的行为的限制,禁忌由此得以产生。对于西炕的禁忌源于对祖先神灵的敬畏,对于灶的禁忌源于对火神、灶神的敬畏,建宅、上梁等的禁忌源于对宅神及其他鬼神的敬畏,对于柳树的禁忌源于对佛陀妈妈的敬畏。

从认识论角度分析,禁忌源于满族先民对经验的记取和总结。满族先民把他们自己的言行与遭逢的祸患灾难建立起必然的联系,总结和记住这些灾难的经验,在日常生活的各个方面都小心翼翼地回避来加以预防。由于不同时代的人有不同的认识能力,因而人们在对生产、生活中经验的总结就有正确与错误之分。经验总结中有错误,是因为早期人们的愚昧和科学的不发达,使得人们在对事物因果关系的推导过程中形成错误理解,把一些偶然的因素作为普遍适用的规律,这种经验、理解,成为禁忌产生的另一个源头。表现在思维过程当中,主要是运用错误的联想法,错误地应用相似律、因果律。满族人建宅时不盖四六格局的房子、宅神的观念、西炕不能死人的观念,都是这种经验禁忌。

经验总结中也有正确的方面,随着生产能力、认识能力的提高,人们在对事物的认识当中正确的东西逐渐地增加,在这种正确的经验中,也产生了一些禁忌。在满族人的传统禁忌当中,这种经验禁忌也为数不少。例如不能对着门窗睡觉,老人住西屋,因为东北地区常年气温较低,西屋较为温暖,避免湿凉,有利于保健,是存在一定科学根据的。"并非所有的禁忌现象都是迷信与愚昧的产物,并非所有的禁忌寓意都是对复杂世界的幼稚解释和神秘的附会,而应看到在某些禁忌中还凝结着人们对生活的独特理解与深沉的道德评价。"[6]

四 满族民居禁忌功能

自然界当中的一些神秘现象在原始人类的眼中是不可捉摸也无法解释的，人的主体意识尚未完全觉醒，种种异己力量带来的是对生存的困惑、忧虑和恐惧，对外部世界无法驾驭的现实让人们寄希望于消极防卫，自然崇拜以及禁忌活动成为精神世界的重要内容。禁忌普遍存在于传统民俗当中，并且在长期的民间生活当中形成一种特殊的文化，应该说存在着合理的一面。社会生活当中需要一定的秩序与规范，将人的作息、起居、言行、举止等等纳入合理有序的状态当中，人们期待稳定祥和的生活，并将这种愿望也投射到禁忌上面。满族传统民居禁忌文化在某种程度上起到了这样的作用，其文化内涵与社会功能也是丰富多元的。

首先，满族民居传统禁忌具有一定的防御保护功能。禁忌通常将安全作为首要考虑，满族民居禁忌同样是通过自我约束起到维护自身安全的作用。满族民居禁忌当中的一些规定与现实生活经验密切相关，例如不能对着门窗睡觉，其实可以让人避免风寒疾病，家中老人住西屋也是出于身体保健的需要，恪守这些符合科学原理的禁忌的确可以有效地减少伤病的困扰，保持身心健康。通过警示的方式，减少或避免与禁忌的事物接触，使行为守则建立并得到全体的认同，严格遵守这样的规则，让禁忌实现了自我保护的重要功能。

其次，满族民居传统禁忌具有一定的伦理功能。"原始禁忌作为一种最早、最特殊的规范形式，成为民族社会最早的无形法律，各族先民从未把禁忌看作是单纯的个人行为问题，而是一种超个人意志，与族群的命运紧密相关的群体规范。"[7]禁忌通常针对群体，要求全体成员必须严格遵守。有些禁忌是意在疾病防治，一旦被某一个体触犯，可能会导致病痛，而有一些疾病是带有传播性的，因此，"个体犯忌殃及众人"是有现实依据存在的。类似的情形会让禁忌的神圣性进一步得到强调，从而使群体内部成员的言行举止受到普遍约束，与此同时，群体当中各个部分的关系也会得以协调，有利于保持社会生活的稳定与和谐。满族民居禁忌当中体现出的"长者为尊"的观念也充分说明，禁忌与家族伦理是紧密结合的，实际上起到了内部管理与控制的作用。

传统禁忌出现于特殊的文化时空，顺应了当时人们的生存心态与生存需要，以独特而严厉的方式对人们的生活提出种种规定，这些规定当中，有一些内容是有积极意义的，尽管因为受到认识水平与文明程度的制约而带有一定的缺陷。但是，禁忌的约束和要求为人们稳定有序的生活带来了有力的保证，让家族生活更加和谐和秩序化。与此同时，禁忌当中的一些内容是建立在臆想和错误判断之上的，在某种程度上消解着人们改变生活的勇气，阻碍了人们改造世界的进程，体现了落后与消极的另一面。传统禁忌带来的种种思想观念可能还会以多种方式作用于满族民众的现实生活，对人们认识世界、把握人生的方式施加影响，随着科学与文明的进步，禁忌在人们的生活当中会留存怎样的影响因子，仍然是值得关注的题目。

[参考文献]

[1] 张国庆. 古代东北地区少数民族禁忌习俗刍论[J]. 学术交流, 1998 (6): 117.

[2] 弗洛伊德. 图腾与禁忌[M]. 杨庸一, 译. 北京: 中国民间文艺出版社, 1986: 31.

[3] 王宏刚, 金基浩. 满族民俗文化论[M]. 长春: 吉林人民出版社, 1993: 70—71.

[4] 孟慧英. 中国北方民族萨满教[M]. 北京: 社会科学文献出版社, 2000: 173.

[5] 叶舒宪. 中国神话哲学[M]. 西安: 陕西人民出版社, 2005: 86.

[6] 李绪鉴. 民间禁忌与惰性心理[M]. 北京: 科学出版社, 1989: 12—13.

[7] 史蓉. 民族传统禁忌的传衍与嬗变[J]. 康定民族师范高等专科学校学报, 2004 (3): 20.

[原载于《吉林师范大学学报》(人文社会科学版) 2013年第3期]

满族说部中的历史记忆

姜小莉[*]

满族说部是根据民间流传的珍贵口碑资料整理而成,反映了满族自远古至清代的发展历程,其中包括自然环境、生产生活方式、部落征战与迁徙、祖先英雄事迹等各方面内容。说部的传承人和整理者都一再申明说部内容的真实性和严肃性,指出其内容具有"严格的历史史实的约束性"[1],"讲唱说部并不只是消遣和余兴,而被全族视为一种族规祖训。"[1]4 尽管如此,仍有一些学者对其存有疑虑,目前关于说部的研究多出于民族文学领域,注重对其文学性的剖析,以及传承、保护的探讨,对于满族说部所承载的时代内涵及史事记载并未引起人们的足够重视,这皆源于人们对民间口碑资料的学术偏见。

从集体记忆的理论视角来看,无论是载于文本的文献资料,还是流传民间的口碑资料,都是某一时期的历史记忆。历史记忆的形成受到各种社会因素的制约,可以反映历史事实,也可以扭曲某些历史真相;人们既可以选择性的记忆,也可以选择性的失忆。因此,就真实性而言,文献资料与口碑资料一样存在可商榷之处。基于历史记忆的这些特点,王明珂先生将历史记忆理论进一步延伸,认为隐藏在历史记忆背后的社会情境更值得探索,其中能够折射出更接近于历史事实的社会本相。[2]这一理论的根本目的即是探讨何种社会因素促成了相

---

[*] 姜小莉(1979—),女,吉林四平人,吉林师范大学历史文化学院副教授,中国社会科学院民族学与人类学研究所博士后,研究方向:满语,萨满教。

应的历史记忆的形成？形成此种历史记忆的目的与作用是什么？这样的历史记忆对社会又会产生什么新的影响？由此，满族说部中的历史记忆同样值得分析与探讨。

一　说部的祖源记忆与满族的族群认同

历史记忆大多涉及祖先的来源与事迹，即所谓"祖源记忆"。此类"祖源记忆"是凝聚族群的主要因素，"族群边缘环绕中的人群，以'共同的祖源记忆'来凝聚。"[3]因此，历史记忆理论最常被民族学者所倚赖，并应用于族群认同的研究当中。

关于满族的族群认同问题，有许多中外学者长期投入研究。不过，对于满族的形成时间、形成标志仍未能达成一致意见。综观以往的研究，主要以历史文献作为主要研究资料，很少有人引用口碑资料，尤其满族说部资料尚没有引起该领域研究者的重视。有学者由元明女真人没有文字记载的历史资料，便断定"在这个阶段（清入关前），在诸申的集体身份意识中，并不存在对金元女真的历史记忆这方面的内容。"[4]"这种情况的发生，也与元明女真语社会内没有书面文化，因而缺乏书面传承的历史资源密切相关。"[4]8

然而，在目前出版的满族说部中，就有许多关于金代女真的历史记忆。例如，《女真谱评》记录了女真族的起源神话与金代先祖创业的事迹；《苏木妈妈》记录了金代兴起时期的事迹，歌颂了阿骨打的大妃苏木夫人的英雄业绩；《金世宗走国》则记载了海陵王到金世宗时期的金代事迹。不仅如此，甚至唐代粟末靺鞨建立的渤海国时期的历史记忆在说部中也有反映，《红罗女三打契丹》《比剑联姻》便是发生在这一时期。再向上追溯，《乌布西奔妈妈》《恩切布库》《西林安班玛发》等说部，对满族初民时期的部落征战、迁徙等事迹都有详细的记录。可见，满族历史上虽然很长时间没有文字载体，但其历史记忆并没有中断，都生动地留存在说部当中，并在民众中代代传讲。由此，如果忽略了口碑资料所提供的历史记忆，对族群认同的研究很容易导致片面的结论。

此外,通过分析满族说部中的历史记忆还会对族群认同研究产生很多启发。

首先,目前许多学者强调清代满族的族群认同是统治者主观强化的结果,如对"三仙女神话"的杜撰皆是此类主观制造出的"祖源记忆"。按照这个思路延伸下去,不仅将清代许多文献资料的真实性推翻,也忽略了满族广大民众的能动性。但是,当我们将视线转移到民间长期流传着大量关乎祖源记忆的说部这个事实上,就会发现满族说部一直以民间叙事的方式传承着女真人的祖源记忆,这些历史记忆正是后来满族族群认同的重要基础。在此基础上,清代统治者强化的官方叙事才会发挥作用。

其次,学者们在讨论满族形成的时间问题时,往往实行一刀切,似乎满族是在某个时间点上一下子形成的。如许多学者以"满洲"名称的出现(1635)作为满族形成的标志;也有以努尔哈赤建国(1616)作为满族形成的标志;也有以皇太极对东北的统一作为标志,即崇德七年(1642)。这种学者主观上的一刀切,实际上忽略了族群认同是一个渐进的过程,同一族群内部不同群体的认同亲疏也是多元化的。

以东海女真为例,《乌布西奔妈妈》《恩切布库》《西林安班玛发》等都是流传于东海女真中的说部,记录了东海女真人远古时期恶劣的自然环境、部落的征战与兴衰、充满神性的大萨满事迹等等,这些内容是东海女真人共同的祖源记忆,并且终清之世一直没有被遗忘,以至我们今天仍能得见。那么,这些说部在不断讲唱与传承过程中,实际上是在强化东海女真人的祖源记忆,这对于凝聚东海女真群体具有重要作用。然而,其另外一面的作用则是在强调他们与满族其他群体的区别,这对于东海女真融入满族族群却具有阻滞作用。与此不同,在金源故地流传着《女真谱评》,在镜泊湖的渤海故地流传着《红罗女》的故事,这部分女真后裔对他们共同的祖源有着明确的历史记忆,无论此记忆是否真实,但对他们的族群认同却具有不可忽视的促进作用。由此,通过分析说部中的历史记忆,满族族群认同的多元化便可清晰呈现。

可见,说部中的历史记忆对于研究满族族群认同问题非常重要,可以让我们对一些问题的认知更加全面。

二 说部的文化记忆与满族萨满教的变迁

按照王明珂的历史记忆理论,研究历史记忆的关键是发现"异例","将文献史料作为一种社会历史记忆,历史知识产生过程中的一个关键是发现'异例',——一些相异的、矛盾的或反常的现象。"[2]140 "由多元资料间产生的'异例',我们可以了解一时代社会'情境'的复杂结构,以及一个'当代情境'与另一个'当代情境'间的延续与变迁。"[2]146 简而言之,通过对比分析不同历史记忆间的差异之处,可以发现一些反映社会变迁的历史事实。

满族说部给读者留下深刻印象的就是浓郁的萨满教文化氛围。许多祖先英雄本身就是充满神性的大萨满,如乌布西奔妈妈、西林安班玛发、恩切布库、尼山萨满等。说部中还详细记录了萨满教的神灵观念、古老的野祭仪式、萨满的选择与竞技,以及占卜、医病等种种神技。读者也不难体会出,先民是如何地崇拜与信服萨满,萨满是凝聚部落的精神旗帜,正如西林安班玛发所言:"你们为何像散沙谁都敢欺凌呢?就因为你们没有像山岩一样团聚如坚、巍峨不可摇撼。你们应该把祖先的法器,重新恢复起来,就会举世无敌。"[5] 可见,萨满教在初民时期极其昌盛,在部落社会中具有举足轻重的地位,这些都深刻地烙印于满族说部的历史记忆当中。

然而,将说部的形成时代与流传时代相对比,萨满教社会地位的悬殊落差十分鲜明,分析这一"异例"可以让我们对萨满教有更真实的认识。

我们仅以说部流传的清代作对比,虽然宫廷和满洲民间仍然祭祀不辍,但其重要性与影响力已经微乎其微了。乾隆年间颁发的《钦定满洲祭神祭天典礼》，字里行间无不透漏出祭祀仪式被遗忘的事实，"赞祝之语亦有与原字原韵不相吻合者，若不及今改正垂之于书，恐日久讹漏滋甚。"[6]满洲民间诸家族的祭祀也日益衰落，"各姓培训新萨满强调的就是会背诵神辞，会操持、主办祭礼、祭式，有些祭式的意义已渐模糊，特别是许多新萨满早已不会满语，对用满语传下来的神辞不解其意，只是死记硬背。"[7]

祭祀仪式和神辞尚且处于被遗忘的边缘，类似先民时期充满神性的大萨满更是难觅踪迹，清代的各类志书不可谓不丰硕，但如《乌布西奔妈妈》《西林安班玛法》《尼山萨满》等长篇记录萨满事迹的资料基本没有。尤其值得一提的是满洲人自身对萨满教的态度也发生了巨大的转变，锡林觉罗氏西清曾在黑龙江地区见到萨满的活动，对其见闻作如下记载："萨玛曰祖宗要马，则杀马以祭，要牛，则椎牛以祭，至于骊黄牝牡，一如其命。往往有杀无算，而病人死，家亦败者，然续有人病，无牛马，犹宰山羊以祭，萨玛之令终不敢违。"[8]西清虽然没有明确评价萨满活动，但字里行间体会不出任何崇敬之意，反而以其为愚昧的意味有所流露。

经过对比，萨满教在不同时代社会地位的转变已然显露出来，那么为何会出现如此悬殊的落差呢？分析其原因，仍然可以从说部的历史记忆中找到线索。

《乌布西奔妈妈》《西林安班玛法》《恩切布库》等是对萨满事迹记载最为丰富和详细的说部。其中的社会背景有一共通之处，即都产生于远古初民时期，就文中所描述的内容可以判断，《乌布西奔妈妈》和《恩切布库》发生于母系氏族时代，《西林安班玛法》发生于母系向父系氏族过渡的时代。此时的人类生产水平低下，正如说部中描述的那样："此时的世人啊，还是山莽中的一群毛绒野人，不识任何约束，不识掌舵首领。居无定所，四处觅生。鲜餐血肉，难辨腥膻。"[9]萨满其实是一批智者、英雄和首领，带领初民们探索自然、趋利避害，求得安康与幸福。恩切布库不仅教会人们种植、建造房屋，甚至还禁止了氏族内婚制，提高了部民的身体素质。西林安班玛发为人们选择居址防病、寻找草药治病，甚至还带领部民横渡东海来到了富饶的"苦兀"岛（即库页岛）。乌布西奔妈妈则东征西讨，最终成为东海七百噶珊的女罕，俨然一位英明的君主。因此，这些智慧的人物被日益神化，受到人们的崇拜，萨满教由此大行其道，尤为昌盛和重要。

对比于远古初民时期，清代的社会条件已经发生了巨大改变，人们对于自然有了更为丰富的了解，生产水平也极大提高，不再像以前那样依赖自然而不知所措。在这样的条件下，萨满在人们生活中的作用不再那么重要，萨满教的社会地位日益衰落也便可以理解了。一些反映清初时期历史记忆的说部，如《萨布素传》《雪妃娘娘和包鲁噶汗》等，其中对萨满的记载非常少，说明萨满教在清初的社会影响已经降低了，已然退出了社会的主流地位。

满族说部对于研究萨满教的重要性已引起了一些学者的重视，但分析说部背后隐藏的历史情境，并进行对比研究，可以给我们更多的启示。

三 说部的"历史心性"与满族的民族性格

历史记忆是选择性的记忆，人们不会将发生过的所有事情不加分辨地记忆，而是按照他们的文化心理倾向有所选择。"每个社会群体都有一些特别的心理倾向，或是心灵的社会历史结构。"[3]27王明珂曾提出"历史心性"的概念，用以表达"一种模式化的叙事倾向"[10]。值得注意的是，在此叙事倾向下形成的历史记忆又会反作用于该群体，影响他们对历史的认识，其独特的心理倾向也进一步强化，民族性格便在此过程中潜移默化形成了。

满族自古就是一个尚武的民族，史籍中对此记载尤著，《后汉书》对挹娄的描述是："种众虽少，而多勇力，处山险，又善射，发能入人目……便乘船，好寇盗，邻国畏患，而卒不能服。"[11]《晋书》则曰："性凶悍，以无忧哀相尚。"[12]《北史》对勿吉的记载是："其人劲悍，于东夷最强。"[13]。可知，满族自先民时期便有"尚武""尚勇"的传统，这样的文化心理倾向也影响着他们的历史记忆。

综观满族说部，无论是窝车库乌勒本、包衣乌勒本，还是巴图鲁乌勒本，其故事的中心内容无不是对英雄人物的颂扬，远古时期的乌布西奔妈妈、西林安班玛法，与恶魔斗，与天险斗，与强敌斗，勇敢地率领部落走向富强；渤海时期的红罗女是长白圣母的高徒，她挂帅出征、降妖伏魔、荡贼逐寇；金代的阿骨打、苏木妈妈、金兀术，不仅武艺高超、胆识过人，而且不畏强敌，救民众于水火；至于老罕王努尔哈赤的事迹更是传奇，十三副遗甲起兵，历经磨难终成一番伟业。在歌颂英雄事迹的同时，说部更不忘鞭挞那些懦弱、懒惰、昏乱的行为，从而更突显了英雄们的伟岸形象。这也体现了满族自先民以来的群体心理倾向，他们崇尚勇敢、善良、强大，这是他们的价值评判标准。

与此同时，这些凝结着英雄们勇武精神的历史记忆，也会反作用于其群体本身。人们世代传讲，不断赞美、强化这些精神，进而模塑了满族"尚勇""尚武"和"纯朴"的民族性格。

正如金启孮先生在北京营房中所见，"我听到过的他们聊天的内容，多半是某家某人在什么时候战死的。又是某旗某官在什么地方阵亡的。某家在什么地方做外任官时合家殉难的。在谈这些事情的时候，他们面上绝没有畏惧或抱怨的神色和感情，而是觉得这是很光荣的事。这是直到那时营房中满族从上到下同样的思想。"[14]7 此时已值清末民初，虽然时势巨变，但这些八旗士兵们纯朴与勇敢的性格仍然珍贵地保留着。也正是这样的民族性格激励着八旗将士英勇善战，以"为国家战死为荣，临阵退缩为耻。"[14] 使得满族不仅定鼎中原，而且开疆扩土，成为历代王朝中疆域最为广阔的一个朝代。

其实，民族性格一旦形成，其影响是十分久远的。自辛亥革命以后，满族的身份地位一落千丈，大多数民众都历经磨难，但其祖先留下的精神一直激励着满族后裔。傅英仁先生在其自传中回忆了自己幼年时的艰难生活，"十二岁，我从高小毕业，参加八个县成立的吉林四中升学考试。结果在四五百人中间，我名列第六……（结果因交不起学费）总管老师二话没说，拿起笔就把我的名字除掉了，至今我历历在目。我当时哭了，又一想：满洲巴图鲁不许哭，我擦掉眼泪对大伙说：不收我没关系，我自学也能从中学毕业。"[15]正是在"满洲巴图鲁"（满洲英雄）的精神激励下，使他最终成为一代名家。

综上所述，满族说部的珍贵之处在于，保留了满族民间丰富的历史记忆。相较于官方叙事，这种以口碑传承的民间记忆更具力量，广大民众以敬谨之心传承、喜好并浸染其中，模塑和影响着满族社会和文化的发展。满族说部对于我们深入研究、理解满族的历史与文化具有重要作用，其学术价值理应引起学界的足够重视。

[参考文献]

[1] 富育光. 满族传统说部艺术——"乌勒本"研考[J]. 民族文学研究, 1999（3）：3.

[2] 王明珂. 历史事实、历史记忆与历史心性[J]. 历史研究, 2001（5）.

[3] 王明珂. 华夏边缘：历史记忆与族群认同[M]. 北京：社会科学文献出版社，2006：12.

[4] 姚大力，孙静. "满洲"如何演变为民族[J]. 社会科学, 2006（7）：10.

[5] 富育光，荆文礼. 西林安班玛发[M]. 长春：吉林人民出版社，2009：153.

[6] 钦定满洲祭神祭天典礼·上谕[M]. 沈阳：辽沈书社，1985：3097.

[7] 富育光，孟慧英. 满族萨满教研究[M]. 北京：北京大学出版社，1991：115.

[8] 西清. 黑龙江外记[M]. 近代中国史料丛刊（第六辑）[G]. 台北：文海出版社，1967：193—194.

[9] 富育光，王慧新. 恩切布库[M]. 长春：吉林人民出版社，2009：37—38.

[10] 王明珂. 英雄祖先与弟兄民族：根基历史的文本与情境[M]. 北京：

中华书局,2009:28.

[11] 班固. 后汉书:卷85 [M]. 北京:中华书局,2011:2812.

[12] 房玄龄. 晋书:卷97 [M]. 北京:中华书局,2011:1731.

[13] 李延寿. 北史:卷94 [M]. 北京:中华书局,2011:3123.

[14] 金启孮. 金启孮谈北京的满族 [M]. 北京:中华书局,2009:5.

[15] 傅英仁,宋和平,王松林. 东海窝集传·傅英仁自传 [M]. 长春:吉林人民出版社,2009:150.

[原载于《吉林师范大学学报》(人文社会科学版)2013年第5期]

述史寻根　求同探异
——读《满族小说与中华文化》

王鸿莉[*]

关纪新先生的最新著作《满族小说与中华文化》（社会科学文献出版社，2014 年）可以视为作者三十余年来对于满族小说研究的集大成之作。它是国内首部以满族小说为专门研究对象的专著。关纪新先生以"老舍研究"闻名学界，近十余年来再度发力，对清代以来的满族小说进行了系统的梳理和考辨阐释，本书即是这方面学术积累之产物。

一　满族小说承载中华文化

关纪新先生最初以老舍研究知名，但在跟随张菊玲老师读书时，也进行了不少古典文学的研究。在 1982 年大学毕业之前，他已完成了两篇重要论文《当代满族文学的瑰丽珍宝——老舍〈正红旗下〉试探》和《几回掩卷哭曹侯——清代宗室诗人永忠和他凭吊曹雪芹的诗》。两篇论文论述时段一古一今，就研究对象的文体言，一为小说一为诗——前者是关纪新先生老舍研究的起步，后者是"国内学界最早将清代宗室诗人作为独立的话题来讨论的论文"[1]。这两篇文章颇

---

[*] 王鸿莉（1980— ），女，山西阳泉人，北京市社会科学院满学研究所助理研究员，文学博士，研究方向：满族文学、北京文化。

具象征意义，几乎预示出关纪新先生日后研究的几大重点：康乾时期京师满洲作家群、民国时期旗人小说（老舍、蔡友梅、穆儒丐、王度庐）等。关先生的研究当然不止于此，顾太清、文康等都是他极为关注的对象，但这些对象无不与上述方向紧密相连。从最初的选题即可看出，关纪新先生治学敏锐自觉，对满族文学的理解和研究全面开阔。某种程度上，这得益于少数民族文学这一学科的独特属性。少数民族文学学科以民族文学为整体研究对象，突破了一般的中国语言文学学科内以时段为限、以文体为界等壁垒，更具贯通和整体性。民族文学这一研究模式实又源于我国民族研究一贯的方法论：＂多年来我国的民族研究比较注重对某个少数民族的单体研究，注重研究其历史、历史人物、风俗习惯、语言、宗教、家族结构等等。＂[2] 相应地，民族文学研究自有一重无形的束缚，民族文学研究往往成为某一民族文学的内部研究，对共时性的文化碰撞，历时性的不同民族文学之间影响的深度考察则相对缺乏。不过，近年来，民族文学研究内部已开始突破、调整这一格局，郎樱、扎拉嘎的《中国各民族文学关系研究》等著作是对民族文学关系研究的最新成果。

在此基础上，关纪新先生学术研究的视野近年来愈见宽广，时间上不断地上溯下延，从17世纪至当代满族作家的最新作品；从小说、诗词这些具体文体，延伸至满族书面文学/口头文学、母语时代文学/后母语时代文学等更高层次的观念研究。关纪新先生似以三十余年研究之功力，开始搭建自己的满族文学立体格局。诚然，从历史言之，满族文学之事实已历历发生，无须多论。但就对历史的理解、阐释和解读而言，满族文学实在有太多的空间有待填补乃至颠覆。任何有关"民族"或"文学"的概念变迁或格局升降，都会带来满族文学研究的呼应或波动。由此，关纪新先生对于《红楼梦》和曹雪芹的解读就与红学界内的主流阐释取径不同。再如，对于蔡友梅、穆儒丐、王冷佛等作者的发掘，补充和完善了满族小说的历史发展链条。同时，关纪新先生对满族文学的种种研究，又始终试图"与构建和践行中华多民族文学史观的理论倡导彼此呼应"。秉承"多元一体"的民族观，关纪新先生的文学研究实践几乎均在"中华民族文学史观"以及"满族文学自身发展的流与变"之间展开。辨其旨趣，关纪新先生愈注重满族文学自身的研究，其中华民族文化史观和中华文化大格局的视野也愈开阔，民族感情愈为之灌注，对中华大地、风物、人情之美的热爱则愈深沉。在满族/中华、文学/历史间多重且多层的循环往复、交流沟通，构成了关纪新先生满族文学研究的广阔视域。在这一视域下，关纪新先生复又聚焦于小说一体，将三十年来治满族文学之精粹荟于一书，这即是《满族小说与中华文化》一书。

在满族的诸多文学创作和贡献之中，小说不仅是本民族文化之结晶，亦是整个中国文学之奇异瑰宝。自有说部之传，至当代满族诸位作家之新作，关于满族小说的论述、评议与研究其实并不空乏，但却始终没有一本完整论述满族小说之专著。诚如关纪新先生所言："以往，虽然也有一些研究者对曹雪芹之《红楼梦》、文康之《儿女英雄传》、老舍之系列小说等多种文学资料作过专门研究，但将各个时代满族作家及其小说作品作为一宗民族文化特有的文化遗产和文化现象加以关照，却不曾有过。"[3]《满族小说与中华文化》就是首部以历史性眼光、整体性格局来全面考察满族小说的著作。是书以"满族小说"为研究对象，不仅描摹出满族小说自身的发展历程，同时勾勒出满族小说作为一个整体的文化特征和艺术诉求，并将其置身于中华文化大格局中进行考察和分析。可以说，《满族小说与中华文化》是关纪新先生于这一方面研究的全面总结与最新成果。

二 纵横交错的叙论模式

本书虽是国内第一部以满族小说为研究对象的专著，但有趣的是，作者并没有采用习见的文学史著述方法，完成一部以时间为线的类似"满族小说史"的作品。而是另辟蹊径，采取了一种横向的整体性论述的结构方式。同时，在这一横向结构方式的内部，又暗含着满族小说的纵向演变。横向的结构和纵向的演变，两种论述模式一显

第二编 满族文化与萨满教

一隐,前者关注的是同异问题,后者则指向了满族小说内部的流与变。

本书引言、结语及第一、第二两章均属总述性质,分别对满族、满族文学、满族小说这三个概念进行辨析梳理,同时阐述各自的渊源发展。除此之外的八章,皆系横向展开,分论了满族小说的各个方面:思想情怀、人物、语言、趣味、意蕴、价值等。这一横向结构模式有利于从总体上论述满族小说的整体面貌,凸显出满族小说的整体性:它们拥有共同的民间文化土壤,共通的内在悲悯情怀,共享着相近的语言风格、人物风貌、艺术诉求。关纪新先生以极为丰富细腻的个案展示,凸显出满洲先民至当代满族小说家的某种共通性,展示出满族这一民族崇尚的价值观和审美趣味。换言之,这一方式强调和刻画出"满族小说"这一概念,使之愈加边界稳定、内涵丰富。

这一横向模式,既然要立住"满族小说"之独特性,必然要将其置身于关系的比较之中。也就是关纪新先生所说"本书的撰写重点,放在了满族小说家们的基本艺术选择与中原汉族文学的关系方面,既体现出满族小说与汉族小说的'同',也体现出满族小说与汉族小说的'异',既要阐释汉族文化给予满族小说创作的重要影响,也要阐释满族小说创作与中原汉族文化的不同点,阐释满族小说创作回馈给中华文化的多重价值所在"[3]315。关纪新先生也自认为这是本书的难点所在,非了解双方文化之脉络演变,实难以理顺和剥离。本书第六章《与汉族小说相异相辅的人物画廊》,题意最为显豁,直指满汉小说人物之不同。其他章节莫不如是,通过潜在的比较描述和勾勒满族小说自身的特点,但本章题意最为明了。在第六章中,关纪新先生先后分析了《红楼梦》中的"家奴世仆"和邦额笔下的"红姑娘"以及"三官保"等,还有满族小说中的女性形象和贫民形象等。其中,很多人物群落的出现都是特定的社会组织和历史条件之下的满族特有现象。整章之描述重在"立异",勾画出满族小说中独有的现象和人物,非他民族小说所有——这同样是本书横向结构模式的基本论述方式。但从第六章中也可以看出,这种同异横向结构模式,有利于建构出满族小说这一概念的内涵、外延，勾勒出满族小说的历史发展。但也容易导致某种论述倾向：满汉之间，重异不重同；满族内部，重同不重异。比如，关纪新先生对于《红楼梦》中的家奴、庄头、女性形象等的捕捉敏锐到位，这都是满不同于汉文化之所在。但《红楼梦》包罗万象，假如能在此基础上更为深入地讨论其人物背后民族文化交融同异之潜流，则本章的论述能更切"相异相辅"之题。另如，本章之中，关纪新先生对小说《三官保》的考察分外有趣，其中所引述金启孮先生言"是知满族上层、写满族上层的人多，知满族下层、写满族下层的人少。事实上清朝前期满族绝大多数少年是三官保式的，尤其是在京旗之中"已敏感地点到了满族内部分隔之问题。在民族的长期发展之中，满族内部阶层分化日趋严重，虽然他们都娴熟曲艺、热衷"故事"，但其审美情趣还是会间有分途。当然，这种分途并不会影响"满族小说"的总体趣味和意蕴，但若能逐层析之，开掘满族小说内部之丰富面目，对各阶层满族小说家们所秉受的民族文化影响的考辨将更为深入。而且，这种分层可能不只是阶层的、还有可能是文体的；可能是共时的，也可能是历时的——满族小说虽有统一面目，却非铁板一块，越辨则越明。

关纪新先生对于这种横向结构的论述模式其实有所修正和调整。于是，在全书的横向结构模式之下，又暗含这另一种叙述方式：满族小说的纵向演变。全书虽为横向结构，但在每一章的叙述上，基本按照时间线索，历叙重点文本，因此呈现出"横向结构为显，纵向演变为隐"的叙述特点。而这种纵向演变之叙述方式几乎体现于本书每一章的书写。

以时间为线索的纵向演变叙述方式，论述的方向其实是满族小说内部的流与变。流变问题是关纪新先生文学研究的一大关注点。"在我看来，任何在人类文学史册上面成功的为人们推崇的族别文学，都不能不是'流'或'变'二者的完美结合：'流'指的是它脉络清晰与自成一格，成就为或者接近成就为特殊民族的特殊文学流派；而'变'，则指的是它敢于探索创造，善于标新立异，在永不知足的流脉变通中随时涌现有价值的新生长点。发轫于17世纪初期的满族书面文学，在我看来，恰恰兼具着这样的两个特点"[4]。可见，关纪新先生对于满族文学之流与变有自觉的理论意识，《满族小说与中华文化》各章之叙述均暗隐了满族小说的内在发展与演变——满族小说自成一格的地方、满族小说又不断新变之所在。可这种叙述，笔者以为，因全书结构所系，被关纪新先生置于纸背，须读者细绎慢读，方能体味。

纵向演变的叙述方式以丰富的细节填补和修正了横向结构有可能的疏漏，在某种程度上解决了上文所说的横向结构模式易产生的问题。惜乎每章的叙述，关纪新先生往往采取总分结构，个案极大丰富、阐释极为绵密，章首往往有介绍之言，章尾却无提纲挈领之论。在一重重故事和叙述的妙语之后，读者如我还欲回味咂摸之际，先生却笔尖一顿，戛然而止，让人总觉不过瘾。倘若各章能有更深入的阐释、提升，对全书主旨有更强有力的呼应，则全书之描述也许会更提气。

作为首创者，关纪新先生要描述满族小说发展之大势、建构满族小说之概念，所以重在勾勒满族小说的特有风貌，对于满族小说内部的分野虽有所涉及，但较少进行专门的理论梳理。而为了全面地描述出满族小说的独有风貌，关纪新先生采取了横向论述的机构模式，每一种结构模式必然存在论述之取舍。在本书中，被暂且悬置之处，期待先生日后有更为丰赡的讨论。①

三　多元一体的文化观

关纪新先生是民族感情异常深厚之人，身为满族，他对于这一民族

---

① 本书各章之中对满族小说的流变述多论少，分外可惜。此外《满族小说与中华文化》一书，属于对满族小说这一对象的长时段考察，从民间说部直至当代诸家，显示出难能可贵的总体眼光和开阔格局，但未能论及台湾及海外诸家，也是一种遗憾。另如，对于部分作家的处理"重重提起、轻轻放下"，如王朔（如何阐释王朔的民族认同问题以及如何看待王朔的新变）。这些都是非常有意思的话题，而且关纪新先生均已有所研究，希望日后关先生详论之。

的文化品格、行事做派分外欣赏和骄傲；对这一民族的命运、遭际也感慨神伤。在学科已分立、细化的今日，难得有学者和他所治之学如此情意交融，关纪新先生确然是以整个生命的热诚以及一种神圣的使命感来完成学术。但关纪新先生又是自觉的学者，他以为"每个人都有多重属性，我是一个热爱本民族文化的人，更是一个自律的学术工作者……人文科学本身不是所谓'零度感情范畴'，心理情感依傍自古以来在各个民族的自身文化阐释当中，都占有一定的位置——我们应当承认它，也要力戒它过度膨胀而袭扰了科学精神的张扬"[4]2。在炽热情感与冷静学术的张力之下，关纪新先生论学的文字，感情充沛又沉郁、沉痛中又显豁达，往往有种不尽之言、余味深长之感，与一般学院派著述文风颇有不同。同时，关纪新先生又从不故作深奥难解之语，从不炫耀操弄时新理论，其文娓娓道来，风度自然。我们常惊异于满族小说家文字的圆滑、流利与幽默，却不知很多满族学人的文章也别具一格。有人将某些北京人说话吞音严重、满嘴京骂误解为北京话之特色，殊不知北京话更有雅驯风雅之一面。关纪新先生的文章，笔者以为，就体现了北京话雅驯一面的曲折浸润，他的文字也是他的学术标志之一。

胡适曾将训诂一个古字比为发现一颗新星。笔者以为，无论是古字还是新星，其发现的意义不在于一个新事物的出现，更在于由新事物带来的旧格局的整体变动。若只是单纯地发现一个字、认出一颗星，遂束之高阁，任其孤独而永恒地在那里，那这一发现的意义在当时总归是淡漠的。而若解释一字就能演化出一部文化史，若从一颗星了解到新的轨道、发现新的太空奥妙，那这个字和星就是钥匙，它的发现会带来连锁反应，打开新的大门。学术发现均属此理，学术的每一新发现都会不断敲打我们的认知，足够的发现，往往能改变人们的整体认知版图。满族小说的解读在目前的学科体系下属少数民族文学之范畴，也许就中国总体文学史而言，满族小说不算个大题目。但每一个题目的开拓，如同古字和彗星的发现，均会促进、调整文学史的结构。"重写文学史"的口号呼喊多年，但这种"重写"鲜有少数民族文学视角的考量。满族小说这一题目虽专，但好的解读从不会局限于某种学科范围之内。对于满族作家的发现和满族小说的阐释，其意义也许在于撬动文学史上既有的星辰布局，重新铺展一片星空。

关纪新先生始终强调多元，执着探讨满族文学与中华文化之关联，立意之处广大。关纪新先生有一庄严之梦想——确立中华多民族的文化暨文学史观。[4]499他认为，"多元一体"是中华民族历史上自然的存在格局，也应当是未来理当勉力追求的价值体系。"多元一体"之说承自费孝通先生，费孝通先生、关纪新先生都引过冯友兰先生所作《西南联大纪念碑文》，"同无妨异，异不害同；五色交辉，相得益彰；八音合奏，终和且平"。"万物相遇而不相害，道并行而不相悖，小德川流，大德敦化，此天地之所以为大"。冯友兰先生原本之意虽侧重学风，但经费孝通先生化用，用于民族关系，若合符节。罗素言参差百态乃是幸福本源，费孝通先生希望"中华民族将是一个百花争艳的大园圃"，中华民族多元一体的格局来之不易，维系不易，我们每一个人皆当珍视和护佑。

[参考文献]

[1] 刘大先. 民族情结与国家关怀——满族学者关纪新与他的满族文学研究[J]. 内蒙古大学艺术学院学报, 2005 (4): 99—103.

[2] 马戎. 西方民族社会学经典读本 [M]. 北京: 北京大学出版社, 2010: 2.

[3] 关纪新. 满族小说与中华文化 [M]. 北京: 社会科学出版社, 2014: 331.

[4] 关纪新. 多元背景下的一种阅读: 满族文学与文化论稿 [M]. 沈阳: 辽宁民族出版社, 2013: 5.

[原载于《吉林师范大学学报》（人文社会科学版）2015年第4期]

清代北京旗人婚姻家庭中的
伦理道德观念

薛柏成　孙学凡[*]

清代北京旗人作为满民族中重要的一部分，其发展具有代表性意义。由于北京城是清朝的统治中心，因此北京旗人婚姻家庭中的伦理道德观念更能代表整个清代道德生活观念的主流。北京旗人的道德生活史，是满族道德文化的重要组成部分，也是中华民族传统文化和道德生活的组成部分。

一　清代北京旗人婚姻家庭中的伦理道德观念形成的主要因素

社会的发展离不开政治、经济与文化的作用。清代北京旗人社会的政治、经济以及文化政策对旗人婚姻家庭中的伦理道德观念有着深远影响。清代定都北京后，为了巩固统治地位，扩大统治基础，在政治上"首崇满洲"且"旗民分治"；在经济上实行"圈地"等政策，在文化上不断地学习和吸收儒家伦理道德观念。

在旗人居多的北京城，作为清朝的统治中心，上至皇室宗亲，下至服役家奴，八旗制度渗入北京旗人生活的方方面面，它是一个军民

---

[*] 薛柏成（1966— ），男，吉林镇赉人，吉林师范大学中国思想文化研究所教授，博士生导师，研究方向：中国思想文化、满族历史文化；孙学凡（1991— ），女，黑龙江安达人，吉林师范大学历史文化学院研究生，研究方向：满族思想文化。

合一、军政合一的社会组织形式。八旗制度对旗人的婚丧嫁娶、社会礼俗均有相应的规定,通过八旗制度实现政治联姻和人口增长、提高旗人生活水平的目的。天聪九年(1635)清统治者曾颁布诏令:"凡隶属章京及章京兄弟、诸贝勒下人、巴雅喇、芬得拨什库等之女子、寡妇,必须赴户部报明,部中人转问各该管诸贝勒,方可准嫁,若不报部而私嫁者罪之。至于小民女子、寡妇,须问各该管牛录章京,方可准嫁。"[1]由此可以看出,旗人女子的婚嫁完全受控于八旗制度,这便是清代旗人社会的特殊之处。《天咫偶闻》亦载:"凡属八旗子女,例须报明本旗佐领,记于书册,及长而婚嫁亦如之。又必须男女两家佐领,互出印结,谓之图片。凡三年一比丁,又使各列其家人名氏,而书之于册,谓之册档。及殁而削其名氏于册,故旗人户口不能增减,姓名不能改移,凡以为整军经武地耳。"[2]上述材料明确地表达了旗人婚姻家庭与八旗户籍制度之间的紧密联系,说明整个旗人社会的婚嫁与清代政权和八旗制度之间存在着密不可分的依附关系。正如定宜庄先生说的那样:"事实上,八旗制度对旗人的控制,事无巨细地渗入到旗人生活的方方面面,在旗人的婚姻上也有明显的表现,上至天潢贵胄,下至世代服役的家奴,婚丧嫁娶都被笼罩在八旗制度这一张大网之下,并由此形成了清代旗人特有的婚姻乃至生活方式。"[3]正是由于八旗制度对旗人的婚姻和家庭做出种种严格规定,使旗人的婚姻更具有独特性,同时,这些制度规定也渐渐地渗透到旗人的思想当中,使北京旗人在婚姻家庭方面的道德观念有了新的内容。

"首崇满洲"的原则规定清代中枢机构的官员大多由满洲的亲贵大臣来担任,议政王大臣会议成为满洲贵族统治国家的重要工具,权力极大,满洲贵族在清代政权中处于核心地位。[4]在全国官员中,汉人总数多于满人,但是京城内外的重要职位,则是满人总数多于汉人。这样就保证了满洲贵族掌控中央和地方的要职,同时北京旗人还被予以很多特权。通过"首崇满洲"的原则,清代统治者在一定程度上维护了满洲贵族的地位和权力,使得北京旗人在整个清代社会上占有很高的地位,也直接影响着北京旗人在婚姻观念上的选择,如满汉不婚，世家婚姻的盛行等。

清代统治者为保护旗人生计等问题，在经济上实行"圈地"政策。入关后为了安置大批八旗王公和官兵，清代统治者在近京五百里内进行了三次大规模的圈地，共圈地十六万六千余顷[①]。这些被圈占的土地，称为"旗地"。一部分由皇帝和王公贵族等享有，另一部分则分给八旗人丁。对于当地的汉族人民来说，这是严重的暴力掠夺。这种做法产生的直接后果是使汉民失去了原有的土地，生活更加穷困，间接影响了汉民的娶亲婚嫁。由于北京旗人的特殊政治经济地位，使旗外的汉人非常羡慕，甚至愿意将自己的儿子过继到旗人门下，俗称"过枝子"。

另外，清廷为八旗妇女的守节提供了名誉上、经济上的保证，这使清代旗人妇女的贞烈观念比汉族妇女还要强烈。定宜庄先生在其《关于清代满族妇女史研究的若干思考》一文中详细论述了这一问题，她指出："清代旗人妇女的贞烈表现，甚至比汉族妇女有过之而无不及。能常被解释为清统治者在本民族内提倡儒家纲常特别得力的结果。而事实上，提倡妇女为夫守节，仅仅靠鼓励宣传，靠'给银建坊'的旌表制度是远远不够的。清廷为本族妇女的守节，提供了一整套经济上的保证，这正是八旗妇女的守节不同于汉族等其他民族的最有特点的部分……满族寡妇却可以由八旗组织承担起全部的生活。可以说，由国家如此以'养起来'的方式来鼓励全民族妇女守节的做法，在以儒教立国的中国封建社会的漫长历史上，也是绝无仅有的。"[3]

在文化上，清军入关后，满族统治者无疑面临着巨大的挑战。怎样利用自己的优势来掌控大局，快速拉近满、汉两族之间的关系也就成为清代统治者所需解决的首要问题。为缓和满、汉之间的民族矛盾，快速增进满、汉民族融合，清代统治者积极主动地学习和吸收汉族的儒家文化，在不断地学习和吸收儒家文化的过程中，北京旗人婚姻家庭中的伦理道德观念受到了极大影响；同时，清代统治者在实践

---

① 托津等：《大清会典事例》第135卷第9页下，嘉庆二十三年殿本。

的过程中逐渐发现了汉文化中儒家文化完整的伦理道德观念对于维护统治和安定社会有不可估量的功效,于是便更有意识地向儒家文化靠拢,把儒家文化中的伦理道德制订成条规,用行政命令的方法向全国臣民灌输。在满汉文化的融合过程中,儒家文化中的"三纲五常"等思想在满族中不断传播,对北京旗人婚姻家庭中的伦理道德观念产生了深远影响,使整个旗人社会的道德观念有了较大变化。

二 清代北京旗人婚姻家庭中的伦理道德观念的主要内容及特点

(一)北京旗人婚姻生活中的伦理道德观念

1. 贞烈观。清代北京旗人社会对于女子的贞烈观念在继承和发扬的基础上加以改进,并形成了自己独特的"贞烈观":北京旗人社会在清代统治者的倡导下,开始重视女子的贞节,但是改变了以往历朝历代"以身殉节"的做法,提倡"节孝",即丈夫死后,妇女不必以死明志,希望她们能够承担起照顾、支撑家庭的责任,以免许多无子的老人生活无依无靠。并在经济上采取实际措施,对那些夫死后能够继续持家的妇女予以表彰和奖励。

清入关后,由于满汉民族的不断融合及汉族儒家礼教的影响,清代统治者开始表彰贞烈,并且提高了整个旗人社会的贞节观念。清代统治者为了表彰贞烈,颁布了一系列的相关制度。顺治元年(1644),顺治帝诏谕天下:"所在孝子顺孙义夫节妇,有司细加咨访,确具事实,申该巡按御史详核奏闻,以凭建坊旌表。"① 顺治十年(1653),又针对满族宗室颁布了表彰宗室节孝贞烈事例②,鼓励满族宗室起表率作用。在清代统治者的大力倡导下,全国涌现了大批贞节烈妇,据记载,清代载入正史的节烈妇女就有12323人。[5]北京

---

① 《清世祖实录》卷一,崇德八年八月辛未,台湾华文书局。
② 《清世祖实录》卷七十五,台湾华文书局。

旗人社会当中就有许多这样的例子："多宝聘妻，宗室氏，多宝，赫舍里氏，失其所隶旗；宗室氏，正蓝旗人，大学士灵桂兄女。未行，多宝卒，易衰绖，赴吊，立从子英燏为后。灵桂以闻，穆宗书'未吉完贞'四字以赐。"① 又有："伊嵩阿，拜都氏，满洲镶黄旗人；妻希光，钮祜禄氏，正白旗人，总督爱必达女也。伊嵩阿为大学士永贵从子，早卒。方病时，希光割股进，终不起，许以死。爱必达、永贵共喻之，誓毕婚嫁乃殉。为伊嵩阿弟娶，嫁女妹及二女，次女行之明日，自缢死。"② 以上两例都是婚前丈夫便去世的，妻子殉死以表忠贞。妇女以身殉夫，除了贞节道德观念的影响之外，另一个因素是她们用死亡来逃避精神上的巨大压力。这种以死表贞的做法其实并不完全被清代统治者所认同，甚至康熙对于殉死的做法是十分反感的，可是为了稳固对汉族的统治，不得不接受这样的做法。但是为了减少殉死带来的灾难，清代统治者在对待贞烈观上与前朝有所不同，清代更加注重"节孝"，并在经济上提供支持。康熙的训令就是提倡妇女在丈夫死后能够承担起支撑家庭的责任，避免留下更多的孤儿和老人生活无依无靠。比如北京旗人社会中就有这样的例子："贝勒弘暾聘妻富察氏，弘暾，怡亲王允祥第三子。上命指配富察氏，雍正六年，未婚卒。富察氏闻，大恸，截发诣王邸，请持服，王不许；跪门外，哭，至夕，王终不许，乃还其家持服。越二年，王薨，复诣王邸请持服，王邸长史奏闻，上命许之。谕王福晋收为子妇，令弘暾祭葬视贝勒例，以从子永喜袭贝勒。谕谓：俾富察氏无子而有子，以彰节女之厚报焉。"③ 丈夫死后，妻子主动服丧，并且陪伴老人生活。还有："任氏婢祥，不知何许人，亦不知其氏。任氏子，仆也，故家京师东郭门外，徙保定。嘱其母于祥曰：'余将之广平，余妻不足恃，而善事余母'。祥与其母居三年，母病，促任氏子归，归则母已死。任氏子恸绝而甦，夜半，犹哽咽，翌晨视之，则亦死。既敛，其妻将挟幼

---

① 《清史稿·列女传三》，中华书局1977年版。
② 《清史稿·列女传四》，中华书局1977年版。
③ 《清史稿·列女传二》，中华书局1977年版。

女嫁，祥争之，乃留女。女方四岁，乞食以为养，邻里义焉，共周之。持二棺还葬，祥终不嫁。"① 妻子侍奉老人，丈夫死后，又独自抚养孩子。对于这样丈夫死后，妻子依然持家的做法是清代统治者十分认同的，并且大肆表彰。清代北京旗人社会这种既区别于汉族儒家伦理贞烈观又区别于满族从死习俗的重视"节孝"的贞节观念，对于维护旗人家庭和旗人社会的健康稳定发展具有一定的积极意义。

2. 择偶观。北京旗人社会婚姻中的择偶观念基本是满族内部通婚，即旗人与民人不通婚，在这种制度之下，北京旗人社会婚姻生活中自上而下形成了皇宫内的"选秀女"、世家联姻及门第婚等择偶观念。满族入关后仍然对八旗女子的婚嫁实行严格的控制。顺治五年（1648）曾下令："凡满洲官员之女，若与汉人为婚者，须呈明尔部（指户部），查其应具奏者，即行自理。"② 由此可以看出，统治阶级对于满族女子婚嫁的严格控制。清定都北京后，统治阶级通过八旗制度对旗人的人口实行登记以此进行户婚管理并形成了"选秀女"制度："顺治年间规定，八旗满洲所有的蒙古汉军官员、军士、壮丁秀女，由户部二十四都统、八旗驻防及外任旗员，三年一次，阅女子年岁，由参领、佐领及本人父母送至神武门，候户部交内监引阅。有记名者，再行选阅，不记名者，则本家自行聘嫁。"③ 实行选秀女的目的在于"为王阿哥等拣选福晋"④，只有落选的女子才可以自由嫁人。但实际上，由于清代统治者在政治上实行"首崇满洲"的原则，所以当时"选秀女"的来源主要在旗人和王公贵族之家。北京作为统治中心，无疑是"近水楼台先得月"，也正因如此，清代北京旗人社会对"选秀女"的反响最为热烈。

在北京旗人社会中，对于婚姻有着一个不成文的规定，就是"重

---

① 《清史稿·列女传四》，中华书局 1977 年版。
② 《清史稿·库礼传》240 卷，中华书局 1977 年版。
③ （清）昆冈等纂，光绪朝《大清会典事例》卷一一一四，第 12 页，嘉庆二十五年（1818）。
④ 《总管内务府现行规例》会计司卷三，道光二十一年武英殿本，海南出版社 2000 年版，第 43 页。

门第"。在这种情况下,以家庭和财富为参考目标的择偶观十分盛行。门第观念在清代也达到极致,一方面是因为清代统治者为了保持满族血统的"纯正"性,另一方面则是受到封建小农意识的影响所致。当时的社会上流行各种谚语如"龙配龙,凤配凤""竹门对竹门,木门对木门",等等,都形象生动地反映了不同阶层的不同择偶观。为了规范婚姻制度,保持旗人的身份地位,旗人社会婚姻关系的特点是旗民不通婚,即满汉不通婚。门第观念在当时北京的旗人社会当中也尤为重要。因为北京作为清代的统治中心,集权力、人力、财力于一城,且北京城内旗人居多,因而婚姻嫁娶中门第观念最重。在北京旗人社会中,婚娶论门第主要指的还是中上等家庭,在他们眼中,只有中上等家庭才有资格谈门论户。在婚娶中,除了受祖辈、父辈荫德之外,本人的地位和声望也很重要。在北京旗人内部当中,婚姻关系最显著的特点便是世家联姻。清入关后,为了加强世家、贵族之间的关系,巩固地位,世家联姻便成了他们必不可少的重要手段。"皇室与内务府之间的地位此消彼长,内务府旗人与王府之间的婚姻关系到清代后期也愈发紧密起来"。[6]北京旗人社会中世家联姻最典型的事例就是清末军机大臣那桐家的婚姻关系。据记载,清代户部主事那桐的子孙婚配对象都是王公贵族。他的孙女张寿蓉曾经口述了关于那府的婚配情况,"反正那时候门第是太要紧了,先要尽可能找满族,然后就是门第,那家与庆王府有两代通婚的情况,关系极好,而且与裕禄、世续、铁良甚至袁世凯都结过亲家。"[7]49由此可见,北京旗人社会世家联姻的紧密关系。"在这种由婚姻缔结的关系网中,也体现了近代满族贵族之间的一种文化认同"。[8]再如和珅同英廉的孙女结婚,也是世家联姻的一个范例。只要身份上是"世家",就算得上是门当户对,且北京旗人社会中,世家亲属之间相互经常推荐做媒。

在旗人社会的婚姻关系中,清统治者还规定,良贱不得通婚。据记载:"凡家长与奴娶良人女为妻者,杖八十。女家(主婚人)减一等。其奴自娶者,罪亦如之。因而入籍(指家长)为婢者,杖一百。若妾以奴婢为良人而与良人为夫妻者,杖九十。各离异改正。"[9]由上述材料可以看出，由于良民和贱民身份地位悬殊，因此在婚姻缔结上有着严格的限制，从惩罚制度上来看，同样的错误贱民要比良民的惩罚更加严格。这样做的目的无非是维护良人高贵的身份地位，借以显示等级制度的权威性。门第观念的盛行，在一定程度上维护了北京旗人社会的稳定。

3. 纳妾。满族早期社会实行一夫多妻制，入关后，学习汉制实行一夫一妻制，并且开始有了纳妾的习俗。不同之处在于，由于清代统治者为了维护满族贵族地位，赋予旗人特有权利，因此北京旗人家庭中的妻和妾也较为不同。在北京旗人家庭中，正妻者为旗女，纳妾多为民女。在汉人家庭生活中，妻与妾的地位本就不同，北京旗人又将妻和妾严格区分，这样既维护了"首崇满洲"的政策，提高了旗女的地位，又满足了旗人世家多妻多子的需要。

满族早期实行的一夫多妻制与汉族不同，在汉族的一夫多妻制中，妻只能有一个，且没有正、次之分。但是满族早期的一夫多妻制中，妻有多个，有正、侧或长、次的区别，即便是次妻，也仍是妻，这种情况被称为"并后制"，也是早期满族婚姻制度上的特点。史书记载，努尔哈赤时期"粗俗无改，制上淳朴，礼绝差等，号敌体者，并曰福晋"[10]，由此可以看出满族早期一夫多妻制的盛行。除了众妻之外，满族早期家庭中还存在这样一种女人，她们没有妻的地位，贵族阶级中被称为"小福晋"，身份又与婢相似，是介于妻与婢之间的女人。这类女子在身份地位上与汉族的妾有相似的地方，甚至可以说，她们是满族社会中妾的前身，也可以说是妾的不完全形态。但是与妾相比，她们更没有名分[3]2，身份低微。

满族的一夫一妻制，是在清入关后受汉族影响建立起来的。北京旗人家庭逐渐与汉族的传统家庭相接近，清代北京旗人纳妾并不受限制。旗人纳妾的途径有两个：一是纳婢为妾，二是价买。关于北京旗人社会中纳婢为妾的事，朱之锡在《遣婢帖》中写道："前送回张氏女子，原无大过。只是娃子气，好言教导，不甚知省。诚恐声色相加，流入婢子一类。所以量给衣饰，还其父母。初时原是待年，五六日后便有遣归之意，故自后并无半语谐谑，犹然处子也。而此女临去时，哭泣甚悲，既恐人笑，又恐人不相信。不肖甚怜之，足下可将此女原无大过、完璧归赵一段缘由，向其父母、中媒昌言明白，以便此女将来易于择婿也。"[11]这段材料反映出当时的官宦之家有很多都是以婢为妾。另外还有一份供词反映的是清代北京旗人价买为妾的事例："我系顺义县已故民人余敏之妻，年五十八岁，雇给朝阳门内南小街居住宗室荣吉家佣工。我主人原凭媒王二、杨二买得刘姓之女瑞儿为妾，身价银三十两，立有字据……至本年（光绪十年）三月初二日早携物逃走。"① 此例是价买为妾。清代北京旗人纳妾不受限制，且一直延续到清末。许多学者认为妾的地位低下，纳妾对于女子来说无疑是陷入苦难的深渊，但是反观之，满族入关后，学习汉族变一夫多妻制为一夫一妻制并开始纳妾，实际上是北京旗人在婚姻制度上的一个进步，在一定程度上维护了正妻在家庭中女主人的地位，保护了一部分妇女的权益。同时，纳妾使得一些奴婢摆脱了奴仆身份，虽然妾的身份地位低下，但是从奴婢到妾的身份转变，对于奴婢来说无疑是利大于弊。再者纳妾使那些因家庭贫困而不得不卖身为妾的女子解决了一部分经济问题，又免于因家庭贫困而被卖身为奴的困境。

4. 入赘婚。满族早期并没有入赘婚的习俗，它是随着清入关后在满汉融合的过程中逐渐出现的，入赘婚虽然不是当时主要的婚姻形式，但是清代统治者依然用法律手段加以肯定。《清律·婚姻》中有例文："若要招婿必须凭借媒妁，立下婚书，开写养老和出舍年限。但只有一子者不许入赘。"[9]443入赘婚产生的原因，从男方来说主要是因为家庭贫困无法负担婚娶费用，从女方来说主要是因为家里没有儿子，招女婿来维持家门，或者由于父母疼爱女儿，舍不得把女儿嫁出去。入赘婚从形式上来说大体分为两种：入赘和招夫。入赘是针对未婚女子而言的，也就是指初婚；招夫是针对寡妇而言

---

① 《步军统领衙门档案·刑罚》，第734号。

的，即寡妇招夫进门。清代有许多著名人士都曾是入赘者，比如徐潮、刘纶、左宗棠和袁昶。还有许多官场中人，他们长年在京师等地供职，原来为子女聘定的媳妇或女婿由于相隔两地为了婚嫁方便就选择赘婚的方式。清代北京旗人社会当中就有入赘婚的事例：比如在京师担任要职的张廷玉，他的三个女婿都是入赘于张家的。大女婿和二女婿都是张廷玉同乡的侄子辈。三女婿家也是望族，把他们招进张府，因为同在京城，可就近关照，同时对女婿家也是种荣耀。[12]再有像陆宝忠在光绪十七年（1891）在京师的南书房行走期间，就曾为次女念萱招寿州孙多玢（任翰林院编修）为赘婿等都属于同一类型。[12]320在北京旗人社会中像这样的例子还有很多，入赘婚的存在，对北京旗人社会的婚姻状况和道德观念在某种程度上来讲是有益的。因为入赘婚使一部分因家庭贫困而没有能力操办婚姻的男子解决了经济上的困难，减少了满族早期因贫困而发生的掠夺婚的现象，提高了北京旗人在婚姻方面的道德观念，同时入赘男子被招到女方家里，不仅可以出劳力维持家门，还可以扶养老人，使那些有女无子的老人同样可以安享晚年，对于北京旗人家庭的和睦和社会稳定都是有积极影响的。

总之，北京旗人在婚姻方面的伦理道德观念相对于满族入关前有了很大的变化，并且北京旗人在婚姻观念逐渐改变的同时，并没有抛弃满族原本的一些固有思想，而是将满、汉二者的精华融合到一起，形成一种北京旗人特有的非满非汉又亦满亦汉的婚姻伦理道德观念，这对于清代北京旗人来说，无疑是进步的。

（二）北京旗人家庭生活中的伦理道德观念

清代北京旗人家庭生活中的伦理道德观念具体表现为父子间父慈子孝，夫妻间互敬互爱，姑嫂间偏重小姑等特点。

1. 父子。满族人对于祖先的生育庇佑，敬意尤深。满族入关后，儒家文化对旗人的孝道理论的形成和完善有着深远影响。如皇太极在儒家伦理纲常的影响下，"仁孝宽惠，廓然有大度"[13]。并且"定讦告诸贝勒,轻重虚实坐罪例,禁子弟告父兄、妻告夫者"①。虽然这种思想有一定的不良影响,但从家庭伦理道德观念的角度看,对于当时维护家庭和社会关系具有一定的积极作用。康熙帝还曾指出:"嗣后仍有骂人之父母者,许被骂之人即行回明该管大臣参奏"[14],要求对骂人父母者予以惩罚。可以说,在北京旗人家庭中,祖辈、父辈的家庭地位不可动摇。如北京旗人中的内务府大臣增崇的后人奎垣曾回忆说:"我结婚了我的祖父还在,家里的事全听我祖父的,父亲和叔叔都无发言权。我的父亲就悉听祖父指使。我祖父一直自己办理家事。例如走亲戚,哪家有喜事,由祖父母决定谁去。有堂客来往的,母亲走之前也得先到公婆前告别,回来的时候也得汇报。此外要经常请安,晚上婆婆让休息才可以回自己屋。"[6]

由此可以看出,在北京旗人家庭中,长辈对家中事务具有决定权,且晚辈对长辈态度恭敬、孝顺。此外清代统治者还要求旗人要尊敬并且服从父母给出的正确意见。虽然北京旗人社会这种父子间的孝道是通过借鉴儒家文化的孝道发展而来的,但是北京旗人社会的孝道并没有完全照搬儒家孝道的思想,而是将儒家孝道文化中先进的部分与满族原来朴素的孝道思想进行了去粗取精的融合,从而形成了北京旗人社会中父子间新的孝道观念。主要表现在:摆脱了儒家孝道伦理中唯命是从的观点,强调"父慈子孝",守护父辈立功获得的世职并发扬光大,同时反对残害自身的愚孝行为。这种新的孝道观念既有儒家孝道的精髓所在,又有满族的朴素特点,却不是完整的儒家孝道伦理观念,也不是满族单纯的敬祖观念,可以说是非满非汉,亦满亦汉。

2. 夫妻。满族入关前,妇女需要从事繁重的劳动,地位低下,"男子负责获取食物,照看鹿群;其他所有活计全都压在妇女身上。猎捕毛皮兽期间,妇女的劳动尤为繁重。她负责拆除帐篷,给鹿装卸驮载,牵驮载物品和孩子的鹿。还有打扫架设帐篷地点的积雪,架设帐篷,在猎人到来之前把饭做好"[15]。妇女不仅要承担如此繁重的劳

---

① 《清史稿》,中华书局1977年版。

动，最大的任务还要繁衍后代，为家庭添丁进口，同时也成为男子炫耀财力的附属品。满族入关后，受儒家文化的影响，北京旗人妇女都被限定在"夫为妻纲"的伦理观念当中。满族妇女在家庭中恪守规矩，奎垣回忆他的母亲时讲到："我的母亲就是文静，对别人要求不多，自己保守自己的规矩很严。"[6]有些学者认为，这无疑是给旗人妇女带上了沉重的封建"枷锁"，他们本就生活在繁重的生活压力之下，还要承受"夫为妻纲"所带来的一切妇女在婚姻家庭中的义务，其实不然。换个角度来看，满族入关后，北京旗人学习汉族实行一夫一妻制，改变了之前的一夫多妻的旧制。北京旗人家庭中的正妻成为亲族之主，承担了主持家政、养育后代，敬养公婆的义务，因而在家庭中受到尊重。所谓"男主外，女主内"，实则把家事的权力交给了正妻，在一定程度上保障了妻子的治家权。[16]在北京旗人家庭中，女子持家的习惯一直持续到民国初年。北京旗人社会中最典型的范例就是作家曹雪芹根据女子持家的习俗在《红楼梦》中设定了王熙凤这样当家的女子。虽然"夫为妻纲"的条规在一定程度上使旗人妇女生活在夫权的"欺压"之下，但是一些在传统伦理下生活习惯了的妇女与通情达理的丈夫保持良好的夫妻关系的事例也有很多。如在北京旗人当中京城的孙渊如和妻子王采薇就是这样，王采薇通晓诗词音乐，常以李煜的词谱曲后给丈夫听。采薇死后，孙渊如为她画像，提名《落花流水图》。[17]他们夫妻虽然经济并不富裕，但是互敬互爱，感情美满。由此可以看出，在一定范围内，北京旗人家庭在接受儒家伦理纲常"夫为妻纲"的同时，也能够在一定程度上保持满俗，使北京旗人家庭中的夫妻关系较为融洽，家庭和睦，有利于旗人社会稳定、和谐发展。

3. 重小姑。满族最初便有重小姑的习俗，家庭中儿媳把丈夫的姐妹们叫作"小姑子"，还未曾结婚出嫁的姑娘在家中相对于儿媳来说地位都很高。史料曾经记载"旗人习俗，家庭礼节繁重，小姑其尊亚于姑。如宴居会食时，翁姑须上坐，小姑侧坐，媳妇则侍立在旁，如仆媪焉"。仅从座位排序上就可以看出小姑在家中的地位。又有记载"小姑在家庭,虽其父母兄嫂,皆尊称之为姑奶奶"[17]2212。满族家庭中兄弟姐妹之间通常都是兄弟让着姐妹的。满族入关后,这种习俗也一直延续,甚至在北京旗人社会中较入关前更甚。就算是父母过世了,未婚的女儿在家中也依然受到优待。当然,这种小姑位尊的说法是相较于家中儿媳的地位比较得来的。主要原因大概是与清代的选秀女制度分不开的。前面讲到选秀女制度是清代社会在婚姻制度上的创新之处,更是北京旗人社会所推崇的。一旦家中的女儿被选中,那无异于是为家门的兴旺提供保障。正是出于此目的,考虑到旗人之女可能通过选秀女成为王室贵族的夫人,所以北京旗人家庭对于未出嫁的女子都十分疼爱。所以小姑在北京旗人家庭中的地位也是很高的。金启孮先生曾这样描述过:"满族的姑娘在家中地位很高,即便是父母兄嫂也对她们很是尊敬。如早晨遇见妹妹,哥哥会客气地说:'妹妹您早起啦!喝早茶啦!'。"[18]当时京师还有谚语说:鸡不啼,狗不咬,十八岁大姑娘满街跑。这里的大姑娘指的便是小姑。在北京旗人家庭中,父母兄嫂都称小姑为姑奶奶。"南城外的茶楼、酒馆、戏园、球房,罔不有姑奶奶。"[17]2212可见,当时的北京旗人家庭中小姑不仅地位高,而且行动自由,不受限制。重小姑观念的流行与深化,在一定程度上对封建时期的女子形成了保护作用,相较于地位低下的儿媳,小姑不仅在家庭中受到优待,在人格上得到尊重,也使当时的北京旗人家庭关系更为和睦。

总之,北京旗人婚姻家庭中的伦理道德观念是满族社会伦理道德观念的代表,更是中华民族伦理道德生活史中不可或缺的一部分。北京旗人在自身不断成长与完善的过程中逐步丰富着自己的道德文化内涵,形成新的道德风尚,向我们展示了一个包容、进取的道德新风貌。

[参考文献]

[1] 中国第一历史档案馆. 清初内国史院满文档案译编[M]. 北京:光明日报出版社,1986:155.

[2] 震钧. 天咫偶闻[M]. 北京:北京古籍出版社,1982:208—209.

第二编 满族文化与萨满教

[3] 定宜庄.关于清代满族妇女史研究的若干思考[J].吉林师范大学学报:人文社会科学版,2014(6):1—6.

[4] 刘小萌.清代北京旗人社会[M].北京:中国社会科学出版社,2008:18.

[5] 杜芳琴.明清贞节的特点及其原因[J].山西师范大学学报,1997(4):5—8.

[6] 定宜庄.老北京人的口述历史[M].北京:中国社会科学出版社,2009:189.

[7] 定宜庄.最后的记忆——十六位旗人妇女的口述历史[M].北京:中国广播电视出版社,1999:46.

[8] 薛柏成.那桐谱单及所附家世资料论述[J].东北师大学报,2014(6):53—60.

[9] 马建石,杨育棠.大清律例通考校注[M].北京:中国政法大学出版社,1992:452.

[10] 张孟劬.清列朝后妃传稿[M]//周骏富.清代传记丛刊本.台北:明文书局,1985:3.

[11] 王士禛.池北偶谈[M].中华书局,1997:95.

[12] 郭松义.伦理与生活:清代的婚姻关系[M].北京:商务印书馆,2000:320.

[13] 中国第一历史档案馆.满文老档[M].北京:中国社会科学院历史研究所,译注.北京:中华书局,1990:43.

[14] 鄂尔泰,张廷玉,等.国朝宫史[M].北京:北京古籍出版社,1987:17.

[15] 定宜庄.满族的妇女生活与婚姻制度研究[M].北京:北京大学出版社,1999:56.

[16] 高世瑜.中国古代妇女家庭地位刍议——从考察"三从"之道切入[J].妇女研究论丛,1996(3):33—37.

[17] 徐珂.清稗类钞·风俗类[M].北京:中华书局,1984:4933.

[18] 金启琮.北京郊区的满族[M].呼和浩特:内蒙古大学出版社,1989:49.

[原载于《吉林师范大学学报》(人文社会科学版)2015年第6期]

满族传统民居的象征文化探析

赫亚红　孙保亮[*]

满族作为一个独立的民族，还保存着自己特有的文化特征，在其生活的各个方面当中，特别是在满族民居中还留存着丰富的象征符号。

关于传统建筑的象征性意义研究，挪威建筑学家诺伯舒兹从文化人类学的角度进行了阐释，他认为："建筑的秩序和性格是由人的存在意义给予的，构成建筑的秩序和性格的每一个要素都体现了整体功能，并且整体的功能并不是每一个要素的特性的简单的叠加，是有机的组合，这种组合渗透了不同自然文化生态背景下的人的不同的行为方式和思维方式，即所谓的'场所精神'。"[1]满族民居作为满族人们身心休憩的场所，蕴含着古老的生命观念：趋吉祈福，驱邪避害。各种各样的民俗风俗则是居住者的这种生命观念的物化形式，精神的符号化体现。这种愿望的本质的外化形式是一系列繁复的仪式、象征符号等，它们体现在满族民居建构的各个角落。

一　关于"索罗杆"象征的三重解读

在满族传统民居中，一个突出的象征符号就是"索罗杆"（也写

---

*　赫亚红（1975—　），女，吉林吉林人，吉林师范大学文学院讲师，研究方向：东北文化；孙保亮（1979—　），男，吉林四平人，吉林师范大学文学院讲师，主要研究方向：东北文化。

作"索罗竿")。满族人家的院落中,院子的东南方立一根杆子,高八九尺,杆顶有一个木制或锡制的斗子,里面放五谷杂粮或猪的杂碎。[2]满族人称之为"索罗杆"、"千年棍"或"神竿"。满族祭祀的"索罗杆"中体现的不止是一种意象,而是多种意象的叠合。

(一)"索罗杆"用来祭祀乌鸦和喜鹊

满族崇拜乌鸦、喜鹊的历史十分古远。神话中"乌鸦救主"、"神鹊衔朱果"的故事,表明满族把乌鸦、喜鹊与本民族的起源联系在了一起,使得全民族都有敬祀乌鸦、喜鹊的共同习俗。在祭天大礼中的神竿祭,主要就是祭祀乌鸦。《吉林会征》载:"满州……祭院中杆,以猪肠及肺先置于杆顶之碗中,以祭乌鸦用。"说明满人立杆祭祀,原来就是祭乌鸦、喜鹊。

原始先民认识和改造自然的能力是极其低下的,当生命安全受到威胁时,便产生了恐惧感;而为某种动植物有益于他们时,又会对这种动物或植物产生好感。好感的来源主要有两方面:一是某种动物救护或哺育了某群体祖先;二是某种动物为某群体排忧解难。这两方面的情形在满族图腾神话中均有体现,传说乌鸦曾救过努尔哈赤,而满人以乌鸦为神鸟,也与乌鸦助人有关。

满族的鸟崇拜,经历了漫长岁月,已经渗透到文学艺术、衣食生活、游艺活动等民俗文化中,并且形成了具有鲜明特征的鸟文化。鸟图案与鸟雕像,作为萨满教的象征文化,不仅反映在萨满神服、神帽、神鼓、神杖、面具、神偶等神具上,而且体现在众多的满族民俗事象中。满族先世女真人军队的战旗上,也绣着鹰隼等形象。鸟图案在满族服饰的装饰中、妇女的佩饰上都有着广泛的展现。

(二)"索罗杆"是对神树、生命树的象征

关于"索罗杆"象征的第二重解读是对神树的崇拜。

"树(TREE)是自然界中万物蓬勃生长、季节性衰败和来年再生的象征,其地位至高无上,对树木的崇拜可以追溯到远古时期,那时

人们认为树中居住着神仙或精灵……神话故事中的树有时能够保护众人或满足人们的愿望……随着神话传说的发展，树逐渐成为生命力流动的中心，成为连接自然界与超自然世界的纽带"[3]。"索罗杆"的神杆，由神树演变而来。满族人叫"索罗杆子"，是满语"索莫"（somo）的转音，是萨满用来祭天的神杆。神杆长九尺，是用山里砍来的不太粗的树杆做成的。在材质选择上，不能用松树、椴树，最好是用柳树、榆树。杆梢要留九个枝杈，象征着九天。

神杆象征着神树，神树崇拜广泛分布于萨满教信仰中，神鼓的绘画、婚礼长袍的刺绣，有根、有干、有枝的萨满树都是主体形象。萨满树与三个世界发生联系，树根联系着下界（下界又分为地下世界和水下世界），树干、山、陆上动物等联系着中界（中界即人世），树冠、鸟、日、月等联系着上界（上界即天空）。萨满树又称为世界树、宇宙树，它连接天地，象征着天梯、天柱。

氏族的繁衍与萨满教的神树有密切的联系。树上的鸟象征着未出世的人的灵魂，一旦落到地上，就进入妇女身体，妇女便怀孕生子。萨满树由此有"氏族树"、"生命树"之称。先民最初的祭祀是郊祭，主要是祭祀一棵现成的大树。郊祭演变为家祭时，就砍下段树干来代替神树。

在许多满族神话中，人类来源于柳树。柳树是生殖女神的化身。在远古时代，富察哈拉祖先居住的虎尔罕河突然变成了虎尔罕海，大水淹没了万物生灵。"创世大神阿布卡恩都里用泥做成的人都被冲坏了，只剩下一个在大水中漂流，临死之际被一把柳枝载着漂进了一个山洞，柳枝化成一个美女，二人成婚，生育后代，繁衍人类"[4]。而"索罗杆"就是树的象征符号。祭祀的树变成了"杆"，"索罗杆"便负载了女神的繁殖力和生命力，就成了女神的象征，一如柳枝代替了柳树。

（三）神石崇拜

关于"索罗杆"象征的第三重解读，则体现了对神石的崇拜。

"索罗杆"的神杆下都要摆放石头，或三块，或五块，是吃小肉饭立灶用的。

原始先民认为石头是具有灵性的物体。"人们认为石头是所有无生命物质中具有勃勃生机的一种，代表了各种不同的力量。许多古代文化中……石头象征着持久的生命力"[3]115。先民居于洞穴，认为人由山洞所生，由此石头具有了生殖功能。"某些特殊的石头又被赋予生殖神祇的功能，逐渐出现了灵石信仰、神石崇拜，并形成了与灵石有关的礼俗：人们向特定的石头（如石祖）顶礼膜拜，祈求石头赐予人们子息"[5]。这一点又证明在"索罗杆"的整体意象中，石头不是可有可无的。灵石加入到"索罗杆"的意象中，更是满族先民对生殖神的崇拜。综合以上的论述，我们不难发现，"索罗杆"作为多种意象叠合的象征符号，体现的不仅是一种原始崇拜，而是多种崇拜的叠合。在原始先民的眼中，世界上的许多事物都是密切联系在一起的，虽然现在的人看来，这些联系大都是无稽之谈。神杆是神树的象征，体现了生殖崇拜，三块带有圆孔的神石，是生殖崇拜，神鸟乌鸦崇拜包含了祖先崇拜，但实质上是生殖崇拜。

二 "尚西"习俗

除了"索罗杆"，在满族民居中具有丰富内涵的便是对于"西"的尊崇了。

满族居室，以"西"为贵：建筑房屋要先建西厢房，后建东厢房。西屋称"上屋"，唯辈分最尊者方可住"上屋"。祖宗板"渥辄库"就供奉在西屋的西墙。正房砌有三面炕，分为南炕、西炕、北炕，南北两炕由西炕连接，俗称"卍"炕，实为"匸"炕。西炕形状狭窄，但满族人尊"西炕为大"：一般人绝不能靠坐其上，只有神的使者——萨满，在跳神祭祀时，方可在西炕上进食。

（一）灵魂永生的观念

要想揭示满族住俗中的"尚西"文化内涵，也离不开满族信奉的原始宗教——萨满教。远古时代的先民把自身的生活与各种自然物和变化莫测的自然现象联系起来，对自然物与自然现象的敬仰和祈求，形成了"万物有灵"的原始宗教观念，萨满教相信灵魂能影响人世，其信仰的基石就是灵魂观。

太阳每天在西方落下，原始先民认为太阳的灵魂在夜晚休息了，休息之后，太阳又从东方重新升起，就有了死而复生的含义。太阳灵魂休息的地方——西方，既是亡人灵魂的居所，又成为他们获得新生的转站点，西方代表了新生、永恒。

避免死亡的"恋世"情结表现的是人类一种集体无意识。自从认识到了死亡现象，人类就开始了对死亡的抗争之旅。在满族先民的世界中，太阳灵魂休憩和再生的方位——西方，是永生的象征，普遍敬奉西方位。尊西观念的实质是祈求永生的一种巫术思维外化。人死以后，停放在西屋（或西间）与萨满教信仰关系密切。太阳崇拜与万物有灵观念被满族原始先民结合在一起，形成了其独特的灵魂观念：灵魂不死，又可以再生，人可以永生。但灵魂的再生要借助太阳的神力，西屋停放先祖的遗体，正是要使其获得太阳死而复生的神力，从而达到灵魂不死而再生的目的。信奉萨满的满族先民有一种祖先崇拜观念，受尚西观念影响，祖先的灵位理所当然应放在西间。正是因为西间供奉了先祖，尚西的观念又得到了进一步的加强。

（二）"尚西"习俗的神话解释

值得注意的是满族"尚西"观念的解读遍布满族的神话故事中。例如，满族创世神话《天宫大战》中这样说："远古洪荒时期，人类的方向感极弱，无法分辨，以至自己有家难回，致使生活极为不便，天穹主神阿布卡赫赫得知此事，便让自己身边主管方向的四位女神降临人间，为迷途中的人类点明方向，寻到家园。"[2]70因此，根植于满族所信奉的萨满教的古老观念，"西"象征着尊贵、首要，神圣的"渥辄库"也要置于西屋的西炕上方的祖宗板上。

三 "渥辄库"的象征意义

在中国古代，人们把死去的人的名字写在木牌上，做成"神主"，供奉在家里或者专门的祠堂里，受后人的祭祀和崇拜。满族的"渥辄库"也发挥了同样的作用。"渥辄库"，"系指包括皇族爱新觉罗在内的广大'佛满洲'和部分'伊车满洲'家家在正屋西山墙上供奉的祖宗板和祖宗匣，即父系祖先神的尊位，民间称之为'祖爷''祖宗'或'撮哈占爷''白山祖爷'"[6]。满族人家在西墙上庋一块长方木板，长宽自定，有的长二三尺，宽一尺多，用来供祖先神，俗称"祖宗板"。祖宗板的作用可不小，逢年过节的时候由一家之长焚香洗手后将祖宗板上的家谱"请下来"，这就是所谓的"请谱"；然后将家谱悬挂起来让后人瞻看，这就是所谓的"晾谱"；之后家族中的人分辈分去拜祭家谱，这就是"拜谱"；最后将已故的人勾去，将新生子孙的名字用红砂填写，这是"续谱"。与此同时一家之长还要对后代人讲述家族的历史，教育家族中的后辈。可见后人对祖宗板上供奉的家谱十分敬重，祖宗板是供奉家谱所依托之物，祖宗板承载着家族兴旺的重大意义，满族先民赋予了祖宗板象征意义，满族的"渥辄库"实际上就是象征祖先灵魂的符号。

（一）"渥辄库"的外在形态

满族各家都供奉祖先，但是家族与家族之间有其特殊性。祖宗板上所供奉的是家谱，家谱被视为一个家族兴旺的象征，家谱又称族谱，记载着家族姓氏子孙，但供奉几代祖先，供奉哪几位祖先，却各不相同。有的家谱上面供奉最多九位祖先，有的则只供奉七位祖先，还有的供奉位数不定，六位以下的也有。并且满族祖先神的形态也是各不相同的，各个家族的形制各有不同。

在满族社会中，西墙在满族居室中占有重要的地位，是供神与祭神的场所，西坑是不准许人随便坐的，具有神圣性。"渥辄库"就供奉于满族居室中的西墙之上。平时,"渥辄库"上面一般要放一个木制匣子,还有几个碟子,用来烧香用。木匣内放置象征祖先神的物品。有的还把哈马刀(即神刀)横置于祖宗板上或祖匣上。香碟多以杨木雕凿,长方体,长约四寸,宽一寸多,高二寸,上面雕成浅槽,四个侧面雕刻有若干道沟沟(凹槽)。据说,沟沟的数量是有意义的,表示刻沟人所居住的地方,比如,住在长白山的二道沟,就会刻成两道沟沟,以此类推。[7]

(二)"渥辄库"的象征意义

满族先民认为万物皆有灵魂,即"万物有灵"。太阳崇拜、火崇拜、神山崇拜、祖先崇拜都来源于此。在万物有灵的影响下,满族人形成了这样的传统观念:祖先的灵魂不会因为祖先的死去而消失,而是到了另一个世界继续生活。他们生前对家族有养育之恩,死后对后人的世界也会产生影响。他们的灵魂也会善待子孙,佑护自己的家人。英国人类学家弗雷泽在其著作《金枝》中提出原始巫术中有两条巫术原理:一是同类相生或同果必同因;二是甲乙两物质接触后,施力于甲可影响乙,施力于乙可影响甲。前者叫"相似律",后者叫"接触律"。满族人在西屋供奉的"渥辄库"的行为,就是原始巫术思维中的接触律的一种体现。满族民众尊崇宗族先祖,奉立神位,供奉祭品,诚心礼拜,希望与祖先的灵魂结成亲密的关系,获得祖先神灵的庇佑,希望祖先神灵能给后人指引,使得后人幸福安康,使得家族能逢凶化吉、消灾祛难、人丁兴旺。

满民族有一种特有的民间文学形式——满族说部。满族说部在满语中为"乌勒本",就是每个家族代代相传的关于自己祖先的丰功伟绩和传说,具有一定的私密性。在满族说部丰富多彩的传世作品中,最重要的还是在"渥辄库"前讲述的故事,即渥辄库乌勒本(也作窝车库乌勒本)。由此看见"渥辄库"绝不是一块普通的没有温度的板子,而是一个凝聚着满族人对祖先的怀念与尊敬,充满神圣意义的象征符号。"任何社会秩序下的参与者必须有一个共同记忆……我们对现在的体验大多取决于我们对过去的记忆,我们有关过去的形象通常服务于现存秩序的合理化,有关过去的回忆性知识,是在(或多或少是仪式的)操演中传送和保持的"[8]。"渥辄库"承载着氏族成员丰盈的记忆,并通过各种仪式强化了对本民族的历史记忆,成为联系世世代代的桥梁,蕴含其中的民族情感得以凝聚和延续,这对增强民族自豪感、提高民族认同有着不可或缺的意义。

满族传统民居中的"索罗杆"、"尚西"习俗、"渥辄库",这些具有象征意味的民俗事象,体现的是满族民间信仰中对生命的尊崇,它们因积淀了厚重的民族情感而表现了特有的文化意义。

[参考文献]

[1] N. 诺伯舒兹. 场所精神:迈向建筑现象学 [M]. 史植明,译. 武汉:华中科技大学出版社,2010:18.

[2] 王宏刚,金基浩. 满族民俗文化论 [M]. 长春:吉林人民出版社,1993:68.

[3] 杰克·特里锡德. 象征之旅 [M]. 石毅,刘珩,译. 北京:中央编译出版社,2001:76.

[4] 富育光. 萨满教与神话 [M]. 沈阳:辽宁大学出版社,1990:115.

[5] 马昌仪,刘锡诚. 石与石神 [M]. 上海:学苑出版社,1994:31—32.

[6] 刘厚生. 长白山与满族的祖先崇拜 [J] 清史研究,1996(3):93—96.

[7] 庄福林. 满族的祖先崇拜 [J]. 松辽学刊,1995(1):84—87.

[8] 保罗·康纳顿. 社会如何记忆 [M]. 纳日碧力戈,译. 上海:上海人民出版社,2000:3—4.

[原载于《吉林师范大学学报》(人文社会科学版)2015年第6期]

满族及其先世文化的历史空间与现代变迁

王 卓[*]

改革开放后,中国出现了地域文化与民族文化复兴的趋势,以传统性、民族性、地域性为特征的非物质文化遗产的调查、认定、保护等加速了这种趋势。与其他民族的传统文化一样,满族文化也出现了某种复兴,如满语言文字教育的复现、民间萨满祭祀的复苏、族名命名日颁金节活动的常规化,等等。要判断满族文化在当代社会能否有朝一日再现辉煌,有必要回到历史的时空中去探究古代社会中的满族及其先世文化为什么能够数次崛起、生生不息。

一 满族文化的历史渊源与本质特征

由东北历史学家在民国时期提出的有关东北古代族系的理论,虽然存在有关肃慎族系是否为同一民族的讨论,但至今为止仍然是有关东北历史、民族、文化研究领域最为重要的基础理论。

最初,卞鸿儒先生提出了"三大族系"说:

> 今就载籍可稽者,探测各部族之原始,略加爬梳,可析为三

---

[*] 王卓(1963—),女,吉林省吉林市人,吉林省社会科学院研究员,《东北史地》杂志社主编,研究方向:清代满族文学与东北地域文化。

大族系。其逼近内地与汉族接触最早者，东胡族也。曰山戎，曰鲜卑，曰契丹，汉魏以后，东胡之派别岐称也。其来自西方，迁于东北，更渐近于南垂者，貉族也。曰秽貉，曰夫馀，曰高句丽，曰百济新罗者，汉魏以后貉族之派别岐称也。若夫始终据东北之中部，卒孕成一大民族，而时具有政治的势力者，如所谓肃慎也，挹娄也，勿吉也，渤海也，女真也，满洲也，皆出于肃慎者也。①

金毓黻先生在卞先生观点的基础上，增加了汉族一系，完善了这一观点，提出了"四大族系"说：

古代东北民族，大别之为四系：一曰汉族，居于南部，自中国内地移殖者也。二曰肃慎族，居于北部之东。三曰扶余族，居于北部之中。四曰东胡族，居于北部之西。[1]

由于东胡与肃慎都是先秦时期的民族称谓，而汉、夫馀是汉代之后才有的族称，后人便将"汉"以其族源"华夏"，将"扶余"以其族源"秽貊"代替，对东北古代四大族系的通用说法为：华夏、肃慎、秽貊、东胡。满族属于肃慎族系。[2]

满族之名直接来源于清代满族的自称——满洲（manju），是由努尔哈赤的继承者、后金大汗皇太极于1635年11月22日将建州女真的部族称号改为民族称号的②。现代社会的民族观念建立起来之后，

---

① 转引自凌纯声《松花江下游的赫哲人》所引卞鸿儒《历史上东北民族之研究》，国立中央研究院历史语言研究所单刊甲种之十四，1934年（民国二十三），第33—34页，原文未查到。卞先生当时所认为的秽貊貉族系"来自西方，迁于东北"、肃慎族系"始终据东北之中部"等，经过80年左右的考古及历史研究进展，已非定论。

② 据《天聪九年档》记载，皇太极于此年十月庚寅宣布："我国原有满洲、哈达、乌喇、叶赫、辉发等名，向者无知之人，往往称为诸申。夫诸申之号，乃席北超墨尔根之裔，实与我国无涉。我国建号'满洲'，统绪绵远，相传奕世。自今以后，一切人等，止称我国满洲原名，不得仍前妄称。"见关嘉禄、佟永功、关照宏译《天聪九年档》，天津古籍出版社1987年版，第128页。

满洲族被简称为满族。此前，即元明时期，活跃于东北中东部地区的主体民族，一直保持着辽金时期的民族称谓——女真。

女真族名，源自辽代契丹人对靺鞨七部之一黑水部的称呼。据《金史·世纪》记载："金之先，出靺鞨氏。靺鞨本号勿吉。"《魏书·勿吉传》载："勿吉国在高句骊北，旧肃慎国也……"[3]第九册《金史》6《北史·勿吉国传》："勿吉国，在高句丽北，一曰靺鞨，邑落各有长，不相总一……其部类凡有七种，其一号粟末部……其二伯咄部……其三安车骨部……其四佛涅部……其五号室部……其六黑水部……其七白山部……自佛涅以东，箭皆石镞，即古肃慎地也。"[3]第四册《北史》334《金史》云："隋称靺鞨，而七部并同。唐初，有黑水靺鞨、粟末靺鞨，其五部无闻。"[3]第九册《金史》6

勿吉之前，活跃于古肃慎地的为挹娄。《后汉书·东夷传》载：

> 挹娄，古肃慎之国也，在夫馀东北千余里，东濒大海，南与北沃沮接，不知其北所极，土地多山险，人形似夫馀而言语各异，有五谷麻布，出赤玉好貂，无君长，其邑落各有大人，处于山林之间，土气极寒，常为穴居，以深为贵。[3]第三册《后汉书》287

挹娄人不仅在朝贡中原时自称肃慎，而且其所使用的箭，恰恰就是先秦古史所记载的肃慎族的著名贡物——"楛矢石砮"。而肃慎人是最早向中原朝贡的东北古族，先秦古籍《左传》《国语》皆有记载。①

肃慎——挹娄——勿吉——靺鞨——渤海——女真——满洲，在肃慎族系的历史发展过程中，除渤海是因由国号而演变为民族称谓，其余皆为由最强大的、统领了其他部族的部族名称转变为民族名称

---

① 《左传·昭公九年》载"肃慎、燕、亳，吾北土也"，《国语·鲁语下》载"仲尼在陈，有隼集于陈侯之庭而死，楛矢贯之，石砮，其长尺有咫。陈惠公使人如仲尼之馆，问之。仲尼曰：'隼之来也，远矣！此肃慎之矢也。昔武王克商，通道于九夷、百蛮，使各以其方贿来贡，使无忘职业。于是，肃慎氏贡楛矢石砮，其长尺有咫'"等。

的。而且程妮娜先生提出：

> 汉至唐时期，挹娄、肃慎、勿吉、靺鞨的族名均为他称，"挹娄"是夫余人的称呼，"肃慎"是中原人的称呼，"勿吉"是拓跋鲜卑的称呼。"秣羯"（后作秣鞨靺鞨）是勿吉的音转，同样不是该族群的自称。[4]

此种情况，皆因满族及其先世民族在历史发展的每一个阶段，民族的下级构成单位都是部族，构成部族的往往又是氏族。部族是以地域为中心形成的人群集团，如金代女真的猛安、明代女真的噶珊；氏族则是由血缘为联系形成的人群集团，如金代的谋克、明清时期的穆昆。正如乾隆皇帝所言："我朝得姓曰'爱新觉罗'，国语①谓金曰'爱新'，可为金源同派之证。盖我朝在大金时，未尝非完颜氏之服属，犹之完颜氏在今日，皆为我朝之臣仆。普天率土，统于一尊，理固如斯也。譬之汉、唐、宋、明之相代，岂皆非其胜国之臣仆乎！"[5]因此，肃慎至满洲，名称数度变更，部族之间血缘等不断融合，但地域和基本的生产生活方式、族群的组合方式、精神信仰等，始终维持着与周边民族不同的特征，即以渔猎文化为核心的生产生活方式、以氏族制度为基础的社会组织形式、以万物有灵为世界观的萨满教信仰。

从文化认同的角度看，满洲自身认同中原正史当中的族源线索。乾隆四十二年八月十九日，乾隆晓谕内阁：

> 顷阅《金史·世纪》云，金始祖居完颜部，其地有白山黑水。白山，即长白山；黑水，即黑龙江。本朝肇兴东土，山川钟毓，与大金正同。史又称，金之先出靺鞨部，古肃慎地。我朝肇兴时，旧称满珠，所属曰"珠申"，后改称满珠。而汉字相沿，

---

① 清代的"国语"为满语。

讹为满洲,其实即古肃慎,为珠申之转音,更足征疆域之相同矣。[5]28

从民族认定的角度看,按照马克思主义经典作家的论述,共同语言、共同地域、共同经济生活以及表现在共同文化上的共同心理素质,是构成民族极大要素。

满族数千年前生活于白山黑水之间。清康熙十六年,康熙给内大臣、觉罗武默讷、侍卫费耀色等人的上谕中,开篇便言"长白山乃祖宗发祥之地"[6]。《金史·世纪》云:"生女真之地有混同江、长白山。混同江亦号黑龙江,所谓'白山黑水'是也。"[3]第九册《金史》6《金史》列传第七十三·外国下·高丽传载:"唐初,靺鞨有粟末、黑水两部,皆臣属于高丽。唐灭高丽,粟末保东牟山渐强大,号渤海,姓大氏,有文物礼乐,自后不复有闻。金伐辽,渤海来归,盖其遗裔也。黑水靺鞨居古肃慎地,有山曰长白,盖长白山,金国所起焉。女直虽旧属高丽,不复相通者久矣。及金灭辽,高丽以事辽旧礼称臣于金……赞曰:金人本出靺鞨之附于高丽者,始通好为邻国,既而为君臣,贞祐以后道路不通,仅一再见而已。入圣朝尤子孙相传自为治,故不复论,论其与金相涉者焉。"[3]第九册《金史》307—308

肃慎—女真族系的各个发展阶段,内部各部族之间的经济与社会发展程度虽有差别,但在语言和文化上保持着相当大的同一性和相似性,根源就是他们具有同源关系。仅以语言为例。清乾隆十二年(1747)七月十八日内阁奉上谕:"近因校阅《金史》,见所附国语解一篇,其中脱舛甚多。金源即满洲也,其官制、其人名,用本朝语译之历历可见。"[3]第九册《金史》310

从经济生活上看,以渔猎经济为主的渔猎与农业混合型经济,是肃慎系民族与周边民族相比独具特色的经济类型。清代阿桂《满洲源流考》国俗一载:"自肃慎氏楛矢石砮,著于周初,征于孔子,厥后孔子夫余、挹娄、靺鞨、女真诸部,国名虽殊,而弧矢之利以威天下者,莫能或先焉。良由禀质厚,而习俗醇,骑射之外,他无所慕,故阅数千百年,异史同辞。"[5]304 其"国俗"的"骑射"部分,梳理历代史志,《国语》:"有隼集于陈侯之国,楛矢贯之。石砮长尺有咫。仲尼曰:'隼之来也远矣,此肃慎氏之矢也'。"《后汉书》:"挹娄国,众虽少,而多勇力,又善射,发能入人目"《晋书》"肃慎氏,一名挹娄,有石砮皮骨之甲。"《通考》:"挹娄,处山险,善射,中人即死,邻国畏其弓矢。"《魏书》:"勿吉,其人强悍,善射。"《北史》:"勿吉……矢皆石镞,人皆善射,以射猎为业。"《括地志》:"靺鞨人多勇力,善射,弓长四尺如弩,矢用楛,青石为镞。"[5]304—305 除了中原典籍所记载的鲜明的狩猎经济特征,由于肃慎族系生活的广大地区,遍布江河湖海,水产资源也是重要的生活来源。其经济类型与东胡系的游牧类型、秽貊系的农业为主的类型相别,渔猎为其基本生业,在挹娄、渤海、金等时期,农业也占据重要的地位,但渔猎是其始终如一占据极其重要地位的经济生活方式。

二 满族及其先世文化的涵养区与核心区

东北古代民族众多,能够数千年间史不绝书,数次崛起,直至成为整个中国的统治民族的,除了建立了元朝的蒙古族,便是建立了清朝的满族。二者都起源于东北地区,并且它们所属的东胡、肃慎两大族系,互为邻族,原始时期皆以渔猎为生,文化特征具有高度相似性。但在发展过程中,一个成为游牧民族,一个长久保持着渔猎传统。经济类型的分化,使东胡与肃慎两大族系对生存空间的需要出现差异,一个需要的是广袤的草原,一个需要的是水域与森林。正因如此,这两大北方强族,不仅在历史上数次发生相互攻灭的情况,如东胡族系的契丹族建立的辽,灭掉了肃慎族系的靺鞨族建立的渤海、女真建立的东夏;肃慎族系的女真建立的金,又灭掉了辽;金被属于东胡族系的蒙古族所灭,二者之间从未停止过互相征伐、交互统治,却始终坚守各自的文化核心区,保持了各自文化形态的独立。

在此,非常有必要强调一下东胡与肃慎族系文化类型的差异。费孝通先生在其《中华民族的多元一体格局》一文中，将中国古代的文化空间划分为南北两大区域，"首先统一的中原地区是黄河长江中下游的平原地区，从新石器时代就发生了农业文化"[7]，"这一平原上的宜耕土地在北方却与蒙古高原的草地和戈壁相接，在西方却与黄土高原和青藏高原相连。这些高原除了一部分黄土地带和一些盆地外都不宜耕种，而适于牧业。农业和牧业的区别各自发生了相适应的文化，这是中原与北方分别成为两个统一体的自然条件"[7]60。费先生认为两个文化空间的界限是长城，并在论及北方民族时多次谈及女真—满族一系，显然将满族及其先世放在北方游牧区加以叙述。事实上，满族及其先世作为渔猎民族虽然与汉族相比，在文化特征上与东胡族系更为相近，但毕竟与蒙古族等游牧的东胡族系民族存在明显的差别。肃慎族系的生存空间是与中原地区相比森林更为原始茂密的山地和河流纵横的纬度更高的平原区域，从生态系统上看，不仅因自然赋予的丰富的动植物资源，适合保持原始的渔猎文化，而且比高原地区更适合农业开发，这也是近现代之后，东北成为国家粮食基地最为重要的原因。费先生之后，尚有将肃慎族系的文化类型误作游牧的，如周惠泉先生在论及满族说部的珍贵价值时说："由于其产生于游牧文明的纵深地带，其中饱含着中国北方民族文化威武有加、健勇无比的珍贵元素，为中国文学北雄南秀、异彩纷呈的多元一体格局注入了新的活力、新的气象。"[8]还存在对牧业经济与游牧经济不作区分的情况，如滕少箴、滕瑶在论述元明清时期女真及满族经济当中的牧业经济时说："满族先民长期从事采集和狩猎即打牲为主的经济生活，游牧生产发展较晚。"[9]事实上满族及其先民是定居民族，虽然追逐猎物或围猎时会离家数日甚至更长时间，族群也有迁徙的情况，但绝非"逐水草而居"，且牧业也不是其主要的经济形态。

从肃慎至满洲，肃慎族系当中被写入中原史籍，形成了民族的族群，皆与汉族、蒙古族等有频繁的文化交往，出现了较大规模的农业等非渔猎经济，但其中脱落了渔猎生活的部分，几乎都与汉族等民族融合了，只有保持着渔猎生活的部分延续着其民族的文化血脉。金启

第二编 满族文化与萨满教

琮先生曾说:"不应忽视金代女真族的社会文化发展是不平衡的,进入中原的女真人在汉族、契丹族的影响下,接受了一整套先进的政治、经济制度,并模仿契丹文和汉文创制了以汉文笔画组成的女真文字来书写语言,文化得到了飞跃的发展;留在上京一带东北的女真人,其文化要比中原女真人后进。金末蒙古军进占河北以后,东北、河南两地的女真人基本上被切断了联系。河南的女真人和汉族自然同化的结果,到了元初已被蒙古贵族称之为'汉人',而东北女真人元政府却采用了'各仍旧俗','随俗而治'的统治方法。事实上又分散成为许多小部落,只有临近元代辽阳行省居住的女真人,文化程度较高。"[10]

不只在金元时期,有史可查的同一时期的肃慎系民族,几乎都存在着内部文化的差异性。清代满族有"佛满洲"、"伊彻满洲"之别,即陈满洲与新满洲,是以加入满洲八旗的先后划分的。其中的新满洲都是来自于未编入八旗的部族,这些部族又居住于八旗驻防点所控制地域的边远地带,文化特征上与陈满洲相比,更多地保持着原始状态。

辽、元、明时期女真人分类表

时期 分类	辽代	元代	明代
分类	熟女真	熟女真	建州女真
		生女真	海西女真
	生女真	水达达女真	野人女真

如上表所示,辽代有熟女真、生女真之别,元代女真由熟女真、生女真、水达达女真三部分构成[2]164。随着历史的变迁,至明代女真被划分为建州女真、海西女真和野人女真三大部分。金代女真由辽代的生女真发展而来,辽代的熟女真因为被视同汉族,渐次与汉族等融合;明末的建州女真由元代的生女真地区经朝鲜半岛,迁至辽东地

区；海西女真由元代水达达地区迁至今吉林地区，而野人女真则生活于更加偏远的黑龙江、乌苏里江沿江，鄂霍库次克海（北海）、日本海（东海）①沿海或锡霍特山等深山密林之中。

渤海时期，渤海政权之北，有黑水靺鞨沿黑龙江两岸分布，直至入海口及库页岛，与"海东盛国"相比，黑水靺鞨及其区域的文化更多保留着原始特征，后来发展为辽代的女真。金代女真虽然由辽东生女真构成，原本文化具有统一性，但因为占据了中原的大部分地区，移居中原地区的女真与留居金上京的女真，文化上也出现了差异，金世宗寻求"祖宗遗事"时，才率领王室贵族回到故土"访问遗老"。明代女真三大部分划分的依据，也有文化差异性问题。因此，肃慎族系的各民族在渤海至清代，各部族的文化差异与地域差异具有相关性，文化发展程度高的靠南，文化发展程度低的靠北、靠东。

肃慎族系民族在唐代、辽末、宋金时期，就是以其中文化相对发达的部族为中心，结束了"无大君长，邑落各有大人"，即以部族或氏族为中心的社会组织形式，建立了渤海、东夏、金具有国家性质的民族政权。无论是文化获得发展还是国家政权的创建，除了后金及清，其所在区域皆为"白山黑水之间"，而满族的先祖也生活于这一区域。因此，白山黑水之间，构成了满族及其先世文化的核心区域。

肃慎一系当中文化发展滞后的部族，大多生活在东到大海，北至外兴安岭直至白令海峡，西到欧亚大陆的东端，包括北太平洋西岸沿海岛屿。这一地区由于东邻太平洋，北接北冰洋，在沙俄军队东进之前，没有外来文化的干扰，长期保持着原生态的自然与社会环境，是肃慎族系的文化涵养区，数千年间，一直源源不断地为其文化核心区提供原生态的文化力。直至沙俄东侵后，肃慎族系的生存空间才发生了亘古未有的巨大变局。

沙俄军队于1643年冬越过外兴安岭，侵入肃慎族系文化的涵养区；1644年夏，闯入黑龙江流域，严重威胁肃慎族系文化的核心区。

---

① 古代东北地区的各族人民将今鄂霍库次克海称为北海，今日本海称为东海。

此时，满族刚刚入主中原，无力抽调军力扫清这些侵略者。后来又因为发生了三藩之乱，直至康熙年间，才回顾东北，组织抗击沙俄的战争。由康熙亲自部署的雅克萨之战获胜后，中俄两国于1689年签订了《尼布楚条约》，第一次划分了中俄之间的东段国界，黑龙江、乌苏里江至海及库页岛等沿海岛屿，即肃慎族系最为重要的文化涵养地尚在。

《尼布楚条约》划定的中俄边界维持了170余年，至1858、1860年《瑷珲条约》和《北京条约》的签订，中俄变为以黑龙江、乌苏里江为界，使黑龙江、吉林皆成为内陆地区，面海、靠山，以渔猎经济为基础的满族失去了广大的文化涵养空间。

长期以来，有关满族传统文化在近现代的变迁，大多归因于中国社会整体的现代变迁以及清政权灭亡后，新的当政者出于对满族复兴的警惕而对于满族文化的压抑。其实，历史上每一次肃慎族系强大的政权灭亡后，新的统治民族总是将其文化摧毁，如契丹对渤海上京城的焚毁，对渤海人的迁徙；元对金都城的破坏，将南部女真划入汉族的措施等，渤海、女真人自身的汉化，也促使其传统文化发生变迁。但渤海之后之女真、女真之后之满洲，还能够一次次复兴自己的传统文化、凝聚起民族的力量重新崛起，一个十分重要也长期被忽略的一个原因是：涵养其原始文化的外兴安岭内外，黑龙江、乌苏里江两岸，直至北太平洋海岸的广大陆地及沿海岛屿的原初文化空间及其文化，从未摧毁和变迁，长期保留着原始面貌。

正是在这一重要的自然与社会环境中，粟末靺鞨发生了文化变迁后，黑水靺鞨携带着强大的本土文化基因崛起；熟女真消亡之后，南下的生女真又以自己鲜明的文化力量，重新占据祖先曾经统治的土地，与强大的汉族、蒙古族抗衡，并取得胜利。而俄国东进，清俄东部边界条约的一个一个签订，使其彻底失去了涵养民族文化的原始空间和渔猎文化所必需的自然资源，肃慎族系失去了重新崛起最为关键的条件。正如历史上的秽貊族系随着逐渐南迁，日益远离文化滋养地，在夫余、高句丽等强大政权之后，悲壮地退出东北亚历史舞台一样,在1644年俄国人侵入黑龙江流域至今的近400年间,特别是中俄《北京条约》签订后的150余年间,肃慎族系的终结民族——满族,经历了从文化鼎盛到文化变迁的历史过程。

三 满族文化的现代变迁

作为古代肃慎族系的最后一个民族,满族在近现代之后,特别是清朝灭亡,失去统治民族的政治地位至今,政治、经济、社会、文化等都发生了巨大的历史变迁。除了失去广大的原始文化涵养地,民族文化失去复兴的原始动能,致使文化再生乏力这一最为关键的原因外,还有另外三个原因促成了满族文化由古代至现代的变迁。

第一,民族语言文字逐渐失去活态性,文化传承受阻。

满族由使用满语满文,转变为通用汉语汉文,这种变化早在满族未入关前就有端倪,皇太极因此定下了保持"国语骑射"的国策。崇德元年(1936)十一月十三日,即清建立未满一年时,皇太极特意将诸王、大臣召集到凤凰楼下,命弘文院笔帖式读《金史·世宗本纪》,并说:"此本纪所言,尔众审听之……我将此书译成清字披阅以来,如马之遇兽,即竖耳欲驰,觉我耳目愈加清晰,不胜欣赏。吾览此书,太祖阿骨打、太宗吴乞买所行治国之道,至熙宗合喇汗及完颜亮时尽废之,耽于酒色,盘乐无度,尽染汉习。世宗即位,恐子孙习染汉俗,屡屡谕毋忘祖宗旧制,衣女真衣,习女真语,时时练习骑射。虽垂训如此,后世诸汗,洗染汉俗,忘其骑射。至于哀宗,基业废堕,国遂灭亡。乃知凡为汗者,耽于酒色,未有不败亡者。昔儒臣巴克什达海及库尔缠,屡劝我弃满洲衣冠,用汉人服饰,以效汉俗,我坚辞不从,遂以为我不纳谏。我试以我等比喻,如我等于此聚集,宽衣大袖,左佩撒袋、右挟而立,忽遇劳萨硕翁科罗巴图鲁独身突入,我等能御之乎。若废骑射,必宽衣大袖,食他人切割之肉。如此,与左道之人何异耶。我之此言,非指今日,在我身岂有变更之理耶。恐日后子孙弃旧制、忘废骑射而改习汉俗耳。"[11]

后世诸帝,的确始终未忘清太宗的深谋远虑。比如在京城满洲汉化已经势成燎原的雍正七年(1729),办理船厂事物给事中赵殿最奏请:"船厂①地方宜造文庙,立学校,令满汉子弟读书考试。"[6]9雍正非常直率而明确地谕示内阁:满洲人所长即为骑射,"本朝龙兴,混一区宇,惟恃实行于武略耳,并未尝饰虚文而粉饰。""今若崇尚文艺,则子弟之稍颖悟者,俱专意于读书,不留心于武备矣。即使果能力学,亦岂能及江南汉人,何必舍己之长技,而强习所不能也"。[6]9他还严厉批评了上奏之人,并要求内阁:"将朕所降谕旨及此奏请之处,晓瑜乌拉、宁古塔等处人等知悉,并行知黑龙江将军,共相勉励,但务守满洲本习,不可稍有疑贰。"[6]9

直至清末,慈禧太后当政时,因她满文不熟,朝廷的公文才只使用汉文一种文字,而在东北满族聚集的吉林、黑龙江,直到民国时期,满族人之间还使用满语交流,满语满文的学校教育,在新式学堂建立后,还有延续。如废除科举制度后,吉林省立中学最初开设的课程中,专设满文和蒙文。

第二,社会环境巨变,文化主体地位变更。

先秦时期生活于白山黑水之间肃慎系文化核心区域的主体民族,一直为肃慎族系诸族。如今已是东北重要少数民族的朝鲜族是清末开始到中国境内垦荒并移居的,其中很多人改隶中国国籍,成为东北地区的新居民。自古便存在于东北地区的汉族,明末集中于今辽宁地区的山海关至柳条边"老边"之间,清末开放皇庄、旗地,山海关、柳条边之限被最后突破,大量涌入东北腹地,成为东北地区的主体民族。清末一系列不平等条约的签订,特别是俄、日两大帝国的侵入以及修建铁路、开设工厂等,使肃慎系族文化核心地区,成为满汉、中外文化的交汇地,社会面貌大变。

第三,经济类型变迁,文化基础动摇。

---

① 吉林乌拉,即今吉林市,清康熙、乾隆朝有船厂之称,吉林将军也一度称船厂将军。

包括满族在内的肃慎系文化的最大特征以及能够在古代社会顽强传承的最为重要的基础，是与自然环境和自然资源高度相关、紧密依存的渔猎经济，而农业的开发、工商业的发展，特别是俄、日修筑和运营的铁路，兴建的工厂、矿区，不仅破坏了东北腹地由山脉和水道连接与分割的自然空间，而且使传统的渔场、猎场大量被开垦为农地、开发为矿区，满族及其先世文化所凭依的经济基础，不复存在。

以上原因，使满族虽然作为当今中国少数民族中人口居于第二位的少数民族，但其民族文化特征远不如人口数量相对少得多的一些民族，甚至已经没有可以明确辨认的显性民族特征。那么，曾经在古代社会的数千年之中生生不息、数次崛起，对中国历史产生愈来愈大影响的满族文化，在进入现代之后，以何种形态呈现呢？满族的民族文化在其祖居地东北地区和重要的迁移地北京等地区，是以民族文化的地域化方式，即以地域文化的形态存在的。

东北不仅是满族的故乡，至今仍然是满族人口的主要分布地。其中辽宁、黑龙江境内的第一大少数民族和吉林的第二大少数民族皆为满族。此外，满族还是河北、北京地区的第一大少数民族，也就是说，满族至今不仅仍然是中华民族极其重要的成员，而且满族文化构成了现代社会东北、北京等地地域文化的重要内容。

从文化影响力上看，满族文化深刻地影响着东北地域文化，比如东北方言当中的不少词汇，皆出自满语，东北二人转中的一些曲调，如"神调"，包括二人问答式的表演方式等，与满族萨满教音乐与祭祀仪式有密切的关系，如今我们所说的东北地域文化，比如东北的民风民俗等，很大程度上就是满族文化的遗存；再如老北京的饮食、习俗等，几乎无处不充斥着满族京旗文化的影子。

从文化发展阶段的角度看，满族文化在中国社会现代化和满族汉化的双重变迁中，经历了它的先世民族在历经由外兴安岭、鄂霍库茨克海、日本海至黑龙江、乌苏里江间的文化涵养区部族文化的原生状态，到在白山黑水间的文化核心区域凝聚成民族，并在与东胡等强族和周边原始部族的不断竞争中，形成强大的军事、文化力量，再到与汉族的接触、交往或相互征服中,逐渐融合的过程。清中叶以来满族的汉化,是这种自古即有的民族间文化竞争与融合的一个新结果,如同辽金时期的渤海族、元代居于中原的女真族一样。而黑龙江以北、乌苏里江以东文化涵养地的消失,清代柳条边至黑龙江、乌苏里江之间文化核心区的社会变迁,使满族文化在当代很难复制其古代式的崛起。

[参考文献]

[1] 金毓黻. 东北通史:上编[M]. 长春:《社会科学战线》杂志社, 1980:19—20.

[2] 邱树森. 元代的女真人[J]. 社会科学战线, 2003(4):161—164.

[3] 二十五史[M]. 上海:上海古籍出版社, 上海书店, 1986.

[4] 程妮娜. 汉至唐时期肃慎、挹娄、勿吉、靺鞨及其朝贡活动研究[J]. 中国边疆史地研究, 2014(2):18—38.

[5] 阿桂. 满洲源流考[M]. 沈阳:辽宁民族出版社, 1988:28—29.

[6] 长顺. 吉林通志[M]. 长春:吉林文史出版社, 1986:4.

[7] 费孝通. 中华民族的多元统一格局[M]//费孝通. 文化与文化自觉. 北京:群言出版社, 2010:59.

[8] 周惠泉. 论满族说部[J]. 民族文学研究, 2009(2):120—126.

[9] 滕绍箴, 滕瑶. 满族游牧经济·序[M]. 北京:经济管理出版社, 2001:1.

[10] 金启孮. 满族文化的来源及对祖国的贡献[J]. 学习与探索, 1979(4):122—129.

[11] 编委会. 内阁藏本满文[M]. 沈阳:辽宁民族出版社, 2010:792.

[原载于《吉林师范大学学报》(人文社会科学版)2015年第5期]

满族民间故事中的道德意蕴探析

刘雪玉[*]

"民间道德既是一种意识形态,又是一种常见的民间文化现象,一种无形的文化符号。"[1]道德是以善恶标准评价的,依靠人们的精神信念、传统习惯和民众舆论的力量来维持的。传统道德观念通过民间故事的讲述而代代相传,使得满族民间故事具有了丰富的道德意蕴,这些满族民间故事形象、生动、真实地展现出满族社会的历史发展,记录了满族伦理思想的发展历程,极为丰富地反映了满族劳动人民的道德观念和道德理想,表达了满族人民对真善美的追求,是满族人民留给我们的宝贵精神财富,成为承载满族人民伦理道德思想的重要载体和表达方式。

一 家庭中的精神折射

在任何社会中,家庭都是不可或缺的基本构成单位,家庭生活是人们基本生活的核心。从满族民间故事中,我们可以看到民众生活的影子,其中有关家庭伦理道德的故事占了很大的比例。满族人民认为整个家庭成员的思想感情都应建立在有难同当、有福共享的基础上,夫妻互相尊重,同甘共苦,家庭成员和睦相处,尊老抚幼。这些家庭

---

[*] 刘雪玉(1983—),女,吉林公主岭人,吉林师范大学文学院讲师,吉林大学文学院博士研究生,研究方向:东北文学与文化。

生活故事反映了满族的传统道德观念，有的是正面的歌颂，也有一些是从反面的叙写中给人以教育和警醒的。

俗话说："百行孝为先。"尊老敬老是传统道德规范的核心，是传统中国社会中人生百行的最终道德价值准则。满族民间故事中有不少是警示人们勿忘尊老敬老传统美德的，如《柳树讷讷》[2]，故事讲述的是：母亲含辛茹苦地将年幼丧父的儿子鄂依痕拉扯大，从小娇生惯养的儿子性格暴烈，稍有不顺意便对讷讷非打即骂。一日，他见乌鸦反哺，心想动物尚知报答父母养育之恩，自己还不如禽类。他幡然省悟，却悔之已晚，讷讷绝望地撞死在柳树上。鄂依痕将柳树砍下做成人样，供奉起来。愧悔至极的鄂依痕在临终前让媳妇继续供奉讷讷，媳妇却用针扎木头人的手指，掌掴木头人。一天，她正打着，突然一股火苗从灶坑里窜出来，小草房被烧着，她也被活活烧死了，只剩了一堆灰，灰里一个木头人。这个故事宣扬了行善尽孝，鞭笞了为恶忤逆的行为。

又如讲亲情讲道义的《细玉棍》：一家有三个儿子，老大两口子贪心，老二奸诈，老三憨厚。老头嫌老三总周济别人，决意将其撵出去，便给了三个儿子每人三百两银子，让他们三年后翻九番拿回来见他，拿不回来就赶出家门。三年期满，老大老二都发了财。而老三伺候一个孤老头整三年，也花尽了自己的银子。他带着临别时细玉爷爷所赠的细玉棍，破衣烂衫地回了家。老大老二都受到了父亲的热情接待，一无所有的老三却受到了冷遇，连饭都没给吃一口便被赶出了家门。神奇的细玉棍给老三两口子变出青堂瓦舍的四合院，后来父兄三人用全部家产换了这根宝贝细玉棍，要金银财宝绫罗绸缎未果，细玉棍却被神仙老者收回，四合院化为乌有，爷几个冻死在村外。[3]

后母虐待前妻子女的故事在满族民间故事中也较为多见。如《三个瞎姑娘》[4]的故事讲述了三个瞎眼姑娘被后娘当成眼中钉肉中刺，爹爹因受后娘逼迫将三人扔到了荒郊野外。后来，三姐妹用河水洗眼睛，竟然都复明了。她们除掉了吃人的大蛇精，在一个村子里靠勤劳的双手过上了富足的生活。三年后，姐妹几人回到家，见到后娘正在骂蹲在门口愧悔哭泣的爹爹。她们便领着爹走了，后娘在身后边喊边追，结果一下摔倒，被马蹄窝里的一口水呛死了。

又如《满族三老人故事集》中收录的李成明所讲述的《断臂姑娘》[2]118，故事由以下几个情节单元构成：

1. 父亲在外当差，继母齐寡妇虐待前房留下的女儿毕雅拉尔哈。2. 继母存私心想将自己的恶棍侄儿阿禄选为门婿，父亲经不住齐寡妇的唆弄和阿禄的殷勤，同意招其为婿。姑娘以死相拒，父亲同意为她另寻人家。3. 阿禄得知后，与齐寡妇一起设计诬陷姑娘，并砍掉了她的双手。姑娘出走。4. 饿极了的姑娘，趴在地上想吃一家门前杏树下掉落的杏，被这家的小伙子巴彦图收留，成了他的伴读，后来二人成了婚，婚后生活美满并得一子。5. 巴彦图进京赶考得了头名状元，写信向家里报喜。送信差人恰好投宿到齐寡妇的小店。齐寡妇得知继女还活着，担心她报仇，便偷偷将信件改为休书。6. 毕雅拉尔哈携子离开夫家，路遇白胡子老者，借给母子二人三间小草房住。毕雅拉尔哈不小心跌入水中，断臂碰到水竟长出手来。7. 主考官有心将女儿许配给巴彦图，却被巴彦图婉拒。巴彦图回到家中方知断手妻子已经离家，不顾劳累出门寻找，与妻儿相遇后误会消除，一家人终于团聚。8. 巴彦图找来送信差人，得知篡改书信者是齐寡妇。真相大白后，夫妇俩认了多年不见的老父亲，齐寡妇撞死在石柱子上。作恶多端的阿禄也被抓了起来。

故事赞扬了毕雅拉尔哈的善良、勤劳和自强，谴责了齐寡妇和阿禄的恶毒，体现了鲜明的爱憎情感和道德标准。

在这些故事中，勤劳与懒惰、诚信与虚伪、善良与奸诈、正直与邪恶、无私与贪婪、高尚与卑劣等不同者共处于一个家庭中，以对比的手法，表现出鲜明的褒与贬，爱与憎，社会意义现实而深刻。

二 劳动中的价值彰显

劳动在人的形成和发展中始终起着决定性的作用，在长期的生产

第二编 满族文化与萨满教

生活实践中,人们认识到了"民生在勤,勤则不匮"①的道理,"农夫不勤则无食,桑妇不勤则无衣,士大夫不勤则无以保家",②满族民间故事中一个恒久的主题便是对勤劳俭朴的传统美德的赞颂。很多满族民间故事以具体而生动的事例表明:勤劳是致富兴家的根本途径,懒惰则是财尽家衰的主要原因。

《日子起来了》讲:宁古塔氏和石马拉氏东西院住着,两家人口一样多,土地也都是十多亩,日子可过得大不一样。宁古塔氏富余,石马拉氏贫穷。石马拉氏有一年三十听见宁古塔氏接财神时喊两个儿子:"乂子起来吧!""宝儿快来呀!"两个孩子从六七岁就开始跟着父母干活,起早贪黑习惯了,听到喊声立刻从炕上爬起来跑到院子里,石马拉氏恍然大悟。第二年三十晚上,他也效仿宁古塔氏如此叫自己的两个儿子,可是自己的两个儿子从小跟懒玛懒讷学得懒惯了,他喊了一遍又一遍,自己的两个儿子也没出门来。他气得说:"小乂子,怎么起来又趴下了?小宝儿,怎么来了又回去了?"外面男人一听,气得暗自叫苦,埋怨女人说话不吉利。"石马拉氏家这一年还是四口人一齐懒,当然还得喝稀粥,穿破衣服。男人一个劲儿地埋怨女人不会说吉利话,可就是不看看一墙之隔的宁古塔氏家是怎么个干法。旗人有这么句话:"想要好,半夜摸棉袄。想要富,半夜穿棉裤。想要穷,可就睡到日头红。"[2]177 这个故事告诉我们一个最浅显的道理,勤劳致富,懒惰败家。

《三姑娘》的故事讲述的也是一个劳动创造幸福生活的故事:财主认为世上事事由命不由人,而三姑娘却坚信世上事事由人不由命,被顶撞的财主一气之下将三姑娘轰出家门许配给了乞丐哈英厄。小两口来拜寿,财主却破口大骂,嫌二人丢人现眼、贱骨头穷命,如此惹恼了灶神、门神,一把大火烧得财主家一无所有,被大女儿和二女儿拒之门外的财主老两口,只得讨饭度日。而三姑娘和乞丐丈夫呢,两

---

① 出自《左传·丘公十二年》。
② 出自《清仁宗味余苏室全集》第35卷《故一·民生在勤论》。

人一个刨荒种地,一个上山挖菜,靠自己勤劳的双手摆脱了贫困,过上了幸福的生活。[2]134

相反,故事对那些好逸恶劳者,则进行了无情的嘲讽和严厉的批判。有一个故事叫《丑媳妇》,讲的是一个相貌丑陋但勤俭贤惠的女子,嫁给了一个光棍,这是个懒惰而虚伪的男人。婚后,丑媳妇辛勤劳动,攒下一份家业,而懒男人却对丑媳妇非打即骂,还无耻地霸占了丑媳妇辛辛苦苦攒下的家业,将丑媳妇逐出家门,又娶了一个貌美的女人,男人和后娶的媳妇好逸恶劳,把丑媳妇挣下的一份家业挥霍殆尽,最后二人落魄得常常为争吃一个烂土豆而打架。而丑媳妇呢,嫁给了一个虽长相丑陋却勤劳淳朴的男人,两人婚后勤俭和睦,生活过得美满幸福。这个故事用对比的手法,通过丑女人和懒男人迥异的性格与结局,批判了男人的懒惰和贪婪,赞美了丑媳妇的勤劳与贤惠。

此外,《百鸟衣》《红尾鱼》《金鹿》等故事也都歌颂了热爱劳动、勤俭持家的美德,谴责了好逸恶劳、贪得无厌的劣行。

在满族传统道德观念中,虚伪、奸猾、狡诈、邪恶、贪婪等等为人所不齿的恶性思想行为,常常都是与好逸恶劳、贪图享受等紧密联系在一起的。所以,在满族民间故事中,对丑恶的揭露和鞭挞,往往也包含着对懒惰的嘲讽和批判。这些都反映出了满族人民以劳动为本、以勤俭为荣的生活价值观。

三 爱情中的美丑辨识

在世界各民族各种体裁的创作中,爱情题材的作品都占有相当大的比重。满族民间故事中以爱情生活为题材的作品也非常丰富而精彩。其中有以充满幻想的人与神、人与妖、人与鬼相恋的故事,也有反映现实的凡人相恋故事。在这些爱情故事中,想要获得爱情自由的主人公,大都不是一帆风顺的,总要经历一番曲折的磨难和惨烈的抗争,故事情节也因此而波澜起伏、跌宕有致。

第二编 满族文化与萨满教

满族民间爱情故事中对破坏美满婚姻者进行辛辣的嘲讽和无情的批判。破坏者大多是见闺秀佳人就起淫心的好色之徒,为满足兽欲,不择手段,弄得人家夫妻离散,甚至以死抗争。比较有代表性的如《大黑虎和小花蛇》,故事中的小花蛇,为了营救与自己两情相悦的满苏姑娘,忍受开膛破肚的痛苦向佛古伦妈妈学会了两样新本领,终于除掉了害人的大黑虎,赢回了属于自己的幸福。[3]137《松阿里和小青蛙》中妮嫚和松阿里情投意合,而邻村老掉了牙的额真老爷垂涎妮嫚的美貌,以权势强行威逼,抢走妮嫚,妮嫚誓死不从;松阿里悲痛万分之际,从蛇口中救下一只小青蛙,在小青蛙的帮助下,松阿里以"换媳妇"的方式救出了妮嫚,额真最终被射落马下淹死在河里,惩治了情敌,妮嫚和松阿里过上了幸福的生活。[3]50《百鸟衣》里的得叶尔遵照妻子柳树姑娘的嘱咐,在柳树姑娘被国王掳走之后,将妻子留下的韭菜籽种上,每日一边精心侍弄,一边打鸟。百日后韭菜长到扁担宽,三尺高时,挑到京城里去卖,并用一百只鸟的羽毛做成了"百鸟衣"。柳树姑娘进宫百日之后病了,偏要扁担宽三尺高的韭菜才能治病。得叶尔穿着百鸟衣挑着韭菜进了宫,后来二人设计与国王交换了衣服,国王为博得美人欢心,穿上百鸟衣走出王宫吆喝买韭菜,绕了三圈后,回宫被已经穿上龙袍坐在龙椅上的得叶尔命人斩杀了。从此,得叶尔终与心上人团聚,当上了英明的国王。[2]226

在这些带有抗争性的爱情题材故事中,主人公对爱情的忠贞和执着,通过重重的磨难与无畏的抗争得到了充分的体现。满族传统道德观念中关于美与丑、真与假、善与恶的是非观念和评判标准,也在故事的褒贬扬弃中得到了充分的彰显。

除此之外,还有一些通过主人公自身的态度和行为来体现社会道德评判的爱情故事更具有现实意义。这类作品,较具代表性的如《金鱼姑娘》:好色的财主台桑阿贪恋阿吉尔哈水仙花般的美貌,连逼带抢地把莫德杜里与阿吉尔哈这一对鸳鸯拆散了,阿吉尔哈每日以泪洗面。一天,台桑阿看到莫德杜里给自己的小妾阿吉尔哈擦泪,像生气的癫蛤蟆一样撅下一根干柴棒就要打莫德杜里。当莫德杜里愤怒地握紧拳头逼近台桑阿时，狡猾的台桑阿自知打不过莫德杜里，便出了个鬼主意，提出了一个条件。原来，台桑阿被小金鱼幻化的模样俊俏的姑娘迷住了，得不到美色的他心里像猫抓一样难受。他让莫德杜里十日内将小金鱼弄来交换。为了心爱的阿吉尔哈，莫德杜里愿上刀山、下火海，万死不辞。他七天七夜没合眼，一连撒了五千网，竟累得昏倒在船上，醒来发现金鱼姑娘就坐在他面前，当他伸手想抓住那姑娘时，却又犹豫了。"台桑阿是个专玩女人的恶魔，多少好姑娘都被他折磨死了，为了救出自己心爱的阿吉尔哈，他什么都能豁得出来，可怎么忍心救出一个又送进去一个呢？莫德杜里叹了一口气，低下头，眼里滚出了泪珠。"小金鱼姑娘被莫德杜里感动了，在她的帮助下，台桑阿落水身亡，而莫德杜里和阿吉尔哈得到了恶人的全部财产。[2]46

《阿昌阿开店》也是一个很有特色的针砭现实的故事。故事讲述了吉尔他力家因得到丈人家送来的金豆子而发了财，吉尔他力才念了书，当了官。婚后他却嫌媳妇身世贫寒，老丈人地位低下，不念夫妻之情，忘恩负义将媳妇赶出家门。可惜官满如花谢，没过三年，因触犯朝廷刑律，被罢官回家。回家后偏又倒霉，一连三把火，把家产烧个片瓦无存。他的阿玛也被气死了，家中的人走的走，逃的逃，各奔各的路，吉尔他力成了乞丐。当他沿街乞讨再次遇上媳妇时，媳妇已是一个店主，吉尔他力羞愧地离开了。[2]127

这些满族民间爱情故事，都体现了满族人民对真善美的热情歌颂，对假丑恶的无情鞭笞。

四 生活中的因果业报

因果报应是满族民间故事的重要情节。正是这种因果报应的故事情节构成了满族民间故事的一种独特结构模式——"因果业报"模式。这种独特的结构模式，从其故事情节和思想主旨看，大多是褒扬知恩图报、孝顺贤良，肯定助人行善、勤劳忠厚、诚实守信，否定横行霸道、奸诈贪婪等，这种故事情节模式蕴含深刻的思想内涵和深层意蕴，更大程度上在满族民间故事的深层内涵方面实现了与传统儒家所一贯倡导的道德准则和行为规范之间极为融洽的契合。其目的即在于惩恶扬善、教化世风、敦厚人伦。满族民间故事因果业报模式为人们的现实人生提供了可资借鉴和遵循的楷模和法则，所以从这类模式的满族民间故事中我们可以强烈感受到满族民众的道德行为标准、价值观念、审美追求和理想境界。

以满族的《鸡尾翎》和《桦皮篓》[5]等故事为例，其结构模式显示出了"恶必惩，善必扬"这样一种满族人共同心态支配下的一般特点，不论情节如何复杂，主人公的经历如何艰难曲折，故事的结局终将是善恶有报，所谓"善有善报，恶有恶报，不是不报，时候未到，时候一到，一切皆报"。

《鸡尾翎》讲的是：年幼的孤儿库达里寄居在抢夺了父亲噶珊达之位的叔叔家里，小库达里无法忍受叔叔和婶娘的虐待，屡次自尽未遂。一只小狍子告诉他找到纳尔呼赛音恩都里可以帮助他。库里达历尽千辛万苦，终于找到了纳尔呼恩都里，纳尔呼给了他一根可护身会治病能除灾的鸡尾翎，并授之以用法。库达里回到部落后几天就把整个部落出天花的人都给治好了，人们都尊敬他，感激他。想靠鸡尾翎发财的叔叔将鸡尾翎抢去了，却因用法不当扫死了很多人，也扫瞎了自己的双眼。后来，山咕噜子妖骗走了鸡尾翎，又差点烧死葛珊达，库达里不计前嫌，救出了叔叔。小狍子帮库达里夺回了鸡尾翎。库达里不计前嫌治好了叔叔的眼睛，做了部落首领。

《桦皮篓》所讲述的是：很久以前，有那么小哥俩，靠放山打猎为生。一天，哥俩遇到一个穿戴破烂，背个破旧桦皮篓的白胡子老头，老头浑身冻得发抖，来到哥俩跟前就倒了。救醒老人后，善良的小哥俩二话没说，宁愿自己受冻挨饿，把衣服和干粮都送给了老人。此后，一连几天，哥俩在山上都遇着那奇怪的白胡子老头来分吃干粮。第九日，老头向哥俩道别，并赠予二人桦皮篓。原来，这破旧的桦皮篓是个神奇的宝物，作恶多端的葛珊达得知后妄想霸占神奇的桦皮篓，结果被桦皮篓喷出的火蛇烧死。

在满族民间故事因果业报结构模式中蕴涵着对民众的善良、社会的公允、道德等的传扬,已经超越了善恶有报原型模式。例如在《张三的奇遇》这一故事中,好心的张三自庙门口的石狮子口中获悉一个关系到千百人生命的秘密:狮子眼红即发洪水,并被告之洪水中"任何生灵都可以搭救,有一个三十多岁,尖脑袋,眼珠乱转的男人,万万不可搭救。"后来,洪水袭来,张三于洪水中搭救了蜘蛛、喜鹊、蚂蚁等动物。同村的李四在洪水中呼救,张三一看,正是石狮说的那种人,他本不想救,母亲却执意要救,张三无奈只好救起李四。后来,张三只身涉险救出被怪物掠走的公主,见利忘义的李四弃兄弟于不顾,独自带着公主到京城,欺瞒国王,邀功领赏并意欲娶公主为妻。张三等人在喜鹊的帮助下终于脱离妖洞,李四又多次设难并伺机杀掉张三以绝后患,幸得蜘蛛、蚂蚁等相助过关。后来,妖洞中协同张三除怪救公主的厨师回宫,揭穿了李四盗名顶替的阴谋,真相大白,国王怒斩李四,而张三则与公主过上了甜蜜的幸福生活。[6]

满族民间故事因果业报的模式强调正义和公理,受害者、弱者、良善者在现实世界中借助于非凡力量,找到或实现靠自身的力量无法伸张的正义和公理,达到惩恶扬善、教化世风、驱除邪恶、弘扬良善、敦厚人伦的现实目的。

通过以上分析可见,满族民间故事中蕴含着极为丰富的道德意蕴。它反映了满族人民的优良传统与思想精髓,如扬善惩恶、勤朴敦厚、诚信守诺、敬老抚幼、重义轻利、知恩图报等等,表达了满族人民对真善美的追求和对假丑恶的鞭笞,成为承载满族人民伦理道德思想的重要载体和表达方式,传统道德观念通过民间故事的讲述而代代相传。在民间故事里体现出来的满族传统的伦理道德是满族的先哲们对满族道德实践的总结和本民族道德理想的提炼,千百年来它对满族的民族精神、民族性格、民族心理的形成和发展产生了极其深远的影响。

[参考文献]

[1]冶芸,刘磊. 回族"劝谕型"民间故事与其传统道德的互构互诠[J].

青海社会科学, 2008（4）: 35—39.

[2] 中国民间文艺研究会辽宁分会. 满族三老人故事集 [M]. 沈阳: 春风文艺出版社, 1984: 103.

[3] 中国民间文艺研究会辽宁、吉林、黑龙江三省分会. 满族民间故事选: 第二集 [M]. 沈阳: 春风文艺出版社, 1983: 58.

[4] 中国民间文学集成辽宁卷编辑委员会. 中国民间故事集成·辽宁卷 [M]. 北京: 中国ISBN中心, 1994: 492.

[5] 中国民间文艺研究会辽宁、吉林、黑龙江三省分会. 满族民间故事选: 第一集 [M]. 沈阳: 春风文艺出版社, 1985: 48—51.

[6] 辽宁省凤城满族自治县文化馆. 凤城满族民间故事集 [M]. 内部出版, 1985: 100—109.

[原载于《吉林师范大学学报》（人文社会科学版）2015年第6期]

简述欧洲满学研究

——兼论清史研究在欧洲现状

汪颖子[*]

满学研究在欧洲的发展可以追溯到17、18世纪,由天主教耶稣会的传教士们所发起,通过与清廷直接而紧密的联系而日益发展壮大。在满学早期发展阶段(17—19世纪),以法国、意大利、德国、俄国的研究成果最为突出。最早期的重要满学研究和翻译作品多以法语,拉丁语,俄语为主,其中法语文献的地位至关重要,后文将详细介绍有代表性的传教士和其作品。同时,传教士们也将西方著作翻译成满文传入中国,这些作品也为今天我们了解西方社会文化提供可能。20世纪后,随着清朝的灭亡,满学研究一度沉寂,仍旧有德国俄国一些学者继续着研究。直至20世纪60年代,俄国学者的萨满研究,让满学重新为西方学界所注意,而德国学者们也将满学研究带入高峰,出现了满学的专门学系,塑造了今日欧洲满学发展的格局。而80年代一大批满语文献资料的开放,使得满学包括清史研究再次成为大家关注的焦点,清史研究甚至成为讨论的热门,研究重镇从欧洲转向北美。不可否认的是,随着老一代学者的退休,以及经费等其他方面的因素,21世纪后的欧洲满学研究以及清史研究相较于北美、日本等地,发展脚步放缓,且研究方向较为分散。传统意义上的满学研究走向了一定程度的衰落,但不意味着消亡,仍有一批学者在满学

---

[*] 汪颖子(1990—),女,湖北黄冈人,伦敦大学亚非学院博士研究生,研究方向:满学、晚清史、东北亚边疆研究。

和清史领域耕耘。这些学者主要集中在德国、法国、英国、荷兰，本文之后也将做着重介绍。最后，不得不提的是，近几年中，在一些学者的努力下，部分欧洲高校重新开设满语课程以及单设清史课程。除此之外，学人们开始积极组织学习小组，召开有关的学术会议，满学与清史的研究势头日渐高涨，相信未来更多的学术成果能够涌现。

一 满学早期发展（17—19世纪）

今天我们要探讨满学研究（包括清史研究）在欧洲的发展，则势必要追叙到17、18世纪，当时身处清廷的天主教耶稣会教士们，一方面抱着传教的热切初衷，一方面也为中国文化所吸引，从而留下了大量记录和著述。而满语作为清廷官方语言，自然吸引传教士们学习。当时清廷的传教士普遍认为，熟练掌握当时统治者的语言文化是实现其目标的前提。[1]值得注意的是，他们认为相较于汉语的复杂和差异，满语为他们提供了中国古典文化的最佳入口，不仅满足了满学的研究，同时对汉学研究也大有裨益。[2][1]156—157

（一）法国传教士们大放异彩

早期的先驱者们大多来自于意大利、葡萄牙和法国，其中法国教士们最为活跃。从18世纪前半叶起，法国耶稣会传教士们就开始将满语介绍给法国各界，最早有关于满族历史和语言的出版物，主要是法语。在1688年，教士白晋（Joachim Bouvet，1656—1730）和张诚（Jean-Franois Gerbillon，1654—1707）被康熙帝留用宫中，向康熙教授西学。第二年，他们被派往户部，在那里官员们之间的交流仅限满语，九个月后，他们已经可以用满语解释《几何原本》《哲学原理》等数学著作。[1]156其中满文版本的《几何原理》至今在国内还未见研究成果。

除此之外，白晋与张诚等数十名传教士绘制的中国第一张地图，绘制完成后，被康熙命名为《皇舆全览图》。白晋本人更是最早研究诗经的汉学家，他还参与了将《康熙帝传》《乾隆御制盛京赋》翻译工作，将其介绍到欧洲。2009年大象出版社出版了《耶稣会士白晋的生平与著作》一书，详细介绍了白晋在中国的生活和学术经历。张诚是与白晋一同来华的传教士，深受康熙帝信任，他曾亲自参与到《尼布楚条约》的签订过程。通过其于1668—1689年在满蒙地区八进八出的特殊经历，将此地区满、蒙、回等多个民族的历史、宗教、习俗和生活详细记录于其书《鞑靼纪行》（Relations du huit Voyages dans la Grande Tartarie）之中。而其自1689年6月13日至1690年5月7日的日记，当时曾作为书简从中国寄往巴黎发表。这一部分日记对1689年中俄尼布楚条约谈判、签订的经过作了比较详细的记载，而此部分也被商务印书馆以《张诚日记》为名于1973年出版。

在绘制地图等诸位传教士之中，冯秉正（Joseph-Francois—Marie-Anne de Moyriac de Mailla，1669—1748）也是不得不提的一位。精通满文的他，在康熙皇帝的授命下将朱熹的《通鉴纲目》满文本翻译为法文。[1]157他随即在此书的基础上，博采其他史书以补充，历时六年，翻译编纂《中国通史》一书。其中对明清两代的事迹记述尤为详尽。① 但可惜的是，在其去世之前，书仍未能出版。直至近三十年后，才由格鲁贤（Abbé Jean Baptiste Grosier，1743—1823）于1777—1783年间在巴黎将此书分12卷付梓，并附地图和说明图。同年又有人将此书翻译成意大利文。

钱德明（Pere Jean-Jacques Marie Amyot or Amiot，1718—1794）是18世纪满学研究的杰出人物。在北京期间，他努力学习满语和汉语，并达到精通水平。于四十三年的旅京生涯中发表了许多关于中国历史、文化、风土人情的专著。他还翻译了不少中文著作，其大量专著和译著都被收入《中华杂纂》（Mémoires concernant l'histoire, les sciences, les arts, les moeurs, les usages, etc. des Chinois, par les mission

---

① 详情可见许明龙《关于冯秉正的〈中国通史〉中清史部分》，"西学与清代文化"国际学术研讨会（北京，2006）一文。

naires de Pekin）一书，或者直译为《北京传教士关于中国历史、科学、艺术、风俗、习惯的论文集》中。此书前后费时38年，是一本百科全书式的著作，与下文将要提到的另外两本由法国传教士撰写的书，同为18世纪欧洲汉学的"三大巨著"。钱德明的许多作品让西方世界更加了解了远东地区的思想与生活。与此同时，他撰写的满语辞典《鞑靼语—满语—法语辞典》于1789年出版于巴黎，这是一部极有价值的作品，在此辞典出版前，虽然有关于满语语法的一些研究，但是总体上来讲，满语于欧洲可说是一种未知的语言。辞典的问世无疑为欧洲通过满语来学习了解有关中国知识起到不可替代作用[3]。

在我们把目光暂时从法国移开之前，有必要介绍另外两部虽然不是专注于满学，但仍具有极大学术价值的欧洲汉学"巨著"：《耶稣会士通信集1689—1781》（Lettres édifiantes et curieuses：écrites de 1689 à1781 par des missionnaires jésuites de Pékin et des provinces de Chine，Edition du Panthéon littéraire）以及《中华帝国全志》（Description de l'empire de la Chine）。

《通信集》是欧洲旅居中国和东印度传教士们的书信和报告集，由巴黎耶稣会总会长哥比安（CharlesLe Gobien，1653—1708）创办，在1702至1776的70余年里，一共刊印34卷，由中国寄往巴黎的信件被收录于16—26卷当中。① 此书于1843年再版于巴黎。此合集中，康雍乾年间的白晋、冯秉正、宋君荣、沙守信、马若瑟、傅圣泽等众多知名法国耶稣会士的通信均被记载其中。而这些传教士们对中国不同于自己家乡的历史地理、哲学宗教、伦理道德、民风习俗、物产工艺等都有描述和研究，可以说是当时欧洲人了解中国的第一手资料和主要参考文献。②《通信集》虽然不能算是一部学术性著作，可是其在史料

---

① 卢梦雅：《早期法国传教士对中国民俗研究综述（上）》，https：//www.douban.com/note/192937130/，文章梳理大量法国传教士所留下著述，而大量法语人名、书名翻译，此文中均有参考。附《早期法国传教士对中国民俗研究综述（下）》，https：//www.douban.com/note/207077979/。

② 卢梦雅：《早期法国传教士对中国民俗研究综述（上）》，https：//www.douban.com/note/192937130/。

意义上的价值，对于研究清史，尤其是社会生活史方面不应该被忽略。

三部作品中的最后一本是《中华帝国全志》（géographique, historique, chronologique, politique, et phy sique de l'empire de la Chine et de la Tartarie chinoise），全名为《中华帝国及其所属鞑靼地区的地理、历史、编年纪、政治和博物》，他的编纂者是杜赫德（Jean Baptiste du Halde，1674—1743）神父。神父一生从未到过中国，却醉心于关于中国的研究，他所编纂的这套全志包含了中国历史、文化、风土人情等各个方面，不可不谓神奇。全书分为四卷：第一卷主要是对中国边疆各省地理情况做了概括介绍，第二、三卷主要集中介绍中国内陆各省的民风民情。① 这对于研究清代国人的日常生活、民俗民风有着较高的史料价值。其对边疆地区的介绍也为清代边疆地区研究提供了一些依据。此书的出版在欧洲极具影响力，1738年被译成英文，至今尚未有中译本。

（二）后起之秀——德国满学的迅速发展

在19世纪，满学的兴趣持续增长，主要得益于语言学家的努力，特别是法国、德国和俄罗斯。1814年，法兰西公学院设立满学主席，雷暮沙（Jean-Pierre Abel-Rémusat，1788—1832）② 和儒莲（Stanislas Ju lien 1797—1873）为主席中突出代表，做出了很大贡献。其中雷暮沙开创并主持了"汉文与鞑靼文、满文语言文学讲座"（La Chaire de langues et littératures chinoises et tartares—mandchoues），而于1820年出版的《鞑靼语研究》（Recherche sur les langues tartares）也是其重要代表作。儒莲作为他的学生，很好地继承了老师的衣钵，并在汉学研究上成绩卓越。

进入19世纪，德国开始了近代意义上的满学研究，并逐渐超越

---

① 卢梦雅：《早期法国传教士对中国民俗研究综述（上）》，https：//www.douban.com/note/192937130/。

② 详细信息可参考此博文 http://blog.sina.com.cn/s/blog_87e3d9c701016tjx.html，此文详细介绍其生平，学术贡献以及列举了所有学术著作并配以中文翻译，可供参考。

了之前一直处于领导地位的法国，仅次于当时的俄国。[4]521-523 其先驱者之一要属克拉普罗特（Julius Klaproth，1783—1835）于 1815 年移居法国巴黎开始其学术事业。1822 年他发表了一部欧洲图书馆满文藏书目录，其中亦载有柏林图书馆所藏满文书籍。此外，他于 1828 年所发表的《满族文学选文集》①（Chrestomathie Mandchou，全名为 Chres tomathie mandchou；ou, Recueil de textes mandchou, destiné aux personnes qui veulent s'occuper de l'étudede cette langue）属于第一部研究满族文学的学术著作。

另外一位德国满文研究的奠基人是汉斯加贝伦茨（Hans Conon von der Gabelentz 1807—1874）。他于 1832 年以法文出版了有关满语文法及文字的研究，1864 年出版第一部《满德字典》。到了 19 世纪下半叶，德国满学逐渐将满族文学的研究作为重点，研究对象多为满族文学的汉译本[4]522。

汉斯加贝伦茨之子格奥尔格加贝伦茨（Georg von der Gabelentz，1840—1893）于 1876 年采用满文及汉文材料出版了朱熹注周敦颐《太极图》。另一位学者威利邦考（Willi Bang-Kaup，1869—1934）于 1890 年和 1898 年分别发表有关满洲地区和满语-me 字根的专文。1896 年葛鲁贝（Wilheim Gruber，1855—1908）以《女真译语》为研究对象的《女真语言文字考》（Sprache und Schrift der Juchen）一书的出版，标志着女真语文字研究的正式形成。

19 世纪中期后，也有一些语法书和字典问世，且不仅限于法国。密迪乐（Thomas Taylor Meadows，1815—1868）作为英国领事馆工作人员，出版了一本在满文材料基础上翻译的英文书：Translationsfrom the Manchu：With the Original Texts, Prefaced by an Essay on the Language（Canton，1849）②，满语名称是："Manju gisun be majige gisurehe bithe"。而第一本完整地介绍满语的英文书：A Manchu Grammar,

---

① 因此书尚未有中文版，也未见学者使用其中文名，故此中文名为笔者根据书内容而直译。

② 此书与下文提到的书均可见电子版，且作为英文材料使用，故未翻译其中文书名。

withAnalysed Texts，则直至1892年才在穆麟德（Paul Georg von M llendorff，1847—1901）的编辑后于上海出版。此外，他提倡的满文转写方案至今广为满语研究的语言学者采用。

另外，由于语言的限制，以及现有研究成果的完备，俄国满学研究的概论在此文中就不一一列举了，请读者参考黄定天《论俄国的满学研究》① 一文，里面详细介绍了俄国满学在十月革命前的发展情况，实不必赘述。

综上，我们可以看出，在欧洲满学早期发展阶段，满语是清廷与西方哲学交流和科学教学的主要媒介。[3]88 清廷的耶稣会教士使用满语与皇帝对话。满语不仅被用于天文和数学教学，也用于解剖学教学，并且没有汉语翻译。比如，康熙皇帝曾下令耶稣会士巴多明（Dominique Parrenin，1663—1741）将皮里（Pierre Kamina）所著之法文《人体解剖学图谱》（Atlas D'anatomie Humaine）一书，译为满文《钦定格体全录》（dergici toktobuha ge ti ciowan lubithe dergi yohi），② 白晋和张诚还编写了极具特色的《西洋药书》（si yang ni okto i bithe），③ 满语此时是一个窗口，既是早期西方医学观念暴露于中国的一个窗口，也是这些想法的起源。

其次，满语也是外交交往的语言媒介，特别是与耶稣会士和其他宗教角色的交流。[2]88 由于耶稣会教士对满语的了解，开辟了对于满族萨满教仪式的知识之门。17、18世纪的耶稣会教士不断向北京发送满语材料，帮助创造了法国和意大利东方手稿系列的核心。同样，18世纪末19世纪初的英国和德国的贸易商也创造了各自的收藏。到十九世纪初，伟大的中国古典文学全部被翻译成满语。大多数都是双语版，欧洲人用满语作为古典汉语学习的桥梁。[3]89

---

① 参见黄定天《论俄国的满学研究》，《满语研究》1996年第2期。
② 刘世珣：《底野迦的再现：康熙年间宫廷西药德里鸦噶初探》，《清史研究》2014年第3期，第14页。
③ 李欢：《清宫旧藏满文〈西洋药书〉》，《紫禁城》1999年第4期，第30页。关于《西洋药书》的介绍，还可以参考刘世珣《底野迦的再现：康熙年间宫廷西药德里鸦噶初探》，《清史研究》2014年第3期，脚注29。

二 20世纪的满学清史研究

随着清王朝的灭亡,欧洲学者们对于满学的学术兴趣开始减弱。大多数的西方汉学家与深受民族主义影响的中国学者都普遍认为,满族已经完全汉化,因此没有真正的理由再继续满语或者满学研究。在20世纪的大部分时间里,欧洲的满学传统由语言学家和历史学家在圣彼得堡和柏林(以及后来波恩)继承下来。同样由于语言壁垒,在此文中不对苏联时期及其之后的俄罗斯学界进行讨论。

20世纪德国满学研究由贝罗德劳弗(Berlold Laufer,1874—1934)于1908年发表《满族文学概述》一书(Skizze der mandjurischen Literatur)拉开序幕。而在满语方面的研究做出最大贡献的可说是郝爱礼(Erich Hauer,1878—1936)。他离世后20年才出版的《满德字典》(Handwörterbuch der Mandschusprache)至今仍是满学师生不可欠缺的工具书。[5]110—111[4]523 而他本人节译的《皇清开国方略》,对满族建国史作了介绍,也可看作是清史研究的重要著作之一。除郝爱礼教授之外,海尼诗教授(Erich Haenisch,1886—1966)精通蒙古语和满语,是元史和清史方面的专家。他于1924年发表的《北京碧云寺四体建寺铭文》对满语的某些现象进行了探讨。1959年他继而发表有关1788年廓尔喀之役的专文。[4]522—523

瓦尔特富赫兹(Walter Fuchs,1902—1979)教授在前人的研究基础上继续全力推展满学。他于1930—1932年间出版关于满文《大藏经》研究文章。后又于1936年以及1942年又分别撰文介绍满文文献。他的其他著作涉及研究清文化史和满文碑文。富赫兹教授不遗余力地推动德国满学研究的发展,1960年,科隆大学于成立汉学专业之际,成立了全欧独一无二具有考试及授予学位资格的满学系。而他本人则成为汉学系和满学系的主任,满学独立成系对德国满学的确是一意义重大的里程碑,可以看成是满学在德国甚至欧洲的最高峰。[4]523

此后的几十年中,富赫兹教授的学生们继承着师门的优良传统,继续为满学研究添砖加瓦。其中嵇穆（Martin Gimm）可看作是富赫兹教授的继任者。他于1968年发表满译文选后，又陆续出版了满译《古文渊鉴》《满译汉文小说》及《满族文学》等专著。不仅如此，嵇穆教授还亲自到黑龙江地区采集满族民歌，并将其整理介绍后以飨学界。还值得一提的是，在科隆大学东亚研究院中，嵇穆教授长期开设满语课。在江桥的《德国满学研究》一文中指出，教授上课在充分了解学生的需求和兴趣的基础上，不仅对汉译满古典文学经典进行阅读、分析，还找来满族的民间文学作品供学生们品鉴，阅读材料涉及各种文体的满文文献，在实践中进行满语教学。[5]110—111他所培养的学生中，首推艾尔林冯曼德（Erling von Mende）及魏汉茂（Hartmut Walravens）。前者于1983年接掌柏林自由大学汉学系至今，兼授满文。后者任职柏林国家图书馆，曾先后对美荷法各国及台北故宫博物院所藏满文书籍做了详尽的介绍。[4]523

而在波恩大学中亚语言文化研究院中，魏弥贤（Michael Weiers）教授作为蒙古史研究专家，也对满语非常精通。在他的语言课上，满语、蒙语是同时进行授课的，他一方面利用两种语言的共同性，一方面又分析比较其差异，使得学生可以在同一时间学习到两种不同的语言（满、蒙书面语）。[5]110除此之外，意大利威尼斯大学的斯达理教授（Giovanni Stary）多年从事满语文与满族文化研究，深有造诣，成果甚丰。在德国的嵇穆教授和魏弥贤教授联合斯达理教授共同主编的刊物《满洲时代》（Aetas Manjurica），则整理和出版了大量老一辈学者的未完成或已完成但未出版的研究手稿，并发表很多纪念性文章。[5]110

受到语言能力的限制，苏联时期满学清史研究的情况本文没有提到，不过总体来看，欧洲在这一时期，满学的发展具有承接性，很好地将前人的研究成果加以利用，且主要集中在德国。①

---

① 在 Larry V Clark, Recent American and European trends of Manchu studies, Ch'ing-shi wen-t'i,（Volume 4, Number 1, June 1979, pp. 101-102）一文中，提到一些欧洲学者的名字，但并未一一展开介绍，可供参考。

第二编　满族文化与萨满教

三　满学清史研究在欧洲的现状

　　在欧洲满学继续着其传统之时，在世界范围内，随着从20世纪80年代清代档案开放之后，满学和清史研究迎来了新的发展阶段。事实上，早在20世纪60年代，俄罗斯学者对于萨满高水平的研究，唤起了学界对于满学的重视，而随着新的满文史料的开放，满语重新作为清史重要的研究语言回到了学界的视野中。并且，学界对中国非汉族人民的兴趣被激发。人类学的发展为此提供了帮助，历史学家们对于种族、身份、民族主义和"中华民族"的争论也起了积极作用。特别是随着近代中国民族主义所表现出的反满倾向，使得关于满族身份和满族经验作为中国统治者的细节引起了很多学者的兴趣。[①] 这一趋势的一个发展就是"新清史"的发展，当然也引起了相当大的争议。不过即使是对于"新清史"的批评者也承认，满语对清代研究的重要性不能再被忽视了。

　　与北美等地对于清史研究出现的蓬勃景象相较，不得不承认，欧洲满学和清史研究的发展相对缓慢。尤其当嵇穆、魏弥贤、斯达理等教授相继于20世纪90年代、21世纪初退休后，满学研究在欧洲相对沉寂。在德国，本就只有科隆大学成立了满学系，其他如柏林自由大学或波恩大学当然也有满语教学，但不授满文学位。然而科隆大学的这一特点亦在财政日渐困难的情况下，于1995—1996年改革之际被取消掉了。[4]523 满学并入汉学领域，不再作为独立学科存在。而在诸位大师退休后，满学的发展更显寂寥，但还是有一些学者继承并发展着优良传统。

　　以德国来看，乌云毕力格教授曾短期作为魏弥贤教授在满文研究

[①] Manchu Studies Group, About Manchu Studies, http://www.manchustudiesgroup.org/about-manchu-studies/, last two para graphs. Manchu Studies Group, 满族研究协会成立于2012年, 是一个专门研究满族历史和语言的学者协会。会员包括美国、加拿大、英国、波兰和中华人民共和国的教授、研究生和独立学者。

方面的继任者。1994—1998 年间，在德国波恩大学中亚语言文化研究所师从魏弥贤教授攻读中亚语言文化专业，获哲学博士学位。他在该领域非常活跃和有影响力。1994 年 2 月至 1998 年 10 月在德国波恩大学任蒙古语讲师。当然，他为国内学者所熟知，是其于 2006 年至今，任教于中国人民大学国学院。他是少数来自中国但同时也在欧洲接受满学培训的小部分学者之一。

Dorothea Heuschert-Laage，1998 年获得了德国波恩大学博士学位。其博士论文题目为：Qing legisla tion for the Mongols in the 17th century. The Mongolian Code of the Kangxi period（1662—1722），（《17 世纪清朝对蒙古人的立法：康熙蒙古律书研究》），2014 年至今，就职于瑞士伯尔尼大学宗教学与中亚学研究所，从事科研工作，仍然在清代蒙古法律文献、法律人类学、20 世纪初蒙古文化及教育史等研究方面活跃。

奥利弗·科夫（Oliver Corff）作为非正式的满学学者，也为满学发展做出了很大贡献。他修订和改进的郝爱礼教书的《满德辞典》第二版，被认为是西方最好的满语辞典之一。他还与许多同事一起出版了《御制五体清文鉴》（Auf kaiserlichen Befehl erstelltes Wrterbuch des Manjurischen in fünf Sprachen，Harrassowitz publishing house），这对于研究清史的学者来说十分有用。他本人现在主要做私营企业。

两年前慕尼黑大学的安德鲁西格尔（Andreas Sigel）完成了他关于 17 至 18 世纪，满文文献中体现出的满藏、汉藏关系的博士论文，现在正做出版前的修订工作，同时，继续清朝早前期满藏、汉藏关系的研究。除此之外，在荷兰莱顿大学的另一位年轻学者京以成（Fresco Sam-Sin）立志于满学研究以及满语学习的推广。他除了受训于莱顿大学以外，还在中央民族大学交换学习，专攻满语。满族钱币学、文学、辞典编纂、古文书、碑文、满族史和清史，甚至包括北京方言都在其研究范围之内，并且创办了专门的满语学习网站，推广在线满语教学。

受到语言和前人已有研究的限制，庞晓梅（Tatiana A. Pang）教

第二编 满族文化与萨满教

授是本文中介绍的唯一俄罗斯学者,她毫无疑问是当今俄罗斯方面满学研究的活跃分子。她对满族史学、文学与宗教,满族书籍和印刷书籍藏品,锡伯族的历史与文化,基督教传教士在中国(关于俄罗斯教会和欧洲传教士历史的满语文献)以及满学史和汉学史的发展都有研究,发表了大量的文章和书籍。

在法国,詹嘉玲(Catherine Jami)作为法国科学研究中心的主任,拥有着数学家的背景,后又转向汉学研究。她丰富的研究成果包括了对于16—19世纪的中西科技文化交流,清朝的科技尤其是数学的发展等各个方面。不得不提的是,上文中提到国内未见研究成果的满文版《几何原理》一书,已经是詹嘉玲教授近期的研究项目之一。

在英国,伦敦大学亚非学院的劳曼(Lars Laamann)讲师,除了做后帝国时期的宗教研究,以及医药研究以外,清朝满族文化研究也是其主攻方向之一,并在伦敦大学亚非学院开设满语课程,吸引了英国不少其他高校的学生前来学习,笔者本人也是在劳曼老师的课程上开始接触满语。

当然,我们今天讨论满学和清史研究,满语的重要性无可否认。不过清史研究的辐射较为广泛,所包含的内容也越来越广阔,除了运用满语材料研究满族历史之外,还有一些学者也致力于清史研究的其他方面。

德国图宾根大学傅汉斯(Hans Ulrich Vogel)教授,他的研究兴趣集中在中国近代前期经济、社会和文化史以及中国传统科学与技术史上。出版了许多关于采矿、盐生产、金钱、重量和措施、城市历史以及体育锻炼史,特别是踢球历史的期刊书籍,他的研究中展现了经济、社会、政治、文化和宗教等各个方面及其相互关系。他曾于1999到2016年担任 East Asian Science, Technology and Medicine 的主编,现在领导着 Monies, Markets and Finance in East Asia, 1600—1900 这个学术项目。

法国历史学家高万桑(Vincent Goossaert),作为高等研究实践学院(EPHE)"道教史与中国宗教"讲席教授,社会·宗教·政教关系研究所（GSRL，CNRS-EPHE）副所长，将其研究的重心放在18世纪以来中国宗教社会史，尤其感兴趣于道教、宗教行业、宗教政策和抑制，以及道德规范的产生。其专著《中国的牛禁：农业、伦理与祭祀，1800—1949》和《北京道士：一部城市道士的社会史》等已为国内学术界所熟悉，其最新的法文专著 Bureaucratie et salut—Devenir un dieu en Chine（Geneva：Labor et Fides，2017）于今年刚刚出版，值得关注。

英国布里斯托大学历史系毕可思（Robert Bickers）教授，是目前英国学界中国近现代史研究领域的领军人物。他是中英关系史方面专家，侧重从英国不同身份的人群在中国的活动来探讨中英近代以来的关系，其主要研究对象涉及英国在中国的外交官、传教士以及殖民者等，著有《英国人在中国：社区、文化和殖民主义，1900—1949》（Britain in China，1999）、《帝国造就了我——一个英国人在旧上海的往事》（Empire Made Me：An Englishman adrift in Shanghai，2003）、《瓜分中国：1832—1914，外国列强在中国》TheScramble for China：Foreign Devils in the Qing Empire，1832—1914，2011）三本专著。

牛津大学的沈艾悌（Henrietta Harrison）教授，主要研究兴趣在于探讨普通百姓从清朝到今天的生活。她最近出版的书籍都是微观历史，特别是进行口述历史访谈和收集村庄资料，以及使用更多的地方档案馆和图书馆。在《一个中国天主教村庄里的传教士诅咒及神话》（The Missionary's Curse and OtherTales from a Chinese Catholic Village. Berkeley：University of California Press，2013.）一书中，她描绘一个村庄在自1700至2012年的发展变化。另一本书 The Man Awakened from Dreams：One Man's Life in a NorthChina Village 1857 - 1942. Stanford：Stanford University Press，2005，中文版已经被北京大学出版社出版：《梦醒子：一位华北乡居者的人生，1857—1942》（翻译：赵妍杰）。她研究跨越了很多不同时段，目前的研究主要是集中在18世纪，重点是外交和口译的社会历史。

伦敦大学亚非学院的高级讲师扬库（Andrea Janku），早期侧重于现代早期灾害史研究,现在将研究重心转移到了更广泛的环境史上,其中云南地区是其关注点。她目前正在筹备一部关于清末民初饥荒史的专著,并将景观和环境变化两方面进行结合。

纽卡斯尔大学的年轻讲师约瑟夫劳森(Joseph Lawson)将目光放在了中国农村的社会生活史上,他集中考察中国农村社会的历史冲突和经济发展。而西南多民族地区是他研究的重点,他的第一本专著《凉山:西南中国的暴力》(The Cool Mountains: Violence in Upland Southwest China, 1800—1956)就集中考察了四川西南凉山边界的暴力冲突。此外,他现在正在组织茅海建教授的《天朝的崩溃》一书英文版的翻译。

作为文化史学者,爱丁堡大学的年轻讲师史蒂芬麦克道尔(Steven Mcdowall)关注于后帝国时期和早期近代中国的研究,他对于景观和历史记忆、中英关系、旅游文化、长时段的明清文化转型、近代早期欧洲人想象的中国等方面都有涉及。虽然主攻于晚明时期,但是对于清代尤其是早中期的文化史方面颇有建树。

总体来说,在过去的几十年中,满学和清史研究在欧洲并不算活跃。现在,德国的图宾根大学、哥廷根大学和慕尼黑大学,英国的伦敦大学亚非学院又开设了满语学习的课程(多为选修),亚非学院历史系还开设从晚明到清末历史的选修课程。笔者预想,在未来的十年内,在研究者们的共同努力下,将会有更多的学术成果的涌现。

四 结语

自 17 世纪以来,欧洲传教士们身处清廷,努力学习满语、汉语,充当了文化传播的桥梁。他们留下了宝贵的记录和资料,为今天学者们了解清代的政治、文化、社会生活、宗教信仰等诸多方面提供了参考。而自 19 世纪以来,现代意义上的满学研究在欧洲逐步形成发展。关于满语、满族文学的专业化的研究逐步呈现出来,法国、德国和俄罗斯的学者们在其中起了很大作用。到了 20 世纪,随着清朝的灭亡,很大程度上影响了满学的发展，尤其是对于满语的学习的忽视。但是仍然有小部分学者继承着传统，努力推广着满学和清史的研究。德国科隆大学甚至成立满学系，虽然到世纪末，由于各种原因而取消，但仍然说明欧洲满学传统并未被摒弃。

而随着一批新的材料于20世纪80年代的开放，满学尤其是清史研究开始受到了在世界范围内的关注，但是相比较中国大陆、中国台湾、北美等地的研究热潮，欧洲满学和清史研究在一些优秀的学者于20世纪90年代末和21世纪初告别学术舞台后，迎来一段时间的相对冷清。但是正如上文中提到，满学清史研究所包含的广阔内容，已经吸引到越来越多的欧洲学者投身其中，文中所列可说为不完全内容，疏漏之处难免，仅供读者参考。而欧洲几所知名大学对于满语和清史课程的重新开放，将更加有利于满学和清史研究在欧洲未来的发展。

[参考文献]

[1] Hauer Erich. Why the Sinologue should Study Manchu [J]. Journal of the North China Branch of the Royal Asiatic Society, 1930（1）：156.

[2] Stary Glovanni. Some Remarks on Manchu Autochthonous Literature [J]. Asiatica Venetiana, 1996（1）：183.

[3] Crossley Pamelakyle, Rawski Evelyn S. A profile of the Manchu language in Ch'ing History [J]. Harvard Journal ofAsiatic Studies, 1993（1）：87-88.

[4] 黄淑娟. 德国满学研究 [M] //任继愈. 国际汉学：第4辑. 郑州：大象出版社，1999.

[5] 江桥. 德国满学研究 [J]. 北京社会科学，1995（1）：110—111.

[原载于《吉林师范大学学报》（人文社会科学版）2017年第6期]

格列宾希科夫和他的满语、民族志与萨满教研究

[俄] 庞晓梅著 于洋译*

一

俄罗斯的满学研究有很长的历史，可追溯到18世纪传教士的作品。到20世纪，俄罗斯的满学研究者以大学教授为主，亚历山大·维拉迪米洛维奇·格列宾希科夫（见图1）是其中之一。研究满—通古斯语民族民俗和萨满教的专家一定十分熟悉满族史诗《尼山萨满故事》手稿中所绘尼山萨满形象（见图2）。尽管这部手稿迟至1966年才出版，但格列宾希科夫在100多年前就发现了它。20世纪初，格列宾希科夫的名字与东方学研究的两个主要阵地联系在一起，分别是俄罗斯最西端的圣彼得堡和最东端的符拉迪沃斯托克。自1855年起，圣彼得堡大学东方学系一直是授予未来东方学家学位的最高教育机构。著名的院士在汉语

图1 格列宾希科夫

---

* 庞晓梅（1955— ），女，圣彼得堡人，俄罗斯科学院东方文献研究所教授，博士生导师，研究方向：俄国满学史、满族文学与宗教、满文文献学；于洋（1986— ），男，辽宁辽阳人，吉林师范大学历史文化学院讲师，研究方向：宗教人类学、历史人类学。

和满语系开设课程,其教学方式建立对文本分析和考证的旧学术传统之上。随着俄国边界的扩张及对东方经济利益的重视,与远东国家有关的应用性知识逐渐变得重要,于是1899年在符拉迪沃斯托克建立了专门的东方研究所。

1899年10月15日,首任所长在就职演讲上说:"东方研究所的主要目的是为俄国在东亚地区及邻国的管理部门、商业或工业机构培养学生,目前这类机构在俄国乃至整个欧洲都是唯一的。为了实现此目的,东方研究所的教学内容应注重实用性。同时,学生还要了解远东地区的自然环境、商业生活以及与东亚不同国家的法律关系"。① 研究所由4个系组成,这反映出俄国的主要政策方向:汉语—满语系、汉语—日语系、汉语—朝语系、汉语—蒙语系。事实上,汉语作为远东地区的通用语,每个系的学生都要学习。到满洲北部和各自研究区域进行夏季考察,是学生学习的主要内容之一,其中优秀的考察成果会发表在《东方研究所消息》上。汉语—满语系是规模最大的。在建所的最初5年里,即1899年至1904年,满语课程由所长波兹涅夫(Pozdneev)亲自讲授。汉语和历史课程由圣彼得堡大学毕业的阿帕里那里杰·瓦希列维奇·鲁达卡夫(Apoloinarij Vasilievich Rudakov)和彼得·彼洛维奇·施密特(Peter Petrovich Schmidt)讲授。波兹涅夫调到土著教育管理部门后,彼德·施密特承担满语教学工作,并接任东方研究所所长和满语系主任职务,此时格列宾希科夫进入东方研究所学习。

图2 尼山萨满形象

---

① 《东方研究所消息》卷2,第1期,符拉迪沃斯托克,1900年,第4页。

第二编 满族文化与萨满教

二

格列宾希科夫于1880年7月29日出生在喀山。1900年,他进入莫斯科康斯坦丁地理标志研究所学习,但在1902年他来到符拉迪沃斯托克,成为一名在东方研究所学习的编外学生。1906年,他被录取为四年制的汉语—满语系学生,于1907年提前毕业并获银质奖章。1909年建所10周年之际,《东方研究所消息》上发表了回顾性文章,其中提到1907年的毕业生格列宾希科夫。作为最杰出的毕业生之一,他已经留所工作,准备担任空缺出的满语系教职。由于他是第一位留任研究所工作的毕业生,所以受到格外的重视,得到更为广泛的教育。1907年至1908年间,格列宾希科夫学习了现代语言学的主要著作,尤其是口语语音学方面的知识。1908年,他在满洲东北部地区旅行,考察了"瑷珲、齐齐哈尔以及松花江下游附近说满语的主要地方,搜集语言学和民族志资料"①。这次考察报告(见图3)发表在中国哈尔滨出版的俄国东方学家学会期刊《亚洲公报》(见图4)上。

其中一篇报告的题目是《阿穆尔河和松花江沿岸(考察报告)》②,另一篇报告的题目为《沿着诺尼河从布特哈到墨尔根》③,他在报告中标明说满语和达斡尔语的村庄,并计划在这些地方继续进行萨满教研究。1908年10月,结束在中国东北考察后,格列宾希科夫到北京学习汉学习满语的方法,并购置了满文书籍。东方研究所将他的这次旅行收获编成《满文文献简述》[1]和《中国满语情况的现代研究》[2]出版。通过这些学术成果,格列宾希科夫得到教授们的高度

---

① 《东方研究所消息》卷11,增刊(1),符拉迪沃斯托克,1910年,第9—10页。
② 《亚洲简报》,第1期,增刊,哈尔滨,1909年,第25页。
③ 《亚洲简报》,第2期,哈尔滨,1909年10月,第130—151页;第3期,1910年1月,第174—193页;第4期,1910年5月,第146—162页;第5期,1910年6月,第146—162页。

格列宾希科夫和他的满语、民族志与萨满教研究

图3 《阿穆尔和松花江沿岸（考察报告）》

图4 《亚洲公报》

赞许。在研究所的年度总结报告中，鲁德涅夫（Rudnev）教授提到，格列宾希科夫提供的材料，驳斥了满语研究经常提到的观点，即认为"即使满语没有死亡，也是一门正在消失的语言"①。在之后的1912年，格列宾希科夫用语言学调查资料发表论文，题为《满族人，他们的语言和书写》[3]，这篇文章至今仍有重要科学价值。

直到1911年，格列宾希科夫一直为教授职位做准备。他本应依据主题"满族萨满教文献调查"写作资格论文。这项研究是基于1908年他在瑷珲地区新发现3种《尼山萨满故事》手稿的分析。②③但研究所商议决定送格列宾希科夫到圣彼得堡大学东方学系学习古

---

① 《东方研究所消息》，第11卷，增刊，符拉迪沃斯托克，1910年，第10页—11页。

② 《东方研究所1919年—1910年学术年会记录》，符拉迪沃斯托克，1914年，第84—87页。

③ 《东方研究所1919年—1910年学术年会记录》，符拉迪沃斯托克，1914年，第74页。后文提到，格列宾希科夫一共搜集的4种《尼山萨满》手稿。此处提及的3种手稿分别齐齐哈尔本、瑷珲甲本、瑷珲乙本，于1908年搜集。1913年，格列宾希科夫在海岑崴从一位叫德克登额的满族人那里得到第4个手稿，为海岑崴本。——译者注

第二编　满族文化与萨满教

典东方学研究课程，准备圣彼得堡大学的考试。当时，只有圣彼得堡大学具有通过考试和论文答辩授予学位的资格。由于符拉迪沃斯托克东方研究所的课程主要是关于远东国家的应用性知识，与圣彼得堡大学的课程不同，因此符拉迪沃斯托克东方研究所毕业的学生要继续到圣彼得堡大学学习理论课程。① 东方研究所会议记录表明，格列宾希科夫在1911年春季学期来到圣彼得堡大学，学习课程涉及东方的语言学、民族志和文化方面。与此同时，他在圣彼得堡大学语音学实验室工作。在这期间，他应该结识了远东民族语言方面的专家和教授。

1911年秋季，回到符拉迪沃斯托克后，格列宾希科夫开始担任满语教授。他在《满语系1911至1912学年课程评论》提到，二年级的学生有3门课，分别是满语口语、满语书写和初级语法，满语的起源和发展，其中应用性课程需要上3个小时；三年级的学生学习满族历史和文学，还有高级满语语法课程；四年级学生学习满—通古斯比较语言学课程，开始尝试翻译满语官方文件。

在圣彼得堡期间，俄国和欧洲体质人类学家取得的成绩给格列宾希科夫留下深刻印象。他非常关注列夫·维拉迪米洛维奇·谢尔巴（Lev Vladimirovich Shcherba）（1880—1944）1909年建立的语音学实验室所做的研究。出于对口语的学术兴趣，以及在中国东北北部考察中所获得的民族志及语言学资料积累，格列宾希科夫向东方研究所议会申请建立语音学和颅相学实验室，并专门提交了一份关于研究所创新必要性的论证报告。在申请购买口语研究专门实验设备时，他说："至少在授课教师看来，东方研究所地处语言资料丰富的地方。在购买必要设备的同时，东方研究所保持对东方语言的学术和应用研究，通过运用欧洲学者推荐给的方法，老师和学生会将应用研究置于较高的水准上。在研究设备的帮助下，我们可以得到满洲北部一些部落的语言信息，

---

① 《东方研究所1919年—1910年学术年会记录》，符拉迪沃斯托克，1914年，第74页。

将其记录在图纸上并用录音保存。通过对记录的分析，我们可以为那些无法到遥远国家和民族中调查的语言学家的严谨理论研究，提供精确的资料"。① 他接着补充说："需要强调的是，满学研究尤其需要这些设备，因为在满洲（译者按，此处系指中国东北，下同）北部——我们的边界附近——还有未知的民族，关于这些民族的知识是'空白的'（例如涅吉达尔人）。最重要的是，我们可以对黑龙江和吉林地区的活态满语会话进行研究。满语系的主要工作是记录满语会话，尽可能多的运用设备记录土著的语言，尤其在汉语对满语冲击的背景下尽可能地获得鲜活的一手资料"②。与此同时，格列宾希科夫建议管理部门建立颅相学实验室，开展体质人类学研究。他说："东方研究所的便利地理位置允许我们在花费最少财力和物力的情况下，对中国、满洲、蒙古、和朝鲜的土著民族开展科学研究，当我们考虑到研究所关于不同民族的课程，以及暑假到遥远地区的旅行情况，会发现忽视了丰富的体质人类学资料。设立颅相学实验室，开展体质类型研究是关键的，有重要意义。得到体质测量训练的学生可以带回丰富的资料。通过比较和核对，这些颅相学数据可以为那些无法获得资料的专家提供精确的经验材料，进而提出理论。东方研究所搜集并出版这些数据可得到体质人类学家的青睐，并实现其文化使命之一"③。

遗憾的是，我们没有发现任何关于颅相学研究的信息，却找到一份实验语音学研究计划书，是格列宾希科夫1921年在国家远东大学发表的演讲。[4]东方文献研究所保存的东方学家档案中有格列宾希科夫的个人档案，其中有两份手稿，分别是《书面满语的语音学调查》④ 和《满语语音学笔记》⑤。

---

① 《东方研究所1919年—1910年学术年会记录》，符拉迪沃斯托克，1914年，第99页。
② 同上。
③ 同上书，第100—101页。
④ 《东方学家档案》，第75卷，26号。
⑤ 《东方学家档案》，第75卷，36号。

图 5　田野考察图片之一

图 6　田野考察图片之一

事实上，格列宾希科夫的作品表明满—通古斯语民族历史和生活研究的跨学科思路。

当圣彼得堡科学院以及整个欧洲学界认为满语是死亡语言的时候，格列宾希科夫证明在中国北方满族人和满语的存在。

三

1918年，格列宾希科夫当选符拉迪沃斯托克东方研究所编外教授。1921年12月开始，他在语言学系工作。1922—1923年间，他在赤塔师范学院授课，1923—1927年，格列宾希科夫担任远东大学（在东方研究所基础上重组）东方学系主任。

1932年，当格列宾希科夫调入苏联科学院远东部工作时，已经发表了50部作品，涉及语言、文化、满族文学和汉语方面，大部分作品基于1908—1927年的9次民族语言学调查资料写成。

1935年，格列宾希科夫从符拉迪沃斯托克来到列宁格勒后，立即投入到苏联科学院东方研究所的工作中（今俄罗斯东方文献研究所）。1936年，他担任新成立的满学研究部领导，主要工作是满语搜集、翻译及出版满文档案。格列宾希科夫本人则回到满族萨满教问题的研究上，将《钦定满洲祭神祭天典礼》翻译成俄文。1941年10月15日，正值二战初期，格列宾希科夫去世。当时列宁格勒被包围，所以这份翻译没有发表。

东方学家档案共113卷，格列宾希科夫的档案在第75卷中。其中满学手稿在东方文献研究所的满文手稿部保存。档案资料中保存了他对满语、汉语、文化、经济、地理方面的考察，也有田野笔记和绘画。档案中也包括满语萨满神歌的精确记录和俄文转写，他写道："首先，这些神歌蕴含了满族萨满教的特点；其次，神歌也表明了萨满的功能，即达斡尔人、满族人、索伦人以及鄂伦春人的灵性治疗者。"[1]19 从这个角度看，其中最有趣的是一份田野笔记，全部是满族萨满教内容，包括萨满音乐，绘制的萨满服。其他田野笔记中还包括传说、故事、歌谣，这些是格列宾希科夫于1917年8月22日至9月1日在瑷珲和附近地方（Hulghur）调查搜集的。这些文本由俄文转写，记录了满语口语变体，有重要的民族志价值。

格列宾希科夫最重要的发现就是在民间搜集了满族史诗《尼山萨

满故事》的 4 个手稿。1961 年，其中最完整的手稿经沃尔科娃（M. P. Volkova）的抄录和翻译发表。① 其他三个版本于 1985 年由斯达理（Giovanni Stary）翻译发表。格列宾希科夫在 20 世纪初注意到这个文本，他清楚地阐述了《尼山萨满故事》对理解满族文学的重要价值。19 世纪末期，欧洲学者及俄国学者都认为满族文学主要借自汉族，《尼山萨满故事》出版后，格列宾希科夫的态度才为人们所重视。《尼山萨满故事》经格列宾希科夫的发现，沃尔科娃的出版，随后被翻译成 8 种语言，这证明了满族文学的存在，甚至出现了满学研究中的"尼山学"分支。

图 7　满族萨满　　　　　图 8　达斡尔族萨满

格列宾希科夫档案中的重要内容，是他用俄语翻译的《钦定满洲祭神祭天典礼》。大量的手抄笔记和打印资料说明了他的工作过程。《钦定满洲祭神祭天典礼》于 1747 年（乾隆十二年）编成，规范并呈现了宫廷内部以及所有爱新觉罗家族的祭祀内容。格列宾希科夫正确地将典礼理解为满族文化的典型，尽管它在很大程度上受到了汉人宫廷祭祀的影响。这一编纂指出萨满祭祀只是宫廷生活的一个部分，

---

① 《尼山萨满故事》，1961 由沃尔科娃翻译、介绍和出版。

其主要功能在于表达对满洲传统的尊重,这是满洲皇帝的主要目的。就萨满教而言,作为民族宗教,它体现了民族认同的基本功能。编纂的重要性在于,这是体现满洲民间传统的最早手写文本,是为皇权服务的满洲学者在搜集萨满祭祀仪式和神歌资料基础上的描述。格列宾希科夫的翻译是唯一完整的俄文翻译,目前只有一部分被印制出来,有待整体出版。

四

格列宾希科夫的学术遗产,值得那些对萨满教和20世纪初期满洲民族志状况感兴趣者的关注。保存在俄国东方文献研究所的东方学家档案是满语口语的重要资源。虽然格列宾希科夫转写了满语口语形式,但由于采用古俄文转写,我们很难弄清楚词汇的具体形式。格列宾希科夫在满洲北部的考察报告生动地描述了满族、达斡尔和索伦的村庄,也准确记录了他们的语言。这些发表在哈尔滨的资料,现已变得十分珍贵,理应得到重印,或翻译成其他语言。

[参考文献]

[1] 格列宾希科夫. 满文文献简述 [J]. 东方研究所消息, 1909年2月第32卷 (2): 62.

[2] 格列宾希科夫. 中国满语情况的现代研究 [J]. 东方研究所消息, 1913 (1): 94.

[3] 格列宾希科夫. 满族人: 他们的语言和书写 [J]. 东方研究所消息, 1912 (5): 72.

[4] 格列宾希科夫. 实验语言学课程计划 [J]. 国家远东大学公报, 1922 (4): 5.

[5] 沃尔科娃. 满学 [M]. 莫斯科: 亚洲博物馆—苏联科学院东方学研究所, 1972: 142—148.

[原载于《吉林师范大学学报》(人文社会科学版) 2018年第3期]

清朝宫廷制作黄铜技术与流传

赖惠敏　苏德征[*]

一　前言

　　自古以来，中国的道家炼丹术就包括各种冶金技术。冶炼黄铜（brass）即是一例，它是一种铜锌合金的金属，经常被作为铸钱的原料。现代学者据出土的古代货币、文献记载及科学实验，分析中国古代黄铜冶炼技术。他们发现铜钱质量的优劣，与含锌成分多寡及锌的纯度有关。20世纪20年代，章鸿钊追溯中国用锌的起源，讨论汉初出现伪黄金称"丹阳铜"；隋、唐时代的"夹锡钱"（夹锡钱是北宋徽宗朝的货币）用镴是和锌的矿石；宋朝使用的鍮石就是黄铜。明代，方以智《物理小识》记载，铜加倭铅与炉甘石者化为黄铜。李时珍《本草纲目》提到炉甘石块产于湘东，入赤铜化为黄铜。云南宁州产炉甘石，嘉靖中开局铸钱，取以入铜。宋应星《天工开物》载，炉甘石出自荆衡，黄铜中铜和倭铅（锌）的比例为铜60%，锌40%。[1]其次，王琎分析五铢钱，认为从汉武帝到隋炀帝铸造的五铢钱，含铜铅锡，没有含锌。宋代用炉甘石制鍮石，并用于制钱，锌成分增高了。[2]

---

　　[*] 赖惠敏（1956—　），女，台湾台中人，台湾"中央研究院"近代史研究所研究员，历史学博士，博士生导师，研究方向：清史、满族史；苏德征（1989—　），男，台湾台中人，伦敦帝国学院博士研究生，研究方向：清史。

20世纪80年代，赵匡华讨论明代冶炼锌，称锌为"倭铅"或"白铅"。倭铅产于福建，色白如银，成本低，所以"南人多用此掺入锡中，以充广锡"。[3] 马越、李秀辉讨论中国古代黄铜冶炼技术的发展分为三个阶段：1. 铜锌共生矿冶炼，此阶段黄铜的出现是偶然性；2. 菱锌矿与纯铜合炼；3. 使用纯铜与单质锌冶炼。明清时期黄铜用于铸钱，同时黄铜制品也大量出现，属于第三阶段用单质锌冶炼黄铜。[4]

针对古代中国的冶金技术，前人研究多聚焦于货币，对于清朝的冶金技术讨论也不多见。康熙五十二年（1713）创立蒙养斋算学馆，被耶稣会士称为"中国科学院"。康熙朝编纂了中国科技史上极具价值的天文数学乐理丛书《律历渊源》，又组织传教士绘制《皇舆全览图》。[5] 康熙之后，再也没有人称赞清朝皇帝研究西学或研发新的科技。然而，我们阅读乾隆年间档案，发现乾隆皇帝对铜的配方颇有兴趣，常要内务府造办处的工匠制作黄铜器物。二十世纪初，Ferdinand Diederich Lessing 研究雍和宫的铜器，却仍以青铜（bronze）称呼。[6] 有鉴于此，本文拟宫廷的工艺技术以及黄铜用途等方面来讨论，乾隆朝内务府造办处在制造黄铜合金技术的能力，说明黄铜是清廷制作器物的主要金属原料。另外，锌在中国有各种称呼：倭铅、倭元、委元、沃缘、白铅等；西方则称为 Tutenague，日本则称之为亚铅、白。本文除引用档案按照原来名称，其余皆用锌一词。

西方学者 Norbert Elias 提到十八世纪法国宫廷对社会影响，他认为："法国社会整个结构和发展，逐步使越来越多的阶层渴望效仿上流社会的模式。"不仅仅是指就餐形式，也包括思维和谈吐的方式。[7] 巫仁恕研究晚明士大夫的消费文化，特别重视鉴赏的品位，具有社会区分的作用。以"雅"、"俗"作为士人与庶民之间的区分。[8] 陈宏谋提及："厂铜、洋铜官收居大半，每年打造铜器，需铜无算"[9]。因而乾隆年间北京铜铺有 400 余座，设有熔炉的铜铺有 364 座。苏州铜作在乾隆年间"西城业铜者不下数千家，精粗巨细，日用之物无不具"[10]。本文使用的《清宫内务府造办处档案总汇》记载，各类成作各种器物的配方和技术,可以看出中国工艺技术传承的状况。其次,以铜作为材料的器物相当多。清初以铸铜钱为由,只许一品官员家之器皿使用黄铜,其余阶层皆被禁止使用黄铜。从官员抄家单和妇女妆奁都可以看到黄铜器皿的普及,民间使用黄铜打破阶级的藩篱,成为日常所需的物品。

二 红铜和锌的合金

清初以黄铜作为铸币的材料,但中国产铜数量少,仰赖日本进口。康熙二十三年(1684)清朝开放海禁后,日本红铜输出至中国的数量急遽增加。康熙二十三年至三十四年(1684—1695)间,每年均有300万斤—400万斤;康熙三十五年至四十九年(1696—1710)间,每年均有400万斤—700万斤。康熙五十四年(1715)以后因日本铜产减少,至乾隆七年(1742)日本将输出铜数限制在150万斤;乾隆三十年(1765)为130万斤;乾隆五十六年(1791)降为100万斤。[11]

当日本洋铜进口减少时,乾隆年间在云南开采大量铜矿,据严中平、韦庆远、鲁素讨论十八世纪滇铜产量增加,清政府铸币铜材改由滇铜取代洋铜,由乾隆五年(1740)至嘉庆十五年(1810),滇铜每年产量皆在一千万斤以上,多时则达一千四百万斤。[12] 乾隆四年(1739)起每年运往北京的滇铜达六百三十三余万斤称为"京局铜觔"。乾隆年间因应黄铜所需的锌亦在同时大量开采,以下就锌产量和黄铜的制成两部分进行讨论:

(一) 清代锌的产量与输出

明代天启年间制作的铜钱,加入了锌,但对它的称呼很不一致,有称为倭铅、倭元、白铅等。《天工开物》记载:"凡倭铅古书本无之,乃近世所立名色。其质用炉甘石熬炼而成。繁产山西太行山一带,而荆(湖北)衡(湖南)为次之。"[13] "锌"的原料是甘石,提炼过程中耗损两成，因容易挥发。锌产自湖南、广西、贵州、云南和四川等地。

清朝宝泉局铸造的铜钱中，锌的比例占30—40%，顺治朝"每文重一钱，以红铜七成，白铅三成"，乾隆朝"以红铜六成，白铅四成"。[14]乾隆二十六年（1761），贵州巡抚周人骥奏称："黔省白铅，原议每年酌拨二百万觔，运赴汉口，售供各省鼓铸之用，自后递加至三百四十万觔。现今汉局铅觔充裕，请将加运之一百四十万觔停止，仍照原议，每年拨运二百万觔。或有不敷，即于新开河道所办乐助、福集二厂运汉铅内分销。"乾隆五十三年（1788），贵州巡抚李庆棻奏："黔省福集莲花、二厂，岁供京楚两运白铅六百余万觔。每年所产，有一百余万觔缺额。自乾隆四十五年始，俱以旧存余铅凑拨，日形支绌。"[15]白铅自乾隆初年二百多万觔，至乾隆末年运北京与汉口数量达六百万觔，产量增加三倍。北京当铺称倭元、委元、沃缘为"点红铜用"。[16]

The Chronicles of the East India Company Trading to China，1635—1834一书记载，十八世纪中国大量出口的Tutenague，许多字典都将它翻译为"白铜"，但也有学者认为Tutenague意指为纯锌。[17]根据Watson Richard的研究，印度很早以前就知道从矿石中提炼锌，1647年印度出口的锌就叫Tutenague。[18]更确切地说，十八世纪从中国出口的Tutenague，其实不是纯锌，而是铜锌镍的合金。S. Wells Williams的*The Chinese Commercial Guide*一书称Tutenague为"山铜"，英文解释"Chinese spelter"是中国铜锌合金，然记载其成分则称"80%的铜和20%的锡"，可以做成乐器等。[19]Keith Pinn认为Tutenague原意是远东进口的锌，这个名词常被误解为"白铜"。应用Paktong一词，才是指铜锌镍合金。该书分析中国进口白铜成分，铜占40—55%，镍约占5—15%，锌的成分为35—45%，另有其他少量的铁、铅、砷、钴、银等。欧洲制造"德国银"（German silver）的成分，铜约占55—65%，镍约占15—20%，锌约占20—25%。[20]Walter Renton Ingalls提到1721年英国有三万工人生产黄铜（铜锌合金），但炼锌的

方法来自中国。Doctor Isaac Lawson 亦曾到中国学习提炼锌的技术。[21]

中国的"白铜"通过英国、荷兰东印度公司输出欧洲，数量不断增加，1792年高达三万余担，总价二十余万两。1817年白铜出口数量仍达907,500元。[22]又根据《粤海关志》记载，嘉庆年间白铅（锌）的出口数量，至少年份为七十万斤，至多年份为三百三十万斤；每百斤白铅收正税银三钱，加以耗担归公等款，共收银五钱六分七厘，每年收税银约四、五千两至一万数千两不等。[23]嘉庆十二年皇帝传谕："白铅一项因不能制造弹丸，无关军火支用，向未立出洋明禁。但系鼓铸必需之物，近年各直省钱局铅斤日形短少，自系贩运出洋日多一日之故，不可不定以限制，以防流弊。"[23]卷17,1254 于是规定每年白铅限以七十万斤出洋为率。嘉庆皇帝显然将出口的"白铜"视为"白铅"，限制七十万斤，其实中国出口的是铜锌镍合金"白铜"。

除了输往欧洲之外，当时中国的锌还出口日本，日本利用锌制为铜锌合金器物后，再度销回中国。法国传教士利国安神父（Laureati）曾提到："帝国拥有各种金属矿：金、银、铜、铁、铅、锡。白铜看起来简直像银。日本人把黄色的铜运到中国，它是锭块状出售的，看上去像金锭，中国人用来做各种日用品，人们认为这种铜不会生锈。"[24]利国安神父提到的"黄铜"，在日本称为"真"，其成分即为铜锌合金。永积洋子提到乾隆年间日本输往中国的铜器，以铜盆、铜锅、铜火钵、铜风炉、铜茶道具、铜药罐居多，称为"真"器物，有别明人所谓的"倭铜"。[25]而根据山胁悌二郎的研究，日本制作真材料的亚铅（锌），即从中国进口。山胁悌二郎认为日本幕府末年输入大量的亚铅（锌）、明矾，亚铅为制作真的材料。明和四年（1767）银座铸造真钱。真钱一文中，铜成分占68%，亚铅占24%，白镴（锡和铅的合金）占8%。当时输入的亚铅价格一斤为2.56 匁（钱），安永元年（1772）输入35万斤，翌年三年减半。天明七年（1787）剩36,400斤。[26]另外，刘序枫研究清代乍浦港的中日贸易，也提到亚铅，说明日本制作铜钱的锌来自中国，且铸造铜锌合金的铜钱时间较中国晚。

(二) 黄铜的制程

现代人可以利用精密的科学仪器测量，得知铜与锌比例影响到物质的伸展、硬度、抗压强度等；虽然清朝的工匠不知科学原理，但凭借经验也理解这些合金特性。从造办处档案可知，清廷工匠制作器物的经验，可见其科学性。如今屹立于颐和园的铜殿，更加证明当时中国的黄铜制造技术是领先世界各国的。

清宫廷造办处档案中，提到制作黄铜的材料除了净铜外，也使用了废铜，乾隆以前红铜仰赖日本进口，原料少，故雍正十二年（1734）规定："成造铜器所得回残铜末，每斤熔化得净铜五两，归册入于正项应用。"[27] 雍正皇帝规定每斤十六两的废铜提炼出五两的净铜，成为定例。乾隆年间曾毁坏大炮或西洋座钟，再加锌提炼黄铜。明清之际到康熙朝，中国在传教士的协助下制作红衣炮。乾隆年间将残损的大炮镕铸成其他器物。乾隆十年（1746），海望奉旨交毁铜炮34位，共得净铜约重55740余斤。按三成加倭元16722斤，足铸活计。[28] 损毁的铜炮另加三成的锌，可见铜炮的坚硬度不足，容易损毁。黄一农教授认为明清之际，中国的火器在世界上堪称数一数二，然而在康熙之后，就没有大规模地制作火器，以致中国武器越来越落后。[29] 乾隆皇帝销毁火炮显然自毁长城。

第二种毁铜材料来自外国进贡的铜器。乾隆十年（1745），造办处官员呈报库内毁铜物件，有高丽铜蜡台、铜盒子、铜盖碗、铜杓子等，这些器物应是朝鲜国进贡。同时毁铜器物中有铜西洋锁、铜吊牌、西洋玻璃珠吊挂八挂、铜水法、黄铜掐子、自鸣钟等，是由西洋进贡的物品。清朝称喷泉为水法，像圆明园著名喷泉即称为大水法。[28]册13,512—514,乾隆十年十一月 造办处销毁进贡器物再加锌做成黄铜，可见这些礼物都以红铜制作。

乾隆年间销毁之西洋器物

时间	器物名称	重量（斤）
乾隆五十年二月十五日	洋铜三层亭式架问乐钟 2 对	140
	黄铜西洋三层亭式架时乐钟 1 对	180
	黄铜三亭式磁花顶铜架时钟 1 件	15
	黄铜葫芦式架问乐钟 1 对	80
	黄铜三层亭式架时乐钟 1 对	130
	黄铜三层亭式架时乐钟 1 对	80
	黄铜西洋亭式架水法问乐时钟 1 对	80
	洋铜花树四分架时乐钟 1 对	110
	黄铜三层亭式架时乐钟 1 对	130
	黄铜山座问乐时钟 1 对	410
	黄铜山亭式架时乐钟 1 对	400
	黄铜四方铜架时乐钟 1 对	90
二月二十日	洋铜三亭式钟 1 对	80
	镀金铜花架钟 1 件	75
	黄铜四方亭式架钟 1 对	140
	洋铜三亭式架钟 1 对	80
	镀金铜花架钟 1 对	90
	洋铜六方亭式架钟 1 对	60
	黄铜亭式架钟 1 对	120
	洋铜鼓式双象铜架 1 对	80
	黄铜亭式架钟 1 对	130
	洋铜四方铜山架钟 1 对	170
	洋铜圆鼓钟 1 对	13
	铜钟穰 28 件	87

数据来源：中国第一历史档案馆、香港中文大学文物馆合编，《清宫内务府造办处档案总汇》，册 48，139—142 页，乾隆五十年二月铸炉处。

清初政府禁止民间收藏黄铜器，各省收买黄铜器皿缴交中央。从造办处档案中可发现旧的铜器来源有四种，第一个来源为民间。清朝以铸铜钱为由，禁止民间广泛使用黄铜。① 康熙十二年（1673）、十八年（1679）曾禁止铸造黄铜器皿，雍正四年（1726），因铜钱贵，又禁止铸造器皿，将民间所用铜器交官给价。雍正六年（1728），宝泉局收现存黄铜器皿一百余万斤，经雍正皇帝上谕"收买黄铜器皿"后，各省通报收购黄铜数量大增。[14]卷220,587 如雍正七年（1729）山西巡抚石麟奏收买黄铜器皿共49777斤，解有司熟铜22476斤，每斤用银一钱二分共银2695.58两；生铜24247斤，每斤用银九分六厘给银2326.39两。未解铜3054斤。雍正十年（1732），江西巡抚谢旻奏称，自雍正五年（1727）奉文收买黄铜器皿起至十年秋季止，收过生熟铜132859斤。该年，河南布政使徐聚伦奏雍正九年收买生铜1922斤用银184.42两；熟铜604斤用银72.4两。乾隆元年（1736），浙江巡抚嵇曾筠奏雍正十三年共收过生铜14269斤，给银1369.01两；共收过熟铜11345斤，给银1365.54两②。所谓生铜，是指含杂质多的铜，熟铜则指含杂质较少者。各种黄铜器送到内务府后，须重新提炼，再由工匠"认看"，即鉴定之意。

乾隆皇帝命蒙古王公工布查布将藏文的《造像量度经》翻译成汉文，乾隆七年（1742）刊印，汉文标题为《佛说造像量度经解》。[30] 佛像形式标准化，意味着制作佛像趋于固定的工艺流程，形成稳定的艺术风格。十五世纪以前，尼泊尔的铜像多为实心铸造，尺寸不大。随着西藏铜像需求增加，尼泊尔工匠用失蜡法制作佛像，变成空心铸造，制作尺寸较大的铜像采拼凑组合方式。十六世纪以后采用锻打工艺制作佛像，将佛像分解成几个部分再拼接组装，节省材料。[31] 乾隆年间清宫造办佛像的特点为精确计算材料银和工食银。譬如，乾隆二十六年（1761），制作铜无量寿佛九百尊，每尊除铜铅实用工料银

---

① "一品官员之家，器皿许用黄铜，其余概行禁止。如有藏匿私用不肯交官者，以违禁论"。昆冈奉敕纂修，《大清会典事例》，第9册，卷757，346—1页。
② "中央研究院"历史语言研究所现存清代内阁大库原藏明清档案，登录号009367—001，雍正八年四月初三日；登录号010388—001，雍正十年十一月十二日；登录号009243—001，雍正十年二月二十四日；登录号055025—001，乾隆元年三月十三日。

11.73两、共应用工料银10554.48两向广储司领取应用外,其所需红铜3000斤、倭元2000斤亦向广储司领取。[32]这个例子说明制作铜佛像,所用红铜约占五分之三,锌占五分之二。

民间对黄铜的配方也都有清楚的概念,《中国古代当铺鉴定秘籍》记载,北京当铺鉴定古镜认为黄铜的古镜最不值钱,一斤1.5钱,因前代无"委元(倭元)",黄铜必本朝所制造的假古董。北京的当铺手册亦有"四斤红铜对六斤沃缘,化成为料铜,铸镜子用。每斤二钱五分""五斤红铜对五斤沃缘,化成为黄铜,打铜盆等物。每斤三钱五分沃缘";"七斤红铜对三斤沃缘,化成为响铜,打船锣并响器。每斤五钱六分";"白铜对红铜,名为水红铜。铸古镜、古炉用";"白铜对沃缘为青铜,又为镪料"。[32]可见民间工匠很清楚黄铜器物之铜锌的比例,制作镜子用红铜40%与锌60%。做铜盆需要红铜50%和锌50%。做锣响器则用红铜70%和锌30%。这个比例与清宫制作器物的记载相当一致,可见宫廷技术对民间之影响。

三 清宫制作铜器的器物

迈柱等纂,《九卿议定物料价值》记载乾隆元年官定生铜的价格每斤银1.8钱、熟铜每斤银2.3钱、红黄铜叶每斤银2.3钱。[33]铁价每斤约银5.4分、钢为银8.5分。[34]卷4,26黄铜的价格比铁高,因为铁会生锈,而且延展性亦不如黄铜。钢比较不生锈,但仰赖进口,数量有限。乾隆皇帝充分利用黄铜的特性,用黄铜建了佛殿以及建筑物外的装饰动物、防火设施等。以下分别讨论:

(一) 黄铜佛殿与建筑装饰

明代万历三十年(1602)云南昆明建造金殿一处,是当今中国最大的铜殿。乾隆年间则分别在清漪园、热河建造两处铜殿。根据档案记载,乾隆二十六年(1761),清漪园建宝云阁,上下两层通高7.55公尺,柱子直径25.6公分,上下檐斗口重昂歇山重复檐成造。装修四面菱花槅扇、三槽槛窗、九槽帘架、三座夹堂槛墙、九槽上檐风窗四槽、头停调脊安宝塔吻兽、仙人瓦铜板及成造九龙匾额、对联等。向户部宝泉局取过红铜 33 万斤，倭元 15.5 万斤，共 48.5 万斤①。

宝云阁与热河珠云寺的宗镜阁是同时的建筑。根据咸丰三年（1853）陕西道监察御史王茂荫奏"拆铜寺以资鼓铸"，声称"铜殿三间，其为铜当不止千百外万，拆之可资户、工二局，二、三年之用"。就是将铜殿拆毁，供给户部和工部。热河都统赓福查勘珠源寺中间，有重层飞檐上曾有宗镜阁三字。阁内有铜神台 1 座，上设铜亭内供佛 1 尊、两旁共菩萨 10 尊。神台下设铜供桌 1 张。铜亭背后镌刻乾隆二十九年六月二十四日。承德府申送铜匠魏绍亮称，验得铜垫系生铜和倭铅铸做，净铜不过五成等语。至铜殿斤两原难悬揣，但处处镂空刻花纹，其中虚实不一，约略大数不过百万斤上下，除去倭铅实铜亦只数十万斤②。

伊东祐信所著《熱河古蹟：避暑山荘と外八廟の調査と保存》提到，颐和园内也有一座全青铜制的铜殿（宝云阁），它与热河避暑山庄内的珠源寺铜殿，一并称为"双子铜殿"。遗憾的是珠源寺已于 1944 年被关东军以"支持战争物资"为借口，将其解体后运往了沈阳兵工厂："一九四四年，由日军方提出，将宗镜阁捐献给日本。此宗镜阁是避暑山庄内珠源寺的主殿，全殿楼台重叠由黄铜铸成，故又称'铜殿'（等于 207 吨），是一座非常美丽的建筑物。这样一座大殿被解体后送到奉天。军人的头脑中只有战争和战略物资，从内心深处说，这真是一件天大的憾事。"[35]

（二）吉祥动物

黄铜相对于铁器，具有不易锈蚀的特质。乾隆时代在宫殿外制作许多吉祥动物，至今清宫太和殿、乾清宫、宁寿宫、皇极殿前放置象

---

① 内务府奏案，档案编号 5—194—36，乾隆二十六年十一月二十三日。
② "国立"故宫博物院藏，宫中档咸丰朝奏折，登录号 406003871，咸丰三年四月十八日。

征长寿的铜鹤、铜龟、铜鹿都保持完好。乾隆三十九年成造宁寿宫各座安设铜烧古龟、鹤、鹿、鼎炉计七对,并收拾见新添配鼎楼鼎炉二对,连座各通高2.12尺。铜鹤一对,连座各通高5.65尺。这些铜器经烧古完竣,陆续运往安设。据铸炉处官员等报销成造铜烧古龟二对共享黄铜7657斤,工价物料银1521.8两。铜烧古鹤二对共享黄铜4613斤,工价物料银953.07两。铜烧古鹿一对共享黄铜2826斤,工价物料银565.32两。铜烧古鼎炉二对,共享黄铜6174斤、红铜648斤,工价物料银1020.81两。收拾见新铜鼎炉二对,并添配鼎楼四件、铜鹡一对,共享黄铜17斤、红铜648斤,工价物料银320.68两。以上共享黄铜21287斤,红铜1297斤,匠夫工价银3902.6两,买办物料银487.08两。①

　　新建皇极殿安设铜龟、鹤各一对,鼎炉二对。并颐和轩改造铜鹿一对,又收拾见新鼎炉二对。估计铸造鼎炉二对,共约用黄铜3935斤。收搂攒焊重檐楼子四座约用红铜条627斤,工价物料银555.84两。铜龟一对约用黄铜3976斤,工价物料银755.99两。铜鹤一对约用黄铜2184斤,工价物料银412.16两,铜鹿一对约用黄铜1335斤,工价物料银365.89两。收拾见新鼎炉二对,配造红铜台撒楼子四座,约用红铜条627斤,工价物料银229.81两。以上铸造鼎炉二对龟鹤各一对收拾见新鼎炉二对共约用黄铜11430斤、红铜条1255斤,工价物料银2319.68两,所需红铜条请向广储司磁器库领用,工料银两在广储司银库动用。皇极殿安设铜鼎炉四座,各通高4.95尺,共重3935斤。[31]册31996—108,乾隆三十八年四月十七日

(三)烧古

　　杨美莉教授研究宋元明以来制作仿古铜器的作色,她认为宋代以来以腊茶色、褐色作为仿古、伪古铜器的指标,相应于此所发展出的

---

① 查铸炉处现存铜四千余斤不敷铸造,前经奏准淘澄铜土,俟熔化得铜时,请即在此铜内动用,毋庸另请铜斤。《乾隆朝内务府奏销档》,第325册,105—110页,乾隆三十九年正月十五日;第333册,247—261页,乾隆四十年四月二十日。

作色法有"寒熅"两法。[36]清宫铸炉处官员呈报烧古用西绿、胆矾、硇砂。西绿是碳酸铜（$CuCo_3$），或称铜绿、锡绿、西碌。胆矾的成分是 $CuSO_4 \cdot 5H_2O$，其中氧化铜（CuO）约占 31.87%，三氧化硫（SO_3）占 32.06%，水（H_2O）占 36.07%，亦即"含水硫酸铜"。硇砂（Sal Ammoniac）是氯化氨（NH_4Cl）的天然产物，为火山喷气时的升华凝结物，白色结晶状，底层是致密纤维状，上层呈乳状突起。① 根据近代学者研究，烧古是用西绿、胆矾、硇砂三者混合，加老醋用文火煮得像米汤样的浓汁制成着色液，涂在器物表面，干后用清水冲洗，再涂再洗，反复几次，直到铜器变暗变旧。[37]而档案上描述的烧古是铜器放在黄土和粪土中发酵，并用炭火煨烙，颜色变古。烧埋时间依照铸炉处惯例，于立冬（约十一月七、八日）前安设，至谷雨（四月十九至二十一日间）撤出烧埋。[28]册42,738—739,乾隆四十四年十月 不过有些器物烧埋的时间相当长，如乾隆三十八年新造养心殿宝贝炉、景祺阁太极炉一件，系自四十一年烧起，每日每炉用炭十觔，至四十三年三月颜色已好。[28]册42,738—739,乾隆四十四年十月 烧埋时间多达两、三年。[28]册41,215,乾隆四十三年三月

乾隆三十三年内务府库掌四德奏称"查得铜佛三尊系黄铜铸造比较红铜镀出，颜色微淡且有浮光"。皇帝谕旨："传作镀金佛时，着用红铜铸造。"[28]册31,490,乾隆三十三年十二月初二日 黄铜器物颜色较镀金淡，且有浮光，所以要烧古。造办处大臣舒文奏折说："杵头铜斤俱系杂项铜斤渣釉淘澄，铅性过重，难以镀金，拟请烧古"。[28]册42,738—739,乾隆四十四年十月 可见烧古作用也不仅是仿古为添增古色，而是黄铜器物含铅过多，不能镀金，改为烧古。②

---

① 关于硇砂研究最早见于李约瑟《中国科学技术史》（中华书局 1978 年版）第 5 卷，第 410—415 页；赵匡华、周嘉华主编《中国科学技术史：化学卷》，第 358 页。
② 鎏金又称为火镀金，将金和水银合成金汞齐，涂在铜器表面俗称抹金，然后用头发制成的发栓蘸乌梅水或硝酸，将金泥推压均匀，再烘烤亦称烤黄或开金，加热到温度到 400℃使水银蒸发，金就附着在器面不脱。路迪民、王大业编著《中国古代冶金与金属文物》，陕西科学技术出版社 1998 年版，第 78 页。

四 黄铜器物的流传

清朝规定达赖喇嘛和班禅额尔德尼在元旦时，轮流派堪布朝觐皇帝，宫廷赏赐达赖喇嘛的物品中，不乏黄铜器物。如乾隆十九年（1764），乾隆皇帝赏赐达赖喇嘛铜胎珐琅壶一件、铜胎珐琅碗五件。赏班臣额尔德尼铜胎珐琅盘一对。赏公班第达铜胎珐琅碗二件。赏公恭格丹津铜胎珐琅碗二件。赏公珠尔马特旺扎尔铜胎珐琅碗二件。[28]册20,436—438,乾隆十九年正月此外，达赖和班禅使臣进京朝贡，同时也进行贸易活动，将黄铜器物输入西藏，至民国时期珐琅器在西藏仍备受珍视。

其次，清宫造佛像的技术也传播到喀尔喀蒙古地区，哲布尊丹巴呼图克图四世在嘉庆四年（1799）皇帝处死和珅后，他一面颂扬皇帝的圣德，一面惋惜皇帝杀生，为了替皇帝赎罪，他造了一万尊贤劫千佛像。[38]迈达里庙建于1820—1836年间，佛像从脚到头顶有七俄丈二俄尺（相当于16.358公尺），佛像用黄铜铸造，并镀了厚厚一层黄金，佛像的铸料厚为一俄寸多，据说重量达一万一千多斤。迈达里庙从建成的第一年就经常损坏，使得蒙古人每年夏天都要修缮。[38]卷1,102—103民国时期亦有马鹤天到库伦做考察，提到大佛像在西大庙，高六、七丈，直达三层楼上，满身贴金，做高七尺，直径约三丈。周围靠墙有玻璃柜，内有高尺许之小佛像约十万座。[39]

过去我讨论苏州织造制作宫廷器物，带动许多工商行业的兴起，譬如圆金、戏服、玉雕等。[40]从北京工商行会碑刻数据也可以看到相似的情况，清朝宫廷制作大量的铜器，对北京的影响有两方面，一是吸引山西的工匠，另一是北京成为制作铜器的中心，大量营销蒙古地区。

从档案上看到，佛像规格化也有利于计算制作佛像的银两。乾隆二十六年（1761），造仁寿寺供奉无量寿佛一万尊，据《内务府银库用项月折档》载，新修理弘仁寺等处庙宇房间，并新建仁寿寺庙宇房间成塑佛像雕做龛案等项工程办买物料，并给匠夫工价领银 8,433.59 两①。乾隆三十四年（1769），中正殿供奉金佛样式成造铜镀金释迦佛一尊、文殊菩萨一尊、观音菩萨一尊，共享铜 761 觔 6 两。这三尊铜佛系按铸造上乐王铜佛之例，每高一尺用工料银 139.6 两，减三成报销合银 98.99 两。[31]册293,284—316,乾隆三十四年三月四日 乾隆三十五年（1770），新建万佛楼工程，共需物料工价银 264,249 两零，此内造大佛 36 尊，无量寿佛 11,118 尊，约用银 140,749 两零。[31]册296,282—299,乾隆三十五年四月四日

内务府三旗人丁户口册中，记载管领下人丁有许多当工匠，即为食口粮人丁，其他外聘的工匠称为外雇民匠。[41]《乾隆朝内务府奏销档》载有每年《发给各行匠役工价制钱单》，记录外雇北京各行匠役的开销，每年雇用各种匠役达万人次，经费二百万文以上。外雇工匠中若有技术超群者，有可能延揽为内务府工匠，如乾隆十四年（1749），内务府造办处档案记载："现今铸炉处烧古人乏，外有烧古民匠龙呈瑞，烧古甚好，请召募应差。再铸炉处从前召募过刻板匠方亦瓒，每月食钱粮银四两，现今患病不能当差，请将方亦瓒所食钱粮革退，赏给龙呈瑞，令伊在铸炉处应差"。[28]册17,175,乾隆十四年正月

宫廷雇工薪资较高源自其技术和组织。乾隆元年规定："管工官分饬各属，择朴实有身家者，点为夫头。各将召募之夫，取具甘结存案。其夫役每人各给火烙腰牌一面，稽查出入"。[14]册10,卷952,881 由殷实之家担任夫头，招募的工匠取具甘结，进入宫廷给腰牌以便稽查。从碑刻数据记载得知，宫廷这些拥有专业技术的外雇工匠主要应来自山西省。山西人制作铜器的历史已久，至少明代即已有之。② 山西潞安人在北京经营铜、铁、锡等行业，并成立有潞郡会馆等组织。孙嘉淦

---

① 乾隆朝内务府银库用项月折档，乾隆二十六年七月。
② 自明朝以来与蒙古互市贸易，蒙古以金银、牛马、皮张、马尾等物，商贩以缎绸、布疋、釜锅等物交易。金铁为禁品，明朝规定："民有铁器，卖与瓦剌使臣，窥厚力者，诏锦衣卫擒获。监禁之。"铁器被认为是制造武器的原料，当时山西商人只能贩卖铜锅。札奇斯钦，《北亚游牧民族与中原农业民族间的和平战争与贸易之关系》（台北："国立"政治大学丛书 1973 年版，第 519—521 页）。

第二编　满族文化与萨满教

《重修炉神庵老君殿碑记》载："吾山右之贾于京者，多业铜、铁、锡、炭诸货，以其资于炉也，相沿尸祝炉神。其伏魔殿、佛殿，前后修举于潞商"。民国年间《潞郡会馆纪念碑文》载："广渠门内东兴隆街，今名土地庙，旧有潞郡会馆炉神庵一座……向为郡人铜、锡、烟袋三帮经理"[42]。潞安人在北京经营铜、铁、锡等行业，相当有名。清宫铸炉处常有招商熔化水铜，应该就是山西商人。根据宋丽莉、张正明的研究，明初官营铁冶转归民营后，潞安境内铁冶迅速发展，潞州铁锅出现在张家口马市，大量销往漠北蒙族地区。清代潞安铁制民生用品依旧名列前茅。[43]

乾隆九年（1744），鄂尔泰奏称北京内外八旗三营地方，有熔铜大局，铜铺共432座。其中只卖铜器不设炉铺户者68座，设有炉铺户者364座。该处铺户若将康熙雍正年间铸造的黄钱销毁，打造物件有利可图。故请将设炉铺364座，迁往官房26处，共计791间。此官房属内务府所有，凡开设各铺户应交与步军统领衙门、顺天府府尹稽查，每日进铺铜斤若干，并熔化打造出铺铜斤若干数目，令稽查之员，逐日查验明确，登记号簿，报明步军统领衙门。倘有私销情弊，交刑部审明，照例治罪。[44]由鄂尔泰奏折可知，乾隆年间北京铜铺有400余座，设有熔炉的铜铺有364座。

靠近清宫造办处之铸炉处的雍和宫是北京藏传佛教的中心，附近有七家佛像店：永丰号、聚兴厚、广聚成、义和永、义和斋、恒丰号、泰兴号，都在雍和宫大街上。永丰号开设于明末清初。据京师市政公所调查，七家佛像店每年售出佛像合计在一万二、三千元左右。[45]其次，蒙古王公每年到北京朝觐驻锡外馆，附近有一、二百家杂货店，贩卖铜盆、铜锁、铜纽扣、铜佛像等。根据王永斌的研究，外馆的双顺铜器铺，生产有红铜奶壶、铜盆、铜盘、铜蜡阡、铜香炉、铜供碗、铜供盘等拜佛用品。[46]蒙古王公于岁末朝觐皇帝，到北京采购铜佛像、纽扣、铜烟袋等，仿效皇室的品位。

民国二十一年（1932），穆学熙等调查北平市铜铁锡金属业之公会，以铜业为大宗，铁次之，锡又次之。清代安定门外的外馆地方，铜店聚集，造铜器及铜质佛像颇为驰名，专销内外蒙。又如文具烟袋等类须由铜业专行制造者，其营销各省为数亦巨。自外蒙隔绝后，内地风尚骤殊，凡旧式金属之精品，类多鄙弃，铜业实首蒙打击。[47]民国年间铜铁锡业约四百余家，制造物品者约三百家，铜业占四分之三。此工商业调查说："从前兴盛时代，此业获利甚丰，今则销路日狭"。[47]册571,444

乾隆年间输往中国的日用铜器，以铜盘、铜锅、铜火钵、铜风炉、铜茶道具、铜药罐居多，与明代文人描述"倭铜"器物有别，可见清代进口的铜器皿更符合市民生活所需。[25]259《乾隆朝惩办贪污档案选编》记载铜锡制作的器皿：铜锅、铜火锅、紫铜盘、大小锡火锅等。[48]这些铜器多数作为日用器皿，成为江南人的时尚。苏州人冬至前一夕俗称"冬至夜"，一家团圆，有钱人家全鸡全鸭、青鱼蹄膀、冷盘热炒应有尽有，席上用铜火锅、紫铜盘、黄铜羹匙等。顾禄《清嘉录》记载："年夜祀先分岁，筵中皆用冰盆，或八，或十二，或十六，中央则置铜锡之锅，杂投食物于中，炉而烹之，谓之暖锅。"① 江南地区整个隆冬季节都用铜锅、铜炉，喝酒用锡壶、锡葫芦酒壶等。

Norbert Elias提到法国宫廷贵族和市民相互交往，宫廷社会与下层之间没有截然的界线。随着各阶层富有程度和互相间联系增加，下层模仿宫廷社会日益迫切。宫廷社会中逐步发展为每一样食物都有特定的餐具。用于喝汤的匙，吃鱼的刀和切肉的刀一起放在盘子的一边，用于吃餐前点心的叉、用于吃肉和吃鱼的叉放在一边。盘子的前方放吃甜食的刀叉和匙。吃最后一道菜或水果的时候还会送来其他餐具。[7]184—188清朝的官宦在物质消费方式，似乎有意效仿宫廷社会，展现出上流社会的文明。皇帝御膳单上，冬天常有热锅一品，有铜火锅、银火锅、银火壶、银盖碗、银小叉子、银匙等②。清宫里的早点

---

① 顾禄《清嘉录》卷12第515页。
② 养心殿造办处各作成做活计清档，微卷第117盒，乾隆三十二年十二月金玉作、第123盒，乾隆三十五年十二月匣作、第151盒，乾隆五十六年四月记事录。

还保留东北人的习惯,喝奶子要兑茶,叫奶茶,皇帝进膳饮奶茶,节庆宴请文武百官时亦赏赐奶茶一盂。官员的家中用铜调羹、铜火炉,装奶茶用铜僧帽壶。清人形容奶茶"溶之如汤,则白如饧,沃如沸雪,所谓奶茶也"。官员宴客时网罗名人雅士,仿效宫廷社会为流行时尚。

文人书斋中放置器物相当讲究,仔细看看书房摆设,不乏黄铜器物。文震亨(1585—1645)《长物志》提及:"于日坐几上至倭台几方大者一,上置炉一;香盒大者一,置生、熟香;小者二,置沉香、香饼之类。斋中夏月宜用瓷炉,冬月用铜炉。"[49]文人日常生活中的仿古铜器,最为流行为香具的鼎彝,其次是作为花器的觚尊觯。[50]铜器可插花者曰尊、罍、觚、壶,随花大小用之。古铜汉方瓶、龙泉、均州瓶,有极大高二、三尺者,以插古梅最相称。[49]卷7,340 清朝文人的书房放置都盛盘,又称"多盛盘"贮放铜碟、玉石、古玩,为时兴的摆设。故宫博物院主要收藏来看,有各种珍玩,如多宝橱、多宝盒。欧洲奇品收藏室的学者认为中国多宝盒的收藏品,很可能来自欧洲。[51]

铜制器物还有清人过冬用铜炉、铜火盆、铜手炉、铜脚炉以及殷实人家的女儿出嫁时父母准备许多陪嫁品,而若陪嫁品中有东洋货,父母得花更多的经费甚至可能典当田宅。妇女的铜器嫁妆有铜盘、铜镜、珐琅铜花瓶。铜手炉、铜脚炉、黄铜火盆作为冬天保暖之用。[52]册2,1821 苏式手炉以做工精巧,花色品种繁多为人们所称道。其材质有紫铜、水红铜、白铜、黄铜等。器型有圆形、长方形、椭圆形、六角形、八角形、瓜棱形、海棠形、龟背形等,绝大部分盖上都刻有镂空的花鸟或表示吉祥如意的各种图案,有的还满身刻花,底下或提柄处刻有作坊及人名款。清代宫廷妇女妆奁齐全,四阿哥福晋装箱缎䌷布疋银,磁铜锡器皿。[31]册229,乾隆十九年四月十一日

18世纪中国制造的白铜大量外销欧洲,做成各种器物,而中国用白铜则用来制作盔甲服饰之纽扣。乾隆三十一年(1766)江宁织造永泰奏称,阅兵所需锭钉盔甲,钦奉谕旨交三处织造成做。江宁实

办 3760 副，动拨关税盈余银两办造，分三年成做。江宁第一次应解锭钉盔甲 1250 副、杭州成做锭钉盔甲 1870 副、苏州织造萨载呈报已办得护军校盔甲 80 副、骁骑兵盔甲 1600 副、鹿角兵盔甲 320 副，共计 2000 副。[31]册278,36—43,乾隆三十一年正月初九日 盔甲的纽扣以白铜为钉面、黄铜为钉脚。过去有化学家对拿破仑攻打俄罗斯失败有个说法，军队士兵所穿的外套、长裤甚至是鞋上的纽扣都是锡制的，一旦温度降低，原本闪闪发亮的锡制品逐渐黯淡无光，瓦解为锡粉，使得拿破仑的士兵衣不蔽体，在凛冽的天候下个个成为畏首畏尾的懦夫。[52] 这个故事说明欧洲士兵军装用锡做纽扣，而比 1812 年更早以前的中国士兵的盔甲已经使用铜纽扣。

据俄国使臣阿·马·波兹德涅耶夫的描述，蒙古多伦诺尔是最早制造佛像的，蒙古人觉得极为稀罕。可是北京制作的佛像却要比当地多无数倍，而且从北京销到蒙古包括准噶尔和青海以及西藏的佛像也多得多。其实这是因为北京佛像的价钱较为便宜。[38]卷2,335 由此也可看出，乾隆时代宫廷的外雇工匠不仅承继了宫廷制作佛像的技术，也将之传播至中国统治的各个地区。

五 结论

中国使用青铜器的历史很悠久，青铜器的主要成分为铜和锡。印度很早以前就知道从矿石中提炼锌，元明两朝边境地区人民和印度交流频繁，也开始提炼锌，但对它的称呼很不一致，有称为倭铅、倭元、白铅，日本称为亚铅。铜锌合金为黄铜，清朝禁止黄铜出口，遂在黄铜加上镍，铜锌镍的合金在西方则称为白铜，十八世纪白铜大量销售到欧洲，白铜器物在欧洲成为时尚。二十世纪西方学者对中国铜的认识仍在青铜的阶段，本文通过造办处的史料分析，说明黄铜才是清代制作铜器物的主流。

清朝康雍时期屡次禁止民间铸造黄铜器皿，然清宫黄铜贮存量总数仍达百万斤，用于建筑、器皿则不计其数。Evelyn S. Rawski 提到清朝运用萨满教维系满洲族群，运用藏传佛教拉拢蒙古关系，运用儒家礼仪统治汉人。[53]从宫廷黄铜器物的制作也可以看到乾隆皇帝信仰藏传佛教至深，大量制作佛像、铜殿等，消耗的铜达数百万斤。乾隆时用黄铜建造寺庙的屋顶、建铜亭这是历史上少有的壮举。其次，为了消防理由，清朝紫禁城内装置大量铜缸，用铜达数十万斤。乾隆皇帝不喜欢黄铜晃亮的感觉，器物大都经过烧古处理，此技术是传承前朝的技术，现今留下的许多器物都是乾隆皇帝时代的作品。

清代宫廷的铸黄铜技术流传民间，源自乾隆时宫廷造像规模盛大，聘用外头工匠众多，这些工匠来自山西省，由殷实之家担任夫头，招募的工匠取具甘结，进入宫廷给腰牌以便稽查。乾隆年间黄铜在中国流量增加，促使北京成为供应蒙古地区铜佛像、供器的中心。过去学者讨论清朝将北京建立为藏传佛教信仰中心，而器物的制造与传播也反映这样的趋势，或许可以说是清朝皇帝无心插柳的成果。

约翰·巴洛在《我看乾隆盛世》记载："汤若望、南怀仁曾费了极大努力教中国人铸造火炮的技术，他们却至今也没有长进。我注意到，北京一个城门附近丢弃着几尊形状丑陋、比例失调的火炮。他们跟那些广东边境的同类，以及杭州府那几尊12磅，各自有木棚遮盖的火炮，就是在这个国家所能见到的所有的大炮了。"[54]约翰·巴洛之所以看不到中国的火炮，应是乾隆毁铜的结果吧。

［参考文献］

［1］章鸿钊. 中国用锌的起源［J］. 科学，1923（8）：233—243.

［2］王琎. 五铢钱化学分析及古代应用铅锡锌镴考［J］. 科学，1923（8）：839—854；赵匡华，周嘉华. 中国科学技术史·化学卷［M］. 北京：科学出版社，1998.

［3］赵匡华. 中国历代"黄铜"考释［J］. 自然科学史研究，1987（4）：323—331.

［4］马越，李秀辉. 中国古代黄铜制品与冶炼技术的研究状况分析［J］. 中国科技史杂志，2010（1）：1—8.

［5］刘潞. 康熙与西学［J］. 中国档案，1998（8）：44—46.

[6] FERDINAND LESSING, YUNG HO KUNG. An Iconography of the Lamaist Cathedral in Peking with Notes on Lamaist Mytholo gy and Cult Stockholm [M]. G teborg: Elanders Boktryckeri Aktiebolag, 1942: 56.

[7] 诺贝特·埃利亚斯. 文明的进程:文明社会起源和心理起源的研究[M]. 王佩莉,译. 北京:生活·读书·新知三联书店,1998:187—198.

[8] 巫仁恕. 品味奢华——晚明的消费社会与士大夫[M]. 台北:联经出版社,2007:219.

[9] 陈宏谋. 申铜禁酌鼓铸疏[M]//贺长龄. 皇朝经世文编卷:户政28. 台北:文海出版社,1979:9—10.

[10] 段本洛,张圻福. 苏州手工业史[M]. 南京:江苏古籍出版社,1986:104、143. [11] 刘序枫. 清康熙—乾隆年间洋铜的进口与流通问题[M]//佚名. 中国海洋发展史论文集. 台北:"中央研究院"中山人文社会科学研究所,1999:93—144.

[12] 严中平. 清代云南铜政考[M]. 上海:中华书局,1948:169.

[13] 潘吉星. 天工开物校注及研究[M]. 成都:巴蜀书社,1989:364.

[14] 昆冈. 大清会典事例:卷214[M]. 北京:中华书局,1991:494—495.

[15] 觉罗勒德洪,等. 大清高宗纯皇帝实录卷[M]. 北京:中华书局,1986.

[16] 国家图书馆分馆. 当谱·清抄本[M]//中国古代当铺鉴定秘籍. 北京:全国图书馆文献缩微复制中心,2001:230.

[17] Hosea Ballou Morse. The Chronicles of the East India Company Trading to China, 1635—1834 [M]. The Clarendon press, 1926—29).

[18] Watson Richard. Chemical essays (London: printed for J. Johnson, F. and C. Rivington; R. Faulder; J. Walker; J. Scatch erd; J. Nunn; Longman and Rees; Cadell, jun. and Davies; and T. Hurst. 1800 [M]. G. Woodfall, printer, 1800: 28.

[19] S. Wells William. The Chinese Commercial Guide, Containing Treaties, Tariffs, Regulations, Tables, etc., Useful in theTrade to China & Eastern Asia: With an Appendix of Sailing Directions for Those Seas and Coasts [M]. Ch'eng-Wen Publishing, 1966: 116 - 117.

[20] Keith Pinn, Paktong. the Chinese alloy in Europe, 1680—1820 (Wood-

bridge, Suffolk;[Wappingers Falls, NY][M]. AntiqueCollectors' Club, c1999: 182 – 184.

[21] Walter Renton Lngalls. Production And Properties of Zinc: a Treatise On the Occurrence And Distribution of Zinc Ore[M]. The Engineering and Mining Journal, 1902: 3.

[22] 马士. 英国东印度公司对华贸易编年史[M]. 区宗华, 译. 广州: 中山大学出版社, 1991: 326.

[23] 梁廷枏, 等. 粤海关志: 卷17[M]. 台北: 文海出版社, 1975: 1255—1256.

[24] 杜赫德. 耶稣会士中国书简集[M]. 郑德弟, 吕一民, 等, 译. 郑州: 大象出版社, 2005: 117.

[25] 永积洋子. 唐船输出入品数量一览（1637—1833 年）: 复元唐船货物改帐・帰帆荷物买渡帐[M]. 东京: 创文社, 1987: 259.

[26] 山脇悌二郎. 長崎の唐人貿易[M]. 东京: 吉川弘文馆, 1972: 239—240.

[27] 佚名. 总管内务府现行条例（广储司）: 卷3[M]//沈云龙. 近代中国史料丛刊. 台北: 文海出版社, 1972: 145.

[28] 中国第一历史档案馆, 香港中文大学文物馆. 清宫内务府造办处档案总汇: 册14[M]. 北京: 人民出版社, 2007: 103—104.

[29] 黄一农. 红夷大炮与皇太极创立的八旗汉军[J]. 历史研究, 2004(4): 74—105.

[30] 工布查布. 造像量度经[M]. 台北: 台湾印经处, 1956.

[31] 袁凯铮. 西藏东部藏传佛教铜佛像制作工艺研究[D]. 北京: 北京科技大学, 2010: 81—82.

[32] 中国第一历史档案馆. 乾隆朝内务府奏销档: 册55[M]. 乾隆二十六年一月十七日: 341—343.

[33] 国家图书馆分馆. 论皮衣粗细毛法: 清道光二十三年抄本[M]. 北京: 全国图书馆文献缩微复制中心, 2001: 157.

[34] 迈柱, 等. 九卿议定物料价值: 卷4[M]. 海口: 海南出版社, 2000: 1—2.

[35] 伊東祐信. 熱河古蹟: 避暑山莊と外八廟の調査と保存[M]. 東京: 伊東知恵子發行, 1994: 9.

[36] 杨美莉. 晚明清初仿古器的作色——以铜器、玉器为主的研究 [J]. 故宫学术季刊, 2005 (3): 17—53.

[37] 路迪民, 王大业. 中国古代冶金与金属文物 [M]. 西安: 陕西科学技术出版社, 1998: 83—84.

[38] 阿·马·波兹德涅耶夫. 蒙古及蒙古人: 卷1 [M]. 刘汉明, 等, 译. 呼和浩特: 内蒙古人民出版社, 1983: 574—575.

[39] 马鹤天. 内外蒙古考察日记 [M] // 佚名. 中国边疆社会调查报告集成第一辑: 册12. 桂林: 广西师范大学出版社, 2010: 220.

[40] 赖惠敏. 寡人好货: 乾隆皇帝与姑苏繁华 [J]. "中央研究院" 近代史研究所集刊, 2008 (58): 185—233.

[44] 乾隆朝内务府银库用项月折档 [Z]. 乾隆二十六年七月.

[41] 赖惠敏. 铁杆庄稼——清末内务府辛者库人的家户与生计 [J]. "中央研究院" 近代史研究所集刊, 2002 (38): 71—128.

[42] 刘德泉. 潞郡会馆纪念碑文 [M]. 台北: 史语所傅斯年图书馆藏拓片, 民国九年 (1920).

[43] 宋丽莉, 张正明. 浅谈明清潞商与区域环境的相互影响 [J]. 山西大学学报: 哲学社会科学版, 2008 (1): 134—137.

[44] 彭泽益. 中国近代手工业史资料 [M]. 北京: 中华书局, 1962: 422—423.

[45] 中野江汉. 北京繁昌记: 卷1 [M]. 北京: 支那风物研究会, 1925: 96—101.

[46] 王永斌. 北京关厢乡镇和老字号 [M]. 北京: 东方出版社, 2003: 66—67.

[47] 池泽汇, 等. 北平市工商业概况 [M] // 张研, 等. 民国史料丛刊: 册571. 郑州: 大象出版社, 2009: 443—444.

[48] 中国第一历史档案馆. 乾隆朝惩办贪污档案选编: 册1 [M]. 北京: 中华书局, 1994: 1144—45.

[49] 文震亨. 长物志图说: 卷7 [M]. 海军, 田君, 注释. 济南: 山东画报出版社, 2004: 418.

[50] 许雅惠. 晚明的古铜知识与仿古铜器 [J]. 故宫文物月刊, 2004 (10): 53—63.

[51] 赖毓芝. 从康熙的算学到奥地利安布列司堡收藏的一些思考 [J]. 故

宫文物月刊，2006（3）：106—118.

［52］Penny Le-couteur, Jay Burreson. Napoleon's Buttons：17 Molecules that Changed History［M］. Putnam Pub Group，2004：14-15.

［53］Evelyns. Rawski. The Last Emperors：A Social History of Qing Imperial Institutions［M］. University of California Press，1998：208.

［54］约翰·巴洛. 我看乾隆盛世［M］. 李国庆，欧阳少春，译. 北京：北京图书馆出版社，2007：216、218.

[原载于《吉林师范大学学报》（人文社会科学版）2015年第1期]

嘉庆朝内务府人参变价制度的新变化

滕德永[*]

有清一代,东北地区向清朝帝王进献了大量的人参,而宫廷所用有限,内务府将其剩余人参变价销售,并由此走上人参变价之路。

清代内务府人参变价制度发端于康熙时期,最终形成于乾隆时期,并于乾隆时期达到了巅峰,内务府的人参变价收益颇丰,最高年入银多达50余万两[1],这约占当年内务府广储司总入银的1/5。至此,人参变价仍是内务府财政收入最为重要的来源之一。嘉庆时期,内务府的人参变价出现了一些新的特点。

对于嘉庆朝内务府人参变价问题,学界研究尚不深入。笔者所见仅有叶志如先生的《从人参专采专卖看清宫廷的特供保障》对此有所涉及,滕德永的《嘉庆朝的御赏贡参制度》及《嘉道时期内务府人参"加价银"问题辨析》亦只考察了人参变价两个侧面。总体来看,这一问题尚有继续探讨的空间,笔者根据相关档案文书对嘉庆朝内务府人参变价的情况进行梳理,研讨其发生的变化及由此产生的影响。

一 嘉庆前内务府人参变价概况

由于具有极高的药用价值,人参深受古人之喜爱。早在明代,东北

---

[*] 滕德永(1979—),男,山东聊城人,故宫博物院宫廷部副研究馆员,历史学博士,研究方向:清代军事史、宫廷史及宫廷文物研究。

地区的少数民族即将其作为重要的贸易物品。万历十二年（1584）三月，仅镇北关即交易人参 2000 余斤，合市斤约 3200 余斤。其中，三月二十八日交易人参多达 695 斤[2]。至努尔哈赤时期，后金统治者控制了东北的人参贸易，"使得努尔哈赤在 16 世纪 80 年代及其以后东北城居各部落争夺军事霸权的斗争中，拥有了雄厚的经济实力"[3]。

清军入关后，清代皇室逐步垄断了东北人参的采挖。康熙中后期，清政府还实行参票专采制[4]。由此，东北三省将大量人参进献宫廷。据统计，康熙六十一年（1722）内务府库储人参 2216 斤，雍正二年（1724）多达 2368 斤[5]。宫中用参有限，剩余颇多，而此等人参若久储库中，必然受损。为此，清代内务府根据用度情况，将大量人参交商人变价。

康熙时期，内务府即开始探索人参变价之方式。它们将剩余人参或交崇文门，或交江南织造[6]，或交内务府商人变价。雍正时期，内务府则基本延续了既有模式。乾隆中前期，内务府在延续前朝的基础之上，继续探索，并于乾隆三十二年（1767），为了便于参斤的销售，内务府奏请将变价参斤交付长芦等九处变卖。至乾隆三十六年（1771），内务府将两淮、长芦、江宁、杭州、苏州和粤海关等六处确定为最终的参斤销变之地。至此，内务府形成了较为完善的人参变价制度。

不仅如此，其人参变价价格亦有质的飞跃。雍正十三年（1735）时，内务府五等人参每斤银 65 两，泡丁每斤银 34 两，芦须每斤银 12 两，参渣末每斤银 8 两①。乾隆时期，内务府人参变价价格不断增长。至乾隆三十二年，内务府将人参变价价格下放于各变价地方，其所变参价每斤 500 余两至 800 两不等，其渣末泡丁等价亦较比成价均属有增无减②。而在乾隆四十三年（1778）以后，其人参变价价格基本维

---

① 中国第一历史档案馆，《乾隆元年二月十九日奏请将应卖人参照前价值交与内务府官员等变卖事》，档号 05—0003—031。

② 中国第一历史档案馆，《乾隆三十三年九月二十八日奏为发变参斤价银全部解交广储司事》，档号 05—0256—029。

持在每斤960两至1120两①之间。

乾隆朝内务府变价参斤的数量前后起伏很大。乾隆三十年（1765）以前，变价参斤的数量也基本维持在千斤左右，最多高达4443斤②。此后，数量开始逐渐下降，乾隆三十一年（1766）至乾隆四十年（1775），内务府变价参斤数量维持在400—500斤，而至乾隆末年，甚至降至100余斤③。

乾隆朝内务府人参变价制度的最终确立，极大地便利了人参变价活动的开展，为内务府和皇室带来了极大的收益。根据内务府档案不完全统计，在乾隆统治的最后28年中，由于采取了更为有效的参斤销售方式以及人参价格的飞涨，内务府的收益达至顶峰，共约收银7075550余两，年平均收益283020余两[7]。这成为此后较长一段时间内务府财政收入的最为重要的来源之一。

嘉庆时期，内务府延续了乾隆朝所确立的人参变价制度，但由于形势的变化及其他诸多因素的影响，内务府的人参变价制度也出现了一些新的变化。

二　嘉庆朝内务府人参变价政策之变化

嘉庆继位之初，内务府仍然沿用了乾隆时期参斤交付三处织造及盐政变价售变的办法。乾隆皇帝崩逝不久，内务府即奏请取消发交两淮、苏州等六处变价，实行留京变价。他们认为将人参发交六处变价，内务府收益有限，且因此导致京中人参供应不足，以致价格甚昂，而"商人从中得以加倍获利"。所以，他们认为与其将人参交商人辗转获利，不若留京变价，实行"分给王公大臣等认买"的新办

---

① 中国第一历史档案馆，《乾隆四十六年十一月初五日奏为六库变价参斤银两赏给内府官员事》，档号05—0363—009。
② 此处单位是市斤。
③ 中国第一历史档案馆，《乾隆六十年三月十一日奏为盛京等处送到人参挑选发交两淮等处售变事折》，档号447—172。

法。这有两大优点：其一，昭显皇恩，"在廷诸臣皆得仰邀圣恩，自必人人欢欣，感激图报"；其二，有助于平抑参价，"如此一转移间，京师参价自必日见平减，在商贾细民亦觉甚便，且与库项钱粮无亏，洵属大大禅益"①。

其实，内务府的此次改变并无新意。乾隆初期，内务府即将大量人参分包，令京中王公大臣等认买。对此，内务府亦深知此乃"旧制"。但其实际之执行，则较之乾隆时期有着诸多变化[8]。其中，王公赏买的人参价值只有市值的一半。但最为重要的则是嘉庆皇帝直接参与其中，由他决定最终的赏买人员。这种赏买途径沿用至嘉庆十六年（1811），即因东三省所进人参秧参混杂诸问题，以致大臣领买之参售卖困难。为示惩罚，内务府将问题人参各进贡地方自行收回售卖，将所得银两交内务府。对于这些银两，内务府扣除官价所得，其余由各承买官员收领②。虽然这种变价方式"除承领参斤大臣所得价银并扣留官价外，较历年洵属有盈"，但"此系就当时情形权宜办理，未便据以为例，恐滋流弊，且与体制不合"③，所以当秧参问题解决之后，这种变价方式即为内务府取缔。不过，为了笼络群臣，昭显皇恩，嘉庆皇帝将大臣赏买贡参制度做了改变，实行直接赏赐的形式——即御赏贡参制度。这免除了受赏大臣的经济负担，大大增加了其人参收益。

御赏贡参制度出现后，既有的人参变价制度即不再适用，而且御赏贡参只约占东三省进献总量的一半，其余人参内务府仍需变价。为此，内务府又恢复了发交京中商人变价的形式。对此，内务府信心不足，他们担忧商人"有意居奇，不愿承领"。为此，他们又制定了候补办法，一旦此种事情发生，即将内务府人参"发交两淮盐政、浙江

---

① 中国第一历史档案馆，《嘉庆四年二月二十六日奏为将参斤分给王公大臣认买事》，档号05—0473—075。

② 中国第一历史档案馆，《嘉庆十六年三月初二日奏为选验盛京等处参斤成数事》，档号05—0553—002。

③ 中国第一历史档案馆，《嘉庆十七年四月初十日奏为酌拟赏给王大臣参斤数目并变价参数事》，档号05—0560—045。

盐政、粤海关监督三处交商"①变价。内务府担忧的情况并未出现，京中商人愿意认买。嘉庆十七年（1812）、十八年（1813），内府人参即通过此种途径变价。至嘉庆十九年（1814），内务府又将人参发交两淮和粤海关变价。从此，粤海关和两淮成为内务府人参变价的最重要的地方，并延续至道光末期。

在两淮和粤海关之中，两淮的作用更为重要。自嘉庆十一年（1806）始，两淮地方已经开始承担内务府四等人参和少量五等人参的变价。至嘉庆十九年以后，两淮地方更是承担了主要的人参变价任务，其变价价值约占总数的70%以上。

实行人参加价银是嘉庆朝内务府人参变价的又一重要变化。嘉庆十九年，为了筹集圆明园陈枪营经费，在其人参的例价之外，内务府又额外增设加价银。这实际上是变相增加了人参变价的价格。其中，"五等参每两于例价外加价四十换，泡丁、渣末每两于例价外加价三十换"②。至此，五等参变价价格为每两值银220两，渣末每两值银130两，泡丁每两值银110两。这一制度延续至道光朝。

对于人参加价银问题，前人学者认为人参加价银与人参摊派交进银无异。笔者认为内务府人参加价银与道光时期的人参摊派交进银都是内务府人参变价过程中的产物，其根本目的在于为内务府筹集经费，但二者却不是非此即彼的关系。

其实，无论是大臣赏买贡参，还是发交两淮、粤海关变价，这两种途径所变价人参并非内务府余参的全部。在此之外，每年还有部分人参由内务府另外招商认买。这些人参主要是上述两种途径选剩残余，这些人参数量极少。嘉庆六年（1801），内务府将余剩"四等参五两六钱，五等参一斤六两五钱，渣末二斤九两，泡丁一斤七两六钱四分，俱系碎小参渣，不足分包。请即令广储司官员将此项不足分包

---

① 中国第一历史档案馆，《嘉庆十七年四月初十日奏为酌拟赏给王大臣参斤数目并变价参数事》，档号05—0560—045。

② 中国第一历史档案馆，《嘉庆十九年四月二十三日奏报办理本年盛京等处参斤情形及添建营房借银缘由折》，档号464—031。

余出碎小参渣五斤十二两七钱四分,芦须十二两一钱,生参二钱三分,一并归入秤余渣末泡丁五斤十四两六钱招商认买"。其所得价值主要"以备内务府三旗养育兵一年钱粮,并年终赏给一月钱粮之用,所余银两仍照向年旧例,赏给该处官员以作办公之费"。①

三 嘉庆朝内务府人参变价政策之影响

嘉庆朝人参变价政策的变化,对内务府的人参变价活动产生了重大的影响。这主要表现在以下几个方面。

(一) 它极大地影响了嘉庆朝人参变价的数量

清中前期,由于长时间、大规模的不断采挖,至乾隆中期,东北地区的人参产量已经急剧下降。据记载,康熙四十八年(1709)清政府发放参票2万张,规定乌拉满洲等每年交送人参1000斤。此后,东三省每年进献人参多在千斤以上,并延续到乾隆二十年(1755)前后。

嘉庆十九年后两淮人参变价价值一览表②　　　(单位:两)

朝年	内务府变价参斤价值总额	两淮变价参斤价值总额	两淮变价参斤价值总额所占比重
嘉庆十九年	258526	199806	77.2%
嘉庆二十年	254592	187432	73.6%
嘉庆二十一年	256420	187140	72.98%
嘉庆二十二年	263232	189711	72.1%
嘉庆二十三年	273110	193590	70.9%
嘉庆二十四年	281126	202046	71.9%
嘉庆二十五年	284660	204500	71.8%

---

① 中国第一历史档案馆,《嘉庆六年三月二十四日奏为盛京等处解到参斤分给大臣认买并赏本府官员事》,档号05—0488—048。
② 本表根据中国第一历史档案馆所藏嘉庆、道光两朝内务府奏案与奏销档整理而来。

乾隆二十年以后，东北地区进献人参数量持续下降。乾隆四十一年（1776），内务府曾述及乾隆年间东三省进献人参情况："查乾隆三十五年（1770）以前，人参每年收的九百余斤至六百数十斤，近年以来，只四五百斤，本年并不足四百斤，较从前年减一年。"① 乾隆四十五年（1780）以后，东三省每年所进人参数量更是不断减少。至乾隆六十年，东三省所进人参仅有130余斤②。嘉庆时期，东三省所进人参数量则趋于稳定，每年基本维持在100斤左右，最多达至150余斤。

嘉庆一朝，内务府留存备用人参数量急剧减少。尤其是嘉庆四年（1799）以后，内务府主要留用四等人参，五等人参仅五斤有余。即使如此，这些留用人参也消耗有限，只能来年替换之后，予以变价。嘉庆五年（1800）人参变价之际，内务府在东三省所进人参内，"选出四等参三斤，五等参五斤交进内库，请将上年交进备赏之四等参三斤，五等参五斤换出归入此次参斤数内，一体售变，以免日久虫蛀之虞"③。这并非偶然情况，而是几乎每年如此。

嘉庆十七年（1812）前后，内务府变价人参数量有较大变化。在此以前，除内廷留用外，其余人参全部用于变价，而在此后，则有相当一部分用于赏赐王公大臣，其变价人参的数量锐减。嘉庆二十年（1815），东三省进献人参共110余斤，其中五等参60余斤，但有30余斤被用于赏赐④。这约占进献总量的27%，约占五等参总量的50%。

（二）它极大地影响了嘉庆朝人参变价的价格

乾隆时期，内务府人参的变价价格持续增长，并于乾隆末期，达

---

① 中国第一历史档案馆，《乾隆四十一年三月十七日奏为参斤发交两淮等处变价事》，档号05—0325—014。

② 中国第一历史档案馆，《乾隆六十年三月十一日奏为盛京等处送到人参挑选发交两淮等处售变事折》，档号447—172。

③ 中国第一历史档案馆，《嘉庆四年二月奏为参斤成数等第事》，档号05—0473—076。

④ 中国第一历史档案馆，《嘉庆二十年五月二十二日奏为赏给王公大臣等盛京进到参斤事》，档号05—0577—069。

至乾隆一朝之最高峰。进入嘉庆朝，因为其人参变价政策的作用，内务府的人参变价价格有较大起伏。

嘉庆四年，内务府的人参变价实行大臣赏买制度。这对于内务府人参的变价价格产生了较大影响。当时京内人参高至每两值银120余两，每斤高达1900余两。这种居高不下的参价不仅令普通人望而止步，即使王公大臣亦难以承受。此时，内务府意图令认买人参之王公大臣受益，"在欲服参之人不致用贵价采买，即不须服参之人亦可转售余利"①。但要实现这一目的，内务府必须做出让步——降低人参变价的价格，从而使得购买官员有转卖获利的价格空间。这实际上是减少内务府人参变价的收益。

将内务府人参降价销售于王公大臣的办法得到嘉庆皇帝的支持，但具体的降价标准是其必须考虑的事情。在新制度实行的第一年，内务府的降价幅度较大。"伏查前项变价参斤既蒙殊恩赏给在京王公大臣认买，若仍照发交六处定价不足以广皇仁，臣等仰体圣慈加惠臣工至意，酌中拟定参斤价值"②。虽然不能确定其降价的最终标准，但可确定每两人参的变价价格肯定不会高于60两。这种状况至嘉庆五年即发生变化。"上年因系初次试办，恐一时不能售变，是以所定价值稍轻。臣等悉心筹划，比较上年价值量为加增，俾认买之员仍可上邀慈惠于官项钱粮，又能增益"③。可惜的是，由于档案的缺失，笔者并未见到明确的价格记载。根据有关档案，笔者估算出其赏买人参的价格只有市场价格的一半[8]102。

在御赏贡参取代赏买贡参制度之后，内务府人参初交付京中商人，后交付两淮和粤海关变价，其变价价格沿用的是东三省的市场价

---

① 中国第一历史档案馆，《嘉庆四年二月二十六日奏为将参斤分给王公大臣认买事》，档号05—0473—075。
② 中国第一历史档案馆，《嘉庆四年三月二十八日奏为盛京等处解到参斤成数分赏王公大臣认买事》，档号05—0474—089。
③ 中国第一历史档案馆，《嘉庆四年二月奏为参斤成数等第事》，档号05—0473—076。

格:"参每两一百八十换,泡丁每两八十换"①。

其实,以上两种价格是内务府人参变价的主体价格,此外还有两种辅助价格:一为余剩碎小人参价格,一为内殿留用人参价格。

余剩碎小人参的变价较为特殊。它们并不与内务府大宗人参同时变价,而由内务府另外招商售卖。对于其售变情形,内务府档案疏于记载,但仍可从其只言片语中窥其一斑。因为这部分人参的变价收益全部作为养育兵钱粮及内务府办公经费,内务府人员较为重视,其售变基本遵照市价进行。嘉庆十七年以前,其售价较大臣赏买为高,而嘉庆十九年以后,由于加价银的实行,其售价则低于两淮和粤海关。

内殿留用人参的变价价格最高。嘉庆时期,由于贡参赏买制度与御赏贡参制度的实行,嘉庆皇帝日常几无赏参,内殿留用人参几成为御用参的专称。在此等人参变价之时,内务府将之赋予了浓厚的皇家色彩,其价格远高于其他同等次人参。嘉庆一朝,内殿留用人参变价始于嘉庆十一年。内务府将内殿留用四等人参中的剩余部分发交两淮变价,至扬州后商人踊跃购买,每两价银400两,每斤合银6400两②。仅此一项,内务府每年即可得银丰厚。所以,以此为始内务府取消了大臣赏买四等人参的权限,而将全部四等人参发交两淮变价。至嘉庆十五年,内务府又将内殿留用五等人参的剩余部分发交两淮变价,其价格较四等人参稍低,每两值银300两③,这一价格亦为道光朝所沿用。

总之,嘉庆朝内务府人参变价的价格具有浓厚的嘉庆特色,不仅有多重的价格标准,而且其价格并非独自存在,而是几种同时并存。嘉庆一朝,前有贡参赏买,后有两淮、粤海关变价,但皆有余参变价价格与之相伴。后来,内殿留用人参价格亦参与期间。这就导致嘉庆

---

① 中国第一历史档案馆,《嘉庆十六年三月初二日奏为选验盛京等处参斤成数事》,档号05—0553—002。
② 中国第一历史档案馆,《嘉庆十二年二月二十七日奏报本年发交两淮变价参斤已传额勒布之子宝林领解事》,档号05—0526—082。
③ 中国第一历史档案馆,《嘉庆十五年二月二十七日奏为盛京等处解到参斤内挑出秧参应行议处事》,档号05—0548—017。

朝内务府的人参变价，在多数时间内同时有三种价格机制运行。

（三）它直接影响了内务府人参变价的收益

内务府变价人参的数量及价格是影响其收益的最为重要的两个因素。嘉庆一朝，这两个因素都有较大变化，这使得内务府的收益波动较大。

嘉庆四年至嘉庆十年，由于实行贡参赏买制度，内务府变价人参的价格较低，其收益大为缩减，基本未曾超过 10 万两。嘉庆十一年以后，由于内殿留用人参参与变价，且其价格甚高，内务府的收益大大增加。虽然嘉庆十七年，御赏贡参制度取代了既有的贡参赏买制度，这使得内务府用于变价的人参数量锐减，基本上只能保证原有数量的一半[1]。这对内务府的收益有所影响，但内殿留用人参的丰厚收益加入使得其总收益维持在 13 万两以上。尤其是嘉庆十九年以后，参斤加价银的实行更是增加了内务府的收益。此后，每年的人参变价收益都在 25 万两以上，最多时高达 28 万余两。

嘉庆朝的人参变价收益丰厚，内务府将其运用于诸多方面。乾隆时期，内务府不仅将人参变价银两用作宫廷消费，还将其中的 4 万两用作内务府人员及宫廷侍卫的工作经费，进而军机处、提督衙门亦从中受益[2]。嘉庆时期，内务府人参变价银两的用途又有所扩大。如前文所述之余剩人参变价银两用作三旗养育兵钱粮及广储司人员办公经费。至嘉庆十九年，内务府又将之扩及紫禁城值班官兵加增饭食费用，随扈天坛兵丁费用共 1.9 万余两。同年，圆明园建立新陈枪营，其厂房、操演经费亦皆出自人参变价收益[3]。不仅如此，内务府还将部分变价银两发交商人生息，以为内务府支用[4]。更有甚者，嘉庆皇

---

[1] 嘉庆十五年，由于秧参问题，东三省进献不能足额，以致无参可变。
[2] 中国第一历史档案馆，《乾隆三十九年十一月初五日奏为三旗侍卫等赏给参价余利银两等事折》，档号 330—019—1。
[3] 中国第一历史档案馆，《嘉庆十九年奏案清册》，档号 05—1074—002。
[4] 中国第一历史档案馆，《嘉庆二十四年十一月十四日奏为遵旨筹拨闲款交商生息以赏各旗事折》，档号 497—254。

帝还将人参变价银 1 万两发交太监修理坟茔①。

综合比较，由于人参价格的跳跃式增长，使得嘉庆朝内务府的人参变价收益并未因其数量的减少而下降，反而较乾隆后期有所增长。而嘉庆朝内务府人参收益用项的不断增长标志着内务府对人参变价的依赖性增强，这凸显了人参变价对于内务府财政的重要性。

四　内务府人参变价变化之简析

自乾隆始，人参变价收益在内务府财政体系中所占比重渐趋增大。这也直接提升了东北人参的社会地位，被人视为治病之良药，更成为官员往来之贵重礼品。这又会反作用于内务府的人参变价。嘉庆朝内务府人参变价出现的诸多变化，既是此反作用的外在表现，又是嘉庆皇帝和内务府在新形势下的主动变革。这种变化在当时及其以后都有重要影响。

嘉庆朝内务府人参变价情况一览表②（单位：两）

朝年	东北三省贡参数目	内务府变价人参数目	例价得银	加价得银	两淮变价四等五等参价银	变价总银两
嘉庆元年	票参 152 斤 7 两 4 钱	四等参及大枝人参共 7 斤 8 两 1 钱，五等参 119 斤，渣末 20 斤 12 两 3 钱 5 分		无	44731	147210
嘉庆二年	大枝参 1 斤 4 钱，好参 9 斤 2 两。五等参 116 斤 13 两，参渣末 9 斤 4 两，泡丁 26 斤 9 两 1 钱	四等参及大枝人参共 7 斤 2 两 4 钱，五等参 114 斤 5 两，渣末等 36 斤 5 两 2 钱 5 分		无	42730	150411

---

① 中国第一历史档案馆，《嘉庆二十四年十一月二十八日奏为恩赏太监等修理坟茔银两事折》，档号 497—346—2。

② 资料来源于中国第一历史档案馆所藏内务府档案。

续表

朝年	东北三省贡参数目	内务府变价人参数目	例价得银	加价得银	两淮变价四等五等参价银	变价总银两
嘉庆三年	大枝参1斤4两8钱，好参9斤2两。五等参92斤4两，渣末21斤10两，泡丁38斤13两7钱	四等参及大枝人参共7斤6两8钱，五等参91斤12两，渣末等64斤7两2钱1分		无	39401	140612①
嘉庆四年	票参153斤2两1钱	四等参6斤5两9钱3分，五等参91斤2两6钱，渣末等112斤13两8钱5分		无	无	不详
嘉庆五年	票参133斤1两8钱	四等参7斤6两5钱，五等参55斤5两3钱8分，渣末等83斤2两，泡丁2钱2分		无	无	不详
嘉庆六年	票参122斤11两4钱	四等参7斤3两，五等参48斤2两，渣末等70斤10两②	90945	无	无	90945
嘉庆七年	票参135斤6两9钱	四等参6斤14两，五等参43斤14两5钱，渣末等85斤3两5钱	91875	无	无	91875
嘉庆八年	票参123斤6两7钱	四等参6斤13两，五等参22斤8两，渣末等99斤14两	74150	无	无	74150
嘉庆九年	票参118斤7两6钱	四等参7斤5钱，五等参20斤15两，渣末等102斤9两	73520	无	无	73520
嘉庆十年	票参127斤7两6钱	四等参7斤5钱，五等参34斤10两5钱，渣末等91斤7两5钱	84077	无	无	84077

① 根据档案可知，自乾隆四十三年以来，两淮等六处所变人参价格未变。所以，嘉庆元年至嘉庆三年内务府人参变价价值乃根据乾隆五十六年各处价格换算而来。
② 嘉庆六年以后，本文所做变价参斤之统计，不包括余剩细小参斤数目。

续表

朝年	东北三省贡参数目	内务府变价人参数目	例价得银	加价得银	两淮变价四等五等参价银	变价总银两
嘉庆十一年	票参127斤14两5钱	四等参12斤，五等参39斤5钱，渣末等83斤9两	148415	无	79800	148415
嘉庆十二年	票参125斤1两1钱	四等参9斤6两4钱，五等参47斤6两，渣末等71斤5两5钱	133332	无	60160	133332
嘉庆十三年	票参125斤7两1钱	四等参10斤1钱，五等参48斤8两，渣末等72斤4两	138410	无	64040	138410
嘉庆十四年	票参126斤5两3钱	四等参9斤2两7钱，五等参47斤12两，渣末等68斤9两	131032	无	58680	131032
嘉庆十五年	票参内堪用参23斤12两，泡丁40斤4两2钱，外有秧参58斤8两1钱及带铅泡丁2斤8两	五等参21斤9两2钱，渣末等39斤8两4钱7分5厘	56152	无		56152①
嘉庆十六年	五等参88斤8两4钱，泡丁20斤9两	五等参88斤10两5钱，泡丁20斤9两	154221	无	26460	154221
嘉庆十七年	票参116斤，好参6斤	四等参6斤2两，五等参45斤10两，渣末等28斤	208803	无	61603	208803
嘉庆十八年	票参107斤1两9钱，私参9两6钱	四等参6斤2两，五等参31斤10两9钱，渣末等33斤	182360	无	61720	182360
嘉庆十九年	票参114斤6两5钱，私参7两6钱	四等参6斤13两7钱，五等参42斤3两7钱，渣末33斤	149440	39520	69296	258526

---

① 包括交付两淮变价之五等参与渣末、泡丁价值白银26700余两，这一部分并未见到内务府收银档案，而是笔者根据内务府所定价格进行的换算。

续表

朝年	东北三省贡参数目	内务府变价人参数目	例价得银	加价得银	两淮变价四等五等参价银	变价总银两
嘉庆二十年	票参112斤15两6钱；私参8两8钱	四等参9斤2两，五等参三38斤3两7钱，渣末等三32斤	134720	35840	84392	254592
嘉庆二十一年	票参112斤7两五钱，私参3两	四等参9斤2两，五等参37斤3两6钱，渣末等33斤	136320	36320	83780	256420
嘉庆二十二年	票参四115斤4两5钱，私参2两8钱	四等参9斤2两，五等参40斤4两，渣末等31斤2两	144000	37840	81392	263232
嘉庆二十三年	票参117斤6两5钱票	四等参9斤2两，五等参41斤11两7钱，渣末等34斤	149920	39680	83510	273110
嘉庆二十四年	参118斤10两，私参2两7钱，泡丁1两1钱	四等参9斤2两，五等参44斤4两5钱，渣末等35斤	156160	41120	83846	281126
嘉庆二十五年	票参120斤	四等参8斤9两，五等参45斤3两2钱6分，渣末等35斤	164320	42720	77620	284660
合计			2602172	273040	1103161	3877191

其一，经济利益不再是唯一追求，而是成为昭显皇恩、笼络人心的重要工具。自嘉庆四年开始，嘉庆皇帝将内务府人参低价售变为京中王公大臣。这对赏买大臣而言是一笔丰厚的收益，所以嘉庆一朝呈请赏买者人员众多。购买资格被嘉庆皇帝牢牢控制，非受恩深重者不能得。至嘉庆后期，内务府人参赏买制度又为更为优渥的御赏贡参制度所代替。因此，能否得以赏买贡参或者得以御赏贡参成为王公受宠程度的一个重要风向标。

其二，进一步加强了对两淮盐政的经济掠夺。乾隆之时，两淮盐政即承担了内务府重要的人参变价任务。嘉庆时期，两淮盐政所承担的人参变价任务更重。先有内殿留用人参高价售变，后有加价银之产生，这对两淮商人都是一笔不菲的支出。与此同时，两淮盐政却开始遭遇危机，淮盐销路不畅，盐商疲困。在此情形之下，内务府的人参变价必然遭受影响。嘉庆二十三年（1818），内务府发交两淮变价人参的银两至道光元年（1821）方才交讫。但皇权的至高无上令盐商无从逃避，疲于应对，这反过来又会影响两淮盐务运行，这是一个恶性循环。

内务府的需索无度是竭泽而渔的行为，它在短期内获得了丰厚的收益，但为后继者留下了潜在的危机。至道光时期，随着国家经济的持续衰退，两淮地区已经无力承担此种变价任务。为此，两江总督陶澍奏请改变既有变价办法，以减轻两淮商人负担。面对严峻的形势，内务府被迫接受。

其三，进一步破坏了东北的生态平衡。由于长期的采挖，东北参源几近枯竭。嘉庆时期，为了交足参额，一些地方开始种植人参[9]，有些已随野参一起入贡宫中。但嘉庆皇帝和内务府认为这些人参品质低下，不可进献宫中，并对有关人员进行惩罚。此后，内务府加强了对东北参务的管理。在此情况下，东三省进献的人参品质有所提升，每年所进人参基本维持在七成以上。这是对参山竭泽索取的结果，必然进一步破坏其生态。

总之，嘉庆朝内务府的人参变价是虚度繁荣，它是建立在对商人和参源地方的过度索取基础之上。这实际是一种短暂的、虚假的繁荣，其繁荣背后存在着严重的危机，至道光初年即得以爆发，内务府的人参变价遭遇危机。归根结底，这种境况的形成在于举国经济的衰退，由此导致内务府的财源不足，而这一竭泽而渔的措施不仅不能从根本上改变内务府的财政状况，反而会令其面临更为严重的财政困难。

[参考文献]

[1] 赖惠敏. 清乾隆朝的税关与皇室财政 [J]. 近代史研究所集刊, 2004, 12（46）：87.

[2] 辽宁大学历史系. 明代辽东残档选编 [M]. 沈阳：辽宁大学出版社，1979：52.

[3] 魏斐德. 洪业——清朝开国史 [M]. 陈苏镇，薄小莹，等，译. 南京：江苏人民出版社，2008：28.

[4] 崑冈，等. 钦定大清会典事例 [G]. 台北：新文丰出版公司，1976：8184.

[5] 叶志如. 从人参专采专卖看清宫廷的特供保障 [J]. 故宫博物院院刊，1990（1）：74—80.

[6] 故宫博物院明清档案部. 李煦奏折 [M]. 北京：中华书局，1976：132.

[7] 滕德永. 乾隆朝内务府对库存参斤的管理—以内务府的"参斤变价"为考察对象 [J]. 故宫博物院院刊，2011（4）：136—138.

[8] 滕德永. 嘉庆朝御赏贡参制度 [J]. 历史档案，2012（2）：99—101.

[9] 丛佩远. 东北三宝经济简史 [M]. 北京：农业出版社，1989：153.

[原载于《吉林师范大学学报》（人文社会科学版）2015年第1期]

慈禧太后入招医生的退食生活

关雪玲[*]

太医院医官是保证帝后身体康豫的中坚力量。作为一种补充方式，在太医院医官遇到疑难杂症束手无策、无起沉疴之良方时，清廷则从民间征召名医或通医之人进宫效力。光绪时期这种现象尤为突出，光绪六年（1880）便是其中有代表性的一次。当时，慈禧太后身体欠安持续数月，经太医院医官多方调治，仍不能痊愈。

在此情形下，朝廷采纳礼部侍郎宝廷饬各省保荐医士的奏请。六月初七日，清廷谕军机大臣等，要求各地府尹、督抚等详细延访本地"讲求岐黄，脉理精细者"，一旦查访到医理可靠之人，便派员伴送赴京[1]卷131。上谕发布后不久，六月十三日，直隶总督李鸿章奏报前任山东济东泰武临道薛福辰（字抚屏，江苏无锡人）"精研医理"，并遵旨保送其来京[1]卷114。随后又有几位通医之人到京，分别是：山西阳曲县知县汪守正（字子常，浙江杭州人）、江西县丞赵天向（字德舆，安徽太平县人）、江苏武进职员马文植（字培之，江苏武进孟河人）、浙江龃尹薛宝田（字莘农，江苏如皋人）、浙江淳安县教谕仲学辂（字昂庭，浙江杭州人）、湖南新宁县知县连自华（字书樵，浙江杭州人）、湖北盐法道程春藻（字丽芬，浙江人）以及前湖北巡抚潘霨（字纬如，江苏吴县人）。其中前八位经常被

---

[*] 关雪玲（1964— ），汉族，山西运城人，故宫博物院宫廷部研究馆员，研究方向：清代宫廷医学及宫廷生活。

人提及，潘霨因健康缘故，到京后并没有参与诊治。① 因此，时常被研究者遗漏。

这些医生到京后，轮流由内务府大臣带领进宫诊视。他们为慈禧诊视疾病的相关情况，学人多有着墨，研究成果蔚为大观。② 相对而言，他们退食之后的生活境况则研究薄弱。除张如青、胡蓉的《禁城内外，名医的智慧在闪光—读〈纪恩录〉有感兼评马培之医案（上）（下）》两篇文章对马培之在退食之余，也就是散值后为京中王公大臣的治疗情况有所述及外，其他文章鲜有触及他们退食生活境况的内容，而这恰恰是本文关注的重点。本文试图以马文植、薛宝田记述自身经历的《纪恩录》《北行日记》为主要文本，展开讨论。

一　论症制方

应召医生为慈禧太后诊治疾病的行为在紫禁城这个特定空间进行，但他们为诊治所做的技术准备则不限于此。散值回寓所之后，他们依旧关注慈禧太后的病情，相互探讨脉象、参议用方，希望"竭一技之长上报主德"。

光绪六年七月二十六日，马文植首次进宫为慈禧诊脉，对慈禧病情有切实了解。几天后，二十八日马文植探望病中的赵天向时，二人"参论圣躬脉象"，所见不约而同[2]15a。八月初二日，较晚进京的薛宝田入住贤良寺，向同住寺内的马文植询问慈禧太后近日脉象。适值晚餐时间，马文植邀薛宝田共同进餐，二人边吃边谈，直到亥

---

① 中国第一历史档案馆藏档案：《奏案05—0915—027：光绪六年八月二十二日，奏为代奏前湖北巡抚潘霨请假回籍事》。
② 相关论文有：周文泉：《马培之医治慈禧医案选论》，《北京中医》1983年第1期；程二奇：《薛宝田与那拉氏庚辰患疾考》，《新乡高等专科学校学报》2003年第6期；张如青、胡蓉两篇文章：《禁城内外，名医的智慧在闪光—读〈纪恩录〉有感兼评马培之医案（上）》，《中医药文化》2006年第1期；《禁城内外，名医的智慧在闪光——读〈纪恩录〉有感兼评马培之医案（下）》，《中医药文化》2006年第2期；胡蓉：《读〈纪恩录〉〈北行日记〉有感三题》，《中医文献杂志》2006年第1期；周玉祥、曹震、徐贻珏、张俊：《1880年清廷御医选拔始末考》，《中华医史杂志》2011年第6期。

正[2]16a—16b。中秋夜,马文植约请薛福辰、汪守正、赵天向、薛宝田、仲学辂到其寓所小酌,席间诸位商讨慈禧病情[2]22a—22b。马文植询问诸位,连日来为皇太后请脉,见其脉象仍然是细缓,这种现象是体质虚热,还是虚寒所致?针对有的腥味五味之气如何处方?汪守正说道,看样子马文植是主甘寒,而他与薛福臣则主甘温。马文植答辩,自己并非主甘寒,只是当下应先以甘平之味清其虚热,等热退后再进甘温。最后马文植表态:"我等同沐皇太后天恩,当以圣躬早报大安为要。"诸医生对此表示赞同[2]23a。

中国第一历史档案馆所藏的一件内务府代马文植呈进的奏折证实,马文植因病休假,在寓所调理期间,仍以慈禧病情为念。他查阅《黄帝内经》时,"见有病机一则,论治似与慈禧皇太后圣躬尚属相符",于是摘录相关内容,进呈圣览。"病有胸胁支满者,妨于食。病至则先闻腥臊臭,出清液,先吐血,四肢清,目眩,时时先后血。何以名之?病名血枯。气竭肝伤,故月事衰少不来也。"马文植认为慈禧病情与《黄帝内经》所论血枯症相吻合。而一个方子颇为对症:"以四乌鰂骨,一芦茹,二物并合之,丸以雀卵,大如小豆,以五丸为后饭,饮以鲍鱼汁,利肠中及伤肝也"。① 由此可见,即便是在病中,马文植仍以慈禧病情为第一要务,忠爱之忱溢于楮墨间。

二 交游

囿于资料的匮乏,本文不可能论及所有应召医生的交游,而是基于目前占有的资料,选择具有代表性的人物为例,探讨应召医生的交游状况,试图透过个案来综观整体。

(一) 应召医生之间

应召医生到京后,共同的使命把他们缔结为一个群体,相互之间

---

① 奏折内容从陈可冀主编《清代宫廷医话》(人民卫生出版社 2012 年版) 一书所配图片中移录而来。

如何相处是每个人都要面对的问题。

《北行日记》揭示应召医生初识时交往方式是礼节性地相互拜会、回访。八月初二日,薛宝田、仲学辂入住东安门外冰盏胡同贤良寺。①薛宝田注意到寺内住有马文植、赵天向,并询知薛福辰、汪守正居住在黄酒店[3]63。八月初三日,薛宝田拜会马文植、赵天向[3]63。第二天,马文植、赵天向二人回访薛宝田[3]64。八月初六日,薛宝田到薛福辰、汪守正居住的黄酒店造访[3]68。初十日,薛福辰、汪守正回访薛宝田[3]74。薛宝田与进京较晚的连自华、程春藻之间同样以这种模式保持互动[3]86,88。

随着时间的推移,因脾气秉性、兴趣爱好等原因,相互之间的亲疏远近逐渐显现。

薛宝田和赵天向比较投缘。二人屡屡闲话、茶话[3]72,86,115,有时聊到尽兴处欲罢不能,"更余始散去"[3]73。友人馈赠薛宝田的饭菜,薛宝田和赵天向分享,送给其一半[3]75。

连自华虽到京较晚,②但和薛宝田一见如故,首次见面就交谈甚欢。《北行日记》载:"八月十九日,连书樵来谈近事,甚快。"[3]82在以后的日子里,连自华或携其子到贤良寺闲谈[3]88,或单独前往茶话[3]115。有时连自华、薛宝田、仲学辂三人在一起高谈阔论。比如,看到墙头挂着许多匏瓜,连自华兴致大发,引经据典地谈论匏,以及另一种常与匏混淆的植物瓠。他对仲学辂说,《诗集传》注释:"匏,瓠也"。陆机注疏:"叶小时可为羹",所以《诗经》里提到:"幡幡瓠叶,采之烹之。"由此可见匏和瓠是一种东西。仲学辂不以为然,旁征博引说到,《国语·叔向》讲:"苦匏不材,与人共济而已。"《诗经》里提到:"甘瓠累之"。匏和瓠一苦一甜,分明就是两种东

---

① 贤良寺是内城中一座著名寺庙,位于今金鱼胡同、校尉胡同、煤渣胡同一带。原为怡亲王允祥府第,后舍地为寺,赐名贤良。贤良寺兼有旅馆功能,是一所庙寓。因为临近皇宫,应召医生多居于此。

② 连自华到内务府投文时间是光绪七年八月十七日。中国第一历史档案馆藏档案:秦销档782—037,光绪六年八月十八日,奏请可否令湖南巡抚保奏精通医理之连自华诊视慈禧圣躬折。

西。再说，假若它们是同一种东西，为何挂在墙头无人采而食之。二人争执不下时，薛宝田加入讨论，发表见解，认为仲学辂言之有理。因为《埤雅》中对匏和瓠有定义："长而瘦上曰瓠，短颈大腹曰匏。"《毛诗故训传》所说的匏即是瓠是错误的。薛宝田进一步解释，匏和瓠各自都有大小之别，不是同一种东西。之所以挂在墙头没人吃，是因为味苦的缘故[3]90—91。这番对谈显示他们作为儒医所具有文化底蕴、造诣。此外，三人还一起畅所欲言地谈论医学，各持己见，仲学辂酌古，连自华准今[3]110。

应召医生间的交游还体现在抱病时相互探视。七月，赵天向连日感冒未曾进宫，马文植闻讯后前往看望[2]11a。八月二十日，仲学辂患霍乱上吐下泻，赵天向登门过问[3]83。光绪七年（1881）三月初一日，马文植头眩心悸，腰痛，诸病俱作，请假十五天休养[2]67b。病休期间，"初八日，子常过问余疾"[2]68a；"十二日，子常过谢，且问余疾。见余心神恍惚，言语颠倒，谓非旦夕所能求痊，许向内大臣代为陈告"[2]68b。也就是说，汪守正两次看望，并在第二次探望中表示会向内务府大臣如实陈情马文植的病情。对一心企盼回籍调理的马文植来说，此举无疑是雪中送炭。为此，马文植写道："当时内大臣暨汪守正等咸以文植委实病重，臣等亲见"[2]69a。

（二）应召医生与故交、新知

本节讨论以马文植为例。

1. 马文植与徐郙

徐郙（1836—1907），字颂阁，上海嘉定人。同治元年（1862）状元，入翰林修撰。历主河南乡试，提督江西学政、安徽学政，充顺天乡试同考官，兵部右侍郎，进礼部左侍郎，擢兵部、吏部、礼部尚书，兼协办大学士。

徐郙是马文植长子、直隶候补同知马翊廷的旧友[2]16b。马文植应召进宫途经天津时，马翊廷跟随进京。马氏父子到京后，徐郙即到居住的贤良寺探望。对此，马文植记道：（光绪六年）"八月初二日……申刻,徐殿撰颂阁枉顾,徐君系儿子翊廷旧友,讲求医理,叙谈片刻。"八月初十日,马氏父子请徐郙、翁同龢等人在福寿堂小叙"[2]20b。福寿堂位于金鱼胡同,据夏仁虎《旧京琐记》卷十记载,福寿堂是北京大饭庄之一,可见马氏父子对此次聚会是相当重视。如果说,前两次更多是徐郙与马翊廷两位故知之间的交往,那么从后来发生的事情来看,这种交谊延续到徐郙和马文植之间。二人过从甚密,徐郙有时单独到马文植寓所叙谈、小酌,有时则偕王文韶长子前往。《纪恩录》中写道:(光绪六年)"十月初三日……适徐殿撰颂阁暨王侍郎大少君过谈,留其小酌"[2]39a。又称:(光绪七年)"正月二十三日,徐颂阁侍郎过谈。是夜大雪"[2]61a。如逢马文植处有美味佳肴,则一起进餐。如,(光绪六年)"十一月二十七日,徐颂阁侍郎、王侍郎大公子过谈。适四儿自制鸡肉饺,风味尚佳,即留二客晚饭"[2]48b。光绪七年春节前夕,应召医生得以歇息,不再进宫诊视,于是,马文植约徐郙同游厂肆[2]57a。

徐郙在生活上对马文植百般关照。有时邀其到宅第做客,有时则送其水产品瓦楞子[2]48b。在马文植卧病休假期间,更是"时饷蔬菜诸物"[2]41b。而在马文植离京返乡时,"徐颂阁侍郎来函送行"[2]70a,并赠汉玉拱璧一方留作纪念。

2. 马文植与裕麟

裕麟是与马文植过从甚密的另一人。裕麟,字时卿,汉军镶黄旗人。历任盐法道、广东盐运使、湖北按察使、云南布政使、贵州按察使、贵州布政使、贵州巡抚等职。

《纪恩录》首次提到裕麟是光绪六年八月二十八日:"前贵州巡抚,裕时卿中丞至寓乞诊。中丞年迈六旬,两足软弱,头眩心悸,心脾肾三经不足,夹有肝阳,拟调补煎方。告以十剂后再诊。"随后提到裕时卿时,已显露出二人关系亲近。他们一起聊天:(光绪六年)"九月初二日,以无事,过裕中丞处,邀至园中四面亭上啜茗闲谈,日晡方回";"九月十六日,裕时卿中丞过我,即留晚饭,谈至更深始散";"十一月十七日,偕四儿至裕时卿处闲谈"[2]45b。马文植因病休养不进宫时,裕时卿更是"时常过我谈叙"[2]41b。偕同观剧:"十二月初五日,裕时卿中丞过谭,邀明日四喜园观剧"[2]50a。

互赠食物是晚清社会人际交往的一种习俗。这点在几种重要的晚清私人笔记中,如《翁同龢日记》《王文韶日记》均有反映。马文植和裕时卿交往中也包含这项内容。如,(光绪六年)"九月二十六日,裕时卿送白肥鸭一只,重六七斤"[2]37a。马文植则把朝廷赏赐的鹿脯、酪饼等赠予裕时卿[2]47a。

3. 马文植与翁同龢

翁同龢(1830—1904),字声甫,又作笙甫,号叔平,晚号松禅、松禅老人等,别号天放闲人,江苏常熟人。咸丰六年(1856)状元,授修撰。先后为同治、光绪两帝之师,历官刑部侍郎,都察院左都御史,刑部、工部、户部尚书,协办大学士,军机大臣兼总理各国事务衙门大臣。

现有资料证实,光绪三年(1877)九月,马文植就和翁同龢打过交道。当时回籍修墓的翁同龢慕名前往孟河城马文植诊所治病。《翁同龢日记》中这样描述当天的情形:"入城南行入巷,即马培之医屋也,病者满室。告以病,诊脉曰此痰病,非刺破则脓不出,久则肿如桃李。令其徒与子斟酌定方"[4]1318。后来因为马文植长子马翊廷的缘故,二人时有文字联络。如,光绪五年(1879)九月二十日,翁同龢致函马文植,告知马翊廷因要在京城为翁同龢、李鸿藻家人诊治疾病,一时不能脱身南归[4]1448。九月二十八日,闻知马文植六十大寿,翁同龢写对联祝福[4]1450。

马文植进京后,二人时时过从,彼此往还。不是马文植拜谒翁同龢,就是翁同龢看望马文植,或是马文植到翁同龢宅第长谈。谈论的话题有一部分是关于慈禧太后的病情,以及治疗过程中应召医生之间的分歧。这些都清楚地反映在《翁同龢日记》中。

关于慈禧太后病情,日记中言:

> （光绪六年）七月廿六日，访马医。据云六脉平静，惟血虚，不宜温补[4]1501。（光绪七年）正月初十日，未正三散。甫饭，而马培之来长谈。据称西圣之体入春后大不如前，脾虚下陷，肝木益旺，脉无起色，大肉消瘦，极焦虑也[4]1539。（光绪七年）正月廿三日，马培之来长谈，薄暮去。云慈禧圣体渐起，十日如此，可保无事[4]1543。

关于医生之间的分歧，日记中载：

> （光绪六年）九月初十日，夜马培之父子来。极诋薛、程两公执持偏见，桂枝、鹿角与中满之证不合，恐增病也[4]1512。
>
> （光绪六年）九月廿六日，夜绍彭招饮，陪马培之父子。培之终以甘平之剂立说，甚言燥药不宜，未知是否[4]1517。

在中国文化中，饮宴除了基本的果腹功能外，很大程度上具有交游的意涵。《翁同龢日记》《纪恩录》中均记述了光绪六年马文植在福寿堂宴请翁同龢等人一事，只是日期有出入。翁同龢所记是八月初六日[4]1504，而马文植则写作八月初十日[2]20b。二人日记中还各自记录另外几次。如，《翁同龢日记》称：（光绪六年）"八月初十日，邀马培之、程少蓉……饮，傍晚散"[4]1505。《纪恩录》记："九月二十二日，叔平尚书邀余至其第中晚饭"[2]35a。宅第属于比较私密的个人空间，能够被主人邀请到宅第吃饭，说明宾主双方间的交情匪浅。

二人的交情在马文植请告南返一事上得到进一步体现。光绪六年十月，马文植患上眩晕症，健康状况不佳，如何才能获准回籍令马文植颇为棘手。他一边通过内务府具折代奏提出诉求。① 另一边利用私人的渠道，给翁同龢写信，希冀能为自己说情[4]1523。但翁同龢的说

---

① 中国第一历史档案馆：奏销档782—095，光绪六年十月二十九日，奏报据呈代奏三品封职马文植恳请恩赏回籍调理折。

情没有奏效:(光绪六年)"十月二十六日翁尚书来云,今早朝面奉慈安皇太后懿旨云,慈禧皇太后圣躬尚未全愈,外来医生以马文植为最,着再赏假十日,不准回籍"[2]42a—42b。次年春天,马文植病情加重,头眩心悸、腰痛,诸病俱作。他奏请回籍的诉求再次被拒。这种情形下,马文植托翁同龢向广寿求情,试图让更多的人助其一臂之力[4]1547。这件事翁同龢不知为何给延宕下来,直到光绪七年三月初五日,"始与绍彭言明"[4]1553。经过内务府堂主事兆庆前往查验病情,确认属实后,三月二十六日,降旨:"马文植著准回籍,钦此"。① 获悉消息的第二天,翁同龢和马文植话别[4]1563。二十九、三十日在离京前,翁同龢又"遣使送行,并赠荷囊、针蒿数事"[2]70a。

作为医生,为翁同龢诊脉、开方自然是二人交游中内容之一。如,光绪六年十月廿一日,翁同龢探望病中的挚友广寿时,一并造访居住在广寿宅第的马文植,请他诊脉[4]1523。再如,十月廿四日,马文植给翁同龢写信,"请为伊说情放归"。信中附有为翁同龢所开的一个方子:"柴(应为紫)河车酒浸洗炙二具、于术一两五钱、杜仲盐水炒三两、归身酒炒二两、大生地酒炙四两、潞党三两、淮山药三两、陈皮一两、麦冬米拌炒一两五钱、茯神二两、龙齿锻二两、酸枣仁炒二两。右药为末,红枣煮烂为丸,每服三钱,开水下。"[4]1523—1524 又如,因翁同龢总是心神不足,光绪七年二月十七日,马文植到翁同龢宅第,为其拟一个可经常服用的丸药方子[2]65b。

因为马、翁二人关系熟络,一些友人便通过翁同龢请马文植治病。湖南、四川学政,晚清大儒朱逌然便是其中之一。光绪六年九月十五日,朱逌然欲请马文植诊治其子腿疾,希望翁同龢从中撮合[4]1514。东樵是另一例。光绪六年七月三十日,东樵向翁同龢打听马文植医术[4]1503。翁同龢说了些什么,我们无从知晓,但从事态的发展推知,翁同龢应当是认可马的医术,替他美言。这样翁同龢日记

---

① 中国第一历史档案馆:奏销档 785—069,光绪七年三月二十六日,奏报据呈代奏三品封职马文植恳请恩赏回籍调理折。

中的"八月初八日,会东樵来,欲再请马培之"记载才符合常理。为此,翁同龢到马文植所居住的贤良寺商议,但未碰上面,只好"致书订定"[4]1504。

4. 马文植与广寿

马文植以翁同龢为主要交游对象,同时翁的至交、挚友,内务府大臣、兵部尚书广寿也因此与马文植建立了良好的关系。当然,不可否认的是,内务府大臣与应召医生身份无疑为密切关系创造了有利条件。

探讨马文植和广寿交游之前,不妨先看翁同龢的一则日记:(光绪六年)"六月十八日,访晤少彭,值马先生翰来,余即归。马亦余所代邀也"[4]1493。"马先生翰"指的是马文植长子马翊廷,"少彭"是绍彭之异写,指的是广寿。"马亦余所代邀"说的是马翊廷是翁同龢替广寿邀请。邀请马翊廷的目的日记中并没有交代,但从相关记载可知,广寿身患外症,疮口久治不愈,故而延请马翊廷来治疗。治疗持续到马文植进京后,《纪恩录》云:"八月初四日,大儿翊廷又至广大司马处诊外症。"正是在这次治疗中,广寿提议:"第中有闲屋五椽,别门出入,可以下榻"。希望马文植搬去居住,方便为其诊治。作为酬报,"薪米皆由大司马供应"[2]17b。八月初六日,马文植与长子一同登门为广寿诊视。广寿当面向马文植发出移居邀请。马文植看到"面北五椽,甚为爽朗",较为满意,约定十一日移寓[2]18b—19a。

马文植与广寿的交往并不仅限于诊治疾病,他们一起闲谈,共进便饭[2]32a。广寿在生活上时常照顾马文植,赠送蔬菜、天津银鱼等[2]42b,48b。

三 消遣娱乐

应召医生娱乐消遣方式因个人学养、性情不同而各异。以马文植、薛宝田、仲学辂为例。

马文植喜欢观书习静,参究经方,看到精妙之处"辄泚笔札记"[2]39a。游逛隆福寺是马文植的一种乐趣。前文已经交代过,马文植一度居住在位于锡蜡胡同的广寿宅第,离隆福寺很近。因此,隆福寺成了马文植和陪同进京的四子马紫辉经常光顾的地方。隆福寺位于市中心闹市区东四,是北京最繁华地区之一。明末清初随着东四商业区的发展,隆福寺逐步演变成商业性庙市。富察敦崇《燕京岁时记》载:"东庙隆福寺自正月起,每逢九、十开庙。开庙之日,百货云集,凡珠玉绫罗、衣服饮食、古玩字画、花鸟鱼虫以及寻常日用之物、星卜杂技之流无所不有,乃都城一大市会也。"光绪六年九月初十日恰逢庙会,马氏父子前往游玩,流连于古董铺[2]31b。其他时间,或在隆福寺前观看杂耍[2]45b;或逛古玩摊铺,看到心仪的古瓷器则挑选带回[2]46a。

吸引马文植的另一个地方是厂肆。所谓的厂肆就是现在的琉璃厂。当时的琉璃厂已经是京师文物渊薮之地,吸引着无数文人墨客、古玩捐客。《燕京岁时记》记述了清末琉璃厂的景象:"街长二里许,厂肆林立,南北皆同,所售之物以古玩、字画、纸张、书帖为正宗,乃文人鉴赏之所也"[5]52-53。春节前夕,应召医生不用入值请脉,清闲无事,于是光绪六年腊月二十八日,马文植"约友人徐颂阁同游厂肆"[2]57a。

观剧是晚清最为普及的、雅俗共赏的一种休闲娱乐方式。马文植进京途经上海时,便有观剧之举[2]2b。到京后,七月二十二日,受亲家盛康(旭人)之邀到城南观剧。次日,则到位于前门外大栅栏街、被誉为京城"七大戏园"之一的三庆园观剧[2]4b。此外,马文植还和四子前往四喜园观剧[2]31b。

薛宝田和仲学辂由浙江巡抚谭钟麟举荐一同进京,又都居住在贤良寺,散值之后的闲暇时光二人相伴度过。

作为儒医,他们研读四书五经,博览经史子集,具有相当的文化素养。二人研讨学术、切磋诗意、论经史疑义,话题不断。如,光绪六年八月二十九日,探讨汉学、宋学得失。薛宝田与仲学辂志趣不同,薛喜欢汉学,而好宋代二程之学[3]88。九月初五日,二人评议《左传》《公羊传》《谷梁传》三传得失。此外,他们还臧否春秋人物[3]112，讨究阴阳五行[3]113。同读仲学辂携带的《二十一史约编》[3]98。

他们一起小酌赏月、散步。如，（光绪六年）"八月十五日辛亥……晚，与昂庭小酌赏月，谈京华旧事。人事虚舟，物情飘瓦，不胜今昔之感。得绝句二首"[3]79。又如，"九月初一日丙寅……与昂庭散步，徘徊庭树间，西风萧瑟，寒鸦满林，与江乡光景不同，得诗一首"[3]89。还有，"九月十七日壬午，与昂庭散步，见秋柳萧条，感赋一诗"[3]115。

相携仰瞻宫阙禁地紫禁城的三大殿——太和殿、中和殿、保和殿。三大殿建筑之壮丽给薛宝田强烈的视觉冲击。他在《北行日记》中写道：（保和殿）"九间重檐垂脊，前后陛各三成三出"；（中和殿）"纵、广各三间，方檐圆顶，南北陛各三出"；（太和殿）"基高二丈，殿高十一丈，广有十一间，纵五间，上为重檐，脊四垂"。太和殿丹陛上陈设也令其印象深刻："陛间共列鼎十八，铜龟、铜鹤各二，日圭、嘉量各一，冰桶、炭炉各一"[3]93。

寄情诗歌是薛宝田主要的消遣方式之一。他进宫入值时间是光绪六年八月初六至九月十九日，40多天的时间里作诗22首。薛宝田的诗大致分为几类：

第一，以诗纪事。首次进宫请脉，饫上方之珍品后，恭纪一诗，以志恩宠。"博士羊曾啖，天厨馔又尝。尧葱兼舜韭，玉液并琼浆。罗列麒麟脯，追陪鹓鹭行。幸叨储药笼，圣寿祝无疆"[3]68。中秋节，医生们的伙食有改善。在常馔外，又添加点心、烧烤各四，恭纪以诗："佳节中秋庆，乘恩列绮筵。果甘风味隽，饼样月华圆。宝碗仙盘露，琼楼玉宇天。小臣叨德惠，既醉颂诗篇"[3]78。

第二，触景生情，有感而发。少年时薛宝田曾随父在京读书，几十年后故地重游。谈京华旧事，物是人非，不胜今昔之感，作绝句："暮年犹自走幽燕，往事重提觉黯然。天上姮娥应笑我，今宵相见七回圆"[3]79。秋风肃杀，落叶萧萧，与江南光景不同，得诗一首："寒鸦作冬声，乌乌朝复暮。出必自有群，归亦各有树。嗟嗟尾毕逋，瑟缩遗反哺。落照满荒台，望断江南路"[3]89。

第三，兴致所致，率性而为。《拟唐朝新进士故事》六首——《牛僧孺事》《颜标事》《刘覃事》《卢肇事》《薛逢事》《杨嗣复事》[3]99—110，以及效仿南北朝文学家江文通杂拟诗八首——《李都尉陵》《班婕妤》《刘太尉琨》《王侍中粲》《张司空华》《左记室思》《陶征君潜》《郭宏农璞》[3]102，属于这类诗。

应召医生的一次集体出游是光绪六年九月二十日，内务府司官恩湛如邀请他们游览中海、南海、北海。马文植、薛宝田分别在各自的日记中描写了游览观感。

马文植抱着一扩眼界的初衷前往，观后甚是惊奇。他提到《水经注》称蓬莱宫阙是胜景，叹为神居。而中海、南海、北海与之相比有过之而无不及："今者览胜上林，其工制宏丽，景物环玮，殆有过焉，生平瞻睹，于斯为盛"[2]34b。

薛宝田一度在京师居留，中海、南海、北海对他而言是旧游之地。因而，他反应平静，不似马文植那般激动。他的记述更像是对中海、南海、北海的知识铺陈。其中既有历史沿革："海子即西苑，创自金，而元明递加增饰，国朝焕然一新"；又有景观介绍："太液在其中，金鳌玉栋桥通之。琼华岛、瀛台、蕉园、五龙亭东西中相峙……其余楼台阁殿、山石树木，玲珑奇怪，不可胜计"；还有他数次游览的真凭实感："真洞天福地""春夏景致尤佳"[3]116—117。

四　宫外诊疗

散值后，在宫外诊视疾病是应召医生在京生活的一部分。他们因名声而成为应召医生，反过来，应召医生的身份为他们赢得口碑和信任。京城人士趋之若鹜，纷纷亲自登门或通过熟人延请诊治。兵部侍郎王文韶（1830—1908）便是其中有代表性的一位。光绪六年十月至十一月间，王文韶家中尊稚多病，他先后多次邀汪守正、马文植、赵天向为其母、其子、其孙治疗[6]528—529,538—540。"清流派"的中坚、翰林院侍讲张佩纶（1848—1903）也曾请马文植、程春藻为其诊视开方[7]。另外，马文植《纪恩录》、薛宝田《北行日记》中均详尽记述有各自在宫外诊治疾病的情况。虽然目前尚未检阅到其他医生的相关资料，但不难推知，应召医生在宫外诊视疾病是一种普遍现象，只是所治疗人数和出诊次数因人而异。

本节讨论以马文植为主要对象，一方面是马文植留下的资料相对丰富，另一方面则是因为马文植在京时间相对较长。基于此，权且以点带面。关于马文植宫外诊治疾病的情况，已有文章从医案解析角度进行探讨，总结马文植所诊治疾病"涉及今之内科、外科、喉科、神经科、传染科。具体病症有呕吐、痰饮、癫痫、咳嗽、行痹、虚劳、心悸、吐血、血淋、眩晕、痰核、疝气、肉瘤、肛瘘、喉症、癫病、失荣、春温、冬温、伏暑等"[8]44。本文同样以医案为文本，但研究取向在于马文植诊治的对象。

作为专职医生马文植素抱济世之心，家乡孟河诊所"病者满室"[4]1318。但在京城，应召医生的身份使其诊疗对象并非普罗大众，而是一些特定的人群。主要有：

（一）慈禧太后姊妹、醇亲王家丁

应召医生的职责非常明确，就是为慈禧诊视疾病。并不像太医院医官那样负有听从调遣为其他人疗疾之责。但马文植的盛名使其承担起奉旨或奉命诊治的重任。

光绪六年八月十六日，慈禧太后降旨，命马文植至宝公府为福晋诊脉。马文植诊断是癫病，鉴于患者已"十年卧床不起，只食用生米，不省人事"。马文植认为已病入膏肓，无法医治。但宝公仍坚持要求开方，马文植因而拟了泻心汤加琥珀、龙齿、麦冬、竹茹的方子[2]23b。第二天，马文植面奏宝公福晋病情不可治。尽管如此，因为福晋为慈禧皇太后同胞姊妹，慈禧太后仍旧命马文植再去请脉[2]25a—25b。宝公福晋最终还是不治身亡，马文植的名声也因此受损："马培之医运不佳，宝公夫人、景枢爱女及堂郎中亲厚者二人，一月内均不效而死,名稍损,眷亦衰,幸保之者多,尚未遣去"[7]40。

马文植还奉醇亲王奕譞之命为其家丁诊治肉瘤[2]18a。他用蜘蛛丝缠绕瘤子根部,治愈家丁多年疾患。

(二)总管内务府大臣、内务府官员及亲属

应召医生并不入太医院编制,他们在宫内服务期间的相关事宜由内务府负责。每天进内入值时由内务府大臣轮流带领。因而内务府官员近水楼台先得月,比较容易请到应召医生。内务府大臣广寿、志和、师曾,内务府堂郎中崇星阶,内务府主政翁敬卿等都有延请马文植为本人及亲属治病的经历。

为广寿治病详情在交游一节已有交代,此处再看马文植为志和及亲属治疗情况。光绪六年九月二十三日,志和因眩晕耳鸣请马文植诊治,马诊其脉系水亏湿蕴下焦心火肝阳内动,用养阴渗湿清肝之法治疗。十二月初二日,志和再次以同样病症求诊,马采取相同的方法治疗。除本人外,志和还邀马到前门,为其亲戚诊治淋病。为表示谢意,志和请马文植吃菊羹[2]45a。

(三)王公大臣及亲属

以晚清重臣协办大学士、兵部尚书沈桂芬(1818—1880)为例。

马文植与沈桂芬最早往来是光绪六年九月初。当时,沈桂芬带其孙到马文植处诊疗。其孙患痰核,素有湿痰,心脾不足,肝荣又亏,为此,马文植拟养心脾和肝之法。沈桂芬祖籍江苏吴江,与马文植是同乡,故"二人叙谈家乡事,许久别去"[2]29a。到了年底,沈桂芬健康状况不佳,自十二月十四日起,寒热咳嗽,气喘,热不退,舌绛苔黄,便闭,面有黑气谛观。二十一日,沈桂芬的学生军机大臣王文韶到寓所"嘱视吴江相国,意甚汲汲"。翌日,马文植散值后立即前往,诊断是冬温,但病情危重,"颇难措手,用清肺降热方,嘱服一剂,明日当再拟议"[2]54b—55a。随后两天,马文植散值后,均到沈桂芬宅第中复诊,调整方子,病情一度好转。不料因祭灶劳累,到了二十四日,病情急

转直下，马文植拟清补法，并"嘱其家中慎密扶持，虑有他变"[2]55b—56a。二十五日，王文韶又来询沈桂芬病状，马文植"以危极为对"。再去复诊，则病益增剧。马文植当即函告王文韶已无力回天。

（四）同乡、旧识

光绪六年九月初六日，同乡冯伯生太史约往视其太夫人坐跌吐血症。

马松圃是马文植长子马翊廷的旧识。光绪五年马松圃重金聘请过马翊廷。因为这层关系，光绪六年十一月，保定何云藻持马松圃亲笔信登门求诊。何云藻春天咯血之后，调摄不当，致使"心悸、遗精、胸痞作胀、头重而眩，行欲倾跌，形丰脉滑大尺垂，此痰湿停中厥阳上冒于巅"。马文植决定用温中降浊法，先除停聚中焦之痰湿，恢复脾胃功能。连服四剂药后，病情减轻，只是仍感到头重。为此，在原方中加治疗风痰眩晕的附子。四日后，何云藻又来复诊，头重已愈，尺脉也有力了，但中焦阳重湿泻邪还未散尽，故加小茴香湿中理气散寒。二十日，何云藻再次复诊，恙已全愈[2]43a—43b。

五　结　语

应召医生为诊疗慈禧太后的疾病而进京，这一使命决定了慈禧太后的病情始终是他们关注的焦点。甚至散值回寓所后，慈禧病情仍是他们心中的牵挂。于是出现这样的现象：应召医生相互探讨脉象、参议用方；马文植因病调理期间，看到《黄帝内经》有一则论治似与慈禧皇太后病情相符，随即摘录相关内容，进呈圣览。

同时，我们注意到，清代由于缺乏规范的医疗管理制度，没有行医资格认定体系，口碑就成为普罗大众择医时的重要参照，也是医生赖以生存的社会资本。本文中的马文植、薛福辰、汪守正等人因名声而成为应召医生，反过来，应召医生的身份为他们赢得口碑和信任。京城人士趋之若鹜，纷纷亲自登门或通过熟人延请诊治、索要药方。

在宫外为各色人等诊病疗疾成为他们交游活动的一部分，有的医生和病患，因此而成为新知。如，马文植和裕麟等。除此之外，应召医生之间，以及他们与故交新知、同乡之间，还通过其他的交游形式而相互过从。如，闲话、茶叙、小酌、饮宴、馈赠食物、观剧等。

应召医生的娱乐消遣方式，因个人学养、性情特质而各异。如，马文植的乐趣在于观书习静、参究经方、观剧、游逛隆福寺和厂肆等。薛宝田则喜好诗词酬唱、斠经酌古、医史点评、名物训诂等。

应召医生退食之后的生活，如果孤立地看其价值似乎并不突出，充其量只不过是晚清几位具有特殊经历的儒医居京生活写照。但倘若换一个角度，将其放在清代广义御医的脉络中考察，其价值则有所不同。通过对他们退食之后生活境况的探讨，使得我们对御医群体的研究不仅仅局限于医迹方面，而是向更多面相拓展，并最终有助于深化对御医群体的认识。

[参考文献]

[1] 世续. 清德宗实录［M］. 北京：中华书局，1985.

[2] 马文植. 纪恩录［M］. 清光绪十八年（1892）刻本.

[3] 薛宝田. 北行日记［M］. 刘道清，校注. 郑州：河南人民出版社，1985.

[4] 翁同龢. 翁同龢日记：第3册［M］. 陈义杰，整理. 北京：中华书局，2006.

[5] 潘荣陛，富察敦崇. 帝京岁时纪胜·燕京岁时记［M］. 北京：北京古籍出版社，1983.

[6] 王文韶. 王文韶日记：上册［M］. 袁英光，胡逢祥，整理. 北京：中华书局，2014.

[7] 张佩纶. 涧于集·书牍：卷1［M］. 民国十五年（1926）涧于草堂刻本.

[8] 张如青，胡蓉. 禁城内外，名医的智慧在闪光：读《纪恩录》有感兼评马培之医案（下）［J］. 中医药文化，2006（2）：44.

［原载于《吉林师范大学学报》（人文社会科学版）2018年第2期］

满学研究论集（二）

刘小萌 王金茹 主编
许淑杰 孙守朋 副主编

中国社会科学出版社

目　　次
（二）

第三编　满族家族与人物

纳兰性德"关东题材"诗词的文化学意义 …… 薛柏成　高　超（649）
纳兰心事几人知？
　　——历史维度的解析 ……………………… 许淑杰（656）
浅议满族词人纳兰性德 ……………………………… 孙　明（663）
纳兰性德故国怀古情结的历史解析 ………………… 王　立（670）
纳兰词中的儒释道文化现象 ………………… 孙艳红　李　昊（675）
纳兰节令词研究 ……………………………………… 伏　涛（685）
清代满人的姓与名 …………………………………… 刘小萌（696）
关于清代满族妇女史研究的若干思考 ……………… 定宜庄（714）
叶赫那拉氏族谱与满族集体历史记忆
　　研究 ……………………………………… 薛柏成　朱文婷（732）
论满洲瓜尔佳氏索尔果家族与满洲异姓
　　贵族之婚姻 ……………………………………… 刘金德（747）
满族说部女性传奇故事的文化解读 ………… 张丽红　赫亚红（760）
鄂尔泰"朋党"考辨 ………………………………… 吕晓青（769）
论八旗汉军世家的兴衰
　　——以孟乔芳家族为例 ………………………… 关　康（788）

黑龙江将军那启泰降革案探析 …………………… 孙浩洵（803）

第四编　边疆与民族

"族群"：一个被误解和误用的概念 …………… 沈培建（819）
清入关前东北地区移民述论 ………… 范立君　袁　雪（846）
清中期嫩江松花江流域的人口变迁 …………… 吴忠良（854）
雍正、乾隆年间莽牛哨事件与清朝—朝鲜国境
　　地带 ……………………………………［韩］金宣旼（865）
清末《东方杂志》认识满汉关系的历史语境 …… 郭培培（886）
清末民初呼伦贝尔治边政策的转型 …………… 孔　源（897）
济隆七世呼图克图入京考 ……………………… 赵令志（913）
乾隆十三至十四年的清朝"封禁令"
　　………………［日］柳泽明著　德格吉日呼　吴忠良译（931）
"乌拉齐"非"民族名称"考辨 ………………… 滕绍箴（942）
透过仪礼看皇太极时期对蒙关系以及"外藩(tulergi golo)"
　　概念的形成 ……………………………［韩］李善爱（972）
民族主义与多元文化论之间
　　——论罗布桑却丹撰写《蒙古风俗鉴》的动机 ……… 小　军（995）
从《珲春副都统衙门档》看官府对乡村的
　　管理 ……………………………… 王亚民　李林峰（1005）
清朝时期"燕行"路线及驿站形象研究
　　——以丹东地区为中心 ………………… 金明实（1017）
军卫体制下陕西行都司土官身份考察 ………… 陈文俊（1026）
"兵将留守"与十七世纪清政府对索伦部的
　　管理 ………………………………… 韩　狄　韩天阳（1039）

第五编　满文文献与满语（锡伯语）

满文《西洋药书》第二至第六药方及相关问题 ……… 蔡名哲（1053）
锡伯语言文字"三化"建设综述 ……………… 佟加·庆夫（1062）
中国第一历史档案馆藏满文档案史料价值………… 张　莉（1073）
域外收藏满文天主教文献三种 ………………… 关　康（1085）
清代满族家谱的史料价值及其利用 ……………… 杜家骥（1104）
清代盛京地区的满语文教育 …………… 范立君　肖光辉（1134）
满语地名"登登矶"考 …………………………… 聂有财（1142）
论清代先农坛建筑群匾额中的满文 ……………… 袁　理（1150）
基于音素法的锡伯文字母划分与拼写的
　　研究 ………………………… 付　勇　郭公锋　晖（1161）
论清代满文《时宪书》内容版本及颁发 ………… 春　花（1179）
从《满俄大辞典》试析扎哈罗夫对满文词汇的
　　理解 ……………………………… 许淑杰　刘国超（1193）
满洲射书《射的》考 …………………………… 锋　晖（1209）
思维导图软件 Freeplane 在家谱数字化过程中的应用探讨
　　——以正红旗满洲哈达瓜尔佳氏家谱为例
　　　　…………………………… 徐立艳　王辉宇（1224）
图伯特任职塔尔巴哈台领队大臣时期满文档案
　　译释 ……………………………………… 永莉娜（1235）

后记 ………………………………………………………（1252）

第三编　满族家族与人物

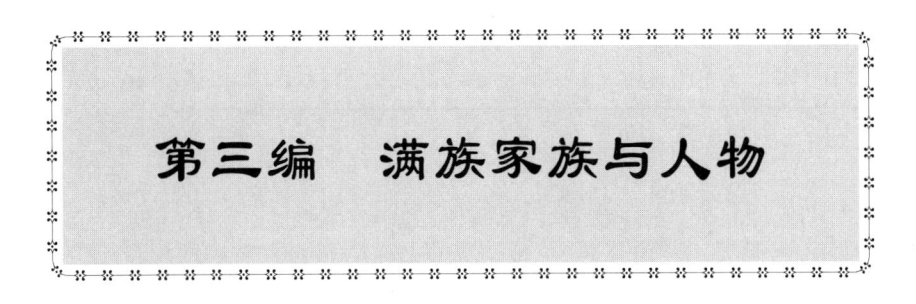

纳兰性德"关东题材"诗词的文化学意义

薛柏成　高　超[*]

康熙二十一年（1682）初，康熙皇帝亲率皇太子、大学士明珠等一行前往东北。纳兰性德也扈从康熙帝离京，东出山海关，渡大凌河、辽河，至盛京（沈阳）祭福陵和昭陵，经叶赫，过柳条边墙，再渡松花江至吉林，祭长白山。他们四月初开始西返，经萨龙河、义儿门、伊巴旦村、小雅哈河、乌雅岭、夜黑城、开原威远堡、铁岭三塔堡回盛京。由盛京取道渡大凌河，过山海关，五月初四回到北京。这次出京后，纳兰性德开始了其"关东题材"诗词的创作，过山海关他写下了他词的代表作之一的《长相思》以及《浣溪沙·姜女祠》《浪淘沙·望海》和七律《山海关》；行经锦州附近的朝阳境内，他写了两首词，即《清平乐·发汉儿村》和《念奴娇·宿汉儿村》。此外还写有《如梦令》和《卜算子·塞寒》及七律《柳条边》；到达盛京（沈阳），他留下了两首诗：五律《盛京》，七律《兴京陪祭·福陵》；在吉林，他写了两首咏松花江的诗：五律《松花江》和七绝《松花江》，三首词即《菩萨蛮》《浣溪沙·小兀喇》《清玉案·宿乌龙江》；在祖籍叶赫他写下了代表作《满庭芳·堠雪翻鸦》，上述作品构成了纳兰性德"关东题材"诗词主体部分，从内容上看，许多

---

[*] 薛柏成（1966— ），男，吉林镇赉人，吉林师范大学中国思想文化研究所教授，博士生导师，研究方向：满族思想文化；高超（1989— ），女，吉林白城人，吉林师范大学中国思想文化研究所硕士研究生，研究方向：满族思想文化。

专题都围绕着关东文化的独特之处展开，情景交融，从价值观到风土人情到民族心理，无一不是如此，在研究满族文化上，具有重要意义。

一 《长相思》《如梦令》等词自然情真，创有清一代思乡怀人之词的高峰

康熙二十一年（1862）三月康熙皇帝一行经山海关到满族的发祥地辽东一带去巡视，他们在出山海关至盛京（沈阳）的途中，千军万马跋山涉水，浩浩荡荡向山海关出发，声势浩大，当夜，军营帐中灯火辉煌，宏伟壮观。帐外风雪连绵，使人思乡之情四起，于是纳兰性德写下了其著名的思乡之词《长相思》：

山一程，水一程，身向榆关那畔行，夜深千帐灯。
风一更，雪一更，聒碎乡心梦不成，故园无此声。[1]

《长相思》一词是怀乡怀人之作，抒发了思乡之情。作为权倾朝野的丞相明珠的公子，在京城过的是锦衣玉食生活，周围是一些志同道合的文人墨客。渌水亭雅集，红桥畔怀古，是他希求与怀恋的。可他的职务又逼使他不得不跟随在帝王左右，这样他的思乡怀亲之感便表现在他的词中，词的调子是激越的。而越是前行，乡情愈浓，这种阔大深沉的意境，被近代学者誉为"千古壮观"。王国维在《人间词话》中指出"'明月照积雪'，'大江流日夜'，'中天悬明月'，'长河落日圆'，此中境界，可谓千古壮观。求之于词，唯纳兰容若塞上之作，如《长相思》之'夜深千帐灯'，差近之。""纳兰容若以自然之眼观物，以自然之舌言情。此由初入中原，未染汉人风气，故能真切如此。北宋以来，一人而已。[2]"又如那首《如梦令》：

> 万帐穹庐人醉，星影摇摇欲坠。归梦隔狼河，又被河声搅碎。还睡，还睡。解道醒来无味。[1]

词中"归梦隔狼河""醒来无味"真切地表达了思乡的愁情与羁旅的孤寂，他的多愁善感给他的思乡怀人之词以"自然与真实"的内涵，情真景真，"纯任性灵，纤尘不染"，情景水乳交融，淋漓尽致地表达自己的真实情感，以敏锐的观察力和高度的语言概括力，把只可意会不可言传的情景真切准确地传达出来，创出未经人道的崭新意境，达到了有清一代思乡怀人之词的高峰。

二 历史感怀之作《满庭芳》《柳条边》《浣溪沙·姜女庙》等作品道出了词人独特的历史观和人生观

当纳兰性德凭吊吉林四平叶赫古战场时，回想当年自己的祖先叶赫那拉氏家族与爱新觉罗氏家族"纷纷蛮触"的历史时，写下了那首著名的历史感怀之作《满庭芳》：

> 堠雪翻鸦，河冰跃马，惊风吹渡龙堆。阴磷夜泣，此景总堪悲。待向中宵起舞，无人处，哪有村鸡？只应是，金笳暗拍，一样泪沾衣。须知今古事，棋枰胜负，翻覆如斯，叹纷纷蛮触，回首成非。剩得几行青史，斜阳下，断碣残碑。年华共，混同江水，流去几时回？[1]

这是一首咏史词，借叙述历史兴亡抒发人生感慨，从全词看，基调慷慨悲壮，意味无穷，有历史兴衰之感，更有人生沉浮之慨，慨叹宇宙的永恒，人生的短暂。再如其作品《浣溪沙·姜女庙》：

> 海色残阳影断霓，寒涛日夜女郎祠。翠钿尘网上蛛丝。澄海

楼高空极目，望夫石在且留题。六王如梦祖龙非。[1]

借游此庙发往古之幽思，抒今昔之感，意蕴深含，耐人寻味。（六王，指战国燕、赵、韩、魏、齐、楚六国。祖，始也；龙，人君之别称，此处"祖龙"特指秦始皇。）这与明代杨慎的《临江仙》："滚滚长江东逝水，浪花淘尽英雄。是非成败转头空，青山依旧在，几度夕阳红"何其相似！

纳兰性德过柳条边墙，写下了另一首历史感怀之作《七律·柳条边》：

是处垣篱防绝塞，角端西来画疆界。汉使今行虎落中，秦城合筑龙荒外。龙荒虎落两依然，护得当时饮马泉。若使春风知别苦，不应吹到柳条边。[1]

其中的"知别苦"与"当年饮马泉"是他睹物伤情，另有所托的。词中的"饮马泉"在今天吉林省中南部，是纳兰性德先祖世居之地。纳兰性德来到此地，以"汉使"自喻，显然另有深意，其中原因当然与纳兰世家的那段荣辱史有很深的关系。另外，在他的题为《松花江》的七绝中两句"最是松花江上月，五更曾照断肠时[1]"更是间接地流露出对先人抵抗建州斗争的追念及对叶赫部族惨遭灭亡的痛惜之情，同时感慨昔日修边之见识短浅，表达了通达的历史观，即边墙是不能阻隔各民族之间的融合的，也不能拘囿历史的进程。（清初时期1644年，清军进关后，便开始对东北实行封禁，着手设立边墙。由于边墙为土堤，上植柳条，故而又称柳条边。柳条边始建于清康熙年间，是清廷为维护"祖宗肇迹兴亡"之作，防止满族汉化，保持国语骑射之风而修筑的标示禁区的绿色篱笆，周围千余里境内，遂成"禁中之禁"）。

经过吉林"小兀喇"，词人吟出民俗历史之作《浣溪沙·小兀喇》：

桦屋鱼衣柳作城，蛟龙鳞动浪花腥，飞扬应逐海东青。犹记当年军垒迹，不知何处梵钟声，莫将兴废话分明。[1]

词之上片描绘小兀喇的特异景色和风俗民情。下片则转为抒兴亡之叹。小乌喇一带曾是纳兰家族的领地，诗人到此不能不联想起当年叶赫部被爱新觉罗部族灭的往事。故其结句所表达的是一种深隐的感慨。康熙这次东巡是在平定"三藩之乱"以后，为了告慰祖宗，特地到皇朝发祥地，进行大规模的祭祖活动。实际上是向祖先和国人炫耀他的赫赫功勋。这些旧日部落战争的遗迹，使这位青年诗人有一种感伤的情绪，于是在诗中写进了远处传来的梵寺钟声，佛教否定争战的宿命观念冒了出来，从而冲淡了对武功的追忆和颂扬，佛教与世无争的宗旨又触动了他的思想。于是他觉得最好不要把兴亡问题说清楚，因为说清楚了，反觉伤心。那种对兴亡之感的强烈认同和反复抒发中有深意，且意在文中而不落议论之俗套。纳兰性德的家世家史是一种不敢明言的隐痛，这种情感反映在其作品中，深刻体现了其独特的历史观和人生观。

总之，纳兰性德历史感怀之作是合诗与史一体的绝佳作品，他用这些历史感怀之作寄托自己的人生理想，让人在感受到沧桑感、历史感的同时，被一种凄情所裹挟，包含着一些莫可名状的人生感喟，从而表现出一种大彻大悟的历史观和人生观，词中富含哲理，意境深邃，大有道家的超然和佛家的空幻。这种历史观和人生观虽不是积极的，但词人对关东独特自然风貌所作的感怀之作，其中的历史观和人生观却极具文化学意义。

三 民俗历史之作《满庭芳》《七绝·松花江》《浣溪沙·小兀喇》等诗词形象地描述了清代东北的自然与人文景色及满族民俗文化，极具旅游开发价值

民俗历史之作《满庭芳》《七绝·松花江》《浣溪沙·小兀喇》

等诗词形象地描述了清代自然与人文景色:如"堞雪翻鸦,河冰跃马,惊风吹渡龙堆(《满庭芳》)"描绘了东北千里冰封、万里雪飘的景色;"弥天塞草望透迤,万里黄云四盖垂(《七绝·松花江》)"描绘了东北广袤的大草原;"是外垣篱防绝塞,角端西来画疆界……护得当年饮马泉,若使春风知别苦,不应吹到柳条边"描绘了"龙兴之地"独特的柳编界墙的情况等。

特别是《浣溪沙·小兀喇》一词更是形象地描述了东北地区满族民俗文化。兀喇就是位于松花江畔的吉林省吉林市。因为是满语音译,汉字有兀喇、乌拉、吴喇等不同写法,大兀喇为今吉林市之乌拉街,小兀喇应在叶赫地区附近。在这首小词中,词人详细生动地描述了这里的特异景色和满族民俗风情:桦木作房屋,鱼皮制衣服,界墙是柳树枝条截成,水中是游动的江鱼,天上有搏击长空的猎鹰海东青。这些都是东北满族文化中具有代表性的民俗,其中"桦屋鱼衣柳作城","桦屋"是说东北满族以桦树皮作屋的民俗。乾隆皇帝《吉林土风杂咏》:"桦木之用在皮,厚者盈寸,取以为室,上覆为瓦,旁为墙壁、户牖,体轻工省,逐兽而频移,山中所产,不可胜用也",就是明证;"鱼衣",即鱼皮所制衣裳。明末清初的张缙彦在《宁古塔山水记》中记述:"鱼皮部落,食鱼为生,不种五谷,以鱼皮为衣,暖如牛皮"。清人高士奇《扈从东巡日录附录》中说:"你哈苏姑厄图(满语),枯鱼皮衣也。海滨有鱼名打不害,肉疏而皮厚,长数尺,每春涨潮,溯乌龙江而上,入山溪间,乌稽人取其肉为脯,裁其皮以衣,无冬夏袭焉,日光映之五色若文锦。[3]"《吉林通志》载清人李重生的记述:"河口东西一带为赫哲部落,一曰黑金。俗以其人食鱼鲜、衣鱼皮,呼为鱼皮达子……暖则以熟成鱼皮制衣服之……至鱼皮熟成,则软如绵,薄而且坚。"[4]《盛京通志》记载:"鲇鱼,混同、黑龙两江出,大者至数十斤或百余斤。取皮制衣,柔韧可服。[5]""柳作城",乃是指柳条边墙而言。康熙时期陆续植筑的一条柳树障,目的禁止一般人越过边墙采参、打猎、放牧。《柳边纪略》开篇就说:"古来关塞种榆故曰榆关。今辽东皆插柳为边,高者三、四尺,低者一、二尺,掘壕于外,呼为柳条边,又曰条子边。西自长城起,东至船厂止；北自威远堡起，南至凤凰山止，设边门二十一座……每门设苏喇章京一员，笔帖式一员，披甲十名"[6]；海东青，青色，雕鹰的一种，约原产于黑龙江下游及附近海岛。清初时乌苏里江、松花江流域或可见到这种珍禽，它是一种善捕鸟禽、小兽的猛禽，经驯服可成为珍贵的狩猎工具。海东青远在辽、金、元时代，女真和蒙古贵族即有使用海东青狩猎的风俗。康熙皇帝曾作诗赞道："羽虫三百有六十，神俊最数海东青。"满族人的狩猎方式之一是善用鹰犬捕猎，他们把猎鹰叫作"海东青"，意为"从大海之东飞来的青色之鹰"，驯鹰的传统在这里流传了近千年。顺治十四年，清廷在乌拉地区设立了打牲乌拉总管衙门，自此，为清廷驯养猎鹰并进贡就成为满族男子光耀门楣的使命。目前乌拉街的满族猎人中仍有捕鹰、驯鹰的能手。可见，此词既是歌咏小兀喇一带的珍贵出产，也展现了当地人民打鱼、狩猎的劳动生活和风土民情，为我们展示了当年东北满族人民的社会生活情境，极具旅游开发价值。

综上所述，纳兰性德"关东题材"诗词继承和发扬了满族文化内在的纯朴和真诚，又吸取了汉族文化之精髓，是对中华民族传统文化的消融和整合，具有较大的文化学意义，对进一步研究纳兰性德以及东北满族历史与文化有重要的参考价值。

[参考文献]

[1] 张草纫. 纳兰词笺注［M］. 上海：上海古籍出版社，2003.

[2] 王国维. 人间词话［M］. 上海：上海古籍出版社，2009.

[3] 高士奇. 扈从东巡日录·附录［M］//李树田. 长白丛书初集. 长春：吉林文史出版社，1986：127.

[4] 长顺，等. 光绪吉林通志（二十）：卷二十七·舆地志十五·风俗［M］. 台北：文海出版社，1965：27—28.

[5] 刘谨之，阿桂. 钦定盛京通志：卷一百七·物产二［M］. 台北：文海出版社，1965：19.

[6] 杨宾. 柳边纪略［M］. 哈尔滨：黑龙江人民出版社，1985：87.

［原载于《吉林师范大学学报》（人文社会科学版）2013年第3期］

纳兰心事几人知?
——历史维度的解析

许淑杰[*]

纳兰性德(1655—1685),字容若,号楞伽山人,满洲正黄旗人,叶赫那拉氏,原名纳兰成德,为避太子"保成"讳,改名纳兰性德,是清代享有盛名的词人之一。他的诗词不但在清代享有盛誉,在他身后的300余年,也一直以其"至真""至纯",情真意深而为后人所感动。而三十一岁戛然而止的生命更令无数世人为之扼腕痛惜。纳兰性德一生词作颇丰,作为清代词坛的杰出代表,其诗词不但在当时享有很高的声誉,在整个中国文学史上,也以"纳兰词"在词坛占有光彩夺目的地位。在24岁时,他把自己的词作编选成集,名为《侧帽集》,又著《饮水词》,再后,有人将两部词集增遗补缺,共349首,编辑一处,合为《纳兰词》,现存348首(一说342首),而纳兰性德之所以为人所关注,也更多的是因为他的文学成就及其中所表现的真情与感伤。

一 "纳兰词"的真情与感伤

纳兰性德词作内容较为广泛,涉及爱情友谊、边塞江南、咏物咏

---

[*] 许淑杰(1971—),女,吉林九台人,吉林师范大学历史文化学院副教授,历史学博士,研究方向:民族史。

史及杂感等诸多方面。在其词作中，无论咏物、怀古，抑或言情，虽然其中所表现出的不乏诗人的落拓与豪迈，但更多的则是诗人以率真之心传达的人间至真至纯之情和对世事的无奈与沧桑，而300多年来，"纳兰词"之所以打动了无数的后人，可说也正是源于这跨越时空的真情和扣动人心的感伤。

在纳兰性德的诗词作品中，这种真情与感伤随处可见。如最有名的《浣溪沙·谁念西风独自凉》：

> 谁念西风独自凉，萧萧黄叶闭疏窗，沉思往事立残阳。
> 被酒莫惊春睡重，赌书消得泼茶香，当时只道是寻常。

再如另一首最感人的《浣溪沙·残雪凝辉冷画屏》：

> 残雪凝辉冷画屏，落梅横笛已三更，更无人处月胧明。
> 我是人间惆怅客，知君何事泪纵横，断肠声里忆平生。

此二首均为纳兰性德的怀旧感身之作。从"沉思往事立残阳"、"当时只道是寻常"到"我是人间惆怅客"、"断肠声里忆平生"，其中充满了难解的惆怅、怀旧、凄凉与伤感，读来摧心动情，感人肺腑，扣人心弦。这种挥之不去的凄楚与哀伤深深地浸润于纳兰性德的诗词作品及其短短的三十一载人生当中，以致后人每每读来，心恸神婉，每有与诗人邂逅之感，誉其为"千古伤心泪人"。

然而，纳兰性德为什么会如此的惆怅与伤感呢？换句话说，纳兰性德这种深深的惆怅、沉重的感伤到底由何而来，缘何而生呢？这是我们读罢"纳兰词"不由得会产生的一个疑惑。正如古人所慨叹："家家争唱《饮水词》，纳兰心事几曾知？"或许在随着他诗词的惆怅而惆怅，感伤而感伤之余，跳出其文学作品之外，走入他的人生世界，可以找到其根源之一二。

二 纳兰性德的人生纠结与矛盾

综观纳兰性德暂短的一生,在他的身上,呈现出诸多的纠结与矛盾。最突出的表现莫过于:虽出身高贵,功名显赫,但却向往平淡,每"以贫贱为可安"。纳兰性德出身于"叶赫那拉氏"家族,该家族为满洲著姓,是最早入关的"从龙八户"之一,位列满洲八旗上三旗之首的正黄旗。其曾祖父金台石,为叶赫部贝勒;其父则是康熙时期权倾朝野的"相国"明珠;母亲觉罗氏为英亲王阿济格第五女,一品诰命夫人。而自孟古(金台石之妹)嫁与努尔哈赤以来的与皇室的姻亲关系,则更使得这个家族荣宠备至。所谓"偶然间,缁尘京国,乌衣门第",即指此而言。纳兰性德自幼聪慧,过目成诵。17岁入国子监,18岁参加顺天乡试,考中举人。19岁会试因病延误。22岁时,纳兰性德第二次参加进士考试,中二甲第七名,康熙皇帝破格授三等侍卫,后升为二等,再升为一等,以御前侍卫的身份侍从康熙皇帝左右,深得器重。

从纳兰性德的出身及仕途看,可谓出身高贵,声名显赫,前途无量,人生得意。然而,从其立身处世来看,这些为世人所期许的功名富贵,却似乎不是纳兰性德所渴望。相反,在纳兰性德的思想当中,所表现的更突出的是对功名利禄的厌倦,对平淡生活的向往。正所谓"虽履盛处丰,抑然不自多。于世无所芬华,若戚戚于富贵而以贫贱为可安者。身在高门广厦,常有山泽鱼鸟之思。"[1]这是纳兰性德纠结与矛盾的一个突出表现。

纳兰性德的纠结与矛盾还表于个人情感的波折。作为一代富有才情的翩翩公子,纳兰性德情感细腻、丰富,感情真挚、执着。其短暂一生有两段重要感情经历:其一是与两广总督卢兴祖之女,发妻卢氏;其二是与江南才女沈宛。与卢氏,二人感情笃深,夫妻恩爱,然而婚后三年,卢氏难产而亡;与沈宛,二人郎情妾意,情投意合,但却由于其父明珠的反对,最终也没能获得长久的幸福……博功名而厌弃，求情爱而不得。这些痛苦与矛盾给纳兰性德造成了沉重的精神伤痛，也构成了他诗词作品的主题。在他的词作中，这些均有突出的表现。无怪乎时人会发出"纳兰心事几人知"的叹息。这其中，除了是在描述纳兰性德"心事"的难解，同时，也更寄予了对其情感世界那份沉重与不幸的深刻同情。

那么，至此我们是否就可以说，纳兰性德的这种透入骨髓的惆怅与伤感就来自于其高洁的品性和过人的才情所造成的与世不合，以及其情感的过度不幸所带来的挫折呢？对于这个问题，仅仅纠结于其诗词作品，或者其个人生活经历来探讨，还是只能就表象看表象，找不到问题的根源所在。跳出其文学作品，拨开其表象，回到纳兰性德所生活的历史时代，所处的社会环境来考察，这种纠结与矛盾的产生或许可以找到其他答案。

三　历史维度的解析

实质上，造成纳兰性德人生悲剧的深刻原因，除了源于其高洁的品性，过人的才情所带来的与生俱来的多愁善感，违背主流及礼法所造成的与世不合，另外一个最根本的原因在于：满族入关以后，满族文化与汉族文化在交融与涵化过程中的冲突与矛盾。或者也可以说，纳兰性德的纠结与矛盾，实质是满汉文化冲突与融合的集中反映。

具体而言，从纳兰性德生活的时代看，纳兰性德1655年1月19日（顺治十一年），生于北京，而满族入关是在1644年，其父纳兰明珠的生卒年则为1634—1708年。这也就是说，纳兰性德是八旗满洲入关后，在北京出生的第一代满族人。他从小就生在北京，长在北京，深受汉文化的熏陶，再加上他天资聪慧，感情丰富，这一方面使得他汉文化造诣深厚，对汉族的诗词歌赋充满了热爱，另一方面也使得他对本民族文化的归属感不是特别突出，对于民族的崛起，祖宗的隆兴没有太多，太清晰的认识，对于关外故里，更没有如其父祖一样，因为所由生长、生活而产生的故乡情感。或者再进一步讲，基于

第三编 满族家族与人物

对汉文化的仰慕与热爱,在纳兰性德思想深处没有很深的满汉民族区别与防范意识。而这些与当时社会其所属民族的主流意识都是明显不合拍的。这也正是造成他人生中仕途无求与情感纠葛的深刻根源。在纳兰性德的立身处世当中,这些都有突出的反映。

如在交友上,纳兰性德最突出的特点是,其所交"皆一时俊异,于世所称落落难合者"[2]。这些不肯落俗之人,多为江南汉族布衣文人,如顾贞观、严绳孙、朱彝尊、陈维崧、姜宸英等等。其中顾贞观(1637—1714),字华峰,号梁汾,江苏无锡人,是明代东林党人顾宪成之后,与严绳孙同为无锡才子,为人生性狷介,有才识,有侠气,但一生时运不济,沉沦下僚。陈维崧(1625—1682),江苏宜兴人,字其年,号迦陵,也是明代东林党人之后,其祖父陈于廷是明末东林党的中坚人物,其人少有才气,作文敏捷,但入清后,未得功名,身世飘零,长期游食四方。纳兰性德与这些人过从甚密,结交甚笃,甚至引为知己,全然没有民族的差异与界限。他所敬重的就是这些人的品格和才华,而完全不计这些人在民族身份上到底是"满"还是"汉"。然而这些,在清初却是与其本民族的主流社会不大合拍的。再如,纳江南才女,汉人沈宛为妻,也是如此。作为八旗满洲上层,公然不顾民族身份,纳汉人为妻,这无疑是大逆不道,也严重违背了旗民不通婚的法令,而"汉人女子"这一民族身份也正是其父明珠坚决反对二人情感,反对纳兰性德续娶沈宛的根本原因。

另外,从纳兰性德的词作来看,其中虽然有思恋故国,抚今追昔的感时怀古之作,但是,从中却看不到他对塞外祖宗隆兴之地,对关外"故里"的归属感。比如《浣溪沙·身向云山那畔行》写道:"身向云山那畔行,北风吹断马嘶声,深秋远塞若为情。一抹晚烟荒戍垒,半竿斜日旧关城。古今幽恨几时平。"这是纳兰性德扈从北行所作,其中虽有对祖先征战,古今兴亡的感怀与慨叹,但是"深秋远塞"、"烟荒戍垒"所表露出的却是祖宗隆兴之地在诗人心目中的陌生、荒疏与遥远。再如《金缕曲·简梁汾》云:"情深我自判憔悴。转丁宁,香怜易爇,玉怜轻碎。羡杀软红尘里客,一味醉生梦死。歌与哭，任猜何意。绝塞生还吴季子，算眼前，此外皆闲事。知我者，梁汾耳。"这是纳兰性德以词代书，写给顾贞观的承诺以营救远在塞北的江南才子吴兆骞的回信，此为下阕。词中所咏，虽不乏真挚的情谊，君子掷地有声的承诺，但是，从词的风格看，其中多了中国传统诗词的旖旎，却少了骑射民族的豪放，而"绝塞生还"所透漏的则更是诗人对"远塞"苦寒的担忧与畏惧。总之，从这些词作当中，我们不但看不到纳兰性德对关外祖宗隆兴之地，对塞外"故里"的归属感，相反的，他倒是经常以"远塞"、"绝塞"称之，视之。实际上，在纳兰性德的心目中，他的出生之地——北京，才是他的故乡，这从他的词作中也可以找到明确的印证。如他的《长相思》这样写道："山一程，水一程，身向榆关那畔行，夜深千帐灯。风一更，雪一更，聒碎乡心梦不成，故园无此声。"这里的"故园无此声"的"故园"，从上下阙的内容分析，指的就是"北京"，而并非"盛京"。

　　正是由于这些民族认同和文化认同上的差异，这些与其本民族主流社会的不和谐，造成了纳兰性德身上诸多与世不合的矛盾：倾慕汉文化，结交汉族俊逸之士，背离了社会主流。娶汉族女子为妻，违背了旗民不通婚的礼法，为父亲所排斥。而之所以厌倦仕途，恐怕也与他的文化清高，不肯落俗，难于在卑俗黑暗腐败的官场同其流，合其污密切相连；同时，也不排除与清入关以来，屡兴文字狱，摧残文化所暴露的统治黑暗以及所造成的深重的文化情感伤害有直接的关系。

　　总之，自清入关以后，满汉文化融合就已经处于不断发展的过程当中，而纳兰性德作为生于关内的，具有极高汉文化素养的八旗满洲上层社会的代表，生于民族文化碰撞的时代，其人生的痛苦与情感的纠结在很大程度上就是满汉文化交融与涵化过程中，既冲突又融合的直接反应。同时，纳兰性德的哀婉与悲叹，他的感伤与婉约情怀，在很大程度上也是入关以后，满洲渔猎民族文化特征发生蜕变的集中反映。

[参考文献]

[1] 韩菼. 进士一等侍卫纳兰君神道碑[M]//张秉成. 纳兰词笺注. 北

京：北京出版社，1996：517.

［2］徐乾学．通议大夫一等侍卫进士纳兰君墓志铭［M］//赵迅．纳兰性德家族墓志通考．北京：文津出版社，2000：12.

［原载于《吉林师范大学学报》（人文社会科学版）2013年第3期］

浅议满族词人纳兰性德

孙 明[*]

纳兰性德是清代著名词人，也是具有双重身份的历史人物。亦官、亦儒是其双重身份的主要特征，亦文、亦武是中国古代完美者的体现。其为官"选授三等侍卫，出入扈从，服劳惟谨，上眷注异于他侍卫。久之，晋二等，寻晋一等。"[1]"容若之当官任职，其事可得而纪者，止于是矣。"[1]其为儒"海内名为词者皆归"其有，且"拥书数万卷，萧然若寒素，弹琴歌曲，评书画以自误，人不知为宰相子也。"[1]从以上材料可以看出，纳兰性德文人身份要大于他的贵族及官员身份，其作品的影响力尤为深远。但我们也应该看到，其毕竟是历史人物，对于他，应该全面地看待。既要看重他的儒者、文人身份，又要看到他满族贵族官员身份；既要看其身前，也要研究他的身后。就纳兰性德的文学修养及成就，前人已作了过多评论，本文在此就不赘述。下面，仅就纳兰性德形成的历史条件阐述一下拙见。

一 目前关于以历史角度对纳兰性德的研究现状

第一，通过纳兰性德与以往词人进行比较，以突出纳兰性德的特征。如《晏几道与纳兰性德之比较——兼论二人词作中的生命意识》

---

[*] 孙明（1976— ），男，吉林双辽人，吉林师范大学历史文化学院副教授，历史学博士，研究方向：清史、满族史。

一文,作者通过晏几道与纳兰性德的出身、性格禀赋以及对仕途的态度等问题的比较,认为"晏几道与纳兰性德的生命与创作除具有了深挚自然、独抒性灵的共同特征外,还具有一种相同的品格。"即"强烈的生命意识,其超越了现实的功利,而表现出一种对生命本体的思虑与观照。"这些特征体现他们的词作上,"亦是他们的词作超越于时代的价值所在。"[2]又如《纳兰性德与李煜悲情词风成因对比》一文,作者认为"纳兰性德和李煜都出生于帝王将相之家,从小享尽人间显贵,两人注定不是继承祖先基业的人选,两人都喜欢写词,都是影响后世的大词人。"[3]

第二,通过纳兰性德词的特征,突出纳兰性德性格特征的成因。如《纳兰性德悲情人格的文化成因》一文,作者认为"纳兰悲情人格的形成,既是作者个体特有的思想和行为及其对环境的反映,又是特定的社会时代背景孕育的结果,同时又深深地植根于一定的民族文化土壤之中。"[4]又如《浅议纳兰性德非主流的另类人生》则对"纳兰性德一生的追求和人际交往具有非主流的另类特点"[5]作了详细介绍。

上述研究状况本文虽未全述,但从以上两点的介绍可以看出,围绕纳兰性德词本身,而研究其人格特征,人们都在陈述他的性格特征的成因。就产生纳兰性德历史人物的条件则未作专门、系统论述,下面,我们就来具体探讨一下产生纳兰性德的历史条件及其性格特征。

二 产生纳兰性德的历史条件

(一) 社会背景因素

1. 从国家的层面来讲

纳兰性德生活的清初康熙时期,是中国整个帝制社会发展的鼎盛时期。相对于顺治时期,国家呈现的是以和谐为主的气氛,大规模的、全国性的战争此时已经没有再出现,人们认为此时是中国古代社会发展的巅峰时期,也就是"康乾盛世"。尽管很多人对于"康乾盛世"的出现及其定性持有怀疑态度,但毕竟这一时期,是在长期的变乱之后,稳定局面已经实现。"盛世习文,乱世讲武",就个人来讲,盛世局面使他们对自己人生选择的机会可能更多一些。此时,作为贵族出身,有着特殊身份、地位的纳兰性德,在那个时代背景下,可以选择与祖辈不同的生活方式。对于一个国家来讲和平才能发展,对于个人,和平稳定才能带给才能之辈发挥的空间,所以,和平的环境为纳兰词的创作提供了良好的社会环境。

2. 从家族的层面来讲

纳兰性德是满族贵族,《啸亭杂录·卷十》载:"满洲氏族以瓜尔佳氏直义公之后,钮钴禄氏宏毅公之后,舒穆禄氏武勋王之后,纳兰氏金台吉之后,董鄂氏温顺公之后,辉发氏阿兰泰之后,乌喇氏卜占泰之后,伊尔根觉罗氏某之后,马佳氏文襄公之后,为八大家云。凡尚主选婚,以及赏赐功臣奴仆,皆以八族为最云。"[6]而"清初,贵胄势甚盛"。

贵族身份,为其能够用诗词抒发情感提供了保护。大家知道,清初实行文字狱,清廷"防民之口甚于防川,制造了几百起文字狱",就连"清风明月"四字,"清风不识字,何必乱翻书"之词都可以导致文字狱。很多相关知识分子不是流徙就是被砍头。由此,有人认为"学术文化的凋敝是康乾时期中国文化的显著趋势。""与表面'繁荣'的社会形势不同的是,康乾时期的学术文化表现出与盛世不协调的凋敝气象。明末发达的哲学一夜之间似乎消失了,传统儒学的人文关怀也消失得无影无踪。而以考经证史为重要特色的考据学兴起,推动着学术向着无聊的方向发展。考据学对清代学术的败坏,不但表现为它彻底断送了古代哲学的发展,也表现为它促使知识界彻底地进入了考古期。"[7]

在此,不知有谁注意,这些因文字之狱而至流放者,可有满洲贵戚。作为"落拓无羁的性格,以及天生超逸脱俗的禀赋"的纳兰性德,在当时,按文字狱的方式来诠释其词,内没意解之处。如《临江仙》"点滴芭蕉心欲碎,声声催忆当初。欲眠还展旧时书。鸳鸯小字,犹记手生疏。倦眼乍低缃帙乱,重看一半模糊。幽窗冷雨一灯孤。料应情尽,还道有情无?"[8]所以,贵族身份,能够使其词"真情锐感,直指本心",而不被追究。

3. 从家庭的层面来讲

纳兰性德为宰相明珠之子,此时正是其父明珠得势之时,"明珠,字纳兰,于康熙戊午迄戊辰,十余年间,权势最盛。"[9]"纳兰太傅明珠,康熙时煊赫一时。"[9]因此,作为最高统治者皇帝,对性德"恩眷颇优"如"容若选授三等侍卫,出入扈从,服劳惟谨,上眷注异于他侍卫。久之,晋二等,寻晋一等。上之幸海子、沙河、西山、汤泉及畿辅、五台、口外、盛京、乌剌及登东岱、幸阙里、省江南,未尝不从。先后赐金牌、彩缎、上尊御馔、袍帽、鞍马、弧矢、字帖、佩刀、香扇之属甚多。是岁万寿节,上亲书唐贾至《早期》七言律赐之。"[1]余下,如《通志堂经解》载"盖纳兰即明珠之子,当时徐乾学、高士奇与之结纳。"[10]在这里需要指出的是,不管徐乾学等人与之交结是出于何种原因,但至少可以承认,性德与大师级人物徐乾学交往,且拜其为师,对于性德的知识培养、人生道路的选择产生了很大的影响。

在此,应提及一点,对于《通志堂经解》是否为性德所刻,在性德身后颇有争议,张之洞认为:"徐乾学所裒辑,令成德出名刊刻,俾借此市名邀誉,为逢迎权要之具耳。"[10]姚元之《竹叶亭杂记》也云:"《通志堂经解》,纳兰成德容若校刊,实则昆山徐健庵家刻本也。高宗有'成德借名、徐乾学逢迎权贵'之旨。"[11]虽有这些非议之词,"然纳兰成德究为贵介中有才德者。世传所著《饮水词》、《侧帽词》,饶有宋人风格。"[10]则为后人公认,且有人还认为"今小说有《红楼梦》一书,其中宝玉,或云即纳兰。是书为曹寅之子雪芹孝廉作,曹亦内府旗人。以同时人纪同时事,殆非架空之作。"[10]对于"《通志堂经解》一书,或不必尽为徐所代刻。百年公论,后世自有知者"[10]。

(二) 地理环境因素

身在京畿之地，当时北京可以说是全国的政治、经济、文化中心，南北朝以来经济重心的南移，明清之际江南经济的崛起，徽晋州文化的复兴，都不会改变都城的重心地位。这样的生存环境，使性德可以有机会与居于京城的大家相互切磋和交往。而且，当时北京的建筑及环境，都为性德的创作提供了可能。如"明代定都北京后，许多达官贵人纷纷在城内外营造私人花园。如城内的英国公花园、西郊皇亲李伟的清华园和漕郎米万钟的勺园，都是极负盛名的。到了清朝，特别是王室在西郊大兴园林土木，自畅春园始，到圆明园之鼎盛，三山五园，几成中国古代造园史上的顶峰。"[12]

其实，也是在对上述环境的感悟下，以及自己在权贵之中的"出淤泥而不染"的性格特征，使纳兰性德能够触景生情，抒发自己隐于心底许久的郁闷之感。通过对事物的描写来达到对沉闷生活的解脱，在纳兰性德的诗词中，有很多是他游历之时写成，如《望海潮·宝珠洞》《忆秦娥·龙潭口》等词句。

(三) 人文环境

性德具有"余孝友忠顺之性，殷勤固结"，这使很多人愿与其交往。"忍草庵在无锡惠山第一峰之东，林泉幽邃。国初诸老恒觞咏于兹焉。庵左贯华阁，尤擅佳胜。纳兰容若侍中常与顾梁汾登楼玩月，图咏播于当时。"[13]徐乾学评价性德"其料事屡中，不肯轻与人谋，谋必竭其肺腑。"纳兰性德身边的许多当世文人，对于纳兰性德词风的形成产生了深远影响。

三 纳兰性德的性格特征

根据对纳兰性德诗词作品分析，以及后人对纳兰性德的评价，本文可以对纳兰性德的性格特征作一概括。

第一,天生聪慧。性德"自幼聪敏,读书一再过即不忘。"如《熙朝新语·卷八》载:"纳兰容若性德,大学士明珠子,康熙癸丑进士。少聪敏,过目成诵。年十七为诸生,十八举乡试,十九成进士,二十二授侍卫。"[14]《新世说·卷四》载:"纳兰容若天姿英绝,萧然若寒素。"[15]

第二,勤奋。性德"善为诗,在童子已句出惊人,久之益工,得开元、大历间丰格。尤喜为词,自唐、五代以来诸名家词皆有选本,以洪武韵改并联属名《词韵正略》。所著《侧帽集》后更名《饮水集》者,皆词也。好观北宋之作,不喜南渡诸家,而清新秀隽,自然超逸,海内名为词者皆归之,他论著尚多。其书法摹褚河南,临本禊帖,间出入于黄庭内景经。当入对殿廷,数千言立就,点画落纸无一笔非古人者。荐绅以不得上第入词馆为容若叹息,及被恩命引而置之珥貂之行,而后知上之所以造就之者,别有在也。如扈从康熙巡幸,'其扈跸时,毡帐内雕弓书卷,错杂左右,日则校猎,夜必读书,书声与他人鼾声相和。'"[1]

第三,至孝。百善孝为先,"容若性至孝,太傅尝偶恙,日侍左右,衣不解带,颜色黝黑,及愈乃复初。太傅人加餐辄色喜,以告所亲。友爱幼弟,弟或出,必遣亲近兼仆护之,反必往视,以为常。"[1]

总之,在康乾盛世前夕的历史环境下,衬托着百姓安康、社会太平的景象。在家庭高贵、尊享的成长经历下,衬托着纳兰性德出淤泥而不染的性格特征。社会、地理、人文等优越的条件,不仅带给纳兰性德创作条件,而且也赋予他惆怅般的灵感,使其诗词很大程度上带有感伤的特征。而恰恰是这一特征,使纳兰性德诗词以感伤而闻名,纳兰性德也因其感伤的情怀而为众多"兰迷"们所喜爱。

[参考文献]

[1] 纳兰性德. 通志堂集 [M]. 上海: 上海古籍出版社, 2002: 485—488.

[2] 李雷. 晏几道与纳兰性德之比较——兼论二人词作中的生命意识 [J]. 北京工业大学学报(社会科学版), 2002 (2).

[3] 王天, 赵渊杰, 贺雨微. 纳兰性德与李煜悲情词风成因对比[J]. 剑南文学, 2011（2）.

[4] 贺利. 纳兰性德悲情人格的文化成因[J]. 广播电视大学学报, 2009（3）.

[5] 曹岩. 浅议纳兰性德非主流的另类人生[J]. 北方文学（中旬刊）, 2012（1）.

[6] 昭梿. 啸亭杂录[M]. 北京：中华书局, 1980：316.

[7] 周文玖. 康乾盛世[M]. 北京：中华书局, 2010：137.

[8] 纳兰性德. 纳兰词集[M]. 上海：上海古籍出版社, 2009：175.

[9] 张汝杰, 等. 清代野史[M]. 成都：巴蜀书社, 1987：100.

[10] 张之洞. 书目答问[M]. 济南：山东画报出版社, 2004：192—193.

[11] 姚元之. 竹叶亭杂记[M]. 北京：中华书局, 1982：98.

[12] 何乃佳. 中国才子地图[M]. 北京：西苑出版社, 2005：114.

[13] 何圣生. 檐醉杂记[M]. 太原：山西古籍出版社, 1996：53.

[14] 余金. 熙朝新语[M]. 上海：上海古籍书店, 1983：5—6.

[15] 易宗夔. 新世说[M]. 太原：山西古籍出版社, 1997：239.

［原载于《吉林师范大学学报》（人文社会科学版）2013年第3期］

纳兰性德故国怀古情结的历史解析

王 立[*]

纳兰性德,字容若,号楞伽山人,在世三十一载,创作诗词三百余首,被清末大家况周颐盛赞为"国初第一词手",国学大师王国维亦称"纳兰小词,北宋以来,一人而已。"他的作品不仅在清代词坛有着很高的声誉,在整个中国文学史上也占据着重要的地位。如果说纳兰性德的爱情词行"哀感顽艳"之风,悼亡词流凄美隽婉之情,友情词中寄披肝沥胆之意的话,那么他的边塞咏怀词,则处处渗透着故国怀古的浓浓情结,流露出感怀兴亡的雄浑沉郁气概,使其词作跳出了狭隘的谈情咏物的拘囿,上升到另一高度。

康熙二十一年(1682)纳兰二十八岁时,随圣祖东巡,告祭福陵、昭陵,并至乌拉行围途中就曾作过这样一首词《浣溪沙·小兀喇》:"桦屋鱼衣柳作城,蛟龙鳞动浪花腥,飞扬应逐海东青。犹记当年军垒迹,不知何处梵钟声,莫将光废话分明。"这里的"小兀喇"亦写为"小乌拉",在今吉林省吉林市松花江畔一带。"吉林乌拉始为满洲虞猎之地,顺治十五年,因防俄罗斯,造战船于此,名曰船厂。后置省会,移驻将军,改名吉林乌拉。国语:吉林,沿也;乌拉,江也。"[1]依据史料记载,这里当是纳兰性德先世故族曾经活跃过的土地,踏上这片"故土",让纳兰性德感怀万千,故以词寄情,

---

[*] 王立(1979—),女,吉林省吉林市人,吉林师范大学历史文化学院讲师,东北师范大学博士研究生,研究方向:历史文献学。

抒发心中的情怀。全首词整体基调先扬后抑，"桦屋鱼衣"、"柳作城"、"海东青"都是古老的女真旧部特有的风俗和特产，这是对小兀喇独有的民族风情的写实描写。词的下半部分则是重点，由咏景转抒故国怀古之情，步入正题。"犹记当年军垒迹"一句正是对当年叶赫部族的兴亡往事的追忆，这脚下的地方应是当年曾经浴血固守的军事要地啊！但如今早已物是人非。"莫将光废话分明"，表面上是说时过境迁，兴废存亡又有谁能说得清呢？但我们仔细体味，难道是真的说不清吗？应该不是，这恐怕只是作者不愿说，不敢说罢了，其中蕴含着有口难言的遗憾。又如《满庭芳》一词："堞雪翻鸦，河冰跃马，惊风吹度龙堆。阴磷夜泣，此景总堪悲。待向中宵起舞，无人处、那有村鸡？只应是，金笳暗拍，一样泪沾衣！须知今古事，棋枰胜负，翻覆如斯。叹纷纷蛮触，回首成非。剩得几行青史，斜阳下、断碣残碑。年华共，混同江水，流去几时回？"写作手法同样是先写景后抒情，纳兰性德眼望着松花江畔先人们的古战场，心中满怀感叹，古往今来那纷繁变幻的世事就如同一盘盘棋局，胜负成败已成过眼烟云，一切如同那滚滚的江水一样一去不返。类似题材的作品还有《浣溪沙·身向云山那畔行》《临江仙·永平道上》，等等。

纳兰性德的很多词中处处凝结渗透出浓浓的故国怀古情结，这正是纳兰突破自我"小情"，更为深层次的感悟，绵远深长的古今兴亡的感叹中彰显出强烈的时代感和思想穿透力，故国怀古情结显非当时满族社会的主流情结，也与其显赫、富贵的出身、地位格格不入。这看似情理之外情绪的产生实则合情合理，其中有着内外多方面的历史缘由。

首先从纳兰性德的家世渊源上看，纳兰家族先世并非纯正的满族女真人，而是蒙古人，本姓土默特，部族最初主要活跃在今黑龙江肇州县一带，那里依山傍水、土肥物丰，优越的地理条件为其崛起提供了原动力。后土默特氏一举消灭了女真的纳兰姓部落，移居该地，改姓纳兰，又因发展需要，举族南迁至叶赫河岸（位于今天的吉林省梨树县叶赫满族镇）号叶赫国，移居后迅速融合于当地女真文化中，逐渐发展成为历史上鼎鼎有名的叶赫那拉氏（那拉亦译为纳喇或纳兰）一族，位居海西女真四部之首，势力一度极为强大。就在叶赫部发展壮大的同时，居住在牡丹江、绥芬河、图们江流域的建州女真在首领努尔哈赤的带领下也快速崛起，双方几十年来摩擦征战不断，终在万历四十七年（1619）努尔哈赤率军攻打叶赫部，声称："此举若不克平叶赫，吾必不反国也！"[2]经过一番鏖战，后金大军攻破叶赫部东西二城，缢杀叶赫部贝勒金台石、布扬古，以叶赫部归降而告终。相传金台石临死前曾诅咒说："吾子孙虽存一女子，亦必覆建洲！"。这段故族衰亡史纳兰性德必然是了然于心的，尽管年代历时已久，且现今的纳兰家门第显赫，纳兰心中不至于产生怨怼之情，但此时此刻站在先人们曾经活跃过的土地，这位多愁善感的词人必定会思绪万千，故国怀古情结的产生应在情理之中。

其次从纳兰性德本人性格特质上看，一部文学作品是作者思想内涵的反映，作品的风格特点一定程度上是受作者个人性格特质左右的。纳兰性德出身名门，父亲纳兰明珠，历任刑、兵、吏部尚书，累加太子太傅、太子太师、内大臣等职，声威显赫、权倾朝野，本人更是自幼聪慧，少年科第，席芬名阀，足以睥视余辈，但翩翩贵公子纳兰性德却生性淡然，性格中带有极为明显的多愁善感的阴柔气质，所以在他的词作中没有倚恃家门的靡靡之音，自恃清高的放荡之意，反而更多地描写了凄苦缠绵悱恻的爱情，荒凉孤寂的边塞风情，怅然哀叹的历史兴亡。"据统计，在纳兰性德现存的三百余首词中，'愁'字出现九十次，'泪'字出现六十五次，'恨'字则被使用了三十九次，其余'断肠'、'伤心'、'惆怅'、'憔悴'、'凄凉'等字词触目皆是。"[3]梁启超曾这样评论："容若小词，直追后主"，言他的词风堪比南唐旧主李煜，词作大多哀婉凄凉，营溢着忧伤的气氛。这无疑是受到纳兰性德的性格之中阴柔、细腻、淡漠、悲情的特质所影响，渗透到词中，就形成了独特的顽艳凄清艺术风格。纳兰词《采桑子·塞上咏雪花》曾用比兴的方式"由物而言己"，"非关癖爱轻模样，冷处偏佳。别有根芽。不是人间富贵花。谢娘别后谁能惜，飘泊天涯，寒月悲笳。万里西风瀚海沙。"他将传统的"咏雪"题材以"咏花"角度抒发，拿雪花自喻，说雪花并非植根于浊土之中，而是来源于浩瀚的天空，不同于凡间的富贵名花。就如同自己一样，虽生长在富贵之家、追随于仪銮之侧，却不融于这纷繁绚烂的世俗世界。本性与环境的错位，使纳兰性德倍感无助与凄凉，想要随性出发摆脱俗世的羁绊谈何容易，只能以词寄情，在随扈出行的边塞词作中有感而发，自然流露出故国怀古之情，虽然"冬郎一生极憔悴，判与三闾共醒醉"。[4]

再次从清初满汉日趋融合的社会背景上看，"要了解一件艺术品，一个艺术家，一群艺术家，必须正确地设想他们所处的时代精神和风俗概貌。"纳兰词中渗透出的故国怀古情怀，与其所处的社会文化大气氛有着重要的关联。顺治十一年（1655）至康熙二十四年（1685），这短短的三十年间，恰值清王朝为巩固统治，恩威并施，大兴文治，满汉两种文化剧烈碰撞、相互融合的重要时期。清初，尽管满族人凭借着武力横扫中原，建立了自己的政权，但在统治过程中，他们逐渐认识到要建立长治久安的统治，光靠武功是不够的，还需要文治。顺治帝在入关后，施行崇儒重道的基本方略，参仿汉制改革清朝的政治制度，促进了满汉文化的融合。康熙更是选择将儒学中的程朱理学奉为加强统治的官方正统思想，颁布的《圣谕十六条》处处体现了中国传统儒学的精髓，通过努力使满汉之间的凝聚力和认同感得到了进一步的加强。才学出众的纳兰性德深受如此文化气候的濡染影响，对汉文化表现出极大的认同，并与大量如徐乾学、朱彝尊、顾贞观、严绳孙这样的汉族知识分子结成了莫逆之交，在自身的诗词创作中深受影响。清初，许多汉族士子仍沉浸在国破家亡的哀痛之中，面对着失色的山河，感叹着人生的变幻无常，心中充满了忿怒与哀怨，悲观与怆然。他们在诗词中抒发着家国之思，感叹着历史兴亡，并成为清初词坛风格的重要特征。"结义输情，礼贤下士"的纳兰性德置身其中必然会受到影响，感念着自身的境遇，更多的是抒发了一种跳出身份地位与民族界限的对汉族友人人生际遇的同情与感慨之情，在词作中自然流露出故国怀古情结，"于往古治乱，政事沿革兴坏，民情苦乐，吏治清浊，人才、风俗盛衰消长之际，能指数其所以然，而亦不敢易言之。窥其志，岂无意当世者？惟其惓惓忠爱之忱，蕴蓄其不言之积，以俟异日之见庸，为我有邦于万斯年之计。"（《纳兰君神道碑铭》）。

  总而言之，纳兰性德的故国怀古词作中有着对故园风物的描写，生动形象地勾画出满族龙兴之地东北地区的特殊风貌、风俗人情，体现出对故园的热爱，对战争的厌恶；也有着直抒怀古之情，言历史兴衰之事，表达了对祖先的怀念。作品里既盈溢着浓郁的地域文化色彩和民族气息，又具有强烈的时代感和思想性，为后世留下了弥为珍贵的文化遗产，值得我们细细品味。

［参考文献］

  ［1］萨英额. 吉林外记［M］. 清光绪二十一年影印本.

  ［2］王在晋. 三朝辽事实录［M］. 明崇祯十二年影印本.

  ［3］贺利. 纳兰性德悲情人格的文化成因［J］. 广播电视大学学报，2009（6）.

  ［4］纳兰性德. 通志堂集·卷三·填词［M］. 上海：华东师范大学出版社，2006.

［原载于《吉林师范大学学报》（人文社会科学版）2013 年第 3 期］

纳兰词中的儒释道文化现象

孙艳红　李　昊[*]

"清初第一词人"纳兰性德给清代词坛增添了奇光异彩，传世的《饮水词》享有盛誉，为文人学士高度评价。纳兰性德虽身为满洲贵胄，但从小就受到汉文化的良好教育熏陶，是满族中一位笃好汉文学而卓有成绩的文人[①]。容若"自幼聪敏，读书一过即不忘。善为诗，在童子已句出惊人"[1]。拜大儒徐乾学为师，潜心向学。在名师的指导下，他主持编纂了《通志堂经解》《渌水亭杂识》，堪称汉学经典。纳兰性德可以算得一个沉浸于汉文化中的人。[②] 在《饮水词》中不仅有明显的儒家文化，也渗透着佛、道文化的印迹。

一　对儒家文化的继承

纳兰性德对儒家文化的继承首先表现在他对"仁义礼智信""修齐治平""君臣父子"等儒家思想的继承上。在朝他可谓忠君之士，在家他可谓孝悌之子。同时与人交往方面，他又可谓良朋益友。由是观之，纳兰性德将圣贤书里高悬的标准作为自己为人行事的准则。具

---

[*] 孙艳红（1970—　），女，吉林洮南人，吉林师范大学文学院教授，文学博士，硕士生导师，研究方向：词史；李昊（1988—　），女，吉林省吉林市人，吉林师范大学文学院硕士研究生，研究方向：古典文艺学。

① 参见夏承焘先生《纳兰容若手简》前言。

② 参见苏雪林的《清代男女两大词人恋史之谜》一文，载于国立武汉大学文哲季刊，1930年第1期。

体表现为：

（一）深广的忧患意识

纳兰性德生长在钟鸣鼎食之家，可谓少年得志，春风得意。但他决非贾宝玉式的"富贵闲人"，而是充满感伤，极度忧患。正如韩菼在写给纳兰的碑铭中所言："于往古治乱、政治沿革兴坏、民情苦乐、吏治清浊、人才风俗，盛衰消长之际，能数才'共所以然。'"[2]徐乾学在纳兰的墓志铭中也谈道："闲尝与之言往圣昔贤，修身立行，及于民物之大端，前认兴亡理乱所在，未尝不慨然以思。"[3]足见纳兰性德不仅修德立身，且志在国计民生，这也使他忧从中来，不可断绝。也使《饮水词》充满了沉郁哀婉的气息，饱含着对国家社会、对人生命运、对爱情家庭的忧患意识。"凄迷"、"寂寥"、"憔悴"等词触目可见。据笔者统计，纳兰词中"愁"字出现九十余次，"泪"字出现六十余次，"恨"字三十余次。

词人行至关东塞北，大漠江南，面对触目惊心的萧条景象，常写下带有民族忧患、色彩的词篇，以抒兴亡之感。比如《望海潮·宝珠洞》（汉陵风雨）一词，写词人登临宝珠洞，极目远眺，"江山满目兴亡"触动了词人敏感的灵魂。昔日"铜驼巷陌，金谷风光"，如今却成"寒烟衰草，童子牧牛羊"，别是凄凉！历史上任何盛极王朝，都无法避免衰败亡国的命运。对于新建立的清政权，纳兰心中不无忧患。即使到了明十三陵，容若也决非以胜利者的姿态指点江山，激扬文字，而是吊古伤今。还有像《好事近》（马首望青山），词人也同样抒发了古今之悲慨：任何繁华鼎盛都不能万古长存，明朝凋残的石碑与康熙帝雄壮的猎骑形成强烈反差。古往今来的兴亡往事，依然是"休寻折戟话当年，只洒悲秋泪"。

此外，《忆秦娥·龙潭口》中的"兴亡满眼，旧时明月"、《忆王孙》中的"读《离骚》，愁似湘江日夜潮"、《南乡子》中的"霸业等闲休，跃马横戈总白头。莫把韶华轻换了，封侯。多少英雄只废丘"等等，还有纳兰《拟古》诗中的"予生未三十，忧患居其半。心事如落花，春风吹已断。"从这些兴亡之叹里，我们可以感受到词人所处时代的风雨，盛衰兴亡的悲吟是历史的挽歌。

除了历史国家的兴亡之感，父亲明珠结党营私也让容若常怀惴惴之忧。权倾一时的纳兰明珠善施政治手腕，"柔言甘语，百计款曲，而阴行鸷害，意毒谋险"、"广结党羽"、"货贿山积"[4]。这一切使得纳兰性德时刻感到惴惴不安。他在《金缕曲·赠梁汾》中写道："身世悠悠何足问？冷笑置之而已！"纳兰人生的忧患意味不言自明。《虞美人》（凭君料理花间课）中"眼看鸡犬上天梯，黄九自招秦七自泥犁"便表现出对翻手为云，覆手为雨的政治前途和对封建末世没落命运感到的战栗。

纳兰性德身为康熙皇帝的近臣侍卫，伴君如伴虎也使他产生了如临深渊、如履薄冰的忧患。他"时时在钩陈豹尾之间"，"进有常度，不失尺寸"。严绳孙在《成容若稿序》中写出纳兰性德内心对侍卫生活的纠结："且观其意，惴惴有临履之忧，视凡为近臣者有甚焉。"纳兰性德在漂泊不定的羁旅生活中，常表露出年华易逝的失落感。"颜非昨，才华尚浅，因何福薄"（《忆秦娥》）、"人生何事缁尘老"（《踏莎行》）等词句说出了词人对虚度青春的怨艾，对人生的忧患。

"失意虽多如意少，终古几人称屈"（《金缕曲》）、"休为西风瘦，痛饮强搔首。自古青绳白壁，天已早安排就"（《霜天晓角》）等词句，还有纳兰《拟古》诗中的"荣华及三春，常恐秋节至"等等，连篇累牍，足见纳兰性德正是以其敏锐的洞察力和强烈的忧患意识触及着历史国家、社会人生。

（二）积极的入世精神

纳兰性德是一位有着强烈政治热情和社会责任感，并抱负远大和见识卓越的满族青年。容若十七岁便入国子监读书，十八岁中举人，二十二岁参加殿试，被授予三等侍卫，不久就升为一等侍卫。乔迁晋升,前途无量。纳兰性德的《通志堂经解》中收录一百四十多种宋元以来的儒家经解。在传统儒学陶冶下的纳兰性德满怀积极入世、建功立业的雄心壮志,很想有所作为。"政事沿革兴坏,民情苦乐,吏治清浊,人才风俗盛衰消长之际,能指数其所以然";"窥其志,其无意当世者?"[2]371我们可以从词中窥见纳兰性德的豪情满怀,如《金缕曲》:

> 未得长无谓,竟须将、银河亲挽,普天一洗。麟阁才教留粉本,大笑拂衣归矣。如斯者、古今能几?有限好春无限恨,没来由、短尽英雄气。暂觅个,柔乡避。东君轻薄知何说意。尽年年、愁红惨绿,添人憔悴。两鬓飘萧容易白,错把韶华虚费。便决计、疏狂休悔。但有玉人常照眼,向名花、美酒拼沉醉。天下事,公等在。

"竟须将、银河亲挽,普天一洗。"词人要亲手引来银河水,冲洗天地,何等的书生意气、壮志豪情!他渴望在政治上施展才华,为国家建功立业。纳兰诗中也有"功名垂钟鼎,丹青图麒麟"[5]的豪情壮志。"癸丑病起,批读经史,偶有管见,书之别简。或良朋茝止,传述异闻,客去辄录而藏焉。踰三四年遂成。"[6]《渌水亭杂识》里也可见纳兰性德积极进取的热情,数次提到了为君为臣该如何各尽本分,表达了对君王热切的期望。凡与国有关,性德无不思考,他从国防工农等各方面提出了对国政的意见,对现实关注程度令人叹服。纳兰性德不仅仅是儿女情长的富贵公子,更是指点江山、意气风发的有为青年,有着积极的入世精神、用世热忱。

二 对道家文化的感悟

老子言:"人法地,地法天,天法道,道法自然。"[7]道家文化崇尚"自然",以"无为"核心,讲究顺应天道,"无为而无不为"。要无为，就必须无欲不争，这就是道家超越世俗羁绊的人生观。反对心为物役，追求内心平静是道家的价值取向。与儒家相比，道家的态度未免消极，以安身立命、避免祸患为最低要求，是"出世"，是"无为"。一直以来士人们都在得意时崇儒，失意时悟道，"达则兼济天下，穷则独善其身"。纳兰性德也始终徘徊在儒道的矛盾之中，"学而优则仕"是他谋政治国的理想途径，可真实却是扈从生涯的劳顿，官场的尔虞我诈，仕途的崎岖险恶，纳兰性德厌倦不堪。有学者便认为容若并非是"生具兼济之心的粹然儒者"。而且纳兰性德在给张纯修的信中说："弟比来从事鞍马间，益觉疲劳，发已种种，而执羖如昔，从前壮言，都已堕尽""；弟秋深始得归，日直驯苑，每街鼓动后，才得就邸"[5]781。从中可见纳兰的诸多无奈，他想到了逃避，道家的隐逸思想油然而生。纳兰词中也不难发现他的"山泽鱼鸟之思"。比如《摸鱼儿》：

> 问人生、头白京国，算来何事消得。不如罨画清溪上，蓑笠扁舟一只。人不识，且笑煮、鲈鱼趁著莼丝碧。无端酸鼻，向岐路消魂，征轮驿骑，断雁西风急。英雄辈，事业东西南北。临风因甚泣。酬知有愿频挥手，零雨凄其此日。休太息，须信道、诸公衮衮皆虚掷。年来踪迹。有多少雄心，几翻恶梦，泪点霜华织。

当词人未能找到施展才华、实现抱负的机会时，他感到无聊、窒息。清溪、扁舟、鲈鱼、莼丝，何不寄情于山水，做心灵的逸者。得时便得，舍时便舍，人生洒脱，况味非常。江南的一支杏花，未必比不上朝堂上的一块笏板；天子的几句赞美，未必比得上乡野牧童的一段短箫。词人不止一次地唱道"为问身后名，何如一杯酒。行当向酒泉，竹林呼某某。"远离尘世、自由自在、超然物外的桃源隐士生活是容若的向往。再如《满江红·茅屋新成，却赋》：

问我何心？却构此、三楹茅屋。可学得、海鸥无事，闲飞闲宿。百感都随流水去，一身还被浮名束。误东风、迟日杏花天，红牙曲。尘土梦，蕉中鹿。翻覆手，看棋局。且耽闲嬶酒，消他薄福。雪后谁遮檐角翠，雨余好种墙阴绿。有些些、欲说向寒宵，西窗烛。

人生如梦，词人想要摆脱"浮名束"，置身世外冷眼"看棋局"，把酒言欢，清风明月，消受清福。在看客潇洒轻快的背后，潜藏着无法排解的忧郁。我们感受到了词人的归隐意识，在出世与入世之间犹豫徘徊。这种矛盾也正体现了汉族传统文化的个性。比较典型的词作是《瑞鹤仙》（马齿加长矣）：莽莽乾坤，徒自碌碌无为，所营何事！浮名如水转眼即逝，不如一醉方休，日高不起，疏懒度日。可见纳兰性德鄙薄繁华的归隐心态。

既已看透官场，纳兰便生归隐之心，这是深受老庄思想和士隐精神影响的结果。纳兰性德的归隐之思绝非一日而成，他在给好友顾贞观的信①中就曾经流露出决意终老田园的愿望，而且在他的诗中也多有体现，《拟古诗》之二十六中的"不如巢居子，循迹从蒿莱"是淡泊名利，厌恶官场的表达。《拟古诗》之十中的"今年适种豆，枝叶何莘莘"是对陶潜隐士生活的艳羡。

三 对释家文化的接受

纳兰性德对汉族文化的向慕也表现在他对佛学的接受。清初正是佛教世俗化日益加深之时，纳兰性德自号"楞伽山人"，取自禅宗经典《楞伽经》。纳兰性德以取此为号，流露出了在佛学中超脱

---

① 纳兰性德在给好友顾贞观的信中写道："倘异日者，脱屣宦途，拂衣委巷，渔庄蟹舍，足我生崖。药臼茶档，销兹岁月。翱桥作客，石屋称农。恒抱影于林泉，遂忘情于轩冕。是吾愿也，然而不敢必也。悠悠此心，惟子知之，故为子言之。"由此可见，纳兰归隐之心早已有之。

烦恼之意。纳兰词集初名《侧帽集》,后更名《饮水词》。"饮水"出自道明禅师"如鱼饮水,冷暖自知"。纳兰化而用之,可见词人心性的变化。纳兰性德思想深处的佛学元素更是屡屡呈现在他的词作之中。

(一) 纳兰词中的佛学印记

关于纳兰与佛学的关系,黄天骥曾经谈到过:"纳兰性德委实是虔诚的佛教徒,他以恬静的笔调描绘佛寺的清幽,向往虚空寂灭的境界……纳兰性德汇佛家道家思想于一身,这是因为佛和道的本质是相通的。"[7]而且《饮水词》中经常出现佛教用语:"一日心期千劫在,后身缘,恐结来生里"(《金缕曲·赠梁汾》);"诸天花雨散幽关"(《百字令》);"旧游踪,招提路"(《金人捧露盘》);"且随缘,去住无心"(《瑞鹤仙》)等等。另外,诸如萧寺、梵钟、佛火、松门、禅榻、香台、经声等词语也频频出现,使纳兰词笼罩着神秘的佛教气息。比如《眼儿媚·中元夜有感》便用佛家术语表达词人内心祈愿。

> 手写香台金字经,惟愿结来生。莲花漏转,杨枝露滴,想鉴微诚。欲知奉倩神伤极,凭诉与秋擎。西风不管,一池萍水,几点荷灯。

"金字经"出自《默记》:"李后主手书金字《心经》一卷,赐其宫人乔氏";"澄取杨枝沾水,洒而咒之,就执斌手曰:'可起矣!'因此遂苏。"[8]"杨枝露"是佛家能令万物复苏起死回生的甘露。容若吊唁卢氏,伤怀处,亲手用金泥抄写佛经企盼能有仙露将妻子唤醒,絮絮诉求,惟愿来生。

纳兰性德常于梵宇中作词,有的词甚至是直接对寺庙的描写。如《浣溪沙》:

> 燕垒空梁画壁寒，诸天花雨散幽关。篆香清梵有无间。蛱蝶乍从帘影度，樱桃半是鸟衔残。此时相对一忘言。

这是一首纯言佛法的词作，诸天、花雨、幽关等佛语多次于词中出现。"纳兰性德在空寂的寺院中，看到蝴蝶飞逝樱桃半残的场景，忽然悟出一番道理，觉得好景不长，人生如寄。"[6]166空梁冷壁，梵天幽静，荒芜的小院笼罩着佛光也显得清雅，深得禅家真趣。还有另一首《浣溪沙》：

> 败叶填溪水已冰，夕阳犹照短长亭。何年废寺失题名。倚马客临碑上字，斗鸡人拨佛前灯，净消尘土礼金经。

该词是作者在旅途中见到废寺有感而作。上片写废寺荒凉残败、冷然消寂的外景，下片笔述香火断绝的寺内现状。曾经旺盛的寺庙如今落魄，生于华庭的翩翩公子淹留于此，佛前幽冷的灯花中似乎蕴含了繁华的最终命运，透出词人无可奈何的忧伤之怀。

再如《梦江南·江南好》等词也都有对佛寺的描写。纳兰性德在给朋友的书信中也常提到他出入佛寺，与僧侣交往。①

（二）佛学思想对纳兰词主题的影响

佛学不但用于纳兰词的遣词造句、题材选择，对其词的主题也有深刻影响。下面笔者试分述纳兰性德的爱情词、友情词、咏物词及塞上词主题与佛学的关联。

爱情主题的佛光禅意主要表现对妻子的悼亡词里，卢氏的亡故使容若的佛学思想更深了一层，他希望用佛法替亡妻还魂，在经声佛号中对生死情缘产生了新的认知。这类词的典型代表是《浣溪沙》：

---

① 在致严绳孙的书简中，纳兰性德写道："中秋后曾于大恩僧舍以一函相寄"；"华山僧鉴乞转达彼意，求其北来为感"。还有致张纯修书简："明日欲过尊斋，同往慈仁松下"等。

抛却无端恨转长，慈云稽首返生香。妙莲花说试推详。但是有情皆满愿，更从何处著思量。篆烟残烛并回肠。

佛家《妙法莲花经》"能大饶益，一切众生，充满其愿"[8]342。卢氏已矣，容若却悲不自禁，痴想恳求佛法慈悲，为亡妻还魂。"有情皆满愿"的佛学思想徒惹词人愁肠百转，觉得愁绪有如篆烟燃尽留下那凸凹的残烛，无绪纷杂。此外，《望江南·宿双林禅院有感》也是写容若眷恋亡妻，于寺中流连。

纳兰性德在他友情词中多次说道要同好友相聚来生，这便是世俗佛教观念的体现。如"一日心期千劫在，后身缘、恐结他生里。"（《金缕曲·赠梁汾》）"待把来生祝取，慧业相同一处。"（《大酺·寄梁汾》）"他生""来生""后身缘"是佛教的基本观念，认为人有前生、今生、来生。容若因眷恋友情，甘愿沦落红尘，以千劫为誓言，见其情痴如许。

纳兰性德的塞上江南词一直弥漫着浓郁的人生空幻感，词人在旧关古戍吊古伤今时，常有梵钟、清叹相伴。"行人莫话前朝事，风雨诸陵，寂寞鱼灯。天寿山头冷月横"（《虞美人·居庸关》）；"今古江山无定据。画角声中，牧马频来去。满目荒凉谁可语。西风吹老丹枫树"（《蝶恋花，出塞》）；"马一彗望青山，零落繁华如此。再向断烟衰草，认鲜碑题字"（《好事近》）；"霸业等闲休，越马横刀总白头。莫把韶华轻换了，封侯。多少英雄只废丘。"（《南乡子》）帝王将相，紫殿金台，最终埋没于衰草黄沙之中，唯有亘古无常的空幻，是佛学的浸润使空幻感郁郁蓬勃。在词人的世界里，钟磬之声是宗教的召唤，是心灵的回归，幻化为空无的永恒。

咏物词流露出的空幻感与边塞词相同，《眼儿媚·红姑娘》《淡黄柳·咏柳》《点绛唇·风兰》《一丛花·咏并蒂莲》等词中都有流露。据此似乎可见容若的简淡情怀与佛学的微妙联系。在诸多佛理禅趣中，空幻感在纳兰词中屡见不鲜。

佛学之于容若是化解忧愁的良药，是历经痛苦的选择，佛学给纳兰词增添了别样的色彩。

满洲贵胄纳兰性德于《饮水词》中深深镌刻了儒释道文化的印记，成就了纳兰词的独特魅力。《饮水词》是满汉民族交流的篇章，纳兰性德是满汉文化交流的使者。

[参考文献]

[1] 徐乾学. 通议大夫一等侍卫进士纳兰君墓志铭[M]//张草纫. 纳兰词笺注. 上海：上海古籍出版社，2007：414.

[2] 韩菼. 通议大夫一等侍卫进士纳兰君神道碑铭[M]//赵秀亭，冯统一. 饮水词笺校. 北京：中华书局，2011：371.

[3] 徐乾学. 通议大夫一等侍卫进士纳兰君墓志铭[M]//赵秀亭，冯统一. 饮水词笺校. 北京：中华书局，2011：366—367.

[4] 赵尔巽. 清史稿[M]. 北京：中华书局，1977：2821.

[5] 纳兰性德. 通志堂集[M]. 上海：上海古籍出版社，1978：43.

[6] 黄天骥. 纳兰性德和他的词[M]. 广州：广东人民出版社，1983：166.

[7] 陈鼓应. 老子今注今译[M]. 北京：商务印书馆，2005：169.

[8] 赵秀亭，冯统一. 饮水词笺校[M]. 沈阳：辽宁教育出版社，2001：161.

[原载于《吉林师范大学学报》（人文社会科学版）2014年第5期]

纳兰节令词研究

伏　涛[*]

中华民族是一个有着几千年历史的伟大民族，她有着极其丰厚的文化传统，在其民俗文化长河中，节令文化源远流长，有的节日已经走过了漫长的历史进程，而且还会一直坚持走下去。华夏土地上生长的中华儿女对传统节日的体认既是传统文化在个体生命中的继承延续，也是集体无意识的坚韧存在。中国自古以来就是一个多民族的国家，各个民族对传统节日的接受认同程度与表现方式是不一样的，由此我们可以思考传统节日的民族特征。

纳兰词在清代词坛上，乃至整个词史上皆占有重要的地位。其词优点甚多，其爱情词、悼亡词成就很高，描写北方风物，富含地域特色的词作也颇有成就。这些已经引起人们比较充分的关注。纳兰乃"初入中原"的满族人，王国维说他"未染汉人习气"，此说是否正确尚有待于进一步考量。本文拟以节令词为考察对象，由词及心，审视纳兰性德心灵世界的潮汐，尤其是他的民族情绪，以及对民族融合的态度。何谓节令词，这是我们展开具体论述之前必须首先弄清楚的问题。在此，我们权且作如下界定，纳兰词中的节令词就是在节日填写的词，或为节日所填之词。节令词乃侧重于时间向度、民俗文化的一种词作分类。传统节日时，词人将该节日富有的独特的文化内涵以

---

[*] 伏涛（1966—　），男，江苏盐城人，吉林师范大学文学院讲师，文学博士，研究方向：明清诗文。

及节日情境下催发的特定情思外化成词作,是为节令词。节令词是节日时词人人生经历、心路历程的情感外化。通过解读纳兰词中的节令词既可以深层次地了解纳兰其人与其词,又可由此管窥清初其他满族词人的心魂律动。

一 数量较多

纳兰词中的节令词大体有两种呈现形态:一是节日名在词题中标明;二是词句中提及节令。前者十六阕:其中写除夕的3阕,人日1阕,元宵节4阕,清明节1阕,端午节1阕,七夕2阕,中秋节1阕,中元节2阕,重阳节1阕。在词中涉及节日的有:"前期总约上元时,怕难认飘零人物。"(《鹊桥仙·梦来双倚》)[1]"梦阑酒醒,早因循过了清明。"(《红窗月·梦阑酒醒》)[1]211"高梧湿月冷无声,当时七夕有深盟。"(《浣溪沙·凤髻抛残秋草生》)[1]56"数到今朝三月二,梦见犹难。"(《浪淘沙·双燕又飞还》)[1]377(古代上巳节一般定在农历三月三日,亦有定在三月二日的。)"黄花开也近重阳"(《浣溪沙·消息谁传到拒霜》)[1]36,"雨晴篱菊初香,人言此日重阳。"(《清平乐·将愁不去》)[1]125"平原草枯矣,重阳后,黄叶树骚骚。"(《风流子》(秋郊射猎)[1]308以上列举的词句中提到的节日有上元、清明、七夕、上巳以及重阳。纳兰词中涉及节日的高达二十多首,为什么在纳兰词中会有如此多的节令词呢?这是本文首先必须思考的问题。

一是节日文化的呼唤。比如其中词涉重阳的最多,我国古代把九叫作阳数,农历九月九日,两九相逢,都是阳数,所以称为"重阳"。庆祝重阳节的活动多彩浪漫,一般包括出游赏景、登高远眺、观赏菊花、吃重阳糕、饮菊花酒等活动。重阳节丰富的文化内涵,多样的活动,还有中秋之后即是重阳的光阴迅速,岁月流年之感,容易唤起词人对重阳及其相关人事的追忆,容易激起词人生命的感喟。"人生须行乐,君知否,容易两鬓萧萧。"(《风流子·平原草枯矣》）[1]308重阳节又叫登高节，人们登高望远思念亲人，"每逢佳节倍思亲"。"人间别离无数"（《齐天乐·白狼河北秋偏早》）[1]298，"容易两鬓萧萧"，这是词人对岁月匆匆，天涯暌违的深沉感喟。在《沁园春·瞬息浮生》词序中云："丁巳重阳前三日，梦亡妇淡妆素服，执手哽咽，语多不复能记。但临别有云：'衔恨愿为天上月，年年犹得向郎圆。'妇素未工诗，不知何以得此也。觉后感赋长调。"[1]312此中明确提到的时间是"丁巳重阳前三日"，这里提到了年份、节日、日期，这是一个让纳兰难忘的日子，现如今，"两处鸳鸯各自凉。真无奈，把声声檐雨，谱入愁乡。"[1]312在此词人将怀内之情谱入思乡之曲中。

二是羁旅天涯，暌违相隔之情的时间锁定。常年生活在异地他乡，过着飘转如蓬生活的纳兰，对时间特别在意而且敏感，这是词人在特定时空中特殊情感所致。这与其侍卫身份有关，他护驾康熙，"年来强半在天涯"（《浣溪沙·万里阴山万里沙》）[1]51。四处奔波，踏遍大江南北，节日时词人常常远离家乡，"从此羁愁万叠，梦回分付啼螀"（《木兰花慢·盼银河迢递》）[1]288。与亲友天涯相望，与亡妻阴阳相隔。空间上的间阻，时间上的特殊导致情感世界的丰富与沉重，这在节令词中有着最为明显的体现。节日是一个时间节点，它联系着词人心灵世界的敏感区。节日之时，奔走天涯的词人更容易唤起与节日相关的过往人事的回忆，对当下处境的焦虑，对未来美好的向往或对将来不测的恐惧，这是词人心灵世界在节日泛起的涟漪，这样的词作在纳兰节令词中所占比例较大，这类词作的心灵认知价值甚高，通过该类词作我们可以更好地了解词人的人生经历与情感遭遇，这是走进其心魂奥区的密钥。

三是强烈生命意识的体现。一个人的身体状态影响其生命意识的强弱以及对外界与自身一切的敏感程度。身强力壮者往往朝气蓬勃，性格张扬，他对组成生命的基本元素——时间的关注与思考就不会太多、太频繁。相反的，"蒲柳之姿，望秋先陨"——体弱多病者常常会因为身体上的不适或病痛而产生人生短暂，朝不保夕之感。这时，不仅时间的民俗规定——节日极容易引起作者的关注,就是平常岁月中词人对一些特殊的时间也会很敏感,这背后透出的词人较为显著的生命意识还是很值得注意的。譬如:"十月初四日夜风雨,其明日是亡妇生辰"(《鹧鸪天·尘满疏帘素带飘》)[1]190,"丙辰生日自寿。起用《弹指词》句,并呈见阳"(《瑞鹤仙·马齿加长矣》)[1]300,"亡妇忌日有感"(《金缕曲·此恨何时已》)[1]331,"秋夕信步"(《虞美人·愁痕满地无人省》)[1]403,"秋暮村居"(《南乡子·红叶满寒溪》)[1]405等等;究其本质,此乃情感丰富的词人深微词心的时间锁定。

四是孤独心魂的诗化再现。纳兰护驾康熙出行,每到一处,总会受到不同程度的欢迎,各地各层各级官员以及老百姓为了迎接皇帝的大驾光临,会做好充分的准备,一旦遇到节日时更会大张旗鼓地组织一系列活动,歌舞升平以悦龙颜,侍卫随从也能随喜一饱眼福,乐在其中。当然也有乐极生悲,触景生情,睹物思人的时候,词中不无对"斯人独憔悴"情境的描写。孤独之人更向往热闹,希望在欢庆的节日氛围中获得暂时的精神解脱。当然,欢乐是悲苦的替代,强装笑颜的背后更多的却是莫言的凄楚与无尽的悲凉。平常岁月中遇到节日时,敏感、脆弱而又孤寂的心魂渴望在节日时获取近距离深层次的交流,需要心魂相守、身心抚慰,希望在节日时释放积压心头的诸多郁闷与烦恼。词人习惯在火树银花时审视,在载歌载舞时沉思,在灯火阑珊处思索。这也是纳兰常于节日时填词,多写节令词深层次的原因之一。

五是对节日文化的认同。在节令词中词人将抒发的情感结合到具体的时间点上,链接到民族文化的重要结点——传统节日上,这是对节日文化内涵的认定,也是其自身文化敏感的体现。对节日的介怀一定程度上是对民俗风情乃至民族文化的关注,是一个人对本民族或他民族习俗民风的认可与接收,这也是一个词人是否关注百姓、关注苍生的一种表现。词作植根于词人在具体时空场景中的所见、所闻与所感,这种情感总会落实到具体的空间,更会结合具体的时间。节日是一个民族集体意识的产物,是一种集体无意识行为,或是人类先祖某种意识的积淀与流衍,对传统文化有着深刻了解与充分体认的纳兰很自然去创作节令词。

二 内涵丰富

纳兰的节令词内涵比较丰富,参照张秉成的分类,纳兰的节令词大体分为爱情、友情、亲情、杂感、写实五类。

《七夕·乞巧楼空》(七夕)约作于爱妻亡故之后,词中表达了楼空人去,物是人非的伤感,又进而生发出梦幻般的奇想。亦实亦虚,饶有浪漫特色。《齐天乐·白狼河北秋偏早》(塞外七夕)所写的塞外七夕之情景,无不凄迟伤感。词中所抒羁栖之苦,怀念闺人之意,可谓淋漓尽致。《眼儿媚·手写香台金字经》一词题为"中元夜有感",旧俗中元节是祭祀亡灵的时候,此时念及亡妻,于是发之为词,不胜悲悼。该词围绕着中元节特有之习俗落笔,只在结处摹景,用西风之无情反衬自己悼念亡妻的深情,使所抒之悲痛情感更厚重深浓。再如《踏莎美人·拾翠归迟》一词,清明正是踏春的好时节,纵有邻家女伴相邀,但奈何疏慵倦怠,本就愁绪满怀,故不愿再去沾惹新恨了。而此情又有谁知,惟有那清晓窗外的流莺明了。全篇幽思含婉,清丽轻灵,表达出百无聊赖的阑珊意绪。以上分析的是纳兰词中抒写爱情的节令词。

纳兰节令词中友情类词作有:《木兰花慢·盼银河迢递》,根据题目"立秋夜雨,送梁汾南行",可知这是立秋之际夜雨之时送别好友顾贞观的一首送别之作。"何处合成愁,离人心上秋",送别本是伤感之事,又恰逢"立秋夜雨"之时,于是愁上添愁。词紧紧贴合着"立秋"和"夜雨"之题面展开铺叙,伤离怨别之意,悲凉凄切之情更为细密深透。词抒友情的节令词还有《凤凰台上忆吹箫·荔粉初装》(除夕得梁汾闽中信因赋),除夕乃合家团聚之日,作为纳兰亲如手足的好友此时正身隔异地,遥在远方,遂逢佳节而起相思。恰于此时偏得到梁汾寄自闽中的信函，于是念友之情更切，遂缘笔赋此。词人回忆当初吟诗题句的美好情景，渴望酬答共处的优悠生活，料想梁汾此时的孤寂，盼望再与其重逢相会。借典取譬，辗转道来，深情脉脉。

《采桑子·深秋绝塞谁相忆》乃抒发怀乡思亲之情的节令词，词题"九日"即九月九日重阳节，逢此日当登高饮菊花酒，插茱萸，与亲人团聚。此词当作于康熙二十一年（1682）觇梭龙之时，使至塞外，佳节思亲，倍感形单影只、孤独寂寞，遂填此以寄乡情。这是羁旅天涯的词人思乡之情、悲秋情怀的抒露。

纳兰词中的节令词除了寄寓爱情、友情、亲情外，尚有一些杂感类词作，如：《青玉案·东风七日蚕芽软》（辛酉人日），辛酉，康熙二十年（1681）。人日，农历正月初七日。"正月七日为人日，以七种菜为羹，剪彩为人，或镂金箔为人，以贴屏风，亦戴之头鬓，又造华胜以相遗，登高赋诗。"（梁·宗懔《荆楚岁时记》）本篇咏节序，但其旨是为伤离念远。人日正是初春时节，桑吐新芽，青青一缕，而人却像南征之雁不在身边。纵绿鬓如云，春幡袅袅，也只有独怜自赏。此系上片所写之情景。下片转入情语。流年暗转，年华易逝，又加此时之春愁别恨，这些是绣屏无法遮断的，个中冷暖也只有自己知晓。如今容颜变换更是令人伤感。年复一年如醉如痴地受着别离苦情的折磨。其最后三句是宕出之笔，从时空上扩展，更增加了凄婉伤感的内蕴。还有《金菊对芙蓉·金鸭消香》（上元），从"楚天一带惊烽火"句看，此篇大概作于康熙二十年（1681），即三藩平定之前。这首词是抒写上元之日的感怀之作。由词题看是咏节序，但实际上是发怀人之想，其对节日种种情景的描绘，都是为抒写念怀作的铺蓄。前人有云："咏节序风物之作贵能直写我目、我心此时、此际所得。"（刘永济《词论》）本篇正是，故其蕴涵含婉，转折入深，且不无骚雅之旨。再看《摸鱼儿·涨痕添半篙柔绿》（午日雨眺），午日，五月初五日，即端午节。端午节之日逢雨，雨中远眺，见景生情，此篇所写正是个中情景。词中对屈原的凭吊语其实蕴含了作者今昔之慨和身世之感。值得注意的是前景并不显哀怨凄清,而后情则思致含婉幽怨,前后形成较大的对比,如此大的转折,大的起落便更使所抒之情深厚郁勃,沉致幽婉了。《御带花·晚秋却胜春天好》(重九夜),本词上片写重阳节时的无聊情绪,下片忆旧抒怀。词人所怀所感,或为妻室,或是恋人,或是友人,难以确知,但其曲折婉转,情景交融地道出的真情,确十分动人。

纳兰节令词中也有客观叙事,几无感情色彩之作,如《清平乐·瑶华映阙》(元夜月蚀),此篇纯用白描,不加雕琢。上片前两句描绘了月全蚀时所见的景象,后两句赞美其景象不比寻常,即更富朦胧感、梦幻感。下片写月出蚀之情景。前两句写月蚀渐出呈现"初弦"之景,后两句写蚀出复圆。前后八句,写了月蚀的全过程及其不同的景象。这样的词作还有《一斛珠·星毯映彻》(元夜月蚀),此为咏节序风物之作。作者径写"我目"、"我心"之此时、此际所得,并借神话、传说以出之。全篇结构清新,从月初蚀写到月蚀出。上片以"星毯映彻"之景起,接以月初蚀令梅梢之雪不明之景,后两句则以嫦娥懒得揭开菱花镜喻蚀甚。

三 民族性的思考

纳兰词中的节令词不仅数量多而且涉及的节日也多,其所写节日有:人日、元宵节(又叫上元节)、端午节、七夕、清明、中元节、中秋节、重阳节、除夕。汉族传统节日在纳兰节令词中大多提及,其中阙如的是春节、下元节,最为传统的节日春节、端午节、中秋节中,除夕提到三次,端午节提到一次,中秋提到两次。涉及最多的是三元节,三元节是道教的节日,天、地、水三官是道教初创时信奉的三个神灵,将三官的诞辰定为三元节。正月十五日为上元节,七月十五日为中元节,十月十五日为下元节。其中上元节是颇为流行的节日,因为它上承春节的余兴,且活动较多,这在宋元时代较为盛行,在诗词作品中提到元宵节的较多,("梦来双倚,醒时独拥,窗外一眉新月。寻思常自悔分明，无奈却照人清切。一宵灯下，连朝镜里，瘦尽十年花骨。前期总约上元时，怕难认飘零人物。"[1]202）（《鹊桥仙·梦来双倚》）下面我们把满、汉节日进行对比，满汉均有的节日主要有春节、元宵节、二月二、中元节、端午节、中秋节和腊八节等。节日作为民俗文化的一部分，其实是很复杂的。有人认为颁金节、走百病、填仓节、虫王节、开山节均为满族节日，这一说法有待商榷。有些节日原本是汉族传统节日，后被满族人赋予新的内涵，具有了满族特色；有的可能来自于满族，后被汉民族部分的接受；也有些节日民族特征不甚明显，地域特色却较为显著。这与民族的地域分布特征以及民族融合有关。颁金节是真正意义上的满族人的节日，1989年10月，在丹东"首届满族文化学术研讨会"上，正式把每年农历十月十三日定为"颁金节"。它是满族作为一个民族共同体诞生的纪念日、命名纪念日，是全族性的节日。走百病是明清以来北方的风俗，有的在十五日，但多在十六日进行。各地对"走百病"的理解与过法上不太一样。有关这一节日明代的《帝京景物略》有记载，明代周用的《走百病行》一诗描写颇为精细。江南苏州一带称之为"走三桥"，清代顾禄《清嘉录》中对此有所记述。所谓走百病，属于古代元宵（或正月十六夜）妇女避灾求福的一种民俗活动，明清时尤为盛行。清康熙《大兴县志》记载甚详。满族的"走百病"从很古时起，就和冰雪结下了深深的情缘，冰雪是他们美好生活的依托。他们的走百病，就是冬季到户外活动。走一走，换换新鲜的空气，人的身心会得到重新调整，这当然会去掉"疾病"，会使人健康长寿的。这也反映了北方民族同冰雪自然环境的依赖关系，是人们对自然的适应和认识。满族的"走百病"因为地理环境因素已深深滴融入冰雪文化之中。添仓节，是古代民间传统节日，在农历正月二十五，俗称填仓节，是仓王爷的生日。这是汉族民间一个象征新年五谷丰登的节日。"填仓节"因"填"与"天"谐音亦称为"天仓节"，民间有老天仓与小天仓之分。农历正月二十为小天仓，正月二十五为老天仓。早在宋代孟元老《东京梦华录》中即有记载，后来的《帝京岁时纪胜》《介休县志》《大同志》对此皆有记述。满族的添仓节时，农村家家讲究煮黏高粱米饭，放在仓库，用秫秸棍编织一匹小马插在饭盆上，意思是马往家驮粮食，丰衣足食。第二天，再添新饭，连着添三回。也有的人家用高粱秸做两把锄头插在饭上。这一节日至今在东北农村保留着。六月初六是我国传统节日"天贶节"，满族人把这一天叫"虫王节"。我国幅员广阔，同一个节日，不同地区对其起源的说法不同，民俗事项也有差别。"虫王节"事实上是汉民族传统的节日，其名始于北宋真宗年间（998—1022），清朝时一些汉族人还过此节，只不过与满洲习俗不同。六月天，易闹虫灾。虫王节流行于黑龙江、吉林等满族聚居的地方。六月六日乡间农家杀猪宰鹅，祭祀虫王，祈求不降虫灾，勿害庄稼。居住在辽宁省岫岩、凤城一带的满族过去在六月初六这天，一户出一人到虫王庙朝拜，杀猪祭祀，求虫王爷免灾，保证地里的收成好。如今不搞虫王节祭祀扫活动，但家家要在这一天晾晒衣物，以防虫蛀。北京喇叭沟门满族人在这一天吃水捞饭，将米煮熟捞出放到凉凉的清水中，或喝绿豆粥。开山节，每年中秋以后，或农历9月中旬（具体时间不定），满族人为采集草药获得丰收而进行的祝福活动。在过去，东北满族村落中每年开山节都要面对长白山祝福祷告，感谢山神给予采药人的丰富恩赐，这时要把采到的人参供奉在自家的神龛中。

　　需要说明的是，满族与汉族有的节日名字一样，但过法不同，如"二月二"、中元节、腊八节等。另外，满族挂旗过年，每个旗的人都分别在门上挂自己的旗。这些挂旗图案优美，色彩鲜艳，象征着一年的吉祥开端。在纳兰节令词中提及的节日几乎全是汉族具有的节日，至于满族特有的节日以及节令中的满族特色纳兰词并未提及。这让试图从其词作中寻找民族属性的研究者感到失望，似乎最优秀的满族词人词作中缺失了部分民俗价值。但从另一个方面看，这也说明了纳兰已被严重汉化。祖籍叶赫生长于北京的纳兰性德，作为来自于蛮荒之地的满族词人，他随着清朝的铁蹄一起踏入中原后，面临着对其他民族，特别对汉民族传统文化的认同接受或抵触排斥的问题，在这一点上，纳兰很显然采取了一种正确的态度，在民族文化碰撞交融的过程中，纳兰采取积极的态度，主动接受其他民族的文化，特别是汉文化。对于纳兰而言，这是自发的自觉的也是自愿的，一定程度上也是不得已的，通过解读纳兰的节令词似乎还可以探究清初满汉文化对撞交流的问题。在清初文坛上纳兰性德已经成为满汉文化交流中的代表性人物，甚至可以说他在词学上的成就乃满汉文化交流的硕果奇葩。

结　语

节令词是词人在生命节点或说在人生特殊时刻真切的生命体验的自然流露。在节日意识特别浓厚的国度里成长生活的词人，纳兰对传统节日的敏感与重视是很自然的事，可谓是心理常态。词是纳兰抒发生命感悟最重要的渠道，词作是其心魂的流露。故此，在纳兰词中我们可以倾听其精神世界的潮起潮落。节令词乃纳兰诗化而又短暂人生中美丽而凄凉的手势，在这富有包蕴的手势中我们读出词人真实的人生感悟，体会到其心境的悲凉，倾听到其凄楚的心音。纳兰词中的节令词数量较多，内涵丰富，通过其民族性的思考可见其在清初满汉文化交流中对汉文化的欣然接受与深度同化。王国维在《人间词话》中说"纳兰容若以自然之眼观物，以自然之舌言情。此由初入中原，未染汉人风气，故能真切如此。"[2]严迪昌在其《清词史》中却说："从某种角度看，纳兰不但不是'未染汉人风气，故能真切如此'，恰恰是受汉儒文化艺术的熏陶甚浓重，才感慨倍多，遥思腾越。"[3]"纳兰天资聪颖，富感情，又深受汉族传统文化熏陶，故他厌苦鞍马扈从，鄙视宦海倾轧"[2]304-305。结合词作文本以及实际情况看来严说似乎更为公允。

[参考文献]

[1] 纳兰性德. 纳兰词笺注（修订本）[M]. 张草纫, 笺注. 上海: 上海

古籍出版社,2003:202.

［2］王国维.新订《人间词话》［M］.佛雏,校辑.上海:华东师范大学出版社,1990:121.

［3］严迪昌.清词史［M］.南京:江苏古籍出版社,2001:310.

［原载于《吉林师范大学学报》(人文社会科学版)2014年第5期］

清代满人的姓与名

刘小萌[*]

关于清代满人姓名问题，迄今已有不少撰述。大致可分两类：一类，为清代官私文献所记；再一类，出自今人记忆和追述。对前类记载，长期以来，学界尚少系统整理和研究；而在后类撰述中，则以满族故老的历史记忆较为珍贵。尽管说法不尽相同，却大大丰富了今人的认知。但此类撰述也存有一个局限，即所记大多凭依个人记忆，至于记忆是否准确，在代际传承过程中是否有附会、臆测，乃至杜撰的成分，则完全无从查考。这或者就是目前有关满族姓氏与命名问题言人人殊、说法纷呈的一个原因。由此看来，回归历史的原点，即以清代文献为基础展开探讨，就具有了独特价值。这正是笔者撰写本文的初衷。本文重点利用清代官书、契书、碑刻、家谱、私家笔记，对满人姓氏命名系统，从姓氏、名字、字与号、辈字排名、法名、避讳用字、更名冠姓等七方面，略作考察。

一 姓氏

雍正十三年（1735）敕修、乾隆九年（1744）告竣的《八旗满洲氏族通谱》八十卷，是清朝大型官修旗人谱书，内收录"国姓"

---

[*] 刘小萌（1952— ），男，北京人，吉林师范大学满族文化研究所双聘教授，中国社会科学院近代史研究所研究员，博士生导师，研究方向：清史、满学。

即皇族爱新觉罗姓以外的八旗满洲姓氏七百四十一个，蒙古、高丽、汉姓五二五个，合计一二六六个。此外，乾隆朝官修《清朝通志·氏族略》十卷、《钦定八旗通志·氏族志》八卷，对《八旗满洲氏族通谱》亦有补充。上述官书，奠定了后人研究清代满人姓名问题的文献基础。

满人姓氏，来源复杂。以部为氏者，有瓜尔佳氏、钮祜禄氏、赫舍哩氏、纳喇氏、科尔沁氏、察哈尔氏、辉和氏、叶赫氏、土默特氏、巴颜氏、富察氏等。以地为氏者，有马佳氏、栋鄂氏、郭啰罗氏、兆佳氏、章佳氏、萨克达氏、瓦尔喀氏、宁古塔氏、瑚锡哈哩氏、佟佳氏、性佳氏等。以姓为氏者，有钮祜禄氏、舒穆禄氏、那木都鲁氏、赛密勒氏、尼沙氏、博和哩氏、辉罗氏、乌苏占氏等。以名为氏者，有石氏，国初功臣石国柱，本姓瓜尔佳氏，父石翰，居辽东，因名有石字，遂以为氏。顾氏，顾八代，官礼部尚书，本姓伊尔根觉罗氏，自八代开始子孙以顾为氏。鄂氏，鄂拜，官国子监祭酒，本姓西林觉罗氏，自鄂拜起，子孙以鄂为氏。省言为氏者，佟养正之祖本姓佟佳氏，因贸易关中其子孙俱以佟为氏。强氏，包衣强效，本姓强恰哩氏，自强效始，其子孙以强为氏。同族异氏者，伊尔根觉罗氏，其别支为蒙鄂啰氏、巴雅喇氏；乌灵阿氏，其别支为乌尔达氏；瓜尔佳氏，其别支为石氏；佟佳氏，其别支为佟氏。[1]

满人之姓，有源自女真者，即《清朝通志·氏族略》卷首所称："今以《通谱》所载考诸往史，满洲氏族见于金史者什之三，蒙古氏族见于元史者什之一。"其源于金女真者，《钦定八旗通志·氏族志》"八旗满洲谱系"首列完颜氏。文中"谨案"："完颜为大金国姓，我朝诞膺天命，金源族裔，旧隶八旗旧谱。原列第二十八卷，今谨遵圣谕，仿《通鉴辑览》，明祚既移，犹存宏光（弘光）年号之例，仍编于八旗满洲氏族之首。"据《清朝通志·氏族略》，源自金女真者尚有瓜尔佳、钮祜禄、舒穆禄、赫舍哩、那木都鲁、纳喇、额苏哩、尼沙、温特赫、博和哩、温都、辉罗等诸多姓氏。

满人之姓，有源自蒙古者。《钦定八旗通志·氏族志》"八旗蒙古谱系"首列博尔济吉特氏。文中"谨案":"博尔济吉特,大元之姓,与内扎萨克四十九旗及喀尔喀四部落台吉俱系元代后裔,藩长均应汗王、贝勒、贝子、公封爵,同为我朝臣仆,岁时朝觐,奔走络绎,无外之规,实前代所未有。今纂八旗氏族志书,谨遵旨,以博尔济吉特氏载于蒙古姓氏之首。"源自蒙古尚有萨尔图、蒙古尔齐、郭尔罗特二百三十五氏。

满人之姓,有源自朝鲜(高丽)者。《钦定八旗通志·氏族志》"八旗高丽谱系"首列李氏。文中"谨案":"李氏系出高丽国王之姓,我国家肇兴东土即称臣内属。其氏族隶满洲旗分甚繁,今纂八旗氏族志书,谨遵旨,以李氏列于高丽姓氏之首。"源自高丽(朝鲜)者有韩、张、柏、金等四十三氏。

满人之姓,有源自汉人者。《钦定八旗通志·氏族志》"八旗汉军谱系"共列张、高、陈、胡、黄等二百四十六氏。满人董鄂姓,相传是金女真时被掳宋朝宗室之后[2]。汉人女子嫁入满洲人家,多改称"某佳氏"。高斌,内务府镶黄旗第四参领第一旗鼓佐领下汉姓人,乾隆朝大学士,女嫁弘历于潜邸,弘历即位后晋皇贵妃(慧贤皇贵妃)。高斌一族,蒙恩由内务府镶黄旗抬入满洲镶黄旗①。嘉庆二十三年(1818),命玉牒内改书为高佳氏[3]。在《清朝通志·氏族略》中,高佳氏被列入"满洲八旗姓"。内务府镶黄旗包衣陈希敏,有女嫁圣祖玄烨,封勤妃。雍正十二年(1734)九月,奉旨:勤妃母之外戚,著出包衣,入于本旗。其族人七十余,即编为一个佐领,令其族人管辖。乾隆初,尊封纯裕勤太妃[4]。根据《八旗造送奏折事件清册》中《已入满洲姓氏》档记载,陈氏一族,原系太祖努尔哈赤时海城来归"旧尼堪"(陈汉人),编入镶黄旗满洲包衣牛录,后隶内务府。陈氏一族获准抬入镶黄旗满洲,改"陈佳氏",相关档案题名"已入满洲姓氏",表示汉人陈氏一族转为满洲氏族[5]。弘历在潜邸时,娶魏氏,内管领清泰女,入宫为贵人,晋贵妃。乾隆二十五年

---

① 中国科学院图书馆藏奉天高佳氏家谱手写本。

(1760)，生仁宗颙琰，进皇贵妃。六十年（1795），颙琰立为皇子，册封孝仪皇后。魏氏因系外戚，由内务府镶黄旗抬入满洲镶黄旗，魏氏改称魏佳氏，时间在嘉庆二十三年（1818）[3]20。满人与他族通婚的结果，形成许多跨族姓氏。据《清朝通志》卷三至五《氏族略·满洲八旗姓》，仅"满蒙两见"的姓氏就有：马佳氏、纳喇氏、完颜氏、乌扎喇氏、李佳氏、黄佳氏、章佳氏、蒙古尔济氏、留佳氏、珠佳氏、叶赫氏、拜佳氏、塔坦氏、兆垒氏、莽果氏、博尔济氏、陶佳氏、巴颜氏、瑚佳氏。其他满人之姓而与索伦（鄂温克）、锡伯、赫哲、达斡尔诸族兼通者，实繁有徒。

满人之姓，有得自皇帝赐姓者。早在清开国时代，就有汉人刘姓，满名"洛翰"，因扈从努尔哈赤受伤致残，被赐姓觉罗。[6]据《清朝通志·氏族略》：国初功臣瓜尔佳氏吴拜、舒穆禄氏纳木泰、佟佳氏扈尔汉、纳喇氏卓纳、兆佳氏满平阿，太祖努尔哈赤均赐姓觉罗氏。创制满文之额尔德尼，原姓纳喇氏，奉太宗皇太极谕旨入硕色族中，赐姓赫舍哩氏。布恕库，本姓温彻亨氏，皇太极赐姓乌鲁氏。准泰，官广东巡抚，本高丽那姓，奉旨赐姓满洲之纳喇氏。翁金，官翰林院侍读学士，员外郎浑金养子，原籍江西，本姓无考，圣祖玄烨命编入满洲姓赫舍哩氏。索绰罗氏，内务府正白旗满洲人，也是以科举闻名的内务府世家。先祖布舒库，任内务府司库。子都图，内务府郎中，因身健如石，圣祖赐汉姓石。索绰罗氏发家，已在清中叶，最出名者有嘉庆年间大学士英和。英和的父亲德保和堂伯观保，都是进士出身，均选翰林院庶吉士，散馆后观保任翰林院编修，德保任翰林院检讨[7]。后来，观保官至礼部尚书、都察院左都御史；德保官至广东巡抚、礼部尚书。

满人之姓，有通过更改而来者。蒙鄂啰氏，本姓伊尔根觉罗氏，氏族甚繁，分居东西二寨，西寨改为蒙鄂啰氏；巴雅喇氏，本姓伊尔根觉罗氏，东寨改为巴雅喇氏。纳喇氏，星根达尔汉，蒙古人，本姓土默特，因灭纳喇姓部，据其地，改姓纳喇氏；昂古里、星古里，辉发人，本姓伊克达哩，后依呼兰人噶扬噶土默图姓纳喇氏，遂改姓纳喇氏。富明阿，本姓萨克达氏，世祖福临命承袭伊舅乌尔丹世职，因改姓赫舍哩氏。乌鲁理，本姓乌苏氏，世宗胤禛命过继其舅大学士富宁安为嗣，因改姓富察氏。敏森，本姓那木都鲁氏，世祖福临命承袭其妻之外祖纠纳世职，因改姓库雅拉氏。

满洲诸姓中，有所谓"八大家"，即"八大姓"。其中，又有宗室八大家与异姓八大家之别。宗室八大家指清朝"世袭罔替""与国同休"的八大"铁帽子王"，见宗室奕赓所撰《佳梦轩丛著·煨柮闲谈》。异姓八大家则指满洲开国八大功臣之后，因无"钦定"一说，故具体指哪八家，说法不尽一致。雍正《八旗满洲氏族通谱》将瓜尔佳、钮祜禄、舒穆禄、赫舍哩、他塔喇、觉罗、佟佳、纳喇等八姓列为满洲八大著姓。礼亲王昭梿《啸亭杂录》卷十："满洲氏族以瓜尔佳氏直义公（费英东）之后，钮钴禄氏宏毅公（额亦都）之后，舒穆禄氏武勋王（杨古利）之后，纳兰氏金台吉之后，董鄂氏温顺公（何和哩）之后，辉发氏阿兰泰之后，乌喇氏卜占泰之后，伊尔根觉罗氏某之后，马佳氏文襄公（图海）之后，为八大家云。凡尚主选婚，以及赏赐功臣奴仆，皆以八族为最云"①。清末大学士崇彝《道咸以来朝野杂记》则称：满洲八大姓为钮祜禄氏（译姓郎）、瓜尔佳氏（关）、舒穆禄氏（舒）、那拉氏（分叶赫、辉发二那拉）、完颜氏（王，或有姓金者）、富察氏（傅）、费莫氏（费）、马佳氏（马）、章佳氏，实为九姓，然费莫、马佳两姓原系一族。杨同桂《沈故》则称满洲八大姓为瓜尔佳、钮祜禄、舒穆禄、董鄂、辉发、乌喇、马佳氏[8]。昭梿、崇彝均为满蒙世家，说必有据，而所说岐互，乃因时代不同，识见有异，故不必拘泥于一说。崇彝之说晚出，应反映清末人对满洲八大姓的理解。

满人原用本姓，后改汉姓，此现象自明末清初已露端倪。改姓有几种方式：一种意译：皇室爱新觉罗氏的"爱新"，满语原意为金，后改姓金；萨察氏的"萨察"，原意为"盔"，因用"隗"为姓；宁

---

① 类似说法见徐珂《清稗类钞》第5册，中华书局1984年版，第2144—2145页。

古塔氏,意为"六",改姓为刘;乌雅氏,满语为猪,改姓为朱;钮祜禄氏(钮赫),原义为"狼",改姓为郎。一种取本姓之第一字为单字姓:舒穆禄氏、舒舒觉罗氏改为舒氏,富察氏改为富氏,董鄂氏改为董氏等。满人原为双字或多字姓,改单字姓后,则易与汉姓混淆。又一种,以汉字谐音取代本姓,如瓜尔佳氏改姓关,裕瑚鲁氏改姓于,布尼氏改姓卜等。

满人冠汉姓现象虽发端于关外时期,但其普及,应在进入北京以后。一般说来,满人取汉姓,多与自己的族姓保持一定对应关系,不过,在碑文中,还有一些有趣的另案。顺治十二年(1655)三月刻《王法哈墓碑》,汉文部分为:"顺治岁次乙未季春吉旦诰赠通义大夫法哈王公之墓",满文部分为:"ijishūndasan i juwan juwe ci aniya ilan biyai sain inenggi guwalgiya halai sargan ilibuha. g'oming bume am came fungnehe doro de husun buhe amban faha i eifu"①。满文部分提到,该碑为法哈之妻瓜尔佳氏所立,为汉文部分所无;而汉文部分谓法哈汉姓为"王",满文部分却略而不言。综合满汉两部分文字,不仅确认王法哈为满人,还说明满人入关初已习惯冠汉姓。满洲瓜尔佳氏,一般冠汉姓为"关",而墓主法哈却冠汉姓为"王"。这究竟反映满洲人冠汉姓带有很大随意性,还是另有原因,值得思考。康熙十七年(1678)《安氏茔地碑》载:满人翁格清,旧以赵为姓,入关后,他为祈祷子孙世世平安,"乃令举族咸以安为氏"。其子遂称安泰②。满人改汉姓的随意性,由此可见一斑。

尽管许多满洲男子的姓名已趋汉化,但仍在某种程度留有本族特色。相形之下,在香会碑题名中,凡满洲已婚妇女均称某门某氏,如伊门关氏、那门赵氏、苏门卜氏、穆门赵氏,等等。前为夫姓,后为妇姓。如此表述,与汉人妇女如出一辙③。惟有觉罗门刘氏、觉罗门

---

① 顺治十二年三月《王法哈墓碑》,载北京图书馆金石组编《北京图书馆藏中国历代石刻拓本汇编》(下简称《拓本汇编》)第61册,中州古籍出版社1990年版,第75页。
② 载《拓本汇编》,第63册,第122页。
③ 康熙四十一年二月《曹国相创善会碑》,载《拓本汇编》第66册,第6页。

王氏、觉罗门纪氏、全门觉罗氏、胡门富氏之类，以其满人姓氏的特殊性，将身份显露无遗①。

乾隆帝把保持满洲本姓提高到捍卫"满洲根本"的高度来认识。乾隆二十五年（1760）谕：八旗满洲、蒙古皆有姓氏，历年既久，多有弃置本姓沿汉习者。姓氏者，乃满洲之根本，所关甚为紧要。今若不整饬，因循日久，必各将本姓遗忘不复有知者[9]。又谕：满洲名氏从来都是取满语与汉语对音来书写汉字，不准依附汉姓，有意牵混。他要求满人名字的第一个字不准用汉姓的姓，以免引起误解。有满人名"陶光"者，"陶"是汉人常见的姓；又有名"郭布亨"者，"郭"也容易令人联想到汉人郭姓，他们都受到乾隆帝申斥。

满人习惯，凡公私文牍称名不举姓，人则以其名之第一字称之，若姓然。[10]但以名为姓很容易与汉人姓名混淆，故此种现象多次受到乾隆帝的斥责。乾隆三十二年（1767），吏部带领引见有叫满吉善者，大臣留保之子。弘历谕旨称：其名满吉善者，竟以满为姓矣。朕将满吉善之名改为吉善。吉善乃系觉罗，甚属尊贵，吉善竟不以觉罗为尊，以满为姓，照依汉人起名，是何道理？似此者，宗人府王公等理应留心查禁，今竟不禁止。王公所司何事？恐其尚有似此等者，著交宗人府王公等查明，俱行更改，将此严禁②。

二 名字

满人取名，同样内容丰富，来源复杂，不妨作一概括梳理：

爱新觉罗氏命名，早期受蒙古文化熏陶。被清朝尊为肇祖的孟特穆，即蒙古人常用以取名的"孟哥帖木儿"（意为银铁）。太祖努尔哈赤诸子侄中，阿敏（蒙古语"气息"意）、济尔哈朗（"幸福"意）、皇太极（"王子"意）等，都是蒙古名字。

---

① 乾隆十三年三月《供茶会碑》，载《拓本汇编》第70册，第18页。
② 光绪《宗人府则例》卷一，第22页下23页上，光绪三十四年（1908）刻本。

满人早期风俗朴而不雕，因受渔猎采集传统影响，常取禽鸟、猎具命名。在努尔哈赤家族内，多尔衮词义为"獾"、固尔玛浑词义为"兔子"、博和托词意为"驼峰"、杜度词义为"斑雀"等。满人阿穆瑚兰，即"哨牲口的口哨"；伊斯哈，即"松鸭"；乌勒格善，即"一年的鹿"；纳辛，即"马熊"；那满，即"山羊"；噶鲁，即"天鹅"；萨克达，即"母野猪"；鄂硕，即"架鹰的三指皮巴掌"；尼鲁，即"披箭"；萨喇，即"箭桶"；苏纳，即"牵狗的绳子"；逊塔，即"顽鹰的网兜"；鄂费，即"打野鸡的脚套子"。不一而足，俱详宗室奕赓：《清语人名译汉》。[11]

满人先世生活简朴，刳木为器。幼子命名，又有察哈喇（柳瓢）、萨马拉（大木碗）、阿卜萨（桦皮桶）之类。

新生儿的排行或身体某个部位或特征，也构成名字来源。克勤郡王岳讬，意为傻公子、呆子；贝子傅喇塔，意为烂眼边；豫亲王多铎，意为胎。舒尔哈齐第八子贝勒费扬武（芬古），意为"老疙瘩"，即幼子，努尔哈赤第十二子阿济格，意为"小"。颖亲王萨哈廉，意为"黑"；贝子博洛，意为"凉帽"。

满人有用数字命名之俗。某人出生，祖父适值七十岁，因取名"那丹珠"（满语"七十"之意）。以后流行直接用汉语数字命名，如祖父时年六十二，即取名"六十二"。

满人早先命名，又有阿勒巴图（村粗）、阿礼（通天鬼）、阿彦托克托（灯笼）、阿勒哈（闪缎）、鄂勒和达（人参）、僧库勒（韭菜）之类，无不随意为之。

满人早期命名直露率真，与其古朴的生活相得益彰，即便译为汉字，初期亦不以粗陋为羞。成书于崇德年间的《清太祖武皇帝实录》，努尔哈赤作弩儿哈齐，多尔衮作多里哄。顺治九年修《清太宗实录》初稿本中，努尔哈赤孙萨哈廉作"查哈量"，侄拜尹图作"摆音兔"，女婿达尔汉额驸作"打儿汗额夫"，宗室篇古作"偏俄"。以后受汉文化濡染，始将寓意平安吉庆、福禄寿喜一类美好、雅驯的字眼运用于名字中。

第三编 满族家族与人物

满人命名，原有自身传统与特色，入关前已受到汉文化影响。清初皇室中取汉名者，最有代表性的当属顺治帝福临，取"福之将至"意。但因实录等官书中皇帝御名为避讳而缺笔，所以"福临"的满文究竟如何书写，无从得知。福临第二、五、七子分别命名福全、常宁、隆禧，均带有祥瑞之意。康熙帝自幼习读儒家经典，深受汉文化影响，他给十三子至十六子命名，源于《礼记》和《诗经》。《礼·中庸》载："国家将兴，必有祯祥"。"祯祥"被认为是吉事的征兆。《诗·小雅·鸳鸯》称："君子万年，福禄宜之"。"福禄"二字，多用为吉庆颂祝之词。十三子名胤祥，十四子名胤祯，十五子名胤禑，十六子名胤禄。玄烨没有将十五子命名为"胤福"，是避父亲福临的名讳。胤，意为后代，与下一字配合，寄托了玄烨对后辈的良好祝愿。根据同时期碑刻，宗室中镇国公"构孳"（godzi）、"果色"（goose），也是汉名①。汉人民间，起名"狗子"的男孩俯拾即是，"构孳"是否脱胎于"狗子"，尚不敢断言。"果色"又名"高塞"，为清太宗皇太极子，清初著名宗室诗人。肃亲王豪格的儿子取名富寿（fueo），封和硕显亲王。既富且寿，取的都是汉语里的吉祥字。在碑刻中，他们的名字不仅满汉对应，而且是汉名在先，满名只是汉名音译②。

以汉文福寿、吉祥、康泰等吉祥字命名，在清代成为满人习尚。顺治九年，取中满洲状元麻勒吉，授弘文馆修撰，改名氏曰马中骥[12]。诸如文元、永祥、崇善、富祥、贵福、德昌、景和、寿山、福海之类，都是满人中流行的名字。这类字词使用频率很高，为避免重复，只好用不同组合加以区别。乾、嘉名臣、国子监祭酒法式善，字开文，号时帆，本名运昌，高宗弘历特改名法式善，满洲语甩勉上进。光绪年间，礼部侍郎宝廷，郑亲王济尔哈朗八世孙，其二子一名寿富，号伯福；另一子名富寿，号伯富。

---

① 康熙六年五月《构孳墓碑》，载《拓本汇编》第62册，第90页；康熙十年九月《果色墓碑》，载《拓本汇编》第62册，第177页。

② 康熙十四年四月《富寿墓碑》，载《拓本汇编》第63册，第71页。

满人入关后易患痘疫，婴儿多早殇，取佛保、众圣保、众僧保、众神保、观音保、菩萨保、韦驮保等带有宗教色彩名字者屡见不鲜。康熙十四年《清故淑女黑舍里氏圹志铭》记辅政大臣索尼长孙女黑舍里氏生前取法名"众圣保"①；又康熙四十四年阿进达墓碑载：阿进达殁后，其妻生一遗腹子，祖母"捧负珍如掌珠，锡以佛名众僧保"，[13]意在祷祝神佛保佑婴儿顺利成长。这些命名改用汉语，远比满语易说易记，但仍带有满俗特色。

在汉文化影响下，满人命名呈现由满化向汉化的演变，此等事例在碑文、契约文书、家谱中俯拾即是。笔者在《清前期北京旗人满文房契研究》一文中，曾就当时北京旗人中的姓名情况，作了初步概括②。指出，在汉文化涵濡下，满人取汉名或满洲式汉名不再是罕见现象，如契书中"贾宝宇"、"大嘴"之类，都是汉名；八十一、八十四、佛保，则是满洲式汉名；婴儿出生时按祖辈年龄数命名，是满洲旧俗，最初，数字命名使用满语，以后为简便起见改用汉语。则反映满汉习俗的陶融。

通过康熙年间碑刻，可以看到满人姓名存在几种并行不悖的类型，反映了清前期北京地区满人命名的多样性：一类为地道满语名字，诸如萨什库、瓦尔大、舒禄、阿思哈、卜达、克什兔、乌尔兔、鄂那海、色勒、都赖、法保、立哥、阿你妈、聂尔兑、厄义兔、八兔、那尔布等皆是。一类为满洲特色汉名，如七十四、四十二、三进保、长寿、存住、常寿、常保、常有、福海、奴才、药师保、花子、老米、关保、三达子、黑达子、六十五、贵禄、老哥、保住儿、丫头、索住、观音保、伽蓝保、二哥、进保、常在、来住等。一类为冠汉姓满名，如王花子、刘保住、刘索住、白阿林兔、王白呀喇、赵拉达里、李五十八、赵六十八、鲍六十七、王克什礼、李五十、刘八

---

① 载《拓本汇编》第63册，第69页。
② 《民族研究》2001年第4期。

十、张六十八、王二吉兔、白八十一、程六十儿、马二吉兔、王八十等①。镶黄旗满洲人恒斋，由部外放，辗转至四川成都后生一子，因起名成都②。则说明满人命名亦具有一定随意性。

乾隆帝一向把维系满洲命名传统视为保持"国语骑射"的一个重要保证，屡屡颁行谕旨，对臣属的汉式名字加以"纠谬"。有宗室名"望瑞"，弘历认为他的名字用汉文联写，竟成汉人名字，下令更改[9]238。又有满人叫"何督"，认为其名与汉人无异，命改"和都"或"赫督"[9]246。乾隆帝规定满人取名只准用两个字，不准用三字，以与汉人相区别。贵州按察使喜崇福进京谒见，乾隆帝指责说，"'喜崇福'三字，竟似汉人名"，命他改为尼堪富什浑。又传谕八旗满洲、蒙古，嗣后旗人内有似此用汉人名者，永行禁止[9]255。嘉庆年间，有觉罗名"觉罗太"，颙琰（嘉庆帝）严斥他"指姓命名致蹈汉人习气"③。

一般情况，汉军旗人自清初以来多用汉姓汉名，但内务府汉姓人或汉军世家，因与满洲皇室贵族关系密切，几代以后，亦有受满俗影响而取满名者。内务府汉姓人高斌一族，因与乾隆帝结亲而地位显赫。从第三四代起，高氏族人多改满洲名字。又如汉军李氏一族，明末辽东总兵、宁远伯李成梁之后，入清之初即有用满名者：李恒忠，满名宜哈纳；恒忠长子荣祖，满名立都；第三子显祖，满名塞伯理。老二房第八世献祖（一忠子），满名代都（戴都）；李鈊（献祖长子），满名华色（花塞）；李铨（献祖次子），满名尹寿。老一房第十世向文，满名色冷（献箴第四子，又写色稜）。其满名之由来，初由清帝所赐。恒忠的满名，是任侍卫时太宗皇太极所赐。其子显祖的满名，是任侍卫时世祖福临所赐。老二房的献祖，年幼时亦曾担任侍

---

① 康熙三十七年三月二十四日《东岳庙碑》，载《拓本汇编》第 65 册，第 118—120 页；康熙三十七年三月《散司攒香会碑》，载《拓本汇编》第 65 册，第 121—122 页；康熙四十一年七月十六日《重修三义庙碑记》，载《拓本汇编》第 66 册，第 17—18 页；康熙五十一年八月《东岳庙速报司岳武穆鄂王碑记》，载《拓本汇编》第 66 册，第 168—170 页。
② 《成都及妻库雅拉氏墓表》，载《拓本汇编》第 80 册，第 69 页。
③ 光绪《宗人府则例》卷一，第 24 页上。

卫，其满名是否皇帝所赐已不得而知。其实，至少在清前期，在满洲化的汉军家庭中，给新生儿取一个满名，并非寥若晨星的现象。值得关注的还有汉军郎氏，《郎氏宗谱》（又题《牛胡鲁哈拉家谱》）载自明末至清光绪年间始祖郎玉以下十代世系。第七世廷辅、廷佐、廷弼、廷相，均以军功发迹，成为汉军名宦巨族。但是，就是这样一个很大程度上保持汉人传统和文化特性的世家，却在宗谱封面上特意署上《牛胡鲁哈拉家谱》七字。按："牛胡鲁"即满语"nioheri"的音译，汉义为"狼"，转义为"郎"。郎姓，是满洲八大姓之一，载在《八旗满洲氏族通谱》，渊源有自，但汉人郎姓与之风马牛不相及，却偏要使用这样一个满洲姓。其用意，实在耐人回味。以上情况，与满人不同，不妨说是内务府汉姓人或汉军人在一定程度上涵濡满文化的表现。

三 字与号

清代满人除本名外，又加表字（或称"字"）。表字即人在本名外所取的与本名有意义关联的另一名字。人们相互间为表敬重，以表字相称，不直呼其名，益显彬彬有礼。满人受汉人影响称表字后，称名系统趋于繁缛。此即文康《儿女英雄传》第二十九回所指：进关后不过百年，风气已为之一变。满人彼此相见，不问氏族，先问台甫（犹言尊字、大号，即初次见面，向对方请问表字的敬辞）。久而久之，不论尊卑长幼远近亲疏，一股脑子把称谓搁起来，都叫别号（即名和字以外另起的称号）。

安平郡王岳乐有子二十人，其中五人封爵。他们中间无杰出的军事统帅，却涌现出一些痴迷于诗琴书画的高雅之士。岳乐儿子玛尔浑，自称古香主人，著有《敦和堂集》。他画的钟馗，被大学问家孙星衍收集。其弟吴尔占，号雪斋，也能诗善画。岳乐女六郡主，远嫁蒙古，三十岁即抑郁而亡于草原，据说也是诗画兼工。她曾画一幅梅花，半株生机盎然，半株几近枯萎，为悲叹自己命运不济而作，引起时人的同情。女孩子能同兄弟们一起吟诗作画，足见这是一个文学艺术氛围浓郁的贵族家庭。

满洲文士，除表字外，常用别号表示本人的旨趣、嗜好。清初满洲诗人鄂貌图，字麟阁，一字遇尧，开风气之先。高塞，清太宗皇太极第六子，雅好文学，号"敬一道人"。宗室岳端（或作袁端，蕴端）字兼山，又字正文，号"红兰室主人"，又号"玉池生"、"东风居士"，因是岳乐第十八个儿子，又自称"长白十八郎"。宗室博尔都，字问亭，号"东皋渔父"。饶余亲王阿巴泰第三代孙文昭，字子晋，号"芗婴居士"、"紫幢轩主人"，又自称"北柴山人"。雍正以降，满洲贵族中取字、号者蔚成风气。

在满洲子弟中，从清初开始，因为与汉士人频繁往来、唱酬应和，还出现了取双名和别号的习气，这也是满洲旧俗中所没有的。嘉庆帝曾忆及幼年情况，一次，乾隆帝见他拿一把折扇，上面的题画诗句落款，有"兄镜泉"三字，询之是十一阿哥手笔，"镜泉"即十一阿哥自取别号。乾隆帝立即为两子讲了一番道理，说做这种附庸风雅的事，殊非皇子所宜，皇子读书，只应该讲求大义，使之有益于自己身心，这些寻章摘句的做法都是"末务"，年幼之人怎能学如此虚伪的东西！乾隆帝声称自己当皇子时从来不私取别号，有过的一个别号还是皇考（指死去的雍正帝）赐的。我国家以"国语骑射"为本，子子孙孙万勿效法汉人恶习，云云。为了防微杜渐，他还命将这番话写出来贴在皇子书房墙壁上，让他们触目惊心，永志不忘。从这件事不难看出，即使对生养深宫的皇子，民间的字号习尚也有莫大吸引力。

四　辈字排名

汉人传统，族人取名流行字辈法，即同辈人取名排一相同字（又称派语），借以标明行辈、长幼和尊卑。满人早期命名带有随意性，不同辈分乃至同一辈分族人间常有同名混淆现象。为杜绝这类现象，命名按照汉俗逐渐使用派语。

康熙年间，首先被满洲皇室接受。确定皇子名首字用"胤"字，皇孙名首字用"弘"，第二字用"日"旁。乾隆、道光、咸丰三朝，又分别增加各四字，形成"胤、弘、永、绵、奕、载、溥、毓、恒、启、焘、闿、增、祺"十四代字辈。字辈一般由吉庆和吉利的单字组成，或五言或四言或七言，缀连起来，朗朗上口，组成代表一定含义、体现一定价值观或对子孙寄予殷切期望的诗句。

升寅在《马佳氏宗谱》序中说："按代依字命名，或满或汉，总以本字冠首，名字既免重复，辈行亦易分晓。"马佳氏是满洲八大姓之一，族大支繁，子孙命名，每多重复。道光二年（1822），阖族公议，重修宗谱，以笃亲谊而正名号，拟定排辈十六字：文熙启秀，积庆开先，忠诚绍世，谦惠延年。并规定自第十四代起按文字排。道光十七年（1837），因其中有应避清皇族名讳（"启"字），阖族又商定，由原定十六字内酌定"绍世延熙，忠诚积庆"八字，仍从第十四代排起。

五　法名

除了姓、名、字、号，在满洲幼童中，还流行取法名。为保佑幼儿平安，许多满人父母按照民间习俗，到寺庙许以"跳墙和尚"，由长老赐给幼儿法名。所谓"跳墙和尚"，旧著有如下解释："小儿周岁……或恐不寿，则有舍在寺观冒为僧道出家者。其法于是日抱之入庙，予一帚使扫地，其师假作督责笞击之。预设一长凳，令小儿跨越而过，不可回头，即出庙归家，仿佛逾垣逃遁者，嗣后终身不宜再入此庙。"[14]可见，父母令小儿舍身寺庙，不过徒具形式，跨凳象征跳墙，随即归家，依旧嬉戏。从此多了一重佛祖的护佑，这应是"跳墙和尚"的真实含义。满人崇翰池出生时，父母四十余岁，老来得子，非常欢慰，祖母尤钟爱。许以跳墙和尚，六岁留发，为贤良寺晟一方丈之弟子，赐法名益安。崇翰池二十一岁时，弟崇霁生，亦许以跳墙和尚，为贤良寺晟一方丈之次弟子，赐法名静安。崇翰池婚后，其长子、次子均许以跳墙和尚，成为贤良寺晟一方丈的长徒孙、次徒孙，赐法名富佑、禅佑。崇翰池生第三子晋堃，双亲原拟照旧例将此孙满月后仍许以贤良寺为跳墙和尚，不料京师变乱，方作罢论[15]。满人幼儿被许以"跳墙和尚"，获赐法名，成为寺庙俗家弟子。这反映了民间宗教与习俗在满人中的深刻影响。

满洲完颜氏《惕盦年谱》（《完颜文勤公年谱》）记，崇实生时祖母恽氏（即麟庆母亲）梦东岳头陀，故命乳名岳保，崇实乳名岳保，故其弟崇厚乳名宗保，取"宗"之义——泰山——山宗。说明即使满人小儿取乳名，亦受到汉文化影响。

六　避讳用字

帝王时代为了维护等级制度的尊严，说话写文章遇到君主或先祖尊亲的名字，不能直接说出或写出，叫作避讳。这本是汉人旧俗，也为满人接受。对满洲皇帝的避讳尤为严格。《大清律例》卷七"吏律上书奏事犯讳"条：凡上书若奏事，误犯御名及庙讳者，杖八十。余文书误犯者，笞四十。若为名字触犯者，杖一百。皇帝即位之初，务必颁布上谕，宣示敬避之法。自清初至道光，御名上下二字，并敬避之。咸丰以后惟避下一字。又规定，孔子为百世师，对其名讳，亦必须敬避。[16]

满人平常称名不举姓，俗以本名第一字为姓，避讳方法亦照此推之。《辉发萨克达氏家谱》载，额德布称额讳德布，哇岱称哇讳岱，法辉称法讳辉，以此类推，虽套用汉俗，仍带有本族文化的印记。

完颜氏崇实长子初名嵩祝，后避咸丰帝奕詝讳，改申字，娶乳名同。三儿生，名华祝，后避讳，改华毓。崇厚长子，乳名阶儿，大名三祝，避讳，改三奇，又改衡平。第二子名三捷。第三子衡永，乳名亮哥。四子衡光，乳名中哥。五子衡桂，乳名桂哥。六子衡彬，乳名彬哥。崇厚五个女儿也皆有乳名、大名。与男儿同[17]。世家女亦取名号。崇翰池之妹，名崇雰，号翠池，字蝶香，乳名芸。崇翰池之女，乳名鹿格。鹿者取其福禄之意，又鹿与六音同，因其为第六胎[15]。

满人延昌纂修《图门世谱》："今于谱内及族中长辈官名、乳名之外选定曰崇、荫、荣、熙"四字[18]。他不仅避先祖官名、字号，连乳名都要避，因将先祖乳名附载家谱中。

七　更名冠姓

民国肇建，因优待条例有"先筹八旗生计，于未筹定之前，八旗兵弁俸饷，仍旧支放"的规定，八旗制度暂时得以保留。但许多旗人目睹时局丕变，深知八旗制度不足为据，为顺应时局变化，他们迈出的第一步，就是申请冠姓改籍。

"冠姓改籍"，只是一个笼统概念，依具体内容，又可分为申请复姓、申请复姓更名、申请冠姓、申请冠姓更名、申请冠姓（或复姓）改籍、申请冠姓（或复姓）更名改籍等若干情况。申请冠姓改籍的，有满洲、蒙古，也有汉军，而在《政府公报》上正式刊布消息的，则多为仕宦或向学之人。

（一）申请复姓，即申请恢复祖上汉姓。

（二）申请复姓更名。有些旗人在申请复姓的同时，要求更改汉名。

（三）申请冠姓。满、蒙旗欲改变称名不举姓旧俗，就要申请一个汉姓，加在名字前面，谓之"冠姓"。

（四）申请冠姓更名，即冠姓同时更改名字。

（五）申请复姓复籍（复籍即由旗籍改入民籍，用"复"字，主要指汉军，意指当初本为民籍，后编入旗籍，如今恢复民籍）。

（六）申请冠姓改籍。

（七）申请冠姓更名改籍[18]①。

---

① 关于冠姓改籍问题，详见刘小萌《清代北京旗人社会》，中国社会科学出版社2008年版，第808—822页。

民国改籍，以冠汉姓为前提。对满、蒙旗人来说，意味着他们放弃本族传统，改从汉俗。这一条款，实际含有民族歧视内容。

申请冠姓改籍，须履行一定手续。首先由申请人呈报内务部民治司，该司核准后立案注册，再行文有关机构。为官为学者，往往在这方面比较积极，主要是为了自己前程考虑。他们在政府公报刊登启事，以广周知。

旗人申请冠姓，不一定申请改籍，申请改籍，却必须以申请冠姓为前提。对一些旗人来讲，从冠姓到改籍，是一个多步走的转变过程；但是对另一些旗人来讲，这一过程却可能在同一时间内完成。

旗人申请冠姓改籍，许多是基于无奈。旗人易受社会歧视，就业求职，往往遭遇常人没有的困难。为了谋生求职，只好申请冠姓改籍。

八　结语

以上以清代文献为据，对满人的姓氏命名系统的内容、特点、演变分七个方面作了初步考察。说明满人的姓氏命名系统，在内容上具有丰富多样、时间上具有流变性强、受汉文化影响强烈等特征。之所以形成如上特征，与满人传统文化的源远流长、社会发展的独特环境、外部条件的多样性，以及满汉文化日益陶融的发展趋向，是分不开的。同时应该看到，迟至清末，满人的姓氏命名系统在一定程度上保留着自己的特征。这不仅是满人有别于其他族人的一个文化符号，也是其实现自我认同的重要依据。

[参考文献]

[1] 乾隆官修.清朝通志·氏族略·卷一〇[M].杭州：浙江古籍出版社，2000：6803—6805.

[2] 昭梿.啸亭杂录·宋人后裔[M].北京：中华书局，1980：325.

[3] 唐邦治.清皇室四谱卷二[M].上海：上海聚珍仿宋印书局，

1923：20.

[4] 弘昼，鄂尔泰，等．八旗满洲氏族通谱·陈善道传［M］．沈阳：辽海出版社，2002年影印本．

[5] 细谷良夫．歷史語言研究所所藏「已入滿洲姓氏」檔案——包衣ニルをめぐって——［J］．日本满洲史研究，2002（5）：69.

[6] 昭梿．啸亭续录·洛翰［M］．北京：中华书局，1980.

[7] 弘昼，鄂尔泰，等．八旗满洲氏族通谱·正白旗包衣布舒库［M］．沈阳：辽海出版社，2002年影印本：522.

[8] 金毓黻．辽海丛书：第1集［M］．北京：辽沈书社，1985.

[9] 李洵，等．钦定八旗通志：卷首一二［M］．长春：吉林文史出版社，2004：251.

[10] 吴振棫．养吉斋丛录［M］．北京：北京古籍出版社，1983：3.

[11] 奕赓．佳梦轩丛著［M］．北京：北京古籍出版社，1994.

[12] 谈迁．北游录·纪闻下［M］．北京：中华书局，1960：363.

[13] 金毓黻．辽海丛书·雪屐寻碑录［M］．沈阳：辽海出版社，2009.

[28] 李洵，等．钦定八旗通志：卷首十一［M］．长春：吉林文史出版社，2004：238.

[14] 吴廷燮．北京市志稿·礼俗志［M］．北京：北京燕山出版社，1998：150.

[15] 崇彝．崇翰池年记：民国间稿本［M］//北京图书馆．北京图书馆藏珍本年谱丛刊：第198册．北京：北京图书馆出版社，2001：544.

[16] 织田方．清国行政法［M］．北京：中国政法大学出版社，2003：86—87.

[17] 衡永，崇厚．鹤槎年谱［M］．民国十九年（1930）刊本．

[18] 北京图书馆．北京图书馆藏家谱丛刊·民族卷·图门世谱［M］．北京：北京图书馆出版社，2002.

［原载于《吉林师范大学学报》（人文社会科学版）2014年第1期］

关于清代满族妇女史研究的若干思考

定宜庄[*]

满族妇女史研究，同其他专题研究一样，有一些重要的途径是不容忽视的。其一，重视收集研读原始文献，尤其要注重对满文史料的运用；其次，关注并了解相关的社会制度，在清代，特别要注重对八旗制度的把握；第三，关注并了解相关理论，研究满族妇女，对社会性别理论的熟悉就是必要的。今不揣简陋，写出来以与诸位同仁探讨。

一 满文史料在研究清代满族妇女史中的重要作用

研究清史和满族史，这在当今学界已成共识，但运用满文史料，并不仅仅是对汉文史料的补充，还有一个值得关注的，就是名词的不同导致的概念、观念上的差异。

现存汉文史料大多出自汉族文人或饱受儒家礼教浸染的满族文人之手，他们是以汉族的观念和用语对满族习俗加以观察和表述的。表面上看来，满族许多制度和习俗与汉制似乎无甚区别，实质上却有诸多名同实异之处。而满族统治者出于各种考虑，对于自己早期的习俗

---

[*] 定宜庄（1948— ），女，北京人，吉林师范大学历史文化学院满族历史文化研究所兼职教授，中国社会科学院历史研究所研究员，历史学博士，博士生导师，研究方向：清史、满族史。

又常常有意无意掩盖和抹杀。因此研究中必须尽量阅读文献的原文也就是满文而不是汉译本。往往也必须耗费精力，探寻一些名词的满文甚至蒙古文原文，以求找到它的真实含义，从而理解这些词语中反映的真实观念。这是一项相当困难琐碎但不能避开的工作。总之，注重本民族文字纪录的史料，就会避免诸多误解，也才能使研究更加深入。

这里以满族家庭中一种特殊身份的女人为例讨论这一问题。这种女人，汉文称为"妾"。

妾是一夫一妻制度的独特产物。在中国传统社会的一夫一妻制中，丈夫并非仅有一个妻子，只不过在他众多的妻子中，只有一个能称之为妻，或曰正妻，其余的，则都是妾。妻与妾在礼制上、法制上的地位有着非常严格的区分，妻是主，她的子女是"嫡出"，妾从身份上说是奴，其子则为"庶出"。这种"嫡"、"庶"之别是建立在中国传统社会的宗法制度基础之上的，它并不存在于盛行一夫多妻制的满族早期社会中。

实行一夫一妻制的汉族传统社会，经常将满族等北方、东北诸族一夫多妻制中正妻之外的妻，都看作是宗法制家庭中的"妾"，这实在是一种误解。这种误解屡见于记载清初情况的史料之中。

早期满族家庭中存在着一种身份介于婢与妻之间的女人，她们是随着满族兴起之后不断扩大的掠夺战争而被抢入满族家庭的。当满族入关后仿依汉制，从一夫多妻向一夫一妻多妾制转化时，这些从婢转化而来的旗人社会的妾，就形成了不同于一般汉族社会内这类人群的两个特征，一是由于她们主要源于战俘和奴仆，所以地位特别低贱；二是她们主要由非满洲成分的人口构成，进入满族家庭后，便给满洲人的家庭生活带来了其他民族尤其是汉族的深刻影响。

满语的"妻"为 sargan，而贵族之妻专有一词为 fujin，直译作"福晋"。从留存至今的有关材料来看，满族在初兴时期也与元代时的蒙古人一样，盛行一夫多妻制。所以满洲贵族一般都有一个以上的福晋，较富的平民也有一个以上的妻子。一夫多妻并不意味着诸妻之间完全是并列关系，往往也存在着正、侧或长、次之分，但这与汉人社会中所说的"嫡、庶"并不完全是一回事，因为这些妻，即使是次妻，仍然是妻，而汉族的妻则只能有一个，并无正、次之分。这种做法反映在宫廷后妃制度上，就是并后制。史称努尔哈赤时期"粗俗无改，制尚淳朴，礼绝差等，号敌体者，并曰福晋"，[1]即指这时的情况而言。在《老档》中常将她们并称为"fujisa"，即福晋的复数"众福晋"。至于清代后妃传中所谓的努尔哈赤之生母喜塔拉氏为"宣皇后"、皇太极之生母叶赫那拉氏为"孝慈高皇后"，其实都不过是他们的儿子称帝后仿依汉制特封的。

女真人家庭中除了众妻外，还存在另一种女人，她们从来不曾具有过妻的地位。以努尔哈赤为例，他的后宫中，就有一些称为"庶妃"亦即"小福晋"（buya sargan）的女人。她们虽然也称"福晋"，但与福晋在地位高下上是判然有别，不可逾越的。更何况，还有一些地位更低于小福晋之人：

> 天命五年三月初十日，"小福晋塔因查以举发故，着加荐拔，陪汗同桌用膳而不避"[2]（满文原文是：tainca gebungge ajige fujin be, gisun alaha turgunde wesibufi, itetu adame tere, jetere jeku be gese dere dasafi tu kiyeme oho），[3]对于塔因查，原文先称为"buya sargan"，汉译本译为"小妻"，后称为"ajige fujin"，即将"ajige fujin"直译为"小福晋"。这就是说塔因查被从"小妻"提升成了"小福晋"。"buya sargan"，汉译本译为"小妻"。天命十年五月初一日汗（努尔哈赤）曰："福晋乱行，准闲散妇人举发，且将举发之妇人举而养之。妾举发福晋，则杀有罪之福晋，并以举发之妾与夫同居"[2]631（满文原文为：... fujisa facuhun oci, sula hehesi ger cile, gercilehe hehe be tukiyefi ujimbi, gucihi fujin gercile-he de, weilengge fujin be wambi, terei fonde gercilehegucihi be eigen de banjimbe...），[3]12 这里的"gucihi"，汉译本作"妾"。

这两段话里出现了两个词，一是"buya sargan"，汉译本译为"小妻"，一是"gucihi"，汉译为妾。从《老档》提供的情况看，能够被提升为"小福晋"的有两种人，一种是为努尔哈赤生了儿子的，还有一种，是塔因查这样立了特别的功劳的。虽然晋升为小福晋也仍不能与福晋等同，但还有很多的 buya sargan，却是连这种晋升也不可得的。

至于 gucihi，考其本义，系从 gucu 一词衍生而来。gucu，汉译做朋友，伴当，原意是彼此同心交好者，也就是蒙古人所说的"那可儿"（nökr，同伴）。gucihi，则是女友、女伴之意，这与汉族传统社会中"妾"的含义，其差别是明显的。但《清文总汇》将其译为："一人两妻，乃两妻彼此两头大也。"今人编纂的《满汉大词典》则将其译为："一人两妻，乃两妻彼此两头大也"，就不完全接近本义了，这只能说汉语中并没有能够相对应的词汇。

笔者认为，这是一些身份介于妻与婢之间的女人。朝鲜《李朝实录》载逃到朝鲜的汉人阿家化称，他从十四岁就住在女真人松古老家："随住其家，松古老妻一人，子二人，女一人，唐女二人。"[4] 唐女即汉女，当时女真诸部经常从明朝边境抢掠汉人为奴，这里的唐女，很可能就是松古老从汉地掳掠的战利品。按照今人的眼光来看，她们是松古老的女婢无疑，但女真人当时的生活状态，却使这些女婢，具有了一种与主仆间有着严格界限的汉人家庭女婢不同的含义。总之，经常被人搞乱的概念有两点，一是将一夫一妻制中地位较低的妻与这些亦婢亦妻的女人混为一谈，二是未曾注意到有这样一类亦妻亦婢女人存在，并常将她们与封建宗法制度中的妾完全等同。这是需要分辨清楚的。

这类女子与汉族封建宗法制家庭中的"妾"，在身份地位上确有相似之处，也许可以说，她们是妾的前身，或是妾的不完全形态。她们与妾的区别，除了在于二者所处的，是两种不同的婚姻制度之外，还在于与妾相比，她们更没有名分。

亦婢亦妻的女人，与这种"明媒正娶"的娶来的妻子完全不同，她们是通过另一种途径进入女真人家庭的,这是女真诸部崛起后掠夺战争不断扩大的产物。早在他们之前崛起的金代女真人,以及契丹人、蒙古人,也都曾经历过这样的阶段,在他们的家庭中,也曾拥有过大量的这类女人。在北方与东北诸族,一个男人占有多个女人的现象,始终与男子通过战争抢掠女人的行为紧密联系在一起。抢掠女人与抢掠财物一样,是这些部落从事战争的目的,而占有女人的多少,又与一个男子的显贵程度成正比。成吉思汗说:"男子最大之乐事,在于压服敌众和战胜敌人,将其根绝……骑其骏马,纳其美貌之妻妾以侍寝席。"[5]就再充分不过地表现了这时期男人的精神风貌。

满族入关之后仿依汉制,在婚制上的一个反映,就是从一夫多妻制向一夫一妻多妾制的转化。虽然从表面上看,至晚到乾隆朝以后,满族的婚制与汉人已大致相同,但按细之,仍能找到一些独特点。加之清代旗人纳妾之风盛行,会为当时的社会带来诸多意料之外的后果,特别是在满汉民族关系方面。因此,对清代满族妾制的特点,对"妾"这个在当时满族社会中颇为特殊的群体进行较为详细的探讨,恐怕是不无意义的。

二　清代满族妇女史与八旗制度紧密相关

许多研究者将清代旗人妇女生活与婚姻视为一种"习俗",是不准确的。事实上,八旗制度对旗人的控制,事无巨细地渗入到旗人生活的方方面面,在旗人的婚姻上也有明显的表现,上至天潢贵胄,下至世代服役的家奴,婚丧嫁娶都被笼罩在八旗制度这一张大网之下,并由此形成了清代旗人特有的婚姻乃至生活方式,甚至也影响到了旗人对于妇女的各种观念。这种独特的方式和观念,又反过来为满洲这一族群刻上了深深的烙印,成为满族区别于其他民族的重要特征之一。所以,对社会、生活乃至风俗的研究,都是离不开特定时代的特定制度的。

努尔哈赤创建八旗,"以旗统人,即以旗统兵"成为这一制度最基本的职能和特征。属人不仅指能够出征作战的男丁，也包括旗下的妇女，尤其是未婚妇女。天聪九年（1635）诏令："凡章京及章京兄弟、诸贝勒下人、专达、巴雅喇、芬得拨什库等之女子、寡妇，须赴部报明，部中人转问各该管诸贝勒，方可准嫁，若不报部而私嫁者罪之。至于小民女子、寡妇，须问各该管牛录章京，方可准嫁……其专管牛录与在内牛录皆同此例。"[6]

近代旗人震钧的记载更为具体与准确：

> 八旗人家子女，例须报明本旗佐领，书之于册，及长而婚嫁亦如之。又必须男女两家佐领，互出印结，谓之图片。凡三年一比丁，又使各列其家人名氏，而书之于册，谓之册档。及殁而削其名氏于册，故旗人户口无能增减，姓名无能改移，凡以为整军经武地耳。[7]

这段记载明白无误地指出了旗人婚姻与八旗严格的户籍管理制度之间的关系。

从此，皇室亲王家的女子，婚嫁权属于皇上、皇太后；八旗官员家的女子，婚嫁权属于该管贝勒；旗下平民女子，婚嫁权属于牛录章京也就是后来所称的佐领。这便成为一套固定的、完整的制度。八旗内上至皇子皇孙，下至兵丁奴仆，其择偶权便分别操纵于国家，具体地说即皇帝和所属官员手中，父母及其当事者本人，失去了嫁女娶媳的权利，这正是入关之后建立的、有清一代奉行不替的选秀女制度之滥觞。

（一）秀女与宫女的阅选

1. 选秀女的内容、程序和范围

秀女，满语为 Sargan jui，有关清代选秀女之制，不见于康熙、雍正两朝会典，但乾隆朝《会典则例》明载创始于顺治朝。

> 顺治年间定，八旗满洲蒙古汉军官员、另户军士、闲散壮丁秀女，每三年一次，由户部行文八旗二十四都统、直隶各省八旗驻防及外任旗员，将应阅女子年岁，由参领、佐领、骁骑校、领催及族长，逐一具结呈报都统、汇咨户部。户部奏准日期，行文到旗，各具清册，委参领、佐领、骁骑校、领催、族长及本人父母或亲伯叔父母兄弟之妻，送至神武门，依次序列，候户部交内监引阅。有记名者，再行选阅，不记名者，听本家自行聘嫁。如有事故不及与选者，下次补行送阅。未经阅看之女子及记名女子私相聘嫁者，自都统、参领、佐领及本人父母族长，皆分别议处。有残疾不堪入选者，由族长、领催、骁骑校、佐领具结呈报都统，声明缘由，咨户部奏闻。

选秀女的目的，在上谕中说得很明白："所有挑选旗人女子，原为王阿哥等拣选福晋。"这种将全民族的未婚女子都控制在自己手中，先经皇族挑选之后，余下的才能自行婚嫁的做法，在清入关后成为定制，一直奉行了二百多年。八旗所有官员兵丁乃至闲散之女，须一律参加阅选，如未经阅选便私行聘嫁，该管各官从都统到本人父母族长都要治罪。

清廷虽然成为全国的统治者，但并没有将对妇女的控制推及汉人，选秀女的范围始终控制于八旗之内。选秀女之制一直相沿至清末，期间也有些修改，有些属于补漏洞范围，如最初规定每三年阅选一次，每每使因故未能入选的女子耽搁好几年，乾隆五年规定凡18—20岁的女子，因故迟误不及阅看的，或补阅看，或即令出嫁，等等。

在选秀女之制中修改最多的，是阅选秀女范围的逐渐缩小。这一是受儒家思想的影响，将后族近支拔除在阅选之外，一是随八旗人口的迅速增长，国家对于旗人婚姻的控制，有日益松动的趋势。光绪十一年选秀女所定范围：

京旗文职六品以上，武职五品以上，外任官员文职同知以上，武职游击以上之女，年届13—19岁，并未特别分辨满洲蒙古与汉军。[8]

被选中的秀女，一部分充实后宫，她们除少数外，一般都先封答应，然后逐步晋封常在、贵人以致嫔、妃，如果皇帝即位时年龄幼小，还未成婚，皇后也从秀女中挑选，但在事前已有大致范围，且有皇太后参与意见。被选中的皇后，须进行隆重的大婚礼，才能接进宫中。另一部分配给皇子皇孙。

2. 内务府三旗女子的阅选

内务府是清代专管皇室事务的机构，与外廷并行而互不相干。内务府所属包衣旗人是皇帝的家奴世仆。内务府旗人为皇室家人，在选宫女之制上有最突出的表现，也构成他们与外八旗秀女的最大区别。内务府三旗女子与外八旗女子一样必须经过阅选，撂牌子之后方可嫁人，但外八旗女子被选后，只用来为皇子指婚，内务府旗人之女则主要是作为宫女，充当内廷役使。内务府选宫女为一年一次，与外八旗的阅选秀女互不相干。

内务府旗人之女除了散布于外省的官庄之外，不分贵贱，一律必须阅看之后才许嫁人，只是对高品级官员之女的入宫充当使女有一定限制。

(二) 八旗制度对旗人婚嫁的管理

清廷通过八旗制度对旗人婚嫁进行严格控制，一方面是为宗室贵族指婚以进行政治联姻，另一方面，就是保障旗人生活和人口繁衍。在通过战争和征讨获取大量人口并将其吸收进本民族成员时，清廷也十分注重保护和发展自己的原有人口。从1621年进入辽沈，1644年入关，满族始终处于汉族的汪洋大海之中，人口数量处于绝对的劣势，清朝必须将维护和扩充本民族人口，作为一件关系到生死存亡的大事，而予以特别重视。

历代中央王朝的统治者,都将男女的及时婚嫁作为安定民心,维持社会稳定的大事。由"官配"方式来保证所属人民的及时婚嫁,几乎是各少数民族政权的传统。史载,努尔哈赤曾拨库财为属下兵丁买娶妻室。康熙时旗下兵丁贫无妻室者,官给资婚娶,等等。而乾隆朝派遣各族官兵到伊犁驻防,国家出面为无妻官兵操办婚姻,更是典型的一例。

清廷设伊犁将军之后的第二年,伊犁将军明瑞上奏,说从哈萨克投到伊犁的 600 名厄鲁特壮丁并无妻室,而且西迁到伊犁的察哈尔、厄鲁特人中妇女甚少。乾隆采取的措施,一是购买,"令明白晓谕察哈尔八旗官兵,现欲买寡妇、女子,出价高于平常之价,且所有买获妇女均由官办解送,并不劳累尔等"。这里所说的,主要是蒙古的包衣女人,身价银为包衣女孩每人十两,寡妇每人八两。一是招募旗下自愿前去的女子。无论是买取的,还是自愿前往的,每人发给整装银十两置办衣帽,每 20 人编为一队,每队派官员 2 名,跟役 2 名,令其于沿途妥善解送。买取、自愿的妇女共有 420 名,半年艰苦行程之后,仅余 378 人。

这种做法,带有浓厚的满族传统习俗印记,入关百有余年之后,对于与自己社会习俗相似的北方诸族,清廷仍用这种方式为其解决婚姻问题。

总之,八旗旗人终清之世都与清朝政权存在着或强或弱的人身依附关系,这种关系体现在两个方面,一个是对旗人"至优至渥"的优养,另一个是对旗人婚姻的限制,这种限制在妇女身上的表现,就是"官配"婚姻。指婚也可说是官配婚姻的一种。

(三) 对八旗孀妇的优恤

清代旗人妇女的贞烈表现,甚至比汉族妇女有过之而无不及,常常被解释为清统治者在本民族内提倡儒家纲常特别得力的结果。而事实上,提倡妇女为夫守节,仅仅靠鼓励宣传,靠"给银建坊"的旌表制度是远远不够的。清廷为本族妇女的守节,提供了一整套经济上的保证,这正是八旗妇女的守节不同于汉族等其他民族的最有特点的部分。

从《八旗通志》所载节烈妇女的人数来看,八旗妇女的从殉之风更甚于汉族妇女,其间一个最直接最实际的原因,就是迫于生计。虽然这是无论旗人还是汉人的寡妇都会面临的共同问题,但旗人寡妇尤为难堪,这是由八旗制度的特殊性质所决定的。

八旗制度初创时,以兵民合一、军政合一为其特点,八旗成员"出则为兵,入则为民,耕战二事,未尝偏废"。但入关以后,八旗组织的军事职能被大大加强,从某种意义上说,它已成为清朝统治者的一支常备军队,八旗兵丁也在向职业军人转化。满洲贵族为了让八旗人丁安心当兵,以作为他们统治的基础和工具,杜绝了旗人的一切谋生出路,让他们完全依靠朝廷的豢养为生,粮饷(也称"钱粮")成为他们主要的甚至唯一的生活来源,成为"不士、不农、不工、不商、不兵、不民,而环聚于京师数百里之内"[9]的很独特的一群人。粮饷是只有甲兵才可以得到的,按清朝规定,男子从16岁到60岁成丁,这只是具备了挑甲的资格,清初战事频仍,四丁中挑一兵,也就是四丁中有一丁可挑甲兵,以后随旗人生齿日繁,变为七、八丁中才有一丁可以挑甲,得不到挑甲机会的,便成为无粮无差的旗下"余丁",也称"闲散",只能靠家中别人的粮饷为生。到乾隆中叶,往往一家七八口甚至十余口人只凭一份甲兵的粮饷维持生计,可以想见其艰窘之状。从康熙朝起,清廷就一直不遗余力地解决这一问题,如增加挑甲份额、设立养育兵(领取甲兵粮饷之半)等。总之,在清中期以前,普通旗人虽然已经开始出现生计问题,但作为男子,大多总会有一份钱粮用以糊口。当然,连糊口也做不到的穷旗人,也就谈不到娶妻的问题了,事实上这样的穷旗人并不在少数,但这已是另一个话题了。

1. 乾隆朝以后对八旗官兵寡妇的优恤

旗人男子除当兵之外尚且没有出路,更遑论妇女。丈夫死去意味着钱粮的断绝,生计便成为最迫切的问题。不是所有的寡妇都有父兄可以依靠，除非有子即将或者已经长成，足以再领一份钱粮。所以当再嫁受到社会的歧视时，没有子女的寡妇往往便选择殉死，这正是年轻寡妇殉死者尤多的原因，因为她们出嫁时间既短，往往未及生养子女，即使有子也还年幼，距成丁还遥遥无期。

清廷并非未曾注意这一问题。从入关之前起，对八旗寡妇，就做出了每月补助银一两的规定。但入关之后，又改为仅仅支给一年。清军入关，战事频繁，八旗兵丁的死伤极其惨重，寡妇的人数也随之剧增，仅仅支给一年俸饷，一则是财政上的考虑，一则是从临时救急着眼的。它的依据，一是寡妇之子长成之后可以优先继承其父的一份钱粮，二是寡妇不久后可能再嫁。这从雍正朝对八旗的无子年轻寡妇的做法上可以很清楚地看出来。

乾隆朝以后朝廷对八旗妇女的守节问题一改前规，除了儒家伦理道德的影响更深之外，也是由当时的客观条件促成的。

首先，经康熙、雍正两朝的经营，清朝的统治到乾隆朝时已相当稳定，内地再无大的战争，八旗兵丁的死亡率大大下降，寡妇尤其是青年寡妇急剧增加的情况便少有发生，而八旗人口的"生齿日繁"，也使滋生人丁的需要不再像早年时那样迫切。其次，八旗人口的基本稳定，为朝廷颁布各项抚恤政策在客观上提供了便利。从文献中可见，清廷对于八旗寡妇的一系列优抚政策，都是在乾隆朝颁布的。

第三，如上面提到的，八旗寡妇中殉死者众，以及乾隆朝以后八旗兵丁普遍趋于贫困的现实，也迫使清廷正视旗下寡妇的生计问题，并从制度上为她们的守节提供保证。

寡妇只能得到一年的半俸半饷的规定，是雍正十三年（1735）做出的，① 乾隆朝以后根据孀妇的不同情况，对此规定曾不断加以补充修改：

---

① 《大清会典事例》载雍正十三年谕中，并未说清给予寡妇的半俸半饷所持续的时间，但参照《实录》同年十一月乙巳条下："都统王常奏：八旗病故官兵妻室，无论有无子嗣，情愿守节者，勿许亲族佐领勒掯，即行呈报，照例支给一年半俸半饷，从之"可知，系仅支给一年（《清高宗实录》卷6）。

乾隆三年（1738）规定，对于生前只享受半俸半饷的八旗官兵，身故之后的寡妇，既然不便于半俸半饷之中再行减半，遂仍给予一年的半俸半饷。同时，对于八旗阵亡官兵的寡妇，即使其子已经充补了养育兵，也不再裁撤半俸，直到其子长成当差，所食银米足抵寡妇一半俸饷之数，再停支领。

乾隆六年（1741）规定，此后无嗣无依的孤身寡妇，给予养育兵钱粮，养赡终身。

在此前后，对于驻防八旗寡妇、开户养子和另记档案人的寡妇，以及包衣佐领、管领下的寡妇的抚恤，也都做出了具体规定。

清廷对于八旗寡妇的抚恤大致包括如下几种：

其一，终身半俸半饷，给予作战中阵亡旗兵的孀妇，以及无嗣无依的普通旗人寡妇，也包括兵丁生前再醮之妇。

其二，一年半俸半饷，给予因其他原因身故旗人的孀妇。

其三，包衣旗人中的无嗣孀妇，每月给银一两。

这里最值得提到的，就是对八旗内无嗣孀妇给予终身养赡的优恤。

除了由国家财政拨给寡妇的补助之外，八旗各级官员也将优恤寡妇作为一项"善政"。如乾隆三十四年（1769）办理各省驻防汉军出旗为民的时候，广州驻防将军增海就曾从出旗汉军空出的一千间房屋中，拨出二百间"以赏给各旗无族依靠之寡妇居住，每旗均二十五间云"。[10]就是很典型的一例。

2. 宗室贵族寡妇的生计来源

上面主要是针对普通旗人的。八旗贵族和官员占有大片的庄田，不少人还占有大量房产，他们的寡妇可以依靠地租、房租为生，并不会像一般旗下寡妇那样窘困，台北"中央研究院"赖惠敏曾据中国第一历史档案馆所藏档案，对清代皇族妇女的财产继承权问题进行多年研究，认为："我们从皇族婚入之孀妇承继夫产、长房孀妇管理祭田、福晋掌管随爵田产，及孀妇与族人诉讼案件，可知皇族妇女应有财产自主权，包括财产管理权、所有权、股份权。"[11]但尽管如此，

清廷自入关之始,还是特为他们制定了一整套堪称细密而且特别优厚的抚恤政策:

> 顺治十二年(1655)题准,世爵亡故无人承袭者,其妻照伊夫应得俸银俸米之半,养赡终身。
> 雍正二年(1724)又规定:无嗣之世爵与族人承袭者,原有分给俸银养赡之例。嗣后此等袭爵之人,该参领佐领及族长等,将俸饷三分之中分出一分,养赡本家之寡妇,其原管佐领及世管佐领一族中轮流承袭者,毋庸分给。[12]

待遇如此优厚,足见清廷对于八旗官员贵族妇女的守节,远比对一般旗人寡妇更重视,更严格,因为她们的所作所为,最关乎满洲的"颜面"。顺治九年(1652)朝廷对于已经受封的旗下职官之妻,还规定在其夫亡故后,如果愿回母家者,许其父母领回,只要缴回原诰敕即可,但到康熙六年(1667)就已改为"凡妇人因夫与子得封者,不许再嫁,违者所授诰敕追夺,治如律"。[12]清代宗室贵族中的守节者,是远比一般旗人妇女还多的。

清廷就这样为八旗妇女的守节提供了一整套名誉上、经济上的保证,而尤以优恤制度最有特色。汉族寡妇只是在为夫殉死之后,或守节已达到朝廷规定的年头,受到朝廷旌表之时,才得以享受"给银建坊如例"至多不过是减免赋税一类的优礼。满族寡妇却可以由八旗组织承担起全部的生活。可以说,由国家如此以"养起来"的方式来鼓励全民族妇女守节的做法,在以儒教立国的中国封建社会的漫长历史上,也是绝无仅有的。

三 运用社会性别理论

研究妇女史,严格说来是女性史、社会性别史,对于社会性别理论,也是应该予以关注并且作为一个研究视角来加以运用的。

（一）研究视角的转换

在西方，一代女权主义者对"性别"（sex）与"社会性别"（gender）作了区分。男女性别的区别是与生物学上的因素相联系的，"社会性别"则关系到在不同的社会中男人和女人们所表现出来的具体的角色和功能。性别差异被看作是一种跨文化的现象，而社会差别则是与特有的文化联系在一起，并且经常由于社会或文化的复杂性而显现出重大的区别。

社会性别当今在西方已经成为一个独立的研究领域。当这些社会性别的研究者将视野投射到对历史的研究时，已经不再将那时候的妇女仅仅看作是被压迫的被动的群体，而是脱离开以往男女二元对立的思维模式，转向对社会性别的关注。他们强调妇女在历史上的重要性，强调女性并不完全是被动的、受男人压迫的一方，而是与男人一样的历史主体，以至于他们提出"赋历史以性别"的倡议。

以往史学研究的主流是政治史、外交史，讲的是男人在公众领域已经建立起来的非常有权威的东西。女性史学者则借助欧洲和美国妇女史的方法，反过来从下向上看，希望通过"社会"这个范畴，看民众、妇女，如妇女教育、婚姻形态、人口流动、移民、妇女结社、家庭亲属关系和在家庭以外的结构活动等（这都是从政治史的角度曾被忽略的）来看社会是什么样子的，更进一步说，历史是什么样子的。这是社会性别史研究学者在研究视角上的创新，也是他们为史学研究所做的一大贡献。

研究视角的不断转换和更新，本是西方学界不断挑战陈说、不断颠覆固有囿见而力求使学术持续发展的一种常态。每一次视角的转换，往往会引发学术上的一场革命，为学术的进一步深入发展提供重要的契机，并引领学术发展的新趋势。

以满蒙联姻的研究为例：笔者就在尝试变换研究的视角。以往的研究，多将这一政策视为清朝理藩政策的重要组成部分，认为联姻在笼络蒙古诸部王公的感情，加强他们对清朝统治者的效忠方面，作用显而易见。不仅清朝历代皇帝对此颇为自得,就是后人也多所赞誉。从统治者的角度来说,这项政策的运用的确十分成功。乾隆皇帝说过:"自秦人北筑长城,畏其南下,防之愈严,则隔绝愈甚,不知来之乃所以安之。我朝家法,中外一体,世为臣仆……恩亦深而情亦联,实良法美意,超越千古云。"[13]

但是问题还有另一面,这就是被统治者怎样看待这个问题。这里所谓的被统治者包括两个内容,一个是联姻的对象,即蒙古王公以及他们的属民。还有一个,则是被用作"绥服"工具的皇女。

蒙古人对于与满洲皇室结亲的不满,在清末蒙古学者罗布桑却丹的《蒙古风俗鉴》一书中多有论述,罗布桑却丹的反清反满思想带有那个时代的强烈烙印,但所说也系实情:

其一,罗布桑认为这是满洲皇帝觊觎蒙古诸部王公的权力:"蒙古诺颜那时强盛,有势力,有军队,他(指满族皇室)与蒙古结亲,把公主、格格嫁给蒙古诺颜则可以利用亲戚关系把统治蒙古的大权拿到手。这是一个更深远的计划。"[14]可见当时已有蒙古人认为所谓的满蒙联姻是满族统治者在政治上的一个阴谋。

其二,经济负担太重。实际上,蒙古人对于从北京娶亲不甚愿意。从北京娶夫人花钱多,而且对旗民来说也负担太重,向百姓摊派官银很难,穷旗不愿给他们的诺颜从北京娶夫人。蒙古人自清朝建立以来,娶满人的格格为夫人的旗主,在北京负了不少债而出卖本旗的土地,就是从北京娶夫人造成的。[14]

公主的到来伴随着对土地和牧场的大量圈占。康熙的恪靖公主,府第位于归化城(今呼和浩特),朝廷为她在近郊圈占了大量土地,据当地人说:"清廷曾下圣旨,大黑河的流水应首先满足公主府地的灌溉。这道圣旨石碑,至今还矗立在黑沙兔的半山坡上。"[15]

其三,蒙古人认为满洲公主、格格的到来,败坏了草原上固有的纯朴风气。这些情况是否属实,大多已经无从考证,但从中可以看出,对于满蒙政治联姻,在蒙古人中存在着一定的抵触情绪。

再者,既然清代满蒙之间体现出来的主要是岳父与女婿的关系,承担政治联姻重任的主要角色就应是皇女了,但实际上,出面的虽是女人,在其间制定决策、进行活动的,却都是男子,以至直到如今评价这一政策时,连篇累牍的文章所注意的都只是它的过程,赞扬的也只是它的成功,而极少从被嫁皇女的角度,探讨一下她们的生活和命运。笔者曾耗时耗力,从清代文献、档案、方志中,寻找对远嫁皇女生活的记载。如果说清代史料浩如烟海,寻找这一问题的材料就直如大海捞针。这一事实本身就说明了,这些为了种种政治目的而远离家乡的皇女的命运,被始作俑的男人们漠视到了何等的程度。但是,虽然这种记载很少,但从清廷制定的对远嫁公主的约束与限制,也可见一些端倪。如雍正朝以后,朝廷为下嫁的公主制定了回京探亲时间、批准缘由和程序的详细条例,以使她们安心留在蒙古。雍正元年(1723)规定,下嫁外藩的公主必须离京,等等。

(二) 社会性别史提出的新课题

第一,能够接受在文字、文献以外史料的真实性,例如:口述历史和文献史料的关系。妇女口述出来的跟我们在史料上用文字记载的,其实有很大的差别,可以用来互证。此外,物质是在口述历史和文献历史中间的产物,考古也可以跟文献互相对照。

第二,文献可能很多,但每一种文体我们有很多不同解读的方法。

第三,是对资料的真实性的质疑。对此也可举出一些具体例子。社会性别史的学者很关注女性的居住空间,如房子。他们认为儒家的道德有很多的层次其实是在居住空间去体现的。房子的结构,对男女的规范就很不一样。比如:宋朝规定妇女"不出中门"。笔者在研究满族妇女史时也注意到这一点,据朝鲜人描绘的建州女真人住室:"四壁下皆设长炕,绝无遮隔,主仆、男女混住其中",[16]奴仆包括女婢都被包括在家庭之内。方拱乾的描述更为详细:"室必三炕,南曰主,西曰客(宾),北曰奴,牛马鸡犬,与主伯亚旅,共寝处一室焉"。[17]这种居住状态在清末卜魁(今黑龙江省齐齐哈尔)仍然存在:

| 第三编　满族家族与人物

"家人妇子同处一室",甚至"贫人二三户傡居一室,失别嫌、明微之道,暧昧事多起于炕藉芦席。"[18]这就将居住环境与生活行为的关系说得相当明白了。在这种男女混住、主奴混住的环境中,奴婢无论身份如何低下,他们与主人的界限也不会像汉族封建家庭中那么分明,《老档》中提到的塔因查获准与汗同桌吃饭,天命十年条下的gucihi可以与夫同居,她们比一般女婢与家主更为亲近,在性关系上有时充当妻子的角色。崇德三年(1638)为皇族子弟定封爵之制时,曾经规定:"若为另室明居之妻所生子女,载之于档,所有保养异姓子女及未分居女奴所生子女,勿得登记。将女仆所生子女及保养异姓子女,诈称亲生子女,科以重罪。"[6]74—75这里将她们称之为"未分居女奴",则更明确地说明她们都属于这类女子。所以,笔者在用满文史料解读满族家庭早期"小妻"身份的问题时,也用了他们居室的特点做例子,讨论这种居住方式与儒家居室的严格规范的不同。

[参考文献]

[1] 张孟劬. 清列朝后妃传稿(上)[M]//佚名. 清代传记丛刊本. 台北:明文书局,1985:3.

[2] 中国第一历史档案馆. 满文老档[M]. 中国社会科学院历史研究所,译注. 北京:中华书局,1990:137.

[3] 东洋文库清代史研究室. 满文老档[M]. 昭和三十年东洋文库本:137.

[4] 吴晗. 朝鲜李朝实录中的中国史料[M]. 北京:中华书局,1980:480.

[5] 拉斯特. 史集:第一卷第二分册[M]. 余大钧,等,译. 北京:商务印书馆,1983:256.

[6] 中国第一历史档案馆. 清初内国史院满文档案译编[M]. 北京:光明日报出版社,1986:155.

[7] 震钧. 天咫偶闻[M]. 北京:北京古籍出版社,1982:208—209.

[8] 中国第一历史档案馆藏. 八旗都统衙门档(旗务类)[Z]. 第39号.

[9] 沈起元:拟时务策[M]//皇朝经世文编卷35,近代中国史料丛刊:第

七十四辑. 台北：文海出版社, 1991.

[10] 长善, 等. 驻粤八旗志[M]. 沈阳：辽宁大学出版社, 1990：82—83.

[11] 赖惠敏. 天潢贵胄——清皇族的阶层结构与经济生活[M]. 台北："中央研究院"近代史研究所专刊（81）, 1997：264.

[12] 康熙朝大清会典[M]//近代中国史料丛刊三编：第十三辑卷1. 台北：文海出版社, 1991.

[13] 钦定热河志（卷20）[M]. 天津：天津古籍出版社, 2003.

[14] 罗布桑却丹. 蒙古风俗鉴[M]. 赵景阳, 译. 沈阳：辽宁民族出版社, 1988：26.

[15] 佟靖仁. 内蒙古的满族[M]. 呼和浩特：内蒙古大学出版社1993：84.

[16] 李民寏. 建州闻见录[M]. 沈阳：辽宁大学历史系清初史料丛刊本, 1978：27.

[17] 方拱乾. 绝域纪略[M]. 哈尔滨：黑龙江人民出版社, 1985：109.

[18] 魏毓兰, 馨若氏. 龙城旧闻[M]. 李恩乐, 等, 校点. 哈尔滨：黑龙江人民出版社, 1986：74—75.

[原载于《吉林师范大学学报》（人文社会科学版）2014年第6期]

叶赫那拉氏族谱与满族集体历史记忆研究

薛柏成　朱文婷[*]

叶赫那拉氏主体原系明末海西女真扈伦四部之一叶赫部的王族。清朝官修《八旗满洲氏族通谱》[1]载：那拉氏"为满洲著姓，其氏族散处于叶赫、乌拉、哈达、辉发及各地方，虽系一姓，各自为族"，包括尼马察、张、科尔沁、长白山、伊巴丹、伊兰费尔塔哈、布尔哈图、伊哈里、扎库木各地方的那拉氏家族。叶赫那拉氏家族是满族除皇族之外在清代最有影响且最能代表八大家族的族群，叶赫那拉氏族谱①从一个重要的实证角度浓缩了满族的集体历史记忆，与其他满族家族记忆构成了满族族群自我认同的文化基础，运用其中的宗教神话记忆、满族共同体形成的记忆、民族迁徙历史记忆、满汉文化交融的记忆以及道德生活记忆是当前满族历史文化研究的重要方式之一，即新史学、社会学、文化人类学甚至伦理学等多学科交叉研究的范式，

---

* 薛柏成（1966— ），男，吉林镇赉人，吉林师范大学中国思想文化研究所教授，博士生导师，研究方向：中国思想文化，满族历史文化；朱文婷（1989— ），女，吉林农安人，吉林师范大学中国思想文化研究所研究生，研究方向：中国思想文化。

① 主要是指世居叶赫地方，后来随清军入关流散于各地的叶赫那拉氏族人的宗谱，分散于北京及东北的广大地区，以辽宁省为最多，吉林省次之，最具代表性的当属北京国家图书馆、中国第一历史档案馆、中央民族大学图书馆珍藏的善本族谱以及东北民间珍藏传世的族谱。如珍藏于国家图书馆的善本《叶赫纳兰氏八旗谱谱》《叶赫那拉氏族谱》《布寨佐领世表》；中国第一历史档案馆珍藏传世的慈禧世系《德贺讷世管佐领接袭家谱》；中央民族大学图书馆珍藏的善本正白旗《叶赫呐喇氏宗谱》；民间珍藏传世的正蓝旗《叶赫那拉宗族谱》、正黄旗叶赫东城《叶赫那拉氏谱单及神本》、镶黄旗《那桐谱单》等。

它对今天研究构建多元一体民族新文化体系的意义重大。

一 叶赫那拉氏族谱中体现的满族宗教神话的历史记忆

清入关后,满族宗教信仰越来越多元化,民间家祭逐渐代替了野祭,掺杂了官方提倡的佛教、道教等内容。而野祭形态仅在清代黑龙江和吉林地区的民间个别家族当中存在,而且有其独特的仪式、神谕和宗教伦理,是满族族群最为特殊的宗教神话历史记忆。叶赫那拉氏满文《那氏谱单》①所附神本为我们展示了清代吉林地区叶赫那拉氏萨满教野神祭的内容与特色,作为个案,它对满族萨满文化的研究有较大的参考价值,具体有以下几方面:首先,祭祀之神多元化,寄托了图腾崇拜的满族萨满信仰。神本开篇明确了祝词时间与性质,即"道光十八年腊月,那拉姓野神铺(祭)",同时神本向我们展示了祭祀中邀请的众多图腾神:"德高位尊、风采奕奕的虎神、搏击长空金黄色的鹰神"等;其次,《那氏谱单》所附神本祭祀的祖先神是那拉瞒尼,寄托了祖先崇拜的满族萨满信仰。《那氏谱单》家谱中的"那拉瞒尼"是叶赫那拉氏家族的祖先神,而瞒尼神的原型则是祖先中的英雄实体,他们多数是氏族、部落的首领、酋长,生前均为本氏族的发展做出过特殊的奉献和贡献,体现在其神本中是一种文化认同,可见满族萨满教中凝结着丰富的族群认同,是对祖先的经历与业绩的记录和传诵,以此实现纪念的目的,在复习、强化集体记忆的同时,也完成了记忆的传承,使一代代人接纳了共同的集体记忆。正由于满族家家户户原来都有萨满祭祀活动,并且大多数家族都供奉有祖先瞒尼群体。所以祭祀瞒尼神成了现在萨满文化的重要组成部分;最后,神本中崇尚长白山文化,寄托了满族及其先民慎终追远的族源信仰。满

---

① 现存《那氏谱单》及神本是吉林市那雅夫先生持有的,均为满文,记载了乾隆至光绪年间这一支叶赫那拉氏的情况,特别是所附神本神辞忠实地再现了清代吉林萨满教野神祭的情况。

族人一般都把长白山视为他们的祖宗发祥之地，故满族谱书在溯根寻源时，大多将自己的祖先根源溯自长白山，《那氏谱单》对始祖的记载是"最早从白山木排沟来，落户叶赫山地方。哈思虎贝勒叶赫那拉氏，陈满洲，正蓝旗，五牛录人"，"白山"即其祖先发源之地长白山，《那氏谱单》记载的众神灵也是属于长白山，神本中显示的那拉瞒尼神位在"长白山高高山峰中的第六个山峰"，是长白山诸神中的一个，由此可见长白山在满族人民心中的崇高地位，这是满族文化中敬重大自然的一种宗教表现。[2]

《叶赫那拉宗族谱》① 中记载了有关叶赫那拉氏家族"托力"的神话传说，"托力"是清嘉庆年间叶赫那拉族人萨满倭生额的神奇法器，俗称"照妖镜"，由长支世代相传，逢初一、十五都要烧香。冬腊月祭祖时，都要祭祀"托老仙家"。同时要为"托力"换衣裳（见方的红布），冬天要把糊的窗户缝撕开一点，好让"托力"能到外面"溜达溜达"。传说"托力"非常有灵性，只要叶赫那拉氏家族有灾难，它都会出现。"托力"最后成了叶赫那拉氏族人的保家仙，寄托了叶赫那拉族人万物有灵、祈愿家族平安的萨满信仰。类似叶赫那拉氏家族"托力"的神话记忆在以往的满族萨满教研究中并不多见，它从另一个点丰富了满族萨满教的研究内容。

二 叶赫那拉氏族谱中体现的满族形成与发展的历史记忆

（一）关于满族共同体形成的历史记忆

明朝时女真人在东北地区分为建州、海西、野人几部。海西女真在明初南迁至辽河中游地区，形成叶赫、辉发、哈达、乌拉四部。留居在黑龙江以南地区的则是开化程度较低的野人女真。明中叶后三大

---

① 本溪那世垣先生撰修的《叶赫那拉宗族谱》以《那氏族谱》为底本，对其他支系多有衔接与添补，并加入了有关叶赫家族史的考述，首开叶赫那拉谱中谱史结合之例。

部又按地域分为建州、长白、东海、扈伦四部。在努尔哈赤逐渐统一各部女真的进程中，东北地区少数民族部落也不断加入，皇太极称帝后，将女真改名为满洲（族），又与汉人、回人等其他民族通婚，至此，满族共同体形成。

努尔哈赤灭叶赫部后，"把（叶赫）诸贝勒、诸大臣全部收养，叶赫两城的诸贝勒，不论长幼全部收下了。不论叶赫国中的善人、恶人，都一家不动。父子、兄弟不分，亲戚不离，原封不动地带来了"。[3]叶赫部的臣民跟随努尔哈赤的军队迁徙到建州，入籍编旗，成为满族共同体成员中的一个重要组成部分，为清朝的统一与巩固发挥了重要作用。

在满族共同体形成的历史记忆研究中，以清朝官修《八旗满洲氏族通谱·叶赫地方呐喇氏》[1]《叶赫纳兰氏八旗族谱》《布寨佐领世表》《叶赫纳兰氏族谱》及其续谱《那桐谱单》、叶赫呐喇氏宗谱（正白旗）为代表，其中《叶赫纳兰氏八旗族谱》对叶赫那拉氏著名的金台石一支在努尔哈赤灭叶赫部后其人民归属八旗编制的记载最为直观、详尽，纠正了诸多文献之误和史家错笔，是海西女真融入满族共同体的真实历史记忆；《叶赫纳兰氏族谱》及其续谱《那桐谱单》展示了叶赫籍朝鲜人的历史活动；《叶赫呐喇氏宗谱》（正白旗）向人们展示了东北各部落力量的"国初来归"，所有这些反映了在满族共同体的形成、发展过程中，东北地区少数民族部落不断加入的民族融合过程的集体历史记忆。

清朝官修《八旗满洲氏族通谱·叶赫地方呐喇氏》是目前所掌握的有关叶赫那拉氏世系源流最权威、客观的史料。它根据当时的档案和八旗满洲名门望族所保存的宗谱，共收录叶赫地方纳喇氏著名人物七十六个，从明末叶赫灭亡前后，截止于通谱成书的乾隆年间，把金台石、布扬古、苏纳等支族的每支族记其姓氏命名、归顺努尔哈赤和皇太极的时间、原籍何地、官阶及勋绩，记载世系少则七、八代，多则十几代，较为真实地反映了在后金建立前后叶赫族人加入满洲共同体及对清初统一与政权巩固的历史作用。

第三编　满族家族与人物

《叶赫纳兰氏八旗族谱》是目前所掌握的有关叶赫那拉氏世系源流最清楚、记述内容较全面的一部珍贵史料。在满族共同体的形成中，与努尔哈赤灭叶赫部的人事直接相关，其中自诸孔厄至叶赫东城贝勒金台石之孙南褚，共六代，其人名、官职、支派、世系等多与明人冯瑷《开原图说》卷下《海西夷北关支派图》所记相符。自南褚之后，凡七代，所记人名、官职、支派世系及旗属等多与《清史稿》诸臣封爵世表和《八旗通志》旗分志满洲八旗佐领世系相符，特别是对叶赫那拉氏著名的金台石一支记载得最为翔实。

《布寨佐领世表》在满族共同体的形成中，对叶赫部灭亡后期部族归属真实地作了说明，谱内布尔杭武条下注："此佐领原系太祖高皇帝辛未年取叶赫时以布尔杭武作为三等男爵与敬文王姊联姻。将叶赫壮丁编为二个佐领，由佐领下诺莫欢、武巴海各承管一佐领。至太宗文皇帝八年，分别论记起初各官功绩，布尔杭武之子格巴库虽然无功，念系异国贝勒之后，与定鼎功臣相等。免去壮丁为优异佐领。雍正九年，众大臣会议佐领时，此两个佐领虽系优异，但实录并无圈点，册籍上无拴参等处，故作为世管佐领，将此二佐领撤回，著布尔杭武之子格巴库、布尔杭武之孙萌图（曾任吉林乌拉将军）各承一佐领。"这则史料对努尔哈赤灭叶赫后其人民的归属给了一个具体的交代，很有价值①。

《那桐谱单》上承清乾隆三十九年常英编辑的《叶赫纳兰氏族

---

① 原叶赫部的部众被后金迁离故地后，分别被组编为各旗的牛录即佐领，并且大多是世管或互管佐领，仍由叶赫那拉氏家族之人世代掌管，到康熙年间，具体情况如下：以原叶赫部人丁及其子孙组编的满洲佐领，隶满洲正黄旗佐领6个，其中金台石后裔统管5个、金台石弟弟阿三后裔统管1个；隶满洲正白旗佐领8个，其中阿什达尔汉后裔统管3个、苏纳后裔统管2个、乌均都都后裔统管2个，阿尔卜后裔统管1个；隶满洲正红旗佐领9个，其中布寨后裔统管7个、阿拜后裔统管1个、布丹后裔统管1个；隶满洲正蓝旗佐领4个，其中巴尔喜后裔统管1个，伊巴礼后裔统管2个，鄂莫克图后裔统管1个；隶满洲镶黄旗佐领3个，均由图鲁后裔统管；隶满洲镶红旗佐领5个、其中巴奇兰后裔统管3个，武达哈后裔统管2个；隶满洲镶蓝旗佐领8个，其中崀什布后裔统管1个、烟洲后裔统管2个、顾三台后裔统管3个、喀山后裔统管2个；另有2个佐领由世居叶赫地方的蒙古人编成，分别隶属于蒙古正白旗和蒙古正红旗。综上所述，由叶赫地方人丁编成的八旗佐领共计45个。

谱》，常英在《叶赫纳兰氏族谱》序中说道："我高祖讳章嘉，本朝鲜人，世为名阀。天命年间迁于辽，隶满洲职居厩长，住叶赫氏那拉。既我曾祖讳靶吉，顺治元年从龙入都，本枝乃居叶赫族属，甚繁势难备载。故谱中止叙进京之一派。查乾隆初纂修八旗姓氏通谱，本族编入厢黄旗满洲内，所载叶赫那拉氏章嘉，原任厩长，其孙法尔萨原任牧长，元孙常英现系文生员……"[4] 这就很清楚地交代了《那桐谱单》所记族人的族源与迁徙，是在天命年间迁入叶赫地区的朝鲜族人，后融入满族这个民族共同体中，不仅反映了在满族共同体的形成、发展过程中，东北地区少数民族部落（包括朝鲜族部落）不断加入的民族融合过程，也反映了满族共同体的形成、发展过程中直至近代以来的民族融合情况。张氏族人的先祖就是在努尔哈赤、皇太极时期主动归顺而来朝鲜族中的一支，而满族在入主中原之后到近代以来与汉民族的融合就更加密切，《那桐谱单》体现的姓氏变迁就充分说明了这一点。

《叶赫呐喇氏宗谱》（正白旗）① 记载了雅巴兰这一家族的谱系，交代了归附努尔哈赤的时间：雅巴兰之七子额森、瑚沙喇、爱敏台吉（济）等支族人物是"隶正白旗，世居叶赫地方，国初来归"[1]，而雅巴兰之七子阿什达尔汉于努尔哈赤灭叶赫后，即天命四年（1619），率族属投归后金，其族众被编入满洲正白旗中。

对于叶赫那拉氏的族源问题一直有不同看法，官修《八旗满洲氏族通谱·叶赫地方呐喇氏》认为是蒙古人，还有人认为是女真人，这也涉及满族共同体形成的问题。正蓝旗《叶赫那拉宗族谱》认为："叶赫那拉氏始祖星根达尔汉是北元东部阿岱汉和太师阿鲁台留在嫩江流域遗族中的土默特人，为避难投靠到女真塔鲁木卫纳喇氏家中，改性纳喇，招为赘婿。其后人迁到叶赫河畔，故称叶赫。"这则记载肯定了"蒙古人"说，同时对其始祖的来历也做了研究，给了我们

---

① 崇秀、裕彬、乌尔棍岱：《叶赫呐喇氏宗谱（正白旗）》，中央民族大学图书馆，清末同治年间本，档案号：01590。

另外一个研究的视角。

（二）关于满族民族迁徙与驻防的历史记忆

在满族民族迁徙历史记忆的研究中，以《德贺讷世管佐领接袭家谱》①《叶赫呐喇氏宗谱》（正白旗）《那氏谱单》《那氏谱书续集》《黑龙江那氏谱单》为代表，全面立体地展示了满族从东北"从龙入关"并在北京及全国各地驻防，一些族群又因清统治者强化守卫东北"龙兴之地"的意图继而被派回东北的复杂历史迁徙过程，其中族群血缘认同的特殊组合是人类学意义上的独特记忆。

满洲八旗在"从龙入关"后，一开始都住在北京城中，后来随着清军的南下，八旗在各地都有驻防，由于东北是满族的发祥地，备受清政府的重视，所以一部分满洲八旗又被派回东北驻防，作为清代八大家族之一的叶赫那拉氏家族在历史上曾作为守卫"龙兴之地"——东北的重要力量之一，有多支家族被派到东北驻防，这些情况的细节在叶赫那拉氏家族史上一向不甚明了，通过叶赫那拉氏《德贺讷世管佐领接袭家谱》所记载的慈禧太后家族的前后旗属、驻防变化资料，可以从一个侧面了解叶赫那拉氏家族随清朝入主中原前后的流向及其在国内的分布等情况。这一家族在国内的主要居驻地为盛京、北京、拉林等地，这对《八旗通志》《八旗满洲氏族通谱》《清史稿》相关史料多有续写和增补。

八旗驻防是清朝的根本制度之一。清军入关之后，在原有八旗制度的基础上，在全国范围内开始建立八旗驻防体系，选择各地派驻八旗兵丁，设置将军、都统、副都统等员统率，形成了有清一代特有的八旗驻防制度，为维护清朝统治发挥了极其重要的作用。《叶赫呐喇氏宗谱》（正白旗）所附"叶赫呐喇氏八旗各处分驻地方"表记载了雅巴兰后人在全国的驻防情况，雅巴兰后人共有103个家族驻防在全国44个地区，北到吉林、黑龙江地区，南到福建、广东地区，西到

---

① 佚名：《德贺讷世管佐领接袭家谱》，中国第一历史档案馆，宫中杂档。

西安、伊犁地区，东到沧州、密云地区，几乎遍布大江南北，其中东北地区驻防人数最多，像吉林、沈阳、旧边、白山等地派驻家族近40余个；而西北边疆地区也次之，像西安等地派驻家族5个，伊犁等地派驻家族8个，这从一个侧面反映了清政府重视东北地区与西北边疆地区的防卫，这些都是研究满族后裔流向、分布的重要资料，为民族迁徙问题的研究提供了第一手资料。

辽宁的《那氏谱书续集》①也反映了东北叶赫那拉氏家族入关后，再因调防或其他原因回到东北的历史迁徙过程，此支叶赫那拉氏，原居"叶赫利河涯"，其地在开原之东北，大约清初从龙入关，居北京草帽胡同，多数担任护军与侍卫，服役于圆明园，康熙二十六年（1687）其先祖温大力率领一部分人奉命调防至辽宁复州城，护边屯垦，繁衍发展，一直至今天。结合现存一些叶赫那拉氏族谱如《八旗满洲氏族通谱·叶赫地方纳喇氏》《叶赫纳兰氏八旗族谱》《世管佐领恩惠家谱》《布寨佐领世表》《叶赫纳兰氏族谱》《正白旗满洲叶赫那拉氏宗谱》等，我们认为：叶赫那拉氏家族在明清时期大多分布吉林省叶赫地区，后从龙入关，一部分留在北京，其余调防全国各地，其中绝大多数人回到东北驻防，由此可以看出国内叶赫那拉氏家族迁徙的大致情况：叶赫那拉氏家族的数量以辽宁省最多，吉林省次之，黑龙江省再次之，在京津及全国各地也有一少部分。这对研究国内叶赫那拉氏族的分布、源流，并以此为例进而研究整个满族家族的分布有着很高的学术价值。作为个案，对研究与清代边疆驻防有关的课题极有价值。

黑龙江地区《那氏谱单》②是《叶赫那拉宗族谱》的作者那世垣先生历经多年，多次到黑龙江地区走亲访友辑录而成，反映了叶赫那拉氏家族从道光年间一直到20世纪50年代，自辽宁地区分几次迁徙到黑龙江地区，主要分布在黑龙江地区勃利县、鸡西市、鸡

---

① 《那氏谱书续集》现藏于辽宁省瓦房店退休干部那宝范先生处。
② 由《叶赫那拉宗族谱》《续修叶赫那拉宗族谱》的作者那世垣先生提供给笔者的相关资料辑录而成。

东县、哈尔滨市、汤原县、宝清县、依兰县、拜泉县、依安县、黑河市等十个县市区的记忆。道光年间,已有少部分族人因为生计等原因北迁至黑龙江地区。大致在20世纪50年代,又有少部分族人北迁至黑龙江地区,迁徙的原因应是1949年以后,我国计划经济体制逐步建立,在优先发展重工业的原则指导下,东北成为建国初期重点投资建设的地区,同时,东北地区人口相对较少,特别是人口密度较低、资源丰富的黑龙江省。所以这部分族人北迁至黑龙江地区,其谱单中"世字辈"之下的"守字辈"有关人员基本是在黑龙江地区出生的,其中修谱人执着的族群血缘认同给我们留下了深刻的印象,这种文化认同下的记忆会大大有助于以后相关问题的研究。

通过上述谱书所记载的资料,可以了解叶赫那拉氏家族随清贵族入主中原前后的流向、在全国的分布等情况,对于满族人口史研究也具有重要的史料价值。

(三) 关于慈禧太后家世及相关问题的历史记忆

慈禧太后家世及相关问题历来争讼不休,近几年还有人自认为是慈禧太后的直系后代①,这个问题随着中国第一历史档案馆珍藏的宫中杂档——叶赫那拉氏《德贺讷世管佐领接袭家谱》的发现及其相关研究,明确了慈禧太后父系家族为叶赫那拉氏喀山一支,其族源、世系支脉、世职佐领承袭等信息在《八旗通志》《八旗满洲氏族通谱》

---

① 慈禧的出身,主要有几种说法:北京说、绥远说、山西长治说、安徽芜湖说、浙江乍浦说、甘肃兰州说。其中,最权威的说法是北京说,影响比较大的是山西长治说,认为慈禧是汉人,还提出了所谓的文物与人证作为佐证。那根正(现为颐和园工作人员)近年来自称是叶赫那拉氏慈禧弟弟桂祥的四世曾孙,他在自己的《我所知道的慈禧太后:慈禧曾孙口述实录》一书中所述自己的祖先惠征(慈禧之父)属于金台石的儿子德尔格勒一支,具体谱序为:德尔格勒—索尔和—穆战—永绶—吉santo阿—景瑞—惠征—慈禧,但慈禧的祖先属镶蓝旗后升为镶黄旗,而德尔格勒属于正黄旗。另参之《八旗通志》《清史稿》,特别是《德贺讷世管佐领接袭家谱》等史料,把惠征归为德尔格勒后人显然有误,冯其利先生在其《那根正先世考查》一文(《北京档案史料》2005年第2期)中提出一些证据质疑那根正的身份。

《清史稿》及清宫档案中均可找到确切佐证，是可以信赖的。《八旗通志》《八旗满洲氏族通谱》《清史稿》相关史料对喀山家族世系的记载截止于乾隆年间，余炳坤先生据乾隆五十一年汉文黄册《京察三等官员册》、嘉庆六年汉文黄册《京察二等官员册》梳理了慈禧太后父系家族世系[5]，但从未有资料证明慈禧太后父系家族世系与喀山家族世系的联系，从而使慈禧太后父系家族世系祖先无考，造成传统叶赫那拉氏家族史料的缺失。而《德贺讷世管佐领接袭家谱》的发现在学界填补了长期以来对慈禧太后父系家族世系无考的空白，从而也否定了"慈禧太后本是汉族人"的一些说法。

"慈禧复仇"这个命题曾流行于野史小说，甚至《清史稿》也把有清一代的兴亡归结于慈禧①，《德贺讷世管佐领接袭家谱》的发现再次说明"慈禧复仇"是不存在的，《德贺讷世管佐领接袭家谱》中记载慈禧太后父系家族喀山一支是"世居叶赫苏完地方"、"当叶赫未灭，挈家归太祖"的一支叶赫那拉氏家族，不属于金台石家族，而且，全族立有军功，所以慈禧这一支叶赫那拉氏家族不仅与爱新觉罗家族没有世仇，反而有功，这有助于对慈禧的评价。

三　叶赫那拉氏族谱中体现的满族道德生活的历史记忆

在满族伦理道德记忆的研究中，以《那桐谱单》《那氏谱书续集》、正蓝旗《叶赫那拉宗族谱》为代表。我们认为，《那桐谱单》相关资料反映了近代满族贵族的道德生活；《那氏谱书续集》中详尽地体现了"怀祖德、启后昆"的现代阐释；正蓝旗《叶赫那拉宗族谱》所附族训、族中道德人物事迹、道德俚语俗语浓缩了这一家族的伦理道德记忆，所有这些褒奖爱国奉献、倡导个人道德修养的记载，

---

① 《清史稿·后妃列传》认为："论曰：……一代之兴亡，系于宫闱。呜呼！岂非天哉，岂非天哉？"赵尔巽等《清史稿》，中华书局1987年版，第9313页。

无疑是研究满族道德生活史独特的资料。

《那桐谱单》相关资料反映了近代满族贵族的道德生活（包括婚姻观、生活情趣、礼仪文化、男女平等观等内容），涵盖了近代满族贵族家庭生活中的道德生活的特点及评价，体现了满族道德生活中带有汉族伦理道德的印记，但也保留了很多具有满族民族特色的道德文化①，如其中所载的满族道德生活中的礼节[4]、满族人之间门当户对的通婚德性要求，等等。

《那氏谱书续集》的修谱书宗旨明确提出了道德要求："怀祖德、晓支脉、互促进、增凝聚。承前启后，继往开来。百善孝为先。尊敬长辈、孝道父母，那氏族人世代相传"，其中的"相离无不相合，相会更能和睦，道德知识，相关而相善；生计财产，相经而相营"以及"忠孝传家远，仁和奉室长。祖德铭威望，宗功誉满堂。敦厚千秋永，贤达万古良。文明成大业，礼貌创辉煌。勤劳尚节俭，信勉振家邦"等语实则就是传达了中国传统文化中的"追本溯源、光宗耀祖、正人伦、明孝悌"等道德思想。

正蓝旗《叶赫那拉宗族谱》专门列举了族人孝顺贤德的典型，目的是以道德教化后人，比如"男子纯孝"、"男子孝顺"、"女子贤德"几条："那殿明待母至孝，劳而无怨，喜形于色，舍己从人，志向坚固，和睦邻里，天性诚实，长幼有序，中正不移。幼未读书，不通文字，此我族中不可多得之人耳；那殿荣顺从母意，不急不躁，孝悌忠信，和蔼可亲。保守遗产，不误农事，兄弟和睦，能俭能勤，此乃不识文字之优者；景春之妻包氏天性贤淑，四德俱全。治家有道，内外不紊，助夫成德，长幼可亲。夫妇相敬，家务更新，教导儿女不出恶

---

① 如满族请安礼，分请大安与请小安。请大安又称"打千儿"，动作是：先撑箭袖，袖头伏下，左膝前屈，右腿后弯，头与上身稍向前倾，左手贴身，右手下垂。请小安就是问安，即垂手站立问好。妇女请安时，双腿平行站立，两手扶膝一弓腰，膝略屈如半蹲状，俗称"半蹲儿"；满族叩"鞑儿头"礼节：妇女跪在拜垫上，微偏地坐在后脚跟上，稍稍低点头，举起右臂，手心向前轻轻地转动成一个小弧形，使指尖儿接近微微向右偏动的旗头翅儿，这样慢慢连续三次；满族拉拉礼：是满族妇女的常礼。一般两个平辈妇女相见时，互拉双手问好，称"拉拉礼"。

音，族中妇道莫与此伦。"《叶赫那拉宗族谱》还利用民间道德俚语、俗语进行道德劝诫："勿谈人之短，莫道己之长。家贫出孝子，国乱显忠良。信义行天下，奸巧不久长。好花能几日，转眼两鬓霜。忠厚传家远，廉耻振家邦。勤俭能致富，懒惰败家郎。知足常欢乐，贪杳有余殃。金钱莫乱用，开口求人难。千金置产易，万串买邻难。家财积万贯，难买子孙贤"，可谓用心良苦。

更为可取的是正蓝旗《叶赫那拉宗族谱·族训》回顾叶赫那拉氏历史，赞扬祖德，倡导把个人道德修养与爱国奉献结合起来："叶赫那拉，源远流长。白山黑水，是其故乡。渔猎为生，勤劳善良。满洲归一，驰骋疆场。统一祖国，功勋辉煌。先贤创业，后辈发扬。少当树立，远大理想。胸怀祖国，志在四方。科技时代，读书为尚。业精于勤，学毁于荒。锐意进取，宁折不枉。建功立业，为国争光。立身之本，修德为纲。德才兼备，展翅高翔。遵纪守法，身家安康。夫妇相处，贵互礼让。一人为主，大事共商。赡养父母，理所应当。父慈子孝，天伦和祥。家庭和睦，百业兴旺。培育子女，勤谨莫忘。宗族嗣续，中华希望。"

如今我国多民族道德生活史的研究已进入一个新的阶段，满族从白山黑水到入主中原，其道德生活随时间与地域的变化不断注入新的内容，其中东北旗人、北京旗人、全国驻防八旗的道德生活发展极不平衡，加之满汉伦理道德观的融合，这对如何建构一部满族道德生活史提出了很高的要求，满族族谱中的道德生活记忆无疑是最为重要的资料之一。

四 叶赫那拉氏族谱中体现的满汉文化交融的历史记忆

在满汉文化交融的历史记忆研究中，所有叶赫那拉宗族谱都不同程度地体现了满汉文化的交融，其中较有特点的以满汉文合璧《叶赫呐喇氏宗谱》（正白旗）《叶赫纳兰氏八旗族谱》《那氏谱书续集》

《叶赫那拉宗族谱》为代表。

满族宗谱都有"正人伦,明孝悌"的内容,这与汉族编纂谱书的缘由是相同的。说明满族编撰宗谱深受汉族文化的影响,其中既有满族自身的需要与特点,又有传统的儒家思想的印记,是满汉文化交融的典型载体。叶赫那拉氏族谱也不例外,如:《叶赫纳兰氏族谱》中载:"……不为谱以记之,必致喜不以相应,戚无以相关,迟之又久,不流为陌路者几希矣。将何以笃周亲而敦伦纪哉!既如生男命名之际,恐干犯名讳……将来代远年湮,必致茫然莫辨。干犯者在所不免。"又如《那氏族谱》前言中强调:"深虑代远年湮,所有祖宗遗留之规矩礼法渐至失传,淹没无闻,乃发起修谱……亦不过礼失而求诸野。"这些都渗透着汉族传统的儒家思想。

满汉文合璧《叶赫呐喇氏宗谱》(正白旗)是由清末同治年间崇秀、裕彬、乌尔棍岱三人续修,此谱书系线装而成,内页文字是黄色宣纸、毛笔小楷手抄,有满汉文对照谱序,谱中世系亦是满汉文对照,其中重要官职、驻地、学名分别在相应位置贴以小黄、红长条贴,并在其上注明,这对于研究满语,尤其是满汉名字转译来说,是十分有价值的原始资料,反映出汉文化对满族的影响,反映出民族文化的进一步融合,因此具有历史学与语言学双重价值。

从《叶赫纳兰氏八旗族谱》中人名的前后变化可以看出,叶赫纳兰氏的后裔随清帝入主中原后满汉文化交融的过程。例如褚孔革第三子尼雅尼雅喀之孙瑚沙拉和其第八弟爱敏两人的后裔名字的变化:瑚沙拉后裔各代的名字为色贵、萨玛哈、沙珲、色味、色黑、黄件、来住、迈图、库里、石头、扬爱、杨阿布、桑阿陀、三阿布、伊香阿、乌香阿、陆达子、齐尔格特伊、巴尔瑚达,之后就取汉名松龄、昌阿、清阿、兴阿、全恕、全庆、桂祥、麟祥、延年、延绪、奎柏、奎楷;爱敏后裔各代的名字为齐纳尔图、齐达木、齐努浑、阿琳察、阿琳保、英保、德成、德明、纳木善、纳禄善、纳明善、纳托善、纳礼善,之后就取汉名贵琳、成琳、庆琳、胜琳、文勒、文敬、文动、文治、文行、文通、文瑞、文惠。

从瑚沙拉和爱敏兄弟两人的后裔名字看，第十代是一个分界线，都是从第十代起取汉名，不同辈分名字有区别。而这之前则是满语的取名习惯，即不按辈排字，不同辈分名字没有区别且多用乳名，如"达子"、"倭子"、"南朝"、"索罗货"、"偏头"、"石头"等，还有父子字音相近，兄弟字音相近和兄弟依序命名者。如爱敏孙阿琳察和阿琳察之子阿琳保；瑚沙拉长子色贵和色贵之子色味、色黑等。从上述人名变化情况看，第十代人出生在康熙初年，正是清贵族入主中原并全面接受汉族文化之时，也是叶赫那拉氏家族习汉字，着汉衣，娶汉妻，小儿命名依汉制之始，是"从龙入关"的满族人在接受汉文化之后不可阻挡的潮流。

另外《那氏谱书续集》、正蓝旗《叶赫那拉宗族谱》中用于道德教化的族训、道德俚语、俗语像"忠孝传家远，仁和奉室长。祖德铭威望，宗功誉满堂……勤劳尚节俭，信勉振家邦"，"信义行天下，奸巧不久长……知足常欢乐，贪吝有余殃……夫妇相处，贵互礼让。一人为主，大事共商。赡养父母，理所应当。父慈子孝，天伦和祥"等语也正是满汉伦理文化交融的明证。

满族叶赫那拉氏族谱既是清史的一部分，也是满族史的组成部分，其中的宗教神话记忆、满族共同体形成的记忆、民族迁徙历史记忆、伦理道德生活记忆等构成了满族族群重要的历史集体记忆之一，从社会学、文化人类学、道德生活等方面去梳理研究满族叶赫那拉氏族谱中的集体性记忆的内涵、风格与强韧性，可以提供一个来自于实证的范式以剥离所谓"满族汉化"的阻碍、去除官方垄断历史的解释权，多方寻找第一手资料，将不同的说法互相参照比较，往往更能窥见鲜活的历史真相，有助于再现清前史的历史记忆，进而探索清朝勃兴的密码，对清史与满族史的研究也应有所拓展，对满族家族史、满族历史人物、满族宗法制度、满族道德生活史等的研究都具有重要的参考价值。

[参考文献]

[1] 弘昼，鄂尔泰，福敏，徐元梦，等.八旗满洲氏族通谱[M].沈阳：

辽海出版社，2002年影印本．

[2] 刘厚生．长白山与满族的祖先崇拜[J]．清史研究，1996（3）：58—65．

[3] 中国第一历史档案馆．内阁藏本满文老档：卷十二[M]．沈阳：辽宁民族出版社，2010：235．

[4] 薛柏成．叶赫那拉氏家族史研究[M]．长春：吉林文史出版社，2004：347．

[5] 俞炳坤．慈禧家世考[J]．故宫博物院院刊，1985（3）：128—129．

[原载于《吉林师范大学学报》（人文社会科学版）2014年第6期]

论满洲瓜尔佳氏索尔果家族与满洲异姓贵族之婚姻

刘金德[*]

清朝前期，八旗内部的婚姻极为复杂，其表现形式大多是强强联合，或地位略低的小贵族攀附实力雄厚的大贵族，或实力相当的贵族之间的联姻，罕有贵族与地位低下之人联姻的情况。索尔果家族[①]作为满洲"八大著姓"之瓜尔佳氏家族中的典型代表，是名副其实的满洲异姓贵族，其婚姻对象不仅仅局限于爱新觉罗家族，与满洲其他异姓贵族的婚姻往来亦较频繁。关于清代（后金）的婚姻以及满洲的婚姻问题学术界已有全面系统的论述，[②]且从不同角度对清代婚姻

---

[*] 刘金德（1983— ），男，吉林东丰人，青岛理工大学马克思主义学院讲师，历史学博士，研究方向：清史、满族史。

[①] 索尔果，瓜尔佳氏，苏完部族长，万历十六年（1588）率部归顺努尔哈赤。共十子，分别是：阿都巴颜、费英东、不详、音达户齐、吴尔汉、巴本、朗格、雅尔巴、卫齐、不详。（参见《佛满洲苏完瓜尔佳氏全族宗谱》，张德玉抄于沈阳市东陵区长白乡关氏保存的手抄记录，1995年，第223页）文中主要涉及费英东、吴尔汉、卫齐三个支系。

[②] 清代婚姻及满族婚姻的相关研究主要有：定宜庄：《满族的妇女生活与婚姻制度研究》（北京大学出版社1999年版）；郭松义：《伦理与生活——清代的婚姻关系》（商务印书馆2000年版）；张晓蓓：《清代婚姻制度研究》（四川大学出版社2001年版）；杜家骥：《清朝满蒙联姻研究》（人民出版社2003年版）；王跃生：《清代中期婚姻冲突透析》（社会科学文献出版社2003年版）；郭松义，定宜庄：《清代民间婚书研究》（人民出版社2005年版）；刘潞：《融合：清廷文化的发展轨迹》（紫禁城出版社2009年版）等。学术论文主要有：黄培：《清初的满洲贵族：婚姻与开国（一五八三——六六一）》（收入《国史释论：陶希圣先生九秩荣庆祝寿论文集》，台北：食货出版社1988年版）和《清初的满洲贵族：婚姻与政治》（收入《庆祝王锺翰先生八十寿辰学术论文集》，辽宁大学出版社1993年版）；冯尔康：《清代的婚姻制度与妇女的社会地位述论》（《清代研究集》第5集，光明日报出版社1985年版）等。此外，还有李晓莉：《满族皇室婚姻制度研究》（硕士学位论文，西南政法大学，2008年）、孙萌：《清入关前八旗婚姻问题研究》（硕士学位论文，黑龙江大学，2012年）等学位论文。

和满洲婚姻的诸多问题进行了探索,其中并无索尔果家族婚姻情况的详细论述,提及者亦较片面。故本文以索尔果家族为研究主线,考察此家族与钮祜禄氏额亦都家族、纳喇氏明珠家族、西林觉罗氏鄂尔泰家族、汉军旗人李恒忠家族等的婚配情况,从而彰显满洲贵族间婚姻的对等性及浓郁的政治色彩。索尔果家族婚姻问题的深入研究不仅是一个个案,更能体现整个满洲贵族婚姻的特色及这些家族婚姻间的共性,探讨满洲贵族间复杂而又特色鲜明的婚姻网络,① 进而透视满洲贵族间婚姻"贵"与"亲"的双重特性。

一 与额亦都家族的婚姻

钮祜禄氏额亦都家族②是与瓜尔佳氏索尔果家族有着极大相似点的满洲异姓贵族。这些相似点主要表现在:首先,都是满洲八大家和八大著姓之一,即使后来记载多变,但两大家族皆在此列。正如徐凯先生所言:"'八著姓'为满洲大家望族,均有各自杰出人物。他们在后金和清初军事、政治、文化等方面皆发挥了重要作用。"[1]160—161 其次,两家族的开拓者地位显赫。额亦都位列入关前五大臣之列,索

---

① 索尔果家族与爱新觉罗家族间的婚姻往来已在《论满洲瓜尔佳氏索尔果家族与爱新觉罗家族之婚姻》中做了详尽考证,故本文所要探讨的仅是索尔果家族与满洲其他贵族间的婚姻往来。

② 关于额亦都家族的研究,可以参阅专著如徐凯《满洲认同"法典"与部族双重构建——十六世纪以来满洲民族的历史嬗变》第二章"满洲'乃国家之根本'"(中国社会科学出版社2015年版)。论文如李凤民《额亦都史事钩补——读〈衍庆录〉札记》(《社会科学战线》1983年第1期);黄培《清初的满洲贵族(1583—1795)——钮祜禄族》(收入许倬云等主编《中国历史论文集》,台湾商务印书馆1986年版);王凤美《钮祜禄氏额宜都一门的兴与衰——以其与清皇室联姻为中心》(《郑州航空工业管理学院学报(社会科学版)》2007年第4期);内田直文《钮祜禄氏额亦都家族与清初内廷侍卫》(《成大历史学报》2009年第36号);赵兴元《清代开国勋臣额亦都》(《东北史地》2010年第5期);叶高树《满洲军事家族与清初政治:长白山钮祜禄家族的个案研究》(《台湾师大历史学报》2011年第46期);常越男《满洲额亦都家族的忠主忠君传统》(《满学论丛(第一辑)》,辽宁民族出版社2011年版);常越男《清代额亦都家族军功考》(《满族研究》2011年第2期);常越男《额亦都家族与清前期政治演进》(《满族研究》2015年第2期);关康《勋旧佐领与世家——以额亦都家族为例》(《满族研究》2014年第4期)。等等。

尔果次子费英东①亦是如此，且皆以军功起家，成为清朝开国时期具有举足轻重地位的军事家族。第三，两家族第二代、第三代政治地位重要。皇太极统治时期，位列十六大臣者，如索尔果后人杨善、宜苏、索海②等；额亦都后人则有图尔格、益尔登等。在皇太极逝世后发生的皇权之争中，额亦都第八子、时任两黄旗内大臣的图尔格；费英东第七子、时任议政大臣的图赖，③索尔果第九子卫齐第三子、时任巴牙喇纛章京的鳌拜④等人发挥了重大作用。第四，康熙初年瓜尔佳氏鳌拜和钮祜禄氏遏必隆入四大辅臣之列，对时局影响巨大。第五，两大家族皆与爱新觉罗家族通婚密切，成为家族晋升之要途。可以看出，两大军事家族之间存在诸多的利益关系，势必会因之而发生各种合作，也会产生各种冲突，而婚姻则成为他们之间合作的主要途径；他们的冲突则体现在各种政治斗争当中。

额亦都与费英东是努尔哈赤统治时期位高权重的五大臣其中二位，他们协助努尔哈赤统一了女真诸部，率领部众与明军作战，备受努尔哈赤重视。为了拉拢这些异姓贵族，努尔哈赤将自己的女儿或族女嫁给这些满洲异姓贵族，与此同时，满洲异姓贵族之间也通过各种联姻而日渐密切。一夫多妻（妾）在满洲历史上极为多见。比如额亦都一生共娶五位妻子，生育十七子、十二女。⑤ 其子嗣的婚姻亦集中在满洲各大贵族之间。第五子阿达海、十三子超哈尔分别与费英东之女婚配，第六子达隆霭娶吴尔汉⑥之女为妻；第三子车尔格之子伯

---

① 费英东，又作非英冻，索尔果次子。其事迹可参阅拙文《费英东事迹考》（《满学论丛》第五辑，辽宁民族出版社2015年版，第179—196页）。
② 杨善，又作扬善，索尔果第四子音达户齐次子。宜苏，又作伊逊、伊孙，音达户齐第三子。索海，又作寿海，索尔果第二子费英东第六子，其事迹可参阅拙文《清前期费英东族人物事迹考》，《北华大学学报》2013年第5期。
③ 图赖，又作图赉、图来，索尔果次子费英东第七子。其事迹可参阅拙文《清代昭勋公图赖事迹述略》（《佳木斯大学社会科学学报》2013年第3期）。
④ 鳌拜，又作敖拜，索尔果第九子卫齐第三子。
⑤ 《镶黄旗满洲钮祜禄氏弘毅公家谱》，清嘉庆三年续修本，收入《北京图书馆藏家谱丛刊·民族卷》第40、41册，北京图书馆出版社2003年版。《清史稿》卷225《列传十二·额亦都》载额亦都有十六子，乃误。
⑥ 吴尔汉，又作吴尔翰、吴尔堪、乌尔汉，索尔果第五子。

雅住娶图赖孙女为妻；曾孙阿里衮则娶图赖曾孙女为妻。

阿达海，额亦都第五子，万历十九年（1591）生，隶镶黄旗满洲。幼时努尔哈赤将其抚养宫中。尝云："此子英异，必能继续其父。稍长，即从征伐，授为二等侍卫、侍卫什长官、勋旧佐领。"[2]331 天命二年（1617）阵亡，终年27岁。娶同旗费英东之女为妻。该女生于万历十七年（1589），卒于康熙九年（1670），终年82岁。后追封一品夫人。葬于安定门北里八台。生子二人：长子阿哈尼堪，次子达达海。①

超哈尔，又作朝哈尔，额亦都第十三子，万历三十年生（1602），隶镶黄旗满洲。自少从努尔哈赤征伐，管勋旧佐领。天聪八年（1634），授骑都尉。九年（1635），因功擢护军参领。崇德二年（1637），授议政大臣。三年（1638）七月，授礼部参政。后又进攻山东，攻克济南府。五年（1640），转兵部参政。六年（1641），围攻锦州时，战殁于阵，终年40岁。皇太极闻之，深为痛惜，赐一骑都尉，晋世职为二等轻车都尉，由其子承袭。娶费英东之女为妻，生卒年不详，去世后葬于安定门北小营村。此女共生五子：格和礼，天命二年（1617）生，顺治三年（1646）卒，终年30岁。任头等侍卫，爵至一等轻车都尉。额赫里，天命六年（1621）生，康熙十二年（1673）卒，终年53岁。任参领、工部尚书、都察院理事官、兵部侍郎等职，晋爵一等男。珠麻拉，天命十年（1625）生，顺治十一年（1654）三月卒，终年30岁。札拜，天聪元年（1627）生，康熙三十五年（1696）卒，终年70岁。袭勋旧佐领，任上驷院大臣。端多和，生卒年不详。袭勋旧佐领，兼养狗处拜唐阿头等职。[2]609—611

达隆霭，额亦都第六子，万历十九年（1591）生，天命十年（1625）卒，终年35岁，隶镶黄旗满洲。达隆霭体弱多病，未入仕。去世后葬于"盛京城北蒲湖岭之阳，山里红屯父茔之西，母佟佳氏夫

---

① 二人事迹可参阅《开国佐运功臣弘毅公家谱》，收入《北京图书馆藏家谱丛刊·民族卷》第39册，北京图书馆出版社2003年版，第333—335页。

人墓之昭。"[2]351娶吴尔汉之女为妻。此女年长达隆霭11岁，万历八年（1580）生，顺治九年（1652）七月卒，终年73岁。葬于"安定门北南湖渠村。"[2]351共生四子，分别是：达拜，生卒年不详；多拜，生卒年不详，生有一子一女；约拜，天命四年（1619）生，康熙二十三年（1684）卒，官至头等侍卫，生有二子一女；科拜，天命九年（1624）生，康熙六年（1667）卒，官至头等侍卫兼侍卫什长，生有四子四女。

伯雅住，额亦都第三子车尔格第七子，康熙六年（1667）生，康熙五十年（1715）卒，终年49岁，隶镶黄旗满洲。康熙四十四年（1705）袭父世职骑都尉兼一云骑尉。继娶图赖第三子费扬古之孙、都统、内大臣①马尔萨之姑为妻。该女生于康熙十年（1671）十二月二十一日，卒于康熙四十三年（1704）十二月二十六日，终年34岁。生育情况不详。[2]214—215

阿里衮，额亦都第十六子遏必隆第六子音德第六子，康熙五十一年（1712）生，乾隆三十四年（1769）卒，隶镶黄旗满洲。阿里衮，少选亲军。自乾隆元年（1736）选为三等侍卫，至五年（1740），历任镶红旗满洲副都统、兵部侍郎、户部侍郎。从乾隆八年（1743）起，又先后迁任山西巡抚、山东巡抚、湖广总督、两广总督等要职。乾隆十八年（1753），丁母忧回京，百日服满，授领侍卫内大臣职衔，总管内务府大臣，在御前行走。后又历任户部右侍郎、镶黄旗满洲副都统、步军统领、刑部尚书、工部尚书、镶白旗汉军都统、户部侍郎、吏部尚书、议政大臣、户部尚书等职。二十一年（1756）四月，奉旨在军机处行走。五月，奉旨差往军营在领队大臣上行走。二十二年（1757）十一月，袭二等果毅公。二十四年（1759），因功授一云骑尉，兼本身二等公，合并为一等果毅公，世袭罔替。二十五年（1760）十月，授正黄旗领侍卫内大臣。二十八年（1763）十月，加太子太保。三十二

---

① 《开国佐运功臣弘毅公家谱》载马尔萨为领侍卫内大臣，查诸史料知其于雍正元年曾署理领侍卫内大臣之职，并未见实授之记载。（《清世宗实录》卷4，雍正元年二月癸丑条。）

年（1767）正月十八日，授为参赞大臣，出师云南。二月，署理云贵总督，旋授为定边右副将军。三十四年（1769），在军营染疾，十月十九日卒，终年58岁，赐谥襄壮。娶图赖第三子费扬古之孙川陕总督马尔泰之妹为妻，即费英东元孙女。此女康熙五十五年（1716）三月十六日生，乾隆四十五年（1780）二月二十八日卒，终年65岁。二人合葬一墓。此女共生四子："长丰升额、次倭星额、三色克精额、四布颜达赉。"生女七人，婚配情况如下："三适正红旗宗室镇国将军谟云之子、奉国将军崇敏；四适正蓝旗宗室贝勒弘暾之子、闲散永曼；六适图默特扎萨克贝子哈穆噶巴雅思瑚朗图之子、三等台吉朋苏克临亲；八适镶红旗宗室辅国公弘㬗之子、奉国将军永萼；九适镶蓝旗宗室、奉国将军书诚之子、奉恩将军崇厚；十一适同旗满洲鄂谟托氏总督彰宝之弟富显；十二为十七阿哥福晋。"[2]751-762 可见，其女婚配对象之显赫，不仅仅体现了瓜尔佳氏与钮祜禄氏两大家族间婚姻之密切，更是钮祜禄氏额亦都家族地位优越的显现。

索尔果家族与额亦都家族之间历经几代的婚姻往来，使这种强强联合表现得尤为突出，可以说是整个清朝历史中政治婚姻的典型代表，通过构建姻亲网络使家族极大地拓展了与同侪之间的关系，进而更加有利于家族势力的扩张。

二　与满洲其他异姓贵族间的婚姻

性德①，叶赫纳喇氏，初名成德，后避东宫嫌名，改曰性德，[3]739 字容若，号愣伽山人，康熙朝大学士明珠长子，清初著名词人。顺治十一年（1655）十二月十二日生，康熙二十四年（1685）五月三十一日卒，终年31岁，隶正黄旗满洲，性德从小便擅习骑射，稍长则工文翰。康熙十一年（1672），"年十七补诸生，贡入太学。"[3]739 次

---

① 有学者认为，以成德称之更为准确（姜纬堂：《纳兰性德应为纳兰成德》，《社会科学辑刊》1986年第1期），兹从性德。

年，中举人。康熙十三年（1674），参加会试，中式，将廷对，"患寒疾，太傅曰：吾子年少，其少俟之。于是益肆力经济之学，熟读《通鉴》及古人文辞，三年而学大成。"[3]740 康熙十五年（1676），性德"应殿试，条对凯切，书法遒逸，读卷执事各官咸叹异焉。"考中进士，名在二甲第七名。后"圣祖以其世家子，"[4]13361 "选授三等侍卫，出入扈从，服劳惟谨，上眷注异于他侍卫。"[3]740 后晋二等、一等侍卫。性德虽为明珠之子，然官职仅至一等侍卫，后再无晋升。康熙二十四年，因疾突逝。性德在文学上的贡献却是巨大的。曾拜徐乾学为师，与其研讨学术。其墓志铭就是其师徐乾学撰述。《清史稿》对性德的文学才能进行了概括，"善诗，尤长倚声。遍涉南唐、北宋诸家，穷极要眇。所著饮水、侧帽二集，清新秀隽，自然超逸……清世工词者，往往以诗文兼擅，独性德为专长。"[4]13361—13362 经后人整理，性德一生所作之词300余首，因此性德不愧为清初"第一词人"。[5]121

性德的婚姻经历学界尚无一致结论，但其所娶卢氏和官氏是毋庸置疑的。康熙十三年（1674），20岁的性德与两广总督、兵部尚书、都察院右副都御史卢兴祖之女成婚，二人感情深厚，然康熙十六年（1677）五月，卢氏却突然去世，年仅21岁，赠淑人，生一子海亮①。后性德续娶图赖之子颇尔喷之女官氏为妻，已得到学术界的普遍共识，官氏乃瓜尔佳氏之汉译②。官氏是否生育，难以稽考，据张一民先生考证，此女未生子，但可能生有女儿③。然已不知其详。多数学者认为二人的婚姻是政治上的联姻。因两大家族在当时社会和朝廷皆占据较高的政治地位，握有较大的权力，故这种推断是合理的。关于官氏的其他情况已无从考究。

鄂弼，西林觉罗氏，雍正朝名臣鄂尔泰第三子，康熙六十年

---

① 叶舒崇：《皇清纳腊室卢氏墓志铭》，见罗星明、陈子彬《〈卢氏墓志铭〉解说》，《承德民族师专学报》1996年第4期。
② 刘德鸿：《清初学人第一——纳兰性德研究》，中国社会科学出版社1997年版。此书第四章第二节有详细考证，可以参阅。
③ 张一民：《纳兰丛考（续）》，《承德民族师专学报》2004年第4期。

(1721）正月生，[6]7乾隆二十八年（1763）六月卒，① 终年43岁，隶镶蓝旗满洲。乾隆五年（1740），授三等侍卫；二十三年（1758），擢授正红旗汉军副都统，署理刑部侍郎事务。② 二十四年（1759）十月，授山西巡抚。③ 其上任后，为应对山西地区的旱灾及平粜当地粮价作出积极贡献，并多次得到乾隆皇帝的嘉勉。④ 二十七年（1762）五月，调任陕西巡抚。⑤ 上任后，鄂弼对西安回民的民族性格、生活习惯和宗教信仰等进行了调查研究，制定了相应的措施或律例。⑥ 二十八年（1763）二月，鄂弼上奏对回民杂处之地的治理效果，"上年大惩后，凶殴者渐少。"⑦ 六月，因鄂弼对处理民族问题有一定经验，遂补授四川总督。⑧ 十八日，乾隆帝听闻鄂弼去世的消息后，曰："鄂弼自简任巡抚以来，实力宣猷，恪勤懋著。昨降旨补授四川总督，正望其及时效用，忽闻溘逝，深为轸惜。著加恩赏，赠尚书衔，入祀贤良祠，所有应得恤典，著该部察例具奏。"⑨ 寻赐祭葬，谥勤肃，入祀贤良祠⑩。

鄂弼之妻[6]7为傅尔丹之子哈达哈之女，⑪ 此女事迹无考。鄂弼之女是乾隆第五子荣亲王永琪的福晋。正如赖惠敏研究员所言，"鄂尔泰的子弟在科举功名上成就未必杰出，姻亲方面却皆一时之选……鄂尔泰以雍乾两朝新贵身份结合旧有的满洲权贵氏族为姻戚，一方面借

---

① 《清高宗实录》卷689，乾隆二十八年六月壬寅条。
② 《清高宗实录》卷575，乾隆二十三年十一月丁未条。
③ 《清高宗实录》卷599，乾隆二十四年十月乙未条。
④ 具体内容可参阅《满汉名臣传》卷39《鄂弼列传》，黑龙江人民出版社1991年版，第1143—1144页。
⑤ 《清高宗实录》卷660，乾隆二十七年五月戊申条。
⑥ 《清高宗实录》卷670，乾隆二十七年九月壬戌条。
⑦ 《清高宗实录》卷680，乾隆二十八年二月戊戌条。
⑧ 《清高宗实录》卷688，乾隆二十八年六月戊戌条。
⑨ 《清高宗实录》卷689，乾隆二十八年六月壬寅条。
⑩ 《清高宗实录》卷690，乾隆二十八年七月丙辰条。
⑪ 傅尔丹，又作富尔丹，索尔果次子费英东曾孙。哈达哈为傅尔丹次子。傅尔丹、哈达哈事迹可参阅拙文《傅尔丹评述》（载《民族史研究》第十辑，中央民族大学出版社2011年版，第187—208页）和《哈达哈事迹述略》（载《民族史研究》第十一辑，中央民族大学出版社2014年版，第195—212页）。

此提高社会地位；另一方面也是他成为'满党'领袖的条件。"[7]159—160 所以说这些满洲异姓贵族之间的姻亲关系多以政治地位为结姻前提。

据实录所载，鳌拜与同为四大辅臣之一的纳喇氏苏克萨哈亦为姻娅，① 然二人不和，后被鳌拜等罗列二十四宗罪，于康熙六年（1667）杀之。至于两家之姻娅关系无过多记载，遂无法详论。另外，理藩院左侍郎绰克托和议政大臣博博尔代两家也有婚姻往来。同样仅局限于实录的简单记述，且皆是在惩处鳌拜的过程中受到牵连者。"鳌拜案内，理藩院左侍郎绰克托，系鳌拜姻党。"② "镶蓝旗奉国将军巴尔堪告称，康熙七年六月，被掌管简亲王家务之博博尔代倚恃亲家鳌拜权势，诬陷捏控，以致降职。"③ 可见，鳌拜得势时，婚姻是他们攀附权贵的重要手段，然而，当鳌拜获罪时，他们亦要遭受不同程度的打击。

日本学者内田直文《钮祜禄氏额亦都家族与清初内廷侍卫》一文中又指出"鳌拜娶辅政大臣索尼之女为妻，二人为姻亲关系。"④ 然文章此处未载其出处，查阅史料，亦未发现具体记载，有待鳌拜族谱或索尼族谱的新发现，以补证之。另日本学者杉山清彦据《李氏谱系》[8]90 所载，在《汉军旗人李成梁一族》⑤ 及《清初期对汉军旗人"满洲化"方策》[9]58—71 两文中指出李成梁堂孙八旗汉军李恒忠⑥ 曾娶费英东之子索海之女为妻。这也是笔者所见索尔果家族与八旗汉军之间的首例婚姻。

囿于族谱资料记载的缺失，及其他史料记载之单一，仅找到如上

---

① 《清圣祖实录》卷18，康熙五年正月丙申条。
② 《清圣祖实录》卷30，康熙八年六月乙亥条。
③ 《清圣祖实录》卷30，康熙八年七月甲辰条。
④ 内田直文：《钮祜禄氏额亦都家族与清初内廷侍卫》，《成大历史学报》2009年第36期。
⑤ 杉山清彦：《漢軍旗人李成梁一族》，岩井茂树编：《中国近世社会の秩序形成》，京都：京都大学人文科学研究所2004年版，第191—236页。转引自刘小萌《清代北京旗人社会》，中国社会科学出版社2008年版，第594页。
⑥ 李恒忠，字德贞，满名宜哈纳。

几例索尔果家族与八旗满洲、八旗汉军之间的婚姻实例，与八旗蒙古之间的婚姻实例尚待挖掘。清代社会有旗人和民人之别，"清代旗人和民人之间的分际是旗人归属于八旗制度，编入八旗户口册。民人属州县管辖，编入民数册中。"① 至于清代的旗民通婚问题，学术界已有不少成果，② 并且一些学者用具体案例证明了旗人之女嫁与民人，以及民人之女嫁给旗人现象的存在。③ 索尔果家族可否有此类婚姻实例，兹据费英东第四子托海家族的谱书，查得该支系托海第四子噶达浑独子大各于康熙二十年（1681）左右自北京迁移至今辽宁省营口市熊岳镇，家谱中自大各曾孙辈开始在男人左边书写妻子姓氏，从这些姓氏中可以看出所娶之人几乎皆为汉姓，当然也不排除这些姓氏中有八旗汉军之女或从满姓汉化而来的姓氏。若以20年为一代人计算，此时应在雍正、乾隆年间，出现这种现象可能是因为当地旗人妇女稀少所致。[10]102换句话说，"清廷对全国的统治政策并非铁板一块，而是采取'因地制宜''因俗制宜'的办法，具有灵活性和多样性。"④ 杜家骥先生在分析东北驻防的几个家族的婚姻情况后，认为"东北驻防的满洲旗人，则与汉人通婚者较多"；其原因可能是"与驻防东北地区的满洲旗人散居各处，与汉人接触较多，而且是远距京城的边区有关。"进而得出结论："八旗驻防之地，尤其是东北散居驻防地，存在着满洲旗人与汉人通婚乃至满汉混血、融合现象，而且不是个别现象。"[11]537这种通婚现象最终促进了这批满洲人在婚俗上的部分汉

---

① 赖惠敏：《从法律看清朝的旗籍政策》，《清史研究》2011年第2期。
② 郑天挺：《清代皇室之氏族与血系》（《探微集》，中华书局1980年版）；王锺翰：《清代八旗中的满汉民族成分问题（下）》（《民族研究》1990年第4期）；刘小萌：《清代北京旗人社会》（中国社会科学出版社2008年版）；杜家骥：《八旗与清朝政治论稿》（人民出版社2008年版）；郭松义：《伦理与生活——清代的婚姻关系》（商务印书馆2000年版）；定宜庄：《满族的妇女生活与婚姻制度研究》（北京大学出版社1999年版）；张晓蓓：《清代婚姻制度研究》（博士学位论文，中国政法大学，2003年）；陈力：《清朝旗民婚姻政策考论》，《西南大学学报》2011年第5期。等等。
③ 定宜庄：《满族的妇女生活与婚姻制度研究》，北京大学出版社1999年版，第331—342页；陈力：《清朝旗民婚姻政策考论》，《西南大学学报》2011年第5期。
④ 陈力：《清朝旗民婚姻政策考论》，《西南大学学报》2011年第5期。

化,正如陈捷先先生所言:"尽管满洲人在婚俗方面因与汉人文化接触而发生了很多改变;但是在中国各地,特别是边疆地区,直至十九世纪末年,满人婚姻习俗中仍有不少他们原有的传统文化存在。"① 我们可以肯定的是索尔果家族在清朝中后期的婚姻不仅局限于满洲贵族之间,与普通旗人之间的婚姻,甚至与民人之间的婚姻定不在少数,只是鲜于记载罢了。"而京师满洲旗人家族,与旗外汉人通婚的情况极少,"[11]537索尔果家族尚未发现此类婚姻事例。综上可知,本文所列之婚姻实例仅是其中一小部分,难免有挂一漏万之嫌,待有充分资料支撑后,再作详述。

三 索尔果家族婚姻网络的表现形式及影响

就笔者目力所及,索尔果家族中共有上述12人与满洲异姓贵族进行联姻,这些婚姻关系的形成最终编织了索尔果家族的婚姻网络。

满洲开国时期,满洲贵族之间的婚姻主要是出于彼此利用的目的。"满洲贵族领导族员,帮助努尔哈赤及皇太极奠定清政权之基础。"[12]601—602同时,"努尔哈赤给予率众来归的东北部族首领大量奖赏,赐予他们妻子、奴隶、良马、军职和世袭头衔。"[13]72故此,"联姻是努尔哈赤令古出效其死力的重要手段,由此发展而来的'指婚',也是入关后诸帝与八旗显贵结成牢固关系的重要途径。终清之世,皇室与满洲异姓贵族就是这样通过婚姻关系缔结起一张张、一层层的政治网络,形成'一损俱损,一荣俱荣'的利害集团,这正是满洲统治的政治基础所在。"[14]198"他们也常因努尔哈赤对政治婚姻的操作,得以和爱新觉罗家族建立血缘亲属关系,进而共享政权,成为具有举足轻重地位的军事家族。"② 凡此种种,索尔果家族作为满洲异姓贵族或军事家族都是无可争议的。

---

① 陈捷先:《清代满族婚俗汉化略考》,《台湾大学历史学系学报》1990年第15期。
② 叶高树:《满洲军事家族与清初政治:长白山钮祜禄家族的个案研究》,《台湾师大历史学报》2011年第46期。

满洲贵族之间的婚姻以双方的门第、爵秩为基本条件，从而确定了清代社会良贱不得通婚的规定，亦在婚姻的过程中打上厚重的阶级烙印。索尔果家族作为满洲社会的上层，其婚姻对象必定是与其地位相当或更高的的权贵。只有这样才能获得更稳固的政治地位和更多的经济利益，因此这种婚姻长时间持续下来就形成了一个稳定的婚姻网络或婚姻圈。

婚姻是获得家族政治地位的筹码。索尔果家族与满洲异姓贵族之间的婚姻加强了他们的合作，进而相互援引庇护。比如费英东之女与额亦都之子的婚姻，密切了两大家族的关系，费英东与额亦都同在入关前五大臣之列，二人共同辅佐努尔哈赤的事业，罕有矛盾和冲突；哈达哈之女与鄂尔泰之子的婚姻亦属此类。再如鳌拜的亲家理藩院左侍郎绰克托、议政大臣博博尔代皆因与鳌拜结党，相互庇护而获罪。这也从一个侧面说明，与门第较高之家族进行联姻，可以获得更多支持者和庇护者，最终壮大本家族的势力。

通过婚姻增强了索尔果家族与其他满洲异姓贵族间的竞争力。有清一代，满洲异姓贵族都想通过婚姻这条捷径达到位高爵显的目的，这是有目共识的。比如钮祜禄氏、纳喇氏、赫舍里氏、佟佳氏等氏族的崛起受婚姻的影响极大。瓜尔佳氏索尔果家族自然不会远离这个婚姻圈，而是努力跻身其中，以增强本家族的竞争力。上述婚姻诸例正是其家族在婚姻竞争圈中拼搏的表现。

这种以爱新觉罗家族为中心，外联满洲异姓贵族的婚姻圈经过不断的实践，最终变得比较稳定。索尔果家族多面的婚姻最终推动了其家族在清朝前期的崛起和繁盛。

[参考文献]

[1] 徐凯. 满洲认同"法典"与部族双重构建——十六世纪以来满洲民族的历史嬗变 [M]. 北京：中国社会科学出版社，2015.

[2] 特成额，福朗. 开国佐运功臣弘毅公家谱 [M] //郭又陵. 北京图书馆藏家谱丛刊·民族卷：第39册. 北京：北京图书馆出版社，2003.

[3] 徐乾学. 通议大夫一等侍卫进士纳兰君墓志铭［M］//纳兰性德. 通志堂集：卷19：附录上. 上海：上海古籍出版社，1979.

[4] 赵尔巽. 清史稿：卷484：列传二七一·文苑一［M］. 北京：中华书局，1976.

[5] 况周颐. 蕙风词话：卷5［M］//郭绍虞，罗根泽. 中国古典文学理论批评专著选辑. 北京：人民文学出版社，1960.

[6] 鄂容安. 鄂尔泰年谱［M］. 李致忠，点校. 北京：中华书局，1993.

[7] 赖惠敏. 论乾隆朝初期之满党与汉党［M］//赖惠敏. 清代的皇权与世家. 北京：北京大学出版社，2010.

[8] 李树德. 李氏谱系［M］. 李泽棉，校订. 铁岭：铁岭市博物馆据康熙六十一年（1722）刻本校订排印，1991.

[9] 杉山清彦. 清初期对汉军旗人"满洲化"方策［M］//中国社会科学院近代史研究所政治史研究室. 清代满汉关系研究. 北京：社会科学文献出版社，2011.

[10] 奎升. 镶黄旗陈满洲瓜尔佳氏谱书［M］//本溪市党史地方志办公室. 辽东满族家谱选编. 沈阳：辽宁民族出版社，2012.

[11] 杜家骥. 八旗与清朝政治论稿［M］. 北京：人民出版社，2008.

[12] 黄培. 清初的满洲贵族：婚姻与开国（一五八三——一六六一）［M］//陶希圣先生九秩荣庆祝寿论文集编委会. 国史释论：陶希圣先生九秩荣庆祝寿论文集. 台北：食货出版社，1988.

[13] 罗友枝. 清代宫廷社会史［M］. 周卫平，译. 雷颐，审校. 北京：中国人民大学出版社，2009.

[14] 定宜庄. 满族的妇女生活与婚姻制度研究［M］. 北京：北京大学出版社，1999.

［原载于《吉林师范大学学报》（人文社会科学版）2016年第6期］

满族说部女性传奇故事的文化解读

张丽红　赫亚红[*]

在传世的满族说部中，有一类女性传奇故事，非常值得深入研究。这类传奇故事或为真人真事的传述，或为历史传说人物的演义，如《雪妃娘娘和包鲁嘎汗》《平民三皇姑》《元妃佟春秀传奇》《红罗女三打契丹》《比剑联姻》《飞啸三巧传》等，在已出版的25部"满族口头遗产传统说部丛书"中占了将近1/4的篇幅，她们几乎成为同类故事的主角。在这类传奇故事中，以飒爽英姿的女英雄、女豪杰为主人公，她们或武功超众，或智慧超群，或远见卓识，或洞察幽隐。元妃佟春秀、雪妃娘娘、飞啸三巧（穆巧珍、穆巧云、穆巧兰）、平民三皇姑等等，这些女英雄、女豪杰的传奇故事以其特殊的艺术魅力深深吸引了无数听众，因而才以口头传承的方式流传下来。

考察这类传奇故事，会看到一个非常奇特的现象：那些女性人物既是真实的历史人物，又具有虚构性想象；既表现出现实的悲剧性结局，又表现出神话性的神奇色彩。满族说部女性传奇故事是因为这两种东西的结合才获得了特殊的艺术魅力。那么，满族说部女性传奇是靠什么东西使两者获得结合呢？一个是对女神神话原型的变形，另一个是对女性转入男权社会中成为"第二性"悲剧性现实的真实反映。

---

[*] 张丽红（1971— ），女，吉林梨树人，吉林师范大学文学院副教授，文学博士，研究方向：东北文化、文化人类学；赫亚红（1975— ），女，吉林省吉林市人，吉林师范大学文学院讲师，文学硕士，研究方向：文艺学。

女性人物的神话化使女性历史人物获得了原型性表现，而女性人物在现实中的悲剧性结局，又使女神衰落的现实体验获得了真切的表现。传奇性的表现使女性传奇获得了神话性传统，而悲剧性表现又使传奇获得了现实的生命体验。这两者的结合使满族说部女性传奇故事获得了极大的思想情感张力。

一　历史人物被女神原型同构

考察满族说部女性传奇故事，会非常清楚地发现，那些女性人物大多为真实的历史人物，然而，女性人物的"传奇"却都是想象的虚构。满族说部是把真实与浪漫结合在一起了。我们要探讨的是，满族说部是靠什么对真实人物进行想象虚构的呢？

为了理解这一问题，我们有必要从整体性上看看满族说部。在传世的满族传统说部中，主要包括四类作品：第一类是由各氏族的萨满讲述与传承的萨满教创世神话，如《天宫大战》《恩切布库》等等；第二类就是我们所要探讨的女性传奇故事如《飞啸三巧传奇》《雪妃娘娘和包鲁嘎汗》《元妃佟春秀传奇》等等；第三类是各家族的家传、家史，如《扈伦传奇》《东海沉冤录》《东海窝集传》，等等；第四类是说唱故事，如《红罗女》《比剑联姻》等等。"从原型批评的观点看，这四类模式是一个整体性的叙述。而四类模式是按顺序向下变化的：女神神话变化为传奇，传奇变化为民间故事。如果逆向追溯的话，女性民间故事是来自女性传奇的，传奇是来自女神神话的。把满族女性传奇故事放在满族女性整体叙事中，就会看到，它是来自女神神话的。"[1]

满族说部的女性传奇，之所以把真实的历史人物神话化，就在于，满族先民用集体无意识原型同构了女性历史人物。满族先民在传奇中不需要讲述真实的历史人物，而需要讲述神话性人物。他们在讲述历史真实人物的目的，在于把他们的集体无意识投射到历史真实人物身上，使其成为他们的"传奇"。因为满族说部中的女神神话就是他们集体无意识的表现，因而，他们在讲述女性传奇故事时就用女神神话同构了他们的故事。

在满族说部的传奇故事中，许多历史人物都被神化，这些女性都是文能安邦、武能定国、智勇双全的形象，她们几乎具有了女神的神力、神技。她们是那些男英雄的得力助手、贤内助，她们可以帮助男英雄出谋划策、排难解纷，正是在她们的辅佐、帮助之下，那些男性才能建立不朽的基业，成就赫赫威名。她们在男权社会中书写着属于自己的光辉灿烂的"传奇"。

佟春秀嫁给努尔哈赤之后，女真名哈哈纳扎青，姓氏改为佟佳氏。努尔哈赤后被尊为清太祖，佟春秀也被尊为元妃。佟春秀婚后析居独立，创建波罗密山寨，收纳流人降户，和睦亲族，相夫教子，建筑佛阿拉城，促动努尔哈赤自立为王，支持努尔哈赤起兵复仇，统一建州各部，制定远交近攻、抚剿并施的战略，积极弘扬汉文化，推进汉文化与满文化的融合与发展，促进满族共同体的快速形成，为努尔哈赤创立后金政权打下了坚实的基础。"佟春秀是努尔哈赤的第一个名不见经传的高级参谋和得力的军师。她不论是在相夫教子上，还是在战略战术、指导思想、军事行动、军事训练、用计侦探、军备后勤、奖功罚过、制度策略、战利俘获等方面，都积极参与谋划，制定方针政策，而且在总理内务、管辖部民、生产生活诸方面，都有独到的见解，不仅是努尔哈赤的最得力的军师和助手，更是管理家政后勤的总理大臣。"[2]

宝音其其格（后被努尔哈赤封为白雪格格，皇太极称帝后尊为雪妃娘娘）来到赫图阿拉之后，成为努尔哈赤的得力助手。她受命审理褚良弼背叛努尔哈赤投靠明朝辽东总兵李成梁的案子，她苦口婆心地劝说褚良弼，又派人将褚良弼的母亲接来，让老人家亲自劝说褚良弼，终于使褚良弼迷途知返，和盘托出他与李成梁的谋划；同时，宝音其其格用蒙古话说服了与褚良弼事件相关联的明朝密探乌勒吉，他原是科尔沁草原苍格的旧部，曾经和宝音其其格一起反抗多尔沙图汗的暴政，因此，在宝音其其格的劝说下倒戈相向，成为努尔哈赤的密探,去刺探明朝的情报。这一案件的审理,不仅使努尔哈赤收服了汉人褚文弼、褚良弼兄弟,使他们忠心辅佐努尔哈赤,还使得李成梁失去了派在努尔哈赤身边的密探,同时化解了努尔哈赤与兄弟舒尔哈齐之间的矛盾。白雪格格为努尔哈赤收服了人心,为努尔哈赤事业的发展奠定了基础。

苏木妈妈是大金开国之君阿骨打的夫人,她能文能武,智勇双全,而且又是一位神机妙算的大萨满,为完颜部的壮大、发展和夺取最终胜利,付出了全部心血。苏木嫁给阿骨打之后,"苏木不仅成为/完颜部的著名萨玛,/而且她在各个方面/帮助了完颜部,/成为重要的管家人。/她更是克力钵/和阿骨打/非常器重的/谋士和助手。"[3]苏木是阿骨打兵将中没有令牌的"无名统帅"。她使得完颜部人心稳定,众志成城。苏木帮着阿骨打以礼降服了嗜杀成性的萨哈连亚克哈(满族,黑豹子)部。"后来,阿骨打/为反辽起兵,/积蓄力量,/苏木助阿骨打秘密/联络女真诸申各部,/采购粮草、马匹,/用金银财宝/贿赂辽朝官员,/得一车车的镔铁,/打造兵刃、车辆,/完颜部日益壮大,/苏木在阿骨打/厉兵秣马中,/成为他最亲密的/军师和知己。/苏木的名字,/如日月中天,/越来越受到/更多人的敬仰。"[3]105

在满族说部中,这些赫赫有名的传奇女性,已经不单纯是历史人物,她们的故事在流传的过程中不断地被涂上理想的想象的神话色彩,在她们不断被女神原型同构的过程中,潜隐的是女神崇拜意识。

二 现实人生中女神地位的失落

满族说部女性传奇毕竟是在女神失落的时代产生与流传的,因而它在把真实的历史人物神话化的同时,又真实地表现了转入男权社会之后女性的悲剧命运。在满族说部的女性传奇故事中,女性最终失去了萨满女神至高无上的地位,失去了萨满女神无与伦比的权势,她们没有自己的独立生活,没有自己主宰的命运,她们生活在男性的生活中,她们只是男权社会中男性的陪衬。尽管她们的识见、能力是超凡脱俗的，但她们仍然难以摆脱悲剧命运的结局：雪妃娘娘的颠沛流离、红罗女的自杀殉夫、佟春秀的殚精竭虑、三巧的黯然收场、三皇姑的遇匪遭劫，等等，她们已经褪去了女神那无所不能的光环，虽然在她们身上依旧具有浓重的传奇色彩，但是，她们已经成为附属于男性的"第二性"。

《雪妃娘娘与包鲁嘎汗》中，女主人公三易其名，宝音其其格——白雪格格——雪妃娘娘，无论哪一种身份，她的情感都是没有归宿的，都不能给她带来永久的幸福。她像是一个在男权社会中四处飘零的无根的浮萍，哪里都不是她的家园。她带给别人的是温暖，是体贴，是谋划，然而对于自己的处境，却没有任何改变的办法，只能听从于命运无情的拨弄。她这个弱女子，身边曾经有过诸多的男子，但是却没有人能给她带来幸福：莽古思贝勒认为宝音其其格是"红颜祸水"，将莽古思庄园被毁的意外加在她的身上，无情地抛弃了她；那日松将军是皇帝最忠心的臣子，对白雪格格的情感遭遇不闻不问，不发一言，虽然他曾经救过白雪格格的性命，也曾经爱过她，但是当皇帝将姐姐指给他为妻时，他是欣然接受的；努尔哈赤是极端冷酷与绝情的，虽然他也曾给予白雪格格诸多的赏赐，但是，他的事业永远是第一位的，白雪格格一旦失去了应有的价值，他会立刻翻脸无情，他的刻薄寡恩将白雪格格推入了悲剧的深渊；皇太极这个白雪格格最爱的男人，在面临爱情与皇位的两难选择时，他显得那样的懦弱与无能，他不可能为了白雪格格而放弃他的家庭、他的皇位。于是，身怀有孕的白雪格格与皇太极一别三十年，在这漫长的岁月中，她失去了自己如花的美貌，失去了自己的青春与幸福。她这样一个在男权社会中，被男人左右的弱女子，始终难以把握自己的命运，最终落入难以遁逃的悲剧陷阱之中。

雪妃娘娘的悲剧只是男权社会中女性悲剧的一个缩影，皇太极的妻子博格黑、莽古思贝勒的大妃等等，她们也都无法掌控自己的命运，她们的爱情、价值、生命是依附于男性的，没有自己独立的价值和意义。雪妃娘娘这个没有婚姻（她与皇太极未婚生子，空有雪妃的封号，却没有享受到应该拥有的一切）、没有家庭（做了母亲之后又丢失了自己的儿子）、没有父母（自幼是个孤儿，连自己的父母是谁都不知道）的弱女子，尽管在她身上还保留着一定的传奇性，她的绝世美貌，她的绝顶聪明，她的"梦鹰入怀"，她的儿子鹰师狼母抚养长大，等等，这都是她作为萨满女神变形的内涵的体现。然而这一切都无法化解她作为现实生活中的女性，在失落女神崇高地位之后，在男性社会中无可规避的悲剧，作为"第二性"的女性，她的悲剧是难以改变的。

在佟春秀的传奇故事中，在她光鲜亮丽的形象之下潜藏着她作为女性的悲剧：佟春秀为努尔哈赤付出了自己的全部心血、热情乃至生命，她为了努尔哈赤的事业而兢兢业业、殚精竭虑、呕心沥血、鞠躬尽瘁、死而后已。虽然说部以她为主人公，但她的一切行为举止、思维谋划、苦心经营都是为了努尔哈赤。这是一个失去了自我意识的女子，她燃烧自己的全部生命深爱着一个人，为他甘愿付出一切。最后英年早逝，只能带着永远的遗憾离开这个尘世，她带着不甘、不愿离开了自己深爱的丈夫。

在皇权、男权的立场上，佟春秀是一个完美的女性，她温柔体贴、机智聪明、文武全才，治国理家都是一把好手，这是一个楷模，令人崇敬，简直就是无所不能的萨满女神的化身。然而，站在女性的立场上，这是一个完全失去自我的女子，她在为男性（丈夫）服务、贡献、牺牲中燃烧自我。而说部是在民间立场对上述两种立场的综合，它既呈现了端庄大方、高贵雍容的元妃；又塑造了一个平易近人事事挂心的佟春秀。这两种立场的融合，成就了佟春秀这个艺术形象的不朽。

《飞啸三巧传奇》中，三巧姐妹也曾经有过无限的风光："太后懿旨，封三巧为寿康三公主，领侍卫衔，封穆巧珍为慧珍公主，穆巧兰为慧兰公主，穆巧云为慧云公主，赏玉佩公主瑜，住寿康宫傲秀殿。慧珍公主、慧云公主嫁于皇帝，待云、彤二老接京后，择吉日完成大婚。慧珍公主为慧珍贵人，慧云公主为慧云贵人。慧兰公主下嫁

裕谦大臣之子文强,择吉日完婚。"[4]然而,最终她们都难逃悲剧的结局:

> 慧兰公主,她和她的夫君小文强,跟其父亲,当时是两江总督的裕谦大人,一块儿抗击英军入侵。此时,正是道光十九年,英吉利入侵,鸦片送进了咱们大清国土。林则徐极力抗英,裕谦也是抗英的英雄,全力支持林则徐,他当时是在定海和镇海一带镇守。浙江提督余步云非常怯懦,害怕敌船就逃跑了。裕谦领着兵马抵抗英军,后来抵不过英军的炮船,镇海失守,裕谦大人悲愤的投泮池殉国。跟着他一起抗英的小儿子文强也投海而死。巧兰就是慧兰公主,当时杀入重围,因英军使用的是枪炮,炮火攻击特别凶猛,她也在枪炮中饮恨而死。三巧曾经帮助过林则徐,其中慧珍和慧云两公主,也赶到了两江一带支持林则徐抗英。道光二十一年的时候,林则徐由于亲英派投降,被贬了两广总督,发配到伊犁。当时琦善这些人,想把林则徐除掉,这样就少了一个心中的祸患,便于他们和英国做买卖。全仗慧云、慧珍向道光爷一再规劝,救了林则徐的儿子和他的妻子。后来,慧珍和慧云,抛弃了自己被称为嫔妃这个富有的高贵的生活,毅然离开大内,遁入空门。[4]765

这个悲剧性的结尾,如实呈现了清中晚期被西方的坚船利炮攻破国门的残酷事实,在国力衰微的时局中,任何个体的力量都难以挽回败局,三巧姐妹很难像以往的侠士那样功成身退泛舟五湖,更难以像萨满女神那样将幸福和安宁永留人间。这个悲剧性的结局,是封建王朝走向末路时期,女性悲剧命运的最佳写照。在这样的文化背景之下,无论什么样的女性都难逃悲剧厄运。

《平民三皇姑》的传奇故事中,三皇姑拥有"平民""皇姑"两种截然不同的身份。三皇姑虽然有着显赫的身世,她是皇帝的公主,堂堂的金枝玉叶,然而,源自民间"平民"的本性,使她无法容忍皇宫那种钩心斗角尔虞我诈的生活，她渴望反腐治贪、惩治邪恶，最后只能被驱逐出皇宫。在禁锢人性自由的皇室之中，她能够保全性命是一个异数。在一个没有爱情自由的皇宫大内，她却能够与自己青梅竹马的恋人结为美满姻缘，这同样是难以想象的；她是一位平民，却有着"公主"、"皇姑"的显赫名头，于是，她在民间如鱼得水，她扶贫济困、兴办实业，在民间有着非常大的影响力。然而，在"内有聚敛之臣，外有贪渎之吏，结党营私、贪赃枉法、腐败之风更趋蔓延"[5]的道光王朝，政治腐败、经济落后，同时资本主义入侵，鸦片大量涌入。此时，三皇姑这样一个弱女子，已经注定是不可能有所作为的。她最后的遭劫，预示着国事日衰的情形之下，仅凭"皇姑"的名号并不能保证她的安全。作为一个具有传奇色彩的女子，尽管她身上依旧保留着普通民众的幻想：有高贵的出身，却能时时把百姓的疾苦放在第一位；有美满的爱情，与青梅竹马的心上人结合在一起。但是，她依旧是男性的附属品，她没有自己的名字，三公主、三皇姑都不过是一个符号，是荒唐的"一夜皇妃"留下的印迹，是普通民众心中愿望的一种美好呈现。

三 结语

在满族说部的传奇故事中，既表现了女神崇拜的文化传统，又表现了女性的悲剧性命运。这两种矛盾性的文化在女性传奇故事中得到了很好的融合。女神崇拜的文化传统使传奇对真实的历史人物具有了神话中女神创世的丰功伟绩；女性命运衰落的文化现实则使女性人物悲剧命运得到了真实的表现。这两种文化的融合，造成了满族说部传奇故事复杂内容。

[参考文献]

[1] 张丽红. 女神神话的移位——满族说部女神崇拜叙事的演化轨迹 [J]. 文化遗产，2013（4）：78—81.

［2］张立忠，张德玉. 元妃佟春秀传奇［M］. 张春光，赵岩，记录整理. 长春：吉林人民出版社，2009：225.

［3］富育光. 苏木妈妈：创世神话与传说［M］. 荆文礼，整理. 长春：吉林人民出版社，2009：97.

［4］富育光. 飞啸三巧传奇［M］. 荆文礼，记录整理. 长春：吉林人民出版社，2007：764.

［5］张立忠. 平民三皇姑［M］. 张德玉，张一，赵岩，整理. 长春：吉林人民出版社，2009：5.

［原载于《吉林师范大学学报》（人文社会科学版）2014年第5期］

鄂尔泰"朋党"考辨

吕晓青[*]

鄂尔泰是清代雍乾两朝重臣,他首议并实施改土归流,深受雍正帝推崇,至乾隆初,地位显赫,权势不减。然而,在鄂尔泰去世不久,乾隆帝以"朋党"罪,将他打入重罪之列,其庞大家族随之而崩溃,这就是著名的鄂尔泰"朋党"案。长期以来,无论是《清史稿》《清史列传》等史书中对鄂尔泰"朋党"问题的叙述,还是从民国时期萧一山所著《清代通史》到改革开放以来的清史论著、论文中均未专门对此案予以辩诬。[①] 本文通过对鄂尔泰"朋党"问题的相关史料予以梳理,认为此案不能成立,是乾隆帝为打击鄂之强势家族势力而造成的伪案。真相到底如何,作"考辨",正确与否,请方家指正。

一 乾隆前"朋党"问题概述

何谓"朋党"?有的学者定义:"朋党以控制中央和地方政权,

---

[*] 吕晓青(1991—),女,河北冀州人,中央民族大学历史文化学院博士研究生,研究方向:清史、满族史。

[①] 学界对鄂尔泰朋党问题的论述屡见于清史论著和论文之中,如萧一山的《清代通史》、王戎笙的《清代全史》、戴逸的《乾隆帝及其时代》、唐文基、罗庆泗的《乾隆传》等清史论著均论述了鄂尔泰朋党问题,但并未对其予以考辨。范文澜、蔡美彪的《中国通史》对鄂尔泰朋党问题进行了概述,虽然指出了乾隆即位二十年间,并未出现严重的朋党问题,但也承认了鄂尔泰结党的事实。此外,相关论文如赵秉忠、白新良的《乾隆前期统治集团内部的斗争》,刘文鹏的《彭家屏案与雍乾党争》等文章,也未对鄂尔泰朋党问题予以质疑。

垄断仕途，独占各项经济权益为宗旨，以党同伐异为特征，而以残害政敌为其实现目标的手段。"[1]4 简言之，就是在中央政权内部形成的不同的政治派别或利益集团。"朋党"极具破坏性，造成统治集团分裂，直接危及一代王朝的稳定，更为严重的是导致社会动乱。

自秦汉以降，"朋党"便是历代政治的痼疾。东汉末年，外戚和宦官掌权，控制朝政，制造党锢之祸，朝政大乱；唐末"南衙北司"之争、"牛李党争"等，各党派拉帮结伙，互相攻讦，以致藩镇割据，天下大乱；明代以魏忠贤为首的阉党，利用厂卫等特务机构镇压异己势力，把持朝政，陷害忠义之士，无恶不作，终致明朝灭亡。总结朋党之祸，正所谓"国无党祸而不亡"[2]1707。朋党的恶性膨胀造成了朝政的紊乱和一代王朝的毁灭，引起清朝统治者对朋党之祸十分警惕，力图吸取前朝教训，防止朋党的滋生，一旦发现"朋党"，即予以严厉打击。

清入关初，以明亡为戒，对朋党的危害性有较为深刻的认识。顺治帝曾慨叹："明季诸臣，窃名誉，贪货利，树党羽，肆排挤，以欺罔为固然，以奸佞为得计，用人行政颠倒混淆，以致寇起民离，倾覆国祚。"① 康熙帝尤为明确地说："明末朋党纷争，在廷诸臣置封疆社稷于度外，惟以门户胜负为念，不待智者知其必亡。"② 可见，清统治者对朋党认识深刻，保持高度警惕。

为防止宦官结党专权，避免重蹈明末覆辙，顺治帝裁撤厂卫制度，将宦官事务一律归属内务府管理，并从人数、品级等方面对宦官进行了全方位的限制，剥夺了宦官权力；为防止文人结党，讽议朝政，从思想上巩固清朝统治，禁止文人学士以诗会友，聚会议政。顺治十七年（1660），顺治帝严厉申饬："请敕部严饬学臣实心奉行，约束士子，不得妄立社名，纠众盟会。其投刺往来，亦不许用同社同盟字样，违者治罪。倘奉行不力，纠参处治。则朋党之根立破矣。"③

---

① 《清世祖实录》卷十八，顺治二年闰六月壬辰条。
② 《清圣祖实录》卷一五四，康熙三十一年正月乙卯条。
③ 《清世祖实录》卷一三一，顺治十七年正月庚辰条。

同时，还实行官吏选拔的回避制度等，以期全面且彻底地斩断朋党滋生的土壤。尽管顺治朝从政令上做出了很多努力，康熙朝却仍然出现朋党问题，这就是以鳌拜为首的朋党集团。

康熙初年，四大臣辅政期间，其中，四大辅臣之一鳌拜结党营私，排斥异己，乃至滥杀政敌，其权势之盛，凌驾于皇帝之上，致使政治紊乱。年少的康熙帝智擒鳌拜，一举铲除了朋党团伙；此后，又出现了索额图、明珠等满洲贵族结党，徐乾学、高士奇等为代表的汉人结党，他们私相勾结斗争，贪污腐败；康熙末年，九子夺嫡，各皇子为争夺皇权自立门户，拉帮结派，政局一度混乱。雍正帝曾说："圣祖仁皇帝御极六十年，用人行政，迈越千古帝王，而大小臣僚，未能尽矢公忠，往往要结朋党，圣祖戒饬再三，未能尽改。"① 可见当时朋党问题的严重性，康熙帝对其严厉打击，才稳定了政局。

雍正帝深知党派斗争的危害性，于雍正二年（1724）作《御制朋党论》，对朝廷大臣加以警戒："今之好为朋党者，不过冀其攀援扶植缓急可恃，而不知其无益也，徒自逆天悖义，以陷于诛绝之罪，亦甚可悯矣。朕愿满汉文武大小诸臣合为一心，共竭忠悃，与君同其好恶之公，恪遵《大易》《论语》之明训，而尽去其朋比党援之积习。"② 雍正帝为政严格，为巩固皇权，相继铲除政敌允禩集团、年羹尧朋党及李绂等科甲朋党。这些，皆为清史学界所熟知，此不赘述。至于李绂等人所获朋党之罪，实属雍正帝过于敏感所致，反映了雍正帝对朋党问题高度的防范意识。

乾隆朝，鉴于前期朋党屡屡出现，乾隆帝极为警惕。乾隆三年（1738），他曾提到："近阅诸臣中，亦尚无擅权专恣之人。但恐意见各有不同，或于满汉之间，稍存分别，致有各立门户之意，此即将来朋党之渐，其为国家之患甚大。此等时虽未显有形迹，但不可不豫为防维。所谓焰焰不灭，炎炎若何，涓涓不壅，将成江河也。"③ 乾隆

---

① 《清世宗实录》卷二十二，雍正二年七月丁巳条。
② 同上。
③ 《清高宗实录》卷六十六，乾隆三年四月甲申条。

帝力求防微杜渐，在对待朋党的问题上采取防大于治的政策，而对鄂尔泰"朋党"的打击便是其中一例。

二 鄂尔泰其人及"朋党"案发

鄂尔泰，姓西林觉罗氏，镶蓝旗满洲人。康熙十九年（1680）生于顺天府宣武门内甘石桥祖宅。其家世可追溯到努尔哈赤创业之时，其"高祖屯泰率族来归，授佐领。曾祖图扪，天聪五年从征明大凌河，力战阵殁，授骑都尉世职。雍正三年（1725）入祀昭忠祠。祖彦图，袭世职，官户部郎中。父鄂拜，国子监祭酒"。[3]1018 鄂尔泰出身满洲世家，其家族有着浓厚的"忠孝"传统，并多次以"忠孝"理念教导后人。雍正二年（1724），其侄鄂昌、鄂乐舜中举时，他就曾训诫二人："汝曹苦心力学，叨列科名，吾家世德相承，延及后裔，惟忠孝二字，永矢终身，是所望耳"。[4]13

鄂尔泰生性秉直，据记载：他"自幼言笑不苟，动履必中矩度，宛若成人者。"[4]3 其文章"不依傍时趋，为涵泳白文，领会通章大意，以取本题精神，出笔皆有青刚之气，笔力坚劲"。[4]3 在处理事情时，"性耿直，好奖励名节，恶偷合取容，以媚世者"。[5]749 他在担任内务府郎中之时，不与阿哥结党，有一次，"郡王某至暴抗也，属公事，不应，召公，将杖之，公袖匕首，见曰：'士可杀，义不辱'。王敬其强直，谢之"。[6]461 此事也成为雍正帝赏识鄂尔泰的重要原因。

此后，鄂尔泰凭借其超凡的能力、尽职的精神和大胆的谋略，平步青云。一度担任云贵广西三省总督。他在西南地区推行改土归流，功绩显赫，屡加擢升，被授予兵部尚书职，获一品诰封。雍正十年（1733）回京后，被诏授保和殿大学士，位居首辅，不久又被封为一等伯爵。雍正帝对鄂尔泰十分重视，时常与他秘谈要事，据记载："公受雍正帝非常之知，入朝禁三鼓方出，语秘，外莫能知"。[6]463 雍正帝在临终之时，还诏令鄂尔泰死后配享太庙，并遗诏由鄂尔泰辅政。雍正帝给予的荣宠，无以复加！鄂尔泰在乾隆初期，任保和殿大学士、翰林院掌院学士等职,地位显赫一时。随着鄂尔泰地位的提升,其周围便形成了一股强大的政治势力,据相关记载可知,其政治势力大致由三方面的关系构成。

其一,文人相附。鄂尔泰惜才,时人皆知,袁枚曾评价鄂尔泰:"自命过高,常卑视古人,气出其上。然于近今人才,一善一技不肯忘"。[5]744又如,雷鋐记述鄂尔泰临终时言:"至榻前,坐语久,加奖勖,泛问人才,余举所知对,公曰:'是常往来于吾心者也'"。[5]750足见鄂尔泰对人才的重视,至死念念不忘!鄂尔泰曾多次受命担任科举考试的主考官,每逢乡试会试之时,他"必采访如饥渴,胸中有某某,皆非素相知及温卷者"。[5]744据记载,他担任云南乡试副主考时,"时希孔卷已被本房批抹,公搜废卷得之,叹曰:'此名元也。'遂置第一。如陈沆、罗凤彩、苏霖渤、杨汝柏辈皆一时知名之士,门人皆多贵显"。[4]8鄂尔泰遇有才能之士,必积极加以荐举,仲永檀和胡中藻便是其所重视的门人。福格在《听雨丛谈》中曾记载鄂尔泰提拔胡中藻之事:"又喜胡中藻之时文,谓昌黎而后一人,累加荐举,位至卿贰"。[7]222鄂尔泰赏识人才,并积极加以荐举,以致后辈对其感恩戴德,此后这批人身居要职,不能不依附鄂尔泰的周围,遂形成了一股强大的政治势力。

其二,部下旧属。鄂尔泰不仅重用文人,也提拔了很多年轻的军事将领。自雍正四年(1726)任职云南巡抚管云贵总督事,直至十年返京,鄂尔泰在西南地区推行改土归流,长达七年之久。在此期间,他"知人善任,赏罚明肃,一时麾下文武,如张广泗、张允随、哈元生、元展成、韩勋、董芳等,各以平苗立功,致身通显"。[5]745以哈元生为例,雍正六年(1728),雍正帝命鄂尔泰举荐将领补授为元江协副将,鄂尔泰推举哈元生任职:"哈元生人才精悍,有勇有谋,前取乌蒙近攻米贴,所向必克,诸将皆不如……臣看三员皆可称副将,而哈元生为更优,相应以哈元生先题补元江协副将员缺"。[8]514哈元生受鄂尔泰提拔之恩,自然也便更加忠心于鄂尔泰,故在乾隆元年张照欲谋与哈元生等人弹劾鄂尔泰时,哈元生果断予以拒绝,并将此事报告给乾隆帝,张照因此获罪。在西南用兵之时,鄂尔泰凭借卓绝的军事政治才能,在军队中树立起了绝对的威信,并在长期的治军过程中善于发现和提拔年轻将领,这便使鄂尔泰在军队方面的势力大增。

其三,家族姻亲。鄂尔泰掌权之时,其家族可谓显赫一时:其弟鄂尔奇,其侄鄂昌和鄂乐舜,其子鄂容安、鄂实均担任要职。其长子鄂容安尤受殊遇。乾隆朝之时授编修,南书房行走,后又授詹事府詹事、国子监祭酒,鄂尔泰去世后袭伯爵、后授兵部侍郎等职,鄂尔泰家族成为当时朝中举足轻重的力量。随着鄂尔泰势力日增,其所缔结的姻亲门第也愈加显要。如康熙五十七年(1718),次子鄂实与高斌之女结亲;康熙六十年(1721),三子鄂弼娶领侍卫内大臣哈达哈之女;雍正五年(1727),五子鄂忻娶和硕庄亲王之女;雍正七年(1729),六子鄂谟娶内阁大学士迈柱之女,等等。姻亲关系促使鄂尔泰家族的地位得到了更高层面的提升,对于鄂尔泰的势力来说无疑是如虎添翼。

鄂尔泰地位的提升,政治势力大增,为其获"朋党"之罪埋下了伏笔。乾隆五年(1740),乾隆帝借李卫入祀贤良祠受阻事件,首次对其发出警告。

乾隆三年(1738)十月,李卫去世,当时未有人奏请李卫入祀贤良祠一事。直至五年,仅有直隶总督孙嘉淦一人奏请李卫应入祀贤良祠。李卫与鄂尔泰之间的矛盾众人皆知,故李卫之子李星垣便怀疑鄂尔泰从中作梗,暗中阻挠李卫入祀,并将此事奏报给乾隆帝。乾隆帝便在上谕中警告道:"从来臣工之弊,莫大于逢迎揣度。大学士鄂尔泰、张廷玉乃皇考简用之大臣,为朕所倚任,自当思所以保全之,伊等谅亦不敢存党援庇护之念。而无知之辈,妄行揣摩。如满洲则思依附鄂尔泰,汉人则思依附张廷玉,不独微末之员,即侍郎尚书中,亦所不免……若必欲依附逢迎,日积月累,实所以陷害之也"。[9]536—537其中,"满洲则思依附鄂尔泰,汉人则思依附张廷玉",也便成为后人引之以论证鄂尔泰、张廷玉结党的重要证据。然而,此时乾隆帝并未认定鄂、张二人已结党,明确指出:"伊等(鄂、张二人)谅亦不敢存党援庇护之念。"出现朝中大臣依附的情形,只不过是"无知之辈"的"妄行揣摩"罢了。同时,他在上谕中提到:"朕临御以来,用人之权,从不旁落。试问数年中,因二臣之荐而用者为何人?因二臣之劾而退者为何人?……若如众人揣摩之见,则是二臣为大有权势之人,可以操用舍之柄,其视朕为何如主乎!"[9]536—537 可见,当时朝中的确存在大臣趋之若鹜的现象,而乾隆帝之所以否认鄂、张二人结党,主要出于两方面的考虑:一是树立权威,极力证明自己的权力未受威胁,告诫朝中官员鄂尔泰、张廷玉并无实权,用人之权悉出于其一人之手,不要盲目依附二人;其二,也是鉴于鄂、张二人在朝中威望、权势过大,为防止二人结党而加以警告。但值得注意的是,乾隆帝当时尚未认为鄂尔泰结党。

如果说乾隆五年(1740)乾隆帝否认了鄂尔泰结党,只是对其加以警告,那么乾隆七年(1742)仲永檀密奏外泄案则是乾隆帝首次明确提出鄂尔泰"党庇"的案件。该年,仲永檀将密奏外泄给鄂容安,此事被乾隆帝判定有朋党之嫌:"夫以仲永檀如此不端之人,而鄂尔泰于朕前屡奏其端正直率,则其党庇之处已属显然,久在朕洞悉之中……仲永檀受朕深恩,由御史特授副都御使,乃依附师门将密奏密参之事,无不预先商酌,暗结党援,排挤不睦之人,情罪甚属重大。鄂容安在内廷行走,且系大学士之子,理应小心供职,闭户读书,乃向言官商量密奏之事,情罪亦无可绾"。[9]825 然而,在处置鄂尔泰之时,乾隆帝却采取了宽容的态度:"盖以鄂尔泰乃皇考遗留之大臣,于政务尚为谙练,朕不忍以此事深究。若以此事深究,不但罪名重大,鄂尔泰承受不起,而国家少一能办事之大臣为可惜耳。但其不能择门生之贤否,而奏荐不实,不能训伊子以谨饬,而葛藤未断之处,朕亦不能为之屡宽也,鄂尔泰著交部议处,以示薄罚"。[9]825 乾隆帝因此事明确提出鄂尔泰有党庇之实,并且加以议罪。这也应是乾隆五年对鄂尔泰提出"满洲则思依附鄂尔泰"警告的发展,乾隆帝借此事指责鄂尔泰"党庇",并对其惩罚,是对鄂尔泰势力由警告到实际处罚的开始。

自乾隆七年（1742），仲永檀密奏外泄案后，乾隆帝仍旧一如既往地重用鄂尔泰。乾隆十年（1745），鄂尔泰病重，乾隆帝曾亲自看望鄂尔泰，对其关怀备至。同年，鄂尔泰去世，其结党之事似已不了了之。然而，乾隆二十年（1755），即鄂尔泰去世后十年，胡中藻案发，此案也成为乾隆帝给鄂尔泰定"朋党"罪的一个标志性事件。胡中藻，江西新建人，时任陕西学政，其文采曾被鄂尔泰赏识，且与鄂昌往来密切，在文字狱案中被判死刑。乾隆帝在给胡中藻拟定朋党之罪时，以他的诗文为证，将其中"青蝇投昊肯容辞"[10]786一句认为是对张党的攻击。并在上谕中表明："胡中藻系鄂尔泰门生，文辞险怪，人所共知。而鄂尔泰独加赞赏，以致肆无忌惮，悖慢雠张，且与其侄鄂昌叙门谊，论杯酒，则鄂尔泰从前标榜之私，是以酿成恶逆耳。胡中藻依附师门，甘为鹰犬，其诗中谗舌青蝇，据供是指张廷玉、张照二人，可见其门户之见牢不可破……大臣立朝当以公忠体国为心，若各存意见，则依附之小人遂至妄为揣摩，群相附和，渐至判若水火，古来朋党之弊悉由于此"。[10]790正因这一案件，鄂尔泰被撤出贤良祠，并被加之朋党的罪名，乾隆帝在上谕中一再强调："使鄂尔泰此时尚在，必将伊革职重治其罪，为大臣植党者戒。鄂尔泰著撤出贤良祠，不准入祀"。[10]790乾隆帝借胡中藻案明确指出了鄂尔泰朋党之罪，并将其撤出贤良祠，自此，鄂尔泰便坐实了"朋党"的罪名。

三 鄂尔泰"朋党"之罪释疑

从乾隆五年（1740）对鄂尔泰"朋党"的否认，到七年（1742）明确提出党庇之实，至二十年（1755）对其"朋党"定罪名，反映了乾隆帝对于鄂尔泰"朋党"有一个认识过程及其心态变化。综观鄂尔泰朋党案问题，为什么鄂尔泰生前并未获朋党之罪，去世十年后才对其加以惩处？乾隆帝历来对朋党的打击十分严厉，但鄂尔泰获

"朋党"之罪后,对其处罚为何只是将其撤出贤良祠?问题的症结在于,鄂尔泰到底是不是"朋党",有必要对鄂尔泰"朋党"的政治活动加以分析。

(一) 鄂尔泰"朋党"政治活动辨析

鄂尔泰位高权重,且性格耿直,故在为官过程中难免与他人不合,纵观鄂尔泰的政治生涯,与鄂尔泰有矛盾冲突的主要为李卫和张廷玉等人。因此对鄂尔泰"朋党"政治活动的考察,主要是对鄂、李双方以及鄂、张双方的矛盾加以分析。

其一,鄂尔泰与李卫的矛盾。乾隆帝曾说:"从前鄂尔泰等在封疆中已为不数见之材,然以意见不合,遂与李卫等牴牾生衅。"①

鄂尔泰和李卫之间的矛盾由来已久,可追溯到雍正年间李卫弹劾鄂尔奇一事。雍正十一年(1733),李卫曾上折弹劾鄂尔泰之弟鄂尔奇"坏法营私,紊制扰民"[3]972,并在参劾过程中一再强调:"倘鄂尔奇因无敢质谨强辩抵赖,臣情愿谕旨对审庭下,泾渭立分,公私判然矣。"[11]156鄂尔奇最终被判有"捉拿越空,细事滥用部牌,庇护私人,并坏法营私,紊制扰民"[3]1026之罪,但终因鄂尔泰的关系对其从轻发落,而李卫却因此议叙加级,故此事便成为鄂、李二人矛盾的开始。

乾隆初年,鄂尔泰和时任直隶总督的李卫对治理永定河的方案意见不一,乾隆三年(1738),乾隆帝在罢黜李卫治河之权后曾对鄂尔泰说:"直隶河工自应总督会同总河办理。前着李卫不必办理者,以伊彼此不和,于公事无益。"[12]437

同年十月,李卫去世,直至五年(1740),朝中除孙嘉淦外,尚无一人奏请李卫入祀贤良祠,故其子李星垣便认为朝中官员多听从鄂尔泰,而鄂尔泰欲借此机会报复李卫,故无人奏请入祀一事,以致李卫入祀贤良祠受阻。

---

① 《清高宗实录》卷六五〇,乾隆二十六年十二月丁丑条。

第三编　满族家族与人物

乾隆二十二年（1757），乾隆帝在审理彭家屏案时提到："且彭家屏乃李卫门下一走狗耳，其性情阴鸷，恩怨最为分明。从前每当奏对时，对鄂尔泰、鄂容安无不极力诋毁，朕因此深薄其为人。"[13]50 彭家屏曾与鄂派势力矛盾重重，乾隆十六年（1751），时任河南巡抚的鄂容安参奏彭家屏家人抗粮不交，且其弟彭家植打死佃户，隐匿不报，① 彭家屏因之受到重罚，这便加剧了鄂容安与彭家屏之间的矛盾，鄂、彭关系交恶。彭家屏在乾隆初年，曾受到李卫的赏识提拔，即乾隆帝所认为的彭家屏是李卫的门生，而彭家屏又与鄂派势力有着重重矛盾，时常对鄂尔泰父子加以诋毁，因此，彭家屏与鄂派势力之间的矛盾，实则鄂尔泰势力与李卫势力之间的矛盾。

综观鄂、李之间的纠葛，鄂尔奇违法乱纪，李卫对其加以参劾本出于公正，却引发了二人之间的矛盾；李卫担任直隶总督之时，因其为人问题与直隶地区的其他大臣皆有矛盾，并非仅与鄂尔泰一人有矛盾，且在治理河务问题时，意见不合实属正常现象，鄂尔泰并未因二人意见不合而以权谋私打击李卫。再者，李卫被罢免治河权，确为乾隆帝所为，故此事的根结在于乾隆帝罢免李卫治河权的行为，加深了二人之间的矛盾；李卫入祀贤良祠受阻，无法证明为鄂尔泰指使，同时，乾隆帝也认为朝中官员之所以对鄂尔泰依附逢迎，只是"无知之辈"的"妄行揣摩"所致；就彭家屏案而言，彭家屏作为李卫门人，与鄂容安等人有着矛盾纠葛，但彭家屏对鄂派的攻击一直都有乾隆帝在背后作推手②。虽然不能否认鄂尔泰与李卫之间的矛盾，但是在这一矛盾的加深过程中，各自门生势力的参与和乾隆帝的推动起到了重要作用。因此，种种迹象无不表明，乾隆帝对于鄂派势力过大早已心存戒备，"满洲则思依附鄂尔泰"便是最好的说明。同时，乾隆帝也对加深双方之间的矛盾起到了推波助澜的作用，为打击鄂尔泰势力做了充分的准备。其二，鄂尔泰、张廷玉两派的"攻讦"。无论是仲永

---

① 《清高宗实录》卷三八四，乾隆十六年三月壬寅条。
② 此观点参见刘文鹏《彭家屏案与雍乾党争》，《清史研究》2016年第1期。

檀密奏外泄案，还是胡中藻案，其对于鄂尔泰朋党的论处均涉及鄂、张两派的斗争。因此，这两个案件实质是鄂、张两派之间的矛盾问题。

关于鄂尔泰和张廷玉之间的矛盾，昭梿在《啸亭杂录》中记载："上之初年，鄂、张二相国秉政，嗜好不齐，门下士互相推奉，渐至分朋引类，阴为角斗……胡阁学中藻为西林得意士，性多狂悖，以张党为寇仇，语多讥刺，上正其罪诛之。盖深恶党援，非以语言文字责也。"[14]20

昭梿所记载的这一事实成为今人论证鄂、张两派朋党斗争的主要根据，且学者多认为鄂、张二人分别代表满汉集团的利益，并以其势力之间的相互攻讦予以证明。但史料中关于鄂、张二人之间的直接矛盾记载甚少，因此，对于鄂张两派之间相互攻讦的问题，只能从其门生之间的矛盾中发掘，而具体事件则表现在仲永檀案和胡中藻案之中。

关于仲永檀密奏外泄一事的起源，应追溯到雍正十三年（1735）的苗疆案。该年，西南地区改土归流后，苗疆复起叛乱，鄂尔泰请罪，雍正帝给予其象征性的惩罚。而张照不明状况，对鄂尔泰妄加弹劾，并企图与张广泗、哈元生等人联合奏参鄂尔泰，但其谋划并未成功，终致作茧自缚，获罪入狱。乾隆帝在二十二年（1757）的上谕中道出了此事的原委："（张照）一入四川，妄自尊大。不以苗疆重务为计，立意阻挠，于董芳则极口赞扬，于哈元生则痛加丑诋。且私致书于哈元生等令钤鄂尔泰，以致张广泗、哈元生、元展成等将伊乖张谬妄并致书嘱钤等款，纷纷陈奏。"[13]300 显然，张照挑起事端，与鄂尔泰无关，曲在张照，但此事造成了鄂尔泰与张照之间的嫌怨，并进而引发了乾隆七年（1742）仲永檀密参张照案。

仲永檀，山东济宁人，曾因不畏强权，直言参奏鄂善贪污一案获得乾隆帝赏识，官至左副都御史。此后为鄂尔泰所赏识，与其过从甚密。关于仲永檀密奏外泄一案，《啸亭杂录》中也有详细的记载："时张尚书照以文学供奉内庭，尝预乐部之事，公劾之，有'张照以九卿之尊亲操戏鼓'之语。张衔之次骨,乃潜公泄禁中语,下狱。上知其枉,立释之,张恐其报复,因用其私人计,携樽往贺,暗置毒酒中,因毙于狱。"[14]184

昭梿在此将仲永檀之死加之于张照,但官方史书没有记载,《清史列传》只记载"永檀寻病卒"[3]1346。《清史稿》记载:"命定拟具奏,奏未上,永檀卒于狱。"[15]10535其死因两处均无记载。但从昭梿的记载,可见仲永檀和张照之间的矛盾很深。至于仲永檀参劾张照是否为鄂尔泰指使,从现存的一份审理仲永檀、鄂容安的奏折中大致可见。

乾隆七年(1742)十二月,乾隆帝命庄亲王、履亲王、和亲王、平郡王及大学士张廷玉、徐本、尚书讷亲、来保、哈达哈等人,对此案严加审问,主要目的是,审查仲永檀是否将密奏外泄给鄂尔泰父子。在审理的过程中,仲永檀和鄂容安极力否认密参之事与鄂尔泰相关,如仲永檀供称:"我将密奏的事俱与鄂容安告诉,不曾告诉过鄂尔泰,原是情理上没有的,但我实不曾向鄂尔泰告诉。"鄂容安供:"我因与仲永檀相好,所以相见时,他将要参张照的事告诉我,我因我父亲寻常说仲永檀不过是略有血气,与道理上总不明白,甚有不满他的意思,所以他说参张照的话,我不曾向我父亲说,当日仲永檀向我说时,不过是作闲话议论。"至于为何会将密奏之事泄露给鄂容安,案件中提到:"永檀向鄂容安说的话从不曾要他转告鄂尔泰,鄂容安从不曾将鄂尔泰的话传说与永檀,只缘永檀与鄂容安相好,所以密陈的事他来问也就告诉了。他至不告诉他人,独告诉鄂容安,实以鄂容安既与永檀相好,断不至将永檀告诉他的话宣泄与人,谁知他又宣泄了,只因一时不谨密,后悔无及,这是实情。"① 仲永檀与鄂容安在受审过程中,均未承认将密奏泄露给鄂尔泰,但二人也确实承认仲永檀将密奏泄露给鄂容安,于是"王大臣等用泄露机密事务律论罪,上

---

① 《朱批奏折》,王大臣等《奏为遵旨严审仲永檀鄂容安结党营私一案按例定拟事》,乾隆七年,档号04—01—30—0075—062。

责其结党营私,用律不合,令会三法司覆议。"[15]10534

仲永檀密奏泄露一案,在乾隆帝看来,是极为严重的事件,故在审理的过程中,动用众亲王大臣审问。王大臣等审议结果是,按泄露机密事务论处,但乾隆帝却否定了这一论断,直接为其定下"党庇"之罪。由此可见,乾隆帝已然怀疑鄂尔泰结党之事,并在上谕中对鄂尔泰加以警告:"鄂尔泰自思之,朕从前能用汝,今日能宽汝,将来独不能重治汝之罪乎!"[9]825鄂尔泰与仲永檀是师生关系,仲永檀又与鄂容安私交甚密,在认定仲永檀、鄂容安勾结的同时,也认为鄂尔泰存在"党庇"之嫌。同时,乾隆帝一直认定仲永檀参劾张照是由鄂尔泰指使,直至乾隆二十四年(1759),他在上谕中仍说:"尚忆仲永檀参劾张照一事,实由其座师鄂尔泰指使。"[13]298

仔细分析,仲永檀之前曾不畏强权,直言参奏,乾隆帝也曾对其赞誉有加。仲永檀是鄂尔泰门生,那么鄂尔泰顺水推舟,奏其端正直率也是理所当然的。在整个案件的审理过程中,仲永檀和鄂容安均未承认将密参张照事泄露给鄂尔泰。再看对于仲永檀一案的处理,鄂尔泰也只是受到了轻罚,实际上,并未有足够的证据证明鄂尔泰与此事有关。对于密奏泄露一事,鄂尔泰也只是对门生疏于管束。正如乾隆帝所说"不能择门生之贤否""不能训伊子以谨饬"。很清楚,以此案作为鄂尔泰结党的根据,显系不当。

乾隆二十年(1755),胡中藻案发。胡中藻案一直以来是学界关注的重点,一方面,胡中藻案与文字狱息息相关;另一方面,胡中藻案也是乾隆帝打击朋党的重要依据。此案因胡中藻与鄂尔泰之侄鄂昌唱和,身陷文字狱而获罪。如"一世无日月""一把心肠论浊清""天非开清泰""斯文欲被蛮""青蝇投昊肯容辞"[10]786等诗文,乾隆帝给他定下大逆不道、诋毁圣上、攻击张党等罪名。胡中藻的《坚磨生诗钞》案是乾隆朝文字狱中的一个典型案例。胡中藻是鄂尔泰的门生,又与鄂昌往来密切,所以鄂昌和鄂尔泰都被卷入其中。

鄂昌早在雍正年间便被认定有结党之嫌。雍正十二年(1734),果亲王允礼上折参劾鄂昌"将鄂昌所寄书札呈送到臣请示,臣展阅其辞，皆窥伺结党之言。"[16]525 十三年（1735）正月，雍正帝下令，"解四川巡抚鄂昌任"①，对其进行彻查，最终鄂昌因"枷毙人犯，容隐旗人，并审案宽纵，受属员银币等物"[3]1733 之罪而被拟杖徒。鄂尔泰去世后，时任广西巡抚的鄂昌于次年便奏请鄂尔泰入祀广西贤良祠，被乾隆帝痛斥："上以鄂尔泰系鄂昌之叔，题请入祠，明系私心，且称赞太过，降旨切责。"[3]1734 此后，鄂昌又因荐举广西布政使李锡秦受乾隆帝指责："今鄂昌即举李锡秦自代，其能免党同朋比之嫌乎？嗣后，督抚不得举本省藩臬，著为例。"[3]1734 十八年（1753），又因审理传抄"伪稿"一案不当，被革职。

自鄂昌被果亲王参劾结党以来，鄂昌一直被乾隆帝怀疑有朋党之嫌，那么胡中藻案中，鄂昌与胡中藻勾结一事便也顺理成章了。乾隆帝给鄂昌定罪之时明确指出："见胡中藻悖逆之诗，不知愤恨反与唱酬，实属丧心之极。又以史贻直系伊伯父鄂尔泰同年举人，因效汉人之习，呼为伯父，卑鄙至此，尚可比于人数乎。"② 最终，鄂昌被赐死。

不仅如此，此案也成为鄂尔泰结党的有力证据："胡中藻系鄂尔泰门生，文辞险怪，人所共知，而鄂尔泰独加赞赏以致肆无忌惮，悖慢雠张，且与其侄鄂昌叙门谊，论杯酒，则鄂尔泰从前标榜之私，是以酿成恶逆耳。胡中藻依附师门，甘为鹰犬，其诗中谗舌青蝇，据供是指张廷玉、张照二人，可见其门户之见牢不可破……大臣立朝当以公忠体国为心，若各存意见，则依附之小人遂至妄为揣摩，群相附和，渐至判若水火，古来朋党之弊悉由于此。"[10]790

由此可知，胡中藻之所以会有如此"大逆不道"之行径，主要是因为鄂尔泰"独家赞赏""标榜之私"所致。而胡中藻依附师门攻击张党之事，是其门户之见的反映。在乾隆帝看来，胡中藻的一切行径都是鄂尔泰导致的，故鄂尔泰获朋党之罪。但问题是，胡中

---

① 《清世宗实录》卷一五一，雍正十三年正月壬辰条。
② 《清高宗实录》卷四八九，乾隆二十年五月乙亥条。

藻案发时，鄂尔泰已然去世十年，即使胡中藻作诗攻击张廷玉、张照，也决非鄂尔泰指使，只能说是胡中藻"依附师门"，有恃无恐。

综上所述，鄂尔泰虽与李卫、张廷玉存在隔阂，但并未发展到直接相互攻讦斗争的程度。即使存在鄂派势力与其他党派之间的斗争，也主要是鄂尔泰的门人所为。就鄂尔泰而言，他生前虽时常遭政敌参劾，但他并没有陷害政敌的实际行动。以苗疆案为例，张照认为其入狱因鄂尔泰构陷，但乾隆帝却予以否认："夫鄂尔泰之力，必不能过于果亲王，构陷一尚书入狱。"[13]300—301 他也没有为争取个人利益，而致贪污腐败，扰乱朝政，更没有篡夺政权的野心。故就他自身的政治活动而言，只能说存在门户之见，但并未发展结成朋党。然而，鄂尔泰虽然主观上并未结党，但其位高权重，终致门生、故吏竞相依附，最终形成了一股强大的势力。其"朋党"的罪名也主要因其门生所获。时人阿桂对鄂尔泰有十分精辟的评价："世之论公者，谓公所拔擢拂拭之人，其后丑于门户，不能不负所举，以是为公咎，则不能无得失。夫荐举既多，知人其难，不保其往，圣人且然。于汲引人才之意，又何歉欤？"[4]121 一语道出了鄂尔泰获罪的原因。阿桂的一番话，也是为鄂尔泰辩诬，否定了乾隆帝所定鄂尔泰朋党的真实性。

（二）鄂尔泰获"朋党"罪再分析

鄂尔泰获"朋党"罪，首先与其势力和影响过大，不利于乾隆帝专权有关。鄂尔泰是清朝政治的核心人物，其一生平苗疆、抚乌蒙，为西南地区的改土归流做出了重要贡献，乾隆帝曾评价鄂尔泰在封疆中为"不数见之材"。回京后，在朝中形成了很大的影响力。以乾隆十四年（1749）方观承治理永定河为例，直隶总督方观承力图根治永定河，试图以鄂尔泰改挖新河的案例为蓝本，遭到了乾隆帝的斥责，乾隆帝在给方观承的折子中批复道："鄂尔泰究竟物故，即使筹办未当，亦不必问及后嗣。其所勘或就当时情形定议，或本属无益空言，俱姑置弗论。"① 方观承之所以选择在鄂尔泰治河的基础之上进行规划，一方面是经过其实地勘察、反复思虑后，认为鄂尔泰之前的方案较为合适；另一方面，也因为当时鄂尔泰在大臣当中已然成为楷模，在方观承心中自然也不例外，故采取鄂尔泰之前的治河方案。乾隆帝本对鄂尔泰已存猜忌，故对方观承的提议十分不满："改移下口之处不可轻言，即鄂尔泰之原勘亦未可即信为尽善。"② 乾隆帝为消减鄂尔泰在朝中的影响力，极力破除鄂尔泰在大臣心目中的形象，从侧面也反映了鄂尔泰影响颇深。

鄂尔泰重视人才，不分满汉，一时有识之士争相依附，而这股势力便在朝中形成了一定的影响力，乾隆帝私已感受到威胁。乾隆五年（1740），李卫入祀贤良祠一案中，便反映了当时朝中争相依附之情形，因此，这对乾隆帝欲乾纲独断的确是一大障碍。

其次，鄂尔泰的一些举动，亦使乾隆帝极为反感。鄂尔泰本人性格高傲。这一点昭梿的《啸亭杂录》中有所记载：雍正帝曾问尹继善：督抚之中何人值得学习时，尹继善评价鄂尔泰道："鄂尔泰，大局好，宜学处多，然臣不学其愎也。"[14]191 可见，鄂尔泰在时人的眼中确有刚愎自用的特点。乾隆五十年（1785），乾隆帝在回忆鄂尔泰其人时曾评价道："鄂尔泰固好虚誉而近于骄。"③ 鄂尔泰的这一性格特点导致其在处理很多问题时并不谨慎，招致乾隆帝的反感。仅举一例：乾隆初年，鄂尔泰曾奏请将雍和宫赏给和亲王弘昼居住，乾隆帝对此颇有意见，乾隆五十九年（1794），他回忆此事时，认为鄂尔泰："其意不在见好于和亲王，乃在得时誉耳，大臣居心，岂宜若是！"④ 清代的皇子对于府邸只有使用权，并无所有权，故王府屡易其主。弘昼出生于雍和宫，但他并没有继承权。况且雍正二年

---

① 《朱批奏折》，直隶总督方观承奏《为遵旨复奏永定河治理及北大堤工竣事》，乾隆十四年十一月十九日，档案号04—01—01—0179—053。
② 《朱批奏折》，直隶总督方观承《奏为遵旨筹议改移永定河下口请从长酌办事》，乾隆十四年十一月十二日，档案号04—01—01—0179—056。
③ 《清高宗实录》卷一二二四，乾隆五十年二月丁亥条。
④ 《清高宗实录》卷一四六三，乾隆五十九年十月丙子条。

(1724)时，礼部已然奏请将雍和宫升为宫殿，并得到了雍正帝的许可，因此鄂尔泰的奏请，在乾隆帝看来是故意为之，这件事无疑触犯了乾隆帝，以致即使已过去五十余年，乾隆帝依旧耿耿于怀。

此外，乾隆元年的苗疆案中，不仅张照弹劾鄂尔泰，时任署湖南永州镇总兵的崔起潜也弹劾"鄂尔泰欺蔽于中，苗疆经略张广泗迎合于外"，① 虽然最终崔起潜因妄议国政，诬蔑大臣获罪，但张照与崔起潜对鄂尔泰的弹劾无疑使乾隆帝对鄂尔泰心存芥蒂。不久，王士俊又奏称大学士不宜兼部之说，乾隆帝指出："彼意不过为大学士鄂尔泰而发，以冀惑朕之听。"② 可见王士俊的矛头也指向了鄂尔泰。因此，在乾隆初年的诸多事件中，乾隆帝虽然一直维护鄂尔泰，但内心对鄂尔泰存在一定的看法。正是这些事情的逐渐积累，加之其权势过大，干扰乾隆帝专权，以致乾隆帝对鄂尔泰心生厌恶，促使乾隆帝滋生惩治鄂尔泰的想法。

尽管乾隆帝对鄂尔泰颇有成见，但鄂尔泰身为乾隆朝的枢臣，为朝廷鞠躬尽瘁，其功劳不可磨灭，其地位不可取代，其在朝中的影响力也一时难以消除。以仲永檀密奏泄露案为例，在审理仲永檀、鄂容安时，二人绝不承认将密奏泄露与鄂尔泰，乾隆帝只能对鄂尔泰示以轻罚，故当时朝中的情形可见一斑。因此，鄂尔泰生前并未受到乾隆帝的严厉打击。

最后，即使鄂尔泰去世之后，其影响依旧存在，鄂派势力如日中天，并未因鄂尔泰的去世而有所削减。以鄂容安为例，自仲永檀案之后，又受重用，先后任河南巡抚、山东巡抚、江西巡抚、两江总督，后加太子少傅，十九年（1754），任西路参赞大臣。在任职过程中，鄂容安的一些行径致使乾隆帝颇有怨言，如鄂容安荐举河南布政使不力，被乾隆帝斥责，鄂容安参劾彭家屏，以及鄂派势力与彭家屏之间暗中较量等，但这些行为均因其为政过程中的功绩而抵消，其职位也

---

① 《清高宗实录》卷十一，乾隆元年正月乙未条。
② 《清高宗实录》卷二十三，乾隆元年七月辛酉条。

一升再升，可见鄂尔泰虽然去世，但鄂派势力未减，这不免成为乾隆帝心中的一大隐患，终于乾隆二十年（1755），乾隆帝借胡中藻案之机，给鄂尔泰定下了朋党之罪，并予以打击。

乾隆二十年（1755），对于鄂尔泰家族来说是一个巨大的转折，这一年因胡中藻案，鄂尔泰被撤出贤良祠，此后，其家族接连受创。鄂昌因胡中藻案被赐自尽，结束了其仕宦生涯；长子鄂容安因此事连坐，后出兵西北时死于阿睦尔撒纳之乱；鄂乐舜二十一年（1756）因收受贿赂而被赐自尽；次年，鄂实任参赞大臣，死于战事；最后，四子鄂宁因办事不力接连降级，三十五年（1770）卒。鄂尔泰家族失去了鄂尔泰的庇护，最终落得悲惨的境地。

四　结语

鄂尔泰势力的形成，是由当时的政治环境决定的，而并非其主观意志所能左右。鄂尔泰的政治势力和影响虽大，但其行为并未危害国政，也并未造成皇权旁落，这一点，乾隆帝在回忆处理朋党问题之时说了实话："我朝圣圣相承，乾纲独揽，政柄从无旁落。如康熙年间之明珠、索额图、徐乾学、高士奇，雍正年间之李绂、田文镜等，其人皆非敢骫法干纪，如往代之比，不过私心未化，彼此各持门户之见，即朕初年鄂尔泰、张廷玉二人，亦未免故智未忘。"凭乾隆帝的说法，鄂尔泰的"朋党"并不能成立，换言之，他实则也否定此案的真实性。

然而，鄂尔泰的政治势力过于强大，成为乾隆帝专权的一大隐患。至乾隆二十年（1755），尽管鄂尔泰已经去世十年，但其势力依旧与其他党派暗中较量，为清除隐患，终于借胡中藻案之机将鄂派势力扳倒。因此，鄂尔泰"朋党"之罪是乾隆帝强加的一个罪名，实质是为加强皇权而铲除鄂尔泰势力的一个口实，对鄂尔泰势力的惩治，正是体现了清朝皇帝处心积虑，通过防范权臣而达到巩固皇权的目的。

[参考文献]

[1] 朱子彦. 朋党政治研究[M]. 上海：华东师范大学出版社，1992.

[2] 王夫之. 读通鉴论[M]. 北京：中华书局，1975.

[3] 王钟翰. 清史列传[M]. 北京：中华书局，1987.

[4] 鄂容安. 鄂文端公年谱[M]. 李致忠，点校. 北京：中华书局，1993.

[5] 钱仪吉. 碑传集[M]. 北京：中华书局，1993.

[6] 李元度. 国朝先正事略[M]. 台北：明文书局，1985.

[7] 福格. 听雨丛谈[M]. 北京：中华书局，1984.

[8] 张书才. 雍正朝汉文朱批奏折汇编：第12册[Z]. 南京：江苏古籍出版社，1989.

[9] 中国第一历史档案馆. 乾隆朝上谕档：第1册[Z]. 桂林：广西师范大学出版社，2008.

[10] 中国第一历史档案馆. 乾隆朝上谕档：第2册[Z]. 桂林：广西师范大学出版社，2008.

[11] 张书才. 雍正朝汉文朱批奏折汇编：第25册[Z]. 南京：江苏古籍出版社，1989.

[12] 陈琮. 永定河志[M]. 北京：学苑出版社，2013.

[13] 中国第一历史档案馆. 乾隆朝上谕档：第3册[Z]. 桂林：广西师范大学出版社，2008.

[14] 昭梿. 啸亭杂录[M]. 北京：中华书局，1980.

[15] 赵尔巽. 清史稿[M]. 北京：中华书局，1977.

[16] 张书才. 雍正朝汉文朱批奏折汇编：第31册[Z]. 南京：江苏古籍出版社，1989.

[原载于《吉林师范大学学报》（人文社会科学版）2017年第3期]

论八旗汉军世家的兴衰
——以孟乔芳家族为例

关 康[*]

孟乔芳是清初地位显赫、功勋卓著的汉军名臣。此人于天聪初年投降后金,先后担任参政、承政、都统。入关后外任陕西三边总督,任职期间在西北推行屯田、整饬军务,并参与平定兵变,保证了西北地区的安全。为奖励功勋,清廷授予孟氏家族世袭佐领,使该家族进入八旗军功阶层。[①] 本文依据东洋文库所藏《孟忠毅公奏议》以及中国第一历史档案馆藏《八旗世袭谱档》考察孟乔芳本人的事功及其家族的发展变化。[②]

---

[*] 关康(1984—),男,北京人,中国人民大学历史学院博士后,研究方向:满文文献、八旗制度。

[①] 目前学界对孟乔芳的研究主要集中在他担任陕西总督时期经略西北、平靖地方、办理善后等问题。付永正《顺治朝清廷经略陕甘宁地区政策得失述评——以孟乔芳任职陕西三边总督期间为中心(1645—1654)》(《西北第二民族学院学报》2007 年第 3 期)、陈跃《明清之际的孟乔芳与西北政局变革》("社会转型视角下的明清鼎革"学术研讨会论文集,2014 年 4 月)、陈雪《川运与汉运:顺治年间陕西的军粮筹措》(《清史研究》2016 年第 1 期)。然而有关孟乔芳在关外的经历、家族的佐领、爵位承袭等问题尚未见专门研究。

[②] 东洋文库保存的清代刻本《孟忠毅公奏议》,收录顺治二年至十年,孟乔芳在陕西总督任上撰写的奏议数十道,是研究顺治初期西北地区历史的重要依据,中国第一历史档案馆保存《八旗世袭谱档》483 件,记载八旗官员的职衔、功绩、世职和世爵的授予、承袭等信息。清制,每次拣放世袭佐领和世袭爵位后,都要记录世职世爵的根源、佐领性质的认定、承袭情况。因此这类史料的价值颇高。绵贯哲郎:《关于〈八旗世袭谱档〉》(《满族史研究通信》,2000 年 4 月,满族史研究会)、邱源媛:《清代旗人户口册的整理与研究》(《历史档案》,2016 年 3 期)对《八旗世袭谱档》的形成过程、价值进行了介绍。

一 入关前的孟乔芳

孟乔芳，字心亭，生于明万历二十三年（1595）。王士祯撰《孟公乔芳神道碑》记载："其先徐州人，始祖某，明洪武间从燕王就国，靖难立战功，世袭官永平卫，遂为永平人。"[1]100《永平府志》称："其先永平人，世袭东胜卫指挥同知。"① 由这两种史料可知孟氏祖籍江苏，明初入籍北直隶永平。②

因为明代《武职选簿》缺载，孟乔芳祖先的情况很难考察。目前可知，其父孟国用为宣府永平军官，天启二年（1622）任游击。③ 天启三年（1623）由参将升任陕西总督标下中军右副将。④ 旋调任洮岷副总兵，协防宁夏。⑤《明实录》对孟乔芳最早的记载见于天启三年（1623），是年他由蓟镇桃林口守备升遵化辎重营游击。⑥ 随后升本镇建昌参将。

天聪三年（1629），清太宗率大军南下。次年（1630）正月，占领永平，孟乔芳与巡抚白养粹、副将杨文魁等投降，旋即获得新的任命。⑦《满文原档》记载孟乔芳的敕书，笔者汉译如下：

> 金国汗谕曰：孟乔芳，尔原系革职副将。朕秉天命，欲辑生民，兴兵来讨。永平不降，遂攻取之。朕不念尔等罪愆，任为副

---

① 《永平府志》卷57，《仕迹二》，《新修方志丛刊》，台湾学生书局，第4083页。
② 乾隆二年，孟乔芳之孙孟绳祖在呈报佐领来源时称孟乔芳系"关东沈阳人氏"（《镶红旗汉军世职谱档》，中国第一历史档案馆：《八旗世袭谱档》，档号：世袭105号）。但从目前可见的明代史料看，孟氏一直在西北、华北生活，清太宗时期才到辽东，并且仅在当地生活了十余年。所以孟乔芳的籍贯应为永平。
③ 《明熹宗实录》卷16，天启元年十一月庚申条，第817页。
④ 《明熹宗实录》卷31，天启三年二月癸酉条，第1517页。
⑤ 《明熹宗实录》卷34，天启三年五月庚子条，第1754页；《明熹宗实录》卷38，天启三年九月丙申条，第1984页。
⑥ 《明熹宗实录》卷32，天启三年三月丙辰条，第1671页。
⑦ 《清太宗实录》卷6，天聪四年正月甲申条，中华书局1985年版，第86页。

将。俟有官缺,再行录用。尔唯尽忠,勿负朕意。①

从此,孟乔芳正式成为后金国政权的一员。天聪五年(1631),清太宗设立六部,以贝勒管部务,下设承政、参政,孟乔芳任刑部汉承政。②此时孟乔芳投顺后金仅一年,能得此职位,说明清太宗对其抱有很高期望。崇德三年(1638)七月,六部两院增设左右参政、理事、副理事、主事,以满洲承政一员统领。时以郎球为刑部承政,孟乔芳为左参政。③崇德七年(1642),汉军由原来的四旗分为八旗,孟乔芳任镶红旗汉军副都统。④

孟乔芳在刑部任职期间,其专责自然是审理案件。但此时王公势力强大,各部皆由贝勒管理。王公贵族及高级官员往往视律令为具文。孟乔芳亦不敢违逆当权者,结果屡遭惩戒。《清太宗实录》记孟乔芳几次在任违纪,三次与袒护王公贵族有关。

第一次在天聪九年(1635),和硕图之妻"不遵训诫,致一妇人缢死于祖可法妻弟之家,匿不以闻。"祖泽润将此事告发到刑部,刑部官员瞻徇情面,认为祖可法妻弟无罪,祖泽润不服。内大臣审理后发现问题,奏准罚刑部和硕贝勒济尔哈朗银二百两,承政索海、郎球、额驸多尔济、孟乔芳、高鸿中各银五十两。⑤额驸和硕图为何和礼第四子,尚大贝勒代善之女,且系正红旗固山额真,属功臣之子兼外戚,即便济尔哈朗亦不闻不问,遑论作为汉承政的孟乔芳。

第二次在崇德八年(1643)八月,多罗贝勒罗洛宏家人都伦抢夺范文程家人康六银两。康六向孟乔芳控告,孟乔芳"庇其本贝勒,匿不举发",被拟革职,夺所俘获。但清太宗改为免革职,削一世职、

---

① 《满文原档》,《月字档》,天聪四年正月条,"台北故宫",2005年,第7册,第7页。
② 《清太宗实录》卷9,天聪五年七月庚辰条,第124页。
③ 《清太宗实录》卷42,崇德二年七月丙戌条,第559页。
④ 《清太宗实录》卷61,崇德七年六月甲辰条,第831页。
⑤ 《清太宗实录》卷24,天聪九年八月壬寅条,第320页。

罚银百两。① 第三次在顺治元年（1644）三月，豪格、多铎外出打猎逾期不归，后者又在禁地狩猎。二人获罪，但法司有所忌惮，不敢录取口供。若干刑部官员被处分，孟乔芳被罚银百两。②

此时的孟乔芳也参与征战。《清太宗实录》记载崇德七年（1642），孟乔芳与马光辉率领工匠前往锦州铸神威大将军炮。③ 另据光绪二十九年（1903）《镶红旗汉军佐领册》收录的敕书，他参加了攻克前屯卫的战斗："崇德八年八月初五日，取前屯卫时，攻中后所、前屯卫二城。尔（孟乔芳——笔者注）督放本固山红衣炮，遂克其城。"④ 遗憾的是，各种文献对这一时期孟乔芳参战的记载极少，很难深入考察。

二 入关后的孟乔芳

顺治元年（1644），清军入关，迅速击败李自成，并分路南下、西进。顺治二年（1645）四月，孟乔芳以兵部右侍郎兼都察院右副都御史的身份"总督全陕军务，节制文武，兼理粮储，安抚地方。"⑤ 从此孟乔芳得以外任，专注于地方军政、民政，不受八旗王公直接干预。此次任命为其人生一大转折。

顺治初期的陕甘地区作为李自成起兵及东进的主要路线，遭兵祸蹂躏多年，各地的土匪与大顺残兵成为清朝的严重威胁；另一方面，张献忠军队盘踞四川，汉中成为前线要冲。因为大兵驻扎、扩充兵额，急需钱粮。军队过境，地方供给浩繁，民不堪命。此外，万余名败残兵投降，处置不当，会造成新的动乱。故孟乔芳到任后将主要精

---

① 《清太宗实录》卷65，崇德八年八月丙寅条，第908页。
② 《清世祖实录》卷3，顺治元年三月辛卯条，第48页。
③ 《清太宗实录》卷62，崇德七年八月戊戌条，第846页。
④ 《镶红旗汉军世职谱档》，中国第一历史档案馆：《八旗世袭谱档》，档号：世袭105号。
⑤ 《为安抚全秦历陈事理伏候明纶以奠西土事》，《孟忠毅公奏议》，东洋文库藏，清刻本。

力放在整顿地方、镇压反清武装以及办理善后方面。

（一）整顿地方

明朝在陕甘长城沿线设置军镇以防范蒙古南下。但对清朝而言，蒙古已经不是威胁，盘踞四川的张献忠和陕甘的大顺残兵才是必须消灭的对象。孟乔芳甫到任便在奏疏中提到战略重心的转移："故明设边，盖为防边计也。今南北已属一统，独四川献贼尚肆猖獗，则边塞转为腹里，而汉兴一带实为冲要之边也。"① 顺治四年（1648），他提出"汉中、兴安接壤川、湖，水路之冲，最为要地"，明朝在此设立巡守道二、汉羌镇一，但两地已经残破，人民流离，无从征收赋税，且汉中远离西安，总督鞭长莫及，因此建议设立汉中巡抚，方有望招徕流民。兴安处在四省交界，是反清武装渊薮，因此应设立重兵把守。②

当时最迫切的问题是大量的败残兵如何安置。此时陕西地区投顺的明朝官兵、李自成残部超过十万。孟乔芳认为其中的无产之人一旦解散可能造成新的混乱，故尽量安插到各镇。③ 例如凤翔总兵董学礼标下"有原系各镇将官者，有原系流贼遗丁者，有啸聚山林未降闯贼今来投顺者，但臣见此辈本非农民，若不收伍恐仍啸聚滋害地方"，他建议将以上一万二千人分拨潼关、宝鸡等军营，将大顺政权遗留的经费充作军饷。至于其他败残兵、老弱病残者就地解散，外省者遣返原籍。对投降的贺珍、罗岱、党孟安等大顺将领，孟乔芳则依据其忠诚度分别对待，防止复叛：罗岱被调离汉中，贺珍等"原属狼子野心，阳顺阴违"，因此调派固原右协康镇邦镇守汉中防范之。④

---

① 《恭抒一得之愚仰冀睿裁以便遵守事》，《孟忠毅公奏议》，东洋文库藏，清刻本。
② 《题为汉兴要地宜设巡抚重兵以资弹压事》，《孟忠毅公奏议》，东洋文库藏，清刻本。
③ 《题为再陈愚悃仰祈睿裁以佐完全事》，《孟忠毅公奏议》，东洋文库藏，清刻本。
④ 《为汉兴要地宜设巡抚重兵以资弹压事》，《孟忠毅公奏议》，东洋文库藏，清刻本。

同样棘手的是军饷问题。明代陕西地区的"秦饷"包括本地屯粮、民解、京运、外解、盐课。但孟乔芳发现以上收入都已经不足恃:"内库空虚而京运不敢望矣;各省地方初服,兵戈未息,而外解不可望亦;扬州以抗拒王师因致攻陷,商贾凋零尚费招抚而盐课不可望矣。"① 而农民流散,大量耕地撂荒,民解也无从筹措,所以孟乔芳必须自筹部分饷银。他采取的方法包括没收明代宗室财产、裁减驿站节省费用、清查明代王公庄园。② 不过,无论如何筹措,来自朝廷的饷银无疑仍然是此时陕甘地区财政收入的主体。

(二)镇压反清武装

经过多年战乱,陕甘地区原有的社会秩序遭到严重破坏,各地民变不断,即便已经被收编的残兵也随时有暴动的可能。

孟乔芳就任之初,便破获胡守龙邪教聚众案:"妖贼胡守龙等假焚祝之名,阴行煽惑,聚众数万,自称徐会公,僭号清光元年,造妖符妖印,结党倡乱。一日臣(孟乔芳——笔者注)方坐署,喧传有数龙自天而下。少顷乡约首送前龙视之,乃皇极妖经一卷也。臣随悬赏格购其渠魁。为民人杨仍祖所首,遣副将陈德等领兵擒斩守龙,散其胁从。妖党悉平。"③

顺治三年(1646),宁夏兵变,乱兵在杨成名等带领下杀死巡抚焦安民。孟乔芳"授计总兵刘芳名,斩首恶王元、马德,别遣副将张勇、刘友元剿贼贺珍、刘二虎、胡向宸于兴安,挫贼众,追斩向宸,败孙守法于椒沟、降平天、青嘴诸寨。复遣副将张勇、刘友元擒贼贺弘器于安家川。"[1]6430

西北地区更大规模的骚乱是米喇印、丁国栋之乱和姜瓖之乱。顺治五年(1646)四月,原为明朝陕甘地区军官的米喇印、丁国栋借

---

① 《为经制饷额宜核乞敕饷司造报实数清册以便接济事》,《孟忠毅公奏议》,清刻本。
② 同上。
③ 《清世祖实录》卷17,顺治二年六月丁卯条,第152页。

清军南下四川之机暴动,过黄河而东,占领凉州、肃州、庄浪,杀甘肃巡抚张文衡、甘肃总兵官刘良臣、凉州副将毛镔等。① 此后,又占领兰州,拥立故明延长王。金县、临洮、渭源回民相继占领县城。米喇印随即率领凉州、兰州万人围攻巩昌。[2]929

孟乔芳接到警报立即向朝廷报告,摄政王多尔衮急命固山贝子屯齐为平西大将军,会同固山额真宗室韩岱统领官兵、外藩蒙古兵前往征讨。② 同时,孟乔芳"请身任其事,自统大军驻秦州",派遣副将赵广瑞、马宁、游击杨相收复巩昌,击溃米喇印部,杀三千余人。[1]102 随后,令所部分路进攻临洮、岷州、河州。闰四月,孟乔芳移师兰州,指挥大军克复,斩米喇印于古城窑。各重镇相继克复,延长王被杀。③ 丁国栋退保肃州,立土伦太为王子,联合哈密和卓,固守一隅。十一月,马宁、张勇围攻肃州,血战数日克捷。[1]102 因平定之功,孟乔芳于顺治七年(1650)三月由兵部左侍郎升任兵部尚书。④

米喇印之乱的同时,山西发生姜瓖叛乱。姜瓖原为明宣化镇总兵,先投降李自成,清军入关后降清,镇守大同。顺治五年(1648)十一月,反叛,自称大将军。多尔衮亲征,并召孟乔芳增援。孟乔芳东进,收复蒲州、解州,连破叛军,与李国翰、贝子务达海、祝世昌等合围大同。此后姜瓖为部下杀死。[1]6685 顺治初期西北之乱告一段落。

(三)经营善后、稳固西北

米喇印、丁国栋之乱使陕甘遭受重创,孟乔芳作为总督统筹善后。首先,战后的陕西经济凋敝,但又必须驻军,而取给于民势有不能,因此只能通过屯田筹措军粮。一如王士禛所谓:"秦省自明季寇

---

① 《清世祖实录》卷43,顺治六年三月乙亥条,第345页。
② 《清世祖实录》卷38,顺治五年四月癸亥条,第308页。
③ 《清世祖实录》卷38,顺治五年五月辛未条。
④ 《清世祖实录》卷48,顺治七年三月乙卯条,第309页。

变以来，荒田最多，亏正赋不赀。深山大谷，虎狼所窟，地方多事，议裁兵则不可。惟有屯田之一法，既可足食，亦可强兵，而弭盗安民亦在是矣。"[1]103 在孟乔芳的建议下，清廷在西安、延安、汉中、庆阳设立四厅，各分配步兵五百名，并设四名专管官员，以期"以现在之兵填实地方，然后徐图招徕，则流移渐集，生齿日繁，而荒芜可成沃壤矣。"①

其次，为平定地方，陕甘地区驻扎官兵将近十万，每年需要经费三百五十万两，但当时的财政收入仅能满足一半，孟乔芳将甘肃之外的各镇不需之兵裁汰一万二千，节省军费三十万。② 而招抚来的十七万投降残兵，除遣散者外，皆归入各营。③ 顺治六年（1649），孟乔芳建议强化甘肃的地位。他认为"甘肃重镇，远在天末，幅员辽阔，营堡孤悬，"④ 且此处"兼与哈密为邻，番彝杂处，夙称极边要地。"⑤ 建议设立总兵，将此前在作战中表现突出的张勇实授。⑥

再次，陕甘地区经过明末征敛，李自成起兵之后二十年的战乱，已经赤地千里，民生凋敝。孟乔芳在奏疏中提到"臣征剿所至，如河西、临巩、平、庆、汉中等处，民间所种熟田不过近城平衍之处，其余则荒芜弥望，久无耕耨之迹"，而此时政府忙于科敛，导致农民或辗转沟壑，或沦为流寇。如果地方再次发生暴动，则大兵云集，民生雪上加霜，形成恶性循环。故请饬下户部蠲免钱粮。⑦

---

① 《题为屯田势必需兵酌量抽拨以资防御事》，《孟忠毅公奏议》，东洋文库藏，清刻本。
② 《为省兵节饷以求实用谨陈一得之愚仰祈圣鉴事》，《孟忠毅公奏议》，东洋文库藏，清刻本。
③ 《为灼见地方情形预作消弭之策据实敷陈仰祈圣鉴事》，《孟忠毅公奏议》，东洋文库藏，清刻本。
④ 《为严疆亟需总镇请题补实衔以振军威以重弹压事》，《孟忠毅公奏议》，东洋文库藏，清刻本。
⑤ 《为安抚全秦历陈事理伏候明纶以奠西土事》，《孟忠毅公奏议》，东洋文库藏，清刻本。
⑥ 同上。
⑦ 《为微臣目击秦民荒粮之累万不能支恳祈圣恩速赐除豁以全孑遗用广皇仁事》，《孟忠毅公奏议》，东洋文库藏，清刻本。

此外，陕甘八府一州，无主荒田二十五万顷，有主荒田六万顷，原定后者自顺治七年（1650）起科，定额十三万石，但民众苦累，虽敲扑强征也无法完成。为了避免民众逃亡，孟乔芳再次力请宽免。①顺治九年（1652），他又以"户部考成有司之法，以催征钱粮，完欠之多寡为黜陟之重轻"等于鼓励官员强征，因此呈请按照牛录考成之法以户口增减、开荒成绩为准。②此外，减轻秦民负担也是一项策略。

陕甘平定后，清廷开始招抚四川土司，很多流民逃散后被土司隐匿。孟乔芳建议在成都设立总兵官，"有事则协理捍御，无事则向率耕耨，既可弭盗，亦可足食"，并设兵八千。③

截至顺治十年（1653），孟乔芳在西北经营成果初显。他在征战中培养了一批勇将："奖拔诸将，不限资格，如张勇、马宁、赵光瑞、陈德、狄应魁、刘友元辈，皆自偏裨至专阃。"[3]2444 在民政方面，他设立的四厅招抚流民六千五百余名，开荒四千顷，每年可生产粮食一万六千石，可补军需之急用。④ 该地区也进入了相对安定的时期。这一年，清世祖以孟乔芳政声颇加，才能卓越，不顾其多次以身病为由的请辞，令其总督陕西三边、四川军务。但不久孟乔芳即病故。

关于孟乔芳去世时间，不同文献记载有异。《镶红旗汉军世职谱档》记为顺治九年（1652）正月二十六日，《清史列传》记为顺治十年（1653）十一月。[4]6431《清世祖实录》记为顺治十一年（1654）正月初一日。⑤《碑传集》同。[1]105 考《内国史院档》，顺治十一年

---

① 《为秦省有主荒粮最为民累特请圣恩酌议蠲豁以恤孑遗事》，《孟忠毅公奏议》，东洋文库藏，清刻本。
② 《为酌议考成之法以核吏治以安民生》，《孟忠毅公奏议》，东洋文库藏，清刻本。
③ 《密奏为秦民转运川粮艰苦至极亟宜商酌屯田防守之计以安重地事》，《孟忠毅公奏议》，东洋文库藏，清刻本。
④ 《为恭报十年兵屯收获杂粮并民屯开过荒田以征实效事》，《孟忠毅公奏议》，东洋文库藏，清刻本。
⑤ 《清世祖实录》卷80，顺治十一年正月壬辰条，第628页。

（1654）正月十一日，清世祖谕大学士范文程、图海等："尔等传谕陈名夏、吕宫等，朕闻陕西军门孟乔芳病故，深用轸恻，不禁泪下。孟乔芳与朕宁有亲戚哉？但以其为国忠勤效力故也。"[5]288 该条记录形成时间最早，可靠性更高。且清世祖此番言论是哀悼孟乔芳之死，并激励其他汉官，应距孟乔芳之死不久。因此各种史料记载的时间中，顺治十一年（1654）正月初一日最为合理。《孟乔芳神道碑铭》为王士禛所撰，与《内国史院档》一样为当时人记当时事。故笔者认为孟乔芳病故于顺治十一年（1654）正月初一日，《镶红旗汉军世袭谱档》《清史列传》记载有误。

孟乔芳机智有胆略，能力过人，颇受当时人肯定。如陕甘当地人在《重修陕州总督少保孟公丘陇纪》称："际伪李煽乱，九州鼎沸，五岳尘飞，干戈日循，戎车竞逐。公肃将王师，引旗秦郊，威怀三辅，驱伪李以宵奔。俾睨睨群丑，咸就絿緵；散秩哀鸿，悉归版籍。"① 文华殿大学士徐元文在《孟忠毅公奏议》的序言中赞美孟乔芳"机智明决、胆略绝人，凡所设施有非意量可得而窥测者"。② 即便在孟乔芳去世三十年之后，清圣祖仍然将其作为汉军官员的楷模："国家自祖宗定鼎以来，委任汉军官员与满洲一体。其中颇有宣猷效力者，如孟乔芳、张存仁辈，朝廷亦得其用。比年汉军居官者大不如初。"③ 由此可见孟乔芳在清初历史上的重要地位。

三 孟氏后裔

孟乔芳一生戎马倥偬，镇守西北，功勋卓著。但其后裔在政坛上影响很小。据王士禛撰《孟公乔芳神道碑》，孟乔芳长子孟熊臣为汀州府知府，次子孟熊飞为浙江道监察御史，三子孟熊弼袭爵。孙辈中

---

① 《重修陕州总督少保孟公丘陇纪》，引自周伟州《陕西发现的两通有关明末农民战争的碑石》，《文物》1974 年第 12 期。
② 《孟忠毅公奏议·序》，东洋文库藏，清刻本。
③ 《清圣祖实录》卷 118，康熙二十三年十二月庚子条，第 237 页。

有进士、大理寺评事、笔帖式、国学生、知州。[1]105 该文形成时间较早，显示孟乔芳直系的第二、三代子孙或有功名，或有官职，尚能克绍箕裘。不过此后的孟氏家族虽有佐领世职，但子孙功绩不彰，地位有限，没有在历史上留下足够记载。

考察清代八旗世家的发展，需要注意其所拥有的世袭佐领。清太祖、太宗为了奖励功臣、皇亲，将大量人丁编为佐领赏赐给他们，并授予世袭管理权。随着制度的完善，佐领种类日渐增加，截至乾隆四十五年（1780），形成了可世袭的勋旧、优异世管、世管、轮管、族中承袭佐领以及不可世袭的公中佐领。

因入关前佐领承袭制度不完善，相关档案残缺严重，所以很多家族围绕佐领的继承权展开诉讼，影响了八旗内部的团结。因此清高宗登基后，下令由和硕和亲王弘昼、多罗慎郡王允禧领衔，会同各旗都统对所有世袭佐领进行一次彻底的摸底调查，并根据佐领根源确定各家族内支派间承袭次序的先后。①

乾隆二年（1737）十一月初九日，镶红旗汉军都统恒亲王弘晊奉旨查奏孟乔芳家族所属的镶红旗汉军第二参领第二佐领的根源，时任佐领的孟绳祖呈报佐领根源如下：

> 孟乔芳系关东沈阳人氏，于崇德七年编放佐领时，将孟乔芳初次编放佐领。升授川陕总督后，将佐领替与伊弟孟乔荣二次管理。因病辞退后，将家人孟梁文三次管理。升授京口协领后，将佐领补放孟乔芳承继之子孟熊飞，四次管理。缘事革职后，将佐

---

① 《钦定大清会典事例》记载此次清查佐领根源的程序如下："八旗原管佐领、世管佐领，其原得佐领缘由并佐领下人原系何处人编入此佐领，均核明造册。自佐领以下至兵丁闲散均开列姓氏，于本名下画押。该旗汇总具奏，将画押档册抄录三本。一本存本旗公署，一本存兵部，一本兵部钤印，交该佐领收存，以备稽考。如日后再有争告之人即核对原册，将争告之人送部治罪。佐领袭替时，将新袭人姓名增注于册。本旗族长亦别造一册收存。其族长更换时，仍行交代。该旗于岁终将各佐领族长等所存之册点验，若有遗失损坏，私行改窜者，本人交部治罪，仍将原册校对更正。"（嘉庆朝《钦定大清会典事例》卷851《八旗都统·授官》，台北文海出版社1992年影印本，第5175页）

领替与孟乔荣之子孟熊佐五次管理。病故后，将佐领替与孟乔芳之孙孟维祖六次管理。病故后，将佐领替与伊亲弟孟经祖七次管理。缘事革职后，将佐领替与伊亲弟孟绳祖八次管理。自孟乔芳至孟绳祖共管八次，实系世管佐领。①

遵照佐领根源的认定程序，弘昑查阅入关前的档案，在崇德七年（1642）的档案中找到"将金砺旗下孟乔芳此章京放管空衔佐领"，证明孟绳祖提供的佐领根源属实。该佐领已经由孟氏家族管理八次，符合世管佐领的认定标准。按照惯例，世管佐领以管过佐领之人子孙承袭，具体承袭方案如下："孟乔芳系初编佐领之人，现在管理佐领之孟绳祖系孟乔芳之孙。孟乔芳有子三支，一支孟熊弼，系孟乔芳所生；一支孟熊臣系将胞弟孟乔荣之子承嗣；一支孟熊飞系将族兄孟应贤之子承嗣。再，孟乔芳现有亲弟二支，一支孟乔美未经管过，一支孟乔荣并伊子孟熊臣管过二次，今据该佐领报称俱应拣选，并无争竞。"②

需要说明的一点是，《镶红旗汉军世职谱档》和《钦定八旗通志》都记该佐领编设于崇德七年（1642），但是《清史列传》有："本朝天聪四年，大兵克永平，乔芳降……寻随大军归辽阳，隶汉军，管佐领事。"[4]6431 细审文意，似乎孟乔芳刚刚投降即管理佐领，则时间应在天聪六年（1632）。不过，相比后出的文献，崇德七年（1642）的档案无疑更为可靠，因此可以断定孟氏的佐领编设于是年。

笔者根据光绪二十九年（1903）的《镶红旗汉军世职谱档》整理孟乔芳家族世管佐领承袭情况如下：

---

① 中国第一历史档案馆：《八旗世袭谱档·镶红旗汉军世职谱档》，档号：世袭105号。

② 同上。

第三编　满族家族与人物

表1　　　　　　　　　　孟乔芳家族世管佐领承袭表

孟梁文(3)	孟国用							
孟乔荣(2)	孟乔芳(1)							
孟熊佐(5)	孟熊弼	孟熊飞(4)				孟熊臣		
	孟绳祖(8)	孟纹祖	孟经祖(7)	孟维祖(6)	孟缉祖	孟缵祖	孟绵祖	
		孟以懔		孟以恒(9)	孟以橙	孟以恂	孟以惕	
		孟惇		孟长龄(10)	孟炯	孟炤	孟松龄	
		孟廷玠		孟廷珪(11)	常恩	孟廷珠	孟廷珣	
		孟均需		孟均平(12)	海保	孟均明	孟均辅	
		起临		恩临(13)	松荣	秀临	鸿临	
		明清		明德(14)	文瑞	明山	明灿	
							文禄	

表中的孟国用生三子,分别是孟乔芳、孟乔荣、孟乔美。兄弟二人先后管理佐领。但孟乔荣一房从孟熊佐一辈之后绝嗣,所以佐领的管理权只能归孟乔芳一房。孟乔芳三子孟熊臣、孟熊飞、孟熊弼作为原立佐领人嫡系子孙都有继承权。但孟熊臣子孙始终没有管理佐领,原因不明。《镶红旗汉军世职谱档》记载第四任佐领孟熊飞"缘事革退",具体原因待考,但其子孙因此丧失了继承权,此后这一支派没有人再担任佐领。孟熊弼生五子,其中孟维祖、孟经祖、孟绳祖三人先后管理佐领。而从第八任佐领孟绳祖开始,佐领只能由曾经管理佐领之人子孙继承。这样孟熊臣和孟熊弼之子孟缉祖、孟纹祖三房因为一直没有管理过佐领就此丧失继承权。乾隆九年(1744),孟绳祖盗掘堂侄孟以恂坟墓,遭到革职处分,这一房也不能再继承佐领。加上孟经祖绝嗣,佐领只能由孟维祖后人继承,故从第九至十四任,该佐

领长官皆出自这一房。

　　清代八旗佐领为正四品武官,掌本佐领下人员的军政、民政、财政,是相当有实权的长官。清初很多世家子弟凭借这一平台入仕,得以飞黄腾达。不过随着时代的变迁,从非世家出身的官员开始崭露头角,而拥有入仕特权的世家子弟的上升空间逐渐被挤压。① 从孟氏家族的例子看,孟乔芳之子孟熊飞曾经管理佐领,后成为浙江道监察御史。但其余十二任佐领以及其他家庭成员皆未担任重要官职,显然和立下赫赫功勋的祖先相比,孟氏后人的能力不足,他们在政治上的势力迅速衰落。

四　结语

　　孟乔芳在清代历史上具有相当的影响力,特别是总督陕西期间,《清史稿》评价其"抚绥陇右,在当日疆臣中树绩最烈。"[3]2446但子孙的影响力很小。该家族在明清两代的发展变化过程颇有典型性,是很多八旗汉军世家的缩影。以镶红旗汉军为例,旗下除了孟氏,还有很多家族也拥有世袭佐领,最重要的是祝、柯、金三家。其中除了柯氏无考外,皆为明末北方卫所世袭武官。他们在后金国建立时投顺,先被编入八旗,成为新政权的成员。太宗朝最初的六位汉承政中,有来自该旗的金玉和(礼部)、金砺(兵部)、孟乔芳(刑部)、祝世荫(工部)。

　　从各种传记和编年史料可知,四家族成员在入关前除了有投顺之功,还在日常处理政务、征战、铸造火炮等方面为新国家效力。入关前的官员实质上不分文武,所以镶红旗汉军世家虽然出任文职,但一直参与战争,且他们在利用火炮方面的特长不但为国家建立功勋,也为自己获得了更多的荣誉。入关之后这些镶红旗汉军大臣被派往地方

---

①　有关八旗世家的兴衰与世袭佐领的关系,以及清王朝政治,可参考拙作《勋旧佐领与世家——以额亦都家族为例》,《满族研究》2014年第4期。

担任督抚。值得注意的是,明代西北边防以陕甘以北为重,目的是防范蒙古。但顺治、康熙时期,蒙古是清帝国的藩部,而盘踞四川的张献忠才是清朝的威胁。在西北形势严峻之时,镶红旗汉军的金砺、孟乔芳都曾经在西北任职,祝表正参与平定姜瓖之乱,特别是孟乔芳在西北贡献最大。清初大量任用汉军大臣主持地方,除了他们比满洲、蒙古官员更擅长汉语外,他们对汉地形势的谙熟,个人能力的突出也是重要原因。

然而,以上世家虽然保持世袭佐领,且一度出现高级官员,但从第三、四代开始官职迅速降低。这是因为汉军世家虽然具有世袭佐领,但也只是有入仕机会而已,能否利用好这个机会取决于个人努力。而以上家族入关后的第三、四代为康熙中后期到乾隆初,这一时期清朝已经稳定了南方,以发展地方为主要目的;西北方面正在与准噶尔汗国博弈,但在这个过程中,君主需要的是有才干的大臣,而不太考虑家族的光荣历史,因此能否在这一时期提高家族的地位取决于个人才干。而有关孟、金、柯、祝四家的史料看不到他们的作为,所以地位迅速下降的结果是难以避免的。

[参考文献]

[1] 王士祯. 孟公乔芳神道碑 [M] // 钱仪吉. 碑传集. 北京:中华书局,1993.

[2] 白寿彝. 中国回回民族史 [M]. 北京:中华书局,2007.

[3] 赵尔巽. 清史稿 [M]. 北京:中华书局,1998.

[4] 王钟翰. 清史列传 [M]. 北京:中华书局,1987.

[5] 中国第一历史档案馆. 清初内国史院满文档案译编:下册 [Z]. 北京:光明日报出版社,1989.

[原载于《吉林师范大学学报》(人文社会科学版)2017 年第 5 期]

黑龙江将军那启泰降革案探析

孙浩洵[*]

那启泰是清代历任黑龙江将军之一，完颜氏，满洲正蓝旗人，乾隆三十九年（1774），擢头等侍卫，六十年（1795）迁江宁将军。[1]441 之后，分别在嘉庆三年（1798）到五年（1800）、六年（1801）到八年（1803）两次出任黑龙江将军，但一次被降调，一次被革职。目前，学术界并无专门对此两案的探讨。笔者现主要通过中国第一历史档案馆馆藏相关档案对那启泰降革两案展开论述，在详细叙述案情的同时进行深入分析，总结案件处理对黑龙江地区的治策变化的影响等。这无疑对深化清代黑龙江的相关研究有所裨益。

一 黑龙江将军那启泰的降调

嘉庆四年（1799），齐齐哈尔发生了官屯壮丁叶荣春在屯官富珠隆阿家中毒身死一案。据富珠隆阿的家人四保供称："亲见张自清递给富珠隆阿纸包一个，随后，叶荣春到来，富珠隆阿令四保取茶给饮，四保见钟底有红黑色浓面子汁在内。叶荣春饮茶出外之后，即肚痛倒地，抬回家内身死。"[①] 黑龙江将军那启泰经过验尸后认为叶荣

---

[*] 孙浩洵（1986— ），男，山东荣成人，中国第一历史档案馆满文处工作人员，历史学博士，研究方向：清史、满族史。

① 中国第一历史档案馆馆藏：《军机处上谕档》，嘉庆四年十二月初十，第1条，盒号787，册号1。

春生前中毒属实，但奏称，掌管刑司协领那苏图等徇私，证人"张自清顿反前供，四保前供亦复抵赖不从"，原因则是"刑司协领那苏图与屯官富珠隆阿二人系结义弟兄，而该司主事岱清阿又系富珠隆阿叔伯姨丈"，故令此二人回避之后，"将刑司关防改交出差回来协领阿尔苏朗等掌管，严饬司协领玛伯禄等秉公详审"。①但多次饬令，无论是被告富珠隆阿，还是证人四保等都众口一词，称叶荣春并非中毒而死。甚至再审之协领玛伯禄也受岱清阿之语影响，竟呈禀："叶荣春或系乌沙胀或系食物相反以致身死，请将富珠隆阿照平日在家聚赌及本管官与部民索借财物治罪追还款项"。②此外，协领那苏图等更是明阻公事，"每值审讯此案之际，屡次种种干涉阻挠出言惶惑，以致众供屡次反覆，久难成谳"。③还对将军、副都统的当面申饬顶撞不服，那启泰对此颇为无奈，也深感自己办理不力，先是自请交部查议，又称"所有承审相验各员俱系本地之人，非族党即系亲私，且同在衙门行走，互相容隐狗庇，实所不免此皆边省相沿陋习，甚属可恶，虽经奴才等屡谆饬而锢蔽未能尽除，即另委别员复行检验，事经日久，亦难信具无弊，再以忤作人等皆系土居，不特听从颐指，且于检验之法本不精娴"，奏请嘉庆帝"俯念边省陋习人命重案，赏派钦差随带熟谙忤作，奴才等俟钦差到时随同秉公审办，且有随带熟谙忤作，复行检验是否真伪即可立见"，并将富珠隆阿与岱清阿先行革职。④与此同时，那启泰又参奏了参领双宁、佐领伊尔洪阿等聚赌行为。关于此案，嘉庆帝认为"富珠隆阿复差人催促入殓，及向理刑主

---

① 中国第一历史档案馆馆藏：《宫中朱批奏折》，档号：04—01—08—0160—009，"黑龙江将军那启泰奏为屯官富隆珠阿聚赌嫌杀，刑司主事岱清阿瞻循蒙蔽请革审事"，嘉庆九年正月初四日奏。
② 同上。
③ 中国第一历史档案馆馆藏：《宫中朱批奏折》，档号：04—01—13—0132—014，"黑龙江将军那启泰奏为特参协领那苏图等员干涉明阻公事等情请分别革职摘顶并自请议处事"，嘉庆九年正月初四日奏。
④ 中国第一历史档案馆馆藏：《宫中朱批奏折》，档号：04—01—08—0160—009，"黑龙江将军那启泰奏为屯官富隆珠阿聚赌嫌杀，刑司主事岱清阿瞻循蒙蔽请革审事"，嘉庆九年正月初四日奏。

事岱清阿嘱托,其中显有欠负挟嫌谋死情事,富珠隆阿恃有岱清阿等为之庇护,始终不肯供认,以致悬案日久,未结殊属延玩",并指责那启泰作为黑龙江将军,没有尽到职责,指出"乃那启泰等以该处司官互相容隐狥庇,奏请赏派钦差前往审办,可谓无能。且由京派员前往审讯路途过远,何不晓事?"① 与此同时,并谕"盛京刑部侍郎瑚图礼带同司员并熟谙件作就近驰赴该处检验叶荣春尸身,传到案内人证细加研鞫,务得实情速行定拟具奏,所有那启泰等折片发交阅看"。② 针对那启泰"殊属延玩"的不称职行为,嘉庆帝将那启泰连同齐齐哈尔副都统恒伯传旨申饬,并作出初步审理结果,即"理刑主事岱清阿因与富珠隆阿向属姻亲,有心蒙蔽,着与屯官富珠隆阿一并革职;又协领那苏图与富珠隆阿异姓结盟,已干例禁,且于此案屡次干涉阻挠,因致众供反覆,参领双宁、佐领伊尔洪阿俱有管束属下之责,乃与富珠隆阿等互相聚赌,甚属无耻,那苏图、双宁、伊尔洪阿俱着革职,其一同赌博之佐领希捋恩泰,云骑尉开启,骁骑校花凌阿、同泰、年满,仓官阿里善,委官托布忠等俱着解任,原品休致,察哈尔总管雅隆阿着革去顶戴一并归案审拟具奏,那启泰恒伯自请交部察议之处,俟此案审结后,再降谕旨"。③ 而后,盛京刑部侍郎瑚图礼在未用刑的情况下审理得实,嘉庆帝对此认为此案不难处理,严厉指责将军那启泰、副都统恒伯:"外省将军,都统均有办理人命之责,遇有此等事件,一味偏护属员而又毫不经心,动辄请派大臣办理,设立将军副、都统所司何事?"[1]442 最终,那启泰因不堪黑龙江将军之任,而以其之前曾任热河副都统,彼处之事尚少,被降调为热河副都统。纵观此案,我们不难看出,那启泰作为一省的将军,居然不能对一件简单的命案做出审理,反而对下属凶手屯官富珠隆阿、理刑

---

① 中国第一历史档案馆馆藏:《军机处上谕档》,嘉庆四年十二月初十,第1条,盒号787,册号1。
② 同上。
③ 中国第一历史档案馆馆藏:《军机处上谕档》,嘉庆四年十二月初十,第2条,盒号787,册号1。

主事岱清阿、协领那苏图等勾结阻办审案、相互包庇的行为束手无策，只能奏请派出钦差审理，一方面系嘉庆帝所说的不堪将军之任，即能力不足；另一方面，也能从侧面说明那启泰实际并不太熟悉黑龙江地区的政务，而当时也的确存在黑龙江地方官员相互勾结的情况。这最终导致其被降为热河副都统。

嘉庆六年（1801），那启泰又被复授黑龙江将军，但两年之后，那启泰在上报齐齐哈尔赈灾分数上又遇到了上述情况，且结果更为严重。

二 黑龙江将军那启泰的革职

（一）协领的上告与嘉庆帝的批示

嘉庆八年（1803），齐齐哈尔遭遇水灾，按照惯例，黑龙江将军要上报受灾情形以及米粮分数。那启泰在准备上奏之时，却因为所报分数的多少与该管的几位协领意见不相统一。将军那启泰与副都统玉衡主张为了能够早日完缴上年积欠官粮，主张报收成四分；而众协领为了展限完缴上年所借官粮，则希望将军少报分数。但是，那启泰等坚称上报收成四分，绝不退让，称"曾同玉副都统亲往各屯打量，皆有余粮，他们若不还些，我断不依"，[1] 并呵斥众协领："使田间果多草，卖草亦足抵一谷，何少为？"[2]950 并于初十日发折，但经副都统额勒珲询问，实际上，各屯户年景"有收至两个月及三四五个月口粮不等，并无收至半年口粮者"，次日又听闻将军差人赶折去了。[2] 经查，实系"齐齐哈尔地方本年被水成灾，秋成实形歉薄，那启泰等讳匿分数，逼令完缴官粮，迨额勒德善等合词具折上告，那启泰等得有风闻，因派人将原折赶回，复将收成分数据实具奏，转坐该协领等以未

---

[1] 中国第一历史档案馆馆藏：《军机处上谕档》，嘉庆八年十二月十七，第5条，盒号808，册号2。
[2] 同上。

报成灾之咎"① 嘉庆帝对此格外重视,命那彦泰为钦差前往审理,而此时恰好是墨尔根副都统额勒珲年班来京,又详加询问,得实。嘉庆帝认为那启泰行为构成欺罔,甚为可恶,将其连同齐齐哈尔副都统玉衡一同革职,并嘱咐那彦成等即刻赶赴齐齐哈尔城严审,务必要弄清事实,不可稍有偏徇。即:

> 军机大臣字寄,钦差礼部尚书那,署黑龙江将军宜,盛京兵部侍郎花,嘉庆八年十二月十七日,奉上谕:昨因那启泰奏接奉谕旨,星夜赶回黑龙江一节,恐有弥缝掩饰情弊,业经降旨,谕令那彦成等查办,本日召见年班来京之墨尔根副都统额勒珲,朕面加询问,据称,伊于十月二十九日自墨尔根起身行至齐齐哈尔地界,沿途看见禾稼偶有一两处未经收割,多系被水受伤,年景甚属平常。十一月初六日到齐齐哈尔时,面见将军那启泰,彼时尚未具奏收成分数,据那启泰告知,要奏四分收成,额勒珲因向该处协领额勒德善等询问,佥称曾求过将军将上年所借官粮展限完缴,将军说官粮业已借出,十九万余石仓贮空虚,有关紧要,并未允准,额勒珲随向那启泰说及收成未必能有四分,那启泰回称,曾同玉副都统亲往各屯打量,皆有余粮,他们若不还些,我断不依。那启泰就于初十日拜发折奏,额勒珲未见折稿,亦扵是日午后起身出城后,遇见屯户等询及年景,俱称有收至两个月及三四五个月口粮不等,并无收至半年口粮者。额勒珲行走一站,在特穆特克地方住宿,次早起程时,听见将军差人赶奏折去了,迨十五日,额勒珲行至乌兰诺尔,遇见赶折人回来,额勒珲询问名叫雅绷阿,系领催据称,奉将军派令赶折,直到吉林交界赶回,额勒珲问以将军因何要赶折子,据称实不知道等语。是齐齐哈尔地方本年被水成灾,秋成实形歉薄,那启泰等讳匿分数,逼令完缴官粮,迨额勒德善等合词具折上告,那

---

① 中国第一历史档案馆馆藏:《军机处上谕档》,嘉庆八年十二月十七,第5条,盒号808,册号2。

启泰等得有风闻,因派人将原折赶回,复将收成分数据实具奏,转坐该协领等以未报成灾之咎,情节显然,前曾书写清字谕旨交那彦成亲赍,如讯出那启泰等有追改奏折等弊,即传旨将那启泰玉衡革职,并令宜兴署理将军。今果不出朕所料,那启泰等即因慎重仓储,催令完缴借欠,未照被灾实在分数办理,已属不合,然若果据实奏明,或被控之后,特派大臣查实其咎,转轻即部议镌职,犹可量减处分,予以留任。今既经发折,复令赶回,改缮具奏。现据额勒珲所奏发折之日及追折之人俱确有指证,则那启泰等捏饰之罪实。那启泰、玉衡均着革职,交与那彦成等详细查讯,究竟齐齐哈尔今年被水情形若何,秋成实有几分,那启泰等既经缮折具奏,何以复行派人赶回,其原折内系如何具奏之处,那彦成等务须向其跟究查取阅看,即底稿已毁,亦务令那启泰等默出呈览,并查明此事系何人主见,若系那启泰之意,玉衡曾否向其拦阻,如果曾经劝阻,那启泰不肯听从,则玉衡之咎较之那启泰自当稍有区别。倘竟系商同办理,则厥罪维均矣,至那启泰昨奏星夜赶回黑龙江,自必又向沿途驿站嘱令扶同掩饰,希冀弥缝。那彦成等尤当切实查明,如果究有此种情弊,则那启泰更罪上加罪矣。现已另降谕旨将观明补授黑龙江将军,额勒珲调补齐齐哈尔副都统,其观明未到以前所有黑龙江将军印务,着宜兴暂行署理,至副都统一缺即可无庸委员署理也。那彦成等接奉此旨,即秉公鞫讯务得确情定拟具奏,将此由四百里谕令知之。①

与此同时,嘉庆帝接到了齐齐哈尔副都统玉衡奏文,文内称原告协领一方有顶撞上司之行为,实乃聚讼挟制,相互勾结,目无上官之刁风。针对于此,嘉庆帝认为"若各处相率效尤成何体制",故做出将涉事协领等参革的决定,并传谕那彦成等查讯明,"确将出言顶撞

---

① 中国第一历史档案馆馆藏:《军机处上谕档》,嘉庆八年十二月十七,第5条,盒号808,册号2。

及违例遣员出境之协领额勒德善、佐领托克屯保、阿拉什参革究治，其该管骁骑校萨拉金、保多金保于领催等私行出境，未能觉察，但系该协领所遣，其咎转可从宽"。①

（二）钦差大臣那彦成的审理与定拟

那彦成等赶到齐齐哈尔之时，先是沿路察看地方情形，并询问了兵丁屯户，确定了黑龙江将军辖区内"今岁六月嫩江水涨，田禾被淹，其未淹者秋收尚有可望，忽于七月二十二三等日被霜收成实为歉薄"②的情形。随即就展开调查，除了亲自审问那启泰、玉衡二人外，又"一面派委员外郎鹤纶、谭光祥，主事觉罗官保住，佐领爱明阿，将协领额尔德善等隔别询问"。③据那启泰供称：

> 本年七月二十二三等日田禾被霜，询问协领额尔德善等，俱云只可作三分收成，应征额粮间或可完旧欠仓粮不能交纳，亦不必接济口粮等语。我因协领等并未呈报被霜情形，询问玉衡，玉衡亦说未经呈报，八月二十九日我同玉衡亲往各屯查勘，将已割田禾逐一打验，约略似有四五分年景，随询协领等似此年景何以不能交粮，协领诺恩济等俱以管下佐领等都说不能交粮之语回覆，随又传唤佐领乌勒卿阿等询问，俱与额尔德善等所称相同，我查向来奏报收成分数，系由八旗协领于八月呈报，五分以上正欠全交，四分以下分别办理。此次协领等并未呈报，只口说三分，既系三分何以又称不必接济？该协领佐领等异口同声显有捏饰情弊，旗人屯丁等历年积欠过多，今年若再照被灾办理，殊非慎重，仓储之道遂同玉衡商酌定为收成

---

① 中国第一历史档案馆馆藏：《军机处上谕档》，嘉庆八年十二月十九，第7条，盒号808，册号2。

② 中国第一历史档案馆馆藏：《宫中朱批奏折》，档号：04—01—23—0146—003，"礼部尚书那彦成奏为遵旨查明齐齐哈尔收成实在分数及那启泰等改换奏折并协领挺撞上司等情形事"，嘉庆九年正月初四日。

③ 同上。

四分,将协领佐领一并参奏,十一月初九日方查出乾隆十七年旧案,每晌地收量仓石二石一斗作为收成三分,今岁每晌地只收粮仓石一石四斗应作为二分,初十日发折之后,协领干森保等五人具呈请借口粮,我想既有旧案可遵,又有协领等呈报因即与玉衡商定,将奏折赶回,改为收成二分,将协领五员奏请议处。①

根据那启泰的供词,我们不难看出:收成分数是先由协领经手,之后报于将军,至于收成分数的统计则是依据每晌地所收的粮数。而那启泰认为自己与玉衡经过实地调查,加之不可令旗人屯丁再增加积欠,故报收成四分,并上奏折,而之后查得旧案,方知有例可循,故赶回奏折,改为收成二分,至于协领等共求收成三分,那启泰则认为协领等不事先呈报,又众口铄金,必有情弊,故参奏。这也就是承认其确有追改奏折的行为,所以钦差那彦成根据谕旨将那启泰、玉衡革职,并令宜兴暂时署理将军印务,并令那启泰呈出原折,详细究查,逐一严加讯问,即"因何先奏四分后改二分,究竟应作几分,有何确见,且前此奏折将协领五员、佐领五员一并奏请解任,追改缮奏折,只将协领五员奏请议处,所参情节轻重迥别,是否风闻协领等私发奏折。商量改换究系何人主见,有何情弊之处"。② 那启泰、玉衡对此供称:

我等实因不知旧例,应作几分,协领等口说无凭,旗人屯丁等积欠过多,若再任意延展年复一年,仓储应无实贮,是以冒昧奏报四分收成,佐领乌勒卿阿、托克屯保、倭密善、阿海、墨伦太等五人随同协领干森保等五人俱有不能交粮之语,是以

---

① 中国第一历史档案馆馆藏:《宫中朱批奏折》,档号:04—01—23—0146—003,"礼部尚书那彦成奏为遵旨查明齐齐哈尔收成实在分数及那启泰等改换奏折并协领挺撞上司等情形事",嘉庆九年正月初四日。

② 同上。

将协领、佐领等一并参奏，追查出旧案后，方知前奏错误是以改换奏折，照例奏请，接济口粮，将旧欠展限完缴至初十日所遞呈词，只有协领干森保等五人列名询知向来佐领并不呈报分数，俱系协领作主，是以未将佐领参奏，并非风闻协领等私发奏折才将原折赶回，此系我两人商同办理，总是糊涂冒昧，只求从重治罪。①

经钦差那彦成多次审理，"那启泰、玉衡唯有伏地叩头痛哭认罪佥称无才无能，不能压服属员，以致协领等轻蔑挺撞，又因查办不实过于害怕，将奏折赶回改换，实非风闻伊等私有奏折方行补参，我等若有所闻，岂肯先参得重后，又改轻呢，只求详情等语"。② 总体来看，那启泰、玉衡承认了害怕查办不实而追改奏折的事实，并非是因为协领等私自发折才将原折赶回，同时，也为不能压服属员而请罪。至于原告协领额尔德善等一方则供称：

> 七月二十二、三等日田禾被霜颗粒不足，秕殼过多，遂约略定为三分收成，求将军副都统将应交旧欠十九万六千七百余石口粮展限一年完交，八月二十九日，将军大人亲往各屯打验回来后不依，要作为四分收成，我们再四恳求总未允许，反要将我们参奏，遂商同缮折要求皇上施恩，于十一月初八日做出折稿，初九日叫佐领舒隆阿写成。初十日，将军副都统发折之后，我们即于是日私差领催能得、委前锋完受赍折由草地进京。等语询之。③

---

① 中国第一历史档案馆馆藏：《宫中朱批奏折》，档号：04—01—23—0146—003，"礼部尚书那彦成奏为遵旨查明齐齐哈尔收成实在分数及那启泰等改换奏折并协领挺撞上司等情形事"，嘉庆九年正月初四日。
② 同上。
③ 同上。

钦差那彦成则根据乾隆十七年报灾之旧案确由骁骑校、佐领、协领呈报将军覆查后办理为例质问协领额尔德洪："此次何以不照旧案办理，且既系三分收成，何以额尔德善等于将军前口称不必接济，又不预先呈明，直至十一月初十日，那启泰发折之后始行呈报，且所递奏折内，又未将分数确实奏明，尔等作为三分收成有何确见，何以折内并未声明，且尔等不应奏事，如果为旗人屯丁生计起见，将军副都统不肯据实陈奏，尔等只可直达部科，何得僭越陈奏？"①审理至此，协领额尔德洪等自请治罪，即"我等向来从无打验之例，此次所称三分收成实未亲身打验，只系约略之词，折内并未声明是我们糊涂，我们向来办理灾赈，原无定例，总由我们回明将军定作几分，即可奏明办理，今年因求过将军、副都统总不肯依，是以商同竟自发折陈奏，实系糊涂，只求治罪。等语"。②随后那彦成又询问本地兵丁屯户历年的收成情况，据称："向来丰收之年，每地一晌，计六亩，可得禾一百余捆，每捆可得十六七八碗不等，每二碗合仓升一升，每一晌地可得仓石八九石，今岁每地一晌只可得六七十捆，因颗粒不足，秕壳较多，每捆自二碗至十二碗不等，均匀合算每捆可得四五碗，每晌可得仓石一石二三四斗。"③

根据细细核算，那彦成认为那启泰追改的收成二分是比较符合事实的，"额尔德善等所称三分及那启泰等初次折内所报四分，均系率意悬断不足为凭"，与此同时，那彦成认为那启泰与玉衡作为黑龙江地区封疆大员，本应在歉收之年早日接济，"并恳天恩照例蠲免额粮，将旧欠一体缓征庶生计有资丁力不至拮据"，但两人"毫无定见既未能查明旧案确定分数，复不能压服属员，又将奏折追回，擅自更改，且十一月初九日既经查出旧案，何以不即改缮奏折，直至协领等呈报

---

① 中国第一历史档案馆馆藏：《宫中朱批奏折》，档号：04—01—23—0146—003，"礼部尚书那彦成奏为遵旨查明齐齐哈尔收成实在分数及那启泰等改换奏折并协领挺撞上司等情形事"，嘉庆九年正月初四日。
② 同上。
③ 同上。

之后，方将原折赶回种种谬妄糊涂，诚如圣谕，可恶可恨"。① 再者，那彦成针对追回奏折一项，经调查，确定那启泰等并无嘱令掩饰情弊，仍奏请将其二人押解进京，交宗人府议罪。至于原告协领额尔德洪等，那彦成则以"违例私递奏折，又复目无长官，结党把持积习，串通牢固不解"治罪，奏请"将协领额尔德善与协领干森保、诺恩济、卜拉克、六善保等一并革职交部治罪"。② 此外，其余涉案有罪之人也都给出拟定意见，即：佐领舒隆阿听从额尔德善指使，代缮奏折，应请旨交部议处，领催能得系托克屯保佐领下人，托克屯保于十一月二十四日，那启泰未经发折之先已经解任。其佐领事务系骁骑校明福署理，明福未能查出呈报，托克屯保系十一月十六日复任亦未能查出呈报；委前锋完受系阿拉仆佐领下人，在前锋营穆克登布属下当差，穆克登布系本管之人不能辞咎，阿拉什之咎稍可从轻，然均未能查出呈报，应请旨将佐领托克屯保、阿拉什、穆克登布，骁骑校明福一并交部分别议处，该管骁骑校萨拉、金保、多金保于领催等私自出境未能觉察，亦应请旨交部议处，领催能得，委前锋完受未奉将军副都统差遣，辄敢听协领等指使，私自赍折进京，应令该管官鞭责革退枷号示众。③

（三）嘉庆帝定案

最后，嘉庆帝以"那启泰虽先不知额勒德喜讦告，而并未于事前将收成分数核实，又未详查旧案，既经发折，复行赶回，究属非是"，[1]442 仍将那启泰革职，"著加恩赏给蓝翎侍卫，前往伊犁作为领队大臣，更换菩萨保回京"，后调叶尔羌办事大臣，"玉衡著加恩赏给蓝翎侍卫，前往吐鲁番作为领队大臣，更换绷武布。绷武布著前往

---

① 中国第一历史档案馆馆藏：《宫中朱批奏折》，档号：04—01—23—0146—003，"礼部尚书那彦成奏为遵旨查明齐齐哈尔收成实在分数及那启泰等改换奏折并协领挺撞上司等情形事"，嘉庆九年正月初四日。
② 同上。
③ 同上。

乌什更换伊冲阿回京"，二人皆令其自备资斧前往新疆。① 关于涉案协领等，嘉庆帝特意下谕："至各省驻防协领等遇有事件，应禀明将军、副都统商同办理，或将军副都统不允，亦应秉公细商，否则声明缘由，直揭部科办理。"② 据此，嘉庆帝对那彦成拟定涉事协领等处理意见进行修改，做出以下处理："今额勒德善等私令佐领舒隆阿缮折，违例差人呈递，甚属胆大，且于玉衡署中，拾获匿名揭帖。经玉衡将额勒德善等传询，额勒德善等尚不认错，倨傲无礼，此风断不可长，额勒德善、刚安保、嫩积、布拉克、留善保、俱照那彦成等所拟革职。派委官兵押解来京，交刑部治罪，以示惩戒。佐领舒隆阿系属职官，私代额勒德善等缮折，亦属非是，那彦成等拟以交部议处，尚属轻纵。舒隆阿著革职，额勒德善等所派递折之委前锋万寿、领催讷恩德亦属违例。万寿、讷恩德亦著照那彦成等所拟俱革退，枷号满日，鞭责发落，舒隆阿、万寿、讷恩德俱著永不叙用。"③ 自此，原被告双方皆以不同处分，远离黑龙江地区。

三 结语

就那启泰讳匿灾分数一案来说，其革职原因有三：一是未能查明收成分数，致使没有及时接济地方，保存丁力；二是追改奏折、修改分数；三是不能压服属下官员。念在其"始知初次奏报分数与例不符，是以撤回原折，更正，另有自行检举之折"，且无掩饰嘱令情弊，故嘉庆帝虽前将那启泰革职，但仍任用其为叶尔羌办事大臣，而那启泰对此也是十分感激，到任上折提及"伏思，奴才那奇泰系一愚蠢至极微末奴才，累世深受圣主之恩，因奴才愚蠢无能，办理粮数不周，理应将奴才从重治罪，圣主加重恩未将奴才从重治罪，仍极力加恩，只将奴才革职，赏蓝翎侍卫，给效力机会，派遣为伊

---

① 《清仁宗实录》卷一百二十五，嘉庆九年正月壬寅条。
② 同上。
③ 同上。

犁领队大臣……"① 而与之前那启泰降调一事相同的是黑龙江将军下属官员的确存在相互勾结、挟制上官之现象，尤其以协领为甚。那启泰初任黑龙江将军之时，竟然对刑司协领那苏图与屯官富珠隆阿、主事岱清阿三人阻碍办案的行为束手无策，再任之时，又不能压服下属，被众协领顶撞。西清在《黑龙江外记》中的一段叙述正好能说明这点："岁报秋成分数，主者议率从少，上官议率从多，累日不定。惟在上官能核实情，秉公酌断，其下虽欲取巧觊恩，隙无可入，不然，聚讼挟制，甚且上书告讦……吁！一出令微涉不公，机遂不测，边地人情，盖可忽乎哉？"[2]950 从嘉庆帝对之前那启泰的降调与此后的革职两件事的处理，我们不难看出，关于涉案协领等下属官员的处罚显然要比将军那启泰要重很多，这就说明，与黑龙江将军那启泰之罪相比，嘉庆帝尤不能忍受地方官员因"籍隶近省"，久居此地，所导致"亲故相连，友朋相习，堂属之情谊虽恰，上下之纪纲渐颓"之风气。[3]40 倘若放任此风不理，必然妨害到日后黑龙江的治理，甚至引发动荡，故嘉庆帝在后案审理定拟的基础上将涉事协领等从重处理，达到以正风气之目的，并特意通谕各省，令协领等属员以后要履行职责，遇事与将军、副都统协商办理，如遇不合，不可结党，要走正常程序，意在刹住此风。此外，我们也能看出此时黑龙江协领等官员所报分数为最后上报之数，甚至地区救灾程序并未形成严格的程序，至少在报灾与勘灾两个环节，多以基本打验也无定例，正如原告协领所言，"我们向来办理灾赈，原无定例，总由我们回明将军定作几分，即可奏明办理"。②

[参考文献]

[1] 李桓. 国朝耆献类征初编 [M]. 周骏富. 清代传记丛刊. 台北：明文

---

① 中国第一历史档案馆馆藏：《军机处满文录副奏折》，档号：03—0197—3675—021，"那奇泰奏接任叶尔羌帮办大事谢恩折"，嘉庆九年十月九日奏。
② 中国第一历史档案馆馆藏：《宫中朱批奏折》，档号：04—01—23—0146—003，"礼部尚书那彦成奏为遵旨查明齐齐哈尔收成实在分数及那启泰等改换奏折并协领挺撞上司等情形事"，嘉庆九年正月初四日。

书局，1985.

[2] 任国绪. 宦海伏波大事记：外五种［M］. 哈尔滨：黑龙江人民出版社，1994.

[3] 徐宗亮. 黑龙江述略：外六种［M］. 哈尔滨：黑龙江人民出版社，1985.

［原载于《吉林师范大学学报》（人文社会科学版）2017 年第 5 期］

第四编　边疆与民族

"族群"：一个被误解和误用的概念

沈培建[*]

改革开放为学术界对外交流创造了有利条件。20 世纪七八十年代，西方的族群（ethnicity，ethnic group）概念被介绍到国内，引起学界广泛兴趣。"族群"不仅是社会学、民族学的研究热点，而且逐渐受到历史学的关注。元史、清史、少数民族史等领域与此密切相关。学者们在讨论族群客观标准、主观认同的同时，还努力探寻族群观在中国的历史根源。[1]近年来，越来越多的学者开始在他们的论著中使用"族群"一词。

国内对"族群"的研讨往往涉及两个比较突出的议题：一是"族群"的定义及其与民族的关系；二是能否以"族群"取代我国"少数民族"。

关于"族群"定义，德国社会学家马科斯·韦伯（Max Weber）和挪威人类学家弗里德里克·巴斯（Fredrik Barth）的论述对学界影响较大。

韦伯认为："Those human groups that entertain a subjective belief in their common descent—be cause of similarities of physical type or of customs or both, or because of memories of colonization and mi gration—in such a

---

[*] 沈培建（1954— ），男，浙江定海人，加拿大西门菲沙大学继续进修系讲座教授，英国圣安德鲁斯大学博士，研究方向：现代国际关系、中国近现代史、北美社会政策。

way that this belief is important for the continuation of non-kinship communal rela tionship, we shall call 'ethnic' groups".①

译文：他们对共同世系抱有如此的主观信念——因为相似的体型或相似的风俗，或两者都有；或因为相似的殖民和迁徙记忆——以至于这个信念对非血缘共同关系的继续至关重要，我们将那样的人群称为"族"群。

巴斯写道："The term ethnic group is generallyunderstood in anthropological literature (cf. e. g. Nar roll 1964) to designate a population which: 1. is large ly biologically self-perpetuating 2. shares fundamen tal cultural values, realized in overt unity in culturalforms 3. makes up a field of communication and inter action 4. has a membership which identifies itself, and is identified by others, as constituting a categorydistinguishable from other categories of the same or der.

This ideal type definition is not so far removedin content from the traditional proposition that arace = a culture = a language and that a society = aunit which rejects or discriminates against others."②

译文：族群一词在人类学文献中（参见，如 Narroll 1964）一般被理解为特指一群人：1. 主要在生物方面一直自我延续；2. 分享文化形式中整体共同确认的基本文化价值；3. 形成交流和互动的领域；4. 作为构成与按相同序列划分的他类有别的一类群体，具有识别自我和被他人识别的成员资格。

这个理想方式的定义在内容上与传统命题相去不远：即种族 = 文化 = 语言；还有社会 = 排斥和歧视其他单位的单位。

国内学者在探讨族群概念方面做了很多有益的工作。如郝时远、

---

① Max Weber, "Ethnic Groups", in Talcott Parsons et al. (eds.), *Theories of Society: Foundations of Modern Sociological Theory*, Vol. I, The Free Press of Glencoe, Inc. , New York 1961, p. 306.

② Fredrik Barth, "Introduction", in Fredrik Barth (ed.), *Ethnic Groups and Boundaries: The Social Organization of Culture Differ ence*, Little, Brown and Co. Boston 1969, pp. 10 – 11.

徐杰舜根据国外百科全书、专著和网络信息，列举出一二十种"族群"定义。① 吴泽霖依据美国同类辞书编纂的《人类学词典》将"族群"诠释为"：一个由民族和种族自己集聚而结合在一起的群体。这种结合的界线在其成员中是无意识承认，而外界则认为它们是同一体。也可能是由于语言、种族或文化的特殊而被原来一向有交往或共处的人群所排挤而集居。因此，族群是一个含义极广的概念，它可以用来指社会阶级、都市和工业社会中的种族群体或少数民族群体，也可以用来区分土著居民中的不同文化和社会集团。族群概念就这样综合了社会标准和文化标准"[2]308。

至于能否以"族群"取代我国"少数民族"，学界在讨论中大致形成了两种观点：一种支持用"族群"取代"少数民族"，另一种则持反对或保留态度。

支持论认为，"民族"有较强的政治性，往往与民族主义、民族自决相联系。"族群"只有文化性并可广泛适用，能淡化政治色彩，抑制民族主义诉求。我国目前正处在一个社会群体频繁流动、不断变化整合的时期，各民族内部支系繁多又各具文化特点，因此需要一个新的概念来界定。"族群"恰好可以满足这一需要。它不仅可以指汉族和少数民族，而且可以指民系、各地方人（如客家人、潮州人、东北人、陕北人、昆明人）和移民群体。② 此外，用"族群"取代"少数民族"可在翻译"中华民族"和"少数民族"时避免出现混乱。[3] 支持论中较有代表性的是马戎、徐杰舜和孙九霞等学者。

---

① 郝时远：《对西方学界有关族群—ethnic group—释义的辨析》，《广西民族学院学报（哲社版）》2002年第4期；徐杰舜：《论族群与民族》，《民族研究》2002年第1期。其他学者关于族群概念的论述，见周大鸣《论族群与族群关系》，《广西民族学院学报（哲社版）》2001年第2期；孙九霞：《试论族群与族群认同》，《中山大学学报（社科版）》1998年第2期；纳日碧力格：《全球场景下的"族群"对话》，《世界民族》2001年第1期；潘蛟：《"族群"及其相关概念在西方的流变》，《广西民族学院学报（哲社版）》2003年第5期。

② 马戎：《理解民族关系的新思路：少数民族问题的"去政治化"》，《北京大学学报（哲社版）》2004年第6期；徐杰舜：《论族群与民族》，《民族研究》2002年第1期；孙九霞：《试论族群与族群认同》，《中山大学学报（社科版）》1998年第2期。

另有不少持反对或保留态度的学者，如阮西湖、朱伦、郝时远和潘蛟等。他们不同意在族群概念上采取"拿来主义"；认为"族群"有歧视的含义，不符合国际国内对民族的正式用法。况且"族群"的意思就是民族。郝时远和潘蛟还对"族群"在使用上出现的泛化现象提出批评。① 此外，也有学者指出，族群概念背后是西方话语霸权，从开始就是不平等的全球对话[4]。

虽然观点不一，但学者们几乎一致倾向于将文化要素确定为族群概念的核心，即族群概念是建立在文化认同之上。关于"族群"与"民族"的关系，他们也一致认为："民族"强调政治性，"族群"侧重文化性。② 总之，学界从社会学、民族学、历史学等方面探索对族群概念的认识，促进了相关领域的学术研究和对外交流。

然而，以往的讨论也显示出族群研究中的薄弱环节。

首先，目前研究对"族群"和相关概念的理解和诠释，几乎完全沿袭一些西方学派观点。"族群"定义不过是对西方族群定义的归纳与综合，缺乏从中国社会现实中提炼出来的中国元素。例如，在文化方面，我国汉族和少数民族之间的文化差异是同质文化间的差异，但西方族群之间的文化差异是异质文化间的差异。国内族群研究对两者未加区别，忽视了这两种文化差异本质上的不同。

其次，对西方族群研究的时代背景和总体脉络缺乏了解，对这种研究背景如何影响其研究目的、研究导向和研究结论缺乏了解。国内研究思路受一些西方学派影响，因而未能揭示西方"族群"理论中的缺陷与偏差。例如，未能全面阐明：既然"族群"包括了种

---

① 阮西湖：《关于术语"族群"》，《民族研究》1998年第2期；朱伦：《论"民族——国家"与"多民族国家"》，《世界民族》1997年第3期；郝时远：《Ethnos（民族）和 Ethnic group（族群）的早期含义与应用》，《民族研究》2002年第4期；《对西方学界有关族群—ethnic group—释义的辨析》，《广西民族学院学报（哲社版）》2002年第4期；《中文语境中的"族群"及其应用泛化的检讨》，《思想战线》2002年第5期。

② 王东明：《关于"民族"与"族群"概念之争的综述》，《广西民族学院学报（社科版）》2005年第2期；徐杰舜：《论族群与民族》，《民族研究》2002年第1期；覃乃昌：《族群走向民族认同》，《广西民族研究》2009年第3期。

族和文化两方面因素，为什么将文化而不是将种族视为族群概念的核心。

再次，在西方族群社会的形成、中西方社会特点对比方面做得不够。例如，未能深刻揭示我国少数民族和西方族群之间的不同。忽视了中国是同种族构成的民族社会①，西方是多种族构成的民族社会，两者具有完全不同的社会 DNA。

最后，也是最重要的一点，目前对"族群"的研究走的是一条从书本到书本、学术到学术、理论到理论、概念到概念的途径，未能对西方族群存在的社会现状进行深入细致的实际考察，因而忽略了关键的一点：即西方以文化为核心的族群理论仅存在于学术领域和书本之中，并未实际应用于西方社会的族群划分。在社会实践中，西方族群一直是以种族为基础存在的，以直观的种族特征——肤色和体征——为标志划分的。这就向我们提出了一个严峻的问题：以文化要素来区分族群的理论，如果在它的西方原产地都行不通，又如何能应用于中国社会？

本文主要以北美族群社会为例，通过考察其族群社会的历史和现状，阐述其族群研究的时代背景、研究导向和理论局限；比较中美民族特点；说明族群就是以相同种族为基础形成的，带有某种文化特点的人群；论证从西方多种族民族社会产生的族群概念不适用于同种族多民族的中国社会。

---

① 人类学在种族划分等问题上并无一致看法和最后定论。一般认为，中国和亚洲各国人群属蒙古人种（黄种人）。因此，这里说中国各民族属同一种族，仅是就总体而言，并非没有例外。如维吾尔族就可以被认为与汉族不是一个种族。然而即便如此，如果维吾尔人移居北美，会与其他亚洲人一起，归入同一亚裔族群。黑人移民和白人移民也一样。黑人在非洲时，可以被划分为不同种族。参见［英］塞利格曼《非洲的种族》，费孝通译，商务印书馆 1982 年版。但移居北美后，均属于同种族黑人族群。欧洲白人无论是盎格鲁—撒克逊人、日耳曼人、意大利人、斯拉夫人，还是斯堪迪纳维亚人，移居北美后均统称为"高加索人种"（Caucasians）。可见，在西方，特别是在北美社会实践中，族群的划分主要依据直观的种族特征——肤色和体征，而不是依据学术上的种族划分标准。这一点下文还有详述。

第四编　边疆与民族

一　北美族群社会和族群研究

（一）北美社会多种族族群的形成

1620年，"五月花号"载着第一批欧洲清教徒到达美洲，标志着北美族群社会形成的开端，也揭开了新大陆殖民时代的序幕。早期欧洲殖民者对土著印第安人（Native Indians）进行了种族灭绝式的驱赶和屠杀。1830年，杰克逊总统签署《印第安人迁徙法案》，十万印第安人从各地被政府军武装押送到俄克拉荷马州，这在美国史上称为"血泪历程"（the Trail of Tears）。当1860年"血泪历程"结束时，十万印第安人只剩下不到一万五千人。同时，官方宣布印第安宗教是非法的，强迫印第安人改信基督教。他们还将印第安儿童强行送到各地的寄宿学校去接受英语和基督教教育，[①]剥夺了他们原来的宗教信仰和说母语的权利。

同时，白人殖民者从非洲掳回大量黑人当作奴隶，他们就是美国黑人族群（blacks or African-Americans）的先人。十七世纪中叶，奴隶制允许法院仅凭黑肤色就可以将人判为奴隶，奴隶的子女仍为奴隶。[②]1840年至1920年美国的人口普查，几乎每次都要清楚标明个人的种族。黑人和白人的混血儿必须划分到下等种族的黑人族群，这就是"一滴血制度"（one-drop-rule），即只要身体里有一滴黑人血液，就是黑人。直到二十世纪八十年代，路易斯安那州的法律仍然规定：只要有1/32以上的黑人血统，法律上就是黑人。[③]

[①] James S. Olson and Heather O. Beal, *The Ethnic Dimension in American History* (4th ed.), Wiley-Blackwell, West Sussex 2010, pp. 66–68, 197；另见 Frank R. Scarpitti, *Social Problems* (3rd ed.), Holt, Rinehart and Winston, New York 1980, pp. 272–273。

[②] Linda Tarrant-Reid, *Discovering Black America: from the Age of Exploration to the Twenty-First Century*, Abrams, New York 2012, p. 18.

[③] Michael Wayne, *Imagining Black America*, Yale University Press, New Haven 2014, p. 79; Michael Omi and Howard Winant, *Racial Formation in the United States from the 1960s to the 1990s* (2nd ed.), Routledge, New York 1994, p. 53.

从英属西印度群岛（牙买加、巴巴多斯、特立尼达）来的黑人也不例外，尽管他们在语言文化上与非洲黑人不同，但由于相同的肤色，也归入黑人族群，受到同样的歧视。①

十九世纪后期，多数黑人不再将非洲当作自己的故土，而将美国看成自己的祖国。② 由于"熔炉"政策（the Melting Pot）的吞噬，黑人几乎完全丧失了他们祖先的文化。他们和白人说同样的语言，信同样的宗教，有同样的价值观。连他们自己都怀疑黑人文化的存在。③

另一个少数族群是"亚洲人"（the Asians），包括中国人、日本人、菲律宾人和其他亚洲移民。他们黑发杏眼，是非白人、非欧洲移民，所以被归入"有色人种"（people of color）。白人诬称他们为"黄祸"。1882年《排华法案》规定华人不能取得美国国籍，因而就无法获得土地，有多项职业不能从事。还有法律禁止华人在法庭上指证白人；当华人遭到抢劫、故意伤害或杀戮时，不能请求法律援助。④

与少数族群相比，欧洲移民经历了一个相对主动的同化过程，形成了以盎格鲁-撒克逊为中心的白人群体。十八、十九世纪，爱尔兰、德国、意大利和波兰等地的天主教徒，大量涌入美国。早期盎格鲁新教徒由于爱尔兰人的贫穷和信奉罗马天主教，甚至拒绝承认他们是白人。然而最终，欧洲各族移民因为相同皮肤的"白色性质"（whiteness）而消弭了文化上的差异，消弭了民族、国籍、语言、教派之间的界线，使他们产生了共同的群体认同，聚集成了一个白人的

---

① Thomas Sowell, Ethnic America: A History, Basic Books, New York 1981, p. 216.
② Wayne, Imagining Black America, p. 55.
③ Bob Blauner, *Still the Big News: Racial Oppression in America*, Temple University Press, Philadelphia 2001, p. 8; E. Frank lin Frazier, *The Negro in The United States*, The Macmillan Co., New York 1957, pp. 680–681.
④ Olson and Beal, The Ethnic Dimension in American History, pp. 85, 89–90; Sowell, Ethnic America, pp. 137, 155.

种族群体（whites or Caucasians）。①

种族皮肤的"白色性质"不仅是欧洲移民结成共同体的纽带，而且也是判别其他地区移民是否能加入白人群体的标准。例如，南非白人也来自非洲。但他们因白肤色，是白人群体的成员，并被称为"Afrikaners"（欧血统南非人）而不是"African-Americans"（非裔美国人）。又如，波多黎各人操西班牙语，多为西班牙、非洲人和印第安人的混血。他们的肤色由浅到深——白的和白人一样，黑的和黑人相同。他们中白肤色的人被视为白人。②

总之，经过殖民时期，美国形成了以种族分野的五大族群——白人、黑人、印第安人（红种人）、亚洲人（黄种人）和太平洋岛屿土著居民。2010年美国的人口普查仍按这五个种族群体分类。③

国内有学者认为西方族群没有被官方认可[5]，实则不然。美国早就通过一系列政策法令，如种族隔离法、印第安人法令、排华法案以及人口普查规定，等等，以歧视性方式确认了白人和各少数族群的身份地位。美国族群社会的形成说明，族群就是以相同种族（race）为基础形成的，带有某种文化特点的人群。这是美国社会历史赋予族群的含义，不是学者们研究出来的。④

（二）美国族群研究的时代背景

最初新教徒来到北美时，并无种族观念。他们曾怀着加尔文教那种上帝面前人人平等的精神。然而，他们习惯于将黑色与原罪、撒旦

---

① Olson and Beal, The Ethnic Dimension in American History, pp. 9, 36 – 37, 41, 332; Brewton Berry and Henry L. Tischler, Race and Ethnic Relations (4th ed.), Houghton Mifflin, Boston 1978, pp. 281 – 282; Milton M. Gordon, Assimilation in American Life: the Role of Race, Religion, and National Origin, Oxford University Press, New York 1964, pp. 86 – 87; Bryant Robey, The American People, Truman Talley Books, New York 1985, p. 111.

② Sowell, Ethnic America, pp. 235 – 236.

③ US Census Bureau, Overview of Race and Hispanic Origin and 2010 Census Briefs, https://www.census.gov/2010census/#/panel-2.

④ 本文对"族群"的表述，旨在概括西方现实中族群存在的大致状况和主要特点，不应视为"族群"的定义。

相联系，认为黑肤色人的灵魂只能下地狱。而印第安人又不愿屈从基督教法律，放弃他们对土地和资源的自然权利，交给"上帝的选民"白人来使用和管理。所以，新教徒们将面前的黑人和印第安人都看成是"异教徒"。尽管后来将黑色与撒旦联系的意识已不存在，但"黑""白"对立的观念仍然十分顽固。①

政治家的言论也许最能代表整个社会的种族歧视。有奴隶解放者之称的美国总统林肯，在任前（1858年）一次公开演讲中宣称：

> 我要说，我现在不，也从来都没有赞成过以任何方式让黑白种族之间社会政治平等。我现在不，也从来都没有赞成过让黑人成为选举者或陪审员，没有赞成过他们有资格担任公职，没有赞成过他们和白人通婚。此外，我还要说，我相信，黑白种族身体上的不同，将禁止这两个种族在社会政治平等的条件下一起共同生活。②

今天在私下里，有些美国政客仍然使用恶毒的种族语言称呼黑人，暴露出他们根深蒂固的种族观念。③

美国的族群社会是殖民主义和奴隶制的产物。作为主体民族，白人利用社会制度、法律手段来确保他们在住房、就业、教育、公共服务等方面享有的特权。在南方，种族隔离制度（segregation）一直存在到1954年，有22个州的法律禁止白人和黑人通婚。④

二战是美国族群史上的分水岭。希特勒屠杀犹太人引起人们对种

---

① Roger Bastine, Color, Racism and Christianity, in John H. Franklin (ed.), Color and Race, Houghton Mifflin, Boston 1968, pp. 41 – 44, 47.

② Charles E. Silberman, Crisis in Black and White, Random House, New York 1966, pp. 92 – 93.

③ 据美国《邮报》2016年6月17日报道，美国前总统克林顿私下用恶毒的种族语言称呼黑人。http://www.dailymail.co.uk/news/article-3635882/Hillary-Clinton-called-disabled-children-Easter-egg-hunt-f-ing-ree-tards-referred-Jews-stu pid-k-s-Bill-called-Jesse-Jackson-damned-n-r-claims-Bill-s-former-lover.html.

④ Gordon, Assimilation in American Life, pp. 164 – 165.

族主义的厌恶，也唤醒了美国社会对自身种族矛盾的重视。二十世纪五六十年代的公民权运动（The Civil Rights Movement）和二十世纪六七十年代的黑人权力运动（Black Power）就是以黑人为主体的少数族群反对种族歧视，争取平等权利的斗争。

另外，二战前美国推行的一系列社会政治和文化政策——如种族隔离、"熔炉"政策、美国化（Americanization），等等——确保白人特权，剥夺了少数族群宗教文化和族群认同的权利。这些措施不仅没有解决种族问题，反而激化了矛盾。于是，六十年代起出现了新的社会理论。一种是文化多元论（cultural pluralism），主张承认和肯定社会不同群体可以按照自己的方式生活，并和其他群体和平共处。① 另一种理论是要建立"色盲社会"（color-blind society），即在选举领袖，决定录用，提供服务等方面都不存在种族肤色的考虑。里根时期，美国政府曾致力于建设"色盲社会"，并宣称取得了成功。但现实情况和政府的宣传相反，种族矛盾并未解决，仍处于美国社会的中心。② 正如有学者评论的那样，"每当过分乐观的评论家庆祝种族没落，并预告色盲社会来临的时候，种族分裂及其造成的紧张状态就会像不死鸟那样从灰烬站起。"③

进入二十一世纪之后，美国因种族矛盾引起的社会冲突仍然层出不穷：

——2001年，辛辛那提19岁的黑人蒂莫西·托马斯被警察射杀，引起这个黑人城市暴乱。

——2009年，因白人警察枪杀黑人奥斯卡·格兰特引起加州奥特兰城的骚乱。

——2014年，黑人米歇尔·布朗在密苏里的佛格森被白人警察枪杀，引起示威和骚乱。

---

① Berry and Tischler, Race and Ethnic Relations, pp. 289 – 295; Gordon, Assimilation in American Life, pp. 144 – 147.
② Omi and Winant, Racial Formation in the United States, p. 5.
③ Blauner, Still the Big News, p. vii.

——2015年4月12日，黑人弗雷迪·格雷被巴尔的摩警察在逮捕过程中致死，引发了大规模游行示威。同年6月17日晚，一白人枪手在南卡罗莱那的黑人教堂里射杀了9名黑人。

——2016年7月5日在路易斯安那，6日在明尼苏达连续发生白人警察枪杀黑人事件。7日，数名黑人枪手可能出于报复，在达拉斯射杀了5名警察，另致7名警察受伤。

正如美国学者指出的那样：美国无论东南西北均为一个种族社会，局面都到了令人拒绝承认或无法面对的程度。[①] 这就是美国族群研究所处的社会背景，而这一社会背景无时不在影响着族群研究的目的、导向和结论。

（三）战后美国族群研究及其导向

二战之后，公民权运动和黑人权力运动完全暴露了存在于美国社会结构中的种族矛盾。在反种族主义浪潮推动下，族群研究自觉不自觉地担负起为种族矛盾寻求解决之道的使命。理论上，美国社会学深受欧洲学说影响。欧洲的社会理论虽各不相同，但都认为种族和种族冲突是社会发展的副产品，族群最终将在现代社会中衰落和消亡。美国族群研究受此影响，其研究导向恰好与美国种族问题的现状相悖。[②]

二十世纪四十年代后期至七十年代，社会人类学家致力于认识和解释种族、族群和族群关系，出现了一批有分量的著作。[③] 最初他们的研究主要集中在种族的生理方面。1967年，英国社会学家米歇尔·班顿（Michael Banton）采用综合学科研究方法，出版了《种族关系》（Race Relations）一书，证明种族概念完全没有科学性。八十

---

① Silberman, Crisis in Black and White, pp. 9 – 10.
② Blauner, Still the Big News, pp. 13 – 16.
③ 例如，Oliver Cox, Caste, Class and Race, Doubleday, New York 1948; Franklin Frazier, Race and Culture Contacts in the Modern World, Knopf, New York 1957; Fredrik Barth (ed.), Ethnic Groups and Boundaries, Little Brown, Boston 1969; Philip Mason, Patterns of Dominance, Oxford University Press, Oxford 1967; John Stone (ed.), Race, Ethnicity and Social Change, Duxbury Press, MA 1977.

年代初英国的理论认为：种族的生物概念不仅没有科学性，而且继续使用种族一词将会使种族压迫的意识形态合法化。二十世纪晚期的基因研究发现，不同种族成员之间没有什么区别。① 相应地，西方学界产生了一种氛围，认为族群研究中使用种族概念是危险的，会导致种族主义倾向。许多学者有意回避使用"种族"（race）一词，代之以不那么敏感的"族群"（ethnicity）。②

随着"族群"取代"种族"，学界的认识也在发生变化；因为"族群"不单纯是生物现象，同时也包含着文化因素。正是族群的文化内容吸引了学者的注意，导致了研究方向由其生理方面向文化方面转移。西方自由派学者在使用"族群"的同时，力图淡化"族群"中的种族因素，用文化因素取而代之。③ 我权且将这种论点称之为"文化族群论"。目前国内研究认为族群概念的核心为文化因素，大致受了这一派学者的影响。

（四）"文化族群论"的缺陷

"文化族群论"强调文化因素而淡化种族因素，目的是反对种族主义，有其进步意义。但它的缺陷在于：其一，它抹杀了族群概念中的"种族"，也就抹杀了以种族为基础的社会矛盾，抹杀了殖民主义

---

① David Mason, The Continuing significance of race? In Martin Bulmer and John Solomos (eds.), Ethnic and Racial Studies To day, Routledge, New York 1999, pp. 15, 19; Olson and Beal, The Ethnic Dimension in American History, pp. 9–10; Wayne, Imag ining Black America, p. xvi. 事实上，认为种族具有生物学意义的观点一直都存在。2014年5月9日，美国《时报》刊文称，新的人类基因分析否定了以往认为人种没有生物科学基础的论点，认为人种有生物科学意义。(http://time.com/91081/what-science-says-about-race-and-genetics/) 本文不准备对科学领域的发现加以评判，但要指出两点：1) 科学可以鉴定种族是否有生物科学意义，但无法否定它的存在；2) 无论种族是否有生物科学意义，都不能成为种族主义的论据。

② Omi and Winant, Racial Formation in the United States, p. 148; William Petersen, On the Subnations of Western Europe, in Nathan Glazer and Daniel P. Moynihan (eds.), Ethnicity: Theory and Experience, Harvard University Press, Cambridge 1975, p. 177.

③ Gargi Bhattacharyya, Teaching race in cultural studies; Richard Jenkins, Ethnicity etcetera; and Sian Jones, 'Race' and eth nicity in archaeology, in Bulmer and Solomos (eds.), Ethnic and Racial Studies Today, p. 73; p. 87 and pp. 159–160.

和奴隶制的罪恶烙印，使少数族群的斗争失去了种族平等的意义。实际上，许多黑人和其他少数民族否认这种以文化为中心的族群认同，他们宁愿采用更鲜明的种族认同来争取自己的群体权利和群体认可。①其二，它的研究导向与美国族群社会的现实脱节。不少学者批评说：自由派学者反对族群概念中的"种族想法"，认为群体在保持他们族群认同的同时，应避免"种族化"。但是如果不按种族，大多数美国人都不能分辨"族群"，因为"他们（族群——作者）是按种族来识别的——他们的认同是由种族构成的"。②

下面我们分析一下族群概念中种族与文化的关系，以进一步认识"文化族群论"的缺陷。

第一，从词意辞源上说，"ethnicity"（族性、族裔、族群）来源于古希腊文"ethnos"。在《韦伯斯特新百科辞典》中，这个希腊词的意思是："race, people, cultural group"（种族、人民、文化群体）。③然而在英语中，ethnicity 与 race 是同义词，但不与 culture 同义。也就是说，虽然 ethnicity 同时有种族和文化两方面的含义，但 race 是核心含义，culture 则是第二位的。

有些西方学者为了明确族群的种族性，常将族群写成"racial and ethnic group"（种族族群）。在英国文献中"racial"和"ethnic"是混用的，④两者根本无法区分。有学者刚刚将两者分开，认为"如果种族与生物学和自然相连，那么族群就与文化相连"，但他立刻就发现，"当黑人作为'族群的'存在（being ethnic）的时候，白人则将他们看作'种群的'存在（being racial）。"⑤因此，族群的文化性只有相

---

① Omi and Winant, Racial Formation in the United States, pp. 10 - 11, 20; Linda Martin Alcoff, Philosophy and racial identity, in Bulmer and Solomos (eds.), Ethnic and Racial Studies Today, p. 32.

② Omi and Winant, Racial Formation in the United States, p. 23.

③ Merriam-Webster, incorporated, Webster's New Encyclopedic Dictionary, Federal Street Press, Springfield 2002.

④ Mason, The Continuing significance of race? In Bulmer and Solomos (eds.), Ethnic and Racial Studies Today, p. 21.

⑤ Blauner, Still the Big News, p. 202.

对的意义。完整的意思应当是：与"种族"这个生物或生理概念相较，"族群"除了有种族的核心含义之外，还具有种族所没有的文化含义。

第二，"文化族群论"认为文化是"族群"的核心，原因之一是种族没有生物科学意义。此论点的目的是要推翻"种族优越"的依据，有其进步性。但否定种族优越不等于能否定种族的客观存在。根据物种起源，人由猿进化而来，种族或人种源于动物学概念。人类学家根据肤色、体质特征将人划分成不同种族。[1] 有了不同种族的人才有了人的文化，而不是相反。[2]

在美国社会，族群关系中最突出的问题就是：种族矛盾、种族歧视。而与之对立的就是争取种族平等的斗争。如果没有了"种族"，就不存在由此产生的"矛盾"和"歧视"，也就不存在与之相关的争取"平等"的斗争。换言之，"种族"的存在是"矛盾""歧视"和"平等"这些政治文化观念的基础。没有了种族这个基础，文化观念就成了无本之木。

前文所举的爱尔兰天主教徒移民的经历，最能证明"族群"中文化服从于种族。当他们因为肤色被接受进入白人群体后，对他们的文化歧视就消失了。[3]

第三，"族群"中种族和文化是相互联系、相互作用的。例如，早期清教徒来到北美时，并没有种族观念。但面对土著印第安人和黑人群体，便产生了种族观念。又如，黑人权力运动中，黑人为了反对白人的种族优越和种族歧视，将《圣经》中的话断章取义，改成上

---

[1] Carleton S. Coon, The Origin of Race, Alfred A Knopf, New York 1963, pp. 3 – 4; A. C. Haddon, The Races of Man and Their Distribution, Cambridge at the University Press 1929, pp. 4 – 5.
[2] Carleton S. Coon, The Living Races of Man, Alfred A Knopf, New York 1965, p. 21.
[3] Wayne, Imagining Black America, pp. 24 – 25; Berry and Tischler, Race and Ethnic Relations, pp. 281 – 282.

帝说，"我是黑人"，以证明上帝与黑人同种。① 可以说，没有种族，就不会产生与种族相关的文化观念。

相对地，人们将肤色——黑、白、黄、红——作为本群体与他群体的区别标志，本身就是一种文化意识。② 在美国，种族压迫多表现为统治群体在政治文化上压迫被统治群体。正如有学者指出的那样："文化统治是种族控制的主要工具"。③

第四，文化因素无法作为划分族群的标准。"文化族群论"将文化作为族群概念的核心，认为应以文化因素——主要是语言、宗教、来源地和国籍——来划分族群。他们甚至认为，人们可以选择自己的身份认同，如职业、地区、宗教、社区均可以成为族群认同的标志。④ 那么，就让我们来看看文化因素划分族群是否可行。如果按语言，人群可分为英语和非英语族群、西班牙语和非西班牙语族群；按宗教可分为新教族群、天主教族群、犹太教和穆斯林族群；按来源地和国籍可分为英格兰人、爱尔兰人、法国人、德国人、波兰人、非洲人、亚洲人等。拿英语族群来说，虽然其成员说同样语言，但他们之中有新教徒、天主教徒、犹太教徒和穆斯林。以语言划分就掩盖了他们各自的宗教属性。如果按宗教划分，天主教族群内又有英语人群、西班牙语人群和其他语种人群，这同样会掩盖他们的语言属性。再加上来源地和国籍的不同，情况就更加复杂。如果这样划分族群，族群成员会具有多个不同文化属性的族群身份：他可能既是某语言族群成员，又是某宗教、某国籍族群的成员。而一个族群（如语言族群）内部，又包含多个不同文化属性（如不同宗教、不同国籍）的族群。

反之，相同文化的人群未必是同一族群。例如，黑人在经历了长

---

① Philip Mason, The Revolt Against Western Values, in Franklin (ed.), Color and Race, p. 56.
② Talcott Parsons, Some Theoretical Consideration on the Nature and Trends of Change of Ethnicity, in Glazer and Moynihan (ed.), Ethnicity, pp. 74 – 75; C. Eric Lincoln, Color and Group Identity in the United States, in Franklin (ed.), Color and Race, p. 249.
③ Blauner, Still the Big News, pp. 82 – 83.
④ Glazer, Affirmative Discrimination, p. 176.

期的"熔炉"同化之后,他们与白人在语言、宗教和国籍上已无区别。换言之,他们在文化方面与白人并无二致,但文化的相同却不能将两个族群合二为一。印第安人也有类似情况。他们除保留了一些自己的风俗习惯外,文化方面大都为白人所同化,但他们仍然是一个独立的族群。

在西方国家,白人是主体民族族群,其他有色人种是少数民族族群。这是没有争议的。如果按语言、宗教、国籍等划分族群,就很难区分主体民族和少数民族。故此,试图用文化因素划分族群,其结果反而是无法确定族群及其文化属性,失去了划分的意义。

西方的确有学者在他们的学术研究中用文化因素划分"族群",其目的是希望从不同角度观察有不同文化特点的群体。例如,当他们以英语和非英语划分人群时,多是将非英语人群与英语人群对比,观察他们在求学、就业、升职和社会生活等方面所遭遇的困难或歧视。目的是去揭示这两种人群因为自身的语言(还包括宗教、来源地和国籍等)因素所受到的不同等待遇。尽管在这一特定条件下,他们会将非英语群体称为"族群",但这样的"族群"仅存在于他们的研究之中,并非要取代现实社会里以种族为基础存在的族群。因为"文化"含义过于宽泛,主观性随意性太强,实际上也无法成为社会现实中划分族群的标准。故此,西方"文化"划分族群的方法仅存在于学术领域,并未应用于社会实践,也未造成社会上族群划分的混乱。

第五,种族是划分族群的基础。尽管西方学界在族群概念上众说纷纭,学术上也有学者从文化角度来划分和观察"族群",但学界一致同意:黑、白两个群体界线分明,族群的研究基础只能以此为参照。[1] 与自由派学者相反,许多学者认为种族是族群的核心因素,是族群划分和族群认同的主要标志。兹列举几条相关的论述:

——"没有什么比人的肤色和体征更明显或更永久地标志人的群体认同。人用这种被称为'种族'的主要象征作为他们自尊或缺乏

---

[1] Gordon, Assimilation in American Life, p. 6.

自尊的基础。"① 身体是个人或族群认同最明显的成分,是唯一没有争议的生物根据,而其他群体特征是可以改变的。一个人可以改换姓名,重写自己的历史,采用不同的国籍,学习不同的语言,信奉不同的宗教,但他无法改变自己的身体。身体特征是认同的标记,明显可见且无法改变,有力地影响着族群关系。②

——体质特征如肤色、发质、鼻型、身材等能够用来组合或区别人群。实践中,人们是将自己的身体特征当标准与其他人群相区别。③

——肤色和体征的不同仍然是认可的、强有力的群体识别标志。④

——"肤色身份证明是族裔身份证明特殊的别名"。⑤

——"除非肤色本身消失,或人都失明了,对肤色的意识不可能消亡。"⑥

在美国,不仅学界,"公众的大多数仍然将所说的群体(族群)按种族界线来识别。"⑦ 更重要的是,在北美社会实践中将种族作为"族群"的基础是有法可依的。例如,加拿大《人权法》包括下面一些禁止歧视的依据(ground):如种族(race)、肤色(color)、来源地(place of origin)、性别(gender)、年龄(age)、残疾(disability)、宗教(religion)、婚姻状况(marital status)、家庭状况(family status)等等。其中种族和肤色是区分族裔(族群)的依据。不同族裔人之间发生歧视,首先考虑是否属于种族歧视。同族裔人之间发生歧视,即便他们具有不同的民族或文化背景,一般不视为种族歧视,因为他们之间不存在种族区别。

此外,加拿大《平等就业法案》将有色人种少数民族称为"visi-

---

① Isaacs, Group Identity and Political Change, in Franklin (ed.), Color and Race, p. 75
② Isaacs, Basic Group Identity, in Glazer and Moynihan (ed.), Ethnicity, pp. 36 – 37.
③ Haddon, The Races of Man and Their Distribution, p. 4.
④ Olson and Beal, The Ethnic Dimension in American History, p. 3.
⑤ Edward Shils, Color and the Afro-Asian Intellectual, in Franklin (ed.), Color and Race, p. 4.
⑥ Silberman, Crisis in Black and White, p. 166.
⑦ Omi and Winant, Racial Formation in the United States, p. 144; Wayne, Imagining Black America, p. xvi.

ble minorities"（可识别的少数民族）。以"可识别的"种族标志——肤色和体征——来区别白人和少数民族。

二 对族群概念适用性的观察

（一）西方"族群"与中国"民族"

国内有学者主张引进族群概念的动因之一，就是希望用"族群"来取代我国已经沿用多年的民族（特别是"少数民族"）概念。这里，我们就将西方社会真实存在的族群与中国社会真实存在的民族做个简要比较，探讨一下其可行性。

美国社会各族群是以不同种族为基础存在的，多种族族群形成了美利坚民族；而中国社会各民族是以同种族为基础存在的，同种族的汉族和少数民族形成了中华民族。因此，不同种族是美国社会的DNA，同种族是中国社会的DNA。这两种社会DNA互不兼容，因此，西方"族群"无法替代中国的"民族"。

从纵向看，美国"民族"和"族群"是互相包含的。例如，美利坚民族是由五大族群组成。而每个族群又由不同民族组成：白人里有英格兰人、德意志人、斯堪的纳维亚人、斯拉夫人等；黑人则来自非洲不同的民族和部落；亚洲人包括中国人、日本人、韩国人、菲律宾人等。

从横向看，在美利坚民族内部，次级群体的"族群"（ethnic groups）和少数"民族"（minorities）几乎是同义词，可以混用。"Minorities"一词本身并不具有种族的（racial）含义。它之所以可以与"ethnic groups"混用，是因为除白人外的四个族群在人口比例上均占少数。这一点和中国少数民族的概念相同。中国人如果移居美国，既可以被看作是多种族中的华裔族群，也可以被看作是少数民族之一。然而在国内，满蒙回藏汉等属于同一种族，少数民族和汉族之间没有"可识别的"种族标志，满蒙回藏等民族是少数民族，但却不是不同种族的族群。

在群体关系方面，北美社会主张各族群平等独立，相互尊重（respect），彼此容忍（tolerance）；维持一种井水不犯河水的关系。而我们则主张国内各民族和睦相处，团结互助，亲如兄弟；保持一种血浓于水的民族关系。

在群体认同方面，美国少数民族都具有各自的种族特征。例如，黑人的种族身份（black identity）就是他们的族群认同（ethnic identity）。而我国少数民族之间以及他们与汉族之间不存在种族差异，因而我国各民族对自己的群体认同——如清朝的满洲认同（Manchu identity），不具有以种族为核心的族群认同（ethnic identity）性质。换言之，西方"族群认同"和我国"民族认同"是两个不同的概念。前者是种族身份认同，后者是民族身份认同。

总之，西方族群和中国（少数）民族之间的区别可以概括为：前者具有种族差异，后者不具有种族差异。因此，西方具有种族差异的"族群"，不宜取代我国没有种族差异的"民族"或"少数民族"。

（二）西方"种族"与中国"种""族"

不仅西方的"族群"与我国"民族"之间有本质区别，西方族群中的种族概念和我国传统的种族观念也大相径庭。西方的"种族"是进化论的产物。人类学家将人依据生物和生理特征——肤色和体貌等——分为欧洲人、蒙古人、澳洲土人、非洲黑人和非洲开普人等几类人种。然而到底有多少人种，哪些人属于哪一种，并无定论。上述的人种划分只是学界一般所接受的方法。[①]

中国传统观念中也存在"种"和"族"。《左传·成公四年》有"非我族类，其心必异"之说。国人也有将社稷倾覆称作"亡国灭种"。然而中国的种族观与进化论没有关系，也不是人类学依肤色体征对人群的划分。古代中原人民以华夏自居，将边疆少数民族视为不同"种""族"的夷蛮戎狄。《礼记·王制》曰："中国戎夷五方之

---

① Coon, The Living Races of Man, pp. 5 – 7.

民，皆有性也，不可推移。东方曰夷，被发文身，有不火食者矣；南方曰蛮，雕题交趾，有不火食者矣。西方曰戎，被发衣皮，有不粒食者矣。北方曰狄，衣羽毛穴居，有不粒食者矣。中国、夷、蛮、戎、狄，皆有安居，和味，宜服，利用，备器。五方之民，言语不通，嗜欲不同。"[6]104 可见古人划分华夏与蛮夷种族、汉族与少数民族的界线是文化差异和文明程度，没有人类学中的种族因素。

因此，西方"种族"观和中国传统"种""族"观从源头上就是两回事。虽然翻译时字面上相同，但实质含义不同。① 故西方以种族为基础的"族群"和中国的"少数民族"也不能互相混淆。

（三）西方族群文化差异与中国民族文化差异

西方自由派学者强调的族群中的文化因素虽然包罗万象，但最主要是指语言、宗教、来源地和国籍等几项。美国族群由世界各地各种族的移民构成，他们在上述几方面都有巨大差别。语言上，族群间的不同语言，往往属于不同语系，如印欧语系、汉藏语系、非洲语系等。宗教上有新教、天主教、东正教、犹太教、伊斯兰教等。西方宗教具有排他性，视他教为异端，本身带有文化冲突的因子。移民来源地几乎包括世界所有国家和地区。移民族群之间的风俗习惯、生活方式甚至有格格不入的情况。因此，美国族群间的文化差异是异质文化间的差异。

我国各民族自古就同处于一个逐渐形成的中华文化圈之中。从秦统一，车同轨，书同文。我国人口的绝大多数说汉语。少数民族语言多属汉藏语系。他们中有些没有自己的语言文字而用汉文。有些少数民族（如满族）曾经有自己的文字，但由于汉化日深，自己的文字已弃而不用。封建时代，我国宗教哲学以儒道佛三教为主。儒教不仅是中原人民的社会道德规范，而且也影响了周边的少数民族。佛教的

---

① 在翻译时，西方的种族是"race"，中国的种族则应为"people"；夷蛮戎狄等则应为"uncivilized peoples"。

传播不仅限于中原，满蒙藏少数民族信奉的喇嘛教，也是佛教的一支。与西方宗教不同，儒家主张"和为贵"，道家主张"无为"，佛家主张"空"。三教均没有排他倾向，因此有利于各民族间精神文化的交流。从地域上说，汉族和少数民族几千年世代为邻，共同生活。历史上曾有过民族迁徙（如客家人），但他们的移居地仍在中国版图内，不存在国籍的区别。

因此，中国各民族间的文化差异多是风俗习惯、生活方式的差异，是同质文化间的差异；与美国各族群间的异质文化差异不能相提并论。

（四）社会实践及对外交流中的族群概念问题

有学者主张引进族群概念来取代我国的"（少数）民族"名词。他们的理由大致有以下几方面：

第一，认为"民族"与政治性相连，"族群"与文化性相连，因而有更广泛的适用性。民族的政治性会导致民族主义，甚至会产生民族独立和分裂倾向。如将民族改为族群，就解决了这一问题（见上文）。

如前所述，西方"族群"和中国"民族"的区别在于：前者有种族差异而后者没有。认为两者的差异在于文化性和政治性，是一种误解。实际上，"族群"具有很强的政治性。在美国，它本身就是殖民政治和奴隶制的产物。二战之后的公民权运动和黑人权力运动，就是为了争取平等权利，包括平等的政治权利。南非的例子更为明显。1994年，曼德拉领导的非国大党赢得大选，黑人族群历史上第一次取代白人掌握国家最高权力。

如果说"族群"只有文化性而缺乏政治性，那就更不能用于我国少数民族。因为我国少数民族在中国历史上不仅建立过北魏、辽、金、西夏这样的区域性政权，而且还建立过元和清这样统一的全国政权，在中华民族形成过程中起到了不可忽视的政治作用。

至于认为"民族"会导致民族主义和分裂倾向，并以为将"民族"改称"族群"就可以解决这一问题,是一种不切实际的想法。民族分裂势力的产生,有其社会、历史、政治、经济和文化各方面的原因,要通过综合治理来应对。一方面要坚决打击,另一方面要依靠正确的政策,依靠社会发展,依靠民族团结来解决。将"族群"替代"民族"不能改变问题的实质,也不能解决问题。不能像美国那样,为了回避种族矛盾,就抹杀种族存在,编造"色盲社会"神话。结果只能是掩耳盗铃,根本不能解决问题。

第二,有人认为我国20世纪50年代的民族识别工作是在斯大林民族理论指导下进行的,斯大林理论有局限性,因而要引入西方新的族群理论,将我国56个民族改为56个族群。[①]

斯大林民族理论是否有局限,局限性为何,可以商榷。然而如前所述,西方族群理论也不是完美无缺的。更重要的是,我国的民族识别工作虽然参照了斯大林理论,但并未拘泥其说。民族识别主要根据具体情况,实事求是。例如,按斯大林的民族定义,回族不应是一个民族,而民族识别工作根据实际情况将其定为一个民族。虽然仍有些问题没有解决,但总的来说,民族识别工作是成功的,经受了历史的检验。几十年来,我国少数民族发展与整个社会发展同步进行。他们的基本构成和基本格局没有改变,他们之间以及他们与汉族之间的关系没有改变,没有出现要突破"民族"概念的重大因素。引入"族群"的主张,似乎更多地出于一些学者借鉴西方理论的学术热情,而不是少数民族整体的迫切要求。更何况族群理论并不能完善我国的民族理论。重新以"族群"来划分少数民族,反而会在客观上否定民族识别工作的成果,实际上是用西方混乱不清的族群理论,取代我国成功的社会实践。

第三,认为"族群"有广泛适用性,它不仅可以用于少数民族,而且可以指各地方人,以及流动人群等(见上文)。

[①] 马戎:《民族关系的社会学研究》,载马戎《民族与社会发展》,民族出版社2001年版,第31—71页;马戎:《理解民族关系的新思路——少数民族问题的"去政治化"》,《北京大学学报(哲社版)》2004年第6期。

"族群":一个被误解和误用的概念

首先,如果族群不仅包括少数民族,还包括各地方人,如昆明人、潮州人、东北人、陕北人等,以及当今的流动人群,如北漂、蚁族、农民工、海归、"海待"等;符合族群条件的就不仅是56个民族群体,而是560个、5600个,甚至更多人群。如果按"广泛适用性"划分之后,族群研究就要面对十分棘手的问题。例如,族群研究的对象,是有特定意义的民族和族群还是包罗万象的人群?这成百上千的"族群"是否都适用于同少数民族一样的政策?或对每个族群都要出台相关的政策?这些群体是否都同意将他们称为"族群"?将这些群体冠之或不冠之以"族群",对他们有什么实际影响?等等。

其次,依据"族群"的文化因素很难划分谁是哪个地方的"族群"。例如,东北"族群"是指祖籍在东北,还是现住东北的群体?如果祖籍是东北但现在不住东北,或祖籍是他处而现住东北,哪一类是东北"族群"?如果东北人移居陕北,多少时间之后可视为陕北"族群"?又如,父母是东北人,子女是陕北人,他们是否属于两个不同的族群?因为按血缘他们是一个族群,按地域又是两个族群。这种关系如何认定?再如,一位少数民族同胞,是海归,现住东北。在他多重的族群身份中,哪一种为主?当族群身份增加或改变时,由什么机构来核定?这种机构的组成和运行需要多少社会资源?等等。

再次,美国的族群多由不同国家和地区的移民组成。有学者将国内的流动人群称为"移民",以此作为引入"族群"的理由,[7]实际上混淆了两种"移民"的性质。西方社会的"移民"通常指不同国家间的移居人群,他们要经历一系列改变身份的法律程序,不仅会改变国籍,成为他国国民,而且会改变民族属性。他们和他们的后代还必须学会移居国的语言。而在本国流动的人群,没有上述问题。美国黑人从纽约移居到洛杉矶,其语言、族裔、宗教、国籍没有任何改变,既不会减少也不会增加新的族群属性。当今国内的流动人群,如北漂、蚁族、海归、"海待"和农民工等,情况也是一样。

第四,认为民族概念有多种诠释,含义不清。而学术要求语言严谨准确,故选择可以灵活使用的族群概念来代替。[8]17—23还有学者认为，中国古代没有"民族"概念，所以直接将"夏""夷""戎""狄""蛮""胡"等，当作中国自古就存在的"具有鲜明文化特点的族群名称"和"中国传统的族群观"[1]13—22。

其实像"民族""族群""种族"这样的概念，从来都没有定论，可能永远达不到严谨准确的程度来供学者使用。相对"民族"而言，族群概念上的含混不清有过之而无不及。国内有学者归纳了约20种关于"族群"的定义（见上文）。美国著名社会学家内森·格拉泽（Nathan Glazer）在比较了不同时期的族群概念及其用法之后，发现它们变化很大。他写道，"什么是族群？对问题的回答本身就显示'族群'概念是多么复杂，要表达明确的和广泛接受的定义是多么艰难。"他对族群认同也持"不可知论"的观点。① 所以，说"族群"是比"民族"更明确或更严谨的学术概念，完全没有根据。

如果将中国古代的"狄""夷"等称为族群，更可谓张冠李戴。因为：1. 如上文所述，族群的划分依据是种族而不是文化因素。汉族与少数民族虽然文化风俗不同，但同属一个种族，因而不能称为"族群"；2. "族群"比"民族"的出现要晚得多。"Ethnicity"（族裔，族群）1953年才由西方社会学家瑞斯曼（David Riesman）首次提出。② 如果说中国古代不存在"民族"这个近代概念，那么就更不存在"族群"这个现代概念。将"狄""夷"观说成是中国古代传统的族群观，就是将现代西方概念塞入中国古代文化思想之中，不符合历史唯物主义的基本要求。

第五，认为在对外交流和翻译实践中，中华民族中的"民族"译成英文是"nation"，而少数民族中的"民族"属于次级的群体，翻译时容易混淆。"Ethnic group"正好是次级群体的称谓，可以将少数民族称作族群，以消除学术界的长期争论[3]5—16。

对外交流的目的是为了双方了解对方的真实意思。为了迁就一方

---

① Glazer, Affirmative Discrimination, pp. 172, 176, 233 note 6.
② Nathan Glazer and Daniel Moynihan, Introduction in Nathan Glazer and Daniel Moynihan (ed.), Ethnicity: Theory and Experience, Harvard University Press, Cambridge 1975, p. 1.

"族群"：一个被误解和误用的概念

的理解在翻译中曲解另一方的实际情况，是不妥的。一个社会群体，是族群就应称为"族群"，是民族就应称成为"民族"，不能为了翻译的方便就随意改换术语。在美国，族群和少数民族可以通用，但中国的情况不同（见上文）。将中国少数民族译为"族群"似乎解决了翻译问题，但却会造成更为严重的误解和混乱。习惯以种族区分族群的绝大多数西方人会认为中国社会和他们的社会一样，由种族群体组成，充满了种族矛盾。这样一来，在他们头脑中西方对我国许多无端的人权指责，无形中具有了反种族歧视的正义性。这不仅扭曲了我国民族平等和民族团结的实际，而且会在外交和国际关系中造成负面影响，比翻译中出现的问题要严重得多。

因此，"民族"一词如何翻译，应依情况而定。例如，在某些语境中，可以将"少数民族"译为"minorities"或"minority groups"，这样就不会与"中华民族"（Chinese nation）混淆。至于"nation"是应译为"国家"还是"民族"，也只能根据上下文来定。如曼德拉写的书"One Country, One Nation"，应当译成《一个国家，一个民族》，而"United Nations"就必须译成"联合国"。另外，由于"nation"有国家之意，一些学者主张在翻译中用"国族"取代"民族"，值得继续探讨。

当然，翻译中有不得不曲笔的情况。如"the United States of America"（美利坚合众国）由50个"states"（国）组成。中译时只能说美国有50个"州"，以避免概念上的混乱。尽管"states"在这里被译为"州"，但它们仍然是"国"，有自己独立的议会和立法，选举自己的首脑，并不因为被译为"州"就真成了与中国州相同的行政区划。同理，如果在某些情况下不得不将中国"少数民族"暂且英译为"ethnic groups"也不能因此就真的将少数民族当作"族群"。

总之，我们认为，历史学、社会学、民族学还是要坚持使用正确的学术概念，不能因为翻译的需要，随意改用术语。翻译中出现无法对译或容易混淆的情况，是十分常见的。硬性规定译法，反而会削足适履。必要时我们应当倾听一下翻译界的意见。

三 结论

综上所述，北美族群社会的历史证明：族群是由相同种族成员组成的群体，他们的语言、宗教、民族、来源地、价值观和风俗习惯可能相同，也可能有异。但是，相同的肤色和体貌特征将他们结合在一起，并将他们与其他不同种族的群体区别开来。北美的社会历史，是多种族族群各自独立并存的历史，而中国的历史是同种族多民族融合的历史。我国各民族间不存在种族区别，民族间文化差异也是同质文化间的差异。因此，我国的民族与西方的族群有截然不同的社会DNA，族群理论不适用于中国的民族社会。

"族群"包括种族和文化两方面因素：种族反映其物质存在形式，文化反映其精神存在形式。西方自由派学者强调族群的文化因素，抹杀种族因素，本质上是一种唯心主义的研究方法。他们以文化因素定义的"族群"，仅仅存在于书本和学术领域，与西方社会现实中以种族分野存在的族群不是一回事，也从来没有实际上用于对族群的划分。这种连在西方社会都无法实践的族群划分方法更不可能用来划分中国的社会群体。

我国民族问题与种族没有关系，引入"族群"不仅不能解决民族问题，反而会将不存在的种族矛盾，植入民族观念之中，造成问题的复杂化。西方族群的存在状态是各族群彼此独立，井水不犯河水。这与中国的民族团结、民族融合精神格格不入。将少数民族与其他群体混为一谈，也违背了引入族群概念是为了厘清民族身份的初衷。正如费孝通先生说的："ethnicity, nationality 都是英国的 ideas，不是中国的东西，中国没有这一套。"[9]315

西方族群理论，具有重要的学术价值。但如果盲目引用，很可能导致主观随意性的后果，造成社会实践中的混乱。因此，在研究西方理论时，要避免从书本到书本，理论到理论，概念到概念。要深入考察西方理论与西方社会实践的关系，要比较他们社会历史的实际情况与我们之间的异同；在对照、批判的基础上来决定国外成果是否可以借鉴；坚持研究的原创性和独创性，才能体现出中国社会科学的理论自信和文化自信。

[参考文献]

[1] 李大龙. 从夏人、汉人到中华民族：对中华大地上主体族群凝聚融合轨迹的考察 [J]. 中国史研究，2017（1）：13—22.

[2] 吴泽霖. 人类学词典 [M]. 上海：上海辞书出版社，1991.

[3] 罗柳宁. 族群研究综述 [J]. 西南民族大学学报（人文社科版），2004（4）：5—16.

[4] 纳日碧力格. 全球场景下的"族群"对话 [J]. 世界民族，2001（1）：5—12.

[5] 高崇. 族群与族群性：两个概念的再认识 [J]. 中南民族学院学报（人文社会科学版），2001（3）：130 - 132.

[6] 陈澔. 礼记集说 [M]. 南京：凤凰出版社，2010.

[7] 孙九霞. 试论族群与族群认同 [J]. 中山大学学报（社会科学版），1998（2）：23 - 30.

[8] 姜萌. 族群意识与历史书写：中国现代历史叙述模式的形成及其在清末的实践 [M]. 北京：商务印书馆，2015.

[9] 费孝通. 文化随笔 [M]. 北京：群言出版社，2000.

[原载于《吉林师范大学学报》（人文社会科学版）2018 年第 4 期]

清入关前东北地区移民述论

范立君 袁 雪[*]

明朝中晚期，东北地区社会动荡不安。生活在东北地区的女真、蒙古和汉人及其他少数民族矛盾重重，即便是蒙古和女真内部也战争不断。此时，努尔哈赤和皇太极相继走上了历史舞台。他们在征战的过程中，为了在政治争夺中取得优势地位，采取各种手段聚集人口，并将战争中俘获的大量人口迁至辽沈地区，形成一个新的人口聚集区。人口的大规模迁移，对迁入地和迁出地均产生了重要影响。

一 清入关前东北地区移民的背景

明朝时期，东北地区是一个多民族聚居区，西部以蒙古族为主，东部和中部主要以女真人为主。但实际上，无论是蒙古人还是女真人，均由诸多民族和部落组成，相互杂居。明朝为了加强对东北地区各民族的管理，设置了奴儿干都司，之后又设置了许多卫所。明朝统治者直接任命各民族的最高首领为卫所的官员，各民族互不统属，分而治之。兀良哈人居住在东北西部，明朝也对其设置了三卫。

但是，随着各民族的迁徙，社会发展速度的不同以及明朝势力的

---

[*] 范立君（1970— ），男，吉林大安人，吉林师范大学历史文化学院教授，博士生导师，研究方向：中国东北社会史、民族史；袁雪（1989— ），女，吉林长春人，吉林师范大学历史文化学院硕士研究生，研究方向：满族历史与文化。

衰弱，致使明朝后期东北地区各族的势力，社会发展状况等均发生了变化。东北的东部聚集了两支势力强大的女真人：建州女真和海西女真。建州女真居住地临近明朝，因此同明朝的往来比较频繁，客观上促进了建州女真社会经济的发展。海西女真分为四部，由于四部之间的政治经济关系比较密切，因此海西女真属于一个部落联盟。居住在黑龙江流域的女真人，被称为"野人女真"，又称东海女真。除女真外，黑龙江流域还居住着后来被称为赫哲、鄂伦春、鄂温克的，统称为索伦人。西部的兀良哈三卫，到明朝中期时已经衰落，形成了一个新的"东蒙古"诸部，包括科尔沁、杜尔伯特、扎鲁特、土默特、喀尔喀等。

明末，东北地区的基本形势为：北部居住的索伦诸部没有大的变化；东部以女真人为主，主要分为海西、建州两支，社会经济发展较快，并且成为明朝主要防范的对象；南部为明朝直接管辖地区，民族矛盾和阶级矛盾日益尖锐；西部以蒙古人为主，蒙古诸部的内部矛盾不断激化。

努尔哈赤生活的女真社会，正值民族矛盾和社会矛盾尖锐之时。女真人对于明朝统治者来说属于"东北夷"，明朝政府对女真采取了一系列民族歧视和民族压迫的政策，造成女真社会动荡不安。同时，还在女真人内部制造矛盾，经常进入女真聚居区进行搜刮，大肆烧杀抢掠。而女真各部的首领，为了扩大自身的利益和权势，开始互相征战，给女真人带来了灾难。努尔哈赤的祖父和父亲随明出征，结果被误杀，这激起了努尔哈赤的愤怒，因此踏上了复仇的征程。

女真属于东北少数民族，人口本就稀少，加之明朝大肆杀戮，人口不断减少。人口的多寡直接关系到一个部族的军事实力，因此，努尔哈赤起兵后十分重视人口的发展，并将掠夺人口作为战争的主要目标。皇太极即位后，依然将掠夺大量人口作为既定方针，在辽沈地区逐渐形成了一个新的人口聚居区。

二 清入关前东北地区的移民

"吉林为满洲旧居,其土著以满洲人为最多,此外则有汉军、蒙古。咸同以后始渐有汉人流寓于此"[1]。"惟江省地处东陲,向为八旗驻防之所。满、汉军而外尚有索伦、达呼尔、巴尔虎、鄂伦春诸种族,内地人民居此者盖寡。庚子而后,开放东荒。燕赵齐鲁之民负耒而至,各省商贾亦辐辏来集,于是地日以辟,民日以聚,繁庶之象渐异曩时"[2]。

从上述史料可以看出,满洲人占据了东北原住民的大部分,除此之外,还有原明朝管辖下的汉族,西部的蒙古族以及黑龙江流域的其他少数民族,包括鄂伦春、鄂温克、赫哲等。

清入关之前,在努尔哈赤及其后继者皇太极的征战下,已经控制了东北全境。通过战争,虏获了大量的人口,主动投降者被编为自由民或编为兵,其他战俘则分给军官为奴。这些移民囊括了东北地区的各民族人口,使得辽东地区人口数量猛增。

(一)蒙古族

蒙古与女真在诸多方面上有着相似之处,在政治上、文化上以至血缘上,有着千丝万缕的联系。[3]后金建立之初,努尔哈赤参照蒙古立国模式,足见蒙古在女真人中的影响。万历二十一年(1593),努尔哈赤与蒙古发生冲突,蒙古科尔沁诸部参加了叶赫组织的九部联军,攻打建州女真。后来双方通过联姻,建立了同盟关系。天命六年(1621)十一月,"北蒙古五部落喀尔喀台吉古尔布什、莽果尔,率民六百户,并驱畜产来归"[4]。这是有史料记载的,蒙古第一次向辽沈地区移民。从天命六年(1621)十一月至天命十一年(1626)十一月,蒙古各部总共六次向辽沈地区迁移,根据《清实录》的有关记载,具体如下:

天命六年（1621）至天命十一年（1626）蒙古各部迁徙辽沈地区情况表①

时间	部落	户数
天命六年（1621）十一月	喀尔喀	率民六百五十四户
天命七年（1622）二月	兀鲁特	率所属军民三千余户并牲畜归附
天命七年（1622）二月	喀尔喀五部	一千二百户
天命八年（1623）正月	喀尔喀五部	率所属军民牲畜并各处蒙古共五百户
天命十一年（1626）五月	巴林	百户人来降
天命十一年（1626）十一月		率人口百户来归
总计		五千四百五十四户

据史料记载，天聪八年（1634），"先是，遣额尔德尼囊苏喇嘛、哈尔松阿，往迎察哈尔国归附之众，至是还……又有未渡黄河，俟冰结后至者……计五千户，二万口"[4]443。由此可知，此时蒙古家庭每户大约4人左右。

除了蒙古部落的主动来投，后金还多次出兵征服，并在战后将人口带回。后金第一次出兵是在天命八年（1623），对东蒙古扎鲁特部进行突袭，杀贝勒昂安，将该部落人民掳回辽沈地区。到天聪二年（1628），后金共出兵5次攻打东蒙古，东蒙古各部落基本上臣服于后金。但仅天聪二年（1628）攻打察哈尔部有具体的人数记载："俘获万一千二百人；获二百户以归。"[5]天聪三年（1629）正月，皇太极"颁敕谕于科尔沁、敖汉、奈曼、喀尔喀、喀喇沁五部落，令悉遵我朝制度"[4]165，正式将东蒙古各部归于后金管理。以上，东蒙古各部落总共迁移了5654户，计22616人。

对于漠南蒙古，也采取以上两种方式，即主动来降和出兵征服。通过多次战争，到天聪九年（1635），漠南蒙古也纳入后金的管辖之下。据《清太宗实录》记载，后金对蒙古的战争中，蒙古各部的南迁，有具体人口数据的为8次，即天聪三年（1629）"所俘八千八百

---

① 资料来源：《清太祖高皇帝实录》卷7、卷8，中华书局1985年影印版，第336、347、348、354、403页；《清太宗文皇帝实录》卷1，中华书局1985年影印版，第29页。

三十"[5]69,"察哈尔国五千人来归"[5]74;天聪六年(1632)"俘获者以千计"[5]162;天聪八年(1634)"壮丁二百三十九人、妇女幼丁六百九十七口"[5]226,"妇女稚幼一百四十人"[5]248,"率男子七百人、家属二千人"[5]248,"率众六千并户口来归"[5]261;天聪九年(1635)"率一千四百四人,携妻子牲畜来归"[5]299,以上计26006人;有具体户数的共6次,即天聪八年(1634)"蒙古户口一千"[5]247,"逃来百余户"[5]248,"携其民千余户至"[5]250,"率部下四百余户来归"[5]251,"率一千二百户来降"[5]254;天聪九年(1635)"率其部民一千户归降"[5]305,共4700户,以平均每户4人推算,计18800人。上述两项共计44806人。因此,至天聪末年,蒙古移入辽沈地区的人口大约有8万人。

(二)汉族

汉族人口也是清朝入关前移入辽沈地区较多的,主要来自辽沈周边地区和山海关内的人口。

辽沈周边地区人口主要包括两个部分,一是明朝东江镇的人口;一是明朝辽西走廊的人口。东江镇包括朝鲜皮岛和辽东沿海各岛。[6]明朝自天启元年(1621)失去辽东半岛后,在靠近朝鲜的皮岛设镇,以牵制后金的进攻。但在毛文龙被杀后,明廷曾有撤镇的打算,因此使得驻守皮岛的将帅先后投降后金,同时也将一部分人口迁到辽沈地区。天聪七年(1634),孔有德、耿仲明投降后金;天聪八年(1635),尚可喜投降后金;崇德三年(1638),东江守将沈志祥投降,东江镇衰落。在皇太极笼络汉人的政策感召下,原本外逃的原辽东居民再次回到辽沈地区,据史料记载,祖大寿归降时带来降民"万一千六百八十二人"[4]261。孔有德和耿精忠携部下"一万三千一百二十七名"[7],这两次归降就有2万人以上。

皇太极即位后,在天聪三年(1629)第一次大规模征明,这次战争历时6个月,给明朝造成了巨大的破坏,尤其是京畿地区;第二次战争在天聪八年(1634),历时3个多月,俘获百姓和财物不计其数;

崇德元年（1636），第三次征明，共用了 4 个多月时间；崇德三年（1638），以多尔衮为统帅，旨在掠夺河北、山东，攻陷了 70 多个城镇；第五次征明是在崇德七年（1642），历时 8 个多月，大量人口被掠到辽沈地区。对于这五次战争，据《清太宗实录》记载，第三次"俘获人畜十七万九千八百二十"[5]392，第四次"俘获人畜计四十六万二千三百有奇"[5]613，第五次"共俘人畜九十二万三百"[5]903，"俘获人民三十六万九千名"[5]889。这五次战争共俘获 404142 人，人畜合计 718320。根据第五次俘获人口占俘获总量的 40%来推算，这五次战争掠夺来的人口为 287328 人，再加上 404142 人，共计 691470 人。由此看来，入关前所俘获的汉人至少要在 70 万人以上。

（三）朝鲜族

朝鲜李氏王朝在明朝时与中原王朝的交往比较频繁，但是后金建立后，其统治者采取武力方式与朝鲜确立新的宗藩关系，并使部分朝鲜人口迁入辽沈地区。朝鲜人口的被迫迁入，始于萨尔浒之战。此战中，朝鲜出动了 1 万多人配合明军，在明朝惨败之后，朝鲜元帅率 6000 多人投降后金，除了被杀和逃跑，剩下的有 3000 多人留在了辽沈地区。皇太极刚刚即位，就派遣大贝勒阿敏征朝鲜，此次战争规模很大，朝鲜损失惨重，双方和议后，阿敏"复令八旗将士，分路纵掠三日，财物、人畜悉行驱载。至平壤城驻营，即于城内，分给俘房"[5]39。由此可见，此次战役掠夺的人口当不在少数。崇德元年（1636），皇太极亲率 10 万大军征朝鲜。对于这次战争所俘人口并没有确切的数字，但和天聪元年（1627）的那场战争规模相似，俘获的人数也应大抵相当。除了战争俘获之外，还有许多居民以其他途径迁入辽沈地区。事实上，在努尔哈赤刚刚统一建州部时，就有朝鲜居民移民到此。虽然史料中并没有关于俘获朝鲜人口的具体记载，但是朝鲜人的加入无疑增加了后金（清）的军事实力。

由上可知，清入关前向辽沈地区迁移的蒙、汉、朝鲜人大约为 90 万人左右。

三 清入关前东北地区移民的影响

女真族崛起之后,通过征战,获得了大量的人口,并出现了新的人口聚集地——辽沈地区。人口的大量移动,产生了一定的影响。

首先,有利于满洲共同体的形成。后金在征战的过程中,掠夺了大量的人口,这些人口包括了许多民族,最终形成了以女真为主体,囊括蒙古族、汉族、朝鲜族等的满洲共同体。在满洲共同体形成的过程中,八旗制度起了一定的促进作用。八旗制度包括八旗满洲、八旗蒙古和八旗汉军,经过长时间的交融,旗人的利益已超过本民族的利益,使血缘组织逐渐消失,形成了一个新的民族共同体。

其次,增强了后金(清)政权的军事实力。通过战争获得的人口,为后金(清)政权提供了足够的军事资源。努尔哈赤和皇太极不断完善八旗制度,最终形成了包括满洲八旗、蒙古八旗、汉军八旗的制度。满人和蒙古人擅长骑射,而汉人则擅于利用火器,弥补了满蒙作战的不足,使后金(清)的战斗力大大增强。

第三,导致人口迁出地社会发展的停滞。由于人口的大量外移,使迁出地的人口锐减,出现了十室九空的现象。东海女真居住的地方多是森林茂密、人口稀少之地,经过掠夺,当地人口更加稀少,有的地方甚至处于荒芜的状态,使得本来就发展缓慢的迁出地,更加停滞不前。

综上,从努尔哈赤起兵到清朝入关,东北地区经历了一次人口向辽沈地区集聚的过程,在这60多年里,辽沈地区大约增加了90多万人。由于不断地有人口迁入辽沈地区,使得该地区居民的民族成分发生了变化。刚占领辽沈地区时,满族和汉族各约占50%,到入关前,汉族人口居大部,其次为满族、蒙古族、朝鲜族。辽沈地区人口的增加,使这个地区的社会结构也发生了变化,社会变迁的速度逐渐加快。在人口不断迁徙过程中,虽然充满了暴力与血腥,充满了痛苦与反抗,充满了民族内部矛盾与外部矛盾的不断激化,但从社会和历史发展的趋势上看,这种移民还是对历史产生了深远影响。

[参考文献]

[1] 郭熙楞. 吉林汇征[M]. 长春：吉林文史出版社，1993：208.

[2] 徐世昌. 东三省政略[M]. 长春：吉林文史出版社，1989：1076.

[3] 定宜庄. 满汉文化交流史话[M]. 北京：社会科学文献出版社，2011：9.

[4] 李澍田. 清实录东北史料全集[M]. 长春：吉林文史出版社，1988：84.

[5] 佚名. 清太宗文皇帝实录[M]. 北京：中华书局，1985：58.

[6] 张士尊. 清代东北移民与社会变迁：1644—1911[M]. 长春：吉林人民出版社，2003：41.

[7] "中央研究院"历史语言研究所. 明清史料·丙编：上[M]. 北京：北京图书馆出版社，2008：61.

[原载于《吉林师范大学学报》（人文社会科学版）2015年第6期]

清中期嫩江松花江流域的人口变迁

吴忠良[*]

清初,嫩江松花江流域的主要居民是蒙古、锡伯、达斡尔、卦尔察人等。尤其嫩江松花江汇流处一带,属于水陆通衢,不仅是战略要地,亦是各族交汇杂居之处。随着战略意义的突显,自康熙朝中期起,清廷在这一地区设置了驻防八旗和台站等新机构,并引发了当地人口的迁移以及民族构成的变化。这种现象在清代前中期的东北地区比较普遍,在研究人口变迁方面具有典型性。这也是本文选择该地区作为考察对象的主要原因。

关于清中期嫩江松花江流域人口问题,国内外已有一些研究。在国内,吴元丰、赵志强以锡伯族为对象的研究最具代表性。二位学者对锡伯编入满洲八旗始末,以及南迁、西迁等问题均有翔实考证。[①] 国外,则有柳泽明教授的研究。柳泽明在探讨康熙五十年代齐齐哈尔城风貌时,对该城的人口构成及来源作了详细分析[1]。另外,柳泽明

---

[*] 吴忠良(1972—),男,吉林镇赉人,吉林师范大学历史文化学院满族文化研究所讲师、博士,研究方向:清史、近现代史。

① 参见吴元丰、赵志强《锡伯族西迁概述》,吴元丰、赵志强:《锡伯族历史探究》,辽宁民族出版社2008年版,58—72页(原载《民族研究》1981年第2期);赵志强、吴元丰:《锡伯族南迁概述》,《锡伯族历史探究》第49—57页(原载《历史档案》1981年第4期);吴元丰、赵志强:《锡伯族由科尔沁蒙古旗编入满洲八旗始末》,《锡伯族历史探究》第38—48页(原载《民族研究》1984年第5期);吴元丰:《清初锡伯族居住区域及与相邻民族的关系》,《锡伯族历史探究》,(原载《黑龙江民族丛刊》1998年第3期)。

在论述清代黑龙江驻防八旗与汉人时，亦对当地各类人口作了考查[2]。在上述研究的启迪下，笔者拟在研究角度、对象上另辟蹊径，即不以某个民族或驻防城为中心进行讨论，而是从区域研究的视角，以嫩江松花江交汇区域（以下，称作两江流域）为特定区域，其区域大体北抵齐齐哈尔、南到伯都讷、东达呼兰（呼伦）河、西至西拉木伦河一带，重点考察该区域内的人口迁移与民族构成的变化，时间则以康熙朝中期至乾隆朝中期为限。

一 康熙朝前期的人口构成

十六世纪中叶，科尔沁蒙古的一部分越过大兴安岭南下到两江流域游牧，并将在此一带生活的郭尔罗斯、扎赉特、杜尔伯特、锡伯各部，以及在呼兰河松花江一带的卦尔察人等尽收麾下[3]。同时，一部分达斡尔人也归属了科尔沁。科尔沁及所属各部的分布范围极广，嫩江中下游两岸向东到呼兰河流域、两江汇合口一带向南至吉林乌拉附近、向西至西拉木伦河流域都是其活动范围①。所以说，当时科尔沁及其属部是两江流域的主要居民。

随着清朝的大举入关，东北地区的人口分布产生了巨大变化，原有的社会结构解体，在旧辽东边墙外的吉林、黑龙江地区只剩下少数原住民[1]52。黑龙江将军萨布素在康熙三十一年（1692）八月初八日的奏折中称：若将嫩江松花江一带的锡伯、卦尔察、达斡尔兵丁全部移驻齐齐哈尔与乌拉，则齐齐哈尔至乌拉间将无黎民[4]。这也充分说明，直至康熙朝中期，科尔沁及其属部一直是两江流域的主要居民。

另一方面，康熙帝在平定了"三藩"之乱后，开始着手处理东北

---

① 参见金海、齐木德道尔吉、胡日查、哈斯巴根《清代蒙古志》，内蒙古人民出版社2009年版，第8页；吴元丰：《清初锡伯族居住区域及与相邻民族的关系》，吴元丰、赵志强：《锡伯族历史探究》，辽宁民族出版社2008年版，第20页（该文原载《黑龙江民族丛刊》1998年第3期）。

问题。当时东北地区面临的主要问题是来自两个方面的威胁,一个是俄罗斯,另一个是准噶尔。为此,康熙帝在东北排兵布阵,其首要内容就是设置驻防城和台站。驻防八旗兵和站丁的入驻,随之而来的民人迁入,以及锡伯、卦尔察、达斡尔人等的移动,彻底改变了两江流域的人口构成。以下,就上述几种情况分别加以说明。

二 锡伯和达斡尔的迁出

康熙二十四年(1685),清朝在雅克萨战争中大胜俄罗斯,于康熙二十八年(1689)七月,与俄罗斯签订了《尼布楚条约》。从此,黑龙江流域得以安定。但是,此前一年,受到准噶尔袭击的喀尔喀蒙古大量逃亡到内蒙古,寻求清朝的庇护。康熙帝给他们指定牧场,予以接济。康熙二十九年(1690),准噶尔再次进攻喀尔喀蒙古,导致一部分喀尔喀人和巴尔虎人越过大兴安岭,逃到嫩江流域,致使当地索伦和达斡尔人陷入混乱。第二年,居住在齐齐哈尔等村的达斡尔佐领们向黑龙江将军萨布素提出筑城聚居,以防上年的事件再次发生。经康熙帝批准,萨布素筑造齐齐哈尔城,并拣选1000名达斡尔壮丁为披甲,编为16牛录,进行驻防[1]53。萨布素认为这还远远不够,复于康熙三十年(1691)五月十七日密奏康熙帝,称:如若准噶尔进攻东北地区,只能将嫩江和[第二]松花江作为最后防线,故应在嫩江和[第二]松花江沿岸台站路上的齐齐哈尔与两江汇合处设立新的军事基地[4]26—27。康熙帝批准了萨布素的陈奏,打算从内务府及诸王所属布特哈壮丁内挑选披甲,并将此案交议政王大臣议奏。七月初一日,议政王大臣复奏称:锡伯等所居之地,接近松花江、嫩江,相应咨文科尔沁王、贝勒、贝子、公、台吉等,不论其所属锡伯、卦尔察,如有情愿披甲派驻者,容详列其数报部后奏闻,披甲遣驻[4]30。康熙帝准奏。康熙三十一年(1692)初,科尔沁将所属锡伯、卦尔察、达斡尔壮丁14458名全数进献。其中可披甲者11812名。年底,又续献漏查之7人。此项人等分为84牛录,编入上三旗,被派驻到齐齐哈尔、伯都讷和乌拉①。

齐齐哈尔地处要塞，附近居住的锡伯、达斡尔丁当中 1200 名被选为披甲，驻守齐齐哈尔，2400 名被划为附丁。其中，锡伯兵丁 2850 名，分 19 牛录。达斡尔兵丁 750 名，分为 5 牛录。因 24 个牛录的佐领均由锡伯人担任，故 24 牛录皆称锡伯牛录。至于兵丁眷属，凡居住在台站路附近者，可居住原地。同时，远离台站路或在嫩江西岸居住者，则全部被迁至嫩江东岸[5]。如此，原来散居于嫩江两岸的锡伯和一部分达斡尔人，被集中到了嫩江东岸齐齐哈尔一带。

伯都讷地处嫩江松花江汇合口东南，系水陆要冲，也是锡伯最主要的聚居区，所以伯都讷被选定为新的驻防据点。原来散居在科尔沁诸王所属地方、西拉木伦河、养息牧场外以及辽河流域的锡伯人等，全部被集中到伯都讷一带。与此同时，居住在呼兰河松花江流域的全部卦尔察人也被陆续迁到伯都讷附近。原居伯都讷一带的锡伯、卦尔察丁中被拣选出 2000 名，作为披甲驻守伯都讷。后迁到伯都讷附近的锡伯、卦尔察丁中被选出 2000 名，作为附丁。锡伯、卦尔察兵丁共 4000 名，编成 40 牛录，其中，锡伯 30 牛录，卦尔察 10 牛录。分左右两翼，每翼设满洲协领、防御各一员，受伯都讷副都统辖制[5]43。这样，散居各处的锡伯和卦尔察人就移动到了伯都讷一带。另外，由于乌拉地方兵丁不足，所以居住在乌拉附近的一部分锡伯被编为 20 牛录，其中，16 牛录驻扎乌拉，4 牛录驻扎西拉木伦，统归宁古塔将军管辖[5]44。

经过康熙三十一年（1692）的编排和调动，锡伯、卦尔察及一部分达斡尔被集中到了齐齐哈尔、伯都讷和乌拉。但这种局面并没有维持多久。为了整顿东北八旗，加强京师与盛京防务，康熙三十八年（1699），清廷一声令下，在乌拉和西拉木伦驻防的 20 个锡伯牛录，

---

① 参见吴元丰、赵志强《锡伯族由科尔沁蒙古旗编入满洲八旗始末》，吴元丰、赵志强：《锡伯族历史探究》，辽宁民族出版社 2008 年版，第 38—48 页（原载《民族研究》1984 年第 5 期）。关于锡伯编入满洲八旗一事，吴元丰、赵志强二位先生已作了充分考证。此外，楠木贤道先生也论文（《锡伯编入八旗再考》）当中作了详细探讨，所以本文主要依据先生们的研究只作简单叙述。

全部被移驻到京师。同时，在伯都讷的全部 30 个锡伯牛录被迁移到盛京。康熙三十九至四十年（1700—1701）间，齐齐哈尔所有的 24 个锡伯牛录，分为两批，陆续移驻到了盛京[5]49—57。如此一来，几乎全部的锡伯人和一部分达斡尔人被迁出了两江流域。

三 人口迁入

（一）驻防城

1. 齐齐哈尔

齐齐哈尔一带的主要居民是达斡尔人。如前所述，齐齐哈尔建城是康熙三十年（1691），当初在此驻防的是 16 牛录达斡尔披甲。第二年，又有锡伯和达斡尔组成的 24 个锡伯牛录进驻齐齐哈尔。黑龙江将军驻地最初设在黑龙江城，《尼布楚条约》缔结后的康熙二十九年（1690）迁到墨尔根。因墨尔根霜降较早，无法收获足够的粮食，经奏请，黑龙江将军萨布素又将驻地于康熙三十八年（1699）迁移至齐齐哈尔。康熙三十九至四十年（1700—1701），齐齐哈尔全部 24 个锡伯牛录，陆续移驻盛京。因齐齐哈尔成为将军驻地，其驻防兵丁及人口亦急剧增加。关于此时期齐齐哈尔的人口及其来历，柳泽明教授已作了详细考证①。据其研究成果，人口迁入的情况大体如下：

齐齐哈尔驻防八旗兵丁由满洲、汉军、达斡尔、巴尔虎和索伦五个民族构成。截至康熙五十五年（1716），驻扎齐齐哈尔的佐领数分别为：满洲 16 个，达斡尔 16 个，巴尔虎 4 个，汉军 4 个；领催马甲人数分别是：满洲 580 名，达斡尔 1000 名，巴尔虎 240 名，汉军 220 名。另外，齐齐哈尔水师营设有汉军四品官 2 名，五品官 1 名，六品官 2 名，以及全部由流人构成的水手 319 名。齐齐哈尔周围还设有 20

---

① 参见［日］柳泽明《驻防城齐齐哈尔的风貌——以康熙五十年代为中心》，［日］细谷良夫编：《清朝史研究的新地平线》，山川出版社 2008 年版，第 55 页。另，方式济：《龙沙纪略》《经制》（四库全书本），方式济于康熙五十二至五十六年（1713—1717）居住于齐齐哈尔。

个官庄,每庄有庄丁 20 名。再加上黥奴和往来商人,以及后面将要提到的台站丁等,齐齐哈尔一带的人口已超过 2 万人。其中,满洲兵主要由新满洲构成,当初在黑龙江城设置驻防时,他们从吉林和宁古塔等地被调动到黑龙江城,随着黑龙江将军驻地的变迁,他们由黑龙江城移驻墨尔根,最终又移动到齐齐哈尔。齐齐哈尔的汉军 4 牛录,和满洲牛录一样,先从黑龙江城迁至墨尔根,又迁至齐齐哈尔,而他们的祖籍大多为山东。

约占齐齐哈尔驻防兵半数的达斡尔,亦来自齐齐哈尔和墨尔根一带,最初他们居住于黑龙江中游、结雅河流域,沙俄势力东侵到黑龙江流域时,南迁至嫩江流域。如前所述,巴尔虎于康熙二十九年(1690)为躲避战乱逃到嫩江流域,康熙三十一年(1692)被编入盛京各地以及吉林驻防八旗中,离开了嫩江流域。康熙三十三年(1694),喀尔喀某旗奏疏清廷,请将自己管理不了的巴尔虎人进献给皇帝。随即,黑龙江将军萨布素领兵往喀尔喀,带回巴尔虎人 637 户,2729 口,安置于齐齐哈尔附近。并将其中有独立生活能力的 434 户、511 丁编为 4 牛录,使其在呼裕尔河一带游牧;将贫困潦倒、无自立能力的 203 户、328 丁编成 4 牛录,使其驻防于齐齐哈尔北部的博尔多(今黑龙江省讷河市)。康熙四十年(1701),游牧巴尔虎 4 牛录的一部分,被编入齐齐哈尔八旗驻防当中。同年,在博尔多的巴尔虎 4 牛录被迁到墨尔根,五年后又移驻齐齐哈尔。这是齐齐哈尔巴尔虎人的来历。齐齐哈尔的索伦兵约 70 余人,与达斡尔混合成 4 牛录,所以有的史料或称之为索伦佐领,其实都包含于上述 16 个达斡尔佐领中。索伦人与达斡尔人同样,最初在黑龙江中游、结雅河一带居住,后随同达斡尔一起南下到嫩江流域,被编到布特哈八旗当中。康熙二十六年(1687),他们中的贫困者同一部分达斡尔人一起被编为 4 个牛录,在墨尔根驻防,后移驻齐齐哈尔。

此外,在上述地区还有水手、庄丁、台站丁和奴仆等,主要由流人构成。因史料缺乏,无法确定他们的具体来历。《龙沙纪略》"经制"载:水手,皆流人充役。又,《黑龙江外记》卷 3 载:旗下八部落外,来自内地编入八旗者，营、站、屯三项也……三者流人戍卒子孙，而吴、尚、耿三藩旧户，站上居多，故皆无仕进之例，不应役则自食其力。而屯丁请还籍听之，营、站两项不能也[6]卷3。奴仆的主要来源，或是官方将流人赏与八旗兵丁，或是八旗兵丁自行购买。奴仆人口数量庞大。《龙沙纪略》"饮食"载："今流人之赏旗者，且倍于兵……故居人置奴婢，价常十倍于中土。奴婢多者为富，以其能致富也。"仅被赏与的流人人口已是八旗兵的两倍。在齐齐哈尔，还有作为自由民的商人。以现有史料无法推断其大体人口数，但《龙沙纪略》"屋宇"载："商贾夹衢而居，市声颇嘈嘈。"可见商人数量也应该不少。

2. 伯都讷

如前所述，伯都讷驻防是在黑龙江将军萨布素建议下，于康熙三十一年（1692）始设的，属宁古塔（吉林）将军统辖。设置当初，吉林副都统受命移驻伯都讷，充副都统职，分左右两翼，每翼设协领1名，两翼共有佐领12名，防御8名，骁骑校12名，领催73名，前锋36名，甲兵888名，共1032名。佐领内，公中佐领10名，蒙古佐领2名[7]卷50。这些官兵应是跟随副都统从吉林迁移至伯都讷的。同年，随着锡伯、卦尔察、达斡尔等入旗编佐，伯都讷又增设了协领2名，佐领、骁骑校各30名，防御8名，锡伯兵1400名，卦尔察兵600名，官兵共计2070名，另有附丁2000名。康熙三十八年（1699），伯都讷30个锡伯牛录全部被移驻盛京，而10个卦尔察牛录未被移动。康熙四十年（1701），伯都讷增设了蒙古佐领、骁骑校各2名，蒙古兵100名。五十二年（1713），又增设佐领、骁骑校各1名，兵400名[7]卷50。

另外，康熙二十五年（1686），清廷于伯都讷城北35公里处，伯都讷与郭尔罗斯后旗交界之松花江岸设渡口一处，置领催2名，水手58名，铁匠35名，共95名[7]卷56。初属宁古塔（吉林）将军直辖，伯都讷副都统设置后，归其辖制。

3. 呼兰

雍正十二年（1734），为查禁盗采人参，清廷在松花江与呼兰河汇流处的东北角设置八旗驻防，即呼兰城驻防，属黑龙江将军统辖。设置当初，从齐齐哈尔调兵 320 名，编为 5 个牛录，由伯都讷的卦尔察牛录当中抽调 180 名丁，整编成 3 个牛录，共 8 个牛录，设城守尉、佐领、骁骑校等官，同时官兵附丁及其家属也迁移到了呼兰①。乾隆元年（1736），呼兰设水师营，置委官 1 名，水手 40 名[8]。据现有史料，尚无法确定这些水手的来历，但可以推测，他们应是从黑龙江或吉林将军辖下的水手中抽调的。

呼兰河松花江交汇区域原为卦尔察人的主要聚居地，卦尔察人被编入八旗后，这一地区几乎变成无人区。但随着呼兰城驻防的设置，一部分卦尔察人以及从齐齐哈尔调来的八旗满洲与汉军、索伦和达斡尔，就成为这一带新的居民。

（二）台站

康熙二十二年（1683）九月，为扼制黑龙江流域的俄罗斯势力，康熙帝决定筑黑龙江城进行驻防，并设置连接吉林与黑龙江城的台站路。同年十月，黑龙江将军萨布素等开始测量台站路线。经过反复测量和讨论，台站路线基本上确定下来。此时拟定的路线是，从吉林北上，经拉林河、松花江、呼裕尔河、纳穆尔河，翻越小兴安岭到达黑龙江城[9]。但是，康熙二十四年（1685）四月，康熙帝命令设置墨尔根与雅克萨之间的台站路，因此，墨尔根成为台站路的基点，地理位置变得尤为重要。所以，此前拟定的台站路线方案也作了相应调整，变更为沿第二松花江和嫩江东岸经由墨尔根北上的路线。同年十一月，萨布素等联名上奏，提议共设 25 站，得到康熙帝许可，并于次年开始设站。其中，墨尔根至黑龙江城间 5 站的站丁，由索伦、达斡尔的贫困者中选出，每站 30 丁。其余 20 站的站丁，从盛京、宁古塔（吉林）将军辖下台站、柳条边的兵丁中选派[9]335—336，每站亦 30 丁②。松花江

---

① 中国第一历史档案馆藏：《黑龙江将军衙门满文档案》。
② 方式济：《龙沙纪略》，四库全书本。

第四编　边疆与民族

南岸伯都讷至吉林的6站，归吉林将军管辖。松花江北岸茂兴至黑龙江城的19站，属黑龙江将军辖制。雍正五年（1727），茂兴站与北面古鲁站之间增设乌兰诺尔站[6]卷2。乾隆元年（1736），乌兰诺尔站与呼兰城之间又增设6个台，6台皆在松花江北岸，每台设领催1名、台丁9名①。这些新增设的台站全部归黑龙江将军统辖。

站官从旗人中选出，管理各台站事务。墨尔根至黑龙江城的5站之外，其余所有台站的领催与台站丁，主要由旧三藩人员构成[2]。也就是说，这些旧三藩人员最初被安置在盛京、宁古塔（吉林）将军辖下的台站或柳条边，后来他们中的一部分又被向北调动到两江流域各台站。站官和领催享有饷银，台站丁则无[6]卷2。因此，台站丁每人分配到5天（垧）地，以资生计②。除了墨尔根至黑龙江城5站外，其他各台站的领催和台站丁、及其家属，同驻防八旗兵丁一样，成为两江流域最早的移民。

（三）民人

最早移民两江流域的民人主要是商人、雇工和农民。因为当时该地区还没有专门的民治机构，所以很难对他们的来历及人口做出准确判断，但从清人著作和档案中还是可以发现一些相关线索。如，前文所引《龙沙纪略》"屋宇"载："商贾夹衢而居，市声颇嘈嘈。"又，同书"经制"载："商贾往来无定，亦立册以稽。"说明康熙末年的齐齐哈尔已有很多商人，齐齐哈尔副都统衙门为便于管理，对商人进行登记注册。但是，清朝政府禁止商人携带家属在黑龙江将军辖区内居住[2]。虽然很难根据现有史料对伯都讷和呼兰的商人进行探讨，但是可以推测其情况大致与齐齐哈尔相似。另外，位于嫩江松花江交汇处东北的郭尔罗斯后旗（今黑龙江省肇源县、肇州县和肇东县等地）属哲里木盟，军事上受黑龙江将军辖制。为防止蒙旗内民人人口的增

---

① 中国第一历史档案馆藏：《黑龙江将军衙门满文档案》。
② 同上。

加和蒙古人游牧地的减少，清廷曾于乾隆十三至十四年（1748—1749）发布"蒙地封禁令"，禁止民人迁入蒙旗境内。在此情况之下，乾隆二十六年（1761），郭尔罗斯后旗根据哲里木盟盟长 Sewangnorbu（色旺诺日布）的命令，驱逐了旗内的民人，但并未驱逐持有执照的商人。可见两江流域的蒙旗境内也有很多民人，其中包括商人。这些商人进入蒙旗行商时，事先在将军衙门或副都统衙门申请执照，方可进入蒙旗。当然，未经许可私自进入蒙旗的商人也有很多①。据《黑龙江外记》卷 5 载："商贩多晋人，铺户多杂货铺，客居应用无不备。"说明商人中以晋籍为多。

由于两江流域渔业资源丰富，驻防八旗兵丁、台站丁和蒙旗不仅自己从事渔业，雇佣民人捕鱼的情况也较多。如，郭尔罗斯后旗境内设有 3 站 4 台，几乎所有台站都常年雇有数十个民人从事渔业。郭尔罗斯后旗台吉雇佣民人从事渔业的现象更为普遍，据乾隆二十九年（1764）的档案记载，仅在该旗境内松花江北岸的 Ailangkū（艾朗库）和 Tarhūn（塔尔浑）两处渔场，就有本旗台吉们雇来的民人 100 余人。又据乾隆三十年（1765）档案记载，嫩江东岸多耐站等各站，每站都雇有数十民人从事渔业；嫩江东岸杜尔伯特旗和西岸扎赉特旗的蒙古台吉们，雇佣的民人数量更多。在伯都讷所属松花江右岸一带，也有大量民人受雇于驻防八旗兵丁或台站丁从事渔业。民人独立从事渔业的情况也很普遍②。

除了商人和被雇佣捕鱼的民人外，两江流域还有一些农民和浮民。以蒙旗为例，虽有"蒙地封禁令"，但仍有一部分民人进入郭尔罗斯后旗境内从事农耕，当然，他们中的大多数获得蒙旗许可，向蒙旗缴纳地租。这是蒙旗违背朝廷禁令暗中操作的情况。另据《黑龙江外记》卷 3 载：流人遇赦不归，例入官地安插，否则自入伯都讷民籍，然后可居境内，非是者谓之浮民，境内不留也，然今齐齐哈尔浮

---

① 中国第一历史档案馆藏：《黑龙江将军衙门满文档案》。
② 中国第一历史档案馆藏：《军机处满文录副奏折》，1877—027/059—3346。

民无数，商贩私立家业者亦不少，皆例所禁。可见两江流域入伯都讷籍的合法民人及非法的浮民与商人家属，人口众多。

结　　语

通过以上探讨可以看出，清前期两江流域的人口原由蒙古、锡伯、达斡尔、卦尔察人构成；随着驻防八旗与台站的设置，两江流域的人口构成发生了显著变化：首先是几乎全部的锡伯和一部分达斡尔迁出两江流域；其次是驻防八旗兵丁与台站丁及其家属进入两江流域；再次是以汉人为主体的民人，以商人、雇工和农民等身份迁入当地，并逐渐成为该地区居民中的主体。

[参考文献]

　　[1] 柳泽明. 驻防城齐齐哈尔的风貌——以康熙五十年代为中心 [M] //细谷良夫. 清朝史研究的新地平线. 东京：山川出版社，2008：52—73.

　　[2] 柳泽明. 清代东北的驻防八旗与汉人——以黑龙江地区为中心 [J]. 吴忠良，译. 吉林师范大学学报，2014（1）：23—25.

　　[3] 金海，齐木德道尔吉，胡日查，哈斯巴根. 清代蒙古志 [M]. 呼和浩特：内蒙古人民出版社，2009：9—10.

　　[4] 中国第一历史档案馆. 锡伯族档案史料：上 [M]. 沈阳：辽宁民族出版社，1989：35—36.

　　[5] 吴元丰，赵志强. 锡伯族历史探究 [M]. 沈阳：辽宁民族出版社，2008：43.

　　[6] 西清. 黑龙江外记 [M]. 哈尔滨：黑龙江人民出版社，1984：卷3.

　　[7] 长顺. 吉林通志 [M]. 续修四库全书本.

　　[8] 黄维翰. 宣统呼兰府志 [M] //黑龙江府县志辑. 成都：凤凰出版社，1990：147.

　　[9] 楠木贤道. 齐齐哈尔驻防锡伯佐领的编立过程 [M] //石桥秀雄. 清代中国的诸问题. 东京：山川出版社，1995：335.

[原载于《吉林师范大学学报》（人文社会科学版）2014年第6期]

雍正、乾隆年间莽牛哨事件与清朝—朝鲜国境地带

[韩] 金宣旼*

一 绪论

明万历二十年（朝鲜宣祖二十五年，1592年），努尔哈赤统一建州女真占据兴京（Fe Ala）时，麾下的女真人在朝鲜境内挖人参被抓，而后遭到砍头、剥皮的酷刑。愤怒的努尔哈赤对朝鲜官兵的残酷行为表示抗议，而宣祖则以"天下的封疆分割明确，无天朝（明）的允许朝鲜与女真不可私通"为由，想以此管理夷狄。三年后朝鲜的乡通事河世国和明朝官员一起出访佛阿拉时，当时的努尔哈赤作为明朝的龙虎将军接待了明朝和朝鲜的访客。他"顾及明朝宣谕朝鲜"，为了维系此友好关系特宰牛款待他们。①

后金天聪二年（朝鲜仁祖六年，1628），皇太极继承父业登基为可汗，正式开始提出朝鲜入侵后金境内的问题。他在送交给朝鲜的国书中提出警告，"应当严禁两国人民私下越境狩猎，不可肆意行动招惹事端"。翌年，在后金境内采参的两个朝鲜人被押送至汉阳，当着后金使臣的面处以死刑。皇太极为了断绝朝鲜人的越境与非法

---

* 金宣旼（1971— ），女，韩国人，吉林师范大学历史文化学院满族文化研究所兼职教授，韩国高丽大学民族文化研究院副教授，研究方向：清史、满学。
① 《宣祖实录》卷28，25a（宣祖25/7/26）；《宣祖实录》卷66，8b（宣祖28/8/13）。

采参,开始要求除了越境当事者以外,对所属地区的官吏也进行处罚。清崇德元年(仁祖十四年,1636)以后,在清朝境内非法采参的朝鲜人被枭示于鸭绿江边,所属地区的官员被革职或流放之事成为惯例。①

康熙二十四年(肃宗十一年,1685),朝鲜人跨过鸭绿江在清朝境内挖人参时在三道沟用鸟枪射伤了正在测量地势的清朝官员。康熙帝追究事件的责任,命朝鲜国王肃宗罚银2万两。②并趁此事件,调查鸭绿江和豆满江的水源,于康熙五十一年(肃宗三十八年,1712)设立了白头山定界碑。此后朝鲜虽发现定界碑所定豆满江的水源有误,但两国都没有提出再明确分界的问题。③

为了更好地理解从16世纪末到18世纪初清朝与朝鲜之间发生的这些越境事件,必须考虑到当时各种情况的重叠问题。首先,以上事件象征着边境满族的兴起与壮大的过程。16世纪末努尔哈赤利用明朝册封的龙虎将军名衔,在与明朝的通商口岸行使主导权,积累了财富,打定了自己的政治根基。但此后明朝的支配权由保护转为干涉,努尔哈赤建立后金与明军开战,开始进入辽东。17世纪初皇太极继位,打破女真传统的部族分权统治,加强可汗的集权,进入内蒙古收复察哈尔部,成为建立大清的跳板。皇太极受到满洲、蒙古、汉人王公贵族的拥戴,建元后定国号"大清",入主中原则是在其病逝后的顺治元年(1644)。皇太极的大清经由康熙、雍正、乾隆江山逐渐稳固。17世纪末,康熙帝镇压三藩之乱,铲除台湾的郑成功势力,从而完成了中国内地的统一,以雍正帝的内治成果为基础,于18世纪

---

① 关于皇太极时期后金与朝鲜的非法入境问题可参考金宣旼《人参与疆域——清朝的疆域意识和对外关系变化》,《明清史研究》30。
② 关于三道沟事件的原委可参考:李洪烈《三道沟事件与先后策》,《白山书堂》5,1968.12;李花子《朝清国境问题研究》,首尔:集文堂,2008年,第91—108页。
③ 关于白头山定界碑的设立,代表性的研究是:赵珖《朝鲜后期的边境意识》,《白山学报》16,1974;姜锡和《朝鲜后期的咸镜道与北方的领土意识》,经世院,2000;Andre Schmid, *Korea Between Empires, 1895—1919*, New York: Columbia University Press, 2002;郑汝蔚译:《帝国间的韩国1895—1919》,Humanist,2007;李花子,前书等。

中期乾隆帝成功收复新疆，清朝的版图扩张到了最大限度。①

其次，上述越境事件表现出随着女真的后金发展为满洲的清朝，朝鲜与女真的上下关系也转化为清朝与朝鲜的事大关系。至16世纪末，朝鲜与女真的关系在"人臣无外交"的原则下以明朝为媒介形成，并未形成独立的关系。② 但是朝鲜以多种方式怂恿女真事大，将他们领至藩篱、藩屏，以明朝为中心的华夷秩序下，形成了与此类似的朝鲜—女真这样"多层的"隶属关系。他们认为女真是劣等野蛮的民族，朝鲜士兵对女真非法采参者施以酷刑也表现了此意识。另外，朝鲜与女真的矛盾由明朝在其中调解得以解决，这意味着至16世纪末仍旧保持着以明朝为中心的华夷秩序。朝鲜统治阶层的华夷观与朝鲜王朝"再造之恩"的信念，形成了朝鲜对明朝事大这样绝对性的统治意识形态，对明朝事大也是朝鲜一贯的对外原则。③

但后金的建立使明朝—朝鲜—女真的多层隶属关系出现了裂痕，后金的挑战威胁到了明朝和朝鲜的事大关系。皇太极不断挑战朝鲜的对明朝事大，通过军事讨伐成功地推翻了政权。如前所述，朝鲜人的越境问题可以看作是皇太极为了威胁并征服朝鲜在政治上的利用。努尔哈赤时期建州女真在采参时侵犯了朝鲜的领土，皇太极时期朝鲜人也是为了采参入侵了后金的领土。但这已经不是单纯的越境问题，对皇太极来说，采参的朝鲜人既是非法的越境，更是一种对后金的挑战。为了根除此问题，需最终断绝朝鲜的对明朝事大，以致朝鲜在经历两次战争后与清朝缔结了朝贡关系。④

---

① 从16世纪到17世纪末关于后金到清朝的发展过程的相关说明，比较有用的是：Pamela Crossley, The Manchus, Black well Publisher, 1997；石桥崇雄：《大清帝国1616—1799》，洪性鸠译，Humanist, 2009。

② 郑多函分析了关于野人和对马岛朝鲜派遣敬差官之事，朝鲜以明的对外政策为模本，套用于女真和对马岛，形成"多层的"臣属关系。相关论述可参考《朝鲜初期对野人与对马岛的藩篱、藩屏认识的形成和敬差官的派遣》，《东方学志》141，200，第256页。

③ 针对朝鲜对明事大与统治意识形态，近年具代表性的研究是桂胜范《朝鲜时代的海外派兵与韩中关系》，Purun Yoksa, 2009。

④ 关于后金—清时期与朝鲜的关系，近年具有代表性的研究是韩明基的《丁卯、丙子胡乱与东亚》，Purun Yoksa, 2008。

第四编　边疆与民族

　　始于崇德元年（1636）的清朝—朝鲜朝贡关系一直持续到 19 世纪末，但朝贡册封的惯例及朝鲜使节对北京的访问一直持续下去，这绝不代表处理眼前问题的方式和相互认识没有变化。皇太极征伐朝鲜以后两国关系一直陷入僵局，这样的紧张局势一直持续到康熙帝统一内地。清朝兴起三藩之乱的消息刺激到了朝鲜朝廷的反清意识，清朝也觉察到了朝鲜的不稳定动向。① 17 世纪后半期，清朝对朝鲜的不信和疑惑在越境事件的处理过程中也有所体现。关于越境的朝鲜人打伤清朝官吏一事，康熙帝史无前例地要求朝鲜国王罚银，这可以看作是对朝鲜施加的严惩。② 但 18 世纪初设立白头山定界碑时，康熙帝对朝鲜的态度并不像之前试图控制藩国那般强硬。与其祖父皇太极相比，康熙帝的对朝政策显得更柔和。这可以看作是随着成功统一中国内陆地区，清朝的中原统治也得以稳定实施而显露出的自信感。重要的是无论皇太极的强硬政策还是康熙帝的怀柔政策，都表现出了上国权威的方式。由明至清，中原与朝鲜的关系与其内容的变化和沉浮无关，总是披着朝贡的外衣。

　　本文主要通过关注雍正、乾隆年间两国外交议题之莽牛哨设汛事件，来了解 18 世纪清朝对中国的统治开始稳定后如何展开与朝鲜的外交关系。围绕位于鸭绿江的莽牛哨由谁、如何管理的问题，在《同文汇考》中详细记录了大清皇帝、盛京将军、北京的臣僚以及朝鲜国

---

① 李花子，前书，第 75—80 页。三藩之乱当时朝鲜朝廷对清朝的败亡充满期待，不仅常接触朝鲜使节的满洲礼部侍郎知道此事，连皇帝也有所意识。三藩之乱被镇压后，清朝以朝鲜朝廷所呈外交文件违背格式为理由，多次要求朝鲜国王罚银。根据夫马进的观点，康熙年间的"外交文件违式事件"是中国管理朝鲜或牵制朝鲜时使用的方法，14 世纪末明朝初期也多次发生过此类事件。夫马进，《明清中国的对朝鲜外交における'礼'と'问罪'》，《中国东アジア外交交流史の研究》，京都：京都大学学术出版会，2007 年，第 340—346 页。

② 关于康熙帝罚银的措施，李花子认为"这与其说是三藩之乱当时对朝鲜态度的惩罚，不如说是对越境行为的惩罚。"李花子，前书，第 103 页。另外金暻绿关注到在明朝没有对朝鲜人和朝鲜国王罚银的先例，他认为康熙帝的罚银代表清朝承认朝鲜"既是独立的藩国又是统治领域的一部分。"参见金暻绿《朝鲜的对清朝关系意识和外交体系》，《梨花史学研究》37，第 157 页。对于康熙帝的罚银，李花子的评价比较浅而金暻绿的评价稍显过度。康熙帝要求朝鲜罚银之事应看作是向朝鲜显示上国的力量与权威。

王和朝鲜臣僚之间的对话。《同文汇考》[1]是正祖八年（1784）奉王命，仁祖以后至高宗十八年（1881），由朝鲜与清朝、日本之间关于事大—邦交的外交文书整理而来的，1978年由国史编辑委员会影印。其中一部分点校翻译成《国译〈同文汇考〉疆界史料》[2]与《国译〈同文汇考〉犯越史料1》[3]出版发行。① 通过考察《同文汇考》中收录的地方官吏的报告与《清实录》、《朝鲜王朝实录》中涉及的中央的审议过程，有助于更好地理解18世纪中期清朝与朝鲜的相互认识及边境意识。

二 国境地带的情势

至17世纪末，清朝与朝鲜之间的问题主要是朝鲜人入侵清朝领域之事，但至18世纪初关于清人为开采人参出没国境地带的报告开始增多。肃宗三十三年（1707）发生了采参的清人越过平安道抓住把守卒要求鱼盐的事件。② 清朝采参人在边境采参时跨入朝鲜境内入侵民宅的情况也时有发生。据咸镜观察使李善溥的报告，肃宗三十七年（1711）10余名清人在甲山古云笼一带搭起帐篷居住，甚至入侵民宅。被朝鲜的哨兵抓住审讯的时候，清朝越境者都称自己是持有参票的合法采参人。"我们是从沈阳来的，持有政府公文，采参时迷了方向，在白头山一带徘徊至此。"③ 这些人是否真有盛京将军颁发的

---

① 本文关于莽牛哨设汛的分析得力于《国译〈同文汇考〉疆界史料》，以下简称为《国译疆界史料》。
② 事件发生当时因为越境者是凤凰城派来的采参人，所以朝鲜朝廷根本没有向清朝报告。凤凰城是管理朝鲜使节出入的地方，如果凤凰城城守尉对朝鲜朝廷怀有不满，那么很可能对朝鲜使节不利。《肃宗实录》卷45，32b（肃宗33/7/20）。
③ 《肃宗实录》卷50，44b（肃宗37/7/30）。此事件发生后，朝鲜朝廷中有人主张趁机要求清朝出台强硬的措施禁止越境。但此时穆克登正为调查朝鲜人李万枝越境事件勘察白头山一带，最终没有达到目的而返清。所以有人担心如果朝鲜要求强化措施，清朝很可能以此为借口再次勘察白头山。所以朝鲜政府只能放弃对清朝的抗议。代为向清朝上咨报告越境事实，但极力强调其非故意性。参见李花子《朝清国境问题研究》，首尔：集文堂，2008年版，第177—178页。

第四编　边疆与民族

合法采参许可,这一点很难验证,但可以确认当时的确有清人以各种理由入侵国境地带。

肃宗四十年(1714)发生了清朝狩猎者入侵平安道理山江边挟持哨兵要求粮食和盐的事情。① 此时,朝鲜朝廷意识到清人出没国境地带的事件逐渐增加,为此深感威胁,要求清朝尽快出台抵制越境的相关对策。

> 上国之人往来采猎,十百为群,冬则行猎,春则采参,结幕屯聚,旷日淹留之际,称以有无相资,与小邦边民潜相往来,至于生变如前日李万成、万枝等是也。今又不遵禁令,恣意越界,捉去把守,若此不已,则辗转生事,将何所不至……事系上国人侵越边疆,非小邦所可制者,则不避烦猥每辄闻奏,第增惶悚……至于违禁越江者亦加严饬,毋得任意挽越,横计粮馈,使小邦边氓得免惊扰之患,不胜至愿。②

针对此朝鲜咨文,康熙帝要求严惩越境者及所属地方官,同时赋予朝鲜可逮捕越境者的权限。"朝鲜人可私下逮捕越境者,在解送的情况下严格治罪,地方官交由相关部门审查。另向朝鲜下达咨文,让防守沿边的官兵严密巡视,若有越境者即刻逮捕解送。"③

实际上朝鲜被赋予可逮捕清人越境者的权限应早于此。康熙帝曾于五十一年(1712)指示,与朝鲜边境一带及近海地区出现非法打猎捕鱼的情况,盛京将军向沿海的地方官授予严处的权力以挽救早期的事态。同时清人的船只成群结队在朝鲜境内捕鱼的行为属盗窃,清朝命令朝鲜政府不要因为他们是"天朝百姓"而饶恕他们,可逮捕

---

① 《肃宗实录》卷55,29a(肃宗40/9/16)。
② 《同文汇考·原篇》卷61,犯越7b—8a。
③ 《通文馆志》卷9,60b,肃宗大王41年乙亥(《通文馆志》2卷,首尔:世宗大王纪念事业会,1998年版,第187页)。《同文汇考·原奏》卷61,犯越,18b;《钦定大清会典事例》卷511,4a。

处刑。① 康熙六十一年（1722）对不持公文在捕鱼过程中招惹事端的清人可依据朝鲜法律进行处罚。② 在皇帝的许可下，朝鲜国王逮捕、处罚清人才得以合法化。

至 17 世纪末朝鲜人因越境事件致使清朝和朝鲜的关系极度僵硬，甚至朝鲜国王要向清朝皇帝付罚款。与此相比，康熙帝的这一系列措施使两国关系到 18 世纪初大有转变。让朝鲜国王有权惩处越境的清人，这代表皇帝从此以后不再需要为藩国的越境事件而敏感地做出反应，清朝秩序已经得以巩固。从 1690 年至 1697 年，准噶尔的噶尔丹威胁帝国的北部和西部边疆地区，康熙帝曾 4 次亲自出征讨伐他。噶尔丹死后，开始编辑赞扬皇帝亲征的《亲征平定朔漠方略》，并制作了《皇舆全览图》以供俯视清朝的版图，这些都是为了宣扬清朝的统治已得以巩固。至清朝完全平定西北地区还有半个世纪，但康熙末年的清朝已不再是危机旦旦的征服王朝。③ 康熙帝对统治清朝的信心，在与朝鲜的关系中主要体现在对越境事件的态度转变上。康熙帝在越境事件上给予朝鲜能动的权力，朝鲜也得以对越境的清人采取比以前更强硬的姿态，这也是有据可寻的。所以随着清朝统治的巩固，朝鲜在国境问题上反而有了更多的发言权。

虽然清朝允许朝鲜逮捕非法入侵者，但还是不断有清人出入国境地带。其中对朝鲜朝廷刺激最大的是肃宗四十年（康熙五十三年，1714）发生的事件。该年八月在庆源附近朝鲜官兵目击了捕鱼的清人，他们在江边建房耕种。追查原因时，他们出乎意料地回答："此处土地肥沃，以后宁古塔的清人要迁徙于此，故先来占地。"④ 后据朝鲜的调查，宁古塔将军奏请在庆源对面的珲春部兵，计划将此地开

---

① 《同文汇考·原奏》卷 61，犯越，18b—19a；《钦定大清会典事例》卷 511，5b。
② 关于康熙帝征伐准噶尔与清朝的稳定化问题可参考：Peter C. Perdue, *China Marches West: The Qing Conquest of Central Eurasia*, Harvard University Press, 2005, 5 章。
③ 《肃宗实录》卷 55，19b—20a（肃宗 40/8/8）。
④ 《肃宗实录》卷 55，38b（肃宗 40/12/3）。

第四编　边疆与民族

发为军事驻地。①

而后不断有人上报清人在庆源和豆满江一带驻扎的消息。同年十一月朝鲜国王肃宗从咸镜道观察使李光佐和节度使赵相周那得知清人在庆源附近建房耕地的消息。根据当时庆源府使赵世望等的上书,清人在庆源对面离江2—3里的地方建草舍,起初庆源官兵以为是清人狩猎时临时建的休息地,可秋去冬来仍在,反而还开地铺路有久居之势,所以上报朝廷。②

针对宁古塔的清人越过国境地带居住的消息,朝鲜朝廷的反应显示了当时对清朝的认识和边境意识。

> 都提调李曰,皇朝时,自九连城,有镇堡,与我国接界,鸡狗之声相闻,辽东人,或有来耕威化岛者,则辄自我国,移咨辽东都司,而禁止,至于立碑以定界,其时天下一家,我国边民与华人,如邻邑之人,尚虑其无防限,况今日乎,清人所这,虽未知果有深意,而隔一衣带水,而相近,彼此往来,不无生事之弊,此甚可虑矣。③

过去事大明朝时曾为界限不明而担忧,现与清朝相邻的情况下,则主张决不可有人接近国境地带,所以提出要求对清人的行为密切关注。

> 提调赵泰耉曰,彼地事,非我所可禁,而亦不无可虑矣,小臣尝往来西北,观其形势,六镇及江边七邑,彼我境以江为限,而越边则皆是空地,曾无人居,但树木成林而已,今彼人,若只为作农,则旷野沃土,何处不可,而必于沿江近处,造家垦田,

---

① 《请撤毁训戎镇越边房屋咨》,《同文汇考》卷48,疆界12a—13a(《国译疆界史料》,第116—117页)。
② 《备边司誊录》67册(肃宗40/6/7)。
③ 同上。

且修治道路乎，其意，诚不可测，而近来彼边清人，以采参及猎兽事，通四时无常往来者，比前益伙，或经岁迟留，而不罢归，想其粮道甚艰，故与我境边民，潜相和卖，以资其粮者，不无其弊矣，彼边之造家垦田，虽不可自我禁断，而自今申饬边臣，勿为如前懈弛，动静事机，频频侦察，似宜矣。

在此危机意识下，朝鲜朝廷决定阻止宁古塔将军开垦豆满江一带，并向清朝礼部发送咨文。正如朝鲜大臣所述，朝鲜政府认为应该遵守清朝—朝鲜国境地带不可居住的先例。

  仍伏念，圣朝御宇，设栅凤城，以讥出入，栅门迤外，不许人居，与小邦边徼稍远，不相混杂，至今疆域免致大端衅戾者，莫非圣朝深计是赖。①

朝鲜主张国境一带应无人居住才能有效预防越境犯罪事件，从鸭绿江到栅门的土地定为空地来防止越境，豆满江一带也应定为空地。清朝接受了此主张。翌年，清朝因朝鲜朝廷的要求，让居住在豆满江一带的清人全部迁移。康熙五十四年（1715）二月，康熙帝命令奉天将军和奉天府尹以及宁古塔将军调查在豆满江国境附近建房耕地者是何人，属何地，为何在此建房。② 同年十月，清朝礼部向朝鲜发咨文告之，在朝鲜庆源接邻的安都立、他木努等地区所建的房屋、窝铺都已拆除，迁到朝鲜边境地带的宁古塔官兵的屯田也已转移。规定今后严禁越过豆满江或在江附近建房、播种，令所属官员不定时地严查。并且规定以后若有清人违禁在国境一带居住被朝鲜发觉向礼部发

---

① 《同文汇考》卷48，疆界13a（《国译疆界史料》，第117页）。
② 《礼部知会令该管查明后再议咨》，《同文汇考》卷48，疆界14a（《国译疆界史料》，第119页）。

送咨文的话，所属官员及士兵一律严惩。①

通过分析康熙五十三年在庆源一带发生的事件，中国学者李花子指出豆满江边驻扎的清人因朝鲜的要求撤出后，成为对清朝边境管理不利的先例。依据此例，以后朝鲜不仅阻止清人在豆满江边定居，而且后文所述之盛京将军进驻鸭绿江之事也因此终止了。李花子认为，由于清朝不能充分掌控与朝鲜的国境地带，以至于清朝边防军事实力逐渐减弱，19世纪末朝鲜流民越过豆满江以北进行开垦时束手无策。[4]

但这种情况并不纯粹是因为清朝不能稳固边防的军事、行政统治造成的，主要还是因为清朝和朝鲜两国在国境地带管理方面与近代一样没有明确的边界意识。清代两国国境最根本的特征是国界的模糊性，此模糊性一直持续到18世纪，两国依靠国家权力有效地阻止了越境，没有掀起重大事件。但到19世纪末，清朝的支配秩序开始松动，对国境的掌控力减弱，人口相对来说比较稀少的边境地区开始聚集众多移民。国家统治力的减弱和边界的模糊性导致19世纪末清朝和朝鲜国境地带出现了和16—17世纪明末相似的边境杂居现象。所以18世纪初两国的国境管理不能看作是朝鲜外交的胜利或清朝对朝鲜政策的失败，而应该从当时两国国境地带所具有的根本特征方面去探讨。

三 盛京将军与莽牛哨

雍正五年（英祖三年，1727），数百名清人进入朝鲜境内非法开采人参与朝鲜官兵发生冲突，造成5名朝鲜人死亡。由"郭连进事件"②，清朝因清人不断进入朝鲜境内而遭到朝鲜的抗议，为了根除越境不得不采取强硬的措施。对越境者和帮助越境或不能有效管制越境的地方官和士兵的处罚是理所当然的。因清人越境后在朝鲜伤人或

---

① 《礼部知会撤毁咨》，《同文汇考》卷48，疆界14b（《国译疆界史料》，第120—121页）。

② 雍正七年，清人郭连进等将朝鲜巡哨兵打死，雍正帝谕旨依法处决，为此朝鲜对清朝依法办案的态度表示钦佩。

者非法开采人参等引发事故,所以雍正帝赋予朝鲜国王可依命令逮捕的权限。如果清人拒捕,朝鲜的官兵可处死他们。① 赋予朝鲜可处罚越境者权限的即"雍正皇旨",这成为此后朝鲜对国境问题采取更强硬态度的依据。

以后盛京将军在鸭绿江一带为有效地控制清人和朝鲜人的越境而费尽心思。雍正九年(1731)盛京将军那苏图(Nasutu)提议在鸭绿江入口设汛,他特别关注的地方是非法采参和渡江时常用的莽牛哨。草河与爱河发源于柳条边,在边外的莽牛哨合流后流向中江,即鸭绿江。中江里有个叫江心沱的洲,此处是"不肖匪贼"坐船利用水路运粮的地方。问题是此洲的西面是清朝所属的凤凰城管辖,东面是朝鲜的领土。知道劫匪们相互来往但却不能逮捕,主要还是因为"与朝鲜相连"使清朝官兵无法靠近。② 为了根除非法行为,那苏图的提案是:"在草河与爱河合流处莽牛哨设立4艘小船,2艘三板船,现在驻扎在虎耳山的1名官升和12名士兵再加1名官升和20名士兵,转移至此设汛。如果冰冻,水路汛地可以拆除,在虎耳山设立陆路汛地。"针对那苏图的提案,雍正要求先与朝鲜协商,因为"所属将军要设汛的地方与朝鲜国界相邻。"③ 朝鲜既是外国也是藩国,即使作为天朝也不能随意触犯境界地区。④

朝鲜朝廷收到有关莽牛哨地区设汛的咨文后,认为清朝的意图是要在国境地带"开拓土地"。左议政赵文命所述如下:"从顺治年间开始,闲置栅门以外100余里地,相互不邻接,其意义深远。近来我国边境居民中有极其诡诈者越过境界移居,想必会遭大国之罪。此情

---

① 关于"郭连进事件"可参考金宣旼《雍正时期的盛京地区统治》《明清史研究》34,第143—145页;李花子《朝清国境问题研究》,第190—197页。
② 《礼部知会询问设迅便否上谕咨》,《同文汇考·原篇》卷48,疆界16a(《国译疆界史料》,第123页)。
③ 同前书,16a(《国译疆界史料》,第123—124页)。
④ 关于雍正帝对盛京地区与朝鲜的认识可参考金宣旼《雍正帝的盛京地区》,第169—170页。

况下应发咨阻止设汛。"① 事前宁古塔将军欲驻军豆满江一带时,当时朝鲜的反对理由也与此相同。即国境地带如果不空出就会有人随意进出,导致越境和非法移居。所以雍正九年六月朝鲜朝廷向清朝礼部上咨,在国境地带管理方面提到了顺治、康熙年间的先例。

> 昔太宗文皇帝……设栅之后,虽其轮替巡检,俾尽缉远之方,又必旷弃地界,不容人户接留,其圣意出寻常万万。逮我圣祖仁皇帝时,宁古塔守将,乃于小邦北道庆源训戎镇越境,设置留兵,至于结幕垦田。而因小邦陈咨,圣祖仁皇帝特命撤毁,圣虑深远,前后一揆。小邦之以边境事,姑免大何于皇朝者,亶赖于是。②

朝鲜的意思很明显。如果在国境一带设汛,驻扎官兵,邻近地区的居民居住的话,必会建立房屋、商铺,船舶往来也会因此频繁,而且旁边又有中江开市,人员接触当然会增加,国境设汛最终不能防止越境反而会促进越境。

结果雍正帝没有偏袒盛京将军那苏图,而是偏袒了朝鲜国王英祖。同年九月清朝礼部向朝鲜发咨文传达了不在莽牛哨设汛的旨意。"朕因此地(草河、爱河)与朝鲜国连界,恐于该国,或有未便之处,特行降旨询问。今该国王,既请仍遵旧例,着照所请,不必添设防汛,亦无庸交兵部再议。"③ 为了有效防止越境,没有采纳边境地方官要求驻军的意见,而是采纳了藩国的主张,遵守旧例,留为空地尽量减少边境地带的接触。雍正帝认为,跟那苏图主张的军事、行政效果相比,朝鲜国王要求的界限的模糊性更有利于边防的统治和国境的管理。雍正年间盛京将军在莽牛哨设汛失败不能单纯看作是朝鲜外交的胜利,

---

① 《英祖实录》卷29,42a(英祖7/6/20)。
② 《请寝莽牛哨设迅咨》,《同文汇考·原篇》卷48,疆界16a—17b(《国译疆界史料》,第125—126页)。
③ 《礼部知会不设防迅上谕咨》,《同文汇考·原篇》卷48,疆界18(《国译疆界史料》,第126—127页)。

而主要是当时清朝和朝鲜相互认同的境界不是线而是空间的结果。

那苏图的提案被否决后，莽牛哨又被作为非法采参者的移动通道。乾隆年间，被任命为盛京将军的达尔当阿（Daldangga）认为不能再对莽牛哨的非法采参和越境之事置之不管，再次提出在莽牛哨设汛的问题。① 乾隆十一年（英祖二十二年，1746）达尔当阿向乾隆上奏，报告边境防御的重要性和自己的相关计划。前任盛京将军那苏图没能说服雍正帝，以此为教训，达尔当阿先详细说明了莽牛哨地区的问题及地理特征，特别强调此地区的草河与爱河都是以长白山为源流，这一带生产的人参是皇室的财产。为了保护山场的人参，设置卡伦，安排官兵巡逻，但"不肖之群非法制造小船，运载粮食经过莽牛哨，依江至冬河，秘密进入人参产地非法开采人参。"② 为了约束私自采参者，达尔当阿提议先选拔熟悉水军训练的南金州汉军中的佐领1人，骁骑校1人，领催2人，士兵100名，与4艘船舶一起派遣到莽牛哨驻扎。另外达尔当阿提出为了士兵驻扎需要开垦莽牛哨一带，"选择旅顺水师营中没有土地的100名官兵驻扎在凤凰城所属的莽牛哨，开垦沿边的荒田各自耕种。"为此，"在凤凰城边门建草房200间，再增加佐领的草房10间和骁骑校的5间"分与官兵。③

达尔当阿也知雍正年间前任盛京将军那苏图提议在莽牛哨设汛没被采纳是由于朝鲜的奏请之事。但在达尔当阿看来，朝鲜反对设汛的主张是"有眼但却看不清事态"的迂拙之举，加强国境地带的防御可以防止越境，对朝鲜来说也是益事。

---

① 关于达尔当阿的莽牛哨设汛提案与以后朝鲜的相关审议过程可参考李花子《朝清国境问题研究》，第201—208页。值得注意的是作为管辖盛京地区的将军，达尔当阿不只是关注与朝鲜的国境地带，在提出莽牛哨设汛问题以前，乾隆十一年二月七日达尔当阿已经指出需要在威远堡到凤凰城一带整装垦地。《粘单》，《同文汇考》原篇，卷48，疆界31a—32b（《国译疆界史料》，第150—151页）。达尔当阿关注莽牛哨并不纯粹为了压迫朝鲜，而是作为有效管理盛京边境的一个重要环节。

② 《礼部知会莽牛哨添驻官兵防守咨》，《同文汇考·原篇》卷48，疆界19b—20a（《国译疆界史料》，第130—137页）。

③ 同前书，23a—23b（《国译疆界史料》，第136—137页）。

>今，莽牛哨，若不添设官兵，防守要口，则经年累月，觅利之徒渐多。倘与该国居民，互相串通，侵扰该国疆界，将至滋事不已……非独为藐法之徒，私采人参，实因宁谧该国边疆，永息事端，为之筹划。①

达尔当阿引用管辖莽牛哨的熊岳副都统西尔们的报告，明确说明设汛是朝鲜领土以外之事。以莽牛哨的沙洲为中心河流一分为二，南支水流向朝鲜义洲，北支水流即系莽牛哨河。达尔当阿强调官兵和船舶都是在清朝界内驻扎，不会与朝鲜有越界之事。如果采参者向江东即朝鲜境内逃跑的话，朝鲜官吏协同抓捕，另外水路的士兵随意进入朝鲜领域的话就地处罚。"这样做既可杜绝奸民秘密进入所禁山场，也可避免朝鲜界址的混杂和骚乱。"②

礼部也极力赞成在莽牛哨设汛，虽然之前雍正帝接纳了朝鲜的奏请，但"海疆要地的防守和巡哨之事应缜密。"而且官兵驻扎地并非朝鲜之地，礼部主张"在本土境内设汛，所属将军依当地情况处理就行，无须向朝鲜国王询问。"设汛以后，"假使出现如何分清疆界，定居落户等问题"，也是由所属官吏详报处理。③ 不可因担心划分不明导致骚乱而忽视边疆的管理。皇帝因顾及与外国的关系而放弃国境地带的防御，与此相反，地方官吏则主张应事先考虑当地情势。

四　朝鲜的边境意识

在北京和盛京再议边境设汛的消息很快就传入朝鲜，朝鲜使节来往辽东将传闻带回朝鲜，义州通事访问凤凰城也听到传闻，朝鲜

---

① 《礼部知会莽牛哨添驻官兵防守咨》，《同文汇考·原篇》卷48，疆界，20b（《国译疆界史料》，第131页）。《礼部知会莽牛哨添驻官兵防守咨》，《同文汇考·原篇》卷48，疆界，23b（《国译疆界史料》，第137页）。
② 《礼部知会莽牛哨添驻官兵防守咨》，《同文汇考·原篇》卷48，疆界，22a（《国译疆界史料》，第134—135页）。
③ 《英祖实录》卷63，11a（英祖22/3/28）。

通过各种渠道得到了相关信息，当时朝鲜朝廷怀疑清朝欲将栅门迁移至国境地带。①朝鲜官吏担心如果盛京将军迁移栅门的话，清人不光会占据朝—清边境，而且义洲、废四郡等其他朝鲜的领土也会被占领，最终导致朝鲜的疆域会"一夜之间减少5里、10里"。朝鲜国王英祖也坚信"退栅就像在别人家门口砌墙一样"，所以必须要制止。②

关于清朝边境栅门的问题朝鲜因为没有掌握正确的情况，所以有所不安，决定直接向清朝问清情况。决定此事是在盛京副都统③来中江巡查以后。④乾隆十一年四月十九日朝鲜国王英祖向乾隆帝上奏，"不选择上咨的先例，而触犯天威"，直接向清朝上奏之事可以看出朝鲜将此事件看得相当严重。

> 臣窃伏念，皇朝御宇以来，严内外区界之限，轸奸细挽越之患，树栅凤城，以讥出入。而栅以外至于沿江百有余里，虚其地方，禁人居作，使烟火不相望，声闻不相接，此其宏谋远计，慎在四方，虑及万世。而出寻常万万者也。⑤

朝鲜先说明了康熙帝和雍正帝不准在国境地带开垦土地驻扎军营之事，同时强调了清朝和朝鲜关系的非同寻常。"小邦虽是皇朝之外

---

① 关于当时朝鲜朝廷的议论与忧虑问题可参考李花子《朝清国境问题研究》，第203—205页。
② 前文达勒当阿奏请中引用的熊岳副都统西尔们，朝鲜方面误认为是盛京副都统。《请寝添兵屯田奏》，《同文汇考·原篇》卷48，疆界26b（《国译疆界史料》，第142页）。
③ 其实围绕莽牛哨问题是否要向清朝发奏文一事，朝鲜朝廷也展开了争论。有人认为因为当时盛京将军还没有发任何公文，清朝也没有做出任何决定，在不确定的情况下发咨文不合适。另有人认为清朝要迁移栅门之事说明清朝已经做出决定，所以朝鲜需及时应对。两种意见相互对立。英祖担心咨文在传达过程中情况突变而不可收拾，所以决定先发奏文直接向清朝皇帝传达朝鲜的意思。《英祖实录》卷63，12a（英祖22/3/5）；卷63，13b（英祖22/3/15）；卷63，14b（英祖22/3/21）；卷63，17a—18a（英祖22/4/19）。
④ 《英祖实录》卷63，17a—18a（英祖22/4/19）；《请寝添兵屯田奏》，《同文汇考·原篇》卷48，疆界26b（《国译疆界史料》，第142页）。
⑤ 同上书（《国译疆界史料》，第143页）。

第四编　边疆与民族

藩，视同内服。呼诉之事必应允，恳请之事必施恩，天下之德只对小邦宽宏大量。"① 朝鲜代代侍奉皇帝，所以清皇帝也是爱护朝鲜，有求必应。因此认为乾隆帝也会像先皇一样按照先例应朝鲜的请求终止莽牛哨设汛。"事大"和"字小"是对朝鲜与明朝之间典型的朝贡关系的修饰，这成为维护朝鲜论理的依据。

朝鲜对国境地带垦地驻军之事的顽强反抗让乾隆帝深感不快。盛京将军通过数次调查来说明莽牛哨的设汛对朝鲜也是有益的，礼部、工部、兵部也都赞成达尔当阿的提案，皇帝已经允准的提案却一直受到藩国的反对，对此乾隆帝肯定会不满。"观该国王所奏，盖以其境内之人，素有乘间偷越挖参者。若我设兵巡察，则伊等不得任意往来，所奏亦属卑鄙。小国之人，不识大体，惟知纵下谋利，不思宁定边疆，而故谓难行以示我，亦未可知。"② 但也不能无视朝鲜的多次上奏，无条件地按达尔当阿和大臣的意见行事。因为朝鲜历来既是清朝的藩邦又是属国，"我朝施与朝鲜的恩惠深厚以久"。乾隆十一年七月，乾隆帝下达指示，终止了朝鲜最担忧的问题即在国境地带开垦土地之事。

  达勒当阿所奏展边垦土一案，该国王既称凤凰城树栅之外向留空地百余里，务事内外隔截以免人烟辏集混杂滋事之患，此奏尚属可行。着将凤凰城展栅之处照该国王所请停止并令该部传谕该国王知之。③

皇帝终止开垦土地的决定，已经有悖于达尔当阿的强化边境防备计划。其实在栅门外开垦土地是达尔当阿从威远堡到凤凰城整备盛京

---

① 《大清高宗实录》卷270，26b—27a（乾隆11/7/己酉）。
② 《大清高宗实录》卷271，10a（乾隆11/7/甲寅）。同内容的谕旨在《礼部抄录更察设汛许停展栅上谕及兵部原题咨》，《同文汇考·原篇》卷48，疆界31a（《国译疆界史料》，第149页）中也有。相似的内容在礼部的咨文《英祖实录》卷64，28a（英祖22/10/29）中也可见，其中有清朝皇帝终止国境地带开垦土地的命令。
③ 《粘单》，《同文汇考·原篇》卷48，疆界32b（《国译疆界史料》，第152页）。

边境管理政策中的一环,为了在莽牛哨设汛、驻军,需要土地和房屋,达尔当阿想在国境地带的空地解决此问题。虽然土地开垦计划遭到皇帝的否决,但此时兵部的官吏继续向皇帝强调莽牛哨设汛的必要性。在"担忧边疆"的兵部看来,达尔当阿提出的莽牛哨设汛提案是"调查奸恶的盗匪后为了长期的安全制定的对策","肃清边境,不但可以永保边境安宁,对外藩也是有益之事"。所以朝鲜国王奏请的内容无需再议,为了边境的安定,应按照达尔当阿当初的奏请设汛。①

清朝官吏为了强化国境地带的防御主张设汛,朝鲜则主张为防止国境地带的混乱而断绝人员往来,结果乾隆帝在两者之间和父亲雍正帝一样又一次偏袒了朝鲜。

> 由此观之,欲设汛之处,在原定界址以内,与朝鲜边界无涉矣。惟是该国王,世戴国恩,甚属恭顺,若安设此汛,彼国之无知小民,倘有违禁者,伊恐获罪,是以奏请……如伊属下人等,不能遵奉该国王禁令,以致该国王得罪,朕心有所不忍,着照该国王所请,莽牛哨地方,添设汛兵之处停止,令该国王,将伊所属人等,严加约束。②

在莽牛哨设汛可以断绝越境和采参,这有其合理的一面,但因藩国的反对,清朝的皇帝没有允许。对藩国的怀柔比地方的安全与管理更为重要。所谓清朝和朝鲜的朝贡关系并不是上国之清朝把本国的利益单方面强加给朝鲜或朝鲜对清朝无条件服从式的单线关系。两国的关系是以上国和藩国等级序列为前提的,同时在这样的大前提下也包括一定的妥协和调节的可能性。宽松的朝贡关系可容忍模糊的国境,在此过程中,对上国来说可维护天朝的威严,对藩国来说可维护本国

---

① 《礼部知会奉旨寝退栅添迅咨》,《同文汇考·原篇》卷48,疆界34a(《国译疆界史料》,第154—155页)。
② 《英祖实录》卷66,33b—34a(英祖23/11/25)。

的利益。正如中国学者李花子所说，这并不是单纯"作为军事大国的清朝和交界小国的朝鲜努力保护疆域的结果"。[4]208两国之间的朝贡关系正是容忍这种模糊的国境地带的关系。

按皇命莽牛哨设汛被终止后，朝鲜仍疑惧清朝要占领国境地带。皇帝最终下达决定后一年，乾隆十二年十一月，义州府尹郑夏彦仍觉得达尔当阿没有放弃在莽牛哨屯田的念头。朝鲜朝廷认为清朝逼近国境地带的理由是由于盛京一带人口剧增造成的。随着流民的增加，对耕地的需求也增加，盛京将军通过开垦与朝鲜国境地带的土地来谋求东北边境的安定。左议政赵显命指出，"这其实是为了让他们的边防更安宁的策略，据说流民刚开始只是将近30万，现在成了5倍，为牟利而屯田。"如果清朝打算向流民开放国境地带的话，那就比"退栅"和"设屯"问题更严重。清朝的流民居住在国境地带对朝鲜来说"关系到国家的安危"，因为北方的国境地带"土地肥沃，清非开垦不可"，所以朝鲜要为坚守土地战斗到底。①

五 结论

从努尔哈赤和皇太极时期的越境事件到康熙年间设立白头山定界碑，雍正—乾隆年间的莽牛哨事件，后金—清与朝鲜的关系一直都是以越境和疆域为中心的。也就是说两国的边界地区最能反映后金到清朝的发展以及清朝和朝鲜事大关系的趋势。努尔哈赤时建州女真采参和康熙帝时官吏测量地势的地方都是鸭绿江一带，但各时期边界地区的性质和意义不可能相同。

明朝的宗主权越过中原影响到辽东和朝鲜的时期，朝鲜和女真当时共有鸭绿江边境一带。朝鲜—女真的边境与明—女真的辽东是类似的情况。正如柯娇燕（Pamela K. Crossley）所述，辽东是"中间性的

---

① 关于境界（boundary）、边境（frontier）、国境地带（borderland）、国境（border）等相关用语的说明可参考金宣旼《关于清朝边境统治的研究动态分析》，尹荣寅等《外国学界的征服王朝研究视角与最新动态》，东北亚历史财团2010年版，第114—118页。

(between-ness)"或"超边境性的(transfrontier-ness)",这样的地区性导致汉人和女真人的模糊,[5]这里也是"作为人与人相识的空间,在地理上、文化上的国境区分不明确",因此也称为"无国界的领土(border less)"。[6]正如朝鲜国王宣祖与努尔哈赤的逸事一样,朝鲜和女真的界限不是按照鸭绿江和豆满江的自然地理界限来明确区分的,而是共有混居的,两者的关系是以明朝为媒介的。

皇太极统领的后金的成长需要设定专属的领域,朝鲜与后金的关系不再容许以前不明确的边境。努尔哈赤的后金所持有的边境(frontier)是"相邻的两个政治势力、社会集团或者文化之间存在的界限模糊的空间,一方向另一方行使强有力的影响力,将自己的势力渗透到对方,具有可扩张余地的地区"。皇太极的后金—清朝是"相邻的两个政治势力相互明确各自的领土界限而设定的线",要求的是所谓国界(border)。① 皇太极要求的是与朝鲜明确区分后金的专属境界,朝鲜人的越境为他压逼朝鲜提供了一个良好的契机,并以此为把柄成功地攻击朝鲜最终建立事大关系。

在皇太极时期不可能出现近代社会才有的明确的国境线。至19世纪末,清朝和朝鲜的相邻地区既不是边境也不是国境,而具带有一种中间性质。与此相关,研究美国西部史专业的 Jeremy Adelman 和 Stephen Aron 提出的"国境地带(borderland)"值得关注。他们将边境和国境之间设定为国境地带,也就是定义为"两个势力相互竞争的境界"。两个势力间的空间由边境变为国境前的一种转换阶段就是国境地带,此国境地带兼具边境性质和国境性质。[6]816 也就是说国境地带既是像边境那样两个集团围绕模糊的界限频繁接触的空间,同时也是相邻两国间势力的承认和妥协的支点。

18世纪中叶的莽牛哨设汛事件同时体现出清朝和朝鲜两国国境地带的模糊性及以此为后盾的朝贡关系的特殊性。从努尔哈赤时期到

---

① 柯娇燕(Pamela K. Crossley)用天下君主的概念来说明18世纪清朝统治的意识形态,可参考 Pamela K. Crossley, 前书, 5—6 章。

第四编　边疆与民族

乾隆年间，在清朝和朝鲜的国境地带，朝鲜人的越境事件不断发生，但清朝的对应政策随着时间的推移逐渐变化。早期的满族统治者为了从对立的朝鲜那里得到后金和清朝的地位，对朝鲜的越境者施以酷刑，18世纪达到繁盛高峰的清朝皇帝们开始给予恭顺的朝贡国宽容的待遇。从莽牛哨事件可看出，盛京边境一带的地方官们为了防止朝鲜人越境和加强国境防御曾极力要求采取强烈措施，但是雍正帝和乾隆帝都偏袒了朝鲜。

至18世纪，清朝的皇帝将地位确立为掌控世界的天下君主，这有必要结合当时清朝的统治意识形态来理解。18世纪的清朝不再是单纯的满族的统治者，而是广大帝国和民族集团的统治者，包括汉人、蒙古人、维吾尔人、西藏人等在内的所有百姓。清朝这样的天下君主意识形态不光体现在国家内部，在对外关系上也有所体现。在对外国特别是与朝贡国家的关系上，清朝皇帝自封为统治天下所有臣民的天子，为此在一定程度上不得不听取外国的要求。对朝鲜来说，与在军事、政治上都不存在威胁的邻国争夺国境问题，还不如确保其朝贡国的忠诚，这更符合天下君主的地位。最终清朝皇帝出于对外国的爱护，不能对恭顺的朝贡国的一再请求置之不理，朝鲜反而可以贯彻自己的主张。18世纪清朝和朝鲜的关系是以宗主国与朝贡国的上下等级序列为基础的，同时也包含妥协的余地，两国朝贡关系的特殊性和国境地带本来的模糊性致使莽牛哨设汛付诸东流。

[参考文献]

　　[1] 同文汇考[M]. 国史编辑委员会影印本，1978.
　　[2] 丘凡真. 国译《同文汇考》疆界史料[Z]. 裴祐晟，译. 首尔：东北亚历史财团，2008.
　　[3] 丘凡真. 国译《同文汇考》犯越史料[Z]. 裴祐晟，译. 首尔：东北亚历史财团，2008.
　　[4] 李花子. 朝清国境问题研究[M]. 首尔：集文堂，2008：187.
　　[5] Pamela K. Crossley. A Translucent Mirror: History and Identity in Qing Imperial Ideology[M]. University of CaliforniaPress, 1999: 47-50.

[6] Jeremy Adelman and Stephen Aron. "From Borderlands to Borders: Empires, Nation-States, and the Peoples in be tween in North American History" [J]. The American Historical Review 104: 3, 1999 (G): 815 - 816.

[原载于《吉林师范大学学报》(人文社会科学版) 2014 年第 2 期]

清末《东方杂志》认识满汉关系的历史语境

郭培培[*]

1904年2月到1905年9月,日本帝国与沙皇俄国为争夺远东霸权,在我国东北地区及附近海域展开了一场战争。这场战争吸引了世界很多国家的广泛关注,"自日俄开战以后,世界各国之报纸,所记载者,皆此事也,所议论者亦此事也"[1]第一卷第五期90。该场战争以沙皇俄国的失败而告终,其结果掀起了世界范围内对东西方关系、"黄白"关系的重新认识,更对当时正在寻求变革的中国思想界,对晚清中国政治发展方向都产生了极大的影响与震动。作为报刊业翘楚《东方杂志》,在日俄战争后晚清思想界所面临的巨大变迁中诞生,并以"舆论的顾问者"的姿态围绕着日俄战争积极参与清末政治格局的重构与讨论。满汉关系作为清末政治格局中最为关注的焦点之一,也必将成为《东方杂志》热烈讨论的对象。本文将通过研究《东方杂志》刊登的有关政论文章,分析清末被纳入世界民族主义格局中的满汉关系的历史语境,并希望通过这一分析使我们能够更加全面地理解清末民族主义思想变迁。

一 《东方杂志》及其编撰群体

1903年12月,创办人之一的夏瑞芳在新合资成立的商务印书馆

---

[*] 郭培培(1987—),男,安徽蒙城人,中央民族大学历史文化学院博士研究生,研究方向:中华民族形成史与近代中国民族关系。

首次编译会议上，提议要创办一本综合类的杂志，得到了张元济等与会者的支持。经过前期的多项准备工作，1904年3月11日正式出刊。该刊原名拟定为《东亚杂志》，因得知与德国驻沪领事馆的德文杂志《东亚杂志》重名，为避免日后发生版权纠纷，于是改称为《东方杂志》。《东方杂志》从创刊到1948年底终刊（后曾于1967年在台湾复刊，于1990年终刊），除四次停刊外，历时近46年，基本上见证了20世纪上半叶中国的社会变迁，被学术界称为中国近代历史上刊行时间最长的大型综合性期刊。

作为商务印书馆主办的当时最为重要的综合类杂志，《东方杂志》早期的编撰群体大多学术造诣深厚，术有专攻。这一时期的负责人和编撰人主要有张元济、蒋维乔、夏曾佑、徐珂、孟森等人。张元济于1867年10月生于广东，进士出身，后在总理各国事务衙门任职。戊戌变法时期，积极参与变法改革。戊戌变法失败后，受到革职处分，不再入仕，并逐渐走向教育救国的道路。1902年初，进入商务印书馆，参与了商务印书馆的各项工作，成为"商务印书馆的保姆"[2]。他希望通过商务出版工作，实现其"开启民智"、"扶助教育为己任"的教育救国理念。《东方杂志》的推出，无疑更加有利于实现张元济所倡导的民智普及，也更加有利于"启导国民"[1]第一卷第一期1。夏曾佑是光绪十六年（1890）进士，授礼部主事。他与梁启超等人关系密切，倡导维新改良。戊戌变法失败后，被派往地方任职，梁启超称其为晚清思想界革命的先驱者。1902年3月，被张元济聘进商务印书馆，一直到1906年初离开。[2]35《东方杂志》开篇之作《论中日分合之关系》即为其所写，对中日关系进行了透彻的分析。蒋维乔也是一名优秀的编辑，比张元济小5岁，秀才出身。他在常州府学学习时接触到了西学，从而转入对西学的研究。曾经参加蔡元培等人组织的中国教育会及其附属学校爱国学社，并担任爱国学社的教员。1903年进入商务印书馆编译所，成为商务印书馆出版的系列教科书的最早的策划和编撰者之一。同时，参与了《东方杂志》的创建、编撰工作。他和张元济、高梦旦、庄俞被称作商务印书馆"四大元勋"。徐珂生于 1869 年，原名昌，字仲可，浙江杭县（今杭州市）人，举人出身。早先在上海的《外交报》担任编辑，后随张元济进入商务印书馆，担任《东方杂志》的编辑。他主要负责《东方杂志》的选稿工作。孟森（1868—1937），字纯孙，号心史。早年在传统文化、政治、经济诸方面颇有建树。嗣后又赴日本留学，在那里系统接受了西方近代学术文化和社会政治经济思想，回国后积极鼓吹立宪。他于 1908 年接任《东方杂志》主编之职，后因进入政府机构辞去主编。

纵观《东方杂志》早期编撰群体，我们不难发现他们身上拥有非常深厚的传统文化根基，大多比较开明，了解一定的西学知识，具有强烈的忧民爱国意识。正是在这样一个编撰群体的集体努力之下，《东方杂志》才逐渐地走上清末舆论宣传的舞台。与此同时，《东方杂志》早期内容主要来源有两方面：一是撰稿，包括本社撰稿和来稿选登；二是"广辑新闻"、"选录各种官民月报旬报七日报双日报每日报明论要件"[1]第一卷第一期1。该杂志在初期的时候主要门类有社说、旨论、内务等十五个部分，这也从侧面反映了《东方杂志》内容的丰富性和编撰群体思维的广延性。

二 革命、立宪话语下的满汉关系

满汉关系是清末时期一个重要的议题。在对待这个问题上，当时国内一直存在着两种对立的声音。一种是以早期革命派为首的"排满"思想，强调满汉异种，立志"驱除鞑虏，恢复中华"，进行革命；一种是以立宪派为首的满汉融合思想，强调满汉一体，反对"排满"，倡导君主立宪。这两种斗争十分尖锐，"革命、保皇二事决分两途，如黑白之不能混淆；如东西之不能移位"。[3]双方甚至在 1905 年至 1907 年之间以各自主办的报刊围绕满汉关系展开了激烈的论战。论战主要围绕满族与汉族为同族还是异族，满族是否为汉族所同化；如何看待满族取代明朝的历史；如何看待满汉关系与立宪政治的关系等问题展开。[4]

首先，革命派一直认为"满洲人寇中国二百余年，与我民族界限分明，未少混也"，"满洲与我，族类不同"[5]，满族人明显跟汉族不是同一个民族，必须进行"排满革命"。立宪派则认为满洲人仅仅在入主中原以前与汉民族才是不同的一个民族，但入关成为全中国的统治者以后，则与汉族逐渐融合同化，从而丧失了作为一个民族存在的最基本的特征，满族在入关后已经被汉族人同化，旗汉分界观念逐渐减弱。"满洲于我，不能谓为纯粹的异民族也"[6]，自然而然地承认满洲人为中华民族的一员。

其次，革命派利用传统的"华夷之辨"等思想，借助清朝入关之时对汉族人的大肆屠杀，尤其是"扬州十日，嘉定三屠"等历史事件，唤起国人对历史的回忆与汉民族意识，通过光复"汉室"政权的号召，进行激进的"排满"革命。虽然立宪派在满族入关、清朝取代明朝的问题上无法回避客观历史。但是，他们巧妙的回答"仇一姓不仇一族"，即"居今之中国，所为革命之本义维何？则仇一姓不仇一族是也。夫为我汉族不共戴天之仇者，就广义言之，厥为满族。更进而言之，则实满族中之爱新觉罗之一姓……夫战争之起，皆有两不平所致。今既无不平之事，又何至酿为种族之战耶？"[7]第三卷43—44这样，立宪派就把满族这个整体与其中的个体——即以爱新觉罗氏为统治主体的部分切割开来，将排满引导成排满洲的统治阶层而不是整个满洲民族，自然而然地回应了如何看待满洲入关之时对待汉民族的屠杀压迫的事实。

最后，革命派坚定地认为满汉矛盾是政治改革或者说是中国建立立宪政治的最大障碍，因此必须实行种族革命才能实现政治革命。[4]如《民报》编辑汪东在《论支那立宪必先以革命》一文中强调只有推翻满洲人的统治，立宪才有实现的可能。他认为："今乃必欲以种类不同，血系不属，文化殊绝之二族，而强混淆之，使之为一同等之事业，其声气之隔膜，已不待言，而况乎此种类不同，血系不属，文化殊绝之二族者，其阶级悬殊，又复若云泥之迥制，相猜相忌，已非一日于兹，于此而欲求一推诚布公之改革，岂可得乎？"[7]第二卷128也就是说，满汉无论是种族、血统、文化、阶级等方面都无法趋于共同，而且隔阂很深，根本不可能在政治改革上有所趋同，因而"异族执政，求以开诚布公之改革而终不可得者耶。是故不革命，则其弊若是，而惴惴于革命将召瓜分之祸者，又与现势适相反"[7]第二卷131。简而言之，只有驱除满洲异族的统治，政治变革才有望实现；立宪派则对革命派把满汉矛盾和立宪政治混为一谈的做法表明了自己的态度："今之少年，饮排满共和之狂泉，而失其本性，恶夫持君主立宪论者之与己异也，而其仇之，于是革命二字，与立宪成为对待之名词，此真天下所未闻也。"[6]1586立宪派强调各种政治团体在爱国，追求国家强大等最高目标上是一致的。同时，满洲人与汉族人经过二百多年的融合，以及满洲人在精神、血缘、文化上与汉族人有许多相似的地方，则是不容否认的事实。况且，无论建立什么形式的立宪民主国家，都必须是由满汉等多民族共同组织的多民族国家，立宪共和是不能以"排满"为标靶的。

纵观革命派与改革派关于满汉关系的争论，我们不难发现其实质上是双方在寻求国家出路上的两种政治理想分道扬镳的表现形式，即关于"君主立宪制与民主共和制两种模式的争夺"[8]。在这样的争夺过程中，革命派把近代的种族主义揉进了中国传统的夷夏观念之中，"排满"成了建立民主共和制度的工具。

三 《东方杂志》倡导的满汉关系

面对国内革命派和改良派这两大政治集团之间关于满汉关系的激烈争论和敌对，《东方杂志》最初并没有参与其中，而是以开放和独特的眼光从世界形势的角度把满汉作为整体。日本在日俄战争中取得的成功，坚定了《东方杂志》视中国人与日本人同为亚洲"黄种"的观点。在此国际形势格局下，其对外不厌其烦地倡导中国人与"白种"竞争；对内则要消弭满汉界限，息争合群，进而达到国家富强。下面，本文将对这一问题做进一步分析。

（一）积极应对"黄白种"竞争

从某种意义上来说，《东方杂志》的舆论宣传是从报道日俄战争开始的。《东方杂志》积极报道发生在中国土地上的这场战争，有着深刻的背景。首先，作为具有西学知识背景的编辑人之一的高梦旦就认为近代"五洲交通以来，白人横行世界，既奴红黑棕三族，亚洲黄种亦为所蚕食，几无立锥之地，论者谓白人殆天之骄子，非他种所得望其肩背，自日俄交战，俄罗斯以四十余倍之地，三倍之人历数年之经营，据形胜之要地竟为区区日本所大困，种族强弱之说因之以破，凡吾黄人其亦可以自奋矣"。[1]第一卷第一期7这段话表明，近代以来白种人凭借自身的坚船利炮殖民世界，产生了强烈的肤色自豪感。作为黄种的日本在与作为白种的俄国进行战争之时，不断取得胜利，也就破除了近代以来西方一直传唱的带有政治文化侵略色彩的白种优越说。日本在日俄战争中取得的优势地位打破了白种人不可战胜的神话，同时也能起到鼓励黄种人奋发图强的作用。更甚者，一些人认为"亚欧之荣落，黄白种之兴亡，专制立宪之强弱，悉取决于此也（日俄战争）"[1]第一卷第一期3。他们通过大量的历史事实和现实状况，表明自己的态度和对日俄战争的急切关注，积极引导民众关注日俄战争。"自人类战胜诸动物以来，以杂色人与白色人较，则杂色人败，以白色人中之闪弥斯族含弥斯族与亚利安族较，则闪含二族败以亚利安中之拉丁族与条顿族较，则拉丁族败寻其大例，则一切人不如白人……吾有以知夫俄日战后，吾国人之理想，必有与今大异者矣，黄种之兴其可量哉"[1]第一卷第一期14—15。可见，日俄战争对于作为黄色人种的中国人将会产生深远的影响。

19世纪末20世纪初的中国知识分子认为自己是"黄种"的种族意识的高涨是为避免"灭种"、"黄祸"而形成的一种历史记忆。这种历史记忆在现实的映衬下尤为鲜艳。"黄种"是达成共识，增加中国境内各民族认同的力量，更是构建近代民族国家的"种族"成分。[9]47自然而然，倡导"黄种"将兴既是对作为黄种人典型代表的

第四编 边疆与民族

中国人的自身肯定，又是对烜赫一时的"黄祸论"的有力回应，有力地驳斥了西方的种族歧视和殖民入侵。由此观之，《东方杂志》通过对日俄战争的关注告诉国人：一切事在人为，黄种人只要努力，必将实现兴盛，黄种并不是劣等民族。同时，这样密集的宣传与报道也凸显了《东方杂志》始终站在中华民族整体发展的高度去思考中国未来的走向。

其次，《东方杂志》借日俄战争承认中国的多民族性。"世界有大国二，曰中曰俄，十年之间，皆大败于日本。考中俄两国同点甚多，多民族之复杂也"[1]第一卷第六期95，也就是说中国境内的民族成分非常复杂。那么，满汉之争自然是明显迥异于黄白种之争的内部兄弟民族之间的问题，满汉在种族上是同种的。"今之种族之争，非古之种族之争。满之与汉，虽种族不一。同时亚洲人种也，黄色人种也。今则五方人种势力消长之机，所系着广。满汉之争，是犹兄弟之阋墙耳"[1]第一卷第二期30。显然，其认为满汉虽是不同的民族，但是同为一国之内的黄色人种是绝对的事实，必须抛开内部争斗，共同"保其疆土，全其社稷"[1]第一卷第二期30。同时，该刊的编纂群体在面对复杂多变的国内形势之时，又要对作为整体的内部世界与西方世界的对峙做出回应。"而种界一端，最足为中国致亡之根本，何言之？现今五洲之民，气派混杂者强，其血统简单者弱"[1]第二卷第五期100，说明了一个国家内部凝聚多民族共有力量有利于国家的自强。此时，伴随着黄白种竞争之说的愈演愈烈，具有共同性的"政府"、"国家"等观念也在不断地显现，促使着中国近代知识分子国家主权意识的觉醒。"'种族'是一个虚构的具有生理凝聚力的符号，能够在面临外国侵略时增强地域性的团结，维系对于世族的忠诚"。因为"'种族'将会创造国家"。[10]面对西方的侵略和不断渲染的"黄祸论"思想，《东方杂志》认为清政府作为多民族国家的象征和代表不该自弃，"今试曰：政府者，为少数之贵族建设乎？抑为多数之民族建设乎？则必曰：为多数之民族建设"[1]第一卷第三期41。并且，政府"惟尽其义务，然后能享其权利"[1]第一卷第三期41。一旦丧失捍卫国家主权的勇气和责任，"眈眈列强，将实施其十年灭国百年灭种之强硬手腕"[1]第一卷第三期41。况且"今值日本战胜强俄之时,正黄白种族荣落起伏千载一时之会"[1]第一卷第三期44,政府应该抓住机遇集多民族集体力量奋起直追。

日俄战争催生出来的"黄白种"竞争之说,把"黄种"与多次侵略中国的日本并列在一起颇有点一厢情愿。尽管"黄种"这个词意思含混不分[11],但显然承认了满洲是我黄色人种的一部分,是多民族国家的一员。在认同"黄种"的基础上,近代知识分子根据利益竞争与对抗关系进一步确定种界[12],让饱受侵略的中国人看到了民族振兴的希望和动力。

(二) 消弭满汉界限

《东方杂志》高调宣传日俄战争中黄种人对白种人的胜利,希冀作为黄种的中国人抓住"自存"之机遇,然而国内关于满汉争论的声音却不绝于耳。针对国内关于满汉关系的争论,《东方杂志》强有力地回应到必须消弭满汉界限,息争合群。

历史上,生活在中国这片广袤地域上的族群一直比较多,人们在区分与己类不同的族群时习惯上称之为"某某人",如"匈奴人""蒙古人""汉人""满人"等。这一时期区分不同"人"的称谓,更多地体现在文化上的不同与差异。但是,在清末新的知识分子和妄图挽救民族危亡的精英中,有人已经充分运用西方的"种族"概念,并结合王朝国家传统倡导的"华夷之辨"、基于血统和人种重置满汉关系[13],继续沿袭"非我族类,其心必异""驱除鞑虏,恢复中华"的观念,以一个民族推翻另一个民族的统治。可是,他们却忘记了这是一个迥异于过去的时代。革命派与改良派在满汉问题上的激烈对立,恰恰体现了多民族国家利用近代民族主义构建民族认同和国家认同过程中产生的困惑。

面对复杂多变的国内国际局势,《东方杂志》编辑群体敏锐地认识到满汉争论的不休,只能加剧分裂。当务之急是努力消弭民族界限,使得国内各民族合多为一。如笔名为蛤笑的作者就认为"且夫今

第四编 边疆与民族

日满汉之争,记者亦尝深察而平亭之矣。有民间排满之风潮,而后有朝堂仇汉之政策,相激而成……而自处于必败者也,何则?融合异种者,固吾国民无上之能力……他日者,吾知必能举满洲、蒙古、回纥、拓跋之伦,并为一族,雄踞大陆,以与晰种相见于五洲,其必在此数十年之内矣。阋墙之衅、争食之傀等诸朝菌之晦朔焉可也"[1]第四卷第一期4—5。由此可见,在清末满与汉的关系不断纠葛中,《东方杂志》的编撰群体力求消解排满意识,主张融合不同民族,最终形成一个强大的民族复合体。与此同时,该作者也鲜明地表明了自己的立场:"夫言革命者,求民族之独立而已;言保皇与立宪者,求国势之盛强而已。由前之说,必先能独立,而后可徐图富强。由后之说,则先图富强,而独立自由可以自致。究其所持之学理,揆诸宇内之大势,后说自较前说为优……以今日之时局论之,苟无意(异)于爱国保种也则已[1]第四卷第一期4—5。"虽然各民族"并为一族"没有具体指出这个"族"的具体属性及性质,但显然与梁启超等人倡导的"大民族主义"相吻合,是一种民族复合体的形式。因而,在满汉关系这个问题上,《东方杂志》更倾向于改良派的主张,保种是第一要务。显然,保皇或立宪更有利于保存种族的生存。

中国想要摆脱亡国灭种的境地达到自强,必须消弭各民族之间界限。《东方杂志》借摘录《京报》的文章说到,"以四千余年之古国,五百余兆之人民,六万万英方里之面积。土膏腴、民智慧,当为寰球第一强国"却"积弱自此"[1]第四卷第五期83,其因为何?其中一个非常重要的原因就是国内民族界限的长期存在与民族间互相倾轧,使得兄弟民族之间像一个家庭中的父兄子弟一样"每致为意气之忿争,坐使外人挑拨唆弄,得以乘便攫其资产"[1]第四卷第五期84。显然,《东方杂志》倡导的消弭满汉界限的声音间接地批评了革命派的排满思想,批判了他们倡导的黄帝的子孙"汉族"一体化主张。[9]48革命派坚持的排满思想将要引起的分裂国家的危险给西方帝国主义可乘之机,让新兴的报刊人看到了西方帝国主义利用中国国内的民族矛盾步步蚕食中国的国家利益的野心。接着,该文进一步指出"夫家也者,身之积也,国也者,家之积也。界限不消融，则精神不团结，精神不团结则不能强身、不能强家，即不能强国"[1]第四卷第五期84，十分形象地把中国传统的家国理念与当时国内的民族关系好坏联系起来，坚定地认为民族团结有助于一个国家整体精神的凝聚。为救国保种，必须消融界限，息争合群。《东方杂志》编撰群体自觉地把满汉问题纳入到自己的视野范围之内，并与白种等种类相区分，体现了办报人明确的族类自我认知意识，更体现了自觉的民族觉醒。

四 余论

纵观清末之际，《东方杂志》在对待满汉问题上始终站在一个更高的角度去理解。作为新兴的报刊，它对时局的把握更多了一层深邃的思考。面对国内关于满汉关系的言论，用独特方式表达了对满汉关系的看法。外部世界的迅猛发展和亡国灭种危机的加重，使得《东方杂志》的编撰群体自觉地肩负起舆论导向的责任。他们提倡与白种竞争，消弭满汉关系而不是破坏。尽管满汉矛盾和冲突自满人入关以来一直存在，不可否认的是，满汉矛盾在有清一代还是趋于缓和，多民族间的认同不断增强。这样的认同在经历鸦片战争、太平天国等一系列重大历史事件之时都没有被完全撼动。

甲午战争之后，革命派迅速崛起，利用传统的民族观念糅合近代西方民族理论作为自身进行政治革命和民族革命的工具。革命派对于清王朝实行民族压迫和满汉有别政策的批判是无可挑剔的。然而，革命派有关满族是"异族"，必须驱除满族的言论加剧了民族间的分裂。《东方杂志》却始终以一种稳健理性的态度看待满汉关系，力求在满汉和解的基础上致力于国家的民主宪政。它透过自身特殊的宣传渠道，引导着国人走向民族和解与凝聚。总之，《东方杂志》在清末之际为消弭满汉冲突、维护民族团结发挥了积极而有效的作用。

第四编 边疆与民族

[参考文献]

[1] 商务印书馆. 满汉关系的论述[J]. 东方杂志: 第1卷, 1903 (5).

[2] 洪九来. 宽容与理性: 东方杂志的公共舆论研究(1904—1932)[M]. 上海: 上海人民出版社, 1982: 25.

[3] 孙中山. 孙中山全集: 第1卷[M]. 北京: 中华书局, 1981: 232.

[4] 崔志海. 辛亥时期满汉关系问题论争的再考察——以《民报》和《新民丛报》为中心[J]. 史林, 2011 (4): 35—36.

[5] 精卫. 民族的国民[J]. 民报, 1905 (1): 9—10.

[6] 梁启超. 饮冰室文集[M]. 昆明: 云南教育出版社, 2001: 1582.

[7] 张枬, 王忍之. 辛亥革命前十年间时论选集[M]. 北京: 生活·读书·新知三联书店, 1960.

[8] 陈旭麓. 近代中国社会的新陈代谢[M]. 上海: 上海社会科学院出版社, 2001: 298.

[9] 松本真澄. 中国民族政策之研究——以清末至1945年的"民族论"为中心[M]. 鲁忠慧, 译. 北京: 民族出版社, 2003: 35.

[10] 冯客. 近代中国之种族观念[M]. 南京: 江苏人民出版社, 1999: 66.

[11] 李安山. 中国民族主义的催生与困惑——从《东方杂志》看日俄战争的影响[J]. 国际政治研究, 2006 (1): 96—111.

[12] 高翠莲. 清末民国时期中华民族自觉进程研究[D]. 中央民族大学历史学院, 2005: 31.

[13] 周竞红. 种族、民族: 辛亥革命舆论总动员的重要工具[N]. 中国民族报, 2011—02—25 (7).

[原载于《吉林师范大学学报》(人文社会科学版) 2015年第5期]

清末民初呼伦贝尔治边政策的转型

孔 源[*]

近代中国边疆问题的主线不仅是对外抗击列强，也是边界内部的体制变革与族群关系重塑。近代化之下的边疆开发，需要行政制度与管理方式的一体化；而自清代早期定型的边疆管理制度，则具有多元文化和多头管理的特点，两种秩序间形成了内在张力。清朝后期为解决边界问题的"实边"政策，同边疆族群所习惯的少受约束的管理方式，就在张力之下不断地发生碰撞。

辛亥革命之后，这种张力就在边疆地区以动乱的形式纷纷显露。即使在相对平静稳定的东北边疆，动荡也在当时黑龙江省所辖的呼伦贝尔等地出现。变局之下，如何找到政策的平衡点，往往成为维护边疆稳定的关键。近年来涉及清末东北新政及辛亥后东三省问题的论著中[①]，关于边疆地区新旧体制在辛亥前后的调节变化过程，所涉尚为不多。本文试图通过从清末新政时代到民国九年（1920）"复治"[②]后两个时期里，黑龙江行政当局对呼伦贝尔地区治理政策转型的案

---

[*] 孔源（1985— ），男，北京人，中国社会科学院近代史所博士后，研究方向：边疆史，近代北方民族史，满学。

① 相关著作如：高月：《清末东北新政研究》，黑龙江教育出版社，2012年版；冯建勇：《辛亥革命与近代中国边疆政治变迁研究》，黑龙江教育出版社，2012年版；赵云田：《清末新政研究》，黑龙江教育出版社，2014年版。

② 辛亥革命后，原呼伦贝尔八旗势力在民国二年（1912）宣布"独立"，民国四年（1915）时改称"自治"，至民国九年（1920）宣布归政中央，这一过程在《呼伦贝尔志略》中被称为"蒙旗复治始末"，简称为"复治"。

例，来探讨地方官员是如何在复杂时势下调整施政方式，以适应边疆多族群地区文化政治特点的。

一 呼伦贝尔新政与治边政策的探索

晚清以来，管理体制长期较为保守的"龙兴之地"东北边疆，既是行政亟须改革与社会建设亟待发展的传统地区，又是边疆危机首当其冲的边患要地。东北边疆情势的复杂性，使得新政若在这里推行，就必须调和传统的边疆秩序和新时期边民的国家身份认同问题。东北新政首要举措之一，是在行政体制上改旗务为民务。这项改革不仅关系到治理方针的改变，也关系着边疆族群社会结构的重组，以及边疆族群身份的重新确立。

新政最初推行到黑龙江的时候，改制政策并不是一蹴而就的。光绪三十一年年末（1905），署理黑龙江将军、著名的改革派官员程德全奏请裁撤黑龙江所辖副都统时，尚提出撤四留三的做法。程氏认为黑龙江城、呼伦贝尔城和墨尔根城地处边远，形势扼要，又是防俄要地，军府制度可以保留。而地处黑龙江腹地的齐齐哈尔、呼兰、通肯与布特哈四处副都统，则应该裁撤①。到了光绪三十三年（1907）四月，新任东三省总督徐世昌提出方案将全东北旗政民政都合并在府一级行政单位管理。更进一步，徐世昌提议全盘裁撤副都统，谓之"各外城副都统，官阶过大，动多牵碍，拟照江省裁撤呼兰等处副都统之例，酌逆裁撤"②。在1907年东北改设省制之后，出缺不补、裁汰旗员的方法成为整个东三省的施政蓝图。

呼伦贝尔地处边远、交通不便的特点，令徐世昌倡导的改制措施

---

① 《会议政务处奏为议复齐齐哈尔等处副都统应否裁撤片折》，光绪三十一年十二月二十二日，黑龙江交涉总局档案《黑龙江设治·上》，黑龙江省档案馆编，1985年版，第39—40页。

② 东三省总督徐世昌等奏为东三省设立职司官职及督抚办事要纲折。光绪三十三年四月二十一日，《黑龙江设治·上》，第50页。

在这里难以直接快速推行。但随着改革的推进，新政还是很快在遥远的呼伦贝尔紧锣密鼓地开展了。光绪三十四年（1908）五月十二日，东三省总督徐世昌和黑龙江巡抚周树模上奏《酌拟江省添设民官增改道府厅县办法折》，对黑龙江地区的设治和官员选定进行了详细汇报。二人指出黑龙江西部索伦、达斡尔、鄂伦春、巴尔虎等族活动之地，即瑷珲、墨尔根、呼伦贝尔、布特哈四城所属少数族群区域，由于当地族群以游猎或游牧为生，致使其地在东北弛禁多年后仍未设郡县。其中，"黑龙江沿岸数千里皆与俄邻，彼则屯守相望，我则草莱未辟。以无官，故无民。无民，则形式隔绝，土地荒芜，外启他族侵越之谋，内为匪徒逋逃之薮，是非增设郡县充实实力，则无控制之方"①。在这些朝廷控制程度较低，文化发展较晚，而列强侵袭首当其冲的地方，徐、周二人遂决定在边防、通商要地，抑或人口集聚相对较多的地区先行设治。光绪三十四年（1908），徐世昌呈报政务处申请黑龙江添设官缺，拟在呼伦贝尔八旗辖区内设置的，除总体上改设的呼伦贝尔道外，还有胪滨府，呼伦、室韦二县以及拟设于今日牙克石和免渡河之间的舒都厅②。从所详列所设官职开缺和其地理区位来看，"形势扼要"乃是呼伦贝尔设治构想的第一重要考量。

随着呼伦贝尔改制设想的深入，政策争论也变得剧烈。光绪三十三年（1907），时任呼伦贝尔副都统苏那穆策麟曾指出，呼伦贝尔各旗以游牧为生，失去牧场后生计难以持续，建议在中东铁路以北，八旗游牧官兵较少的札敦河、乌讷尔河、库勒得尔河及根河北岸等处实施垦务③。但随着呼伦厅与胪滨府的添设，呼伦贝尔的纯游牧区域也被纳入到开垦计划之中，宣统元年正月（1909），徐世昌上奏，提议在海拉尔及满洲里设立边垦总分各局④。不久后，首任胪滨府知府张

---

① 《督抚徐世昌、周树模奏为酌拟江省添设民官增改道府厅县办法折》，黑龙江行省公署档案，《黑龙江设治·上》，第57页。
② 《清德宗实录》，卷五百九十二，光绪三十四年五月甲辰。
③ 《苏都护呼伦贝尔调查八旗风俗各事务咨部报告书》，呼伦贝尔历史研究会1986年铅印版，第2页。
④ 《宣统政纪》卷六，宣统元年正月戊子。

第四编 边疆与民族

寿增希望扩大开垦范围，准备仿效内蒙古放垦办法，将呼伦湖周边地区交旗丁放垦①。宣统二年（1910），新任东三省总督锡良提请停止新巴尔虎牧地开垦，希望将开垦限定在苏那穆策麟所提"根河—札敦河—乌讷尔河"一线以北。对于总督的建议，黑龙江巡抚周树模则有不同的看法，他在复函中坚持认为，呼伦湖周边地区"该处开垦并不限以民蒙，该总管等不开导旗丁从事农业，坐令可耕可种之地等诸石田，殊为可惜。应仍照旧招垦，为边地久远之计"②。

在这次涉及族群事务的政治改革探讨中，呼伦贝尔八旗特殊的体制和文化无疑也是造成分歧的重要原因。对于呼兰等早经开发的地区，民官代替旗官还是相对简单的权利平移；而在呼伦贝尔这样的边疆前沿，旗官的裁撤则有一定程度的负面效果。光绪三十四年（1908），东三省总督徐世昌和黑龙江巡抚周树模在大力倡导改旗务为民政的同时，一度注意到了呼伦贝尔的特殊之处，"惟呼伦贝尔瑷珲两处，办理交涉关税事务，责任较重，且有兼辖属部之责，今即改设道员，应请加参领衔，以资控制"③。但是呼伦贝尔八旗还是在当年的下半年宣布彻底改旗务为民务。宣统二年（1910），锡良总结道，副都统衙门裁撤后，旗缺停放，一切事务归于民官管理，而索伦巴尔虎等百姓早已习惯旗官治理，对于突然的变化不能接受，民官政令下达效果并不理想④。另外，呼伦贝尔八旗原本管理一体，文化相近，其中新巴尔虎八旗更是在经济文化上高度一致，改制后新巴尔虎

---

① 《东三省总督锡良为请查复呼伦贝尔五翼总管、八旗副管等呈请将呼伦贝尔地方索伦、巴尔虎、厄鲁特三部援照墨尔根成案专归兼参领衔道员直接管辖事咨》，宣统二年五月十八日，《黑龙江少数民族》，黑龙江档案馆、黑龙江民族研究所编，1985年版，第307—308页。

② 《黑龙江行省巡抚周树模为查复呼伦贝尔地方索伦巴尔虎厄鲁特三部应归地方官统一管理事咨》，宣统二年六月九日，《黑龙江少数民族》，第310页。

③ 《督抚徐世昌、周树模奏为酌拟江省添设民官增改道府厅县办法折》，黑龙江行省公署档案，《黑龙江设治》，第57页。

④ 《东三省总督锡良为请查复呼伦贝尔五翼总管、八旗副管等呈请将呼伦贝尔地方索伦、巴尔虎、额鲁特三部援照墨尔根成案专归兼参领衔道员直接管辖事咨》，宣统二年五月十八日，《黑龙江少数民族》，第307—308页。

右翼四旗归入胪滨府，而左翼四旗则归入呼伦厅，这就造成了新巴尔虎人对分辖的抵制。锡良提议将呼伦贝尔八旗统一由专员管理，而非由厅县分管。①锡良和周树模的分歧不仅体现在设官问题上，也体现在对内忧和外患的不同侧重上。旗人出身，执政方针较为稳健的锡良，同锐意改革，较为激进的周树模在治边思路上各自有其理由所在。锡良等人看到的是清代边疆族群地区制度的复杂性，故而担心在呼伦贝尔这样的边疆前沿，裁撤旗官会起到一定程度的负面效果。早在宣统元年年末（1909），锡良已直陈："如吉林之赫哲。黑龙江之鄂伦春、额鲁特、巴尔虎等部旗官、首领即为部长。自难遽准停补。"②周树模纯粹从人事安排角度出发，对此看法全然不同。周氏认为既然设治后呼伦贝尔八旗的属地和人口已由胪滨府和呼伦厅管辖，那么名义由民官还是旗官管理政务，也就没有什么分别了，谓之"该旗地归胪滨府、呼伦厅分辖，与归参领衔道员节制究属一辙"。③

作为呼伦贝尔末任副都统与第一任道台，在变局之际直接管理呼伦贝尔事务的宋小濂，在呼伦贝尔改制的问题上，考虑到更多的是本地实际状况。以兵制为例，宋氏建言额尔古纳河沿岸卡伦尽行裁汰八旗官兵，从内地招汉人驻防，分给土地牲畜，实行耕戍结合的办法④。这种考虑一方面是因为巡边官兵"兵饷单薄，不惟不能守边，反藉以盗卖木植、羊草，甚至有受外人一窝之饱而为守牧牛羊者"⑤，论质难以保障边疆安全。另一方面则是因为呼伦贝尔驻防力量本身薄弱，呼伦厅和胪滨府只有马队两营，兵士二百余名，防守区域却有千余里，无暇抽调屯垦。而且两营巡防之处在八旗牧地，拟定开垦的额尔

---

① 《东三省总督锡良为请查复呼伦贝尔五翼总管、八旗副管等呈请将呼伦贝尔地方索伦、巴尔虎、额鲁特三部援照墨尔根成案专归兼参领衔道员直接管辖事咨》，宣统二年五月十八日，《黑龙江少数民族》，第307—308页。
② 《宣统政纪》，卷二十八，宣统元年十二月壬辰。
③ 《黑龙江行省巡抚周树模为查复呼伦贝尔地方索伦巴尔虎厄鲁特三部应归地方官统一管理事咨》，宣统二年六月九日，《黑龙江少数民族》，第310页。
④ 程廷桓修，张家璠纂《呼伦贝尔志略》，上海太平洋印刷公司1924年版，第71页。
⑤ 宋小濂：《呼伦贝尔边务调查报告书》，李澍田主编《宋小濂集》，吉林文史出版社1989年版，第85页。

第四编　边疆与民族

古纳河沿岸却原无居民,若将兵丁送去垦荒,"必致失于防剿,是有民处无兵,有兵处无民,非计之得也"①。但是在呼伦贝尔是否尽兴裁撤八旗官兵问题上,宋小濂是做了慎重思考的。在《筹边条陈》中,对于兵力有限,经济困难的沿边卡伦,宋氏提出"招集安分农民……暇则练兵习操,俾力农讲武两俱不废……庶便民日见繁庶";而在游牧地区巡防部队的添设问题上,宋氏则认为呼伦贝尔八旗官兵可用,"缘蒙人坚忍耐苦,谨朴守法……若加以训练,万不至染防营旧习";对于是否专设巡警队,宋氏则指出"各蒙旗皆系军籍,人多习于当兵,现在牧地安静,颇足自卫,四乡巡警暂应勿庸筹办"②。

庚子之变与日俄战争的惨痛历史给了清朝统治者一个教训,长期以来维系东北防御的八旗力量无法继续有效地维护边疆。新政时代对黑龙江旗官裁撤的全面构想,基于的是偏远地区八旗制度的衰朽与落后。光绪三十年(1904),程德全署理齐齐哈尔副都统时,就曾上陈军机处,言辞激烈地表达了他的观点:"驻防旗员及土著各部落,僻处比隅,见闻狭隘,往往坚守偏见,锢蔽把持,视外省人如仇雠,以地土为私产,不肯稍事开通以图公益。坐视地利废弃,边备空虚,未雨之谋,从未计及"③。这次移民实边和改制最终因为1912年的呼伦贝尔"独立"风波而宣告终止。尽管这次移民改制并非全无成绩,但最终酿成的"独立"风波却要让民国政府花费数年努力去解决。呼伦贝尔新政的缺憾之处在于对呼伦贝尔局势的单方面考量。呼伦贝尔新政既以移民实边和改革旗制为核心,内地商民首先迁入的额尔古纳流域也就成为施政首选之地。黑龙江官员将额尔古纳沿边防务视作呼伦贝尔开发的重心,而忽视了地处内外蒙古之间的呼伦贝尔在蒙古问题中的牵动作用;将在额尔古纳流域可行的推广移民和移植内地制度,作为普

---

①　试署呼伦兵备道宋小濂为筹议开垦实边请详查议覆事给试署呼伦兵备道姚福升咨文,宣统二年八月十四日,《东北边疆档案选辑·第138册》,广西师范大学出版社2007年版,第175页。

②　程廷恒修、张家璠纂《呼伦贝尔志略》,第76页。

③　上军机处论变通旗制改设民官,程德全撰:《赐福楼启事》,转引自李兴盛主编《程德全守江奏稿(外十九种)·上》,黑龙江人民出版社1999年版,第786页。

适原则试图推行到海拉尔河以南游牧地带。自然环境与文化背景的不同,让呼伦贝尔撤旗官设民官,移民屯种的效果并不理想。随即而来的呼伦贝尔危机,很大程度上就是施政者在开发中顾此失彼的害处。

二 呼伦贝尔"独立"风波与地缘政治形势变局

在1912—1920年间,受辛亥后各地独立风潮影响与沙俄策动,呼伦贝尔一度宣布独立,继而以"特别区域"的名义进行过"自治"。在此阶段中,中央政权与东北地方行政系统基本上被迫停止了对呼伦贝尔的管理,新政时代呼伦贝尔的开发进程也因此中断。在"呼伦贝尔独立"期间和自治期间,原呼伦贝尔八旗辖区被分割成了两部分。民国三年(1914)黑龙江各道辖境改划时,控制在呼伦贝尔地方武装手中的原呼伦道所属之胪滨、呼伦两府,以及吉拉林设治局等处被划归龙江道①,这种名义上的改划实际上已经表明中央政府对呼伦贝尔失去实际控制。北部的奇雅河、永安山与额勒和哈达等地段则划归黑河道直接进行管理。

行政区划上的变迁,影响了额尔古纳右岸地区的进一步发展。在新政时代,内地移民较早进入的额尔古纳曾是呼伦贝尔开发的重点,也是官员眼中呼伦贝尔开发方案的典范。而在数年后,这里却变为了呼伦贝尔行政区域的边缘。

处于黑河道与呼伦贝尔自治政权交界处的吉拉林,就经历了这样边缘化的过程。在清末新政时期,吉拉林管理就有特殊性,其行政隶属于呼伦贝尔,而吉拉林金厂则由漠河矿进行督办。民国元年呼伦贝尔独立后,当地八旗官兵纷纷驱赶外来官员,试图占领呼伦贝尔全境。驻守珠尔干河总卡伦的官兵在赵春芳率领下开赴根河一带,同起

---

① 发黑龙江省省长函,民国五年八月二日,载《呼伦贝尔问题》,油印本,转引自《中国边疆行纪调查记报告书等边务资料丛编(初编)·第七册》,蝠池书院出版有限公司2009年版,第300页。

第四编 边疆与民族

事武装对峙，吉拉林因此一度还控制在地方政府手中。此后，由于海拉尔已被独立武装占据，吉拉林一带官民难以得到物资给养，从海拉尔运来的给养也被胜福、车和扎所部武装劫夺，而来自漠河、瑷珲等处的人员物资也很难溯额尔古纳河而上接济吉拉林①。在这种局面下，当地商人、矿工、官员和兵士开始纷纷逃散，官员或者逃散，或者返回齐齐哈尔②，矿工正逢冬季停工，又遭遇变乱，自然也难以留驻③。民国元年（1912）中央政府同呼伦贝尔地方势力停火，驻守吉拉林的卡兵与商民撤回奇乾河流域的珠尔干河总卡伦。另一方面，在"独立"和"自治"时期，呼伦贝尔地方势力也无力开发吉拉林，这一带形成了某种微妙的局面。到民国五年（1916）时，中俄往来电文还就中方采金人员在吉拉林的继续活动发生交涉，中方则称"其金厂上列各处早归黑河道管下，置卡开矿均在条件成立之先，既未受独立之影响，自不受因独立而发生之影响……"④。

早在光绪三十三年（1907）经调查提出建立设治局的吉拉林，因资源衰退、交通阻隔与战争影响，逐渐从新政时期的沿边开发中心，变成了处于边界夹缝中的边缘地带。与此同时，黑河道自漠河以东地区则开始快速发展。黑河道的发展与漠嫩、漠瑷道路的打通，让黑龙江省沿江地区的建设重点发生转移，也让吉拉林一带进一步被边缘化。曾经守卫吉拉林的赵春芳，在调任漠河县后感慨道：到民国五年（1916）时"自倭西门以下……黑龙江沿岸逐渐充实，日有起色。呼伦沿边整顿在先，伦蒙若不独立，汉官不退，此数年间人民之生聚，地方之繁盛，较黑龙江沿岸当数倍焉。"⑤吉拉林的衰退在正式设县

---

① 赵春芳撰《边务采辑报告书》第六册，《辛亥壬子之役系在吉拉林·呈都督宋为招降叛兵维持边局并请饷项由》，油印本。
② 赵春芳撰《边务采辑报告书》第六册，《辛亥壬子之役系在吉拉林·吉拉林商民等覆函》，油印本。
③ 赵春芳撰《边务采辑报告书》第六册，《辛亥壬子之役系在吉拉林·呈都督宋为招降叛兵维持边局并请饷项由》，油印本。
④ 俄使收黑龙江省省长电，民国五年七月十四日，载《呼伦贝尔问题》，油印本，转引自《中国边疆行纪调查记报告书等边务资料丛编（初编）·第七册》，第296页。
⑤ 赵春芳撰《边务采辑报告书》第一册，《黑龙江沿岸纪略·边卡沿革》，油印本。

后还在继续。在中东路事件发生后的民国十九年（1930），黑龙江地方官员以吉拉林位置偏僻，同呼伦贝尔其他地区缺少联系，不利于防御为由，提出将县治移到县南部得尔布耳河与根河间谷地一带①。

吉拉林以北地区在"自治"时期仍然属于中方管辖，但孤悬岭西远离黑河的区位，使这一地区在民国时代开发较晚。地广人稀、交通还不发达的黑河道并不能有效管理额尔古纳河流域，时人称"黑河道兼三道（原黑河道、兴东道和呼伦道）归一，鞭长莫及②"。直到民国九年（1920），黑龙江省方才请示内务部，在奇雅河卡伦设立奇乾设治局③，而到民国十年（1921）其地才升为三等县。

在1912年至1920年期间，当额尔古纳流域的开发脚步渐缓时，呼伦贝尔中东铁路沿线和南部草原地带的经济开发还在稳步发展。在呼伦贝尔"独立"后的1912年寿宁寺集市上，传统的旅蒙商依然活动着，而俄国商人较此前更加活跃④，在"独立""自治"期间，呼伦贝尔地方势力还同俄国签订了南部地区林业、草业、渔业和矿业的大量协定。"复治"后，这些外溢的权利此时则变成了民国方面潜在的财源。从新政到辛亥之后，原呼伦贝尔行政边界和经济中心的变化，是"复治"后治边政策变化的重要因素之一。

三 "复治"后呼伦贝尔多元政治文化体制的形成

"独立"风波的教训给了民国官员一个警示：处理边疆问题的操之过急和一刀切，最终导致的后果将可能是分崩离析。在1920年呼

---

① 《室韦县报勘查县治适谊地点呈》，民国十九年，黑龙江省建设厅档案，《黑龙江设治·下》，第923页。
② 赵春芳撰《边务采辑报告书》第一册，《黑龙江沿岸纪略·黑河道》，油印本。
③ 《内务等部为会核黑龙江省奇乾设治局改升县治议请照准呈》，民国十年十一月，《黑龙江设治·下》，第916页。
④ п.н. 斯莫尔尼柯夫：《1912年的甘珠尔蒙古集市》，逯武华译，《游牧文化资料与研究丛书·甘珠尔庙》，内蒙古文化出版社2003年版，第307—308页。

伦贝尔"复治"以后,当地官员开始努力结合原有的八旗制度同新式民政,建立了二元行政体制。1920年"蒙旗归政,副都统官阶仍旧,增设善后督办兼交涉员,理道尹事宜,而镇守使、特别法庭、警察厅、征收局、呼伦、胪滨、室韦三县、奇乾设治局及满洲里各官署,亦均于同时设置①"。复治后呼伦贝尔的施政模式在几个方面出现转变。首先,原有的以民政代替旗务方案被调整为旗民双重体制,谓之"设善后督办兼交涉员一员,官制与道尹同……旗署设官仍旧,所有旗务复归副都统管辖"②。为了处理两套体制的交涉问题,督办公署又设外交科,办理涉及旗务的交涉事件③。二元官制模式,不能仅仅看作对呼伦贝尔八旗上层的妥协,也并非是突如其来,这是地方官员在政治实践中形成的经验教训所铸成的。呼伦贝尔"复治"后对八旗制度的保留,一直持续到"九一八"之前。民国十八年(1929)东北政务委员会取消道制之时,还专门提出呼伦贝尔境内"一切对待蒙旗及行文手续,自应仍如道署时代旧制办理,不得稍有变更"④。

经历"复治"风波后,汉族官员对呼伦贝尔本地族群文化的态度亦有更大变化。呼伦贝尔汉族官员除了继续在制度上试图整合不同边疆治理模式外,在对呼伦贝尔的官方书写中也加强了多元文化意识。1922年成书的《呼伦贝尔志略》中,所列"呼伦十景",就与其他很多方志流俗的"八景""十景"概念不同。"呼伦十景"的景观内涵和知识传统是多样的,既包括了汉族传统的景观文化,也包括了巴尔虎人、达斡尔人的文化景观,如"额河冰橇""温泉涤浴""坝后赛神""寺阁晚晖"⑤ 等。在"艺文"部分中收录的官员诗歌,则表达出了以蒙古兴起之地为骄傲的思想。"当年雄略气边陲,近日英风仍

---

① 程廷恒修、张家璠纂:《呼伦贝尔志略》,第28页。
② 同上书,第56页。
③ 同上。
④ 万福麟监修、张伯英总纂:《黑龙江志稿·下》,黑龙江人民出版社1992年版,第2107页。
⑤ 程廷恒修、张家璠纂:《呼伦贝尔志略》,第297—298页。

飒爽"、"黄种势力未可量，成吉思汗旭烈兀，士人毋忘祖业强"、"元代发祥说故都，登高远眺意踟蹰"①等。对不同文化的关注，不仅体现了族群文化的统合，也标志着新一代地方官员对地方知识的重视。

从地方施政传统的连续性上看，民国九年（1920）后呼伦贝尔能够形成旗务民务并存的局面，并不是偶然的现象。清代呼伦贝尔八旗行政隶属于黑龙江，管理体制是驻防八旗制度，但呼伦贝尔八旗的族群结构与文化属性都更接近内外蒙古各盟旗。这种特点在清代中前期就被士人所注意，呼伦贝尔的地方官员对此也有认识。光绪三十二年（1906），呼伦贝尔副都统苏纳穆策麟接到理藩部咨文，指令对辖境内农林、畜牧、矿产、军备、界务等事项查明后报部②。这份调查单所列事项大体就是以内蒙古新政办法为参照的。所列第一项即为"所辖界内某地，民种、蒙种已垦熟地数目"③，第九项盐务则问境内盐池取盐者"并是否蒙人、民人及如何办法？有无租税者"④。苏纳穆策麟报告全文也都使用"蒙旗""蒙人"指称呼伦贝尔八旗。其继任者宋小濂在倡议呼伦贝尔移民的同时，也提出了以蒙旗之例治理呼伦贝尔的思想。在《筹边条陈》中，宋小濂对呼伦贝尔八旗的代称皆为"蒙旗"。《条陈》中"旗务"一条之中，宋氏还特别提到，"查本属各蒙旗，系新旧巴尔虎、达呼里、索伦、额鲁特各种部落错居杂处，较扎赉特、郭尔罗斯、杜尔伯特各蒙之只系一族，又有王公贝子为之镇摄……迥乎不同"⑤。故此宋小濂在新政时期就提议在呼伦贝尔保持八旗官兵编制和俸禄。

在海拉尔城，建构多元文化与认同的努力，也从新政之前的时代就渐渐开始了。清末之前，海拉尔的土城仅仅是今天呼伦贝尔西大街

---

① 程廷恒修、张家璠纂：《呼伦贝尔志略》，第322页。
② 《苏都护呼伦贝尔调查八旗风俗各事务咨部报告书》，第1页。
③ 同上。
④ 同上书，第11页。
⑤ 程廷恒修、张家璠纂：《呼伦贝尔志略》，第72页。

第四编　边疆与民族

和东大街小小一隅，官署、祠宇和兵营集中在西南的西山之麓。按嘉庆二十三年（1819）年初的一份报告，涉及呼伦贝尔城内官方建筑的动支公费仅有总管衙门与昭忠祠两处①。大体上讲，呼伦贝尔城内分布着部分八旗官员和汉商的房舍，城外是达斡尔人的村落，至郊区的伊敏河流域则是索伦人的牧场，草原地区的索伦人和新巴尔虎人时常赴海拉尔进行牲畜贸易。缺乏完善规划的海拉尔本身就是多族群的共同交往空间，这也为后来海拉尔文化景观重建提供了基础。海拉尔城的文化景观融合事例，可以追溯到新政之前。1894年来呼伦贝尔探查中东路地址的斯特列彼茨基在海拉尔接触到一个民间传说：伊敏河旧日水患严重，经西藏高僧施法后水势平息。官民因此为纪念治水胜利，也为感激喇嘛念经，修建了两座不大的水神庙，供奉 Туода Бурхан（字面意思为土地佛）。一座修建在大坝上，一座修建在海拉尔城，虽然不大，却处于显眼的山丘顶端②。按《呼伦贝尔志略》所载，嘉庆五年（1800）在海拉尔城"西门外沙阜上"建立了土地祠③。约撰于清末的《呼伦贝尔纪略》则记载，同一年里龙王庙在后来的副都统衙署以北一里处建成④。所谓两座水神庙，当指这两座内地式宗教建筑。由此看来，海拉尔在19世纪末已经出现了文化上的多元化。清末新政期间，宋小濂还将呼伦贝尔副都统衙门以右一座佛寺重新修葺，每年定期召集喇嘛诵经，以此强化呼伦贝尔八旗官兵人众的认同⑤。

在呼伦贝尔治所建立多元文化的尝试，还体现于海拉尔官方敖包

---

① 《奏报呼伦贝尔拟为征解税银事》，嘉庆二十三年十二月初六，朱批奏折附片04—01—35—0554—016，中国历史档案馆藏。按，原件档案无题名，根据嘉庆朝朱批奏折的时间顺序和属地关联性判断，此件可能是04—01—08—0125—007的附片，上奏者似为时任黑龙江将军松宁。

② Стрельбицкий. Отчет о семимесячном путешествии по Монголии и Маньчжурии в 1894. Сборник географических, топографических и статистических материалов по Азии. Вып. XXXIV.

③ 程廷桓修、张家璠纂：《呼伦贝尔志略》，第208页。

④ 赵春芳撰：《边务采辑报告书》第三册，《呼伦贝尔纪略》，油印本。

⑤ 徐世昌编纂：《东三省政略》，文海出版社1965年版，第1388页。

祭祀仪式的形成上。敖包祭祀最初是呼伦贝尔八旗各自旗分和各佐、各家族的活动，《光绪全省礼俗志》中记载的呼伦贝尔敖包祭祀，还是各旗分官员各自组织的分散祭祀①。至少到新政时代，全呼伦贝尔的敖包祭祀已经在海拉尔定型了。祭祀每三年一次，阴历五月进行，地点在海拉尔城以北，海拉尔河北岸的高地上②，此处高地扼守粗鲁海图通往海拉尔要道，当地人称之为"安奔敖包"（Амбан Обо）③。海拉尔的祭祀活动是官方权威行为与当地族群传统文化的融合，届时"全旗大小官员咸集，延喇嘛讽经，以昭郑重……次由副都统率属向鄂博行跪拜礼……祀事告终，任一般人民赴场竞艺，作驰马角力种种比赛，胜者由官府颁给奖品"④。官方主导的海拉尔的敖包祭祀既包含传统的藏传佛教信仰，蒙古游牧者的那达慕等内容，也是起到了"坛庙"祭祀的功能。海拉尔的敖包祭祀在某种意义上也是对新巴尔虎人心目中"须弥山"和"库伦"的一种模拟。⑤直到东北沦陷后的1934年，海拉尔的敖包祭祀活动同相应的庙市仍然存留着，影响范围直到偏远的冬季牧场⑥。

在呼伦贝尔"独立"风波中，外部列强的渗透与边疆族群的离心作用都非常明显，其危机程度不亚于辛亥后的外蒙古与西藏。而呼伦贝尔解决"独立"的方式与嗣后措施也颇为独特。北洋方面不是简单地采用军事手段收复呼伦贝尔，而是进行了外交斡旋的持续努力，最终将呼伦贝尔重新纳入祖国管辖。"复治"之后，地方官员也并没

---

① 《黑龙江省呼伦贝尔城乡礼俗一览表·光绪全省礼俗志》，《清代边疆史料抄稿本汇编》第6册，国家图书馆出版社2003年版，第328页。
② 程廷桓修、张家璠纂：《呼伦贝尔志略》，第297页。
③ Стрельбицкий. Отчет о семимесячном путешествии по Монголии и Маньчжурии в 1894. Сборник географических, топографических и статистических материалов по Азии. Вып. XXXIV.
④ 程廷桓修、张家璠纂：《呼伦贝尔志略》，第212页。
⑤ 例如巴尔虎民歌《贝尔和呼伦》，从宗教意义上以隐喻方式赞颂呼伦贝尔，歌词中没有出现具体寺庙的名字，但将克鲁伦河与乌尔逊河比喻为福泽的营盘（库伦）"hesig-yin huriye"，并将宝格德山称为让民众安宁的保障（参见阿日布登编《巴尔虎民歌365》，民族出版社2010年版，第15—16页）。
⑥ Т. Э. Леотьев. Суглан в Барге в 1934 году//Вестник Мачжурии, 1934. No. 1.

有单纯采取移民、屯垦和易俗的政策，而是尝试了一种涵盖不同族群政治文化传统的多元统治思路。

四　结语

　　辛亥鼎革之后，清代天下秩序中蒙古、回疆、西藏等"外藩"与边疆地区的八旗驻军，无不面临着在新政权中重新定位的问题。从整个远东局势上讲，20世纪10—20年代的中国，周边面临的大型国际冲突相对较少，而边疆少数族群地区在此时却出现了离心倾向。因此，民国初期黑龙江主要的边疆问题，已经从直接的外部侵略变成了边疆分崩离析的危机。呼伦贝尔"独立"风波，将这种危机推到了迫在眉睫的地步。如何将呼伦贝尔等边疆地带重新纳入到国家秩序中，成了"复治"后黑龙江地方行政机构的主要着眼点。从辛亥前后黑龙江官员对呼伦贝尔地区的施政策略转变中，可以看到从清末新政到20世纪20年代，黑龙江的边疆治理思路在具体区域内是如何调整的。

　　在经历了独立和"复治"风波后，呼伦贝尔这个传统上族群文化差异大的地区，在20世纪20年代形成了一种文化交融的多元一体政治格局。呼伦贝尔地方官员创建多元文化格局的努力虽被"九一八"事变打断，这种政治实践对该地区的发展却产生了深远影响。呼伦贝尔草原的畜牧业文化传统很大程度上因此得以保存，而"牧业四旗"[①]的行政建置能够延续至今，也得益于民国官员在呼伦贝尔保留旗制。进一步说，民国时期呼伦贝尔地方官员所推行的旗民二元体制，最终维系了该地区多民族共生共存的基本格局，今天看来，这一系列政策调整未尝不是一类可资参照的治边策略。

---

　　①　一般称新巴尔虎左旗、新巴尔虎右旗、陈巴尔虎旗和鄂温克自治旗为牧业四旗。清末新政前，呼伦贝尔八旗按部族分为新巴尔虎左右翼、索伦左右翼和额鲁特五翼，这种基本划分方式一直延续到民国。今日新巴尔虎左翼旗和右翼旗是在新巴尔虎左右翼的基础上设立，陈巴尔虎旗由索伦左翼析置，鄂温克自治旗则由索伦右翼、额鲁特一翼和索伦左翼部分地区合并设立。

[参考文献]

[1] 黑龙江档案馆. 黑龙江设治 [A]. 哈尔滨：黑龙江档案馆, 1985.

[2] 清实录馆. 清德宗实录 [M]. 北京：中华书局, 1987.

[3] 清实录馆. 宣统政纪 [M]. 北京：中华书局, 1987.

[4] 黑龙江档案馆, 黑龙江省民族研究所. 黑龙江少数民族 [A]. 哈尔滨：黑龙江档案馆, 黑龙江省民族研究所, 1985.

[5] 程廷恒, 张家璠. 呼伦贝尔志略 [M]. 上海：太平洋印刷公司, 1924（民国十三年）.

[6] 宋小濂. 呼伦贝尔边务调查报告书 [M] // 李澍田, 宋小濂. 长白丛书. 长春：吉林文史出版社, 1989.

[7] 中国边疆史地研究中心, 等. 东北边疆档案选辑 [M]. 南宁：广西师范大学出版社, 2007.

[8] 程德全. 赐福楼启事 [M] // 李兴盛. 程德全守江奏稿（外十九种）. 哈尔滨：黑龙江人民出版社, 1999.

[9] 佚名. 呼伦贝尔问题 [M] // 蝠池书院. 中国边疆行纪调查记报告书等边务资料丛编（初编）：第7册. 北京：蝠池书院出版有限公司, 2009.

[10] 赵春芳. 边务采辑报告书 [Z]. 北京大学图书馆, 1917（民国六年）油印本.

[11] 晓光, 等. 游牧文化资料与研究丛书·甘珠尔庙 [M]. 呼伦贝尔市：内蒙古文化出版社, 2003.

[12] 万福麟, 张伯英. 黑龙江志稿 [M]. 哈尔滨：黑龙江人民出版社, 1992.

[13] 苏纳穆策麟. 苏都护呼伦贝尔调查八旗风俗各事务咨部报告书 [Z]. 海拉尔：呼伦贝尔历史研究会, 1986.

[14] Стрельбицкий. Отчет о семимесячном путешествии по Монголии и Маньчжурии в 1894 [J]. Сборник географических, топографических и статистических материалов по Азии. 67. 1896.

[15] Т. Э. Леотьев. Суглан в Барге в 1934 году [J]. Вестник Мачжурии, 1, 1934.

[16] 徐世昌. 东三省政略 [M]. 台北：文海出版社, 1965.

[17] 黑龙江省呼伦贝尔城乡礼俗一览表·光绪全省礼俗志［M］//佚名. 清代边疆史料抄稿本汇编：第6册. 北京：国家图书馆出版社，2003.

[18] 阿日布登. 巴尔虎民歌365［M］. 北京：民族出版社，2010.

［原载于《吉林师范大学学报》（人文社会科学版）2016年第2期］

济隆七世呼图克图入京考

赵令志*

雍和宫是北京现存最大的藏传佛教寺院，在藏传佛教寺院中亦属名刹。该寺自改建之日起，即逐渐成为清朝管理蒙古和京师地区藏传佛教事务的中心，在联系清朝政府与蒙藏等少数民族地区事务中发挥了巨大的政治作用。

雍和宫原为明朝内宫监房，清初收入内务府，康熙三十三年（1694）改建为皇四子胤禛之贝勒府，四十八年（1709），胤禛晋封为和硕雍亲王，该府便扩建为亲王府第。胤禛继皇位后，于雍正三年（1725）降旨将雍亲王府升为行宫，赐名"雍和宫"。① 乾隆皇帝于九年（1744）降谕将雍和宫辟为喇嘛寺院，谕旨内有："朕念雍和宫乃甚属吉祥伟大之所，今在闲置，依照观点之坐落、样式，稍加修缮，辟为大杜刚，作为供佛及喇嘛会集之场所。由西昭召来熟悉辩经制度之三四十位大德高僧住寺，教习众喇嘛外，蒙古人等历来虔诚佛教，着内扎萨克、喀尔喀四部所属各旗，选送勤于习经、聪颖、年岁二十以上喇嘛一二人，若仍不及额数，亦可于现在各寺庙闲散班第内选其聪慧者，充额喇嘛五百名，供给钱粮，免其官差，

---

* 赵令志（1964— ），男，内蒙古赤峰人，吉林师范大学满族文化研究所兼职教授，中央民族大学历史文化学院教授，历史学博士，博士生导师，研究方向：清史、满族史、文献学。

① 本文所引档案，均出自中国第一历史档案、雍和宫管理处合编《清代雍和宫档案史料》（计24册），其中汇集与雍和宫相关的上谕、朱批、寄信、奏折、咨文、呈文等2800余件，其中90%以上为满文档案。

按照昭地学院之例管教。其学业优秀者，褒奖补放他寺达喇嘛、副喇嘛，考试并给予嘎布楚、兰占巴等学位。懒散者昭示众人，作为懒惰例。若各扎萨克地方，愿送其他习经之人，亦可居寺学习。寺内众喇嘛俱勤于习经，若各地皆效仿行事，实乃尤益于佛教及众生。"[1]其中明确自藏地选聘高僧来雍和宫，为蒙古地区培养喇嘛事宜，故该寺改建伊始，即定为蒙古地区培养黄教经师的中心。后来将雍和宫作为"金瓶挚签"地之一，其为蒙古及京师藏传佛教管理中心的地位则更加突出。

将雍和宫辟为黄教大寺之事，受到蒙藏僧俗各界赞誉，达赖喇嘛、班禅额尔德尼、郡王颇罗鼐等上表庆贺①，各地蒙古王公遵旨陆续选派本旗符合条件之喇嘛前往雍和宫习经。乾隆皇帝指示达赖喇嘛自西藏选派各扎仓上师和经师，达赖喇嘛很快从哲蚌寺、扎什伦布寺为雍和宫选出显、密、医、杂四扎仓上师，并从三大寺挑选18名格西级经师，送往雍和宫。达赖喇嘛等在雍和宫改建且尚未开光之前，既"由哲蚌、甘丹、温都孙等大庙喇嘛内，拣选熟谙经文，能守净道"、"教授经艺之喇嘛二十二名，其僧徒喇嘛五十二名，通共七十四名"送往京城。②嗣后，复从西藏、青海各寺邀请呼图克图进京，清代驻京的呼图克图多数驻于雍和宫。

笔者从所译雍和宫满文档案内，拣出几份济隆七世呼图克图进京担任雍和宫总堪布的档案，从清廷之延请、僧众之响应、遣送之过程几个方面，考证济隆七世呼图克图入京过程，冀从该呼图克图进京事宜中，探讨清朝兴黄教以安蒙藏的政策和对黄教僧众的管理方式等问题。

---

① 详见乾隆九年六月初八日《驻藏办事大臣索拜奏闻达赖喇嘛敬谢京中修庙大兴黄教事折》、乾隆九年十月初六日《驻藏办事大臣索拜奏闻班禅额尔德尼敬谢京中修庙大兴黄教事折》、乾隆九年八月二十一日《驻藏办事大臣索拜奏闻藏地人等咸感戴京中建庙大兴黄教情形折》。

② 乾隆九年六月初八日《驻藏办事大臣索拜奏闻料理护送喇嘛等赴京事折》，《清代雍和宫档案史料》第三册，第251页。

一 清廷之延请

在将雍和宫辟为黄教寺院过程中，国师章嘉三世呼图克图发挥了巨大作用，且在乾隆十三年（1748）之前，实乃充当雍和宫总堪布之职，管理雍和宫宗教事务。这期间，自西藏、青海延请呼图克图、堪布等职皆由章嘉三世指定。其中延请济隆呼图克图七世为雍和宫总堪布，亦系由章嘉三世奏请推荐。

济隆呼图克图，亦称巴索活佛、达察活佛、达察济隆呼图克图、功德林呼图克图、通善呼图克图等，是西藏地区的一个重要活佛转世系统，为格鲁派中起源最早、变化颇为复杂且与清朝许多政治事件密切相关的活佛系统之一。该系统位列西藏著名的"四大林""四大摄政"之一，亦被认为是昌都或康区四大呼图克图之一，更是清廷延请驻京之四大呼图克图之一，在黄教活佛系统中颇有影响。所谓"济隆"，汉文献亦写作"济咙""吉仲""济仲""杰仲"等，据说此称号为宗喀巴大师所定，藏语为对西藏大贵族子弟出家后的尊称，有汉语"尊前""阁下"之意。因六世济隆·阿旺官却尼玛（1653—1705）① 与五世达赖喇嘛有师徒关系，故该系活佛被冠称"济隆"。七世济隆·洛桑贝丹坚赞（1708—1758）于康熙五十八年（1719）或云为雍正七年（1729）被清朝赐封呼图克

---

① 济隆六世与噶尔丹关系密切，其曾应噶尔丹之邀请，奉五世达赖喇嘛之命赴青海蒙古中传教。康熙二十七年（1688）噶尔丹攻打喀尔喀部，清朝派使者请五世达赖喇嘛（时已圆寂6年，因匿不发丧而清廷未晓）派人往劝噶尔丹罢兵，第巴桑结嘉措以达赖名义派济隆六世前往。其于清、准激战之际，在噶尔丹军中为噶尔丹诵经择战日，并登高观战。当噶尔丹于乌兰布统败亡后，其出面阻滞清军乘胜追击，导致清军丧失消灭噶尔丹主力之战机。战后，康熙皇帝为此多次责问第巴桑结嘉措，责令其将返回西藏之济隆六世送京。第巴一再拖延，反复恳请保全该活佛法体，并于三十七年（1689）将济隆六世送到北京。康熙皇帝或考虑该系活佛之地位，没有像处理二世伊拉古克三呼图克图那样将其处以极刑，而是软禁于北京（详见康熙三十七年六月十五日《谕宽宥济咙呼图克图发至龙泉庵住禅》，《清初五世达赖喇嘛档案史料选编》，中国藏学出版社2000年版，第201页），后允许其参与了多伦诺尔汇宗寺开光法会和朝拜一世哲布尊丹巴呼图克图等宗教活动。康熙四十四年（1705）济隆六世圆寂于北京。

第四编　边疆与民族

图称号。

《清代雍和宫档案史料》内收录的第一份有关聘请济隆七世呼图克图进京的满文档案，其内容为：

> 副都统臣傅清谨奏，为请旨事。
>
> 准理藩院咨文内开：办理雍和宫事务处来文内称，吾处奏准，为遵旨议奏事。乾隆十一年十一月二十七日奉上谕：章嘉呼图克图奏称，西藏济隆呼图克图乃学艺精良高僧。将此咨文达赖喇嘛，著将济隆呼图克图送来，主持雍和宫，总管教习学经喇嘛。钦此。钦遵。除咨文达赖喇嘛外，经查，济隆呼图克图现居西藏鄂博勒硕般多地方，若赴藏复又遣返，因往返行走时日长久，故咨文副都统傅清、王颇罗鼐，将济隆呼图克图照先前所送喇嘛等之例办理，即送至京城。除跟役外，随从徒弟不得过二十名。（中略）遵此将此咨文驻藏办事大臣傅清、郡王颇罗鼐，敬谨查勘谕旨内事宜，明白转告达赖喇嘛，立即遵办。等语到来。奴才傅清我将此立即照部咨文，详禀达赖喇嘛、郡王颇罗鼐。惟由部指派之处，教经喇嘛务必由已出天花喇嘛内选送等语，并无提起济隆呼图克图之处。惟济隆呼图克图现尚未出痘，是否即刻送去之处，奴才岂敢不预先奏闻皇上。①

从此折内容可以得知，为雍和宫延聘呼图克图或大堪布、教经喇嘛等，系由章嘉三世呼图克图举荐，上谕理藩院寄信驻藏办事大臣②，咨文达赖喇嘛、藏王颇罗鼐等共同办理，即由清政府驻藏代表与西藏僧界、政界最高统治者会同负责遴选、护送事宜，可见清廷对为雍和

---

① 乾隆十二年二月初九日《驻藏办事大臣傅清奏请济隆呼图克图未出天花应否送京及达赖喇嘛贡使应由何路进京折》，《清代雍和宫档案史料》第四册，第252—249页。（因为满文排版是自左向右的，和汉文的相反，所以页码是反向的）

② 驻藏办事大臣、西宁办事大臣等，均由八旗副都统级官员选任，故满文档案中，多直称为"副都统某"。

宫延聘呼图克图和教习喇嘛的重视。

选聘来雍和宫的呼图克图、教经喇嘛的条件，无疑首要精通佛典，造诣高深，堪为教习。达赖喇嘛所选送之人，皆为符合这些条件的各寺院精英，如乾隆九年为雍和宫选派的四扎仓堪布和十八名教经喇嘛，皆是哲蚌寺、甘丹寺、温都孙庙之知名喇嘛。另在此前，既有西藏、青海等地多名呼图克图来京，成为驻京呼图克图。但从影响和造诣方面，难膺雍和宫总堪布者，故章嘉三世呼图克图向乾隆皇帝举荐济隆七世，请其前来担任雍和宫总堪布。

另一选送喇嘛来京的条件，乃看其是否曾出痘。痘疫问题，是长期困扰北方游牧民族进入中原的重要问题，因地处高寒地区出痘者少，且成人染者死亡率极高，所以绝大多数北部边疆各民族的人不敢进入中原，甚至有在战争乘胜追击之时，临近长城，亦因畏惧痘疫而折回者。清代颇为重视痘疫问题，入关前，即设避痘所，将患者置于专室，以防瘟疫扩散。顺治皇帝因痘而崩，已出痘的玄烨得以嗣位，可能为康熙皇帝重视痘疫的重要原因。其重要举措是设"围班"，令未出痘之蒙古王公等于"围班"觐见。乾隆年间，既对喀尔喀、额鲁特、乌梁海及青海诸外藩定围班例，皆以出痘和未出痘区别，已出痘者轮流入京朝觐，未出痘者按年令赴木兰随围。嘉庆年间规定："内外扎萨克汗、王等未出痘者，免其来京，该班准入木兰围班。"[2]故清朝建热河行宫，令外藩蒙古赴行宫朝觐，乃为解决外藩王公惧怕痘疫之良策，深得蒙古王公等赞誉，可谓一举多得。而在选驻京喇嘛时，亦规定出痘之熟身者，方可长期驻京。乾隆时期，选进京之蒙藏地区的来京喇嘛，仍将是否曾出痘作为条件之一。此条件不但有力保障了来京喇嘛的生命安全，亦有利于黄教之传播、发展，使驻京喇嘛内鲜有患痘疫病逝者。尽管如此，仍有忽视痘疫，前来北京而患痘病逝者，如乾隆初年，发生的准噶尔汗国的来使内，有10余名使臣和跟役死于痘疫之事，其中便有两名副使；乾隆中叶，有库页岛至京城"贡貂娶妇"之乡长，因此疫客死京城者；甚至六世班禅额尔德尼亦因痘疫圆寂于北京等事件，促使清廷更加重视此问题。

延请济隆七世进京，并未提及是否出痘问题，但鉴于以前选取喇嘛进京时，"由部指派之处，教经喇嘛务必由已出天花喇嘛内选送等语"，因而得知济隆七世尚未出痘后，达赖喇嘛、郡王颇罗鼐及驻藏办事大臣傅清，不敢贸然遣送，只得请旨定夺。乾隆皇帝令原议大臣等议奏，议奏结果为"将此复咨办事大臣傅清，亲自问明济隆呼图克图，若呼图克图身已出痘，则照奏行办理送来。若确未出痘，则即免送京城。仍交达赖喇嘛、郡王颇罗鼐等，由康、藏、卫三处诸寺庙内，择与济隆呼图克图相当的大喇嘛内，选出已出痘、学艺精良、可教习技艺者，奏闻照例办理"①。清廷态度明确，若济隆七世确实未曾出痘，即不便来京，可从康、藏、卫各处寺院内，寻找精通佛典，造诣高深，堪为教习，且已出痘的大喇嘛，代之来京，足见清廷对外藩及西藏来京喇嘛痘疫问题的重视。

二 僧众之响应

古往今来，世界各地之职业宗教者，均以传播自己信仰的宗教教义为己任，故记载各类宗教的传播者历经千辛万苦，跋山涉水，深入异地，宣扬自己信仰的文献比比皆是。其中西藏黄教僧众远赴蒙古各地，阐扬黄教、安逸众生的记载或传说广泛流传于蒙藏地区。

在后金时期就有众多喇嘛到东北，充当西藏或蒙古对后金的使者等，与后金建立了密切关系。而努尔哈赤、皇太极亦看到了黄教对蒙古的重要影响，开始在后金国内建庙筑塔，推衍黄教，冀以统驭蒙古。清入关后，五世达赖喇嘛阿旺洛桑嘉措赴京，受封金册金印，获得"西天大善自在佛所领天下释教普通瓦赤喇怛喇达赖喇

---

① 乾隆十二年七月十一日《驻藏办事大臣傅清奏请济隆呼图克图情愿进京俟准噶尔熬茶使者离藏后再令起程事折》，《清代雍和宫档案史料》第四册，第290页。

嘛"之封号①，使黄教僧众视清朝皇帝为最大护法，尊称其为"文殊师利大皇帝"，许多呼图克图、大喇嘛等开始应召或自行来到京城，成为京城新修建之黄教寺院的额定喇嘛。

---

① 金印印文为汉、满、藏三体文字，满文为 wargi abkai amba sain jirgara fucihi abkai fejegi fucihi i tacihiyan be aliha eiten besara wacira dara dalai lama doron；藏文为 nub phogs kyi phul byuan zhi ba sangs rgyas rgya chen khyon la sangs rgyas bstan pa'imnga'bdag thams cad mkhyen pa rdo rje'chang ta la'i bla ma'i tham ka. 对比可知，藏文系译自满文，而满文封号系译自汉文，其中"西天大善自在佛领天下释教"乃沿用明成祖颁给大宝法王得银协巴之封号，其中增"所"字，而"普通瓦赤喇怛喇达赖喇嘛"乃沿用俺答汗所授三世达赖喇嘛索南嘉措"圣识一切瓦齐尔达赖喇嘛"之称号，"普通"即"识一切"也。据《清世祖实录》卷74 顺治十年夏四月丁巳条载："遣礼部尚书觉罗郎球、理藩院侍郎席达礼等赍送封达赖喇嘛金册、金印于代噶地方。文用满、汉及图白忒国字。册曰：朕闻兼善独善，开宗之义不同，世出世间，设教之途亦异。然而明心见性，淑世觉民，其归一也。兹尔罗布藏札卜素达赖喇嘛，襟怀贞朗，德量渊泓，定慧偕修，色空俱泯。以能宣扬释教，诲导愚蒙，因而化被西方，名驰东土。我皇考太宗文皇帝闻而欣尚，特遣使迎聘。尔早识天心，许以辰年来见。朕荷皇天眷命，抚有天下，果如期应聘而至，仪范可亲，语默有度，臻般若圆通之境，扩慈悲摄受之门，诚觉路梯航，禅林山斗，朕甚嘉焉。兹以金册印封尔为西天大善自在佛所领天下释教普通瓦赤喇怛喇达赖喇嘛。应劫现身，兴隆佛化，随机说法，利济群生，不亦庥哉。印文曰西天大善自在佛所领天下释教普通瓦赤喇呾喇达赖喇嘛之印"，乃授此册、印及其文字之记载。在康熙中后期六世达赖喇嘛之呼毕勒罕之争时，清朝最初认定波克塔呼毕勒罕为六世达赖喇嘛，授其金册金印。此次所授达赖喇嘛之金印仍为汉、满、藏三体文字，汉文为"敕封第六辈达赖喇嘛之印"，满文、藏文文意与汉文相同，分别为 hesei fungnehe ningguci jalan i dalai lamai doron 和 bka'yis phul skyangs byed pa'i sku drug pa ta la'i bla ma'i tham ka.《清圣祖实录》241 卷，康熙四十九年三月戊寅条载："议政大臣等议：拉藏及班禅胡土克图西藏诸寺喇嘛等会同管理西藏事务侍郎赫寿，疏请颁赐波克塔胡必尔汗以达赖喇嘛之封号。查波克塔胡必尔汗因年幼奉上谕曰俟数年后授封。今既熟谙经典，为青海诸众所重，应如所请，给以册印，封为六世达赖喇嘛。从之。"此乃清朝第二次册封达赖喇嘛。但旋即因时局变化，西藏及青海之僧俗，认为理塘之呼毕勒罕，乃真达赖喇嘛，要求清朝册封之。清廷经过调查，于康熙五十九年颁金册金印册封其为"弘法觉众第六辈达赖喇嘛"，并从塔尔寺护送其到拉萨坐床，清朝官书中称其为"新封达赖喇嘛"。此金印亦为汉、满、藏三体文字，印文均为"弘法觉众第六辈达赖喇嘛之印"，除"弘法觉众"外，与给波克塔之印文相同，此即颁赐给当时确定为六世达赖喇嘛格桑嘉措之大金印。直至乾隆四十五年，正式恢复仓央嘉措为六世达赖喇嘛，格桑加措则为七世。雍正初年，因格桑加措圆满地处理了康熙帝驾崩、雍正帝继位问题，做了达赖喇嘛应唪、应贺之事，深得雍正帝嘉记，故雍正帝对其特颁金册金印，予以册封。该印为蒙、满、藏、汉四体文字，蒙古文为 r ne jüg-ün yeke ljeitü erketü burhan-ün oron delekei dakin-nüburhan-nü asin-i erkleg i hamug-i medeg i v ir dara dalai lama-yin tamala；满文与五世达赖喇嘛之印同；藏文略有变化，为 nub phogs mchog tu dge ba'i zhing gi rgyal dbang sa steng gi rgyal bstan yongs kyi bdag po thams cad mkhyen pa bdzra rha ra ta la'i bla ma'i tham ka. 汉文亦基本与五世达赖喇嘛之印相同，仅将"瓦赤喇怛喇"，写作"瓦赤拉呾喇"，字异音同。目前，许多藏族史的研究成果中，涉及六世达赖喇嘛印者甚少，且多将雍正帝所赐之达赖喇嘛印，误定为顺治皇帝所颁五世达赖喇嘛之金印，故不嫌冗长，将满、藏、蒙文字之印文及四印之颁发事宜，略作考证于此注中。另外，关于中央政府对其他达赖喇嘛的册封问题，请关注西藏档案馆才让加研究员有关"西藏印谱"的研究成果。

第四编 边疆与民族

雍和宫辟为黄教寺院之事，深得黄教各界僧众拥戴，达赖喇嘛和郡王颇罗鼐所办为雍和宫选取造像等匠役和造诣高深的喇嘛送京等事，可谓诚心诚意，竭尽全力，尽职尽责，而所选派的呼图克图、堪布等，亦情愿前往。分析赴京的众喇嘛，情愿远离故土前往京城的原因，一如前述，他们以传播弘扬黄教为己任，系受达赖喇嘛指派，乃其幸事，此前受达赖喇嘛指派前往蒙古各地或京城者为数众多，被指派者皆欣然前往。

目前，所见反映被派遣者如何情愿前往的文献寥寥无几，故迄今对此事的了解，多为一些传说而已。《清代雍和宫档案史料》内收存的几份济隆七世情愿前往北京的档案，可以窥知当时赴京僧众情愿前往的情况。驻藏办事大臣傅清接到理藩院着其"亲自问明济隆呼图克图，若呼图克图身已出痘，则照奏行办理送来。若确未出痘，则即免送京城"的咨文后，便将此意转告达赖喇嘛和郡王珠密那木扎勒①，伊等询问济隆七世的结果为：

> 达赖喇嘛、郡王珠密那木札勒于六月二十日一同呈称：先前自臣处札付，奉上谕，济隆呼图克图所学精良，送至京城，著主持雍和宫，总管教习学经喇嘛。钦此。钦遵咨来。达赖喇嘛、郡王颇罗鼐即照臣之札付，已咨文济隆呼图克图。因济隆呼图克图咨文吾等称，我身尚未出痘，故吾等呈文大臣后，由臣处奏闻其未出痘。今由部复议具奏后，复咨文内开，问明济隆呼图克图，若呼图克图身已出痘，则照原奏办理送来。若确未出痘，则即免送至京城。仍交达赖喇嘛、郡王珠密那木札勒，由康、藏、卫三处诸寺庙内，择与济隆呼图克图相当之大喇嘛内，选出已出痘、学艺精良、可教习技艺者奏闻，照例办理后送来。等因咨来。今将济隆呼图克图携至藏，臣等亲自询问，济隆呼图克图告称：我

---

① 此按满文 jumi namjal 直译，满文系转自藏语读音，汉文文献译作"珠尔默特那木扎勒"。其乃颇罗鼐次子，袭颇罗鼐之郡王爵，乾隆十五年在拉萨阴谋叛乱被驻藏办事大臣傅清、拉布敦诱杀，傅清、拉布敦等亦因之殉职。

身并未出痘，然吾父告诉我，我母亲怀我时曾出痘，故我在我母亲怀里已出痘。先前章嘉呼图克图来藏我等闲聊时，我亦告之等语。照此，咨文济隆呼图克图之父询问，亦呈称若此。吾藏人有若女人怀孕时出痘，怀的孩子也属已出痘等语。再，若视我西藏所有之大喇嘛，扎塞呼图克图、散巴呼图克图、沃吉嘎济隆呼图克图皆年纪小，第穆呼图克图、簇藏呼图克图、喇希钟呼图克图皆未出痘，除伊等而外，并无与济隆呼图克图相当之大喇嘛。今文殊师利大皇上在京城修大庙，召集众喇嘛，教习技艺，弘扬黄教，特为安逸众生。管理教习皇上所修大庙之众喇嘛时，若非似济隆呼图克图之喇嘛，实属不能。今济隆呼图克图在其母怀内已出痘，且济隆呼图克图感戴文殊师利大皇上之恩典，亦言愿意前往，宜将济隆呼图克图照原降谕旨送至京城。

臣我交付达赖喇嘛、郡王珠密那木札勒，因尔等呈称济隆呼图克图曾在其母怀内出痘，且伊亦愿意赴京等语，尔等转告济隆呼图克图，可与赴京堪布囊素一并派遣等语。于此，将济隆呼图克图亲自请至臣处，据其告称，小僧乃西藏地方甚渺小之喇嘛，文殊师利大皇上特施恩将我携至京城，不仅皇上得知我的名字，亦令我体面至极，惟感激不尽。然来藏时，因不知前往京城，我应带至京城之经文、所有需用之物、跟随我去之徒弟、跟役及物品等，皆未能带去。再，硕班朵等地有我二十余座庙，共有千余名徒弟，我自己赴京之后，尚不知是否返回，因有给众徒弟交代之事。故再三恳请大臣给我准假，我返回后，将诸事速速办理完毕返回后，大臣再将我派往京城。①

此折之上述内容，值得注意者有以下几点：
1. 达赖喇嘛系从西藏所有大喇嘛内筛选合适之人，如上所言：

---

① 乾隆十二年七月十一日《驻藏办事大臣傅清奏请济隆呼图克图情愿进京俟准噶尔熬茶使者离藏后再令起程事折》，《清代雍和宫档案史料》第四册，第291—285页。

"今文殊师利大皇上在京城修大庙,召集众喇嘛,教习技艺,弘扬黄教,特为安逸众生。管理教习皇上所修大庙之众喇嘛时,若非似济隆呼图克图之喇嘛,实属不能。"故其全面考查西藏所有大喇嘛,认为"若是我西藏所有之大喇嘛,扎塞呼图克图、散巴呼图克图、沃吉嘎济隆呼图克图皆年纪小,第穆呼图克图、簇藏呼图克图、喇希钟呼图克图皆未出痘,除伊等而外,并无与济隆呼图克图相当之大喇嘛"。即适当人选内,除年龄尚小,未曾出痘者,只有济隆七世在娘胎时已出痘,为最合条件者,最后力荐将济隆七世呼图克图送往京城,担任雍和宫总堪布。

2. 济隆七世曾在娘胎已出痘的问题,这种说法在藏区外并不多见。因成人出痘死亡率很高,怀胎之妇女出痘能够活下来者亦寥寥无几,如此看来,济隆七世之出生,当属奇迹。即使在娘胎时,母曾出痘,此子出生后,是否已有抵抗痘疫的能力,在当时应属悬念,故以此认为自己曾出痘,可以前往内地者,具有非凡的勇气,济隆七世当属典型。笔者认为济隆七世强调自己在娘胎时就随母出痘,可以不受未曾出痘,即不能送京之限制,或有其应清廷之延聘,愿意前往雍和宫的成分。

3. 据济隆七世与傅清所言:"小僧乃西藏地方甚渺小之喇嘛,文殊师利大皇上特施恩将我携至京城,不仅皇上得知我的名字,亦令我体面至极,惟感激不尽。"由此可以反映其对清朝的态度。济隆六世因助噶尔丹被囚禁北京,但清朝保其法体,且未绝该活佛之系统,并于七世封赐为"呼图克图",该系活佛之僧众当对清朝有感戴之情。至济隆七世时,所驻"硕班朵等地有我二十余座庙,共有千余名徒弟",可知其为影响较大之活佛。达赖喇嘛称"济隆呼图克图乃我西藏地方除达赖喇嘛、班禅额尔德尼之外,最大之喇嘛",① 当属对该系活佛之定位,且为在其他史料中未见者。

4. 呼图克图、堪布等前往京城时,因要久驻京城,故需携带经

---

① 乾隆十二年七月十一日《驻藏办事大臣傅清奏请济隆呼图克图情愿进京俟准噶尔熬茶使者离藏后再令起程事折》,《清代雍和宫档案史料》第四册,第285页。

文、徒弟、跟役及物品等，清朝为资助和护送之便，对此有额定，呼图克图进京，一般赏银80两。济隆七世因为高僧，且属特聘，乾隆皇帝降旨"著赏银一百五十两"①，以示优待。派遣及护送问题，皆有驻藏办事大臣负责。

以上几点，可以综合反映出西藏僧众对清朝延聘的反映，即各级喇嘛对清朝弘扬黄教之举，颇为感戴，伊等亦愿意赴京，为黄教在蒙古地区和京师的发展，尽己之力。

三 遣送之过程

乾隆年间派遣、护送喇嘛进京主要有两条路线：一条是走四川的南线，一条是经西宁的北线。无论是走哪条路线，出发前皆由驻藏办事大臣按喇嘛级别，分别办给马匹、驮牛、行粮等，派官兵护送到打箭炉或西宁，交付给下站护送的官兵，沿途送往北京。一切费用，最后于四川巡抚或甘肃巡抚处销算。

济隆七世之前，护送喇嘛走西宁一线的档案记载有：

> 从前噶拉穆巴、沙纳巴两呼图克图送京时，呼图克图各办给骑乘马两匹、随行僧徒跟役各给乘骑马一匹、每人驮牛二头、三月行粮在案。照此，奴才等会同贝勒颇罗鼐议得，按此例办给堪布喇嘛阿旺林沁、内喇嘛，每人骑乘马二匹、两喇嘛之随行僧徒、跟役十八名，每人骑乘马一匹，此前往人等共计二十人，每人办给黄牛二头，行抵西宁所需三月行粮之羊、米、炒面、茶叶、酥油、盐等项，所需银两，照唐古特定价计四百十三两九钱，将此由办理钱粮同知何培奇领取，奴才等会同贝勒颇罗鼐，将圣恩开示晓谕堪布喇嘛阿旺林沁、内喇嘛等，办给物品，同前

---

① 乾隆十二年七月十一日《驻藏办事大臣傅清奏请济隆呼图克图情愿进京俟准噶尔熬茶使者离藏后再令起程事折》，《清代雍和宫档案史料》第四册，第283页。

往进贡之堪布、囊苏，一并于四月十五日由藏起程。所用银两数目，另具清册，行文川陕总督、巡抚销算。①

走四川一线的档案记载为：

> 查得，此次送往京城之喇嘛内，呼图克图一名、大喇嘛三名、翁则、格斯贵等喇嘛十八名，加之僧徒，通共七十四人。将伊等送京时，充足料理遣送，等语由部具奏，臣索拜谨遵部文，与郡王王颇罗鼐会议，将喇嘛等骑驮牲畜、行粮较旧例增加少许办给，务令宽裕，七十四名喇嘛每人骑乘乌拉马一匹、租用驮牛七十头，所需银两一千三百二十四两八钱，三月食用羊、米、炒面、茶叶、酥油等行粮物品折银六百六十四两五钱，各自赏赐外，教经之二十二位喇嘛系抵京后，既教授五百名喇嘛显、密、医杂等技艺，长期居住，郡王颇罗鼐又为伊等呈请赏赐修整衣物、马鞍等物之银两，臣索拜以弘扬圣主仁意，照颇罗鼐所请，赏莫楚科呼图克图等四位大喇嘛每人八十两、助教拉姆扎木巴达西喇布坦等十八名喇嘛每人五十两银。以上共需银三千二百九两三钱，悉数交办理钱粮事务同知钱诗琪，缮具清册，报四川巡抚销算外，臣派遣驻藏之把总马雄，配以十五名兵丁护送。严饬沿途妥善照看，务好生送抵打箭炉，已于六月初三日由藏起程。臣已行文四川巡抚纪山，俟抵达打箭炉后，由巡抚纪山转交地方官员，照例办给骑驮牲畜、行粮，派出妥员送京，交至理藩院。②

两份档案内详细记载了按例办给喇嘛马匹、驮牛和供三个月所需之羊、米、炒面、茶叶、酥油等行粮所需银两外，还有加赏衣服、鞍

---

① 乾隆二年三月初六日《驻藏办事大臣纳苏泰等奏闻由西藏选派精通佛经堪布喇嘛进京事折》，《清代雍和宫档案史料》第二册，第131—128页。

② 乾隆九年六月初八日《驻藏办事大臣索拜奏闻料理护送喇嘛等赴京事折》，《清代雍和宫档案史料》第三册，第250—247页。

马的银两之例。

派遣护送济隆七世入京前，达赖喇嘛恳请：

> 济隆呼图克图乃我西藏地方除达赖喇嘛、班禅额尔德尼之外，最大之喇嘛。若将济隆呼图克图送至京城，其跟随徒弟二十名、跟役二十名，济隆呼图克图抵京后教习众喇嘛时，将其所用经、衣物等物品、跟随徒弟、跟役之物品所驮牛需八十头，充足备办方可。再，先前呈送学经喇嘛等赏修补衣物银八十两。因济隆呼图克图与之不同，请多赏赐些修补衣物银两，则呼图克图仰蒙圣恩，赴京将甚为体面，且吾藏地全体民众，皆感戴圣恩。①

对于达赖喇嘛的特请，办事大臣傅清不敢擅定，具专折奏请如何派遣、护送济隆七世之事，并提出"因今于打箭炉外有金川之事，应派官兵自西宁路护送前来"②，乾隆皇帝降谕给济隆七世治装银等一百五十两，准其走西宁路至京。

乾隆十三年（1748）五月，时任驻藏办事大臣索拜奏报了派遣、护送济隆七世自西藏起程，前往西宁的情况，奏折内容为：

> 现济隆呼图克图所驮行李整理妥当抵藏，臣索拜我谨遵圣旨，赏给济隆呼图克图衣服、马鞍等物，整装银两一百五十两，令其修整。照从西宁路向京城送喇嘛之例，给济隆呼图克图骑乘之马二匹、随行徒弟二十名、跟役二十名共四十人，每人骑乘之马一匹，每匹马计价银八两，共需三百三十六两，驮牛八十只，每只牛计价银三两，共需二百四十两，包括给济隆呼图克图此等徒弟、跟役四十人之三个月盘费之羊只、米、炒面、茶叶、酥油、盐等物，折色银二百六十九两四钱一分五厘在内，共需银九

---

① 乾隆十二年七月十一日《驻藏办事大臣傅清奏请济隆呼图克图情愿进京俟准噶尔熬茶使者离藏后再令起程事折》，《清代雍和宫档案史料》第四册，第285—284页。

② 同上书，第284页。

百九十五两四钱一分五厘。将此交付办理钱粮事务之同知于学谦，缮写清册，报四川巡抚纪山销算外，臣索拜我来时，将刑部郎中巴哈达具奏带来。再，跟随臣我前来之理藩院领催巴图尔，随行背负圣旨、看护赏给达赖喇嘛等之物品之西宁绿营护军十九员，因伊等事毕返回，故护送济隆呼图克图时，免从西藏另派官员，即交付郎中巴哈达等沿途妥善照料，送抵西宁。等因交付。

五月初八日，由藏起程。抵西宁后，由副都统衔众佛保转交各地官员，令将济隆呼图克图等骑驮牲畜、所食行粮皆照例办理，派官员送至京城交理藩院。臣亦行文副都统衔众佛保、甘肃巡抚黄廷桂。①

从该折所列派遣内容可知，除奉旨赏给济隆七世银一百五十两，比一般呼图克图进京时多给七十两银外，其他皆遵前例。但一行到达西宁后，西宁办事大臣众佛保发现随从济隆七世的徒弟、跟役和马匹、牛驮与索拜所咨不符，询之济隆七世，其报称：

驻藏大臣等奏称，呼图克图骑乘马二匹、喇嘛、跟役共四十名，每人骑乘之马一匹、驮牛八十条，以及食用行粮在内皆折银共赏九百九十余两银，后达赖喇嘛、郡王珠密那木扎尔又资助一百六十匹马、一百条牛后，方才够用，我未将此等事由告知驻藏大臣等。窃思文殊大皇帝施恩令我入京城，系特为新建雍和宫之喇嘛照西藏例教经义，至于讲授经理，须有精通经文、贤能之喇嘛共同助教方可成功，非只我一人能办成之事，故我谨遵皇上弘扬黄教、垂怜众生之仁义，告知达赖喇嘛，从色拉、哲蚌、甘丹三大寺喇嘛内选三十名熟谙经文者，又包括随行弟子十九名、跟役七名在内，共携来五十六人。牛驮二百个，所驮皆经书佛像、

---

① 乾隆十三年五月十五日《驻藏办事大臣索拜奏闻料理济隆呼图克图起程赴京事折》，《清代雍和宫档案史料》第五册，第35—33页。

贡献皇上之礼物及吾诸喇嘛衣物、所需药品等什物，除此而外，并无应减之物。此等事本应由我告知驻藏大臣等。我乃僧人，不知内地礼节，我抵达西宁后，想是立即办理遣我起程罢了。据原奏文所称数目，若有出入，地方官员不拨给之处，小僧意下全然不及。如今若仅视原奏定之徒弟数目、骑驮数目拨给骡子，不包括其余者，我着实不能起程。令我入京城乃牵涉圣旨之事，若在西宁受阻久驻，我甚畏惧。大臣乃专门办理蒙藏事务之大臣，将我之为难之处，请垂怜转告地方官员，作速办理遣我起程。①

对济隆七世一行多出之十六人和一百二十个牛驮，以及达赖喇嘛、郡王珠密那木扎尔又资助一百六十匹马、一百条牛之事，一无所知，此事对驻藏办事大臣而言属于严重失职。众佛保对此事之处理过程为：

我晓知济隆呼图克图曰，呼图克图所携人、驮数目皆已超驻藏大臣原奏数目。内地之例，诸物皆照原奏数目办理，不可丝毫违背。若果真有多携之意，理应告知驻藏大臣携带，在彼处未商议，私自携来，而如今怎可从此地增拨办理。地方官员亦不敢办给，此皆牵涉钱粮之事。携来之额外之人、驮，不必从此处办理，呼图克图理应请求留于青海等坚固之地。我以此等话语，开导济隆呼图克图两日。济隆呼图克图惟固执己见，执言此等喇嘛，既皆系我选来之熟谙经文之喇嘛，断不可削减。若削减我所携人、驮，我着实不便起程等语。然于地方官员已定，若较将军索拜之奏数浮多，则一个亦不拨给。济隆呼图克图多携之十六名喇嘛，租用骑乘骡子、盘费及一百二十只牛驮，抵补拨给六十只骡子，仔细扣算共多出银七百余两。奴才众佛保核思，济隆呼图克图系圣主特降谕旨召来之大喇嘛，伊乃土伯特地方人，首次来

---

① 乾隆十三年八月十五日《办理青海番众事务副都统众佛保奏闻护送济隆呼图克图等进京事折》，《清代雍和宫档案史料》第五册，第65—63页。

内地，不知此地规定，由西藏达赖喇嘛、王珠密那木札勒等拨给其多余人、驮，令其起程，从西宁地方，立即照此办理遣其起程，等情属实。不宜将其留驻于西宁地方等候太久，且因拨给之银两并不太多。奴才是以行文地方官员称，济隆呼图克图乃皇上特旨召来之喇嘛，不可驻于此处太久，其多携之人、驮，皆照数办理，速遣其起程，由我具奏事由等语。该地方照伊所携来之数拨给，将济隆呼图克图交付原护送之郎中巴哈达，于闰七月二十五日从西宁遣发起程。恳请圣主睿鉴，降旨该部准行。①

众佛保欲将多带之人留下，按原定人数及驮数遣送，但济隆七世强调多带之人，皆为精通经典的喇嘛，可辅其在雍和宫传教，执意带之前往。众佛保难以令其拖延日久，无奈只得多补伊等行粮银700余两，一面遣其起程，一面具折奏报原委。

乾隆皇帝得知此事，难以责怪达赖喇嘛、济隆七世等，只能迁怒于索拜，其于乾隆十三年（1748）八月二十五日上谕：

众佛保奏称，自藏请来之济隆呼图克图，额外随行之十六名喇嘛所骑骡子租银、及租骡子驮物抵用银，通共多费银两七百余两，已由西宁起程等语。济隆呼图克图由藏料理送来时，系索拜所办之事。若索拜果真由原处起程核办派遣，岂会至于抵达西宁后又多办一次，此皆索拜糊涂办理所致。此项多费银两，即刻交付索拜，照数归还原项。将此字寄众佛保转咨索拜。钦此。②

乾隆皇帝表面是要索拜赔付多出的七百余两银，实际系对其派遣

---

① 乾隆十三年八月十五日《办理青海番众事务副都统众佛保奏闻护送济隆呼图克图等进京事折》，《清代雍和宫档案史料》第五册，第63—61页。
② 乾隆十三年八月二十五日《以索拜办理济隆呼图克图途径西宁来京多费银两令其赔补事字寄办理青海番众事务副都统众佛保》，《清代雍和宫档案史料》第五册，第76—66页。

时对人数、驮数不符以及达赖喇嘛、郡王珠密那木扎尔另外资助等事失察之惩罚，从中亦可发现，驻藏办事大臣另有监控西藏僧俗各界所有事务的职责，非仅一办事机构也。

迄今，研究驻藏办事大臣职责的成果，一般将乾隆十五年之前的驻藏办事大臣的职责称为设置初期，其职责主要是监督指导西藏地方政务，"主要是指挥部分在藏驻军，保证与北京的交通畅通，以及向皇帝报告藏王的行为，很少插手西藏地方政府的行政事务"，[3]乾隆十五年（1750）解决珠密那木扎勒叛乱后，驻藏办事大臣的职权开始扩大，才对西藏军事、外交、经济、贸易及重要官员升迁和各大小呼图克图转世掣签等，均报之中央，依朝旨处理西藏僧俗事务，俨然地方之巡抚。从以上所引为雍和宫选派喇嘛及济隆七世进京的档案中，可以窥知乾隆十五年之前的驻藏办事大臣，就对西藏僧俗各类事务涉及较为全面、深入，无论是达赖喇嘛还是藏王，有事皆与驻藏办事大臣商议并由其具奏请旨，并非仅为一派驻办事官员。

济隆七世呼图克图进京后，任雍和宫总堪布，驻锡于雍和宫济隆呼图克图佛仓，对雍和宫发展贡献颇多。乾隆十八年（1753）受封慧通禅师，并赐印信。① 乾隆二十年（1755），谕令济隆七世前往伊犁，主持准噶尔地区之黄教事务②，但因济隆七世时患眼疾及旋即发生的阿穆尔撒纳叛乱，而停此派遣，未能成行。二十一年（1756），上谕赏乘金黄色车舆。二十三年（1757），圆寂于北京。

[参考文献]

[1] 中国第一历史档案馆，雍和宫管理处. 清代雍和宫档案史料 [Z]. 北

---

① 乾隆十八年十一月十七日《著加封济隆呼图克图禅师并颁给印信之上谕》，内容为：济隆呼图克图乃西域大喇嘛，从藏地前来，管教雍和宫习经众喇嘛，甚为尽心。其全心全意奉行黄教教理，大为可赞，著施恩封为禅师，颁给印信。著该部查找定例议奏。钦此。

② 乾隆二十年五月十九日《领侍卫内大臣傅恒等为谕选派喇嘛接替济隆呼图克图住寺雍和宫事字寄驻藏办事大臣等》，其中内容有：先前朕曾下旨在准噶尔全境平定后，在伊犁设置一营盘，派济隆呼图克图统管教习该地所有喇嘛，以阐扬黄教。现二路大军进入将准噶尔全境平定，将济隆呼图克图派往伊犁。

京：中国民族摄影艺术出版社，2004：1.

[2] 清会典事例［M］. 北京：中华书局，1990：1184.

[3] 伯戴克. 十八世纪前期的中国和西藏［M］. 周秋有，译. 拉萨：西藏人民出版社，1987：297.

［原载于《吉林师范大学学报》（人文社会科学版）2015 年第 4 期］

乾隆十三至十四年的清朝"封禁令"

[日] 柳泽明著　德格吉日呼　吴忠良译*

一　前言

乾隆十三至十四年（1748—1749），清廷对内蒙古实行"封禁令"，要求赎回典给民人的土地，还给土地原持有者，同时严禁以后容留民人和增垦土地。以上内容已被前人研究所提及。虽不能详细介绍所有前人研究，但早先矢野仁一对此项禁令有如下评价："实际上在蒙旗招垦时代①，清朝已经规定了对蒙古政策，无论到了何时蒙古的游牧地都归蒙古所有；绝不允许典地，即使是从前发生的典地，也要想方设法让其返还蒙古；租地与典地不同，没有侵犯蒙古的地主权，虽然允可到此为止的租地问题，但以后绝不允许增垦。"[1]143另外，田山茂基本上承袭了矢野仁一先生的研究，指出"当时各处出典的规模较小，并没像后世的那样将广大的土地以数十万两的价格典给汉人"[2]342—345。再看近年来中国的相关研究，如周清澍将乾隆十四年的封禁论述为"是进入绝对禁垦时期的标志"[3]235；另外《蒙古民族

---

* 柳泽明（1961— ），男，日本东京都人，吉林师范大学满族文化研究所兼职教授，早稻田大学文学学术院教授，博士生导师，研究方向：清史，满学；德格吉日呼（1993— ），女，内蒙古兴安盟人，吉林师范大学历史文化学院硕士研究生，研究方向：满族史；吴忠良（1972— ），男，吉林镇赉人，吉林师范大学历史文化学院副教授，研究方向：清史。

① 光绪朝以后，清朝采取移民实边政策，蒙旗进入官局丈放时代。

通史》中，将乾隆十四年的封禁政策评价为："入关以来最为严格的禁令"[4]260—261；还有，王玉海也认为："从乾隆十三年开始……清廷在内蒙古地区推行了比较严格的禁垦政策"[5]18。

当然，就像矢野仁一的评价中表示的那样，清朝当时担心"若以低价出典土地，会造成游牧地变窄，以致蒙古失掉本业"，以"怜悯蒙古，恢复就业"①为目的，采取了以上措施，这是无可置疑的。本稿并不对此封禁令的本质意图和详细内容进行再深入探讨。但仔细阅读相关史料，发现前人各研究对封禁令制定的原委和对象地域，仍有未注意到的几点问题。因此，试着进行以下若干考察。

二 有关"封禁令"的史料

直接表述封禁令制定原委的史料并不是很丰富。从各编纂史料中的相关记载，列举其主要记事，大概只限于以下四点②：

1.《高宗实录》卷三〇四，乾隆十二年十二月己未（三日）条

军机大臣等议覆，署直隶提督拉布敦奏，八沟、塔子沟等处，设兵屯田一折。查八沟以北，及塔子沟通判所辖地方，皆系诸蒙古牧场，原不应听他处民人开垦。乃贫户络绎奔赴，垦地居住，至二、三十万之多。在各蒙古，既非所辖，而该同知、通判，又复鞭长莫及，积久易于滋事。各蒙古因其耕种纳租，一时不无微利，不知染习渐移，大有未便。今拉布敦恐生事端，欲添设官兵弹压，而以开垦为养兵之计，且稽查钤束，于蒙古更为有益，所见亦是。但查口外固多可耕之土，既系各蒙古牧场，未可轻议屯垦，而贫民杂处，查察管束，实不可少。理宜先为相度，

---

① 参考本文第一节史料③。
② 《大清会典则例》卷一四〇中也些相关记载，对此下文中有适当提及。

应交理藩院,派贤能司官一员前往,会同该札萨克等查勘,备悉现在情形,绘图到日酌议。至此等民人聚集,于各蒙古未便之处,已遵旨传谕罗卜藏,据称,民人耕种蒙古地亩,虽似有微利,实已暗被侵占,且渐染伊等习气。今若委员清查管束,皆有益于蒙古等语。请饬今理藩院,行知各札萨克,今遍谕所属,其间有租与民耕种,或交银承种几年,或被侵占,及不可为牧厂,将来仍须开垦之地,俱报出以便办理。得旨,此事著派尚书纳延泰、贝勒罗卜藏,于明年春间,前往会同署提督拉布敦,率领地方官,查勘办理具奏。余依议。

2. 乾隆《大清会典则例》卷一四〇,理藩院旗籍清吏司,田宅

乾隆十三年议准,民人所典蒙古地亩,应计所典年份,以次给换原主。土默特贝子旗下有地千六百四十三顷三十亩,喀喇沁贝子旗下有地四百顷八十亩,喀喇沁札萨克塔布囊旗下有地四百三十一顷八十亩,其余旗下均无民典之地。以上地亩皆连蒙古之地,不可令民占耕。应灵札萨克等查明某人之地典与某人,得银若干,限定几年,详造清册,送该同知、通判办理,照从前归化城土默特蒙古撤回地亩之例,价在百两以下,典种五百以上者,令再种一年撤回,如未满五年者,仍令民耕种,俟届五年再行撤回。二百两以下者,再令种三年,俟年满撤回,均给还原主。

3.《高宗实录》卷三四八,乾隆十四年九月丁未(二日)条

谕蒙古旧俗,择水草地游牧,以孳牲畜,非若内地民人,依赖种地也。康熙年间,喀喇沁札萨克等,地方宽广,每招募民人,春令出口种地,冬则遣回。于是蒙古贪得租之利,容留外来民人,迄今多至数万,渐将地亩贱价出典,因而游牧地窄,至失本业。朕前特派大臣,将蒙古典与民人地亩查明,分别年限赎回,徐令民人归赴原处,盖懔恤蒙古,使归旧业。乃伊等意欲不还原价而得所典之地,殊不思民亦朕之赤子。岂有因蒙古致累民人之理。且恐所得之

第四编　边疆与民族

地仍复贱价出典，则该蒙古等生计，永不能复矣。著晓谕该札萨克等，严饬所属，嗣后将容留民人居住，增垦地亩者，严行禁止。至翁牛特、巴林、克什克腾、阿鲁科尔沁、敖汉等处，亦应严禁出典开垦。并晓示察哈尔八旗，一体遵照。自降旨后，如仍蹈前辙，其作何惩治，及应隔几年派员稽查之处，该部定议具奏。

4. 乾隆《大清会典事例》卷一四○，理藩院旗籍清吏司，田宅

[乾隆]十四年覆准，喀喇沁、土默特、敖汉、翁牛特等旗，除见存民人外，嗣后毋许再行容留民人增垦地亩，及将地亩典给民人，其如何委官巡查等事，由院间年一次简选才能司官二人，自次年为始，将喀喇沁、土默特等旗，分为两路驰驿前往，会同该同知、通判并驻扎办理蒙古民人事务之官巡查。该札萨克蒙古等，若再图利容留民人开垦地亩，及将地亩典给民人者，照隐匿逃人例，罚俸一年，都统、副都统罚三九，佐领、骁骑校皆革职罚三九，领催什长等鞭一百。其容留居住开垦地亩、典地之人，亦鞭二百罚三九。所罚牲畜，赏给本旗效力之人，并将所垦所典之地撤出，给予本旗无地之穷苦蒙古。其开垦地亩以及典地之民人，交该地方官，从重治罪，递回原籍，该管同知、通判交该部察议。其八旗游牧察哈尔种地居住民人，亦交与稽查喀喇沁等处官员，会同各该总管及同知、通判等，一并稽查，若有容留增垦地亩及典与民人等事，即将垦种典地之蒙古、民人等，交与该总管，严行治罪，民人递回原籍。其并不实力稽察之该总管官，亦一并交部议处。

虽然已介绍的前人各研究当中也引用和探讨过以上各史料，但并不见得对1—4史料的相互间关系进行了充分考察，尤其是未将史料1与史料2—4的关联进行比对分析①。根据史料1中军机大臣们的议

---

① 王玉海《发展与变革——清代内蒙古东部由牧向农的转型》第15页中有引自本段记事的内容，但其中未提及与翌年的典地返还令之间的关系。

覆，清朝对民人耕种的实际情况进行了调查，依据调查结果，才发布了史料2中的典地给还令，这是毋庸置疑的。本文将史料1—4作为一连串的相关问题进行讨论。

但是，只使用这些编纂史料的记载捕捉事件全貌，感觉史料不足，因此则以档案史料作为补充材料。然而试着检索了各种档案，直接与这个问题有关的也不多，只发现了《黑龙江将军衙门档案》中有两件与史料1有关的满文档案。两件档案分别为"杜尔伯特旗札萨克贝子丹珠尔咨黑龙江将军衙门文（乾隆十三年正月二十日）"与"黑龙江将军衙门回文（同月二十七日）"。后者的回文中引用了前者咨文的全部内容。以下为其主要部分。

5.【黑龙江将军衙门档案】36—1748：1—6页，乾隆十三年正月二十七日，黑龙江将军衙门咨杜尔伯特固山贝子文

贝子来文称：理藩院咨文本旗，"大学士伯张廷玉等人于乾隆十二年十二月初五日谨奏，'于八沟（Ba geo）以北蒙古地方，民人以耕作为生计。臣查，从前起于此等地方耕种之诸省民人已达20—30万人，土地开垦日益增加，趁其开垦田亩尚未进入蒙古王公、贝子放养马群之牧场前，请圣上遣总督详查喀喇沁（Karacin）、科尔沁（Korcin）、敖汉（Aokan）等地，使民人中年轻者作为兵士从事耕作，并将民人集中一处，以永绝纠纷事件之发生。当然，应先行实查流浪之贫困民人聚集于何处、人口多少、开垦之田亩总数，等等，绘制成图，请旨施行。行文各旗札萨克，其旗内使民人力行耕种、抑或被民人占有，以致无法放养马群等处，不准隐蔽，以便处理'。奉旨，'于明年春时遣大臣纳延泰（Nayantai）、贝勒罗卜藏（Lobdzang）等人前往，率地方官员绘制各牧场地图，并调查处理后再行上奏'。调查耕种田亩与居住民人数量，及各旗牧场四周边界，详细制作档册。钦差大人到达时，至远方相迎。奉旨查察田亩与牧场之大臣即将抵达。查，因我等旗众与尔等辖下人众杂居。请将军衙门详查尔等所辖田庄包茂台（Bomotai）、塔尔浑

(Tarhūn)、阿拉克沁（Alakcin）、那林固卜其（Narin gubci）、夯古尔汗（Hanggūrhan）、法亦发日（Faifari）、屯布里（Tumbuli）、科勒珠尔很（Keljurhen）等地田亩并人口数，及本旗内温托浑（Ontohon）、多耐（Donai）、塔尔哈（Talha）三站汉人与彼等所种地亩数，再彼等何年因何故进入本旗牧场耕种并居住等情，速告知本旗。事关圣旨，我等调查制作档册，以备迎候钦差大臣查阅。因此咨行。查，我属人众所居之包茂台（Bomotai）、塔尔浑（Tarhūn）、多耐（Donai）、塔尔哈（Talha）、阿拉克沁（Alakcin）、那林固卜其（Narin gub ci）、夯古尔汗（Hanggūrhan）、法亦发日（Faifari）、屯布里（Tumbuli）、科勒珠尔很（Keljurhen）、温托浑（Onto hon）等处，皆为我衙门初建城时陆续奏明所设之台站公田、及官庄所耕地亩，绝非流浪民人擅自耕种之田地。因无关所奏事项，故不能调查彼等所种地亩，贝子可自行调查处置。"

虽有稍许不同，但上文所引张廷玉之奏报，必是史料1中军机大臣等议覆内容。也就是说，此档案反映了史料1中所指示调查的实施情况。当然，因未全面检索所有档案，今后会有发现新史料的可能性。暂将史料1—5内容重新分析，尽可能地再构建"封禁令"的实施过程。

三 乾隆十三年的民人、田地调查和典地返还

史料1传达了针对署直隶提督拉布敦所提口外屯田的建议，军机大臣们议覆应先调查民人耕种的实际情况，后乾隆帝下旨遣尚书纳延泰和贝勒罗卜藏①于翌春率地方官员实施调查等内容。如上所述，这个调查实施的结果反映于史料2中，因已明确土默特贝子（右旗）、

---

① 纳延泰，蒙古正蓝旗人，乾隆二年（1737）至乾隆二十五年（1760）任理藩院尚书（《钦定八旗通志》卷一八八本传）。罗卜藏，蒙古敖汉部人，康熙年间乾清门行走，乾隆七年（1742）任理藩院额外侍郎，同八年（1743）晋封为贝勒，乾隆十三年（1748），虽为外藩蒙古出身却受命委任镶蓝旗蒙古都统（《钦定外藩蒙古回部王公表传》卷二六本传）。

喀喇沁贝子（左旗）、喀喇沁的札萨克塔布囊（中旗）三旗下都有相当数量的民典地，可理解为已下令发布典地返还。

那么，乾隆十三年的调查是以什么范围为对象进行的呢？从结论来讲，可以认为是位于喜峰口外的各部旗。内蒙古各部除了以"盟—旗"行政系统区分外，也有以长城各口区分的习惯。如：《钦定外藩蒙古回部王公表传》中各部总传开头必有"○○部，在××口外"的记载。当然，这大体与从长城各口延伸的驿站路相对应。若整理《王公表传》中"××口外"的记载，以及嘉庆《大清会典事例》"卷七五四，理藩院、边务、驿站条"中记载的内蒙古五路驿站所及各部，见表1。

表1　　　　　　　　　　内蒙古五路驿站所及各部①

	《王公表传》"××口外"中各部	《会典事例》中"××口"驿道所及各部
喜峰口	科尔沁、扎赉特、杜尔伯特、郭尔罗斯、喀喇沁、土默特、敖汉、奈曼、扎鲁特、喀尔喀左翼	喀喇沁、土默特、喀尔喀左翼、敖汉、奈曼、扎鲁特、科尔沁、郭尔罗斯、扎赉特、杜尔伯特
古北口	巴林、阿鲁科尔沁、翁牛特、克什克腾、乌珠穆沁	翁牛特、扎鲁特、巴林、阿鲁科尔沁、乌珠穆沁
独石口	浩齐特	克什克腾、阿巴嘎、阿巴嘎纳儿、浩齐特
张家口	苏尼特、阿巴嘎、阿巴嘎纳儿、四子部落、茂明安、喀尔喀右翼	四子部落、苏尼特、喀尔喀右翼、茂明安
其他	乌拉特（归化城西）、鄂尔多斯（河套内）	乌拉特、鄂尔多斯（以上杀虎口驿道）

以此为前提，若试着重新探讨有关乾隆十三年调查的相关史料，可从史料1和5中发现，最初拉布敦的上奏和军机大臣们的议覆是将八沟、塔子沟等处看成问题。而八沟地处喜峰口外的平泉，塔子沟则

---

① 本表格的制成参考了金峰《清代内蒙古五路驿站》（《蒙古史论文选集》第三辑，呼和浩特市蒙古语文历史学会1983年版，第333—355页。原载《内蒙古师范学院学报》哲学社会科学版，1979年第1期）。《会典事例》中，扎鲁特二旗被重复记载于喜峰口驿道和古北口驿道两方。而乾隆《会典则例》卷一四〇"驿站条"记载中也有康熙三十一年（1692）所设五路驿站的相关记载。其中将土默特（二旗）、奈曼、喀尔喀左翼、科尔沁二郡王旗，共计六旗标记为"从山海关边外行走"，郭尔罗斯二旗和杜尔伯特旗被记为"在黑龙江大路"，"无庸设置驿站"，该记载与嘉庆《会典事例》不同。

第四编　边疆与民族

位于其东北，今属凌源地方①。虽在史料 1 中没有出现，但在史料 5 中被列为调查对象，出现了"喀喇沁、科尔沁、敖汉等地"这样的具体名称。据史料 5 可知钦差大臣们预定要到达嫩江北岸的杜尔伯特，这些调查对象全部隶属于表格中的喜峰口外各地。此外，史料 2 中上报的有民典地存在的三旗也同样隶属于喜峰口外。

当然，仅从史料 1、2、5 的记述无法断定调查所实施的范围与表格中列举的喜峰口外各部完全一致，但作为大致方位是没错的②。

此外，从史料 5 可明确的一个实施调查方法是，各旗事先制作有关民人和田地数量的档册，待钦差大臣到来时提呈。从正月二十日杜尔伯特旗"大臣们即将到来"的陈述，可知调查队的移动速度相当快，这恐怕是因为调查队没有充裕的时间进行逐一调查吧。顺便提一下，伪满洲国时期的《锦热蒙地调查报告》中以"乾隆十七年由八沟自治衙门抄录"为前引，转载了喀喇沁中旗"乾隆十三年钦差大臣调查在本旗境内所住汉民之户口男女及佃种地等数目清册"。根据《清册》，该旗内民人男女人口数合计 42924 人，佃种地亩数已达 7741 顷 6 亩。可以认为，史料 5 中杜尔伯特旗所要准备档册正是这种《清册》③。

---

①　为有效管理民人，于雍正七年（1729）在八沟设同知，乾隆四十三年（1778）升格为平泉州。于乾隆五年（1740）在塔子沟设立理事通判，乾隆四十三年（1778）升格为建昌县（亦邻真《内蒙古历史地理》，内蒙古大学出版社 1993 年版，第 178 页）。

②　但须注意的一点是《会典则例》卷一四〇"设官条"中可以看见如下记载：同乾隆十三年往翁牛特王旗（左旗）的乌兰哈达（赤峰）和土默特贝子旗（右旗）三座塔（朝阳）派官员驻扎，使其管理蒙古和内地民人交涉事务。前者的管理范围为喀喇沁王旗（右旗）、同札萨克旗（中旗）、翁牛特二旗、巴林二旗、阿鲁科尔沁旗等；而后者的管辖范围被认为是土默特二旗、敖汉旗、喀喇沁贝子旗（左旗）、奈曼旗、喀尔喀（左翼）旗、库伦等地。从这种措施看，已超出喜峰口外的范围。虽有被实施过调查的可能性，但因史料的缺乏，暂将此问题置于考虑对象之外。

③　地籍整理局《锦热蒙地调查报告》下卷，第 1422—1427 页，1937 年。此外，同书第 1436 页引有乾隆十七年有关喀喇沁左旗的文书，其内容如下："塔子沟理事分府巴文移／喀喇沁公所有乾隆十三年间／理藩院大人查丈／贵旗地数尼（民？）数前经移请开示在案迄今未准移送今／钦差已到未便再延拟合移催／贵旗速赐开单同今次查丈过／贵旗地数民数册一并交给……"，并解释"乾隆十三年为依照理藩院指令调查旗内汉人人口数及地亩数，进行再次催促"。但若仔细阅读该文可以知道，实际是塔子沟理事通判在乾隆十三年进行调查之时，请求喀喇沁左旗将所提出的地数民数册子的抄本送到其办事处，而喀喇沁左旗却仍未送达，因此就催促喀喇沁左旗赶紧送达。但这并不意味着在乾隆十三年喀喇沁左旗未进行过调查。文书中提到的"钦差已到"，"今次查丈"等，根据下一章探讨的乾隆十四年的决定，其所指应为定期性实施的巡察。

正如矢野仁一和田山茂已指出过的那样，接受调查并实施的史料2中的"典地返还"，只是将土地典卖当作问题，而不是想彻底排除民人的租地与耕种问题。将前面喀喇沁中旗《清册》中佃种地亩数7741顷6亩，与史料2中作为返还的民典地431顷80亩相比较的话，就能明显地佐证上述事实。但同时，对民人采取了强化管理的措施也是事实。据《会典则例》卷一四〇：乾隆十三年规定借用土地和房屋之民人若不按已制定规支付田租、租金，或滞纳三年以上，收回其土地和家屋①。另外，乾隆十三年还规定：在寄居蒙古的民人中设置乡长、总甲和牌头；同知、通判于每年春秋二季制作所属民人之名册；严禁容留"匪类"②；历来由驻扎于关内义州的九关台同知所管辖的土默特民人事务，转交塔子沟通判兼理，加增塔子沟衙门人员③。

四 乾隆十四年禁令的扩大

如史料3中所见，乾隆十四年（1749）九月，乾隆帝于热河避暑山庄赐宴蒙古王公之际，讨论招徕汉人开垦蒙地给蒙古人生计带来的恶劣影响，阐明赎回所查出的民典地，又作出如下指示：（1）该札萨克等严饬所属，嗣后严禁容留民人与增垦地亩；（2）翁牛特、巴林、克什克腾、阿鲁科尔沁、敖汉等处亦应严禁出典、开垦地亩；（3）察哈尔八旗亦应一体遵照禁令；（4）今后违反禁令应作何惩治，应隔几年派员稽查之处，该部〔理藩院〕定议。理藩院接到此上谕，并采取了史料④中所见的巡查和处罚规定。这些已被王玉海所指出[5]18，无可疑之处。

但仔细阅读史料3的话，有几处意味不明。首先，是指示（1）

---

① 乾隆《大清会典则例》卷一四〇"理藩院旗籍清吏司，田宅条"。
② 乾隆《大清会典则例》卷一四〇"什长条"。此外，乡长等被设立的范围，什长条中无明确记载。但同卷"设官条"中有关乾隆十三年的记载如下内容："八沟南边之民人乡长等"，因此可以认为其范围应是八沟一带。
③ 乾隆《大清会典则例》卷一四〇"设官条"。

中的"该札萨克等"。因为（2）中有关于翁牛特以下各部"亦应严禁出典、开垦地亩"的记述，所以"该札萨克等"应该是指翁牛特以下各部以外的蒙旗，那么它具体的是指哪个范围呢？从前面已提到的典地赎回的问题来看，也可以考虑为其范围对象是土默特右翼旗、喀喇沁左旗和喀喇沁中旗。但若以本文上节中的考证为依据考虑的话，其范围应为作为前一年调查对象的喜峰口外各部旗全体。

其次，指示（2）中的"翁牛特、巴林、克什克腾、阿鲁科尔沁、敖汉等"是以何为基准列出来的？这也同样是值得注意的地方。虽然也有完全随机选择的可能性，但若与前面所列表格进行比对，可以知道这些部落除敖汉外，都是《王公表传》里作为"古北口外"各部出现。从史料5可以明确，敖汉已于前一年成为调查对象。抛开些许疑问，可以理解为乾隆帝的意图是除喜峰口外各部外，将古北口外各部旗也扩入禁止出典、开垦的范围。若以此理解为前提的话，史料4所记载的理藩院派遣的官员分两路巡查"喀喇沁、土默特等旗"部分，并不意味分成喀喇沁和土默特两路，而是意味分成两路巡查史料4开头所列出的"喀喇沁、土默特、敖汉、翁牛特等旗"全体。也就是说，巡查分成喜峰口路和古北口路两路。

无论如何，根据乾隆十四年的上谕和受此上谕理藩院制定的罚则，以禁止土地典卖以及以禁止今后容留民人和增垦为框架的"封禁令"的形式得以备齐。但必须注意的是，在此阶段，作为禁令对象被列出的只是喜峰口外和古北口外的各部和察哈尔八旗，其中并不包括独石口外和张家口外以西各部。当然，那也许是因为当时在内蒙古西部地区民人开垦还未发展到很明显的程度，因此未被提及罢了①。但即便如此，也有必要注意的是此封禁令未明确以内蒙古全境为对象。

五 结语

以上，虽是粗糙的考证，但辨清了以下几点内容：乾隆十三年至十四年的封禁令，并不是以内蒙古全境为对象发布的，首先，乾隆十三年以喜峰口外各部为对象实施调查，根据调查结果下令典地返还；其次，乾隆十四年，以上述地区为对象彻底禁止土地典卖，同时下令禁止新的民人容留及其造成的土地增垦；最后，封禁令的实施范围扩大到古北口外各部及察哈尔八旗，呈现出阶梯式渐进的特点。因史料不足，本文立论中仍有牵强的部分。如已在第一节中陈述的那样，进一步挖掘各种档案，也有发现新史料的可能。这有待今后继续努力，对封禁令的全貌进行更进一步的探讨。

[参考文献]

[1] 矢野仁一. 近代蒙古史研究［M］. 东京：弘文堂，1925.

[2] 田山茂. 清代蒙古的社会制度［M］. 东京：文京书院，1954.

[3] 周清澍. 试论清代内蒙古农业的发展［M］//佚名. 蒙古史论文选集：第三辑. 呼和浩特：呼和浩特市蒙古语文历史学会，1983.

[4] 乌云毕力格，成崇德，张永江，等. 蒙古民族通史：第四卷［M］. 呼和浩特：内蒙古大学出版社，1993.

[5] 王玉海. 发展与变革——清代内蒙古东部由牧向农的转型［M］. 呼和浩特：内蒙古大学出版社，2000.

［原载于《吉林师范大学学报》（人文社会科学版）2016年第3期］

"乌拉齐"非"民族名称"考辨

滕绍箴[*]

近数十年来，国内诸多学者对"新满洲"的研究，取得很大成绩。而对于同"新满洲"有关的"乌拉齐"（Ulaci）一词，却长期无人问津。2013年，笔者偶然看到有关文章谈到"乌拉齐"问题，很感兴趣。文章认为它是"族名""族称"，与满洲、蒙古、锡伯、鄂温克、达斡尔、鄂伦春、赫哲、朝鲜等民族名称一样，是个单独的民族。这在明清以来数百年间，堪称奇闻。换言之，清太祖、太宗扫平东北，竟有一个通古斯民族漏网，不曾统一，直到康熙末年才"主动归附"。至于该民族世居何地，据说是"远离中原地区"。笔者认为，在明清史和满学研究中，出现这样一个闻所未闻的问题，不能说是个小问题，应当引起足够重视。为捋顺本题所涉猎的"新满洲""乌拉齐"及东北各族关系，我想借此机会有必要将这些年来有关"新满洲"称呼的研究成就，略加综述；"乌拉齐"名称是否是"民族"名称；它与"新满洲"是什么关系，以及"乌拉齐"名称的由来、演变过程等一系列问题，进行粗浅论述。

一 新满洲研究综述

近数十年来，有多位国内专家、学者发表关于"新满洲"论文，

---

[*] 滕绍箴（1937— ），男，辽宁铁岭人，中国社会科学院民族学与人类学研究所研究员，研究方向：明清史、满族史、东北民族史。

各自提出自己见解,成就斐然。因为诸位先生文章发表年代不同,认识有个深化过程。所以本文只是综合各家之言,从两个方面略加探索而已,绝无赞此贬彼之意。

(一) 新满洲之论

"新满洲"问题的提出是清太宗崇德二年(1637)之事。当年六月二十二日,在皇太极谕旨中有"赐征朝鲜时归附新满洲巴图鲁麻福塔"一语。第二年,又有"正黄旗阿哈廉牛录的新满洲逃逸"[①] 等事件。从此,在《大清历朝清实录》中,特别是清圣祖及清前期各帝《实录》中,有关"新满洲"问题不绝于史。然而,在清代很少有人研究。民国以后逐渐有人探索。近数十年来有五六篇专论文章,进行较深入地研究,取得可喜成果。但并未取得共识。目前,大体有三种意见,以下我们将诸家观点略加分析。

1. 地域限定说。持此说者认为"新满洲"是指特定地区部落群体,由满洲人萨英额于光绪年间提出。他说:"伊彻满洲居三姓、乌苏里东西";继之《吉林通志》延伸这种说法,即"伊车满洲居混同江之东,地方二千余里";《黑龙江外记》亦延续之云:伊彻满洲"初多吉林产也"。三者所指的族群涉及库雅喇、瓦尔喀、瓜勒察(挂尔察)、赫哲等群体[②]。自20世纪60年代以来,持这种观点的专家提法有不同的侧重,但基本上是限定地域之观点。如:"'野人'女真,东海部,亦即新满洲,伊彻满洲。"或"清代'新满洲'原居地,即分布在'野人女真'的东海'呼尔哈部'和瓦尔喀部境内。"并具体指出:"新满洲的原籍分布范围概括为:北起黑龙江下游的萨尔布湖畔(今俄境宏格力河南)抵南海(今日本海滨),西从黑龙江

[①] 《清太宗实录》卷36,崇德二年六月己未条;《盛京满文原档》中国第一历史档案馆藏共231件中第1号文件,崇德三年八月刑部档案。
[②] 《吉林外记》卷3,第67页,据光绪二十一年刊本影印,成文出版社有限公司;《吉林通志》上(初集)卷27,第486页,吉林文史出版社;《黑龙江外记》卷3,第80页,光绪二十年刊本成文出版有限公司。

第四编　边疆与民族

中游的毕瞻河（今俄境比古河）流域迄东海滨，这样一大片辽阔的地域。"① 根据如此限定"新满洲"的分布地域看，多指在明代"野人女真"范围，即黑龙江下游、乌苏里江流域及其以东地区。就民族而言，包括赫哲等东海三部所有的族群。这样就不难断定，此说不包括索伦（今鄂温克族）、达斡尔族在内。换句话说，这种观点认为，清代"新满洲"，不包括索伦、达斡尔等民族。2. 入关为界说。入关为界说是指以清朝满洲贵族定鼎北京为限，在前者为旧满洲（佛满洲），在后者为新满洲（伊彻满洲）。诸如："国朝定鼎以前编入旗者为佛满洲"，新满洲指"定鼎以后入旗"者，或称"其顺治、康熙年间，续有招抚壮丁，愿迁内地，编佐领，隶旗籍者则以新满洲名之"②。抑或称新满洲是指"康熙时期"或"一般即指清朝入关以后，（主要是康熙时期）新隶满洲八旗之东海余部人"等等。但入关为界说与地域限定说不同，他们认为凡属"分布在外兴安岭以南，黑龙江与乌苏里江流域以及库页岛辽阔山河之间的满洲（女真），皆为新满洲、即索伦、达斡尔、鄂伦春、赫哲、费雅喀、库雅喇人等③"，加入八旗者均为新满洲，这就将索伦、达斡尔族加入旗籍者划归新满洲之列。但如此划法的弊端是将入关前（崇德年间）那部分索伦、达斡尔族入旗者排除在外，有自相矛盾、不严谨之嫌。3. 更定族称为界说。清朝满洲人福格说："天命以先来归者，编为旧满洲，崇德后抚有者，编为新满洲；迨康熙十年后所收之墨尔根之索伦及绝北打牲各部，亦号曰新满洲"。换句话说："清太宗皇太极改族称'诸申'（女真）为'满洲'后，将征服或新归附，并编入旗籍的东北边区女真全部及其他部族，概称之为'伊彻满洲'或'新满洲'；而此前征

---

① 王钟翰：《清史杂考》，人民出版社1957年版，第2页；《满族研究》1987年第3期，第26页。
② 萨英额著《吉林外记》卷3，第2页上—3页上，渐西村舍光绪乙未刊本；《吉林通志》（上）卷27，第486页；卷51，第828页。吉林文史出版社1986年版。
③ 《社会科学战线》1980年第4期，192页；《历史档案》1981年第4期，第103页。

服和编入族（旗）籍者则相对而言，称为'佛满洲'或'老满洲'"①。这种观点，得到学术界比较普遍认同②。更定族名为界说的换一种说法是部落为界说。即"旧满洲系指清初编入满洲旗籍者，如建洲五部、长白山三部、东海二部、扈伦四部等而言；新满洲系指后编入满洲旗籍者之索伦、达呼尔等土著而言"，或凡"'天聪间来归'和'来归年份无考'的建州女真、海西女真属于'佛满洲'。太宗时期进入满洲八旗的东海女真瓦尔喀、呼尔哈等部和黑龙江流域索伦、打虎尔、鄂伦春各部众皆属于'伊彻满洲'"③。

从以上三种说法中不难看出三个问题。其一，地域限定说有很大局限性，他将索伦、达斡尔族等"新满洲"族群排除在外。其二，入关为界说尽管没有这种弊端，但将崇德年间到清军入关前这段时期的"新满洲"有关族群亦排除在外，同样缺乏科学性，很不准确。其三，以清太宗更改族名之政治大事为准绳和起因，以崇德二年六月"新满洲巴图鲁麻福塔"事件为宣示的标准时间，来断定旧新满洲界限，比较科学，亦符合时代发展进程。然而，清军入关后来归入旗的"新满洲"，情况多有变化。一般在京居住五年，便以"佛满洲"视之。独《佳梦轩丛著之八》中《管见所及》的作者奕赓先生认为，所谓"新满洲""老满洲"，是指"崇德以前来归之人"，"各编佐领"之后称之。不包括"崇德以后归附之索伦、锡伯、达糊尔、挂勒察、巴尔虎、打牲乌拉"等，他们"虽各设佐领，不为之满洲也，直以其部名呼"④。其实奕赓先生的见解，只是有这种现象，与当时文献记载并不完全相符。诸如《清高宗实录》所普遍记载的"新满

---

① 《听雨丛谈》卷1，第2页，清代笔记史料丛刊本，中华书局1979年版；《满族故里文化研究》第109页，中国戏剧出版社。
② 《满族研究》1987年第1期，第92页；《清史研究》1994年第1期，第23页。
③ 《黑龙江乡土录》第12页（叙例），成文出版社有限公司据民国十五年铅印本影印；徐凯《满洲本部族的双重构建》第56页（征求意见稿）。
④ 奕赓《管见所及》第17页上下，见《佳梦轩丛著之八》。

洲索伦""索伦新满洲"① 等都是证明。只是个别学人可能受奕赓先生误导，加上《大清历朝实录》不曾正确标点，凡是遇到"新满洲"与"索伦"等民族名称连用时，在他们之间一概用"、"分解之，因误而误之。

（二）新满洲内涵

对于"新满洲"内涵的理解，我认为要抓一大标准，五大区别。所谓一大标准，即是否加入满洲旗籍。入旗与否是划定"新满洲"的前提。然而，如何鉴定入旗，看去简单实则亦须认真考察，否则难免误解。譬如，精奇里氏巴尔达齐家族居住黑龙江北时，清朝政府曾经对于朝贡的首领，赐封"世袭佐领"。有人可能认为此即属于八旗之人，是加入旗籍的"新满洲"，其实并非如此。清朝赐封世袭官职，只是奖励功绩的一种手段，并不等于入旗。清初孔有德等"三顺王"加入旗籍之前，皇太极就用的这种办法奖励其部下军功。顺治七年（1650），精奇里氏家族迁居北京后，正式入旗，可以看作"新满洲"。但未编佐领。直到康熙元年（1662）才最后定编佐领。这里强调"标准"，就是划清赐封世袭职务与加入旗籍之间的界线。所谓"五大区别"所指，1. 概念之别。满洲贵族划定"旧满洲"和"新满洲"之本质是区别在国家创业中军功之厚薄，以为界限。达斡尔族先辈学者看得很清楚，他们说："达呼尔非满洲也"，尽管他们被"编入京旗"，且"占籍满洲"，但不要忘记在他们头上"更有新满洲之号，其非满洲也明矣"。新疆索伦营的达斡尔学者也说：索伦营"与满营是有区别的"，尽管他们被称为"满洲"，但另外还有个称号，叫"外八旗"②。满洲贵族为创业和保住自己江山万年永固，以八旗制度这一特有文化建构，联系和笼络各族人民以实现最大限度的

---

① 《清高宗实录》卷890，乾隆三十六年八月己巳朔条；卷260，乾隆六年十一月庚辰条。
② 《黑龙江乡土录》第101页，成文出版社有限公司据民国十五年铅印本影印；郭布勒·巴尔登等《新疆达斡尔族》第23页，天马出版社2005年版。

文化认同，在历史上起过积极作用。但旧、新概念终究有别。2. 族源之别。史称："开国时编入旗者为佛满洲，此为纯粹之女真族，其品最贵"，而新满洲"不尽为女真族"，多为女真之外的其他民族组成。就索伦、达斡尔人说，"其隶旗籍者"，虽称"新满洲"，但常常不失"仍以索伦、达呼尔为号"，新满洲内部的族源更为复杂。尽管在相当长的时期内，各族对于满洲文化，逐渐认同，诚如有的学者所说：满洲旗内有蒙古姓氏 330 余姓，高丽金氏等姓 43 姓，汉军张等姓 160 余"皆属于新满洲"，他们之中"在体制上或文化上，亦多有合于满洲者"①，但作为族群独立性的存在，表明认同程度终究有限。3. 文化之别。所谓民族独立性，主要表现在文化方面比较突出。史称："有清龙兴，编旗设佐，统名之曰满洲。然各保其先世之语言、风俗，迄于今不变，且不相通，非仅殊绝于汉，即与陈满洲女真旧族，同者什一，不同者什九。"② 这里主要指的是加入旗籍的达斡尔等北方聚居民族，而他们与加入京旗的个别新满洲人有一定差别。4. 编佐结构有别。伊彻满洲在编组佐领时，没有把哈拉、穆昆打乱，在很大程度上保留原有氏族社会组织。多半是有一个或二三个哈拉、穆昆组成一佐领，因此形成内部结构特点，即"伊彻满洲佐领下同姓者居多，不似佛满洲佐领下姓氏繁多③"。5. 新满洲转化问题。按照清朝法制规定，东北的"新满洲"入京之后五年，便当做"佛满洲"看待。如史载："凡移来盛京新满洲等若犯法，因未熟识（法制），照新满洲定例，着将军审理。如过五年仍照旧人治罪④"。所以，新满洲转为旧满洲有明确的法律规定。当然，这一法规，对于仍然定居在东北的新满洲，并不适用。总之，所谓新满洲只是认同满洲文化，相对提高本民族文化素质，而对于各地民族聚居群体本身来说，并未

---

① 《东北要览》第 737 页，民国三十三年版国立东北大学编印；《黑龙江乡土录》第 101 页，成文出版社有限公司据民国十五年铅印本影印；《达斡尔民族志稿》第 56 页，载《达斡尔民族史料辑》（4）。
② 《黑龙江乡土录》第 85 页，成文出版社有限公司据民国十五年铅印本影印。
③ 《达斡尔族情况·调查材料之一》第 11 页；《新疆达斡尔族》第 157—158 页。
④ 《大清律例按语》卷 1，第 43 页下，道光丁未刻本海山仙馆藏版。

丧失民族文化独立性和根本特点。

通过以上综述，我们可以看出三个问题。一是旧、新满洲之间，有很大差别，主要是民族文化差异。二是就满洲贵族上层及"旧满洲"族群说，所谓"纯粹之女真族，其品最贵"的见解，是满洲贵族军功集团长期形成的优越感。这一点，与我们研究的题目（乌拉齐）有密切关系。三是至顺、康、雍、乾各朝，东北后续南进或调入京师各族人，虽常在"新满洲"一词前后附以族称，但仍未失新满洲之地位。

二　新满洲即乌拉齐

在历史文献中，"新满洲"与"乌拉齐"两个词，同时出现多在《大清历朝实录》中，个别情况下出现在地方志和私人著述中。而《大清历朝实录》标点不清，难区分两者关系。如乾隆二十三年（1758），皇帝上谕："……至拣选应挑之人，不论满洲、蒙古、新满洲乌拉齐，惟择其声音好者补用。"其中的"新满洲"与"乌拉齐"之间有无隔点，有时成为锁定两者关系的标准，很不科学。而另一处又有差别，即"汉仗好之新满洲及乌拉齐索伦拣选几名，即于彼处发往色楞军前。"① 内中"新满洲"似与"乌拉齐索伦"分开，但"乌拉齐"与"索伦"又是何等关系，仍难断句。这就需要进行更系统地深入研究辨析，才能分清它们之间的关系。主张"乌拉齐"是民族名称的作者，在很大程度上是利用隔点，通过断句，将"乌拉齐"定为"民族名称"。

（一）"族称"说的严重错误

主张"乌拉齐"（Ulaci）一词是"族称""族名"之说，是个严

---

① 《清高宗实录》卷572，乾隆二十三年十月戊午条；《清圣祖实录》卷278，康熙五十七年三月辛酉条。

重错误,下边根据历史记载,略加剖析。1."乌拉齐"指东北"诸部"人。"乌拉齐"(Ulaci)名称出现的最初四次记载是(内中标点为有关作者点校),康熙五十七年(1718)三月十二日,皇帝谕云:"汉仗好之新满洲及乌拉齐、索伦拣选几名";雍正四年(1726)四月,"盛京等处之新满洲、索伦、达户里、乌拉齐、库雅喇等所有世袭佐领、骁骑校缺出";乾隆五年(1740)十月十一日,"至于拨索伦、乌喇齐兵挈眷久驻之处";乾隆二十二年(1757)"向例乌喇齐、索伦、达虎里选取人才壮健来京者。"引文中有一处在"新满洲"与"乌拉齐"用"及"字隔开,有并列之嫌。其他引文在"乌拉齐"与"索伦"等族称之间是否有隔点,对于深入研究"乌拉齐"内涵关系重大。详细阅读清代有关文献,当时的学人曾对"乌拉齐"一词有过明确界定。请看下列事实:"伍岱,瓜尔佳氏,黑龙江人。乾隆十八年,命隶满洲正黄旗。初以前锋从征准噶尔,授三等侍卫,赐墨尔根巴图鲁名号。战叶尔羌,复迁二等侍卫。霍罕使者至,命往宣谕,授正黄旗汉军副都统,赐骑都尉世职。三十六年,从将军温福讨金川,授参赞大臣。攻巴朗拉克之,授正黄旗蒙古都统。京旗目吉林、黑龙江诸部人为乌拉齐,鄙之不与为伍,温福以是轻伍岱"[1]12979。这段资料说明两个问题,(1)伍岱是乌拉齐人,被"京旗"人目之为"乌拉齐",并轻视、鄙视他。那么"乌拉齐"人,指什么范围的人群呢?文中明确指出是指"吉林、黑龙江诸部人",这"诸部"又指什么呢?自然是指前文论述过的"新满洲"所包含的各部。(2)这段文字来自《清史稿》,由清人赵尔巽主持编辑,属于清人说清事,应当可信。可见,"乌拉齐"的内涵,包括东三省诸部人,当然索伦、达斡尔等各族,都概莫能外。前文引证的康熙五十七年(1718)三月十二日,"汉仗好之新满洲及乌拉齐、索伦拣选几名",正确断句应当是"新满洲及乌拉齐索伦"。此处"新满洲"另有所指,而"乌拉齐索伦"是将"索伦"族称,冠以"乌拉齐"概称。雍正四年(1726)四月的引文断句,应是新满洲索伦、达户里,乌拉齐库雅喇"。乾隆五年(1740)十月的引文断句,当是"索伦乌喇齐"。乾隆二十二年（1757）的引文断句是"乌喇齐索伦、达虎里"。如果按"京旗目吉林、黑龙江诸部人为乌拉齐"为标准，只有如此断句，方符合历史事实。所以，结论是"乌拉齐"（Ulaci）是指"吉林、黑龙江诸部"之人，是来自京旗人的视觉。

2. "乌拉齐"含指"索伦"。乾隆四十一年（1776）正月，高宗谕称："海兰察、额森特独非参赞大臣乎，且彼系索伦乌拉齐，尚知奋勉打仗。舒常身系满洲。世受国恩。而反可临阵不前乎。①"这里明确指出，索伦人海兰察、额森特两个人，都是"乌拉齐"人。假如"乌拉齐"是"族称"那么"索伦"该如何解释。《黑龙江志稿》载称："海兰察，索伦多拉尔氏，隶呼伦贝尔正黄旗"，"乾隆二十年，以索伦马甲从征准噶尔"；《清史稿》亦载称："（索伦乌拉齐人）额森特，姓台褚勒氏，满洲正白旗人，以前锋马甲从征伊犁，擢蓝翎侍卫，图形紫光阁，列前五十功臣。"②又乾隆三十六年（1771）七月，皇帝谕令工部："正白旗满洲都统所属新满洲前锋鲁奇讷应得马槽一个，照例折给银六钱一项。此等甫经安插之新满洲索伦乌拉齐等一切应用之项，俱由官办给"。显然，鲁奇讷不但是"索伦乌拉齐"人，而且是"甫经安插之新满洲索伦乌拉齐"③，即"新满洲"人。所以，事实证明，"新满洲""索伦"和"乌拉齐"在文献中连续出现，三者之间，不可以随意用隔点断句。当然，也有索伦、达斡尔以族名单独出现在行文中的情况，这并不奇怪，因为当时满洲上层对于"乌拉齐"一词在使用上，没有规范。但不管怎么说，从海兰察、额森特为"乌拉齐"人，鲁奇讷为"新满洲索伦乌拉齐"人的事实看，"乌拉齐"一词的内涵，包括"索伦"人，是确凿的事实，亦证明"乌拉齐"绝非是单独的民族名称。

---

① 《清高宗实录》卷1000，乾隆四十一年正月庚辰条。
② 张伯英《黑龙江志稿》（中）卷52，黑龙江人民出版社1992年版，第2282页；《清史稿》列传118，经典收藏版（本文同书有不同版本情况，因积累资料跨度时间较长之故）。
③ 《清高宗实录》卷889，乾隆三十六年七月丁卯条。

(二)"乌拉齐"即指"新满洲"

前文已经说过,索伦人鲁奇讷既是"乌拉齐",亦是"新满洲",同时又是"索伦"。为更全面地说明"乌拉齐"(Ulaci)即指"新满洲",我再费些功夫,深入加以研究,将"乌拉齐"与"伊彻满洲""旧满洲"和具体民族名称三者连称的事实,举例加以论证。

1. "乌拉齐"指"伊彻满洲"。乾隆年间,和珅擅政后,社会风气大变,京旗人看不起东三省"新满洲"所属诸部人,即"见黑龙江、吉林人不曰彼'伊彻',即曰彼'乌拉齐'也"①。这段资料说明两个问题。(1)这里的黑龙江和吉林人,被指为满语"伊彻",自然是汉语的"新满洲",既然"伊彻"与"乌拉齐"(Ulaci)对等使用,那么"新满洲"与"乌拉齐"自然没有差别。可见,"乌拉齐"就是"新满洲",毫无疑义。(2)此段资料来自《八旗文经》,作者是清宗室盛昱。亦是清人讲清事。而盛昱在"乌拉齐"问题上,很有发言权。因为他生于道光元年(1821)十月,卒于光绪二十五年(1899)十二月[2]1713—1714,当时"乌拉齐"一词尚处于流行年代。例如,道光三十年(1851)十月初八日,镇守盛京等处将军衙门为科考事左礼司案呈,准奉天府学政衙门容开照为科考事行文称:"盛京官员随任子弟,东三省新满洲乌拉齐及有执事人等,不准考试"②。

由此可见,盛昱作为当时人,对于"乌拉齐"一词,不会陌生,况且盛昱曾经担任过都察院佐副都御史和祭酒等官职,是眼界较开阔之人,他对"乌拉齐"一词本意和京旗人使用情况,有过详细描述,此将在后文详述。事实证明"乌拉齐"一词,不是单一民族名称,是指东三省黑龙江、吉林地区的"诸部",即"新满洲"人,也就是康熙五十七年(1718)开始出现的"乌拉齐"人。总之,所谓这里的"伊彻"即是"乌拉齐",已毫无疑义。

---

① 宗室盛昱:《八旗文经》卷60,第2页下。光绪辛丑(1901)版。
② 东北档案馆藏:《道光部来黑图档》(479之5)。

第四编　边疆与民族

新满洲与乌拉齐，既然具有同等意义，所以新满洲所包括的各族，在乌拉齐名下，亦必然包括在内。例如，在史籍中既有"新满洲西伯、索伦、达祜尔等"，或"在京新满洲索伦、巴尔虎、厄鲁特等"①各族新满洲之记载，同时亦有"东三省新满洲乌拉齐索伦、达呼尔"；"新满洲乌拉齐索伦、达呼尔、库雅拉"，或"席北乌拉齐新满洲"②的记载。足见，当时族称与"新满洲""乌拉齐"（Ulaci）三者连用，成为行文习惯和社会风尚。如来自吉林，原属女真族系后期来归之人，为吉林"乌拉齐"，或来自蒙古的"扎萨克喀尔喀乌拉齐"③等。由此可知，大凡后期归服的关外各族，均被称作"乌拉齐"。这就证明，凡新满洲内所包括的各族，同样包括在乌拉齐之内。

现在我们就目前所搜集，并冠以"乌拉齐"名称的著名将领，略加分析。从新满洲角度说，海兰察、额森特属于"新满洲索伦乌拉齐"。伍岱，姓瓜尔佳氏，史称："黑龙江人"，隶属满洲正黄旗人，当属于"新满洲"中的原女真族系瓦尔喀人。与海兰察、额森特都是黑龙江"乌拉齐"，即"新满洲乌拉齐"。海兰察、额森特即是"新满洲索伦乌拉齐"，或称"索伦乌拉齐""乌拉齐索伦"，抑或单称"乌拉齐"。④"努三，姓瓜尔佳氏，吉林人，隶满洲正黄旗，初由蓝翎侍卫，累提头等侍卫。乾隆十年命在御前行走"；"富德，瓜尔佳氏，满洲正黄旗人，驻防吉林。乾隆初，自护军擢至三等侍卫"⑤；额勒登额"本乌拉齐微末之人"，以军功"迭次保荐，擢至大员"。他的父亲名叫永常，姓"董鄂氏，满洲正白旗人"，乾隆初官至安西提督、湖广总督、陕甘总督、加太子太保、内大臣、西安将军。其中

---

① 《盛京通志》卷21，第13页上，乾隆九年序本，北京市图书业同业公司印刷；《清高宗实录》卷17，乾隆元年四月丙戌条。
② 《清高宗实录》卷868，乾隆三十五年九月乙卯条；《清世宗实录》卷8，雍正元年六月辛酉条；《寄信档目录及译文》乾隆三十五年十月初三日，第050号。
③ 《清高宗实录》卷663，乾隆二十七年闰五月戊寅条；卷521，乾隆二十一年九月辛卯条。
④ 赵尔巽等撰：《清史稿》列传120，经典收藏版。
⑤ 张伯英：《黑龙江志稿》（中）卷106，第31页，黑龙江人民出版社1992年版；《清史稿》列传101，经典收藏版。

努三、富德既然表明是"吉林人""驻防吉林",提法尽管有别,但二人均属"满洲正黄旗人"。其族系当属女真系统的瓦尔喀人,自然是吉林新满洲。至于永常、额勒登额父子姓"董鄂氏"①,属名支派系何和理家族,以建州本部聚居区为中心。额勒登额所属族支,可能清初居地距离董鄂部中心较远,归附稍微滞后。所以,这三个家族属于"新满洲",或称"新满洲乌拉齐""乌拉齐新满洲",亦无疑义。

2."乌拉齐"对应旧满洲。从清朝皇帝多次谕旨中,通过文化对比,我认为新满洲与乌拉齐是指同一群体,两者可以相互代用。理由是:(1)前文所谓见黑龙江、吉林人不曰"彼伊彻",即曰"彼乌拉齐也",亦可见"伊彻"即是"乌拉齐"②。(2)乾隆二十年(1755),皇帝认为,在京"八旗满洲世仆",长期考试汉文,既未能取得"成功",反而"一染汉习,反弃旧风",致成"两误"。而"东三省之新满洲乌拉齐等",不同于"在京满洲",他们"自应娴习骑射、清语,以备任用",不必走京城满洲老路。因此,决定"考试汉文,永行停止"③。内中"新满洲"一词,与"京城满洲"(即旧满洲)相对应。"新满洲"一词,从崇德二年(1637)定名,并有文献记载外,至康熙年间较多呈现。因为至康熙初年,京城和关内满洲人,无论在骑射,还是在清语等满洲旧俗方面,逐渐不如东三省"新满洲"。所以,清朝政府将大批东三省新满洲调入关内,从事"诸王护卫"、上三旗御营"亲随护军"、八旗前锋"护军"及随军官员"侍卫"等,这些都是利用新满洲语言、"汉仗好"④等优点。有的分配充当"赞礼郎",发挥他们清语优势。这些"新满洲"文化特征,当然与"乌拉齐"毫无分别。(3)综观康熙朝,调用东三省这部分族人,普遍称作"新满洲",只有从康熙五十七年(1718)三月开

---

① 《清高宗实录》卷805,乾隆三十三年二月丙戌条;《清史稿》列传101,经典收藏版。
② 盛昱辑:《八旗文经》卷60,第2页下,光绪辛丑(1901)版。
③ 《清高宗实录》卷482,乾隆二十年二月甲寅条。
④ 《清圣祖实录》卷263,康熙五十四年四月己卯条;卷278,康熙五十七年三月辛酉条。

始,仅有一次写成"新满洲及乌拉齐索伦"①,将"新满洲"与"乌拉齐索伦"并列。似乎"新满洲"与"乌拉齐索伦"有别。其中的"及"字之前的"新满洲",可能是泛指吉林等地瓦尔喀新满洲,而"及"字之后是具体指"乌拉齐索伦",毕竟"乌拉齐"一词是首次出现,执笔者可能尚不习惯所致。此后再无此种现象。为证明我的分析符合事实,请看以下史料。乾隆三十六年(1771)七月,如前文皇帝曾提到"正白旗满洲都统所属新满洲前锋鲁奇讷"被安置后,谕令工部以后如果再遇到"此等甫经安插之新满洲索伦乌拉齐等,一切应用之项,俱由官办给。"②其中的"新满洲"与"索伦乌拉齐"之间,就没有"及"字相隔。同时,将"乌拉齐"以"新满洲"身份,与"旧满洲"相对应。还有下列事实。如"大学士等议覆、镶红旗满洲都统弘昇奏:'乌拉齐认户各丁,材技未尽可用,徒占旧满洲粮额,应请查明。除本处实无产业亲属者,概不准认户留京。至留京年久之新、旧满洲内,有老病休致,亦令呈明该都统咨回'"③。这里将"乌拉齐"与"旧满洲"对应,而成为"新"与"旧"的关系。显然是"新满洲"对"旧满洲",即直称"新、旧满洲"。由此可见,"乌拉齐"即指"新满洲"无疑。

3. 乌拉齐新满洲等连用。前文已经说过,"乌拉齐"(Ulaci)名称最早出现在康熙五十七年(1718),雍正元年(1723)、四年(1726)和九年(1731)先后出现四次,多数呈现在乾隆年间。这是因为康熙初年,平定吴三桂等藩王叛乱,大批征调以赫哲族为主的东海瓦尔喀各部入旗、编佐,是为康熙时期最盛行的所谓"新满洲"时期。并根据清廷军事需要,陆续调入辽沈和京城。这时没有"乌拉齐"之说。康熙晚年至雍正年间,对于西北准噶尔等部用兵。此时的"新满洲",东海部人渐少,多数从索伦、达斡尔、锡伯和巴尔虎等

---

① 《清圣祖实录》卷278,康熙五十七年三月辛酉条;《大清会典事例》卷43,第3页下,外交部光绪二十五年(1899)石印本。
② 《清高宗实录》卷889,乾隆三十六年七月丁卯条。
③ 《清高宗实录》卷84,乾隆四年正月癸丑条。

各族中征调。即属于道光及其以后"索伦马队"前身。"乌拉齐"（Ulaci）名称便出现在此时。当然，"乌拉齐"名称通用后，来自吉林地区的东海部新满洲，亦随之冠以"乌拉齐"名称。这就出现族称与新满洲、乌拉齐三者前后顺序不规则的书写和通用时期。请看表1：

表1　　　　　　族称与新满洲、乌拉齐书写前后顺序表

序号	事由	三种名称使用顺序	注释
1	教系、清语好者	索伦新满洲乌拉齐	《清世宗实录》卷103，雍正四年二月乙卯条
2	乾清门一等侍卫	索伦新满洲	《清世宗实录》卷112，雍正九年十一月辛酉条
3	趋走超距及清语好	索伦新满洲乌拉齐	《清世宗实录》卷112，雍正九年十一月辛酉条
4	奉天移往京师	新满洲索伦乌拉齐	《清高宗实录》卷95，乾隆四年六月乙未条
5	移京安插以资生计	新满洲索伦乌拉齐	《清高宗实录》卷889，乾隆三十六年七月丁卯条
6	侍卫前锋护军银两	新满洲索伦乌拉齐	《清高宗实录》卷890，乾隆三十六年八月己巳朔
7	带往于军营有益	索伦乌拉齐	《清高宗实录》卷431，乾隆十八年正月戊寅条
8	遣往西路侍卫官	索伦乌拉齐	《清高宗实录》卷475，乾隆十九年十月辛酉条
9	惯习行走汉仗好	乌拉齐索伦	《清圣祖实录》卷278，康熙五十七年三月辛酉条
10	身材好马步箭皆精	乌拉齐索伦新满洲	《清高宗实录》卷260，乾隆十一年三月庚辰条

从以上列表内容，不难看出三个问题。（1）自崇德年间开始，索伦（今鄂温克），已经冠以"新满洲"之名，表格中的前三项"索伦新满洲"和4—6项"新满洲索伦"，只是顺序颠倒，本质一样。（2）前五项中有四项在"索伦新满洲"或"新满洲索伦"之后，尾以"乌拉齐"（Ulaci）。显然，尽管前文曾经认定"乌拉齐"即"新满洲"，那么，两个名词同提并列，必有新意，容后再议。（3）从7、8

两项看,"索伦"作为民族名称居首,而"乌拉齐"(Ulaci)成为它的附属成分并列。参考第9项,"新满洲"又附属在"乌拉齐索伦"之后,可见,索伦既可以称"乌拉齐",亦可以称"新满洲"。同时,亦可以全称,即称"新满洲索伦乌拉齐""索伦新满洲乌拉齐"或"乌拉齐索伦新满洲"。如上讨论结果表明,康熙末年至雍、乾年间,满洲贵族给东三省各族,首先是索伦族冠以"乌拉齐"之名。特别是乾隆四十一年(1776),清高宗直接点参赞大臣海兰察名字,称他"系索伦乌拉齐"①。换句话说,"新满洲""乌拉齐"与"索伦"三者可以分顺序地连用。

三 乌拉齐名称流变

众所周知,清太祖、太宗征服东北,用去62年,史称征服36部(指大族群及大部落),实现最后统一。只是数年前,有人发现在张广才岭山区,有名为"巴拉人"回避战争,隐居下来。此外,并没有哪个作为族群而能够躲得过去。如果"乌拉齐"(Ulaci)是个民族共同体,并在吉、黑两省境内,岂能隐蔽136年才"主动归附"。为弄清问题,本文下边将讨论三个问题,即"乌拉齐"一词本意、东三省"乌拉齐"所指和"乌拉齐"时代内涵。

(一)"乌拉齐"一词本意

"乌拉齐"(Ulaci)作为一个名词,在蒙古语中,意为"站人",即站丁。这个词不仅在蒙元时期见之于史,而且在清代继续存在。蒙元时期史称:"典车马者,曰兀剌赤、莫伦赤。②"内中"兀剌赤",即清代书写的"乌拉齐"。清代从乾隆年间,政府曾对西北用兵,所有为站道服务的站丁,即"乌拉齐"都是蒙古各部所派往、担负徭

---

① 《清高宗实录》卷1000,乾隆四十一年正月庚辰条。
② 《元史》卷99,志第四十七(兵二)。

役的蒙古人。即"台站差徭，查各站额设章京、领催、马甲乌拉齐等员名，向由各蒙旗比丁当差。①"他们所在的台站，即泛指"乌拉齐台站"②。譬如，北路用兵时，自张家口至鄂尔坤，"大台二十九，中台十五"。规定两台共用章京一员，骁骑校一员，参领四员，领催四十四名，轮流管理。"每台酌留十五户，马甲五名，乌拉齐二名，马二十匹，驼二十只"。内中"十大台，七中台，各用马甲十名，乌拉齐十名，马三十匹，驼三十只"。部分台站专供京营和蒙古各部使用。如第一台至第十台，供"京城军营往返及察哈尔左、右翼、苏尼特、四子部落、茂明安、归化城诸处，传递事件"③。第21台至28台，兵丁236户，由喀喇沁与"内扎萨克喀尔喀乌拉齐"等"一体当差"。第7台至第10台和腰站，由喀什噶尔蒙古"领催、乌拉齐"承担④。事实很清楚地表明，"乌拉齐"（Ulaci）一词是蒙古语"站人"或"站丁"。如果将它理解为某一通古斯"族群"，自然对不上号。欲澄清东三省"乌拉齐"真相，必须搞清两个重大问题，即一则"京旗"人为何将东三省"诸部"称之"乌拉齐"；二则皇帝与和珅等满洲上层人士，为何将"伊彻"满洲称"乌拉齐"，而不仍然称之"伊彻"或成汉语"新满洲"。

（二）东三省的"乌拉齐"人

诸多事实表明，"乌拉齐"称呼，原本不曾在东北地区流行。它是皇帝和京旗上层高官的指称，是具有文化导向性的称呼。但清代东北地区诸部族群文化氛围滞后，却是形成京旗佛满洲功勋阶层导向的发端。欲弄清这个问题，就需要从东北诸部族群文化，亦即盛京文化载体，即族群构成着手，进行必要地探索。

---

① 《宣统政纪》卷61，宣统三年八月癸丑条。
② 《清高宗实录》卷491，乾隆二十年六月辛酉条。
③ 《清高宗实录》卷140，乾隆四年六月甲辰条。
④ 《清高宗实录》卷521，乾隆二十一年九月庚寅条；卷782，乾隆三十二年四月己亥条。

第四编　边疆与民族

1. 东北"乌拉齐"由来及历史地位。站人（Ulaci）原本是蒙古语对驿站站丁的称呼。在蒙古部落人群中，它的地位相对蒙古贵族自然较为低下，是下层服役之人。对于这些人皇帝和京旗人自然清楚。然而，站人不只是在西北各路大军征伐中，设有蒙古"乌拉齐站"，令其服役，而东北地区同样有台站和站丁。清帝和京旗高层人士，恰好将蒙古"乌拉齐"人与东北站丁（Ulaci）统称并观。从目视西北转向眼看东北。恰巧进入康、雍、乾时期，山海关内外旗人社会两极分化，达到极点，特别是东三省站丁（Ulaci）正逢大调动，他们作为旗人（罪旗）的一部分与周围诸部"伊彻满洲"（文化相对滞后），长期文化交融，形成密切关系，竟被皇帝和京旗人同观并视。这就是东北"乌拉齐"和"伊彻"被视同一体的历史背景。请看其流变过程。（1）流放罪犯。东三省地区站丁来源，大体为两部分，即平定"三逆"后，各藩属下兵丁和康熙初年部分流犯。当然，多数为吴三桂属下等"三藩"及其家属。康熙二十年（1681），清朝中央政府下令，"三藩"所属"数十万"人，"俱解归旗"①。因为人数过大，一律解往京师，安置颇有压力。于是命令除"辽东旧人"外，皆安置各省或就地归入民籍。当年十二月，单吴三桂属下，即有"辽东汉人五万余口"[3]16。从云南总督范承勋《安插伪弁人口疏》所报告的情况看：官兵、官役共计35148人，先后向北京发送百次，共计33857人，连同家属，大约"五万余口"，可能都在"归旗"至北京后，基本上都转发东北地区。具体安置地点虽无详细记载，但史称："康熙时，云南既平，凡附属于吴三桂之滇人，悉配送于尚阳堡，在今开原县边门外。满语称为台尼堪。"② 而在今绥中地区，亦安插"云南拨来884户"。除吴三桂属下外，尚有"耿、尚三藩旧户"。他们皆被"发各庄头及站道当差"③，内中分配站道当差者，皆以"站官治之"，

---

① 抱阳生《甲申朝事小纪》第3册，卷5，第13页上，载《痛史》第21种。
② 范承勋《安插伪弁人口疏》，载《昆明市志》卷18，第432页，成文出版社有限公司版；魏声和撰《鸡林旧闻录》（五）第9页下，1913年版。
③ 王一元著《辽左见闻录注释》155页，《铁岭文史资料》第20辑2007年版。

都被分配在所谓"上下二十站"①。充当台丁和站丁等职务。(2) 地位低贱。这些站丁、台丁安插之后，一开始他们的名声即欠佳，有"吴三桂旧党"、叛逆"将士家属""逆藩吴三桂之俘虏""吴三桂的叛卒""吴三桂名下逃丁、家人及伪官子孙"，或"三藩降卒"②等诸多恶名。尽管他们表面上是"汉军旗人"，但身上却背上五大包袱。其一，终身承担苦差。凡是安插边台的人，终年戍守边台，名叫"台尼堪"。主要任务是"守边、挑壕"；设立并检查"栅壕"，个别人还承担庄丁、"网户，捕牲罗雉"等差事。部分人专门在驿站间"传递文书"，称"站丁"③。其二，自耕自食。按照清制，凡是旗人都有饷项。而这部分站丁（Ulaci）因为是"罪旗"，朝廷不发钱粮，命令他们"垦荒，自种自食"。因为年深日久，站丁因贫，将所耕地亩私自"典卖与民"。但他们终究是旗人，政府不得不将典卖旗地赎回，仍由民户交租。这项租银，再"均匀赏给额设站丁"，作为"随缺工食，养善津贴"④，维持他们生计。其三，不准进入仕途。清朝政府严格限制站丁升迁，规定站丁终生"司传递公文"事业。只是为更好地管理这部分族人，在他们中间设立"驿丞"官职，而且也只能"官至驿丞而止"⑤。其四，不准考试。史称站丁"虽属汉军旗人，不准考试"⑥。即"文武两途，世不能入"。嘉庆十九年（1814），偶然将这里的"站丁"（Ulaci），当成盛京普通"户、工两部官丁"，报名将要参加考试。后来经过大臣和宁查明，原来"系从前吴三桂名下逃

---

① 《黑龙江外记》卷3，第83页。光绪二十年刊本，载《中国方志丛书》；《绥中县志》卷7，第5页上，1929年版。

② 方德修：《东北地方沿革及其民族》第59页（序），开明书店印行；《凤城县志》第38页上。1921年版；胡镜海纂《奉天通志》卷167，第34页，1920年油印本。

③ 长顺等辑《吉林通志》卷6，第9页下，光绪十七年版；《吉林外记》卷3，第72页，成文出版有限公司据光绪二十一年本影印；《讷河县志》卷1，第7页上，1931年刊本；《绥中县志》第4页上下，作新印书社民国十六年版。

④ 刘德权：《讷河县志》卷1，第7页上，1931年刊本；《清朝续文献通考》卷8，第7564页，商务印书馆万有文库本。

⑤ 沈国冕等修《兴京县志》卷10，第51页下，民国十四年铅印本。

⑥ 范炳勋《绥中县志》第4页上下，作新因书社民国十六年版。

丁、家人及伪官子孙"。皇帝斥责说，"岂容滥与考试"①，所选站丁（Ulaci）参加考试资格当即被取消。在站丁（Ulaci）族群中，处境最惨的是，有一部分原本是站丁，却被分配给满洲族或达斡尔族中豪门为"奴隶"，地位更为低下。总之，如上的站丁、庄丁或奴隶，在清朝二百余年间，被周围各族所"贱视"，即使在民国以后全部改为民籍，而人们却"仍贱视之"②。足见，其地位之低下。

2. "乌拉齐"与"新满洲"地域相同。东三省站人（Ulaci），形成三省规模，并非平定"三逆"之后，短期所为。而是经过康、雍、乾三朝，"络绎而来，数年始尽"的藩属待罪旗人。这里讲"数年始尽"是指吴三桂属下人的充发情况。并多指发往辽宁地区的站丁（Ulaci）。到雍正年间，从辽宁地区，将部分人拨入吉林地区。乾隆年间，继续北进，最北达到讷河地区，即"清乾隆年间，由云南迁民，安设驿站"③。《讷河县志》所记载的情况，不知是从云南重新拨来黑龙江地区，还是从辽宁地区拨来，无法考证。下边就具体拨迁情况，略加梳理。（1）在辽宁地区落脚。康熙二十年（1681）后，吴三桂属下将官及其家属，从云南发出，前后经历上百批次，经过北京转入辽宁地区，称作"流徙罪犯"。他们先后被安插在开原边外尚阳堡，满语名称之为"台尼堪"④。随着发送人数渐多，分别分配到绥中地区，据称共有"八百八十四户"；大批人员到来后，逐步安插在小清河等驿站；小凌河等四台站；凤凰城、雪里站、通远堡、沙河站、东关、宁远等六驿；锦州府亦有九座边门，设墩台三座⑤，等等诸多边门。（2）向吉林地区迁

---

① 《凤城县志》第38页上，1921年版；《清仁宗实录》卷297，嘉庆十九年九月庚戌条。
② 方德修：《东北地方沿革及其民族》第59页（序），开明书店印行；《凤城县志》第38页上，1921年版。
③ 《盛京通鉴》卷7，第269—270页，大正十年（1921）版；刘德权《讷河县志》卷1，第7页下，民国二十年版。
④ 《鸡林旧闻录》（五）第9页下，1913年版。
⑤ 《清高宗实录》卷53，乾隆二年闰九月壬午条；卷1373，乾隆五十六年二月乙丑条；卷1369，乾隆五十五年十二月壬戌条；《凤城县志》卷3，第2页上下，民国十年版；《锦州府志》卷7，第3—6页，康熙朝版。

移。雍正时期，根据国防需要，从辽宁地区将站丁（Ulaci），再拨户北徙，进入吉林地区，先后安置在威远、英额、旺清、碱厂、叆阳等五门，据称有"八百四十户"①。仅以这五大边门安置情况看，站内分有台丁、内丁，并分配有一定数量的土地。请见下表：

表2　　　　雍正年间威远等五大边门安置站丁情况表

边门名称	台丁额	内差额	每名地亩数	出处
威远边门	713	70	未展边无地	《盛京通鉴》卷7，269—270页。大正10年（1921）版。
英额边门	359	118	60	
旺清边门	340	135	30	
碱厂边门	544	110	66	
叆阳边门	1084	103	21	

（3）调拨黑龙江地区。黑龙江各台站的设立，与辽南各台站设立的时间相比稍后，是为解决"罗刹之乱"，在嫩江北岸设立柳条边门，各设"军台"。台丁各个分有土地，"令耕种自食"②。因为关内从平定吴三桂等叛乱之后，为防止沙俄南侵，清朝政府奉行积极实边政策，先后修建黑龙江城、墨尔根城和齐齐哈尔城。增设将军、副都统，分别加强力量。雍正十二年（1734），决定设呼兰城守尉。乾隆元年（1736），为配合加强黑龙江地区边防信息，"添设自茂兴至呼兰六台"，每台额设领催一名，站丁十五名。其中"领催支领薪饷，壮丁（站）耕垦自给"③。有关站丁多数是从"关外各站调发来江"。同时，在西路起齐齐哈尔站至呼伦贝尔城，分设"十七台"，共额设站丁200名，车29乘，马200匹，牛300只，每站六户④。经过康、

---

① 胡镜海纂：《奉天通志》卷167，第34页，1920年油印本。
② 《鸡林旧闻录》（五）第9页下，1913年版。
③ 张伯英：《黑龙江志稿》卷8，第4页下，民国二十一年印于北平。
④ 张伯英：《黑龙江志稿》卷11，第14页上，民国二十一年印于北平；徐宗亮《黑龙江述略》卷2，第35页，黑龙江人民出版社1985年版；刘德权《讷河县志》卷1，第7页上，民国二十年版。

雍、乾三朝，这些站丁（Ulaci），与当地的"新满洲"地域完全一致，遍布东三省。

3."乌拉齐"与新满洲文化认同。众所周知，吴三桂部下所属官兵及其家属，从顺治元年（1644）入关，到康熙二十年（1681），以"辽东旧人"北调"归旗"，仅仅经过38年，前后跨过不足两代人。可以说原有的老人大部分尚在。他们对东北旗人并不陌生。特别是老人，大半熟悉"满洲"风俗习惯。况且，从顺治四年（1647），他们认同满洲文化，加入旗籍，成为汉军旗人组成部分。换句话说，他们认同东北新满洲文化，有一定基础。下边将讨论他们进一步认同"新满洲"文化的历史背景和历程。（1）文化认同新潮。顺治元年（1644），满洲贵族调动本族大批族人，进驻中原，东北地区一时满目苍凉，但在这里尚有留守诸多所谓"新满洲"未动。在雅克萨战争之后，从康熙二十六年（1687）开始，满洲贵族将关内大批驻防官兵及其家属回调东北，这时他们本身的固有文化，并没有多大改变。可以说，东北以陪都盛京文化桂冠出现，将满洲固有文化重新撑起。同时，为固守黑龙江边防，以京旗文化为主流的较先进满洲文化，以新潮流姿态，通过辽宁地区，向吉、黑地区快速推进。史称："在满族移居到瑷珲地区后，满洲在所有各个方面，都证明自己是占优势的。因为满族（洲，下同）不会说北方通古斯方言，满语成为北方通古斯人必不可少的交际工具，满族书籍，满族时尚，满族思想成为北方通古斯人的标准"。可以说满洲文化作为独特文化，其内涵已增厚中原传统文化元素，即"浸透着汉族观念的满族思想是如此强烈"，致使达斡尔等民族集团的满语口语，几乎演变成如同赫哲等"伊彻满洲一样"[4]129—130，加快趋同发展。这就形成清初以满洲文化为主流主导独特文化兴起的新潮，即广义的盛京文化潮流到来。现举两个例子。

其一，以达斡尔族为例。从康熙三十年（1691）起，黑龙江地区开始创办满洲官学，达斡尔等族，在加入旗籍的同时，逐渐认同满洲文化。此后，三十余年出现"乌拉齐"（Ulaci）一词，是时东北各族已经出现认同满洲文化的所谓"同化"现象。俟百年之后,便出现达斡尔人部落"房上立有千木之状",妇女"梳两把头,着长衣,而为天足",竟"与满洲无异"①的文化趋同现象。其二,以汉族为例。在文化趋同问题上,当地汉人亦不例外。众所周知,明末清初抗清民族英雄袁崇焕的家属,被明朝政府流放东北宁古塔,再徙居黑龙江。清朝中叶,后人认同满洲文化,加入汉军正白旗。所谓"汉军袁氏"。他们同样认同满洲姓氏文化,"称名不举姓",放弃汉族姓名习惯。诸如,其诸孙子辈,分别名叫"尔汉""富明阿""庆祺""寿山""永山"等②。当然,这种文化现象不是特例,而是普遍的社会氛围。史称东三省汉妇,"多为满化者,夫彼女子固非好缩足者,顾四周然也,势不得已,其来东省者,多山东、河南、直隶穷途之民……此间妇女缩足者寡,故其后生小女,渐绝缩足之风,头面衣服,亦稍似满洲。此汉土妇女化于满洲之情况也"③。(2)乌拉齐的融入。以站丁(Ulaci)为例。前文曾经提到,"三藩"属下原本为汉军旗人,并且是"辽东旧人",认同满洲文化已经有年。因为他们身为汉军旗人,与满洲,特别是与新满洲之间,没有通婚限制④。所以,史称:"乌拉齐"(Ulaci)"子孙也早和满洲族混血"。有的史籍亦承认,汉军旗"皆属于新满洲"。所以,从文化认同角度说,清代站丁(Ulaci)已构成"新满洲"的重要组成部分。此时,东三省站丁,即"乌拉齐"(Ulaci)与东三省新满洲"诸部"、各族,无论在地域分布或者在文化认同方面,都进入满洲独特文化范围。即以打牲文化为特色的主流独特文化所固结而构成其元素之一。亦即清晚期和民国时期所呈现,在现代满族形成前夜,具有过渡性质的"旗族"的一部分。因此,清朝满洲贵族上层,将"乌拉齐""新满洲"以及东三省具体

---

① 鸟居龙藏:《东北亚洲搜访记》第13、18页,商务印书馆民国十五年发行。
② 张伯英《黑龙江志稿》卷55,第9页上—23页;26页下—41页下;卷52,第42页上;卷53,第36页下,北京市图书业同业公会一九三二年(1943)印制。
③ 《白山黑水录》卷下,第91页,作新社1902年藏版。
④ 方德修:《东北地方沿革及其民族》第59页(序),开明书店印行;《东北要览》第737页,国立东北大学民国三十三年(1944)编印。

族名等，不加分别地连用，是清代盛京文化中，带有特色的现象。请看高宗皇帝当时的诸多表达：乾隆二十年（1755），他说："东三省之新满洲乌拉齐等"。这里将"新满洲"与"乌拉齐"连用；三十五年（1770），又说："前经降旨于东三省新满洲乌拉齐索伦、达呼尔内，骑射娴熟，年力精壮者，每处拣选十数名，令该将军保送来京。①"行文将"新满洲""乌拉齐"和具体族称"索伦、达呼尔"连用。而正面面对东三省确有具体存在的"乌拉齐"人。现从文献中具体搜索到的"乌拉齐"人，共10名。如黑龙江索伦（今鄂温克）人海兰察、额森特、鲁奇讷3人及满洲人努三、伍岱2人，共5人；吉林满洲人富德，永常、额勒登额父子，共3人；不知籍贯的还有华山、常保住2人。从皇帝直称：海兰察、额森特"系乌拉齐人"看，海兰察等人为"乌拉齐"身份是铁的事实，毫无疑问。同时也证明"新满洲"与"乌拉齐"基本内涵相似或相同。这种看法的视觉来自京旗人对东三省文化滞后的"新满洲"称作"乌拉齐"等"诸部"族人，并轻视或蔑视之。

（三）"乌拉齐"时代内涵

"乌拉齐"（Ulaci）称呼的出现，不是通古斯某个族群的所谓较晚来归，而是固有八旗满洲族群文化两极分化之后，先进部分族人，即京旗人，对滞后的东三省"诸部"新满洲站丁——"乌拉齐"（Ulaci）人的轻视、蔑视之称。而这种称呼，非清初即有，是入关后的京旗人，经过三代至五代，在文化上基本达到与中原汉族相当水平后所产生。请看下列分析。

1. 京旗满洲自贵。清军入关后的满洲贵族上层，尽管给东北各族冠以"新满洲"称号，以示笼络和亲近。但用现代话说，不过是实施政治上统一战线的一种手段，利用而已。在本质上，却高看自

---

① 《清高宗实录》卷482，乾隆二十年二月甲寅条；卷868，乾隆三十五年九月乙卯条。

己,蔑视"新满洲"各族。当时的老满洲(佛满洲)人,认为自己来自"纯粹之女真族",品质"最贵"。与新满洲(伊彻满洲)不同,故"以别之"①。清军入关之后,满洲贵族成为全国主导民族代表,顺治皇帝理直气壮地说:"首崇满洲,固所宜也"②。这里的"满洲"固然包括"新满洲",但主要是指老满洲。因为所谓"首崇满洲"一则崇尚它民族品质高贵,二则重给其权钥执掌。乾隆皇帝毫不隐讳地说:我满洲"纯朴忠义,禀乎天性""纯一笃实,忠孝廉节"。只就这一点,"岂不胜于汉人之文艺,蒙古之经典欤"③。在当世既然胜于汉人和蒙古各族,岂不是中华第一族,还有哪个民族能够相比?因此,作为主导民族,便将国家"各部院衙门堂司,悉令满洲官员掌印",凡是"各衙门印钥,皆系满尚书佩带",致成"班次优崇,俾资统摄"④。就这样,有清一代老满洲地位、权势至高无上。致使多数老满洲人,不仅有民族自豪感,而且民族自傲情绪亦潜移默化地滋长起来,看不起新满洲"诸部"人。这便是"乌拉齐"称呼出现的民族情结。当然,满洲贵族作为主导民族上层,在心生自豪感的同时,亦十分注重保护本民族面子,要求本民族处处成为各族表率。一旦出现"满洲行窃为匪"案例,常常以其"沾辱满洲颜面",进行严厉惩处,甚至"销除旗档,令其为民"⑤,以保持本族——老满洲人,固有优势、体面和形象。

2. 蔑称"乌拉齐"。在老满洲上述心理状态下,"新满洲"从名称出现开始,便受到歧视。比如,清太宗时期,礼亲王代善因为"惜财力不给新满洲妻室"案;管牛录事务的库拜,多次夺取"本牛录

---

① 《东北要览》第737页,国立东北大学编印民国三十三年(1944)版。
② 《清世祖实录》卷72,顺治十年二月丙午条。
③ 《清高宗实录》卷443,乾隆十八年七月己巳条;鄂尔泰等纂《八旗通志初集》5函,卷67,第12页上,乾隆四年版。
④ 《大清会典事例》卷43,第25页上;卷43,第26页上,外交部光绪二十五年(1899)石印本。
⑤ 《大清会典事例》卷621,第30页上,外交部光绪二十五年(1899)石印本。

第四编 边疆与民族

新满洲喀拜"出征所获"缎衣闪缎""木匠夫妇"以及马、牛等①。致使许多新满洲人,无法生活,纷纷逃亡。

清军入关后,特别是进入康、雍、乾时期,满洲贵族上层对于新满洲轻蔑,特别是乾隆年间,更加露骨,以致不加掩饰地污蔑之为"乌拉齐"。现举例说明:(1)指责他们愚鲁。乾隆二十七年(1762),新满洲人富德,姓瓜尔佳氏,任理藩院尚书、领侍卫内大臣,并在军机处行走,是新满洲中少有的高官。因他犯有贪污罪,激怒高宗皇帝,便骂他"如禽兽之愚鲁乌拉齐"。(2)勋旧大臣甚轻视富德。吉林新满洲人富德,隶满洲正黄旗。高宗皇帝说:"因伊本系乌拉齐,恐勋旧大臣或将伊轻视诸处,往往留伊地步(皇帝有意保护),界以殊恩"。明确指出乌拉齐人尽管官高至极品,老满洲勋旧大臣照样"轻视"他们。尽管他们在军营立有功勋,亦必须有皇帝的"殊恩"提拔,才能步入高秩。②(3)一般大臣亦轻视。新满洲额勒登额,为满洲正白旗人,姓栋鄂氏。曾任御前侍卫、副都统和护军统领等职。在出征西北路军中,屡立战功。乾隆皇帝在分配将领时曾说:"额勒登额虽经战阵,而有乌拉齐习气。额尔景额系满洲(即佛满洲),办事亦非额勒登额所能及,令其统领大兵,既可收兵丁之力,而额勒登额等亦不敢各执己见"。这"不敢"一语,正说明包括皇帝在内的佛满洲地位高于新满洲乌拉齐,并很轻视他们,甚至他们自己亦深感地位卑微,"不敢"与老满洲抗衡。(4)受军队上司藐视。都统和参赞大臣伍岱,因为是"乌拉齐人",受到满洲上司温福、阿桂的"藐视"③。可见,"乌拉齐"将领,不敢与"老满洲"将领计较,已形成军风,两者贵贱十分明显。(5)漫指乌拉齐习气。乾隆二十三年(1758),皇帝骂新满洲人努三,"系乌拉齐习性,所奏事件,

---

① 《清太宗实录》卷47,崇德四年七月乙亥条;卷36,崇德二年六月甲子条。
② 《清高宗实录》卷671,乾隆二十七年九月丁亥条;《清史稿》卷101(富德列传)载《二十四史及清史稿》经典收藏版。
③ 《清高宗实录》卷797,乾隆三十二年十月己卯条;《清国史》第6册,卷194,第951页,据嘉业堂钞本,中华书局1993年版;《清高宗实录》卷902,乾隆三十七年二月乙亥条。

文义烦琐，览之多不可解"。这位努三是吉林满洲正黄旗人，姓瓜尔佳氏、任头等侍卫，在御前行走。当时出征西北，在军营服役。①皇帝是指责他文采不佳，或批评他"未免有乌拉齐习气，气度狭隘"，具有"乌拉齐之恶习"②等等。从如上种种事实看，这些东三省的所谓"乌拉齐"，在皇帝和老满洲面前，被藐视、轻蔑已经习以为常，成为名副其实的弱势群体。从这里我们也可以看出，"新满洲"与"乌拉齐"尽管同指东三省文化滞后弱势群体，但当皇帝和京旗高层发怒或不满时，多骂"乌拉齐"如何如何，而不拿"新满洲"一词作为职责对象。可见，"乌拉齐"一词，在这种情况下"新满洲"一词比"乌拉齐"似稍体面一些，而"乌拉齐"只代表一种被蔑视的称谓，即"蔑称"。为什么会如此呢？请看京旗那里发生了什么？

乾隆中叶，皇帝重用和珅，将他从一般文员，不数年间晋升为总管内务府大臣、首席大学士。和珅，姓钮祜禄氏，满洲正红旗人[5]2699—2700。他为人机敏，"尤善揣人主喜怒"，为此高宗皇帝"倚毗益笃"。特别是高宗皇帝晚年可能有些糊涂，或者过于自以为是，将如此"寡廉鲜耻"之人，"倚为股肱心腹"。时人批评他用和珅是"使贪使诈"。结果和珅利用已经取得的权势，"搜刮自肥，竟将伴随朝廷腐化，而形成的贪污之风"，推向社会"顶点"③。据嘉庆初年所清查的和珅贪污财物，多达"八万万金之巨额"，时人语之曰："和珅跌倒，嘉庆吃饱。"[6]5而以"和珅为奥援"的贪官亦不胜枚举。如督抚大员国泰、王亶望、陈辉祖、福崧、伍拉纳、浦霖之辈，皆侵亏公币，赃款累累，"动则数十百万之多，为他代所罕赌"。于是，清朝吏治风气益坏，不仅使国家自"康、雍、乾三朝之元气（消耗）

---

①《清高宗实录》卷555，乾隆二十三年正月辛亥条；《清国史》第6册，卷14，第829页，据嘉业堂抄本中华书局1993年版。

②《清高宗实录》卷796，乾隆三十二年十月癸亥条；《清圣祖实录》卷902，康熙三十七年二月丁卯条。

③ 陈康祺著《郎潜记闻·初笔》卷4，第88页；《郎潜记闻·二笔》卷3，第377页，据清代史料笔记丛刊中华书局印本；卫匡国著《鞑靼战纪》，载杜文凯编《清代西人见闻录》第305页，中国人民大学出版社1985年版。

殆尽"[7]3346，而至社会道德水平下滑近于低谷。因此史载："和珅擅政，凡其识拔旗人，以巧趋避为德，以工镌刺为才，以善进退周旋俯仰为知礼。而风气变，营第宅，美衣服，饰厨传，蓄姬侍，宠奴仆，酒肉弃于街，绮罗赴于市，楼台相接，钟鼓相闻，瞧跳跟于辇毂之下"。特别在民族关系方面，和珅等部分在京城的满洲贵族目空一切，轻蔑各族、各地之人。比如"见汉人、蒙古人则鄙夷之；见十七营（京城火器营等）之人，亦鄙夷之；见驻防之人亦鄙夷之；见畿辅屯居之人亦鄙夷之"。尤其是见吉林、黑龙江诸部人，名之"为乌拉齐，鄙夷之，不与为伍"，且"不曰彼'伊彻'，即曰彼'乌拉齐'也"①。由此可知，"乌拉齐"一词，至乾隆中叶，词义发生本质变化，因为"鄙夷之"而将原有"传递"职务的新满洲，演变成具有"轻蔑"内涵的"乌拉齐"一词。从"不曰彼伊彻，即曰彼乌拉齐也"一语看，"伊彻"（新满洲）与"乌拉齐"成同义语，而在皇帝、和珅等京旗人眼中竟"鄙夷"成"轻蔑"之代称。

3. 出现时间巧合。"乌拉齐"（Ulaci）名称之所以出现在康熙末年至乾隆时代，除和珅等一批腐化贪官污染社会风气之外，在很大程度上与京旗满洲文化水平提高，进入先进民族行列有关。乾隆皇帝曾说："我国家承天庥命，建极垂统，至于今百四十年矣。汉人之为臣仆者，自其高曾逮将五世，性情无所不通，语言无所不晓"。意思是说，京旗的满洲人与中原汉人之间，经过五世文化交融，性情相通，语言认同。并指出辽、金时代，没有能做到清朝这样，两族"心意"，如此"浃洽"②。正因为如此，京旗满洲人（包括皇帝）与东三省新满洲相比，两极分化加大，致使京旗人的自傲心理，大为滋长。而东三省站丁——"乌拉齐"（Ulaci）人，正是从康熙二十年（1681）以后，大批进入辽宁地区，雍正年间进入吉林地区，乾隆年间涌入黑龙江地区。形成与东三省新满洲文化全面交融的蜜月时代。

---

① 盛昱著《八旗文经》卷60，第2页下，光绪辛丑刊本；赵尔巽《清史稿》卷333，第12979页，中华书局本。
② 《清高宗实录》卷1154，乾隆四十七年四月辛巳条。

恰在此时，清朝政府在西北用兵，继平"三逆"，大批征调新满洲赫哲，编旗进京之后，进入新时期，致索伦名声大噪，亦开始进驻京城和纷纷征调西进。如康熙三十八年（1699），清政府规定："新满洲索伦等搬移家口来京者，三年之内，日给牛肉一斤，限满停给"①。同时，有索伦、达斡尔调往新疆，组成索伦营。所以，从康熙中叶以后，是索伦、达斡尔族，根据清政府国内统一战争形势需要，南进时代和东三省站丁（Ulaci）北进的活跃时代，十分巧合。所以，"乌拉齐"作为"轻蔑"之称，是八旗内部文化两极分化的产物，与所谓什么"民族共同体"早、晚归附之说，毫无关系。

4. 无规范的称谓。"乌拉齐"（Ulaci）一词，在使用方面，没有规律可循，有很大的随意性。这一点恐怕多半是因为它产生于八旗内部的文化风俗变迁，纯属自然形成，与政府干预的政治制度不同，不具规范性。请看下表：

表3　　　　《清高宗实录》中乌拉齐独称与连称表

序号	人与事	独称与连称	资料来源：《清高宗实录》
1	弘昇奏	乌拉齐……	卷84，乾隆四年正月癸丑条
2	常保住	本系乌拉齐	卷897，乾隆三十六年十一月甲子
3	华山	伊系乌拉齐人	卷833，乾隆三十四年四月己卯
4	海兰察	索伦乌拉齐	卷1000，乾隆四十一年正月庚辰
5	额森特	索伦乌拉齐	卷1000，乾隆四十一年正月庚辰
6	往军营	索伦乌拉齐百名	卷431，乾隆十八年正月戊寅条
7	往军营	索伦乌拉齐侍卫	卷475，乾隆十九年十月辛酉条
8	往京师	新满洲索伦乌拉齐	卷95，乾隆四年六月乙未
9	鲁奇讷	新满洲索伦乌拉齐	卷889，乾隆三十六年七月丁卯条
10	保送京	新满洲索伦乌拉齐	卷890，乾隆三十六年八月己巳朔
11	保来京	新满洲乌拉齐索伦、达呼尔	卷868，乾隆三十五年九月乙卯

---

① 《钦定大清会典事例》卷407，第7页下。光绪二十五年（1899）外交部石印本。

第四编　边疆与民族

续表

序号	人与事	独称与连称	资料来源：《清高宗实录》
12	往围场	新满洲索伦、乌拉齐达呼尔、库雅喇、锡伯等	乾隆三十五年十月《寄信档目录及译文》
13	往围场	新满洲索伦、乌拉齐达呼尔	乾隆三十五年十月寄信档目录及译文
14	保举	乌拉齐索伦新满洲侍卫等	卷260，乾隆六年十一月庚辰条

从上述情况可以看出，第1—3项，单独称之"乌拉齐"；第4—7项，将"索伦乌拉齐"两者连称；第8—10项，将"新满洲索伦乌拉齐"三项连称；第14项，将第8—10项中的"新满洲"与"乌拉齐"位置交换；第12、13项情况十分特殊，将"新满洲"与索伦族称单独组合，而将"乌拉齐"冠于达呼尔、库雅喇和锡伯族称之首。这种特殊情况，出自《寄信档》，与《实录》执笔者是何关系，有待考证。总之，"乌拉齐"一词在使用方面，确实带有随意性。

综上所述，不难看出三个问题：其一，"新满洲"始于清太宗崇德二年（1637），以此年为界定旧（佛）满洲、新（伊彻）满洲之分，比较恰当。新满洲包括东北地区赫哲、鄂伦春、库雅喇等东海瓦尔喀、虎尔哈等各部之人，以及索伦（今鄂温克族）、达斡尔、锡伯、挂尔察、巴尔虎等各个族群。其二，"乌拉齐"一词，最早出现在康熙末年，盛行于乾隆年间，源于蒙古语"站丁"之意。清朝满洲贵族，联系东三省相同职务之"乌拉齐"及其认同新满洲文化，将其与"伊彻"满洲，看成一体。并以东三省"诸部"而概称之。其三，康熙末年至乾隆以降，关内京旗社会两极分化，道德水平下滑。对东三省新满洲等"诸部"人歧视、轻蔑，即以"乌拉齐"一词作为代称，而贬抑之。

[参考文献]

[1] 赵尔巽. 清史稿：卷333 [M]. 北京：中华书局，1998.

[2] 马文大. 爱新觉罗宗谱：（4）甲四 [M]. 北京：学苑出版社

版，2008.

[3] 增寿. 随军纪行：注释［M］. 北京：中央民族学院出版社，1987.

[4] 史禄国. 北方通古斯的社会组织［M］. 呼和浩特：内蒙古人民出版社，1985.

[5] 王钟翰. 清史列传：卷35［M］. 北京：中华书局1987.

[6] 小横香室主人. 清朝野史大观；卷4［M］. 北京：中华书局，1936.

[7] 佚名. 满清野史：4编：第8册［M］. 台北：文桥书局，1972.

［原载于《吉林师范大学学报》（人文社会科学版）2017年第1期］

透过仪礼看皇太极时期对蒙关系以及"外藩（tulergi golo）"概念的形成

[韩] 李善爱*

在努尔哈赤统治时期，后金与内喀尔喀、科尔沁部等内蒙古势力时而反目，时而合作，满蒙关系呈现出不稳定、复杂的局面。这一时期努尔哈赤所采取的对蒙政策的目的在于拉拢尽可能多的同盟势力，因而可以说当时满蒙关系基本为平等的联盟关系。然而，皇太极在努尔哈赤奠定的基础之上，开始更加积极地主导后金与蒙古各部的关系。皇太极构建以察哈尔部与明为共同敌人的满蒙联合势力，确立自己凌驾于科尔沁部右翼首领奥巴之上的优势地位，主导进行远征。皇太极使后金汗制定的军令适用于蒙古首领与将士，将部分蒙古首领任命为扎萨克（jasak），从而对其他蒙古首领与将士实行间接控制。此外，将蒙古社会改编为牛录（niru）制等措施，深化了对蒙古各部的政治统治。

基于上述原因，许多研究者对皇太极针对蒙古各部推行的政策、制度进行了关注与研究。岛田正郎考察了清代有关蒙古的法律，研究了皇太极时期对蒙古各部下达的军令。楠木贤道更为详细地分析了皇太极向蒙古各部下达的军令，探讨了皇太极通过颁布军

---

* 李善爱（1975— ），女，韩国首尔人，高丽大学民族文化研究院教授，研究方向：清代满蒙关系，清代外藩。

透过仪礼看皇太极时期对蒙关系以及"外藩（tulergi golo）"概念的形成

令扩大对蒙古各部影响力的过程。① 田山茂考察了清在蒙古地区实施的盟旗制度与扎萨克旗制度，同时考察了皇太极时期在蒙古地区推行的旗设置与牛录编制。② 达力扎布、郭成康、冈洋树等学者研究了清代盟旗制度的形成问题，并关注了于崇德元年（1636）将后金官员派往蒙古各部，设置旗，进行牛录编制，任命八旗官职——牛录章京等事实。③

满蒙关系的这一变化不仅体现在政治、军事方面，而且体现在后金汗与蒙古首领之间举行的仪礼方面。国家层次的仪礼是高度集中体现政治理念与权力结构的象征体系。仪礼的主要目的在于明确划分权力结构内部的等级，而国家首领之间举行的仪礼反映着相互之间的权力关系。仪礼不仅是一种象征性的文化行为，而且拥有实际的政治性意义，这一事实很好地体现在 James Hevia 针对英国使臣马戛尔尼与乾隆帝的会面所做的研究之中。James L. Hevia, Cherishing men From afar: Qing Guest Ritual and the Macartney Embassy of 1793, Duke University Press, 1995. 入关之前的满洲政权亦不例外。努尔哈赤、皇太极在接见蒙古王公时给予对方的礼遇随着当时的政治局势、对对方的认识等因素而有所变化。努尔哈赤与蒙古王公之间举行的仪礼并非上下等级关系的体现，而是蕴涵着相互友好、同盟的含义。然而随着皇太极掌握了对蒙古各部首领的主导权，皇太极与蒙古王公之间举行的仪礼便朝着强调后金汗权威的方向逐渐被体系化、等级化。这种仪礼上的变化展现了皇太极强化对内蒙古各部的影响力，重新设定后金汗与蒙古首领之间关系的过程。《满文老档》等早期满文资料详细记录了

---

① 岛田正郎：《清朝蒙古例の研究》，创文社 1982 年版；楠木贤道：《清初对モンゴル政策史の研究》，汲古书院 2009 年版。

② 田山茂：《清代蒙古社会制度》，潘世宪译，商务印书馆 1987 年版［田山茂《清代に於けるの蒙古社会制度》（1954）转译本］。

③ 达力扎布：《清初内扎萨克旗的建立问题》；《清初对蒙古右翼三万户的政策及其背景》；《清初"外藩蒙古十三旗"杂考》，《明清蒙古史论稿》，民族出版社 2003 年版；郭成康：《皇太极对漠南蒙古的统治》，《中央民族学院学报》1987 年第 5 期；冈洋树：《清代モンゴル盟旗制度の研究》，东方书店 2007 年版；楠木贤道，同前书。

第四编　边疆与民族

后金汗接见蒙古首领时所举行的仪礼。在考察清初满蒙关系的变化状况时，除政治、军事政策与制度之外，这一些仪礼也可提供重要的线索。①

清代管理藩部的中央机构——理藩院设立于皇太极统治时期的事实亦表明这一时期的满蒙关系已经得以体系化、制度化。因此，针对理藩院的研究主要将焦点置于理藩院制度的历史沿革上或者对藩部的统治政策上，研究者们的关注偏重于理藩院作为中央机构其体系逐渐完备的入关之后，而非设立初期。②然而在探讨蒙古衙门（理藩院）的制度、政策方面的同时，我们也需关注蒙古衙门改称理藩院这一事实。包文汉根据理藩院的满洲语名称为管理"外省（tulergi golo）"的衙门，蒙古语名称为处理外部蒙古政务的衙门这一点，指出对清朝而言，蒙古各部不属于"内"，而是属于"外"。[1]然而从皇太极的立场来看，尽管蒙古各部并非后金汗直接统治的内部区域，但亦非边境之外的其他国家（jasei tulergi encu gu run）。满洲语中原本表示"外部地区"的 tulergi golo 一词在这一时期拥有了通称归附后金的蒙古各部的政治性含义，这反映出当时后金（清）对蒙认识的变化。而在这一点上，崔晶妍的观点较有意义。崔晶妍指出理藩院设立之时，满洲语中并不存在与"藩"相对应的词汇，而意为"外路"的"tulergi

---

① 最近李治国通过仪礼综体考察了清朝和蒙古的关系。他对从明朝和女真部落之间的行礼状况到清末清朝和藩部之间的行礼状况进行了历时分析。另外，他把仪礼方式区分为身体仪礼和礼物交换，详细考察了各个仪礼方式所代表的意义以及各个时代仪礼变化，并且推究了清代仪礼秩序的政治上的意义。李治国：《清代藩部宾礼研究——以蒙古为中心》，内蒙古大学出版社2014年版。邱源媛对清代前期的宫廷礼乐制度进行研究，通过缜密的考证，指出清代的礼乐制度并非单纯地沿袭了明代的礼乐制度，而是入关前满洲与蒙古的传统发展、演变为清入关后独特的礼乐制度。可以说邱源媛的研究在纠正以往学界认为清代礼乐制度袭用明代礼乐制度的认识，揭示礼乐制度所反映的满族的真实身份这两点上具有重要意义。邱源媛：《清前期宫廷礼乐研究》，社会科学文献出版社2012年版。

② Chia Ning, *The Li-fan Yuan in the Early Ch'ing Dynasty*, The Johns Hopkins Univ. 1992 (Ph. D.)；赵云田：《清代蒙古政教制度》，中华书局1989年版；《清代治理边陲的枢纽——理藩院》，新疆人民出版社1995年版；David Faquhar, *The Qing Administration of Mongolia up to the Nineteenth Century*, Harvard University, 1960 (Ph. D)．Nicola Di Cosmo 分析了清代亚洲内陆式统治与中国内地式统治的差异。Nicola Di Cosmo, "Qing Colonial Administration in Inner Asia", *The International History Review*, XX. 2, June 1998.

透过仪礼看皇太极时期对蒙关系以及"外藩（tulergi golo）"概念的形成

golo"一词中的"golo"则借用了元代行政单位"路"的含义。崔晶妍认为藩部被称为边外之省，被视为大清本国的一部分，和与清朝缔结朝贡关系的外国（tulergi gurun）有着严格的区别，蒙古归入外国之后转而被划入 tulergi golo 的范围之内。[2]

本论文的目的：一是通过分析后金汗与蒙古王公之间所行仪礼的变化，考察皇太极时期满蒙关系发生了划时代的变化这一事实。二是关注蒙古衙门的设立以及更名为理藩院的问题，探讨皇太极时期对蒙古认识的变化。关于理藩院这一新名称中被译为汉语"外藩"的"tulergi golo"一词当时在满洲人之间拥有何种含义，笔者将通过分析《满文老档》[1]《旧满洲档》（天聪九年）[2]《内国史院档》（天聪八年）[3][4] 等满文资料中出现的用例，追寻其含义的演变。笔者认为蒙古衙门中"蒙古"一词被满洲语中表示"外部地区（外路）"的"tulergi golo"一词所取代，蒙古衙门被更名为理藩院，这些事实反映着皇太极时期对蒙古认识的变化。这种认识变化使皇太极统治时期对蒙古政策得以制度化，对蒙古各部的影响力得以强化的结果。笔者将着眼于自天聪末、崇德年间起，tulergi golo 普遍被用于蒙古诸王公之前这一点，阐明蒙古衙门更名为理藩院与后金对蒙古认识的变化有着关联，而后金对蒙古认识的变化进一步成为清代"外藩"这一概念的出发点。

一 皇太极时期对待蒙古王公的仪礼

透过与蒙古首领有关的仪礼的变化，可以考察皇太极加强对蒙古各部的影响力，重新设定后金汗与蒙古各部首领之间关系的过程。虽

---

[1] 日本已经抄写和翻译《满文老档》，制成《满文老档》7 册。《满文老档》7 册，东洋文库，1955—1963 年。
[2] 神田信夫等译注：《旧满洲档·天聪九年》，东洋文库，1972 年。
[3] 楠木贤道等译注：《内国史院档·天聪八年》，东洋文库，2009 年。
[4] 日本已经抄写和翻译《满文老档》，制成《满文老档》7 册。《满文老档》7 册，东洋文库，1955—1963 年。

第四编 边疆与民族

然不如中原传统王朝的仪礼高度完善，但在入关前的满洲朝廷之中，与满洲传统习俗相结合的各种仪礼亦不断具备一定的步骤与规范。努尔哈赤、皇太极接见蒙古王公时给予蒙古王公的礼遇随着当时后金形势、对蒙认识等因素而有所不同。同样，通过蒙古王公所行仪礼可以了解他们对后金的认识。

努尔哈赤与周围女真、蒙古势力展开角逐之时，争取同盟势力成为当务之急。曾联合海西四部攻打努尔哈赤，溃败而归的科尔沁部明安台吉后来将女儿嫁与努尔哈赤为妻，较早与后金建立了友好关系。明安台吉在亲自与努尔哈赤会面之前，已多次派遣几名儿子前往后金，维持与后金的友好关系。① 天命二年（1617）正月，传出明安台吉将亲自前来后金与努尔哈赤会面的消息。努尔哈赤于正月初八亲率众福晋、子弟，出城至百里外，宿营二夜，等候明安台吉。明安台吉一到，努尔哈赤立即行"抱见礼"致意。② 相关史料在叙述明安台吉的几位儿子与努尔哈赤会面时，写道"叩头谒见（hengkileme acambi）"，而在记录明安台吉与努尔哈赤会面时，写道"于马上相抱"，暗示明安台吉与努尔哈赤彼此为平等的关系。③ 此时努尔哈赤为明安台吉准备的迎接仪礼、宴会、礼物等是其作为后金汗给予蒙古首领的最高礼遇。④ 且努尔哈赤亲自出城一百里予以迎接，分别时送至城外三十里，此种礼遇亦是

---

① 《满文老档》太祖4，万历四十三年九月，第48页；10月，第49页。
② 抱见礼，即"tebeliyeme acambi"是满族的一种礼俗，是人们见面时互相搂抱以示亲切的问候方式。其形式根据对方的身份、相见场合而有所不同。一种形式为搂抱腰部或贴身抱肩，另一种形式为晚辈向长辈叩头，搂抱长辈双腿。抱见礼是比跪拜礼更平等的仪礼，它能够更好地体现亲切感。抱见礼虽是入关前满族的一般问候方式，但在入关后或清中叶之后，受到汉族文化影响而基本消失。参考了韦泽《满族的抱见礼》，《满语研究》2007年第1期；李治国：《清代藩部宾礼研究——以蒙古为中心》，内蒙古大学出版社2014年版，第63页。
③ 《满文老档》，太祖5，天命二年正月，第76—77页；《大清满洲实录》卷4，天命二年丁巳，正月条，第145—146页。
④ 努尔哈赤对明安台吉，以礼相待之，每日小宴，间日大宴，留之三十日，赐以人四十户、甲四十副，及缎䌷布疋等物至足。《满文老档》太祖5，天命二年正月，第76—77页。

透过仪礼看皇太极时期对蒙关系以及"外藩（tulergi golo）"概念的形成

空前绝后。这是科尔沁部首领、努尔哈赤岳父明安台吉的首次来访，因而努尔哈赤给予特别礼遇，以示厚待之意。对待明安台吉的接见仪礼很好地体现了努尔哈赤在建立后金之后，迫切想要构筑同盟势力的态度。

自努尔哈赤时期至皇太极时期，在后金与蒙古关系中起着关键作用的势力正是代表科尔沁部左右翼势力的右翼首领奥巴。在努尔哈赤统治末期与后金结为同盟关系的奥巴作为努尔哈赤的女婿，被努尔哈赤视为与自己儿子地位相等。因此奥巴以为其与新登基的皇太极之间的关系乃是更加平等的同盟关系。然而皇太极意图打破这种平等的同盟关系，压制奥巴，构筑以后金为中心的满蒙联合关系。努尔哈赤与皇太极对待奥巴的态度的差异体现在仪礼上。奥巴最初并未考虑过与后金联盟，而当天命十年（1625）受到察哈尔林丹汗威胁时，转而紧急求助于后金。此时虽然奥巴处于守势，然而努尔哈赤亦清楚意识到与代表科尔沁部左右翼的奥巴缔结同盟，是可以左右后金前途的一次机会。因此，后金对待奥巴的仪礼以一种在平等的同盟国之间对对方国家首领极尽礼遇的方式举行。

天命十一年（1626）五月十六日，努尔哈赤听闻奥巴将至的消息后，派遣儿子莽古尔泰贝勒、皇太极贝勒等人作为迎接使前去迎接。① 努尔哈赤虽然未以对待岳父明安台吉的仪礼对待女婿奥巴，而是给予其与自己儿子相同级别的礼遇，但亦未敢轻视奥巴作为科尔沁部首领的权威。努尔哈赤在亲自迎接奥巴之前，先派莽古尔泰、皇太极前去迎接，令他们以对等的礼节相见，而且考虑到奥巴是科尔沁部左右翼首领，亲自出城十里予以迎接，固辞奥巴的叩头礼，以抱见礼互相问候。努尔哈赤拒绝奥巴行叩头礼，与奥巴搂抱互致问候，这一点亦暗示了当时后金与科尔沁部之间的关系为平等势力之间的同盟关系。然而继努尔哈赤之后成为后金汗的皇太极感到有必要对自己与奥巴之间的关系进行调整。皇太极与奥巴发生冲

---

① 《大清满洲实录》卷8，天命十一年5月，第401—407页。

第四编　边疆与民族

突的直接起因是在远征林丹汗时，奥巴未得皇太极命令，便擅自回师一事，然而其根本问题在于二者对彼此关系认识的差异。奥巴认为自己作为努尔哈赤的女婿，与皇太极是平等的兄弟关系，而与此相反，皇太极意欲以后金汗的身份凌驾于奥巴之上。[3]117—118 从皇太极的立场而言，为了占据高于内蒙古各部的优势地位，首先需要压制科尔沁部首领奥巴，而最终奥巴采取了向皇太极屈服的态度。① 皇太极与奥巴之间关系的变化体现在奥巴前往后金朝廷谢罪时的接待仪礼上。

奥巴于回师事件的次年，即天聪三年（1629）一月初于沈阳朝觐皇太极。此时皇太极率领代善、莽古尔泰、阿敏三大贝勒及其他贝勒，出城至十里外迎接奥巴。此次会面与以往会面的不同之处是皇太极与奥巴会面时，奥巴向皇太极行下跪搂抱之礼。这种问候礼并非是在平等关系之间，而是在上下关系之间所行的仪礼。满洲的抱见礼有两种形式，其一，正如之前努尔哈赤与明安台吉互相问候的方式一样，搂抱对方腰部或肩部，其二，晚辈向长辈叩头，搂抱长辈双膝，奥巴向皇太极致以问候的方式即属于此类。努尔哈赤固辞奥巴行第二种形式的抱见礼，而皇太极却坦然接受，以此对外宣示后金与科尔沁部不再是对等的关系。② 此后亦是如此，尽管奥巴作为科尔沁左右翼首领的权威得到承认，然而其与皇太极的关系由平等关系转变为上下关系。奥巴向皇太极行叩头礼一事是明确展现这种关系变化的象征性事例。

在奥巴向皇太极表示臣服之后的天聪三年（1629）十月，皇太极发动对明进攻，内蒙古各部将士抵达汇合地点。《满文老档》详细描述了当时以奥巴为首的科尔沁王公与皇太极以及满洲王公会面时的相

---

① 关于奥巴向皇太极屈服，亲自前往后金谢罪的背景，卢基植认为奥巴担心当与后金的盟约破裂时，自己将会在满蒙关系中受到孤立。即在科尔沁内部政治分裂的形势下，若失去后金支援，奥巴作为科尔沁首领的地位将岌岌可危。皇太极巧妙地利用了奥巴此弱点。卢基植，《皇太极的反林丹满蒙联盟扩张与利用》，《中国学论丛》第 13 辑，2000，第 189—190 页。

② 《清太宗实录》卷 5，天聪三年正月庚申、壬戌条。

透过仪礼看皇太极时期对蒙关系以及"外藩（tulergi golo）"概念的形成

见仪礼。① 如此所述，奥巴率麾下诸贝勒向皇太极行叩首抱膝的问候礼，而与两大贝勒互相叩首搂抱，致以平等地位的礼遇，随后蒙古王公与满洲王公按照齿序互相问候。因而可以说除后金汗之外，满洲王公与蒙古王公之间并不存在地位差异。落座时，皇太极命奥巴与孔果尔分别坐于右侧、左侧，可将此举解释为皇太极考虑到奥巴与孔果尔分别为科尔沁右翼首领、左翼首领，意图维持双方均衡。

自后金与蒙古联合军正式发动对察哈尔与明战争的天聪五年（1631）起，拜见皇太极的叩头礼的步骤有所增加。天聪五年四月六日，翁牛特部首领逊杜棱及奥巴、孔果尔等科尔沁部首领、阿噜蒙古各部首领朝觐皇太极。此时逊杜棱率麾下诸王公先在远处叩拜一次，随后逊杜棱作为代表稍微走上前去，下跪行礼，皇太极即刻起身受礼。当逊杜棱第三次跪拜时，皇太极亦下跪叩首，与逊杜棱互相拥抱。而对于逊杜棱麾下诸王公的叩头礼，皇太极则坐着受礼。阿噜科尔沁部首领达赉楚琥尔与麾下诸王公一起按照与逊杜棱相同的方式叩拜皇太极。即以往只是简单下跪叩首的朝觐仪礼转变为由远处逐渐走近、分三次下跪叩首的行礼方式。逊杜棱为翁牛特部首领、元老，因此当其第二次叩首时，皇太极起身受礼，当其第三次叩首时，皇太极亦叩首答礼，以示礼遇。皇太极坐着接受各部首领之外诸王公的叩头礼，以此明确区分蒙古王公之间的上下等级关系。② 在四月九日科尔沁部、四子部以及其他蒙古王公会盟时，从喀尔喀前来朝见皇太极的

---

① 《满文老档》太宗天聪17，天聪三年十月十五日条，第233—234页。"（十月）十五日，蒙古科尔沁部土谢图汗（奥巴）……等二十三贝勒率兵来会。来时，汗率两大贝勒及众台吉，迎于三里外，遇之。于遇见处，即下马近前，拜天，行三跪九叩头礼，乃还行幄。汗坐于中，两大贝勒各坐一侧，众台吉分两翼坐。土谢图汗率其众贝勒见。土谢图汗近前叩拜，行抱见礼，次与两大贝勒相拜，互行抱见礼，次与众台吉，按齿序相拜，行抱见礼毕。孔果尔马法及诸贝勒、汗、两大贝勒、众台吉、察哈尔诸贝勒、喀尔喀诸贝勒、巴林诸贝勒、扎鲁特诸贝勒，照前以次行抱见礼毕。土谢图汗、孔果尔马法，以所携酒进献，汗与两大贝勒先饮之。于是，令土谢图汗、图梅贝勒坐于右，孔果尔马法坐于左，诸贝勒分坐两傍……"

② 《满文老档》太宗天聪37，天聪五年四月六日条，第497—498页。

第四编　边疆与民族

王公们亦以这种方式行礼。①

在稍早的天聪五年二月二十二日，当科尔沁部孔果尔前来朝觐时，皇太极率两大贝勒、台吉以及大臣，出城十五里迎接。孔果尔率众先在远处下跪叩首，皇太极与贝勒亦对面跪下，接受孔果尔一行的行礼。稍稍走近之后，孔果尔再次下跪叩头，行抱见礼，皇太极从座位上站起，弯曲双膝，拥抱孔果尔。随后，代善、莽古尔泰以及其他贝勒按照齿序，与孔果尔一行互行抱见礼。②科尔沁部孔果尔是努尔哈赤岳父，与皇太极岳父莽古斯是兄弟，因此出于对长辈的礼遇，皇太极在孔果尔第一次叩首时，与其一同跪下，在孔果尔第二次行礼时，从座位上站起，弯曲双膝，与孔果尔互相问候。皇太极给予孔果尔的礼遇比给予翁牛特部首领逊杜棱的礼遇更为恭逊亲密。皇太极亲自出城十五里迎接亦是给予孔果尔的特别照顾。除努尔哈赤为迎接明安出城百里之外，后金汗亲自迎接蒙古王公或公主时，一般出城至五里或十里外。皇太极迎接、接见父亲之岳父孔果尔的仪礼步骤反映着后金与科尔沁部左翼缔结的血缘性、政治性关系。③

叩头礼的步骤转变为由远处逐渐走近，分三次跪拜的时间是天聪五年。而这一年亦是皇太极发动针对林丹汗的远征，与蒙古各部首领共同制定、颁布军令的时期。在天聪五年会盟中制定的军令所拥有的意义是：使后金汗的命令适用于蒙古军队与各部首领，从而进入对蒙古各部实行法律统治的初期阶段。总而言之，在后金汗的权威逐渐向臣服于后金的蒙古各部渗透的过程中，皇太极与蒙古王公之间的接见礼的步骤变得复杂，上下关系变得明确。后金汗与蒙古王公之间的接

---

① 《满文老档》太宗天聪37，天聪五年四月九日条，第502页。
② 《满文老档》太宗天聪37，天聪五年二月二十二日条，第477—478页。
③ 在通过婚姻缔结的后金与科尔沁部左翼之间的紧密关系中举足轻重的人物中有 amba mama。amba mama 及其儿媳 ajige mama 于皇太极在位十七年间，曾先后十次访问后金—清，其中六次是在皇太极称帝的崇德年间。当 amba mama 与 ajige mama 来访时，皇太极给予极高的礼遇。笔者将在今后的研究中考察 amba mama 与 ajige mama 访问后金—清时的具体仪礼与赏赐物品。有关后金宗室与科尔沁左翼的婚姻关系、amba mama 的作用的详细研究，可参考杜家骥《清朝满蒙联姻研究》，人民出版社2003年版，第4—13页；楠木贤道，同前书，第93—100页。

透过仪礼看皇太极时期对蒙关系以及"外藩（tulergi golo）"概念的形成

见礼不仅随着上下关系不同而不同，而且依据蒙古王公与后金汗的亲密程度、双方关系在政治层面的重要程度而有所变动。当时亦有仅在远处叩拜一次的情况，然而这一形式主要适用于势力弱小或与后金关系疏远的部分蒙古首领。

接见礼并非仅在后金汗与蒙古首领之间举行。蒙古王公访问后金时，在向后金汗行礼后，与满洲宗室进行问候与排位，此时亦有一定的步骤与顺序。由前述事例可知，作为宾客的蒙古王公与满洲宗室并非按照地位高低，而是按照年龄顺序互相行礼。因此直至当时，仪礼步骤尚未体现出满洲宗室地位高于蒙古王公。满蒙王公之间的问候仪礼后来演变为"相见礼"。对拥有爵位的外藩王公与满洲王公相见时所行仪礼作出具体规定的仪礼是"内外王公相见礼"。譬如，当外藩亲王访问内亲王（即满洲亲王）时，内亲王走出殿阁，走下台阶，迎接外亲王。外亲王立于左侧，内亲王立于右侧，并肩走过中门，走进殿阁。随后主人内亲王立于东侧，正面朝西，客人外亲王立于西侧，正面朝东。两者在各自位置上互行二跪六叩头礼，然后外亲王坐于西侧，内亲王坐于东侧。会面结束时，外亲王首先行一跪一叩头礼，内亲王进行答礼。外亲王起身离开时，内亲王送至台阶之下。当外藩郡王拜访内亲王时，作为主人的内亲王走出殿阁之外迎接，却不走下台阶。作为宾客的外藩郡王走上台阶，在内亲王指引下走进殿阁，随后行二跪六叩头礼，而内亲王屈膝跪下，答以半礼。当外藩亲王拜访内贝勒（满洲宗室贝勒）时，内贝勒走出门外迎接，外亲王首先走进门内，内贝勒随后而行。外亲王在西面，内贝勒在东面，互行一跪三叩头礼。当外亲王告辞时，内贝勒让外亲王先站起，之后跟随外亲王身后而行，送别外亲王。①

相见礼对满洲王公与蒙古王公之间依据爵位高低而行的仪礼作出区分。基本上，满洲王公与蒙古王公在礼制上处于相等地位，然而并非完全相等。清朝授予蒙古王公的爵位分为和硕（hošoi）亲王、多

---

① 《钦定大清会典》卷34，《礼部》"仪制清吏司"相见礼条。

罗（doro）郡王、多罗贝勒（doro beile）、固山贝子（gūsa beise）、镇国公、辅国公、台吉与塔布囊。台吉与塔布囊是同一级别，两者又分为一等、二等、三等、四等四个等级。① 在上述相见礼中，郡王的爵位低于亲王，因此外藩郡王访问内亲王时所受礼遇要低于外藩亲王访问内亲王时所受礼遇。当外藩郡王访问内亲王时，内亲王并不走下台阶迎接，且行礼时，亦是外藩郡王首先行礼，内亲王答以半礼。贝勒地位低于亲王，因而内贝勒需厚待外亲王。即没有满洲、蒙古之分，王公爵位的高低规定了其应当受到的礼遇。然而观察相同级别的内外亲王之间的相见礼，可以发现两者虽然行相同的叩头礼，但是在顺序上却是外亲王首先行礼，内亲王进行答礼。规定外亲王首先行礼，以表明外亲王地位在内亲王之下。[4]正如所述，在清代，当满蒙王公爵位相同时，满洲宗室的地位要在蒙古王公之上。②

　　虽然针对依据爵位制度而定的各种仪礼以及满洲宗室高于蒙古王公的优越地位的规定始于入关后顺治年间，然而其起源则可上溯到皇太极即位的崇德元年（1636）。皇太极刚一登上帝位，即制定了针对满洲宗室与蒙古王公的爵位制度。清代外藩的特征是外藩地区各首领通过满洲爵位制度，被编入清朝的支配体系与权力结构之中。清朝通过将清皇室的爵位授予外藩首领，将他们吸收进清朝体系之内，并划分等级。清代适用于蒙古王公的爵位制度与行政、法律、军事统治体系一样，都是清朝通过地区首领对外藩实施统治的主要手段。皇太极由满、蒙、汉王公与大臣推戴登上大清皇帝之位后，开始着手通过将满洲爵位授予蒙古王公，从而将他们编入清朝政权的权力结构之内。此外，皇太极于崇德元年十月，对外藩和硕亲王、多罗郡王、多罗贝勒接见皇帝所派大臣、接到诏书时应行之礼作出详细规定，强调了大

---

　　① 台吉与塔布囊的爵位级别相等。仅土默特部与喀喇沁部有塔布囊爵位，其余蒙古部落的爵位为台吉。
　　② 康熙、雍正、乾隆朝《大清会典》《理藩院》"宾客清吏司"与"王会清吏司"都记录着在顺治十年，规定蒙古亲王位于内（满洲）亲王之下，蒙古郡王位于内郡王之下，蒙古贝勒位于内贝勒之下，蒙古贝子位于内贝子之下，蒙古公位于内公之下。

透过仪礼看皇太极时期对蒙关系以及"外藩（tulergi golo）"概念的形成

清皇帝的权威。① 同时制定并颁布了有关满洲王公与蒙古王公之间聘礼、婚礼用品的详细规定。② 与爵位高低相对应的各种仪礼开始适用于蒙古王公。尽管并不存在将蒙古王公置于满洲宗室之下的规定，但是观察满蒙王公聚在一处的朝贺仪礼以及宴会座次，可以发现自崇德年间起，满洲宗室凌驾于蒙古王公之上的倾向趋于明显。向清朝皇帝行礼的顺序被固定下来，依次是满洲宗室与大臣、蒙古王公、汉人大臣。而各蒙古王公向清朝皇帝行礼时，则以清朝皇帝所赐爵位的高低为顺序。蒙古王公不再是宾客，而是作为由清皇帝册封的外藩王公，与满洲王公、汉人大臣一同参与到向清皇帝行礼的仪式中。

清初史料详细记录了后金汗、宗室贝勒与蒙古王公之间的相见礼，这是为强调后金汗在蒙古王公中所拥有的权威而采取的一种叙述手段。在有关努尔哈赤统治时期的记录中，引人注目的是努尔哈赤以同盟之礼对明安台吉等科尔沁部王公极尽礼遇的记录，而与此相反，自皇太极统治时期起，强调相对于内蒙古首领，后金（清）拥有"较高优越地位"的记录占大多数。尤其自天聪四、五年间起，关于皇太极与蒙古王公会面的记录变得详细，其中包含着通过接见仪礼明确体现权力等级的意图。史料中呈现出的这种叙述手段所起的作用是暗示了后来以清皇帝为权力顶峰，满洲宗室、大臣、外藩王公所组成的权力结构。

二 "tulergi golo"（外藩）概念的形成

进入皇太极时期后，后金与蒙古各部的关系发生了质的变化：后金汗扩大了对蒙古各部的影响力，制定了一系列针对蒙古各部的制度措施。正如仪礼所显示的一样，皇太极意欲向蒙古王公展示后金汗的权威，并欲将仪礼予以体系化。在后金中央机构中设立专门负责蒙古

---

① 《满文老档》太宗崇德31，崇德元年十月十六日，第1336—1339页。
② 同上书，第1339—1351页。

第四编　边疆与民族

事务的机构——蒙古衙门（monggo jurgan 或 monggo yamun）可谓是这种变化的结果。关于蒙古衙门的设立时期，有研究者推定为天聪十年（1636）二月，而亦有研究者认为早在天聪八年（1634）五月蒙古衙门便已设立。① 难以推定准确设立年度的原因在于崇德元年之前的记录中仅仅偶尔出现"蒙古衙门""蒙古部"等名称，而几乎不存在有关其功能与活动的记录。然而《内国史院档》天聪八年五月的记录中提及蒙古衙门的管理，之后其他史料内容记载着崇德元年六月任命尼勘为蒙古衙门改名后的理藩院承政一事，因此蒙古衙门设立于天聪八年（1634）的可能性较大。②

自天聪年间起，阿什达尔汉、尼勘、达雅齐塔布囊等人作为所谓的蒙古专家，执行后金的对蒙政策，并在蒙古衙门设立后，以正式官员的身份来往于后金与蒙古之间，处理重要事务。蒙古衙门设立之前，这些人的主要职责是传递后金汗与蒙古各部首领之间的书函，在后金汗发动远征时动员蒙古各部的军队。然而在天聪八年（1834）十月，皇太极将阿什达尔汉、达雅齐派往蒙古会盟，令他们参与到划分游牧地，调查户口数，以及惩处违法蒙古贵族的事务中。③ 处理这些事务意味着阿什达尔汉等人不再局限于单纯的使臣职责，而开始介入到蒙古各部的内部事务中。而这又意味着后金汗对蒙古各部的影响力增强。假如将蒙古衙门的设立时间推定为天聪八年五月之前，则天聪八年十月阿什达尔汉等人参与会盟一事便可能是他们以蒙古衙门官

---

① 赵云田以《清史稿》《清太宗实录》及《满文老档》的记录为依据，认为蒙古衙门设立于天聪十年（1636）二月，即崇德元年二月。而 Chia Ning 与包文汉、达力扎布等多数研究者以《内国史院档》与《清太宗实录》天聪八年（1634）五月条中有言及"蒙古衙门之管理"的内容为依据，认为蒙古衙门在天聪八年（1634））五月已经设立并运转。该记录的满文原文是"ere be derebure de ocibe, karacin i cooha tucibure de ocibe, monggoi jurgan i niyalma akū ohode ojorakū"。意思是"使他们（归顺之人）后退时，以及派遣喀喇沁军队时，不可无蒙古衙门之人。"（《内国史院档天聪八年》天聪八年五月，155 页）。《内国史院满文档》记录的内容亦见于《清太宗实录》卷 18 天聪八年五月初的记录。

② 《内国史院档天聪八年》天聪八年五月，第 155 页；《满文老档》太宗崇德 17，崇德元年 6 月，第 1127—1128 页。

③ 《内国史院档天聪八年》，十一月，第 349—356 页；《清太宗实录》卷 21，天聪八年十一月壬戌条。

透过仪礼看皇太极时期对蒙关系以及"外藩（tulergi golo）"概念的形成

员的身份所执行的任务。① 通过分析蒙古衙门设立后专门处理蒙古事务的人员的职责，可以推知皇太极设立蒙古衙门的目的。皇太极在构建满蒙联合军势力，通过远征扩大对蒙古首领控制力的过程中，意识到有必要设立更为体系地处理蒙古事务的机构，于是创建了蒙古衙门。

皇太极于崇德三年（1638）六月将蒙古衙门更名为理藩院，整顿了由理藩院、都察院、六部组成的八衙门体系。②"理藩院"为汉文名称，满语名称为 tulergi golo be dasara jurgan，即管理"tulergi golo（外部区域，外路）"的衙门，蒙语名称为"ɣadaɣadu mongɣul-un trü-yi jasaqci yabudal-un yamun"，意指处理外蒙古政务的衙门。表示外蒙古的蒙古语"ɣadaɣadu mongɣul"、表示外路（或外部区域）的满洲语"tulergi go lo"与汉文词语"外藩"是对应关系。至乾隆时期，理藩院习惯上被称为"monggo jurgan"，或者被蒙古王公称为表示大衙门（amba jurgan）之意的蒙语名"yeke yamun"，然而更名后的新名作为正式名称一直沿用到清朝末期。③ 理藩院的满语、蒙语、汉语名称的含义并非完全一致。

"藩"本义为"藩篱"，中原王朝在按照所谓"以中国为中心的天下秩序"的框架，表现其与周边民族或其他国家所缔结的关系时，使用"藩"字。在以中国为中心的天下秩序中，以天子所居王京为中心，宗室诸侯、异姓诸侯、蛮夷等以同心圆结构围绕在其周围。"藩"指的是在这一同心圆结构中，如同藩篱一般围绕、护卫居于中央的天子的诸侯们。按照与天子关系的亲疏、与王畿距离的远近，

---

① 村上信明曾对后金时期至清朝初期曾在蒙古衙门——理藩院中处理蒙古事务的人员进行分析。他对清朝前期曾在理藩院任职的人物的出身及活动、理藩院任用官员的实际情况等进行分析，为主要偏重于理藩院制度、政策层面的研究提供了多元视角。村上信明《清朝前期における理藩院の人員構成》，《满族史研究》2005 年第 4 期。

② 《清太宗实录》卷 42，崇德三年六月庚申条。刘小萌《满族从部落到国家的发展》，中国社会科学出版社 2007 年版，第 260—261 页，[韩]李勳、李善爱、金宣旻译，《满族从部落到国家的发展》，青史，2013，第 417 页。

③ 李保文：《"内外蒙古"称谓的由来及其演变》，《蒙古史研究》第 9 辑所载蒙文论文的转译文。

第四编 边疆与民族

"藩"分为多个等级,且存在内外之分。可以说"藩"是指皇帝直辖疆域之外独立或半独立的诸侯国。进入清代之后,"外藩"一词开始被频繁使用,它"外藩"与"藩部""属部"等词语共同被用来指蒙古、西藏、新疆等清朝统治力所及的中原之外的地区,以及朝鲜、琉球等与清朝缔结有朝贡关系的外国。[5]

关于"外藩"概念的演变,张双智指出在古代外藩指代京城外围的藩封或州县重镇,而随着中原王朝的影响力扩大,亦开始指称周边朝贡国。根据张双智的观点,清朝时期外藩、藩部用来称呼蒙古、西藏、新疆,属国、藩属、藩国用来称呼外国,而对于俄罗斯、英国、日本等国家,则避免使用含有臣服之意的藩部、藩属、属国,而是大多称外藩。因此在理论上,外藩是指称内陆以外非汉族地区与外国的含义最广的重要政治性地理概念。[5]107 然而李保文通过比较满文版、汉文版、蒙文版的《钦定理藩院则例》与《大清会典》的用例,主张汉文版中的"外藩"与满文版、蒙文版中的"外藩蒙古"或"外蒙古"相对应,外藩是指清朝设置有扎萨克的内外扎萨克蒙古地区,"外藩蒙古"应视为一个独立的固有名词。即李保文将外藩的含义限定为指称处于清朝影响力之下的蒙古各部。他指出"外蒙古(γadaγadu mongγul, tulergi monggo)"这一名称出现于1631年前后,用来指称与后金缔结联盟关系的蒙古地区各部,"外蒙古"的"外"是边外之意。① 正如所述,以中国中心的天下秩序中所使用的"外藩"与通过考察满蒙史料得出的"外蒙古"或"外藩蒙古"有着不同的含义,且随着时间推移,"外藩"的含义亦发生变化。

包文汉考察了清代"藩部"概念的历史演变过程,指出清朝时期"藩"或"外藩"的含义与以往中原王朝时期稍有不同。包文汉认为以往中原王朝时期"藩"与"番"意思相通,通称居于中原以外地区的异民族,然而清朝时期与此不同,"藩"在不同时期拥有不同含

---

① 参考李保文《"内外蒙古"称谓的由来及其演变》(《蒙古史研究》第9辑所载蒙文论文的转译文)。

透过仪礼看皇太极时期对蒙关系以及"外藩（tulergi golo）"概念的形成

义。清朝初期，一般在指称蒙古部落时，使用"藩"或"外藩"，而在指称西南地区、甘肃、青海一代民族时，使用"番"。入关后直至嘉庆年间，主要将蒙古各部、各旗称为"藩部"，而在指称新疆、西藏、青海地区的民族时，使用"番户""羌户"等词。直到乾隆、嘉庆年间之后，才将属于清朝疆域之内的各部族称为"藩"，而指称外国时一般使用"属国""外国"等词。正如所述，清朝时期"藩"的含义随着时期的不同以及领土的扩张而有所变化，且内藩、外藩的范围亦发生变化。清代的"外藩"概念与以往中原王朝曾使用的"藩"概念并非完全一致，清代"外藩"概念随着各时期政治局势而扩大其含义并产生内外之分。

很难说皇太极时期已经接受了以中国为中心的天下秩序中所使用的"外藩"概念。① 清入关后拓展疆域，熟悉汉族文化思想之后所使用的"外藩"概念或"藩部"概念与皇太极将蒙古衙门更名为理藩院时所使用的"tulergi golo"概念不可能完全一致。然而尽管两者并不完全一致，但是以往所使用的"monggo"更改为"tuelergi golo"却意味着 tuelergi golo 开始被用来指称蒙古各部。笔者认为 tuelergi golo 的概念逐渐与"外藩"一词趋于一致的事实反映了崇德元年前后后金对蒙认识的变化，因此有必要考察与汉文版中"外藩"一词相对应的满洲语"tulergi golo"最初是何种含义，自何时起用来泛指蒙古各部。

自努尔哈赤时期至天聪初期，tulergi golo 顾名思义指称外路，即外部地区。在《满文老档》太祖努尔哈赤时期的记录中，tulergi golo

---

① 关于崇德三年蒙古衙门改称理藩院，Nicola Di Cosmo 认为有可能皇太极统治时期在接受汉人官僚、汉族制度的同时，借用了中华思想中的"藩"概念。并且他依据理藩院的满文名称中"tulergi golo"是外部地区的含义，推测满洲政权在入关前已经区分了内部行政领域与外部行政领域。（Nicola Di Cosmo, "A Historical Analysis of Manchu-Mongol Relations before the Qing Conquest", *Frontiers of History in China*, Vol. 7, issue 2, 2012, pp. 183—184）然而皇太极在将蒙古衙门更名为理藩院之前，已经确立了对内蒙古各部的统治权，开始将他们通称为"tulergi golo"。因此随着后金对蒙古影响力的增强，tulergi golo 一词由意味着"外部地区"的一般含义演变为表示满洲政权统治力所及的外部地区的概念。因而笔者以为更为妥切的说法是清朝并非单纯地借用中原王朝曾用的"藩"概念，而是让 tulergi golo 与"藩"的含义趋于一致。

第四编　边疆与民族

的用例出现两次。

（1）诸贝勒曰："边外各路（tulergi golo golo）无粮处之汉人，可粜以东京、海州、耀州、盖州之仓粮，大枳一升收银一两。恐其不去耕田，故于购运粮食期间，先向有粮人借贷，俟取回所购之粮后偿还之。凡诸申、汉人有粮之官员，可向该处无粮之汉人售粮。"①

（2）然新王并未留其（李适）于身边，而遣往外省（tulergi golo）任总兵官。故李适怨恨新王，与我父韩明廉共谋，举兵攻打新王，途中连克三处之兵。②

在用例（1）中，tulergi golo 与蒙古并无特别关联，仅用来表示脱离中心的边外地区。用例（2）是有关朝鲜李适之乱的记录，文中 tulergi golo 的含义是远离朝鲜新王所在首都汉城的地方。李适是朝鲜仁祖反正的功臣，而仁祖却将其派往平安道宁边担任副都元帅，命其致力于防御女真族。满文史料对此记述道"遣往外省（tulergi golo）任总兵官。"平安道是远离国王所在的汉城、与女真族接境的地区。即此处所说的 tulergi golo 是指远离京城的外部地区。努尔哈赤时期史料中出现的 tulergi golo 用例都是指远离中心地区或内陆的外部地区。然而尽管这些"外部地区"远离中心地区，但仍处于政权势力所及的领域之内，而并非外国领域。此种用例亦见于皇太极时期的史料：

自我撤兵之日始，逃往人数：男丁二百九十六名，妇人七百三十五名。此先已察出之数。其外路（tulergi golo）众逃人，后再察出后送还。③

---

① 《满文老档》太祖59，天命八年九月，第866页。
② 《满文老档》太祖64，天命十年正月，第955页。
③ 《满文老档》太宗天聪八，天聪元年十二月，第113页，"meni cooha bederehe inenggi ci, ukaka niyalmai ton, haha juwe tanggūuyunju ninggun, hehe nadan tanggū gūsin sunja, ere neneme baicaha ton, jai tulergi goloi geren ukanju be amala baicafi unggire."然而《清太宗实录》的相关记录将"tulergi goloi geren ukanju"译为"外藩逃人"。出现这种满、汉翻译现象的原因被推断为《清太宗实录》编纂于"tulergi golo"一词被固定译为"外藩"之后。《清太宗实录》卷3，天聪元年十二月壬寅条。

透过仪礼看皇太极时期对蒙关系以及"外藩（tulergi golo）"概念的形成

上述史料是天聪元年十二月九日，皇太极遣朝鲜使臣朴兰英归国，并将参将英俄尔岱、游击霸奇兰派往朝鲜时，写给朝鲜国王的书信的部分内容。该史料记述了后金提出的归还逃走的朝鲜人俘虏的要求，此处使用的 tulergi golo 亦是指与蒙古无关、普通含义的"外部地区"。如例所示，直至天聪初期，tulergi golo 顾名思义主要用来指称"外部地区（外路）"，即表示在一定领域（例如国家）内，脱离中心的外部地区。

然而自天聪十年起，tulergi golo 习惯上被置于 geren monggo i beise（蒙古诸首领）之前的用例增多。自天聪十年正月元旦朝贺礼起，至皇太极宣布大清国建国，举行册封仪式的四月止，此类用例频繁出现。① 崇德年间之后的满文史料中亦大量出现类似用例，主要用来总称归附后金的内蒙古各部。天聪十年之前，《内国史院档·天聪八年》的记录中亦不时出现指称蒙古各部的"tulergi babai monggo i beise"，"tulergi monggoso"。② 然而天聪十年之前几乎没有使用"tulergi golo"一词总称蒙古各部的用例。自天聪十年前后起，tulergi golo 开始习惯上用来统称蒙古各部首领，在《内国史院满文档案》崇德二年、三年的记录中，tulergi golo 亦主要用来统称蒙古各部首领或指称理藩院。由此可知，满洲语的 tulergi golo 在天聪十年之后崇德年间基本被用作泛指蒙古各部的用语。努尔哈赤时期与皇太极统治初期没

---

① 《满文老档》太宗崇德1，天聪十年正月，889—890页，"（天聪十年正月）十二日，汗具大筵宴外路（或外藩）诸贝勒。时科尔沁贝勒图梅之妻献雕鞍马二、空马十八、羊十三、貂皮一。"《满文老档》太宗崇德7，天聪十年四月，986—987页，"（天聪十年四月）初四日，汗御内殿，召外藩蒙古诸贝勒，设大宴，扮狮身，陈百戏，宴之。"《满文老档》太宗崇德9，崇德元年四月，1012页，"是日（十八日），以宽温仁圣汗受尊号礼成，外藩蒙古右翼贝勒阿鲁部济浓、达赖楚呼尔，奈曼部洪巴图鲁，扎鲁特部内奇，巴林部阿玉希，土默特部古鲁思辖布、耿格儿倡首，率诸贝勒进盛宴于大政殿。"《满文老档》太宗崇德9，崇德元年四月，1015页，"二十三日，奉宽温仁圣汗之谕诏，分叙诸兄弟子侄功……分叙外藩蒙古诸贝勒功，封巴达礼为和硕土谢图亲王，乌克善为和硕卓哩克图亲王，固伦额驸额哲为和硕亲王，布达奇为多罗扎萨克图郡王，满珠习礼为多罗巴图鲁郡王，奈曼部洪巴图鲁为多罗达尔汉郡王，逊杜棱为多罗杜棱郡王，固伦额驸班第为多罗郡王，孔果尔为冰图郡王。"

② 《内国史院档 天聪八年》，正月初三日条；天聪八年五月，第149、153、155页。

有统称蒙古各部的特别用语，自天聪十年，即崇德元年起，tulergi go-lo 开始正式被用作泛指蒙古各部的名称。

观察前述满文史料中的用例，可知 tulergi golo 的一般含义为远离中心地的外部地区，用来指称虽是外地，但仍处于政权势力所及范围之内的地区。这一用语自天聪十年，即大清国宣布建国的崇德元年起，开始习惯上用来指称蒙古各首领，可以说这反映着这一时期后金对蒙认识的变化。即直至努尔哈赤时期为止，作为后金之外地区的 gurun（国，国人），组成独立集团，与后金为平等关系的内蒙古各部在皇太极时期，尤其在崇德元年之后，被纳入后金（清）的影响力所及范围之内。清与蒙古关系的这种变化通过"tulergi golo"一词被表现出来。尤其是，假如将 tulergi golo 限定为不是外国，而是政权影响力所及范围之内的地区，则可以说在这一时期，蒙古各部被视为后金政权管辖范围之内的地区。即自崇德元年起，tulergi golo 不再是表示"外路"或"外地"的一般含义，而是拥有了指称受到后金政权影响的蒙古各部的政治性含义。①

后金在指称朝鲜、明等邻国时，使用意为"边外地区"的 jasei tulergi 一词，由此亦可以推测后金与蒙古的特殊关系。"jase"译为边境、边界，主要指国与国之间的边境。尤其在后金与明的关系中，"jase"指的是辽东边墙。在《满文老档》中，"jasei tulergi"出现最频繁的记录是努尔哈赤对明宣战时提出的"七大恨"中有关明杀死其祖父、父亲，帮助叶赫部一事的记录。"七大恨"的第一大恨为"无端干涉边外之事，明杀我祖父、父亲。"而明朝军队越过边境，帮助叶赫被列为第二大恨。② 之后的史料将此事叙述为"明帮助边外之叶赫。"并且叙述道"明帮助边外他国之事是错误的，这是上天发起的战争。"将对明战争正当化时亦采用这种表述。这些记录强调的是对明而言，叶赫与后金是边境之外的其他国家（jasei tulergi encu

---

① 张永江指出满洲语"tulergi golo"仅表示方位，不拥有政治含义。张永江《清代藩部研究——以政治变迁为中心》，黑龙江教育出版社 2001 年版，第 32 页。
② 《满文老档》太祖 6，天命三年四月十三日，第 86—89 页。

透过仪礼看皇太极时期对蒙关系以及"外藩（tulergi golo）"概念的形成

gurun）。即强调的是后金与其他女真部落之间的问题是他们领域之内的问题，不是明等边外他国应当干预之事。

David Farquhar 指出，《满洲实录》等史料最初使用表示国家或国人的 gurun 一词指称哈达、叶赫等女真部落，从平等的立场加以记录，然而后来努尔哈赤兼并这些部落后随即使用表示部族的 aiman 或 tatan 或者表示地区、地方（路）的 golo 等词。[6] 在后金未能完全掌控蒙古之时，努尔哈赤亦使用 jase tulergimonggo 指称蒙古。努尔哈赤在天命七年（1622）通过都堂下达的文书中命令镇安堡参将率领军队，奔赴并驻守蒙古边境，并且说道"上天眷我，以山海关以外之地界我。边外之蒙古（jase tulergi monggo），若越入边内（jase dolo），我亦以出边外报之，则我两国结怨矣。若愿怀善心行善道，各归原游牧之地，则我两国可无事也！"① 此处努尔哈赤将蒙古称为边境之外的他国。在天聪年间，对于前来归附的翁牛特部首领，努尔哈赤称其为"投降之国国主（dahaha emu gurun i ejen）"。② 此外，称呼蒙古部落时往往使用 gurun 一词，这表明后金认为蒙古各部是拥有各自独立权力的国家。然而进入崇德年间后，后金在指称内蒙古各部时，有意不再使用 gurun，而开始使用总称蒙古各部的词语—tulergi golo。进入天聪十年（崇德元年）后，满文史料在指称蒙古各部时开始使用"tulergi golo"一词，这反映了后金开始将蒙古势力与边外其他国家区别开来。

笔者认为，皇太极于崇德三年（1638）将蒙古衙门更名为理藩院与前述的对蒙认识变化有着关联。Chia Ning 主张皇太极将蒙古衙门更名为理藩院是为了使该机构的事务范围不再仅限于蒙古，而将更多

---

① 《满文老档》太祖 2，天命七年二月，第 525 页。
② 《满文老档》太宗天聪 58，天聪六年八月，第 844 页，"amargi dahaha monggo i aru i aiman i ejen sun dureng se, orin juwe mo rin, ilan temen benjime han de hengkileme jihe, han, sun dureng be dahaha emu gurun i ejen seme kunduleme, hecen tucime sun ja ba i dubede okdofi sun dureng, han de hengkileme acara de, han, inu ishun dorolome tebeliyeme acaha,"（北边归顺蒙古阿噜部主逊杜棱等来朝见汗进献马二十二、驼三。汗以孙杜棱为投降一国之主乃厚遇之，出城迎于五里外。逊杜棱叩见汗时，汗亦答拜，行抱见礼）。

民族包括进来。① 然而，认为当时皇太极预见到清朝领域的扩张而将蒙古衙门更名为理藩院的说法是结果论性质的解释。笔者认为 monggo jurgan 被表示"管理外路（外藩）的衙门"的 tulergi golo be dasara jurgan 所取代，强调的是对进入清政权影响范围之内的蒙古各部进行管理（dasambi）的含义。可以说这反映了皇太极的后金对蒙影响力与以前相比得到强化的自信感以及意欲更加直接地管辖蒙古各部的意志。在以察哈尔与明为对象而作战的过程中，在确立后金汗相对于蒙古各部的优势地位，对蒙古各部实施比以往更为体系化的政策的阶段，开始使用泛指蒙古各部的"tulergi golo"一词。此词后来被译为"外藩"，并固定下来。当时满洲人在使用 tulergi golo 指称蒙古各部时将以中国为中心的天下秩序中的"藩"概念置于心上的可能性很小。对于 tulergi golo 概念与以中国为中心的天下秩序思想中派生的"藩"概念，应当从不同的背景中加以解释。即受皇太极统治时期的满蒙关系影响，满洲政权的对蒙政策与对蒙认识发生改变，这成为清代"外藩"的初步概念得以形成的背景。这种"外藩"的初步概念后来披着所谓"中国为中心的天下秩序"这一思想体系的外衣，随着清朝疆域的拓展而在概念上、地理上不断扩张、发展其含义。

三 结论

继努尔哈赤之后被拥戴登上后金国汗位的皇太极无法在八名贝勒共同治理国政的所谓"八家公治"体系下行使专权。皇太极效仿明朝制度，整顿中央机构，任用宗室之外的满人、汉人、蒙古人官员，这些举措被认为是其牵制其他贝勒，使权力向自己集中的过程的一环。[7]然而统帅旗的、实力强大的贝勒依然存在，通过由他们组成的

---

① Chia Ning, "The institutional innovation and Renovation of the Manchu dynasty Lifanyuan and Libu in the Qing Empire build ing", Workshop "Administrative and Colonial Practices in Qing Ruled China: Lifanyuan and Libu Revisited", Max Planck Institute for Social Anthropology, April 7 - 8, 2011.

透过仪礼看皇太极时期对蒙关系以及"外藩（tulergi golo）"概念的形成

议政会议来决定国家政事的体系较为牢固。在这种情况下，针对察哈尔、明的战争以及与蒙古各部关系的确立等对外因素在皇太极对内逐渐掌握权力的过程中起着重要作用。此外，这一时期满蒙关系发生质的变化，进入与以前不同的新阶段。

满蒙关系的变化成为清代被汉译为"外藩"的"tulergi golo"一词开始拥有政治含义的背景。自努尔哈赤统治时期至皇太极即位初期意指"外部地区"的"tulergi golo"一词，到了皇太极相对于内蒙古各部占据优势地位的时期，演变为泛指蒙古各部的词语，这一事实意味着在这一时期后金对蒙古各部的认识发生了变化。皇太极意欲将当时被视为其他国家的蒙古各部设定为"处于后金汗影响之下的外部地区"，皇太极的这一意图亦反映在他将蒙古衙门更名为理藩院一事上。"tulergi golo"一词后来被汉译为"外藩"，并固定下来。当时满洲人在使用 tulergi golo 指称蒙古各部时将以中国为中心的天下秩序中的"藩"概念作为考虑的可能性很小。对于 tulergi golo 概念与以中国为中心的天下秩序思想中派生的"藩"概念，应当在不同的背景中加以解释。即受皇太极统治时期的满蒙关系影响，后金（清）的对蒙政策与对蒙认识发生改变，这成为清代"外藩"的初步概念得以形成的背景。

[参考文献]

[1] 包文汉. 清代"藩部"一词考释 [J]. 清史研究，2000（4）：98—105.

[2] 崔晶妍. 理藩院考上 [J]. 东亚文化：第20辑，1982：131—158.

[3] 楠木贤道. 清初対モンゴル政策史の研究 [M]. 东京：汲古书院，2009.

[4] 冈洋树. 清朝国家の性格とモンゴル王公（シンポジウム报告：《周缘》世界の中心性—内陆アジア世界の国家と理念）[J]. 史滴第16号，1994年12月：54—58.

[5] 张双智. 清朝外藩体制内的朝觐年班与朝贡制度 [J]，清史研究，2010（3）：106–115.

[6] FARQUHAR DAVID M. "Origins of the Manchu's Mongolian policy"//FAIRBANK JOHN KING. The Chinese World Order: Traditional China's Foreign Relations [M]. Oxford: Oxford University Press, 1970.

[7] 刘小萌. 满族从部落到国家的发展 [M]. 北京: 中国社会科学出版社, 2006.

[原载于《吉林师范大学学报》(人文社会科学版) 2017 年第 1 期]

民族主义与多元文化论之间
——论罗布桑却丹撰写《蒙古风俗鉴》的动机

小 军*

罗布桑却丹,蒙名巴音陶格陶,汉名白云峰,别号罗子珍,系内蒙古喀喇沁左翼(南)旗人①。他幼年自学满、蒙、汉文,曾任旗苏木章京,并至哲里木盟进行过调查工作。后出家到北京雍和宫当喇嘛,攻读藏经。1902年参加理藩院考试,获满、蒙、藏、汉四种语言"固什"(国师)学衔。他曾先后受聘于北京满蒙高等学堂、日本外国语学校、日本京都本愿寺佛学院等处教授蒙语。1914年,他从日本回国后,在日本满铁公司从事蒙文文书工作,期间历时三年写成《蒙古风俗鉴》,② 较详细地记述了近代蒙古的政治、经济、法律、宗教、文化、道德、风俗等状况。此书于1981年被出版发行后,很快就受到了广大研究者的关注。最近,由满都呼和多兰编写的《罗布桑却丹研究》(内蒙古文化出版社,2000年)一书,总结了20世纪80年代至2000年间有关围绕罗布桑却丹研究的成果。有些学者还称他为近代蒙古民俗学的奠基人。

---

* 小军(1971—),男,蒙古族,内蒙古呼和浩特人,锡林郭勒职业学院图书馆研究员,历史学博士,研究方向:中国近代外交史。
① 今辽宁省凌源县热水塘村。
② 《蒙古风俗鉴》是一部用蒙古语记录蒙古人的风俗、习惯等的专著。现在大连图书馆存有其原抄本。而在日本东京外国语大学图书馆藏的《蒙古风俗鉴》,可以视为《蒙古风俗鉴》的异本。有趣的是,两本的内容颇有差异,东京外国语大学本有蒙文抄本2册,汉文抄本3册,均为残本。

值得一提的是，有关罗布桑却丹的研究，主要是围绕《蒙古风俗鉴》一书的内容来分析他的政治、哲学、教育思想以及他对蒙古民俗学所作出的贡献等。但是，对其本人的经历却很少被人所知。迄今为止还没有一个研究者对罗布桑却丹生卒年提出一个值得可信的确切考证，对他的生活经历更是了解甚少。一个人的经历直接影响其作品，罗布桑却丹也不例外。罗布桑却丹为什么在1915年开始撰写他的《蒙古风俗鉴》，他写《蒙古风俗鉴》的意图到底是什么？这些都有待于去探讨。

众所周知，有两件事给罗布桑却丹的世界观起了重大的影响。一个是，1891年（光绪十七年）的"金丹道"事件，而另一个就是1911年的蒙古独立运动。关于前者，罗布桑却丹本人在其著作中已多次提到，在此不再重复。本文着重探讨罗布桑却丹在清末民初蒙古独立运动期间的活动以及这一经历对其撰写《蒙古风俗鉴》的影响。

一 日本外务省记录中所出现的罗布桑却丹

根据内蒙古师范大学教授哈·丹碧扎拉桑批注的《蒙古风俗鉴》结语记载，罗布桑却丹是于光绪三十三年（1907）10月，受日本东京外国语学校的聘请，到日本东京外国语学校讲授蒙语，并于宣统三年（1911）7月完成教学任务后回到了北京。并于民国元年（1912）8月，他又受到日本京都本愿寺佛教学院的聘请，再次东渡日本。[1]366—367 这一说法基本得到学术界的认可。

根据这一说法，罗布桑却丹完成在东京外国语学校的聘期后至受聘于京都本愿寺佛学院的一年多期间，都在中国度过的。但是，对以上的说法也有学者不认同。例如，日本学者辻雄二在其翻译的《罗布桑却丹著〈蒙古风俗录〉（一）》序言中说，罗布桑却丹在东京外国语学校受聘到1912年。并提出，罗布桑却丹就算是回过中国，也是属于极短暂的停留而已。[2]

罗布桑却丹结束其在东京外国语学校的聘期后，到底有没有回到过中国呢？如果说回过中国，那么他到底在中国停留过多久，期间又做了些什么呢？多年来因未能找到有关罗布桑却丹在这一时期的活动记载，所以研究者们也就无法去了解他在这一时期的活动了。

笔者在日本外务省档案中看到一份记载有关罗布桑却丹在1912年5月份的活动记录。这份记录是由当时在四平街的守田大佐①于1912年5月31日发给日本参谋本部的报告。报告的题目为"蒙古人罗卜藏全丹的独立运动"。其报告内容（翻译）如下：

> 蒙古人罗卜藏全丹是我〔国〕东京外国语学校蒙古语教师，他是一个热衷于蒙古独立运动的人。他前往郑家屯的路途中来会见小官（守田大佐），并叙述了有关蒙古独立的种种意见。内蒙古各王公中，巴林、克什克腾、翁牛特、敖汉、奈曼、喀喇沁三旗、土默特二旗皆反对共和。我（罗布桑却丹）的友人张某在西方，他正在对此等各王公的联盟事业尽力中。我是企图联盟哲里木盟各旗而来的。为此，我想首先面见达尔汗亲王，并希望说服他。彼等王公皆是与我熟知关系。清帝退位前，我曾对彼等王公大力说服，可是当时他们都听不进我的劝告。如今，恐怕他们都无脸见我。所以，这次他们必须听我的意见等语。另外，他在回途中路过昌图，谈到有关将阿亲王从北京救出的问题。目前阿亲王（博王）因受袁（世凯）的严重监视，所以正愁寻找归府方法。②

这份报告无疑证明了罗布桑却丹在这一时期曾回过中国的事实。然而，在《蒙古风俗鉴》结语中只记载说罗布桑却丹在这一时期主要从事书本的翻译工作，并未提到他曾参与蒙古独立运动的记载。所以，这份报告的重要性在于，它较为详细地阐述了罗布桑却丹在辛亥

---

① 守田利远（1863—1936），日本福冈县人。当时，他在四平街从事收集情报等间谍活动。

② 日本外务省外交史料档案馆藏．在四平街守田大佐发给参谋本部电，MT1614.4.342—344．1912年5月31日。

第四编 边疆与民族

革命爆发后到中华民国建立初期这段时间当中，除了从事上述翻译工作外，还积极参与蒙古独立运动的事实。

下面，笔者就借助《蒙古风俗鉴》结语的记载与上述日本外务省史料来推论罗布桑却丹在完成东京外国语学校的教学任务后回到北京至次年受京都本愿寺佛学院的聘请而离开中国这段时间的主要活动及经历。

二 参与蒙古独立运动

罗布桑却丹于1911年7月，完成在东京外国语学校的教学任务后回到了北京。在日本的四年时间无疑给罗布桑却丹的思想深刻的冲击。使他对蒙古族经济文化的贫穷落后，以及人民大众的悲惨生活有着较为深切的认识和体会，并对整个蒙古民族的命运深感忧虑。他认识到，蒙古民族的贫穷落后的根本在于教育文化的落后。于是，他决定翻译一些作品，并以此来开导蒙古民众。他在北京四处奔波，说服那些驻京蒙古王公，渴望得到他们的赞同与赞助。可是，不久辛亥革命爆发，那些王公们的心思也就转向政治风波当中，罗布桑却丹的心愿也成为泡影。[1]367

辛亥革命爆发后，南部各省相继宣告独立。1911年12月1日，外蒙古哲布尊丹巴活佛也宣布了独立。昔日辉煌一世的清帝国已是摇摇欲坠。清政府把唯一的希望寄托给了已被罢免了的袁世凯。11月13日，袁世凯带领第三镇的两千人军队进入北京，次日当选为新的总理大臣。袁世凯当选总理后，立即召开南北和议，国内纷乱开始缓解，政治局势的焦点转向了政体选择君主立宪制与民主共和制的问题上。正在这时的12月24日，在北京成立了以内蒙古王公为主体的"驻京蒙古王公联合会"。他们提出"开通蒙古，改良政治，保存权利，联络全体，互相辑睦"①的政治口号，力主赞成君主立宪制。并

---

① 《大公报》1912年1月3日。

且，在联合会成立当天，给内阁的书信中提到："如果成为共和制，蒙古全体将续库伦之例，选择独立"等语。① 表面上，口号一致的蒙古王公联合会，实际上其内部意见并没有统一。以喀喇沁王贡桑诺尔布为首的卓索图盟、昭乌达盟的一部分王公及哲里木盟宾图王棍齐克苏荣等主张独立。而与清皇室关系最为密切的哲里木盟诸多王公却主张维持、存续清朝体制。特别是，达尔汗王来到北京后，"勤王"的风声弥漫于北京城，据《大公报》记载，他们还于1912年1月15日带领一支五百人的蒙古骑兵队进入北京，还向理藩部要求保护宣统皇帝。②

以上是清帝退位前，在京蒙古王公的一些政治活动的基本概况。在守田大佐的报告中有一段罗布桑却丹的话，说："清帝退位前我对彼等王公大力说服，可是当时他们都听不进我的劝告。"这段话说明，当时罗布桑却丹正在北京。而且，他劝说的就是对那些为"勤王"奔波的王公们。很显然，他是不主张"勤王"这种徒劳的举动，而是主张让那些王公们献身于民族独立事业。可是他的劝说被无视，结果"勤王"未成，这些王公们也就匆忙离开了北京。

1912年3月7日，北京城内"曹锟兵变"，主张独立的贡桑诺尔布等王公们也乘混乱离开北京回到了各自的领地。贡桑诺尔布回到喀喇沁旗后，一边派人去库伦表示支持博格多汗政权的独立运动，一边派人到公主岭接收从日本购买的武器，准备起事。外蒙古哲布尊丹巴活佛于5月21日，封贡桑诺尔布为亲王，并授予他东部四盟总裁职务，命他统合内蒙古东四盟。③ 贡桑诺尔布接到指示后积极准备其统合活动。他首先召集卓索图盟和昭乌达盟的王公，准备在赤峰召开会议。守田大佐的报告中有"内蒙古各王公中，巴林、克什克腾、翁牛特、敖汉、奈曼、喀喇沁三旗、土默特二旗皆反对共和"的记载，这正是指贡桑诺尔布召集赤峰会议的事。从这个报告中不难推测出，罗

---

① 《大公报》1911年12月31日。
② 《大公报》1912年1月20日。
③ 蒙古国国家档案馆馆藏文献（БНМАУ），ФА3—Ⅱ1—НХ357，第40页。

第四编 边疆与民族

布桑却丹也参与了贡桑诺尔布的这些活动。众所周知，罗布桑却丹是喀喇沁旗人，而且他在1907年赴日本东京外国语学校前，曾担任过贡桑诺尔布在北京创办的《蒙文报》①的主笔。从这些关系来推断，他很可能就是受贡桑诺尔布的指示来哲里木盟活动的。

罗布桑却丹到哲里木盟进行劝导活动，他首先要见的就是与清皇室关系最为密切的达尔汗亲王。其结果是如何呢？很显然，他是碰了壁回去的。在守田大佐的报告中有"他在回途中路过昌图，谈到有关将阿亲王从北京救出的问题"一说。这表明，他并没有得到达尔汗王的支持。前述清帝退位之际在北京主张独立的哲里木盟宾图王棍齐克苏荣这时已被袁世凯选为宣慰使派往库伦了。② 这一时期，在哲里木盟也有主张参与外蒙古博格多汗政权独立运动的王公，可是，没有一个有威望的领头人是成不了气候的，这一点罗布桑却丹想必也是深有体会。

在哲里木盟王公中最有威望的，除了达尔汗王就是博多里格台亲王阿穆尔灵贵。因为达尔汗王并没有赞同他的劝说，所以他才指望将阿亲王从北京救出。然而，博王阿穆尔灵贵是蒙古众多王公贵族中最先表示赞同共和制的人。因此，罗布桑却丹的一厢情愿显然是徒劳无果的。

事态的发展总是与罗布桑却丹的期望有出入。他所期待的卓、昭两盟会议于6月15日决定在赤峰召开。可是因无人出席以失败告终。于是，延期至6月17日在巴林东端东庙举行昭乌达盟会议。除了阿鲁科尔沁和东扎鲁特外，昭乌达盟大部分王公都参加了此次会议。王公们"都希望摆脱中国政府的羁绊。但是，对是否应该实施独立决策时，王公们都持有观望的态度。另外，除一两人外，其余的人对共和没有任何自己的立场可言，只是提出希望保持旧态势，以保平安。"③

---

① 1907年（光绪三十三年）创刊，在北京出版。主办人蒙古喀剌沁亲王，馆址设亲王府内。主笔雍和宫喇嘛罗子珍。总馆设在北京，在内外蒙古、奉天（辽宁）、吉林、黑龙江等境内均设有分馆，大多数办事人员均为喇嘛。

② 宾图王棍齐克苏荣于1912年5月8日被袁世凯选定为宣慰使，5月15日离开北京前往库伦。《盛京时报》：5月16、17日。

③ 日本外务省外交史料档案馆，1614 4 519—521。1912年7月25日，在旅顺木村大尉给参谋次长电。

就这样，昭乌达盟会议未取得任何成果而结束。

另外，贡桑诺尔布从日本购买的武器，也在运输途中被吴俊升军队截获。因此，贡桑诺尔布的起事计划几乎到了绝望的境地。可是他还在为联合卓、昭两盟而奔波，又于7月下旬在赤峰准备召开会议。正在这时，袁世凯屡拍电报催他来京商谈大事。贡桑诺尔布无法推辞，于8月份进京，随后当选为蒙藏事务局总裁，旅居北京。贡桑诺尔布在短短的几个月时间内，从一个倡导蒙古独立运动的发起者转变为袁世凯政权维护国家统一的执行者。

罗布桑却丹也正是在这个时候应京都本愿寺佛学院的聘请赴日执教的。或许，他已看到蒙古的独立已无望，所以才应邀离开内蒙古的。关于他通过怎样的途径收到聘请书，又是如何赴京都的情况现已无证可查。但是，值得一提的是，正当他赴京都本愿寺前的7月13日，有三位来自日本西本愿寺的僧侣（横田谅英、柱本瑞俊、广愿了云）从奉天来到昌图。据说，他们是乘坐新京始发的安奉线来到奉天的。他们以考古的名义来到内蒙古，并游览了博王旗管辖内的一些地方，后于7月25日返回奉天。① 这三位本愿寺僧侣的访问与罗布桑却丹赴京都本愿寺佛学院任教是否有关联，现无法断定。但是，从其日期上的吻合来看，有探讨的价值。

三 撰写《蒙古风俗鉴》

根据大谷光瑞著《放浪漫记》记载，罗布桑却丹应在本愿寺佛学院教学到1914年8月后回到中国的。②[3]14

当他回到中国时，情况已与两年前大不相同了。1913年10月7

---

① 日本外务省外交史料馆档案1—6—1—63，蒙古ニ関スル事情密侦一件，明治45年7月19日から大正元年9月5日。
② 大谷光瑞《放浪漫记》中记载说："〔1914年12月7日〕夕食は实胜寺大喇嘛を享く。本年八月まで小生の处に在りし、蒙古教师罗先生来り、久阔を叙し、大喇嘛と交话の通訳を為せり。"根据上述记载，罗布桑却丹应该是在本愿寺受聘到1914年8月为止。

日，俄中之间就蒙古问题达成谅解。不久，外蒙古哲布尊丹巴活佛下令撤回其在内蒙古的军队。并且，正当罗布桑却丹回国后不久的1914年9月8日起，俄、中、蒙三方在恰克图举行会议，探讨解决蒙古问题。恰克图会议历经9个月，最终达成协议，中国承认外蒙古的自治权，外蒙古承认中国的宗主权。而三方会谈的内容中不包括内蒙古问题。从此内、外蒙古各走其径，可以说当初的泛蒙古独立运动到此以失败告终。

　　罗布桑却丹正是在这样的实事背景下开始动笔撰写他的《蒙古风俗鉴》。考虑到三年前奔波于蒙古独立事业，而如今独立却已成为泡影，可想而知他内心的纠结。事实上，他把这一失败的原因总结在其《蒙古风俗鉴》中。他在《蒙古风俗鉴》中提到："外蒙古人虽然外形粗鲁，但内心刚毅，远见卓识者居多。内蒙古人虽然外观聪明伶俐，但是不够稳健，图眼前利益者多。"[1]324 显而易见，这是他对蒙古独立运动中，内、外蒙古人不同表现的评价。另外，他对平民出身的海山与巴布扎布给予很高的评价，认为他们是蒙古人的英雄。[1]189—190 众所周知，海山是较早提倡蒙古独立的人。早在1907年左右他就到外蒙古喀尔喀地区，广泛宣传蒙古独立的必要性，以至于后来有人说："如海山来库（伦），外蒙或不止有独立之事。"[4]109 由此可见，海山在蒙古独立运动中所起的重要作用。巴布扎布是反对中、俄、蒙三方协定，率领参加博格多汗政权的内蒙古人进行抗争的领袖。罗布桑却丹刻意将此二人举为英雄来评价，是因为此二人由内蒙古平民出身。从而也表达了他所指的"内蒙古人图眼前利益者多"是指那些封建王公而不是指平民百姓的观点。因此，可以说具有反封建主的一面。

　　但是，他的反封建并不属于严格意义上的反封建，而是属于因个人情感上的原因所引发的对蒙古封建领主王公的失望表现。具体来说，是因为那些王公们没有听取他的劝告而导致的一种心理上的反感。他这种对蒙古王公的失望与反感也表现于他的著作中。例如，他在《蒙古风俗鉴》结语中谈道，"在光绪二十八年冬，蒙古王公来京之际，向他们提起翻译书籍之事时，除喀喇沁公（实为头等塔布囊）干鲁扎布接受他的建议并与其他王公们商谈外，其他（蒙古王公）一部分人不愿意，一部分人不懂得书本的意义。正当他们犹豫不决时，我于光绪三十三年10月收到日本东京外国语学校的聘请。"[1]366其实，他在赴东京外国语学校任教前的光绪三十三年，曾任喀喇沁王贡桑诺尔布在北京创办的《蒙文报》主笔。也就是说，真正支持他翻译书籍工作的应该是喀喇沁王贡桑诺尔布。可是他对贡桑诺尔布却只字不提，这是为什么呢？很显然，这是他对贡桑诺尔布向袁世凯政权妥协的一种不满表现。以上也表明《蒙古风俗鉴》充满了作者个人感情色彩的一面。

从以上来看，也可以说《蒙古风俗鉴》是作者对蒙古独立运动失败的原因进行总结的一本著作。他认为蒙古独立运动之所以失败，是因为蒙古固有的风俗习惯被满汉文化所冲击的结果。而导致这种蒙古风俗演变的最终原因在于蒙古王公与满洲皇室之间的和亲以及汉人大量涌入内蒙古所致。其实，他把蒙古独立运动的失败及责任推给了那些在蒙古独立运动中表现不够彻底、力求自身利益而与袁世凯政权妥协的内蒙古王公身上。可以说，他的这种思想贯穿着《蒙古风俗鉴》的每个章节。

四 结语

从19世纪中叶起，西方近代文明对清朝帝国的冲击，唤起了满洲清朝统治下的汉、蒙民族主义的浪潮。以孙中山为首的革命派提出"驱除鞑虏，恢复中华"的口号，最终推翻了统治中原近三百年之久的清王朝。另一方面，以哲布尊丹巴活佛为首的蒙古民族主义倡导者们，也于辛亥革命爆发后不久宣布独立，主张脱离清朝统治。

辛亥革命达到其推翻清朝统治的目的后，汉民族主义倡导者们很快就将其民族主义口号改为国族主义理念，即"五族共和论"诞生。可以说，在这样一个划时代的革命风浪中，汉民族主义者始终有其主动的一面。而相对来说，蒙古民族主义者则被动和消极得多。虽然蒙古人表面上宣布已脱离了清朝的统治，但很快又被卷入到近代国家国族体制的范畴内，使得他们无可适从。也就是说，蒙古民族主义在其萌芽阶段时，就已被纳入到了中华民国国族主义的范畴内。况且，中华民国诞生之初，因受到"一个民族一个国家"的近代国家形成理念的影响，所以，那时所提倡的国族主义思想也具有很强烈的"同化"内容。这样一来，民族主义就成了蒙古人（特别是内蒙古人）有待于去克服的长期的课题而存在下去。

罗布桑却丹作为一个曾经在日本度过六年岁月的蒙古族知识分子，对以上事态的发展进程，有着较高的认知，同时有着相当的矛盾心理。简单来说，其所著《蒙古风俗鉴》中，既有启蒙民族主义思想的内容，又有民族认同论的观点。这也表明了他既向往民族的独立自主，又不得不认同国族主义理念的矛盾心态。当然，他所主张的民族认同论，并不是承认以同化来达到国族主义理念的思想进程，而是具有近年来所提倡的"多元文化共存论"的思想意识。

[参考文献]

[1] 哈·丹碧扎拉桑.蒙古风俗鉴[M].呼和浩特：内蒙古人民出版社出版，1981.

[2] 罗布桑却丹.蒙古风俗录（一）[J].辻雄二，译.琉球大学教育学部纪要.1998，52（1）：76—77.

[3] 大谷光瑞.放浪漫记[M].东京：民友社，1916.

[4] 陈箓.止室笔记[M]//吕一燃.北洋政府时期的蒙古地区历史资料.哈尔滨：黑龙江教育出版社，1999.

[原载于《吉林师范大学学报》（人文社会科学版）2017年第4期]

从《珲春副都统衙门档》看官府对乡村的管理

王亚民　李林峰[*]

为对抗俄日的蚕食与掠夺，为维系清王朝与李氏朝鲜之宗藩关系，为解决国内外移民问题，维护清朝统治者的政治利益与统一的多民族国家的核心利益，晚清中央与地方不断加强东北边疆的治理，尤其是面积广大而又极其分散的乡村社会管理问题。这一历史时期满族主导下[①]的珲春官府对乡村的治理可以细化为三个阶段，亦即旗民分治的延续、民官的初步设置与乡村管理、清末新政与乡村管理，三个阶段既交融又相对独立。尽管学界对传统旗民分治的研究可谓是蔚然大观，但是尚待进一步细化、深化研究的问题更多；尽管学界对清代珲春边疆多所探讨，对晚清珲春乡村社会不乏关注，[②] 然而缺乏晚清珲春多民族乡村旗民分治历史演变的专门探讨。在初步解读《珲春副都统衙门档》基础上，结合政书与志书等其他相关资料，拙文拟就这

---

[*] 王亚民（1973— ），男，山东巨野人，吉林师范大学中国思想文化研究所教授，博士生导师，研究方向：清代满族社会史与晚清思想文化史；李林峰（1989— ），男，江西余干人，吉林师范大学中国思想文化研究所2015级研究生，研究方向：晚清思想文化史。

① 伊煜：《清末民初珲春地区旗人精英的乡村统治》（上、下），《满语研究》2014年第1、2期，先生认为，东北旗人并未受到清末新政或辛亥革命等政治变革的影响，并未沦为受歧视的被统治阶层，而是依然保持着其统治地位而掌控着地方统治秩序。

② 这方面代表性成果伊煜：《清末民初珲春地区旗人精英的乡村统治》（上、下），《满语研究》2014年第1、2期；王亚民：《对晚清珲春乡村社会的考察》，《社会科学战线》2015年第11期。

一问题略作探讨,① 以求教于学界。

一　晚清珲春乡村旗民分治的延续

鉴于珲春边疆满族社会地位的特殊性以及"民少旗多"的族群状况,旗民分治的民族政策一直延续至晚清时期,如"光绪七年,珲春民少旗多,建衙分治,官司词讼、责有专归。"[1]上册,10 珲春旗务由旗署专门而严格地管理,然而自咸丰、同治年间渐趋废弛,"珲春原属军治,出生子女每年秋季须自赴本旗佐领处报名注册,(旗人)凡出百里以外者则治以逃逸罪,各族秉承官署管理本族事务。自前清咸、同以还,清廷庶政弛废,旗署职权亦随之陵替矣"[2]卷三,103。约而言之,这一历史时期的满族乡村社会,穆昆达(族长)、噶山达、乡约、领催、番役等起到了实际性的作用,珲春地方官府从宏观层面加以掌控。

清初中央政府设立珲春佐领衙门之后,当地社会经济渐趋发展,"珲春自康熙中叶设立佐领以后,旗民之移居此者日益加多,商贾往来自兹渐集"[3]卷一,224。珲春协领衙门时期,基层主官佐领处理乡村中的诸多轻微案件,上级协领主管地方重大旗务,"自康熙五十三年设旗制时,定制凡轻微诉讼事件由各旗署审判,以佐领司其事,其刑事及重大民事则向协领衙门呈请传案审判"[4]卷五,334 在现实生活中,佐领的职责远非司法案件一事,以管理乡村治安与经济为例。例一,佐领、查街官协同查禁鸦片,"严饬去后,旋据三旗佐领并查街官等呈称,遵饬查得珲春地方所属旗民人等,并无贩卖吸食鸦片烟。"[1]上册,376 例二,佐领管理旗人偷种事宜,"今届秋季惟恐犹有不肖旗人仍行偷种,当即饬令三旗佐领等,金称蒙饬勘查英安河、裴由霍屯、雍安、莽喀崴子迤西密占等处,并无复行偷种之处属实"[1]上册,410。

---

① 有关"晚清珲春官府管理乡村社会的横向考察"另有专文探讨,兹不赘述。

从《珲春副都统衙门档》看官府对乡村的管理

珲春副都统衙门时期,副都统虽然为最高军事长官又兼理民政,但是其下属左右司却是实际的民事管理者,"旗制,都署办事实权掌于左、右司,副都统仅画诺而已"[2]卷二,80。这一历史时期旗署对旗人的管理仍然十分严格,恪守旗民分治的政治原则。以惩治旗人外出为例,"然虽无匪行,但属旗丁自应报明该旗请领知照方合体制,乃竟私自擅行数千里之远殊属不合,应请将该西丹递解到旗究治"[1]中册,370—371。这里尚需指出的是,"光绪二十三年。珲春为边地要冲、旗民错处,事务之繁剧较前悬殊。该副都统系为整顿旗务,准将珲春右翼委协领一缺改为实缺协领,正蓝、厢蓝二旗委佐领二缺改为实缺佐领,右司添设笔帖式一缺,并添额委笔帖式三缺,分隶各司遣用,暨添设仵作一名,番役十名"[1]下册,3。由此看来,光绪二十三年(1897)珲春边疆事务渐趋繁剧,副都统主动申请实缺协领、佐领,并要求右司添加官缺、仵作与番役,以整顿旗务,加强包括乡村在内的边疆社会的治理,这无疑体现出时代的巨大变迁。

这里尚需指出的是,在珲春副都统衙门时期,作为基层官府的佐领衙门实际管理广大的乡村社会;佐领衙门之下,具体管理乡村诸多事务的多为领催与番役、乡约与噶山达,他们分别代表地方官府与基层村镇。

依据清代旗民分治的政治原则,珲春边疆乡民事务由民署中的民官管理,为乡村社会具体管事的乡约、乡地、保长、团长等执行,如"光绪十六年。查土药税系归旗署征收,而地户有归民官统辖,并由民署饬知各处乡约听候查询"[1]中册,461—462。清代旗民分治的政治原则不仅体现在官署及其职责方面,亦表现在乡村社会中的各个领域。例一,乡村聚落中的旗民分居与乡村治安事务的分治,如"光绪二十五年。此次举办团练拟旗屯归旗属,民屯归民属,各团请领子药须由团长会同乡地粮户出具结领",之后官府解释说:"此次兴办团练因边、练两军分扎各处防盗,是以饬令举办民团自为防捕。"[1]下册,113—115 例二,乡村赋税征收中的旗民分治,如"光绪十七年。谨将珲旗、民应纳银谷租赋各数目逐一分晰列后,以上四旗统计市石谷三百零五石零七升一合五勺。一、珲春所属南岗地方佃民承种纳租地三千九百四十一响，共纳十六年分大、小租银七百八十两零三钱七分八厘"[1]中册,430—431。

诚然，尽管清朝统治者始终倡导满汉一体的统治策略，但是作为一个政治民族的满族仍然保持着自身的特殊性与优越性，尤其是作为满族"龙兴之地"的珲春边疆。例如在乡村经济方面，"查前帮办依奏招垦案内，准旗佃、不准民佃"[1]中册,640。为很好地维护本民族"国语骑射"的文化传统，满族统治者十分重视八旗子弟的教育，旗人这方面享有很多特权。如"特为体恤旗民起见，将所有浮多地亩提出五分之一归入学堂，以八旗之田亩培养八旗之子弟，学费既免支出"[3]卷一,212。这种特权也体现在后来的新式教育中，当时的政策规定："艺徒以十五岁以上二十五岁以下，身体健全、稍能识字者为合格，先尽旗籍，如有缺额兼收民籍"[1]下册,484。

二 民官的初步设置与珲春乡村旗民分治的式微

伴随着国内外大量移民的逐渐迁入与定居，晚清珲春边疆乡村事务渐趋繁多，在传统旗民分治与旗官军事治理的基础上，增设民官而加强乡村管理成为历史的必然。在官方看来，"吉林今年以来民愈穷而愈悍，贼愈剿而愈滋。若不急设民官划疆分治，不足以资治理。"[1]上册,15民间方面，"及该处民人一闻卑府到珲，佥谓添设民官可以为民做主，具呈控诉前来"，尽管"卑府职司招垦，然一任其受屈不申，怨内地人民及各沟民闻风裹足，殊非保卫招徕之道。"[1]上册,10总之，至"光绪二十八年吉林地广事繁，从前添设民官措施未竟，拟择要续行增改以敷政教而资控制"[1]下册,7。毋庸讳言，自光绪七年（1881）至光绪二十八（1902）年，添设民官而加强乡村治理已经成为时代所需。这一历史时期可以细化为两个阶段，亦即招垦局及越垦局等的设立与乡村管理、延吉厅设置与乡村管理，在此历史的进程中，旗民分治及其相应的八旗军事管治逐渐走向式微。

（一）招垦局、抚垦局职官与乡村管理

晚清时代的珲春边疆，伴随着的中央开禁政策的逐渐推行与朝鲜族、汉族移民的大量涌入，较早出现的民官大多因为管理招垦、越垦乡民而设置，这两个专门机构的设立及其职能的有效发挥，对于晚清珲春边疆多民族化与近代化起到了重要的推动作用。

招垦局为专设的基层行政管理机构，招垦与管理的流民大部分为汉族乡民，自光绪七年（1881），"吉省既废禁山围场之制，于是珲城、南岗、东沟、黑顶子等处均设垦局。"[3]卷一,211招垦局机构、职官、差役的设置具体如下："珲春招垦总局一处，五道沟分局一处，归珲春总局管理。一、每总局总办委员一员，每分局委员一员。一、每总局书识三名，每分局书识一名。一、每总局听差人役五名，每分局听差人役两名"[1]中册,478。此后，随着流民的日渐增多又设立招垦分局，如"光绪十七年。据南岗招垦分局委员举人凌善秉称，窃卑委员前奉札派，办理招垦分局事务三年。"[1]中册,398这期间又有分局上升为总局者，以设置较早的南岗招垦分局为例，史载："光绪二十五年。右札仰南岗招垦总局遵此。"[1]下册,438由此看来，南岗招垦分局是在光绪十七年（1891）设立，后来由于事务繁多而扩大为总局。

就其内部职官及其职权而言：其一，招垦总局的行政长官后期由总办改称总理，如"光绪十七年。除札派吴牧瞻菁会同珲春招垦总局总理鄂龄，据实查办该员有何劣迹"，[1]中册,398"光绪二十四年。据珲春招垦总局总理魁福呈称。"[1]下册,33由此看来，总办改称总理之后即沿用下来。其二，招垦局委员中有多个职官，主要有放荒委员、垦务委员、征租委员等，他们各司其职。如"光绪十五年。四十八处荒闲之地已经派有放荒委员试办。"[1]中册,489光绪二十二年（1896），"据三岔口垦务委员曲作寅五月初二日来报"[1]下册,191，同年，"分派随各征租委员在社催传佃户，弹压向城解送租款"[1]下册,423。由此看来，由于乡村管理职能日益多样化的现实需要，招垦局分别设立不同的委员予以专门管理。其三，招垦局所设各类委员虽无制兵之权，但可以节制少

数兵马,本来"委员驻此分局有官民之责,无制兵之权",然而"查该局原驻马步各队已有年矣,向由该管局员节制以资矜束,历经遵办在案"。[1]中册,383 由此看来,鉴于控制广大乡村局势而有效地推进招垦事务的需要,招垦局职官在非常时期可以使用军治手段,应付来自内外的武力威胁。

招垦局职官不仅处理有关垦务、赋税等重要事宜,还具有其他行政职能。例一,接济贫民,如"据护理招垦珲春边荒事务五品顶戴府经历衔贾元桂呈称,所有卑局接济贫民存欠各款,理合缮造四柱清单备文呈报"。[1]上册,414 例二,设立乡团并请发枪械火药,如"光绪十三年十一月初四日。又据塔子沟牌头柴凤报称,贼匪多人各沟扰害民不聊生,拟办乡团驻在沟中。为此肯恩转求副宪衙门赏发枪械火药。"[1]中册,100 由于匪患严重而急需组建乡团,经过招垦局职官的努力请求很快获得上级的批准,"光绪十三年十一月初五日。今准招垦总局总办贾、分局委员书称,拟援照汪清等处设立乡团。"[1]中册,100 最后尚需指出的是,招垦局职官管辖下的乡民少数为朝鲜族与满族。以对土地的管理为例:光绪九年(1883),"接办珲春招垦局奏为移知请复事。所有站地之事均会同敝局委员贾元桂,于本月十五日先赴高丽城后西下坎。以上各地均会同委员玉凌等及站官三员,分别如数丈清";[1]上册,464 光绪十年(1884),"朝鲜流民占垦吉林边地一案,已经照会咸镜道转饬所属地方官。审其情形,流民入耕者名载招垦总局即令按名刷还"[1]上册,348。

针对日益增多的朝鲜流民定居珲春的客观现实,晚清政府不得不顺应历史发展与客观需求,设立抚垦局(越垦局)及其相应职官,管理日渐形成中的朝鲜族乡村社会,"光绪二十年,吉林将军奏将图们江北岸收还朝鲜流民越垦地亩,并将垦民立社编甲照则升科,按是年设立抚垦局系遵十六年总署所奏办理。"[3]卷一,146 晚清时代的抚垦局又称越垦局,主要设置总理、委员两类职官。如"和龙峪抚垦局总理曲作寅病故后,遗差由珲春就近委员代理",[1]下册,39 "越垦局叶委员含芬已与面商,拨团丁三百名分扎沿江上下,保护韩民"。[1]下册,5 这里尚需指出的是，抚垦局管理下的朝鲜族乡村社会，其具体的管理者为社长、甲长、练长等民间首领，上属抚垦局统领。

（二）延吉厅职官与乡村管理

以延吉厅及其职官的设置为标志，晚清珲春边疆乡村社会的治理进入第二阶段，亦即旗民分治、军治与民治并行的综合治理阶段，这一历史时期官府加强了对地方的管理，适应了广大而散居的多民族乡村社会的客观需要。

有关延吉厅职官、权限以及辖区等有多种资料详加记载，这里仅以档案与政书为例。史料一："吉林幅员之广四千里有奇，仅设两府四厅、一州两县。该将军奏请于珲春相近之延吉岗增设厅治，设抚民同知一员，和龙峪设分防经历一员归延吉厅管辖，并设巡检一员兼司狱事、教谕一员。旨依议。"[3]卷一,146 史料二："兹查新设之延吉厅，其管辖界址亦即系珲春全境，嗣后贵都统衙门专管旗队及经征山、海洋药各税，此外地丁租税以及地方词讼、人命盗案均应归厅管理"。[1]下册,8 史料三："光绪二十八年增设延吉厅抚民同知、和龙峪分防经历等官，于是珲延区分，而副都统管辖事宜且视昔为简焉"。[3]卷一,205 由此看来：其一，这一历史时期所设置职官有同知、经历、巡检与教谕，以抚民同知为首，经历、巡检、教谕分管地方治安与文化教育等；其二，延吉厅设置之后"珲延区分"，副都统与同知职权明晰，民官治理地方的力度大幅增强，军事管制则明显减弱，这既是行政管理民官化的开端亦是地方官制汉化的标志，不失为历史的一大进步。值得注意的是，新式出身的民官中不乏政绩卓著者，例如首任同知陶彬，"以附生留学日本，于光绪二十八年调任延吉厅同知。治理民刑事宜不假胥吏之手，以政绩擢任延吉府知府"[2]卷五,120。

三 清末新政与乡村旗民分治的终结

清末新政时期，汉化与近代化的双重驱动致使民官设置进一步扩大，新旧管理制度交替，传统旗民分治逐渐走向历史的终结，这以清末"噶山达制度"的废除为标志，代之以传统州县制度下的民官治理，珲春边疆乡村治理进入第三个历史阶段。

有关珲春边疆旧制与新政的交替，时人认为，"珲春文化闭塞，积习尤深，欲清积弊必更陈法。而且旗官旧制于举办新政诸多扞格，不得不亟为变通。"[3]卷一,207 为此，"光绪三十二年。即将该省练兵、兴学、巡警、工艺诸新政，造具清册专案送部备核可也"；[1]下册,386 尤其是总督徐世昌"到珲以来已办各事，入开办学校、增募马巡、创设工艺传习所，以及派员调查埠务、实业各项。"[3]卷一,208 由此看来，新政内容广泛，涉及乡村社会的主要有兴学、巡警、工艺、实业、埠务、自治等项。

（一）新政时期涉及乡村行政管理的举措

清末珲春边疆涉及乡村管理方面的行政举措较多，除前期延吉厅设置之外尚有发审处、审判厅、看守所等。发审处与发审专员，源于"光绪三十三年改定旗属审判制度，即于副都统衙门设发审处，设发审专员一人审理民、刑诉讼事件"。[2]卷五,136 究其缘由所在，乃在于"珲春向无专司诉讼之机关，民邢案件分掌于两司，案情大者始改送延吉厅办理，权限不明、责任不专因多流弊。"[2]卷二,80 清宣统元年（1909），经中央批准又"设珲春初级审判监察厅"[2]卷五,137，规定"遵议满汉通行刑律，嗣后旗人词讼案件通归各级审判厅审理"[1]下册,362。值得注意的是，"宣统元年设立珲春初级监察厅时，就原有珲春发审处之拘留所，改为珲春初级监察厅看守所。"[2]卷五,141 我们觉得，上述一系列举措体现出清末珲春行政事业的进步，有利于边疆乡村社会的管理。

（二）新政时期官府对乡村农业的管理

为进一步加强粮食生产进而推动近代农商经济的发展，就近解决偏远的珲春边疆日益严重的钱粮问题，清政府不仅设置农田局、农工商总局以及分局等专门的近代农业管理机构，又相继推行新式农业公司。如"据农田局总理候选教谕赵韫辉禀称，中国向本重农，未尚无专董其事者以为倡导不足以鼓舞振兴，即于京师设立农工商总局，各直省即由该督抚设立分局。"[1]下册,522 更为甚者，在珲春则有江浙华商"设立务本公司，筹资领地，期于己丑岁春间实行开垦"，[3]卷一,212 又"据珲春垦务公司经理人朱江面称，将来开通海口，该公司愿自制大轮一、小轮二以供转运。"[3]卷一,216 清朝末年，珲春边疆的农林管理及其发展逐渐进入一个新的历史时期，这表现在以下三个方面。其一，近代林业公司与木植公司的出现，如陈昭常、吴禄贞等筹办边务期间，"拟设木植公司采伐珲、延各处林木"[3]卷一,218 之后，"筹集官股一百万两设立木植公司，并修建轻便铁道及购买锯木机器，以阔利源"。[3]卷一,125 其二，近代林业知识与林政事业的觉醒与重视，鉴于"吾中国向来森林之知识未闻，不知有森林之利益，于森林关系林政要务置之不闻不问"，"特饬委员实行调查"。[3]卷一,129 其三，近代农林业发展与路政建设方面，众所周知，"珲属出产之富人所共信，除人参、金砂、鹿茸等贵重物品外，其药材、杂粮亦为输出之要品"，然而鉴于"苟无力办此，即先修一轻便铁路亦足以资运输"。[2]卷十,363 由此看来，晚清珲春边疆新政期间，近代农业的发展不仅包括农、林等整个农业结构的逐渐升级，亦带动与农业密切相关的交通业的渐趋进步。

（三）新政时期官府对乡村治安的管理

在清末珲春边疆新政的历史进程中，为加强乡村治安管理而推行新式警政不失为重要举措之一。详而言之：其一，警务局与巡警兵。警务局与人员的设置可谓较为完善，起初"将街道厅裁撤改设警务局，局中暂行简设总办一员、文案委员一员、巡官一员、巡弁一员、巡记一员、巡长一员、局役一员、巡兵四十名、伙夫二名"；所有警务所需经费"即为裁撤街道厅之盐米银，按月实不足需要，惟有出洋食物一项或可权宜办理"；至于巡兵，"由八旗西丹内拣以年岁合格者选充",此外,"拟将本省捕盗队一律改为巡警兵"。[1]下册,8其二,巡警区、巡警分局与巡警分派所。首先,在奉、吉两省巡警局内挑选警官、警兵百余名调至延吉,之后,"以派办处区域为巡警区域,严查匪类之潜藏,密探日韩之动作";[3]卷一,96为加强警力分布与有效实现其国内与国际双重职能,在各个警区分设八个巡警分局;[3]卷一,156鉴于"各派办处所设之地固为边务重要区域,即于其地设巡警分派所,既为先其所急亦属因利乘便之举也"[3]卷一,115。其三,巡警学堂与经费。内忧外患的晚清时代经费决定着整个新政的实际进展,兴办巡警学堂亦是如此,为此"拟令旧有警费照章征收,暂移作办理巡警学堂之费,俟警兵练成即将此款作为续办警察之用。"[3]卷一,115其四,马巡与森林警察。鉴于清末珲春边疆乡村的偏远与森林地带的广大,举办马巡与森林警察颇为紧迫,"以四十名之警额,合之借用边务者仅六十名实属不敷分布,去城稍远之,即觉照料难周,乃添设马巡十名以为巡查各乡之用"[3]卷一,221,另外,"委员何其慎调查报告亦有组织林业公司,附设森林警察之议"[3]卷一,219。

这里尚需指出的是:其一,巡警举办的早期,由于诸多不利因素的影响可谓事与愿违,"旧设巡警四十名充是役者类皆程度低劣,不能尽保护治安之责,居民反以为累"[3]卷一,221,乃至"因之群抗警捐屡起冲突"[3]卷一,113。此种历史的情形之下又有新巡警的设立,"惟有拟将所存第一区之巡警兵四十名并入新巡警内,随同差遣以资练习,其他练会改办者仍令还其练会之旧",此举可谓事半功倍,"既不至有违警章复可令守望相助,亦可借以补其不及"[3]卷一,114其二,晚清珲春乡村治安管理的历史进程中,就民间社会而言,团练尤其是其首领团长、练长起到了重要的作为,不失为官方新式治安管理的重要辅助力量而不可缺失。

(四)新政时期官府对乡村教育的管理

在清末珲春边疆新政的实践中,举办新式乡村教育不失为另一重要举措。一方面,"民不知忠孝无以生爱国之心,士不识礼仪无以固同仇之气",其原因乃在于"边氓固陋,识字无多甘于自弃",为此"兴教育以固民志"[3]卷一,59;另一方面,"延吉厅治旧设有小学一所,规模狭隘且教育仅限于华民子弟,韩民无不向隅,殊不足以收一道同风之效"[3]卷一,124,毕竟,"泰西各国其正本清源,皆由于蒙小各学为自强之基础",何况"近今科举一停,凡远在乡曲,实属无从取法。"[1]下册,508由上可知,这一历史时期的学校教育不仅规模小而且局限于华民,不利于移风易俗而一统华夏,更落后于西方发达国家。

新式教育的举办任务繁重,以乡村小学堂、劝学所、讲习所为例。首先,"查明共有家塾若干,作为自行捐办蒙小学堂,劝勉之而董成之,以期规模扩充成为讲舍"[1]下册,508之后,"地方官于延吉境内,择定地段设初等小学堂八所"[3]卷一,124,又于"光绪三十四年,并于外乡复设初等学堂,而所收学子多由各私塾拔取",经过各方长时间的努力,至"宣统二年,各乡初高级学校共设有三十余处,凡达学龄儿童者即令就学"。[4]卷八,184为更好地推进包括乡村教育在内的整个教育事业的发展,珲春地方官府设立劝学所与讲习所,"又于各乡镇分设初等小学及劝学所、讲习所"[3]卷一,96,有关劝学所的设置与人员构成,史料有详细记载:"宣统二年五月改设劝学所,设总董一员,暂由官立两等小学堂堂长兼任,劝学员二人。三年,吉林提学司饬改总董为劝学员长,并劝学员一人"[2]卷九,255。

为解决颇为棘手的经费问题,珲春地方政府加大了管理力度。首先,"出示严饬照章缴款,统由税务处经理以为学堂常年经费。学堂骤增一千晌之产业,于学务颇有裨补。"[3]卷一,220其次,"由地方缴纳经费承领部照为县教育公产,即归劝学所经营,所收租金统作教育经费之用。"[4]卷四,307第三,为保证其财政来源而增设学田,"劝学所学田原系前清副都统署官地,宣统元年改为学产。又宣统二年拨收水湾子庙地四晌五亩三分,共计一百六十七晌五亩三分。"[2]卷四,115这里尚需指出的是,新式教育的举办可谓是举步维艰,"其地兴办学堂久已报省备案,而究其实际不但无学生无教员,即房舍经费亦均未筹议及之"[3]卷一,220。

四　结语

在上述实证研究与纵向分析的基础上，我们得以初步总结满族主导下的晚清珲春官府治理乡村社会的历史成败，以及乡村视域下旗民分治的历史演变。

沿袭"龙兴之地"的传统思维方式，加之对近代日本崛起而逐渐形成的东北亚新格局的初步认知，晚清中央与地方对珲春边疆多民族乡村的治理日渐重视，相继采取的诸多措施既是一种主动的防御行为，又具有一定的成效，在不自觉中开始了民官化、多民族化与近代化的历史演变，以及从传统满族本位向东北亚本位的时代跨越；另一方面，鉴于王朝末期内忧外患的局势尤其是近代千年不遇的西方列强的疯狂入侵，满族主导下的晚清珲春官府颇为力不从心而导致诸多措施有名无实，传统旗民分治逐渐走向历史的终结，这也是不争的历史事实。

[参考文献]

[1] 李澍田. 珲春副都统衙门档案选编［M］//李澍田. 长白丛书：第5集. 长春：吉林文史出版社，1991.

[2] 李澍田. 珲春史志［M］//李澍田. 长白丛书：第4集. 长春：吉林文史出版社，1990.

[3] 徐世昌. 东三省政略［M］//李澍田. 长白丛书：第3集. 长春：吉林文史出版社，1989.

[4] 林珪，徐宗伟. 民国珲春县乡土志［M］. 南京：凤凰出版社，2006.

[原载于《吉林师范大学学报》（人文社会科学版）2017年第5期]

清朝时期"燕行"路线及驿站形象研究
——以丹东地区为中心

金明实[*]

近几年随着《燕行录》的整理出版,学界对此关注程度日益加大,学者们对《燕行录》的研究视角也呈多元化、细分化的趋势发展。有关《燕行录》的研究主要有史料价值研究、历史研究、文化交流研究、民俗研究、文学研究、对清观、中国形象研究、燕行路线及地理研究等。其中关于"燕行"路线的研究主要有明朝时期水路和陆路的路线变化、辽东地区贡道路河状况、登州水路、鞍山驿路、清政府在东北地区对中朝贡道及朝贡使节的管理等,并取得了丰硕的研究成果。如《明代辽东贡道路况研究》《明代辽东路河考》《17世纪的水路燕行录与登州》《登州与明代朝鲜使臣》《明代鞍山驿路》《明末中朝海路交通线的重开与中朝关系》《清政府在东北地区对中朝贡道及朝贡使节的管理》等。这些论文成果主要集中在明朝的路线考察,关于清朝时期路线研究较少,并且针对"丹东"地区进行细化研究的成果更是稀少。丹东正处于主要"燕行"路线中,依托丹东的地理优势,进行丹东地区的燕行路线及驿站的研究,意义非常重大。前人关于整体"燕行"路线的研究成果已经非常丰硕,因此本

---

[*] 金明实(1982—),女,朝鲜族,吉林磐石人,辽东学院韩朝学院讲师,延边大学东方文学专业博士研究生,研究方向:东亚文学与文化交流。

| 第四编　边疆与民族

文主要梳理丹东境内的"燕行"路线，并根据朝鲜使节所记录的清朝时期处于丹东地区的"驿站"进行研究，从而挖掘丹东清朝时期驿站情况，以深入了解清朝时期丹东各地历史现状。

一　清朝时期"燕行"路线

　　清朝时期，朝鲜基于"事大"政策，每年向清朝派使节，这些使节称为"燕行使"或"朝鲜使节"。"燕行使"自汉阳到北京行驶的这段路线，称为"燕行"路线。这条"燕行"路线是朝鲜朝时期，朝鲜与中国清朝政府间进行政治外交活动、文化交流之路。这条"燕行"路线可以分为两段，朝鲜境内"燕行"路线和中国境内"燕行"路线。根据《湛轩燕记》记载，朝鲜境内"燕行"路程从汉阳到义州约一千五十里，中国境内"燕行"路程从鸭绿江到北京约两千六十一里，"燕行"全程约三千一百一十一里。

　　朝鲜境内"燕行"路线也被称为"义州大路"，从汉阳敦义门出发，经高阳、坡州、长湍到达义州。根据洪大容的《湛轩燕记》，朝鲜境内"燕行"路线如下：

　　　　汉阳→高阳（碧蹄馆）→坡州（坡平馆）→长湍（邻湍馆）→松都（太平馆）→金川（金陵馆）→平山（东阳观）→葱秀（宝山馆）→瑞兴（龙泉馆）→剑水（凤阳馆）→凤山（洞仙馆）→黄州（齐安馆）→中和（生阳馆）→平壤（大同馆）→顺安（安定馆）→肃川（肃宁馆）→安州（安兴馆）→嘉山（嘉平馆）→纳清亭→定州（新安馆）→郭山（云兴馆）→宣川（林畔馆）→铁山（车辇馆）→龙川（良策馆）→所串（义顺馆）→义州（龙湾馆）

　　清朝时期中国境内的"燕行"路线在康熙十八年（1679）有过改变。改变的路段主要是辽东到广宁的这段路线。在康熙十八年

(1679）以前是从辽东经鞍山、海州卫、牛家庄、沙岭、高平驿、盘山驿至广宁，再经山海关到北京。康熙十八年（1679）以后，路线改为从辽东经辽阳、十里堡、沈阳、边城、巨流河、白旗堡、二道井、小黑山至广宁，再经山海关到北京。根据朝鲜的《通文馆志》①记载的"燕行"路线整理如下：

> 鸭绿江→九连城（镇江城）→汤站→栅门→凤凰城→镇东堡（松店）→通远堡→连山关→甜水站→辽阳→十里堡→沈阳→边城→巨流河→白旗堡→二道井→小黑山→广宁→闾阳驿→石三站→小凌河→杏山驿→连山驿→宁远驿→曹庄驿→东关驿→沙河驿→前卫屯→高领驿→山海关→深河驿→抚宁驿→永平驿→七家领→丰润县→玉田县→蓟州→三河县→通州→北京

二　清朝时期丹东地区"九连城—凤凰城—通远堡"一线燕行路线

"燕行"路线"其路屈曲盘旋，夷险则自镇江至冷井，山河酷似吾东，山高水深，道路崎岖。自冷井至广宁，旷野连天，路由其中所经平坦，然处处卑湿，时或阻水。自广宁抵丰润，依山际野间，多丘陵。自丰润到燕京，所经平陆周道如砥"。[1]138

这条"燕行"路线中有山、河、城池。城池包括镇城、千户所、卫城、驿站、小（铺）堡。而驿站的任务是"驿差大者，皇华使臣、朝贡藩客、余如大臣入觐、莅官、视鹾、兼税皆是。若赍奏员役，呈奉表册，其小者也。"[2]4177在这条"燕行"陆路中，九连城至通远堡一线处于丹东地区，且明清以来始终没有改变，是必经之路。朝鲜使节对于九连城至通远堡一线情况进行了详细的记录。由于使行团行驶

---

①《通文馆志》是朝鲜时期司译院译官金指南与金庆文父子记录的司译院的历史沿革及与中国、日本外交关系事项的书籍。

第四编　边疆与民族

的日程等因素，致使一些小站记录不同，但是沿线方向，驿站是一致的。根据朝鲜使节的记录，对丹东地区"燕行"路线整理如下：

表1　　　　　　　　丹东地区"燕行"路线及驿站

李滇 1656年	九连城→甲木山→金石山→松鹘山→汤站→小龙山→大龙山→榛子阜→凤凰山→栅门→凤凰城→镇东堡→八渡河→镇夷堡→草下口
金昌业 1712年	小西江→中江→三江→九连城→望隅→者音福→碑石隅→马转坡→金石山→汤站→葱秀→沙屯地→栅门→凤凰城→乾者浦→松站→小长岭→瓮北河→大长岭→八渡河（翁北上流）→獐项→通远堡→石隅→杳洞
洪大容 1766年	鸭绿江→小西江→中江→方陂浦→三江→九连城→望隅→者巾福伊→碑石隅→马转坡→金石山→温井→细浦→柳田→汤站→葱秀→鱼龙堆→沙平→孔岩→上龙山→栅门→安市城→榛坪→旧栅门→凤凰山→凤凰城→三义河→乾者浦→伯颜洞→麻姑岭→松站→小长岭→瓮北河→大长岭→八渡河→獐岭→通远堡→石隅→草河口
作者未详① 1828年	小西江→中江→方坡浦→三江→九连城（古镇江府）→恒头河子→九连城站→望隅→者音卜→碑石隅→松隅→马转坡→石隅→金石山→中卫门→汤池子（温井坪）→乾浦→细浦→柳田→汤站（汤山城）→葱秀→鱼龙堆→车踰獐项→王八石→上龙山→栅门→安市城→榛坪→凤池→旧栅门→凤凰山→凤凰城→三又河→二台子→乾者浦→四台子→伯颜洞（伯颜驻军处）→麻姑岭→松站（镇东堡）→少岭→瓮北河→大长岭→刘家河→黄家庄→八渡河→獐项→林家台→范家台→二道古井→通远堡（镇夷堡）→石隅→和尚庄→草河口（杳洞）
金景善 1832年	小西江→中江→三江→甲军铺→九连城→金石山→温井坪（温池子）→乾者浦路→汤站（汤山城）→葱秀→孔岩→栅门→安市城故墟→旧栅门→凤凰山→凤凰城→乾者浦（余温者介）→伯颜洞→麻姑岭→松站（薛刘站）→长岭（岭子）→瓮北河（三家河）→大长岭（长岭子）→刘家河→黄河庄（黄家庄）→八渡河（金家河）→林家台（金鸡河）→通远堡→杳洞

根据前面整理的表，可考察清朝200年间丹东地区"燕行"路线变化情况。整体来看，丹东地区的"燕行"路线方向和驿站是一致的，随着时间的推移，新地名增多，反映出九连城至通远堡一线人口与规模发展较快。金昌业《燕行日记》中描述到"自义州至凤城为二站，无人家，露宿。自凤城至北京为三十一站，皆有察院。自凤城至辽东谓之东八站。"[3]284 明朝时期的东八站是指九连城至辽东之间的

---

① 林基中教授编撰《燕行录全集》85卷中《赴燕日记》一文，作者不详，里面详细记载了燕行路线。

八站，即九连城、汤站、凤凰城、雪里站、通远堡、连山关、甜水、狼子山。清朝时期，对明朝设置的驿站略有改变，根据《奉天通志》八站是奉天南"六十里至十里河站，七十里至迎水寺站辽阳界，七十里至浪子山站，五十里至甜水站凤凰城边界，四十里至连山关站，五十里至通远堡站，六十里至雪里站，四十里至凤凰城站。"[4]3911 朝鲜使节称十里河为十里堡，称迎水寺辽阳界为新辽东，称浪子山为狼子山，称雪里站为松站。所以前文金昌业提到的"自义州至凤城为二站"应该指的是九连城和汤站。虽然清朝时期九连城和汤站军事驿站被取消，重新设立边门军事驿站，但九连城和汤站一直是朝鲜使节使华必经的重要驿站。"自凤城至辽东"的八站是凤凰城、雪里站（松站）、通远堡、连山关、辽阳（新辽东）、甜水、浪子山（狼子山）、十里河站（十里堡）。这八站中，凤凰城、雪里站（松站）、通远堡三站处在丹东地区。所以朝鲜使节记录的200年间丹东地区的"燕行"路线中，九连城、汤站、栅门（边门）、凤凰城、松站（雪里站）、通远堡是必经的重要驿站，这些驿站连接起来就是中朝使节往来的重要"贡道"。

三 "九连城—凤凰城—通远堡"一线驿站形象

关于九连城—凤凰城—通远堡一线状况，在《燕行录》中也有许多描写。朝鲜使节认为"自九连城至栅外百余里，无非可庐可耕之地，而一望荒废，从为鸟兽之窟，甚可恨惜"[5]33。而自栅门至凤凰城，"皆成陇亩，鸡犬相闻"[6]54，"栅门后市"空前兴盛。

下面是有关"九连城、汤站、栅门、凤凰城、雪里、通远堡"一线各驿站形象的考察。

（一）九连城

1656年麟坪大君在《燕途纪行》中记载，九连城"雉堞颓毁，草树撑满，独坐荒野，遥望湾塞，鱼沉雁断，唯独统军亭巍峨云间，到此心怀益无可言者"[7]159。可见清初九连城处于荒野的状态。1712年金昌业在《燕行日记》中记载，九连城"风水亦有极好，居所过，往往有废址，远望若有人烟"[3]318。经过60年的发展，由于禁垦政策，九连城自然条件非常好，这时也开始有人居住。1780年朴趾源在《热河日记》中记载，九连城"树木连天，隐隐有大屯落，如闻鸡犬之声。土地肥沃，可以耕肯"[8]266。这时九连城地区已经形成屯落。1832年金景善在《燕辕直至》中记载，九连城"局面平稳，往往山回水环处，林树翳然，隐隐如有村落。土壤沃衍，耕垦之迹尚今不改，合置巨镇雄府，介于两国之间，遂成闲区，可惜！"[9]313—314可见，九连城地区在清朝200年间，发展缓慢，耕地闲置，所以朝鲜使节对九连城土地肥沃却被闲置的状况，感到非常可惜。

（二）汤站

汤站在明朝时期朝鲜使节描述为"粉堞逶迤，一望横空""城子峻整，粉堞雪白""列市肆，物货鲜明"。汤站采用石制结构，城制坚固，虽是小驿城，却很繁华。但明清交替之际战争使该地区遭到破坏，且后金进入辽沈地区后对汉人进行了大规模的迁徙，并进行封禁，致使汤站成为崩城。1832年金景善在《燕辕直至》中描写到"汤站，有汤山城，世传明时所筑，城在山下大野边，周可八九里，四面正方，皆以石筑，惟东面以甓，间多坏败，门有红蜺。我国人每于使行，便求得长城万年灰，而或以此塞责云。城中树木菀密，多有古井而已，别无可观云"[9]318。可见汤站即使到了清朝中后期，也并没有得到多大发展。在朝鲜使节眼中，汤站是一座崩城，别无可观。

（三）栅门

栅门，"本处人称'架子门'，内地人称'边门'"[9]323，而朝鲜人一般称"栅门"。栅门一般是由"凤城将主其开闭"，设置栅门主要是"防彼此犯越"。后来"康熙时为凤城人多，欲广其田牧之地"[9]323,所以向鸭绿江方向移设栅门,即"展边"。栅门"不甚高大,编草覆之,真所谓折柳樊圃"[9]324。而栅门旁边则设"厅不过三间,亦覆之以草"[9]324。以栅门为界,分为栅内和栅外。栅外"朝烟缭青,刳木树栅,略识经届"[8]276。栅内"闾阎皆高起五栋,苫草覆盖,而屋脊穹崇,门户整齐,街术平直"[8]279。居民人家在1712年金昌业经过之时,不过"十余家",1832年金景善经过之时,已经达到"三四十户",并且多半是"市房,余皆农民"。这一时期形成"栅门后市"空前兴盛的局面。栅内习俗"椎悍,衣食专仰朝鲜。每使行至,凡柴草诸费,皆乘时刁踊,厚收房钱,视湾人如邻亲,且熟谙东国事,其机利狡猾皆如东国"[9]326。可见,栅门发展相比九连城和汤站,发展较快,在朝鲜使节眼中是"燕货湾商往来交易之地,真可谓衣食之乐土地"。

(四)凤凰城

1712年金昌业在《燕行日记》中描述道:"至凤城,闾阎市肆颇盛,始见者亦眩晃。"[3]320凤凰城在丹东地区是最大最繁华的驿站和重要的军事驿站,相比九连城、汤站等驿站要繁华得多。1780年朴趾源在《热河日记》中描述到:凤凰城"繁华富丽,虽到皇京,想不更加。不意中国之若是其盛也。左右市廛,连互辉耀,皆雕窗绮户,画栋朱栏,碧榜金扁。所居物皆内地奇货,边门僻奥之地,乃有精鉴雅识也"[8]197。1832年金景善在《燕辕直至》中描写道:"城周不过七八里,而四面方正,南门外左右市肆甚盛,号扁标木或涂柒,或涂金,物华充积其中,辉煌绚烂,足令创睹者为之夺目。此不过一边门僻地,而能如此,中国之富丽推此可验。"[9]342可见凤凰城在朝鲜使节眼中是"人民日繁,为一巨镇"。其繁华程度不亚于京城。而且凤凰城中的所开店铺"几如关内大处,闾阎栉比,商人等衣服车骑之盛拟于公侯"。

(五)松站

1656年麟坪大君在《燕途纪行》中写道:"镇东堡,一号松站,城废人在,旧城基亦在其傍。"[7]63可见明朝时所设镇东堡驿站已经废弃,在旁边重新建城。1712年金昌业在《燕行日记》中描述道:"松站,故名镇东堡,旧城在察院后一里许。而皆坏尽,仅有形址,一面可百余步,城内外人家仅数十百户。"[3]324这一时期松站的人口规模已经达到数十百户。也有朝鲜使节提到"有甓城如汤站,乃松站。"可见雪里站规模与汤站大概相同,采用的也是砖制结构,但是雪里站市肆也比较繁华。关于"松站"的名字,1832年金景善在《燕辕直至》中提到:"松站,旧名薛刘站,唐太宗东征时薛仁贵、刘仁愿屯兵处,故名之。我人讹称雪里站,以'雪里'与'薛刘'华音相似也。今称松站者,以至此始有松树,亦我人所名,明时镇东堡即此地云。"[9]351—352可见"松站"是朝鲜使节的叫法,所谓"松站"就是现在的"薛礼"。

(六)通远堡

1656年麟坪大君在《燕途纪行》中写道:"镇夷堡,城废人在,一号通远堡,旧垒基亦在。"[7]64 1712年金昌业《燕行日记》中写道"通远堡,有旧城,仅存形址,四面皆百步。"[3]326 1732年李宜显在《壬子燕行杂识》中写道:"通远自古城大铺,居人繁盛皆富家。"[10]277 1832年金景善在《燕辕直至》中写道:"通远堡,辽天聪设镇夷堡,清初移之凤城,今城堞颓尽无余。"[9]353根据朝鲜使节们的记载,可知通远堡是明朝时期设置的驿站"镇夷堡",清朝时期,原镇夷堡被废,在附近又重新建城"通远堡",通远堡"城制与镇东堡同",即也是砖制结构。通远堡在朝鲜使节眼中虽是小城,但"人居颇盛,列插酒帘肉帘"。

四 结语

朝鲜使节燕行"贡道"自鸭绿江至皇城共三十三站,约三千一百一十一里。其中在丹东地区内主要有六站。九连城至凤城之间是自然条件最好的区域，但明朝时期备受女真人的侵扰，致使村落遭到破坏，人口减少。朝鲜使节也常常提到这段贡道"无人家、露宿"。1687年清朝派八旗兵到凤城地区驻防，并设立栅门，而九连城至栅门这一带做缓冲地带，清朝政府虽然对此地有着管辖权，但却实行长期的封禁政策，不允许任何人到九连城至栅门的缓冲地带进行开垦和居住。也正因为如此，九连城至栅门一线自然条件较好，但是发展缓慢。而栅门至通远堡一线要比九连城至栅门一线要发达许多，栅内、凤凰城、雪里站、通远堡等驿站是繁华富丽的小城。

[参考文献]

[1] 李宣. 燕途纪行［M］//林基中. 燕行录全集. 首尔：东国大学出版部，2001.

[2] 赵尔巽. 清史稿［M］. 北京：中华书局，1976.

[3] 金昌业. 燕行日记［M］//林基中. 燕行录全集. 首尔：东国大学出版部，2001.

[4] 金毓黻. 奉天通志［M］. 沈阳：辽海出版社，2003.

[5] 李在学. 燕行日记：上［M］//林基中. 燕行录全集. 首尔：东国大学出版部，2001.

[6] 朝鲜史编修会. 通文馆志［M］. 首尔：民昌文化社，1997.

[7] 李渲. 燕途纪行［M］//林基中. 燕行录全集. 首尔：东国大学出版部，2001.

[8] 朴趾源. 热河日记［M］//林基中. 燕行录全集. 首尔：东国大学出版部，2001.

[9] 金景善. 燕辕直至［M］//林基中. 燕行录全集. 首尔：东国大学出版部，2001.

[10] 李宜显. 壬子燕行日记［M］//林基中. 燕行录全集. 首尔：东国大学出版部，2001.

［原载于《吉林师范大学学报》（人文社会科学版）2018年第1期］

军卫体制下陕西行都司土官身份考察

陈文俊[*]

明朝在故元甘肃行省的河西、河湟之地不设郡县,只建卫所,积极吸纳当地土酋和故元官吏成为边卫武官,因世居其地,被明朝及后世视为土官。按照其定居陕西行都司的时间划分,来源上也分为三种:一是数代定居该地的土著,他们接受过元朝的册封,转而归附明朝,元、明两朝均视其为土官。如河州卫何氏土官,民族上被视为西番,一世何锁南普系元朝所封吐蕃宣慰使,明初改授明朝的官职,仍世居河州;二是元朝时来该地任职的官员,归附明朝后就地安置,被明朝视为土官者。如西宁卫东李氏土官,其祖李赏哥元朝时居西宁,传至李南哥为元西宁州同知,洪武初归附,仍被安置于西宁卫;三是明朝时从其他地方前来归附的故元官吏,被安置于此地,经过在明朝数代的发展,被明朝或后世视为土官者。如庄浪卫鲁氏土官,其一世祖脱欢流落河西,后归附明朝被安置在庄浪卫。由于陕西行都司卫所均为边卫、民族混杂,土官这一群体数量庞大且发挥了巨大作用。

一 汉、土之别

明代官僚系统中民族成分复杂,尤其是武官系统,接纳了很多非

---

[*] 陈文俊(1978—),女,湖北宜昌人,湖北民族学院马克思主义学院讲师,博士,研究方向:明史、民族史。

汉民族人士。这渊源于在元末明初的统一战争中，朱元璋的军事战略和民族策略。一是由于明代的基本军事制度——卫所制的创建，所需兵源很大，于是在从征过程中吸收了大量故元官兵去充实卫所；二是明朝对少数民族首领采取招徕政策，特别是洪武、永乐二朝积极吸纳少数民族上层前来归附。明代史籍中随处可见汉、土并列的记载：如明代的军官户口册《武职选簿》中对土官身份会有特别指出，① 明代兵部颁布的军政条例中对汉官、土官亦有不同规定。② 可见，汉、土在明代是有明显分别的，如在辽东，卫所武官分为三种：洪永年间，"由各省直调拨分隶各卫支俸管事者"称"汉官"；"高丽国夷人归附总属东宁卫者"称"土官"；"建州毛怜等卫夷人降附安置安乐自在二州者"称"达官"。③

一般而言，被称作"土官"的，多数是非汉民族，如湖广、广西、四川、云南、贵州的土官，官方称其为苗、蛮等。西北卫所中，亦以汉、土区别身份：如正统二年（1437）二月，"给陕西河州等八卫备边土官俸。旧制，土官不给俸。至是选调赴边策应，遂暂给之，如汉官制。"④ "汉官""土官"的身份，有时可作为支俸的标准。又如，成化二年（1466）四月，甘肃巡抚徐廷章在奏疏中言道："镇守等官，推访不分内外，汉土军职有名誉，素着夷人信服者一员，职专抚治。"又建议"守备红城子堡都指挥使鲁监，虽系土官，素有智勇，所守红城子堡距庄浪七十余里，非要害之地，请将鲁监掣回庄浪。"⑤ 意思是选贤不分汉、土，鲁鉴虽为"土官"，但"素有智勇"，可堪重用。但言下之意是，过去的用人标准中，对于"土官"还是有顾虑的，也就是说，时人眼中，汉、土身份不同是非常清楚的。

在明朝人的观念中，汉、土存在身份上的差异，"土"的称谓主

---

① 中国第一历史档案馆、辽宁省档案馆编：《中国明代档案总汇》，广西师范大学出版社2001年版。
② 《天一阁藏明代政书珍本丛刊》第15册，线装书局2011年版。
③ 《明神宗实录》卷441，万历三十五年十二月癸未条。
④ 《明英宗实录》卷27，正统二年二月壬戌条。
⑤ 《明宪宗实录》卷29，成化二年四月戊辰条。

要针对边疆少数民族，亦如中国历史上所谓苗、蛮、夷、戎、狄、番、胡、越等。但是随着民族间的交融，民族地区的汉人也有被边疆化、少数民族化的趋势，亦被官方视为少数民族，而以"土"称之，例如西宁卫土官指挥陈子明。杨应琚《西宁府新志》言："宁郡诸土司计十六家，皆自前明洪武时授以世职，安置于西碾二属……内惟土司陈子明系南人，元淮南右丞归附，余俱系蒙古及西域缠头，或以元时旧职投诚，或率领所部归命。"[1]881—882

二 土官、流官、世官之关系

"土官"与"流官"常常被视为一组相对的概念。"土官"被认为是在民族地区由中央王朝赐封给当地少数民族首领的世袭官职，亦可指代这些首领本人。而"流官"则是封建王朝派遣到民族地区，有一定任期，期满调任，官职不能世袭的非本地官员。传统观念认为，明代"土官"多由当地少数民族首领充任，而"流官"多由非当地的汉人充任，在民族地区实行"土流参治"的政策，西南地区"以土为主、以流为辅"，而西北地区"以流为主、以土为辅"。[2]明清时期，尤其是清朝雍正年间的"改土归流"，即是要废除少数民族中的世袭土官，改为由封建中央王朝直接委派的定期轮换的流官，推行完全如内地一样的地方制度。[3]621

然而，在明代的制度中，"流官"还有另一层含义，不是指派出官员，而是与"世官"相对。《明史·职官志》："岁凡六选（指兵部武选）。有世官，有流官。世官九等，指挥使，指挥同知，指挥佥事，卫镇抚，正千户，副千户，百户，试百户，所镇抚。皆有袭职，有替职。其幼也，有优给。其不得世也，有减革，有通革。流官八等，左右都督，都督同知，都督佥事，都指挥使，都指挥同知。都指挥佥事，正留守，副留守。以世官升授，或由武举用之，皆不得世。即有世者，出特恩。"[4]1751—1752可知，"世官"指可以世袭的官职，"流官"指不能世袭的职位；获得"流官"的途径有二："世官"立功可升为

"流官",或者通过武举考试得以升授;"流官"因为职位较高,均为三品以上的大员,一般不得世袭,但如遇"特恩"也可世袭。因此,在卫所中,虽然武官的职位是可以世袭的,但是能世袭的只是其祖辈获得的三品以下的"世官",因功加授的"流官"不能世袭。但作为个人,他可以既保有"世官"之职,又可享受"流官"待遇。联系到"土官"个人,当然也可能同时拥有"世官""流官"的双重职务。

因此,"土官"从世袭的角度拥有了两重含义:一是与派出性质的"流官"相对,具有世袭官职身份的民族地区首领;二是既可拥有世职也可获得流职的卫所武官。

三 "土官机构"之外的"土官"

明代的土官机构,按《明史·职官志》可分为三类:一是宣慰司、宣抚司、安抚司、招讨司、长官司;一是军民府、土州、土县;一是羁縻都指挥使司、卫、所、站、地面、寨等。[4]1875—1876 宣慰司等及土府州县多设在西南民族地区,宣慰司等隶属于都司卫所,土府州县隶属于布政司。[5]90 羁縻都司卫所则设在东北、西北民族地区,系"洪武、永乐间边外归附者,官其长,为都督、都指挥、指挥、千百户、镇抚等官,赐以敕书印记,设都司卫所。"[4]2222 羁縻都司卫所性质上基本独立,但名义上由临近都司兼管,如河州时期的陕西行都司曾兼管朵甘、乌思藏行都司,甘州时期的陕西行都司则兼管哈密等七卫。唯西番之地,既设羁縻都司卫所,又设宣慰司、招讨司、万户府等。不同地区设置不同类别的土官机构,是由明朝对各民族地区的控制能力以及各民族地区的区域特性所决定的。不同类别的土官机构设置在不同地区,则反映了该地区接受明朝中央政府的何种管辖方式。西南地区的宣慰司等及土府州县均在明朝省级行政辖区之内,属于明朝大一统国家下能够有效控制的区域版图;东北、西北地区所设羁縻机构则属于明朝未能武力征服之地,多是以诏谕之策建立起的朝贡关系。因此,《明史》以西南之宣慰司下土官入《土司传》,以西北之羁縻卫所下土官入《西域传》,以东北之羁縻卫所下土官入《外国传》,所依据的也是各自所在土官机构的性质。

陕西行都司直辖卫所的土官,既不属于宣慰司系列,亦不属于土府州县系列,也非羁縻卫所系列,他们不存在于三类土官机构中的任何一种,而是存在于明朝正式地方行政机构中三司之一的都司之中,其官职就不是仅为朝贡关系所给予的荣誉头衔,而是实实在在的明朝官吏,也就是说,他们已经被纳入到明朝正式的官僚系统之中,他们本人是明朝卫所的武官,其家族亦成为明朝卫所的军户。那么,对他们的考量自然也与土官机构中的"土官"完全不同,永乐四年(1406)一道关于官吏考核标准的奏书也证明了这一点:"奏准各都司卫所、布政司、按察司、行太仆寺、盐运司、盐课提举司、煎盐提举司、市舶提举司、茶马司,考核俱从繁例。宣慰、宣抚、安抚、招讨、长官司、俱系土官衙门,从简例。"① 可见,都司卫所与宣慰、宣抚等司分属流、土两个系统,而陕西行都司土官显然是属于流官系统,对其的考核标准亦如"繁例"。此外,所谓"土官衙门"所拥有的权力,应当是在自己的统辖区域内有官吏的任免权,中央仅仅只是册封宣慰司宣慰使、宣抚司宣抚使等主要土官以及派驻少量流官,而大土官们则拥有任命辖境内小土官的权力。"官吏的任免权"对于陕西行都司土官们来说是不可能的。因此,陕西行都司卫所土官中几位著名人物,如永昌卫土官毛忠、西宁卫土官李英、庄浪卫土官鲁鉴等,其《明史》中的传记,完全是作为明朝国家体制内的正式臣工被记载的。

四 土官的军户身份

明朝继承元朝的分户制度,为了有效管辖人口并征发赋役,将全

---

① 《明太宗实录》卷52,永乐四年三月甲寅条。

国之人分为三类:"曰民,曰军,曰匠。民有儒,有医,有阴阳。军有校尉,有力士,弓、铺兵。匠有厨役、裁缝、马船之类。濒海有盐灶。寺有僧,观有道士。毕以其业著籍。"[4]1878明朝的户籍制度非常严格,规定"凡军、匠、灶户,役皆永充。军户死若逃者,于原籍勾补。"[4]1906因此,正常来说,一旦成为军户,世代便为军籍;在特殊状况下,成为皇亲国戚、功臣元勋、贵族官僚亦或监生学子,则可享受减免差役赋税等优待。而卫所军户的来源,按《明史·兵志》,有从征、归附、谪发三种,"从征者,诸将所部兵,既定其地,因以留戍。归附,则胜国及僭伪诸降卒。谪发,以罪迁隶为兵者。其军皆世籍。此其大略也。"[4]2193—2194章潢《图书编》增加"籍选"一种,孙承泽《春明梦余录》称为"著籍"。[6]808实际上,还有垛集(又称"垛充")、抽籍(又称"抽充"、"抽丁")、收集(又称"招集")、收籍、招募等其他方式。①

根据学者的研究成果,"从征"军指早年随朱元璋起事的徐达、汤和等将领所统率的起义旧部,张金奎认为,还应包括较早归并到朱元璋旗下的众多小股起义军和元朝降兵,而且这批人绝大多数在明初已经进入军官群体;[7]156—158"归附"军指降附的元朝及元末群雄所属官军,张氏认为,归附军来源广泛且数量庞大,因此成为卫所初创时期军队的基础甚至主体,明初卫所中下层军官的主体即来自归附军,对于归附军,为防止不测,明朝政府一般要将其分散安置,由嫡系旧部管束;[7]158—162"谪发"指犯罪充军,明朝初年谪充军实行南北易置,即南人发北、北人发南,嘉靖以后逐渐南人改南、北人改北,"陕西则充甘肃宁夏等卫所",且"但系发遣边卫充军人犯俱申各该抚按定发肃州卫充军"。②张氏认为,与其他军户来源不同,谪充军

---

① 关于卫所军户的来源,参见王毓铨《明代的军户》,《历史研究》1959年第8期;于志嘉:《明代军户世袭制度》第一章,《明代军户的来源》,学生书局1987年版,第1—45页;张金奎:《明代军户来源简论》,《明史研究》2007年年刊。
② 《军政条例续集》卷5,《天一阁藏明代政书珍本丛刊》第16册,线装书局,第26—30页。

存在于整个明代，很多边远卫所甚至完全由谪充军人组成。越是设立时间靠后的卫所，谪充军的比例越大。[7]169 于志嘉认为，"垛集"与"抽籍"是两种签发民户为军的方法，但二者亦有交集，[8]12 "垛集"是以户为基准的佥兵法，集民户三户四户为一垛集单位；"抽籍"则是以丁为基准的佥兵法，籍民户四丁五丁以上者以一丁为军。于氏另列举了两种收充军户的方式："收集"指收原充军人者为军；"收籍"指收原属民籍如屯田夫，或其他户籍者如蜑户、船户等为军。① 张金奎氏对"收集"的解释是：既要收集遣散回乡的元朝以及其他元末起义军的降兵降卒，又负有收集流散在民间的元朝旧军户的任务。[7]159 张氏将"收集"归入"归附"一类，于志嘉则认为二者应区别看待。此外，还有"招募"为军的方式，张金奎认为招募主要行用于明朝建国前，对应招者，卫选簿资料中一般称"报效"。[7]175—176

显然，由于故元官吏或者当地土酋的身份，陕西行都司土官军户的主要来源为归附军，所以，《清史稿·甘肃土司》中均列有其始祖的归附时间。但按照明朝的制度，他们与普通军户又不相同。明朝除分户外，还有"籍"的区别，《明武宗实录》记录了光禄寺卿李良的生平，"良，字遂之，神武卫官籍，本山东齐河县人，以进士授山阴知县，召为监察御史。"②《明太祖实录》记载一位名为李彦才的应天卫卒的事迹，"彦才，潼川遂宁人，尝从元将万户卜花征北，与其子添禄相失。已而彦才归附，为应天卫卒，凡二十年矣。而添禄以有司荐任澧州石门税课局副使，访求累年，始知父母所在，奏乞给侍。上怜之，命除其父军籍，俾就其子禄养。"③ 可见，同属卫所军户，还有"官籍"与"军籍"的差异。李彦才者，显然是作为故元兵丁，归附后成为明朝应天卫中最底层的军卒而非武官，所以，明太祖才因为其子的关系，可怜他们的遭遇而除去了他的军籍身份。此外，明代

---

① 于志嘉：《辞与盟水斋存牍中有关明代军户资料选读》，台湾"中央研究院"历史语言研究所法律史研究室2004年第二次研读会。
② 《明武宗实录》卷110，正德九年三月庚寅条。
③ 《明太祖实录》卷99，洪武八年四月庚寅条。

重要文献《明代进士登科录》，对"籍"的记录更为详尽，有民籍、军籍、官籍、匠籍、儒籍、盐籍、灶籍、站籍、盐灶籍、医籍、富户籍、太医院籍、厨籍、校尉籍、锦衣卫籍、群牧所籍、幼军籍、校籍、军灶籍、旗籍、总旗籍、仪卫司籍、大力士籍、商籍、王府籍、王府宗籍、军民籍、屯种军籍等。[①]"籍"的划分是为了区别身份地位和来历，使之为国家提供不同的劳役。因此，在军户系统中，还可细分为官籍、旗籍、军籍。旗籍中还可分出总旗籍；军籍中甚至可以按卫、所名称再细分，如锦衣卫籍、群牧所籍，还可按职务名称划分，如幼军籍、校籍、校尉籍、大力士籍等。行都司土官，大多被授予世袭武官，因此属于官籍，也有个别是由总旗、小旗，甚至土军升授的，属旗籍、军籍。"籍"别不同，待遇差别较大，身份地位亦悬殊。

作为"归附"而来的土官们，可以说，从一开始就得到了明朝的优待，给予了"官籍"身份，保证了子孙后代的地位。

五　收编土官为军户的原因

对于归附的土官，明朝为何要将其籍为军户，安置在卫所中呢？为何不将其安置在府州县成为民户？又为何不设宣慰司、宣抚司等土官机构安置他们？大致有如下几点理由：

（一）守土御边

河西、河湟之地，汉唐皆立郡县，视为内地。但对明朝而言，则成为边地。开国之初，明朝也曾试图解决北部边疆问题，然而洪武五年（1372）北征的失利，惟甘肃被收复，直接导致河西成为明朝与北元、东察合台汗国的边境，河湟亦成为明朝与藏区的边境；洪武二十一年（1388），虽然明军在捕鱼儿海取得大捷，终结了北元王朝，

[①] 参见屈万里主编《明代登科录汇编》，学生书局1969年版。

却造成蒙古更多势力的崛起，西北边境面临的情况变得更为复杂。由于洪武时期，明朝的都城还在南京，对于西北还是以防御为主，之所以建立陕西行都司，完全是因为其地理位置的重要性，具有西控西域、南隔羌戎、北遮胡虏、隔断番虏的战略地位。洪武年间的归附土官，一方面是降将，归附后需要以军功获得明朝的信任；一方面是土著，谙习西北情况，还可继续为明朝招徕更多的归附者，因此，明朝将其纳入军户系统，既不使其远离故土，又可为明朝守边，可称互利。而明朝之所以可以放心，一是因为都城南京距甘肃尚远，不存在旦夕之忧，二是明朝给予土官的均系副职，多数级别不高，且授职人数众多，短期内是无法聚成较大的反叛势力的。

（二）补充兵源

卫所逐步建立，人员也需要陆续补充。按明朝一所1200人、一卫5600人的标准，建置稳定后的陕西行都司，12卫3所，理论上的军额应为七万零八百人。而明朝又设九边，以陕西行都司地营建甘肃镇，设重兵，镇戍系统与卫所系统在兵员上并不完全重合。弘治年间镇守甘肃总兵官彭清在所陈《边务四事》中提到"陕西行都司所属卫所原额旗军七万一千九百余人"，[1] 魏焕《皇明九边考》中考证甘肃镇"官军舍余七万九千九百四十五员名"，[9]363 可知，明初陕西行都司所需官军总数至少为八万左右，而洪武五年（1372）冯胜西征甘肃时所率兵额大约为五万，[2] 班师回朝时带回大部，因其中两万系河南卫兵，[3] 当回河南，又"吐蕃及西安、河南出征官员就各处赏赐，其京卫出征将士俟回京给赏"，[4] 只有少数西征军留在甘肃。因此，陕西行都司大部分兵源当来自于所归附的故元官兵及当地土著，如西

---

① 《明孝宗实录》卷169，弘治十三年十二月癸巳条。
② 《明太祖实录》卷160，洪武十七年三月戊戌条，"上乃诏达与文忠及冯胜率兵十五万分三道"。
③ 《明太祖实录》卷72，洪武五年二月乙巳条，"诏发河南卫兵二万从征西将军冯胜北征"。
④ 《明太祖实录》卷74，洪武五年六月癸卯条。

宁人朵儿只失结就自率二千余人从征冯胜,西征结束后率所部回西宁,后设西宁卫并以朵儿只失结为指挥佥事。①

(三) 割断联系

陕西行都司卫所土官基本都是故元官吏及当地土酋,其归附之初,一般都率领着大批军士,明朝将其统统收编在卫所中,无疑是要割断他们与旧部的统属关系。一方面,对他们的安置是分散性的,同批归附的人员常常被打散分布在不同卫所。另一方面,都司卫所对军队只有统属权而无征调权,这是明朝的一项制度。明朝的军事权力机关,中央是五军都督府,地方是都司卫所,这一系统只管卫所军士的军籍,而不管战时的征调。遇有战事,由皇帝下旨兵部调用卫所军,并选任总兵官,配以印信,率领卫所军队出征;征罢,总兵官将印信上交,官军各回卫所。都司卫所只有统兵权,而无调兵权,卫所武官只负责军士的日常管理和训练,战时则要听从征调。因此,将归附土官及其部属纳入都司卫所系统,相当于对他们进行了整编,由国家收归了军队的领导权,而且还有制度上的保障,使这样的建制可以保持长期的稳定。将西北地区归附的故元官兵及土著势力收入国家正式军政编制,为国效力。

(四) 根基薄弱

明代官修法典《明会典》、专书《土官底簿》均对"土官"职掌进行了专门论述,但所列土官仅限湖广、广西、四川、云南、贵州等西南地区;作为清代官修正史的《明史》,其《土司传》亦未列西北土司,仅将上述五省列为土司区。显然,在明清人眼中,对西北与西南土官的定性不同,原因在于二者本身存在极大的差异,而明朝在其地所建行政体系亦不相同。

由于西南土官大都为世居其地的大姓、豪酋,至明朝初年已有深

---

① 《明太祖实录》卷78,洪武六年正月己未条。

厚的根基，明王朝对其只能"赋税听自输纳，未置郡县"，[4]8167 设置宣慰司、宣抚司、安抚司、招讨司、长官司等土官机构，实行以土为主、土流参治的土官制度，如贵州著名的水西安氏土官①、云南沙氏土官②等。

西北土官则大多是元以后才迁入当地的，属客籍身份，如世居西宁的李氏土官，元时才迁入西宁，而世居庄浪的鲁氏土官则是元末才流落到河西的。两家的发迹均在明朝，其先祖在洪武初年归附时实力并不强大。西北土官与西南土官相比，实力不可同日而语，明太祖才可能因势利导，将西北土官完全纳入地方卫所系统中，使其逐步融合在明朝正式的官僚体系之中。

因此，从明朝的边境形势，到归附者的实际情况，将土官军民纳入军户系统，既充实了卫所兵额，又稳定了边地。

六　结论

考察军卫体制下陕西行都司土官身份，围绕陕西行都司土官的性质、发展脉络及对明代西北政局的影响三个核心问题展开，有助于解决三个问题：

第一，明朝为何在河西、河湟之地放弃了元代的甘肃行省（河西地区）及吐蕃宣慰司（河州部分），而独树一帜地选择设立陕西行都司？不设省意味着放弃赋税，只设卫所表示完全军事化，实行"屯戍结合"的养兵用兵策略。首先是明朝初年与蒙古、西番紧张的军事、民族关系使然，必须在"番""虏"之间插入一把利刃，即重兵驻守的陕西行都司；其次是安置大量归附的西北移民，陕西行都司地

---

① 《明史》卷316，《贵州土司》："自蜀汉时，（安氏先祖）济火从诸葛亮南征有功，封罗甸国王。后五十六代为宋普贵，传至元阿画，世有土于水西宣慰司。霭翠，其裔也，后为安氏。洪武初，……安氏领水西，……（洪武）六年召霭翠位各宣慰之上。"中华书局1974年版，第8169页。

② 参见《明史》卷313，《云南土司一》"沙源、沙定州条"，第8065—8067页。

处明朝的西北边界，可以说是一个农耕与游牧的中间地带，因此也是一个多民族聚居之地，明朝采取了很多招抚措施，也吸引了大批归附者，将他们安置在行都司，一方面扩大了明朝的军事实力，一方面也是利用他们的关系继续招徕少数民族归附者，当然，尊重其生活方式也是考虑因素之一。而原吐蕃宣慰司的大部分地区（西藏地区），则因为缺乏实际控制的能力而实行羁縻卫所制度。

第二，为什么《清史稿·土司传》评价甘肃土司"不类蜀、黔诸土司，桀骜难驯"？结论是所谓"甘肃土司"大部分就是明代陕西行都司土官，明朝在甘肃和西南五省根据具体情况选择了不同的管理方式，一是都司卫所体系，一是宣慰、宣抚司等土官体系，这决定了虽然顶着"土官"的名头，但实际却与汉族武官并无多大差别的陕西行都司土官们，已经被紧紧地固着在明朝正式的官僚系统之中，他们不可能如有些西南土官一样拥有较为独立的行政权。也就是说，他们在明朝之所以"不类蜀、黔诸土司，桀骜难驯"是因为有了卫所制度的保障。而这一制度，既为行都司土官提供了世勋世职的好待遇，使其缺乏对抗明朝的物质动力，也将其个人和家族圈进了军户范畴，而必须世代为朝廷服军役，客观上起到了稳定西北的作用。

第三，学界长期争论的明代西北有无土司问题，可以做如下推导："土官"是一个应用极广的泛称，而"土司"则是一个有相应条件的专称。在明代，有些"土官"相当于"土司"并最终获得"土司"之名，如西南地区很多世家大族；有些"土官"的称谓仅仅只是作为其异族（大部分土官都是少数民族，但也不尽然）或本地身份的象征，如陕西行都司土官，他们实际就是明朝正式官僚体系中的一员，其中的大族，虽然在明末逐渐有了"土司"的实力，但终明一世，未有"土司"之名；有些"土官"是羁縻制度下，中央政权无法有效控制的地区，而加以册封的少数民族首领、头目等，如西番、西域土官，包括很多僧职土官，他们虽拥有"土司"之权，但在明代并未有"土司"之名；有些称"土官"者，如安南、交趾、琉球、朝鲜、缅甸等域外土官，则与"土司"毫无关系，仅仅是明朝在属国所册封的当地官吏。因此，以陕西行都司土官为代表的西北土官至少在明代还不是"土司"，明初，他们不具备"土司"的实力；明末，他们不具有"土司"的名义；明代河西、河湟地区实行的也非土司制度，而是卫所制度。

此外，"陕西行都司土官"不是一个固定不变的群体。首先，因为"陕西行都司"在不同时期的治所和辖境有所不同，区域的变化决定了人员的变化，卫所制导致了很多人以"卫"为籍，也使卫所之间的人员变动相对要小；其次，成为"土官"需要时间，有些人在明初刚刚迁到行都司，自然还不能称其为"土"，但是经过数代的繁衍，已然成为名副其实的"土"人，还有一些人，元代以前就世居其地，明初当然可以称作"土"，但其后人迁往他处，便失去了"土"的身份。因此，同一家族成员中，前代和后代很可能有"土官"与"非土官"的区别。

[参考文献]

[1] 杨应琚. 西宁府新志：卷24 [M]. 台北：文海出版社，1966.

[2] 冯海晓. 明代西南、西北边疆地区土司制度比较研究：以云南丽江府木氏和青海西宁卫李氏为例 [D]. 昆明：云南大学，2011.

[3] 陈连开. 中国民族史纲要 [M]. 北京：中国财政经济出版社，1999.

[4] 张廷玉. 明史 [M]. 北京：中华书局，1974.

[5] 申时行. 明会典：卷15 [M]. 北京：中华书局，1989.

[6] 孙承泽. 春明梦余录：卷42 [M]. 北京：北京古籍出版社，1992.

[7] 张金奎. 明代军户来源简论 [J]. 明史研究，2007年刊.

[8] 于志嘉. 明代军户世袭制度 [M]. 台北：学生书局，1987.

[9] 魏焕，郑晓. 皇明九边考 [M]. 台北：华文书局，1968.

[原载于《吉林师范大学学报》（人文社会科学版）2017年第2期]

"兵将留守"与十七世纪清政府对索伦部的管理

韩 狄 韩天阳[*]

一

索伦部是主要活动于黑龙江中上游地区，包括现代达斡尔、鄂温克、鄂伦春等民族先人在内的清代北方部族集团。在关于索伦部早期历史的研究中，日本学者提出的所谓"兵将留守"问题在国内学术界颇有影响[1]。

清崇德四年（1639），清朝发兵攻打居住于黑龙江中上游地区的索伦部。此次战役清军虽然取胜，但也有一定的伤亡损失。因此，崇德五年（1640）清政府乃追究萨穆什喀等主要参战将领的责任。其中萨穆什喀的罪责中有"又不严饬兵将留守，每屯止留章京二员，兵五十人，其余兵将俱擅带还"[2]692一条。这便是所谓"兵将留守"的由来。顺治九年（1652），进入黑龙江流域的俄国人哈巴罗夫在一份报告中提到，当他们在1651年进攻达斡尔首领桂古达尔的城寨时，曾遇到50名"博格达人"（清朝官吏）[3]59—62。日本学者由此得出的结论是："据此，至少可以认为清在崇德四年（1639）征讨索伦部

---

[*] 韩狄（1962— ），男，内蒙古呼伦贝尔人，辽宁大学历史学院副教授，历史学博士，研究方向：东北民族史；韩天阳（1993— ），男，辽宁沈阳人，辽宁大学历史学院硕士研究生，研究方向：清史。

时，在攻略过的黑龙江左岸的一个部落中留有守备部队；而且类似情况，还可以从十二年后在当地见到的情况来加以判明和证实。"[1]58 即认为"守备部队"性质的"兵将留守"一直延续了十二年，实际上是将此视为一种长期执行的制度规定。国内学术界称之为"军队驻守制度"[4]29的说法即源于此。然而，此论若仔细推敲，则未必妥当。

首先，萨穆什喀的所谓"兵将留守"能否解释为一种长期的"制度"？

关于萨穆什喀"兵将留守"的相关材料极为有限。《清实录》中仅记载："萨穆什喀，本旗所得三屯人民，不加抚辑，其弓矢不行收取。又不齐集三屯人民，并归一处。又不严饬兵将留守，每屯止留章京二员，兵五十人，其余兵将俱擅带还。违命不守汛地，竟往正蓝旗地方，以致三屯人叛，罪一。既知三屯欲叛，复调还章京三员及众兵，止留章京三员，兵六十人于后，护送疲敝人马。及三屯作叛时，章京二员、兵三十七人，俱被杀，罪二。"[2]693 这段记述表明，萨穆什喀的"兵将留守"的任务应是收缴俘获民众的武器，并加以抚辑，集中看守监管，后因民众叛乱遭受了损失。但在后续记载中，并没有发现再设"兵将留守"的记录。《萨穆什喀传》中也仅称："因征索伦时所得三屯人民不加抚辑，以致复叛。"[5]2663 与制度设立、执行亦无相涉。因此，可以说并没有直接、翔实的史料可以证明"兵将留守"举措的长期性和制度性。所以，萨穆什喀的所谓"兵将留守"与其说是长期的"驻守制度"，还不如说更类似于战时所采取的处置俘获人员的一种临时性军事措施。

清初的军事行动，多以获取人口、财物为目标之一，并将战利品"八家均分"，是补充八旗人力、物力资源的重要途径。而在军事行动中，对俘获人口大多采取类似"兵将留守"的临时性措施，派兵集中看守，甚至因监管不善，导致俘虏逃亡的事件亦屡有发生。例如，崇德元年（1636）清军往征虎尔哈时，"得人三百三十名，分五处监之"，因看守者失职，"五处监的虎尔哈俱已脱出，将看守的大人及兵俱杀了"，相关人员也因此获罪受罚[6]47。镶红旗聂纽克往征瓦尔喀，"将阵获户口因于牢内，率兵五十看守"，因疏于看管，致使"牢内之人冲出，杀聂纽克及军士共十人而去"[7]1502。与萨穆什喀"兵将留守"的遭遇十分相似。

正由于所谓"兵将留守"只是军事行动中所采取的一种临时性措施，依据战事的具体情况而决定是否执行，故而相关记载甚少见。虽然清代关于各种典章制度的记载较为完备，但在各种官方文件中皆无有关"兵将留守"是一种长期制度的记载。这一点不仅为日本学者所承认，苏联学者也明确指出："俘虏们肯定说满洲人长期住在古伊古达尔城——这种说法并没有得到俄国或满洲——中国的其他史料所证实"[8]823。

因此，日本学者称："在索伦部的一个村子里设置的由章京二员、兵五十名组成的'兵将留守'，一直执行萨穆什喀的命令连续不断地轮流值勤。崇德八年（1643）萨穆什喀死后大概也没有发生变化。桂古达尔村里的五十名博格达人，大概就是那个'兵将留守'吧。"[1]56 这种判断将临时性的军事措施视为长期执行的驻守制度，实在太过于勉强，缺乏足够的说服力。实际上即便俄国人所遇到的五十个人或许与制度有关，但至少与萨穆什喀当时的行为并没有必然的联系。

其次，即使假设所谓"兵将留守"是一种驻守制度，那么在当时的客观条件下，是否存在长期执行这一制度的可能性？

清军入关前，在东北地区已实行分兵驻防制度，"守边驻防，原有定界"[2]102。顺治时期，为适应形势的变化，清朝对整个东北地区的统治方式作了一系列重大调整。顺治元年（1644），由于清军主力入关，乃以盛京为留都，"悉裁诸卫，设八旗驻防官兵，以内大臣、副都统领之"[9]2708。顺治三年（1646），改内大臣为奉天昂邦章京，康熙元年（1662）改为镇守奉天等处将军。顺治十年（1653），设宁古塔昂邦章京、副都统，康熙元年（1662）宁古塔昂邦章京改为镇守宁古塔等处将军。直到康熙二十二年（1683），设立黑龙江将军、副都统，整个东北地区才形成三将军分治、副都统驻防，"其余各城、各边门,又有城守尉、防守尉等员分驻焉"[10]7276的局面。

然而,当时的东北地区虽地域辽阔而人烟稀少。顺治十八年(1661),奉天府尹言盛京形势称:"合河东河西之边海以观之,黄沙满目,一望荒凉。倘有奸贼暴发,海寇突至,猝难捍御。""合河东河西之腹里观之,荒城废堡,败瓦颓垣,沃野千里,有土无人,全无可恃。"[11]65可见顺治末年尚荒凉如此,而顺治初年清军又携大量家眷、丁口入关,其时东北地区人口之稀疏程度更是可想而知。

不仅如此,顺治时期清朝在东北地区的驻军兵力也十分有限。据记载详细的《会典事例》统计,顺治年间东北地区总兵力为2403人,顺治十年(1653)只有约1300人。[12]卷1127在整个东北地区的兵力配置上,根据形势需要,主要兵力和防御重点基本置于南线。顺治元年(1644)清军主力入关,以正黄旗内大臣何洛会为盛京总管,"八旗每旗满洲协领一员、章京四员,蒙古、汉军章京各一员,驻防盛京"。又在雄耀、锦州、宁远、凤凰、兴京、义州、新城、牛庄、岫岩设城守官,东京、盖州、耀州、海州、鞍山、广城,"每城各设满洲章京一员、汉军章京一员,率兵驻防"。[13]75北线则由于形势相对安全、稳定,兵力配置相对薄弱。直到顺治末年,才因沙俄袭扰、入侵而有所增强。如北线最大的军事重镇宁古塔,清初在北线采取的军事行动,大多以此为基地。但据《驻防来册》,宁古塔驻防"顺治十年,初设兵四百三十名。十八年,增兵五百名"[14]528。

前述哈巴罗夫所记事在顺治八年(1651),其时距沙俄势力首次侵入黑龙江流域(1643年)已达八年,但清政府对东北地区的整体军事兵力部署尚未及调整。顺治十年(1653)东北地区只有驻军约1300人,其中宁古塔驻军430人,占总数的三分之一左右,这应与当时清军正应对沙俄侵入有关,而宁古塔与索伦部所居之黑龙江中上游地区尚距千里之遥。顺治九年(1652),驻防宁古塔章京海塞曾指挥清军对哈巴罗夫的入侵进行了反击[13]537,据说此次宁古塔出兵约600人[3]70。这一数字既超过了430人的记载,也大于清制以三百人为一牛录(佐领)的编制。但考虑到海塞(海色)在顺治四年

（1647）以佐领（牛录章京）驻防宁古塔[15]卷14，作为驻防部队需配属一定的附属人员，海塞所辖应超过300人（一牛录）。而要出师遥远的黑龙江流域，仅以宁古塔驻军之力恐难胜任，大概还要抽调其他地方的部分兵力。因而，600人之数不能简单认定为宁古塔驻军总数，实际上却反映出宁古塔驻军兵力的薄弱，其驻军人数恐怕尚不及430人。

在此幅员辽阔，地广人稀，兵力十分有限的情况下，即使是北线最大的军事重镇宁古塔，其驻军也仅有区区数百人，如何能分兵于千里之外的黑龙江流域的村屯中驻兵50人为"兵将留守"，并一直延续了十几年？如果说黑龙江流域的"兵将留守"与宁古塔驻防无关，为何在连一个小小的边境卡伦都有明确记载的清代典籍中却没有关于50名"兵将留守"的记录？哈巴罗夫报告中也仅有一次记载遇到过50名"博格达人"，若"兵将留守"是一种长期的制度，为何哈巴罗夫再未遇到类似情形？而且50人的"兵将留守"孤悬绝域，呼应不及，联络困难，在整个东北地区驻军兵力都极为单薄的情况下，此举在军事上又有何意义？

因此，"兵将留守"作为清军在1639—1640年对黑龙江中上游地区索伦部所进行的战役中采取的临时性军事措施是完全可以成立的。而由此作为长期的驻守制度，至少延续到1651年则在兵力分配上也缺乏充分的客观条件。

其三，哈巴罗夫遇到的"博格达人"究竟是什么人？与萨穆什喀的"兵将留守"是否存在必然性联系？

根据哈巴罗夫的报告，顺治八年（1651）当俄国人进攻达斡尔城寨时，"博格达人"并没有随达斡尔人回城，而是远远地在田野中观战。"一个俘虏对我们说：有50个博格达人经常住在我们这里征收贡赋，他们还带有货物，这一批走了，另一批又来。我们还问被俘的妇女：他们为什么不同你们呆在城里，他们为什么不来保护你们？一个俘虏说：我们达斡尔人酋长桂古达尔及其部众曾请他们入城救护，但是博格达人对他们说：桂古达尔！我们的皇帝沙姆沙汗没有叫我们跟俄国人打仗"。"博格达人"还在第二天派出代表向俄国人表示:"我们的皇帝沙姆沙汗没有命令我们跟你们打仗,我们的皇帝沙姆沙汗盼咐我们对你们哥萨克要以礼相见"[3]61。

上述记载呈现出一幅令人费解的情景:"博格达人"对俄国人与达斡尔人的战斗采取了袖手旁观的态度,并在战后还向俄国人示好。而他们的任务则是轮番而来,征收贡赋。这种表现、特征,使他们既不像军事戍守人员,也不像行政管理官员。在外敌进攻的情况下,既未尽守土之责进行抵抗,又未进行交涉保护民众。无论是萨穆什喀当年作为临时性军事措施的"兵将留守",还是日本学者所谓的长期驻守制度,都无法解释这种匪夷所思的态度和行为。况且,达斡尔酋长桂古达尔的城寨与萨穆什喀设立"兵将留守"的村屯是否是同一处地方?如果是,那么桂古达尔城寨中的"博格达人"的表现与萨穆什喀的所谓"兵将留守"简直毫不相关,无法将二者联系起来。如果不是,那么二者风马牛不相及,又何必联系起来?又如何能联系起来?

因此,哈巴罗夫所遇到的50名"博格达人"应与当年萨穆什喀的50名"兵将留守"无关,只是在人数上巧合罢了。而哈巴罗夫遇到的"博格达人"则很可能是清朝对黑龙江流域各部族征收贡赋的库使——"乌林人"(物林人)。

清朝对居住于黑龙江中下游、库页岛、乌苏里江沿岸的各部族,实行贡貂赏乌林(乌绫)制度。岁贡貂皮一张,纳贡者则被赏赐一定数量的财物,"无貂皮之贡,即无乌绫之赏"[16]383。主其事者即"乌林人"(物林人)。

《盛京通志》记载盛京四部职官时,就有户部乌林人九名,并注"旧设";工部乌林人七名,"旧三名,顺治十七年添四名";内务府乌林人十名,"顺治十三年设"[15]卷14此处所记"旧设"姑且不论其为何时,但其中的"顺治十三年(1656)"已接近于哈巴罗夫记事的"顺治九年(1652)"了。档案材料中也记载了"乌林人"到征贡地收取贡赋的情况。顺治十年(1653),"沙哈连吴赖郭薄儿屯伦布的弟吴墨泰、能吉勒屯韩皮力"因"老掐"（俄国人）袭扰，不能亲进貂皮，"将进贡貂皮与差往去的户部韩狄等物林人宜里麻、乌黑登等代进。又索龙克儿特米牛录补进壬辰年贡貂皮壹拾伍张，亦系宜里麻、乌黑登等代进"。[17]10 嘉庆时期，日本人间宫林藏在黑龙江下游还曾亲历其事，并见到赏乌绫木城（"满洲行署"）中，"有较高级官吏三人，另有中级官吏以上五六十名。下级官吏则同山丹、赫哲等夷杂居，颇难区分，故无法得知具体数目"[18]13。

正因为作为库使的"乌林人"只是到当地收缴贡物，并没有管理和守卫地方的责任，所以在黑龙江流域偶遇俄国人进攻达斡尔城寨时，才采取了非官非兵、置身事外的态度和行为。"乌林人"收取贡物之举，与十余年前的"兵将留守"毫不相干，更与驻守制度无关。

二

既然所谓的"兵将留守"仅仅是一种临时性的军事措施，那么清朝对于黑龙江流域的索伦部又是如何实行长期、有效的管理？

"索伦"之名，天聪八年（1634）始见于史籍记载。[19]83 其时，索伦部已由于首领巴尔达齐的主动来朝，开始了与清朝的交往。巴尔达齐为"达虎里精奇里氏，世居黑龙江多科屯，达虎里部长也"。[20]90 崇德二年（1637），索伦部的另一首领博穆博果尔也率人来朝贡献。[2]448—580 形成索伦部来朝贡献，接受清朝赏赐，双方和平相处的交往格局，直到如前述崇德四年（1639）清军发兵攻打博穆博果尔，双方关系才出现转折。

此次战役之后，清政府通过对索伦部众的迁移和留置，逐渐对其形成旗佐制与贡纳制相结合的管理模式。一方面将一部分索伦部众迁往内地，编制旗佐，置于清政府的直接统治之下。另一方面对索伦部原居地的留置人口继续采取贡献纳貂的方式来进行管理，维持清朝对黑龙江流域地区的有效统辖。

第四编　边疆与民族

崇德五年（1640），清政府将战后的索伦部众分为迁移人口和留置人口，采取不同的管理方式，分别进行重新安置。

首先，对内迁的索伦部众，采取旗佐制的方式进行编制和管理。

其一，遵循旧例，将战争中的俘获人口直接编入满洲八旗。崇德五年（1640）七月，清政府依照以往八旗补充人丁的惯例，将索伦部之役后索海、萨穆什喀所获壮丁2709人、妇幼2964人，共5673人，"均隶八旗，编为牛录"[2]695。同年十一月，又进一步将其分等授官、赏赐。"复令较射，分别等第。一等者，视甲喇章京；二等者，视牛录章京；三等者，视半个牛录章京。各照等第，赐朝服、袍褂等物"[2]711。《八旗通志》中记载，满洲镶黄旗第五参领第一佐领"系崇德五年将索伦人丁编为半个牛录，以布克沙管理。后因人丁滋盛，遂编为一整牛录"[14]38。即可为此条佐证。

其二，为来降者选官择地，独立编制佐领。崇德五年（1640）五月，索海、萨穆什喀出征索伦时"未降者三百三十七户，共男子四百八十一人"来降，清太宗指示理藩院参政尼堪等："尔等可令索伦来归之众，同我国外藩蒙古郭尔罗斯部落，于吴库马尔、格伦额勒苏、昂阿插喀地方，驻劄耕种，任其择便安居。其中有能约束众人，堪为首领者，即授为牛录章京，分编牛录。"尼堪等遵旨"分编为八牛录"[2]687此"八牛录"驻扎在蒙古郭尔罗斯部附近的嫩江流域，即为最初编成的独立的索伦佐领。

其次，对以巴尔达齐为首的留置人口，仍许其留居索伦部故地，并仍以贡纳（贡貂）制的方式进行管理。仅据《清太宗实录》统计，索伦部之役后，自崇德五年（1640）十月至崇德八年（1643）七月，与巴尔达齐有关的来朝贡献便至少有四次。其他人等更是贡献不绝。如顺治三年（1646），"索伦部落、使鹿部落喇巴奇等贡貂皮，宴赉如例"[13]225顺治五年（1648），大乌拉杜贺臣村、默克提印村、老卡村三村，贡貂皮一百五十张；达虎尔七村贡貂皮二百六十一张。[21]477但此时的贡纳制度已与此前有所不同，对贡物数量和年限都有了明确规定，与以往较为宽泛不同[17]10。

崇德五年（1640）以后，清政府对索伦部众以贡纳制与旗佐制相结合的管理方式基本定型。此后虽由于形势的变化，贡纳制与旗佐制之间的侧重有所改变，但直至清末，整个管理模式并没有发生本质性变化。

自波雅尔科夫等于崇德八年（1643）第一次侵入黑龙江流域起，沙俄侵略者的不断袭扰，便导致索伦部原居地人口陆续内迁。至顺治时期，清政府对索伦部原居地人口再一次进行了大规模迁徙。顺治六年（1649），作为索伦部代表人物的巴尔达齐率众迁往内地，清政府将其编入满洲正白旗[22]445，并授以官职，"以巴尔达齐自井奇里乌喇率兄弟来归，授为三等阿思哈尼哈番。其同来萨哈连、钟嫩、额讷布，俱为三等阿达哈哈番。图占、席岱、堪奇齐、堪褚堪、查里穆，俱为拜他喇布勒哈番"。[13]350顺治十年（1653），清政府又行文黑龙江地方各屯头目："闻彼处去年、本年曾经罗禅来侵犯二次回去。今特差人前往，尔等如不动，仍在原处居住。彼处居住屯民稀少，且罗禅人又详知尔等居住地方，以后如每年来犯，尔等不得安居，路途遥远，又不能一时赴京闻报，必致离散。今差人到彼，尔等即移来单木土索陇近弄泥处，酌量周围，立屯居住，庶尔等亦得安宁，来往贸易进贡，不致劳苦，各得安生。"[17]17明令其迁往内地，以避沙俄袭扰。

清政府对于顺治时期内移人口的安置与管理，仍沿用了以往的模式。其中一部分迁往京城，编入满洲八旗。例如，达斡尔郭贝勒氏"原居黑龙江东郭贝勒阿彦屯，在黑龙江东精奇里江东岸之布丹河北"，"编入正白旗为世袭佐领，时在顺治六年"。[23]30达斡尔族《金奇里哈拉族谱》亦称："此族住在黑龙江北岸金奇里江泽布奇峰……顺治七年，旨以博吉勒达族众迁居京城，入满洲正白旗，赐与田园家宅。"[24]198但大部分索伦部众则被留置在嫩江流域。康熙三十年（1691），索伦总管玛布岱称："我等祖、父等自黑龙江来嫩江归顺圣主以来，四十余载，逢遇太平，散居六百余里，随意逸乐。"[25]27由此即使仅上溯四十年，亦可知其至嫩江流域当在顺治八年（1651）前后，大致接近于巴尔达齐率众内迁的顺治六年（1649），进而也说明内迁索伦部众大部分被安置在嫩江流域。

三

总之，萨穆什喀在崇德五年（1640）清军对索伦部的战役中所实施的"兵将留守"，只是一种临时性军事措施。与顺治八年（1651）俄国人哈巴罗夫在黑龙江流域的达斡尔城寨中遇到的"博格达人"并无关系，只是人数上的巧合罢了。日本学者将二者联系起来，视为一种长期的军队驻守制度的看法是无法成立的。清政府对索伦部的管理最初采取来朝纳贡的形式，继而形成贡纳制与旗佐制相结合的管理模式，后来以旗佐制为主，但清政府与黑龙江、精奇里江流域索伦部原居地其他零散居民的联系并未中断，仍以纳貂贡献的形式保持对这一地区的管理和控制。[26]389 并没有采取过所谓"兵将留守"的军队驻守方式。

[参考文献]

[1] 吉田金一. 清军が索伦部に留めに"兵将留守"について[J]. 东方学, 1978（第五十五辑）: 49-61.

[2] 清实录馆. 清太宗实录[M]. 北京: 中华书局, 1985.

[3] 郝建恒, 侯育成, 陈本栽. 历史文献补编: 十七世纪中俄关系文件选译[Z]. 北京: 商务印书馆, 1989.

[4] 鄂温克族简史编写组. 鄂温克族简史[M]. 呼和浩特: 内蒙古人民出版社, 1983.

[5] 李洵. 钦定八旗通志[M]. 长春: 吉林文史出版社, 2002.

[6] 辽宁大学历史系. 清初史料丛刊第三种: 清太宗实录稿本[M]. 沈阳: 辽宁大学历史系, 1978.

[7] 中国第一历史档案馆, 中国社会科学院历史研究所译注. 满文老档[Z]. 北京: 中华书局, 1990.

[8] 苏联科学院远东研究所. 十七世纪俄中关系: 第一卷第三册[Z]. 厦

门大学外文系翻译组,译.北京:商务印书馆,1978.

[9] 刘埔.清朝通典[M].杭州:浙江古籍出版社,2000.

[10] 张廷玉.清朝文献通考[M].杭州:浙江古籍出版社,2000.

[11] 朱轼.清圣祖实录[M].北京:中华书局,1985.

[12] 昆冈.钦定大清会典事例[M].光绪二十五年石印本.

[13] 图海.清世祖实录[M].北京:中华书局,1985.

[14] 鄂尔泰.八旗通志[M].长春:东北师范大学出版社,1985.

[15] 董秉忠,孙成.盛京通志[M].康熙二十三年刻本.

[16] 丛佩远,赵鸣岐.曹廷杰集[M].北京:中华书局,1985.

[17] 中国第一历史档案馆.清代中俄关系档案史料选编(第一编):上册[Z].北京:中华书局,1981.

[18] 间宫林藏.东鞑纪行[M].黑龙江日报(朝鲜文报)编辑部,黑龙江省哲学社会科学研究所,译.北京:商务印书馆,1974.

[19] 中国第一历史档案馆.清初内国史院满文档案译编:上册[Z].北京:光明日报出版社,1989.

[20] 黄维翰.黑水先民传[M].哈尔滨:黑龙江人民出版社,1986.

[21] 中国第一历史档案馆.清初内国史院满文档案译编:中册[Z].北京:光明日报出版社,1989.

[22] 弘昼.八旗满洲氏族通谱[M].沈阳:辽海出版社,2002.

[23] 中央民族学院研究部.中国民族问题研究集刊:第一辑[M].北京:中央民族学院研究部,1955.

[24] 内蒙古自治区编辑组.达斡尔族社会历史调查[Z].呼和浩特:内蒙古人民出版社,1985.

[25] 中国第一历史档案馆.锡伯族档案史料:上册[Z].沈阳:辽宁民族出版社,1989.

[26] 中国第一历史档案馆.清初内国史院满文档案译编:下册[Z].北京:光明日报出版社,1989.

[原载于《吉林师范大学》(人文社会科学版)2018年第4期]

第五编　满文文献与满语（锡伯语）

满文《西洋药书》第二至第六药方及相关问题

蔡名哲[*]

《西洋药书》[1]满文原名 Si yang-ni oqto-i bithe,① 据说此书乃由康熙皇帝令法国传教士白晋（Joachim Bouvet, 1656–1730）与张诚（François Gerbillon, 1654—1707）编纂，系统地介绍了当时的医药学成果。②

此书现收录于《故宫珍本丛刊》第 727 册的 289 页至 422 页。第 289 页至 320 页，记载了三十六种未书确切名称的药方，各页版心仅以汉文书写其篇次，而在 410 至 442 页，则为重复的三十六个药方（下文称之为第三部分），但并非完全同于 289 至 320 页的内容。笔者曾将其中第一药方翻译为中文,[2] 庄吉发先生亦曾翻译三十六药方之篇名并简介之。[3] 本文则为《西洋药书》第二至第六药方的翻译、考

---

[*] 蔡名哲（1984— ），男，台湾嘉义人，台湾中正大学历史学系博士研究生，研究方向：清史，满学。

① 本文所使用的满文罗马字转写，采用甘德星提倡之转写法。详见甘德星《满文罗马字拼写法刍议》，阎崇年编：《满学研究》第六册，民族出版社 2000 年版，第 50—68 页。甘德星后来对此套转写法进行些微更改，本文从之。《故宫珍本丛刊》所收录的《西洋药书》，并无其满文原名，笔者是从《清宫旧藏满文〈西洋药书〉》一文中的附图见到其满文原名。见李欢《清宫旧藏满文〈西洋药书〉》，《紫禁城》1999 年第 4 期。

② 关于《西洋药书》的介绍，可见李欢《清宫旧藏满文〈西洋药书〉》，页 30；另可见 Martha E. Hanson, "The Significance of Manchu Medical Sources in th Qing," Proceedings of the First North American Conference on Manchu Studies: Studies in Manchu Literature and History, ed. Stephen Wadley (Wiesbaden: Harrassowitz Verlag, 2006), p. 146.

证以及第三部分相同药方的比对成果。

此次译注过程，可以发现几个有趣的问题，涉及音译拉丁文的满文字、制药技法与医学学理，现于下文逐一讨论。

一 《西洋药书》中的外来语问题

此次翻译的篇章，可见四字为满文所无之单字，推测为外来语。

1. 第二药方与第六药方中，出现"eliqsir"一字，此字非满文固有之字，应是传教士音译之字，发音为"额力克希尔"，笔者推测为拉丁文"elixir"演变而来，"elixir"为"长生药"之义。此段文本提及的"额力克希尔"药是延寿的，而第六药方全名为"jalγan-de tusangγa eliqsir oqto"，意思为"对寿命有益的额力克希尔药"，与"elixir"的"长生药"意涵相符。因此笔者推断"eliqsir"即"elixir"，但"elixir"的拉丁文发音，较接近"伊力克希尔"，传教士为何不将该字满文转为"iliqsir"，需再研究。

2. 第六药方中出现满文"robino"与"sumaraqdo"二字，不知何意，其后有"sere"一词，表示此二字为对外来词语的音译。"robino"发音接近"罗比诺"，"sumaraqdo"发音接近"苏玛拉克多"，根据上文下意来看，两者可能是红绿色的宝石或珍珠之类的物品。而书写者为传教士，笔者推测可能来自于拉丁文，依此线索，在拉丁文中查到"smaragdus"一字，其意为"翡翠、绿宝石、祖母绿"。[4] 而今日英文中，红宝石为"ruby"，可能与满文音"robino"有关系，后在网络数据中查到拉丁文的红宝石为"rubinus"，音亦接近。①

3. 第六药方中，满文出现"ambar"一字，同样为满文所无之字，从上文下意看来，仅能知道其为有香味之物。笔者后在拉丁文中找到"ambra"一字，意为琥珀，但琥珀似非有香气之物，但后找到西文世界中，另有"灰琥珀"，拉丁文写为"ambra grisea"，此物实

---

① 维基字典，2014/4/26；2014/5/24（http://en.wiktionary.org/wiki/rubin）。

非琥珀，而是中文世界中的"龙涎香"。琥珀与龙涎香二字今日英文分别写为"amber"与"ambergris"，保留其词源。[5]根据 Edward H. Schafer 的研究，龙涎香在西文中虽有"灰琥珀"之称，但在更早的时候，仅被称为"琥珀"（amber），词源是阿拉伯文的"anbar"。中世纪之时，人们并不清楚此物之来源，而在中国，唐人称其为"阿末香"，至10—11世纪，开始称其为"龙涎"，似乎此时龙涎香才真的进入中国。Schafer 认为，龙涎香之所以被称为龙涎香，可能是因为龙与鲸的意象相似，加上与鲸蜡混淆之故。①山田宪太郎则指出"アンバル"在拉丁文原为"ambar"，为古拉丁文所无之字，认为该字是从阿拉伯与波斯地区，往希腊与罗马传播，也可能是伊斯兰教征服伊比利亚半岛期间传入欧洲。山田宪太郎认为中国人以龙为祥瑞，可能因为"アンバル"的稀有性，加上被认为是龙的涎末凝固，因此得此名。阿末香一名，应是唐人对域外听闻的记载，当时龙涎香应未传入中国。[6]因此，传教士仅以满文"ambar"来拼写拉丁文"ambar"（或"ambra"），用以表示龙涎香，不表示琥珀，是有可能的，因为过去琥珀一字便可以表示龙涎香。

龙涎香为稀有且珍贵的材料，是抹香鲸吞食鱿鱼等动物后，为避免难以消化的角质割伤肠道，在肠道内分泌的保护物质，龙涎香干燥后，颜色转灰，且会散发出麝香味，这可能是传教士认为两者可以一同蒸煮的原因。龙涎香加热时不溶于水，溶于酒精，这可能也是《西洋药书》将其和葡萄酒露一起蒸煮的原因。[7]张诚曾经将龙涎香、冰糖与麝香磨成细粉，用玉泉酒露拌，微火煮三天三夜，得龙涎香露，用以治疗皇帝的咳嗽。由此来看，传教士确实认为龙涎香是可以与麝香和酒露一起蒸煮的。张诚曾说明龙涎香露的药效，之中便包含"补

---

① Edward H. Schafer, The Golden Peaches of Samarkand-A study of T'ang Exotics (Berkeley and Los Angeles, California: University of California Press, 1985), pp. 174–175. 中译本可见[美]谢弗《唐代的外来文明》，吴玉贵译，中国社会科学出版社1995年版，第368—369页。

心"等等。① 琥珀满文为"boiisile",龙涎香满文为"obongyo hiyan",此二字为中文与满文固有之字,为何传教士选择用拉丁文的"灰琥珀"来称呼龙涎香,可能是因为东西文化对同一物的不同理解与想象,使得传教士选择用西方语言来指称之。在《本草纲目》中,记载龙涎香为"出西南海洋中,云是春间群龙所吐涎沫浮出,番人采得货之,每两千钱。亦有大鱼腹中剖得者,其状初如脂胶,黄白色,干则成块,黄黑色"[8]。《本草纲目拾遗》亦采集更多相关说法,大体均视之为海洋所出,与龙和大鱼等有关。药效方面则有"活血、益精髓、助肠道、通血脉"与"止心痛、助精气"等说。由此观之,中医上龙涎香的药效,似与《西洋药书》第六药方类似。[9] 满文泡沫为"obonggi",不知是否与龙涎香"obongyo hiyan"有关,若有关系,代表满洲人可能是从龙涎香为"龙之涎沫"一意得出此物之满名。

二 卤药抑或药露:《西洋药书》中的蒸馏法

《西洋药书》中有许多药方直接写为"lu oqto",此次所译之第六药方,亦提及"mucu nure-be teliyefibaxalu lu"(蒸葡萄酒所得之 lu)。"lu"应是某字之音译,不知何意?庄吉发先生将"lu oqto"译为"卤药",并说明"'卤'是一种苦汁,或咸汁"[3]75—80,84。笔者初从之,将此处 lu 翻译为"卤",后蒙林书宁女士提醒:蒸葡萄酒所得者是否为"酒露"?笔者遂以此方向探索满文的"lu oqto"。查《本草纲目》,载"烧酒非古法也。自元时始创其法,用浓酒和糟入甑,蒸令气上,用器承取滴露。凡酸坏之酒,皆可蒸烧。近时惟以糯米或粳米或黍或秫或大麦蒸熟,和麴酿瓮中七日,以甑蒸取。其清如水,味极浓烈,盖酒露也"。[8]897

---

① 陈可冀主编:《清宫医案研究》,中医古籍出版社 1990 年版,第 28 页;杨艳丽:《康熙皇帝与中西医结合》,《文史天地》2012 年第 12 期,第 11—12 页。

由此看来，蒸酒所得者，似为"露"而非"卤"。进一步思考，《西洋药书》中的"lu oqto"，是否有可能为"药露"，观《西洋药书》中的其他药名，"ufa oqto"应为药粉，而非粉药，翻译"nimenggi oqto"为"药油"似较"油药"恰当，如此看来，"lu oqto"所对应之中文，应为"药lu"而非"lu药"。查《本草纲目拾遗》，确实查到"各种药露"一条，载"凡物之有质者，皆可取露，乃物质之精华。其法始于大西洋，传入中国，大则用甑，小则用壶，皆可蒸取，其露即所蒸物之气水。物虽有五色不齐，其所取之露无不白，祇以气别，不能以色别也"。[9]10 内文中清楚说明这是西洋的制药方法，虽然《本草纲目》另提及元代即有此法，但可能清人赵学敏等时人已认为这是西洋制药方法。

因此，《西洋药书》中的"teliyembi"，并非尽是单纯地蒸煮，而《西洋药书》中的"lu oqto"，也应翻为"药露"较为恰当，其所指并非只是蒸煮所得之药，而是将药材加热蒸煮，取蒸煮所得之气产生的滴露，亦即今日的蒸馏法。因此，满文的"teliyembi"一字，并非仅是"蒸"，而是包含蒸馏法整套较为复杂的工艺。

三 《西洋药书》中其他待商榷的概念

除了上述的外来语与音译字的问题外，此次翻译篇章，有部分是满文固有之字，但却不清楚其所对应之概念，现逐一考证如下：

1. 第二与第六药方中，出现"da xalxôn"一词，满文"da"为"元"、"原本"，"xalxôn"为"热"，二字合写不知何意。第二药方中，提及此字前上文提到"niyaman-be nicembi"（补心）一概念，中医学理中，"心有温煦之功，故心属火"，"da xalxôn"的概念可能与此有关。但中医理论中另有所谓"元阳"，即肾阳。肾阴与肾阳为各脏阴阳之本，肾阳又称"命火"，若失调将导致各脏阴阳失调。肾主水，与心火相互辅助，"肾水足而心火融。同时，心主血而肾藏精，精血相互滋生，一者不足将导致另一者亦不足。因此"da xalxôn"虽

第五编 满文文献与满语（锡伯语）

可能与心有关，也可能是透过肾来支撑之。而元阳盛，则食量多而精血足。① 张诚曾在描述药方龙涎香露的药效时，提及"此药有健脑补心之功效。故服后可补气血两亏者，使之健壮；提精补神，加强消化，保元温阳，身心舒畅"②。其中"保元温阳"一词或许与"元阳"概念有关，若是，代表传教士对元阳概念并不陌生。第六药方中，"da xalxôn"再次出现，并排的药效即包含"保护精血使其不变"。有鉴于此，本文暂将"da xalxôn"翻译为"元阳"。

2. 第二药方中，出现"dolo kušun cehun faiixacame erhe ere"一段病理描述，之中"kušun"意为"烦闷、不舒服"，在满文起居册中，曾有"icangya jaqa-be fuluqan jeke-de utxai dolo kušun"（可口的东西吃太多时，就体内烦闷），庄吉发先生从其意出发，将"dolo kušun"翻译为"膨闷"。③ 此次西洋药书文本也将这种"烦闷"与"腹胀"症状一并提及，由此可知诸满文字的用法，此处所指应即腹胀引起的不舒服与烦闷。而"erhe ere"一字，满文并无此字，推测应为"ergešere"（发喘、打嗝），因为满文书面语 γa、ge、gi、γo、gu 诸音节不是单独存在，念为 xa、he、hi、xo、hu 的读音，[9]136在蔡名哲所译《西洋药书》第一药方中，亦可见此情形，[2]77可推测传教士有时是以读音来书写满文。"ergešembi"所引发的"发喘"，字典释义表示是由于吃太饱或疲累引起，应与文本中提到的"腹胀"有关。

3. 第二药方中，提及"šax rafiômiosixon suqdun nenggelebure、senggi hefeliyenere"症状，"miosixon suqdun"则是邪气，指的是四时不正之气，伤人致病。④ "senggi"为"血"，"hefeliyenembi"为"腹泻"，

---

① 谢观编：《中国医学大辞典》，台湾商务印书馆1988年版，第415页；余瀛鳌、蔡景峰撰《中华文化通志·科学技术典·医药学志》，上海人民出版社1998年版，第117、121—124、132—138页。
② 陈可冀主编：《清宫医案研究》，第28页；杨艳丽：《康熙皇帝与中西医结合》，第11—12页。
③ 庄吉发编译，《御门听政——满语对话选粹》，文史哲出版社1999年版，第25页；庄吉发，《互动与对话——从康熙年间的满文史料探讨中西文化交流》，第71页。
④ 谢观编：《中国医学大辞典》，台湾商务印书馆1988年版，第1423页。

而"hefeliy enere nimeku"即为"痢疾",痢疾症状包含腹泻与大便出血,此处二字合用应即指症状中的大便出血,因此译为"血便"。

4. 第四药方为"hefeli-i dorgi umiyaxa-be wasimbure nimenggi",意即使腹中的虫下来的油,当中"umi yaxa"即为虫,文中提及这些虫生长于体内。但同时"umiyaxa"也指生长于体外的昆虫,第四药方中提及蝎子,亦将其列入虫的范围。今日"蝎子"不被视为昆虫,因其有8只脚。但在古代,蝎子被视为虫,《本草纲目》中,蝎子便归于虫部。[8]1294 假使西方当时采用的分类体系,并不将蝎子当做昆虫,那么此处传教士可能借用了中医的知识体系。

5. 第五药方中,提及要将药涂在"ujui seksehe giranggi-ci dara-i juryan-i seiire giranggi uncehen girang gi-de isitala"的部位。"seksehe giranggi"指的是枕骨,"seiire giranggi"为脊椎骨,"uncehen giranggi"为尾骨。但其中"dara"意思不清楚,因其可以指腰,亦可指背脊,其后的"juryan"可指一行的"行",也可指部院衙门的"部"。推测此处的意思是药将要涂在指枕骨、脊椎骨到尾骨在背部的一直线,"dara-i juryan"应是背脊一线,而非指腰部。虽然传教士有可能因为"juryan"有部的意思,误译"dara-i juryan"为腰部的可能,但与此句之后的"-de isitala"(直到)对照着看,应无此可能,因为若将要涂在枕骨,接着只涂在腰部的脊椎骨,满文便无使用"-de isitala"一词的必要。

6. 第六药方中,出现"sing sing jan"一词,同样不知道何意。从上文下意中,可知为一种"jafu"(毡),因此末尾的"jan"应为"毡"的对音。推测此字可能是猩猩毡。中国自古相传有猩猩血可做红色染料,且染完之后,色泽常保的说法。根据《古今图书集成》,最早载有此说的应是《华阳国志》,提及"宁州之极西南有猩猩,能言,其血可以染朱罽",[10]卷88:4 另载《齐东野语》有"猩猩人面能言笑,出蜀封溪山,或曰交趾,血以赭罽,色终始不渝"之说。[10]卷319:3 康熙朝《御制清文鉴》的"布帛部"未见相关词汇,[11]但编于康熙年间的《大清全书》,则收有"singsingjan"一词,释义"猩猩毡"。[12]可见当时对此字，应是用满文音读，传教士应是采取相同方法。乾隆朝的《御制增订清文鉴》，则采用意译为"fulgiyan nungγasun"（红色哆啰呢），汉文对应为"猩猩毡"，满文音写中文为"sing sing jan"，与《西洋药书》相同。词条释义为"nungγasun-be sirs ing-ni senggi-i fularjame fulgiyan obume icehengge-be. fulgiyan nungγasun sembi."[13]册84页14（将哆啰呢用猩猩之血染成发红光，称之为猩猩毡），显见乾隆时，满洲人对猩猩毡的理解，仍与猩猩血有关。而康熙朝传教士使用此词时，究竟是否了解此物背后的意涵，还是仅是随中国人或满洲人的读音称呼此物，此点值得玩味。

四 结语

本文是对《西洋药书》第二至第六药方的研究与译注成果，翻译过程中，可以见到几个单字，传教士直接以满文音译拉丁文，但这些单字并非满文所不能表达之单字，因此传教士如此做的动机值得玩味。可能是传教士直接以音来表示拉丁文的 elixir 等药物，能够比意译更加精准。但对于红宝石与绿宝石，仍旧选择以音译的方式表达，是否代表传教士认为不应该仅以"石"的概念来看待之，值得深入探讨。这牵涉了当时传教士的满文程度，对于满文字汇的理解程度，同时也牵涉到背后中西两套知识体系的沟通与交涉。

而在技法方面，可知《西洋药书》中的"teliyembi"（蒸），应即今日所称的蒸馏法，传教士仅以"teliyem bi"表示复杂的工艺，阅读者是否可以理解？这牵涉到传教士书写时，其预想的读者为何人，是传教士同僚，抑或是清宫中的医者，目前尚不清楚。但可以知道的是，《西洋药书》应是要搭配一定的讲解，方能使用，并非能仅以书面流传。

最后，《西洋药书》所介绍的虽是西方药物，但从本文对许多待商榷字的考证看来，该书使用的"补心"、"邪气"，以及本文推断其运用的"元阳"等概念似乎都是以中医原理来介绍西方药物。由此来看，《西洋药书》应是传教士向东方世界译介西洋药的著作。东西方对于医学与人体的理解，如何互相沟通，这是未来值得深究的问题。

[参考文献]

[1] 佚名. 西洋药书[M]//故宫博物院. 故宫珍本丛刊. 海口：海南出版社，2001：271—442.

[2] 蔡名哲. 西洋药书·祛毒药油译注[J]. 中国边政，2011（187）：69—78.

[3] 庄吉发. 互动与对话—从康熙年间的满文史料探讨中西文化交流[M]//佚名. 清史论集. 台北：文史哲出版社，2012：5—99.

[4] 彭泰尧，等. 拉汉辞典[M]. 贵州：贵州人民出版社，1986：624.

[5] 牛顿出版股份有限公司. 英汉医学大辞典[M]. 台北：牛顿出版股份有限公司，1990：69.

[6] 山田宪太郎. 东亚香料史研究[M]. 东京：中央公论美术出版，1976：262—265.

[7] 李时珍. 本草纲目[M]. 台北：文化图书公司，1992：399.

[8] 赵学敏. 本草纲目拾遗[M]. 台北：鼎文书局，1973：1339.

[9] KAM TAK-SING. The Romanzation of the Early Manchu Regnal Names[J]. Writing in the Altaic World, Studia Orientalia 87, Helsinki, 1999：133 - 148.

[10] 陈梦雷. 古今图书集成[M]. 台北：鼎文书局，1985：1125.

[11] 阿尔泰语研究所. 御制清文鉴[M]. 大邱市：晓星女子大学校出版部，1978：371—393.

[12] 沈启亮. 大清全书[M]. 沈阳：辽宁民族出版社，2008：166.

[13] 佚名. 御制增订清文鉴[M]. 台北：世界书局，1988：366.

[原载于《吉林师范大学学报》（人文社会科学版）2015年第4期]

锡伯语言文字"三化"建设综述

佟加·庆夫[*]

一 锡伯语和锡伯文

锡伯语属阿尔泰语系满—通古斯语族满语支。锡伯语口语和书面语之间有一定差异。书面语有 5 个元音，25 个辅音。锡伯语书面语的古近代词汇与满语同源，可以相互通用。词汇发展部分为一百多年来随着社会发展、大量新事物的出现而增加进来的新词术语。锡伯语口语有 8 个元音、28 个辅音，口语说话语流快，经常出现音节脱落、元音和辅音弱化或转音现象，以及说话因人而异等情况。

锡伯文是对满文改进而形成的一种行款上下左右的拼音文字，有 5 个元音字母、25 个辅音字母。1947 年，锡伯族知识分子对满文进行改进，创制了锡伯文。改进后的锡伯文在整个文字结构、书写形体和正字规则等方面，仍保留了满文的完整性。

锡伯语和锡伯文是由新疆政府职能部门管理的 6 种语言文字之一，现阶段应用于本民族内部交际、科学研究与信息处理、名词术语规范、图书教材出版与翻译、锡伯文报刊、广播影视锡伯语节目、社

---

[*] 佟加·庆夫（1945— ），男，新疆伊犁人，新疆维吾尔自治区民族语言文字工作委员会翻译局研究员，新疆维吾尔自治区锡伯语言文字研究中心特聘教授，硕士生导师，研究方向：锡伯语、满语及信息处理研究，兼及维吾尔语、哈萨克语、柯尔克孜语信息技术标准研究。

会用语用字、小学双语教学、成人培训等领域。改革开放以来，锡伯语言文字的规范化、标准化、信息化建设取得了一系列成果，现已建立起规范化和信息化的应用体系。

二 锡伯语言文字的规范化和标准化建设

（一）《现代锡伯文学语言正字法》

由新疆民语委制定，1991年8月由察布查尔锡伯自治县十一届人大常委会第八次会议审议通过，由自治县人民政府公布试行，新疆人民出版社1992年出版发行。正字法共制定12章27条书写规则，每条规则都有体例说明。结构上分为字母、元音、辅音和谐规则、音节书写形式、独立词的写法、标点符号等若干部分。以独立词为书写对象，制定了具体的书写规则，不仅包括了锡伯文的书写规则，并且包括了广义的锡伯语书面语本身的使用方法和标点符号的使用方法。

（二）《现代锡伯文学语言正字词典》

由新疆民语委编纂，新疆人民出版社1993年出版发行。该词典收录3.5万个基本词汇作为锡伯文正字法的书写体例，以独立词为书写对象，按字母音序排列，分别例示出每个独立词应当规范书写的标准形体。具体内容包括由根词派生出来的各类派生词、合成词、复合词、对偶词的写法、构形附加成分和构词附加成分的写法、词的分写、连写、缩写、锡伯口语"约定俗成"词语在书面中的写法、切音字的写法、外来语借词的写法、兄弟民族语言借词的写法、数字的写法及移行规则等。

（三）《现代锡伯文学语言正音法》

该正音法含总则、凡例和50条正音规则。该正音法根据现代锡伯语元音和辅音的发音规则，使之读音和书写方法之间有一个统一的标准而制定。一是根据锡伯语书面语的语音规律，力求准确表达其发音规则和发音特点；二是力求准确表达语音发音和文字书写之间的对应关系；三是为纳入书面语中的口语"约定俗成"词语制定可供遵循的发音标准；四是规范外来语借词的发音方法，使之服从锡伯语的发音规则。该正音法2000年由新疆民语委发文公布实施。

（四）锡伯语名词术语的规范

锡伯语名词术语的规范，是作为语言文字主管部门的一项常态化工作，新疆民族语言名词术语规范审定委员会下设锡伯专业组，制定了锡伯语名词术语规范的总原则、一般原则。规范原则的主要内容：一是所创制的新词术语应服从锡伯语的造词习惯、发音规则和正字要求；二是口语中的"约定俗成"词语，应积极吸收到书面语中来；三是新词替代旧词或旧词被赋予新义时，使用新词或新词义；四是汉语借词采用音译、意译、附加词缀或混合借用方法；五是兄弟民族语言的借词，应服从锡伯语的发音习惯和书写要求；六是国际名词（如英语、俄语等语言的国名、地名、人名、族名）一般情况下按汉语借用的方式书写，同时保留传统的书写方式；七是少数民族的地名、人名、族名等专用名词，一般按"名从主人"的原则，音译书写；八是科技名词一般不另行规范，采用直译拼写的方法。

锡伯语专业组自1983年以来先后规范、审定和公布锡伯语政治、经济、文化、教育等领域的新词术语和常用名词，其中规范了新疆教育出版社编写出版的小学一至六年级锡伯语言文字课本的名词术语、察布查尔锡伯自治县党政机关和企事业单位的名称，出版《锡伯语规范手册》等。2003年以来，每年都召开一次规范会议，审定公布实际应用当中遇到的锡伯语新词术语，基本满足了锡伯语言文字使用单位的用词需求。2014年，编写出版了《汉锡名词术语规范词典》，该词典收录30多年以来锡伯语专业组在各个时期规范审定的锡伯语新词术语共10000余条。

（五）锡伯语言文字的科学研究

开展科学研究是语言文字规范化、标准化工作的基础，自20世纪80年代以来，锡伯语言文字的科学研究取得了如下成果：《锡伯语简志》（国家民委五种丛书之一）、《锡伯语口语研究》《现代锡伯语》《锡伯语语法》《锡伯语语汇》《汉锡伯简明对照词典》《锡伯语（满语）详解词典》《汉锡教学词典》《中国锡伯族双语研究》（国家课题成果）等专著和工具书。此外还有国家课题《新疆民族语言分布状况与今后发展趋势》及《新疆通志·语言文字志》中的锡伯语部分。自治区课题成果《汉锡词典》也即将出版。以上成果作为锡伯语言文字规范化、标准化建设的有力补充，使锡伯语言文字的基础应用体系得以构建。

三 锡伯语言文字的信息化建设

新疆民语委锡伯语文科研人员将信息处理技术相关标准的制定和软件技术研发与应用作为锡伯语言文字面向现代化发展的一项重大措施，20多年来先后实施相关课题（项目）的研究，取得如下成果：

（一）相关标准的制定与发布

1. 信息处理、信息交换用锡伯文三项国家标准

该标准作为国家标准，于1995年制定。内容包括：《信息处理、信息交换用锡伯文编码图形字符集》（代号为GB—36044）、《信息处理、信息交换用锡伯文字母区键盘布局》（代号为GB—36045）、《信息处理、信息交换用锡伯文点阵字模集与数据集》（代号为GB—36046）。三项标准规定信息处理锡伯文的图形字符集以及它们的七位和八位编码表示；规定七位和八位编码所表示的字符集的键盘布局；规定七位和八位编码所表示的字符集字模格式和各种字形的宽（长）度等。应用范围规定为：适用于锡伯文数据处理系统与有关设备之间可相互支持的软、硬件环境，适用于数据信息交换。[1]

2. 信息技术、信息交换用

ISO/IEC 10646 蒙古文、托忒文、锡伯文、满文、阿里嘎里国际

编码字符集标准1993—2000年完成制定工作，由国际标准化组织公布。列入本标准的有竖向显示的蒙古文、托忒文、锡伯文、满文和阿里嘎里（ALI—GALI）等五种文字，国际上又称之为"蒙古文编码"。锡伯文和满文编码是蒙古文序列编码中的一个组成部分，坚持了不丢失信息的原则，力求充分体现编码信息的完整性。在和蒙古文编码混编时，按字形认同规则除去认同部分，锡伯文、满文共有18个名义字符，33个变形显现字符被编入蒙古文编码系统。

3. 信息技术、通用多八位锡伯文、满文点阵字型国家标准（12款，强制性）

2007年，国家标准化管理委员会批准立项通用多八位编码字符集、锡伯文、满文点阵字型共12款强制性国家标准。分别是：锡伯文、满文24点阵字型大黑体/锡伯文、满文48点阵字型正文黑体/锡伯文、满文32点阵字型正文黑体/锡伯文、满文16点阵字型正文黑体/锡伯文、满文48点阵字型正文白体/锡伯文、满文32×32点阵字型正文白体/锡伯文、满文16点阵字型正文白体/锡伯文、满文48点阵字型行书体/锡伯文、满文24点阵字型行书体/锡伯文、满文48点阵字型奏折体/锡伯文、满文24点阵字型奏折体。

本标准GB 25903.1—2010信息技术通用多八位编码字符集锡伯文、满文名义字符、显现字符、合体字点阵字型的相关部分于2010年予以颁布。

本标准一是具有填补国内、国外此项空白的价值；二是对于开发利用锡伯文、满文显示的电子设备和产品具有重要价值；三是对于锡伯族地区信息化事业的发展、开发利用相关软件、数字化及网络应用具有重要价值；四是对于抢救、保护、传承、利用锡伯语言文化具有重要价值。

4. 信息技术，通用多八位锡伯文、满文TrueType白体、黑体国家标准（2款，强制性）

本标准制定TrueTyoe格式的曲线字型强制性国家标准，规定锡伯文、满文名义字符、单个变形显现字符、强制性合体字符5、阿礼嘎礼名义字符和变形显现字符、数字及专用符号图形字符等。本标准于 2014 年由国家标准化管理委员会颁布。公布号：GB/T30849 黑体；GB/T30848 白体。

本标准基于 GB 13000—2010 信息技术 通用多八位编码字符集（UCS）、GB 13000—2010 信息技术通用多八位编码字符集（UCS）、GB 13000—2010，ISO/IEC 10646：2011，GB 26226—2010 蒙古文变形显现字符集和控制符使用规则和 GB 25905.1—2010 信息技术，通用多八位编码字符集 锡伯文、满文名义字符、显现字符、合体字 32 点阵字型之第一部分——正白体等相关国家标准，制定了锡伯文、满文白体、黑体字型国家标准及其术语和定义、字符、编码字符、字汇、编码字符集、代码表、总体结构、字符及其编码位置、所有字符的基本笔画和标符号等。

锡伯文、满文的字母均有其独立式、词首式、词中式和词尾式等四种字型，这些字母的字型都是通过基本笔画和结构符号组合而成。基本笔画是构成字母的最小成分，若干个基本笔画的组合才能组成一个完整的字母及其基本字形。锡伯文、满文正文白体和正文黑体字型各自都有 25 种基本笔画和 13 个标音符号，它们可按不同宽度进行计算，具有特定的笔画顺序。基本笔画和结构符号共同组成锡伯文、满文文字正文白体、正文黑体的基本字型。白体结构严谨，整齐均匀，有极强的笔画规律性，从而使人在阅读时有一种舒适醒目的感觉。黑体的笔画较粗，能够达到最大的识别性，结构醒目美观，适用于标题或需要引起注意的按语或批注等。

（二）锡伯文、满文文字处理软件研发与应用

1. 锡伯文、满文文字处理与轻印刷系统

以计算机来担负文字信息的承载、处理和传输作用的软件，正在成为信息化建设中的一项重要内容。[2] 1994—1996 年，新疆民语委成立课题组，完成自治区课题《计算机锡伯文、满文文字处理和轻印刷系统》的研制和开发，研发出了"锡伯文办公自动化系统"、"锡伯

文、满文轻印刷系统"和"锡伯文报版系统"三套应用软件。该三套软件应用于锡伯文、满文（或多文种混合录排）图书、杂志、工具书等的输入输出。锡伯文、满文文字处理软件的开发与应用，不但填补了国内外、区内外此项空白，并且从根本上改写了锡伯文、满文以手抄、石木刻和活字铅印方式出版图书、杂志、报纸的历史，使之告别了铅与火的时代，为该类文种跨越式地进入电子出版行列及其今后在更高档次上的发展创造了条件。全国唯一的锡伯文报纸《察布查尔报》通过使用该软件，告别了活字铅印的落后技术，实现了电子排版印刷。新疆人民出版社通过使用该软件，结束了手写方式出版锡伯文图书的历史。该三套软件1996年被列入自治区科技进步成果。[3]

2. 锡伯文、满文传媒电子出版系统

锡伯文、满文传媒电子出版系统，作为国家自然科学基金资助项目，2006至2008年，由新疆民语委、潍坊北大青鸟华光照排有限公司合作研发。研制出的软件成果有：锡伯文、满文公文处理系统、锡伯文、满文书刊排版系统和锡伯文、满文报纸排版系统等三套应用软件。[4]软件主要实现如下功能：

（1）研制锡伯文、满文 OpenType 格式的16套字体。其中锡伯文、满文正文白体5种，正文标题小黑体2种，正文标题大黑体2种，手写体2种，美术体2种，行书体1种，篆书体1种，奏折体1种。这些字体具有精密度高、版面效果清晰美观、印刷质量好等特点。[5]

（2）研发锡伯文、满文自动选形输入法。实现了锡伯文、满文字符在"一对多，多对一"的复杂条件下，可按各自的选择条件，在上下文中的准确输入、输出。用于输入的键盘布局，在键面上设置的锡伯文、满文字符基本上与英文通用键的字母相对应，只对个别字符作了控制键或上档键处理，使用户可以在极短的时间内就可以掌握使用。

（3）锡伯文、满文公文、书刊、报纸排版系统。可在 WinXP/Win7 等操作系统上运行，具有所见即所得的多页交互式功能。软件支持锡伯文、满文与汉文、英文等多文种混合输入、输出和排版；软件的排版功能齐全，具有完善的版面设计功能和良好的页面组版环境，提供页面规格的描述，方便用户组版；具有全彩色功能，提供上百种国际标准调色板；全面支持多页排版，可以多次嵌套的叠题，制表符处理，可以插入十几种图像进行编辑；在版面上可直接插入文字、修改文字，可复制、删除、粘贴等；可指定字体和字号，文字小样可全文查找替换；支持标题的各种修饰，如题线、延线、段落、行距、字间距等；支持行移、字移及基线微调；支持各种形状的挖空及串文处理；可灵活处理多个分区的续排关系；可支持多种规则及不规则图形；具有文字、花边、底纹等的旋转、斜切、缩放、镜像处理功能；支持多种类型图片的常见格式；具有强大的文字处理、标题处理、目录编排、文字、图片、图形多重粘贴的功能。目前，锡伯文、满文传媒出版系统软件已在锡伯文报纸和新疆人民出版社锡伯文图书排版当中使用。

3. 新疆维吾尔自治区电子发展基金项目——锡伯文（满文）软件研发项目

本项目于 2013 年立项，目前正在进行研发。项目的建设目标是制定相关技术标准，开发锡伯文（满文）输入法、办公软件、多媒体教学软件，优化已有锡伯文、满文办公软件和排版软件等。本项目建设对促进锡伯文（满文）信息化技术的提升和弘扬锡伯族民族文化具有重要意义。本项目分四个子项，分别是：

（1）锡伯文、满文相关标准的制定。补充完善与锡伯文、满文编码字符集标准；制定信息技术锡伯文、满文术语标准；制定锡伯文、满文通用软件编辑排版规则；制定锡伯文、满文变形显现字符集与控制符使用规则。

（2）在研发 Office 或国产办公软件上研发锡伯文、满文输入法。在 Office 或国产永中、金山等办公软件环境下，实现锡伯文、满文、汉文、英文等文种的混合输入、编辑、排版显示。

（3）研发锡伯文、满文多媒体教学软件。该教学软件以锡伯族小学现行的教材为基础进行研发；支持图形、图片、文字、声音等素材的设计；支持文字、图形、图片的动态效果。

（4）优化锡伯文、满文办公软件和排版软件。在已有的锡伯文、满文易文通办公软件及超捷报版软件的基础上，对二者进行优化升级，解决两者不兼容的问题，在超捷报刊排版软件中增加网络组版、输出 PDF、铅笔工具、剪刀工具、文本格式刷、图像的阴影羽化透明、贝塞尔区域内排文等功能。

（三）锡伯族语言文化资源有声数据库建设本项目

2013 年由国家语委立项，江苏省语委提供资助和技术支持，由新疆民语委承担，现已委托给伊犁师范学院锡伯语言文字研究中心进行建设。[6]

本项目针对在信息化浪潮和社会强势语言文化冲击下锡伯语的使用范围不断缩小、使用人群不断减少、使用功能不断弱化的实际，以及其生存环境不断恶化等现况，参照《中国语言资源有声数据库调查手册·汉语方言》和《中国语言资源有声数据库建设江苏调查工作规范》进行建设。[7]

本项目利用现代信息化手段，采用录音、录像和数字化等方式，建立锡伯语口语和说唱文化资源的有声数据库。本项目以数字化技术为支撑，对锡伯语口语的现状和经典文化进行调研，采集现阶段锡伯语口语和说唱文化的第一手有声资料，全面描写和展示锡伯语口语和说唱文化的现实面貌，以数字化手段对所录入的有声数据进行整理加工，建立锡伯族语言文化有声数据库管理系统，达到长期存储和使用的目标。[8]

锡伯族语言文化有声数据库的内容建设主要有三项：一是以锡伯语口语为对象，通过录音录像，记录有代表性的锡伯语口语语音、单词、词汇、语法句子、话语，建立锡伯语口语有声数据库和说唱文化资源数据库；二是在 ELAN 数据库软件上建立锡伯语口语有声数据库档案（音频为主）和说唱文化资源数据库档案（视频为主）；三是研发锡伯族语言文化有声数据库管理系统,实现锡伯语录音、锡伯文输入、编辑、排版、存储、数据交换和数据管理等功能。[9]

四 结语

锡伯语言文字的标准化、规范化和信息化建设,是锡伯语言文字工作的重要内容,也是促进锡伯语言文字规范使用和面向现代化发展的必然需求,将会提升该种文字信息处理应用水平,夯实信息化建设基础,为推进本民族语言文字和传统文化的信息化、网络化、数字化,促进本民族地区经济社会和文化教育事业发展提供技术支撑。诚然,锡伯语言文字的规范化、标准化和信息化建设无论其规模和内容,都远远滞后于其他文种。为此,今后需要大力加强锡伯语言文字的规范化、标准化和信息化建设,为锡伯语言文字与传统文化的保护、传承和发展做出积极贡献。

[参考文献]

[1] 佟加·庆夫. 信息处理交换用锡伯文三项国家标准 [J]. 锡伯文化, 1996 (24).

[2] 佟加·庆夫. 锡伯文(满文)信息处理 [J]. 语言与翻译, 1998 (4).

[3] 佟加·庆夫. 锡伯文和满文信息技术应用研究 [J]. 满语研究, 2009 (1).

[4] 佟加·庆夫. 锡伯文和满文传媒出版技术研究 [M] //新疆民语委. 锡伯语文规范化与信息化研究. 乌鲁木齐:新疆人民出版社, 2013.

[5] 佟加·庆夫. 锡伯文、满文 OpenType 字库研制方案 [M] //新疆民语委. 锡伯语文规范化与信息化研究. 乌鲁木齐:新疆人民出版社, 2013.

[6] 佟加·庆夫. 锡伯族语言文化数据库建设研究 [J]. 满语研究, 2014 (1).

[7] 中国语言资源有声数据库建设领导小组. 中国语言资源有声数据库调查手册 [C]. 汉语方言, 2010.

[8] 新疆民语委. 锡伯语言文化资源有声数据库建设工作方案 [C] . 2013.

[9] 新疆民语委. 锡伯族语言文化资源有声数据库内容建设方案 [C] . 2014.

［原载于《吉林师范大学学报》（人文社会科学版）2015 年第 2 期］

中国第一历史档案馆藏满文档案史料价值

张 莉[*]

中国第一历史档案馆（简称一史馆）成立于1925年10月10日，至今已有90年历史，是国家档案局直属的中央级文化事业单位。现存一史馆的满文档案约有200余万件（册）。

满文档案是清朝统治者在实施各项统治中，以满洲语言文字撰写的各项公务文书，经过整理归档而形成的档案文件总称。清朝以满语文作为官方语言文字，是其特有的规定，它不仅体现了清朝统治者的民族统治特性，而且提高了满洲人自身的社会地位。近年来由于"新清史"研究越来越引起清史专家、学者们的重视，因此，世界范围内学习满文、利用满文档案研究清史的需求日益迫切。

一 满文档案的形成

女真人在创制满文之前，有自己的语言，但无文字。是时，女真人以蒙古文字记载本部落事件。随着女真政治、经济变化，对文字的需求愈加强烈，故满文字随之产生。据《满洲实录》载：明万历二十七年（1599）二月，清太祖努尔哈赤命额尔德尼、噶盖以蒙

---

[*] 张莉（1955— ），女，北京人，中国第一历史档案馆满文处研究馆员，研究方向：满文档案。

| 第五编　满文文献与满语（锡伯语）

古文字编成满洲语，所创满文称"无圈点满文"或"老满文"。从此，女真人拥有了自己的文字。天聪六年（1632）正月，皇太极命达海改进老满文，在原字母旁添加圈点以示区别，并新增拼写外来语字母。此后，满文字基本定型，再无大变。经过达海改进的满文，后人称为"有圈点满文"或"新满文"。金统治者便以此作为语言交流的工具①。现存一史馆的满文盛京原档及满文木牌等档案即是例证。

清入关后，于顺治九年（1652）正月，顺治皇帝降谕内三院（即内国史院、内弘文院、内秘书院）："所有章奏，俱著翻译清字启奏记档。"这里所称章奏是指题本、奏本。此后清朝官文书使用清字便日渐制度化。

清制，凡涉及中央与地方机密政务者，尤其是边疆及八旗驻防地区满、蒙官员，需奏销驻防八旗钱粮、紧急工程文卷存档、八旗咨行各部院文档、河工告示以及陵寝等十余项事宜，必须使用清字文书②。从现存大量满文档案中，我们可以清晰地看到该制度的实施状况。

档案是人们在相互交流中运用纸张介质与语言文字工具所形成的"文书"，按照一定程序经过整理归档贮存，以备查考的文字凭据。档案的形成，并非凭借某些个人意愿编造而成，而是人们在从事各项活动过程中自然形成的。因此，档案在形成过程中存在一定的内在联系，这种联系即是档案的自然形成规律。它包括两层含义，一是自然形成过程中彼此的联系；二是不同称谓的档案彼此间的内在联系。清朝满文档案的自然形成规律，是指清朝统治者在办理各项国家公务中，运用满文书写的文书，按照一定运转程式进行管理的制度。经过文书管理者整理归档，以备查考的文字凭据，它与其他文字档案一样，具有重要的利用价值。

---

① 参见拙著《简论满文的创制与改进》，《满语研究》1998年第1期，第40—44页。
② 参见拙著《从满文档案看满汉关系——以乾隆朝满文寄信档为例》，中国社会科学院近代史研究所政治史研究室编《清代满汉关系研究》，第582—602页，社会科学文献出版社2011年版。

清朝统治是以满洲上层为主体，吸纳汉族及其他少数民族上层建立起来的封建中央专制集权体制的政权；是中国封建社会的最后一个王朝，历时268年之久。清统治者为了加强其专制统治，在政权机构设置方面，根据自身统治需要，在明朝政权机构基础上，进行了必要的改革与创新①。

　　清朝统治为皇帝一统天下，为皇帝直接办事的中央机构有：内阁、军机处、六部（吏、户、礼、兵、刑、工）、都察院、大理寺、理藩院、宗人府、内务府等。

　　清统治者在掌握全国政权之后，仍以东北地区为"发祥"地，对这些地方的军、政管理，均别于关内各直省，除崇盛京为陪都、建奉天府为京府外，在整个东北地区，以清朝固有的八旗组织为基本统治形式，在盛京、吉林、黑龙江三处，设八旗驻防官兵，构成清朝统治下的特别管辖地区。在这三个地区，先后分别设置将军、副都统等官职②。此外，清统治者于康、雍、乾时期，陆续在西北、西南等各少数民族边疆地区，以不同形式进行管理，如在蒙古游牧区及重要关隘建立八旗驻防。驻防八旗的最高长官是将军（在张家口、热河不设将军仅设都统），下设都统、副都统、城守尉、协领、副协领、佐领、防御、骁骑校、领催等级别。中央各项政策的贯彻实施及下情上报，均需以文书形式执行，这就从中央到地方形成了一个完整的文书体系。

　　有清一代，文书归档制度十分复杂，中央国家机关及地方职官各有一定回缴文书制度。清制，不同文种的文书，由相关机构的档房收发处理归档。现存一史馆的200余万件满文档案，分属十余个全宗保管，其重要档案分存在内阁、军机处、宫中、内务府、宗人府五大全宗；其他全宗如黑龙江将军衙门、宁古塔副都统衙门、珲春副都统衙门、阿拉楚喀副都统衙门、八旗都统衙门、理藩院、钦天监、国史馆等。从这些满文档案反映的内容看，可直接揭示清统治者各项统治政

---

① 详见李鹏年等编著《清代中央国家机关概述》，黑龙江人民出版社1989年版，1991年紫禁城出版社再版。

② 同上。

第五编 满文文献与满语（锡伯语）

策具体实施的状况。现以直接为皇帝服务的军机处处理奏折文书的归档程序为例，阐述军机处相关的满文档案形成。

"军机处"是辅佐皇帝处理文案的机构，是清朝中枢机构之一。其下设满、汉屋，分别处理满、汉文文书档案。保存至今的满文录副奏折、议复档及寄信档等档案，均详细记录着清朝皇帝与高级官员处理各项国家政务的具体过程，其内容丰富、情节清晰为汉文档案所不载，历来被清史专家、学者们所重视。一史馆满文处同仁将上述档案分别进行整理、著录、翻译。本人有幸参加了这些档案的整理翻译工作，在工作实践中发现，这些档案详细记载了从文书办案到档案形成全过程，故以此为例，揭示清朝满文档案的办案流程与归档管理制度。

"奏折"是清代官员向皇帝奏报各项事务的专用文书，始用于康熙初年。初只限于皇帝指令的数人使用，专门奏报皇帝关注地区的雨水粮价及监督该地区官员的从政情况。康熙皇帝指令这些官员必须亲笔撰写，并亲自或专差亲信直送紫禁城东华门，乾隆朝以后渐以驿递替代。官员将奏折送至东华门后，先在景运门外锡庆门南小房挂号，小屋坐东朝西，房前有一口甜水井，据清末太监陈平顺称，递折挂号均在"井儿上"。后进景运门，由外奏事处御前侍卫在乾清门东九卿房接折，经逐一磨对后接收。因外奏事处侍卫不能入内廷，外奏事官接折后，转由奏事太监捧入乾清门内西庑朝房内奏事处，再交内奏事处递给御前太监直达御览，皇帝亲自拆封，阅读后用朱笔批示。清制，递折时间在子正时分（24点），又有载："每日寅初二刻（凌晨3点半）递折。内奏事官接折后，在乾清门石栏上挂置一盏白纱灯，递事者以此灯为记号，若纱灯移至台阶上，则表明皇帝朱批即将下达。少顷，奏事官即捧折而出，高呼：'接事'。则递折官员群集等候。奏事官呼某衙门，则某衙门入前，奏事官手付，口传曰：'依议'。曰：'知道了'。曰：'另有旨'……"等谕[①]。奏折经皇帝用

[①] 见单士元《清宫奏事处职掌及其档案内容》，《故宫博物院院刊》1986年第1期，第7—12页。

朱笔批示后，包括"旁批""眉批""折尾批"，乃至折中划圈、点、杠等，均称为"朱批奏折"。其内容如皇帝认为不宜宣泄者，即由皇帝交御前侍卫留在宫中；其余由内奏事官退交军机处办理。

按照清制，凡经皇帝朱批之折，当即发还原具奏者遵办。军机处在发还本人之前，将经朱批奏折，交抄写档案的笔帖式誊抄，谓之"录副"。"录副"是清代奏折制度中处理文案程序之一。清制，官员所呈奏折，皇帝批示"该部议奏"、"该部知道"者；批"览"或"知道了"者，再，折内所奏事件，经过皇帝批准或驳回，且批有训饬、嘉勉等语，根据其事件，是否需中央各部院办理或知道，军机处即将该奏折录副件及谕旨，发内阁传各该衙门派人到内阁抄回办理；此过程文书处理术语称传抄。凡内容不涉及部院者不发抄。若系未奉朱批者，需发抄时，则以原折发抄。其内阁领抄之折，抄毕，次日缴回军机处处理。与未奉朱批之折，分别交办后存档①。凡归档的录副奏折，每人每天一箍，箍上写明具奏者、正附件数目及日期。每半月归包一次，包皮上书写人名、日期、总件数。目前一史馆所藏满文录副奏折内，仍存有原用月折包的日箍、月包皮原件。这些原件的存在，给后人对该项档案办案过程的了解提供了真实文物。

此外，录副奏折开面形式：顶上注明朱批即办文时间，办案人员画押，上书官员姓名、下为内容摘要、中间写："奏"，上述过程即是军机处办理奏折的办案、归档过程及录副奏折开面形式，也是奏折的自然形成过程。

满文档案的形成，是清统治者为保护其自身利益，强行规定的一项文书制度。这项制度，反映了满洲贵族统治的特点。

二 满文档案概况

如前所述，一史馆现存满文档案分属十个全宗，重要档案分存在

---

① 见梁章钜《枢垣纪略》，中华书局1984年版。

内阁、军机处、宫中、内务府、宗人府五大全宗，下面简要作一概述。

1. 内阁档案：根据内阁机构的性质，主要分下行、上行文书两类。其中下行文有传达皇帝命令的制、诏、诰、敕册文底稿；汇集成册的丝纶簿、上谕档、外纪簿等档簿。上行文有官员向皇帝上报政务的红本（题本）；有入关前的满文老档、盛京旧档、太祖、太宗朝投诚官员世袭档等档簿；另有满文木牌；入关后有满文大记事、本纪、起居注、国史档、秘书档、密本档、票签档、清折档等档簿。清制，内阁典籍厅负责于年终或月末，整理归档入库，使之保存至今。

2. 军机处档案：现存军机处满文档案数量较多，公文种类整齐，保存比较完好。主要有折件、档簿两类，折件类有录副奏折、咨文、咨呈等；档簿类有月折档、寄信档、上谕档、议复档、清折档、日记档及俄罗斯档、廓尔喀档等各种专题档簿。其中乾隆朝满文《寄信档》已由岳麓出版社于 2011 年 11 月出版发行。

3. 宫中档案：宫中全宗是指分存在紫禁城内各宫殿的档案。这部分档案虽数量不多，文种也少，但朱批奏折最为珍贵，它是满文录副奏折和月折档的原始档案。现存有费扬古等数百人的人名折包。1972 年曾将康、雍二朝朱批奏折，按人名—问题—时间原则进行分类立卷。另有以机构为单位组卷的朱批奏折。康熙、雍正两朝的朱批奏折均已翻译出版。此外，宫中还存有《值班档》《人名杂录档》《日记档》《奏事档》《旨意档》等十余种档簿；有谕旨汇奏、朱批票签、陪祀单等折件类清单、底稿等档案。

4. 内务府档案：内务府是专门管理宫廷事务的机构。该机构是由清初的包衣制度演变而成。现存的内务府档案文种繁杂，数量庞大。主要有《奏销档》《行文档》《呈文档》《上传档》等档簿及内务府下属七司三院（广储司、都虞司、掌仪司、会计司、营造司、庆丰司、慎刑司，上驷院、武备院、奉宸苑）所属档簿；以及各机构所属的连报单、来文、行文、派差使名单、迓神单、官员引见单等折件类档案。

5. 宗人府档案：宗人府是管理皇帝家族事务的机构。现存宗人府满文档案数量不多，主要有皇帝玉牒、皇册和觉罗名册。其中玉牒按皇帝（肇祖至光绪皇帝）、觉罗、宗室分类；按档案记载形式分横格、直档两类；按性别分列祖女孙、大男等等。另有奏稿、奏本、题稿、说堂稿等各种文稿。

6. 黑龙江将军、副都统等衙门档案：清朝因肇始于东北地区，故对该地区进行特殊管理。在东北三省设立将军，下设都统、副都统衙门。前已述及，清代边疆地区派驻官员均系满洲、蒙古官员，他们必用满文上报事务，故形成这部分满文档案。

黑龙江将军衙门档案：该项档案文种繁多，有谕旨、奏折、敕文、咨文、呈文、移文、申文等文种。现存最早的是康熙二十三年（1684），最晚的是光绪二十六年（1900）。其中大部分档案以兵、刑、户、工四司分类，以时间为序，抄录黑龙江将军上报皇帝的题本、奏折；该将军与京城各部院、相邻地区的将军、副都统、总管等衙门的来往咨文；下属各员的呈文等文件的档簿。另有该地区八旗驻防官兵户口册、各佐领比丁册和各官庄民户人口册等。这些档案大部分为满文，尤其是康熙、雍正、乾隆三朝基本以满文缮写，嘉庆朝始，兼有汉文。该全宗档案曾于20世纪80年代，将康熙、雍正时期的档簿缴回黑龙江档案馆管理，这部分档案我馆现存有胶片；未交还部分原档，仍存一史馆亦有复制胶片。

宁古塔副都统衙门档案：宁古塔副都统是清代管理宁古塔地区军政事务的机构。其内部机构设有左、右司、印务处。该衙门档案是按编年体形式抄录的宁古塔副都统自身的奏折、咨文、札付，以及中央各部院、邻省将军、副都统等往来文书、下属官员呈报的文书等文件的档簿。另有该地区驻防八旗和官庄造送的官兵户口册、比丁册、官庄民户人口册等。现存最早的档簿是康熙十五年（1676），最晚的是光绪二十六年（1900）。其中康、雍、乾三朝基本以满文书写，嘉庆至光绪五朝为满汉文兼有，但满文仍占多数。

珲春副都统衙门档案：珲春地区于康熙五十三年（1714）将库雅

喇等人编为三佐领，设佐领三员，其官制陆续增减。至咸丰九年（1859），因边务事繁，将协领加副都统衔，光绪七年（1881）升为副都统衙门，直属吉林将军统辖。光绪三十三年（1907）吉林改建行省，珲春副都统衙门仍暂保留，至宣统元年（1909）裁撤。历时195年。珲春副都统衙门档案，包括珲春协领和副都统不同时期，各职任官员管理该地区驻防八旗情况的档案，现存档案最早的是乾隆二年（1737），最晚的是光绪二十六年（1900）。光绪二十七年（1901）至宣统元年（1909）的档案，现存在吉林延边朝鲜自治州档案馆。康熙五十三年（1714）至乾隆元年（1736）的档案下落不明。存在一史馆的档案现已编译成《珲春副都统衙门档》，由广西师范大学出版社于2006年影印出版发行。

综上所述，现存一史馆的200余万件（册）满文档案，文种繁多、数量之大，是不可多得的珍贵史料，其史料价值尚待深入开发。

三 满文档案的史料价值

满文在有清一代被统治者规定为"国书"而广泛使用，使之留存至今有大量的满文档案。这些档案是清王朝统治的历史见证，对当今学术研究具有很高史料价值。

近些年来，对满文档案史料价值的论述越来越多。其中最具代表性的论述，是清史、满族史研究专家王锺翰先生撰写的《满文档案与清史研究》一文[1]，文中高度概括遗存至今全国各地的满文档案状况，并以满文档案论证了几则汉文档案无法解决的疑难案件，从而指出满文档案的史料价值，该文是以档证史的典范。

此外，论述满文档案史料价值论文还有：赵玉梅撰《从清代满文档案看乌什事件的始末》[2]；文淑珍撰《清代黑龙江满文档案与蒙古

---

[1] 《清史余论》，辽宁大学出版社2001年版。
[2] 《满语研究》2003年第1期。

族研究》；吴元丰撰《黑龙江地区柯尔克孜族历史满文档案及其研究价值》[1]；刘淑珍、苏静撰《浅析清代鄂伦春满文户籍档案》[2]；吴元丰撰《清代军机处满文月折包及其史料价值》[3]；赵彦昌撰《论满文档案的史料价值》[4]，等等。这些文章多为单项论述。

笔者总结多年从事满文档案的工作经验，认为满文档案的价值主要表现在如下几点：

从满文文书的使用与保存形式进行分析，满文档案具有很高的保密性。满文文书的使用是从文书机密角度决定的。顺治九年，顺治皇帝降谕将汉文奏章译成满文保存记档，形成满文《票签档》与《密本档》开始，清统治者即明文规定满、蒙官员上报皇帝各项事务必用满文，致使不能辨认清字的汉官无法阅读满文文书。

清朝实施满汉隔离政策，重要政务汉员不得参与，特别是康熙年间奏折的使用更便于上述规定的实施。不仅如此，办理满文文书及翻译满文的笔帖式亦须从满洲人中铨选。规定，凡外任官员呈递奏折，应将奏折加封，封面书写具奏人衔名、封发日期，并加印花，装入羊皮折匣，外加油纸、黄包皮，最后用夹板。加封好的文书或由官员本人，或差派本官亲信，专程递送至京，持具奏人印章，直达宫廷。如所奏文书系紧要军情或急办事件，准由驿站以四百里或五、六百里加急驰递。皇帝接到奏折，亲自拆封批示。这些文书运转过程，均系在君臣间单独进行，不得有丝毫泄露。一旦发现有疏忽泄露之事，必将当事者严格查处，甚至革职治罪。清制，凡本人奏事内容及奉到皇帝批示，不可转相传告，违者以泄露军机罪论处。如：乾隆五十一年（1786）正月十六日乌什参赞大臣明亮奏请将丢失档案之乌什笔帖式隆德等治罪。又如：嘉庆五年（1800）十二月二十八日，塔尔巴哈台参赞大臣贡楚克扎布奏报，遵旨查办塔尔巴哈台满洲兵丁色布征额

---

[1] 《满语研究》2004 年第 1 期。
[2] 《满语研究》2005 年第 2 期。
[3] 《满语研究》2007 年第 1 期。
[4] 《青海民族大学学报》（教育科学版）2011 年第 3 期。

第五编 满文文献与满语（锡伯语）

等丢失公文案，等等。这些规定既可防止泄露军机要事，亦可杜绝幕友从中舞弊。

就满文文书归档制度进行分析，满文档案具有完整的翔实性。如前所述，军机处是辅佐皇帝办理文案的机构，经该机构办理形成的各项文书，均需完整归档。这些档案完整详细真实地记录着清代皇帝与高层官员从事各项政务活动的内容及档案形成过程。其中满文录副奏折的开面、结尾、月折包箍皮等部分，详细记载着该档案办案过程的来龙去脉。一些归档过程，按照清代规制，军机处均立有专档存记。如：满文《清折档》又称《别样档》，系军机处每天转交内阁传抄，军机处与在京各部院办理的奏折及其所奉上谕的簿册。该档簿详细真实地记载了军机处每天的办案情况及所留档案数量。又如满文《议复档》，该档是以编年体形式，汇抄军机大臣遵旨议奏和办理公务过程中，请示汇报事项所进奏折、奏片以及所奉谕旨的档薄。此档册每件结尾处均详细记录该议论事项之折交留处所。如，雍正十三年（1735）正月十三日，领侍卫内大臣丰盛额等议奏，墨尔根副都统多起纳条陈后，奉旨：依议。此折交给内阁中书盛禄转交兵部，令咨行应行之处。该文由德兴抄写、董汉校对（军机处满文议复档789—1—001）。由此不难看出，满文档案详细记录了办文人员及档案形成过程。

从满文档案所记内容进行分析，一史馆所藏满文档案是珍贵的历史文化遗产，其中多载鲜为人知的清宫廷内部矛盾、王公大臣人事安排以及边疆地区军事驻防等事项。这些内容与汉文档案所载不同，它不仅可弥补汉文史料之不足，而且是研究清史、民族史、边疆史不可或缺的重要史料，解决了众多汉文史料无法解决的诸多重大历史问题，十分珍贵。如：内阁三藩史料中吴三桂副将郭贵密告将军马宝有意投降清军的满文来文。该文直接揭示吴三桂叛军内部矛盾，凡事均由吴三桂侄子吴应麒及高起隆二人商决，而马宝在军中不受重视，故伺机杀死吴应麒，献城投降，而非《清史稿》所称："攻城而降"。此史料即更正了多年来史书中有关清军平定三藩之乱的记载。① 又如：满文录副奏折中有关四川藏区土司史料，是官书与汉文档案所未载的稀有史料。清代边疆少数民族地区不直接由该地方官管辖，凡涉及该民族的各项事务，均由皇帝直接管理，四川藏区的土司管理亦不例外，清统治者对川藏土司地区的治安、生产、土司承袭等政务十分重视，中央所派流官定期向皇帝奏报土司地方安靖、雨水粮价，颁发给四川土司的皇帝敕谕，须用满、汉、藏三种文字撰写；土司病故地方官须及时奏报皇帝，皇帝派专人祭奠并发给银两；土司间因争夺地盘发生战争，皇帝由钦派官兵前往调解，等等。这些记载均为鲜为人知的珍贵档案。再如，珲春副都统衙门档中的比丁册和户口册，是保存至今比较完整的珲春地区满洲八旗人口数目清册。该簿册以满洲八旗佐领为单位，详细记录了宁古塔、珲春等地人口的数目及其源流。如乾隆四十六年（1781）十月、十一月珲春协领分别呈报宁古塔镶黄旗灵德佐领；正黄旗色勒噶特侬佐领、正黄旗满洲沙音保佐领；正白旗满洲元保佐领、乌云保佐领、卓勒波佐领；镶白旗满洲扎尔巴善佐领、玛津泰佐领；镶红旗满洲佛林保佐领；正蓝旗满洲伊昌阿佐领；镶蓝旗满洲巴扎尔佐领；珲春镶黄旗满洲托莫霍果佐领；正黄旗满洲索莫尔珲古等佐领下的户口数目，等等。这是今人研究八旗驻防、人口分布以及民族人类学不可多得的第一手史料。

综上所述，中国第一历史档案馆所藏200余万件（册）满文档案，是清统治者以清字为"国书"政策的产物。这些档案作为世界文化遗产保存至今，是清以来中央政府严格实施文书保管制度的结果。它的完好保存，是清统治者实施各项重要政策的历史见证，为后人研究清代历史提供了珍贵的史料。

[参考文献]

[1] 中国社会科学院近代史研究所政治史研究室. 清代满汉关系研究[M].

---

① 内阁满文来文，康熙二十年二月二十二日，第544号，中国第一历史档案馆藏。

北京：社会科学文献出版社，2011.

［2］李鹏年.清代中央国家机关概述［M］.哈尔滨：黑龙江人民出版社，1989.

［3］刘子扬.清代地方官制考［M］.北京：紫禁城出版社，1988.

［4］定宜庄.清代八旗驻防研究［M］.沈阳：辽宁民族出版社，2003.

［5］梁章钜.枢垣纪略［M］.北京：中华书局，1984.

［原载于《吉林师范大学学报》（人文社会科学版）2016年第2期］

域外收藏满文天主教文献三种

关 康[*]

自清朝入关后,在京的天主教传教士通过与皇帝、王公大臣发展私人关系、参与治历等途径,获得了在京传教的许可。因当时北城的居民以旗人为主,故在宫廷供职的传教士将大量神学著作翻译成满文,以便向旗人传教。本文选取三种具有代表性的文献,考察其各自特点、翻译方法等问题,以展示清代中西交通史中被忽略的一环。

一 日本藏《古新圣经》

日本东洋文库藏有一部满文《古新圣经》,译者为耶稣会士贺清泰。[①] 贺氏原名 P. Louis de poirot,法国人,乾隆三十五年(1770)来华,嘉庆十九年(1814)去世,是旧耶稣会士在京的最后一人。贺氏身兼宫廷画师和翻译。费赖之称其"才华出众,学识渊博;对满汉语言,不但口语流利,且精通文理……被委任担任圣彼得堡和北京之间互相往来的官方文件的翻译工作:从拉丁文译成满文,或从满文

---

[*] 关康(1984—),男,北京人,中国人民大学历史学院博士后,研究方向:满文文献、八旗制度。

[①] 东洋文库藏本在藏书目录中的正式题名为《满文附注新旧约圣书》,但根据徐宗泽《明清间耶稣会士译著提要》(上海古籍出版社 2006 年版),费赖之《明清间在华耶稣会士列传》(上海光启社 1997 年版),贺清泰翻译的《圣经》名为《古新圣经》,因此本文采用后一种名称。

第五编 满文文献与满语（锡伯语）

译成拉丁文。"[1]1189 贺氏除了将《圣经》译为满、汉文，还将《庭训格言》译为意大利文。目前汉文《古新圣经》分散保存在香港思高学会、台湾"中研院"和上海图书馆原徐家汇藏书楼。满文版国内未发现。据金东昭的研究，日、英、俄均有收藏，其中日本东洋文库所藏卷帙最全，且可能为贺氏亲笔，其他版本皆为抄本。① 其价值之珍贵自不待言。全本的天主教《圣经》73 卷，贺氏翻译了其中的 20 卷。贺氏的满文译本与他的汉文本、现代中文思高《圣经》的卷目略有不同，详见表1：

满文《古新圣经》有三个明显的特点，兹列举如下。首先，《圣经》涉及大量古代西亚、北非的人名地名，中国人容易混淆。因此，贺氏特意在人名、地名、异教神灵名的左侧分别划单、双、三竖线，天主教神灵左侧加点。另外，因为注释部分文字较多，为了不影响阅读，贺氏采用尾注而非常见的夹注，并用满文十二字头标记序号。以笔者所见，这两种版式为仅见，应为贺氏首创。

其次，《古新圣经》之前，已有艾儒略的《天主降生言行纪略》等节本《圣经》，但使用的语言皆为浅近文言。贺氏认为："共总紧要的是道理，贵重的是道理，至于说的体面，文法奇妙，与人真正善处有何裨益？"[2]1 故译文不避俚俗，采用当时的口语，甚至将原文中某些委婉语直接译出。如《圣经》在提到男女同房时，通常采用委婉语。出现最多的是希伯来语 yada'，该词本意为"认识"，引申为男女同房，后代的很多译本遵循希伯来语习惯使用"认识"，或用其他词避讳。如《玛窦福音》记载圣母无玷始胎，英文《钦定本圣经》（King James Verson）采用"know"，拉丁文《伍加大译本》（BibciaSacra Vulgatam Clementinam）使用"convenire"一词（在一起、合一），《新遗诏》汉文"认识"，满文"takambi"，现代中文《思高圣经》"同居"。

---

① 目前学术界已经对汉文《古新圣经》做了多方面的研究，王硕丰、郑海娟的两篇同名博士论文《贺清泰〈古新圣经〉研究》关注了该书的版本、翻译、价值等问题，然而目前对满文《古新圣经》尚欠缺深入的研究。

表1　　　　满汉文《古新圣经》《思高圣经》篇目比较

满文《古新圣经》	汉文《古新圣经》	《思高圣经》
enduringge mateo i ewan elio i ujui debtelin	圣史马窦万日略	玛窦福音
enduringge mateo i ewan elio i jaici debtelin	诸德行实	宗徒大事录
sabisai yabun nomun	数目经	户籍纪
ton i nomun	第二次传法度经	申命纪
jaici selgiyen	若耶稣之经	若苏厄书
yosuwe i nomun		
beidesi i nomun rut i nomun be kamcihabi	审事官/禄德经	民长纪
wangsai nomun i ujuci debtelin		卢德传
wangsai nomun i jaici debtelin	众王经卷一	列王纪（上）
wangsai nomun i ilaci debtelin	众王经卷二	列王纪（下）
wangsai nomun i duici debtelin	众王经卷三	编年纪（上）
yudas gurun wang sai nonggingge o ohon bithei ujuci debtelin	众王经卷四	编年纪（下）
yudas gurun wang sai nonggingge o ohon bithei jaici debtelin	如达斯国众王经卷一	厄斯德拉（上）
estaras i nomun i ujuci debtelin	如达斯国众王经卷二	厄斯德拉（下）
estaras i nomun i jaici debtelin	厄斯大拉经上卷	多俾亚传
yobiyas i nomun/ yudit i nomun/ester sere nomun bithe	厄斯大拉经下卷	友弟德传
yob sere nomun bithe	多俾亚经/如第得经/厄斯得肋经	艾斯德尔传
daniyel i nomun bithe	若伯经	约伯传
makabei sere nomun bithe ujuci debtelin	达尼耶尔经	达尼尔
makabei sere nomun bithe jaici debtelin	玛加白衣经上卷	玛加伯（上）
	玛加白衣经下卷	玛加伯（下）

而贺氏的汉文译本用"同室"，满文用"beye acambi"（性交）完全没有忌讳，这种翻译在当时非常罕见。

再次，贺氏将《圣经》中的职官名称改为中国官名以便读者理解。如判处耶稣死刑的彼拉多的官职为"praeses"，系罗马帝国行省的最高长官。贺氏将其汉译为"总督"，满文"uheri kadalara amban"。又如《玛窦福音》提到一位百夫长请耶稣为其仆人治病。百夫长（拉丁centurio）为罗马军团的军官，统辖兵丁百名。贺氏选择了满、汉读者都能理解的意译，在汉文《古新圣经》中译为绿营的"把总"，满文版译为八旗的"niru janggin"（佐领）。可以说，这种翻译不但免于将篇幅浪费在对细枝末节问题的解释上，还让不同族群的读者一目了然，可谓匠心独运。

最后，考虑到中国读者对《圣经》中的宗教、史地、风俗不熟悉，贺氏在每卷前增加题解（满 utucin），正文部分加注释（满 sure gisun）。如耶稣降生时，三王献黄金、乳香和没药，故贺氏加以解释："因是天主，献乳香；因是主，献黄金；因是要死的人，献没药，彼时风俗，施尸用没药。"[2]2645满文译为："i abkai ejen ofi, ugiri hiyan, wang ofi, aisin, bucere niyalma ofi, mo yo be alibuha, tere fonde giran be dasararade, mo yo be bait alambihe."① 这样，中国读者可以了解当时的风俗以及耶稣的特殊身份。

目前在国内外的图书馆还有其他版本的满文《圣经》。较著名的一种是《吾主耶稣基督新遗诏圣书》（满 musei ejen isūs heristos i tutabuha ice hese，以下简称《新遗诏》）。目前学界尚未对《新遗诏》和《古新圣经》这两个译本是否存在互相借鉴关系进行研究，笔者在此简要阐述之。

两个版本的很多重要词汇的翻译有所区别。如"耶稣"一词，《古新圣经》译为"yesu"，《新遗诏》为"isūs"；"天使"，《古新圣经》为"enduri"，《新遗诏》为"anggel"；"先知"，《古新圣经》"jidere undengge be sarasaisa"，《新遗诏》为"purofiyeta"。可见两版选用词汇有很大差别。若将《圣经》相同章节进行比较更易看出二者的区别。以《玛窦福音》第6章第9节为例，《古新圣经》满、汉文如下：

---

① 东洋文库藏贺清泰《古新圣经》卷1，清代手写本，第23页。

abka de bisire musei ama, sini gebu be enduringge seme iletulebureo, sini gurun isinjireo, sini hese abkai dergide ainame yabubuci, geli abkai fejergide ainame yabubureo, yaya hacin i jemengge ci colgororo efen be en enggi muse de angnarao, muse musei baru bekdun araha niyalma be guweure songkoi, si muse i bekdun be gu webureo, muse be yarkiyaha de tuheburakū ojoroo, nememe muse be hacingga jobolon ci aitubureo, amen.①

在天我等父者，我等愿尔名见圣，尔国临格，尔旨承行于地如于天焉。求今日赏我强过诸食的馒头，尔免我债，如我亦免负我债者。又不我许陷于诱感乃救我于凶恶。亚孟。[2]2658

《新遗诏》满、汉文如下：

abka de bisire musei ama, ama i colo gingguleme tukiyekini, ama i gurun enggelenjikini, ama i hese abkade yabubure songkoi na de yabubukini, meni inenggidari baitalara jemengge be enenggi mende angnara, mende edelehe urse be meni guwebure be tuwame, meni ama de edelehe babe guwebure, membe endeburebade isiburakū, elemangga ehe ci uksalara be bairengge, cohome gurun toose ten i derengge enteheme ama debi sere turgun, ameng.

吾父在天，愿尔名圣，尔国临格，尔旨得成在地若在天，所需之粮今日锡我，我免人负，求免我负，俾勿我试，拯我出恶，以国、权、荣皆尔所有，爰及世世固所愿也。（阿门——原缺）②

---

① 东洋文库藏贺清泰《古新圣经》卷3，清代手写本，第59页。
② 中央民族大学图书馆藏，佚名：《吾主耶稣基督新遗诏圣书》（满文）卷1，清代石印本，第11页。

两者比较，用词不同，如"gebu"和"colo"，"efen"和"jemengge"，"bekdun araha niyalma"和"edeleheurse"。口气亦略有差异，《古新圣经》多处使用"rao/reo"，《新遗诏》采用"kini"。另，《新遗诏》多出"以国、权、荣皆尔所有，爱及世世固所愿也"（满 cohome gurun toose ten i derengge enteheme ama de bi sere turgun）一句，此与不同的《圣经》版本有关。显然二者没有借鉴关系。两个译本的翻译风格、词汇选用等问题尚需进一步研究，限于篇幅本文不再展开。

二 法国藏《万物真原》

法国国立图书馆（Bibliotheque nationale de France）收藏两个版本的满文《万物真原》（满 tumen jakaiunenggi sekiyen），编号分别为 Mandchou244（以下简称 A 版）和 Mandchou247（以下简称 B 版）。

汉文《万物真原》作者为艾儒略。艾氏（Jules Aleni），字思及，意大利人，万历四十一年（1613）来华。顺治六年（1649）在延平逝世，葬于福州城外。因人品高尚、著作等身，被中国人誉为西来孔子。

《万物真原》是艾氏的名著，该书主旨论证世界万物为天主创造，而非自生，或由理、气而生。该书逻辑严密，论证精详，与利玛窦《天主实义》齐名。[①] 或因在读书人中具有一定影响，故先后有两人将该书译为满文。下表为汉文、满文 A、B 两个版本篇目的比较：

---

① 耶稣会神父傅圣泽等人曾在江西抚州向参加科举考试的读书人分发《天主实义》和《万物真原》，并称"这本书皈依的信徒数比书中的词甚至字数都还要多"（《傅圣泽神父致法国贵族院议员德·拉福尔斯公爵的信》，《耶稣会士中国书简集》第一卷，大象出版社 2005 年版，第 211 页）。

表2　　　　《万物真原》汉文、满文 A、B 版篇目比较

汉文版	满文 A 版	满文 B 版
		bithei ubaliyambure kooli be muwa ame leolehengge
万物真原小引	tumen jaka i unenggi sekiyen i ajige yarugan	tumen jaka i unenggi sekiyen i bithe ajige yarugan
论物皆有始	jaka de gemu deribun bisire be leolehe	tumen jaka de gemu deribun bisire be leolehengge
论人物不能自生	niyalma jaka ini cisui banjime muterakū be leolehe	niyalma ocibe jaka ocibe gemu beye beyebe banjime muterakū be leolehengge
论天地不能自生人物	abka na ini cisui niyalma jaka be banjibume muterakū be leolehe	abka na ini cisui niyalma jaka be banjibume muterakū be leolehengge
论元气不能自分天地	da sukdun ini cisui faksalafi abka na oome muterakū be leolehe	da sukdun ini cisui faksalame abka na ome muterakū be leolehengge
论理不能造物	giyan jaka be banjibume muterakū be leolehe	giyan umai jaka be banjibume muterakū be leolehengge
论凡事宜据理而不可据目	yaya baita de giyan be dahaci acarad-abala, yasai sabure be songkoloci ojorakū be leolehe	yaya baita be yargiyalara de, giyan de acanarangge be temgetu obuci acara damu yasai sabuhangge be temgetu obuci ojorakū babe leolehengge
论天地万物有大主宰造之	abka na tumen jaka de saliha amba ejen bifi banjibuha be leolehe	abka na tumen jaka be banjibuha amba ejen bisire be leolehengge
论天地万物主宰摄治之	abka na tumen jaka be salifi kadalaha ejen i uherileme dasara be leolehe	abka na tumen jaka be salifi kadalara amba ejen bisire be leolehengge
论造物主并非拟议所尽	eiten jaka be banjibuha ejen be bhiyeme gisurere de wajirengge waka be leolehe	tumen jaka be banjibuha ejen be giyangname gisurehe seme wajirakū babe leolehengge
论天主造成天地	abkai ejen i abka na be anggabume banibuha be leolehe	abkai ejen abka na be banjibuha bime anggabuha babe leolehengge
论天主为万有无原之原	abkai ejen be tumen hacin i sekiyen akū sekiyen ojoro be leolehe	abkai ejen deribun akū bime, tumen hacin i deribun inu babe leolehengge

清代满文天主教文献先后有多个译本的情况并不多见。B 版开篇有一篇《bithei ubaliyambure koolibe muwa ame leolehengge》，笔者将标题译为《翻书略论》。文后有"abkai wehiyehe i orin ilaci aniya ilan bi yade getukeleme leolehe"，笔者汉译为："乾隆二十三年三月论明"。A 版无纪年，但字体纤细紧凑，有康雍时期的风格，且大量使用音译自汉语的满文，如 ging（经）、ts'ang（仓）、boli（玻璃）、hūn tiyan

(浑天)、dzming jung(自鸣钟),乾隆二十三年(1758年)刊行的 B 版则分别改为 nomun、calu、bolosu、gubci abkai du rungga tetun、erileme guwendere jungken,可知 A 版早于 B 版。费赖之提到汉文《万物真原》于康熙时被译成满文,[1]153因此笔者认为 A 版有可能刊刻于康熙时期。

满文《万物真原》最值得注意的是 A、B 两版在翻译风格上的区别。B 版《翻书略论》有一段文字介绍译者追求的翻译风格:"bi ere bithe be ubaliyambure de, bithei u yangse, saikan miyamigan gisun be meitefi, damu bithei yargiyan jurgan be getuken obume sijirhūn i tucibufi ubaliyambuha, tere anggala, manju gisun ni kan gisun ci ambula encu ba bifi, tuttu nikan gisun be manju gisun i ubaliyambure de, eici fulu ningge be meiteme waliyambi, eici ekiyehun ningge be niyeceme nonggimbi, ere dade, ai dz ere bithe be ming gurun i fonde banjibuhangge, tere fon i an kooli tei an kooli ci lakcafi encu, ere bithede gisurehe ududu ba i gisun her gen gemu tei an kooli de acanarakū ofi, bi ere gese gisun hergen be kimcime halame dasataha。"① 笔者翻译为:"余翻是书时,删文采修饰之词,径将实义明白翻出。且满汉文字大有不同,是以翻清时或弃其赘,或补其阙。此书系艾子于明季编成,彼时习俗与今迥异,数处文字与今不牟,乃详考而易之。"可见译者强调翻译时不拘泥汉文,而要根据满语的习惯做出调整。比较 A、B 两版的语言,各自对汉文的处理确实存在明显的区别。

因篇幅有限,本文仅举两例。汉文版《万物真原小引》开篇说明论事之真伪必须依靠真理。汉文"凡论一事而有相反之说,既不能俱真,必有一确法以定之",② A 版"yay emu baita be leolere de, tede ishundefudarara gisun bifi, gemu unenggi be baharakū oci, urunakū emu acanara giyan de, tere be toktobuci ombi",③ 直译为"凡论一事,有相

---

① 法国国立图书馆藏,佚名:《万物真原》(满文),清刻本,第2页。
② 法国国立图书馆藏,艾儒略:《万物真原》(汉文),清刻本,第1页。
③ 同上。

反之说，皆不能得其真，必以一相符之理定之。"与汉文字面吻合，B 版 "yaya baita beleolere de, aika si uru seme, bi waka seme acun de cacun ba bici, urunakū genggiyen bodogon be baitalafi, baitabe kimcime getukelehe manggi, teni baitai turgun i yargiyan babe toktobuci ombi"，① 直译为"凡论事，如有你是我非、矛盾之处，必用明确方法，详究其事，方能确定事情原理之实"，删去了"既不能俱真"。汉文"如论物之轻重必须定以权衡。如辨金之真伪必须定以镪石。论道亦然"一句，② A 版："te bicibe, ai jaka iujen weihuken be leolere de, urunakū darhūwa toose de toktobumbi, aisin i unenggi holo be ilgara de, urunakūlio i wehe de cendembi, doro be leolere de inu uttu"，③ 直译为"如论物之轻重，必用权衡方可定；辨金之真伪必验以试金石。论道亦然。"B 版 "te bici, jakai ujen weihuken be saki seci, urunakū teherebuku be bait alafi, teherebuhe manggi, teni jakai fuwen yan i ton be toktobuci ombi, geli aisin i sain ehe be ilgaki seci, urunakū i gin i wehe de cendehe manggi, teni aisin i sain ehe be bahafi saci ombi, doro be leolerengge inu tut tu"，④ 直译为"如欲知物之轻重，必用天平称量后方能定其斤两。又欲辨金之好坏，必用试金石验后，方能知金之好坏。论道亦然。"可见，A 版翻译追求符合汉文，B 版则略有增减，这与 B 版译者在《翻书略论》中提出的翻译原则一致。

另有语气不同之处，如汉文第八节"如自鸣钟刻刻转动，自不知其动。按时即鸣，毫不差爽。岂不有有明悟者调停其机关而使之然也？"一句，⑤ A 版译为："duibuleci, dz ming jung ke tome forgo omea acibe, ini yabure be i sarkū, erin de teisuleci uthai guwembi, heni majige ta arame jurcerakūngge, tere inugenggiyen ulhisu niyalma bifi, terei holbo-

---

① 法国国立图书馆藏，佚名：《万物真原》（满文），清刻本，第 2 页。
② 法国国立图书馆藏，艾儒略：《万物真原》（汉文），清刻本，第 1 页。
③ 法国国立图书馆藏，佚名：《万物真原》（满文），清刻本，第 2 页。
④ 法国国立图书馆藏，艾儒略：《万物真原》（汉文），清刻本，第 3 页。
⑤ 同上书，第 17 页。

cun siran be acabume toktobume weilefi, terebe tuttu obuhakūnggemujanggao",①直译为:"如自鸣钟每刻转动,并不知其自动。按时即鸣,略无差错者,岂无明悟之人调停机关而使之然也?" A 版与汉文版皆用反问,以增强语气。B 版:"duibuleci, erileme guwendere jungken i ada li, erindari forgo ome a arangge, erin de acanara acanarakū babe gemu sarkū, erin de teisuleci, uthai guwen deme, erin kemu be jorime, heni majige ta arame jurcerakūngge, gemu genggiyen ulhisu niyalma terei songgihaselmin be acabume toktobume weilehe manggi, ere jungken teni erileme guwendeme mutere dabala."②直译为:"如自鸣钟一样,每时转动,而不知准时与否,到时即鸣、指示时刻,略无差错者,皆因有明悟之人调停机关后,此钟方能按时而鸣。"B 版将反问改为陈述,虽然没有改变原意,但减弱了语气。

此外,B 版对汉文进行了一定删节,这种情况在 A 版没有出现。汉文版第十节详述"天主创造天地之功",A 版花费六页篇幅如实翻译,但 B 版全部删去。

比较两种翻译,A 版力求将汉文字面意义完整地翻译成满文,但没有影响语言的流畅性。B 版不拘泥汉文,有意识地做出调整,避免以辞害意情况的出现。两种翻译并无高下优劣之分,仅有方法之别。

三 法国藏《天神会课》

法国国立图书馆藏有一部佚名译满文《天神会课》(满 abkai enduri hūi kicen),编号为 Mandchou117。《天神会课》原作者为潘国光。潘氏(P. Franciscus Brancati),字用观,意大利人。崇祯十年(1637)来华,在以上海为中心的江南地区传教。康熙十年(1671)病故。方豪誉其为上海教会奠定坚实基础者[3]267。《天神会课》为潘

---

① 法国国立图书馆藏,艾儒略:《万物真原》(汉文),清刻本,第 26 页。
② 法国国立图书馆藏,佚名:《万物真原》(满文),清刻本,第 38 页。

氏于顺治十八年（1661）为入教的少年儿童编写的一部问答体教理书。① 主要内容是介绍教义和常用的祈祷文。该书内容简明易懂，在清初具有相当的影响。

满文版的译者为何人尚不能确定，但是笔者认为可以排除潘氏的可能性。首先，他长期生活在江南地区，与在京教士相比没有接触旗人、学习满语的条件。其次，各种传记文献皆未提到此人学过满文，或有满文著述。故可推测，译者另有其人。满汉两版《天神会课》篇目请见表3：

表3　　　　　　　　满汉文《天神会课》篇目比较

篇目序号	汉文版标题	满文版标题
1	天神会课小引	abkai enduri hūi i kicen i yarugan
2	天神会规	
3	圣教要理六端解	enduringge tacihiyan i oyonggo giyan ninggun hacin
4	天主圣性解	abkai ejen i enduringge banin be fonjiha jabuha ba
5	灵魂肉身解	sure fayangga, yalingga beye be fonjiha jabuha ba
6	圣号经解	enduringge temgetu i ging be suhe ba
7	天主经解	abkai ejen i ging be suhengge
8	圣母经解	enduringge eme i ging be suhengge
9	信经解	akdara ging be suhengge
10	天主十诫问答	juwan targacun be fonjiha jabuha ba
11	圣教会规四端解	enduringge tacihiyan hūi i toktobuha kooli be suhengge
12	圣事七迹解	enduringge baitai nadan songko be suhengge
13	真福八端	unenggi hūturi jakūn hacin
14	万民四终	tumen irgen i duin duben

通读满文版《天神会课》，可以发现全书行文流畅，用词准确。其在翻译方面有以下三个特点。

---

① 该书《小引》落款有"时辛丑春仲中浣，泰西耶稣会士潘国光用观父述并序"一句。考作者来华在崇祯十年丁丑（1637），去世在康熙十年辛亥（1671），故此处的辛丑为顺治十八年（1661）无疑。

第五编 满文文献与满语（锡伯语）

第一，大量使用汉语音译词汇。清初旗人翻译汉文文献时，经常遇到满文无法对应的词汇，解决方法之一是音译。乾隆时期，清高宗推行新清语，将很多音译旧词改为意译。《天神会课》中的旧词汇很多，如将汉文的"赏罚"译作"ang erun"。考康熙朝《御制清文鉴》将"ang"解释为："han i gosime angnara ja ka be ang sembi。"① 笔者汉译为"皇帝恩赏之物，谓之 ang。"此处的"ang"实为汉语音译。但乾隆朝的《御制增订清文鉴》将其改为"angnaha"，释义与《御制清文鉴》一致。② 可见到了乾隆中期，"ang"已经被"angnaha"取代。

第二，虽然译文忠实于原著，但译者在翻译过程中对汉文版做了几处修改。例如第10节《天主十诫问答》在列举十诫条文之后有"已上十诫，总归二者而已，爱慕天主万物之上，与夫爱人如己。此在昔天主降谕，令普世遵守，顺者升天堂受福，逆者堕地狱加刑"一句，③ 满文版为"ereci wesihun i juwan targacun, juwe gisun de baktangge abkai ejen be tumen jaka i dele obufi buyembime, niyalma be beyei adali gosire de faji habi"，④ 笔者汉译为"已上十诫，总归二者而已，爱慕天主万物之上，与夫爱人如己"，此处满文翻译缺汉文的第二句。考康熙五十四年刻印的《圣教日课》，"天主十诫"正文没有"此在昔天主降谕，令普世遵守，顺者升天堂受福，逆者堕地狱加刑"一句。⑤ 事实上，十诫来自《旧约》，"爱慕天主万物之上，与夫爱人如己"出自《新约》，该句同属经文，通常被列入十诫之后，而"此在昔天主降谕"一句出处不明，实为原著错误添加、刻印时又窜入经文。满文译者以此句并非正式的经文，故直接删去。

同节解释天主十诫的"毋呼天主圣名以发虚誓"一条时有"若

---

① 中央民族大学图书馆藏，《御制清文鉴》卷2，清刻本，第4页。
② 中央民族大学图书馆藏，《御制增订清文鉴》卷3，清刻本，第8页。
③ 法国国立图书馆藏，潘国光：《天神会课》（汉文），清刻本，第46页。
④ 法国国立图书馆藏，佚名：《天神会课》（满文），清抄本，第214页。
⑤ 法国国立图书馆藏，佚名：《圣教日课》（汉文），康熙五十四年刻本，第4页。

有缘故、有恭敬、有真言三件俱有，而后发誓，可无罪也"一句，① 此处潘氏以肯定的语气表明真言发誓无罪。然而满文本为："aikabade amba tur gun bisire, eici kundulere ginggulere jalin, eici unenggi gisun, ere ilan hacin yongkiyaci, amala gashūre oci, ain ci kemuni ojoro gese, eitere-cibe gashūrakū de isirakū."② 可译作："若有缘故、有恭敬、有真言三件俱有，而后发誓，似可无罪。总之，不如不发誓。"译者将"可无罪也"改成"似可无罪"，并增加"总不如不发誓"，可见译者对真言发誓是否有罪持怀疑态度，特意在翻译时做了修改。

第三，与汉文对照，满文版译文错漏多在笔者所见的满文文献中居首位。个别语句在翻译时过于拘泥原文。一处是第 7 节《天主经解》有"amen sere juwe hergen be adarame sumbi"，③ 汉文本为"亚孟二字何解？"④ 另一处见于第 11 节《圣教会规四端解》，"misa sere ju-we hergen be adarame sure be giyangnareo"，⑤ 汉文本为"弥撒二字何解？"⑥ 满文的"amen"和"misa"都是一个字，汉文为两个字，但满文本都有"juwe her gen"即"两个字"的表述，故可知译者仅仅注意到与汉文本的对应，忽略了必要的调整。

满文版手民之误很多。如《信经解》将"告解"（满 sume alam-bi）写成"sume alimbi。"⑦ 又如同节提到教友领洗后犯罪，只有通过告解才能免罪，汉文"若为自己痛悔而不得告解，天主不赦其罪"一句，⑧ 满文版译为"terei bahafi sume alarakū de damu ini beye teile ja-lin gosiholome nasaha seme, abkai ejen terei weile be gu webureo"，⑨ 笔者译为："若为自己痛悔而不得告解，恳请天主赦其罪"，译文不但与

---

① 法国国立图书馆藏，潘国光：《天神会课》（汉文），清刻本，第 46 页。
② 法国国立图书馆藏，佚名：《天神会课》（满文），清抄本，第 228 页。
③ 同上书，第 88 页。
④ 法国国立图书馆藏，潘国光：《天神会课》（汉文），清刻本，第 20 页。
⑤ 法国国立图书馆藏，佚名：《天神会课》（满文），清抄本，第 301 页。
⑥ 法国国立图书馆藏，潘国光：《天神会课》（汉文），清刻本，第 62 页。
⑦ 法国国立图书馆藏，佚名：《天神会课》（满文），清抄本，第 159 页。
⑧ 法国国立图书馆藏，潘国光：《天神会课》（汉文），清刻本，第 41 页。
⑨ 法国国立图书馆藏，佚名：《天神会课》（满文），清抄本，第 189 页。

原文冲突，而且不符合天主教教理。从汉文可知此处满文的"guwebureo"（请赦免）应为"guweburakū"（不赦免）。

四　神学术语的满文翻译

清朝建立后，很多传教士在宫廷供职，并向旗人传教。因当时的旗人多不通汉语，故传教士需要将汉文天主教文献翻译成满文，如何准确地翻译神学术语是一个亟待解决的问题。因为此类文献的名词翻译并不统一，故笔者仅从本文涉及的三种文献中选择部分重要词汇作为研究对象。笔者所选词汇的拉丁、满、汉文对照如表4：

表4　　　　　　　部分神学词汇拉丁、满、汉文比较

拉丁文	满文	清代汉译	现代汉译
Pater	Baderes/enduringge ama	罢德肋/圣父	圣父
Filius	Filii/enduringge jui	费略/圣子	圣子
Spiritus Sanctus	sybirtus sankti/enduringge enduri	斯彼利多三多/圣神	圣神
Ecclesia	egeresiya/enduringge tacihiyan i hūi/enduringge acin	厄格肋西亚/圣教会	教会
vitia capitalia	weilei sekiyen/weilei fulehe	罪宗	罪宗
missa	misa wecen/misa	弥撒	弥撒
substantia	beye	体	体
persona	Soorin/ilinin	位	位
natura	banin	性	性
eucharistia	enduringge dursun/enduringge dursun	圣体	圣体
Deus	Deus/abkai ejen/abkai ejen deus	陡思/天主	天主

上表的词汇包括音译、意译、音译意译混合三种。其中的音译词本为天主教特有，很难直接翻译成满、汉文，故从明代开始形成惯例，此类词汇在祈祷文中一律音译，在解释时意译以便于理解。如拉丁语的"Pater""Filius""Spiritus Sanctus"，在汉语经文中音译为

"罢德肋""费略""斯彼利多三多",释义时又意译为"圣父""圣子""圣神"。满文模仿汉语,在祈祷文中音译为"baderes""filii""sybirtus sankti",释义时意译为"enduringge ama""enduringge jui""enduringge enduri"。又如"ecclesia"指被天主召叫并领受洗礼者的团体,包括天上、人间、炼狱三个教会。这种概念在满、汉语中没有贴切的对应词。故当时的汉语文献将其音译为"厄格肋西亚"或"圣教会"。满语同样有两种翻译,一是音译的"egere si ya",一是意译的"en duringge tacihiyan i hūi"和"enduringge acan"。① 可见,有些满语音译词汇的处理方法受到汉语的启发。

三种文献中的意译词汇最多。因满、拉丁两种语言本身有很大差别,故传教士需要在不损失原义的前提下将术语译成满文,这是对翻译人员语言能力的挑战。为了展示传教士对神学术语的处理,笔者选择《天神会课》有关三位一体教义的翻译进行进一步阐述。

三位一体,又称天主圣三(拉 trinitas)是天主教的核心教义,指天主只有一个实体(拉 substantia),但有三个位格(拉 persona),分别是圣父、圣子、圣神,三者同形同体,不分先后,区别在于圣父是创造者,圣子被圣父生出,圣神由圣父、圣子发出。②《天神会课》有两段论述对三位一体阐述得非常全面。第一段论述圣父、圣子、圣神的一体性:"天主惟分于位,不分于性。虽有三位,决不能有三性。所以三位共是一性、一体、一天主。"③ 满文译为:"abkai ejen be damu soorin de ilgara dabala, banin de ilgarakū, udu ilansoorin bicibe, ilan banin waka, tuttu ilan soorin uhei emu banin emu beye, emu abkai ejen。"④ 此处需要注意的是"性""位""体"的翻译。

汉文的"性"对应拉丁文的"natura",即"本质、本性"。满文

---

① 满文《古新圣经》将教会译为 acin,然该词意为驮子,只有 acan 才有"会"的意思。因此笔者判断此为贺氏的失误。
② 《天主教教理》,信德社,2001 年,第 66 页。
③ 法国国立图书馆藏,潘国光:《天神会课》(汉文),清刻本,第 26 页。
④ 法国国立图书馆藏,佚名:《天神会课》(满文),清抄本,第 114 页。

译为"banin"。考满文中"banin"有两意，一为相貌，一为本性。《御制清文鉴》解释为："beyei arbun giru be banin sembi……geli abkai hesebuhenggebe inu banin sembi"，① 笔者汉译："身体样貌，谓之banin。天之所赋，亦谓之banin。"此处显然应取第一个解释。与拉丁语和汉语比较，满文使用"banin"是正确的。

汉文的"位"对译拉丁语的"persona"。原义为"面容""面具""角色"，引申为一个天主具有三个不同的个别属性。满文译为"soorin"。沈启亮的《大清全书》解为"位"。[4]171《御制清文鉴》释为："hūwangdii teku be, soorin sembi"，② 笔者汉译为："皇帝之座，谓之soorin。"此处将此词限定为宝座，与泛指座位的"teku"区分开。然而无论是"persona"的原义还是引申义，都与宝座相去甚远。因为满文中确实没有一个词汇可以准确传达其含义，故只能勉强采用与汉语的"位"最接近的"soorin"。不过，相比汉语，"soorin"专指帝王宝座，亦可以显示圣父、圣子、圣神的尊贵。此外，贺清泰的满文《古新圣经》将"persona"译为"ili nin"，然而笔者在满文字书中没有找到该词，故推测系贺氏自创。

汉文的"体"对应拉丁语的"substantia"。"substantia"本义为实体，引申为天主无物质形体的存在状态。汉文译为"体"，此词可指物质性的肉体，也可指抽象的本体，比较符合拉丁语。满文采用的"beye"指身体，已见于前文。需要注意的是，清代和现代的满文字书对"beye"的解释多与人、动物的实体相关，与非物质性的本体有较大区别。与满语对"位"的处理一样，因无确切的对应词汇，满语译者只能翻译汉语，勉强采用字面意义最接近的"beye"。

由此可见，三位一体的相关词汇的满文意译在一定程度上参考了汉语，但仍然具有满文的特色，可谓相当成功的翻译。

值得一提的是，满文中的某些翻译甚至比拉丁文原文更贴近本

---

① 中央民族大学图书馆藏，《御制清文鉴》卷6，清刻本，第1页。
② 中央民族大学图书馆藏，《御制清文鉴》卷13，清刻本，第17页。

意。如拉丁语的"vitia capitalia",直译为大罪、死罪,指骄傲、贪吝、色迷、愤怒、贪饕、嫉妒、懒惰七种罪。因这七种罪是其他一切罪的源头,故传教士将其翻译为"罪宗"。满文《天神会课》根据译为"weilei sekiyen"和"weilei fulehe"。"sekiyen"指"水源",①"fulehe"为"草木之根",② 二者有"源头、根本"之意。此处的翻译准确地揭示了"vitia capitalia"在神学中的特殊涵义。

第三种翻译方法是音译意译混合。表中仅有"弥撒"一例。"弥撒"音译自拉丁语的 missa,本义为"聚集",是通过祝圣耶稣基督圣体圣血以纪念耶稣牺牲的仪式。这种祭祀仪式无论形式还是性质,都与汉族传统祭孔的释奠礼、佛道道场,以及旗人的萨满祭祀有本质的不同,因此汉语、满语采用音译。但《天神会课》将拉丁文的"missa"音译为"misa",并和满语的"wecen"合并,创造了"misa wecen"一词。"wecen"在《御制清文鉴》中解释为:"yaya tan, miyoo, weceku be juktere uheri gebu, u ging ni hūng fan fiyelen de, jakūn dasan i ilaca de wecen sehebi。"③ 笔者汉译为:"凡坛、庙、家神祭祀之总名,谓之 wecen。"以目前所见,此种"misa wecen"的混合译法仅见于《天神会课》。

综上,译者对拉丁语神学词汇采用了音译、意译、音译意译混合三种方法,并以意译为主。总体而言,译者对拉丁语和满语的理解都很深刻,所以翻译时选词准确,个别词汇的翻译甚至超过汉译。当然,由于两种语言之间的差异,将拉丁语神学术语毫无误差地翻译成满文是不可能的。因此译者参考当时通用的汉译,并从满文中选择较贴切的词汇。

---

① 《御制清文鉴》:"mukei da tucike ba be, sekiyen sembi。"(《御制清文鉴》卷1,清刻本,第43页)笔者汉译为:"水之源头,谓之 sekiyen。"
② 《御制清文鉴》:"yaya orho moo i na de hadame boihon i dolo bisirengge be, fulehe sembi。"(《御制清文鉴》卷19,清刻本,第17页)笔者汉译为"凡草木与地相连,土中部分,谓之 fulehe。"
③ 中央民族大学图书馆藏,《御制清文鉴》卷3,清刻本,第8页。

五 结语

天主教自元代传入中国以来，即在外国教士、中国教友的推动下开始本土化。最突出的现象是天主教文献的翻译。元代北京第一任主教孟高维诺曾将《四福音书》和《达味圣咏》翻译成蒙古文。明中期，在华的耶稣会士用汉文编纂了一系列宗教、哲学、自然科学著作。清朝建立后，掌握了新语言工具的教士又用满文创作、编译了大量作品。清末，传教士将《圣经》、圣歌翻译成南方民族文字。因此中国的天主教文献具有种类丰富、语种多的特色。然而所有少数民族文字天主教文献中，数量最大、翻译质量最高者为满文无疑。故满文天主教文献的翻译是中西交通史不应被忽略的一环。

其次，目前对旗人宗教信仰的研究多关注旗人与佛教、道教、萨满教、民间宗教的关系，但忽略了天主教。事实上，有清一代皈依天主教的旗人数量并不少。据耶稣会士发回本国的报告，入教的旗人既有王公高官，也有普通官员以及兵丁、平民。他们对宗教书籍的需求是教士将天主教文献翻译成满文的直接原因。如与苏努家族过从甚密的巴多明神父即受贵族妇女之邀，将部分祈祷词翻译成满文："由于基督教徒福晋和其他的妇人们很少认得汉字，他们希望听懂祈祷的内容，他们请求他们的忏悔神父苏霖神父为他们找祈祷词的满语译文……当我把祈词的精华部分翻译出来后，就派人送给若望亲王和保禄亲王审阅，修改语言上可能有的疏漏谬误。"[5]18 当时传教士翻译的文献包括《圣经》、祈祷书、教理问答、神哲学著作、礼仪简介，对其进行系统研究可以丰富今人对旗人天主教信仰的认识。

最后，不同的语言是不同文化背景、思维方式的产物，在表达高度抽象的概念时，很容易出现不能互相对译的现象。译者如何弥合两种语言间的鸿沟是值得注意的问题。从本文的考察可知，译者采用了音译、意译以及音译意译混合的方法。从本文所举例子可知，译者将大多数神学术语比较贴切地译成满文，至于确实不能互通的词汇，则尽量选取含义最近者，或参考汉语。笔者认为，当时的传教士如何在翻译过程中弥合满语和拉丁语之间的差异是一个非常有待日后深入探讨的问题。

[参考文献]

［1］费赖之.明清间在华耶稣会士列传［M］.梅乘骐,译.上海：光启社,1997.

［2］贺清泰.古新圣经残稿［M］.北京：中华书局,2014.

［3］方豪.中国天主教史人物传［M］.北京：宗教文化出版社,2007.

［4］沈启亮.大清全书：卷7［M］.沈阳：辽宁民族出版社,2008.

［5］杜赫德.耶稣会士中国书简集：第3卷［M］.郑德弟,吕一民,沈坚,译.洛阳：大象出版社,2003.

[原载于《吉林师范大学学报》（人文社会科学版）2016年第5期]

清代满族家谱的史料价值及其利用

杜家骥*

清代满族家谱①之多，在少数民族家谱中可谓一枝独秀，这是研究作为少数民族——满族历史的具有独特价值的宝贵资料。

从现在见到的满族家谱的数量来看，东北地区较多。也有学者专门作过归纳性研究，如李林《满族宗谱研究》、傅波等《满族家谱研究》、孙明《清代东北满洲旗人家谱的编纂》。东北满族家谱存留现今的数量仍很大，已搜集出版的，仅笔者所知，就有李林主编《满族家谱选编》，刘裕仁等《吉林乌拉档案史料丛编·满族宗谱编》，傅波、张德玉主编《满族家谱选》，本溪市党史地方志办公室编《辽东满族家谱选编》，何晓芳、张德玉主编的《清代满族家谱选辑》②，等等，其他恕不一一列举。清代东北地区满族家谱的较多纂修，或者还可称其为带有一定的普遍性，是非常值得研究的现象。从现在见到的

---

* 杜家骥（1949— ），男，天津武清人，吉林师范大学历史文化学院满族文化研究所特聘教授，南开大学历史学院教授，博士生导师，研究方向：清史。

① 本文所说的满族家谱，以八旗满洲之家谱为主，同时也兼及八旗蒙古、八旗汉军家谱。关于清朝时期"满族"的民族称谓，满洲旗以外其他旗人是否也算满族等问题，此处不作论述，详见拙文《清代满族与八旗的关系及民族融合问题》，载《社会科学战线》2016年第6期。又，本文介绍的清代满族家谱资料，着重取自清朝时期所修之谱，也利用清时期纂修、民国时又续修而移录的清朝时的资料。另外，民国时纂修的谱书中编入的清朝时的资料，为了佐证某些问题，也酌情引用。

② 此"选辑"为"国家清史编纂委员会·文献丛刊"。所收大部分是东北地区的满族家谱，也有少量京师旗人家谱。

谱书来看，京旗、中原城镇驻防旗人纂修之族谱相对较少，但从其存世的一些家谱来看，则有的部头比较大，如《镶黄旗弘毅公钮祜禄氏家谱》（又称《镶黄旗钮祜禄氏家谱》）、《正红旗满洲哈达瓜尔佳氏家谱》《佟氏宗谱》，其中《镶黄旗钮祜禄氏家谱》以京旗旗人为主，《正红旗满洲哈达瓜尔佳氏家谱》是以驻防西安的该家族之人为主，兼及京城等地的族人，则是以该家族居住在北京、东北的族人为主的族谱。这几部族谱部头大，内容丰富，价值较高。

一　满族家谱的类别

满族家谱种类较多，可粗略归纳为以下几种。

1. 按世次辈分序列族人的谱单①，与下述谱书之世系有类似之处，唯内容简单。谱单的数量较多。2. 以世系表的形式列叙家族每一世（即辈分）之人及其简况的谱书。其世系，以横行（或横格）表示辈分，下一横行表示下一辈人，有的还在横行间以上下竖线（有的是斜线、曲线）标示父子关系，也即某人的儿子。世系的每个人之下，记载其简况，如妻、子女、过继、封爵、职官、披甲、出征等，有的谱详，有的谱简，同一家族的谱书不同族人也有详略之分，详者有的多达数百字、上千字，简略的只有名字②。世系前多有谱"序"，叙本家族渊源、驻防调拨或迁徙定居某地，及修谱原因，等等。东北地区这类家谱的数量较大。3. 单记族人生平小传，而按世次排列的谱牒，类似于清皇家宗谱中的直档《玉牒》《星源集庆》，以及后来据此而编修的《爱新觉罗宗谱》，一般也有谱序。4. 综合性体例包括谱序、凡例、渊源（不少谱这部分内容是在谱序中记述）、谱图或世系、族人小传、恩荣录、封爵官宦、宗规、祠宇、墓图、祭祀等的谱书。这类族谱一般篇幅都比较大，如前列举几部部头大、内容丰富的

---

① 关于谱单的再分类，可见孙明《东北地区的满族谱单形制》，《历史档案》2010年第2期。

② 其世系有的仿欧式或苏式，有的为二者结合。

家谱，东北地区也有这类族谱，如《（吉林）他塔拉氏家谱》。5. 偏重于某些或某种内容的谱书，其中又以偏重祭祀，特别是萨满祭祀方面的居多，也有谱序及其他内容。

以上是就各类谱牒的主要内容特点而作的大致归类，为的是从其不同内容的多少，了解其价值，具体到每一部家谱，又有其不同情况，有的类别内容多些，如第2、3、5类。第4类中，也由于家族情况不同而在事项内容上有多少之别。第1类谱单，有的也有第2类中的内容。而以文字世系或表的形式列叙宗族成员，是大多数家谱的共同内容。

另外，有的族谱还记有一些特殊事类，如春节礼仪，丧服制度，本家族的家史，宗族大事记，为族人取名所定辈分之字，皇帝有关上谕，旌表文或碑文（有的与诰命、敕命书归入恩荣录中），族人科举仕宦、科举试卷文字，诗文，过继承继证书等。

满族谱牒之文字，汉文居多，满文者现存很少。清前期修的满文宗谱，很多在以后的续修时已译为汉文，而以汉文续修。有的在某些类目中如萨满祭祀，或保留满文，或以汉文音作满语。还有的在谱单、谱书的世系部分，将人名以满文书写，或满汉文并写。

二　满族家谱史料价值略举

（一）谱单及谱书的世系

满族谱牒中，谱单及谱书的世系，在内容上占很大比例，这部分内容，有的只记各代及支系族人的名字，如果族人有过任职、诰封（荣誉职衔，如男封光禄大夫，女封夫人、孺人之类），一般都记载，如《章佳氏哈拉宗谱》《满洲苏完瓜尔佳氏全族宗谱》《那拉氏宗谱》《福陵觉尔察氏谱书》《佟氏宗谱》《镶黄旗钮祜禄氏家谱》《正红旗满洲哈达瓜尔佳氏家谱》等，都有这种记载，为我们了解旗人家族的入仕、任官情况及家族势力、族人身份地位等，提供较系统的资料。还可以与汉人家族作对比，看一看各担任什么官，又是通过什么途径入仕的，这也是研究满族史、宗族史的重要内容。

考察某些世家大族的势力，也只有通过该家谱才能了解全面。比如常说的康熙帝的外祖母家官宦势力很大，有"佟半朝"之称，那么具体情况怎样？有多少人任官，又任的什么官，在《佟氏宗谱》（佟达礼支系）中，就有全面记载，其他资料不可能全面记述某家族的这方面内容，尤其是任中低级职官的人，官方不为其立传，一般资料也不记载，而其数量又较多，缺了这部分，就无法见其全貌、整体数量，而族谱在这方面系统集中的记载，体现了其独特价值。

另外，族人有爵者，在谱单、谱书世系中也会有记载。皇家之外的旗人爵位，主要有公、侯、伯、子、男，另外是轻车都尉、骑都尉、云骑尉、恩骑尉，也可归入爵的系列，又统称为世爵世职。清代的旗人尤其是满洲旗人，立军功者甚多，而爵位主要是因军功所得，所以清代的有爵位者多是八旗旗人，尤其是公、侯、伯爵，绝大部分是旗人，汉人得此类高爵者较少[①]。有爵位者，在社会中具有较高的身份地位，有法律特权。另外，清代政策，凭爵可以选为职官，还可荫子为官。以爵选任武官，公、侯、伯、子（精奇尼哈番），可授为八旗都统、副都统。男爵（阿思哈尼哈番），可授为八旗副都统。子、男、轻车都尉（阿达哈哈番）、骑都尉（拜他喇布勒哈番），可授为前锋参领。骑都尉、云骑尉（拖沙喇哈番），可授为参领。世爵世职还可充任文官，如男爵、轻车都尉，可授为各部院郎中，都察院科道官，骑都尉可授为六部各司的员外郎。云骑尉，可授为六部主事。郎中、员外郎、主事，分别为正五品、从五品、正六品官。另外，凭爵还可荫子为官，公、侯、伯之子为荫生，可选为部院衙门的

---

① 见《钦定八旗通志》卷274的《封爵表五》至卷227的《封爵表八》，卷277的《世职表一》至卷309的《世职表三十二》，文渊阁四库全书本。《清史稿》卷168至卷173《诸臣封爵世表》一至五，中华书局标点本1977年。朱彭寿《旧典备徵》卷2《封爵考》，中华书局标点本1982年版。

从五品官员外郎、子爵、男爵所荫之子，可选为六品、七品官，相当于汉人进士所选任的品官。清代不少旗人通过世爵世职任官或荫子为官，对清代政治产生较大影响，是满族史也是清代政治史中值得深入研究的问题，而系统研究这一问题，家谱是不可或缺的资料。

族人任世职者，另一重要方面是世代承袭佐领官。清代的八旗佐领，不计包衣佐领、管领，也有一千多个，近四分之三都是世管佐领，佐领官由该佐领某家族的某支族人世代充任。充任佐领官，在族谱世系中有记载，据此可了解该家族对佐领的承袭情况、承袭人所在支系的变化，而官方则曾针对承袭导致的族人间的矛盾，对承袭原则制定制度，凡此，都是八旗制度应考察的内容。

这类用于承袭世爵世职的世系表的纂修也较多，这与其世职、爵位的承袭需要对世系关系作文字性的明确有关，也是官方的要求，为的是避免族人间因爵位、世职之承袭产生争执。

族人的任官、诰封、世爵世职，在谱中的人物传、仕宦表、恩荣录等部分也有记述，可互相参照利用。有的家谱有族人披甲、出征的简单文字，为研究八旗以丁抽兵、家族披甲人之多少以及旗人的军事职能等提供一些信息。

另外，有的家谱记族人妻妾姓氏，对了解、研究满族内部及与汉人的通婚，以及满汉关系、民族融合也有参考价值，详见后面的专题介绍。

（二）人物传记及族人事迹的其他记载

满族家谱的人物传记，有的简略，有的详细，都有价值，大多是官方不予记录的，可补官方文献资料之不足。官方国史馆所作人物传记，都是官品、地位高以及有较重要事迹者。但研究历史不能光靠这些人的传记，而那些大量的不入国史馆人物传的人物，他们的情况是反映政治、社会全貌不可或缺的内容，对这些人物的记述，家谱是重要甚至是主要的资料，满族家谱也是如此。

《（辉发）那拉氏家谱》，有"人物传略"一目，传中人物大多属于中级官员，传文叙述他们从举人或其他资格选为低级官员始，一步步升调什么官职，都一一记述，如延庚，由举人选任知县、署知州、升知府。其高级官员，其初入仕时的情况也记载甚详，如麒庆，是由廪生考举人，选笔帖式，后来又考为进士，再授工部主事，进而逐步升任员外郎、郎中、詹事府庶子、翰林院侍讲学士、侍读学士、日讲起居注官、内阁学士、镶黄旗满洲都统、工部侍郎、热河都统。《高佳氏家谱》的"宗支谱"，也是这方面的内容。[1]848—851

还有的谱书，是在世系的人物之下，叙其生平、爵、职、履历等。如《讷音富察氏增修支谱》的"世系"，记：穆诚额，由官学生考补户部笔帖式，荐擢本部郎中，进而监察御史、鸿胪寺卿、内阁学士；良格，精通翻译，由官学生考用翰林院笔帖式，以后又考进翻译生员、翻译举人，进而荐擢礼部郎中、太仆寺少卿；傅良，由生员考取翻译举人，考中内阁中书，在军机处行走；岳色，由前锋从征云南凯旋，议叙，补用印房笔帖式，升杭州理事同知，此后逐步任刑部员外郎、郎中、翰林院侍讲学士、都察院副都御史。[1]447—453

上述这方面记录，为职官尤其是中下级职官的选任提供了较为详细的材料。而入国史馆人物传的官员，一般只详记其升调高职的情况，以前的任职经历不载。而要全面了解职官选拔的全部环节、选任制度的实际履行情况，这种家谱传记就提供了较为难得的参考资料，尤其是反映了满人入仕比汉人起点低、升迁快的具体情况，如上述富察氏家族的穆诚额，由官学生考补笔帖式，再升郎中，而汉人，则需考中进士，才授为低于郎中两级的主事，数年后才可能升为郎中。同家族富察氏的岳色，则是从一个没有学历资格的前锋兵，因参战议叙（即奖励），而任用为低级文官笔帖式，进而升中级官同知、郎中，最后竟升为都察院的副长官副都御史。凡此，都是汉人无法想象的。

其他方面的内容也有反映。如上述富察氏家族的双德，谱书世系该名下，记载他"设立满汉家塾，令族中子弟就学读书，并备饮馔。藉以成名者甚众"[1]448，反映了满人家族教育以培养族人仕进的情况。这种家族基层的内容，也是官方文献很少记述的。

同类形式记述一般族人事迹的家谱,不作赘举,见注中所列①。基层族人的日常生活、人际关系及其他内容,还可见下举之(六)宗规家训的间接反映。

即使官方修史已经立传的人物,家谱的该人物传记也有独特价值,体现在两方面。

1. 修传者的记载重点、角度不同,家谱所记的族人内容,有其不同于国史馆所修该人传记的价值。以《镶黄旗钮祜禄氏家谱》的额亦都家传为例,就有清国史馆所修额亦都传没有的且很有价值的内容,尤其是努尔哈赤起兵至天命建元以前之事,事关额亦都者,该家传尤详,事关满洲草创期历史,可补官方典籍之不足。其中涉及其家族佐领的记述尤为珍贵,额亦都曾因战功被赐予三个佐领,这三个佐领在该家族中的具体情况,国史馆的额亦都列传对此略而不记。而此谱的额亦都传,则记这"三佐领隶公(家族人对额亦都的敬称)家,且诏无预上役,为公私属,供田虞,并采人参、备药物以奉公,下及诸子,各有分赡"。官方典籍如《清太宗实录》,几处有额亦都家有三个专管牛录的记载,因对"专管牛录"无具体解释,今人不得其详,而家谱中关于额亦都三个专管牛录的这一记述,使我们得知,这专管牛录实即分封功臣贵族,而给予的私属诸申,可为额亦都私家服役,具有一定的人身隶属关系,属于八旗分封制的内容,为我们了解当时异姓领主的八旗分封及八旗制度,提供了难得的资料。

2. 官方传记、族谱传记,撰写上各有出发点、倾向性,在材料内容取舍上不相同,各具价值。官方修史,对立传人物的褒贬、正反面事迹的记述,难免不受皇帝意向、官方观念论调的影响,因此,材料的取舍影响我们对该人物的全面了解。比如阿灵阿为满族八大家之一的钮祜禄家族的重要人物,额亦都的后裔,袭公爵,任高官,但因为曾与人密议推举皇八子胤禩为皇太子等等原因,遭雍正帝忌恨,在

---

① 还可参见《李氏谱系》,李成梁后裔的族谱;《沈阳甘氏家谱》,名臣甘文焜家族的谱书;《佟氏宗谱》,康熙帝外戚之家族谱书;《京都吉林宁古塔三姓等处厢黄旗陈满洲关姓宗谱书》等。以上宗谱《清代满族家谱选辑》均收录。

国史馆所修《阿灵阿列传·附：子阿尔松阿传》中，除了记其出身、袭公爵、任都统、尚书等职官这些基本内容外，其余则是记其卑劣的事迹，如与其兄法喀不和，对法喀进行诬谤等。尤其是传中所引雍正帝的上谕，更代表了最高统治者对此人的评价："本朝大臣中，居心奸险、结党营私，惟阿灵阿、揆叙为甚……当年二阿哥之废，断自圣衷，岂因臣下蜚语遂行废立？乃阿灵阿、揆叙攘为己力，要结允禩等，同为党援，日夜谋为造作无稽之言，转相传达，以致皇考圣心愤懑，莫可究诘。此朕与阿灵阿、揆叙不共戴天之恨也……著将阿灵阿墓上碑文磨去，改镌'不臣、不弟、暴悍、贪庸阿灵阿之墓'以正其罪，昭示永久"①。这完全是一个反面人物的形象。

而该家族所修的《镶黄旗钮祜禄氏家谱》的《阿灵阿传》所记，则完全是另外一种形象，不妨移录于下，以作对比。

> 阿灵阿，生于康熙九年庚戌十二月廿四日未时，（以下任职、袭爵，同国史馆列传，略去……）辛巳年（康熙四十年），升领侍卫内大臣兼议政大臣，旋又兼理藩院尚书事，总理火器营及策妄阿拉布怛挠边。凡一切军机奏议，无不洽合上心，一时大臣无有出其右者。圣祖仁皇帝恩遇甚隆，常赐上方动用之件及上亲乘名马。甲申年（康熙四十三年），赐御书"崇先裕后"匾额，命原封敦郡王来悬。五十五年三月，得疾，即遣御医调治，期以必痊，复赐御制药，教以调养方术，又亲占易卦，爻象甚吉，特谕晓之。后病稍痊，随驾至边外，病之增减，命每日奏闻，仍不时遣内侍看视。因服药无效，不思饮食，二公主常有自制之饭，甚能开胃，圣祖仁皇帝命公主制以赐之。围内所得狍鹿等鲜物，常即时赐之。至热河，疾复作，乃命先回京，着随围所有族人护送。又谓山路不宜车行，自古北口坐备用船至京，令子弟每日一奏病势之增减外，仍常遣亲军侍卫驰驿看视，至家之日，遣内侍

---

① 《满洲名臣传》卷32，《阿灵阿列传》，黑龙江人民出版社1991年版。

首领看视。时有西洋名医奉诏至京，即遣来看视。又着善能消遣人烦一内侍来，日夜扶持，至十月二十一日卒，享年四十七岁。圣祖仁皇帝闻之，深为悼惜，着左翼王贝勒等来吊，遣镶黄一旗大臣、侍卫致奠茶酒，赐上驷马四匹，银二千两，令分属九佐领官兵俱穿孝服。皇太后遣首领赐茶饭，妃嫔皆遣首领赐茶奠酒。至发引前一日，遣首领守宿。送灵发引之日，圣祖仁皇帝复命世宗宪皇帝（此指当时的雍亲王胤禛——引者注）率恒亲王、敦郡王、果亲王以及镶黄旗一旗大臣侍卫护送，又命果亲王福金公之幼女亦送至墓所，追谥敏恪，立碑墓上，赐恤葬银一千五百两，遣礼部大臣读文致祭，葬于里八台祖茔之东北新营。①

其家谱所记这些事迹，不会是凭空捏造，可见，康熙皇帝与阿灵阿的关系是十分密近的，诸如御赐匾额、御物、屡遣御医为其治病，甚至命公主作美食赐之，死后葬礼之规格隆重，都是皇帝"恩遇甚隆"、无限荣耀、风光之事，非一般人可比。而如果我们仅阅读国史馆列传资料，便不能对阿灵阿这个重要人物作全面了解，这也正是家谱传记资料的参考价值所在。官方、私家这两个传记截然相反的内容，应该说各有参考价值，但都不全面，有的带有片面性、偏颇性，这是利用时应注意的，以后还要专门谈这一问题。

（三）满族女性资料及婚姻内容

我曾见到几部满人族谱，所记女性方面的内容，比一般汉人家谱丰富得多。对族人所娶之妻，不仅记其生卒年、姓氏、葬处，嫁给本宗族时的时间或年龄，而且对其娘家所属旗分、父亲或祖父、兄弟的任官、职业等也记述。对本宗族之女儿的记载内容更多，如生卒年、齿序行次、出嫁情况，有的还记述夫婿的姓氏、职业、任官、谁之子或孙，所属旗分。有的家谱还记女儿的字号、出嫁年，甚至与夫婿生

---

① 《镶黄旗钮祜禄氏家谱·阿灵阿传》，嘉庆家刊本。

育子女的情况，都记在该女儿的名下。对女性尤其是对族中女儿的这种相对系统、详细的记载，在汉族家谱中很少见，因而十分难得，颇具珍贵性。以下列举笔者曾见到的几部。

《叶赫那拉氏世系生辰谱》，乾隆朝修。此后，族人又于原谱上添加文字而续记，至道光年间。此谱对主体人物常钧的所有妻妾全部列入，而不论其是否生有子女，这在汉人族谱中少见。这些妻妾，嫡妻，后人以其身份属于嫡母，简写作"母"，庶妾，有的写作"庶母"，有的写作"姨娘"，二者又有区别，生有子女者称为"庶母"，写作"姨娘"者，其下未记生有子女。该谱的最大特点，是对本族女儿的记载，与该族男子一样，各女儿都记生卒年、所生子女数、儿子的名字。各女的夫婿，也都记姓氏名字、旗属、科名出身、任职、生卒年。二人所生子女，是记在该女儿的名下，而不记男性夫婿名下，夫婿之其他妻室及所生子女则不记入，可见是以本家族女性为主。体现了该宗族对本族女性的重视。

《辉发萨克达氏家谱》，光绪朝修。此谱的男性之下，无论其所娶妻还是所纳之妾，都记其娘家姓氏、旗属或籍贯，有的还记其是谁之女、父祖任何官职等，另外是妻妾的生卒年、享年寿数、葬地。该家族的女儿，都记其排行、名字号、生卒年，以及出嫁之年、丈夫的旗属、科名、任职、生卒年、父或祖的名字和官职等等。其中对妾的情况、本族女儿出嫁的时间、未出嫁者葬于本家族墓地穴位等等的记载，在一般家谱中是不多见的。

《图门世谱》，此谱为满洲旗图门氏家族的谱牒。此谱对女性的记载，妻、妾用字不同，所娶之妻，谱中记作"配"，记其生卒年，某旗某姓某官之女。妾，谱中写为"副"，记其姓氏。女儿，全部列入，甚至包括殇者，这在一般谱牒中罕见。女儿成年者，则记其齿序（即排行）、生母、嫡出还是庶出，所嫁入的旗分、夫婿姓名，有官职者记上。

《家乘绀珠》，咸丰朝纂修，该族为伍弥特氏，正黄蒙古旗人。此谱中，男性的妻室，皆记生卒年、享年岁数，有的还记其"来归"

即嫁到本族的年岁，以及生子之时的年岁。最详者，是纂修者花沙纳及其兄弟的子女，记他们的女儿，无论夭殇还是成年，全部记入，幼殇者，有的还记其死因。成育或成年者，记其生年，出嫁者，都记其出嫁之年、夫婿情况等。

《镶黄旗钮祜禄氏家谱》，为清初五大臣之一的额亦都家族的族谱。由于该家族制定有各分支族人平时搜集族人资料以备续修家谱的制度，因而此家谱对男性娶妻纳妾，所生子女，及本族女儿的出嫁情况，有比较系统的记载。这种对家族女性比较系统的记载，为我们考察该家族的婚姻提供了难得的资料。①

《（吉林）他塔拉氏家谱》（魁陞主修），此谱内容时间跨度较长，由入关前到宣统年间，宗族人口又较多，因而婚姻方面的记载相对也多。此谱于男性之下，记其妻室的姓氏、所属旗籍或民籍，以及他们的女儿嫁给某旗或村屯某人，为了解该家族婚姻情况提供了较多材料，这也是此谱较有价值的内容之一。以上这类有女性记载的家谱，不仅仅是增加了半数人口的问题，正是因为有了这增记的另一半人口，才使婚姻、家庭、人口方面的很多情况得以完整体现出来，否则无从谈起。从家庭史方面而言，因成员比较完整了，还可考察其家庭结构，从某些谱中可进一步获知哪些人有妻又有妾，哪些人终身未娶，子女的嫡庶出身、家庭成员等级性，以及族中女儿出嫁情况、有无女儿终身未嫁者、出嫁者的夫家情况，以及由此反映出的门第联姻、婚俗等。② 这类内容，在前举《叶赫那拉氏世系生辰谱》《辉发萨克达氏家谱》《图门世谱》《家乘绀珠》《镶黄旗钮祜禄氏家谱》《（吉林）他塔拉氏家谱》等家谱中有较多的记述。

婚姻，既是社会史方面的内容，有的家族的婚姻还有政治方面内

---

① 关于《叶赫那拉氏世系生辰谱》《辉发萨克达氏家谱》《图门世谱》《家乘绀珠》《镶黄旗钮祜禄氏家谱》《（吉林）他塔拉氏家谱》的详细论述内容，参见拙文《满族家谱对女性的记载及其社会史史料价值》，《中国社会历史评论》第七卷，天津古籍出版社2006年版。

② 参见拙文《满族家谱对女性的记载及其社会史史料价值》，《中国社会历史评论》第七卷，天津古籍出版社2006年版。

容，有的婚姻资料则这两方面兼而有之。从家谱的婚姻资料中考察这些问题，后两种家谱《镶黄旗钮祜禄氏家谱》《（吉林）他塔拉氏家谱》因部头大，记载的时间段较长，男女婚嫁的内容较系统，因而价值较大。通过对婚姻双方诸种信息的了解，可以看出很多问题。①

笔者曾对《镶黄旗钮祜禄氏家谱》的婚姻情况作了全部统计，共得1385例，通过分类归纳，得出以下认识。

1. 该家族与八旗下的满洲旗、蒙古旗、汉军旗及内务府包衣旗人都通婚，但有多少之不同。与满洲旗人通婚为1087例，占总数的79%，是通婚的主要范围。与蒙古旗人通婚115例，占8%。与汉军旗人通婚为183例，占13%，该家族娶汉军旗人之女为149人，占总娶进之女995人的15%，而嫁给汉军旗人的女儿为34人，占总出嫁女儿人数390人的9%，说明该家族与汉军旗人的通婚，娶汉军旗人女的比例，显著高于本满洲家族女嫁给汉军旗人的比例。其中所出嫁的女儿中，未发现有嫁给民籍汉人者。而族人男性所纳之妾，则有汉姓女，不少人未标旗籍，其中可能有非旗人的汉族女。八旗内部的满洲旗人与汉军旗人结亲，是另一种意义上的满汉通婚，从民族血缘上讲，也属满汉民族融合问题，这种满汉通婚将在两方旗人之家繁衍混血后裔，即：一方面该家族男性娶汉军旗人女，生育满汉混血子女，另一方面，汉军旗人娶该家族女，生育汉满混血子女。这种情况的八旗内部的满汉通婚，在正蓝汉军旗人督抚张朝璘、张朝珍家族的家谱《张氏族谱》、正蓝汉军旗总督甘文焜家族之谱书《甘氏家谱》中也有反映，可查阅。

2. 与同旗人结亲人数比例甚大。对额亦都的钮祜禄氏宗谱的婚姻统计数据显示，与同旗也即本镶黄旗（包括此色旗下的满洲旗、蒙古旗、汉军旗这3种旗）旗人的通婚人数，显著多于八旗的其他7旗：与同旗通婚470人，与其他7旗通婚总数才915人，平均每旗

---

① 参见拙作《八旗与清代政治论稿》第十四章"八旗旗人的婚姻及其与政治相关之内容——以家谱为主的考察"的论述，人民出版社2008年版。本文是从家谱的史料价值的角度作介绍。

131 人，与同旗通婚人数是其他 7 旗每旗的 3.6 倍。这种现象，在其他旗人家谱中同样可以见到，主要出现于在京之旗人家族中，如前举汉军旗人张氏家族，族人主体为驻京旗人，与本正蓝旗同旗通婚人数为 83 人，与其他 7 旗每旗的通婚人数为 34 人，与同旗人通婚人数是其他七旗每旗的 2.4 倍。甘氏家族，7 支族人 5 支驻京，与同旗人通婚者共 146 人，而与其他 7 旗总计 207 人，平均每旗 30 人，即与同旗结姻者，是其他 7 旗每旗的 5 倍。造成这种现象，其原因主要是八旗以下制度：（1）京城八旗，同旗人居住在同一区域；（2）同色旗下的满洲、蒙古、汉军这三个固山（旗）是同一行政单位，很多事务是在同色旗内部办理，这三个固山之间有行政关系、三固山人之间交往与了解也较多；（3）较大的军事组织兵营也由同旗人组成，如护军营。所以就大多数的一般旗人而言，他们平日接触了解较多的，是本同色旗之人，而结姻乃儿女终身大事，无论是为女儿选夫婿、婆家，还是为儿孙选妻室，对婚姻男女当事人及其家庭成员、家境等情况了解是最重要的，同旗之人了解较多，因而结亲也较多。另外，结成姻亲关系后，往来也较多了，互相知根知底，有些人家还喜欢亲上作亲，姻亲之间有可能会继续联姻，进一步增加同旗人结姻的数量①。结姻，形成姻亲关系，这种关系带有亲缘上的世代连续性，同旗姻亲较多，会形成姻亲势力，旗人家谱中反映的这种姻亲关系与势力，是否会造成某些政治影响？值得进一步研究。

3. 钮祜禄氏家族与皇家及八旗高级官员多家通婚。额亦都家族与皇家之通婚，官方文献多有记述，毋庸赘举。而与旗人世家结为姻亲的较多记载，则是该家谱的独特价值，也是考察当时政治值得注意的问题。它结成官场上的政治性姻亲关系，对当时政治不无影响。仅举数家以供参考。

清初，额亦都第十五子索浑之女嫁图海，图海后来曾任大学士。

---

① 参见拙文《满族家谱对女性的记载及其社会史史料价值》，《中国社会历史评论》第七卷，天津古籍出版社 2006 年版。

额亦都之孙达达海，娶同旗觉罗吏部尚书科尔昆之女。康熙朝，奉天将军棠保住（或作唐保住，额亦都第十子伊尔登后裔），与礼部尚书贝浑诺为儿女亲家，棠保住长子御前大臣瞻布，娶大学士马尔赛女。三子舒明阿娶大学士佛伦女。额亦都幼子遏必隆子孙为高官显爵者更多，除与皇家结亲外，多人与八旗高官显贵之家结亲：阿敏尔图，乾隆中期热河总管，有二女分别出嫁大学士阿桂、礼部尚书五灵安之家。爱必达，乾隆朝迭任督抚，与湖广总督、巡抚雅尔哈善、总督开泰均为儿女亲家。爱必达，与大学士杨廷璋是儿女亲家。阿里衮，乾隆时长期任侍郎、督抚、尚书，其妻为乾隆朝久任总督的马尔泰之妹。策楞，在乾隆前期亦多次任督抚，与吏部尚书托庸、吉林将军萨拉善、福州将军萨哈岱、大学士舒赫德、工部尚书纳穆扎尔均为儿女亲家。

高官显宦之家结为姻亲，形成政治势力，也难免结党营私，其对政治的影响值得注意，满洲世家大族族谱所记这方面的通婚资料，因而具有重要参考价值。

还有个别谱书，将族中所娶女性之诰封、娘家人任官情况等作特别记述，以显示家族荣耀，反映了该家族之联姻、亲戚势力状况。如《牛胡鲁哈拉——郎氏宗谱》，便专立"外戚内家"一目，列叙族中诰封夫人、淑人、孺人者及其娘家父、兄弟等任何高官等[1]772—773。

《镶黄旗钮祜禄氏家谱》还记载，乾隆帝之生母，乃京畿宝坻县汉人彭氏所生之女，因而乾隆帝有汉人血分，这也是满汉通婚的重要史事①。

关于婚俗的反映，归入下一小节叙述。

（四）对满族特殊习俗的某些反映

仅举较有研究意义的两方面：婚俗、葬俗。先介绍某些族谱对特

---

① 详细内容参见杜家骥《乾隆之生母及乾隆帝的汉人血统问题》，《清史研究》2016年第2期。

第五编 满文文献与满语（锡伯语）

殊婚俗的记载。

古代的一些婚姻旧俗，如中表婚、姐妹同嫁一夫，姐妹嫁兄弟，以及收继婚等，在以前的社会阶段是司空见惯之事，人们也不以为非。随着社会的发展，某些婚俗会逐渐被摒弃而消失，所以以上结婚现象，今天看来已属特殊婚俗了。了解这些婚俗，对于全面认识当时人们的婚姻行为及相关问题，是有意义的。满族家谱中，就有不少这类特殊婚俗的记载。

中表婚，是姑舅子女、两姨子女之间的结姻。

《镶黄旗钮祜禄氏家谱》记载，遏必隆之子音德，娶正白旗汉军总督董维国之女，音德之子纳亲，又娶董维国的孙女。英赫资，妻为正白旗觉罗尚书七十五之妹，其子额楚之妻又为七十五之女。英赫资之女嫁汉军旗人副都统金无极，英赫资子德通之女又嫁金无极之子，是姑姑侄女嫁父子。以上均属中表亲。《（吉林）他塔拉氏家谱》所记常顺、舒章阿两家的祖孙三代，均娶富察氏之女，付谦、定柱父子同娶周佳氏之女，克蒙阿一家的姑姑侄女同嫁纪氏，都有可能是中表婚。而富平阿、富永阿兄弟二人同娶洪佳氏之女，富平阿之子永贵也娶洪佳氏之女，则不仅为中表婚，还属姐妹同嫁胞兄弟。

再如姐妹同嫁一夫，姐姐死后妹妹为姐夫续弦。《镶黄旗钮祜禄氏家谱》记载，噶尔炳阿，其发妻为"富察氏副都统大成之孙女"，此女死后，噶尔炳阿又"继娶大成之次孙女"。讷尔恒额原配是"二等侍卫德喜之女"，以后又继娶此女的妹妹。还有图敏、伍住二人，都是妻死后，以小姨"续弦"。姐妹同嫁一夫的现象，在前举两个汉军旗人的家谱中也有不少记载，如正黄汉军旗人金玉和的长女和四女先后嫁给了张朝璘。甘文英的两个女儿，先后嫁给了镶蓝汉军旗的府同知陈九昌。甘国疆，先后娶总兵周於仁的长女、次女，等等。还有不少，不赘举。妹妹为姐夫续弦填房，这种婚姻现象所以称之为是婚俗，是因为它在古代乃至近代很常见，其原因，一是女儿之母家对女婿及其家庭较其他人家有较多了解，没有恶劣情况或比较满意，便继续作为女儿的出嫁之家。还有是世婚习俗。另外一个更重要原因，是为照顾姐姐的遗留子女，以免其受非亲后母的虐待。①

再说丧葬习俗。很多满族家谱对本家族的墓葬地作专目记载，有的还配有墓图，对了解满族的葬俗及相关问题很有价值。以《镶黄旗钮祜禄氏家谱》为例，此谱记载，额亦都的17个儿子，葬地共有5处，2处在关外，3处在关内。

关外的两处：一处是额亦都所葬之地——盛京城北蒲湖岭山里红屯，有7个儿子随父额亦都葬于此处，其中图尔格是卒于清入关后，灵柩由北京运到此地埋葬。另一处是盛京城北瑁金屯，有额亦都的7个儿子葬于此处，其中伊尔登于康熙二年卒于北京，回葬此处。

关内的3处：一处是死于顺治四年的额亦都第十五子索欢的葬地，在北京安定门外的蒋家庄，又称姜家庄。一处是卒于顺治十四年的额亦都第十一子敖德的埋葬地昌平州（北京以北）的西石村。一处是安定门外里八台。先是卒于顺治十六年的额亦都之妻穆库什公主葬于此地，其所生子遏必隆在康熙十二年后亦随母葬于此地。

以上葬地情况有几点值得注意：一是额亦都诸子的葬地比较分散，共有5处，其中4处都不是随父葬；二是入关后死于北京者，有的即葬关内，有的回葬东北；三是妻子有未随夫葬的。如额亦都之妻穆库什公主，死后便没有回葬盛京的山里红屯。属于这种情况的还有：阿达海（额亦都五子）之妻，卒于康熙九年，未回归关外与夫合葬，而是葬于北京安定门外里八台。达隆蔼（额亦都六子）之妻，卒于顺治六年，没有回葬其夫所葬的盛京山里红屯，而葬于北京安定门外。超哈尔（额亦都第十三子）之妻，也未随夫回葬盛京山里红屯，而葬于北京安定门外。

以上所显示的情况，对研究其他问题也有参考意义，比如子不随父葬而葬于他处者甚多，那么，雍正帝未与父康熙帝葬于东陵，而在易县西陵另葬，是否仍有满洲旧葬俗的遗留因素？再如，该家族夫妻

---

① 参见拙文《满族家谱对女性的记载及其社会史史料价值》，《中国社会历史评论》2006年刊。

分葬，夫葬关外、妻葬关内的情况有多例。如果以这些情况与清太宗皇太极及其诸妻子相比，也颇相似，最晚去世的孝庄文皇后，便未回葬关外皇太极的昭陵，而葬于关内东陵（又称昭西陵）。执太后下嫁观点者，多以此作为其下嫁的证据之一，如果我们联系上述事例，便会感到这种夫妻分葬在满洲人中并不稀奇，若以孝庄未与关外的皇太极合葬，作为下嫁多尔衮的一个证据，便显得无力了。

满洲先人在居处上带有游移性，住地不大固定，所以葬地不大可能长期固定某地，更兼还有兽葬、水葬、树葬等习俗，更无埋葬地，也没有视这种丧葬方式为对先人不孝的伦理观念。满族没有固定、集中的葬地，与汉族农耕定居、安土重迁、居住地较固定，因而族人聚葬地相对固定的情况不同。他们也没有汉族那种在祭葬上的宗法、伦理观念。以后虽然定居辽沈及入关后的北京，且受汉化影响，但这种宗法伦理观念仍较汉人淡薄，所以我们不应以汉人的观念去认识他们的一些葬埋现象，并以此对某些史事作联系解释。

（五）满族祭祀

古代的人们重视祭祀，而且社会形态越早，人们对祭祀越重视，中原王朝的先秦之时，有"国之大事，在祀与戎"之说，将祭祀与军事并列为国家的两件大事。满族也是如此，皇家更重视，皇宫中，皇室萨满祭祀每天两次，长年不断。其他满洲之家，也把祭祀当作大事，因而不少家谱也把祭祀作为重要内容载入谱书之中。如《富察氏谱本》的《满洲族祭祀仪注本》[2]，叶赫《那氏族谱》（奇玛瑚支系）的"祭祀祖上礼节""祭祀说明"[2]256—263，满洲《白氏源流族谱》的"凌云堂白氏事宜录·祭祖上规矩、祭天地规矩"[2]210—213，《索绰罗氏谱书》的"安祖宗方位章程""祭祀应用器具"及注意事项[3]，叶赫《那拉氏族谱》（奇玛瑚支系）的"大祭祀用物件图""祭祀"[4]，《凤城瓜尔佳氏宗谱》的"祭祀仪节""祭文"[4]199—204，等等。有的谱书还专门记载本家族祭祀仪制。如《扈什哈理氏祭祀仪制书》（咸丰朝修），这部谱书主要内容就是《祭祀仪注》，记兴京地

区正红满洲旗扈什哈理氏家族祭祀的全过程,连续四天,每天的仪式记载得非常细致。[3]205—206

满族的萨满祭祀,各个家族既有共同之处,又各有本家族特点,在祝祷的祭文、神词上就不尽相同,各有不同内容,祭祀的神祇对象也有不同,尤其是在入关后,不同居处地、不同背景的家族,在这些方面有所不同。这些现象及形成原因,都是值得进一步深入考察的问题。

(六) 宗规家训

有的满族家谱,纂有"宗规""家规""宗训"方面的项目。如《牛胡鲁哈拉——郎氏宗谱》,便有"郎氏家规"一目,下分"可行""可戒"两类。"可行者十则":崇儒风、正人品、敦本源、勤学问、重婚丧、谨仕进、诚祭祀、慎居止、恤臧获(奴仆——引者注)、奖节义;"可戒者十二则":信异端、好浪荡、任残忍、尚奢侈、听谗谄、妄议论、妒富贵、羞贫穷、傲长上、骄乡邻、荒酒色、拖债负。每一则之下,都有具体解释。[1]770—772

《(吉林)他塔拉氏家谱》也有宗规方面的类目内容,名为"家训",共有5方面:婚姻、嗣续、丧葬、祭祀、和族,每一方面之下列叙条规,少者几条,多者十余条,非常具体。其中婚姻方面,规定不得早婚,注重对方人品,不得论财,须通知族长以最后定婚。嗣续方面,规定无嗣者择嗣立继的原则,严禁抱养异姓之子为嗣。丧葬,规定族人遇本族丧事,应及时赴吊临丧举哀,并对葬制、坟茔维护有种种规定,违者由族长惩治。祭祀,规定族人家祭、族祭细则,以族祭收族睦族、敦族人之谊,无故不至者,族长严责。和族,规定族人间、家庭成员间的处事原则,如何遵守孝道,发生矛盾由宗族内部如何处理,以及对族人赌博、酗酒、凶横、欺凌行为的惩治等等。①

---

① 张晓光整理《(吉林)他塔拉氏家谱》,第130—132页。中国社会科学出版社1989年影印版。此谱为族人魁陞主修,宣统三年修竣,民国二年梓刻。今影印版据民国二年本,原谱作《他塔喇氏家谱》,又作《吉林他塔喇氏家谱》。

这种宗规家训，是家族宗法、族长对族人的约束、管理的某种反映，也可见宗族的崇尚、处事原则、人际关系、日常生活内容等等。

（七）对家族渊源及流迁、驻防调动与旗人分布等方面的反映

不少满族家谱有这方面内容，有的在谱序中叙述，有的单列一个篇目追述。还以上举《（吉林）他塔拉氏家谱》为例，该谱较全面地记载了该家族有清一代驻防调动、族人徙居及其分布状况。其"渊源篇"，记述这一家族最初所属的部落、居地，各处族人归附清朝后被编设佐领、散居各地族人等等状况。这种内容，在研究满族早期发展史方面，可补官方史料之不足。

清代旗人驻防，大致有两种，一种是重要城镇设集中性的大驻防点，如西安、荆州、杭州、成都等处，各城建有"满城"，驻防旗人住满城中。另一种是分散驻扎，主要是畿辅地区、东北地区、新疆天山以北，驻防旗兵分驻于各个小的驻防点。这些小驻防点中旗人家族又是如何居住的？发展变化如何？一般文献记载较少。而这部《（吉林）他塔拉氏家谱》中，对这类情况就有较详细的记录。此谱的"移驻篇"，分以下各目：1. 移驻考，记该宗族入关后的康熙十年，被移驻于吉林城西北，而隶镶红满洲旗第二布特哈牛录后，历次奉调而移到各处驻防之宗支。2. 族居记，记本族原居地吉林迁居后，在各处的宗支及其居住地。还有流寓各地的个人、个别家族及其所属宗支、居住地。3. 族居表，是以表的形式，列族人的主要居住地的状况，内容有：某宗支、原住地、迁居时间，现居该地区下的各分散居住点等等。4. 地图，是族人所居地的省、府、县地图。从这一"移驻篇"可知，该家族在康熙中期以后至嘉庆末，在吉林的5处驻防族人，又经历了四次分拨，部分族人调往别处驻防或屯种，有4支移驻于齐齐哈尔，有两支移驻于三姓（今黑龙江省依兰县），有两支移驻阿勒楚喀（今黑龙江省阿城），有4支移双城堡（今黑龙江省双城旁）。至此，这原居宁古塔的他塔喇氏族人已散居吉林、黑龙江两省多处地方。而且，驻防地的旗兵之家

也并不是聚居，而是散居于驻防点及附近屯、村，在某屯、村居住者，后来也因"子孙渐繁，迁徙靡常"，迁徙别处。由此可知，这一家族自康熙十年调至吉林驻防，经过210余年，分析居处已达五六十处，这种状况，在汉族宗族中是很少见的。其原因，固然与官方调拨有关，但官方调拨只是4处，而族人的自行迁徙分居，有的十几处，有的达20处，这种状况，是否与其作为原游猎民族的游移性的传统因素有关，因而与中原汉族农耕定居的家族安土重迁、长期聚族而居的状况大不相同①。上述驻防调拨、族人的自行迁徙分居多处，决定着满族的分布状况，其游移性迁徙的原因，以及造成的后来分布状况，都值得深入研究。

东北地区的满族家谱，还有不少是记祖先由东北"从龙入关"，居京后又拨回东北某地驻防，某支又迁居何处的。还有的是移民东北的汉人被编入旗籍者。这些家族的谱书，不仅反映其家族入旗的形式、在旗身份，也可了解这类旗人家族的来源分布。

（八）对满汉关系、满汉民族融合等的反映

满汉民族融合，是清代满族史、满汉关系中的重要问题，深入研究这一问题，满族家谱是不可缺少的资料，因为这种资料反映的是大量的基层旗人与汉人发生关系的状况，如果翻阅的满族家谱较多，就会发现，实际情况比其他一般文献所反映的满汉融合、满汉关系复杂得多，所反映的情况甚为复杂，有些现象又是意想不到的。

在满汉民族融合方面，一般文献给人们印象较深的，是满族的汉化，主要体现在语言、对汉文化的掌握也可以说是被汉文化的熏陶方面，如满人日常都说汉语，满语逐渐衰亡。满族皇帝、文人，在诗文、书法等方面，完全同于汉人，也不乏名家。而由于满族统治者禁止满汉通婚，又严禁满人取汉人名字，尤其是满人都有不同于汉人的

---

① 参见拙文《〈他塔喇氏家谱〉及其所反映的清代东北驻防旗人家族》，《东北史地》2006年第3期。

旗籍、旗人身份，仍给人满人尚保持其民族特色的印象。但旗人基层的实际情况，则会一定程度地改变我们的看法，在这方面，不同地区的满族人，情况有差别，驻防地区不同于京师，而驻防地区，东北地区之满汉融合、满族汉化的程度又更突出，这在东北地区的满族家谱中有不少反映。

首先说满汉通婚。以《（吉林）他塔喇氏家谱》为例。清中期以后，该家族广泛分布在今吉林省及黑龙江省的部分地区。在婚姻方面，此谱所记该族有比较明确内容的婚姻共719例，其中与当地满洲旗人结姻者509例，占总数的71%。与汉姓通婚210例，占总数的29%，这210例中，明确为汉军旗人的为80例，其他130例中，很多是明确写作"民籍"汉姓人。以上通婚数字表明：1. 该家族有记录的婚姻人口，有近十分之三是与汉族血统人通婚，这是一个不小的比例，反映了东北地区不设驻防满城而分散驻防的满洲旗人与汉人通婚较多的状况。2. 无论所嫁娶的是汉军旗人还是民籍汉人，都是与汉族血统之人通婚，生育满汉混血后裔，反映该地区满汉民族血统的融合①。

东北地区的满洲、蒙古旗人家谱，还有一个值得注意的记载，是相当多的谱书男性族人的妻室，都是写作一个汉字的"某氏"。如凤凰城驻防的瓜尔佳氏家族，其《瓜尔佳氏宗谱书》（乾隆四十四年始修，光绪、伪满时期续修）记载，该地族人大致在雍正以后，所娶之妻有蔡氏、孙氏、焦氏、丁氏、赫氏、陈氏、李氏、何氏、刘氏、高氏、吴氏、马氏、张氏、邵氏、王氏、方氏、关氏、石氏、秦氏、朱氏、赵氏、包氏、鄂氏、范氏、黄氏、卢氏、袁氏、康氏、姜氏、唐氏、付氏、周氏、罗氏、徐氏、韩氏、艾氏、关氏、那氏、伊氏、陶氏、白氏、佟氏、齐氏、沈氏、谢氏、郎氏、单氏、莫氏、代氏、金氏、夏氏、温氏、文氏、花氏、扈氏、崔氏、汪氏、顾氏、曾氏、郭

---

① 参见拙文《〈他塔喇氏家谱〉及其所反映的清代东北驻防旗人家族》，《东北史地》2006年第3期。

氏、洪氏、鲍氏、江氏、苗氏、宋氏、谭氏……[1]59—78，约有六十多姓。这里应有两种情况：1. 所娶妻是满人，其姓氏已改用汉姓，如其中的赫氏、何氏、郎氏、关氏、赵氏、汪氏、王氏、马氏、金氏、佟氏、那氏、伊氏、康氏、唐氏、徐氏，等等，都有可能属于这种情况。2. 所娶妻是汉人，或为编入旗的汉人，或是旗外汉人。从以上汉姓较多的情况来看，所娶汉人之妻占有相当大的比例。这与上述《（吉林）他塔喇氏家谱》所记一样，属于民族融合的内容，无论是编入旗的汉人，或是旗外汉人，都是汉人血统，满洲家族与其结婚，繁衍的后代是满汉混血。

该家族驻防熊岳城的一支，情况相同，其《瓜尔佳氏宗谱书》（民国年间修）记载族人所娶妻室皆汉姓：梅氏、苏氏、马氏、关氏、杨氏、李氏、洪氏、伊氏、闻氏、王氏、车氏、唐氏、赵氏、那氏、穆氏、毕氏、高氏、汪氏、何氏、席氏、郭氏、韩氏、季氏、佟氏、戴氏、侯氏、崔氏、陈氏、管氏、周氏、马氏、朱氏、郑氏、郎氏、刘氏、许氏、花氏、姚氏、宋氏、陶氏、肖氏、纪氏、孙氏、任氏、傅氏、白氏、丁氏、蔡氏、于氏、蒋氏、杜氏、吴氏、姜氏、荣氏、穆氏，五十多个姓氏中，无一例二字以上之满人姓氏。[1]80—86 由此可知，该瓜尔佳氏家族在熊岳驻防者，所娶汉人之妻也占有相当大的比例。

再如驻防岫岩的完颜氏家族的情况，该家族后来改称"汪氏"，其《汪氏宗族谱书·续编谱书自序》解释，本家族称"汪氏者，姓本完颜"，康熙二十六年由京城拨至岫岩驻防。嘉庆七年编《汪氏宗族谱书》，伪满时续修。此谱记族人所娶妻室，有：叶氏、翟氏、傅氏、邓氏、席氏、闵氏、文氏、景氏、孟氏、常氏、寇氏、萧氏、田氏、蒋氏、李氏、夏氏、孙氏、乔氏、宋氏、范氏、佟氏、穆氏、杨氏、阎氏、耿氏、谢氏、费氏、秋氏、潘氏、温氏、姚氏、隋氏、葛氏、赫氏、高氏、张氏、刘氏、马氏、那氏、曾氏、蔡氏、洪氏、冯氏、赵氏、何氏、黄氏、鲁氏、白氏、唐氏、关氏、徐氏、莫氏、陈氏、曹氏、满氏、尹氏、艾氏、王氏、石氏、沈氏、胡氏、齐氏、卜

第五编 满文文献与满语（锡伯语）

氏、金氏、慕氏、聂氏、康氏、谭氏、董氏、石氏、袁氏、郑氏、包氏、毕氏[1]477—507，共七十多姓，皆一字汉姓。

康熙二十六年以后驻防复州的富察氏，其《富察氏谱书》载，族人所娶妻室，有：赵氏、韩氏、刘氏、唐氏、范氏、南氏、伊氏、金氏、王氏、傅氏、周氏、白氏、佟氏、关氏、吴氏、郭氏、苗氏、徐氏、罗氏、毕氏、张氏、佟氏、丛氏、石氏、宫氏、闫氏、马氏、陈氏、高氏、包氏、恒氏、洪氏、范氏、孔氏、于氏、胡氏、袁氏、钱氏、苍氏、赫氏、那氏、段氏、齐氏、谭氏、温氏、何氏、杨氏、李氏、车氏、潘氏、罗氏、苗氏、单氏、曹氏[1]462—470。

驻防辽阳之哈扎力氏家族，则是八旗蒙古人，在当地所娶妻室，同样有很多汉姓女，其《哈扎力氏族谱》记载族人所娶妻室，有：朱氏、程氏、魏氏、栗氏、刘氏、李氏、赵氏、徐氏、孙氏、沈氏、周氏、龙氏、喻氏、王氏、关氏、申氏、陈氏、亢氏、薛氏、马氏、钱氏、铁氏、胡氏、郑氏、杜氏、尤氏、梅氏、杨氏、吴氏、姜氏、黄氏、孟氏、冯氏、金氏、罗氏、邵氏、兰氏、钟氏、林氏、戴氏、功氏、窦氏、白氏、英氏、侯氏、谢氏、梁氏、苏氏、曹氏、江氏、单氏、崔氏、姚氏、邢氏等，也有五十多姓[1]893—900，这其中也当有不少汉人。对八旗蒙古记有较多与汉姓女通婚的族谱，还可见住居抚顺的蒙古旗人孔卧洛特氏家族的《正蓝旗蒙古孔卧洛特氏宗谱》①。以上是入旗蒙古人与汉人通婚之民族融合。

这些不同驻地满人、八旗蒙古人之家谱所显示的婚姻情况，反映了东北地区八旗满洲、蒙古人所娶妻室汉人女较多的情况，值得作专题深入考察，满族族谱是重要参考资料。记载娶汉姓女较多的满人家谱还有不少，不赘举，注中略列几部②。

---

① 《清代满族家谱选辑》（下）所收，辽宁民族出版社 2016 年版。
② 参见《清代满族家谱选辑》（上）所收之《关氏宗族支派谱》《关姓族宗谱书·瓜尔佳氏花名册》《赫舍哩氏宗谱书》《赫舍里王氏宗谱书》《康族世谱》《完颜氏谱书》《镶黄旗佛满洲哲尔金佐领下王氏谱书》，《清代满族家谱选辑》（下）所收之《索绰罗氏谱书》《萨嘛喇氏族谱》等，辽宁民族出版社 2016 年版。

而同是富察氏的驻京讷音富察氏一支，则族人所娶妻绝大部分是满人，其《讷音富察氏增修支谱》（国初、乾隆初、嘉庆、光绪四修）所记，便是如下姓氏的妻室：赫舍里氏、尼雅赫勒氏、觉罗氏、鲁佳氏、那拉氏、伊拉理氏、蔡氏、瓜尔佳氏、他他拉氏、吴扎拉氏、宗室氏、钮祜禄氏、完颜氏、舒舒觉罗氏、西林觉罗氏、博尔济吉特氏、东鄂氏、乌苏氏、瓦尔喀氏、呼尔哈氏、那穆都鲁氏、刘氏、张佳氏、乔氏、马佳氏、西拉氏、鄂卓氏、舒穆鲁氏、伊尔根觉罗氏、哲尔吉氏、费莫氏、刘氏、朱氏、喜他拉氏、郎氏、辉发那拉氏、索佳氏、张氏、曾佳氏、王氏、吴札库氏、关佳氏、佟雅氏、碧鲁氏[1]447—453，所记妻室绝大部分是满人姓氏，包括马佳氏、张佳氏、索佳氏、关佳氏等，少数汉姓，如刘氏、朱氏、乔氏、蔡氏、张氏、秦氏等，以及有的"某佳氏"，当主要是汉军旗人，这种旗人内部的通婚，是清帝允许而不在禁限之列的。另外，其刘氏、朱氏、乔氏等，也不排除是旗外汉人之女，因清帝并不禁止满人纳汉人女为妾，谱中生有子女的汉姓妾也记入。以上该驻京富察氏所娶妻室绝大部分是满人的情况表明，在京城天子脚下的满人，是较严格地遵从满汉不通婚的。

而两相对比，则反映了在天高皇帝远的东北驻防地满汉不通婚的禁令并未很好地贯彻实行，满汉通婚之事相当多。在满族发祥地的东北地区，较多地出现满汉通婚之事，是值得注意的满汉民族融合现象。

较多家族宗谱的这类记载，又反映了以下值得注意的现象，在各个驻防地不太大的地域范围内，有如此多的汉姓人，应是移民形成的居处特点，这与中原南方聚族而居的情况很不相同。这些移民，应主要来自关内之北方的山东、山西、直隶、河南几省。这些汉族移民，在数量上也应显著超过当地的满族人，因满族人已主要改用汉姓，这是受到比他们更多的汉姓汉人的影响，而循从汉人称姓的习俗的结果。这又是满族汉化的一种体现。关于东北地区的移民及所产生的满汉关系等问题，最近也成为学者较为

第五编 满文文献与满语（锡伯语）

关注的问题。[①]

满族家谱还反映八旗制度、满汉民族融合的复杂性。八旗制度，满洲人一般编在满洲旗内，汉人一般编在汉军旗内，但也有一些特例，这些特例，在一般文献中较少记载，有记载者也很简略。但在满族家谱中可以见到，且对该家族这方面内容的反映较多。使我们了解到满汉关系、满汉民族融合及其复杂性。举如下数例。

《洪氏谱书》。据此谱的道光十七年"序"所说，该家族本是居京的"满洲正蓝旗人"，康熙二十六年拨回岫岩驻防。清中期，曾任佐领的族人山林保，"灰心上进，遂于乾隆二十一年舍旗差而投入民籍，辟荒植田，课儿耕读，怡乐林泉"。其家族"原姓氏不传"，因始迁祖"名洪雅，乃姓洪"（并见该谱之《先人典型》）。这是已在旗的满洲人又脱旗而入于汉人民籍、取用汉姓的例子。其族人也取汉人名，所娶妻室，也全部是汉姓女，如山林保娶妻王氏，二子取名（洪）学勤、（洪）学俭。其堂兄弟明得保，娶妻李氏，四个儿子名（洪）学名、（洪）学明、（洪）学礼、（洪）学信。这按辈排字取名，也是汉人习俗。其他族人也都取汉人名字，所娶妻室也都记作汉姓。[1]824—842

《赵府宗谱》，为正蓝旗满洲伊尔根觉罗氏[②]家族之谱书，康熙二十六年由京城拨回东北，于辽宁复州驻防，乾隆年间，迁辽后的第四辈茂色调至凤凰城驻防，此谱所记主要是这一支。该谱修于民国二年，所记族人主要是清朝时的情况。其改姓为赵，也有可能是在清末。族人名字，前五辈人既有汉人名，也有如倭楞额、阿克敦等满语名，第六辈（大致是光绪年间）以后，不再有满语名，皆汉文名，

[①] 参见刘小萌《清代东北流民与满汉关系》，《清史研究》2015年第4期；王妍《清代的东北移民与民族融合》，《黑龙江民族丛刊》2016年第1期；相关研究还有张士尊《清代东北移民与社会变迁：1644—1911》，吉林人民出版社2003年版；郝素娟《试论清代流人与东北社会变迁》，《吉林师范大学学报》（人文社会科学版）2011年第5期；孙静《顺康时期东北移民安置述略》，《大连民族学院学报》2013年第2期。

[②] 谱中又称"本姓苏某力哈拉"，或许是姓"舒穆禄"？后改姓伊尔根觉罗氏？待考。但无论是其中的哪一姓，该家族属满洲人是无疑问的。

如维仁、维义、维礼、维智、维信,同辈其他支还有维刚、维经、维群、维琛,等等,都是以汉人的按辈排字取名,因汉族的某姓家谱,世系族人列序,很多都不系姓,所以这维仁、维义、维礼、维智、维信,有可能就叫赵维仁、赵维义、赵维礼……其族人所娶妻室,自迁凤凰城始,便全部是汉姓,如赵氏、石氏、张氏……[1]293—296 可见这一满洲人家族与前述洪氏一样,也已相当汉化。

属于类似情况者,还有满洲赫舍里氏家族的一支,曾从龙入关,康熙时又回东北抚顺,因寄居汉人王氏家并"入赘",遂改姓王,娶妻、取名,同于上述满洲伊尔根觉罗氏家族的汉化情况。[1]242—253

还有是汉人入于满洲旗者,反映在其所修家谱中,有"满化"现象。

正黄满洲旗下汉人姜氏,据其《姜尔佳氏族谱》的《人物传略》及《墓志表》(光绪三十三年立)载:该家族姜佑恭等明末自山东"航海来归",后从龙入关。编"隶满洲正黄旗",康熙二十五年由北京拨回东北凤凰城驻防。后以"姜尔佳氏"为姓,家族中很多人也取满人名字,如爵瑚图、哈什太、图克善、窝和诺、萨灵阿、乌尔赛、都隆阿、乌其那、锡林太、穆登布、苏隆阿、萨炳阿、色布真、麒麟布、三音保、乌云珠、巴哈、达力布、乌尔滚、六十一、四十六、厄尔登厄、悟成、四格、依根布、色力太、诺穆奇、雅尔太、满坎、海青阿、塔似哈、德伦太、乌林保、富隆阿、扎兰太……,这是入满洲旗之汉人的"满化"现象。[1]778—795

《镶红旗满洲邓氏族谱》,则是汉人邓氏家族之谱书,此谱道光十年所作"序"记述:该家族自"迁居兴京"后编旗"遂入满洲,旗属镶红"。此谱内容较简略,所记族人所娶妻绝大部分是汉姓,只有个别人之妻记为"瓜尔佳氏""朴氏",这"朴氏"有可能不是汉人。另外,族人皆汉人名字。与上述入满洲旗的姜氏又不一样,反映了满洲旗下汉人的不同情况。

《佟氏宗谱》又是另外一种情况。该佟氏家族本在汉军旗,其中康熙皇帝外祖父佟图赖一支,在康熙帝继位后由正蓝旗汉军抬至镶黄旗汉军，此后的康熙二十七年，佟图赖一支又划入满洲人，但仍在镶黄汉军旗下，这又是汉军旗下有"满洲人"的一种特殊情况。由于佟氏这一支算满洲人，因而在选官上遂补满洲缺，任官者甚多，以致有"佟半朝"之称。该支佟氏还与满洲旗人以及皇家通婚，康熙皇帝的孝懿皇后、悫惠贵妃，道光皇帝的孝慎皇后，均来自该佟氏。孝懿皇后的娘家侄子顺安颜（佟国维之孙）则娶康熙帝女儿，顺安颜之子元芳也娶皇家女，封多罗额驸。佟氏家族取满洲名字者也不少，如佟国维之子叶克舒、特克新、隆科多，佟国纲之子鄂伦岱、法海、夸岱、鄂伦岱之子补熙、介福，夸岱之子纳穆图，特克新之子博尔贺，等等。佟氏家族既有居京者，也有在东北盛京、辽阳以及中原省份者。宗族庞大，情况复杂。

《郎氏宗谱》之郎氏，又与佟氏不同。该郎氏本关外广宁汉人，编入镶黄汉军旗，居京，后来改用满洲姓。该家族有多名任高官者，如顺治、康熙时期曾任巡抚、总督的郎廷佐、郎廷相等。该谱书初修于康熙四十五年，再修于光绪二十八年，其谱既称《郎氏宗谱》又写作《牛胡鲁哈拉家谱》，谱中的世系也作《牛胡鲁哈拉家谱世系》，这"牛胡鲁"，应是满族大姓"钮祜禄"氏的另译之称，满人钮祜禄氏就改称"郎"氏。而这汉军旗人郎氏，则改称满人"牛胡鲁"哈拉，即"钮祜禄"姓，这也是一种"满化"现象，时间应在光绪二十八年以前。

三　满族家谱在利用上应注意的事项

家谱，在纂修上具有某些通病，满族家谱也不例外，这是在利用上应注意的。

（一）注意家谱的隐恶扬善

"隐恶"主要表现为：对族人尤其是尊者的恶事、不光彩之事隐讳。另外，有重大事件如被朝廷治罪、罢官而不得不写者，多轻描淡写。家谱纂修的这种情况,是可以想见的,或多或少一般都会有。如《佟氏宗谱》的隆科多小传,记其获罪,仅记为"(雍正)五年,因河南巡抚田文镜构陷获罪,致被禁锢"①。而《清实录》所记,则隆科多所获之罪,有"大不敬之罪五。欺罔之罪四。紊乱朝政之罪三。奸党之罪六。不法之罪七。贪婪之罪十六"。这虽是雍正欲加之罪而深文周纳,但也不会是像该宗谱所说那样简简单单,而且是因"田文镜构陷"而获罪。其在雍正四年因受贿而被罢尚书一事,族谱中也无记载。人非圣贤,孰能无过,但在家谱中,一般是不会记族人"恶"方面内容的。

族谱对族人好的方面"善"的记述,有的可能有夸张、美化成分,有必要作客观分析。如《佟氏宗谱》称其家族的补熙在乾隆前期任绥远城将军期间,"塞北无警,国家倚为西北长城焉"[1]1111,是否就有过誉成分?其实,当时塞北和平,主要是因为乾隆继位后与西北准噶尔部蒙古和谈罢战,一直到乾隆二十年以前,清、准双方相安无战事,塞北得以安定。

对其他资料无载而只有在家谱中记载的对族人褒扬的内容,应该对其进行分析,属于什么性质之事,有的可能有虚誉的成分,如战功的夸大。但也不应轻易怀疑其真实性而予以全部否定。还有相当多的记述没有造假的必要,或没有造假的可能。如与该宗族有关的重大事件,不会无中生有、凭空捏造而加在本族身上。有的内容也不会是造假,如记载族人被朝廷授予什么官、爵,派任什么职事,奖励之嘉号,死后之谥号等,只不过有的可能在名称的记述上不准确不规范,或年久追述有偏差而已。与皇帝有什么特殊关系,受到什么特殊待遇等,编造是会被治罪甚至杀头的,不存在造假的可能,如前述《镶黄旗钮祜禄氏家谱》所记阿灵阿之受皇帝恩眷,赐其御乘名马,他有病,康熙帝让公主做美食赐予他,等等,都有可信性。

---

① 佟兆元等修(民国)《佟氏宗谱·佟氏先世传略·吏部尚书公隆科多》。

（二）妄攀圣贤

这是汉族宗谱的通病，不少宗谱追述本家族的祖先，是出自某某帝王、高官显贵，不一定是事实。满族家谱这种情况少，但有的家谱称其祖先与老汗王努尔哈赤或某名人有亲属关系，或关系多么密切，则应慎重对待，应与其他相关之事联系分析，是否能得到印证，不宜轻信。如《章佳氏族谱》（本溪支）的"闺秀行聘记"中，记其三世祖罗塔的子女，有"女二人，长女哲因哥哥（格格），次女詹泰哥哥（格格）……聘与太祖皇帝正宫皇后"。按：清太祖努尔哈赤的正妻（大福晋）即后来称之为皇后或元妃、大妃者，有佟佳氏、富察氏、叶赫纳喇氏、乌拉那拉氏4人，从未有过"章佳氏"的记载，而且姐妹二人同为皇后。如果努尔哈赤的皇后中有章佳氏，不论其是否生有子女，史官是绝不可能不记载的。而且，努尔哈赤的其他生有子女的庶妾中，也没有章佳氏。或许是努尔哈赤宫中没有为其生子女且身份低的妾婢，家谱中夸大而称其为"正宫皇后"，待考。

（三）注意某些史事记述的不准确

家谱尤其是初修之谱记述家族较远时期的事情，多据代代口传，难免有失实及增衍之处。另外，修谱者很多并非如今日的专业史学工作者，下笔之词语、所记之史事，有的并不严谨，有的对制度不懂，而轻易记述。如《章佳氏哈拉宗谱》记该族的名人尹泰，曾任"文华殿大学士"，实际尹泰所任，始终是"东阁大学士"，从未授予"文华殿大学士"。记其孙庆桂任过吏部尚书、通议大臣，死后谥文阙[1]259—263。实际上庆桂任过工部、兵部、刑部尚书，并未被授予吏部尚书，而是以大学士管过吏部事，吏部尚书另有人担任，看来作者是将大学士管吏部事当成了吏部尚书。而"通议大臣"，则是清代从未有过的官职。庆桂死后谥"文恪"，而不是"文阙"，清代也没有"文阙"这一谥号。又如《正白旗满洲沙哈达哈拉罗氏宗谱》，记其始祖罗公催牤牛，在清初身经百战"立下汗马功劳，故官封镇国将军"。这"镇国将军",属于爵系列,而不是官,而且只封予皇族中的宗室,此"罗公催牤牛"不是宗室,不可能被封予"镇国将军"。所以在制度、爵称、职官等方面类似的错误不少,尤其应该注意。

而族人世系、辈分关系、同辈中的排行、某人的子女数,等等,则一般比其他非家谱的文献、传记准确。

以上只是本人在利用满族家谱过程中的一些体会,以及研究某些问题得出的观点,综合叙述,意在说明满族宗谱的史料价值及其利用应注意的事项。所利用的族谱也不全面,观点或有偏颇、不确之处,仅供参考。

(本文据2015年笔者在吉林师范大学讲座稿增加而成)

[参考文献]

[1] 何晓芳,张德玉.清代满族家谱选辑[M].沈阳:辽宁民族出版社,2016.

[2] 李林.满族家谱选编[M].沈阳:辽宁民族出版社,1988.

[3] 傅波,张德玉.满族家谱选[M].北京:中国社会科学出版社,1994.

[4] 傅波,张德玉,赵维和.满族家谱研究[M].沈阳:辽宁古籍出版社,1996.

[原载于《吉林师范大学学报》(人文社会科学版)2016年第5期]

清代盛京地区的满语文教育

范立君　肖光辉[*]

满语文是满语、满文的总称。在清代，满文又叫清书、清文、国文。满语又称国语、清语。盛京作为满族的龙兴之地，在清朝历史上有着非同寻常的地位。从满语文产生到衰微的200多年里，清朝统治者对盛京地区的满语文教育可以说是格外的重视，不遗余力地推行满语文教育。在以往的研究中，学者们对满语的使用、衰微状况研究较多，而对满语文教育史的研究则关注不够。本文拟对此做一梳理，以求管中窥豹，从中透析盛京地区满语文教育发展演变的脉络。

一　清入关前满语文教育概述

入关前，满族社会生产力不发达，满语文教育处于草创时期，尚未成体制。主要是努尔哈赤和皇太极从"国语骑射"教育出发，采取了一些开创性的措施。

其一，创制、改进和推广满语文。万历二十七年（1599），努尔哈赤命精通蒙汉文字的额尔德尼和噶盖创制"老满文"，满族自此有了属于本民族的文字[1]卷3万历二十七年二月辛亥。天聪六年（1632），皇太极令达海对不完善的老满文进行改革，在老满文字母旁加圈，加点，后

---

[*] 范立君（1970—　），男，吉林大安人，吉林师范大学历史文化学院教授，历史学博士，博士生导师，研究方向：中国东北史、满族史；肖光辉（1985—　），男，河南平顶山人，吉林师范大学历史文化学院硕士研究生，研究方向：近现代东北史。

人称之为"新满文",使满语文更加适于使用和推广,这是满语文教育发展史上关键的具有历史意义的一步。

其二,从政策上强调满语文教育,兴办学校。天命六年(1621),后金攻克沈阳,进入辽沈地区后,统治地域进一步扩大。然而,此时的满族文化相当落后。为此,努尔哈赤首次下令在八旗中设立学校,并选出钟堆、博布黑、萨哈连、吴巴泰、雅兴噶、阔贝、扎海、洪岱八位巴克什为各旗师傅,对他们之下的"徒弟和入学的儿童们,能认真地教书,使之通文理……如入学的儿童们等不勤勉地学,不通文理,就要治罪。入学的徒弟们,如不勤勉学"[2],师傅可向诸贝勒报告。这是清初设立的最早的八旗学堂和教师。天命十一年(1626),皇太极继汗位,实行了一系列满语文教育新政策。天聪五年(1631)下旨,"令诸贝勒及八旗子弟十五岁以下,八岁以上者,俱令读书"[3]卷10天聪五年闰十一月庚子。并强调满洲人要说满语、学满文,提倡汉官汉民学习满语、满文。这是后金政权第一次正式下令要求八旗子弟读书,对于提高满语文教育意义重大。

其三,将汉文典籍译成满文。满文创制之初,典籍甚少,这给满族人学习满语文造成很大困难。对于学习满语文的满族人来说,满文译著是很好的教科书。为此,努尔哈赤和皇太极先后命人翻译了《孟子》《通鉴》《三略》《孝经》《三国志》等书籍。

总之,从明末到清军入关前,盛京地区的满语文教育虽处于初创阶段,尚不完善,但为以后的教育打下坚实的基础,确实是满语文教育十分重要的一步。

二 清入关后盛京地区的满语文教育

清朝入关后,随着《辽东招民开垦条例》的颁布,大批移民涌入龙兴之地,形成满汉杂居之势。满族统治者为保持本民族特色,奉行"国语骑射"政策,非常重视盛京地区的满语文教育。为此,在盛京建立了众多的满族学校,有宗学、觉罗学、八旗官学、八旗义学等。

第五编 满文文献与满语（锡伯语）

这一时期，盛京地区满语文教育得到了空前的发展。康熙三十年（1691）上谕："盛京系发祥重地，教育人才，宜与京师一体。应如博尔济所题，盛京左右两翼，各设官学2处，各旗遴选10名，每翼40名。满学各10名教读满书，汉学内各20名，教读满汉书"[4]卷150康熙三十年三月丁酉。清廷又批准创办盛京八旗义学。八旗义学是为普通八旗子弟而设立的，规定每旗各建义学一所，每佐领限送一名10岁以上幼童入学。八旗子弟凡符合要求，均可入学。"满洲旗分幼童，教习满书满语；蒙古旗分幼童，教习满洲蒙古书，满洲蒙古语；汉军幼童，教习满书满语，并教习马步箭"[4]卷150康熙三十年三月丁酉。雍正十年（1732），"每翼增设内务府学生30名肄业。盛京三旗，每旗额设学生20名肄业。八旗汉军，每旗额设学生15名肄业。满学班学员仅学习满语、满文，不许学汉语、汉文，其原因是为了防止满洲学员汉化"[5]311。可以看出，满族统治者设立八旗义学侧重点在于学习满语文，义学使满语文教育更加普遍，不仅满族内部学习，汉族、蒙古族也被要求学习满语文，这对于实施满语文教育，扩大满语文影响意义重大。乾隆二十七年（1762），盛京设立了汉军义学。奉天将军那苏图奏报："奉天八旗汉军，设立清文义学，业经二年有余，而读书子弟不尽通晓书义，良由事非专设，兼未得善教之人所致。请将奉天八旗汉军24佐领内，每两翼合为一学，共立义学4所。每学设清文教习一员，以司训课事"[6]卷124雍正十年十月癸亥。后"经下部议，寻议准。每旗选取汉军子弟15名，两旗一学，计每学各30名。选学官教习满、汉书及马步箭"[7]卷150教育二。乾隆二年（1737），由于皇族子弟不断增加，于是设立宗室觉罗官学，因入学学生均为皇族，又简称宗学。"宗室觉罗子弟共为一学，凡二十岁以下，十岁以上愿入学者，分清、汉书肄业，兼习骑射，不限额数"[7]卷150教育二3534。乾隆、嘉庆年间，由于聚集在北京的八旗贵族与日俱增，人数众多。嘉庆帝允准宗人府提出的"以旗治国"的启奏，将闲居在京的皇族分批陆续迁往盛京及东北地区边远重镇。嘉庆二十五年（1820），因新移驻的宗室营距宗学有八里之遥，"冬寒夏暑幼童徒步为艰"，于是"将原设学生5名撤回本营,再增设学生15名,满汉教习,弓箭教习各一名"[8]卷32。此为盛京第二所宗学。实际上,宗室、觉罗学也是以满语文及骑射教育为先,宗室、觉罗学校首重清语翻译,以熟练弓马及学习翻译为先务。这时期的私塾式满语文教育也有所发展,盛京地区的汉人也学习清语、清书,以争取科考入仕的机会。此时,还建立了"翻译考试制度,奖优罚劣,以督促八旗子弟学好满语文"[9]。翻译考试分满洲翻译、蒙古翻译、宗室翻译,其中以满洲翻译为主。雍正元年(1723)上谕:"八旗满洲等,除照常考试汉字秀才、举人、进士外,在满洲等翻译亦属紧要,应将满洲另以翻满文考试秀才、举人、进士……照例酌量遵行"[10]。翻译考试在一定程度上贯彻了"国语骑射"政策,促使八旗子弟学习满语文,为盛京地区培养了一大批翻译人才。

至清代中期,盛京多数地方满族与汉族杂居而处,官方亦无法阻挡汉族文化的渗透,满语在乾隆年间已有衰落迹象。此后,盛京地方官员越来越感到满语文教育的艰难。鸦片战争之后,由于满族人做官不必非经学校之一途,致使满洲八旗子弟养尊处优,不思进取。道光二十三年(1843),清政府下令各省驻防"俱著改翻译考试"[11],希望通过加强满语文教育,"原期返朴还淳",使满族子弟"咸知本业"[12],但并无多大收效。随着盛京地区满族陆续转用汉语,"国语骑射"教育体制的行将崩溃,满语文学校也逐渐走上衰落的道路。但是,清统治者保持满语文"国语"地位并没有改变。至戊戌变法前,东北地区共有八旗学校25处,仍主要分布在盛京地区。光绪二十八年(1902),清政府将皇族的宗学、觉罗学及八旗官学改设小学堂、中学堂,归入京师大学堂,专门教授满语文的学校逐渐减少。这其中,教授满语文的新式学堂比较有代表性的有奉天八旗满蒙文中学堂、八旗满蒙文讲习所等。八旗满蒙文中学堂是宣统元年(1909)东三省总督锡良、奉天旗务司总办金梁创办的,学堂开设的主课为满文、蒙文、汉文经学、法学等,学生修业年限为5年。满蒙文讲习所是奉天旗务司1909年设立的,招收满族闲散官员入学,学制1年,设置满文、蒙文、法学、旗务等课程[13]。除改革学校教育外,奉天还编译了新的满语文教科书《满蒙汉三合教科书》,作为八旗学堂、满蒙学堂的满蒙文教材。尽管满族统治者还依然有心满语文教育事业,但清末战事纷起,内外交困,盛京地区的满语文教育逐渐走向衰落。至民国初年,在"驱除鞑虏,恢复中华"的口号声中,满族人已失去统治地位,"国语骑射"已不复存在,盛京地区的满语文教育就此中止。

三 满语文教育的影响

清朝历代统治者都非常重视满语文教育,特别是对盛京地区,采取了多种措施加以落实,使满语文教育发挥了重要作用,产生了深远影响。

第一,提高了盛京地区满族人民的文化素质,培养了一大批满族文化人才。清朝开国之初,统治者重武轻文,满族内部人才匮乏,文化落后,努尔哈赤不得不启用一些汉人来担任文秘工作。满语文教育的开启,不仅提高了满族人民的文化素质,对盛京地区的政治、经济、文化亦产生了深远影响,满族文化得到了普及。同时,也使大量官学学生掌握了满语文,培养了大批知识分子,一改以前文化落后状况。培养出来的知识分子被充实到清政府各部门担任基层官员,特别是一些懂满语文从事文字工作的低级官员,如担任笔帖式、拨什库等职务,在东北边疆建设中发挥了重要作用,巩固了清朝的统治。如,将旧满文加圈点的达海;"精通满蒙语言文字",曾译商务印书馆文教科书十卷为满蒙汉三体文书的汉军镶蓝旗人王庆云;"尽忠为国,公而无私"的纳钦;"八旗文士之开山"的鄂貌图[14]等。

第二,扩大了满语文的使用范围,延续了满语文的使用时间。满文的出现和使用,是满族文化崛起的一个标志。满族入关后,满族人迁往关内及其他地方,满语满文亦伴随而至。这些满语文娴熟之人,有的成为内地满语文学校的教师,有的则间接传播满族文化。乾隆二十九年（1764），清政府从盛京所辖各地调遣锡伯官兵千余人，携带家属西迁至新疆伊犁屯垦戍边，他们的后代即今天伊犁州察布查尔锡伯自治县的锡伯人，至今仍使用满语、满文。再如，盛京地区满汉杂处，清朝统治者极力鼓励汉人说满语，用满文，汉人在满语文教育中吸收了大量满语词汇，至今"在东北方言中，还活跃着许多满语词汇。这在相声、小品、小说、戏剧和影视等文学艺术作品中经常可以听到、见到"[15]。这些都是满语文扩大使用范围，延续使用时间的最好例证。

第三，用满文翻译汉文典籍，有助于满族学习汉族文化，促进了满汉文化交流，加强了民族间的融合。努尔哈赤曾让额尔德尼、噶盖用满文翻译了《孟子》《通鉴》《三略》《孝经》等典籍。清太宗皇太极即位后，非常重视满语文教育，命达海将许多汉文书籍翻译成满文。对汉人书籍的翻译、吸收，"使努尔哈赤本人及其后世统治者在中原历代王朝的历史中吸取了大量经验，更好的建设新生的大清政权，为统一中国奠定了一定的文化基础"[5]202。满语文教育，有利于满汉文化交流和民族间的融合。

第四，留下了大批满文文献，为研究清史、满族历史与文化奠定了基础。盛京地区通行满语、满文，满语文教育事业蔚然兴起，留了大量的满文文献档案。比较著名的，如《满文老档》、盛京内务府满文档案、满文《玉牒》等。《满文老档》是皇太极时期以满文撰写的官修史书，反映了清初满族社会政治、经济、军事、文化、风俗习惯及宫廷生活等各方面的情况，为研究清史、满族史及满族语言文字演进史提供了翔实的资料。盛京内务府档案，对考察"盛京地区皇室产业的发展和败落、盛京宫殿建筑的演变、盛京宫殿藏品的来龙去脉"[16]，进而研究清王朝的兴衰，都是不可多得的宝贵史料。满文《玉牒》，实际上是皇帝的家谱，具有极高的文物和史料价值，对于研究皇族人口的变化，揭开某些历史重大疑案提供了重要线索。类似的满文文献史料还有《清初内国史院满文档》《满洲实录》《黑图档》及清代历朝实录、圣训，等等。盛京的崇谟阁就以存放珍贵的满汉文

第五编　满文文献与满语（锡伯语）

书籍和档案而名扬中外。

综上所述，盛京地区的满语文教育起步较早，尔后逐渐发展到东北乃至全国。盛京作为清朝陪都和龙兴之地，满语文教育以学习满语为主，又兼习汉文，而吉林、黑龙江地区则完全学习满文骑射。满语文教育扩大了满语文的使用范围，培养了大批满族文化人才，促进了满汉文化交流，加强了民族间的融合。需要指出的是，满族毕竟生活在汉文化的汪洋大海之中，清代的满语文教育，教授满语、满文，收到了效果，但满语文逐渐被汉语文所取代，这是社会发展的大势，不仅不是满语文教育的失败，而恰恰是满族教育的成功。

[参考文献]

[1] 清太祖高皇帝实录[M].北京：中华书局，1986：44.
[2] 重译满文老档[M].沈阳：辽宁大学历史系，1979：40.
[3] 清太宗文皇帝实录[M].北京：中华书局，1986：146.
[4] 清圣祖仁皇帝实录[M].北京：中华书局，1985：667.
[5] 沈阳市文史研究馆.沈阳历史大事本末：上册[M].沈阳：辽宁人民出版社，2002.
[6] 清世宗宪皇帝实录[M].北京：中华书局，1985：629.
[7] 王树楠，吴廷燮，金毓黻，等.奉天通志[M].沈阳：辽海出版社，2003：3535.
[8] 中华书局.清史列传[M].北京：中华书局，1988：8.
[9] 季永海.论清代"国语骑射"教育[J].满语研究，2011（1）：75—76.
[10] 鄂尔泰，等.八旗通志[M].长春：东北师范大学出版社，1985：962.
[11] 中国第一历史档案馆.嘉庆道光两朝上谕档[Z].桂林：广西师范大学出版社，2000：391.
[12] 陈文新.《清实录》科举史料汇编[M].武汉：武汉大学出版社，2009：843.
[13] 董守义，王贵忠.黑土乡邦育英才：辽河流域教育事业[M].沈阳：辽海出版社，2000：118.

[14] 沈阳市民委民族志编纂办公室. 沈阳满族志 [M]. 沈阳：辽宁民族出版社，1991：550、552、324.

[15] 范立君. 近代关内移民与中国东北社会变迁（1860—1931）[M]. 北京：人民出版社，2007：288.

[16] 佟永功. 功在史册：满语满文及文献 [M]. 沈阳：辽海出版社，1997：135.

［原载于《吉林师范大学学报》（人文社会科学版）2014年第6期］

满语地名"登登矶"考

聂有财[*]

康熙二十三年（1684），因额勒敏、哈勒敏等原有八旗分山的人参采挖殆尽，采参数量锐减，九月二十三日，康熙皇帝谕令"将各自旗分山内采参之处停止，特派官员、佐领带领牲丁到乌苏里等处采参。"[1]30 此后，采参地点开始北移至绥芬、乌苏里等参苗丰富之大山。

随着采参场所的北移，盗采之人也开始大量潜入，并成群结伙前往深山密林之中。虽因迷路饿毙或遭野兽伤害，抑或为争人参相互残害者甚众，但因人参利大，尚有铤而走险、舍命而行者。[2]326

为制止盗采行为，清政府采取了多种措施。派遣吉林等地八旗官兵进行巡查清剿，就是其中重要措施之一。笔者在整理相关文献时，发现地名"deng deng gi"（登登矶）① 在军机处满文录副奏折中多次出现，且同期的朝鲜文献中也有提及。

此一满语地名，为何会引起中朝双方的关注？在以往研究中，李花子《朝鲜王朝的长白山认识》一文已提及此地，但说法有误。[3]132 在此短文中，笔者拟就此满语地名的汉语对音、含义、地理位置等具体问题加以考证，以就正于方家。

---

[*] 聂有财（1978— ），男，吉林白山人，吉林师范大学历史文化学院讲师，历史学博士，研究方向：清史、满族史。

① 该地名在军机处满文录副奏折中的另一写法是"deng deng ji"。录副奏折中使用的标音汉字是"登登矶"，而朝鲜文献中有用"磴磴儿"或"磴磴矶"的情况，本文依据录副奏折，使用"登登矶"。

一 文献记载情况

乾隆十年（1745）的两份军机处满文录副奏折内出现了地名"deng deng gi"（登登矶）。① 如乾隆十年五月十三日，奉天将军达尔党阿为派遣护军统领巴格前往宁古塔南海等处暗查私挖人参事所上密奏称："今在南海、登登矶等地奸民聚集，盗采人参，对官兵毫不畏惧，想必依仗地势无所忌惮。"②

关于奉天将军达尔党阿所奏之事，朝鲜文献《研经斋全集》中的《红岛侦探记》也有所提及。该文记载："乾隆十年，内务府护军统领赵八格，前往沈阳所管地方收官参，经过磴磴几地方，见有数千人偷挖人参、打拿貂皮，私自变卖，具由奏闻。"[4]508

此外，在其他朝鲜文献中对地名"登登矶"也多有记载。如《江外杂记》中记"富率里登登矶在宁古塔之后"[5]401；《朝鲜英祖实录》卷六十三载"磴磴矶胡人部落，其地在我国三甲（三水、甲山）白头山左，东北距宁古塔九百里。"转引自[3]132《同文汇考》卷五十六中还记载"查得，南海、登登矶等处度冬存住侍卫车必社、巴思哈等拿获朝鲜女人二口、藏留朝鲜女人之男人三名，将伊等照度冬刨人参之例，交与拉凌副都统发给存住种地满洲为奴。"[6]124

清政府之所以重视对登登矶的巡查，是因为该地聚集了一定数量的偷参人群。而朝鲜文献关注登登矶，一方面是出于对北部关防的重视[3]132，另一方面则是因为有朝鲜人流窜至该地。

---

① 见军机处满文录副奏折，乾隆十年五月十三日，档案号：0912—003—019—1688、0912—003—019—1691；乾隆十年六月十一日，档案号：0912—005—019—1701、0912—005—019—1706。

② 军机处满文录副奏折，乾隆十年五月十三日，档案号：0912—003—019—1688。原文为：julergi mederi i deng deng gi i jergibade ne jalingga irgen isafi hūlhame orhoda gurumbi, hafan cooha de heni gelere olhoro be akū, erebe gūnici urunakū ertuhe ba bifi sengguwerakū.

二　与地名"德克登吉"的关系考

笔者认为"deng deng gi"（登登矶）与《康熙皇舆全览图》第二排第一号中的"dekdenggi gašan"（德克登吉噶珊）① 为同一地点。

"德克登吉"又称"德克登伊"，如《清高宗实录》卷二百四十载"昨据奉天将军达勒当阿奏称，宁古塔所属南海、德克登伊等处，藏匿偷挖人参之犯甚众"②。在军机处满文录副奏折中记载奉天将军达尔党阿、宁古塔将军巴灵阿曾分别于乾隆十年的六月和九月，奏报派遣官兵前往南海、德克登吉等处搜捕偷参人等之事。③ 在乾隆十一年（1746）四月二十一日，宁古塔将军巴灵阿派遣官兵查拿南海、德克登吉等处藏匿私挖人参者的奏折中也多次提及"dekdenggi"（德克登吉），如该档载"乌苏里德克登吉自三姓增派官员三名、兵一百"④。而据《虎林县志》记载，德克登吉位于今黑龙江虎林县境内乌苏里江支流独木河河口北岸，[7]184 这与《康熙皇舆全览图》中的描绘相吻合。

之所以说"deng deng gi"与"dekdenggi"是同一地点，基于以下两点考虑：

首先，从语言学角度分析，"deng deng gi"和"dekdenggi"应是同一地点因不同读音而形成的两种异称。因为"dekdenggi"中的字母"k"在实际发音中要轻读或不发音，所以"dekdenggi"的发音与"deng denggi"的发音极其相似，故此推断这两个满语地名实为同一地点。

---

① 见文后附图1。
② 《清高宗实录》卷240，乾隆十年五月癸未。
③ 参见中国第一历史档案馆藏：《军机处满文录副奏折》，档号：03—0172—0912—005，03—0172—0912—006。
④ 中国第一历史档案馆藏《军机处满文录副奏折》，档号：0913—004—019—1795。原文为：usuri、dekdenggi i jergi bade, ilan halai baci hafan ilan, cooha emu tanggū nonggime tucibufi.

其次，从档案所记载巡查该地的事件来分析，这两个地名也应为同一地点。

乾隆十年五月十三日，奉天将军达尔党阿在派遣护军统领巴格前往宁古塔南海等处暗查私挖人参事的奏折中说："奴才我考虑，参山弊病日久，今南海、登登矶等地聚集多人，因赖传递消息于此等恶徒，所以恣意建房居住，有恃无恐。"① 同年六月十一日，奉天将军达尔党阿在其奏折中称："奴才我会同吉林乌拉将军商议整顿南海、登登矶等地。②" 次年四月二十一日，宁古塔将军巴灵阿的奏折内载："臣我去年会同奉天将军达尔党阿奏请清剿南海、乌苏里德克登吉等地藏匿栖息盗挖人参人众一事，从吉林乌拉所属各地派出协领一位，官员十四位，兵五百名，俱赏给半年俸粮准备妥当。"③

分析上述三份满文档案可知，奉天将军达尔党阿和宁古塔将军巴灵阿所奏实为同一事件——巡查清剿南海、乌苏里等地的盗采之人。故此，二人奏折中所提的巡查地点也应该是同一地方。所以说二人奏折中出现的"deng deng gi"和"dekdenggi"应指同一地点。而且在乾隆十年六月十一日，奉天将军达尔党阿的奏折中也已明确说"登登矶称德克登吉，三姓副都统辖地。"④

综上所述，"deng deng gi"（登登矶）和"dekdenggi"（德克登

---

① 军机处满文录副奏折，乾隆十年五月十三日，档案号：0912—003—019—1691。原文为：aha bi gūnici, orhoda tucire alin i jemden goidaha, julergi mederi deng deng gi i jergi bade ne labdu niyalma isaha, akdahangge damu ere jergi guwanggusa mejige isibume ofi, tuttu gūnin cihai oihorilame boo weilefi tehebi, ertuhe ba bifi gelerakū de isinahabi.

② 军机处满文录副奏折，乾隆十年六月十一日，档案号：0912—005—019—1701。原文为：aha bi gilin i ulai jiyanggiyūn i emgiilan bade acan hebdeme icihiyafi nan hei deng deng ji i jergi bade.

③ 军机处满文录副奏折，乾隆十一年四月二十一日，档案号：0913—004—019—1796、1797。原文为：amban be baicaci julergimederi, usuri, dekdenggi i jergi bade somime tomoho hūlhame orhoda gurure urse be geterembume icihiyara baicame jafara emu baita be duleke aniya amban bi fung tian i jiyanggiyūn daldangga i emgi acafibaime wesimbufi, girin i ulai harangga geren baci gūsai da emke, hafan juwan duin, cooha sunja tanggū tucibufi, gemu hondaho aniyai funglu, ciyanliyang angname bufi belhebuhe bihe.

④ 军机处满文录副奏折，乾隆十年六月十一日，档案号：0912—005—019—1706。原文为：deng deng ji sere dekdenggi usurijergi ba ilan hala meiren i janggin i kadalara ba。

吉）这两个满语地名应是同一地点，且该地位于乌苏里地区，清代曾隶属三姓副都统管辖。

三　确切位置考

关于登登矶的确切位置，一说是据朝鲜文献《承政院日记》所载，认为"在图们江下游的瑟海边，多为山东流民，为偷采人参而往来者。"[3]132 而据韩国首尔大学奎藏阁所藏《西北彼我两界万里一览之图》所示，"瑟海"位于图们江入海口东北方、今俄罗斯波西耶特湾一带，该地清代称为"摩阔崴"（毛口崴），是珲春协领辖下南海的一部分，① 但距离乌苏里江较远，故而此说对登登矶位置的记载不准确。

另据朝鲜文献《江外杂记》载："富率里登登矶在宁古塔之后，自宁古塔至三姓七日程，自三姓至富率里登登矶陆行十五日，水行二十日，皆极险。"[5]401 此文中的"富率里"应是"乌苏里"之异写。朝鲜文献《红岛侦探记》也载"又问：'登登矶在何处？'答曰：'自盛京至宁古塔可行三十七日，自宁古塔北向至三姓七日程，三姓之傍有七姓、八姓等部落，又其傍有偶苏里许全愎可，其北有黑龙江，其下海口有登登矶，唐人居焉。以貂鼠皮充岁贡，三姓等地人收而输之京。'"[4]506

从这两种朝鲜文献对"登登矶"的记载来看，该地应位于乌苏里地区，这也与据实测绘制的《康熙皇舆全览图》上的描绘相符。该图第二排第一号中②，位于乌苏里江中游支流"duman bira"河口处的"dekdenggi ga an"③ 应该是文献中所谓的"德克登吉"，也就是朝鲜文献中所称的"登登矶"。该地位于今黑龙江虎林市东北、乌苏里江西岸支流独木河口处公司屯一带。[7]303[8]569 此地北有山亦名"德克

---

① 见文后附图 2。
② 汪前进、刘若芳编：《清廷三大实测全图集》，外文出版社，2007年版。
③ 见文后附图 1。

登吉",山北濒江处的名称现演化为"公司",紧邻珍宝岛。"公司"一名,应为满语"gūsa"(旗)的汉语音转,此名的由来,与该地的八旗驻防有关。[9]

四 结语

《康熙皇舆全览图》所标记的"dekdenggi gašan"系满语地名,"dekdenggi"意为"浮油","gašan"意为"乡村"①。由此判断,康熙年间此地就是一处居民点。据《虎林县志》记载,该地清初以来曾驻扎过八旗兵,统管乌苏里江两岸直至东海滨,初隶宁古塔副都统,雍正后归三姓副都统辖领,至清末该屯扎地撤除。[7]570另据《饶河县志》载,今独木河口北德克登吉,为世管佐领所居,其北之公司为驻兵之地,但何时撤出未详。[8]303由此来看,此地又是清代乌苏里地区的一处军事驻防地。

因乌苏里地区的参山吸引了大量盗采之人聚集,为缉拿此等人众,雍正元年(1723)九月,盛京将军唐保住等奏议"乌苏里、绥芬等地即为官参采挖扩大区,仍派官兵驻哨,严加查缉"。[2]326雍正五年七月,吉林将军哈达奏报:"至四月,差派官兵往查珲春、绥芬、乌苏里等地方。由乌苏里查获越冬者十八伙,共一百三十人。"[2]1485

至乾隆初年,乌苏里等地盗采情况依然严重。如乾隆七年(1742),宁古塔将军鄂弥达奏称:"臣自接任后,闻宁古塔属之绥芬、乌苏里以外雅兰、西楞暨南海岛屿地方,偷挖人参与刺字人犯,十数年间,已聚数千人。"② 乾隆八年(1743),宁古塔将军鄂弥达再奏:"乌苏里等处出产人参。查有偷采之人,多于山内搭盖窝铺过冬,至夏间或留人种地,或入山私采。"③

正因此地盗采猖獗,才有了上文军机处满文录副奏折中所提及的

---

① 《五体清文鉴》,民族出版社,1957年影印本,第3756页、2725页。
② 《清高宗实录》卷175,乾隆七年九月壬午。
③ 《清高宗实录》卷187,乾隆八年三月辛未。

| 第五编 满文文献与满语（锡伯语）

乾隆十年、十一年及后来的巡查清剿。而德克登吉（登登矶）作为乌苏里地区重要的居住地，同时又有盗采人众和朝鲜人混迹于此，该地成为清政府巡查清剿的重点地区是必然之事，这也是该地在清代档案及朝鲜文献中屡次出现的原因所在。

在中俄《北京条约》签订后，乌苏里江以东的地区悉数划归俄国，但沙俄仍没有停止侵略步伐，东岸的哥萨克人常夜间来我岸抢劫杀掠，甚或将商柜抢光，将人杀死，房屋纵火烧掉，而后逃走。独木河口之德克登吉，原为上百户居民的村寨，终因不堪沙俄哥萨克之劫掠烧杀，至光绪初年前后，人口即已走散。[8]192

至清末，随着军民的相继撤走，"登登矶"或"德克登吉"这两个地名终究淡出了历史，但清政府对乌苏里地区管辖的史实及其在历史档案中所留下的些许痕迹是永远无法磨灭的。

[参考文献]

[1] 辽宁省档案馆. 盛京参务档案史料［Z］. 沈阳：辽海出版社，2003.

[2] 中国第一历史档案馆. 雍正朝满文朱批奏折全译［Z］. 合肥：黄山书社，1998.

[3] 李花子. 朝鲜王朝的长白山认识［J］. 中国边疆史地研究，2007（2）.

[4] 杜宏刚，邱瑞中，韩登庸，等. 韩国文集中的清代史料：十二［Z］. 桂林：广西师范大学出版社，2006.

[5] 李澍田：朝鲜文献中的中国东北史料［Z］. 长春：吉林文史出版社，1991.

[6] 郑毅. 同文汇考中朝史料：二［Z］. 长春：吉林文史出版社，2004.

[7] 虎林县志编纂委员会. 虎林县志［M］. 北京：中国人事出版社，1992.

[8] 饶河县地方志编纂办公室. 饶河县志［M］. 哈尔滨：黑龙江人民出版社，1992.

[9] 姚中. 乌苏里江沿岸伊彻满语地名释铨［J］. 黑龙江史志通讯，1983（6）：40.

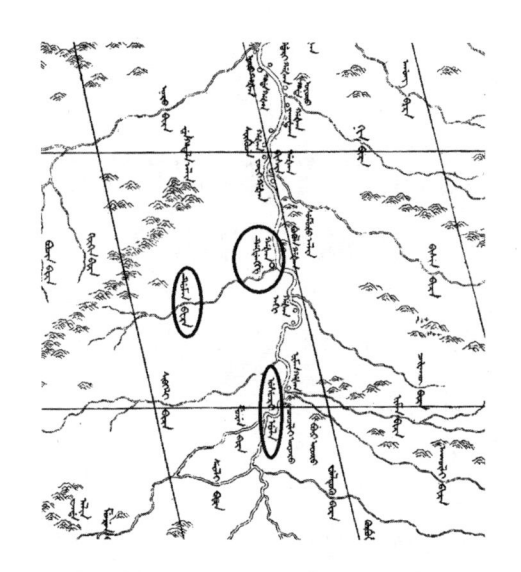

附图 1　dekdenggi 噶珊的位置

（出自《康熙皇舆全览图》第二排第一号）

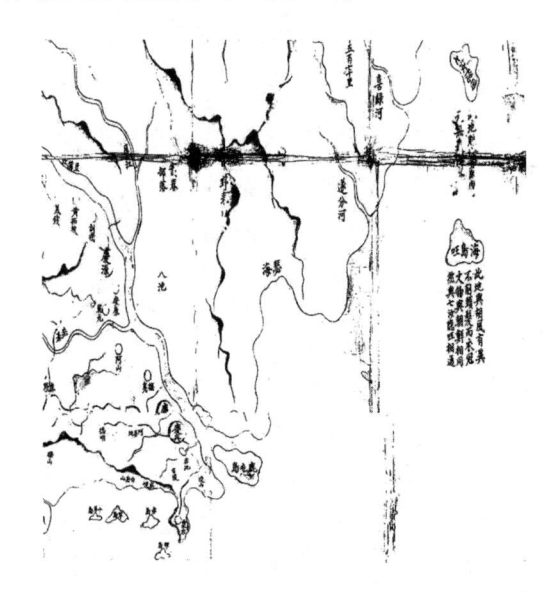

附图 2　朝鲜舆图标注的"瑟海"位置

（出自《西北彼我两界万里一览之图》，首尔大学奎藏阁藏）

［原载于《吉林师范大学学报》（人文社会科学版）2017 年第 3 期］

论清代先农坛建筑群匾额中的满文

袁 理[*]

匾额是悬挂于古代宫、殿、楼、阁、门、亭等建筑及牌坊上,用于标识建筑物的名称或特征,其材质一般为木板或石板,凝聚了丰富的文化内涵和历史意义。清顺治二年(1645),摄政王多尔衮下令将紫禁城外朝三大殿及周围宫殿、楼阁及宫门改名,并翻译成满蒙文,同时由工部制造库制造满蒙汉三体合璧或满汉合璧匾额悬挂。此后,清代很多建筑物匾额都经历了一次大规模修改和重新制作,北京城周边的坛庙匾额亦如是。随着清朝的衰败,八国联军的入侵,很多建筑物被损毁,其匾额也消失不见。民国时期,国民政府对北京城周边的坛庙进行过修缮,重新制作悬挂的匾额则只有汉字。清代坛庙匾额中的满文字影射了清政府的政治思想、治国理念,具有鲜明的时代特征和政治文化意义,值得我们深入探讨。

清代先农坛建筑群包括了先农坛、天神地祇坛、太岁三坛,据清嘉庆朝《钦定大清会典图》卷三所载:先农坛、天神地祇、太岁三坛,合建于正阳门南之西,当都城未位。城外垣南方北圆,砌以城砖,有门二,南为先农坛门,北为太岁门,皆三门,朱扉金钉,覆以黑瓦绿缘,均东向。内垣制方,覆以瓦,内外丹雘,四面门各三间,

---

[*] 袁理(1981—),女,北京人,故宫博物院图书馆馆员,研究方向:少数民族古籍整理及版本学。

均黑瓦绿缘，朱扉金钉。先农坛、太岁殿在其内。太岁殿在神库之东、神仓之西，天神地祇坛在内垣南门之外。内垣东门外，北为庆成宫，宫墙后为祠祭署。[1]卷3 此地原为山川坛，建于明永乐十八年（1420），奉安太岁诸神及山川诸神主位，建置陈设与南京旧制同，惟正殿钟山之右增祭天寿山之神。[2]3468 明天顺五年（1461）李贤等编撰的《大明一统志》卷一中记载了明永乐时期山川坛的总体布局：山川坛在正阳门之南左，缭以垣墙，周回六里，中为殿宇，以月将、城隍之神，左为旗纛庙，西南为先农坛，下皆为藉田。明嘉靖十一年（1532），嘉靖皇帝厘正祀典，于先农坛之南建天神、地祇二坛，定于每年八月中旬择日行祭礼，改"山川坛"为"神祇坛"。天神坛南向，设云雨风雷四坛，其西为地祇坛，北向，设五岳、五镇、基运翊圣神烈天寿纯德五陵山、四海、四渎五坛，从祀京畿山川与天下山川。[3]1279 别建太岁坛则专祀太岁、月将、旗纛、城隍等神。明隆庆元年（1567）礼官议天神、地祇既从祀于南北郊，仲秋不宜再有神祇坛之祭，遂弃用了天神、地祇二坛。清入关后，于顺治年定制，先农坛于每年春二月择吉日遣官行礼，天神坛则祀云师、雨师、风伯、雷师，地祇坛祀五岳、五镇、四陵山、四海、四渎、京畿名山大川，岁遇水旱则遣官祇告。[4]36 太岁坛每年于正月上旬吉日、十二月抄，恭祀太庙日，致祭太岁、月将之神。恭遇皇上行耕藉礼致祭先农礼成，诣太岁坛拈香。正殿太岁，两庑月将坛。[5]

本文将重点探讨清代先农坛建筑群各建筑悬挂于室外、用于标识建筑物名称的部分匾额。依据《钦定大清会典事例》①《清语摘抄》②《大清会典》③ 等辞典，恢复坛庙建筑匾额上的满文；并利用《清实录》《清代内务府造办处档案》等史料文献，尽量厘清这些坛庙各建筑物匾额的变更历史，悬挂位置和制作等问题。

---

① 《钦定大清会典事例》，清嘉庆二十三年（1818）满文抄本。
② 《清语摘抄》，清光绪十五年京都聚珍堂刻本。
③ 伊桑阿等修：《大清会典》，康熙二十九年（1690）满文写本。

| 第五编 满文文献与满语（锡伯语）

一 先农坛建筑所悬挂的
匾额及匾额上的满文

先农坛建于明永乐中，据《明史》载：永乐中建坛京师，如南京制，在太岁坛西南，石阶九级。西瘞位，东斋宫、銮驾库、东北神仓，东南具服殿，殿前为观耕之所。护坛地六百亩，供黍稷及粢新品物地九十余亩。每岁仲春上戊，顺天府尹致祭。后凡遇登极之初，行耕藉礼，则亲祭。先农神即炎帝神农氏，《周书》上载："神农之时，天雨粟，神农遂耕而种之，制耒耜，教民农作，神而成之，使民宜之，故谓之神农。"相传，早在周朝就有祭祀先农神的活动，《后汉书·礼仪志》注《旧汉仪》有"春始东耕于藉田，官祠先农，先农即神农炎帝也"，秦汉以后，魏世三祖亲耕藉田，祭祀先农，其礼悉依汉制。在古代中国，这种祭祀活动被历朝历代君主延续上千年。明朝开国皇帝朱元璋登基后即将祭祀先农之礼列为"大礼"，并建祭坛，设藉田亲自扶犁躬耕。据史书记载明太祖朱元璋在位十三年，亲行耕藉礼八次，嘉靖帝对藉田礼仪尤为着重，曾多次亲临或派官员到先农坛进行祭耕，是明代帝王中祭祀先农最勤、次数最多的帝王。清代帝王更为重视耕祭先农的活动，清入关后，于顺治初年定于每年春二月择吉日遣官告祭，顺治十一年（1654）与康熙十一年（1672），皇帝都亲至先农坛行耕藉礼，至雍正二年（1724）后，定每年皇帝都要于先农坛行耕藉礼，可见其重视程度。清朝统治的二百余年间，皇帝亲祭先农的次数多达二百余次，是中国历代王朝中最多的一代。

清乾隆十九年（1754）对先农坛进行了规模较大的改建，将旧有之旗纛殿拆去，移建神仓于此，二十年（1755）又改建了先农坛的"斋宫"，并将其更名为"庆成宫"。清嘉庆朝《钦定大清会典图》卷三有载先农坛及其相关建筑的建制情况：先农坛、太岁殿位于坛内垣内，先农坛于西南，东北为太岁殿。先农坛北为神库五间、南向，神厨五间、西向，乐器库五间、东向，左右井亭各一、六角，闲以朱

论清代先农坛建筑群匾额中的满文

棂，垣一重，门一、南向，东西垣角门各一。西为宰牲亭三间，川井一、南向。垣东南为观耕台，台前为藉田，一亩三分。台后具服殿五间、南向，覆绿琉璃瓦，崇基三出阶，南九级，东西各七级。东北为神仓，中圆廪一座，南向，一出陛五级，前为收谷亭一座，制方，南向，前后二出陛各三级，左右仓各三间，一出陛各三级，均覆黑瓦绿缘，左右碾磨房各三间，垣一重门三间，南向。后为祭器库五间，左右庑各三间，垣一重门三间，在神仓门东，角门四一南向二东向一西向。内垣东门外，北为庆成宫，正殿五间，南向，崇基石栏，三出阶各九级，后殿五间，南向，东西配殿各三间，均覆绿琉璃瓦，缭以短垣，东北隅垣外井一，尚茶尚膳房各五间，正殿前时辰牌亭一，殿西犇房五间，内宫门三间南向，东西掖门各一，东西向，外缭以宫墙，正门三间，左右门各一。宫门东南钟楼一，宫墙后为祠祭署。

  清廷入关之初，将坛名译成满蒙文，其满文为 siyan nung tan①，为音译词，至乾隆十四年（1749）规范满语后，文献记载其满文名为 nenden usin i mukdehun[6]。坛城外垣有两门，先农门悬挂汉满合璧匾，其满文为 siyan nung men，因其为音译词，乾隆年规范满语后，文献记载为 nenden usin i duka，太岁门悬挂汉满合璧匾，其满文为 taisui men，乾隆年规范后，文献记载为 taisui duka。具服殿修建于明永乐十八年，乃供皇帝祭祀时更换亲耕礼服以及休憩之所，檐下悬挂满汉合璧匾，上书满文为 entuku halara diyan，乾隆年规范满语后变为 entuku halara deyen。因乾隆年规范满语后，没有找到关于先农门、太岁门以及具服殿的大规模修缮和重新挂匾的记录，因此，笔者认为其匾额很可能仍沿用规范之前的满文。斋宫是先农坛中最高规格的建筑，乃供皇帝宴息之所，清初其正殿檐下挂满汉合璧匾，上书满文 targara gung，清乾隆二十年改建斋宫，并更名为"庆成宫"，匾额上所书满文变成 urgun i bargiyaha gurung②。现今，先农坛的这些坛门、

---

  ① 伊桑阿等编：《大清会典》，康熙二十九年写满文本，卷131第33页。
  ② 托津等编：《钦定大清会典事例》，清嘉庆二十三年抄满文本，卷663第79页。

第五编　满文文献与满语（锡伯语）

殿宇的匾额都已被摘除，老匾额的去向也不甚明了，1906年日本人小川一真拍摄了一部《清代皇城写真帖》，其中收录了一张庆成宫的照片，从照片上我们可以直观地了解到当时庆成宫匾额的样式和悬挂情况。

图1　先农坛内庆成宫图

（源于小川一真《清代皇城写真帖》）

二　太岁坛所悬挂的匾额及匾额上的满文

太岁坛与先农坛、神祇坛合建于正阳门外西南，明永乐中建，嘉靖八年重建，嘉靖十年命礼部考太岁坛制。礼官言："太岁之神，唐宋祀典不载，元虽有祭，亦无常典。坛宇之制于古无稽。太岁天神，宜设坛露祭，准社稷坛制而差小"从之。遂建太岁坛于正阳门外之西，与天坛对。中，太岁殿，东庑春秋月将二坛。西庑夏冬月将二坛。帝亲祭于拜殿中。[3]1283清从明制，清顺治元年定每岁致祭太岁坛之礼。乾隆十九年太岁坛重修，据清嘉庆朝《钦定大清会典图》卷三载其规制：太岁殿，南向七间，三出陛均六级，东西庑各十一间，皆一出陛四级。前为拜殿七间，三出陛均五级。覆瓦均用绿琉璃，东西北缭以垣,庑北西垣角门一,西向,拜殿东南燎炉一。

清入关之初,以满蒙文翻译坛名,其满文为 taisui tan①,为音译词,乾隆年规范满语后,文献记载其名称为 taisui mukdehun②,又称 taisui enduri i mukdehen。太岁坛正殿檐下悬挂汉满合璧匾额,其满文应为 taisui diyan。太岁坛曾于乾隆十九年重修,如果匾额被重新制作悬挂,其满文应变为 taisui deyen③。太岁殿南有"拜殿",清初檐下悬满汉合璧匾额,其满文为 doroloro diyan④,乾隆年间规范满语后,文献记载为 doroloro deyen。

三 天神坛、地祇坛所悬挂的匾额及匾额上的满文

天神坛、地祇坛东西相对,据《大清会典》乾隆朝载:神祇坛在先农坛内垣外之东南,正南三门,缭以重垣。东为天神坛,制方,南向,一成,方五丈、高四尺五寸五分,四出陛,各九级。坛北设青白石龛四,镂以云形,各高九尺二寸五分,祀云雨风雷之神。墙方二十四丈、高五尺五寸,墙正南三门六柱,东西北各一门二柱,柱及楣阈皆白石,扉皆朱棂。西为地祇坛,制方,北向一成,广十丈、纵六丈、高四尺。四出陛,各六级。坛南设青白石龛五,内镂山形者三,祭五岳、五镇、五山之祇;镂水形者二,龛下四围凿池,祭则贮水,祭四海、四渎之祇,各高八尺二寸。坛东从位石龛山水形各一,祭京畿名山大川之祇,西从位石龛山水形各一,祭天下名山大川之祇,各高七尺六寸。墙方二十四丈,高五尺五寸,墙正北三门六柱,东西南各一门,二柱,柱及楣阈皆白石,扉皆朱棂。[7]卷126

清廷入关之初天神坛坛名匾额为汉满蒙三体合璧字,其满文为 en

---

① 伊桑阿等编:《大清会典》,康熙二十九年写满文本,卷131 第34页。
② 佚名编:《钦定清语》,国家图书馆藏清精写本,坛庙类第7页。
③ 允祹等编:《钦定大清会典》,清乾隆二十九年武英殿刻本,卷71 第14页。
④ 伊桑阿等编:《大清会典》,康熙二十九年写满文本,卷131 第34页。

tan①，匾额中满文 tan 为音译词，至乾隆十四年规范成 abkai enduri mukdehun。地祇坛坛名匾额为汉满蒙三体合璧字，其满文为 ki tan，至乾隆十四年规范成 na i enduri mukdehun。据清内务府造办处档案，清乾隆四年（1739），五月十五日有载"十五日催总白世秀来说太监胡世杰交天神坛匾文一张、戴月舫匾文一张，传神坛做铜字石青地九龙边匾一面，戴月舫用本文锦边壁字函一面，钦此。于九月二十日做得铜字石青地九龙边匾一面，锦边壁子匾一面"。[8] 由此档案可知，清乾隆年间曾由皇帝御笔写下"天神坛"匾额一块，交由内务府造办处做成铜字石青地匾，清乾隆二年（1737），对天神及地祇二坛进行修缮，其坛壝墙宇也增修，这次挂匾应是修缮完成后重新挂于壝门之上，而匾额上的满文应是规范之前的 en tan。地祇坛同在乾隆二年增修坛壝墙宇，可能也同时悬挂了御赐匾额。

四 清代皇家坛庙匾额的制作和变更

清代建造宫殿、皇家园林、坛庙、陵寝工程竣工后，均呈请皇帝御赐匾额，之后由内阁、礼部、工部、内府共同参与办理御赐匾额的制作、悬挂全过程。康熙朝《大清会典》中有载"顺治十五年，复移文吏兵二部造册送院：凡宫殿等处扁额对联及勅赐一应牌扁，俱由翰林院撰拟，大学士等奏请钦定，中书缮写；凡撰写坛庙陵寝神牌字样，由工部制造牌式，礼部送至内阁缮写，仍交该部刊刻填青，礼部奏请，遣内阁大臣等行礼。凡坛庙祝版，由太常寺缮写送阁，学士恭填御名，授该寺官至一应告祝文，由翰林院撰拟送阁。奏请钦定凡山陵封号，内阁撰拟，奏请钦定"②。"宫殿门、窗、槅扇所钉事件，宝顶、吻钩、吻桩、吻索、吻锔、檐钉、门钉、牌匾字、合龙门金银锞

---

① 伊桑阿等编：《大清会典》，康熙二十九年写满文本，卷131 第32页。
② 伊桑阿等修、阿世坦等纂：《大清会典》，清康熙二十九年（1690）武英殿刻本，卷2 第12—13页。

钱等项，本库成造"①。可见，清初京城宫殿、坛庙、陵寝等匾额，先由工部制造库制造牌式，礼部送至内阁，内阁汉本房撰拟、缮写汉字，内阁满本房负责翻译、书写匾额中满文字，内阁蒙古房则负责蒙、藏、回等各民族语言文字的翻译，再交由工部制造库制造。自乾隆十三年（1748）开始，由武英殿造办处②蒙古字长房在工部和户部的协助下，完成皇帝御赐匾额制作工程的大量工序。首先，由工部样式房根据建筑的地位、规模，设计匾额牌式、边框图纹小样，将小样送至翰林院或内阁，由翰林院或内阁负责在匾额小样上缮写满、汉文名，送至武英殿造办处。最后，由造办处蒙古字长房负责译写蒙文或藏文，并镌刻各民族文字，同时镌刻边框图纹及皇帝玺印。因匾额质地不同，武英殿造办处的镌刻、制作工序也不完全一致。一般皇帝赐名匾额制作完毕后，由礼部钦天监择吉日，工部派遣大臣、工匠悬挂匾额，并举行隆重的祭祀建筑修成及挂匾仪式。京城坛庙的匾额多为御赐，由翰林院或者内阁大臣缮写满汉文，由工部制造库或者武英殿造办处负责设计制造。康乾时期北京坛庙建筑物由于被损坏或者由于礼制变更，需修缮的情况逐渐增加，修缮完毕后都需呈请皇帝御定匾额名，这些匾额的汉文有的为皇帝亲笔书写，而满文则为内阁大臣所书再上呈御览。

　　清顺治元年（1644），清军入关后，摄政王多尔衮立即下令取出午门外的"大明门"石匾，由工部制造库在反面雕刻汉满合璧"大清门"字，并在原处悬挂[9]22。顺治二年（1645）多尔衮令对外紫禁城内及周边部分宫殿建筑改名，并译为满文及蒙文，工部制造库立即制造满蒙汉合璧和满汉合璧匾额悬挂，至顺治十四年（1657），皇帝下旨将京城各坛庙匾额中的蒙文字全部去除，只书满文、汉文，"顺

---

　　① 伊桑阿等修：《钦定大清会典》，清康熙二十九年（1690）内府刻本，卷133。
　　② 造办处：雍正二年（1724）增设造办处，凡铸大内宝印、礼部·同内务府造办处敬谨铸造。康熙二十九年奉旨，西华门内文书馆立造办处。三十二年（1693）奏准，造办处设立作房。四十四年（1705）奏准，武英殿砚作，改归养心殿，增设监造二人。四十七年（1708）奉旨，养心殿匠役人等，俱移于造办处。

治十四年正月,工部奏言:"凡各坛庙门上匾额,或从太庙例,去蒙古字,止书满汉字,或仍用旧额。得旨,如太庙例"。[10]826 有清一代,由于各种原因京城坛庙建筑物悬挂的匾额经过了多次更改或规范。归纳特点如下:

第一,匾额语种的增减。清朝是由少数民族执政的统一的多民族国家,满语、蒙语、汉语皆是其官方语言,因此,清军入关之初将坛庙中各处重要殿宇、坛台所悬挂匾额均改用为汉、满、蒙三体合璧字,而等级次之的屋宇和门牌多用汉满合璧字,或仅用汉文。至顺治十三年(1656)皇帝命去掉太庙匾额中蒙文字,顺治十四年(1657)正月,工部奏言:"凡各坛庙门上匾额,或从太庙例,去蒙古字,止书满汉字,或仍用旧额。得旨,如太庙例"[10]826,由此,京城各坛庙匾额均去掉蒙文字,只书满文和汉文,成为满汉合璧匾。

第二,匾额满文译词的规范。清廷入关之初,满文译文中多用汉语音译借词,坛庙匾额中也不例外,如"坛"翻译为"tan","门"译为"men",而多数坛名的满文译文均是音译词或半意译、半音译词,如先农坛就译为"xiyan nung tan"。至乾隆十四年皇帝下旨规范满文,将满语中的音译借词改由意译词来代替,如原来"tan"规范为"mukdehun","men"规范成"duka","diyan"规范成为"deyen",此外用满文新造了一些坛名,如先农坛之满文名就变更为"nenden usin i mukdehun"。

第三,建筑本身改名而匾额被更改。在清代对各坛的改扩建的过程中,有些殿宇因功能的变化或者与当下礼制不符而更名,如:康熙十二年(1673),皇帝谕神乐观大殿所悬牌匾系太和殿三字,著改为"凝禧殿";乾隆十六年(1751),皇帝以"大享之名,与孟春祈谷异义",旨改"大享殿"为"祈年殿";二十年将先农坛斋宫改名为"庆成宫"。这些殿宇的匾额名称也会相应变化。

先农坛相关建筑物的匾额变化情形亦如上所述,在清军入关之初,其各建筑物匾额增加了满蒙文,变成满蒙汉三体合璧匾或者满汉合璧匾;顺治十四年(1657)后,其建筑悬挂各匾额蒙文字被抹掉,变成满汉合璧匾；乾隆十四年规范满语，在此之后，各类文献记载中先农坛各建筑物的满文名称也相应改变，大多数由音译词变为意译词，但是依照清制，只有待到殿宇、宫门大修，或匾额破损，或殿宇、机构被重新命名时，匾额才会被重新制作悬挂，因此即便文献记载中建筑物的满文名称使用了规范之后的新字，很多建筑物仍旧悬挂旧匾，其匾额中的满文字仍旧使用规范之前的词。据笔者翻阅文献所知，先农坛建筑物的匾额被重新制作悬挂，更改为规范之后的满文字的有：庆成宫和太岁殿。

清末，由于清政府统治的衰败，北京祭坛多数荒废或者倾颓，而八国联军的入侵则使更多建筑物彻底损毁，同时遭到破坏的还有这些建筑物上所挂的匾额。民国时期天神、地祇二坛被拆除，被单位、居民侵占，甚至被拆除重新盖楼，同时很多建筑物的旧匾都被拆除，逐渐被更换为汉文匾，老匾额日渐稀少。1988年有关专家提出对先农坛古建文物进行"有效保护，合理利用"，北京市文物局对其进行了大规模的抢救性修缮，经过几十年的清理整顿，腾退修缮，先农坛建筑群已经基本恢复了历史原貌，但是这些建筑物的匾额却没有得到恢复，先农坛的各种建筑几乎没有挂匾，因而，匾额作为建筑物最重要的标识是亟待研究和恢复的议题，建筑原有匾额的材质、式样、文字、悬挂位置等的复原都需要有据可依，尊重史实，才能最大限度地恢复其历史原貌。

[参考文献]

[1] 庆桂. 钦定大清会典图（嘉庆朝）[DB]. 清代档案文献数据库，2009.

[2] 张廷玉. 清朝文献通考[M]. 杭州：浙江古籍出版社，1988.

[3] 张廷玉. 明史[M]. 北京：中华书局，1984.

[4] 嵇璜. 皇朝通志[M]. 上海：上海图书集成局，1901.

[5] 穆彰阿，潘锡恩. 大清一统志[M]. 上海：上海古籍出版社，2008.

[6] 张虹，程大鲲. 乾隆朝《钦定新清语》（四）：十八、会计司为抄送钦定清语"花马箭"等词事咨盛京佐领[J]. 满语研究，1996（2）：33—34.

[7] 允裪. 钦定大清会典［DB］. 北京：书同文数字化技术有限公司网络版, 2009.

[8] 中国第一历史档案馆, 香港中文大学文物馆. 清宫内务府造办处档案总汇［Z］. 北京：人民出版社, 2005.

[9] 章乃炜, 王蔼人. 清宫述闻［M］. 北京：紫禁城出版社, 1990.

[10] 图海. 清世祖实录［M］. 北京：中华书局, 1985.

［原载于《吉林师范大学学报》（人文社会科学版）2017年第3期］

基于音素法的锡伯文字母
划分与拼写的研究

付 勇 郭 公 锋 晖[*]

一 锡伯文字母系统的现状与问题

在字母划分的研究上，最早介绍锡伯文和锡伯文字母的是1963年王庆丰先生发表在《文字改革》杂志上关于锡伯文字母、书写规则、拼写方式以及拼写规则等内容的文章。该文指出，锡伯文有6个元音、27个辅音（包括专为拼写汉语借词的3个辅音，字母表见表1）。事实上，如果将顺序编号为18和20，19和21分别合并为一个辅音字母的两种不同书写形式，就成为现在通用的25个辅音。文章中还指出："锡伯文的特点基本上和满文相同，不同于满文之处只在于从满文第一字头（即阿字头）里去掉了十三个不常用的音节，又增添了（wi）（wo）（wu）三个音节，并在正字法上略有区别"。其后1983年出版的《锡伯语口语研究》（李树兰、仲谦、王庆丰著）及1986年出版的《锡伯语简志》（李树兰、仲谦著）中都列有锡伯文字母表，其中元音字母6个，辅音字母24个，外加用于外来借词的特定字10个，共40个，字形变化101种。1987年出版的《锡伯

---

[*] 付勇（1952— ），男，新疆乌鲁木齐人，中国锡伯语文化研究中心研究员，研究方向：少数民族文字数字化；郭公（1958— ），男，新疆乌鲁木齐人，新疆大学数学与系统科学学院书记，研究方向：锡伯语与满语文化；锋晖（1977— ），男，锡伯族，新疆伊犁人，吉林师范大学历史文化学院博士研究生，研究方向：锡伯语与满语文化。

语语法》（图奇春、杨震远著）一书的字母表中，元音字母5个，辅音字母24个，特定字10个，共39个，字形变化104种。目前通用的是1992年出版的《现代锡伯文学语言正字法》（以下简称"正字法"）所确定的字母系统。正字法确定了5个元音字母、25个辅音字母共30个字母。其中，将"特定字"按音位归类，正式纳入锡伯文字母序列之中。锡伯文学者奇车山在其撰写的文章《关于锡伯文字母》中指出"锡伯文属于拼音文字"，"在历史上，满文'十二字头'是为学习方便而产生的，是满文中最常用的音节形式。从古代的满文教科书到现代的锡伯文教科书都是以'十二字头'编写的，所以，至今很多人认为它们就是'字母'，这是个很大的误会"。文章还对来源于古汉语、现代汉语、俄罗斯语、蒙古语、维吾尔语、哈萨克语等的外来借词问题做了说明，并详细说明了锡伯文字母及它们的形体变化。

表1　锡伯文字母表

顺序	字母	读音	顺序	字母	读音	顺序	字母	读音
1		a	14		ba	27		[ra]
2		e	15		pa	28		fa
3		i	16		sa	29		wa
4		o	17		sha	30		eng
5		u	18		ta	31		ca
6		ū	19		da	32		za
7		na	20		te	33		ra
8		[qa]	21		de			
9		ka	22		la			
10		[Ga]	23		ma			
11		ga	24		cha			
12		[xa]	25		zha			
13		ha	26		ya			

注：字母表中所用的音标带方括号的是国际音标。

正字法中元音由原来的 6 个改为 5 个,去掉了其中第六个在满语中有音而在锡伯语中不存在的元音。30 个字母被分别赋予名称,重新确定了 5 个元音字母的独立、词首、词中和词尾书写形式。正字法还将表 1 中顺序编号为 18 和 20,19 和 21 分别合并为一个辅音字母的两种不同书写形式,还规定ᠵ、ᠶ、ᠷ、ᡝ、ᠯ、ᠨ、ᠰ、ᠱ 9 个辅音字母的第二种书写形式为ᠴ、ᠸ、ᠺ、ᡗ、ᡖ、ᠾ、ᠻ、ᡍ等。字母的注音采用国际音标,并给出了转写形式。

正字法规定的这一锡伯文字母系统,沿用 20 年之久,到目前为止,再未发生变化。

随着社会的发展,特别是计算机信息技术的进步,人们对锡伯文字母系统的认识也是在不断发展变化的。从目前来看,现有的锡伯文字母系统显然存在一定的缺陷和问题。正字法拘于当时历史条件的局限性,存在一定的问题,需要加以更正、重新定义或修正。存在的问题主要有以下几个方面:

第一,正字法中的字母表中存在字母的书写形式缺失的问题。

第二,从音素的角度分析,正字法中某些特定字的归并(划分)存在一定的问题。

第三,添加某些用来拼写外来借词的特定字同原有字母归并后造成冲突。

第四,拼写规则不够清晰完整。

第五,部分锡伯文字母的国际音标注音不够准确,字母转写形式不便于学习和使用。

另外,正字法虽然建立了以音素为特征的字母表,但并没有改变以"阿字头"为典型代表、以音节为单位背诵记忆的传统教育模式,未建立以音素字母为单位进行词汇拼写和识读的新型模式。

总而言之,现有的锡伯文字母系统亟待修改、修正和完善,字母书写形式需要运用现代语音学的基本原理,进行细致认真的划分,建立起新型模式,以适应新形势下人们学习识读,方便计算机信息处理,更好地服务于锡伯语言文字的传承和发展。

二 基于音素法的锡伯文字母划分与拼写的研究

（一）几个术语的确定

为了方便描述，避免产生歧义，在这里对本文中使用的几个描述锡伯文的术语做一下确定：

词：由空格或其他标点符号分割开的有明确意义的连写的字符串，一个词由一到多个音节构成。

词首：词的开始字母的书写形式。

词尾：词的末尾字母的书写形式。

词中：词的中间部位字母的书写形式。

音节：音节的构成有五种形式：元音或复合元音、元音+辅音、辅音+元音（或复合元音）、辅音+元音（或复合元音）+辅音、辅音+元音（或复合元音）+双辅音。辅音在音节的开始部位称为起音，在音节的末尾部位称为收音。

（二）基于音素法的锡伯文字母划分和转写原则

音素是根据语音的自然属性划分出来的最小语音单位，一般使用方括号或斜杠括起来的一个或一组注音符号表示，例如［a］或/a/。① 从声学性质来看，音素是从音质角度划分出来的最小语音单位。从生理性质来看，一个发音动作形成一个音素。如［ma］包含［m］［a］两个发音动作，是两个音素。相同发音动作发出的音就是同一音素，不同发音动作发出的音就是不同音素。如［ma-mi］中，两个［m］发音动作相同，是相同音素，［a］和［i］发音动作不同，是不同音素。从发音特征上可分为两类，即元音（也叫母音）音素和辅

---

① 为了便于区别，本文中用带圆括号或不带括号的拉丁字母表示锡伯文转写符号，用带方括号的有扩展或做了小的调整的汉语拼音字母表示自定义的常用注音符号，而用斜杠括起来的是国际音标。

音（也叫子音）音素。国际音标（International Phonetic Alphabet，简称 IPA，由国际语音协会制定）则是记录音素的符号。

用音标标记语音的方法叫标音法。一般分为严式和宽式标音法两种。要记录一种语音，最初的方法是严式标音。所谓严式标音，就是出现什么音素就记录什么音素，有什么伴随现象就记录什么伴随现象。无论什么音素和什么伴随现象都不放过，也就是最忠实、最细致地记录语音的原貌。所以，严式标音又称为"音素标音"。例如，现代汉语中，较低的舌面元音可归纳为一个音位/a/，若用严式标音，则必须分别标为/ε/、/A/、/a/、/ɑ/、/œ/、/æ/等。它的特点就是，对一种语言或方言中实际存在的每一个音素（不论它们是否属于同一个音位），都用特定的音标加以标记。所谓宽式标音，是在严式标音的基础上，整理出的一种语音音位系统，然后按音位来标记语音，也就是只记音位，不记音位变体及其他非本质的伴随现象。因此，宽式标音又称为"音位标音"。例如，现代汉语中的舌面低元音有/ε/、/A/、/a/、/ɑ/等多个，用宽式标音只用/a/就可以了。用宽式标音，可以把音标数目限制在有限范围之内，因而能把一种语言或方言的音系反映得简明清晰。这也是目前在一般情况下对于拼音字母最通用的注音方法。本文后面给出的锡伯文字母表将采用这种宽式标音法标注汉语拼音注音和国际音标。

字母是拼音文字或注音符号的最小书写单位。一种拼音文字所使用的字母是有限的，一般情况下，一个字母通常发一个音或由于方言或伴随现象略有改变的音，即字母的宽式标音所可能包含的、音色非常接近的多个音素。在特殊情形下，也有多个字母对应同一个宽式音标或者一个字母有多种不同发音的情况。

锡伯文是一种字母具有独立、词首、词中、词尾不同形式，且每一种形式可以有多个不同的书写形体的、黏着连写的拼音文字。因此，锡伯文字母的划分应该以音素为基础，根据锡伯语言文字的音节形式、音变特征、拼写规则和传统习惯，并且在标准发音（音素）相同且不会产生歧义的情况下，正确地划分出每一个字母所对应的独立、词首、词中、词尾的不同形式和不同书写形体的书写符号。另外，应保持传统的字母数量和形式，不应该仅考虑转写外来借词而随意扩充。这种划分和转写应遵循以下原则：

1. 语音学原则：从语音学原则出发，按照国际通行的拼音规则，正确地区分和划分锡伯文元音字母和辅音字母相对应的书写符号；

2. 可还原性原则：锡伯文传统文字在做拉丁字母转写后要确保不存在二义性，转写的拉丁字母文本可正确地还原为原来的锡伯文传统文字；

3. 历史性原则：保持锡伯文字符的传统字母数量和书写方式，不做随意的扩充；

4. 通用性原则：在现代外来借词的转写上采用我国通用并获得国际标准化组织认可的转写方式，即以汉语拼音方案作为转写形式基础的原则；

5. 科学性原则：符合并满足现代计算机信息科学的原理和特性。

下面我们基于表 1 给出的字母表进行讨论。

（三）锡伯文字母及其划分问题

1. 锡伯文字母注音方法和转写字母的构成

在正字法中，锡伯文字母表的注音采用的是国际音标。这对熟悉语音学的专业人士而言没有任何问题，但对于一般群众和学生而言，其符号形式与大众熟悉的汉语拼音或英文相比，无论字形和发音，差别是比较大的，容易引起误解和混淆，识别起来比较困难，即使母语是英语的一般人士也有困难。因此，除了采用国际音标以外，还应该采用略作扩展的汉语拼音注音方式（注：新满汉大词典就采用了类似的汉语拼音的注音方式），汉语拼音无法表示的颤音和小舌部位发音的塞音、擦音等采用最相似的汉语拼音字母表示。对于锡伯语中发音与汉语拼音中的双字母辅音［zh］、［ch］、［sh］相近或相似的辅音，正字法中的字母转写符号采用的是穆林德夫转写符号，我国一般人士对这种形式的转写符号是不熟悉的，容易引起混淆，这对学习锡伯文造成了一定障碍。汉语拼音是汉字的注音符号，同时也是汉字的转写字母，是我国各族人士都熟悉的符号形式。同样，对锡伯文字母的转写符号和注音使用扩展的汉语拼音的符号形式，则会大大减轻人们学习和转写锡伯文的难度，这是应该提倡的。

2. 锡伯文字母的音素和数量问题

表 1 给出的字母表有 33 个字母，元音 6 个，用其独立书写形式表示，辅音 27 个，由于辅音没有独立书写形式，表 1 中用辅音词首形式加元音 ᠠ（a）或 ᠡ（e）的词尾形式构成音节作为辅音的名称来表示。现在，我们通常是使用辅音的词首形式来表示辅音。第 6 个元音 /ū/（新式国际音标为 /ʊ/）在满文中是存在的，但在锡伯文中不使用，去除之后，锡伯文只有 5 个元音。另外，表 1 中编号为 18 的字母 ᠲ（t）和编号为 20 的字母 ᡐ（t）从音素的角度考虑，发音完全相同；并且 ᠲ 只与元音 ᠠ（a）、ᡳ（i）、ᠣ（o）相拼，ᡐ 只与元音 ᠡ（e）、ᡠ（u）相拼写，不存在任何冲突。因此，将 ᡐ 归并为字母 ᠲ（t）的第二种书写形式，无论从语音学上考虑还是从字符书写形态考虑，都没有任何问题。表 1 中编号为 19 的字母 ᠳ（d）和编号为 21 的字母 ᡑ（d）的情况也完全相同，同样可以将 ᡑ 归并为字母 ᠳ（d）的第二种书写形式。这样，锡伯文辅音字母的数量就减少为 25 个。由于地域、方言或伴随现象，一种语言的字母可能会有多种略有区别甚至是不同的发音，或者是不同的字母有相同的发音，也就是一个字母对应了不同的音素或者一个音素对应了多个字母。通常情况下，字母的基本发音所对应的音素的音标往往要忽略地域、方言或伴随现象的影响，确定一个或若干个音标作为字母的基本发音或有明显音变时发音的注音符号。按照这种方式注音，现代锡伯文学语言的所用字母数总共为 30 个，在不考虑音变的情况下，30 个字母正好分别对应 30 个音素，一字一音。5 个元音 ᠠ(a)/a/、ᠡ(e)/ə/、ᡳ(i)/i/、ᠣ(o)/ɔ/、ᡠ(u)/u/ 的音位表如表 2 所示。

第五编 满文文献与满语（锡伯语）

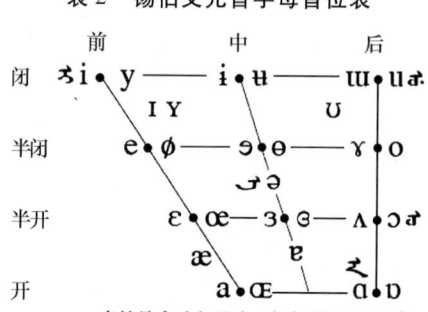

表2　锡伯文元音字母音位表

（元音音位图：前、中、后；闭、半闭、半开、开）

当符号成对出现时，右边的是圆唇元音

25个辅音可以通过辅音发音表来确定其对应的音素。锡伯文辅音发音表如表3所示。其中，锡伯文辅音字母因为没有独立书写形式，故采用词首书写形式表示，若没有词首书写形式的则用词中形式。

表3　锡伯文辅音字母发音表

		唇		舌尖			舌颈腔		
		双唇	唇齿	前	卷舌	龈颚	上颚	软腭	小舌
塞音	清	b [b]/p/		d [d]/t/				g [g]/k/	ǧ [G]/k/
	爆	p [p]/p'/		t [t]/t'/				k [k]/k'/	ǩ [K]/q'/
塞擦音	清			z [z]/ts/	j [zh]/tʂ/	j [j]/tɕ/			
	爆			c [c]/ts'/	q̌ [ch]/tʂ'/	q [q]/tɕ'/			
擦音	清	f [f]/f/		s [s]/s/	x [sh]/ʂ/	š [x]/ɕ/		h [h]/x/	ȟ [H]/ħ/
	浊		w [w]/v/		ř [R]/ʐ/				
鼻音	浊	m [m]/m/		n [n]/n/				ň (ng) [ng]/ŋ/	
颤音	浊			r [r]/r/					
无擦通音	浊					y [y]/j/			
边通音	浊			l [l]/l/					

付勇设计 2012.12制作 2014.8修订

注：表格中对应辅音字母的三种符号分别为：转写字母、用"[]"括起的"扩展汉语拼音"注音和用"//"括起的国际音标。锡伯语字母多数与对应汉语拼音的发音相近，因此转写字母和采用"[]"括起的注音采用我国人民熟悉的汉语拼音，并做适当调整和扩展。其中，锡伯文中发与汉语拼音中的zh、ch、sh相似的字母的转写形式分别表示为j、q、x，两个特殊辅音字母[ʂ]和[ʐ]用字母ř和ř表示。对应发音最接近的字母加"ˇ"表示；q、ǧ、ȟ和ř表示。锡伯文辅音字母共25个，对应25个不同的音位。其中，存在一种特例，即：辅音字母[ɕ]h]、q[ɕh]、s[s]在与元音i拼写时，产生音变，分别发[j]、[q]、[x]音，在表格中在"龈颚"列中给出。

3. 特定字的归并问题

首先，在正字法中，特定字ɔ、ɔ·、ɔ·分别归并（划分）为辅音字母ɔ、ɔ、ɔ的第二种书写形式。如此规定，则存在两个问题：

（1）ɔ、ɔ·、ɔ·与ɔ、ɔ、ɔ的发音并不相同（见正字法第3页字母表中的国际音标注音，注：与表3注音有区别），在锡伯文中基本发音并不相同的符号作为同一个字母的两种不同书写形式则过于牵强，且容易造成混淆。

（2）ɔ、ɔ·、ɔ·和ɔ、ɔ、ɔ都可以与元音字母ʎ（a）和d（o）相拼，不可避免地在同一个音节组合上会出现两种书写形式，如正字法辅音音节表（33—34页）中辅音编号2、3、4所在行所表示的那样形成冲突，这显然是不科学的。这种冲突的影响在采用手写方式或铅字排版时可以做人为控制，尚不觉得明显，但采用计算机进行信息交换时，则会造成许多不便和困难。相反，若将ɔ、ɔ·、ɔ·分别划分为辅音字母ɔ(k)、ɔ·(g)、ɔ·(h)的第二种书写形式，则更为合理：其一，两组字符中对应字符的发音相同；其二，ɔ、ɔ·、ɔ·只与ʎ（a）和d（o）相拼，ɔ(k)、ɔ·(g)、ɔ·(h)只与ʃ(e)、ʃ(i)、d(u)相拼，没有任何冲突，锡伯文字母与转写拉丁字母的相互转换十分方便。

其次，正字法将两个特定字ɥ[ch]和ɹ[zh]分别划分为辅音字母ɥ(ch)和ɹ(zh)的第二种书写形式（见正字法第4页）。如此规定，也存在两个问题：

（1）ɥ(ch)和ɹ(zh)存在与5个元音相拼写的音节形式，而ɥ[ch]和ɹ[zh]只与元音ʃ（i）相拼，同样会在与ʃ（i）相拼的音节上出现两种书写形式，如正字法辅音音节表（35页）中辅音编号16、27所在行所表示的那样，形成冲突。

（2）ɥ(ch)和ɹ(zh)通常的发音分别为[ch]和[zh]，只是和元音ʃ（i）相拼时产生音变，发[q]和[j]音。而ɥ[ch]和ɹ[zh]只出现在与元音（i）相拼的情况，发音分别为[ch]和[zh]，与ɥ(q)和ɹ(j)通常的发音相同。

因此，ɥ[ch]和ɹ[zh]仍保留"特殊字"的身份，作为特殊辅音字母，用转写（q̌）和（ǰ）表示。

再次，正字法字母表中还有一个特殊字符✦（词中形式，其词尾形式为✧），与辅音字母✧（s）和✧（c）组成合体字符✧（si）和✧（ci）（注：也有标注为sy和cy的）。正字法将这两个合体字符分别作为辅音字母✧（s）和✧（c）的第二种书写形式（见正字法字母表，第5页），且仅用于音节［si］和［ci］（见正字法阿字头音节表34，36页）。辅音字母✧（s）原本就有与元音✧（i）相拼音节的书写形式✧（读作［xi］），加上✧［si］的音节形式，同样也造成了上面所述的与✧和✧相同的冲突问题。相类似，我们将✦作为第三个特殊字符对待，看作特殊元音字母，因为它仅与辅音字母✧（s）和✧（c）相拼，分别读作［si］和［ci］音。✦用转写（ǐ）表示。

这样，锡伯文字母表就由5个元音、25个辅音和3个特殊字母组成。

（四）锡伯文字母的拼写问题

1. 锡伯文的音节

锡伯文音节中，元音是音节发音的主体，辅音在音节中用作起音或收音。由元音以及辅音＋元音组成的音节就是"阿字头"或称之为第1字头。在第1字头的末尾分别添加 ⌒(i)、⌒(r)、⌒(n)、⌒(ng)、⌒(K)、⌒(s)、⌒(t)、⌒(b)、⌒(o)、⌒(l)、⌒(m) 组成第2字头—第12字头。锡伯文的词就是由一个或多个12字头音节组成。其中，在5个元音之后添加i或o，就构成了10个锡伯文二合元音的基本形式。当 ⌒(n)、⌒(s)、⌒(l)、⌒(j)、⌒(q)、⌒(k)、⌒(g)、⌒(h)与二合元音io（读作［ü］）拼写的音节仅在词尾时，产生书写变形，其后面要添加字符 ⌒(i)，组成了ioi的拼写形式，其后的i只是个书写变形的附加成分，不发音。也有将ioi称之为三合元音的，这倒无妨。另外，锡伯文中没有类似（ia）、（ua）这样的元音组合。因此，在拼写现代汉语借词时，需要在 i 之后附加 y，u 之后附加 w 才能符合 12 字头的音节拼写规范，正字法中称之为"连续（切音）写法"。例如：ᠰᡳᠶᠠᠮᡝᠨ（厦门，转写 siyamen，读作［xia men］），从书写形式上看，是三个音节 si、ya、men，从读音上看，siya 读作［xia］，iya 整体读音为［ia］，其中的 y 不发音。又如：ᡤᡠᠸᠠᠨᠴᡝᠯᡝᠮᠪᡳ（贯彻，转写 guwanqelembi，读作［guan che lem bi］），从书写形式上看，是五个音节 gu、wan、qe、lem、bi，从读音看，guwan 读作［guan］，uwan 整体读音为［uan］，其中的 w 不发音。可以看出，插入不发音的 y 和 w，是为满足 12 字头音节拼写规范附加的成分，是作为切音连续写法的辅音符号出现的。为此，从读音的角度出发，我们引入一个新的术语，即切合复合元音。切合二合元音包括：iya、iye、iyo、iyu、uwa、uwe。参阅表 4。

表 4　　　　　　　　锡伯文字母拼写表（复合元音）

			元音				
		编号	1	2	3	4	5
		转写	A a	E e	(Ī i) I i	O o	U u
		字母	ᠠ	ᡝ	ᡳ	ᠣ	ᡠ
		汉拼	[a]	[e]	[i]	[o]	[u]
		音标	/a/	/ə/	/I/	/o/	/u/
		形式	首 中 尾	首 中 尾	首 中 尾	首 中 尾	首 中 尾
	说明	字例					
二合元音	在元音 a 之后	ai、ao			○ ○	○ ○	
	在元音 e 之后	ei、eo			○ ○	○ ○	
	在元音 i 之后	ii、io			○ ○	○ ○	
	在元音 o 之后	oi、oo			○ ○	○ ○	
	在元音 u 之后	ui、uo			○ ○	○ ○	
三合	在 io 之后	ioi			○ ○		
	在 oo 之后	ooi			○ ○		
切合二合元音	在 i 之后附加 y	iya	○ ○				
		iye		○ ○			
		iyo				○ ○	
		iyu					○ ○
	在 u 之后附加 w	uwa	○ ○				
		uwe		○ ○			
切合三合元音	iya 之后	iyai			○		
	iye 之后	iyei			○		
	iyo 之后	iyoo				○ ○	
	uwa 之后	uwai			○		
	uwe 之后	uwei			○ ○		
	io 之后附加 w	iowa	○ ○				
		iowe		○ ○			

付勇制作 2014.9 修改

第五编 满文文献与满语（锡伯语）

表5　　　　　锡伯文字母拼写表（辅音）第一部分

表6　　　　　　　锡伯文字母拼写表（辅音）第二部分

[表格：锡伯文字母拼写表，包含编号23-30的字母（Jj [zh][tʂ]/[ʧ] JA、Qq [ch][tʂ']/[ʧ'] QA、Xx [sh][ʂ] XA、Řř [R][z] RRI、Rr [r][r] RA、Yy [y][j] YA、Ww [w][v] WA、Ññ [ng][ŋ] ANN），以及特殊字母 Jj [zh][tʂ'] JI、Q̌q̌ [ch][tʂ']/[ʧ'] QI、Iı [i][i] IY、Cc [c][ts'] CA、Ss [s][s] SA，列出在元音 Aa[a]、Ee[e]、(Ĩ)Ii[i]、Oo[o]、Uu[u] 的首、中、尾位置的拼写形式]

注：1. 表格中○和●表示辅音字母与元音字母在拼写时相连接的关系，其中●为音节中辅音作韵尾，○为音节中辅音作音首。
2. 音节右边注有拼写的辅音字母，如有两种发音，相应辅音在与(a)、(e)、(o)、(u)拼写时，发第一发音，在与元音(i)相拼时发生音变，发第二发音。
3. 元音字母的字形与元音字母○相对应的(红色)元音字形是专用的视别字形，其余的有深色背景色表示的到是在特殊拼写情况下的**异形书写**。
4. 元音(i)的词中字母形式仅用于元音(i)构成复合元音时使用。

2. 锡伯文字母拼写形式的构成

锡伯文字母有独立、词首、词中和词尾四种拼写形式，一个字母的某一种书写形式在与不同的字母拼写时还会根据拼写规则产生不同的形变。这些不同的字形就是字母的拼写形式，是将最初连写的文字根据铅字印刷和计算机信息处理的需要做水平分割获得的。铅字印刷的字模完全是从铅字排版字符形体的需要进行分割的，没有字母的概念。在现代语言学以及计算机信息处理中则更注重文字的字母形式，其划分方法与铅字字模的划分完全不同。例如通常文献中给出的锡伯文字母（a）的印刷体独立形式为 ᡝ，词首形式为 ᠠ，词中形式为 ᠠ，词尾形式则有两种，为 ᠠ 和 ᠠ。锡伯文的书写形式是黏着连写的，字母的字形在词汇中所处的位置不同、与相拼写的字母的不同而有所变化。

正字法中元音 ᡠ（u）的尾写形式给出的 ᠣ、ᠣ᠊、ᠣ、ᡝ 4 种形式以外，实际上还应该有 ᠣ 这样的尾写形式。当 ᡠ 与辅音 ᠺ[k]、ᠻ[g]、ᠸ[h] 相拼，就用这种形式，例如：ᡝᡨᡠᡴᡠ [e tu ku]（衣服）、ᠠᡤᡠ [a gu]（兄长、先生）、ᠮᡠᠵᡠᡥᡠ [mu zhu hu]（鲤鱼）等，另外，元音（i）的尾写形式除了 ᠶ 以外，还有 ᡳ 这种尾写形式，如：ᠮᠠᠨᠵᡠᡳ ᡳᡵᡤᡳ。

根据音素法的锡伯文字母划分和转写原则，可得到如表 4、表 5 和表 6 所示的锡伯文字母拼写表，其中给出了 5 个元音和 25 个辅音的字母表示、转写符号、扩展的汉语拼音注音和国际音标注音，独立、词首、词中、词尾的基本字形，以及相关的拼写关系，此外还给出了作为特殊符号的 3 个特殊字母的拼写关系。

3. 锡伯文字母的拼写规则

下面拼写规则中说明的书写形式有标准形式和特殊形式两类，常用的是标准形式，特殊形式是在特定拼写情况下的条件变形，下面只说明特殊形式的拼写规则。未加说明的则采用标准形式。

根据表 4、表 5 和表 6，我们可以总结出如下构成拼写规则：

复合元音构成规则：

（1）元音 a、e、i、o、u 可以和 i 或 o 组成二合元音，共 10 个。

（2）三合元音 2 个：ioi、ooi。

（3）元音 i 和另 4 个元音相拼时，i 之后必须附加 y，构成切合二合元音 iya、iye、iyo、iyu；元音 u 及复合元音 io 和 a、e 相拼时，u、io 之后必须附加 w，构成切合二合元音 uwa、uwe。

（4）切合三合元音有 7 个：iyai、iyei、iyoo、uwai、uwei、iowa、iowe。

元音拼写规则：

（1）元音 ᠠ（a）的词尾形式有两种：标准形式为 ᠠ，特殊形式为 ᠶ。拼写规则如下：

ᠶ：与辅音字母 ᡋ（b）、ᡦ（p）以及 ᡴ（k）、ᡤ（g）、ᡥ（h）用作起音的词首和词中形式相拼。

(2) 元音 ᠊ᡄ (e) 的词中形式有两种，标准形式为 ᠊ᡄ᠊，特殊形式为 ᡄ᠊；词尾形式有四种，标准形式为 ᠊ᡄ，特殊形式为 ᡄ᠈、᠊ᡄ、ᡄ。拼写规则如下：

ᡄ᠊：与辅音 ᡐ(t)、ᡑ(d)以及 ᠺ(k)、ᡍ(g)、ᡥ(h)用作起音的词首和词中形式相拼。

ᡄ᠈：与辅音 ᠪ(b)、ᡦ(p)用作起音的词首和词中形式相拼。

᠊ᡄ：与辅音 ᡐ(t)、ᡑ(d)用作起音的词首和词中形式相拼。

ᡄ：与辅音 ᠺ(k)、ᡍ(g)、ᡥ(h)的词首和词中形式相拼。

(3) 元音小（i）的独立形式为 ᡞ，ᡞ 只用在两个词之间充当助词。词中形式有两种，标准形式为 ᡳ，特殊形式为 ᡞ；词尾形式有两种，标准形式为 ᠊ᡳ，特殊形式为 ᡞ。拼写规则如下：

ᡞ：仅在元音 a、e、o、u 后书写，构成复合元音。

ᠯ：与辅音 ᠪ(b)、ᡦ(p)、ᠺ(k)、ᡍ(g)、ᡥ(h)以及 ᠽ(z)用作起音的词首和词中形式相拼。

注意：元音（i）不与辅音字母 ᠴ(c)相拼。

(4) 元音大（ǐ）的独立形式为 ᡟ，以 ᠶ 形式出现在词尾时，独立发音。

(5) 元音 ᡆ(o)的词尾形式有两种，标准形式为 ᠊ᠣ，特殊形式为 ᠥ。拼写规则如下：

ᠥ：与辅音 ᠪ(b)、ᡦ(p)以及 ᠺ(k)、ᡍ(g)、ᡥ(h)用作起音的词首和词中形式相拼；另外，与其余辅音（除 ň 以外）的词首形式相拼写，组成音节的独立形式。

(6) 元音 ᡠ(u)的词中形式有三种，标准形式为 ᠊ᡠ᠊，特殊形式为 ᡇ、ᠣ᠊，词尾形式有五种，标准形式为，特殊形式为 ᠊ᡠ、ᠣ、᠊ᠣ。的拼写规则如下：

ᡇ 和 ᠣ᠊：只与辅音 ᡣ(ǩ)、ᡤ(ǧ)、ᡥ(ň)用作起音词首和词中形式相拼。

᠊ᡠ᠊：与辅音 ᡐ(t)、ᡑ(d)、ᠺ(k)、ᡍ(g)、ᡥ(h)用作起音的词首和词中形式相拼。

᠊ᡠ：与辅音 ᠪ(b)、ᡦ(p)用作起音的词首和词中形式相拼；另外，与

第五编 满文文献与满语（锡伯语）

除ᡨ(t)、ᡩ(d)、ᡴ(k)、ᡤ(g)、ᡥ(h)、ᠴ(č)、ᠵ(ǧ)、ᠶ(ȟ)、ᠨ(ň)以外的其他辅音的词首形式相拼，组成音节的独立形式。

ᠠ：与辅音ᡴ(k)、ᡤ(g)、ᡥ(h)用作起音的词首和词中形式相拼。另外，与辅音ᡨ(t)、ᡩ(d)的词首形式相拼，组成音节的独立形式。

ᠣ：只与辅音ᡨ(t)、ᡩ(d)用作起音的词中形式相拼。

（7）特殊字母 ᠰ（词中形式）、ᠶ（词尾形式）具有元音的特性，只与辅音字母 ᠴ（c）和 ᠰ（s）相拼。

辅音拼写规则：

（1）ᠪ(h)、ᠮ(m)、ᠯ(l)、ᠰ(s)、ᡧ(x)、ᠷ(r)等 6 个辅音与 5 个元音相拼，用作起音和收音，其中ᠰ(s)还与特殊字母 ᠰ（词中形式）、ᠶ（词尾形式）相拼。

（2）ᠪ(p)、ᡶ(f)、ᠵ(j)、ᡴ(q)、ᠷ(ř)、ᠶ(y)、ᠸ(w)共 7 个辅音，与 5 个元音相拼，只用作起音。

（3）ᠴ（c）与 a、e、o、u 4 个元音相拼，不与 i 相拼，但可以与特殊字母 ᠰ（词中形式）、ᠶ（词尾形式）相拼。

（4）t 的拼写规则：

第一种形式ᡨ、ᠮ：与 a、i、o 相拼，用作起音；

第二种形式ᡨ、ᠮ：与 e 和 u 相拼，用作起音；

特殊形式ᠴ、ᠶ：与 5 个元音相拼，用作收音。

（5）辅音 d 的拼写规则：第一种形式ᡩ、ᠮ：与 a、i、o 相拼，用作起音；第二种形式ᡩ、ᠮ：与 e、u 相拼，用作起音。

（6）n 的拼写规则：

标准形式ᠨ、ᠨ：与 5 个元音相拼，用作起音；

形变词中形式ᠨ：在元音后用作收音；

词尾形式ᠶ与 a、i、o、u 相拼，ᠶ与 e 相拼，用作收音。

（7）k、g、h 的拼写规则：

第一种形式的词首形式ᡴ、ᡤ、ᡥ和词中形式ᡴ、ᡤ、ᡥ与 e、i、u 相拼，用作起音；

第二种形式的词首形式ᡴ、ᡤ、ᡥ和词中形式ᡴ、ᡤ、ᡥ与 a、o

相拼，用作起音。

（8）ǩ、ğ、ȟ 的拼写规则：

词首形式ᠺ、ᠻ、ᠼ和词中形式ᠺ、ᠻ、ᠼ只与 a、o、u 相拼，用作起音；

ǩ 的形变词中形式ᠺ和词尾形式ᠺ能与 5 个元音相拼，用作收音。

（9）辅音 z 的拼写规则：

标准形式的词首和词中形式ᠽ、ᠽ：与 a、e、o、u 相拼，用作起音；

特殊形式的词首和词中形式ᠽ、ᠽ：与 i 相拼，用作起音。

（10）辅音 ň(ng) 只有词中形式ᠨ和词尾形式ᠩ，与 5 个元音相拼，用作收音。

（11）特殊辅音字母ᠵ (ǰ)、ᠴ (ǧ) 只与元音字母 i 相拼，用作起音。

三　结语

文中提出的基于音素法是按照现代语音学的规律，以锡伯文发音音素为基础，同时充分考虑计算机信息科学的原理和特性，研究并划分出锡伯文字母以及对应于字母的锡伯文字母书写形式，并在此基础上研究字母符号的拼写规则，摒弃以音节为基础的传统模式，建立以音素为基础的新型模式，充分降低锡伯文识读难度，从根本上解决锡伯文学习困难问题，以期为锡伯文的传承和发展开辟新的途径。

[参考文献]

［1］李树兰，仲谦，王庆丰. 锡伯语口语研究［M］. 北京：民族出版社，1984.

［2］图奇春，杨震远．锡伯语法［M］．乌鲁木齐：新疆人民出版社，1987．

［3］新疆维吾尔自治区语委．现代锡伯语文学语言正字法［M］．乌鲁木齐：新疆人民出版社，1992．

［4］胡增益．新满汉大词典［M］．乌鲁木齐：新疆人民出版社，1994．

［原载于《吉林师范大学学报》（人文社会科学版）2017年第5期］

论清代满文《时宪书》内容版本及颁发

春 花[*]

清代曾用"大统法"[①]"西洋法""回回法"[②]三种历法,清军入关前崇德年间采用明廷所用的"大统法",编制颁发了满洲、蒙古、汉文《历书》[③]。自顺治元年(1644)清军入主中原,至宣统三年(1910)溥仪退位,采用"西洋新法",编制颁布了《历书》,命名《时宪历》,因康熙初年"历法之争",康熙四年(1665)复用"大统法",编制颁发了康熙五年至七年(1666—1668)的《历书》;康熙七年(1668)再改用"回回法",编制颁发了康熙八年(1669)的《历书》。但几次改"历",仍用《时宪历》名,至乾隆元年(1736)因避乾隆帝御名"弘历"下一字"历"讳,改称《时宪书》(以下统称《时宪书》)。关于《时宪书》的编纂机构及编纂刻印问题,笔者另在《论清代蒙古文〈时宪书〉编造颁发》一文详细叙述(待刊)。

---

[*] 春花(1966—),女,蒙古族,内蒙古科尔沁右翼中旗人,故宫博物院图书馆研究馆员,研究方向:清代满蒙文古籍及满蒙语言文化。

[①] "大统法":明朝使用的历法,也称"大统历",由明代西域扎玛里鼎参照《回回历》,改订元代郭守敬等"授时历"而成,其基本天文数据和计算方法来自元代的"授时历",所依据的理论还是"地心学"。

[②] "回回法":即伊斯兰历法。

[③] 《历书》:是按一定"历法"排列年月日及四时节令,并提供有关数据的书,也叫"日历"。"历法"是编制历书的原理和方法,也就是以天文数据为依据,安排年月日。如:计算各节气将发生在哪天,日月位置及每月的大、小和每日的干支名称以及何时加闰月,何时发生日、月食及程度和其他行星位置等。是天文学中一个最古老的部分。

| 第五编　满文文献与满语（锡伯语）

本文根据分析馆藏历年《时宪书》，又根据《大清会典》《奏案》《黑图档》《奏销档》等史料及清代各种笔记资料，归纳、总结了清代满文《时宪书》版本内容及颁发始末。

一　满文《时宪书》版本及内容

清代依三种"历法"所编275种《时宪书》，均以满、蒙、汉三种文字编造刊刻。其中满文《时宪书》版本有精写本、钦天监刻本等，精写本有大黄绫本、黄绫袖珍本、蓝绫袖珍本三种，三种精写本均为恭进皇帝的《时宪书》。其大黄绫本是皇帝御用的《上历》，每年满、汉文各进呈一册，其规格比钦天监刻本大，具有黄绫封面和黄绫函套。如：

> 十月初一日恭进《历日》，移会内务府，酌派官员，捧接御览等《历日》。皇帝御览《历》，缮写满汉上历二本，刷印满汉民历二本，满汉七政历二本，用黄绫壳面套，黄罗销金包袱。[1]卷246,1—2

三种精写本中蓝绫袖珍本、黄绫袖珍本均是康熙十一年（1672）才开始修的民用《时宪书》模本，满汉各一册，都进呈皇帝。如：

> 康熙十一年令：每年用满字小本《民历》五本，汉字小本《民历》五本，俱用蓝绫面，无套。又满汉字兼写小本《民历》一本，用黄绫壳套，同《凌犯历日》进呈。[2]卷161,4

上述黄绫袖珍本、蓝绫袖珍本规格比钦天监刻本要小。三种精写本体例基本一致，但其内容方面与钦天监刻本有一定的区别。

（一）各版本内容结构有区别

1. 钦天监刻本内容最丰富，由"都城顺天府节气时刻表""年神方位之图""各地方日出入时刻表""各地方节气时刻表""十二个月日期表""六十纪年表""编者职名表"七个部分组成。

(1)"都城顺天府节气时刻表"

《时宪书》首列月大小合朔时刻、都城节气总目，即"都城顺天府节气时刻表"，用表格显示了都城顺天府一年十二月的二十四节气，上栏列十二个月，下栏列"天干地支表"，最下栏说明了都城顺天府进入二十四节气的月份、日期、时刻等。

(2)"年神方位之图"

"年神九宫方位图"，即用图文并茂形式介绍了本年度太岁干支、五行纳音、岁德、岁德合、几日得辛、几龙治水等天干地支、阴阳五行、神位方位。

(3)"各地方日出入时刻表"

先列"各省日出入时刻表"，然后列"各蒙古部、回部日出入时刻表"，最后列"大小金川日出入时刻表"。用表格显示了各省及藩属各地每天日出、日落时刻。横格列日出、日落时刻，纵格列地名。根据各地所处经度，分别列各地进入日出、日落的具体时刻。

(4)"各地方节气时刻表"

先列"各省节气时刻表"，然后列"各蒙古部、回部节气时刻表"，最后列"大小金川节气时刻表"。也是用表格显示了各省及各藩属十二个月的二十四节气时刻。横格列进入二十四节气时刻，纵格列地名。根据各地所处经度，分别列各地进入二十四节气的具体时刻。

(5)"十二个月日期表"

在各地方节气时刻表之后，列"十二个月日期表"。按月纪日，每个月4页。即以月大小建干支，下注交节日时刻；还注天道、天德、月厌、月煞、月德、月合、月空诸神所宜方向及每月六候、日躔宫次、月九宫等。每日分四格，首格标合朔、弦望时刻及伏社日，每日下注干支、纳音、阴阳；次格纪宿、建除生克日名；第三格列节候交宫月将日出入昼夜时刻、伏社日、土王用事日及每日吉神；第四格为用事，即天文生观测天象得来，并用《周易》阴阳五行理论解释的占卜内容。

（6）后附"六十纪年表"

主要列纪年男女九宫。记录本年度至前往一甲六十年所生人的年龄及阴阳五行特点。最先列"本年度"所生人的年龄及阴阳五行特点，次列去年所生人的年龄及阴阳五行特点，再次列前年所生人的年龄及阴阳五行特点。依次推前列六十年，下列宜忌等日和嫁娶周堂图及五姓修宅。

（7）末列"编者职名表"

《时宪书》最末列钦天监时宪科属下编者名及官衔，先列钦天监监正或监副，然后时宪科的五官正：春官正、夏官正、中官正、秋官正、冬官正，五官司历、主簿等各级官员职衔，共1页。

因钦天监刻本主要为每年十月一日午门外颁历目的刊行，故称《颁行历》。《颁行历》满文本，除了进呈皇帝之外，颁发皇室成员及北京、盛京两都各部院衙门、八旗满洲官员以及吉林、黑龙江等满洲发祥地驻防八旗官员。

2. 蓝绫袖珍本、黄绫袖珍本包含"都城顺天府节气时刻表""年神方位之图""十二个月日期表""六十纪年表""编者职名表"五部分内容，三种精写本中《上历》内容最少，由"都城顺天府节气时刻表""年神方位之图""十二个月日期表""六十纪年表"四部分组成。

钦天监刻本内"各地方日出入时刻表""各地方节气时刻表"部分收录很多地名，并所收地名具有时代特色，关于此问题见笔者著《论清代〈颁行历〉"时刻表"内地名特点》[3]447—458，在此不加以重复介绍。

（二）各版本有关占卜内容不同

"十二个月日期表"是《时宪书》主体部分，其内除了按月纪日之外，还注有丰富的占卜内容，钦天监刻本及两种精写袖珍本所涉及的占卜内容一样，却与皇帝御用《上历》不同。

1. 钦天监刻本及两种精写袖珍本注有祭祀、上表章、出行、结婚姻、会亲友、嫁娶、入学、纳财、沐浴、疗病、剃头、裁衣、安床、交易、开市、修造、动土、柱上梁、栽种、牧养、伐木、捕捉、畋猎等37种涉及百姓日常生产生活活动的占卜内容。如：

> 民历三十七事，祭祀、上表章、上官、出行、结婚姻、会亲友、进人口、嫁娶、移徙、入学、纳财、沐浴、疗病、剃头、冠带、裁衣、安床、立券、交易、经络、开市、修造、动土、柱上梁、开渠、穿井、修置、产室、安碓磑、栽种、牧养、扫舍宇、破土、安葬、启攒、伐木、捕捉、畋猎、平治、道涂、破屋、坏垣。[1]卷247,32—33

《上历》"十二个月日期表"所注占卜内容更为丰富，除了包括钦天监刻本及两种精写袖珍本所注37种占卜内容之外，还注有颁诏、肆赦、祈福、施恩、封拜、上册、进表章、赏赐、布政事、宣政事、招贤、举正、出师、选将、训兵、遣使、修宫室、缮城郭等30种与军国朝政有关的占卜内容。如：

> 上历六十七事，祭祀、颁诏、肆赦、祈福、覃恩施、恩惠、恤惸、施恩、封拜、上册、进表章、庆赐、赏赉、宴会、行惠、爱雪、枉缓、刑狱、招贤、举正、上官、赴任、临政、亲民、冠带、行幸、出师、选将、训兵、遣使、诏命公、纳采、问名、结婚姻、嫁娶、进人口、求嗣、求医、疗病、入学、裁制、沐浴、安抚边境、整容、剃头、整手、足甲、解除、般移、安床、兴造、动土、柱上梁、修宫室、营建宫室、缮城郭、开市、纳财、立券、交易、经络、修置、产室、开渠、穿井、安碓磑、栽种、牧养、伐木、捕捉、畋猎、纳畜、取鱼、修饰、墙垣、平治、道涂、筑堤防、补垣、扫舍宇。[1]卷247,32—33

可见，《上历》所注占卜内容较丰富，共 67 种，上至军国朝政之事，下到黎民百姓生产生活。而钦天监刻本及两种精写袖珍本所注 37 种占卜内容只涉及百姓生产生活。

（三）各版本装帧有区别

三种精写本的装帧在综述内已简单叙述，在此不重复介绍。至于钦天监刻满文《时宪书》，因其使用人的地位不同，所用的装帧有所区别。如：

> 太皇太后、皇太后、皇后，俱刷印满汉《民历》二本，满汉《七政历》二本，用黄绫壳面套，黄罗销金包袱。皇贵妃、贵妃、妃，俱刷印满汉《民历》二本，满汉《七政历》二本，用金黄绫壳面套，金黄罗销金包袱。嫔刷印满汉《民历》二本，满汉《七政历》二本，用红绫壳面，红罗销金包袱，无套，以上《历日》，俱不用印。[1]卷246,2

> 颁赐亲王、郡王、贝勒、贝子、公，各给满汉《民历》二本，满汉《七政历》二本。王用红绫壳面，红罗销金包袱；贝勒用红绫壳面，红绵纸包封；贝子用黄裱壳面，红绵纸包封；公用红绵纸包封。公主等各给满汉《民历》二本，固伦公主，用红绫壳面，红绵纸包封；和硕公主，用黄裱纸壳面，红绵纸包封。[1]卷246,3

上述可见，至雍正年间颁朔礼仪制度更加完善。无论皇室成员，还是王公贵族，或文武百官，因品级地位不同，所颁发《时宪书》的品种、装帧也有所不同。恭进帝后及颁赐王公以及满族官员的满文《时宪书》装帧如下六种：

1. 黄绫面套：恭进皇帝、太皇太后、皇太后、皇后的满文《时宪书》均用黄绫面套，黄罗销金包袱包封。

2. 金黄绫面套：恭进皇贵妃、贵妃、妃的满文《时宪书》均用金黄绫面套，金黄罗销金包袱。

3. 红绫壳面无套：恭进嫔、亲王、君王的满文《时宪书》均用红绫壳面，红罗销金包袱，无套。

4. 红绫壳面：颁发贝勒、固伦公主的满文《时宪书》均用红绫壳面，红绵纸包封。

5. 黄褾壳面：颁发贝子、公、和硕公主的满文《时宪书》均黄褾壳面，红绵纸包封。

6. 黄纸面：颁发满族官员的满文《时宪书》均黄褾壳面。

其实，对皇室成员颁发《时宪书》时，所用包袱也具有时代特色。如：

乾隆十七年（1752）奏准：进呈《时宪书》及颁给诸王《时宪书》，俱改用榜纸包封。[4]卷830,19

乾隆四十六年（1781）奉旨：所有钦天监每年进呈《时宪书》着照前例，仍用销金包袱包裹进呈，至亲王应得之《时宪书》亦着照前例，赏用包袱。钦此。御览《时宪书》、皇太后、皇后《时宪书》，用黄罗销金包袱包封；皇贵妃、贵妃、妃《时宪书》，用金黄罗销金包袱包封；嫔《时宪书》，用红罗销金包袱包封；亲王《时宪书》，用红罗销金包袱包封，其郡王、贝勒、贝子、公主《时宪书》，仍用红棉纸包封。[4]卷830,19—20

（四）各版本加盖印章有区别

皇帝、后妃所用《时宪书》一般不加盖印章，但顺治初年均加盖印章。午门外颁发王公及文武官员的《时宪书》和从钦天监直接支给的《时宪书》封面和第一页均加盖印章，以防民间私自伪造《时宪书》。如：

其历日面页，开载"钦天监依西洋新法印"造《时宪历日》，颁行天下。伪造者依律处斩，有能告捕者，官给赏银五十两……[1]卷246,12

第五编 满文文献与满语（锡伯语）

然而《时宪书》上签署的印章也具有时代特色。因用于西洋历法，起初用"钦天监依西洋新法印"，因康熙初年"历法之争"，康熙八年（1669）去掉《时宪书》印章之"依西洋新法"五字，变成了"钦天监奏准印"。如：

> 康熙八年，特遣大臣二十员赴观象台测验，遂令西洋人治理历法，其历日面页，奏准去"依西洋新法"五字，改为"钦天监奏准印"造《时宪历日》。[1]卷246,12—13

早在康熙年开始编写的《御制律历渊源》，至雍正三年（1725）刊刻，其中《历象考成四十二卷》内容较精细，于是自雍正四年（1726），决定以《历象考成四十二卷》为准，编纂《时宪书》。所以又造"钦天监钦遵御制历象考成印"，以代替以往的"钦天监奏准印"。如：

> 自雍正四年为始，造历用《历象考成》之法。又议准：历日面页，改载"钦天监钦遵御制历象考成印"，造《时宪历日》，颁行天下。[1]卷246,15

清代朝廷独家把持天文观测机构及历书的编印等事宜，只许在皇城建立天文台，只许由皇朝编历颁行。平民百姓既不能设天文台，又无权私自编历，违者治罪。如：

> 凡伪造诸衙门印信及历日符验、夜巡铜牌、茶盐引者，为首雕刻斩。[2]卷122,13
>
> 伪造各衙门印信，钦给关防、历日、符验、茶盐引，雕刻未成及成而未行，为首者，已行。为从者，知情行用者。[1]卷182,15

总之，清代钦天监编纂或刊印的《时宪书》满文本有多种版本，其所载信息量很大，除了主题历日之外，还包含有关地理历史、易经占卜等内容。但因使用人不同，内容、装帧也不相同。

二 满文《时宪书》的颁发

清廷自崇德元年（1636）开始采用"大统历"，开始，每年编纂刻印《历书》满、蒙、汉本，均于十月初一日颁发，因特殊情况，有时十月初二日颁发。如：

> 崇德二年丁丑，冬十月，乙未朔，定历法，颁满洲、蒙古、汉文历。[5]卷39,1

> 崇德四年己卯，冬十月，甲申朔颁历。[5]卷49,1

至于在哪儿举行什么样的颁发仪式，笔者未找到相关的依据。顺治元年（1644）清廷入关后，五月份决定采用"西洋历法"，并开始由钦天监编纂刊刻《顺治二年时宪书》满、蒙、汉本，于十月初二日在午门外第一次举行了隆重的颁发仪式。因使用者不同，颁发日期、颁发地点和颁发方式均不同。

（一）午门外颁发

每年钦天监八月末或九月初题奏《时宪书》已刻印成书之事，至十月初一日在紫禁城午门外举行隆重的颁发仪式，据清代五朝《大清会典》记载，清代编纂满文《时宪书》的种类及颁发范围逐渐扩大。《时宪书》满文本除了进呈皇帝、后妃之外，还颁发王公、公主及满洲官员。因颁发对象不同，颁发种类和颁发方式也不尽一致。总结午门外颁发程序，大致按如下三个步骤进行。

第一步：钦天监送《历书》仪仗队至午门外。

十月初一日黎明，由钦天监监正率领属下官员，各穿朝服集聚钦天监，并在钦天监堂内设香亭一，龙亭一，左右采亭八。乐部和声署陈乐于香亭前，将恭进皇帝、后妃《时宪书》置于龙亭内，奉颁王以下《时宪书》放于采亭内。集聚钦天监的各级官员于香亭、龙亭、采亭前各行一跪三叩礼毕，銮仪卫校尉以次升亭起行，呈送《历书》的仪仗队出发。香亭在前，龙亭在中，采亭在后，仪仗及鼓吹前导，和声署导迎乐作，奏"禧平之章"。仪仗队入长安左门，至午门外停止。

此时王公及文武百官早已身穿朝服，在午门前集合。鸿胪寺官员早在午门外正中设一个黄案，其两旁各设一个红案。钦天监官员奉恭进皇帝、后妃的《时宪书》，陈于正中的黄案上；奉颁王以下《时宪书》，放于两旁的红案上。

第二步：入午门为皇帝、后妃进呈《时宪书》。

钦天监官员在午门外将《时宪书》分别陈于黄案和红案之后，官员二人举黄案前引，由午门中门入紫禁城，监正、监副跟随在后。至太和殿官员将黄案陈于左右阶上。监正到丹墀左，行三跪九叩礼，之后由内务府掌仪司官员前来，奉黄案上《时宪书》送至乾清门，由内监等恭进皇帝、皇太后、皇后《时宪书》；其皇贵妃、贵妃、妃、嫔《时宪书》，交各宫内监，各自进呈主子。礼成后钦天监官员撤黄案，推出午门。

第三步：午门外颁发王公及三品以上官员《历书》。

在午门外鸿胪寺官员主持颁发王公及三品以上官员《时宪书》。因颁朔前期，由礼部行宗人府传王公，吏部传文职官员，兵部传武职官员，届日王公及文武百官均穿朝服俱齐集午门外，在东西阙下行礼，恭候颁历。但有时由于特殊原因，王公及文武百官身穿补服。如：

> 光绪七年九月初五日，管理钦天监事务和硕惇亲王臣奕誴等谨题，为颁时宪书事。光绪八年时宪书例应于本年十月初一日颁赐诸王、贝勒、文武各官，原系俱穿朝服在午门外行礼跪领，现

准礼部文称，今本年十月初一日颁朔，系在孝贞显皇后大事期年之内，所有是日受朔之王公百官及执事各员，均穿补服行礼。为此谨具题闻。[6]191

其实朝服、补服均是清代礼服，礼服是重大典礼及祭祀活动时穿用，其中朝服是佩有朝珠、朝冠、朝鞋等最重要的配套礼服。补服是穿于朝服之外的褂式服装。上述史料说明光绪七年（1881）三月份慈安太后晏驾，所以十月初一日颁发次年《时宪书》时，令王公及文武百官穿补服，以显示不同于常年。

午门外主持"颁历"的鸿胪寺鸣赞官二人立于甬道左右，纠仪御史二人、礼部司官二人立于鸣赞官之北，皆东西面宣制；鸿胪寺官一人立纠仪官之北，面西。鸣赞官赞齐班，鸿胪寺官员引亲王、郡王、贝勒、贝子、公等，按顺序翼立甬道内，再引文武百官立甬道左右，皆面北。东班西上，西班东上，赞进皆进，赞跪皆跪。宣读官宣读："某年《时宪书》颁给众官，晓谕天下，宣毕"。王公百官行三跪九叩礼，兴退，礼毕。当然先颁发王公《时宪书》，以亲王、郡王、贝勒、贝子、公顺序各跪领《时宪书》后退出；之后颁发三品以上官员《时宪书》，八旗及部、院、府、寺、监、卫三品以上官员，皆按品级顺序依次跪领《时宪书》后退出。若无故不到午门者，次日参奏议处。如：

雍正十二年覆准：每逢颁朔之日，八旗都统、各部院堂官，各率所属，并诸王府祇领属官，咸朝服祇俟午门外行三跪九叩礼。御史二人，监礼部委满汉司官二人收职名；如有公事不克亲赴，豫行知会；其无故不到及不朝服行礼者，指名参处；务恪遵定制，整齐敬谨，以光大典。[4]卷250,7

乾隆十六年奏准：孟冬颁朔，请由钦天监豫日行文，至期贝子、公以下，至文武正贰各官，咸朝服祇俟依次跪领，恭俟宣制，行三跪九叩礼。如有无故不到者，纠仪御史，于次日参奏，

照无故不朝参律议处。[4]卷250,8

乾隆十九年定：孟冬颁朔午门，亲王、郡王、贝勒令亲领行礼。[4]卷250,8

总之，进呈皇帝、后妃《时宪书》及颁发王公的《时宪书》品种较多，其中必有满文本，午门外颁发百官的《时宪书》有满文、蒙古文、汉文三种，满官颁给满文本。关于颁发《时宪书》品种的问题，在笔者《论清代颁发汉文〈时宪书〉及其仪式》[7]170—188内详细介绍，在此不一一重复。

（二）钦天监分发

因清代可颁发《时宪书》的有顶戴官员达三万余人，十月初一日午门外颁发《时宪书》，难以遍布所有官员，于是规定只颁发王公及在京八旗都统以上、各部院衙门三品以上官员。颁发三品以下官员及八旗都统以下官员所用《时宪书》，一般等午门外的颁发《时宪书》仪式结束后，十月初三日由各旗或各部衙门等，各派人从钦天监领取，回到各自部门再分发。满官颁给《时宪书》满文本，各发一本，均黄裱纸面。如：

至颁给百官《时宪书》，三品以上官应仍于午门外祗领，其余满汉文武有顶戴官员万三千余人，一时难以遍给，往来拥挤，恐无以肃观瞻而昭典礼，应照向例于午门外行礼后，各赴钦天监祗领。[4]卷252,7—8

雍正七年议准：直隶、盛京等处文武衙门官，各给一本，应领清字、汉字、蒙古字《时宪书》，行文赴监支取。[8]卷62,3

其八旗满洲官员给清字，蒙古官员给蒙古字，汉军官员给汉字《时宪书》各一本，均交各旗分发。各衙门汉官每人给汉字《时宪书》一本，交各衙门分发，其各衙门坐书于初三日行文赴监支取。守陵官员及山海关副都统、盛京、吉林、黑龙江将军，盛京五部侍郎、内务府总管、佐领、马兰镇、泰宁镇等处文武官各给一本。应领清字、蒙古字、汉字《时宪书》行文赴监支取。[8]卷158,4—5

可见，皇家所用《时宪书》满文本及北京、盛京、吉林、黑龙江等处满洲官员所用《时宪书》满文本均在钦天监刻印成册。十月一日在午门外为皇室成员及高层官员颁发。十月初三日钦天监为中低层官员颁发《时宪书》，颁发时不举行任何仪式。在京八旗或衙门各派人，持行文赴钦天监支取，钦天监由红棉纸包封分发，每人各发一本，均黄裱纸面。而盛京、吉林、黑龙江满族官员所用《时宪书》满文本，由盛京将军衙门派人到钦天监支领，每旗各发给 100 本。领回盛京之后，通过盛京兵部驿站送往各地，其押运费用由盛京工部出资。史载：

> 钦天监颁发盛京等处《时宪书》，据兵部火票沿途供车，其发吉林、黑龙江等处者，由部重给火票，自盛京递送。[8]卷139,38

此外，上述午门外颁发的《时宪书》，或从钦天监支领的《时宪书》，刻印所用纸墨笔砚及工价经费、装帧费用均由户部出资。然而，京城满族百姓所用《时宪书》均从钦天监购买，价钱很低廉。如：

> 七年议准，钦天监每年给发各该衙门《时宪书》外，听匠役备纸刷印售卖。[4]卷252,6

唯独在各省战略要地的驻防八旗满洲官员，钦天监不为其颁发《时宪书》满文本，由本省颁发汉文本。

总之，钦天监刻印的满文《时宪书》，除了十月初一日在午门外为高层满族官员颁发之外，中低层官员满族均从钦天监支领。由盛京将军衙门通过兵部驿站护送盛京、吉林、黑龙江满族官员所用满文《时宪书》。百姓所用《时宪书》均从钦天监购买，价格低廉，每本定价一分二厘。唯独在各省战略要地的驻防八旗满洲官员，钦天监不为其颁发《时宪书》满文本,由本省颁发汉文本。满文《时宪书》内容丰富,涉及天文、地理、历史、易经等内容。因使用人不同,满文《时宪书》版本、装帧也有区别。其中只有恭进皇帝、后妃的《时宪书》不加盖印章,其余《时宪书》封面和第一页均钤印,以防民间私自伪造《时宪书》。

[参考文献]

[1] 尹泰. 钦定大清会典[M]. 清雍正十年(1732)武英殿刻满文本.

[2] 伊桑阿. 大清会典[M]. 清康熙二十九年(1690年)满文精写本.

[3] 春花. 论清代《颁行历》"时刻表"内地名特点[M]//朱诚如,徐凯. 明清论丛:第十五期,故宫出版社,2015.

[4] 托津. 钦定大清会典事例[M]. 清嘉庆二十三年(1818)武英殿刻本.

[5] 图海. 清太宗实录[M]. 北京:中华书局,1986.

[6] 中国第一历史档案馆,北京天文馆古观象台. 清代天文档案史料汇编[M]. 郑州:大象出版社,1997.

[7] 春花. 论清代颁发汉文《时宪书》及其仪式[M]//赵志强. 满学论丛(第6期). 沈阳:辽宁民族出版社,2017.

[8] 张廷玉. 钦定大清会典则例[M]. 清乾隆二十九年(1764)武英殿刻本.

[原载于《吉林师范大学学报》(人文社会科学版)2018年第1期]

从《满俄大辞典》试析扎哈罗夫对满文词汇的理解

许淑杰 刘国超[*]

1875年由俄国汉学家扎哈罗夫编写的《满俄大辞典》,(《Полный маньчжурско-русский словарь》,以下简称《辞典》)是一部较早的极具权威性的满俄辞典。该辞典收词过万,内容翔实、丰值突出。《满俄大辞典》出版之后,不只享誉俄国满学界,在中国乃至国际满学界都是难以超越的辞书。其学术影响持续至今。在1975年出版的《满洲语通古斯诸语比较辞典》中这样介绍该辞典:"不仅增添了女真方面的解释,还包括当时所收集的相关材料"[1]引言:4,因此,该辞典具有很高的实用价值和学术价值,尤其史料价富,其中不仅包含当时中国学者、俄国汉学家对满语词汇的理解,还吸收了西方传教士的解释。苏书,在《满俄大辞典》前言联于扎哈罗夫提及满语、满族的来源,辽金元的历史和语言的发展变迁,以及满语的创制和发展,无疑是以扎哈罗夫为代表的俄国人对中国历史与文化的理解;还有对中国西北地区锡伯、索伦的满语使用情况的了解,扎哈罗夫认为,虽然锡伯、索伦当时在西北地区使用满语,但公文的使用已经变成满汉合一的情况,这是扎哈罗夫独到的理解。而《满俄大辞典》中所收录的单词和这些单词的词汇解释,是扎哈罗夫在综合各类

---

[*] 许淑杰(1972—),女,吉林九台人,吉林师范大学历史文化学院教授,博士生导师,研究方向:满学;刘国超(1993—),男,黑龙江绥化人,吉林师范大学历史文化学院2015级硕士研究生,研究方向:清史,满族史。

| 第五编　满文文献与满语（锡伯语）

满语辞书的基础上完成的。

一　《满俄大辞典》作者介绍与成书背景

扎哈罗夫（1814/1816①—1885 年），俄文名 Иван. Ильич. Захаров，汉语译作伊凡·伊里奇·扎哈罗夫，又译作"杂哈劳"，是19世纪俄国著名汉学家、外交家，是第一任俄国驻华领事，参与中俄西北边界划分条约，后在俄国圣彼得堡大学东方语言学系担任教授。著作有《辞典》《满语语法》等。

扎哈罗夫出生于俄罗斯沃罗涅日省维斯拉波利亚纳村的一个东正教神职家庭，父亲是牧师。扎哈罗夫是家中第三个孩子，幼年丧父，学习成绩优异，1837年从沃罗涅日神学院毕业。1837年6月19日，扎哈罗夫以公费生资格进入圣彼得堡神学院，以后他学习努力，成绩优秀。但由于扎哈罗夫陷入了东正教神职人员高层之间因为用现代俄语翻译旧约圣经的激烈争端中，最终未能完成课程。1838年，扎哈罗夫申请参加第十二届去北京的东正教传教团，1839年，扎哈罗夫以学员身份参加该传教团，并和"牧师 Иннокентий Немиров、Палладий Кафаров、Гурий Карпов、医生 Александр Татаринов 以及艺术家 Кондратий 等人于1840年1月16日出发前往北京"[2]。

1840年至1850年间，扎哈罗夫在北京生活大约10年时间，在这期间他主要学习满语、汉语，并对中国的历史、地理等进行研究。他认为应该了解中国人的风俗习惯、生活方式，研究中国的传统和语言，才能帮助自己了解中国。扎哈罗夫的许多著作都是在这一时期准备并完成的。比如他于1852年、1853年相继在圣彼得堡发布的《中国人口历史评述》（Историческое обозрение народонасел-ения в Китае）和《中国的土地所有制》（Поземель-ная собственность в Китае）这两篇文章，被认为是俄罗斯关于中国社会经济史研究方面

---

① 扎哈罗夫的出生时间目前没有定论。

从《满俄大辞典》试析扎哈罗夫对满文词汇的理解

最早的成果，分别收入《俄国驻北京传教团成员著作集》的第1、2卷中，后传入欧洲，又被翻译成德语和英语，影响颇为广泛。苏联历史学家尼基福罗夫认为："扎哈罗夫是俄国第一个对中国历史进行科学研究的人，是分析中国社会经济根本问题的始作俑者。"[3]449 "扎哈罗夫的长处在于能够将那些来自中国史书中的材料同现实的中国进行比照，他甚至设法从清朝户部获取了最新的人口和土地数据，在对比和批评中将作品的科学价值提升到新水平。"[4]111 这在扎哈罗夫的其他几部著作中都有很好的表现，特别在《辞典》编撰中，他吸收借鉴了众多的满文辞书，后来学者公认："扎哈罗夫为第一个真正研究中国历史的俄国人，研究社会经济根本问题的先行者，但由于科学还处于没有分科的状态，因此难以成为一个纯粹的历史学家。在研究中国历史的同时，他终身都在进行满语语言学的研究。"[4]111《辞典》虽然是在1875年最终完成并出版，但前期大部分工作是在北京学习期间奠定。除扎哈罗夫外，同届的传教团还培养出汉学家"瓦西里耶夫、巴拉第、戈尔斯基和戈什克维奇"[4]64。

1851年，扎哈罗夫开始在俄国外交部亚洲司工作。由于当时中俄两国在中国新疆地区的争端，扎哈罗夫撰写过《青海和硕特部及其与中国的关系》等文章，在当时很有影响。所以他被派遣到中国西北，作为俄方谈判代表叶·科瓦列夫斯基（Е·П·Ковалевский）的参议，参加了中俄《伊犁塔尔巴哈台通商章程》谈判。与此同时，扎哈罗夫作为一个成功的谈判助手，凭借自己对中国西北的了解和对谈判问题的提前调查，有助于俄国对中国谈判的成功，根据此协议俄罗斯有权在伊宁和塔城派驻领事。由于表现出色，扎哈罗夫被授予圣弗拉基米尔四级勋章，并被任命为俄罗斯在中国的第一位领事，即俄罗斯驻伊宁领事。1854年，他又被授予二级圣安娜勋章。1858年，扎哈罗夫接手调查1855年发生的塔城火灾事件，不但顺利解决了这个长期未决问题，而且为俄罗斯争得了中国20万卢布的赔偿。后作为奖励，他被提升为总领事。1864年1月18日，扎哈罗夫被授权议定中俄边界，使俄罗斯根据塔城界约（即《中俄勘分西北界约记》）

侵吞了大量中国领土。该条约被视为当时俄罗斯政府在外交方面的重大胜利，扎哈罗夫又因此被授予圣弗拉基米尔三级勋章，晋升为国务委员等职。这些都大大提高了扎哈罗夫的社会影响，使其受到当时俄罗斯社会的广泛认可。1875年，在给俄国驻北京公使倭良嘎哩的一封信中，曾担任过俄国驻北京传教团大司祭的汉学家巴拉第写道："您告诉我的有关扎哈罗夫的消息着实令人高兴。他的历史素养和民族学知识决定了他应该在中亚地区工作。他具备胜任这一工作的全部资料，而且也没有被目前耽于梦想的实用主义风气所侵染。"[3]450 这期间扎哈罗夫还写了《中国西部边陲札记》《中国西部领土概述》和《新疆详图》，均具有较高的学术价值和实用价值，可惜没有全部出版，甚至遗失。其中，"1857—1859年间编写的《新疆详图》虽未出版，却为许多国外探险家所使用，后来还曾在巴黎国际地理代表大会获奖"[3]450。"1864年6月13日开始，扎哈罗夫在俄国外交部任译员，直至1866年2月28日退休，获得1200卢布的退休金"[5]。

1868年，扎哈罗夫受到圣彼得堡大学东方语言学系教授瓦西里·瓦西里耶夫（又译为王西里）邀请，任圣彼得堡大学讲师，1869年开始教授满语。扎哈罗夫以丰富的知识和独创性的思想吸引了众多学生。他的学生包括"政治家 А. М. Позднеев 和学者 П. П. Степанович"[6]。在此期间，扎哈罗夫继续编撰满俄辞典，最终于1875年完成了这部耗费20多年的《满俄大辞典》，并将其出版。"圣彼得堡大学东方语言学系决定不经过答辩就授予扎哈罗夫满语语言学博士学位"[3]445。俄罗斯皇家地理学会授予扎哈罗夫康斯坦丁诺夫斯基金牌。1879年他晋升教授，并编写了《满语语法》，同样，这部著作也取得巨大成功。"他所编写的两部著作——一本辞典和一部语法——至今仍是满语学习中不可取代的参考书"[3]444。扎哈罗夫在编写另外一部汉满俄三语辞典的过程中，于1885年9月26日在圣彼得堡突然去世，享年69岁。扎哈罗夫的许多作品留有手稿，但并未出版。

二 《满俄大辞典》的编撰概况和结构安排

(一) 《辞典》的编撰概况

扎哈罗夫对《辞典》的编撰工作开始于他在北京学习期间，在这一时期，他不仅熟练地掌握了满汉语，还调查过当时中国社会生活的各个方面，成果颇丰，对中国政治文化有非常好的理解。"中俄《恰克图条约》签订以后，俄国获得向北京派遣传教士和学生的权利，彼得一世希望俄国人学习满汉语言，并为其远东战略服务"[4]116。由于满语在清朝占有特殊的地位，且满文是拼音语言，学习较汉语容易，易被俄国人所接受，可以帮助俄国人更快地阅读和理解满语书籍，所以在北京的俄国传教士们陆陆续续编写了多本满语辞书，这其中较早的有阿·列昂季耶夫编写的《俄满汉语会话手册》、列昂季耶夫斯基参考多本满汉辞书编撰的《汉满拉丁俄语辞典》等。扎哈罗夫基于这一传统，开始有目的地收集满语资料，准备辞典编撰。当时扎哈罗夫也认识到了存世的各类满文辞书的不足，为此，在《辞典》编撰过程中，他尽可能地寻找和收集各类满文辞书，同时，凭借对满汉语的良好理解，在"参考中俄两国以往满语辞书的同时，还阅读利用了大量已经失传的满文刊本与抄本"[4]118，并利用自己的便利条件，收集最新资料。扎哈罗夫通过对所搜集到的各类满语辞书进行对比，在吸收借鉴这些满语辞书及相关资料的基础上编撰《辞典》。

从青年求学到中年做官，再到晚年回归学术，扎哈罗夫一直没有离开满学研究。《辞典》的编撰，也随之断断续续进行了二十多年，最终在圣彼得堡大学教学期间，扎哈罗夫不厌其烦地对《辞典》进行整理和修订，这使辞典的内容极为翔实，运用大量俄文说明满语的各类语法和单词词汇解释，最终《辞典》编撰完成并出版。《满俄大辞典》的出版不仅是作者的巨大成就，也让满语学习和研究者多了一本具有权威性的工具书。

辞典所收录的万余单词及其解释，是扎哈罗夫在综合各类满语辞书的基础上完成的。这里面既有中国人对满语词汇的理解,也有俄国人自己的理解,还有欧洲耶稣会传教士的理解。扎哈罗夫不仅评价了耶稣会传教士撰写的满法《鞑靼辞典》,还在前言中提到了当时西方耶稣会传教士中国天文学、中国及周边国家的自然史方面的理解。俄国汉学家瓦西里耶夫称赞:"扎哈罗夫先生的辞典融汇了所有的其他辞典。"[7]328 就目前国外编写的各类满文辞书来看,除了《满俄大辞典》以外,只有20世纪50年代德国人郝爱礼的《满德辞典》是收集借鉴各类满语辞书编撰而成,其余大多数满语辞典都是用中国满文辞书直接翻译而成。这也是《满俄大辞典》的优点所在。

(二)《辞典》的结构安排

《辞典》共印刷过两次,两次印刷内容相同,并无增添删改。第一次于1875年由俄罗斯圣彼得堡皇家科学院印刷厂印刷出版,第二次于1939年由北京杨树岛印刷局影印出版。该辞典共1233页,收录单词10514个,包含勘误表、前言、语法解释、正文以及更正表,但没有凡例、附录和索引部分,通篇用古俄文书写。

《辞典》开头部分是勘误表,对辞典中前言和语法内容的书写错误进行更正,并列表记录页数和行数位置,其中前言部分共10处,语法内容部分共26处。辞典的前言和语法解释部分很有特色。在前言中,扎哈罗夫对满语、满族的历史渊源、满语的创制和发展、中外满语辞书等作了评述。语法解释分为字母性质、单词的外部意义、标点、发音、重音等五个部分,分别从不同角度解释满语字母的写法和读音,扎哈罗夫用俄语解释满语,包括满语字母的性质和字母写法以及内部区别等,可谓不厌其烦,极为详细。

正文包括字母表和单词部分,按照满语字母元音到辅音的顺序排列单词。俄国汉学家们创造的满语和俄语之间的拼写规则与罗马转写不同,它极为强调两种语言在语音上的对应,认为满语有6个元音,4个双元音,16个辅音,6个特殊字母或音组,即 a(a)、э(e)、и(i)、o(o)、y(u)、ȳ(ū)六个元音,я(ya)、ѣ(ye)、io(yo)、 ю（yu 或 io）四个双元音（有些观点认为 ы 是双元音，用来拼读特定字母），辅音有 н（h）、к（k）、г（g）、чж（j）、ф（f）等 16 个，以及额外的辅音 ц（ts）、цз（dz）、сы（sy）、чжи（jy）、ж（ž）等 6 个，共 32 个字母或音组。另外，字母 ѣ、i 属于古俄语字母，在俄语改革以后不再使用。《辞典》用俄语拼写满语字母，除大部分用单个俄语字母拼写外，也有少部分用几个俄语字母拼写的情况。《辞典》中还收录了用满语特定字母拼读的单词，并且用俄语字母拼读出来，并附有相对应的俄文解释。

单词部分包括 10514 个满语单词，这其中还有更多的满语词组。满语单词的俄文解释内容丰富，相对来说较为全面。

《辞典》中满语单词的解释方法可分类如下：满语单词对应一个或几个俄语解释；除单词解释外，还有众多满语词组的解释，如 abka 也有 15 个词组，elhe 共有 16 个词组，bira 共有 34 个词组，su. wanyan 共有 47 个词组，aisin 共有 49 个词组；部分单词没有单独解释，只有词组连用解释，属于固定词组；在一些词汇解释中，如中国特有词汇和需要特别说明的词汇，用俄文字母拼写其汉语发音或满语发音，如康熙"канъ хи"、黄河"хуанъ-хо"、圣祖"шэнъ цзу"、十天干"чжувань чиктэнь"。

最后是更正表，更正了辞典中正文部分的拼写错误和遗漏，并且补充其正确书写，与勘误表一致，将错误之处的页数和行数清楚标示，共 211 处。这些更正的错误中不仅有俄文拼写形式，还有部分用满语单词直接书写。相对于勘误表，更正表更细致地记录并添加了满语单词的书写错误。

关于凡例、附录和索引的问题，该《辞典》没有凡例、附录和索引部分。《辞典》编撰除用满文、俄文以及满文篆书装饰的封面以外，直接进入勘误表，没有凡例，也没有附录，之所以如此，笔者认为应该是作者将凡例和附录所说明的内容放在了前言和语法解释中，不需多此一举。没有索引则可能是因为字母可以发挥索引的作用，而正文前已列出简单没有页码的字母表。

三 词汇来源探究与对比

扎哈罗夫挑选了8部中国辞书、1部法国辞书、1部俄国辞书,共10部相关满文辞书,在《辞典》前言中对其一一评述,指出其优点与不足。其中,中国满语辞书包括《大清全书》《御制清文鉴》《清文备考》《清文汇书》《御制五体清文鉴》《清文补汇》《三合便览》和《蒙文晰义》。

这些辞书中,《大清全书》成书于1683年,《御制清文鉴》成书于1708年,《清文备考》成书于1722年,《三合便览》成书于1780年,《清文补汇》成书于1802年,《蒙文晰义》成书于1848年,《御制五体清文鉴》成书具体时间不详,但可以确定是在乾隆年间,即不晚于1799年,而《清文汇书》也成书具体时间不详,但早于1783年。此外,还有1789—1790年间出版的法国耶稣会传教士P. Amyot. Paris 的《鞑靼辞典》,1866年出版的俄国汉学家瓦西里·巴夫洛维奇·瓦西里耶夫的《满俄辞典》。

对于这些辞典,扎哈罗夫认为,沈启亮编的《大清全书》是其中最早的私人编写的满文辞书,并认为该辞书字母排序构思精巧,但不全面,而其优点则在于首次公布了简明语法的满语注释,没有任何通假顺序,最后他认为《大清全书》至今仍然指导满语学习。对满法《鞑靼辞典》,扎哈罗夫认为,其编撰的水平较低,降低了汉学家的荣誉。并指出,编撰作者当时的满汉语水平较低,刚处于学习阶段,还没有完全理解词汇的含义的细微差别,也就编撰不出好的辞典。对俄国汉学家瓦西里的《满俄辞典》,扎哈罗夫认为该辞典是为了教授学生所编写,所以在内容和词汇解释上都相对比较单薄。在这些满语辞典中,扎哈罗夫认为清朝官方修订的《御制清文鉴》《御制五体清文鉴》是在各种古代手稿和古书的基础上,皇帝敕令修撰的满文辞典,收词丰富,对应的每个词的解释都是由满语而来,因而对这两本清文鉴均有很高的评价。

从《满俄大辞典》试析扎哈罗夫对满文词汇的理解

作为清朝官方编撰最早的满语辞典,《御制清文鉴》用满语解释满语,由皇帝钦定颁行,将所收词语进行分门别类,并解释,具有权威性。而《御制五体清文鉴》则是乾隆朝在《御制清文鉴》的基础上进行修改,并大量增订而形成的,也极具权威性。二者一个最早,一个最全。选取这两部辞书更具有代表性。

具体情况见下表:

表1　　　　　　　　　50 词汇来源比较表

序号	罗马转写	《御制清文鉴》	《御制五体清文鉴》	《满俄大辞典》
1	aha	家里差遣的人谓之奴仆。	奴仆	奴隶、仆人、佣人。
2	abka	覆盖万物者为天,《性理》朱子曰天以为阴阳、五行造化万物。《论语》曰"巍巍乎,唯天为大,唯尧则之"。	天,天气。	天空可见空间,天上不可见的神、世界以及天意,它控制世界范围内的所有行动(每)天,天气。
3	a. a	哥哥的妻子谓之嫂子。	嫂子	年长的女人,哥哥的妻子。
4	endurin	庙里烧香祭祀的像,谓之神。又天地祖先之庙,祭祀神邸,俱谓之神。	神仙	无形的难以理解的存在,守护灵,在我们星球的不同部分运行的存在,死后被神化的灵魂,具有非凡头脑的天才,预言的先知。
5	enduringge ejen	天纵聪明,养育万物,谓之圣主。	圣主	中华帝国皇帝的称谓,神圣和贤明的君主,代天牧民。
6	irgen	天下之人谓之伊尔根。	民	人,平民,国家公民。
7	ujen cooha	兴起时的佛尼堪(旧汉人),编三十牛录,编的尼堪谓之重兵。	汉军	重装部队,步兵,由中国人组成的兵团部队,和满洲人一起从满洲进入中国。
8	hūwang taidzy	汗的宗子谓之皇太子。	皇太子	皇帝长子,储君。
9	age	自己的哥哥谓之阿哥,对人尊敬地称呼也谓之阿哥,汗未封之子们谓之阿哥。	皇子,兄弟,兄长。	亲生哥哥、兄长(礼貌用语,如尊敬的先生)、皇室孩子在成年前的称呼。
10	hūwang guifei	继任皇后之人谓之皇贵妃。	皇贵妃	皇帝第二个妻子。
11	bithesi hanfan	会文的人谓之笔帖式,大贤者巴克什任之。	笔帖式	书记,有品级的办事员。

续表

序号	罗马转写	《御制清文鉴》	《御制五体清文鉴》	《满俄大辞典》
12	gūsa	甲喇、牛录汇总的称号，一旗有满洲、蒙古、汉军三旗。	旗，旗分。	一面旗帜的兵团军队，（由满洲、蒙古、中国人组成），形成的八个居住或军事区。
13	niru	分编一百名壮丁谓之牛录（佐领），牛录（佐领）中有牛录章京（亦称佐领）、骁骑校、护军校、前锋、护军、领催、马甲、步兵、拜唐阿。	佐领	由一百名士兵组成。
14	amban	效力职务之行走，为主上做事，效忠于主上之人谓之大臣。	大臣	贵族，大臣，依赖中国统治者的附庸，现在意义伟大的人（能够忍耐和慷慨的人）。
15	abkai han	无	上帝	天王，霸主，神。世界之主，统治者，皇帝，无上控制者，基督徒的天堂之王。
16	gūsai beise	第四等谓之固山贝子。	固山贝子	皇室王子的第二等爵位，下面是贝勒，更上面是亲王、郡王。
17	abkai cooha	外地人将汗之兵谓之天兵。	天兵	天上的军队，帝国的军队。
18	efu	姐夫、大舅子和大姨夫（妻子的姐夫）都谓之额驸。	额驸，姐夫	姐夫，妻子的哥哥，妻子的姐夫，王室的女婿。
19	aba	率众射捕野兽和鸟，练习武艺，自古以来作为首要。	打猎	捕鱼狩猎，追猎引诱动物，在追猎中练兵的活动。
20	teksin niru	铁尖平直者谓之齐披箭。	齐披箭	带直杆和厚铁的大箭。
21	manju	太祖高皇帝姓爱新觉罗，先祖肇兴于长白山。长白山高约二百里，周围约千里，山上有一潭名闼门，周围约八十里，鸭绿、混同、爱滹三江俱从此山流出，在白山东南的鄂谟辉野外有名之城鄂多里居住，平定祸乱，其国名曰满洲。自此又迁居於赫图阿拉，即今兴京，那时苏克素浒部、嘉穆浒、扎库木、窝集部、安达尔奇部、萨哈勒察等十七处人众皆来投太祖高皇帝，再兆嘉、马尔敦、安图瓜尔佳、浑河部、托谟和、讷殷等四十九国各部俱是被征讨招抚而来。这些都成为满洲。	满洲	满洲部落，由六十六个部落组成的人群，现在统治着中国。

续表

序号	罗马转写	《御制清文鉴》	《御制五体清文鉴》	《满俄大辞典》
22	abkai jui	承续上天,治理万物,征伐,是使各自统一,天作为父,地作为母,养育众人,谓之天子。	天子	天的儿子,中国君主的头衔,强调他管理和抚育一切的意义。
23	amba bithei niyalma	通晓天地人三才之人谓之大儒。	大儒	伟大的学者,圣贤,哲人。
24	baksi	通晓文书之人谓之巴克什。	儒,匠	老师,导师,圣贤,学者或学识渊博的读书人,各种手艺中的高手。
25	naca	无	妻兄	妻子姐姐的丈夫。
26	doroi beile	第三等谓之多罗贝勒。	多罗贝勒	第三等公爵。
27	gurun be dalirejanggin	第七等谓之镇国将军。	镇国将军	皇室后裔第11等贵族品级。
28	gui fei	皇贵妃的继任之人谓之贵妃。	贵妃	皇帝的第三位妻子,之上是皇贵妃。
29	gurung	无	宫	皇家宫殿。黄道十二宫,被认为是十二个,每个按照30度划分,30度是1个星座,总共360度,12个星座。音乐中的第3个音符。
30	genggiyen ejen	如照日月,明澈万里谓之明君。	明君	聪明的皇帝,照亮所有,如太阳照彻心灵。
31	han	国之主人谓之满洲蒙古的汗。	君	王,最高的主,独裁的国王(君主)。在蒙古人中汗是部落之主,主人。
32	hūwangheo	住在中宫之天下之母谓之皇后。	皇后	皇后即君主的母亲或妻子。
33	bithesi	书写部院文书档册的人谓之笔帖式。	笔帖式	书记,有品级的办事员。
34	buthai niyalma	做捕打鸟兽鱼等物之人谓之打牲人。	打牲人	猎人、鱼人、捕鸟人。
35	booi niru	内包衣牛录谓之内府佐领,由内府佐领(官职)管理,王、贝子等按传统领有。	内府佐领	皇宫中的单独部门,之前也存在于王府中。
36	solho	朝鲜人谓之高丽人。	高丽人	朝鲜人,朝鲜国的居住者。
37	taigiyan	民人自愿变身进入皇宫,在宫廷内看守,委派做事,谓之太监。	太监	太监,宦官,监督者。

续表

序号	罗马转写	《御制清文鉴》	《御制五体清文鉴》	《满俄大辞典》
38	nikan	民人谓之尼堪。	汉人	中国人,中国的,有时也有农夫,乡下人的意义。
39	uyun saitu (king)	六部、都察院、通政使司、大理寺的大臣谓之九卿。	九卿	九个部门的长官,六部,都察院(检查秩序),通政使司(申诉和报告)、大理寺(审查署)。
40	jakūn gūsa	镶黄、正黄、正白、正红、镶白、镶红、正蓝、镶蓝谓之八旗。	八旗	目前中国的满洲王朝划分的八支兵团部队。
41	jangturi	庄园的首领谓之庄头。	庄头	村庄的管理人。
42	dorgi amban	内大臣管理侍卫,内大臣等都谓之内大臣,第二内大臣行走的谓之散佚大臣。	内大臣	一般是朝廷的贵族,一品,侍卫将军,管理宫廷的侍卫。
43	aliha cooha	满洲蒙古的骑兵谓之骁骑。	骁骑	披甲兵,满洲和蒙古的骑兵。
44	janggin	一般职位的官谓之章京。	章京	长官的常用名,指挥官军衔的官员(具有极高荣誉),在军队中的团级指挥官,分队的首领等。在政府中是各部门负责人。
45	serge šu ilha	无	铁线莲花	花,像西藏的牡丹。
46	baturu	掌握义理,做事有魄力,不畏惧,谓之巴图鲁。跳上城墙之人给予巴图鲁称号,并且军队中奋勇之人也谓之巴图鲁。	勇	富有,英雄,骑士,但高尚和公平。也是勇敢的指挥官的称呼。
47	efen	凡是和面分开按压做样,蒸、煎烤、烹炸所做的食物都谓之饽饽。	饽饽	面包,饼子,全部由面粉烘焙。
48	ejihe	奶汁熬干之物谓之奶渣子。	奶渣子	奶精,薄烤饼上的干奶油,长时间煮沸后从牛奶取。
49	ice jecen	无	无	新疆,即西北边疆,由前准格尔和东突厥斯坦构成的帝国。
50	anwan	身有鳍,和鳜鱼相同,比鳜鱼长且圆。	海鱵鱼	带鳞片和游动的鳍的海洋鱼类,像鲈鱼,但比它长和圆。

从《满俄大辞典》试析扎哈罗夫对满文词汇的理解

上表从《满俄大辞典》中挑选出五十个满语单词或词组，分别同《御制清文鉴》和《御制五体清文鉴》中相应词汇进行对比。通过对比研究，对三本辞典满文词汇在词意方面的异同及后者对前面二本辞典的借鉴或可见一斑。具体归纳如下：

第一，《满俄大辞典》中的词汇解释，不仅借鉴了两本辞典的解释，也有扎哈罗夫自己的理解。

如，"aba"，《御制清文鉴》解释为"率众射捕野兽和鸟，练习武艺，自古以来作为首要。"《御制五体清文鉴》则解释为"打猎"，而《满俄大辞典》解释为"捕鱼狩猎，追猎引诱动物，在追猎中练兵的活动"。再如，"baksi"，《御制清文鉴》解释为"通晓文书之人谓之巴克什"，《御制五体清文鉴》则解释为"儒，匠"，而《满俄大辞典》解释为"老师，导师，圣贤，学者或学识渊博的读书人，各种手艺中的高手"。

第二，在词意相同的情况下，《满俄大辞典》中词汇的解释更多来源于扎哈罗夫的理解。如，"ujen cooha"，《御制清文鉴》解释为"兴起时的佛尼堪（旧汉人），编三十牛录，编的尼堪谓之重兵。"，《御制五体清文鉴》则解释为"汉军"，而《满俄大辞典》解释为"重装部队，步兵，由中国人组成的兵团部队，和满洲人一起从满洲进入中国"。

再如，"aliha cooha"，《御制清文鉴》解释为"满洲和蒙古的骑兵"，《御制五体清文鉴》解释为"骁骑"，而《满俄大辞典》解释为"披甲兵，满洲和蒙古的骑兵"。

第三，《满俄大辞典》中的解释除了这两部辞书外，还有以扎哈罗夫为代表的俄国汉学家的理解。

如，"enduringge ejen"，《御制清文鉴》解释为"天纵聪明，养育万物"，《御制五体清文鉴》则解释为"圣主"，而《满俄大辞典》解释为"中华帝国皇帝的称谓，在意义上是神圣和贤明的君主，代天牧民"。

再如，"han"《御制清文鉴》解释为"国之主人谓之满洲蒙古的汗",《御制五体清文鉴》则解释为"君",而《满俄大辞典》解释为"王,最高的主,独裁的国王(君主),在蒙古人中汗是部落之主,主人"。

第四,《满俄大辞典》中存在中国特有的词汇,俄语中没有与其词意准确相对应的词汇,只有扎哈罗夫自己所理解的解释。

如,"amba bithei niyalma"《御制清文鉴》解释为"通晓天地人三才之人",《御制五体清文鉴》则解释为"大儒",而《满俄大辞典》解释为"伟大的学者,圣贤,哲人"。

再如,"anwan",《御制清文鉴》解释为"身有鳍,和鱖鱼相同,比鱖鱼长且圆",《御制五体清文鉴》则解释为"海鱖魚",而《满俄大辞典》解释为"带鳞片和游动的鳍的海洋鱼类,像鲈鱼,但比它长和圆"。

另外,从《满俄大辞典》age、efu、aha、efen 等词的收录中,可以看出扎哈罗夫自己也搜集了一部分词汇。

第五,扎哈罗夫在《满俄大辞典》中的解释所体现的认知,与另两部辞典不同。

如,"baturu",《御制清文鉴》解释为"掌握义理,做事有魄力,不畏惧。率先跳上城墙之人,军队中奋勇之人",《御制五体清文鉴》则解释为"勇",而《满俄大辞典》解释为"富有,英雄,骑士,但高尚和公平。勇敢的指挥官的称呼"。

再如,"abkai han",《御制清文鉴》中没有解释,《御制五体清文鉴》则解释为"上帝",《满俄大辞典》解释为"天王,霸主,神。世界之主,统治者,皇帝,无上控制者,基督徒的天堂之王"。

第六,《满俄大辞典》中扎哈罗夫的解释存在不确切之处。

如,"hūwangheo",《御制清文鉴》解释为"皇后即君主的母亲或妻子",《御制五体清文鉴》则解释为"皇后",而《满俄大辞典》解释为"皇后即君主的母亲或妻子"。

另外,《满俄大辞典》中关于"gurung"的解释"皇家宫殿。黄道十二宫,被认为是十二个,每个按照 30 度划分,30 度是 1 个星座,

从《满俄大辞典》试析扎哈罗夫对满文词汇的理解

总共 360 度，12 个星座。音乐中的第 3 个音符。"而"serge šu ilha"的解释"花，像西藏的牡丹"。

也印证了《辞典》的前言中所说的吸收借鉴了西方耶稣会士的关于天文学和自然史方面的解释。

《满俄大辞典》中还有在另两部辞典中没有收录的词汇，究其原因，可能与这些词汇出现在两部辞典编写之后有关。如，"ice jecen"，被译为"新疆，即西北边疆，由前准格尔和东突厥斯坦构成的帝国"。如是，在《满俄大辞典》中，扎哈罗夫在解释词汇之后，往往还加上他对该词汇的说明，这些说明具有很高的学术价值。

在上表中，《满俄大辞典》关于"汉军"中所提到的解释"重装部队，步兵，由中国人组成的兵团部队，和满洲人一起从满洲进入中国。"可以看出扎哈罗夫认为满洲人和中国人不同，二者泾渭分明。而满洲人原是居住于"松花江支流呼尔哈河和鸭绿江的广大流域"，后来进入中原，成为统治中国的族群。而中国人在满语中解释为尼堪，"尼堪"在《辞典》的解释是"中国人，中国的，有时也有农夫，乡下人的意义。"这些解释是以扎哈罗夫为代表的俄国汉学家们的认识，但这与实际并不完全相符。汉军是重装部队，但汉军是炮兵，而不是单纯步兵。汉军和满洲人一起进入中国，这也毋庸置疑。关于中国的理解，扎哈罗夫等认为是指被已经灭亡的明朝，但"乾隆中期以后的中国已不是中原汉族地区的狭义的中国，在其明确的疆界内，既有汉族中原内地各行省，更包括广袤无垠的边远地区。"[8]清朝历代皇帝也认为自己是"统御中国之主"，满洲人自身也早在康熙年间就已经有了中国人的认同观念。雍正皇帝也曾表示"我朝肇基东海之滨，统一诸国，君临天下，所承之统，尧舜以来中外一家之统也，所用之人，大小文武，中外一家之人也，所行之政，礼乐征伐，中外一家之政也"。① 清末，在宣统三年隆裕太后宣布的退位诏书中表述则更明确："总期人民安堵，海宇乂安，仍合满、汉、蒙、回、

---

① 《清世宗实录》卷130，雍正十一年四月己卯，中华书局1985年版。

第五编　满文文献与满语（锡伯语）

藏五族完全领土为一大中华民国。"① 这距离《满俄大辞典》出版也不过三十七年而已。可惜的是俄国人的这种认识后来也被西方所接受。

总之，《满俄大辞典》虽然吸收和借鉴了多部满文辞书，但是从其词汇解释中可以看出，扎哈罗夫是以自己的角度来理解并做出解释的，这些解释在很大程度上也代表了俄国汉学家们的认知。这些站在俄国人角度的认知也为我们从不一样的角度来看待清朝历史提供了新的思考。

[参考文献]

[1] Циниус. Иванова. Вера. сравнительныйтунгусо-маньч журских языков [M]. Санкт-Петербург：Наука，1975.

[2] Логинов. Львович. Алексей. имперский дипломат из Вислой Поляны Тербунского района -Иван Ильич Захаров [EB/OL]. (2015 – 03 – 24) [2017 – 12 – 31]. http：// logi. nov-lip. livejournal. com/1263946. html.

[3] 阎国栋. 俄国汉学史 [M]. 北京：人民出版社，2006.

[4] 肖玉秋. 俄国传教团与清代中俄文化交流 [M]. 天津：天津人民出版社，2009.

[5] Большаябиографическаяэнциклопедия [EB/OL]. (2009 – 01 – 01) [2017 – 12 – 31]. http：//dic. academic. ru/dic. nsf/enc_biography/135483/%D0%97%D0%B0%D1%85%D0%B0%D1%80%D0%BE%D0%B2.

[6] Биографика. СПбГУ. [EB/OL]. (2012 – 01 – 01) [2018 – 12 – 31]. http：//bioslovhist. history. spbu. ru/component/fabrik/details/1/535 – zakharov. html.

[7] Вигасин. Алексеевич. Алексей. История отечественного востоковедения с середины XIX века [M]. Москва：Восточная литература，1997.

[8] 郭成康. 清代皇帝的中国观 [J]. 清史研究，2005（4）：9.

[原载于《吉林师范大学学报》（人文社会科学版）2018 年第 2 期]

---

① 《宣统政纪》卷70，宣统三年十二月戊午，中华书局1985年版。

满洲射书《射的》考

锋 晖*

清朝奉"国语骑射"为国策,视弓马射术为满洲长技,武备根本。为保证射箭传统,清朝诸帝不但能骑善射,率先垂范,更自上而下推行"骑射"国策,纳射术为旗学科目,增扩武举弓矢项目,设立木兰秋狝、南苑演武大典,确立各地八旗骑射、围猎考核体系,使"射"贯穿于八旗武备及满洲民俗。

清代射术典籍甚多,射书代表作有顾镐《射说》、李塨《学射录》、黄百家《征南射法》、郭金汤《射法》、刘奇《科场射法指南车》等,但满洲旗人所著者寥寥,存世满洲射书唯有常钧《射的》一部,且该书为满文、汉文合璧书写,尤显弥足珍贵。今人多将《射的》奉为满洲射术经典,视为官兵习射规范,但细读全文,发现此论疑点甚多。

中华射术与射书分"武射""文射"两大流派,各有宗旨,相差甚大。"武射"以作战为核心,注重杀伤技法及战术运用,以中靶箭数与杀伤效果确定胜负,满洲传统围猎军武之射术,属此"武射"范畴。而"文射",又称礼射或射艺,礼射以"礼制"为核心,以"道""德"为宗旨,射艺为孔子所倡"君子六艺"[①]之一,将礼制理念贯穿于射之始终,集德育、美育、体育于一体,以"寓教于射"

---

* 锋晖(1977—),男,锡伯族,新疆师范大学法学院讲师,吉林师范大学满语文专业博士研究生,研究方向:清史。

① 《周礼·地官·大司徒》曰:"三曰六艺:礼、乐、射、御、书、数。"郑玄注曰:"射,五射之法。"阮元校刻:《十三经注疏·周礼注疏》,中华书局1980年版,第207页。

实现射者"修身、齐家、治国、平天下"初衷,注重射箭过程而非结果,以射者道德修养及礼射技法确定胜负,自先秦形成乡射、宾射、燕射、大射体系,属此"文射"范畴。《射的》若归属"武射",但书中"文射"理念却占主体,不免令人费解。

对于该书的先行研究,有吕欧、宋冰撰《满汉合璧〈射的说〉研究》[1]、李海婷撰《清朝习射书籍〈射的说〉及影响》[2],两文对《射的》内容多所梳理,但有三方面问题仍需深入探究:其一,作者生平需考证,借以探究其射术流派;其二,射术体例需考证,借以探讨满洲射术流变;其三,射书内容需考证,借以解析清朝射制沿革。笔者不揣冒昧,就以上三问题分别考述如下,以就正于方家。

一 作者考

关于作者生平,前期《射的》研究之作均未述及,难以考证作者与其射术流派关系。综合新疆满文档案及《国朝耆献类征》《国史馆本传》记载,作者常钧(1702—1789),叶赫那拉氏,满洲镶红旗人,于雍正四年(1726)由翻译举人考授内阁中书,后授兵部主事,充军机章京。乾隆二十一年清廷征伐准噶尔时任工部员外郎。二十五年四月授正白旗汉军副都统,六月迁刑部侍郎,十一月署理江西巡抚,十二月署安徽巡抚。二十六年四月授河南巡抚,八月调江西巡抚未行,后调任甘肃巡抚。统一西域后,常钧以"屡著劳绩",授云骑尉世职。二十八年十一月调任湖北巡抚。二十九年正月常钧入觐,其诸多治疆策略受乾隆认可。乾隆二十六年调任云南巡抚。三十一年二月调任湖南巡抚,八月因"侯岳添案"中拘私枉法,遭到革职①。三十二年二月,以"废员"身份赴新疆喀什噶尔办事,五月调赴哈喇

---

① 《清实录》载:"至常钧办事本属平庸,特因其前此曾在军营出力,是以屡用为巡抚。今于侯七郎殴死侯岳添一案,回护固执……显然授意徇庇欺蒙之罪,尚可稍从末减,常钧著革职。"

沙尔辨事①。三十六年五月回京授三等侍卫。五十四年（1789）十月，常钧卒，享寿八十八岁。

常钧系八旗文官，为雍乾时期直省、边疆官员，历任中书、刑部侍郎，及江西、安徽、河南、甘肃、云南省巡抚，经历曲折丰富，既因才华出众，办事勤勉，被清廷屡屡提拔调任，又因涉案回护，被弹劾欺诈，贬为"废员"②，赴回疆③"赎罪效力"数年，但清廷屡次采纳其治疆之策，最终视其为"有功之臣"。五十年（1785）正月，乾隆帝设千叟宴，常钧受赐赴宴，并即席向乾隆帝献诗："金阙青阳启，瑶阶丽景妍。凤图欣锡羡，鹤算幸长延。天上耆英会，人间蓬岛仙。蕫香春苒六，椿老叟逾千。尉忝承云骑，班惭预绮筵。颓龄叨厚禄，五十有三年。"④。常钧才华出众，著有《敦煌随笔》等文章，且"精绘事，画虎尤妙"⑤，绘画于清吏中颇有名气，政绩丰富而曲折，任职奋勉而善终。《射的》成书于乾隆三十五（1770）年，为常钧新疆赎罪办事之时。纵览常钧履历，以翻译举人入仕，并无军武从戎背景，亦无从征战功记录，使人质疑《射的》为满洲官兵射术之说。

满洲骑射初兴于"武射"，行围射猎，攻伐作战，其射术虽无官修教程，但相关文献记载甚多，如嘉庆帝就"武射"用箭曾曰："营兵操练射靶……箭枝样式，种种不同，各适于用，其箭镞翎羽之轻重，总视弓力为准。射鹄则用鈚头，射靶则用铲箭，射牲则用披箭，临阵则用梅针，随地异宜，总在发矢有准"⑥；就酌定弓力而言，嘉庆帝谕："国家以弧矢开基，武备之修，挽强为尚，但力不同科……概令开弓在八力⑦以上，亦属难行……勤加教演纵不能悉挽八力劲弓，

---

① 哈喇沙尔：今新疆焉耆回族自治县。
② 废员：清制凡因罪、因过而被革职的官员。
③ 回疆：清代回疆指天山以南区域。
④ 《钦定千叟宴诗》卷十四，景印文渊阁四库全书本，台湾商务出版社1986年版，第336页下。
⑤ 李放：《八旗画录》卷八，《清代人物传记丛刊》第80册，第11页下。
⑥ 《清仁宗实录》卷九十八，中华书局1986年版。
⑦ 清制以"力"为单位计量弓体张力，以九斤四两为一力。

总约以六力为合格。"① 旗营多以六力之弓习射校阅，而清朝武举之弓有八力、十力、十二力三种，另备十二力以上"出号弓"，号号由考生自选，拉弓三次，每次以拉满为准考核。由此可知，八旗军营"武射"，注重箭枝杀伤、弓力效能等，此军武作战使然，汉唐"武射"典籍对此亦叙述详尽，而《射的》全文对箭枝搭配、弓力限度并无提及，对作战杀伤、战术运用亦无论述，窥见常钧所言之"射"并非军武范畴。

清朝入关后，巩固"武功"之余，强化"文治"，清廷一面推行弓马射术，使习射尚武之风兴盛于宗室权贵、八旗官兵，一面推动满洲上下研习中原文化，推崇礼制经典，使习文之风日兴。康熙朝后期，满洲射术虽形式沿袭，但实际技法却变化甚大，中原"文射"随礼制深入满洲风俗，其"射以观德"宗旨倍受满洲文士推崇，"武射"技法于军营存留，但"文射"技法却广为传播。雍正帝以满洲文士文武兼通，甚为骄傲，曾曰："古者射御居六艺之中，圣人所重。本朝开国以来，骑射精熟，历代罕有伦比，旗人凡少长贵贱，悉皆专心练习，未有一人不娴熟弓马者。士子应试，必先试其骑射合式，方准入闱。②"但"射艺"系孔子先贤所倡"文射"之射，与满洲"武射"旧俗无关，可见雍正帝所重者，为满洲射俗之存废，而非射术之满汉流派。由此，便可理解常钧虽系满洲官员，但其著述宗旨却非"武射"范畴。

二 体例考

《射的》成书于乾隆三十五年（1770），单册装订本，北京图书馆、中央民族大学图书馆、内蒙古师范大学图书馆、辽宁省图书馆、大连市图书馆、日本东洋文库等皆藏有抄本、刻本。其刻本共九十八

---

① 《清仁宗实录》卷二百八十四，中华书局1986年版。
② 《清圣祖实录》卷一百二十三，中华书局1986年版。

页，规格 21×18 厘米，满汉合璧形式，满文于左，汉文对应于右，以满文排序自左至右排列，除第一页和最后一页外，每页有五列满文、汉文。《射的》全书由正文与附录《榆阳射圃观马图说》两部分构成，正文介绍步射要领，内容有十二节，即诚意、正心、存神、养气、演法、步位、执弓、扣箭、审固、撒放、弓与力配合、矢与弓配，附录《榆阳射圃观马图说》介绍骑射相马之说。对比明清射书体例，《射的》特点有二，即"满汉合璧"与"文武合璧"。

就"满汉合璧"而言。有清一代，"国语骑射"被奉为国策，所谓"国语""清字"即满语满文。中央至地方各级满蒙官员，尤其八旗、边疆及宫廷、陵寝事务满蒙官员，均须以满文拟写公文。国子监等各级各地旗学设置满语课程，科举特设翻译科，鼓励旗人习满语用满文。满文创制历史较短，1599 年由努尔哈赤组织创立，仅三十余年后清朝便入关统一中国，八旗半数居于京师，半数分散全国驻防，满洲社会环境剧变，致使旗民满语文环境受汉语冲击甚大，汉文水平日升，但满语能力渐衰。满文官书公文虽占绝大多数，但满文原创文学作品极少，如乾隆帝虽满语文造诣极高，但毕生作诗近四万首中，满文诗歌竟寥寥无几，说明满文已缺乏生命力，依靠体制维系。于此，以满汉文对照之合璧体例出现，清廷将大量汉文经典、明朝典制悉数翻译，以合璧体例向旗民推广，帮助旗民学习汉文典籍，汲取汉文化养分，又借以维系满文传承，保持民族特征，可谓该体例为八旗所学习汉文、保护满文之体例。因此，满汉合璧典籍就版本而言，多为自汉文原版翻译而成。

《射的》兼译作、原创于一体。清朝亦有汉族文士顾镐著射书《射说》一部，与常钧《射的》比较，二书极为相似。《射说》内容分内功、外功、用功、步位、执弓、扣箭、目力、开弓、撒放、弓与力配合、矢与弓配、自跋，共十二节，与《射的》十二节比较，不但宗旨主题一致，其执弓、扣箭等诸节文字完全相同，约占正文十之四五。《射说》成书于康熙五十八年（1719），比《射的》早三十七年，可知常钧系翻译顾镐《射说》，并融入个人见解而成书，可称

《射的》正文原版即为《射说》。

就"文武合璧"体例而言。中国古代射术"文射""武射"泾渭分明。清代乾隆年间《古今图书集成》第二百八十二卷中，汇集自古至今有关"射部记事"，射箭史料条目三百有一，将其进行简单的分类统计，射猎类有五十条，军事类有一百二十八条，礼射类有六十四条，风俗类有二十九条，竞技类有二十二条，习射类有八条，其"文射"射书，内容主要为三礼，即《仪礼》《礼记》《周礼》，含及先秦典籍礼射记述，及后代学者注疏之作。注疏以汉唐经师之作为主，唐以后儒家学者，尤以清代学者对汉唐注疏又多发明。此类射书述及礼射细节，专注章句训诂，引述孔子先贤礼射理念，以射礼程序，宣扬"揖让而升"礼制准则，以达到人文教化目的。而"武射"射书，以"贯革之射"[①]为代表，围绕战术运用、精准杀伤而论述。射书体系虽内容宽阔，但文武两大流派，特征明确，鲜有合璧之作。而《射的》正文虽参考《射说》，但其附录内容为原创，主题为骑射与相马，属"武射"范畴。历朝军事尤重骑射，"射"之远程攻击，"骑"之战术机动，使得骑射成为历朝各代军事武备重要组成。如蒙古西征大军以骑兵为主，每兵配马三匹，弓三张，箭二百枝，远程奔袭换马不换人，日行数百里，作战时先以硬弓远程漫射，再以软弓精度射杀，最后以长枪短刀近战，故骑射为"武射"射书所独有。此外，中原"武射"射书，其体例少有附录，其内容鲜有相马之论，而《射的》设专题论马，述及相马、观马、骑马、马射要点，倡导骑射"弓、箭、手、马"四要素于一体，发挥骑射最大攻击效能，是为满洲骑射经验总结，使正文中原"文射"技法，与附录满洲"武射"旧俗合为一部，构成该书体例特色，堪称"文武合璧"。

---

① 贯革之射：即张革甲而射之，属军武之射，与文射之"射不主皮"相反，其习武仪节简化，以革甲为侯靶，以箭矢射穿甲贯革厚度判定胜负，不追求仪容风度，只注重弓矢穿透杀伤。

三　内容考

《射的》首语曰:"余尝三复乎射以观德之说,而知射之道,果在德不在力也。"常钧明确其射术宗旨为"德",满文使用"erdemu"①一词,兼有德、才、武艺武功之意,与汉文之"德"字内涵有所不同。"射以观德"为"文射"流派之训言,以"德"悟"道",特指精神修养。《颜氏家训》曰:"弧矢之利,以威天下,先王所以观德择贤,亦济身之急务也。江南谓世之常射,以为兵射,冠冕儒生,多不习此。别有博射,弱弓长箭,施于准的,揖让升降,以行礼焉,防御寇难了无所益。乱离之后此术遂亡……"[3]86可知早在魏晋之际,以"揖让升降,以行礼焉"之"文射",与"弧矢之利,以威天下"之"武射",差异甚大。《论语》:"古者射以观德,但主于中,而不主于贯革,盖以人之力有强弱,不同等也。"指出"观德"之射主于中,而非贯革,此观德之射为"文射",而贯革之射为"武射",二者可谓泾渭分明。常钧虽用兼有文武含义"erdemu"一词,但内容完全为文射"德才"含义,而非武射"武功"之意。

第一节题为"诚意",述及"意中无形之射,先用正志直体之功,然后每发一矢,静专于道",作者强调"正志于道",而非"贯革中的"。《礼记·射义》载"心平体正,持弓矢审固,则射中矣。"[4]1686射者须己正而后发,"己正"即"内志正"与"外体直",于"武射"而言,"己正"侧重于"外体直",强调"中的"之结果,于"文射"而言,"己正"侧重于"内志正",强调"中的"之过程。常钧指出"先正志,后发矢,专于道",说明以"正志"发矢,其专注对象,不在外,而在内,射术追求内志之"道",而非肢体之"技","中的"之靶不仅是箭靶,更是精神"道"靶。

---

① 满文erdemu一词,兼有德、才、武艺武功之意,汉文之德内容抽象,而满文之德相对具体,便于理解。

第五编　满文文献与满语（锡伯语）

第二节题为"正心"，述及"心为身主，正则不偏不倚，情自然和平，念虑自然精一，可以命中，可以观德。君子无争，平之象也，仁者如射，中之道也，反求诸心，焉往而不得哉。"作者再次提及"观德"，并引用《礼记》之言，"射者，仁之道也。射求正诸己，己正然后发，发而不中，则不怨胜己者，反求诸己而已矣"[4]1687。认为一切射艺结果归结为自己是否端正，一招一式是否符合规范，不能怨及他人，皆从自身寻找过失，即是慎独，对涉世处事予以反思指引。而其君子无争之说，源自孔子所言："君子无所争，必也射乎！揖让而升，下而饮，其争也君子。"[4]1689 认为君子不应争名夺利，被名利虚荣所扰，应于射礼中争德行修养，不争"外在"，而争"内志"，以无争贯通必争，实现内心警醒、慎独，显然作者所谓正心与"武射"之专心不同，前者强调意境，后者强调精准。

第三节题为"存神"，述及"引弓满彀，凝神不分，乃可命中，此所谓存神，即大学虑后能得境界，而射义所云，各绎己之志，求中为绎，能中为舍，绎之而得，则足以伸吾之志。绎之而未得亦，不失吾志之所存，神乎神乎，离则去之舍之远之，可不勉哉。"作者指出唯有存神，方得境界，各绎己志，拓展精神，即通过"射"实现"志"之拓展。《射义》载："射之为言者绎也，或曰舍也。绎者，各绎己之志也。故心平体正，持弓矢审固；持弓矢审固，则射中矣。"[4]1688 指出射即为寻绎之意，射者身份不同，都均应于射中寻绎各自志向，使身份、言行符合礼制，实现个人与社会和谐，即"为人父者，以为父鹄；为人子者，以为子鹄；为人君者，以为君鹄；为人臣者，以为臣鹄。故射者各射己之鹄。"[4]1689 要求射者，将箭靶视为道德标准，射之过程，即为反复内省、存神、存养、进取之过程。孔子曰"发而不失正鹄者，其为贤者乎！"[4]1689 指出射艺关键，在于心神端正，而射之成败，在于内志实现端正。

第四节题为"养气"，述及"气者，体之充也"，"射之道也，是故善养气者，勿以喜乐耗其气，勿以哀愁伤其气，纳之有常，出之有度，充于一身，达乎四体"。常钧强调以气息疏导肢体，调控心志，使精神入定于射艺之道。所谓习射当先治心,誉之不喜,激之不怒,胜而不骄,败而不慑。若泰山之崩于前而不惊,若虎兕之出于后而不震,毋动容,毋作色,和其肢体,调其气息,一其心志。备此五者,惟縠率之是图,失诸正鹄,反求诸身。以气息调控达到心志专一,身心合一,以"道"之心境贯矢如流,养成专注品性。

第五节题为"演法",述及"空手作执弓扣弦状,处定之后又作撒放势,一如真射。"常钧认为习射初始应为虚射,即空手演练,持硬弓空拉不放箭,会使射手心力耗于弓力,而难以集于内志,故以空手演练射箭,意念弓力大小、箭靶远近,专心于"正志正体",待熟练技法后再持弓撒放,此说非八旗习射旧俗。八旗官兵习射训练自幼而成,正如《史记》所述"儿能骑羊,引弓射鸟鼠。少长则射狐兔,用为食。力士能贯弓,尽为甲骑"[5]2900,习射训练自幼童开始,皇太极曰:"子弟辈壮者当令以角弓铁箭习射①,幼者当以木弓柳箭习射",满洲部众习射属自幼耳濡目染、逐步养习之俗,所谓虚射、真射非满洲传统,为初学射术者之演法。

第六节题为"步位",述及"将射而跨步就位,以不即不离为妙,慎勿作意矜持,脚跟必定须踏稳,不宜板。所谓丁字不成,八字不就,总在有意无意之间"。作者所说站法为"跨步就位",脚法为"非丁非八",此描述虽与八旗"武射"有相似,但八旗官兵之射,强调"前腿直,后腿弯,腰下坐,前腿橛,后腿瘸"之特征,此步法站法虽不优美,但于步战极为有用,穿着厚甲战袍,弓弦极易打臂,若使身体略呈S形,不但利于发力,亦使弓弦与手臂成一定角度,避免弓弦触臂,就站法描述可谓兼有中原文射、满洲武射二者特点。

第七节题为"执弓",述及"执弓如执笔,弝必归槽。用力全在指掌,一点不松,方是真诀,出弓必卧,务以上弰在前,下弰在后。"其中"执弓如执笔"为各类射法之共性,但"出弓必卧"则有待商

---

① 《清太宗实录》卷五十四,中华书局1986年版。

权，纵览八旗文献及旗营射法，未有此"卧弓"定论，一切技法以作战环效能而定，实现快速有效。而中原射法，尤其"文射"技法中，强调"卧弓"之法，撒放后以弓指箭，达到"箭随心至"之意境。

第八节题为"扣箭"，涉及指法、靠位、运气等，指法述及"中指贴住大指，大指用昂力，食指用压力，其余三指握固"，此指法系捏弦法，多用于软弓，鲜有硬弓、强弓用此指法。于"武射"中为骑射指法，于步射中多为"文射"指法；靠位述及"弦靠胸，箭靠脸"，对比八旗"五平三靠"规范，略有差异。所谓"射贵形端志正，宽裆下气舒胸。五平三靠是其宗，立足千斤之重。开要安详大雅，放颊停顿从容。后拳凤眼最宜丰，稳满方能得中。"其"五平"指两肩、两肘、天庭俱要平正，"三靠"指翎花靠嘴、弓弦靠身、右耳听弦。《射的》所述"弦靠胸"与其一致，但"箭靠脸"与"翎靠嘴"则不一致，究其根源在于弓弦拉距大小，产生拉弓靠位之差别。八旗"武射"多采用"五平三靠"靠位定位，突出"迅速便捷"撒放，"翎靠嘴"系其射术定位重要一点。"文射"则多用大拉距射法，箭翎多拉至耳部，使双臂完全舒展后撒放，故文中"扣箭"指法倾向于"文射"。

第九节题为"审固"，述及"射者，必内正己之志。外正己之体，极其审固，而后发矢"。任何射箭流派均强调审固，即凝神不动，毫无他虑夹杂，于心中对于弓力、角度、时机实现精密计算，亦使气力集中，始可撒放，发而必能中靶。反之则筋力弱，手足软，猝然发，而矢之端不端，中不中。但"武射"之审固，更强调时机之把握，根据外在环境，围绕目标变化，迅速做出判断，作战远射、近战之审固亦有差别。反之"文射"之审固，则不强调外界变化之反映，对时间亦未做限制。常钧所说之审固特指"内正志，外正体"，当属"文射"范畴。

第十节题为"撒放"，介绍古今射学差异，述及"为射之道，左手如拒，右手如附，右手发之，左手不知，允此皆古射学之源也。后人不能体认此理,所以射学渐失本源,即就发字与撒放二字上观之,便是古今射学之界限","后手为撒,前手为放可也,盖古人能不用力,今天不能不用力","弓本有力,不在人于撒放时用力,益知古人之发,如拨机用巧,其明证更显然矣"。作者将射术之法视为射学,将"左手如拒,右手如附"[6]57作为古法,将"后手为撒,前手为放"为今法,阐述"知力在弓,而巧在人"观点。纵览"武射"发展,射法分类纷繁,军武作战,远射用硬弓,重在射程,近战则软弓,重于精度,马射、步射各有特点,技法各有差异,指法、手法各有不同,不可一概而论。八旗之射,亦为军武之射,射术技法因环境、弓矢、目标而差异,"动的""静的""射中""射远""骑射""步射"技法各有玄妙,弓有强弱、长短、大小之分,矢分披箭、刺箭、鸣镝三大类百余种,军事目标千差万别,其弓矢选择、技法使用亦随之变化。而"文射"重在内心"修心养志",习射中无骑射,无"动的",无"射远",不"贯革",箭矢统一,其技法重在"巧"。故"武射"技法"由外及内",因环境而定;"文射"技法"由内及外",由"心志"而定。常钧所谓古今技法,实为"武射""文射"之分。

正文后两节题为"弓与力配合""矢与弓配",围绕人与弓矢和谐原则,讲究弓、箭、手三者相配,借以实现最佳效果,主张强弓配劲矢,硬弓配硬箭,若射手力小而弓力过大,则射手虽能开弓但不能持久,命中率降,且不久便心神疲惫,技艺全失;若射手力大而弓力小,则撒放之箭射难达射手之的,亦难以命中,因故需慎重权衡,不可蛮力拉硬弓,据最大体力缩其十之二三,择合适之弓力,获得"射中""射远"、"中的""贯革"之最佳效应,实现射术随心所欲、出神入化。此和谐相配原则,系"文射""武射"之共性。

《射的》附录《榆阳射圃观马图说》,历代"文射"典籍无骑射论马之论,"武射"典籍、历代兵书多述及骑射、相马。清朝奉骑射为国策,八旗驻防尤重马政,视为武备之要,管理严格。常钧以观马为题,作为全书附录,足见满洲"武射"元素。

四 《射的》研究价值

《射的》作为迄今所见唯一的旗人射书,对研究满洲射术沿承之背景,探讨骑射国策实施之效果,解析满洲旧俗变迁之规律,其价值意义甚大,《射的》亦可谓入关后八旗文化变迁之缩影。

军事名言"凡生活条件与战斗条件,一致者强,相离者弱,相反者亡"[7]15。弓箭发端于射猎,满洲先民世居白山黑水,射猎为其传统生计之一,围猎生产与军事武备一体,弓矢既为生产工具又为作战武器,使满洲先民于围猎生产中,擅长弓马,娴于骑射,努尔哈赤更以射猎之制创立八旗制度,改造女真社会组织,形成"出则为兵,入则为民"满洲社会,满洲特色制度体系由此产生,可谓满洲崛起与骑射旧俗密切相关。入关之初,男丁仅五万余,最终统一中国,故清朝诸帝称"满洲以骑射立国,骑射为满洲根本。"满洲作为少数民族,人口、文化、经济均滞后于关内,要维系统治,则必强化军事,使骑射于国策中巩固武备,借以稳定清朝政局。但入关前后,满洲社会变迁剧变,生活条件与战斗条件随之渐行渐离,引起满洲高层关注,天聪汗皇太极镜鉴金朝兴衰,告诫八旗子弟悉遵旧俗,不懈废祖制;顺治帝订立塞外行猎,京师南苑围场之制,改革武举科目;康熙帝设立木兰围场,行秋狝大典,订立宗室"习武木兰"家法;雍正帝将射术列为"宗学""觉罗学""官学"科目,贯穿八旗旗学体系;嘉庆帝列"骑射"为国家根本重务①,秋狝岁举,讲武习劳,不忘旧俗,严加考核八旗弓马技艺。历任皇帝竭力使满洲生活与战斗相近,可谓立家法,树祖制,订国策,改武举,办旗学,建围场,行大典,严考核,其"武射"规格之高,于中国封建王朝中所罕见。

与"骑射国策"不相协调的是,满洲对射术研究甚为单薄,清帝虽对射术传承不懈余力,但满洲射书却成寥寥无几,不仅如此,清朝

---

① 《清仁宗实录》卷三百七十三,中华书局1986年版。

射书未有独立编目，射学地位甚为卑微。纵览历朝图书典籍编目，射书多有其独立归属。汉志"兵技巧"载有一百九十九篇，其中射书八种，五十一篇，约占"兵技巧"图书四分之一多，内容含及弓射、弩射、连弩射、弋射四种射法。《隋书》实行经、史、子、集四部分类法，继承汉志，射书被归于子部"兵书类"。宋元明时期，射书编目被剔出"兵书类"而归入"杂艺类"。清朝则延续此编目，继续将射书归入"杂艺类"。《四库全书总目》曾受乾隆亲自审读，多次挑出书中错误，但对射书归属却未提任何疑义。清代文臣大儒对古代文献全面清理，涉及古籍细末，以至"杂艺类"著书均予考察、收藏、编目，但却未重整射书。可见清代虽崇尚骑射，推崇射术，却对射书、射学并不推崇，于此态度下，满洲射书难寻踪迹，汉唐射书更是失传甚多，射术虽位列国策，但射书却位列杂艺；射术虽上下推崇，而射书却寥寥无几，呈现满洲射术传承"重武轻文"之态。

将明朝李呈芬《射经》、李恕谷《学射录》，与清朝顾镐《射说》、叶赫那拉·常钧《射的》对比，四本射书皆为明清射学经典之作。就特色而言，《射经》、《学射录》侧重射术之"技"，而《射说》、《射的》侧重射术之"道"，前者强调"外功"之肢体技法，后者强调"内功"之心理技法。《射经》、《学射录》并未引用"文射"经典之言，就身法、手法、足法、眼法等阐述肢体技法，将肢体生理特性与弓矢物理性能，相辅相成，充分发挥，实现精准命中。《射经》述及马射，并引用"武射"经典阐述骑射要领，窥见作者射术理念倾向。《学射录》未提及骑射，并对引用孟子射中之言，对文射略有涉及，述及"神射于的，矢命于心，精注气敛，内运外坚"，但就总体而言，对于"射以观德"并未提及，依旧围绕肢体技法论述。窥见明朝射书倾向"武射"，而清朝《射说》《射的》却侧重"文射"。

满洲入关后，虽奉"骑射"为国策，强化满洲特征，保持认同归属，但对射术流派并未严加限制，使满洲射术与中原射术逐渐相融，基于"武射"吸收"文射"，呈"文武合璧"特征，射术内涵由"技"层面升至"道"层面，此变化非变异，为文化繁荣发展之表现。

第五编 满文文献与满语（锡伯语）

就射术技法而言，《射的》正文以"文射"技法为主，侧重射者精神塑造；就射术内涵而言，全文多引用《礼记》经典，孔孟射艺之言，论述射艺之道，将"射以观德"贯穿始终，足见作者对于"文射"之推崇，同时亦有"武射"理念，言及"强弓劲矢，威远服众"，强调"怒气开弓，息气放箭"，其步法、站法、瞄法等射术技法，有别于满洲"武射"，亦与中原"文射"有差异，附录又列入观马之说，附以骑射理念，使全书显现"以文射为主，兼有武射"特征，故称《射的》为满洲特色"文射"经典之作，甚为恰当。窥见清廷虽一再强调"武射"，而满洲部众随文化儒化，其射术而日渐倾向"文射"。

钩玄清朝骑射国策，与满洲兴衰相并行，其兴为清朝国运之见证，其衰亦为脱离生产、脱离尚武、脱离时代之必然，其内涵概有三层，即"军事武备"之射、"尚武精神"之射、"文化特征"之射。就"军事武备"而言，满洲崛起于青萍之末，发奋图强，以骑射武备，潜滋暗长，作为少数民族，人口、文化、经济均滞后于关内，要维系统治，则必强化军事，使骑射于国策中巩固武备，借以稳定清朝政局。就"尚武精神"而言，清朝皇帝基于武备，尤重满洲部众尚武精神之塑造。于塞外订立"木兰围场"，于京师设立"南苑围场"，倡导"习武木兰，勿忘家法"①，练习弓马，射杀猛兽，传承勇武。纵览围猎兴盛之康乾两朝，恰为清朝盛世，围猎塑造之勇武之气，对满洲部众开疆拓土、无畏奋发不可谓毫无关联。自天聪汗皇太极初始，清廷便屡屡反思金朝亡国之鉴，立骑射为"国策家法"，保持尚武气质，远离奢靡之风，借以传承淳朴民俗。就"文化特征"而言，清朝数任皇帝屡屡述及"汉人长技在文，满洲长技在武"，告诫八旗子弟攻读学问，须于演习骑射为前提，不可遗失祖制。雍正帝将弓术纳入八旗各级教育，无论文武官员、各级子弟均要习射，以满洲之"射"维系其文化自尊自信自豪，借以与中原汉文化之"文"相媲美，实现"各美其美，美美与共"。但满洲部众上下脱离生产，使生

---

① 《清高宗实录》卷一千一百六十四，中华书局1986年版。

活与战斗条件相离渐远，直至相反背离，致使清朝皇帝将骑射无论升至"家法""国策"何种层面，无论列入"武举""官学"何类科目，无论划定"木兰""南苑"何地围场，骑射旧俗亦如无本之木，脱离根基，难以维系全民崇射尚武之风。即使中原礼射、文射技法融入替代满洲骑射技法，清廷亦未加阻止，窥见清朝骑射国策，重在"射"之形式，而非"射"之传统。

嘉庆、道光、咸丰朝，欧洲列强迅速崛起，现代工业蓬勃发展，冷兵器时代逐步终结，传承"射"之尚武精神，改革传统兵制，乃顺应时代之必然，但三朝皇帝未有睿鉴，将"军事武备"、"尚武精神"、"文化特征"之射混为一谈，致使清朝未能及时革新，现代军事未能及时起步，以"祖制家法"拒绝兵制变革，以"满洲特征"拒绝兵器改良，武备观念落后于时代，军事呈现"内战内行，外战外行"之态；同治、光绪、宣统朝，清朝大乱不断，政局动荡，各地满营屡受重创，加之国力衰微，八旗武备步入末路，期间虽有维新改革，编练新军，效仿西洋武装，但满洲尚武精神已难振兴，致使陆战失利，海战惨败，割地赔款不断，满洲骑射之国策随之荡然无存，"天朝上国"之虚荣亦土崩瓦解，为近代中华百年屈辱开端。

[参考文献]

　　[1] 吕欧，宋冰. 满汉合璧《射的说》研究[J]. 满语研究，2010（2）：72—78.

　　[2] 李海婷. 清朝习射书籍《射的说》及影响[J]. 兰台世界，2014（21）：36—37.

　　[3] 阮元. 十三经注疏：周易正义[M]. 北京：中华书局，1980.

　　[4] 阮元. 十三经注疏：礼记正义[M]. 北京：中华书局，1980.

　　[5] 司马迁. 史记[M]. 北京：中华书局，1982.

　　[6] 刘向. 列女传：卷上[M]. 上海：上海古籍，1986.

　　[7] 武国卿. 中国战争史：第六卷[M]. 北京：人民出版社，2016.

[原载于《吉林师范大学学报》（人文社会科学版）2018年第3期]

思维导图软件 Freeplane 在家谱数字化过程中的应用探讨
——以正红旗满洲哈达瓜尔佳氏家谱为例

徐立艳　王辉宇[*]

思维导图是用图表表现的发散性思维。其本质特征是一种可视图表，一种整体思维工具，可应用到所有认知功能领域，尤其是记忆、创造、学习和各种形式的思考，被描述为"大脑的瑞士军刀"。[1]34 通过思维导图可将思路图形化、结构化、条理化，帮助使用者整理思维。Freeplane 是一款用来绘制思维导图的实用开源软件①，通过节点和连线方式，把思维整理成树型结构思维导图。可用于管理项目、写作文章、计划任务、做笔记、学习语言文字、整理知识等。

基于 Freeplane 软件制作的导图文件特点，与家谱世系图表结构有许多相似之处，因此笔者尝试用 Freeplane 软件整理家谱，发现此软件绘制的谱图不仅结构清晰、样式美观，且可将家谱内容全部呈现。下面，就以《正红旗满洲哈达瓜尔佳氏家谱》为例，分享 Freeplane 软件数字化家谱的过程。

＊ 徐立艳（1974— ），吉林梨树人，吉林师范大学历史文化学院副研究员，研究方向：满族史、满语。王辉宇（1972— ），吉林梨树人，吉林师范大学博达学院教师，研究方向：软件应用、网络维护。

① 开源软件：即开放源代码软件。其源代码可以被公众使用，并且对此软件的使用、修改和分发不受许可证限制。

一　家谱整理的传统方法

"家谱是中国古代宗法社会中主要记载宗族人物世系和记载宗族事迹的书，是以特殊形式记载的家族发展史。"[2]4家谱以记载家族世系、人物事迹为中心，可简可繁，一般分为谱单和谱书两类。谱单即是"将同一血缘集团的世系人物一一列举出来，也可以说只要将某一同一始祖的后裔一一布列出来，就构成了一个简单家谱。"[3]48

谱单内容以家族世系为主，有些也略记家族源流等内容。谱书内容相对丰富，大多记载家族源流、迁徙、世系表、婚姻、族规家训、字辈谱、祭祀规则等内容。

我国家谱存世较多，其中亦不乏较为珍贵的少数民族家谱，尤其是满族家谱，数量之多，在少数民族家谱中可谓一枝独秀，是研究满族历史的具有独特价值的宝贵资料。[4]1仅吉林师范大学八旗谱牒馆收藏的满族谱牒（谱单）就有千种以上。这些家谱大都是从民间收集而来。由于民间保护意识不强，保存条件有限，部分家谱文献残破不全，因此对其抢救整理刻不容缓。

在家谱整理方面，传统的方法除编制各种专门目录如《中国家谱综合目录》（中华书局1997年）、《中国家谱总目》（上海古籍出版社2009年）和提要如《上海图书馆馆藏家谱提要》外，还对一些价值较高、篇幅完整的家谱进行影印出版，如《北京图书馆藏家谱丛刊》（北京图书馆出版社2003年）、《中国族谱集成》（巴蜀书社1995年）等；也有选择具有一定代表性、价值较高的家谱，在各谱前加缀编者按，介绍该谱收藏者及原谱大小形制等信息，并将原谱抄录形成文字出版，如《满族家谱选编》（辽宁民族出版社，1988年）、《满族家谱选》（中国社会科学出版社，1994年）；浙江省地方志学会乡村社会研究中心还曾将浙江省大约5000多种旧家谱进行计算机信息处理，建成浙江所藏旧家谱信息数据库，读者可以方便地从中迅速检索到有关浙江现存旧家谱的谱名、卷数、几修、修谱人、修谱时间、出版者、出版时间、版本、收藏者、收藏地点等信息。[5]152此外，美国犹他州家谱图书馆藏有中国家谱（包括支谱、族谱、通谱、总谱等）一万七千余种，大多以缩微胶卷形式收藏。

这些传统的家谱整理方法，有优势也各有弊端。不同类型的目录以及浙江省建立的家谱信息数据库只能使人进一步了解家谱的基本信息，为使用者寻找家谱资料提供便利，而若想获取家谱详细内容则必须亲自到家谱藏地借阅。已出版成书的家谱书籍（尤其是影印出版的家谱书籍）和缩微胶卷，优点在于能够原汁原味地保持家谱原貌，但查阅不便，尤其是世系表，需前后对照翻阅才能将各支系人物关系理清，想要整理出一份完整清晰的世系表文档，耗时甚巨。而用 Freeplane 软件数字化家谱，分享与查阅等诸多问题则可迎刃而解。

二 《正红旗满洲哈达瓜尔佳氏家谱》格式与内容

木刻版《正红旗满洲哈达瓜尔佳氏家谱》由江南淮扬兵备道恩龄修成于道光二十九年，在各大图书馆多有收藏。谱分八册，谱序、谱例、谱原、谱汇、谱图、前四代家谱为首册，长门家谱为第一册，二门家谱为第二册，三门家谱为第三册，四门家谱为第四册，五门家谱为第五册，六门家谱为第六册，后册谱图、后册家谱为一册。前七册记为正谱，记载十一代 181 人；后一册为后册，记十代 61 人。

首册中谱序记载家族源流等内容；谱例即是凡例；谱原，记载自始祖尼雅济布起至第四代公额思图所生六子阿炳安、阿炎阿、琳昌、塞得立、吴达善、纳英阿，此六子为"立六大门之原"；谱汇又称"六大门谱汇"，记载自第五代始至道光二十九年以前出生的六大支系所有男丁，每个男丁名字下均记其官职、年龄、父亲名字及所属支系。未满十岁者皆记为"年幼，俟十岁后再立特篇"；谱图即是世系表，只记人名；前四代家谱记载族中前四代人物事迹，配偶生子情况、恩荣、驻防地、葬地等。

长门家谱，二门家谱、三门家谱、四门家谱、五门家谱、六门家谱分别记载第四代公额思图所生六子各支成员居官、驻防、出征、葬地，妻女皆入谱，子女由正室或侧室出、女适何人也录入。

后册谱图、后册家谱合为一册，记载二世祖阿拉密长子阿钮一支世系。"因与六大门支派较远，是以另叙后册谱图以清眉目。"[6]495 较为简略。

《正红旗满洲哈达瓜尔佳氏家谱》所记人物多，内容详细，支系繁多，是体现 Freeplane 软件强大整理收纳功能的理想对象。

三 Freeplane 软件对《正红旗满洲哈达瓜尔佳氏家谱》的编辑

（一）世系表的编辑

无论谱单还是谱书，世系表都是家谱的核心内容，世系表中，始祖如树干，子孙如枝叶，枝繁叶茂，形成家族。

1. 家谱名称——根节点编辑新建思维导图，在根节点处输入家谱名称，开始绘制家谱世系表。如图一中的椭圆区域即为根节点，点击键盘 F2 键进入节点内容编辑状态，将节点内容由"新建思维导图"修改为"正红旗满洲哈达瓜尔佳氏家谱"，即完成根节点的编辑。

2. 家族成员——子节点编辑

选中根节点，点击 Insert 键，增加二级节点，输入始祖名称（尼雅济布），继续点击 Insert 键增加下级节点，输入相对应辈分人物名字，以此类推。若同辈有兄弟多个，则需点击 Enter 键增加同级下方节点（弟弟），或同时按下 Shift + Enter 键，增加同级上方节点（哥哥）。图一中第五代兄弟六人，就需要通过以上操作，排列长幼次序。修改节点内容时，按 F2 键进入编辑状态。依此类推，世系表即可快速绘制完成。编辑效果见图1。

若需修改某个节点内容，可点击上、下、左、右键或用鼠标选中需要修改的节点进行修改。若需删除某节点，点击 Delete 键即可。

第五编　满文文献与满语（锡伯语）

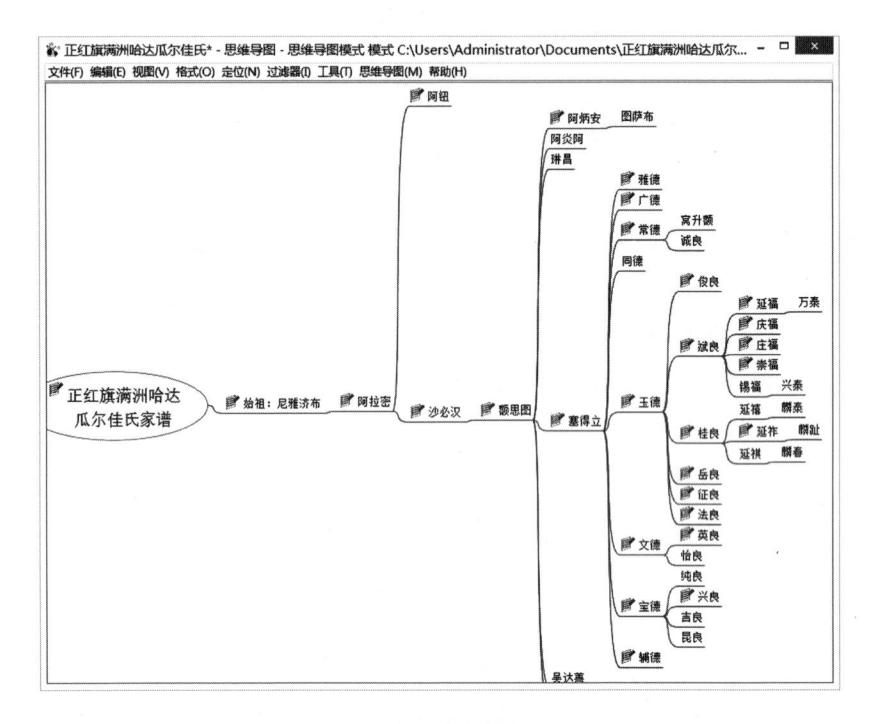

图 1　世系表编辑效果

（二）家谱其他内容——注解编辑

除世系表外，家谱中还有谱序、凡例、恩荣录、家训家法、族产、祠堂、祖先像、坟图及人物传记等内容。其中凡涉及整个家族的内容可在根节点的注解功能中编辑，涉及个人的内容可在本人节点的注解功能中编辑。注解功能编辑方法如下：

1. 在根节点上点击鼠标右键，在弹出菜单中点击"在对话框中编辑注解"，即弹出"编辑注解"对话框，在对话框中输入文字即可。图 2 即是在根节点注解中编辑"哈达瓜尔佳氏"谱序的效果。2. 在各级子节点重复以上操作，在"编辑注解"对话框中，输入居官、传记等个人资料，即可完成节点注解编辑。额思图为瓜尔佳氏第四代公，子六人，"是以由第五代始立六大门，以后每门按代特本详注。"[6]77此处以额思图为例编辑节点注解，效果见图 3。

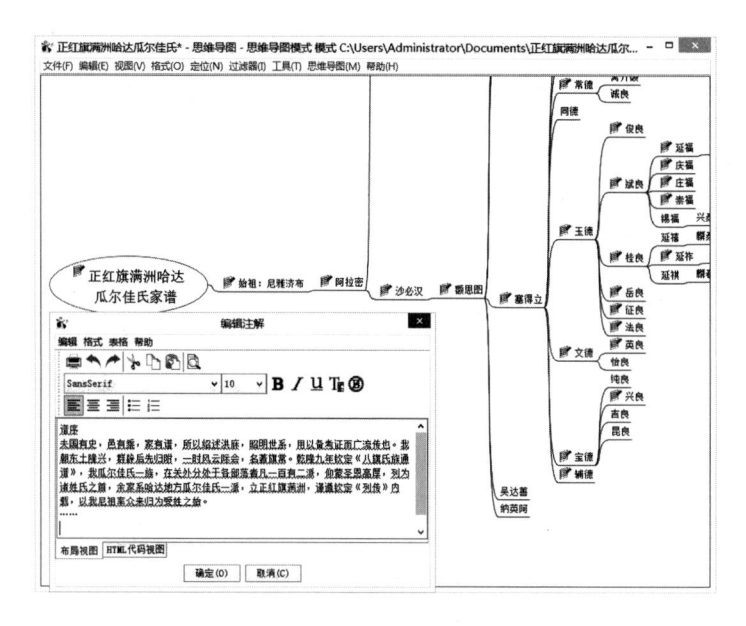

图2　家族资料编辑效果

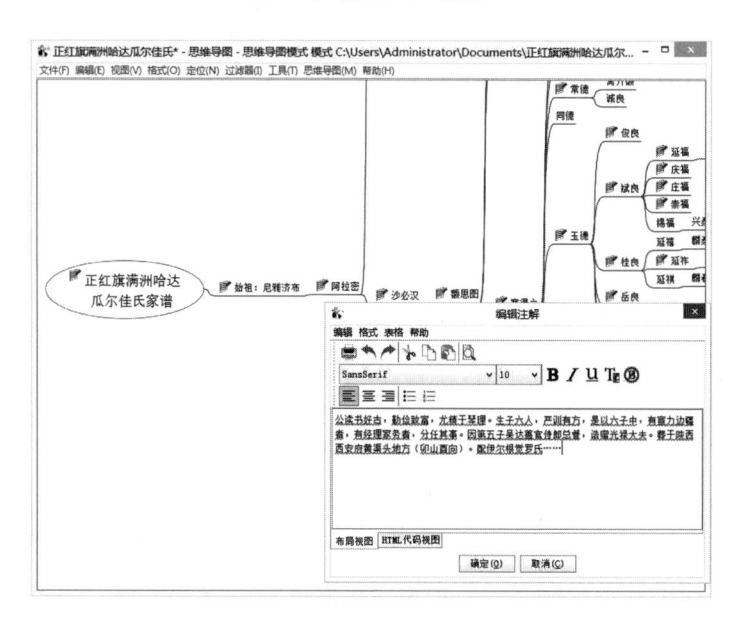

图3　家族成员资料编辑效果

重复以上操作，直至家谱整理完毕。

四 Freeplane 软件数字化家谱优势

综上可见，用 Freeplane 软件数字化家谱，具有多重优点。

（一）绘制世系图不受幅面限制

与以往在纸质、布质有限幅面内绘制家谱相比，Freeplane 在绘制家谱世系时，具有无限节点和无限分支的特点，可以不受幅面限制，自由延伸。

（二）绘制过程简单高效

在绘制过程中，通过快捷键操作，可以极大提高绘制速度：Enter 键用于增加同级下一个节点（弟弟），Shift + Enter 用于增加同级上一个节点（哥哥），Insert 键用于增加下级节点（儿子），F2 用于编辑当前节点内容（名字），Delete 键用于删除当前节点。操作简单，易学易会。

（三）实现家谱资料完全录入

除通过节点与分支来记录世系表，Freeplane 还可以为每个节点添加注解。在整理家谱时，可以把家族的共性资料（谱序、家训等）添加到根节点的注解中；每个家族成员的个性资料（居官、传记等）添加到个人节点的注解中。涉及祖先像、坟图、碑刻图等图片内容时，因在注解编辑框中不能直接插入图像，须在"编辑注解"对话框的"HTML 代码视图"中通过编辑 HTML 代码的方式实现，因涉及 HTML 相关知识，在这里不做详细介绍。

此外，对于像《正红旗满洲哈达瓜尔佳氏家谱》这样内容多、分册记载的家谱，完全可以合而为一，形成完整的宗族谱。如前所述，《正红旗满洲哈达瓜尔佳氏家谱》分八册记录各支系情况，用 Freeplane 软件处理，可将八册内容统一成一个导图文件。如图 4，后册阿钮一支，也可与正谱合为一图。若想保持家谱原貌，可将每一分谱单独绘制成导图，通过"链接"功能将这些导图链接到总谱，这样既能最大限度地保持家谱原貌，又可实现家谱统分结合。

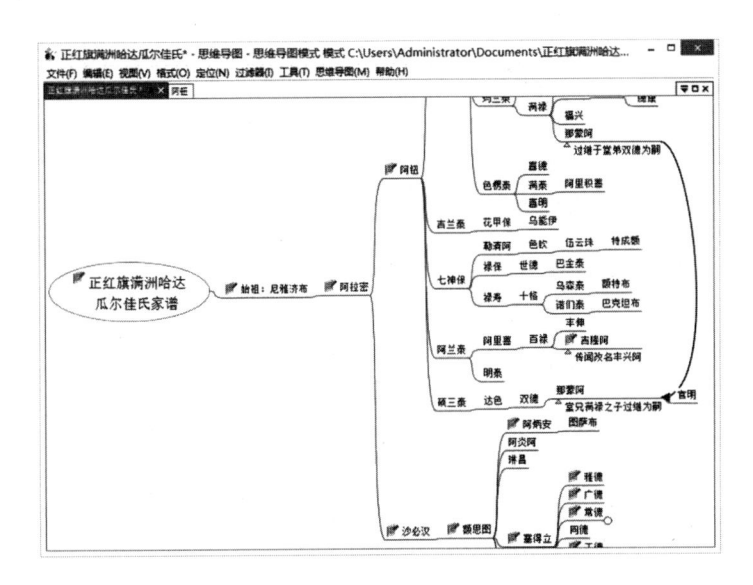

图 4　总谱、分谱统于同一导图效果

特殊说明：图 4 中满禄之子那蒙阿过继给堂弟双德为嗣，原谱中有记载。绘制导图时，可依如下方法处理：按 F3 键在名字下添加明细说明过继关系，再对两个节点使用连接功能（非链接功能）连接，箭头表示方向。二者关系直观可见，清晰明了。

（四）强大的导出功能

Freeplane 可以把导图文件导出为 30 种格式，包括多种图像格式、网页格式、文档格式、文本格式等。可通过多种形式把 Freeplane 的整理成果展示给大家。即便没有安装 Freeplane 软件，也可通过图片向其展示。经试验，其中的各种图像格式（jpg、svg、png）和 PDF 电子书格式适于导出世系表图像，txt 格式可以导出结构化文本内容，包括各级标题（节点导出为标题）和正文（注解导出为正文），略加修改即可形成完整文档。导出文档效果见图 5。

第五编　满文文献与满语（锡伯语）

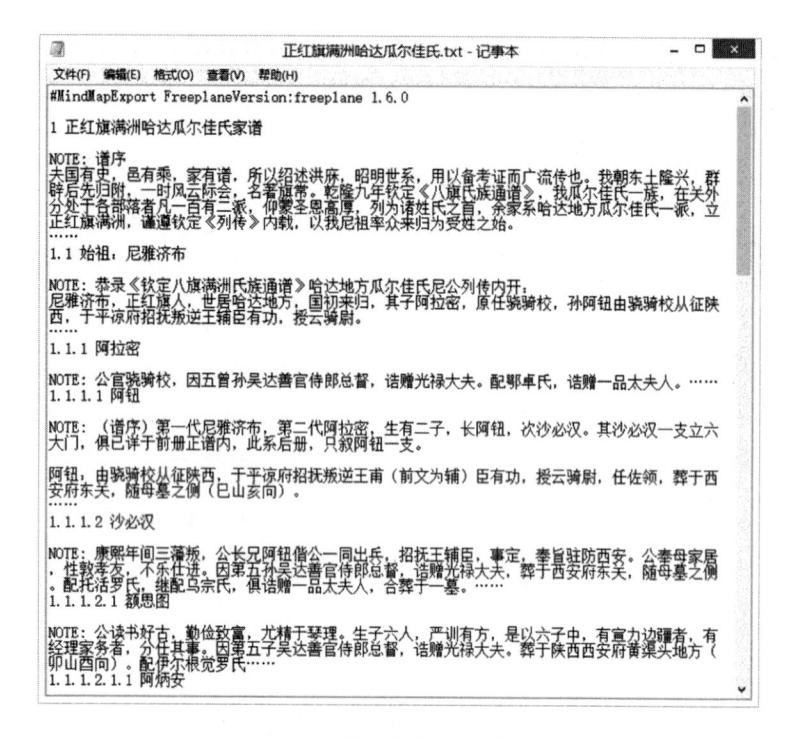

图 5　导出文本（部分）

导出文本其实就是一部家谱文档。在此文本上，依据文字前面数字，可清晰判断家族成员辈分及排行。如 1.1 为始祖尼雅济布，1.1.1 为二世祖阿拉密，1.1.1.1 为三世祖阿钮（长），1.1.1.2 为三世祖沙必汉（次），1.1.1.2.1 为四世祖，其父为沙必汉。隔点数为代数，尾数为排行，支系分明，代际清楚，家族世系一目了然。与翻阅纸质谱书查找世系相比，省时省力，且不易出错。

（五）检索方便

现在数字化的家谱大多以图片形式呈现，保持了家谱原貌，但无法实现随意搜索，或是搜索功能不强大，用时长且搜索结果不准确。而在思维导图或是导出文本中搜索，则可轻松实现精准搜索。《正红旗满洲哈达瓜尔佳氏家谱》中第二代阿拉密下记载："公官骁骑校，因五曾孙吴达善官侍郎总督，诰赠光禄大夫……"[6]68第三代沙必汉下记载："因第五孙吴达善官侍郎总督，诰赠光禄大夫……"[6]76看到这样的记录，使用者一定会想知道吴达善是谁？他做什么光宗耀祖之事使得祖辈得到诰封？这时只要在家谱导图的树型结构中直接查找或通过搜索功能均可快速定位到"吴达善"节点，鼠标指向或点击"吴达善"节点即可看到吴达善的个人注解，了解其详细情况。在导出文本中也可通过搜索功能达到这一效果。方便快捷，简单高效。

  本文仅对哈达瓜尔佳氏家族的家谱进行了整理。当整理家谱数量较多时，也可将家谱分门别类做成目录导图，通过链接功能将节点链接到各家谱导图文件，形成一个大型的家谱目录，通过点击节点链接可打开对应的家谱导图文件，便于管理，方便检索查阅。示意图如图6，红色箭头表示已链接到其他文件。

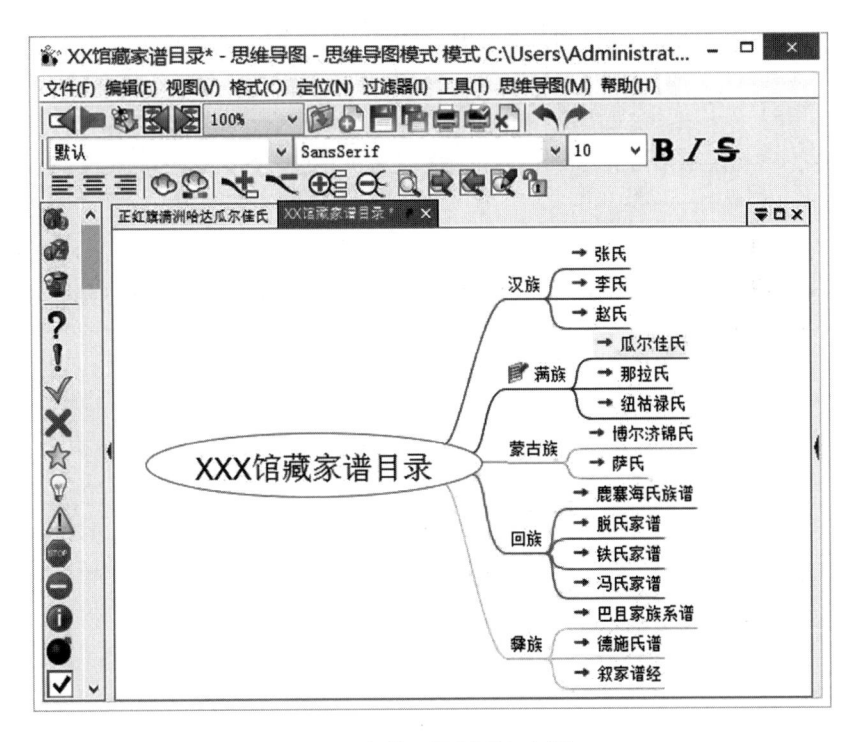

图6 家谱目录导图示意图

总之，Freeplane 是一款非常适合家谱数字化的软件，笔者在学习应用过程中受益匪浅。现不揣浅陋，将 Freeplane 数字化家谱的过程梳理成文字，与同行共享，以期抛砖引玉，为家谱数字化整理以及保存家谱提供更多可能的途径，同时也能为研究者进行科学有效的研究提供诸多便利。但 Freeplane 不是专门的家谱软件，针对家谱整理需求功能还可改进，比如直接嵌入图像、直接导出生成完整谱书等。Free plane 是开源软件，期待有识之士深入研究，加以改进。

[参考文献]

[1] 东尼·博赞著，卜煜婷译：思维导图，北京：化学工业出版社，2015.

[2] 欧阳宗书：中国家谱，北京：新华出版社，1992.

[3] 杨冬荃：中国家谱起源研究，载《谱牒学研究》第一辑，北京：书目文献出版社，1989.

[4] 杜家骥：《清代满族家谱的史料价值及其利用》，吉林师范大学学报（人文社会科学版），2016 年第 5 期.

[5] 来新夏、徐建华：中国的年谱与家谱，北京：商务出版社，1997.

[6] 北京图书馆编，北京图书馆藏家谱丛刊·民族卷，北京：北京图书馆出版社，第 36 册，2003.

［原载于《吉林师范大学学报》（人文社会科学版）2018 年第 3 期］

图伯特任职塔尔巴哈台领队大臣时期满文档案译释

永莉娜[*]

乾隆年间，经过康雍以来长期努力，清政府终于将新疆纳入其管辖之下。清廷设立伊犁将军总揽天山南北事务，并调重兵驻防。在已经调派满洲、蒙古八旗兵丁情况下，清政府仍感兵力不足，遂经伊犁将军明瑞奏议，乾隆帝谕令从盛京（今沈阳）及所属诸城驻防锡伯兵中，挑选官兵1020名，携眷调往新疆。

乾隆二十九年（1764），锡伯官兵自盛京启程，历时一年零三个月到达伊犁，由于有亲属随行以及途中新生幼童等原因，抵达伊犁时的人数实际为5050人[1]。与锡伯兵在东北地区分别编入满洲、蒙古佐领方式不同，调入新疆的锡伯官兵被独立编营，安置在伊犁河南岸，与察哈尔、厄鲁特、索伦三营呈环绕将军府之势。乾隆四十年（1775），在锡伯营原六昂吉基础上，按八旗旗分编设八个佐领①，营设领队大臣、总管、佐领等官，完善各级管理制度，锡伯营建制正式确立。

---

[*] 永莉娜（1984— ），女，锡伯族，新疆乌鲁木齐人，吉林师范大学历史文化学院博士研究生，研究方向：清史、满文。

① 佐领亦称牛录，锡伯营建制是按八旗旗分每旗各设一牛录，各旗牛录划分如下：镶黄旗（一牛录）、正黄旗（二牛录）、正白旗（三牛录）、正红旗（四牛录）、镶白旗（五牛录）、镶红旗（六牛录）、正蓝旗（七牛录）、镶蓝旗（八牛录）。

第五编 满文文献与满语（锡伯语）

嘉庆四年（1799），图伯特（1755—1823）出任锡伯营总管①。图伯特，觉罗氏[2]168，乾隆二十年（1755）生于盛京，是第一代迁往新疆的锡伯人。他在任总管期间，倡议、主持、带领锡伯营军民修筑完成察布查尔大渠；积极在锡伯营发展藏传佛教，是靖远寺建立最重要的推动者②；后入京引见，奉旨回盛京省亲，嘉庆十五年（1810）六月返伊犁途中诏授塔尔巴哈台领队大臣、赏副都统衔。察布查尔大渠的修筑，扩大了耕地，极大地改善了戍边屯垦锡伯军民的生产生活条件，同时对伊犁驻防八旗屯田的发展起到了积极的促进作用。该渠直到现在还能发挥效益，影响深远。

目前为止学界对图伯特的研究，主要是关于他倡议主持修筑察布查尔大渠的事迹及评价③，对他的家世、生平、旗籍也有一定研究④，亦有文章专门探讨他与藏传佛教的关系[3]，但关于图伯特担任塔尔巴哈台领队大臣的情况则因史料缺乏，鲜有涉及，至于其旗籍和家庭情况也有尚未明确之处。

中国第一历史档案馆编《清代新疆满文档案汇编》于2012年由广西师范大学出版社出版，笔者在查找图伯特相关史料时，发现其中

---

① 满文参见第一历史档案馆选编：《清代锡伯族档案史料选编（一）》，新疆人民出版社1987年版，第464页；汉译见中国第一历史档案馆编译：《锡伯族档案史料下册》，辽宁民族出版社1989年版，第360页。

② 笔者在拙文《锡伯营总管图伯特与藏传佛教》中，初步探讨了图伯特与藏传佛教的关系，认为他信仰藏传佛教，远赴西藏唪经，积极在锡伯营发展藏传佛教，与大喇嘛伊西模伦有厚交，是锡伯营敕赐寺名藏传佛教寺庙靖远寺成立最重要的推动者。

③ 主要论文有吴元丰、赵志强：《清代锡伯族对祖国的贡献》，《民族研究》1989年第2期；佘吐肯：《论图伯特的历史贡献》，《伊犁师范学院学报（社会科学版）》1998年第4期；吴元丰、赵志强：《历史铭记你：赞察布查尔大渠》，载吴元丰、赵志强《锡伯族历史探究》，辽宁民族出版社2008年版，第267—272页；郭建中：《锡伯人与察布查尔布哈（大渠）》，《全国锡伯族文化研讨会论文汇编》，2004年等。

④ 主要论文有永志坚、英林：《图伯特纪念文及史料译释》，永志坚主编：《锡伯族研究文集第一辑》，新疆人民出版社1998年版，第274—306页；永志坚：《图伯特姓氏与旗籍考—兼评"图公生祠"之说》，永志坚主编：《锡伯族研究文集（第二辑）》，新疆人民出版社2005年版，第158—180页等。

四件档案为已刊史料所未载之新见史料①，三件是图伯特在塔尔巴哈台领队大臣任上，其上级官吏（塔尔巴哈台参赞大臣或伊犁将军）的奏折；另一件是领队大臣任上奉命报送京师值年旗的清册咨文。笔者对这四件档案进行转写、对译及翻译，并就档案要点与价值加以说明。不确之处，敬请方家教正。

一 档案转写及翻译

（一）《塔尔巴哈台参赞大臣贡楚克扎布等奏报新授塔尔巴哈台领队大臣图伯特查看卡伦并谢赏荷包之恩折》[4]248

转写及对译：

aha　　gucukjab　　bešūn gingguleme
奴才　贡楚克扎布　百顺

wesimburengge donjibume wesimbure jalin
谨奏　　　　　　为奏闻事

jakan hesei sindaha meyen i amban tubet,
新近 圣旨 补放　领队大臣　　图伯特，

ili ci jurafi, karun deri yabume tarbahatai i
伊犁 启程　卡伦 自　　走　塔尔巴哈台

harangga cindalan
所属　沁达兰

karun ci manitu karun de isibume, karun
卡伦 至 玛尼图 卡伦　到达　卡伦

aname akūmbume baicaci, karun i hanci umai
依次　尽　　检查，卡伦 附近 并无

---

① 关于图伯特史料主要见于中国第一历史档案馆编译：《锡伯族档案史料（上、下册）》，辽宁民族出版社1989年版；贺灵、佟克力（辑注）：《锡伯族古籍资料辑注》，新疆人民出版社2004年版；永志坚、英林：《图伯特纪念文及史料译释》，载永志坚主编《锡伯族研究文集（第一辑）》，新疆人民出版社1998年版。

第五编 满文文献与满语（锡伯语）

nuktehe hasak akū hiya hafasa coohai ursei
游牧　哈萨克 无 侍卫 官员等　军队 众人
inenggidari kaici acara songkoi faitara jergi
每日　　　 接哨　 寻踪　　　　 等
alban de gemu tookan akū yabumbi, coohai
公务　　 都　耽误　无 进行　　军队
agūra morin yooni teksin yongkiyan, hiya
器械　马匹　都　整齐　全　　　侍卫
hafasa de tacibuci acara babe, gemu anan i
官员等　教育　应该　处　都　依次
ulhibume afabufi, juwe biyai
使明白　交代　　二　月
orin juwe de tarbahatai de isinjihabi bešun i
二十 二日　塔尔巴哈台　 到达　　百顺
taka daiselaha cahar ūlet aiman be kadalara
暂时 代理　察哈尔 厄鲁特 部落　　 管理
meyen i amban i temgetu, eiten baita hacin be
领队大臣　　　　　　　　铃记　所有　事务
nerginde tubet de joolame afabufi, tubet
立刻　图伯特　交代　　　　　　图伯特
gingguleme abkai kesi de hengkilefi alime gaiha
恭敬　　　 叩谢天恩　　　　　　　领受
seme teisu teisu aha de boolame alibuhabi,
　　　各自　　　奴才　呈报
jai ahasi i asaraha enduringge ejen
又 奴才等 收藏　　　圣主
kesi isibume, tubet de šangnaha fadu
赏赐　　　　图伯特　赏　　荷包

menggun šoge,
银锭

mase muyari i jergi jaka be
荔枝　　等物

gingguleme benebufi tubet niyakūrahai
恭敬　使送去　图伯特　跪

alime gaifi abkai kesi de hengkilehebi
领受　　　叩谢天恩

erei jalin suwaliyame
此为　一并

gingguleme donjibume wesimbuhe,
谨具奏闻

ilan biyai orin jakūn
三月　二十八

saicungga fengšen i juwan ningguci aniya
嘉庆　　　　十六　年

anagan i ilan biyai orin juwe de
闰　三月　二十二

fulgiyan fi i pilehe
朱批

hese saha sehe,
奉旨 知道了 钦此。

译文：

奴才贡楚克扎布、百顺谨奏，为奏闻事。钦命新授领队大臣图伯特自伊犁启程，沿卡伦行走，巡塔尔巴哈台所属沁达兰卡伦至玛尼图卡伦之诸凡卡伦，近无游牧之哈萨克，侍卫官兵每日会哨、躡踪等当差无误，兵器马匹整齐完备，应教明侍卫官员之处，皆逐项晓谕交代。图伯特于二月二十二日抵塔尔巴哈台。将百顺署理之察哈尔厄鲁特部领队大臣之钤记及诸事立交代图伯特，图伯特叩谢天恩受之，等因，（二人）各自呈报奴才。又奴才等将暂存之圣恩御赐图伯特荷包、银锭、荔枝等物谨送，图伯特跪受之叩谢天恩。为此一并谨具奏闻。三月二十八日奏。嘉庆十六年闰三月二十二日朱批：奉旨，知道了，钦此。

（二）《值年旗为递送塔尔巴哈台领队大臣图伯特等人之子年岁旗分清册事咨文（附清册咨文3件）》[5]411

此档案由两部分组成：值年旗咨文（大部分为汉文，有少量满文）；图伯特和塔尔巴哈台管理满营四营领队大臣德克金布之子年岁旗分清册二份（满汉合璧）。笔者将以上文件与图伯特直接相关部分进行翻译和抄录如下：

1. 值年旗咨文

满文部分转写翻译：

aniya ①aliha bai bithe，
值年旗   文

manju coohai nashūn i bade unggihe，yabubure
满军机处   移咨   使行

jalin，coohai jurgan ci ulame benjihe，
 为   兵部   转   送来

tarbahatai hebei amban i baci benjihe bithede，
塔尔巴哈台参赞大臣 从该地 送来 文

ceni bai meyen amban tubet i jui funiyangga
他们 地之 领队大臣 图伯特 子 富呢扬阿

sai se arbun be cese weilefi benjihebi，uttu ofi
等 年岁 情况   册 造   送来 因此

benjihe bithei songkoi ulame
送来   文之 照样   转

---

① 原文为 anaya，应系笔误。

manju coohai nashūn i bade yabubuki sembi,
满军机处　　　　　　使行　　拟
erei jalin gūsa be kadalara ambani baita be
此　　为
kadalame icihiyara hošoi fafungga cin wang,
管理都统事务和硕肃亲王
hošoi tob cin wang, gūsa be kalalara amban,
和硕庄亲王　　　都统
jinlung, mingliang, mukdengge unggihe,
晋隆　明亮　　穆克登阿　咨送
saicungga fengšen i orin emuci aniya ilan biyai
嘉庆　　　　二十一　年　三　月

译文：

值年旗文。为咨行满军机处事。自兵部传送塔尔巴哈台参赞大臣来文内称彼处领队大臣图伯特子富呢扬阿等年岁职衔造册送来。因此拟照来文转行满军机处，为此管理都统事务和硕肃亲王、和硕庄亲王、都统晋隆、明亮、穆克登阿移咨。嘉庆二十一年三月。

汉文部分摘录：

"……查得本领队于嘉庆十五年六月二十八日由伊犁锡伯营总管奉旨赏给副都统职衔补放塔尔巴哈台领队大臣，本领队入于京城正黄旗德玉佐领下人，兄弟俱殁，孙二名均未及岁……"

"……今塔尔巴哈台领队大臣图伯特系由伊犁驻防总管补放、新入正黄旗满洲之人……"

2. 图伯特之子年岁旗分清册

满文部分转写对译：

alibure cese
呈册
tarbahatai i julergi ergi karun cahar ūlet aiman
塔尔巴哈台　南　方 卡伦 察哈尔 厄鲁特部

第五编 满文文献与满语（锡伯语）

be kadalara meyen i amban meiren janggin i
管理　　　领队大臣　　　　副都统
jergi tubet cese weilefi alibure jalin, tubet
衔 图伯特 册 造　　呈　为 图伯特
mini jui funiyangga ere aniya gūsin duin se,
吾之 子 富呢扬阿 今年　　三十 四 岁
ili i sibe aiman i kubuhe suwayan i
伊犁 锡伯 部　　镶黄旗
sainbiliktu　　　nirui fonde bošokū,
萨音毕勒克图 佐领　　骁骑校
gulu suwayan i dekjingga nirui niyalma, erei
正黄旗　　德克精阿 佐领 人　 伊之
mafa lingguwamboo akū oho,
祖父 灵官宝　　　去世
ama ne tarbahatai i meyen i amban
父　现 塔尔巴哈台　领队大臣
meiren i janggin i jergi tubet, ahūn akū,
副都统　　　　衔 图伯特 兄 无
deo akū,
弟 无
saicungga fengšen i orin emuci aniya juwe biyai
嘉庆　　　　　二十一 年　 二 月

汉文部分抄录：

"管理塔尔巴哈台察哈尔额鲁特部落领队大臣副都统职衔图、为造报事。今将本领队大臣子年岁官职旗分造具满汉清册呈赉转咨须至册者计开。子富呢扬阿年三十四岁，伊犁锡伯营厢黄旗萨音毕勒克图佐领下骁骑校，系正黄旗德克精阿佐领下人。伊祖灵官保殁，父图伯特现任塔尔巴哈台领队大臣副都统职衔。兄无，弟无。嘉庆二十一年二月□日。①"

---

① 档案未具日期。

(三)《塔尔巴哈台参赞大臣富僧德奏查玛尼图等卡伦情形及领队大臣图伯特回营折》[6]283

转写及对译：

aha fusengde gingguleme wesimburengge,
奴才 富僧德　　　　谨奏

ere aniya jakūn biyai juwan de meyen i amban
今年　　　八　月　　十　　领队大臣

tubet harangga kadalaha julergi ergi geren
图伯特　该管　　管理　　南　方　　各

karun be baicame genehe babe
卡伦　　　查　　去　　情形

gingguleme wesimbuhe bihe, jakan tubet
　　谨奏　　　　　　　　近日 图伯特

manitu karun ci ili i jecen de sirabume
玛尼图 卡伦　伊犁 边界　　连接

sindaha cindalan karun de isibume aname
设　　　沁达兰 卡伦　　到达　依次

baicaci, karun karun i hafan cooha, coohai
检查　　各卡伦　　　官员　士兵　军用

agūra, morin, yooni teksin yongkiyan,
器械　马匹　都　　整齐　齐全

inenggideri baran karara,
每日　　　形势 瞭望

songko faitara, kaici acara
蹑踪　　　　　会哨

jergi alban de gemu tookan akū yabumbime,
等　公务　都　　耽误　无　执行而且

第五编　满文文献与满语（锡伯语）

karun i kaici hanci inu umai nuktehe
卡伦 会哨处 附近 也 并无 游牧
hasak akū, karun i hiya hafasa de
哈萨克 无　卡伦　侍卫 官员 等
ulhibuci acara, tacibuci acara babe gemu
使明白 应　 教育　 应　处　都
neileme ulhibume tacibume afabufi, aha
开导　 使明白　教育　交代　奴才
tubet uyun biyai ice duin de
图伯特 九　月　初　四
amasi hoton de marihabi, erei jalin
返回　城　　 归
gingguleme donjibume wesimbuhe，
　　　　为此谨具奏闻
uyun biyai ice jakūn,
九　月　初 八
saicungga fengšen i orin emuci aniya
嘉庆　　　　　二十一　年
juwan biyai ice sunja de
十　月　初　五
fulgiyan fi pilehe
朱批

hese saha sehe,
奉旨知道了钦此

译文：

奴才富僧德谨奏：（前）已谨奏今年八月十日领队大臣图伯特巡该管南方诸卡伦事。近日图伯特依次自沁达兰卡伦至接伊犁边界之玛尼图卡伦巡查，诸卡伦官兵、军械、马匹，各皆齐全，每日瞭望、蹑踪、会哨等均当差无误，且卡伦交界附近无游牧之哈萨克，应晓谕教明侍卫、官员之处均开导交代。奴才与图伯特九月初四日返城。为此谨具奏闻。九月初八日奏。嘉庆二十一年十月初五日朱批：奉旨，知道了，钦此。

(四)《伊犁将军长龄奏原塔尔巴哈台领队大臣图伯特回伊犁锡伯营候补该营总管片》[7]30

转写及对译：

jai hesei meiren i janggin i jergi nisihai
再　　　奉旨留副都统职衔

da bade maribure tarbahatai i
原 地　使回　塔尔巴哈台

meyeni amban bihe tubet,
领队大臣　原任 图伯特

duleke aniya jorgon biyai orin duin de
去年　　　十二 月　二十四

ili de isinjiha, aha i baci　tubet be
伊犁 到来　奴才 从该地 图伯特

harangga aiman de maribufi, sirame tesu aiman i
该　　部　　使回　以后 本　部

uheri da i oron tucike be tuwame,
总管　缺　出　　视

gingguleme hese be dahame, tubet be tebume
谨遵圣旨　　　　　图伯特 安置

sindara babe encu wesimbuki,
放　地方 另外　上奏

erei jalin gingguleme donjibume wesimbuhe,
为此谨具奏闻

cangling, aniya biyai juwan,
长龄　正 月 初十

saicungga fengšen i orin juweci aniya
嘉庆　　　　二十二　年
juwe biyai ice inggun de
二　月初六
fulgiyan fi i pilehe
朱批
hese saha sehe,
奉旨知道了钦此

译文：

再，奉旨留副都统衔、回籍之原塔尔巴哈台领队大臣图伯特，于去年十二月二十四日抵伊犁。自奴才处使图伯特回该部。日后遇本部总管出缺，谨遵圣旨补放图伯特之处另行奏请。为此谨具奏闻。长龄。正月初十日奏。嘉庆二十二年二月初六日朱批：奉旨，知道了，钦此。

二　档案要点说明

（一）图伯特出任塔尔巴哈台领队大臣

嘉庆十五年六月，图伯特返伊犁途中晋升为塔尔巴哈台领队大臣、赏副都统衔[1]。同年十月，副总管德克金布补放总管[2]。由第一份档案可知，翌年二月二十二日，图伯特到达塔尔巴哈台，接察哈尔厄鲁特部领队大臣钤记。

清代新疆实行军府制，设伊犁将军总揽天山南北事务，各地设都统、参赞大臣、办事大臣等。管理塔尔巴哈台地区的最高军政长官是塔尔巴哈台参赞大臣。参赞大臣之下设领队大臣。乾隆二十九年

---

① 参见《清实录（第三一册）仁宗实录（四）》，中华书局1986年版，第109页。
② 满文参见第一历史档案馆选编：《清代锡伯族档案史料选编（一）》，新疆人民出版社1987年版，第473页；汉译见中国第一历史档案馆编译：《锡伯族档案史料下册》，辽宁民族出版社1989年版，第366页。

（1764）先设管理卡伦领队大臣，四十二年（1777）又添设管理游牧领队大臣。卡伦领队大臣专管前来换防南北卡伦之满营及察哈尔、厄鲁特、锡伯、索伦四营兵士，并春秋巡查南北卡伦二次；管理游牧领队大臣，专管当地察哈尔、厄鲁特[8]。由图伯特接察哈尔厄鲁特部领队大臣钤记可知，他是管理游牧领队大臣。

嘉庆十年（1805），将塔尔巴哈台迤南一带卡伦，以管理游牧领队大臣届期巡查，其东北一带相距较远的卡伦，则由管理卡伦领队大臣按季巡查。所以十五年（1810）图伯特任领队大臣时，职责除管理游牧外，还有巡查南段卡伦。

档案反映的图伯特巡查路线正是南段卡伦线。具体内容是巡查从沁达兰卡伦至玛尼图卡伦沿线的每个卡伦，检查有无越境游牧者，查看官兵躐踪、会哨等公务执行情况以及兵器马匹是否完备，同时也要对卡伦官兵进行训示和教育。第一份档案所记巡查时间是春季，二月二十二日前结束，奏报日期是三月二十八日，皇帝朱批日期是闰三月二十二日。即奏报皇帝是巡查结束一月之后，皇帝朱批是奏事约一月后。第三份档案所记巡查时间是秋季，八月十日开始，至九月四日返城，历时将近一个月；写奏折日期是九月八日，皇帝朱批日期是十月五日，也是巡查一个月后奏报皇帝，朱批日期是奏事约一月以后。由以上档案可以看出，巡查卡伦过程约一月，一般在巡查结束一月后奏报皇帝。因奏折从伊犁到北京需将近一个月，所以皇帝收到巡查信息时已是巡查结束约两个月。

此外，图伯特嘉庆十五年（1810）六月返回伊犁途中晋升领队大臣，图伯特翌年二月二十二日到塔尔巴哈台。此时距其授封已有八个月，为何就职时间如此之长，除路途花费时间之外，应有其他原因，期待日后发现更多史料以明晰此问题。

（二）图伯特旗籍及家庭情况

通过梳理值年旗档案，我们得到一些关于图伯特的家庭情况和旗籍的重要信息。其父名叫灵官保，文中并未写明官职，可能是披甲或闲散；嘉庆二十一年（1816）时，图伯特兄弟均已去世；图伯特有一独子，名富呢杨阿，是伊犁锡伯营镶黄旗骁骑校，有孙二人，均未及岁。

关于图伯特的旗籍，这份档案提供了一条重要信息。"……本领队入于京城正黄旗德玉佐领下人……塔尔巴哈台领队大臣图伯特系由伊犁驻防总管补放、新入正黄旗满洲之人……"说明图伯特改隶正黄旗，嘉庆二十一年（1816）时是京城正黄旗德玉佐领下人。经永志坚先生考证，图伯特隶锡伯营正蓝旗（七牛录）[2]175。正蓝旗属下五旗，正黄旗属上三旗，说明图伯特曾被抬旗。抬旗原因很可能是奖赏他修筑察布查尔大渠，或者也可能与其在锡伯营发展藏传佛教有一定关系。不过图伯特虽被抬旗且改隶京旗，但他并未迁至京城任职，所以此次抬旗更像是精神或荣誉奖励。抬旗均由皇帝亲命，图伯特于嘉庆十四年（1809）十一月赴京引见，所以抬旗很可能发生在觐见嘉庆帝之时或之后。

图伯特既是德玉佐领下人，那么其子亦应隶该佐领下。但富呢扬阿之清册却书"正黄旗德克精阿佐领下人"，德克精阿是时任锡伯营正黄旗（二牛录）佐领，即富呢扬阿与图伯特同属正黄旗，但所隶佐领不同。佐领不同之原因暂未可知，需要进一步研究和探讨。

图伯特曾任锡伯营正黄旗佐领，晚年也在二牛录居住，道光元年（1821），图伯特还在世时二牛录曾献给他匾额和颂词[9]281。有一种说法是图伯特休致后不在七牛录而在二牛录居住，其原因是与七牛录耆老有抵牾[2]171。根据档案中所得信息，这也有可能是因为图伯特改隶正黄旗，其子亦是该旗旗人，所以图伯特赴该旗居住。但是图伯特祖茔、后世为其所建祠堂，以及后代居住地，又在正蓝旗（七牛录）。为何出现这种情况，有待日后更多史料的发掘和研究，方能得出结论。

此外，清册报送的部门是值年旗，这是集中办理八旗事务的机构。雍正时始设值月旗，乾隆十六年（1751）改为值年旗。值年旗的职能主要是向八旗或有关机构传达皇帝有关旗务的谕旨；向皇帝汇报请示旗务；为皇帝选任八旗职官、世职承袭人提供应选人名单等[10]270—274。

图伯特和德克金布远在新疆驻防八旗，也报送其子信息，体现了当时八旗旗务管理的全面和细致。这次报送的结果是富呢扬阿并未得升迁，他道光三年（1823）补放镶蓝旗佐领，道光四年（1824）出缺[11]364。

（三）图伯特休致回籍并再次候补锡伯营总管

第四份奏折明确了图伯特返回伊犁的具体时间。可知他是嘉庆二十一年（1816）年底以原品休致的，当年十二月二十四日到达伊犁。同时提供了一条重要信息，即嘉庆帝有意让图伯特再次出任锡伯营总管。虽然这份奏折是将军长龄奏报，但是其中"hese be dahame"（"遵旨"）表明了图伯特再任总管一事是嘉庆帝有谕在先。此时的总管是额尔古伦，他担任总管直至道光八年（1828）升任喀什噶尔帮办大臣时[12]371，而图伯特于道光三年（1823）去世，所以并未有机会再次担任总管。

笔者翻阅《锡伯族档案史料汇编》未见有总管复任的情况出现。图伯特虽然最终并未复任，但足见这一提议非常特殊。当然这首先是对图伯特之于锡伯营贡献的肯定，同时这也表明嘉庆时新疆驻防八旗总管（更确切地说，锡伯营总管）复任一事，至少在制度上是没有明确禁止的。此处反映的关于总管任职制度的相关情况以及图伯特为何再次候补，也是笔者日后要继续关注的问题。

此外，嘉庆十八年（1813）十二月时任锡伯营总管的德克金布升任塔尔巴哈台领队大臣、赏副都统衔①，而当时图伯特也在塔尔巴哈台领队大臣任上，即嘉庆十九年（1814）至二十一年（1816）间塔

---

① 参见《清实录》嘉庆十八年十二月丁巳条；中国第一历史档案馆编译：《锡伯族档案史料下册》，辽宁民族出版社1989年版，第369页。

尔巴哈台两员领队大臣都出自锡伯营。图伯特是管理察哈尔厄鲁特部领队大臣（即游牧领队大臣），德克金布是管理满营四营领队大臣（即卡伦领队大臣）。图伯特是西迁锡伯营第一个出任领队大臣者，在他之后出身锡伯营出任各地领队大臣、帮办大臣、参赞大臣者开始陆续出现。

以上四份档案提供了有关图伯特的诸多信息，包括旗籍隶属，任职领队大臣时间，领队大臣任上公务，图伯特父亲、兄弟、子、孙四代信息，及其休致后再次候补总管等。同时，部分反映了塔尔巴哈台领队大臣的职能、锡伯营的管理情况等，是研究清中期新疆驻防八旗问题的宝贵资料。

[参考文献]

[1] 吴元丰，赵志强．清代伊犁锡伯营综述［J］．中国边疆史地研究，1993（1）：51—59．

[2] 永志坚．图伯特姓氏与旗籍考：兼评"图公生祠"之说［M］//永志坚．锡伯族研究文集：第2辑．乌鲁木齐：新疆人民出版社，2005．

[3] 永莉娜．锡伯营总管图伯特与藏传佛教［J］．伊犁师范学院学报（社会科学版），2017（4）：27—33．

[4]《清代新疆满文档案汇编》编辑委员会．清代新疆满文档案汇编：第227册［M］．南宁：广西师范大学出版社，2012．

[5]《清代新疆满文档案汇编》编辑委员会．清代新疆满文档案汇编：第234册［M］．南宁：广西师范大学出版社，2012．

[6]《清代新疆满文档案汇编》编辑委员会．清代新疆满文档案汇编：第235册［M］．南宁：广西师范大学出版社，2012．

[7]《清代新疆满文档案汇编》编辑委员会．清代新疆满文档案汇编：第236册［M］．南宁：广西师范大学出版社，2012．

[8] 周卫平．清代新疆塔尔巴哈台参赞大臣的设置与变迁［J］．中国边疆史地研究，2013（4）：58—66．

[9] 永志坚，英林．图伯特纪念文及史料译释［M］//永志坚．锡伯族研究文集：第1辑．乌鲁木齐：新疆人民出版社，1998：274—306．

[10] 杜家骥. 清代八旗官制与行政［M］. 北京：中国社会科学出版社，2015.

[11] 吴元丰，赵志强. 清代伊犁锡伯营官员履历及索引［C］//吴元丰，赵志强. 锡伯族历史探究. 沈阳：辽宁民族出版社，2008.

[12] 中国第一历史档案馆. 锡伯族档案史料：下册［M］. 沈阳：辽宁民族出版社，1989.

［原载于《吉林师范大学学报》（人文社会科学版）2018年第4期］

后　　记

　　"满族文化研究"专栏论文即将结集出版,这是一件令人欣慰的事,也是《吉林师范大学学报》(人文社会科学版)和吉林师范大学满学研究院(满族文化研究所)共同合作结出的丰硕果实。自从2013年正式创办这个栏目,我们就把以后能出一本文集作为目标之一,因为这既是我校满学研究的一次成果展示,也是"满族文化研究"专栏的实践汇报。对于一本普通的省级学报而言,能把一个专栏的文章汇聚成集,也算是一项具有突破性意义的工作。

　　剥茧抽丝,去粗取精;聚沙成塔,集腋成裘。"满族文化研究"专栏开始时稿源并不充足,最初的设想是依托我校优势学科创设"满族文化研究"专栏,并以此作为本刊特色栏目。但是真正着手约稿、组稿之后,发现并非想象得那么容易!满族文化研究说到底还是比较小众的科目方向,全国乃至全世界在做满学研究的学者是可以数得过来的,而且还有一本《清史研究》这样的名刊在前面,好稿子肯定是要先流向他们的。所以在最初一段时间里,栏目支撑压力颇大。好在我校有一支扎实稳定的满族历史文化研究专业队伍,当远水不解近渴时,就要靠他们来保证栏目的推出,这也是此栏目得以存续和发展的根源。从2008年7月推出"八旗谱牒研究"这组文章始,到2013年7月将"东北史地"专栏撤销,正式推出"满族文化研究"专栏,这一路走来,都离不开我校满族文化研究这支人才队伍的支持。

　　"满族文化研究"专栏没有把目光局限在国内,而是放眼国际,

后　记

不仅要发出中国学者的声音，同时也要传播国外学者的研究成果，促进学术交流与争鸣，推动满学发展，在践行这一宗旨的过程中，逐渐形成自己鲜明的特色。譬如，有固定的专业的栏目主持人。本刊聘请国际著名满学家刘小萌教授来主持"满族文化研究"专栏，确保每一篇论文的学术质量。每期的栏目导语是对当期所发文章简明扼要的评点与梳理，有利于读者更好地理解、使用栏目文章，从而提高文章的传播效力。自刘小萌教授主持以来，栏目稿件量质齐升，局面大开。

功夫不负苦心人。"满族文化研究"专栏至今已发表学术论文近百篇，在国内外满学研究领域受到广泛关注。其中，定宜庄、赵令志、黄圆晴、奇文英、黄丽君等人的论文还被《人大复印资料》《高等学校文科学术文摘》等二次文献全文转载。栏目文章下载率、引用率逐年升高，为推动满族历史与文化研究做出了贡献。

适逢吉林师范大学建校六十周年华诞，"清代文献（档案、家谱）整理与研究"研讨会召开之际，在吉林师范大学满学研究院和吉林师范大学学报编辑部共同努力下，"满族文化研究"专栏论文即将顺利结集出版，实乃可喜可贺之事！感谢学校领导和全体同仁的辛勤努力与付出，感谢所有支持栏目建设并赐稿的新老作者们，感谢中国社会科学出版社，尤其要感谢的是栏目主持人刘小萌教授，是他无私的帮助与付出，才有栏目今天的发展面貌！

《吉林师范大学学报》（人文社会科学版）
2018年6月